U0568743

中国政法大学
CHINA UNIVERSITY OF POLITICAL SCIENCE AND LAW

法大法考

2024年国家法律职业资格考试

主观题考点精编

民法（第二册）

法律职业资格考试培训中心（学院）◎编著
刘家安◎编写

中国政法大学出版社
2024·北京

图书在版编目（CIP）数据

2024年国家法律职业资格考试主观题考点精编/法律职业资格考试培训中心（学院）编著. —北京：中国政法大学出版社，2024.8
ISBN 978-7-5764-1466-0

Ⅰ. ①2… Ⅱ. ①法… Ⅲ. ①法律工作者—资格考试—中国—自学参考资料 Ⅳ. ①D920.4

中国国家版本馆CIP数据核字(2024)第107065号

出版者　中国政法大学出版社
地　址　北京市海淀区西土城路25号
邮寄地址　北京100088信箱8034分箱　邮编100088
网　址　http://www.cuplpress.com (网络实名：中国政法大学出版社)
电　话　010-58908285(总编室) 58908433（编辑部）58908334(邮购部)
承　印　北京鑫海金澳胶印有限公司
开　本　787mm×1092mm　1/16
印　张　86.5
字　数　2000千字
版　次　2024年8月第1版
印　次　2024年8月第1次印刷
定　价　289.00元（全7册）

前　言

PREFACE

自中国政法大学法律职业资格考试中心（原司法考试学院）成立以来，其紧紧围绕建立的宗旨和方针，一方面为我校学生的法考准备与学习提供全方位教学服务；另一方面为校外学员提供高品质的法考培训，使得学员通过率逐年提升。一直以来，我院按照每年的新大纲所涉考点编写相关理论教材、法条解读等资料，对学员的备考复习发挥了重要作用。但是在培训教学过程中，我们也发现学员面对大量的辅导用书，备考重心不明确，复习缺乏体系化和层次性，“眉毛胡子一把抓”，学习效率比较低，将法考辅导用书去繁存简。伴随法考改革将主观题考查作为考生最后通关阶段，我校选拔了一批在法考方面的权威专家和名师成立编委会，精心编写了这本《国家法律职业资格考试主观题考点精编》作为校内学生法考主观题课程教学及对社会培训的专用教材。

《国家法律职业资格考试主观题考点精编》针对主观题考查内容进行编写，紧扣法考大纲，体系完整，重点突出。综合每门学科内容出综合性案例，授课老师会通过对案例的讲解融会贯通每科考点，抓重点、理顺案情脉络，识破题眼，掌握解题方法。案例贴近实践，与指导性案例相结合，考点明确，法律思维清晰，切中考点要害。全书渗透了参编教师多年的教学经验，体现法考规律和应考学科知识的深刻理解与把握，在排版格式上做了匠心独到的设计。本书主要分为三个部分，第一部分：主观题命题形式、命题思路分析、主观题答题策略和技巧等；第二部分：重要知识点归纳；第三部分：论述题模拟案例分析。

我相信，该教材的出版，会对提高考生主观题考场实战能力及未来从事法律工作能力给予有力支持和帮助。在此预祝各位备考考生顺利通关。最后对编写本套教材编委会老师的辛勤付出表示感谢！

编委会成员（按姓氏笔画排序）：方鹏、兰燕卓、叶晓川、刘家安、杨秀清、宋亚伟、肖沛权、贾若山、梁泽宇。

中国政法大学法律职业资格考试中心

2024 年 8 月

目 录

CONTENTS

第一部分 2024 年主观题考情解析

一、主观题考试命题范围分析

(一)《民法典》的核心地位不变

就民法科目而言，2020 年的法考迎来了《中华人民共和国民法典》（以下简称“《民法典》”），在规范的形式表现层面上，发生了重大变化。因为《民法典》的出台，2020 年法考大纲的民法部分也做了较大幅度的调整。其后年份的考试大纲维持了《民法典》的基本格局。进入《民法典》的时代，应试者应熟悉《民法典》的体系内容，将具体规则整合进法典的体系中加以掌握。

(二) 须关注的重要司法解释

为配合《民法典》的施行（自 2021 年 1 月 1 日起施行)，2020 年底，最高人民法院对既有民事类司法解释做出清理，修正了一批司法解释，并制定了几项新的解释。总体而言，这些司法解释的制定、修改，主要仍是形式意义上的，大多数解释都承继了之前的规范。对主观题考试而言，需要特别注意以下两部司法解释：

（1）**《最高人民法院关于适用〈中华人民共和国民法典〉有关担保制度的解释》**（以下简称“《担保制度解释》”）。该司法解释对《民法典》有关担保的规定（担保物权、保证合同、非典型担保）做出了若干重要规定。考虑到担保在民法科目主观题考试中的重要性，该解释的重点法条须特别加以关注。

（2）**《最高人民法院关于适用〈中华人民共和国民法典〉合同编通则若干问题的解释》**（以下简称“《合同编通则解释》”）。该解释系新出台的重要司法解释，其中关于合同效力、履行、保全及违约责任等规定在主观题考试中出现的概率较大，需引起足够重视。

除以上两项司法解释外，与《民法典》实施配套的其他司法解释中，还需适当关注：《中华人民共和国物权编解释（一）》[以下简称《物权编解释（一）》]、《中华人民共和国总则编解释》（以下简称《总则编解释》）、《中华人民共和国买卖合同纠纷解释》（以下简称《买卖合同纠纷解释》）及《中华人民共和国建设工程施工合同解释（一）》[以下简称《建设工程施工合同解释（一）》] 等。

(三) 2024 年命题范围无明显变化

根据 2024 年考试大纲，民法科目所考核的内容无明显变化。一些小的调整，基本都因《合同编通则解释》的出台而作。《合同编通则解释》以《民法典》合同编第一分编“通则”为解释对象，虽并未扩张考试范围，但其针对《民法典》相关条文及实践中的问题（如印章使用对合同效力的影响、以物抵债等）做出的规定仍具有新意，考试大纲也相应地增加了一些条目，需予以特别关注。本书后文在重点考点部分也将重点关注这些新增的知识点及《合同编通则解释》的相关规范。

二、主观题命题形式分析

进入《民法典》时代，尽管法律规范体系和考试大纲在2020年都发生了比较大的变化，但2020-2023年主观题民法考试的风格和重点并未发生改变。预计2024年法考主观题仍会延续司法考试时代基本特点及2018至2023年法考的基本风格。

2024年的法考主观题仍会以综合性大案例的方式考核。在具体考点方面，尽管个别年份也会出现比较偏的考点（如21年延考涉及了自然人监护制度），但契合主观考试的那些考点（也即本书后文筛选的考点）仍具有“重者恒重”的特点。考生也可自行根据历年真题（也包括司考时代卷四综合案例题，其仍具有考点发现、答案参考等价值）发现命题规律，从而验证本书给出的重点考点是否确实具有重要性。

三、主观题考试命题思路分析

关于2024年法考主观题命题思路，我们有以下几点判断：

1. 将继续2018、2019、2020、2021、2022、2023年法考的特点，将民法科目与民事诉讼法、商法等其他科目相关联，预计仍会以主观题考试最高分值的一道大题出现，预计需要回答的问题在10个左右。多学科综合大案例其实并不可怕，考生一般仅需依“民法的归民法、民诉的归民诉”这样的原则处理即可。当然，命题方也可能会将实体法和程序法以更具交融性的方式来出题，如此，那些容易出现实体法与程序法相结合的考点应作为重点复习对象，如**债权人代位权与撤销权及其在诉讼上的实现、双务合同中履行抗辩权诉讼行使的法律后果、自强制执行的视角看特殊动产物权变动、实体法上的担保物权与民诉法上实现担保物权的特别程序**等。商法部分也容易就与民法相近的规范点出题，如法人人格否认、公司对外担保的效力等。

2. 在影响力巨大的《民法典》及最高法院配套司法解释施行的背景下，在2024年集民法、民诉和商法为一身的综合案例题中，民法科目的分值相对会比较大，预计主观题考试的分值在30分左右。由于分值高，命题设计不太可能单一化，直接以现实案例作为考试题目的可能性几乎没有。由于需能够承载30分左右的分值，且提问点应至少达到5、6个，故案情设计会比较复杂，应该会有一条时间线，将“剧情”慢慢展开。案件事实多会以借款、买卖、租赁、委托、建设工程施工合同等合同关系为间架结构，中间加入担保、物权变动、侵权等设计，从而实现围绕《民法典》总则编、合同编、物权编、侵权责任编主要考点的综合考核。

3. 重点仍是担保（担保物权、保证、非典型担保）、合同（通则部分履行、保全、违约责任、解除等，及买卖、租赁、赠与、建设工程合同等典型合同）、法律行为的效力与代理、物权变动等。法考主观题考试偏爱担保制度，近几年试题均涉及保证的类型判断等（其中 2020 年出现了担保部分的大分值）。由于《合同编通则解释》的出台，预计 2024 年将显著增加对合同通则部分知识点的考核。总体而言，《民法典》人格权编、婚姻家庭编、继承编不重要，侵权责任编一般最多仅设计一个相对简单的问题。

4. 主观案例题的问题一般以“谁有权……”“某某应承担什么责任”“合同是否有效”“抵押权是否设立”“所有权归属于谁”“损失应由谁承担”“某某可如何维护自己的法律利益”等方式提问。解答时**一定要说明理由**（为什么），不陈述理由，即便答案正确，得分也会很低。

5. 因案情复杂，所涉当事人往往很多。案情部分提及的所有当事人原则上均会在问题中得到呼应，考生可根据“法律关系”的思维方法，理清各方关系，应特别注意不要发生当事人的混淆。

四、主观题答题策略、技巧

1. 在阅读案件事实时，应即时判断考点。主观题即便案情设计复杂，通常给定的每个事实也都具有法律意义，而且，案情往往就是为了法律问题而专门编制，故考生需要在阅读案情时读出命题人意图测试的考点，并在随后的问题中得到验证。当然，也可在迅速通读案情后，再结合所提具体问题，更细致地重读案情。考生需注意提高读题和判断考点的效率，以免因时间紧张不能完成试卷。

2. 各类问题，一定要注重陈述理由。陈述理由时，应区分情况：（1）如有法条依据，可直接查询法条并抄录。**为节约时间，考生应熟悉重点考点对应的法条位置，以实现在考场上的快速检索**。《民法典》将先前的各种民事单行法编纂在一起，以“总则”“物权”“合同”“人格权”“婚姻家庭”“继承”“侵权责任”七编依次展开，其实有助于考生熟悉相应规范的相对位置，便于考场上迅速检索引用。当然，如果对规则本身记忆清晰，且能保证表述准确，也可采“根据《民法典》相关规定”或“根据相关司法解释”之类的表述。考虑到《合同编通则解释》及《担保制度解释》的重要性，考生应多通读该两部解释，熟悉其中重点法条的位置。（2）如答题无法简单依赖法条，而需涉及法理，则须简要写出相关规则，如“买卖合同有效，不以出卖人有处分权为必要”“因为所有权人仅能向无权占有人要求返还原物，而甲为有权占有人”，并结合案情，简要分析。陈述理由时务必要注意详略得当，既不能过于简单（惜墨如金的一句话），也不能连篇累牍，耗费时间不说，也可能将真知灼见淹没于一堆废话之中，使阅卷人难以发现。

3. 主观题的特点之一就是答案的开放性。对多数问题，在事实清晰且无法律上争议的情况下，可以说答案是唯一的，考生必须按要求作答。但是，对于少数问题，答案并不唯一，考生需要做的是自圆其说。因此，遇有案情不清（应属出题瑕疵）或所测试的问题属于民法学上公认争议问题时，考生不必特别纠结，仅须根据自己的理解，选择一种观点并给出具体理由即可。在备考阶段，对这类问题也不必执着寻找唯一答案。

4. 主观题考试尤其强调对民法基础知识的掌握，**考生切勿以背口诀等方式进行主**

观题的备考。没有对民法基础知识较好的把握，在考场上甚至根本读不懂题，或者无法识别出考点，自然不能获得好的分数。主观题考试出题灵活，答案具有一定开放性，说理更是可以多元化，考生还是要注重在备考阶段认真掌握重点问题的法律原理，并尽可能以法言法语陈述理由。总体上不建议考生背诵记忆答案模板，基础确实薄弱的考生仍要致力于掌握原理（否则可能读不懂题，准备的模板亦使用不上），必要时可以针对法理性强的考点，识记一些“关键词”或“关键表达”。考虑到问题的解答基本均会落入《民法典》及相关司法解释的具体规范上，强烈建议应试者（尤其是基础相对较弱、语言表达能力不强者）在备考过程中养成从《民法典》规范体系出发针对具体考点进行“法条定位”的习惯与能力，如此，不仅能够利用好能够查询法条的考试规则（以“没时间查”“根本找不到”等理由，放着这一规则不用，何等可惜！）以迅速定位到的法条作为大前提对复杂问题进行说理论证，更可以对法典及重点司法解释在体系上的熟悉来应对比较偏的考点。

5. 主观题考试务必要合理安排时间，争取不留白，所有问题均根据自己的理解作出答案。

第二部分　重点知识点

【说明】

以下基本按考试大纲顺序，以“专题”方式为大家总结归纳民法主观题考试的重点知识点。重点知识点之间也有重要程度的差异，以下重点知识点以“*”号标注，*号越多，表明重点程度越高。

按照2024年法考考试大纲，民法科目共设35章，采与《民法典》一致的编排结构，分为“总则”“物权”“合同”“人格权”“婚姻家庭”“继承”“侵权责任”七编。就主观题而言，前三个知识模块是重点，且知识点相互交叉（典型的如“债权合同效力与物权变动的区分”），考生需重点把握这几个知识模块的重点考点。人格权、婚姻、继承考点出现在主观题中的几率不大，考生仅需关注有限的考点即可。侵权责任部分主要会围绕侵权责任的免责事由、用人单位责任、安全保障义务、机动车道路交通事故责任等出题。

基于前述判断，确定以下主观题备考专题，并根据其重要程度及知识点的难易程度做详略不一的讨论。

专题一　法律关系、自力救济、民事责任*

考生应养成按“法律关系”（尤其围绕“请求权”）思考民法问题的习惯。例如，在被问及“甲能否向乙要求赔偿”这一问题时，不能仅根据事物之间的因果联系作答，而要分析甲、乙之间是否有合同（违约）、侵权、缔约过失责任等法律关系。

一、请求权、抗辩权、形成权

熟悉请求权、形成权、抗辩权等概念和原理，并能以此来指引对后续具体的请求权（债权请求权、物权请求权、人格权请求权）、形成权（如撤销权、解除权）、抗辩权（时效期间届满的抗辩、双务合同履行抗辩权、先诉抗辩权）这些考点的理解。对这一组权利分类的初步理解，将有助于应试者在原理层面上了解民事权利的作用方式，可能有助于解题思路的确定。

（一）请求权

请求权是民法的一个核心概念。就法考而言，考生须掌握以下几点：

（1）请求权不具有支配效力，仅表现为向他人要求作为或不作为的权利。

（2）典型的请求权是债权请求权，债权的主要效力即表现为请求权。合同、侵权行为、无因管理、不当得利、缔约过失等均产生债权请求权。

（3）请求权不限于债权请求权，还包括物权请求权（《民法典》第235条、第236条）、人格权请求权（《民法典》第995条）等其他类型。另外，《民法典》第462条规定的基于占有被侵夺而产生的返还原物请求权也须掌握。

请求权规范基础的思维方式越来越重要，考生应努力培养此种思维方法。另外，诉讼时效的适用范围等考点也与请求权的类型密切相关。

（二）抗辩权

抗辩权的知识要点包括：

（1）抗辩权系针对请求权的权利，其功效在于阻止请求权的效力，无请求无抗辩；在对方当事人主张请求权时，抗辩权人以抗辩权对抗之，法院不得主动适用抗辩权条款。

（2）应熟记我国民法上几项重要的抗辩权：同时履行抗辩权、顺序履行抗辩权、不安抗辩权、先诉抗辩权、时效期间届满抗辩权等。所有上述抗辩权，都是重点，应结合后文具体阐述的内容加以重点把握。

（3）行使抗辩权的结果是：永久性地阻却请求权的效力（如时效期间届满抗辩）；或一时性地阻止对方行使请求权（先诉抗辩权），对方采取一定行动后，可消除抗辩权的效力。

（三）形成权

【重点法条】

《民法典》第199条　法律规定或者当事人约定的撤销权、解除权等权利的存续期间，除法律另有规定外，自权利人知道或者应当知道权利产生之日起计算，不适用有关诉讼时效中止、中断和延长的规定。存续期间届满，撤销权、解除权等权利消灭。

形成权是法考的一个比较重要的考点，以下要点须掌握：

（1）形成权是权利人单方面的意思表示即可导致法律关系发生、变更或消灭的权利，形成权主要是将某种决定权赋予特定法律关系中的一方当事人，以使其能够根据自己的判断决定法律关系的未来发展。

（2）其类型主要包括追认权、撤销权、解除权、选择权、抵销权等。具体类型的形成权规定基本都构成法考的重点，须结合具体规范认真把握。

（3）形成权的行使行为属于单方法律行为，通常以通知相对人的方式进行，通知到达相对人时发生效力，如追认、解除、抵销、选择等。

（4）某些类型的形成权需要依诉讼行使，如可撤销民事法律行为的撤销权，若未依诉行使该形成权，而单纯通知相对人，则不发生形成效力。

（5）形成权的行使不得附条件或附期限。

（6）形成权行使不适用诉讼时效期间，而适用除斥期间，法律规定的形成权行使的除斥期间以1年最为常见。形成权人未在除斥期间内行使权利的，形成权消灭（注意其与诉讼时效期间届满效果的区别)。

二、自力救济

关于“自力救济”，须理解，正当防卫、紧急避险、自助行为在符合法律规定的条件时，均可构成民事责任（侵权责任）的免责事由。正当防卫与紧急避险的规范见于《民法典》总则编第八章“民事责任”一章，相应的法条是第181条与第182条。自助行为的规定见于《民法典》侵权责任编关于侵权责任减免的规定（第1177条）。

总体来看，自力救济在主观题考试中出现的概率较低，仅做提示。

【重点法条】

《民法典》第1177条 合法权益受到侵害，情况紧迫且不能及时获得国家机关保护，不立即采取措施将使其合法权益受到难以弥补的损害的，受害人可以在保护自己合法权益的必要范围内采取扣留侵权人的财物等合理措施；但是，应当立即请求有关国家机关处理。

受害人采取的措施不当造成他人损害的，应当承担侵权责任。

三、民事责任

关于“民事责任”，应理解按份责任、连带责任，并能够结合相关考点正确理解诸如一般保证中主债务人责任与保证人责任、安全保障义务人“相应的补充责任”等。另外，《民法典》中见义勇为（第183条）及紧急救助的责任条款（第184条）也应有所了解。

【提示】

这一专题对应考试大纲第一章“民法概述”，基本上没有直接的考点。请求权、抗辩权等具有基础性，是理解后续重要考点的基础。

专题二 胎儿利益保护*

【“自然人”一章考点的基本分析】

考虑到主观题考试的特点及案情构建的可能，“自然人”这个部分在主观题考试中总体不重要。尽管法考也曾以监护作为主观题出题点（2021年延考），但总体上看，自然人监护、宣告失踪与宣告死亡等基本没有出题点。考生仅需以《民法典》第16条之规定为基础对胎儿利益保护这一考点做必要准备。

【可能的考法及应对】

一、对应的案情

1. 在母体中遭遇他人侵害，造成出生后缺陷。
2. 遗腹子的继承问题。
3. 出生前接受赠与。

二、注意事项

胎儿视为具有权利能力，有一个重要条件：需活体出生；娩出时是死体的，自始没有权利能力。

涉及遗产继承、赠与等，父母在胎儿娩出前即可以法定代理人身份代为主张权利（《总则编解释》第4条）。

三、答题方法

最好能记住法条序号，考场上迅速检索到《民法典》第16条，并抄录该法条作为大前提，再继续做类似如下表述“本案中，张某死亡时，其妻已怀有身孕，故张小某在张某死亡时即应视为具有权利能力，从而应认定张小某为张某的法定继承人”（针对遗腹子的继承问题）；或者“张小某的损害虽系其出生前由被告李某造成，但根据《民法典》第16条之规定，张小某在遭受损害时即已被视为具有权利能力，因此其出生后可以作为被侵权人向李某主张侵权损害赔偿”（针对出生前损害问题）。

【重点法条】

《民法典》第16条　涉及遗产继承、接受赠与等胎儿利益保护的，胎儿视为具有民事权利能力。但是，胎儿娩出时为死体的，其民事权利能力自始不存在。

《总则编解释》第4条　涉及遗产继承、接受赠与等胎儿利益保护，父母在胎儿娩出前作为法定代理人主张相应权利的，人民法院依法予以支持。

《民法典》第1155条　遗产分割时，应当保留胎儿的继承份额。胎儿娩出时是死体的，保留的份额按照法定继承办理。

专题三　法人与非法人组织＊＊＊

【考点基本分析】

法人与非法人组织是两类非自然人形态的民事主体。《民法典》总则编第三章规定法人，第四章规定非法人组织。

法考主观题考试特别关注责任承担的问题，主要包括：法人承受其法定代表人行为的后果，包括表见代表的问题（《民法典》第61条、第504条）；法人的独立责任（《民法典》第60条）与非法人组织的非独立责任（《民法典》第104条）；设立中法人的责任承担问题（《民法典》第75条）。

一、法人独立责任与法人人格否认

【重点法条】

《民法典》第60条　法人以其全部财产独立承担民事责任。

法人的独立责任（独立于其股东、创办人、成员等）是法人部分一个比较重要的考点，**关于此点可结合商法科目公司法部分学习掌握**。

法人对外承担独立责任。原则上，法人的出资人、创办人不对法人债务负责，对后者而言，其责任为有限责任（以出资额为限承担责任）。法人独立责任这一考点通常以公司法人为考核对象。公司法人，即使是一人公司（包括全资子公司），都由公司承担独立责任，股东（包括母公司）不承担责任（除非股东依法人人格否认规则承担连带责任）。相反，不具有独立法人资格的组织不由该组织承担独立责任，而由其出资人、创办人等与该组织承担连带责任（具体而言，可能是所谓“补充性连带责任”），这包括了个人独资企业、合伙企业等非法人组织。

法人的分支机构（如分公司）实际上是法人组织的一部分，其负责人及其他经授权的工作人员具有以法人名义实施民事法律行为的代理权，其行为与其说约束分支机构，不如说径直约束法人组织。据此点而言，**《民法典》第74条第2款**的以下规定值得关注：“**分支机构以自己的名义从事民事活动，产生的民事责任由法人承担**”。

须注意的是，《公司法》第23条设有否定法人人格的制度，在公司法人人格（因股东滥用）被否定时，股东须对公司债务负连带责任。《民法典》则将这一制度上升到“营利法人”层面。**《民法典》第83条第2款**规定：“营利法人的出资人不得滥用法人独立地位和出资人有限责任损害法人的债权人利益。滥用法人独立地位和出资人有限责任，逃避债务，严重损害法人债权人利益的，应当对法人债务承担连带责任。”《九民纪要》也对公司人格否认的法律适用做出解释。**法人人格否认问题系法考主观题考试绝对的重点**，必须精准掌握。鉴于该考点主要在商法模块中具体展开（包括针对一人公司所设特殊规范等），故在此不赘述。

二、设立中的法人

【重点法条】

《民法典》第75条　设立人为设立法人从事的民事活动，其法律后果由法人承受；法人未成立的，其法律后果由设立人承受，设立人为二人以上的，享有连带债权，承担连带债务。

设立人为设立法人以自己的名义从事民事活动产生的民事责任，第三人有权选择请求法人或者设立人承担。

关于设立人为设立法人而从事民事活动的责任承担问题，《公司法解释（三）》曾针对不同情形确立了系统的规则，2023年12月新修订的《公司法》第44条将设立中公司的责任规则与《民法典》第75条协调一致。

《民法典》第75条不仅针对各种设立中的法人（不限于设立中的公司），而且，其作为民事基本法及新法，应优先被适用。据此，主观题考试即使以设立中的公司作为基础案情，也应依据《民法典》第75条作答。对该条规定的解读，应区分设立人实施民事法律行为的名义，并结合法人是否设立成功而确立以下规则：

1. **设立人以设立中法人的名义实施民事法律行为**，如以“某某有限公司（筹）”的名义作为合同一方当事人，且法人设立成功的，则由法人承受法律行为的后果。若法人设立失败，则法律后果由设立人承受，即相对方有权请求设立人承担民事责任（包括违约责任、侵权责任、对认股人已缴股款本息的返还责任等）。若设立人为两人以上，则设立人须承担连带责任。

2. **若设立人以自己的名义为设立法人而实施民事法律行为**，则在法人成功设立后，相对人有权选择要求由设立人承担个人责任（因其为直接的缔约当事人），或者要求法人承担责任（因法律行为实际为其利益而实施）。

三、法定代表人与“表见代表”（及盖章问题）

（一）法定代表人及其代表权

【重点法条】

《民法典》第61条　依照法律或者法人章程的规定，代表法人从事民事活动的负责人，为法人的法定代表人。

法定代表人以法人名义从事的民事活动，其法律后果由法人承受。

法人章程或者法人权力机构对法定代表人代表权的限制，不得对抗善意相对人。

法定代表人，也称“法人代表”，是代表法人从事民事活动的负责人。在公司法人，法定代表人或为公司董事长，或为公司总经理，具体由公司章程决定。法定代表人以法人名义实施的民事法律行为，直接视为法人的行为（与代理人不同），其法律后果由法人承受。

法定代表人的代表权可以被法人章程或法人权力机关的决议所限制，但是，法人不得以此种限制对抗善意相对人。对于不知此法人内部代表权限制且无过失的善意相对人而言，其与法人的法定代表人实施的法律行为的效力不受影响（相当于不存在代表人的越权行为）。

（二）表见代表

【重点法条】

《民法典》第504条　法人的法定代表人或者非法人组织的负责人超越权限订立的合同，除相对人知道或者应当知道其超越权限外，该代表行为有效，订立的合同对法人或者非法人组织发生效力。

《合同编通则解释》第20条　法律、行政法规为限制法人的法定代表人或者非法人组织的负责人的代表权，规定合同所涉事项应当由法人、非法人组织的权力机构或者决策机构决议，或者应当由法人、非法人组织的执行机构决定，法定代表人、负责人未取得授权而以法人、非法人组织的名义订立合同，未尽到合理审查义务的相对人主张该合同对法人、非法人组织发生效力并由其承担违约责任的，人民法院不予支持，但是法人、非法人组织有过错的，可以参照民法典第一百五十七条的规定判决其承担相应的赔偿责任。相对人已尽到合理审查义务，构成表见代表的，人民法院应当依据民法典第五百零四条的规定处理。

合同所涉事项未超越法律、行政法规规定的法定代表人或者负责人的代表权限，但是超越法人、非法人组织的章程或者权力机构等对代表权的限制，相对人主张该合同对法人、非法人组织发生效力并由其承担违约责任的，人民法院依法予以支持。但是，法人、非法人组织举证证明相对人知道或者应当知道该限制的除外。

法人、非法人组织承担民事责任后，向有过错的法定代表人、负责人追偿因越权代表行为造成的损失的，人民法院依法予以支持。法律、司法解释对法定代表人、负责人的民事责任另有规定的，依照其规定。

《民法典》第61条第3款与第504条的关系，值得推敲。《合同编通则解释》将二者的适用做了区分，其关键要点在于：如对法定代表人权限的限制来自法人内部（章程或股东会决议等），则依第61条第3款处理，推定法定代表人越权订立的合同效力不受影响，除非法人一方举证证明相对人知道或应当知道权利限制；如果法定代表人以法人名义实施法律行为时超越了法律、行政法规规定的权限（典型者，也是考试最可能的出题点，未经股东会或董事会决议，公司法定代表人即以公司名义为他人债务提供担保），则由于相对人本来就应知晓法定代表人越权（法律不保护对法律无知者），则原则上法定代表人的越权行为不应产生效力，除非相对人能够证明自己已经尽到了必要审查义务（如要求法定代表人提交公司股东会或董事会关于同意提供担保的决议，而法定代表人提交了伪造的相关决议）。《合同编通则解释》第20条第1款确立了这一规则，并通过第2款将其与第61条第3款的情形相区分。

【提示】

前述《民法典》第61条第3款与第504条的区分原理，也适用于《民法典》第170条（职务代理人超越内部权限限制）与第172条（表见代理），即，法人工作人员超越法人的内部权限限制的，法人不得以越权为由对抗善意相对人（除非法人证明相对人知道或应当知道，否则法律行为的效力不受影响），而法人工作人员以法人名义实施法律行为时，如果超越了法律的授权（如未经股东会或董事会决议订立为他人提供担保的合同），则除非相对方证明已尽到必要审查义务，从而构成了表见代理的情形（《民法典》第172条），否则越权代理行为对法人不发生效力。关于此点，可参见《合同编通则解释》第21条。

（三）拓展与延伸：合同盖章问题

【重点法条】

《合同编通则解释》第22条 法定代表人、负责人或者工作人员以法人、非法人组织的名义订立合同且未超越权限，法人、非法人组织仅以合同加盖的印章不是备案印章或者系伪造的印章为由主张该合同对其不发生效力的，人民法院不予支持。

合同系以法人、非法人组织的名义订立，但是仅有法定代表人、负责人或者工作人员签名或者按指印而未加盖法人、非法人组织的印章，相对人能够证明法定代表人、负责人或者工作人员在订立合同时未超越权限的，人民法院应当认定合同对法人、非法人组织发生效力。但是，当事人约定以加盖印章作为合同成立条件的除外。

合同仅加盖法人、非法人组织的印章而无人员签名或者按指印，相对人能够证明合同系法定代表人、负责人或者工作人员在其权限范围内订立的，人民法院应当认定该合同对法人、非法人组织发生效力。

在前三款规定的情形下，法定代表人、负责人或者工作人员在订立合同时虽然超越代表或者代理权限，但是依据民法典第五百零四条的规定构成表见代表，或者依据民法典第一百七十二条的规定构成表见代理的，人民法院应当认定合同对法人、非法人组织发生效力。

最高人民法院《九民纪要》之41阐明了“盖章行为的法律效力”，其核心要义在于，只要在合同文本上签字的法定代表人或者职务代理人具有代表权或代理权，公章是否正确并不影响合同的效力。《合同编通则解释》第22条基本继承了这一裁判思路，弱化了公章在缔约中的地位，而强化了代理和代表的机制，即只要代理或代表法人订立合同的人享有代表权或代理权（或者构成表见代表或表见代理），则合同的效力不受未加盖法人公章或加盖不正确的法人公章这一事实的影响。该条规定第3款进一步明确，即使合同上加盖了公章，但如果没有代表人或代理人个人签字，相对人仍须证明该合同系对方的代表人或代理人在其权限内订立。

【答题指引】

对前述规则，有人总结为“认人不认章”。笔者认为，若主观题涉及该考点，不宜直接以“认人不认章”这样通俗的语言作答，而应直接以《合同编通则》第22条作为答题依据，或者依据《民法典》第61条第2款或第170条第1款之规定直接答出法人代表人或法人工作人员的行为后果由法人承受，公章是否正确加盖在所不问。

四、非法人组织的责任

【重点法条】

《民法典》第104条　非法人组织的财产不足以清偿债务的，其出资人或者设立人承担无限责任。法律另有规定的，依照其规定。

关于非法人组织及其责任承担，应从以下几方面加以把握：

（1）非法人组织是不具有法人资格，但是能够依法以自己的名义从事民事活动的组织。非法人组织包括个人独资企业、合伙企业、不具有法人资格的专业服务机构等。就法考主观题考试而言，仅会涉及个人独资企业、合伙企业。

（2）非法人组织具有民事主体地位，拥有相对独立的财产，**对外首先应当以自己的财产承担责任**。这也就意味着，债权人应首先申请就非法人组织的财产进行强制执行，若非法人组织的财产能够保障债权的清偿，债权人不得主张对出资人或设立人的财产进行强制执行。

（3）与法人的独立责任不同，非法人组织不能完全独立承担民事责任。**当非法人组织的财产不足以偿还债务时**，应由该非法人组织的出资人或者设立人承担无限责任。结合民事诉讼法，若非法人组织的债权人并未一并起诉出资人，其在执行程序中，可根据有关追加被执行人的规定，将出资人追加为被执行人。

专题四　民事法律行为的效力＊＊＊＊

【考点基本分析】

民事法律行为的效力是主观题考试重要的考点，尤其是无效法律行为与可撤销法律行为，包括导致效力瑕疵的原因及无效、可撤销的后果等。“民事法律行为”类型众多，主观题考试基本仅会涉及合同的效力。在规范依据方面，主要关注《民法典》总则编第六章第三节。另外，在合同效力方面，还需适当关注《总则编解释》及《合同编通则解释》的相关规定。考生还需将此考点与多重买卖、债权合同效力与物权变动效力区分等考点相结合。

一、法律行为的成立与生效

成立与生效问题，没有直接考点，不过却是理解其他重要考点的基础，考生可注意以下几个方面：

1. 民事法律行为首先涉及成立的问题，只有成立才涉及效力判断。据此，《民法典》合同编首先通过要约、承诺等规则解决“合同的订立”问题，然后再规定“合同的效力”。在逻辑上，未成立的合同无须做效力判断。

2. 民事法律行为通常的成立要件就是前述“意思表示”。对合同而言，不仅要求有两个意思表示，而且它们还需合一。为此，合同编创设了要约、承诺等规则，借此可判断合同是否成立。

3. 法律行为一经成立，即推定其具有效力。因此，行为人并无需从正面去证明其实施的法律行为满足了《民法典》第143条的三项要件。应从反向认识《民法典》第143条的规定，即影响民事法律行为效力的主要因素有三：①行为能力有缺陷；②意思表示有瑕疵；③违反效力性强制性规范或违反公序良俗。据此，在面对有关合同的效力问题时，若初步判断合同有效，则考生可以做类似如下回答：**“该合同有效，因其体现当事人真实意思，不存在意思表示的瑕疵，且不存在违反效力性强制性规范或违背公序良俗的情形”**（此为有关合同有效的一般性论证方法）。

【相关法条】

《民法典》第143条 具备下列条件的民事法律行为有效：

（一）行为人具有相应的民事行为能力；

（二）意思表示真实；

（三）不违反法律、行政法规的强制性规定，不违背公序良俗。

二、民事法律行为效力的系统观察

《民法典》所确立的有效、可撤销、效力待定、无效四种具体效力样态，须采一个系统的观察，方可准确理解。尤其重要的是，所谓法律行为的效力问题，实际上就是法秩序对于民事主体追求特定权利义务效果的认可与否的问题，最终将会表现为“生效”与“不生效”两个大类。以此视角观察，也可将附条件法律行为的效力纳入其中。据此，可对法律行为的效力做整理如下图：

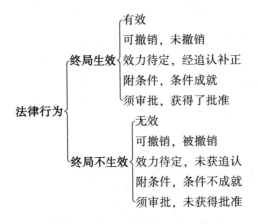

- **法律行为**
  - **终局生效**
    - 有效
    - 可撤销，未撤销
    - 效力待定，经追认补正
    - 附条件，条件成就
    - 须审批，获得了批准
  - **终局不生效**
    - 无效
    - 可撤销，被撤销
    - 效力待定，未获追认
    - 附条件，条件不成就
    - 须审批，未获得批准

对上图可做补充说明如下：

1. 民事法律行为的具体效力包括有效、可撤销、效力待定与无效几种状态。

2. 有效和无效是两种确定的、最终的效力状态；可撤销与效力待定是临时效力状态，最终将转化成生效或不生效。

3. 可撤销民事法律行为是已经生效的民事法律行为：如果撤销权人行使撤销权，已生效的民事法律行为溯及既往地丧失效力；如果撤销权消灭，则可撤销行为确定地发生效力。

4. 效力待定的民事法律行为是尚未生效的民事法律行为：如得到追认或因其他原因得到补正，则转化为生效行为；如果得不到补正，则效力待定行为最终确定不生效力。

5. 严格来说，“无效”与“不生效”（或“未生效”）应加以区分。无效是因存在法律规定的无效事由（如双方虚假、违背公序良俗等）的结果。无效固然属于“不生效”，但以下几种不生效并非“无效”：可撤销行为被撤销；效力待定行为未被补正；附停止条件的行为条件未成就；应审批而尚未获得批准。

三、待审批合同的效力

【重点法条】

《民法典》第502条第2款　依照法律、行政法规的规定，合同应当办理批准等手续的，依照其规定。未办理批准等手续影响合同生效的，不影响合同中履行报批等义务条款以及相关条款的效力。应当办理申请批准等手续的当事人未履行义务的，对方可以请求其承担违反该义务的责任。

法律、行政法规规定某类合同应当办理批准手续生效的（如商业银行法、证券法、保险法等法律规定购买商业银行、证券公司、保险公司5%以上股权须经相关主管部门批准；采矿权转让，须经自然资源主管部门批准），在获得批准之前，合同尚未发生效力；在获得批准后，合同生效。此为待批准合同效力的基本方面。但是，对该问题的把握尚需注意以下两点：

1. 待批准合同，在获得批准之前，属于尚未生效的合同，而非无效合同。对此类合同而言，批准是合同的特别生效要件，在合同的其他生效要件具备的情况下，待批准合同实际上已经对合同当事人产生拘束力，当事人不得任意撤回、变更合同。此原理类似附生效条件的合同：合同成立后，是否生效，取决于具有不确定性的条件是否成就，当事人不得在条件成就与否尚未确定前任意撤回意思表示。

2. 待批准合同约定一方当事人负有报批义务的，该条款独立发生效力，负有报批义务的一方应履行向有关部门申请批准的手续。该当事人不履行此报批义务的，对方可向其主张承担不履行此报批义务的责任。如对方当事人诉请法院判决负有义务的一方履行报批义务（即主张“实际履行”），法院应判决负有义务的一方履行报批义务。对方当事人也可以不诉请报批，而直接解除合同，并要求负有报批义务一方承担赔偿责任。若人民法院判决一方履行报批义务而该当事人拒绝履行生效判决，则对方可请求其承担参照违反合同的违约损害赔偿责任。若一方报批后行政机关不予批准，则对方不得主张报批方承担责任。

【答题指引】

待审批合同这个考点很容易判断。一旦判断试题涉及这个考点，则可立刻运用一个初步规则：在获得审批之前，合同虽尚未生效，但一方依约定负有报批的义务；违反此义务不履行报批义务的，对方可主张其承担违反此义务的责任。如果案情涉及进一步的诉请报批等（考虑到主观题的综合性，此种案情延伸的概率很小），则应直接以《合同编通则解释》第12条规定为答题依据。在备考时，与其详细识记该条的具体内容，不如简单记住该法条，以便于在小概率事件发生时在考场上径直找到该条规定作为答题依据。

【相关法条】

《合同编通则解释》第12条 合同依法成立后，负有报批义务的当事人不履行报批义务或者履行报批义务不符合合同的约定或者法律、行政法规的规定，对方请求其继续履行报批义务的，人民法院应予支持；对方主张解除合同并请求其承担违反报批义务的赔偿责任的，人民法院应予支持。

人民法院判决当事人一方履行报批义务后，其仍不履行，对方主张解除合同并参照违反合同的违约责任请求其承担赔偿责任的，人民法院应予支持。

合同获得批准前，当事人一方起诉请求对方履行合同约定的主要义务，经释明后拒绝变更诉讼请求的，人民法院应当判决驳回其诉讼请求，但是不影响其另行提起诉讼。

负有报批义务的当事人已经办理申请批准等手续或者已经履行生效判决确定的报批义务，批准机关决定不予批准，对方请求其承担赔偿责任的，人民法院不予支持。但是，因迟延履行报批义务等可归责于当事人的原因导致合同未获批准，对方请求赔偿因此受到的损失的，人民法院应当依据民法典第一百五十七条的规定处理。

四、无效的民事法律行为

（一）无民事行为能力人实施的民事法律行为无效

【重点法条】

《民法典》第144条 无民事行为能力人实施的民事法律行为无效。

需注意的是，根据《关于贯彻执行〈中华人民共和国民法通则〉若干问题的意见（试行）》（以下简称“《民通意见》”）的规定，无民事行为能力人实施的纯获利益的行为也属于有效的行为。而根据《民法典》的规定，只有限制民事行为能力人才能独立实施纯获利益的行为。也就是说，在现行法上，无民事行为能力人自己实施的纯获利益行为也属于无效的法律行为。

（二）双方虚假通谋的法律行为无效

【重点法条】

《民法典》第 146 条　行为人与相对人以虚假的意思表示实施的民事法律行为无效。

以虚假的意思表示隐藏的民事法律行为的效力，依照有关法律规定处理。

司法实践中，常见诸如“名为买卖，实为借贷”之类的认定。其中，“名为”所涉及的法律行为通常都构成双方虚假行为，而“实为”则属于由虚假行为所掩盖的隐藏行为。

行为人与相对人通谋（双方虚假），以虚假意思表示实施的民事法律行为无效。须注意的是，《民法典》是在保留了“恶意串通”规定的情况下增设双方虚假无效之规定的，由此可见，**第 146 条**规定的双方虚假行为并不需要恶意或不法要件，只要意思表示人与相对人均知表示的虚假，法律行为就当然地不发生效力。双方虚假行为的无效，其理由并非“不法”，而是因为双方实际上均不想使虚假的意思表示发生效力，既如此，法秩序当然没有必要承认其效力。

如果当事人用虚假通谋的意思表示隐藏了另一个民事法律行为，则隐藏行为在符合法律规定的生效要件时，可发生效力。须注意的是，**隐藏行为虽体现当事人的真实意思，但如存在会导致法律行为无效的强制性规范的违反或者违背公序良俗等情形，也不能发生效力**。另外，如果以虚假行为隐藏了本应经过行政审批的法律行为，则该隐藏行为的效力应依据《民法典》第 502 条与《合同编通则解释》第 12 条认定效力。

须注意的是，在担保领域，担保人在形式上将财产权转让给债权人（包括通过回购的方式）供担保之用的，尽管其转让的仅是形式上的财产权（实际上系在被转让的财产上构建担保权利），但此种情形并不构成《民法典》第 146 条规定的双方虚假行为，而是应该根据《担保制度解释》第 68 条的规定界定该担保的效力。如果当事人虚构让与担保财产，则构成双方虚假行为，应从当事人隐藏的真实交易入手界定他们之间的法律关系。

另外，由于行政管制等方面的原因，在某些领域中的双方虚假通谋适用特别规范，而不适用《民法典》第 146 条的规则。例如，根据《建设工程施工合同解释（一）》第 2 条的规定，即使中标合同不是真实意思表示，仍以该中标合同确认合同的效力；与中标备案合同不一致的其他约定，即使是当事人双方真实的意思，亦不具有效力。

【相关法条】

《合同编通则解释》第 14 条　当事人之间就同一交易订立多份合同，人民法院应当认定其中以虚假意思表示订立的合同无效。当事人为规避法律、行政法规的强制性规定，以虚假意思表示隐藏真实意思表示的，人民法院应当依据民法典第一百五十三条第一款的规定认定被隐藏合同的效力；当事人为规避法律、行政法规关于合同应当办理批准等手续的规定，以虚假意思表示隐藏真实意思表示的，人民法院应当依据民法典第五百零二条第二款的规定认定被隐藏合同的效力。

依据前款规定认定被隐藏合同无效或者确定不发生效力的，人民法院应当以被隐藏合同为事实基础，依据民法典第一百五十七条的规定确定当事人的民事责任。但是，法律另有规定的除外。

当事人就同一交易订立的多份合同均系真实意思表示，且不存在其他影响合同效力情形的，人民法院应当在查明各合同成立先后顺序和实际履行情况的基础上，认定合同内容是否发生变更。法律、行政法规禁止变更合同内容的，人民法院应当认定合同的相应变更无效。

《担保制度解释》第68条第3款 债务人与债权人约定将财产转移至债权人名下，在一定期间后再由债务人或者其指定的第三人以交易本金加上溢价款回购，债务人到期不履行回购义务，财产归债权人所有的，人民法院应当参照第二款规定处理。**回购对象自始不存在的，人民法院应当依照民法典第一百四十六条第二款的规定，按照其实际构成的法律关系处理。**

（三）因违反强制性规范或者违背公序良俗而无效

【重点法条】

《民法典》第153条 违反法律、行政法规的强制性规定的民事法律行为无效。但是，该强制性规定不导致该民事法律行为无效的除外。

违背公序良俗的民事法律行为无效。

民事法律行为违反强行性法律规范的，未必无效。在《合同编通则解释》出台前，我国民法理论及实务一般区分强制性规范的类型来确定违法合同的效力：违反所谓“**管理性强制性规范**”的，原则上，法律行为的效力不受影响；只有违反所谓“**效力性强制性规范**”，民事法律行为才因此而无效。而关于强制性规范的性质识别问题，最高院《九民纪要》提出了以下判断标准，可资参考：（1）关于“强制性规定”的性质，要在考量强制性规定所保护的法益类型、违法行为的法律后果以及交易安全保护等因素的基础上认定其性质。（2）下列强制性规定，应当认定为“效力性强制性规定”：强制性规定涉及金融安全、市场秩序、国家宏观政策等公序良俗的；交易标的禁止买卖的，如禁止人体器官、毒品、枪支等买卖；违反特许经营规定的，如场外配资合同；交易方式严重违法的，如违反招投标等竞争性缔约方式订立的合同；交易场所违法的，如在批准的交易场所之外进行期货交易。（3）关于经营范围、交易时间、交易数量等行政管理性质的强制性规定，一般应当认定为“管理性强制性规定”。

《合同编通则解释》改变了按照区分强制性规范性质界定效力的做法，其理由在于，并不存在切实可行的方法为这种区分提供标准。根据该司法解释第16条，应根据合同所违反的强制性规范的规范目的，考察相关刑事责任或行政责任的追究是否已足以实现强制性规范的规范目的，从而决定合同是否可以归入《民法典》第153条但书的范围。总体来看，该条所确立的标准仍是抽象且不确定的，对此问题，只能根据个案情形决定。有鉴于此，笔者认为，法律职业资格考试不太可能在此边界不明的问题上出题。因此，仅就备考而言，该问题其实并不重要。

无论如何，就《民法典》明确规定相关强制性规范的违反不影响合同效力的情形还是应该加以掌握，包括：（1）当事人超越经营范围订立的合同的效力（《民法典》第505条）；（2）租赁合同未办理登记备案手续的（《民法典》第706条）等。

《民法典》第153条第2款直接采用“**公序良俗**”的表达取代了《中华人民共和国民法通则》（以下简称《民法通则》）和《合同法》中“公共道德”“公共利益”的表述。法律行为违背公序良俗的，无效，其意义可简要分解如下：（1）**法律行为违背善良风俗的**，无效。例如，以维持婚外性关系为条件的赠与合同无效。（2）**法律行为违反公共秩序的**，无效。公共秩序可表现为本身不构成法律的行政措施（如金融监管当局作出的具有部门规章性质的金融管制规定，及地方政府做出的房地产限购措施等）。就公序良俗的判断问题，《合同编通则解释》第17条也给出了一条解释性规则，但其标准同样是相当抽象的。笔者认为，此考点出现在主观题考试中的概率也是很低的。

（四）因行为人与相对人恶意串通损害他人合法权益而无效

【重点法条】

《民法典》第154条 行为人与相对人恶意串通，损害他人合法权益的民事法律行为无效。

恶意串通行为无效，其根本原因在于此种串通行为以损害他人为目的，构成实质性违法。为避免他人合法权益受损，法秩序必须认定此种法律行为无效。

恶意串通，要求双方当事人共同追求损害他人合法权益的目的。一方有恶意，而他方具有自身正当目的的追求，**仅单纯知晓对方恶意的，并不构成恶意串通。典型的事例是：在发生一物二卖时，后买受人仅知晓前买卖合同的存在，并不构成恶意串通。**

（五）民事法律行为无效的后果

1. 民事行为无效的效果可以归结为：（1）自始无效，无效的效果溯及民事行为成立之时；（2）当然无效，无效效果无须像可撤销法律行为那样经由撤销权的行使才失去效力，当事人主张无效也无需受除斥期间的限制。

2. 民事法律行为无效后，发生恢复原状（返还财产）和赔偿损失的后果。根据《合同编通则解释》，如果合同双方当事人因合同无效均负返还义务（如出卖人返还价款，买受人返还标的物），则双方的返还义务构成所谓“对待给付义务”，应同时履行，这就意味着，**此时有《民法典》第525条同时履行抗辩权的适用**。如果买受人须支付物之使用费，而出卖人须负担价款的利息，则此二者亦可抵销。**合同无效后的赔偿损失，其性质为缔约过失赔偿**。此外，《合同编通则解释》第25条还就金钱返还所涉及的资金占用费返还问题明确了以下规则：返还一方应按照一年期LPR标准返还资金占用费；若返还一方无过错的，则按同期同类存款基准利率计算资金占用费。

3. 可撤销民事法律行为被撤销的，效力待定行为因未获追认等确定不发生效力的，与无效发生相同的效力。实际上，就合同而言，合同如果被判定为不成立，其法律后果也可准用《民法典》第157条的规定（《总则编解释》第23条）。

【相关法条】

《合同编通则解释》第25条 合同不成立、无效、被撤销或者确定不发生效力，有权请求返还价款或者报酬的当事人一方请求对方支付资金占用费的，人民法院应当在当事人请求的范围内按照中国人民银行授权全国银行间同业拆借中心公布的**一年期贷款市场报价利率**（**LPR**）计算。但是，占用资金的当事人对于合同不成立、无效、被撤销或者确定不发生效力没有过错的，应当以中国人民银行公布的**同期同类存款基准利率**计算。

双方互负返还义务，**当事人主张同时履行的**，人民法院应予支持；占有标的物的一方对标的物存在使用或者依法可以使用的情形，对方请求将其应支付的资金占用费与应收取的标的物使用费**相互抵销**的，人民法院应予支持，但是法律另有规定的除外。

五、可撤销的民事法律行为

（一）民事法律行为可撤销的原因

1. 基于重大误解实施的民事法律行为，行为人有权请求撤销。重大误解来自行为人本身的认知或表示错误，当事人须基于重大的错误而实施民事法律行为，方可作为可撤销的理由。

【重点法条】

《民法典》第147条 基于重大误解实施的民事法律行为，行为人有权请求人民法院或者仲裁机构予以撤销。

《总则编解释》第19条 行为人对行为的性质、对方当事人或者标的物的品种、质量、规格、价格、数量等产生错误认识，按照通常理解如果不发生该错误认识行为人就不会作出相应意思表示的，人民法院可以认定为民法典第一百四十七条规定的重大误解。

行为人能够证明自己实施民事法律行为时存在重大误解，并请求撤销该民事法律行为的，人民法院依法予以支持；但是，根据交易习惯等认定行为人无权请求撤销的除外。

2. 因受欺诈而撤销。在双方当事人间，一方以欺诈手段使对方在违背真实意思情况下实施民事法律行为的，受欺诈方有权请求撤销。如系第三人实施欺诈行为，使当事人一方作出了不真实的意思表示，则只有在对方知道或应当知道该欺诈行为时，受欺诈方才可请求撤销。

【重点法条】

《民法典》第 148 条 一方以欺诈手段，使对方在违背真实意思的情况下实施的民事法律行为，受欺诈方有权请求人民法院或者仲裁机构予以撤销。

《民法典》第 149 条 第三人实施欺诈行为，使一方在违背真实意思的情况下实施的民事法律行为，对方知道或者应当知道该欺诈行为的，受欺诈方有权请求人民法院或者仲裁机构予以撤销。

《总则编解释》第 21 条 故意告知虚假情况，或者负有告知义务的人故意隐瞒真实情况，致使当事人基于错误认识作出意思表示的，人民法院可以认定为民法典第一百四十八条、第一百四十九条规定的欺诈。

【特别提示】

考生须能够识别可撤销事由究竟是欺诈还是胁迫。受欺诈而作出意思表示的，系行为人因他人欺诈而陷入判断错误，从而作出表示；而受胁迫系行为人在他人威胁之下陷入恐慌，因担心遭到不利后果而作出表示。无论胁迫之事项是否为真，只要使受胁迫人陷入恐慌而实施表意行为，均构成胁迫。

另须指出的是，法律使用“欺诈”“胁迫”的表达，但是，实际上，法律行为效力可撤销，系因为当事人受到欺诈或者胁迫而做出不自由、不真实的意思表示，因此，在理解时，应将该两项撤销事由，理解为“受欺诈”和“受胁迫”。

3. 因受胁迫而撤销。无论胁迫来自相对方，还是来自第三方，受胁迫人均可请求撤销。

【重点法条】

《民法典》第 150 条 一方或者第三人以胁迫手段，使对方在违背真实意思的情况下实施的民事法律行为，受胁迫方有权请求人民法院或者仲裁机构予以撤销。

《总则编解释》第 22 条 以给自然人及其近亲属等的人身权利、财产权利以及其他合法权益造成损害或者以给法人、非法人组织的名誉、荣誉、财产权益等造成损害为要挟，迫使其基于恐惧心理作出意思表示的，人民法院可以认定为民法典第一百五十条规定的胁迫。

4. 因乘人之危而导致显失公平的撤销。“显失公平”并不仅仅指结果的不均衡，在原《民通意见》中就要求具备“一方利用对方处于危困状态、缺乏判断能力等情形”。需特别注意的是，《民法典》取消了原《合同法》上作为独立撤销原因的“乘人之危”，而将其整合进引起显失公平后果的第 151 条。关于该条中“缺乏判断能力”的具体标准，《合同编通则解释》第 11 条做出了界定，可资参考。

【重点法条】

《民法典》第151条　一方利用对方处于危困状态、缺乏判断能力等情形，致使民事法律行为成立时显失公平的，受损害方有权请求人民法院或者仲裁机构予以撤销。

《合同编通则解释》第11条　当事人一方是自然人，根据该当事人的年龄、智力、知识、经验并结合交易的复杂程度，能够认定其对合同的性质、合同订立的法律后果或者交易中存在的特定风险缺乏应有的认知能力的，人民法院可以认定该情形构成民法典第一百五十一条规定的“缺乏判断能力”。

（二）撤销权

1. 可撤销法律行为的直接效果就是产生撤销权。

2. 撤销权的享有者：受欺诈者、受胁迫者、发生重大误解者、因显失公平而遭受损失者。

3. 撤销权必须依诉行使，即撤销权人只有通过向法院起诉或向仲裁机构提出申请才能发生撤销的效果。根据《九民纪要》的规定，撤销权也可以诉讼抗辩的方式行使。

4. 撤销权性质上属于形成权，其行使须受除斥期间的限制。《民法典》第152条设计了比较复杂的撤销权行使期间，即在下列情形下，撤销权消灭：（1）当事人自知道或应当知道撤销事由之日起1年内、重大误解的当事人自知道或应当知道撤销事由之日起90日内未行使；（2）当事人受胁迫的，自胁迫行为终止之日起的一年内未行使；（3）当事人自民事法律行为发生之日起五年内没有行使撤销权。

5. 可撤销法律行为自成立时起已经发生效力，但因撤销权的有效行使而溯及既往地失去效力。可撤销民事法律行为一经撤销，其法律后果与无效一致。

【拓展】撤销权与违约责任之间的关系

以出卖人欺诈买受人，销售有质量瑕疵商品为例。

可撤销的法律行为赋予一方当事人撤销的权利，该撤销权人可以依据自己的利益诉求，自由决定是否行使撤销权。如可撤销法律行为不被撤销，并不意味着当事人不能寻求其他法律救济。事实上，在很多情况下，寻求违约救济更符合撤销权人的利益。以上所述，可归纳如下：

（1）买受人可以行使撤销权：一经撤销，法律行为溯及既往丧失效力；买受人不必再支付价款，已支付价款可要求返还；买受人已受领交付的，也须负返还标的物的责任；买受人可就缔约中的损失，要求出卖人承担损害赔偿责任。

（2）买受人不行使撤销权（主动），或在撤销权因除斥期间届满而消灭时（被动），买卖合同为确定生效合同，但绝不意味着买受人不能再获得救济！事实上，在合同有效的逻辑下，买受人能主张的救济手段更多：（1）可要求补正履行（修理、更换），并对相关损失要求赔偿；（2）可主张减价；（3）可退货（即解除合同），“退货”将产生与撤销相似的效力，但权利人可主张履行利益的损害赔偿。

六、效力未定民事法律行为

（一）限制行为能力人超越行为能力的行为

【重点法条】

《民法典》第 145 条　限制民事行为能力人实施的纯获利益的民事法律行为或者与其年龄、智力、精神健康状况相适应的民事法律行为有效；实施的其他民事法律行为经法定代理人同意或者追认后有效。

相对人可以催告法定代理人自收到通知之日起三十日内予以追认。法定代理人未作表示的，视为拒绝追认。民事法律行为被追认前，善意相对人有撤销的权利。撤销应当以通知的方式作出。

1. 限制行为能力人实施的与其能力相当的民事行为确定有效。

2. 限制行为能力人实施的纯获利益行为确定有效，如作为受赠人订立赠与合同。

3. 效力待定产生三种权利：法定代理人的追认权；相对人的催告权；善意相对人的撤销权。其中，追认权与撤销权属于形成权。

4. 经法定代理人追认转化为有效；经善意相对人撤销，确定不生效；经催告后 30 日内不追认或在合理期间经过后，追认权消灭，民事法律行为确定不生效。

（二）无权处分行为

原《合同法》第 51 条规定："无处分权的人处分他人财产，经权利人追认或者无处分权的人订立合同后取得处分权的，该合同有效。"该条文一度被理解为：以他人所有之物为标的物的买卖合同效力待定。此种理解混淆了负担行为与处分行为，随着 2012 年《买卖合同司法解释》第 3 条的出台，对原《合同法》第 51 条需要重新解释。最终，《民法典》删去了有关无权处分的规范。并在买卖合同部分增设了第 597 条的如下规定："因出卖人未取得处分权致使标的物所有权不能转移的，买受人可以解除合同并请求出卖人承担违约责任。法律、行政法规禁止或者限制转让的标的物，依照其规定。"

对"无权处分效力待定"这一规则，应在"处分行为"的概念之下作以下两点理解：

1. 处分行为的有效须以处分人有处分权为必要，缺乏处分权而实施处分行为的，该行为为效力未定行为。

2. 处分行为效力未定，经权利人追认或者处分人事后取得处分权，效力得以补正。

【特别提示】

在 2012 年最高院《买卖合同司法解释》出台之前，对原《合同法》第 51 条的基本理解是：出卖他人之物的买卖合同就是效力待定的合同。但是，《买卖合同司法解释》第 3 条改变了此种理解，法考的相应立场也应随之改变。由于出卖他人之物的买卖合同被确定为有效，对原《合同法》第51条的理解就需要回到民法理论关于“负担行为”与“处分行为”的区分上来，从而将效力未定的行为定位于旨在发生物权变动的处分行为。简言之，以乙未经甲同意将甲之物出卖给丙为例，效力未定的并非买卖合同，而是乙向丙转让所有权的行为效果，即只有得到甲的追认或者乙事后取得所有权，丙方可取得所有权。当然，若丙的购买满足了《民法典》第311条善意取得的构成要件，则丙可据此取得所有权。在处分权人不追认且不构成善意取得的情形，即使受让人已经占有了标的物，处分权人也可向其主张原物的返还（《民法典》第235条）。

【相关法条】

《合同编通则解释》第19条 以转让或者设定财产权利为目的订立的合同，当事人或者真正权利人仅以让与人在订立合同时对标的物没有所有权或者处分权为由主张合同无效的，人民法院不予支持；因未取得真正权利人事后同意或者让与人事后未取得处分权导致合同不能履行，受让人主张解除合同并请求让与人承担违反合同的赔偿责任的，人民法院依法予以支持。

前款规定的合同被认定有效，且让与人已经将财产交付或者移转登记至受让人，真正权利人请求认定财产权利未发生变动或者请求返还财产的，人民法院应予支持。但是，受让人依据民法典第三百一十一条等规定善意取得财产权利的除外。

【答题指引】

如试题要求回答出卖他人之物合同的效力并陈述理由，则应回答合同有效，理由陈述中应包括“买卖合同旨在产生债权债务关系，出卖人对标的物不享有处分权的，不影响合同的效力”之类的表述。如试题要求回答多重买卖的效力，则在回答合同有效的同时，应在理由陈述部分强调买卖合同的债权合同属性，指出一物数卖情形下数个合同均有效，且后买受人是否知情不影响其缔结之买卖合同的效力。若涉及出卖他人之物情形下受让人是否取得所有权的问题，则应依《合同编通则解释》第19条的指引作答：若真实权利人追认或无权处分人事后取得处分权，则受让人取得所有权；若这两项补正要素之一未出现，则除非受让人满足《民法典》第311条规定的善意取得要件，受让人不取得所有权，而仅能向出卖人主张解除合同并赔偿损失。

专题五　表见代理、狭义无权代理＊＊＊

【代理考点的基本分析】

代理，也是法考主观题一个重要的出题点，2018年法考主观题测试过表见代理与自己代理。代理的考点，主要聚焦于无权代理，包括表见代理与狭义无权代理。

一、代理的基本思路

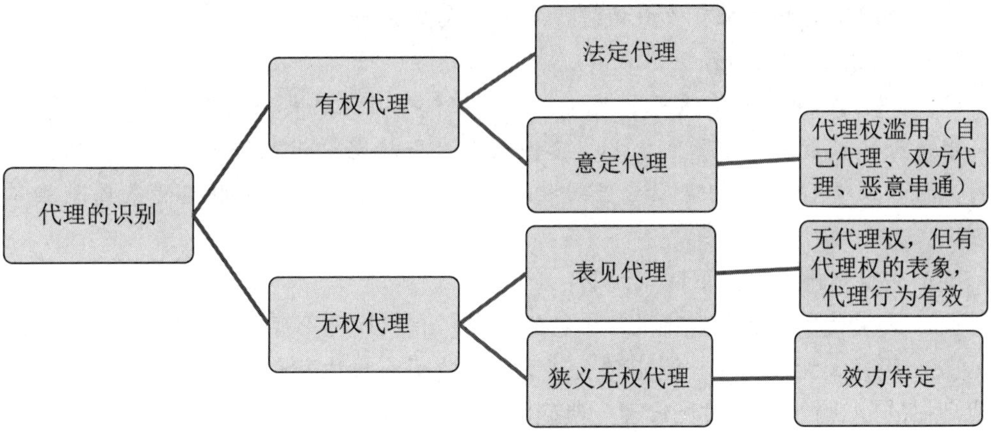

二、有权代理

关于有权代理，适当关注一下自己代理、双方代理（《民法典》第168条）以及代理人与相对人恶意串通的规范（《民法典》第164条第2款）即可。构成自己代理或双方代理的，代理行为效力待定，在被代理人或被代理的双方追认后，代理行为有效。代理人与被代理人恶意串通的，代理行为无效。

【重点法条】

《民法典》第168条　代理人不得以被代理人的名义与自己实施民事法律行为，但是被代理人同意或者追认的除外。

代理人不得以被代理人的名义与自己同时代理的其他人实施民事法律行为，但是被代理的双方同意或者追认的除外。

《民法典》第164条第2款　代理人和相对人恶意串通，损害被代理人合法权益的，代理人和相对人应当承担连带责任。

三、无权代理

代理的重点在无权代理。一旦依给定的案件事实，判断出代理人无代理权，则应首先判断是否构成表见代理（《民法典》第172条），构成表见代理的，代理行为有效，被代理人需承受其效果；如果不构成表见代理，则为狭义无权代理，需按《民法典》第171条分析，尤其需要重视该条第3款规定的责任。

（一）表见代理

【重点法条】

《民法典》第172条　行为人没有代理权、超越代理权或者代理权终止后，仍然实施代理行为，相对人有理由相信行为人有代理权的，代理行为有效。

《总则编解释》第28条 同时符合下列条件的，人民法院可以认定为民法典第一百七十二条规定的相对人有理由相信行为人有代理权：

（一）存在代理权的外观；

（二）相对人不知道行为人行为时没有代理权，且无过失。

因是否构成表见代理发生争议的，相对人应当就无权代理符合前款第一项规定的条件承担举证责任；被代理人应当就相对人不符合前款第二项规定的条件承担举证责任。

关于表见代理，做以下四点说明：

（1）表见代理是无权代理的一个特殊类型。有权代理不存在表见代理的问题。

（2）代理人无代理权，但相对人基于客观情况有理由相信代理人有代理权的（存在代理权的外观），构成表见代理。典型的事例如，业务员与客户熟识，离职后，公司未通知客户且未收回授权文书或其他表明业务员代理人身份的文件，导致前业务员以公司名义与信赖其代理人身份的客户缔约。

（3）关于被代理人是否应具备主观上的可归责性问题，尽管原《合同法》与《民法典》的相关法条均未明确要求，但民法理论通常认为，仅有相对人的对代理权的信赖，仍不足以成立表见代理，只有同时具备被代理人主观上的可归责性时，方可成立表见代理。例如，如果甲伪造A公司公章，并利用该伪造公章制作授权委托书，谎称为A公司业务员而与B公司缔约，而A公司对于甲之行为完全不知晓，也不存在控制不当的问题，则即便B公司善意信赖，亦不能成立表见代理。《总则编解释》第28条虽未明确要求被代理人的可归责性，但其实通过两项要件已经包含了相似的判断。要求相对人不知代理人无代理权且无过失，往往意味着被代理人方面存在可归咎性。在代理人伪造公章制作授权委托书的情形，若被代理人并无过错，而是相对人未尽必要审查义务，则不构成表见代理。考虑到主观题考试可能结合民事诉讼法考核举证责任的分配，《总则编解释》第28条第2款所确定的举证责任分配规则也应加以掌握。

（4）表见代理的效果视同有权代理，即被代理人须承受表见代理人行为的后果。

【提示】

《民法典》第170条第2款针对越权型职务代理设有如下规定："法人或者非法人组织对执行其工作任务的人员职权范围的限制，不得对抗善意相对人。"该条强调，若职务代理人的越权系因法人内部权限设置（而非法律行政法规的限制）之故，则原则上不影响代理行为的效力，除非法人举证证明相对人知道或应当知道。

（二）狭义无权代理

【重点法条】

《民法典》第171条 行为人没有代理权、超越代理权或者代理权终止后，仍然实施代理行为，未经被代理人追认的，对被代理人不发生效力。

相对人可以催告被代理人自收到通知之日起三十日内予以追认。被代理人未作表示的，视为拒绝追认。行为人实施的行为被追认前，善意相对人有撤销的权利。撤销应当以通知的方式作出。

行为人实施的行为未被追认的，善意相对人有权请求行为人履行债务或者就其受到的损害请求行为人赔偿。但是，赔偿的范围不得超过被代理人追认时相对人所能获得的利益。

相对人知道或者应当知道行为人无权代理的，相对人和行为人按照各自的过错承担责任。

1. 狭义无权代理的成立：代理人无代理权而为代理行为；不成立表见代理。

2. 法律后果为代理行为效力未定，具体产生：(1) 本人的追认权；(2) 相对人的催告权；(3) 善意相对人的撤销权；(4) 未获追认时，善意相对人有权要求无权代理人履行债务或赔偿损失。

专题六　诉讼时效的适用 * *

【考点基本分析】

诉讼时效不会成为主观题重点考核的对象。在整体案情设计中，不太可能围绕时效起算、中止中断等细节展开，顶多会为了考时效这个考点专门做一个案情的延伸性设计。相对而言，时效的适用范围（《民法典》第196条，如请求返还不动产或登记的动产不适用诉讼时效）、时效期间届满的效果考核可能性相对较大。

一、诉讼时效的强行规范性质

【重点法条】

《民法典》第197条　诉讼时效的期间、计算方法以及中止、中断的事由由法律规定，当事人约定无效。

当事人对诉讼时效利益的预先放弃无效。

时效期间具有法定性，当事人不可以约定改变。以约定延长、缩短或预先抛弃时效抗辩利益的，该约定均无效，仍适用《民法典》关于诉讼时效的一般规定。主观题一种比较简单的考察方式是，在案情中出现当事人对于诉讼时效期间（或者表述为“任何一方必须于6个月内提起诉讼”等）的约定，此种情形，应以该类约定均无效作为答案。

二、诉讼时效期间的援引规则

1. 诉讼时效期间届满的法律效果是债务人产生抗辩权，此种抗辩权必须由债务人援引以对抗债权人的请求权，人民法院不应主动适用诉讼时效条款，也不得就时效问题进行释明。

【重点法条】

《民法典》第193条 人民法院不得主动适用诉讼时效的规定。

《最高人民法院关于审理民事案件适用诉讼时效制度若干问题的规定》（以下简称“《诉讼时效司法解释》”）第2条 当事人未提出诉讼时效抗辩，人民法院不应对诉讼时效问题进行释明。

2. 原则上，债务人应在一审中提出时效期间届满的抗辩，如一审未主张此抗辩，债务人不得在二审中提出。这一规则仅有一项例外，即二审中基于新的证据提出时效抗辩。

【重点法条】

《诉讼时效司法解释》第3条 当事人在一审期间未提出诉讼时效抗辩，在二审期间提出的，人民法院不予支持，但其基于新的证据能够证明对方当事人的请求权已过诉讼时效期间的情形除外。

当事人未按照前款规定提出诉讼时效抗辩，以诉讼时效期间届满为由申请再审或者提出再审抗辩的，人民法院不予支持。

三、诉讼时效的适用范围

债权请求权原则上均要适用诉讼时效期间，而绝对权请求权原则上不适用诉讼时效期间。

【重点法条】

《民法典》第196条 下列请求权不适用诉讼时效：（一）请求停止侵害、排除妨碍、消除危险；（二）不动产物权和登记的动产物权的权利人请求返还财产；（三）请求支付赡养费、抚养费或者扶养费；（四）依法不适用诉讼时效的其他请求权。

《诉讼时效司法解释》第1条 当事人可以对债权请求权提出诉讼时效抗辩，但对下列债权请求权提出诉讼时效抗辩，人民法院不予支持：（一）支付存款本金及利息请求权；（二）兑付国债、金融债券以及向不特定对象发行的企业债券本息请求权；（三）基于投资关系产生的缴付出资请求权；（四）其他依法不适用诉讼时效规定的债权请求权。

《民法典》第995条 人格权受到侵害的，受害人有权依照本法和其他法律的规定请求行为人承担民事责任。受害人的停止侵害、排除妨碍、消除危险、消除影响、恢复名誉、赔礼道歉请求权，不适用诉讼时效的规定。

【提示】

需特别注意物权请求权适用时效的问题：仅有普通动产上的返还原物请求权才适

用时效。另外，根据《民法典》第419条，抵押权人应当在主债权诉讼时效期间行使抵押权；未行使的，人民法院不予保护。《担保制度解释》第44条则系统地针对所担保债权时效期间届满对担保物权存续与否之问题做出规定（见后文抵押权部分考点）。

四、时效期间届满的法律后果

【重点法条】

《民法典》第192条　诉讼时效期间届满的，义务人可以提出不履行义务的抗辩。

诉讼时效期间届满后，义务人同意履行的，不得以诉讼时效期间届满为由抗辩；义务人已自愿履行的，不得请求返还。

《诉讼时效司法解释》第18条　主债务诉讼时效期间届满，保证人享有主债务人的诉讼时效抗辩权。

保证人未主张前述诉讼时效抗辩权，承担保证责任后向主债务人行使追偿权的，人民法院不予支持，但主债务人同意给付的情形除外。

1. 诉讼时效期间届满后，债权本身并不消灭。这不仅意味着债权人有权受领债务人的自愿履行，而且时效期间届满的债权仍具有可让渡性。如果债权人将时效期间已届满的债权转让给第三人，该转让有效，第三人可以取得该债权，不过，债务人当然能够根据《民法典》第548条的规定，结合第192条第1款，对受让人主张时效期间届满的抗辩。

2. 诉讼时效期间届满后，债务人可提出时效期间届满的抗辩。债务人主张此抗辩的，**人民法院应判决驳回原告诉讼请求**。法院不能依职权适用及释明诉讼时效期间届满的抗辩。

3. 债务人自愿履行已过诉讼时效之债务，发生清偿的效果，债权人不构成不当得利，不得要求返还。

4. 时效期间届满后，债务人又向债权人表示同意继续履行的，视为放弃时效抗辩。

【与民诉法的衔接】

时效期间届满，仅产生债务人的抗辩权。债权人仍享有起诉权，法院应受理。审理中，被告提出时效期间届满的抗辩的，法院应判决驳回原告诉讼请求。

专题七　不动产登记＊＊＊

【考点基本分析】

《民法典》物权编第二章有关物权变动的规则，系主观题考试的重点。就不动产物权变动而言，需重点掌握不动产登记的意义，了解登记对于不同类型不动产物权变动的意义（登记生效主义、登记对抗主义等）。需充分理解合同效力与物权变动效力的分离原则。另外，还需要掌握异议登记、预告登记制度相关法理。

一、不动产登记对于不动产物权变动的意义

《民法典》第209条确立了不动产物权变动的“登记生效”原则，但是，该原则也有诸多例外，应在物权法定思想的指引之下，具体掌握每一种不动产物权变动中登记的具体角色，此种综合性方法有助于考生识记所有相关知识点。

【重点法条】

《民法典》第209条第1款 不动产物权的设立、变更、转让和消灭，经依法登记，发生效力；未经登记，不发生效力，但是法律另有规定的除外。依法属于国家所有的自然资源，所有权可以不登记。

实际遵循第209条登记生效原则的情形有：（1）房屋所有权的转移自登记时发生效力；（2）建设用地使用权自登记时设立；（3）居住权自登记时设立；（4）不动产抵押权自登记时设立。

构成例外的情形（不以登记作为不动产物权变动的要件）：（1）农村土地承包经营权自承包经营合同生效时设立；（2）宅基地使用权依申请、批准而取得；（3）地役权自地役权合同生效时设立，非经登记不得对抗善意第三人。

二、物权效力与债权（合同）效力的区分

【重点法条】

《民法典》第215条 当事人之间订立有关设立、变更、转让和消灭不动产物权的合同，除法律另有规定或者当事人另有约定外，自合同成立时生效；未办理物权登记的，不影响合同效力。

物权的设立、变更、转让和消灭，在许多情况下是通过当事人之间订立相关合同来实现的。以房屋买卖为例（法考在涉及这个考点时，通常都考核房屋买卖合同的效力），自买受人方面而言，其订立房屋买卖合同的目的在于获得房屋的所有权；而根据《民法典》第209条的规定，他必须与出卖人完成所有权的转移登记才能获得房屋的所有权。这样就容易使人产生一个误解：房屋买卖合同必须自买卖双方办理了所有权登记时才发生效力。为彻底消除这种误解，《民法典》第215条对合同的生效与物权变动的效力明确加以了区分。

实际上，房屋买卖合同的生效并不需要登记。自当事人双方订立书面房屋买卖合同之时起，如不存在其他影响合同生效的因素，则该合同立刻发生效力。当然，此时合同的效力仅限于产生债权债务的效力——买受人有权请求出卖人交付房屋并转移房屋所有权，出卖人有权请求买受人支付价款。在订立买卖合同之后，如果出卖人不协助买受人办理房屋登记或由于将房屋转移于第三人以至于对买受人构成履行不能，则

出卖人须承担违约责任。

物权效力与合同效力的这种区分极其重要，除前述表现外，至少还有以下几个方面的表现也值得关注：

1. 以不动产做抵押的，尽管抵押权自登记时设立，但抵押合同仍于成立时生效（《民法典》第402条、《担保制度解释》第46条）；

2. 预告登记后，未经权利人同意处分不动产的，不发生物权效力，但物权人与第三人间的买卖合同的效力不受影响（《民法典》第221条）；

3. 由于买卖合同并不直接引起所有权转移的效力，因此，无论是一物数卖，还是出卖他人之物，合同的效力均不受影响。

【特别提示】

由此可见，就买卖合同这个债权合同而言，无论是登记，还是处分权，均非其生效的要件。相反，就依法律行为变动物权而言，登记公示与处分权均不可或缺。**不动产物权变动的效力须同时满足以下三个要素：有效的债权合同+处分权+登记。动产物权变动须满足以下三个要素：有效的债权合同+处分权+交付。**

三、不动产登记簿的权利记载、异议登记、预告登记

（一）不动产登记对于不动产物权归属的意义

【重点法条】

《物权编解释（一）》第2条 当事人有证据证明不动产登记簿的记载与真实权利状态不符、其为该不动产物权的真实权利人，请求确认其享有物权的，应予支持。

《民法典》第216条第1款规定，"不动产登记簿是物权归属和内容的根据。"该条规定应如何理解呢？可否认为，有关不动产物权的归属与内容，一律以登记簿的记载为准？答案应该是否定的。实际上，该条所称"根据"，仅表明登记簿的记载是认定物权归属与内容的表面证据，即在无相反证据存在的情况下，应认定不动产登记簿上记载的权利人是物权人；质言之，不动产登记簿的记载具有权利推定的效力。

在发生不动产实际权属与登记不一致的情形，应不受登记影响而认定权属。但是，在此种情形，登记仍具有对外的公信力，因此，凡第三人信赖此登记而有偿受让不动产的，可适用善意取得的规定。

【特别提示】

《物权编解释（一）》第2条支持了此种"实事求是"的立场。同时，该司法解释也明确了不动产权属纠纷可通过民事确权之诉加以解决的立场。该解释第1条规定："因不动产物权的归属，以及作为不动产物权登记基础的买卖、赠与、抵押等产生争议，当事人提起民事诉讼的，应当依法受理。当事人已经在行政诉讼中申请一并解决

上述民事争议，且人民法院一并审理的除外。”

就借用他人名义买房并将房屋登记在他人名下的情形，理论与实务对于应如何认定所有权的归属存在争议。就法考而言，尤其是在不涉及违反法律强制性规范或违背公序良俗的情形，首先应尊重当事人的自治，承认当事人之间合同的效力，并支持一方依据合同约定要求对方协助办理过户登记的请求。就借名期间房屋所有权归属问题，可基本按照前述司法解释精神，将实际出资并占有房产者确定为所有权人。如因规避房地产限购等原因而发生借名交易，则由于买卖合同本身因违背公序良俗而无效，故不能按照实际出资等情形认定所有权归属。

（二）异议登记

【重点法条】

《民法典》第220条　权利人、利害关系人认为不动产登记簿记载的事项错误的，可以申请更正登记。不动产登记簿记载的权利人书面同意更正或者有证据证明登记确有错误的，登记机构应当予以更正。

不动产登记簿记载的权利人不同意更正的，利害关系人可以申请异议登记。登记机构予以异议登记，申请人自异议登记之日起十五日内不提起诉讼的，异议登记失效。异议登记不当，造成权利人损害的，权利人可以向申请人请求损害赔偿。

该条系关于异议登记的条文，但却未明确规定异议登记的效力。依法理，异议登记将使记载于登记簿上的物权失去公信力，从而使第三人无从主张根据登记的公信力善意取得不动产物权。也就是说，只要登记簿上存在异议登记，第三人就无法主张根据《民法典》第311条善意取得。

例如，甲生前留有遗嘱，表明要将其所有的房屋A留给自己的幼子乙；甲死亡，其长子丙伪造遗嘱，并骗取了不动产登记，成了房屋登记簿上记载的权利人；乙知道情况后提出更正登记，而丙拒绝同意，于是，乙提出异议登记申请，而登记机关将此项异议载入登记簿；其后，在乙、丙进行诉讼期间，丙将房屋出售于丁；丁在查阅不动产登记簿时未留意乙的异议登记；后乙在诉讼中胜诉，法院判决争讼房屋根据甲的有效遗嘱应归乙所有；于是，登记簿上记载的名义权利人丙实际上对房屋并无处分权，其与第三人丁之间处分房屋的行为构成无权处分行为；而对于丁而言，在此情形下，并不能主张根据有关善意取得的规定取得房屋的所有权，因为异议登记的存在使其难以主张善意的存在。根据《物权编解释（一）》第15条之规定，登记簿上存在有效的异议登记时，应当认定不动产受让人知道转让人无处分权。

异议登记是一种临时性保护措施。登记机构在进行异议登记之后，申请人应在异议登记之日起15日内向人民法院提起诉讼，要求确认自己在不动产上的物权。逾期不起诉的，异议登记失去效力。如异议登记申请人在此期间内提起了诉讼，则异议登记继续保持其效力，直至法院作出生效的判决：如果异议申请人败诉，则申请人或登记簿记载的权利人可申请注销异议登记，权利人因此遭受损失的（如因异议登记丧失了交易机会)，可以向异议申请人要求损害赔偿；如果异议申请人胜诉，即法院判决申请人是真正的不动产权利人，则登记机构可根据生效的司法文书或协助执行通知书等进行更正登记，异议登记同样失去效力。

（三）预告登记

【重点法条】

《民法典》第221条　当事人签订买卖房屋的协议或者签订其他不动产物权的协议，为保障将来实现物权，按照约定可以向登记机构申请预告登记。预告登记后，未经预告登记的权利人同意，处分该不动产的，不发生物权效力。

预告登记后，债权消灭或者自能够进行不动产登记之日起九十日内未申请登记的，预告登记失效。

《物权编解释（一）》第4条　未经预告登记的权利人同意，转让不动产所有权等物权，或者设立建设用地使用权、居住权、地役权、抵押权等其他物权的，应当依照民法典第二百二十一条第一款的规定，认定其不发生物权效力。

当事人订立房屋买卖合同后，买卖合同即可发生效力，但买卖合同的生效并不意味着买受人取得房屋所有权。只有在完成房屋的所有权转移登记手续后，买受人才能取得所有权。但是，在期房买卖中，由于房屋可能尚未建成，未进行过权利的初始登记，因此，买受人也无法要求出卖人为其办理所有权转移登记。在这种情况下，房屋买受人将面临一项风险：在获得登记前，买受人享有的仅是债权，而债权不具有排他性；如果出卖人将同一房屋再次出卖给第三人，则前买受人并不能取得较之后者更为优越的法律地位，如果出卖人在房屋建成后将其登记转移于后买受人，则前买受人最终将无法获得该房屋的所有权。《民法典》规定预告登记制度，其目的就是为只有在将来才能取得物权的当事人提供特别的保护。就法考而言，了解预告登记制度的规范目的同样是重要的，因为出题点正在于此。

房屋买卖合同成立后、获得登记前，买受人对出卖人享有登记请求权，这一请求权仅具有债权的性质，其本身不足以对抗第三人。预告登记就是将此登记请求权予以登记，表明权利人在将来（如期房建成后）有权获得所有权。这一登记的实际效果是，买受人原本仅具有债权性质的权利具有了一定物权的效力：在进行预告登记后，未经登记权利人的同意，房屋出卖人不得另行处分该房屋；实施处分行为的，该处分不发生物权的效力。例如，房地产开发企业甲将期房一套出卖给乙，双方办理了预告登记；后甲又与丙订立合同，将同一套房屋出卖给丙。此时，由于预告登记的存在，后买受人丙无法取得房屋的所有权，乙最终仍能确定地获得其所购买房屋的所有权，其权利从而获得了强有力的保障。另外，考虑到法考的出题特点，甲、丙之间的关系也应予以关注：如丙对于甲已出卖房屋于乙且双方已办理预告登记的事实不知，则其可以追究甲的违约责任。

关于《民法典》第221条第1款中所称“处分”究竟包括哪些情形之问题，《物权编解释（一）》予以了明确。该解释第4条规定“未经预告登记的权利人同意，转移不动产所有权，或者设定建设用地使用权、居住权、地役权、抵押权等其他物权的，应当依照民法典第二百二十一条第一款的规定，认定其不发生物权效力。”

《民法典》第 221 条规定的预告登记，以期房买受人的所有权取得预告登记为原型，相关原理已如前述。不过，预告登记并不仅限于所有权的预告登记，它还可用于抵押权设立的预告登记。以预售的房地产为客体做抵押权预告登记的，只要其后该不动产进行了初始登记，债权人即可按照预告登记的时间取得优先受偿的权利。关于抵押权预告登记的效力，可参见《担保制度解释》第 52 条。

【相关法条】

《担保制度解释》第 52 条 当事人办理抵押预告登记后，预告登记权利人请求就抵押财产优先受偿，经审查存在尚未办理建筑物所有权首次登记、预告登记的财产与办理建筑物所有权首次登记时的财产不一致、抵押预告登记已经失效等情形，导致不具备办理抵押登记条件的，人民法院不予支持；经审查已经办理建筑物所有权首次登记，且不存在预告登记失效等情形的，人民法院应予支持，并应当认定抵押权自预告登记之日起设立。

当事人办理了抵押预告登记，抵押人破产，经审查抵押财产属于破产财产，预告登记权利人主张就抵押财产优先受偿的，人民法院应当在受理破产申请时抵押财产的价值范围内予以支持，但是在人民法院受理破产申请前一年内，债务人对没有财产担保的债务设立抵押预告登记的除外。

【特别提示】

经由预告登记，一项未来取得不动产的债权具有了某些物权的效力，预告登记的权利人可以对抗第三人。但是，须特别注意的是，预告登记后，处分不动产的，只是不发生物权变动的效力，而并非导致相关债权合同的不生效力。根据《民法典》第 597 条之规定，即便是完全出卖他人之物，买卖合同亦属有效，更何况仅仅是发生了预告登记。《物权编解释（一）》第 4 条将《民法典》第 221 条上的“处分”解释为“转移不动产所有权”“设立抵押权”等发生物权效力的行为，再次体现了我国法律区分物权变动效力与（买卖等）债权合同效力的立场。

专题八　动产交付及“观念交付” * *

一、动产交付对于动产物权变动的意义

【重点法条】

《民法典》第 224 条 动产物权的设立和转让，自交付时发生效力，但是法律另有规定的除外。

《民法典》第224条确立了我国动产物权变动的交付生效规则，结合法考的考点，对该条的理解应着重以下几点：

1. 所谓“动产物权的设立和转让”，包括两种具体情形：（1）动产所有权转移，即普通动产依法律行为而转移所有权的，自出让人交付动产于受让人时发生移转的效果；（2）质权设立（参见《民法典》第429条），即通过质权合同创立质权的，该质权自出质人交付质物于质权人时发生效力。

2. 交付意味着占有的移转，但是，关于交付的法律性质却存在着理论上的争议。就法考而言，考生须了解，交付系出让人自愿将动产的占有让渡给受让人的情形，当事人双方让与占有的意志是交付的主观要件，不可或缺。举例来说，在当事人就某标的物达成买卖合同后，如非基于出卖人转移占有的意思，而系由于其他偶然原因，标的物被买受人占有，则不能认为该物所有权已因交付而被买受人所取得。

【特别提示】

在动产物权依买卖而发生变动的情形，除非有所有权保留约定的出现，否则，买受人是否支付价金这一点并不影响标的物所有权转移的物权效力：即便买受人已付清了价款，但如果当事人之间并未完成交付（包括观念交付），则所有权仍保留在出卖人手中；如果标的物已交付给买受人但其并未支付任何价款，则所有权仍因交付的完成而转移至买受人手中。

二、简易交付

【重点法条】

《民法典》第226条　动产物权设立和转让前，权利人已经占有该动产的，物权自法律行为生效时发生效力。

《民法典》第226条是有关简易交付的规定，它与指示交付（第227条）、占有改定（第228条）一并被称为“观念交付”。在所有这三种情形，动产物权的变动并不需要实际交付标的物，但是，人们在观念上还是认为交付已完成，从而物权也就发生了变动。

简易交付的原理其实很简单：在当事人实施动产物权变动行为之前，权利的受让人已经由于某种原因占有了该动产，此时，实际交付当然就不再需要。例如，甲将手机借给乙使用，借用期间，乙提出愿意出价1000元购买甲的手机，甲当即表示同意。此时，因买受人乙已经占有手机，故不再需要实际交付，在双方达成买卖协议之时乙立刻取得手机所有权。

就法考而言，除涉及对所有权转移时点的判断外，还可能要求判断标的物灭失风险的承担，此时，所适用的是所有权人承担风险的规则，因此考点实际上仍是所有权转移时间的判断。

三、指示交付（返还请求权让与）

【重点法条】

《民法典》第227条　动产物权设立和转让前，第三人占有该动产的，负有交付义务的人可以通过转让请求第三人返还原物的权利代替交付。

动产物权的出让人本应将动产实际交付给受让人，但有时该动产会为第三人所占有，如需首先从第三人处请求返还然后再实际交付给受让人，势必将颇费周折。此种情况下，出让人可将请求第三人返还原物的权利一并转移给受让人，从而使受让人取得直接针对第三人要求返还“自己之物”的权利。

举例：甲将笔记本电脑出借给乙，在借用期间，丙向甲提出以5000元购买电脑，甲表示同意；由于电脑在乙的手中，于是，甲丙双方又达成合意，甲将向乙请求返还电脑的权利转让给丙以替代实际交付。此时，电脑所有权即转移至丙的手中。

四、占有改定

【重点法条】

《民法典》第228条　动产物权转让时，当事人又约定由出让人继续占有该动产的，物权自该约定生效时发生效力。

所谓占有改定，是指通过改变占有类型的方式（将自主占有改变为他主、直接占有）完成动产物权的变动。

动产转让行为发生时，出让人仍占有标的物（这与简易交付与指示交付均不同），故本应通过实际交付来完成物权变动的效果。但是，如出让人在转让动产后还希望继续占有该动产，则不必先实际交付后再重新获得占有，当事人可以通过约定改变占有的基础来实现物权的变动。举例来说，甲将电脑出卖给乙，乙要求甲交付，甲则提出，自己还需要使用该电脑2个月，愿以每月100元价格承租，乙表示同意。此例中，当甲乙达成第二个合同（即租赁合同）时，电脑所有权转移于乙；甲继续占有电脑，不过其占有已经由先前的自主占有转变成了他主占有（为乙占有）、直接占有（乙为间接占有人）。

“双方又约定由出让人继续占有该动产的”，此处的约定本身应该也是一个合同，故应将此约定与当事人间单纯的延迟交付的约定相区分，后者并不具有占有改定的意义。例如，甲出卖电脑于乙，乙要求交付，甲提出自己还需要使用几天，乙遂同意甲一周后再交付。在此例中，并不存在任何占有改定，电脑所有权须待甲实际向乙交付时才发生转移。

【提示】

当事人可以占有改定方式转让动产所有权，但不能以该方式创设动产质权。

五、机动车等特殊动产的物权变动

【重点法条】

《民法典》第225条 船舶、航空器和机动车等物权的设立、变更、转让和消灭，未经登记，不得对抗善意第三人。

《物权编解释（一）》第6条 转让人转移船舶、航空器和机动车等所有权，受让人已经支付对价并取得占有，虽未经登记，但转让人的债权人主张其为民法典第二百二十五条所称的“善意第三人”的，不予支持，法律另有规定的除外。

船舶、航空器和机动车等交通运载工具在法律属性上属于动产，因为它们都具有可移动性。但是，由于它们都有相对成熟的登记制度（船舶登记、机动车登记等），而登记又是适用于不动产的典型制度，于是这些交通运载工具也有“准不动产”之称。这就导致了它们在物权变动的规则方面与一般动产之间存在差异。

在船舶、航空器和机动车的物权变动方面，《民法典》第225条采用了登记对抗主义。对此，须注意以下几点：

（1）作为动产，这些交通运载工具首先也应适用《民法典》第224条的交付规则，即交付标的物是物权变动的必要条件。

（2）至少在当事人之间，标的物的交付仍可导致物权的变动，是否登记并不影响当事人间物权变动的效果。例如，甲将汽车出卖给乙并为交付，但双方未及时办理机动车所有权转移登记，则买受人乙同样可因受领交付而成为汽车所有权人。

（3）如未经登记，则物权变动的效果不得对抗善意第三人。例如，在前例中，如买受人乙占有的汽车失窃，而公安机关在侦破案件后按机动车登记情况将其发还给原所有权人甲，而后甲又将该车出卖给善意的丙，则乙不得主张甲丙之间的买卖无效，不得向丙要求汽车的返还。综上，特殊动产的物权变动规则可归结为“交付变动、登记对抗”。

关于本条所称“未经登记，不得对抗善意第三人”，应注意《物权编解释（一）》第6条，即此处的善意第三人原则上应是对该特殊动产有直接交易利益的交易关系中的第三人（如买受人），而不包括转让人的一般债权人。后者以已交付给第三人的特殊动产未办理登记为由要求人民法院强制执行的，人民法院不予支持。**这也就意味着，在法院基于机动车登记归属对车辆采取执行措施时，支付价款且占有车辆的买受人可以自己对执行标的拥有排除执行的民事权利为由，提出执行异议。**

专题九 非依法律行为发生的物权变动＊＊

《民法典》物权编第二章第三节的节名为“其他规定”，与第一节“不动产登记”以及第二节“动产交付”相对应。考查其下第229条、第230条、第231条等条文发现，之所以构成“其他规定”，主要是因为，在该节所规范的几种情形下，不动产物权变动无需登记，而动产物权变动也无需交付，即可发生物权变动的效力。

“不动产物权变动需要登记，动产物权变动需要交付”，这是许多考生对物权变动基本规则的印象。但上述规则是片面的，需要以登记或交付作为物权变动要件的，实际上仅限于基于法律行为（合同等）发生变动的情形。《民法典》第 229 条、第 230 条、第 231 条三个条文的共同之处在于：在这些情形下，物权变动均非基于法律行为而发生，故其物权变动效果的发生无须登记或交付。当然，就不动产而言，如果不将此类物权变动的情形通过登记予以公示，则物权取得人无法处分此项权利，此即为第 232 条所规定的内容。

一、依裁判文书等发生物权变动

【重点法条】

《民法典》第 229 条 因人民法院、仲裁机构的法律文书或者人民政府的征收决定等，导致物权设立、变更、转让或者消灭的，自法律文书或者征收决定等生效时发生效力。

《物权编解释（一）》第 7 条 人民法院、仲裁委员会在分割共有不动产或者动产等案件中作出并依法生效的改变原有物权关系的判决书、裁决书、调解书，以及人民法院在执行程序中作出的拍卖成交裁定书、变卖成交裁定书、以物抵债裁定书，应当认定为民法典第二百二十九条所称导致物权设立、变更、转让或者消灭的人民法院、仲裁机构的法律文书。

如物权变动是由法院、仲裁机构的法律文书或政府征收决定引起，则在这些法律文书或决定生效时，直接发生物权变动的效果。理解该条的关键在于，因司法裁判等原因引起物权变动的，并不属于当事人依法律行为旨在发生物权变动的情形，故不动产无需登记、动产无需交付，在相关法律文书发生效力时，即刻引起物权变动的结果。

【特别提示】

本条所称因法院、仲裁机构法律文书导致物权设立、变更、转让和消灭的，应仅限于直接针对物权归属的判决，而不应包括判令被告完成不动产登记的判决（例如，要求被告出卖人在限定期间内为原告买受人办理所有权转移登记）。在后者，仍须遵循不动产物权变动的一般规则，即在办理不动产登记时才发生物权变动的效力。关于此点，《物权编解释（一）》第 7 条予以明确将法律文书限定在直接改变原有物权关系的分割共有物等的判决、裁定。

需要特别注意的是，如果在法院调解下，当事人达成以物抵债调解协议且由法院制发调解书，则该调解书也不属于第 229 条所规定的裁判文书。在此种情形，仍须当事人根据调解书内容对不动产完成登记或交付动产后，才发生物权变动的效力。关于此点，《合同编通则解释》第 27 条第 3 款予以了明确。

【相关法条】

《合同编通则解释》第27条第3款 前款规定的以物抵债协议经人民法院确认或者人民法院根据当事人达成的以物抵债协议制作成调解书，债权人主张财产权利自确认书、调解书生效时发生变动或者具有对抗善意第三人效力的，人民法院不予支持。

二、因继承发生物权变动

【重点法条】

《民法典》第230条 因继承取得物权的，自继承开始时发生效力。

在因继承引起物权变动的情形，无论是法定继承还是遗嘱继承，物权变动的效果均自继承开始之时（即被继承人死亡之时）发生。被继承人死亡时，其主体资格消灭从而也就丧失了其生前所享有的物权，此时，应在这一时点上确认继承人取得物权，否则将会产生财产无主的问题。

三、因事实行为而发生物权变动

【重点法条】

《民法典》第231条 因合法建造、拆除房屋等事实行为设立或者消灭物权的，自事实行为成就时发生效力。

因事实行为取得物权的典型事例是建造房屋。房屋一旦建成，就应该立刻确认权利人。如果只有等到房屋完成初始登记才承认所有权取得的效果，那么，在房屋建成后进行登记前，相关权利人将难以保护自己的权利。同样，在房屋被拆除时，由于客体的灭失，房屋所有权当然亦发生消灭，不存在需要注销登记才消灭所有权的问题。

四、后续登记的问题

【重点法条】

《民法典》第232条 处分依照本节规定享有的不动产物权，依照法律规定需要办理登记的，未经登记，不发生物权效力。

根据《民法典》第229条、第230条、第231条规定取得不动产物权的，可直接确认相关当事人的物权人地位，已如前述。但是，一旦该权利人要通过法律行为将其所取得的物权转让给他人，则势必又会产生公示的需要，从而应适用《民法典》第209条关于不动产物权变动的一般规则。如果出让人不首先通过后续登记使自己成为不动产登记簿上的权利人，则其无法为受让人办理物权登记。

专题十　物权请求权、基于占有的请求权＊＊＊

对于《民法典》物权编第三章“物权的保护”的规定，首先需理解第235条和第236条规定的返还原物、排除妨碍、消除危险为所谓“物权请求权”，而第237、238条规定的恢复原状、赔偿损失等为债权请求权。

《民法典》第235条规定的物权人的返还原物请求权与第462条规定的占有人的返还原物请求权均属物权编提供的救济手段，二者有联系，但也存在显著的差异，须认真把握。

一、《民法典》第235条规定的基于物权的请求权

【重点法条】

《民法典》第235条　无权占有不动产或者动产的，权利人可以请求返还原物。

所有权人以及有权占有标的物的他物权人（如质权人、土地承包经营权人、宅基地使用权人、居住权人等），对于无权占有其物之人，可以请求占有的返还。对此项物权请求权，我国《民法典》第235条明确作出了规定。对该条规定，分析如下：

1. 享有原物返还请求权之人为“权利人”，该权利人指的应该是动产或不动产的所有权人以及其他拥有占有权能的用益物权人或担保物权人。在相关诉讼中，行使此种请求权的权利人须举证证明自己对标的物享有所有权或其他拥有占有权能的他物权。就法考而言，考生应注意，此处所称权利人，不仅包括所有权人，而且典型地还包括质权人、居住权人等，由于抵押权人并不占有抵押物，故一般认为抵押权人不享有返还原物的请求权。

2. 该请求权针对的是无权占有人，即现在占有其物但缺乏占有本权的人。如果占有人为有权占有人，则所有权人等物权人不得要求其返还占有。有权占有人可分为两种情形：（1）本身对占有物享有（他）物权者，如质权人、留置权人，对现所有权人及未来的所有权人皆可主张有权占有（继续占有，不予返还）；（2）依赖一项合同债权而对物占有者，对合同对方当事人可主张有权占有（拒绝返还），如承租人对出租人，房屋买受人对出卖人；但是，一旦主张返还原物的所有权人不是合同当事人，则原则上占有人不得主张以债权为基础的有权占有（甲一房二卖，向乙交房，但为丙办理过户，问丙可否向乙主张第235条的权利？可以，因为相对于丙，乙是无权占有人）。

【特别提示】

物权人（如所有权人）不得请求有权占有人返还原物，理解这一点十分重要。兹举两例加以说明：（1）甲将房屋出卖于乙，已交付但未办理过户，此时，乙对房屋的占有属于有权占有，甲不得以仍享有所有权为由要求乙返还房屋；（2）甲将汽车出租于乙，租期为两个月。半月后，甲自己有用车需要，遂向乙表示，“车是我的，要求返

还；至于对租赁合同的违反，愿意承担金钱赔偿责任”。甲的主张不应得到支持，盖因乙此时为有权占有人。占有人的占有本权是一项物权（如质权、居住权）时，由于此本权本身具有对世性，占有人得以此有权占有对抗任何物上返还请求权；如果占有人的占有本权是一项合同债权，由于债权本身有相对性，则其不得以此有权占有对抗合同关系以外之人的物上返还请求权，除非有法律的特别规定。例如，在前文所举一房二卖例子中，第一买受人受领房屋的交付后，固然可以有权占有对抗主张返还的出卖人，但是，一旦房屋被第二买受人取得（因完成登记），则对于新所有权人的返还请求，占有房屋的第一买受人不得主张有权占有。

二、基于占有的请求权

【重点法条】

《民法典》第462条第1款 占有的不动产或者动产被侵占的，占有人有权请求返还原物；对妨害占有的行为，占有人有权请求排除妨害或者消除危险；因侵占或者妨害造成损害的，占有人有权依法请求损害赔偿。占有人返还原物的请求权，自侵占发生之日起一年内未行使的，该请求权消灭。

作为一项法律事实，占有本身就具备保护的效力。《民法典》第462条规定了占有返还、排除妨碍与消除危险三种占有保护的请求权，其中，最为重要的是占有物返还请求权（“返还原物”）。关于该项请求权的行使，可作分析说明如下：

1. 请求权的主体为占有人。此项请求权，只有占有人能够行使，而只要是占有人，无论其占有为直接占有还是间接占有，为自主占有还是他主占有，为有权占有还是无权占有，为善意占有还是恶意占有，原则上均有权主张此项请求权。由于涉及占有被不法剥夺之后的法律救济，严格来讲，该请求权的主体为前占有人。

2. 此项请求权所针对的是侵夺占有的行为，即违反占有人之意志以积极的不法行为剥夺占有人对占有物之管领力的行为，如窃取行为、抢夺行为等。占有人如因遗失而丧失对占有物的占有，则不得行使此项请求权，因为他人拾得遗失物的行为并非侵夺行为。此时，遗失物所有权人可依据所有权的效力要求拾得人返还原物。

3. 该请求权应向标的物的现在占有人提出。该请求权以回复对物的占有为其行使的目的，故应向物的现在占有人提出。若侵夺人已将占有移转于第三人，则请求权人可向以下两种占有人提出回复占有：（1）侵占人的概括承受人（如乙侵占甲之物，后乙死亡，则甲可根据本条向乙的继承人丙主张返还）；（2）恶意的特定承受人（如乙侵占甲之物，后将该物赠与丙；则只有丙恶意知情时，甲才可向其主张本条；否则，只能根据《民法典》第235条主张所有权人的返还请求权）

4. 该请求权应自侵占发生之日起1年内行使，否则请求权即告消灭。该期间的性质为除斥期间，不适用中止、中断的规定。

【提示】

在主观题考试中，有可能将《民法典》第 235 条与第 462 条相结合考核。第 462 条专门针对物被他人侵占的情形，于此等情形，被侵占人（前占有人）可以要求侵占人返还占有。如果案件事实同时满足第 235 条和第 462 条，则权利人可选择两种请求权之一主张。

专题十一　按份共有人的优先购买权、共有物的处分＊

【关于共有的考点分析】

总体而言，共有在主观题考试中不是常规出题点。考生可围绕《民法典》第 301 条、第 305 条、第 306 条及《物权编解释（一）》的相关规定，适当关注按份共有人在其他共有人转让份额时的优先购买权。另外，根据不同的共有类型（按份共有或共同共有），掌握共有物处分的规则。

一、按份共有人的优先购买权

【重点法条】

《民法典》第 305 条　按份共有人可以转让其享有的共有的不动产或者动产份额。其他共有人在同等条件下享有优先购买的权利。

按份共有人可以自由地转让其共有份额，而无须征得其他共有人的同意。既已区分为共有人所享有，共有份额自可受其共有人自由支配，包括将其转让。另外按份共有人对份额的处分，还包括将其抵押。

在共有人之一转让其份额时，其他共有人虽然无权表示反对，但却可依法主张同等条件下的优先购买权。因优先购买权的存在，出让份额的共有人应及时将其与第三人的交易条件通知其他共有人。关于按份共有人的优先购买权，《民法典》及《**物权编解释（一）**》确立了以下重要规则：（1）共有份额的权利主体因继承、遗赠等原因发生变化时，其他按份共有人不得主张优先购买。（2）关于优先购买权的行使期间，有约定的依约定，无约定或约定不明的，依出让人对其他按份共有人的通知中载明的时间而定；通知未载明或载明的时间短于十五日的，为接到通知之日起的十五日；转让人未通知的，为其他按份共有人知道或者应当知道最终确定的同等条件之日起十五日；转让人未通知，且无法确定其他按份共有人知道或者应当知道最终确定的同等条件的，为共有份额权属转移之日起六个月。（3）按份共有人以其优先购买权受到侵害为由，仅请求撤销共有份额转让合同或者认定该合同无效（而不行使优先购买权受让份额的），人民法院不予支持。（4）按份共有人之间转让共有份额的，除非当事人另有约定，其他共有人不享有优先购买权。（5）两个以上按份共有人主张优先购买且协商不成时，当事人可请求按照转让时各自份额比例行使优先购买权。

二、共有物的处分

【重点法条】

《民法典》第301条 处分共有的不动产或者动产以及对共有的不动产或者动产作重大修缮、变更性质或者用途的，应当经占份额三分之二以上的按份共有人或者全体共同共有人同意，但是共有人之间另有约定的除外。

在按份共有物的处分及重大修缮方面，须注意以下两点：(1) 我国《民法典》确立的是“多数决”的原则，即共有物的处分和修缮无须征得所有共有人的同意，而仅需占份额三分之二以上的共有人同意即可。但是，在解释上，应将此“多数决”规则适用的“处分”局限于有偿的出让，而不应该包括以赠与为原因的出让，而且，少数共有人当然也有权要求按其所占份额分割有偿出让共有物所获得的价款。另一方面，因对共有物进行重大修缮而支出费用的，应由各共有人依其所占份额予以承担。(2) 如共有物的转让未获占份额三分之二以上共有人的同意，则共有物的处分行为应属效力待定，须经至少占份额三分之二以上共有人的同意才能发生效力。但是，如果受让人善意不知物为共有物，则其可依善意取得的规定取得标的物的所有权。

共同共有人处分共有物或对共有物作重大修缮的，须经全体共有人一致同意。部分共有人未经其他共有人同意擅自处分共有物的，其处分行为效力待定，只有在获得其他共有人的追认后才能发生效力。共有物的受让人善意不知部分共有人无权处分的，可依善意取得之规定取得所有权。

三、因共有物产生的债务关系

【重点法条】

《民法典》第307条 因共有的不动产或者动产产生的债权债务，在对外关系上，共有人享有连带债权、承担连带债务，但是法律另有规定或者第三人知道共有人不具有连带债权债务关系的除外；在共有人内部关系上，除共有人另有约定外，按份共有人按照份额享有债权、承担债务，共同共有人共同享有债权、承担债务。偿还债务超过自己应当承担份额的按份共有人，有权向其他共有人追偿。

对物的共有关系可能引发多数人之间的债权债务关系，例如，共有的建筑物致人损害的，各共有人须对受害人承担赔偿责任。此时，需要界定此类多数人之债的对外效力与对内效力。

原则上，在对外关系上，共有人对因共有物而产生的债权债务关系享有连带债权、承担连带债务。也就是说，它构成连带之债。在对内关系上，按份共有人原则上依其份额享有债权或承担债务；不区分份额的各共有人则共同享有债权或承担债务。另外，连带之债中的求偿权也适用于此，因此，偿还债务超过自己应承担份额的按份共有人，有权向其他共有人追偿。

专题十二　善意取得＊＊＊＊

出现在主观题中的善意取得考点会比较清晰，其考察难度反而比客观题更小。不动产与动产（占有委托物）的善意取得，适用《民法典》第311条的规定。如果出卖人对动产或不动产没有处分权，但受让人在善意的情况下，以合理的价格受让，且已受领动产交付或已完成不动产登记，则受让人可善意取得所有权。如果案情涉及的是遗失物，则须按照《民法典》第312条的规定作答。

一、善意取得的构成要件

【重点法条】

《民法典》第311条　无处分权人将不动产或者动产转让给受让人的，所有权人有权追回；除法律另有规定外，符合下列情形的，受让人取得该不动产或者动产的所有权：（一）受让人受让该不动产或者动产时是善意；（二）以合理的价格转让；（三）转让的不动产或者动产依照法律规定应当登记的已经登记，不需要登记的已经交付给受让人。

受让人依据前款规定取得不动产或者动产的所有权的，原所有权人有权向无处分权人请求损害赔偿。

当事人善意取得其他物权的，参照适用前两款规定。

《民法典》物权编将动产与不动产一体纳入善意取得制度中加以规范。但是，实际上，不动产善意取得和动产善意取得，二者不仅在须完成登记或交付等方面存在差异，而且在善意的判断标准等方面也适用不同的规则。另外，《民法典》第312条、第313条也与不动产善意取得无关。在理解善意取得制度时，宜将不动产善意取得与动产善意取得分开思考。

根据《民法典》第311条及《物权编解释（一）》的相关规定，善意取得须满足如下要件：

1. 出让人须是无处分权人

所谓无处分权人，指非所有权人或在法律上欠缺处分权的其他人。一方面，非所有权人有时也有处分权，如经授权对标的物进行处分的代理人、行纪人等，故此类人实施的处分行为并非无权处分，无善意取得适用的余地；另一方面，在特定情形下，所有权人也可能暂时丧失处分权，例如，当债务人的财产被法院查封后，债务人即失去了对被查封财产的自由处分权。若处分人具有处分权，则处分行为可直接发生效力，而无须善意取得制度的作用。

2. 须在出让人与受让人间存在有效的转让合同（买卖合同）

出让人与受让人之间关于买卖标的物的合同应当有效，如该合同因存在违反效力性强制性规范等情形而无效，或属于可撤销的情形，则即便其他要件均具备，亦不能发生善意取得的效果。此点得到了《物权编解释（一）》的确认。该解释第20条规定："具有下列情形之一，受让人主张依据民法典第三百一十一条规定取得所有权的，不予支持：（一）转让合同被认定无效；（二）转让合同被撤销。"

3. 受让人须为善意

所谓受让人的善意，是指受让人在受让所有权时不知出让人无处分权的事实。具体而言，对于受让人"善意"的认定，应区分动产与不动产而为判断。就动产而言，信赖出让人之占有可以作为善意的基础。而对于不动产而言，则不能依据对不动产的占有状态主张善意，因为不动产以登记而非占有为公示手段，只有受让人信赖不动产登记簿上的权利记载时，其善意才能成立。例如，甲将其所有的房屋出租给乙，乙伪称自己为房屋所有权人而将其出卖给丙，并将房屋的占有转移给后者，此时，丙不得以自己信赖出让人乙对房屋的占有为由主张善意取得。这就意味着，凡发生不动产善意取得的情形，一定意味着不动产权属登记不准确，即登记簿上的名义权利人并非真实权利人，但是，登记却又提供了受让人善意信赖的充分基础。

关于受让人"善意"的判断，《物权编解释（一）》确立了以下规则：（1）受让人不知出让人无处分权且无重大过失的，应认定受让人为善意；真实权利人主张受让人不构成善意的，应当承担举证证明责任（第14条）。（2）"善意"的判断时点是依法完成不动产物权转移登记或者动产交付之时。

4. 所有权移转需要登记的，已完成登记；无须登记的，已完成交付

不动产所有权的变动，须以登记为要件，如登记未完成，则不发生所有权变动的结果。有权处分行为尚且要求登记，无权处分行为要发生物权变动的效果，即便有善意来弥补无处分权的缺陷，移转登记当然也不可或缺。动产所有权的变动，原则上无须登记，但须由出让人将标的物的占有移转于受让人，即须完成交付。需注意的是，根据民法原理及《物权法解释（一）》第17条之规定，动产善意取得中所要求的"交付"，可以是现实交付，也可以是简易交付和指示交付，并且要求在相应的法律行为生效时受让人须为善意。相反，如受让人仅与无权处分人达成占有改定安排，则在受让人取得现实占有之前，不发生善意取得。

如果无权处分之动产尚未交付，或无权处分的不动产尚未完成转移登记，则即便在订立相关合同时受让人系出于善意，他仍尚未取得标的物所有权。如果此时处分权人发现了无权处分的事实，则其可依其对物的所有权向无权处分人或物的其他占有人要求原物的返还。受让人此时不得以其善意对抗处分权人，而只能向无权处分人主张损害赔偿。

关于机动车的善意取得，应适用已完成登记还是已交付给受让人之规则的问题，《物权编解释（一）》第19条规定，"转让人将民法典第二百二十五条规定的船舶、

航空器和机动车等交付给受让人的，应当认定符合民法典第三百一十一条第一款第三项规定的善意取得的条件。”

5. 受让人须以合理的价格有偿受让

根据《民法典》第311条的规定，只有在标的物“以合理的价格转让”时，受让人才能善意取得所有权。也就是说，受让人只有在支付合理对价的情形下才可主张善意取得。这就意味着，在受让人因受赠而取得动产的占有或不动产的登记时，并不发生善意取得的问题，原权利人可依其所有权直接要求受让人返还原物。至于何为“合理的价格”，则须以一般人所具备的交易经验为判断。对此，《物权编解释（一）》第18条规定，“民法典第三百一十一条第一款第二项所称‘合理的价格’，应当根据转让标的物的性质、数量以及付款方式等具体情况，参考转让时交易地市场价格以及交易习惯等因素综合认定。”

二、善意取得的扩张

《民法典》第311条最后一款规定：“当事人善意取得其他物权的，参照前两款规定。”善意取得所有权以外的物权，其最典型（也是法考最可能涉及）的情形是质权和抵押权的善意取得。

动产的出质人应对该动产享有处分权，但是，如出质人以他人之物出质而债权人对此不知情的，后者可善意取得质权。在不动产登记簿记载错误的情形，如登记簿上的名义登记人为他人设立不动产抵押权，其行为构成无权处分，但如果债权人为善意且已完成抵押登记，则可发生抵押权的善意取得。

三、遗失物善意取得的特殊规则

【重点法条】

《民法典》第312条 所有权人或者其他权利人有权追回遗失物。该遗失物通过转让被他人占有的，权利人有权向无处分权人请求损害赔偿，或者自知道或者应当知道受让人之日起二年内向受让人请求返还原物；但是，受让人通过拍卖或者向具有经营资格的经营者购得该遗失物的，权利人请求返还原物时应当支付受让人所付的费用。权利人向受让人支付所付费用后，有权向无处分权人追偿。

《民法典》第311条所规定的善意取得制度不适用于遗失物、盗赃物等所谓“占有脱离物”。遗失物适用第312条的特殊规则。《民法典》未明确盗赃物是否适用善意取得的问题，法考应不会涉及这一问题。另外，遗失物善意取得的规则，亦可类推适用于埋藏物、漂流物等。

根据《民法典》第312条的规定，遗失物通过转让被他人占有的，即便符合第311条所规定的三项条件，受让人也不能确定地、终局性地获得遗失物的所有权。遗失人可以自知道或者应当知道受让人之日起两年内向受让人请求返还原物，对于遗失人的此项返还请求权，受让人不得以善意对抗之。此两年期间届满而遗失人未提出原物返还的，善意受让人可确定地取得遗失物的所有权。

但是，如果受让人系通过拍卖或者向具有经营资格的经营者购得该遗失物，则此种情形下的受让人也应获得相当程度的保护。如果一味地维护所有人的利益而允许其无条件地向受让人要求返还其物，则人们即便在公开市场上善意地进行交易都可能遭受严重损失。有鉴于此，《民法典》针对此种情形又强化了对受让人的特别保护——善意受让人尽管仍不能确定地取得遗失物的所有权，但是，所有权人等权利人在向其请求返还原物时应当支付其在受让标的物时所付的费用。

四、善意取得的法律效果

【重点法条】

《民法典》第313条 善意受让人取得动产后，该动产上的原有权利消灭。但是，善意受让人在受让时知道或者应当知道该权利的除外。

符合善意取得构成要件时，受让人将取得所有权，原权利人的所有权相应地消灭。

善意取得在性质上属于原始取得，因此受让人无须像继受取得人那样，在因出让人的意思获得所有权的同时，也须承受标的物上原有的权利负担。原始取得是一种不负负担的取得，因该所有权取得的效果，不仅原所有人的所有权消灭，而且他人在物上的其他权利也将消灭。举例来说，甲因向乙借款，将其所有的A物出质于乙，乙将A物交丙保管，而丙将该物出售给了善意的丁，并完成了交付；此时，丁可依善意取得之规定取得A物的所有权，前所有人甲的所有权消灭；同时，由于丁同样不了解A物上有乙的质权，因此，乙的质权也消灭。须注意的是，《民法典》第313条针对的仅是动产。

原所有权人因他人善意取得而遭受损失，因其所有权的丧失系由于无权处分人的转让行为所致，故原所有人可以向无权处分人主张权利。依二者之间的关系，原权利人可向无权处分者主张侵权责任、违约责任或不当得利返还。

专题十三 用益物权（主要聚焦于“居住权”）＊＊

【对用益物权考点的分析】

传统上，用益物权一般不会出现于主观题中，这主要是因为《民法典》之前的用益物权均在土地之上设立，地役权等虽相当具有法理性，但不易与其他考点相结合出现于主观大案例题中。

《民法典》在用益物权中新增了居住权。居住权以房屋为客体，可以比较方便地与房屋买卖、租赁、抵押等相结合。笔者判断，未来法考中有一定概率在主观题中考试中考核居住权这个考点。

一、物权法定之下的用益物权类型

所谓用益物权，指的是在他人之物上享有占有、使用和收益等权能的物权。在物权法定主义之下，我国《民法典》确立了土地承包经营权、建设用地使用权、宅基地使用权、居住权和地役权五种用益物权。土地承包经营权是设置在农村集体土地之上的、以农业生产为内容的用益物权；建设用地使用权与宅基地使用权都是为了在地面营造住宅等建筑物而创设的用益物权，其中，前者设立在国有土地之上，后者设立在集体土地之上；居住权是设立在他人房屋之上的居住、使用房屋的权利；地役权则是为了便利自己不动产的利用而对他人不动产取得用益的权利。

【特别提示】

考生不能简单地将一切在他人之物上以使用收益为内容的权利均作为用益物权，因为具有此种权利内容的某些权利的性质属于债权，如租赁权。问题的关键在于，物权的类型和内容是法定的，因此，仅须牢记五种用益物权的类型，其余均非用益物权。另须注意的是，用益物权中，能够成为抵押权客体的，是建设用地使用权、海域使用权和经过登记的土地经营权（《民法典》第341条）。

二、居住权

居住权系《民法典》新增的用益物权类型。

（一）居住权的概念与特征

【重点法条】

《民法典》第366条 居住权人有权按照合同约定，对他人的住宅享有占有、使用的用益物权，以满足生活居住的需要。

《民法典》所规定的居住权，脱胎于罗马法的“人役权”，是一个有着特定内涵的用益物权。了解“居住权”，最关键之处在于，不能将一切居住房屋的权利均理解为居住权。透过以下对居住权法律特征的描述，可以准确把握这个《民法典》全新引入的法律范畴。

1. 居住权是一项独立的用益物权。基于房屋租赁合同，承租人有权对出租人的房屋加以居住使用，但该项权利并非居住权。只有遵循设立的相关规则，才有作为用益物权的居住权的发生。

2. 居住权是意定用益物权，主要依房屋所有权人与居住权人之间订立的合同发生，也可由房屋所有权人通过遗嘱加以设立。《民法典》并未承认法定居住权。夫妻在婚后对对方婚前所有的住宅有居住使用的权利，这一权利并非独立的居住权。

3. 居住权的人役权性质决定了以下两点：(1) 居住权原则上无偿设立，其设立的目的主要是扶贫济困；(2) 居住权人的权利仅限于个人居住，居住权不得转让；居住权人死亡的，居住权消灭；除非当事人另有约定，居住权人也不得将房屋出租。

4. 作为一项物权，居住权一经登记设立，即具有物权的完整效力。例如，居住权设立在先的，优先于设立在后的抵押权；居住权具有对抗效力，**住宅所有权人将住宅所有权转让给他人或他人因继承的原因取得所有权的，居住权人的权利不受影响（若考试涉及设有居住权房屋的转让问题，可参照适用《民法典》第 406 条有关抵押物转让的规则作答）**。

（二）居住权的设立与消灭

1. 居住权的设立

【重点法条】

《民法典》第 368 条　居住权无偿设立，但是当事人另有约定的除外。设立居住权的，应当向登记机构申请居住权登记。居住权自登记时设立。

根据《民法典》第 367 条的规定，居住权一般以当事人订立书面居住权合同的方式设立。居住权合同应在房屋所有权人与居住权人之间订立，而且必须采用书面形式。

当事人仅订立居住权合同的，居住权尚未设立。当事人须向房屋登记机构申请居住权登记，居住权自登记时设立。由此可见，《民法典》对于居住权的设立，采的是与该法典第 209 条所确立的“登记生效”规则相一致的规则。

根据《民法典》第 371 条的规定，居住权也可以遗嘱的方式设立。不过，《民法典》对于以遗嘱方式设立居住权的物权变动规则未加以明确。

2. 居住权的消灭

根据《民法典》第 370 条之规定，居住权因以下两种原因消灭：（1）居住权期限届满。居住权期限由居住权合同确定。（2）居住权人死亡。居住权期限即便尚未届满，但居住权人一旦死亡，由于该权利不得继承，故居住权也立刻消灭。

专题十四　担保的从属性、具有担保功能的合同、非典型担保＊＊＊

【重点法条】

《民法典》第 388 条　设立担保物权，应当依照本法和其他法律的规定订立担保合同。担保合同包括抵押合同、质押合同和其他具有担保功能的合同。担保合同是主债权债务合同的从合同。主债权债务合同无效的，担保合同无效，但是法律另有规定的除外。

担保合同被确认无效后，债务人、担保人、债权人有过错的，应当根据其过错各自承担相应的民事责任。

一、担保的从属性

担保权，无论是保证债权，还是抵押权等担保物权，在发生、移转和消灭等方面均具有从属性，即从属于其所担保的债权。担保合同的从属性尤其体现在以下规则中：主合同无效的，担保合同无效。根据**《担保制度解释》第 2 条**的规定，若当事人约定，主合同无效时担保合同具有独立的效力，则该约定无效。

担保的从属性还意味着，担保人所承担的担保责任的范围应以主债务为限。据此，若担保合同中专门约定，担保人不履行担保责任时须对债权人承担违约责任的，根据**《担保制度解释》第 3 条**的规定，担保人仍仅须在债务人责任范围内承担责任。

根据《担保制度解释》的规定，如当事人在担保合同中约定，被担保的主合同无效，担保合同仍产生担保效力的，该约定因违反担保合同的从属性而无效。**关于担保合同无效之后基于过错的赔偿责任，见于《担保制度解释》第 17 条。**

如涉及由金融机构提供的独立担保，则根据最高人民法院有关独立保函的司法解释处理。

【相关法条】

《担保制度解释》第 2 条 当事人在担保合同中约定担保合同的效力独立于主合同，或者约定担保人对主合同无效的法律后果承担担保责任，该有关担保独立性的约定无效。主合同有效的，有关担保独立性的约定无效不影响担保合同的效力；主合同无效的，人民法院应当认定担保合同无效，但是法律另有规定的除外。

因金融机构开立的独立保函发生的纠纷，适用《最高人民法院关于审理独立保函纠纷案件若干问题的规定》。

《担保制度解释》第 3 条 当事人对担保责任的承担约定专门的违约责任，或者约定的担保责任范围超出债务人应当承担的责任范围，担保人主张仅在债务人应当承担的责任范围内承担责任的，人民法院应予支持。

担保人承担的责任超出债务人应当承担的责任范围，担保人向债务人追偿，债务人主张仅在其应当承担的责任范围内承担责任的，人民法院应予支持；担保人请求债权人返还超出部分的，人民法院依法予以支持。

《担保制度解释》第 17 条 主合同有效而第三人提供的担保合同无效，人民法院应当区分不同情形确定担保人的赔偿责任：

（一）债权人与担保人均有过错的，担保人承担的赔偿责任不应超过债务人不能清偿部分的二分之一；

（二）担保人有过错而债权人无过错的，担保人对债务人不能清偿的部分承担赔偿责任；

（三）债权人有过错而担保人无过错的，担保人不承担赔偿责任。

主合同无效导致第三人提供的担保合同无效，担保人无过错的，不承担赔偿责任；担保人有过错的，其承担的赔偿责任不应超过债务人不能清偿部分的三分之一。

二、具有担保功能的合同

《民法典》物权编仅规定了抵押权、质权与留置权三种担保物权，但是，就在物上设定具有担保功能的权利而言，《民法典》在合同编规定的所有权保留买卖、融资租赁与保理同样系在特定担保财产上设定的担保权。《民法典》第388条所称“其他具有担保功能的合同”所指的就是所有权保留买卖合同、融资租赁合同和保理合同等。《民法典》表面上仍采形式主义，区分作为典型担保物权的抵押权、质权、留置权与其他具有担保功能的合同，但实质上有采功能主义的倾向。这一点尤其体现在：动产抵押权是标准的担保物权形态，而规定在合同编中的所有权保留买卖与融资租赁，就其担保功能而言，与动产抵押权具有非常相似的功能与效力。因此，《担保制度解释》将针对动产抵押权的规则均扩张适用于了所有权保留买卖与融资租赁。据此，可参见《担保制度解释》第67条、第56条（该条在解释动产担保的“正常经营买受人规则”时，直接将所有权保留买卖中的出卖人及融资租赁中的出租人称为“担保物权人”）、第57条。

【提示】

《担保制度解释》进一步采功能主义的立场，将所有权保留买卖中出卖人在标的物上的担保权利、融资租赁中出租人对租赁物的担保权利以及保理人在受让的应收账款上的担保权利，均视为了担保物权，并将动产抵押权的规则适用于这些担保权利。

【相关法条】

《民法典》第641条　当事人可以在买卖合同中约定买受人未履行支付价款或者其他义务的，标的物的所有权属于出卖人。

出卖人对标的物保留的所有权，未经登记，不得对抗善意第三人。

《民法典》第745条　出租人对租赁物享有的所有权，未经登记，不得对抗善意第三人。

三、让与担保

【重点法条】

《担保制度解释》第68条　债务人或者第三人与债权人约定将财产形式上转移至债权人名下，债务人不履行到期债务，债权人有权对财产折价或者以拍卖、变卖该财产所得价款偿还债务的，人民法院应当认定该约定有效。当事人已经完成财产权利变动的公示，债务人不履行到期债务，债权人请求参照民法典关于担保物权的有关规定就该财产优先受偿的，人民法院应予支持。

债务人或者第三人与债权人约定将财产形式上转移至债权人名下，债务人不履行到期债务，财产归债权人所有的，人民法院应当认定该约定无效，但是不影响当事人有关提供担保的意思表示的效力。当事人已经完成财产权利变动的公示，债务人不履行到期债务，债权人请求对该财产享有所有权的，人民法院不予支持；债权人请求参照民法典关于担保物权的规定对财产折价或者以拍卖、变卖该财产所得的价款优先受偿的，人民法院应予支持；债务人履行债务后请求返还财产，或者请求对财产折价或者以拍卖、变卖所得的价款清偿债务的，人民法院应予支持。

债务人与债权人约定将财产转移至债权人名下，在一定期间后再由债务人或者其指定的第三人以交易本金加上溢价款回购，债务人到期不履行回购义务，财产归债权人所有的，人民法院应当参照第二款规定处理。回购对象自始不存在的，人民法院应当依照民法典第一百四十六条第二款的规定，按照其实际构成的法律关系处理。

《担保制度解释》第69条 股东以将其股权转移至债权人名下的方式为债务履行提供担保，公司或者公司的债权人以股东未履行或者未全面履行出资义务、抽逃出资等为由，请求作为名义股东的债权人与股东承担连带责任的，人民法院不予支持。

让与担保，属于非典型担保，其相关规范并未出现在《民法典》中，《担保制度解释》第68条对其做出了比较全面的规定。由其规定可知，尽管让与担保在形式上采取了移转财产权的方式，但实质上仍属于以让与之财产权的交换价值做担保的情形。在未践行相应公示手段情况下，让与担保合同具有效力，债权人可要求就该财产取偿，但不具有优先受偿性；在践行了移转权利所需的公示手段时，债权人对该权利享有优先受偿的效力。

《担保制度解释》第68条第3款的规定值得关注。该款意味着，所谓回购交易往往是一种担保借款合同履行的让与担保交易。

专题十五 担保物权的物上代位性 * *

【重点法条】

《民法典》第390条 担保期间，担保财产毁损、灭失或者被征收等，担保物权人可以就获得的保险金、赔偿金或者补偿金等优先受偿。被担保债权的履行期限未届满的，也可以提存该保险金、赔偿金或者补偿金等。

《担保制度解释》第42条 抵押权依法设立后，抵押财产毁损、灭失或者被征收等，抵押权人请求按照原抵押权的顺位就保险金、赔偿金或者补偿金等优先受偿的，人民法院应予支持。

给付义务人已经向抵押人给付了保险金、赔偿金或者补偿金，抵押权人请求给付义务人向其给付保险金、赔偿金或者补偿金的，人民法院不予支持，但是给付义务人接到抵押权人要求向其给付的通知后仍然向抵押人给付的除外。

抵押权人请求给付义务人向其给付保险金、赔偿金或者补偿金的，人民法院可以通知抵押人作为第三人参加诉讼。

担保物权以特定物为其权利客体，依物权法的一般原理，作为物权客体的特定物灭失的，物权也应消灭。但是，担保物权着重的并非客体的物质实体，而是其交换价值；为强化担保物权的功能，法律规定，在担保物因灭失、毁损等而受有赔偿金、保险金等替代物时，基于担保物权之价值权的属性，担保物权人可以就该替代物行使优先受偿的权利，这就是担保物权的物上代位性。

抵押权依法设立后，抵押财产发生毁损、灭失或者被征收等事实，抵押权人请求给付义务人按照原抵押权的顺位就保险金、赔偿金或者补偿金等优先受偿的，人民法院应予支持。

给付义务人已经向抵押人给付了保险金、赔偿金或者补偿金，抵押权人请求给付义务人向其给付保险金、赔偿金或者补偿金的，人民法院不予支持，但是抵押权人书面通知给付义务人向其给付后，给付义务人仍然向抵押人给付的除外。在涉及民事诉讼程序方面，抵押权人根据《民法典》第390条向给付义务人请求保险金等，法院可以通知抵押人作为第三人参加诉讼。

【特别提示】

《担保制度解释》第42条极大地丰富了担保物权物上代位性规则。若主观题考试涉及该考点，有可能会涉及担保物权人对保险金给付义务人等的通知问题。考生需理解，若担保物权人向给付义务人做出了通知（包括向担保人止付的意思），则其后可以向给付义务人主张保险金、赔偿金、补偿金的支付；相反，若因未及时通知，给付义务人已经向担保人给付的，则担保物权人不得要求给付义务人再次向其给付，于是担保物权的物上代位效力即有可能落空。

专题十六 人保与物权的并存（混合担保） ＊＊＊＊

【重点法条】

《民法典》第392条 被担保的债权既有物的担保又有人的担保的，债务人不履行到期债务或者发生当事人约定的实现担保物权的情形，债权人应当按照约定实现债权；没有约定或者约定不明确，债务人自己提供物的担保的，债权人应当先就该物的担保实现债权；第三人提供物的担保的，债权人可以就物的担保实现债权，也可以请求保证人承担保证责任。提供担保的第三人承担担保责任后，有权向债务人追偿。

主观题考试中，担保的考点往往会有较大的分值。如果设计出混合担保，则《民法典》第392条就会格外重要。

《民法典》第392条中所称“物的担保”，指当事人为担保债务的履行而设立的抵押权或质权。而“人的担保”，主要指第三人所提供的保证。在物保和人保并存时，被担保之债的债权人享有双重保障，但却涉及如何实现担保的问题。

理解这一复杂的问题，应有一个知识准备：凡保证，皆为第三人提供；而物的担保，则可能有两种情形，以抵押为例，抵押人可能是债务人本人，也可能是债务人以外的第三人。如果物的担保来自债务人本人，则债权人置该针对债务人财产的担保手段于不顾而率先向作为第三人的保证人主张保证债权，是不公平的。

【特别提示】

物保与人保并存是法考一个特别重要的考点。凡试题涉及该考点的，存在一个“题眼”，即，关键要看物的担保来自何方，是债务人自行担保还是第三人提供物以供担保：(1) 债务人自己提供物的担保的（题中只会出现甲乙丙三方当事人），债权人应当先就该物的担保实现债权。如果债权因此而实现，保证人的保证债务也就消灭了；如果行使担保物权未充分实现债权，则就未实现的债权部分，可进一步向保证人主张保证债权。(2) 如果物的担保也是由第三人提供的（题中会出现甲乙丙丁四个当事人），则此时债权人行使担保上的权利没有顺序要求，可以首先针对第三人提供之物行使担保物权，也可以直接要求保证人承担保证责任。

以上知识，可图示如下：

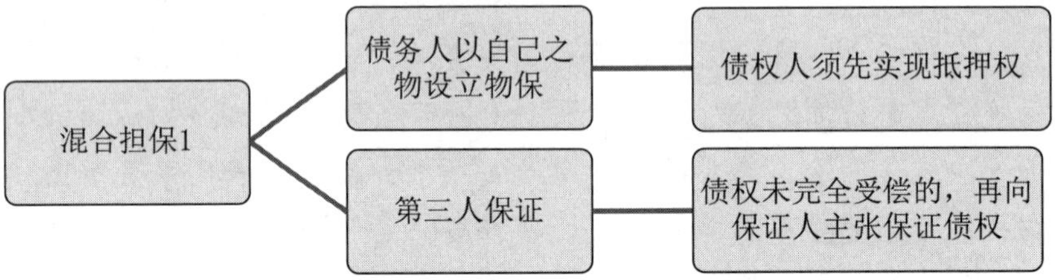

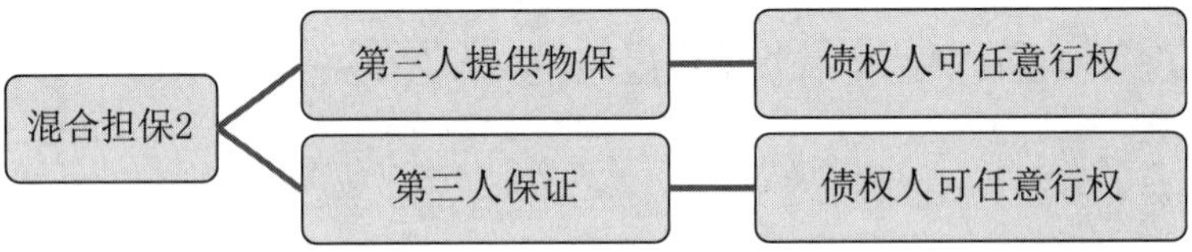

在物保由债务人提供而第三人提供人保的情形，对第三人（保证人）的保护不仅体现在《民法典》第392条所设计的补充责任方面，而且，即便是此补充责任，保证人在承担后，仍可向（恢复了全部或部分清偿能力的）债务人追偿。

须注意的是，在物保也由第三人提供的情况下，物保人、保证人之间能否就自己担保责任的承担要求分担，历来有争议。《九民纪要》持否定见解，《担保制度解释》第13条最终区分情形明确了以下规则：

（1）担保人约定承担连带共同担保，或约定相互追偿的，承担了担保责任的担保人就向债务人不能追偿的部分，可以要求其他担保人分担；

（2）数担保人间无前述约定，但在同一份合同中为担保的表示，则承担了担保责任的担保人可以请求其他担保人按照比例分担向债务人不能追偿的部分；

（3）其他情形（主要指多个第三人各自提供担保的情形），担保人之间不能要求分担。

实际上，多重担保并不仅限于《民法典》第392条规定的人保与物保并存的情形。抵押、质押、保证、让与担保等担保手段可自由组合，为债权人提供多重保障。无论如何组合，都应当遵循前述混合担保中揭示的两项规则，即，第一，凡有债务人以自己之财产提供担保的，债权人须首先实现对债务人提供之财产的担保物权；第二，两个以上担保人之间原则上不能相互追偿。

【延伸问题】

在债务人提供物之担保的情形，若第三担保人放弃要求债权人首先行使针对债务人的担保物权的抗辩，而首先承担了担保责任，则其在向债务人追偿时，可否享有债权人先前享有的在债务人之财产上的担保物权？根据《民法典》第700条及《担保制度解释》第18条，答案是肯定的。

【相关法条】

《担保制度解释》第13条　同一债务有两个以上第三人提供担保，担保人之间约定相互追偿及分担份额，承担了担保责任的担保人请求其他担保人按照约定分担份额的，人民法院应予支持；担保人之间约定承担连带共同担保，或者约定相互追偿但是未约定分担份额的，各担保人按照比例**分担向债务人不能追偿的部分**。

同一债务有两个以上第三人提供担保，担保人之间未对相互追偿作出约定且未约定承担连带共同担保，但是各担保人在同一份合同书上签字、盖章或者按指印，承担了担保责任的担保人请求其他担保人按照比例**分担向债务人不能追偿部分的**，人民法院应予支持。

除前两款规定的情形外，承担了担保责任的担保人请求其他担保人分担向债务人不能追偿部分的，人民法院不予支持。

专题十七　抵押权的设立规则 * * * *

抵押权的设立是主观题考试一个重要的考点。

一、抵押合同

抵押权属于意定担保物权，欲设立抵押权，首先需要抵押人与债权人订立抵押合同。根据《民法典》第400条之规定，抵押合同应以书面形式订立。

（一）关于“流押”条款的效力

《物权法》第186条规定：“抵押权人在债务履行期届满前，不得与抵押人约定债务人不履行到期债务时抵押财产归债权人所有”。抵押权人与抵押人在债务履行期限届满前约定债务人不履行到期债务时抵押财产归债权人所有的，称为“流押”。《物权法》禁止流押，而《民法典》似有软化的意思。《民法典》第401条规定，“抵押权人在债务履行期限届满前，与抵押人约定债务人不履行到期债务时抵押财产归债权人所有的，只能依法就抵押财产优先受偿”。根据该条，债权人不得根据流押条款主张抵押权的所有权，而是只能按抵押权实现的通常情形主张优先受偿。

（二）“地随房走”“房随地走”规则

【重点法条】

《民法典》第397条 以建筑物抵押的，该建筑物占用范围内的建设用地使用权一并抵押。以建设用地使用权抵押的，该土地上的建筑物一并抵押。

抵押人未依照前款规定一并抵押的，未抵押的财产视为一并抵押。

《民法典》第417条 建设用地使用权抵押后，该土地上新增的建筑物不属于抵押财产。该建设用地使用权实现抵押权时，应当将该土地上新增的建筑物与建设用地使用权一并处分，但新增建筑物所得的价款，抵押权人无权优先受偿。

土地与其地上建筑物之间具有密切的关系。依我国法律，土地所有权与地上建筑物的所有权可以发生分离，而归属于不同的法律主体。但是，地上建筑物的所有权以对该土地的建设用地使用权为基础，原则上二者不可分割。因此，根据《民法典》的规定，以建筑物抵押的，该建筑物占用范围内的建设用地使用权一并抵押（“地随房走”）；以建设用地使用权抵押的，该土地上的建筑物一并抵押（“房随地走”）。

但是，该法同时也规定，建设用地使用权抵押后，该土地上新增的建筑物不属于抵押财产。该建设用地使用权实现抵押权时，应当将该土地上新增的建筑物与建设用地使用权一并处分，但新增建筑物所得的价款，抵押权人无权优先受偿。

二、登记设立的不动产抵押权

【重点法条】

《民法典》第402条 以本法第三百九十五条第一款第一项至第三项规定的财产或者第五项规定的正在建造的建筑物抵押的，应当办理抵押登记。抵押权自登记时设立。

《担保制度解释》第46条 不动产抵押合同生效后未办理抵押登记手续，债权人请求抵押人办理抵押登记手续的，人民法院应予支持。

抵押财产因不可归责于抵押人自身的原因灭失或者被征收等导致不能办理抵押登记，债权人请求抵押人在约定的担保范围内承担责任的，人民法院不予支持；但是抵押人已经获得保险金、赔偿金或者补偿金等，债权人请求抵押人在其所获金额范围内承担赔偿责任的，人民法院依法予以支持。

因抵押人转让抵押财产或者其他可归责于抵押人自身的原因导致不能办理抵押登记，债权人请求抵押人在约定的担保范围内承担责任的，人民法院依法予以支持，但是不得超过抵押权能够设立时抵押人应当承担的责任范围。

《民法典》确定了登记设立（第402条）和登记对抗（第403条）两种抵押权设立方法。不同的抵押财产，对应不同的设立方法。实际上，需要登记设立的都是不动产或不动产上的权利，包括：建筑物和其他土地附着物；建设用地使用权；海域使用权；正在建造的建筑物。以动产作为抵押财产的，均实行登记对抗主义。

与《担保法》相比，《物权法》第187条在对抵押权的登记设立做出规定时改变了表述方法：将《担保法》上“抵押合同自登记之日起生效”的描述改为了“抵押权自登记时设立”。《民法典》第402条继续沿用《物权法》的表达。结合《民法典》第215条的规定，我们应该可以得出以下结论：即便对于此种抵押权登记设立的情形，抵押合同也于订立时发生效力，不登记的，只是不能发生抵押权设立的效果，合同仍有效。抵押合同有效就意味着，**抵押人不按照约定为抵押权人办理登记的，后者有权利根据生效的抵押合同要求前者办理登记**。如果不能办理抵押登记，则根据《担保制度解释》第46条第2、3款的规定发生相应的效力。须注意的是，**对于因可归责于抵押人原因导致抵押权不能设立的，《担保制度解释》采“担保责任”说（而非违约责任说），规定抵押人应在约定的担保范围内对债权人承担责任，此种责任在性质上类似于连带保证责任。**

【答题指引】

在此问题上，因所涉法理较复杂，且法条规定比较难记忆，建议在理解基础上熟记《担保制度解释》第46条的条文序号，以便在涉及该考点时能够迅速检索到该法条，作为直接的答题依据。

三、登记对抗的动产抵押权及其效力

（一）动产抵押权的设立及“登记对抗”

【重点法条】

《民法典》第403条 以动产抵押的，抵押权自抵押合同生效时设立；未经登记，不得对抗善意第三人。

《担保制度解释》第54条 动产抵押合同订立后未办理抵押登记，动产抵押权的效力按照下列情形分别处理：

（一）抵押人转让抵押财产，受让人占有抵押财产后，抵押权人向受让人请求行使抵押权的，人民法院不予支持，但是抵押权人能够举证证明受让人知道或者应当知道已经订立抵押合同的除外；

（二）抵押人将抵押财产出租给他人并移转占有，抵押权人行使抵押权的，租赁关系不受影响，但是抵押权人能够举证证明承租人知道或者应当知道已经订立抵押合同的除外；

（三）抵押人的其他债权人向人民法院申请保全或者执行抵押财产，人民法院已经作出财产保全裁定或者采取执行措施，抵押权人主张对抵押财产优先受偿的，人民法院不予支持；

（四）抵押人破产，抵押权人主张对抵押财产优先受偿的，人民法院不予支持。

根据《民法典》第395条之规定，抵押人将可以生产设备、原材料、半成品、产品、交通运输工具、正在建造的船舶、航空器抵押以及其他动产抵押。根据第403条的规定，抵押权自抵押合同生效时设立，但是，抵押权未经登记的，不得对抗善意第三人。

关于此条规定所确立的登记对抗主义，应注意以下几方面问题：

1. 由于抵押权的设立不转移标的物的占有，同时此类抵押权又无需以登记为其要件，因此，抵押合同一经有效订立，即可发生抵押权设定的效果。

2. 未办理抵押登记的，尽管不影响抵押权在当事人之间的存在，但是，抵押权人不得以此权利对抗善意第三人，例如，抵押人甲就其所有的汽车为其债权人乙设定抵押，双方订立书面抵押合同后未办理抵押登记，事后，在乙对甲的债权到期之前，甲又将汽车出售于不知情的第三人丙，那么，由于乙的抵押权未经登记，丙可取得没有权利负担的汽车所有权，债权人乙不得向丙主张实现抵押权。

《担保制度解释》第 54 条对《民法典》第 403 条“未经登记，不得对抗善意第三人”之规定做出了重要的解释。根据该条解释规定，动产抵押合同签订后未办理抵押登记的，抵押权人不仅不能对抗交易中的善意第三人（抵押物的买受人或承租人），而且，抵押人的其他债权人向人民法院申请保全或者执行抵押财产，而法院已经做出保全裁定或者采取执行措施的，抵押权人主张对该动产优先受偿的，人民法院不予支持；动产抵押合同签订后未办理抵押登记，抵押人破产，债权人主张对该动产优先受偿的，人民法院不予支持。

（二）“正常经营活动中的买受人规则”

【重点法条】

《民法典》第 404 条 *以动产抵押的，不得对抗正常经营活动中已支付合理价款并取得抵押财产的买受人。*

《民法典》第 404 条是《民法典》针对动产抵押设置的新规则。根据该条的规定，动产抵押即使经过登记，仍不得对抗该条中规定的抵押财产的买受人。该条中抵押权人不能对抗之人必须同时满足以下几项条件：（1）必须是抵押财产的买受人。（2）该买受人必须是在正常经营活动购买抵押财产，例如，汽车经销商将机动车抵押给银行后，又进行售卖，而买车人在 4S 店内购买了车辆；该项规定的立法理由在于，对于在正常经营活动中的买受人而言，法律不要求其审查标的物是否已被抵押。（3）买受人已支付价款。（4）买受人已经取得抵押财产的占有和所有权。

所谓“不得对抗”，意味着：即使动产上已经设定了抵押权，并经过登记，对于满足本条规定条件的买受人而言，该抵押权视为不存在，后者仍可取得无权利负担的动产所有权，抵押权人不得向抵押财产的买受人主张抵押权。

《担保制度解释》第 56 条对《民法典》第 404 条做出了重要的解释，其要点如下：（1）出卖人正常经营活动，是指出卖人的经营活动属于其营业执照明确记载的经营范围，且出卖人持续销售同类商品；（2）基于动产担保的功能主义立场，第 404 条关于动产抵押的规定，可类推适用于所有权保留买卖与融资租赁；（3）解释第 56 条规定了几种不能归入出卖人“正常经营活动”的情形，需加以理解识记，**尤其需要注意，若**

受让人购买的是出卖人的生产设备（固定资产），则此项业务显然不属于出卖人的“正常经营活动”，故不适用《民法典》第404条的规定。

【相关法条】

《担保制度》第56条　买受人在出卖人正常经营活动中通过支付合理对价取得已被设立担保物权的动产，担保物权人请求就该动产优先受偿的，人民法院不予支持，但是有下列情形之一的除外：

（一）购买商品的数量明显超过一般买受人；

（二）购买出卖人的生产设备；

（三）订立买卖合同的目的在于担保出卖人或者第三人履行债务；

（四）买受人与出卖人存在直接或者间接的控制关系；

（五）买受人应当查询抵押登记而未查询的其他情形。

前款所称出卖人正常经营活动，是指出卖人的经营活动属于其营业执照明确记载的经营范围，且出卖人持续销售同类商品。前款所称担保物权人，是指已经办理登记的抵押权人、所有权保留买卖的出卖人、融资租赁合同的出租人。

专题十八　抵押与租赁、抵押物的转让＊＊＊

一、抵押与租赁

【重点法条】

《民法典》第405条　抵押权设立前抵押财产已出租并转移占有的，原租赁关系不受该抵押权的影响。

《租赁合同解释》第14条　租赁房屋在承租人按照租赁合同占有期限内发生所有权变动，承租人请求房屋受让人继续履行原租赁合同的，人民法院应予支持。但租赁房屋具有下列情形或者当事人另有约定的除外：

（一）房屋在出租前已设立抵押权，因抵押权人实现抵押权发生所有权变动的；

（二）房屋在出租前已被人民法院依法查封的。

承租权具有准物权的性质，具有一定的对抗效力，因此才需要由本条来调整承租权与抵押权的冲突问题。

承租权与抵押权的冲突调整，适用的是物权优先性的基本规则：权利在先，效力优先。具体而言：

1. **承租权在先的（抵押权设立时承租人已取得抵押财产的承租权的），原租赁关系不受抵押权的影响**。关于该规则，须注意的是：（1）这里的租赁关系应指定期租赁关系，所谓不受影响指的是租赁合同仍可继续履行，直至租期届满；（2）抵押权并不需要将抵押财产转移给抵押权人占有，因此，在抵押权实现前，租赁合同关系自然不会受影响；而在抵押权实现时，该规则将对承租人构成特别保护：租赁合同在有效期内将对抵押物的受让人（如在抵押物的拍卖会上应买之人）继续有效。这是《民法典》第725条所确立的“买卖不破租赁”规则的具体表现。须注意的是，相对于《物权法》第190条的规定，《民法典》第405条增加了承租人已占有租赁物的要求。

2. **如果抵押权设立在先而租赁合同订立在后，则承租人不得以此租赁关系对抗已登记的抵押权**。不得对抗意味着，如因抵押权的实现而使抵押物为他人取得的，承租人不得向新所有权人要求在租期届满前继续履行抵押合同。不过，此时承租人可要求出租人承担违约责任。

二、抵押物的转让

【重点法条】

《民法典》第406条 抵押期间，抵押人可以转让抵押财产。当事人另有约定的，按照其约定。抵押财产转让的，抵押权不受影响。

抵押人转让抵押财产的，应当及时通知抵押权人。抵押权人能够证明抵押财产转让可能损害抵押权的，可以请求抵押人将转让所得的价款向抵押权人提前清偿债务或者提存。转让的价款超过债权数额的部分归抵押人所有，不足部分由债务人清偿。

《担保制度解释》第43条 当事人约定禁止或者限制转让抵押财产但是未将约定登记，抵押人违反约定转让抵押财产，抵押权人请求确认转让合同无效的，人民法院不予支持；抵押财产已经交付或者登记，抵押权人请求确认转让不发生物权效力的，人民法院不予支持，但是抵押权人有证据证明受让人知道的除外；抵押权人请求抵押人承担违约责任的，人民法院依法予以支持。

当事人约定禁止或者限制转让抵押财产且已经将约定登记，抵押人违反约定转让抵押财产，抵押权人请求确认转让合同无效的，人民法院不予支持；抵押财产已经交付或者登记，抵押权人主张转让不发生物权效力的，人民法院应予支持，但是因受让人代替债务人清偿债务导致抵押权消灭的除外。

【特别提示】

《民法典》第406条修改了《物权法》第191条的规定，以“抵押物自由转让，抵押权不受影响”的规则取代了“未经抵押权人同意，抵押人不得转让抵押物的规则”。这一修法符合抵押权作为一项物权所具有的对世性的原理，值得赞同。

举例说明《民法典》第406条的规定。甲向乙银行借款100万元，借款期5年，并将其自有的某房产抵押给乙银行，双方办理了抵押登记。抵押期间，甲与丙订立该房产的买卖合同，问：该房产上有银行的抵押权，甲出售房产是否需经乙银行同意？未经同意的话，买卖合同效力如何？丙能否取得房产的所有权，取得什么权利状态的所有权？

抵押人虽为他人设立抵押权，但仍拥有抵押物的所有权，从而继续保有抵押物的处分权。**根据《民法典》第406条，抵押期间，抵押人可以转让抵押财产，只要无特别约定，无需征得抵押权人的同意**。在前例中，不仅甲丙之间的买卖合同有效，而且，因抵押人甲有处分权，故丙也能取得抵押物的所有权。新法废弃了抵押权人的同意权，并不会损害其利益，因为“抵押权不受影响”，即抵押权是在抵押物上的权利，抵押物所有权的变动，并不会影响抵押权。这就意味着，乙银行原先在甲所有之房产上享有抵押权，在甲丙的交易完成后，乙银行继续在现在归丙所有的房产上享有抵押权。

通过和抵押人甲之间的交易，丙取得了抵押物的所有权，但是其取得的是一个有第三人权利负担的所有权。只要债务人到期不清偿抵押权所担保的债权，抵押权人仍可就丙所有之抵押物实现抵押权。如此，涉及抵押物受让人丙的保护问题。在民法典承认抵押权追及效力之后，民法对于抵押物受让人的保护机制体现在：(1) 前例中的抵押权是不动产抵押权，只有经过登记公示才能设立；既然经过登记，抵押物受让人理应知晓其受让之物上有他人抵押权。(2) 如果转让的抵押物是未经登记的动产，则应适用《民法典》第403条“未经登记，不得对抗善意第三人”的规则，即受让人只要是善意不知其受让之物上有他人未经登记的抵押权，就可以取得无权利瑕疵的所有权。(3) 抵押物的买受人取得有他人抵押权的所有权的，可以根据《民法典》第612条向出卖人主张权利瑕疵担保责任，包括拒付价款、要求除去权利瑕疵，乃至于解除合同要求赔偿损失等。(4) 在因债务人不履行到期债务而面临抵押权人实现抵押权之时，抵押物的受让人可根据《民法典》第524条之规定，代债务人清偿债务，以消灭其物上的抵押权，并可因此取得债权人对债务人的债权。

针对《民法典》第406条“当事人另有约定的，依照其约定”之规定，《担保制度解释》第43条根据该转让限制是否登记，确定了解释规则，其要点如下：(1) 禁止或限制转让约定无论是否登记，转让合同（抵押物买卖合同）的效力均不受影响。(2) 如禁止或限制转让约定未登记，且受让人已完成不动产登记或动产交付，则转让发生物权效力，即受让人取得所有权。此时，就登记抵押权而言，应适用《民法典》第406条第1款，抵押权继续存在于受让人所有之物上；如果转让的抵押物系动产，且动产抵押权未登记，则适用《民法典》第403条之规定。依前述规则，抵押物转让发生物权变动的，抵押权人可要求抵押人承担违约（违反不转让抵押物之约定）的违约责任。(3) 如禁止或限制转让的约定经登记，则可以依原《物权法》191条第2款的规则处理，即抵押物转让不发生物权效力，除非受让人代为清偿以消灭抵押权。

专题十九 抵押权的顺位、担保物权的竞合＊＊＊

一、多个抵押权并存时的清偿顺序

【重点法条】

《民法典》第414条 同一财产向两个以上债权人抵押的，拍卖、变卖抵押财产所得的价款依照下列规定清偿：

（一）抵押权已登记的，按照登记的时间先后顺序清偿；

（二）抵押权已登记的先于未登记的受偿；

（三）抵押权未登记的，按照债权比例清偿。

其他可以登记的担保物权，清偿顺序参照适用前款规定

一物之上能够先后设立多个抵押权，这虽然不违背物权排他的规则，但是在实现这些抵押权时，需要为它们排列优先受偿的顺序。结合抵押权设立的规则，对《民法典》第414条的解释适用实际上仍然需要区分两种情形：

1. 以《民法典》第402条规定的财产抵押的（如以建筑物抵押），只有进行抵押登记后，抵押权才能设立。因此，在此类财产上设立多个抵押权的，实际上仅适用第一项的规则：按登记的先后顺序清偿。如果有抵押未办理登记，那么不是受偿顺序在后的问题，而是该抵押权根本不成立。举例来说，甲以房屋为乙设立抵押权，未办理抵押登记；后甲又以同一房屋为丙设立抵押权，并办理了登记；此时，如果说丙的抵押权优先于乙的抵押权，则这个判断错误，属于出题者设计的一个陷阱。

2. 以《民法典》第403条规定的动产抵押的，由于实行登记对抗的规则，因此就可能出现《民法典》第414条所列出的所有三种情形。此时，应遵循该条的规则处理优先顺序的问题。考生主要须注意最后一个层次，即，在均未登记的情形，并不按照“时间在先，效力优先”的规则处理，而是将数个抵押权视为同一顺位的抵押权，在抵押物变价后不足以清偿所担保的数项债权时，各债权人按债权比例平等受偿。

3. 相对于《物权法》第199条，《民法典》第414条增设第2款，规定“其他可以登记的担保物权，清偿顺序参照适用前款规定”。这主要指权利质权的情形，即以知识产权、股权、应收账款债权等多次质押的，清偿顺序参照本条第一款的规定。另外，透过《民法典》第388条所称“其他具有担保功能的合同”及统一的动产与权利登记平台的建立，一动产上存在动产抵押、所有权保留买卖、融资租赁等不同担保权益的，也可参照第414条第1款确定的清偿顺序。

二、超级优先权规则（购置款抵押权）

【重点法条】

《民法典》第416条 动产抵押担保的主债权是抵押物的价款，标的物交付后十日内办理抵押登记的，该抵押权人优先于抵押物买受人的其他担保物权人受偿，但是留置权人除外。

第416条也是《民法典》新增的规范，该条未见于《物权法》及其他司法解释中。该条所包含的法律原理比较复杂，做解读如下：

1. 以动产作为抵押财产时，抵押人可与债权人自由约定抵押权所担保的债权。在一般情况下，此种抵押权的设立及效力适用《民法典》第403、404条的规定。而在第

416 条，动产抵押所担保的主债权恰恰是购置抵押物的价款债权（可以是出卖方的赊销债权，也可以是第三方金融机构等向买方提供的购置款贷款债权）。

2. 前述抵押权要想具有超级优先的效力，尚需确保在交付标的物后十日内完成抵押登记。未在交付后十日内完成登记的，不具有本条规定的特别优先效力。

3. 前述动产抵押权在交付后十日内登记的，优先于除留置权以外的针对买受人所有该动产之上的其他担保物权。

《民法典》第 416 条实际上主要针对的是抵押人先前已在自己所有的动产上设立浮动抵押的情形，其立法目的是为此类抵押人创造再融资的可能。例如，甲公司以现有和将有的动产为乙银行设立浮动抵押，并办理了抵押登记。抵押期间，甲公司向丙公司购置重要设备，为支付 20 万价款，向丁银行申请专款专用的贷款；丁银行要求以该设备作为抵押物，担保其 20 万贷款债权，双方签订抵押合同；丙公司向甲公司交付设备的三日后，丁银行和甲公司完成了设备的动产抵押登记。在此例中，如无第 416 条的特别规定，则根据第 414 条，乙银行的浮动抵押因登记在先优先于丙银行在此设备上的优先权。而在《民法典》引入第 416 条超级优先权之规定后，丙银行的抵押权将优先于乙银行的抵押权。

【提示】

根据担保法原理及《担保制度解释》第 57 条之规定，《民法典》第 416 条也可类推适用于当事人以所有权保留、融资租赁方式购入动产的情形。也就是说，企业、个体工商户等以现有或将有的全部动产设立浮动抵押后，又通过所有权保留买卖或融资租赁购入动产，且在接受交付十日内办理登记的，出卖人或出租人的担保权利优于浮动抵押权。

【相关法条】

《担保制度解释》第 57 条 担保人在设立动产浮动抵押并办理抵押登记后又购入或者以融资租赁方式承租新的动产，下列权利人为担保价款债权或者租金的实现而订立担保合同，并在该动产交付后十日内办理登记，主张其权利优先于在先设立的浮动抵押权的，人民法院应予支持：

（一）在该动产上设立抵押权或者保留所有权的出卖人；

（二）为价款支付提供融资而在该动产上设立抵押权的债权人；

（三）以融资租赁方式出租该动产的出租人。

买受人取得动产但未付清价款或者承租人以融资租赁方式占有租赁物但是未付清全部租金，又以标的物为他人设立担保物权，前款所列权利人为担保价款债权或者租金的实现而订立担保合同，并在该动产交付后十日内办理登记，主张其权利优先于买受人为他人设立的担保物权的，人民法院应予支持。

同一动产上存在多个价款优先权的，人民法院应当按照登记的时间先后确定清偿顺序。

三、担保竞合：抵押权、质权、留置权的优先顺序

【重点法条】

《民法典》第456条 同一动产上已设立抵押权或者质权，该动产又被留置的，留置权人优先受偿。

《民法典》第415条 同一财产既设立抵押权又设立质权的，拍卖、变卖该财产所得的价款按照登记、交付的时间先后确定清偿顺序。

在《民法典》物权编确立的担保物权体系中，不动产仅能成为抵押权的客体，而在动产之上，既可以成立抵押权，亦可成立动产质权，同时法定留置权也以动产为客体。因此，在理解所谓担保物权竞合问题时，首先需要认识以下这一点：凡涉及一物之上并存两种以上担保物权且需要确定优先顺序的，必然发生在动产之上。

就同一动产上发生两项以上担保物权的优先顺序问题，可分以下几个层次说明：

1. **凡发生留置权的**，依《民法典》第456条之规定，留置权发生时间在后，而抵押权和（或）质权发生在前，即便如此，由于留置权的法定担保物权的性质以及留置权人实际占有标的物的事实，**留置权人先于其他担保物权人（抵押权人或质权人）受偿**。

2. 如果一物之上先后设立了抵押权和质权，则通常的情形是，先设立不转移占有的抵押权，然后抵押人利用物尚在自己手中的事实，再行在其上为他人设置质权并交付。在此种情形，抵押权与质权何者优先，须取决于另一事实，即，在先设立的抵押权是否经过登记：（1）如该抵押权经过登记的，由于登记使抵押权具有了对抗效力，故设立在先的抵押权当然优先于设立在后的质权；（2）如该抵押权未经登记，则一方面，未经登记的抵押权不得对抗善意第三人，另一方面，此时物在质权人的占有之下，因此，后设立的质权优先于先设立的抵押权。如果抵押权设立时未经登记，然后设立了质权并交付了物，再然后当事人进行了抵押登记，则仍以交付在先的质权为优先。

3. 如果试题中出现质权设立在先而抵押权设立在后的情形（此种情况在现实中相对少见），则由于质权设立在先，则无论在后的抵押权是否登记，仍须承认在先设立的质权具有优先受偿的效力。

专题二十 质权的设立、留置权的发生＊＊＊

一、质权的设立

（一）动产质权的设立

【重点法条】

《民法典》第429条 质权自出质人交付质押财产时设立。

质权为意定担保物权。当事人须采取书面形式订立质押合同，以设立质权。关于质押合同中的“流质条款”，《民法典》第428条也采用了更为缓和的立场，该条规定：“质权人在债务履行期限届满前，与出质人约定债务人不履行到期债务时质押财产归债权人所有的，只能依法就质押财产优先受偿。”

《民法典》第429条规定，质权自出质人交付质押财产时设立。《民法典》的这一条款改变了《担保法》第64条关于“质押合同自质物移交于质权人占有时生效”的规定。也就是说，质权合同不必以动产的交付为生效条件，而是直接在成立时发生效力，不过此效力并非质权设立的物权效力，而仅仅是具有债权性质的效力——据此，债权人有权请求出质人依约定的时间交付质物，从而使质权发生。

设立动产质权，须由出质人向质权人交付质物，移转质物的占有。质物的交付通常为现实交付，简易交付和指示交付亦可替代现实交付，但是，为了确保质权的留置作用，**不得以占有改定的方式设立动产质权**。《民法典》第228条对占有改定的规定中仅涉及了“动产物权转让”，而不包括“设立”，体现的正是这一立法立场。

（二）财产处于第三方监管的质押

【重点法条】

《担保制度解释》第55条　债权人、出质人与监管人订立三方协议，出质人以通过一定数量、品种等概括描述能够确定范围的货物为债务的履行提供担保，**当事人有证据证明监管人系受债权人的委托监管并实际控制该货物的，人民法院应当认定质权于监管人实际控制货物之日起设立**。监管人违反约定向出质人或者其他人放货、因保管不善导致货物毁损灭失，债权人请求监管人承担违约责任的，人民法院依法予以支持。

在前款规定情形下，当事人有证据证明监管人系受出质人委托监管该货物，或者虽然受债权人委托但是未实际履行监管职责，导致货物仍由出质人实际控制的，人民法院应当认定质权未设立。债权人可以基于质押合同的约定请求出质人承担违约责任，但是不得超过质权有效设立时出质人应当承担的责任范围。监管人未履行监管职责，债权人请求监管人承担责任的，人民法院依法予以支持。

（三）权利质权的设立

与动产质权一样，权利质权也属于意定物权，其设立须经出质人与质权人的合意。根据《民法典》的规定，无论以何种权利作为标的物设立权利质权，均须当事人订立书面质押合同。

质权人取得权利质权，除须与有处分权的债务人或第三人订立质权合同外，还需践行一定的权利公示方法。依权利类型的不同，权利质权的设立须践行的公示方法如下：

1. 以汇票、支票、本票、债券、存款单、仓单、提单出质的，质权自权利凭证交付质权人时设立；没有权利凭证的，质权自办理出质登记时设立。需特别注意的是，考虑到票据行为需要在票据上做出，《担保制度解释》第58条弥合了物权规定与《票据法》规定之间的间隙。根据该条规定，单纯交付汇票于债权人而不作“质押”背书的，不发生质权设立的效力。

2. 以《民法典》第440条规定的其他财产权出质的，均自办理质押登记时设立权利质权。2021年1月1日起，统一的动产与权利担保登记平台上线运行，权利质押即在此平台登记。

【相关法条】

《担保制度解释》第58条　以汇票出质，当事人以背书记载“质押”字样并在汇票上签章，汇票已经交付质权人的，人民法院应当认定质权自汇票交付质权人时设立。

二、留置权的发生

【重点法条】

《民法典》第448条　债权人留置的动产，应当与债权属于同一法律关系，但企业之间留置的除外。

留置权既为法定担保物权，其成立无须基于当事人设立物权的合意，而应根据法定的构成要件加以判断。留置权的法定构成要件包括：

1. 须债权人合法占有债务人的动产

如前所述，留置权的客体是债务人的动产，而且，为发生留置的效力，留置权的发生必须以债权人已占有留置物为前提。例如，承揽人因加工承揽合同的订立和履行而占有了定作人所提供的物。债权人须合法地获得动产的占有，不得以侵权的方式获得占有。

关于留置的财产是否必须属于债务人所有的问题，《民法典》第447条似乎给出了肯定的回答。但是，根据民法原理与相关司法解释，在满足“同一法律关系”要件的情形下，应将“债务人的动产”解释为“债务人移交的动产等”，质言之，只要满足了“同一法律关系”的要件，留置物是否归债务人所有这一点对于留置权的发生没有影响（在所不问）。《担保制度解释》第62条第1款明确了这一规则。

【相关法条】

《担保制度解释》第62条　债务人不履行到期债务，**债权人因同一法律关系留置合法占有的第三人的动产**，并主张就该留置财产优先受偿的，人民法院应予支持。第三人以该留置财产并非债务人的财产为由请求返还的，人民法院不予支持。

企业之间留置的动产与债权并非同一法律关系，债务人以该债权不属于企业**持续经营中发生的债权**为由请求债权人返还留置财产的，人民法院应予支持。

企业之间留置的动产与债权并非同一法律关系，债权人留置第三人的财产，第三人请求债权人返还留置财产的，人民法院应予支持。

2. 须留置物与其担保的债权属于同一法律关系

依《民法典》第448条的规定，债权人留置的动产，应当与债权属于“同一法律关系”。所谓动产与债权属于同一法律关系，准确而言，指的是债务人所享有的动产返还请求权与债权同属于一个法律关系。例如，定作人对承揽物的返还请求权与承揽人的报酬债权同属于加工承揽合同关系，寄存人的保管物返还请求权与保管人的保管费债权同属于有偿保管合同关系，收货人的货物返还请求权与承运人的运费债权同属于货物运输合同关系。

对于留置物与债权须属于同一法律关系的一般规则，《民法典》第448条设有一个例外规定，即企业之间留置的无须要求留置物与债权属于同一法律关系。此乃物权法对于商事留置权的特别规定。考虑到商业交往所要求的便捷、安全的需要，法律对于企业之间留置权的发生设有宽松的条件，即只要债权人合法地占有债务人的动产，就可以动产的留置担保其债权的实现，即便债权与该动产之间并无牵连关系。根据《担保制度解释》第62条第2款，**企业之间留置的动产与债权如果不属于同一法律关系，则要求该债权必须是企业持续经营中发生的债权。另外，如属企业之间留置，且留置物与被担保的债权不属于同一法律关系，则留置物必须归属于债务人所有（参见《担保制度解释》第62条第3款）**。

3. 须债权已届清偿期，且债务人不履行债务

作为法定担保物权，留置权的基本功能在于担保债权的实现，而债权的实现以权利已届清偿期为条件，因此，留置权的成立也应以其所担保的债权已届清偿期为条件。如果允许债权人在债权未届清偿期时即行使留置权，则等于迫使债务人提前清偿未到期的债务，对于债务人过于不公。《民法典》第447条即以债务人不履行到期债务作为留置权发生和行使的条件。

4. 不存在法律不允许留置的情形。

专题二十一 担保物权的行使期限＊＊＊

【重点法条】

《民法典》第419条 抵押权人应当在主债权诉讼时效期间行使抵押权；未行使的，人民法院不予保护。

抵押权虽具有支配权的性质，但是，由于其具有从权利的性质，其效力要受到其依附的主权利效力的制约。根据《民法典》第419条的规定，抵押权实际上也受行使期间的限制。抵押权行使的期间即为其所担保债权的诉讼时效期间，该诉讼时效期间届满的，法院不再保护抵押权的行使。

《物权法》和《民法典》对抵押权行使期间届满后的法律效力均未明确指明（仅

规定"法院不再保护"），而《九民纪要》之59【主债权诉讼时效届满的法律后果】则明确认为"抵押权人应当在主债权的诉讼时效期间内行使抵押权。抵押权人在主债权诉讼时效届满前未行使抵押权，抵押人在主债权诉讼时效届满后请求涂销抵押权登记的，人民法院依法予以支持"。可见，最高法院认为，抵押权所担保的主债权时效期间届满的，抵押权已消灭，故此抵押人可以请求涂销抵押权登记。

【相关法条】

《担保制度解释》第44条 主债权诉讼时效期间届满后，抵押权人主张行使抵押权的，人民法院不予支持；抵押人以主债权诉讼时效期间届满为由，主张不承担担保责任的，人民法院应予支持。主债权诉讼时效期间届满前，债权人仅对债务人提起诉讼，经人民法院判决或者调解后未在民事诉讼法规定的申请执行时效期间内对债务人申请强制执行，其向抵押人主张行使抵押权的，人民法院不予支持。

主债权诉讼时效期间届满后，财产被留置的债务人或者对留置财产享有所有权的第三人请求债权人返还留置财产的，人民法院不予支持；债务人或者第三人请求拍卖、变卖留置财产并以所得价款清偿债务的，人民法院应予支持。

主债权诉讼时效期间届满的法律后果，以登记作为公示方式的权利质权，参照适用第一款的规定；动产质权、以交付权利凭证作为公示方式的权利质权，参照适用第二款的规定。

《民法典》仅于第419条就主债权诉讼时效期间届满后抵押权能否行使的规则做了规定，《担保制度解释》第44条对其他担保物权是否因主债权时效期间届满而发生消灭之问题作出了规定。根据该条规定，**留置权、质权以及以交付权利凭证为公示手段（占有型担保物权）的担保物权，即便其所担保之主债权时效期间届满，担保物权仍能行使。**

专题二十二　多重买卖的效力、出卖他人之物合同的效力＊＊＊

一、多重买卖的效力

（一）多重买卖所体现的债权非排他性

发生针对一物的多重买卖（为行文方便，下文多以"一物两卖"的双重买卖加以说明）时，先后数个买卖合同都有效。欲理解这个看似违背"常识"的规则，其关键在于如何界定买卖合同的效力。经济意义上的买卖，既指向金钱与商品的交换关系本身，也当然包括这种交换的结果，即卖方得到金钱而买方得到商品的结果。反之，在民法学上，由于物权和债权的二分关系，当我们说到"买卖合同生效"这一判断时，显然仅指买卖合同发生债权债务的效力而言，即，因买卖合同的生效，买受人有权请求出卖人交付标的物并移转标的物所有权，而出卖人则有权请求买受人支付价款。在这个意义上，买卖合同系民法学上有关法律行为"负担行为与处分行为"这一分类中的负担行为。买卖合同生效，仅指其产生债之效力而言，这一点已经清晰地体现在了前文讨论过的《民法典》第 215 条之中。

质言之，理解多重买卖的法律构造问题，首先需要区分买卖合同的债权效力与借助该合同所要实现的物权变动的效力。人们之所以会凭直觉认为“一物两卖，两个合同都有效”违背常理，恰恰是因为他们在观念上将买卖所要实现的交换结果也包含进了买卖的效力之中。

在一物两卖的情形，所谓两个买卖合同都有效，当然仅指发生债权债务关系的效力：前后两个买受人均可向出卖人请求交付标的物并转移所有权。当然，正如《合同法解释（二）》第 15 条所规定（尽管该司法解释已被废止，但该条规定体现的法理仍在)，如果合同本身存在效力上的瑕疵（例如，第二个买卖合同的当事人双方之间恶意串通损害第一买受人的利益)，则该合同不能发生效力。

关于第二个买受人是否须为善意的问题，司法考试真题曾经采取过肯定的立场，即，如果第二买受人明知他人购买在先的事实，则在后的买卖合同无效。但是，应该说，这种立场并无充分的法理依据。根据民法原理及《民法典》第 597 条之规定，即使是出卖他人之物的合同，均能确定地发生债权债务的效力，因此，二次出卖的合同效力应无须考虑买受人的主观状态。事实上，法考几乎每年都要测试“一物两卖”这个知识点，而仅有一个年份的试题采取了前述要求第二买受人须不知情的立场。在市场经济条件下，法律鼓励竞争，即使知晓存在其他买受人，仍加入竞争，并不违反商业伦理，该合同也没有无效的理由。

在先后两份合同均有效的情况下，第一买受人相对于第二买受人，虽然成交时间在先，但原则上并不拥有法律上的优越地位，这是债权平等性的体现。在出卖人对两个买受人均负有相同的给付义务的情况下，应由其决定向谁履行买卖合同：出卖人向某一买受人履行合同的，该买受人的债权因受清偿而消灭，其合同目的直接实现；在此情形，出卖人势必无法对另一买受人履行合同债务，则后者有权要求前者承担违约责任，或者可以解除合同，并要求出卖人赔偿损失。

【特别提示】

考生在学习掌握多重买卖这个极其重要知识点的时候，应坚持“（债权）合同的归合同，物权的归物权”的思维方法，严格区分债权合同与物权变动的效力：在涉及买卖合同等债权合同的问题时，遵循《民法典》关于合同效力、履行及违约责任的规则；而在被要求回答所有权转移等问题时，须回到《民法典》物权编第二章有关物权变动的规则上作答。

因不动产与动产的物权变动规则不同，多重买卖合同与物权变动效力之间的关系，如区分不动产多重买卖与动产多重买卖，则逻辑将更加清晰。本书对此图示如下：

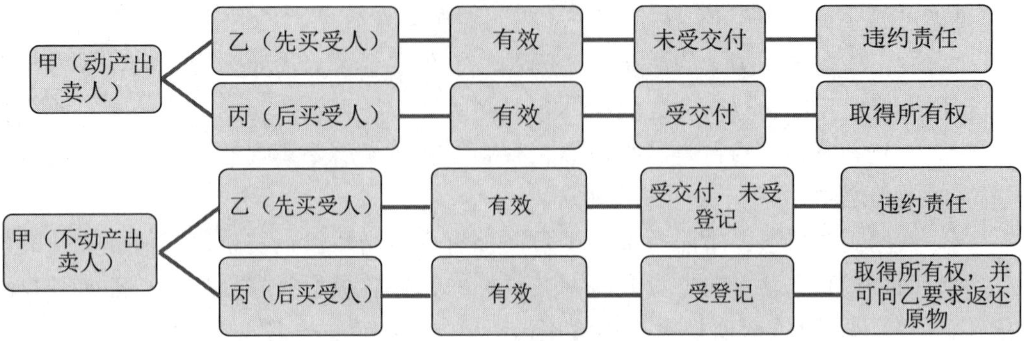

（二）《买卖合同司法解释》关于履行请求优先顺序规定的解读

1. 普通动产

【重点法条】

《买卖合同司法解释》第6条 出卖人就同一普通动产订立多重买卖合同，在买卖合同均有效的情况下，买受人均要求实际履行合同的，应当按照以下情形分别处理：（一）先行受领交付的买受人请求确认所有权已经转移的，人民法院应予支持；（二）均未受领交付，先行支付价款的买受人请求出卖人履行交付标的物等合同义务的，人民法院应予支持；（三）均未受领交付，也未支付价款，依法成立在先合同的买受人请求出卖人履行交付标的物等合同义务的，人民法院应予支持。

沿用《合同法解释（二）》第15条的精神，该条首先承认，在发生多重买卖时，数个买卖合同均有效。数个买卖合同均有效，就意味着，数个买受人均可要求出卖人交付标的物并转移其所有权。由于买受人的请求权都同时指向同一个标的物的交付，故有必要通过确立履约请求的优先性规则解决数买受人均要求出卖人实际履行的难题。

在合同均有效的情况下，该条所规定的第一项规则是，先行受领交付的买受人请求确认所有权已经转移的，人民法院应予支持。这一规则很容易理解（甚至有多余的嫌疑）。如果买卖合同有效，且出卖人对标的物有处分权，则不论受领交付的买受人处在哪个成交顺序上，根据《民法典》第224条的规则，该买受人已取得所有权。在此情形，即便是成交在先的买受人，也只能向出卖人要求违约责任的承担。

真正的难题出现在以下情形：两个以上的买卖合同都成立，出卖人尚未将标的物交付任一买受人，且在多个买受人均要求实际履行时，出卖人未选择向某一买受人做出交付。在此情形，根据债权平等性原则，买受人相互间没有优先性。为打破此僵局，该条创设了两个优先请求履行之顺序的规定：（1）如果某一买受人已经支付了价款，则基于公平和便利诉讼的考虑，该买受人将可优先请求出卖人交付标的物，完成对待给付；须注意的是，《买卖合同司法解释》第6条并未要求买受人支付全部价款，因此，支付部分价款的即可取得优先请求给付的权利。（2）如果买受人均未支付价款，则只能回到成交顺序的考虑，赋予成交在先的买受人优先请求出卖人履行合同义务。

在上述两种情形，未获得标的物交付的其他买受人当然能够适用《合同法解释（二）》第15条之规定，要求出卖人承担违约责任。

【特别提示】

考生须注意，该条规定的优先性规则有其层次性：首先，考虑的是买受人是否受领交付，在已交付的情形，根本无须考虑是否支付价款及成交时间顺序；其次，在无交付的情形，才需要考虑是否有买受人支付了价款，在价款支付的情形，无须考虑成交时间顺序；最后，只有在既未交付亦未支付价款的情形，才依成交顺序确定优先请求履约的买受人。

2. 特殊动产

《买卖合同司法解释》第7条 出卖人就同一船舶、航空器、机动车等特殊动产订立多重买卖合同，在买卖合同均有效的情况下，买受人均要求实际履行合同的，应当按照以下情形分别处理：（一）先行受领交付的买受人请求出卖人履行办理所有权转移登记手续等合同义务的，人民法院应予支持；（二）均未受领交付，先行办理所有权转移登记手续的买受人请求出卖人履行交付标的物等合同义务的，人民法院应予支持；（三）均未受领交付，也未办理所有权转移登记手续，依法成立在先合同的买受人请求出卖人履行交付标的物和办理所有权转移登记手续等合同义务的，人民法院应予支持；（四）出卖人将标的物交付给买受人之一，又为其他买受人办理所有权转移登记，已受领交付的买受人请求将标的物所有权登记在自己名下的，人民法院应予支持。

本条调整船舶、航空器、机动车等特殊动产多重买卖中履约请求权的优先顺序问题。与普通动产的多重买卖相比，特殊动产存在双重公示手段：既有动产的交付，同时又有登记的问题。正因为存在交付与登记的双重问题，履行请求权的优先性问题就变得更为复杂。

在针对同一特殊动产的多重买卖合同均有效的情况下，任一买受人均有权要求出卖人履行合同。从特殊动产买卖合同本身的债权效力上看，出卖人不仅应交付标的物，而且还应协助买受人办理过户登记手续。

至于交付与登记二者的关系问题，该条的逻辑实际上以《民法典》第225条的规定为基础。如前所述，机动车等特殊动产的属性还是动产，故其物权变动主要适用动产物权变动的一般规则，即以交付作为物权变动的生效要件。登记只是物权变动对抗善意第三人的要件。简单地说，特殊动产的交付比其登记更为重要，这是理解本条司法解释的关键所在。

根据该条，买受人履约请求权的优先性规则实际上存在三个层面：

首先，如果多重买卖的出卖人均未向任何一个买受人履行合同（既未交付标的物，也未办理过户手续），则直接适用“成交在先，请求在先”的规则，法院支持成立在先的买受人的实际履行请求权。这就是该条第三项规定的内容。须注意的是，与普通动产的多重买卖不同，该条并未承认已支付价款的买受人的优先请求权。

其次，如果出卖人向某一买受人做出了部分履行，即，或者是交付了标的物但未办理登记，或者是办理了登记但未交付标的物，则已经获得部分履行的买受人将获得要求补正履行（继续履行）的优先权利。简单地说，已经受领交付的可以进一步要求过户，而已经获得过户的，可进一步要求交付。此即为该条第一、二项规定的内容。

最后，也是最为复杂的是，如果在两个买受人中，一人受领了交付，而另一人则获得了过户，则履约请求权的冲突势必更加明显。就此种情形而言，考生仅需以前述"交付比登记更为重要"的理解为基础，即可理解该条第四项的规定，即已经受领交付的一方可请求出卖人办理登记。

【特别提示】

虽然该条使用了"所有权转移登记"这一表述，但是，与房屋所有权非经登记不发生转移不同，实际上，机动车所有权在完成交付时，已转归买受人所有。这一点是理解该条（尤其是第四项）的关键。如果涉及房屋的一物两卖，且发生某一买受人已受领房屋的交付而另一买受人已获得了过户登记的情形，毫无疑问，后者将获得优先性的保护。

二、出卖他人之物的合同效力

买卖合同属于债权合同（负担行为），处分权并非买卖合同的生效要件。根据《民法典》第597条，出卖他人之物的合同确定有效（效力待定的是旨在发生物权变动的无权处分行为），如果因出卖人无处分权导致买受人不能取得所有权，买受人可以解除合同，并要求出卖人承担违约责任。

理解该问题的关键之处在于，需要区分负担行为与处分行为，仅在界定处分行为的效力（涉及所有权转移等效果）时，处分权才是生效要件之一。以他人之物作为买卖合同标的物的，所谓"买卖合同"有效，仅意味着出卖人据此向买受人负有交付标的物与移转所有权的义务，而并不会直接改变物的归属（从而真实权利人的所有权并不会因"买卖合同有效"的判断而受到任何影响）。"买卖合同有效"的判断将保护买受人的预期，在出卖人无法使其取得所有权时，买受人可以解除合同，并要求出卖人承担违约损害赔偿责任。如果混淆处分与负担的效力，使出卖他人之物的合同不能发生效力，则其逻辑结果反而有利于出卖人（无须负违约损害赔偿之责），是不合理的。

如主观题测试这个考点，可以按照买卖合同是债权合同（负担行为）从而不要求具备处分权的逻辑作答，也可径直以《民法典》第597条作答。为什么第597条等同于买卖合同有效？因为，既然可以解除合同并请求承担违约责任，那么，在逻辑上，出卖他人之物的合同当然是有效的，否则不能发生此等效力。

【重点法条】

《民法典》第597条 因出卖人未取得处分权致使标的物所有权不能转移的，买受人可以解除合同并请求出卖人承担违约责任。

法律、行政法规禁止或者限制转让的标的物，依照其规定。

专题二十三　债（合同）的相对性＊＊

特定债权人与特定债务人之间的债的关系，因合同或其他法定原因而发生。债的关系发生后，其效力仅发生且维持在债权人于特定债务人之间，这就是所谓“债的相对性”。该考点对于主观题考试相当重要。

债的相对性主要体现在以下方面：

1. 原则上，债权人只能向特定的债务人主张债权，而不得向相关第三人主张债权。

2. 在合同关系中，因第三人原因造成违约的，债权人的违约请求权仅能针对债务人。例如，乙向甲订购一批货物，在收货前，乙将该批货物转给丙；由于甲到期未向乙交付，导致丙未如期收到货物；此时，丙可向乙主张违约责任，而不得径直向甲主张违约。当然，如第三人造成了债权人固有利益（如所有权、人格权）的损害，则债权人可以提起侵权之诉。

3. 合同约定既涉及当事人之间利益调整，同时又关乎第三人利益的（尤其是会损害第三人利益），则此类约定有效（指调整当事人关系的部分），但对第三人不生效力。其中，最典型的是，法定连带债务的多个债务人间达成了按份承担债务的约定，此项约定在数债务人间具有效力，但对债权人无意义，债权人仍可依连带之债的效果向任意债务人行使债权。

4. 合同有效，但当事人之间达成的附加限制（如禁止受让人的再转让）仅能约束双方当事人，而无从影响第三人或不影响由此引起的物权变动效果，这一点也突出体现在《民法典》第545条第2款：当事人对金钱债权的转让做出限制的，不能对抗第三人，该约定仅具有相对的效力。

【重点法条】

《民法典》第465条　依法成立的合同，受法律保护。依法成立的合同，**仅对当事人具有法律约束力**，但是法律另有规定的除外。

专题二十四　无名合同的识别与法律适用＊＊

【重点法条】

《民法典》第467条　本法或者其他法律没有明文规定的合同，适用本编通则的规定，并可以参照适用本编或者其他法律最相类似合同的规定。

如果主观案例题出现未被《民法典》合同编或特别法规定的合同类型（如以提供劳务换取房屋居住），且在设问中提出类似“该合同属于什么类型的合同”这样的问题，则通常会落入无名合同这一范畴。司法考试曾在卷四综合案例题中将无偿为他人维修屋顶及信用卡合同作为出题点，要求考生能够答出“无名合同”。

无名合同除可以适用合同总则的一般规定外，还可类推适用与其最相类似的有名合同的规定。在此出题方式之下，考生首先需要识别出无名合同，然后需要寻找与题中合同最相类似的有名合同是哪个，最后可能还需要将此有名合同的某条规范适用于该无名合同。例如，如题中出现“甲无偿提供住房给乙居住，乙为甲无偿做家务”的合同安排，则考生须意识到此为无名合同，但就甲提供住房给乙居住这一点而言，类似房屋租赁合同（乙以劳务冲抵租金），如果题中要求回答在居住期间设施损坏由谁负责维修的问题，则考生须遵循以下思路：根据租赁合同的相关规定，在无特别约定时，应由出租人负责修缮租赁物，本题虽非租赁合同，但却与租赁最相类似，故可适用租赁合同上的规定，最终得出应由甲负责修缮的结论。

专题二十五　预约的识别与效力＊＊

【重点法条】

《民法典》第495条　当事人约定在将来一定期限内订立合同的认购书、订购书、预订书等，构成预约合同。

当事人一方不履行预约合同约定的订立合同义务的，对方可以请求其承担预约合同的违约责任。

如主观案例题出现当事人之间签署“认购书”“预约书”等文书，并明确未来的缔约义务（尤其是为此支付立约定金）的，则可识别为《民法典》第495条规定的预约合同（参见《合同编通则解释》第6条）。

预约合同，是以未来订立本约为内容的合同。预约常表现为认购书、预订书等。如上述这些协议已经清晰地体现了当事人未来订立本约的意思，则这些协议本身即已具备预约合同的效力。预约在当事人之间产生了如下效力：双方均有义务按先前约定的交易条件订立本约（如依具有预约性质的认购书，订立房屋买卖合同）或负有诚信磋商尽可能使本约成立的义务（参见《合同编通则解释》第7条）。当事人任何一方不履行前述预约合同所生义务的，对方当事人可要求其承担违反预约合同的违约责任。

针对当事人一方不履行预约合同所确定的缔约义务的情形，《民法典》第495条仅规定对方可请求其承担预约合同的违约责任，而未明确该违约责任的具体形态。关于预约合同当事人能否请求预约合同的实际履行（即请求本约的订立）之问题，理论上存在争议。通说认为，订立本约，应属于《民法典》580条第1款所称“债务的标的不适合强制履行”的情形，故仅能主张违反预约合同的损害赔偿，而不能请求继续履行。《合同编通则解释》第8条也仅明确了守约方向违反预约合同的一方主张损害赔偿的权利。另外，如为担保本约合同的订立，一方向他方支付了定金（立约定金），则还有定金罚则适用的余地（参见《合同编通则解释》第67条第2款）。

【相关法条】

《合同编通则解释》第6条　当事人以认购书、订购书、预订书等形式约定在将来一定期限内订立合同，或者为担保在将来一定期限内订立合同交付了定金，能够确定将来所要订立合同的主体、标的等内容的，人民法院应当认定预约合同成立。

当事人通过签订意向书或者备忘录等方式，仅表达交易的意向，未约定在将来一定期限内订立合同，或者虽然有约定但是难以确定将来所要订立合同的主体、标的等内容，一方主张预约合同成立的，人民法院不予支持。

当事人订立的认购书、订购书、预订书等已就合同标的、数量、价款或者报酬等主要内容达成合意，符合本解释第三条第一款规定的合同成立条件，未明确约定在将来一定期限内另行订立合同，或者虽然有约定但是当事人一方已实施履行行为且对方接受的，人民法院应当认定本约合同成立。

《合同编通则解释》第7条　预约合同生效后，当事人一方拒绝订立本约合同或者在磋商订立本约合同时违背诚信原则导致未能订立本约合同的，人民法院应当认定该当事人不履行预约合同约定的义务。

人民法院认定当事人一方在磋商订立本约合同时是否违背诚信原则，应当综合考虑该当事人在磋商时提出的条件是否明显背离预约合同约定的内容以及是否已尽合理努力进行协商等因素。

《合同编通则解释》第8条　预约合同生效后，当事人一方不履行订立本约合同的义务，对方请求其赔偿因此造成的损失的，人民法院依法予以支持。

前款规定的损失赔偿，当事人有约定的，按照约定；没有约定的，人民法院应当综合考虑预约合同在内容上的完备程度以及订立本约合同的条件的成就程度等因素酌定。

《合同编通则解释》第67条　当事人约定以交付定金作为订立合同的担保，一方拒绝订立合同或者在磋商订立合同时违背诚信原则导致未能订立合同，对方主张适用民法典第五百八十七条规定的定金罚则的，人民法院应予支持。

【答题指引】

若在试题中看到当事人签订“认购书”“预定书”等事实描述，且明确了未来订立买卖合同等本约的事实，即可判断此为有关预约的考点。关于预约违反的判断及相应违约责任，可直接以《合同编通则》第7、8条为依据作答。

专题二十六　格式条款的法律规制＊＊

一、格式条款订入合同的条件：使用人的提示和说明义务

【重点法条】

《民法典》第496条　格式条款是当事人预先拟定，并在订立合同时未与对方协商

的条款。

采用格式条款订立合同的，提供格式条款的一方应当遵循公平原则确定当事人之间的权利和义务，并采取合理的方式提示对方注意免除或者减轻其责任等与对方有重大利害关系的条款，按照对方的要求，对该条款予以说明。提供格式条款的一方未履行提示或者说明义务，致使对方没有注意或者理解与其有重大利害关系的条款的，对方可以主张该条款不成为合同的内容。

格式条款通常由使用人针对不特定相对方而使用。相对方只能选择是否缔结合同，而往往不能就合同内容与格式条款的使用者磋商，以改变其预先拟定之“标准条款”的内容。

《民法典》第496条设计的原理在于：对于那些对相对人严重不利的格式条款，使用人应尽特别告知、说明、揭示的义务。格式条款的使用者须以合理的方式提请对方注意免除或者减轻其责任等与对方有重大利害关系的条款，如将此类条款以大号、黑体等字体从合同文本中突显出来。提供格式条款一方对已尽合理提示及说明义务承担举证责任。

格式条款的使用人未尽提示或说明义务，致使对方未注意或理解对其有重大利害关系条款的，即使对方当事人已对合同整体上表示同意（如签字、盖章），对方仍可主张该条款不成为合同的内容（即视为未订入合同）。

【相关法条】

《合同编通则解释》第9条 合同条款符合民法典第四百九十六条第一款规定的情形，**当事人仅以合同系依据合同示范文本制作或者双方已经明确约定合同条款不属于格式条款为由主张该条款不是格式条款的，人民法院不予支持。**

从事经营活动的当事人一方仅以未实际重复使用为由主张其预先拟定且未与对方协商的合同条款不是格式条款的，人民法院不予支持。但是，有证据证明该条款不是为了重复使用而预先拟定的除外。

《合同编通则解释》第10条 提供格式条款的一方在合同订立时采用通常足以引起对方注意的文字、符号、字体等明显标识，提示对方注意免除或者减轻其责任、排除或者限制对方权利等与对方有重大利害关系的异常条款的，人民法院可以认定其已经履行民法典第四百九十六条第二款规定的提示义务。

提供格式条款的一方按照对方的要求，就与对方有重大利害关系的异常条款的概念、内容及其法律后果以书面或者口头形式向对方作出通常能够理解的解释说明的，人民法院可以认定其已经履行民法典第四百九十六条第二款规定的说明义务。

提供格式条款的一方对其已经尽到提示义务或者说明义务承担举证责任。对于通过互联网等信息网络订立的电子合同，提供格式条款的一方仅以采取了设置勾选、弹窗等方式为由主张其已经履行提示义务或者说明义务的，人民法院不予支持，但是其举证符合前两款规定的除外。

二、格式条款的无效

【重点法条】

《民法典》第497条 有下列情形之一的，该格式条款无效：(一)具有本法总则编第六章第三节和本法第五百零六条规定的无效情形；(二)提供格式条款一方不合理地免除或者减轻其责任、加重对方责任、限制对方主要权利；(三)提供格式条款一方排除对方主要权利。

《民法典》第497条第2、3项属于格式条款无效的特别事由：提供格式条款一方不合理地免除或者减轻本方责任（如在店内张贴告示，称“本店商品，一经售出，概不退换”）、不合理地加重对方责任、不合理地限制对方主要权利的；格式条款使用人在合同中排除对方主要权利的。

此类条款无效，在性质上属于部分无效，不影响合同整体的效力，也就是说，在排除此类条款效力的情况下，剩余条款仍然有效。至于被确认无效之条款所规范的内容，则由法律的一般规定所替代，如免责条款被确认无效的，适用法律关于违约责任的一般规定。

专题二十七 缔约过失责任*

合同订立过程中，如缔约当事人违反先合同义务，造成对方当事人损失的，则相对方可根据《民法典》第500条要求承担缔约过失责任。产生缔约过失责任的情形，除假借订立合同恶意磋商及隐瞒缔约相关重要事项外，其他缔约中违反诚实信用的行为均可引起缔约过失责任。

根据《民法典》第501条之规定，对于在缔约过程中获知的商业秘密，缔约一方有保密的义务，违反此义务不当使用或泄露的，也应负缔约过失责任性质的损害赔偿责任。

关于合同无效、被撤销或不成立后，根据《民法典》第157条可以主张的要求赔偿的权利，一般认为也具有缔约过失责任的性质。

如主观题就此考点出题，则准确回答出相关当事人须“承担缔约过失责任”至为重要。缔约过失责任是一种损害赔偿责任，通常认为，受害人可以就自己的信赖利益要求赔偿，这主要指向为缔约支出的费用、成本（也包括机会成本）等。

【重点法条】

《民法典》第500条 当事人在订立合同过程中有下列情形之一，造成对方损失的，应当承担赔偿责任：(一)假借订立合同，恶意进行磋商；(二)故意隐瞒与订立合同有关的重要事实或者提供虚假情况；(三)有其他违背诚信原则的行为。

专题二十八　双务合同的履行抗辩权＊＊＊

主观案例题极有可能围绕合同关系出题，而根据履行顺序的具体情形，以主张履行抗辩权的方式维护利益，可以成为对相关当事人提供救济的重要手段。考生应根据题意，识别出同时履行抗辩权、顺序履行抗辩权和不安抗辩权，并灵活地将抗辩权与其他可能的救济手段并用。需特别关注的是，《合同编通则解释》对同时履行抗辩权及顺序履行抗辩权在诉讼上的效力表现做出了规定，该新规须予以掌握。

一、几种抗辩权适用的前提：双务合同

合同，可区分为单务合同与双务合同。所谓双务合同，是指双方当事人均因合同而负担债务的合同。因为双方债务对待地存在，构成一种利益上的相互制约，才产生了同时履行抗辩权、顺序履行抗辩权和不安抗辩权这三种抗辩权。在单务合同中，绝不发生上述任何一种抗辩权。在双务合同中，双方互负的主要义务被称为“对待给付义务”。一方所负的非主要义务（从给付义务）与对方所负的主要义务（主给付义务）原则上不具有对待性，从而不能作为履行抗辩权的对象，但是，如果非主要义务的不履行也会导致对方合同目的不能实现的后果，则此非主要义务也可纳入履行抗辩权之中（参考《合同编通则解释》第31条第1款）。

【提示】

我国《民法典》525-527条对三项履行抗辩权的规定并未明确要求双方互负债务系一项双务合同所产生的对待给付义务，但解释上通常都附加双务合同的前提。不过，此种立法处理也为履行抗辩权的扩张适用创造了条件。**根据《合同编通则解释》第25条，如双务合同被认定为不成立、无效抑或是被撤销而发生双方返还的后果，则此双方的返还义务构成对待给付，有同时履行抗辩权适用之余地。**

二、同时履行抗辩权

【重点法条】

《民法典》第525条　当事人互负债务，没有先后履行顺序的，应当同时履行。一方在对方履行之前有权拒绝其履行请求。一方在对方履行债务不符合约定时，有权拒绝其相应的履行请求。

在双务合同中，通常当事人都会约定履行的先后顺序（如“货到付款”或“款到发货”等），因为先履行的一方要承担对方不履行的风险。如果合同确未对履行顺序作出约定，则让任何一方先行履行都是不公平的，因此，本条创设了同时履行抗辩权。

在没有先后履行顺序的情况下，双方当事人对等地享有此同时履行抗辩权。

同时履行抗辩权也可以是“部分”抗辩，即，在对方虽有履行行为但履行不符合

约定的，本方仍有权拒绝相应的履行请求。

任何一方主动作出恰当的履行行为后，对方的同时履行抗辩权归于消灭，也应履行自己的对待给付。因此，此类抗辩权属于民法上的“一时性抗辩权”。

需要特别注意的是，《合同编通则解释》对在诉讼程序中主张同时履行抗辩权的法律后果做出了规定，明确了同时履行抗辩权在诉讼上的效力：抗辩成立的，法院不应简单驳回原告诉讼请求，而是应根据被告是否提出反诉的具体情形，作出所谓“同时给付判决”，并在判项中写明与执行措施的衔接。具体可参见《合同编通则解释》第31条。

三、顺序履行抗辩权

【重点法条】

《民法典》第526条　当事人互负债务，有先后履行顺序，应当先履行债务一方未履行的，后履行一方有权拒绝其履行请求。先履行一方履行债务不符合约定的，后履行一方有权拒绝其相应的履行请求。

顺序履行抗辩权，也称“先履行抗辩权”。与同时履行抗辩权发生的情形不同，产生顺序履行抗辩权的合同存在先后履行的顺序。在合同有先后履行顺序安排的情况下，顺序履行抗辩权由后履行义务的一方当事人享有。

顺序履行抗辩权的具体表现是：后履行一方可以拒绝对方的履行请求（尽管他的确负有履行的义务），因为先履行一方未履行其合同义务（如约定“货到付款”，未发货而向对方要求付款）或履行义务不合约定（如交付质量不合格货物）。

先履行一方恰当地履行了其义务的，该抗辩权消灭，后履行一方也应履行其对待给付。

与同时履行抗辩权的行使将导致诉讼上的“同时给付判决”不同，《合同编通则解释》第31条第3款明确，一方诉请履行，对方主张顺序履行抗辩且抗辩权成立的，法院将驳回原告诉讼请求，但不影响原告在履行其义务后再次起诉。

【重点法条】

《合同编通则解释》第31条　当事人互负债务，一方以对方没有履行非主要债务为由拒绝履行自己的主要债务的，人民法院不予支持。但是，对方不履行非主要债务致使不能实现合同目的或者当事人另有约定的除外。

当事人一方起诉请求对方履行债务，被告依据民法典第五百二十五条的规定主张双方同时履行的抗辩且抗辩成立，被告未提起反诉的，人民法院应当判决被告在原告履行债务的同时履行自己的债务，并在判项中明确原告申请强制执行的，人民法院应当在原告履行自己的债务后对被告采取执行行为；被告提起反诉的，人民法院应当判决双方同时履行自己的债务，并在判项中明确任何一方申请强制执行的，人民法院应当在该当事人履行自己的债务后对对方采取执行行为。

当事人一方起诉请求对方履行债务，被告依据民法典第五百二十六条的规定主张原告应先履行的抗辩且抗辩成立的，人民法院应当驳回原告的诉讼请求，但是不影响原告履行债务后另行提起诉讼。

四、不安抗辩权

【重点法条】

第527条 应当先履行债务的当事人，有确切证据证明对方有下列情形之一的，可以中止履行：（一）经营状况严重恶化；（二）转移财产、抽逃资金，以逃避债务；（三）丧失商业信誉；（四）有丧失或者可能丧失履行债务能力的其他情形。当事人没有确切证据中止履行的，应当承担违约责任。

【重点法条】

第528条 当事人依据前条规定中止履行的，应当及时通知对方。对方提供适当担保的，应当恢复履行。中止履行后，对方在合理期限内未恢复履行能力且未提供适当担保的，视为以自己的行为表明不履行主要债务，中止履行的一方可以解除合同并可以请求对方承担违约责任。

不安抗辩权发生在有先后履行顺序的双务合同中，而且，仅负有先履行义务的一方当事人才可能享有该抗辩权。

当负担后履行义务的一方有丧失或者可能丧失履行能力的情形时，先履行的一方有权中止自己的履行行为，尽管他原本负有先行履行的义务。法律赋予此项抗辩权，主要是为了保护先履行一方不至于在明知对方有极大可能不能对待履行的情况下而被迫履行自己的义务，从而遭受损失。

主张不安抗辩权的一方负举证责任，须证明对方的确存在丧失或者可能丧失履行能力的情形。如其主张不成立，即无证据证明对方的确存在此种情形，则不安抗辩权不成立，当事人因主张此不成立的抗辩权而导致其违约的（如迟延履行），须承担违约责任。

不安抗辩权的效力首先表现在负有先履行义务一方当事人可以中止履行，同时，《民法典》又通过第528条与规范合同解除原因的第563条第1款第2项建立关联，即将对方在合理期限内未恢复履行能力并且未提供适当担保的状态视为“以自己的行为表明不履行合同主要债务”，从而构成了法定解除事由。据此，首先因行使抗辩权而中止履行自身义务的当事人可以进一步解除合同，并请求对方承担违约责任。

【答题指引】

《合同编通则解释》出台前，尽管理论上对“同时给付判决”也多有讨论，但由于缺乏规范依据，法考不会涉及这个问题。该解释出台后，该实体法与程序法密切结合的考点特别契合法考主观题的出题方向，应引起足够重视。若在案情中设计未约定先后履行顺序的双务合同一方当事人诉请履行，且就被告可能得主张及法院的处理提问，即应从《合同法》第525条出发，并围绕《合同编通则解释》第31条第2款作答。

专题二十九　情势变更＊＊＊

【重点法条】

《民法典》第533条　合同成立后，合同的基础条件发生了当事人在订立合同时无法预见的、不属于商业风险的重大变化，继续履行合同对于当事人一方明显不公平的，受不利影响的当事人可以与对方重新协商；在合理期限内协商不成的，当事人可以请求人民法院或者仲裁机构变更或者解除合同。

人民法院或者仲裁机构应当结合案件的实际情况，根据公平原则变更或者解除合同。

情势变更的认定应把握这样几个要素：合同的基础条件的变化发生在合同订立之后；基础条件发生重大变化，以至于在订立合同时无法预见；基础条件变化幅度之大，超出了正常商业风险的范畴（若是在商业风险范围内，则当事人须依合同承受商业风险，不得提出变更或解除）；在合同基础条件发生重大变化后，如继续严守合同，则会对一方当事人明显不公平或者不能实现合同目的。

须注意的是，构成情势变更的事实可以同时构成不可抗力。以新冠疫情为例，若合同订立后爆发疫情导致债务人违约的，债务人可主张根据《民法典》第590条的规定主张免责，或者根据《民法典》第583条第1款第1项的规定解除合同（后者须满足"致使不能实现合同目的"的要件）。合同当事人也可以将疫情作为《民法典》第533条意义上的合同基础条件的重大变化，从而根据该条的规定主张重新磋商等。

出现符合前述标准的情形，"合同严守"的一般规则可以被破除，并产生以下后果：（1）受不利影响的一方可以要求与对方重新协商，对方有诚信磋商之义务，尽可能达成解决问题的妥协；（2）若在合理期限内协商不成，当事人请求法院或仲裁机构根据公允的标准变更合同，法院则应根据公平原则变更合同，而不应决定解除；若出现一方主张变更而他方主张解除等，则法院可根据案件具体情况决定变更或解除合同。

情势变更属于司法权的范畴，是法律授权司法机构根据公平原则干预显失公平之交易的司法手段，故不得由当事人预先通过合同排除《民法典》第533条的适用。

【相关法条】

《合同编通则解释》第32条　合同成立后，因政策调整或者市场供求关系异常变动等原因导致价格发生当事人在订立合同时无法预见的、不属于商业风险的涨跌，继续履行合同对于当事人一方明显不公平的，人民法院应当认定合同的基础条件发生了民法典第五百三十三条第一款规定的“重大变化”。但是，合同涉及市场属性活跃、长期以来价格波动较大的大宗商品以及股票、期货等风险投资型金融产品的除外。

合同的基础条件发生了民法典第五百三十三条第一款规定的重大变化，当事人请求变更合同的，人民法院不得解除合同；当事人一方请求变更合同，对方请求解除合同的，或者当事人一方请求解除合同，对方请求变更合同的，人民法院应当结合案件的实际情况，根据公平原则判决变更或者解除合同。

人民法院依据民法典第五百三十三条的规定判决变更或者解除合同的，应当综合考虑合同基础条件发生重大变化的时间、当事人重新协商的情况以及因合同变更或者解除给当事人造成的损失等因素，在判项中明确合同变更或者解除的时间。

当事人事先约定排除民法典第五百三十三条适用的，人民法院应当认定该约定无效。

专题三十　债权的保全

【提示】

债权人代位权与撤销权（尤其是债权人撤销权）历来属于法考主观题考试的重点考点。在我国法律上，债权人代位权与撤销权均需通过诉讼行使（代位之诉、撤销之诉），因此相关配套诉讼规则也相当重要。《合同编通则解释》用较多的条文（第33-46）对代位之诉与撤销之诉的诉讼当事人、法院管辖、与仲裁条款的关系等方面做出了明确规定。考虑到民事综合题的出题方向，这个专题极为重要，应引起足够重视。

一、债的保全概述

债的保全，也称责任财产的保全，它是债权人为了确保债权获得清偿，而防止债务人责任财产减少的一种手段。债的保全的方式有两种：债权人代位权和债权人撤销权。

根据债的相对性原理，债权人只能向债务人请求履行，债权的效力原则上不及于第三人。但是，当债务人与第三人之间的关系危及债权人利益时，法律允许债权人对债务人与第三人的关系进行一定程度的干预，确保责任财产的完整，以排除对其债权的危害。因此，债的保全属于债的对外效力，是债的相对性的例外。

债的保全在于确保债的一般担保，而非增加一般担保（如保证）或者增强债的效力（如担保物权）。在这一点上，债的保全区别于债的担保。

《民法典》合同编将先前规定在《合同法》第四章“合同的履行”中的保全规范（73条至75条）突出，成为合同编独立的第五章“合同的保全”。合同保全的原理与规范可以适用于包括合同之债在内的各种债之关系。“债的保全”在《民法典》上的规范表现就体现在合同编的第五章“合同的保全”。

二、债权人代位权

【重点法条】

《民法典》第535条　因债务人怠于行使其债权以及与该债权有关的从权利，影响债权人的到期债权实现的，债权人可以向人民法院请求以自己的名义代位行使债务人对相对人的权利，但是该权利专属于债务人自身的除外。

代位权的行使范围以债权人的到期债权为限。债权人行使代位权的必要费用，由债务人负担。

相对人对债务人的抗辩，可以向债权人主张。

（一）债权人代位权的构成要件

债权人代位权，是指债权人为了保全其债权，以自己的名义，代债务人行使权利的权利。债权具有相对性，债权人本并不能向债务人的相对人主张债权，除非其满足了代位权以下的构成要件：

1. 债务人怠于行使其到期债权及其从权利。对于此点，应注意的是：（1）根据《民法典》第535条的规定，**能够被代位行使的权利仅包括债权及该债权的从权利**（如担保物权），其他财产权即便没有专属性，也不能被代位行使；（2）怠于行使权利的判断：**只要不及时提起诉讼或申请仲裁就构成怠于行使（《合同编通则解释》第33条）**。仅仅是曾经催收，只要不及时提起诉讼或申请仲裁仍可能构成怠于行使债权；（3）债务人的相对人不认为债务人有怠于行使其到期债权情况的，应当承担举证责任。

2. **债务人怠于行使权利对债权人造成损害**。债务人消极减少财产导致其对债权人履行的困难，此时才有必要行使代位权。由于是否造成损害涉及事实判断，就考试而言，试题只要提及债务人不行使到期债权，即可推定给其债权人造成损害。

3. 债权已届履行期。债权人须在其债权已届履行期时，才能行使代位权（可适当注意**《民法典》第536条**的规定）。未届履行期的债权，难以判断债务人的行为是否有损害债权可能。同时，由于要求具备债务人对其相对人怠于行使债权的事实，这当然就意味着债务人对其债务人的债权已经到期。

4. 债务人对相对人享有的权利不是专属于债务人自身的权利。专属于债务人自身的债权，包括：扶养费、抚养费、赡养费请求权；人身伤害赔偿请求权、劳动报酬请求权（但是超过债务人及其所扶养家属的生活必需费用的部分除外）；请求支付基本养老保险金、失业保险金、最低生活保障金等保障当事人基本生活的权利（《合同编通则解释》第34条）。

【相关法条】

《合同编通则解释》第33条　债务人不履行其对债权人的到期债务，又不以诉讼或者仲裁方式向相对人主张其享有的债权或者与该债权有关的从权利，致使债权人的到期债权未能实现的，人民法院可以认定为民法典第五百三十五条规定的“债务人怠于行使其债权或者与该债权有关的从权利，影响债权人的到期债权实现”。

《合同编通则解释》第34条 下列权利，人民法院可以认定为民法典第五百三十五条第一款规定的专属于债务人自身的权利：

（一）抚养费、赡养费或者扶养费请求权；

（二）人身损害赔偿请求权；

（三）劳动报酬请求权，但是超过债务人及其所扶养家属的生活必需费用的部分除外；

（四）请求支付基本养老保险金、失业保险金、最低生活保障金等保障当事人基本生活的权利；

（五）其他专属于债务人自身的权利。

（二）未届清偿期债权人的代位权

【重点法条】

《民法典》第536条 债权人的债权到期前，债务人的债权或者与该债权有关的从权利存在诉讼时效期间即将届满或者未及时申报破产债权等情形，影响债权人的债权实现的，债权人可以代位向债务人的相对人请求其向债务人履行、向破产管理人申报或者作出其他必要的行为。

《民法典》第536条为新增法条，旨在解决未届清偿期债权的特别保全需要。理解该条须注意以下三点：(1) 债权未届清偿期，故无法依照第535条行使债权人代位权；(2) 针对的主要是两种情形：第一，债务人享有的债权即将发生时效期间届满，唯有向债务人的相对人主张权利方可中断时，而债务人未主张权利；第二，债务人的相对人被宣告破产，债务人未进行破产债权申报；(3) 债权人依据此条行使代位权无需向法院提出，而是直接向债务人的相对人主张或向破产管理人申报。

（三）代位权的行使与诉讼安排

【重点法条】

《合同编通则解释》第35条 债权人依据民法典第五百三十五条的规定对债务人的相对人提起代位权诉讼的，由被告住所地人民法院管辖，但是依法应当适用专属管辖规定的除外。

债务人或者相对人以双方之间的债权债务关系订有管辖协议为由提出异议的，人民法院不予支持。

《合同编通则解释》第36条 债权人提起代位权诉讼后，债务人或者相对人以双方之间的债权债务关系订有仲裁协议为由对法院主管提出异议的，人民法院不予支持。

但是，债务人或者相对人在首次开庭前就债务人与相对人之间的债权债务关系申请仲裁的，人民法院可以依法中止代位权诉讼。

《合同编通则解释》第37条　债权人以债务人的相对人为被告向人民法院提起代位权诉讼，未将债务人列为第三人的，人民法院**应当追加债务人为第三人**。

两个以上债权人以债务人的同一相对人为被告提起代位权诉讼的，人民法院可以合并审理。债务人对相对人享有的债权不足以清偿其对两个以上债权人负担的债务的，人民法院应当按照债权人享有的债权比例确定相对人的履行份额，但是法律另有规定的除外。

根据我国《民法典》的规定，债权人以自己的名义，并须以诉讼的方式行使代位权。关于代位权案件管辖及债务人与债务人的相对人的诉讼地位问题，规则如下：(1)代位权案件由被告（即债务人的相对人）住所地管辖；(2)债权人以债务人的相对人为被告；(3)未列债务人为第三人的，法院应当追加其为第三人（《合同编通则解释》第37条）；(4)**债务人与其相对人之间的债权债务关系订有仲裁协议的，不影响债权人提起代位之诉**，但是在代位之诉开庭前，债务人或其相对人申请仲裁的，法院可依法中止代位权诉讼（《合同编通则解释》第36条）。

债权人以自己的名义对债务人的相对人提起诉讼的，债务人的相对人当然可以其对债务人的抗辩事由对抗债权人。《民法典》第535条第3款规定："相对人对债务人的抗辩，可以向债权人主张。"如果债务人的相对人对债务人的抗辩成立，则可以有效地阻却代位权的效力，法院应判决驳回原告的诉讼请求。另外，如债务人对债权人享有抗辩事由，则债务人的相对人也应能够援用。

（四）代位权行使的效果

【重点法条】

《民法典》第537条　人民法院认定代位权成立的，由债务人的相对人向债权人履行义务，债权人接受履行后，债权人与债务人、债务人与相对人之间相应的权利义务终止。债务人对相对人的权利被采取保全、执行措施，或者债务人破产的，依照相关法律的规定处理。

《民法典》第537条沿用《合同法解释（一）》的规则，**确立了债务人的相对人对债权人直接清偿的规则**。当然，如果债务人对相对人的权利被采取了保全、执行措施，或者债务人被宣告破产，则须依《民诉法》《破产法》等法律的规定处理。

二、债权人撤销权

（一）债权人撤销权的构成

【重点法条】

《民法典》第538条　债务人以放弃其债权、放弃债权担保、无偿转让财产等方式无偿处分财产权益，或者恶意延长其到期债权的履行期限，影响债权人的债权实现的，债权人可以请求人民法院撤销债务人的行为。

《民法典》第539条 债务人以明显不合理的低价转让财产、以明显不合理的高价受让他人财产或者为他人的债务提供担保，影响债权人的债权实现，债务人的相对人知道或者应当知道该情形的，债权人可以请求人民法院撤销债务人的行为。

债权人撤销权须具备以下要件才能发生：

1. 客观要件

（1）债务人方面有减少责任财产的行为

债务人方面需实施了诈害债权的行为，即减少其财产或者增加其财产负担的行为。对于可撤销的债务人行为，《民法典》分两条表述如下：（1）第538条规定，债务人放弃债权、放弃债权担保、无偿转让财产等无偿处分财产权益，或者恶意延长其到期债权的履行期限等；（2）第539条规定，债务人以明显不合理的低价转让财产、以明显不合理的高价受让他人财产或者为他人的债务提供担保。债务人的上述行为减少了作为债权人债权一般担保的责任财产，有损害债权的可能。

《合同编通则解释》第42条将“明显不合理的低价”界定为“未达到交易时交易地的市场交易价或者指导价百分之七十的”，同时将“明显不合理的高价”界定为“高于交易时交易地的市场交易价或者指导价百分之三十的”，可据此判断相关价格是否触发债权人撤销权的条件。

如果债务人对自身财产的处置并不会减少责任财产，或并不加重责任财产上的负担，则不应成立债权人撤销权。例如，债务人以市场价格转让财产，即使出现债务人不积极主张价金债权等情形而使债权难以受偿，也不应赋予债权人以撤销权，在此种情形，如符合债权人代位权的条件，债权人可对第三人提起代位之诉。

（2）债务人的诈害行为损害债权

债务人的诈害行为必须危及债权的实现，才有保全责任财产的必要。如果债务人的行为虽然减少了其财产，但是并未危及债权的实现，就不存在对债权的损害。《民法典》第538、539条均包含“影响债权人的债权实现”的表述即为此意。这就意味着，在撤销权诉讼中，债务人或第三人可以提出如下抗辩：债务人虽然实施了减少责任财产的行为，但其剩余财产仍足以清偿债权，故债权未受损害，债权人的撤销权不成立。

（3）债务人的诈害行为必须发生在债权成立后

债权成立以前之债务人的行为，原则上并不会影响债权人实现债权的预期（而且，债务人也不可能在主观上有诈害的意思），因此不是撤销权撤销的对象。

2. 主观要件

我国《民法典》第538、539条区分两种情形而设有不同的主观要件。

对于第538条规定的情形，即债务人无偿减少财产及恶意延长到期债权的履行期限的，受让人（受益人）的主观因素无关紧要，其对于债务人的诈害行为是否知晓并不影响债权人的撤销权。因此，当发生债务人放弃债权、无偿转让财产等无偿处分行为之时，撤销权的构成仅须考察前述客观要件是否具备，而无须就债务人和受让人的主观方面做出考察，这就意味着，债务人和受让人均不得主张善意抗辩。

对于第539条规定的情形，即债务人实施了非对称减值行为（以明显不合理的低价转让财产或以明显不合理的高价受让他人财产），债权人撤销权的构成尚需具备主观要件，即“债务人的相对人知道或者应当知道”债务人之行为损害了债权人的债权。这就意味着，受让人能够以自己不知且不应知晓债务人的行为会损害债权作为抗辩事由。

【特别提示】

债务人的行为只要满足了前述要件，债权人即可主张撤销权。债务人无偿转让财产，即便用于公益目的，亦不影响撤销权的发生。

另外，同一个行为，可能同时满足两个规范的要件，从而产生两个以上的效果。如果发生债务人与第三人恶意串通损害债权人利益的情形，根据《民法典》第154条的规定，该行为无效。同时，该行为也构成债权人撤销权行使的对象。因此，债权人既可以主张无效，也可以行使债权人撤销权。

【相关法条】

《合同编通则解释》第42条 对于民法典第五百三十九条规定的“明显不合理”的低价或者高价，人民法院应当按照交易当地一般经营者的判断，并参考交易时交易地的市场交易价或者物价部门指导价予以认定。

转让价格未达到交易时交易地的市场交易价或者指导价百分之七十的，一般可以认定为“明显不合理的低价”；受让价格高于交易时交易地的市场交易价或者指导价百分之三十的，一般可以认定为“明显不合理的高价”。

债务人与相对人存在亲属关系、关联关系的，不受前款规定的百分之七十、百分之三十的限制。

《合同编通则解释》第43条 债务人以明显不合理的价格，实施互易财产、以物抵债、出租或者承租财产、知识产权许可使用等行为，影响债权人的债权实现，债务人的相对人知道或者应当知道该情形，债权人请求撤销债务人的行为的，人民法院应当依据民法典第五百三十九条的规定予以支持。

（二）债权人撤销权的行使

1. 行使方式

债权人之撤销权，仅在以诉的方式行使时，才能发生撤销的法律效果。债权人须以自己的名义，向法院提起撤销之诉，请求撤销债务人侵害债权的行为。

2. 行使对象及法院管辖

行使对象，也即撤销之诉的被告，已被废止的《合同法解释（一）》曾明确，应以债务人为被告，如法院认为有必要，可追加受益人或受让人为诉讼第三人。但**根据**

《合同编通则解释》第44条，债权人应以债务人及债务人的相对人为**共同被告**提起诉讼，并由债务人或者相对人的住所地法院管辖。

3. 行使期间

《民法典》第541条规定，债权人自知道或应当知道撤销事由1年内行使撤销权；自债务人行为发生起5年内不行使的，撤销权消灭。

4. 行使的效果

债权人的撤销请求得到法院支持的，被撤销的法律行为自始没有法律拘束力（《民法典》第542条）。债权人在撤销权诉讼中同时请求债务人的相对人**向债务人**承担返还财产、折价补偿、履行到期债务等法律后果的，人民法院依法予以支持（《合同编通则解释》第46条第1款）。

债权人依据其与债务人的诉讼、撤销权诉讼产生的生效法律文书申请强制执行的，人民法院可以就债务人对相对人享有的权利采取强制执行措施以实现债权人的债权。债权人在撤销权诉讼中，申请对相对人的财产采取保全措施的，人民法院依法予以准许（《合同编通则解释》第46条第3款）。

债权人行使撤销权所支付的合理的律师代理费、差旅费等费用，可以认定为《民法典》第五百四十条规定的"必要费用"，由债务人负担。

【答题指引】

债权人撤销权系主观题考试非常重要的考点。凡出现债务人积极减少自己的责任财产以至于使债权人的债权不能得到清偿的，即可判断落入债权人撤销权这个考点之下。对有关撤销之诉的具体构成、程序性规范及行使后果等的设问，可检索《合同编通则解释》第五部分"合同的保全"后半部分条文（第42-46条）作答。

专题三十一　债权让与、债务承担＊＊

债权让与、债务承担在主观题考试中具有一定的重要性。除《民法典》合同编第六章的规定外，《合同编通则解释》对债权让与通知、多重让与、表见让与、债务加入的追偿问题等做出了规定，应了解这些规范的存在，理解其基本含义，并能正确识别相关考点，并以它们作为依据作答。

一、债权让与

债权让与，是指不改变债的内容，而原债权人（让与人）以合同将债权移转于新债权人（受让人）。

（一）债权让与的限制

【重点法条】

《民法典》第545条　债权人可以将债权的全部或者部分转让给第三人，但是有下列情形之一的除外：（一）根据债权性质不得转让；（二）按照当事人约定不得转让；（三）依照法律规定不得转让。

当事人约定非金钱债权不得转让的，不得对抗善意第三人。当事人约定金钱债权不得转让的，不得对抗第三人。

债权属于财产权，通常没有人身属性，故原则上可自由转让。限制转让的几种情形包含在《民法典》第545条之中，包括：根据合同性质不得转让的债权，如抚养费、赡养费债权；本可自由转让但当事人约定不得转让的债权；依照法律规定不得转让的债权。

相对于《合同法》第79条的规定，《民法典》第545条针对“按照当事人约定不得转让”的情形增设了第2款，即：（1）当事人约定非金钱债权不得转让的，不得对抗善意第三人。例如，甲在乙健身中心购买健身卡，双方约定，该卡不得转让（实际上是指持卡前往健身的权利不得转让），但是，健身卡上并未标识；后甲将该卡转让给不知情的丙，则乙不得以存在不得转让的约定为由拒绝向丙提供健身服务，因为丙为善意第三人。（2）**金钱债权几乎没有约定不得转让的理由，如果当事人约定金钱债权不得转让，则该约定完全不得对抗第三人**。这就意味着，债权人仍转让债权的，或许要因违反禁止转让之约定对债务人承担责任，但是，受让人依《民法典》第545条之规定取得债权的效力不受影响。

（二）债权让与合同及让与通知

1. 出让人与受让人之间的债权让与合同

债权转让合同是在出让人与受让人之间订立的以转让债权为内容的合同。债权让与合同系处分行为，要求出让人对其出让的债权有处分权。债权让与合同自成立时起，在出让人与受让人之间即发生效力，债权也由出让人移转于受让人。

2. 债权让与的通知

【重点法条】

《民法典》第546条　债权人转让权利的，未经通知，该转让对债务人不发生效力。

债权人转让权利的通知不得撤销，但经受让人同意的除外。

《合同编通则解释》第48条　债务人在接到债权转让通知前已经向让与人履行，受让人请求债务人履行的，人民法院不予支持；债务人接到债权转让通知后仍然向让与人履行，受让人请求债务人履行的，人民法院应予支持。

让与人未通知债务人，受让人直接起诉债务人请求履行债务，人民法院经审理确认债权转让事实的，应当认定债权转让自起诉状副本送达时对债务人发生效力。债务人主张因未通知而给其增加的费用或者造成的损失从认定的债权数额中扣除的，人民法院依法予以支持。

债权让与合同因让与人与受让人之间的合意而发生债权移转的效果，无须征得债务人的同意。但是，对此让与事实，债务人未必知晓。为了避免债务人错误清偿，法律设有保护债务人之规定，即对债务人而言，在其接获通知之前，债权让与虽可在出让人和受让人之间生效，但却对债务人不发生效力。例如，5月1日，甲丙之间达成债权转让合同，甲将其对乙的1万元债权转让给丙，但未通知乙；5月5日，乙因不知债权转让，主动向甲清偿了债务；此种情形，乙仍可主张债因清偿而消灭。需特别注意的是，债权让与后，若债务人未及时得到通知，并不意味着债务人可以拒绝向受让人清偿：若受让人对债务人提起诉讼，即使先前债务人未接到债权转让通知，法院送达起诉状也能起到通知的效果。《合同编通则解释》第48条明确了此点。

（三）债权的表见让与

【重点法条】

《合同编通则解释》第49条 债务人接到债权转让通知后，让与人以债权转让合同不成立、无效、被撤销或者确定不发生效力为由请求债务人向其履行的，人民法院不予支持。但是，该债权转让通知被依法撤销的除外。

受让人基于债务人对债权真实存在的确认受让债权后，债务人又以该债权不存在为由拒绝向受让人履行的，人民法院不予支持。但是，受让人知道或者应当知道该债权不存在的除外。

根据《合同编通则解释》第49条第1款，为确保债务人的利益，原则上债务人在接到通知后仅对受让人负有给付义务，故债权人不得以其与受让人之间的转让合同存在效力瑕疵为由，要求债务人向其恢复履行。

第49条第1款可作为“禁反言”规则加以理解：债务人既然已经向受让人确认了债务的存在（这一点构成受让人与转让人之间交易的基础），即使转让的债权客观上不存在，除非受让人明知，债务人仍须向受让人履行其确认过的债务。

【提示】

针对保理合同，《民法典》第763条也有类似规定：“应收账款债权人与债务人虚构应收账款作为转让标的，与保理人订立保理合同的，应收账款债务人不得以应收账款不存在为由对抗保理人，但是保理人明知虚构的除外”。

（四）债权的多重让与

【重点法条】

《合同编通则解释》第50条 让与人将同一债权转让给两个以上受让人，债务人以已经向最先通知的受让人履行为由主张其不再履行债务的，人民法院应予支持。债务人明知接受履行的受让人不是最先通知的受让人，最先通知的受让人请求债务人继续履行债务或者依据债权转让协议请求让与人承担违约责任的，人民法院应予支持；

最先通知的受让人请求接受履行的受让人返还其接受的财产的，人民法院不予支持，但是接受履行的受让人明知该债权在其受让前已经转让给其他受让人的除外。

前款所称最先通知的受让人，是指最先到达债务人的转让通知中载明的受让人。当事人之间对通知到达时间有争议的，人民法院应当结合通知的方式等因素综合判断，而不能仅根据债务人认可的通知时间或者通知记载的时间予以认定。当事人采用邮寄、通讯电子系统等方式发出通知的，人民法院应当以邮戳时间或者通讯电子系统记载的时间等作为认定通知到达时间的依据。

债权多重让与规则比较复杂，且需要较多的案情铺垫，主观题测试可能性不大，仅需掌握最基本的原理即可：假设债权人甲将其对乙的10万元债权首先转让于丙，但未通知债务人乙；其后，甲又将债权转让给丁，且通知了乙；此时，若乙向丁清偿，当然发生清偿的效果，乙可免责，因为丁是最先通知的受让人。

（五）债权让与的效力

1. 让与人与受让人之间的效力

（1）债权由让与人移转于受让人。

（2）债权的从权利随同移转。**《民法典》第547条**规定："债权人转让权利的，受让人取得与债权有关的从权利，但该从权利专属于债权人自身的除外。受让人取得从权利不因该从权利未履行转移登记手续或者未转移占有而受到影响"。该条规定意味着，**"从权利自动随主权利移转"**。

（3）《民法典》增设了第550条的如下规定："因债权转让增加的履行费用，由让与人负担"。这意味着，如因债权让与导致履行费用增加的，债务人可以此对抗受让人，并最终由让与人负担增加的费用。

2. 在受让人与债务人之间的效力

债权让与在通知债务人后，对债务人发生效力。具体而言，在受让人与债务人之间，债权让与发生如下几方面的效力：

（1）债务人一经获得通知，债权让与即对其生效。自此以后，债务人应当向新债权人履行方可发生债务履行的效果。

（2）债务人一切得对抗原债权人的抗辩事由，均可对抗新债权人。债权让与是债权主体的变更，并不影响债权的同一性，所以，原有的抗辩仍然存在，债务人仍可对新债权人主张。对此，《民法典》第548条明确规定："债务人接到债权转让通知后，债务人对让与人的抗辩，可以向受让人主张。"

（3）债务人可向受让人主张抵销。《民法典》不仅规定了债务人对受让人的抗辩权（第548条），而且还规定了债务人对于受让人的抵销权。该法第549条规定："有下列情形之一的，债务人可以向受让人主张抵销：（一）债务人接到债权转让通知时，债务人对让与人享有债权，并且债务人的债权先于转让的债权到期或者同时到期；（二）债务人的债权与转让的债权是基于同一合同产生。"

三、债务承担

（一）债务承担的概念和类型

债务承担，是指不改变债务的同一性，而依合同将债务移转于他人承受。

【重点法条】

《民法典》第552条 第三人与债务人约定加入债务并通知债权人，或者第三人向债权人表示愿意加入债务，债权人未在合理期限内明确拒绝的，债权人可以请求第三人在其愿意承担的债务范围内和债务人承担连带债务。

债务承担可分为免责的债务承担和并存的债务承担。在前者，债务人因债务承担而免去债务，仅承担人作为债务人；在后者，债务人与承担人一起承担债务。

并存的债务承担，也称“债务加入”。《合同法》仅规定免责的债务承担，而《民法典》第552条增设了并存的债务承担。该条规定的要点有二：（1）债务加入的合意可以存在于债务人和第三人间，该种情形，通知债权人即可成立债务加入；如债务加入的意思由第三人直接向债权人表示，则只要后者未在合理期限内明确拒绝，即可成立债务加入；（2）债务加入的法律后果是，第三人在其愿意承担的范围内与债务人承担连带责任。

注意**《担保制度解释》第36条**明确的一项规则：**第三人的表示，究竟系提供保证，还是并存债务承担，须依其意思而定；在当事人意思不清晰时，应解释为提供保证的意思。**

【相关法条】

《担保制度解释》第36条 第三人向债权人提供差额补足、流动性支持等类似承诺文件作为增信措施，具有提供担保的意思表示，债权人请求第三人承担保证责任的，人民法院应当依照保证的有关规定处理。

第三人向债权人提供的承诺文件，具有加入债务或者与债务人共同承担债务等意思表示的，人民法院应当认定为民法典第五百五十二条规定的债务加入。

前两款中第三人提供的承诺文件难以确定是保证还是债务加入的，人民法院应当将其认定为保证。

第三人向债权人提供的承诺文件不符合前三款规定的情形，债权人请求第三人承担保证责任或者连带责任的，人民法院不予支持，但是不影响其依据承诺文件请求第三人履行约定的义务或者承担相应的民事责任。

（二）债务承担合同

【重点法条】

《民法典》第551条 债务人将债务的全部或者部分转移给第三人的，应当经债权人同意。

债务人或者第三人可以催告债权人在合理期限内予以同意，债权人未作表示的，视为不同意。

《民法典》第551条调整的是债务的“转移”，也就是所谓“免责的债务承担”。

债务承担可由债权人、债务人和承担人三方达成合意，也可以以下方式缔结债务承担合同。

1. 债权人与第三人订立债务承担合同

《民法典》并未明确规定该种承担合同的订立方式。此类合同虽然没有债务人的参与，但其效果却可免除债务人的债务，是使其纯粹获得利益的合同。因此，此类合同应当有效，并可直接发生债务承担的效果。

2. 债务人与第三人订立债务承担合同

债务承担系由新债务人代替旧债务人，新债务人的责任财产和信用等因素会影响到债权人债权的实现。债务承担关系债权甚切，实际上是对债权的处分，故必须有债权人的参与。未经债权人同意，债务人与第三人之间订立的债务承担合同尚不能发生效力，可将其视为效力待定合同的一个类型。一经债权人同意，债务人与第三人间所订立的债务承担合同便溯及自债务承担合同成立之时发生效力。

（三）债务承担的效果

1.《民法典》第554条规定，债务人转移债务的，新债务人应当承担与主债务有关的从债务，但该债务专属于债务人自身的除外。

2.《民法典》第553条就规定，债务人转移债务的，新债务人可以主张原债务人对债权人的抗辩。所以，新债务人可以以原债务人的抗辩（如债务未成立、债务被撤销、部分清偿等）对抗债权人。

3. 关于债务加入人是否可在清偿债务后向债务人追偿的问题，《合同编通则解释》第51条以依约定及不当得利请求权为基础给出了原则上肯定的回答。

【相关法条】

《合同编通则解释》第51条 第三人加入债务并与债务人约定了追偿权，其履行债务后主张向债务人追偿的，人民法院应予支持；没有约定追偿权，第三人依照民法典关于不当得利等的规定，在其已经向债权人履行债务的范围内请求债务人向其履行的，人民法院应予支持，但是第三人知道或者应当知道加入债务会损害债务人利益的除外。

债务人就其对债权人享有的抗辩向加入债务的第三人主张的，人民法院应予支持

【提示】

若因债权让与或债务承担纠纷而提起诉讼，尽管债权转让人或债务由他人承担的原债务人已经退回了债之关系，但在出现抗辩援用之情形，法院可以将其作为诉讼第三人追加。对此，《合同编通则解释》第47条做出了规定，应予以适当注意。

【相关法条】

《合同编通则解释》第47条 债权转让后，债务人向受让人主张其对让与人的抗辩的，人民法院可以追加让与人为第三人。

债务转移后，新债务人主张原债务人对债权人的抗辩的，人民法院可以追加原债务人为第三人。

当事人一方将合同权利义务一并转让后，对方就合同权利义务向受让人主张抗辩或者受让人就合同权利义务向对方主张抗辩的，人民法院可以追加让与人为第三人。

专题三十二　以物抵债＊＊＊＊

实际上，以物抵债并不是一个有着固定内涵的规范术语，理论和实务对其性质、效力多有争论。在《九民纪要》区分履行期届满之后和之前两种情形分别处理之后，《合同编通则解释》继续这一思路，于该解释第27条、28条明确了相关规则。对于主观题考试而言，以物抵债合同的效力问题极其重要，其相关原理应予掌握。

一、履行期届满后的以物抵债合同

【重点法条】

《合同编通则解释》第27条 债务人或者第三人与债权人在债务履行期限届满后达成以物抵债协议，不存在影响合同效力情形的，人民法院应当认定该协议自当事人意思表示一致时生效。

债务人或者第三人履行以物抵债协议后，人民法院应当认定相应的原债务同时消灭；债务人或者第三人未按照约定履行以物抵债协议，经催告后在合理期限内仍不履行，债权人选择请求履行原债务或者以物抵债协议的，人民法院应予支持，但是法律另有规定或者当事人另有约定的除外。

前款规定的以物抵债协议经人民法院确认或者人民法院根据当事人达成的以物抵债协议制作成调解书，债权人主张财产权利自确认书、调解书生效时发生变动或者具有对抗善意第三人效力的，人民法院不予支持。

债务人或者第三人以自己不享有所有权或者处分权的财产权利订立以物抵债协议的，依据本解释第十九条的规定处理。

一般情形下，只有在履行期届满而债务人没有足够现金偿付金钱债务时，才会出现以物抵债协议。此种通常所见的以物抵债，也称为“清偿型以物抵债”。

《合同编通则解释》第27条的关键要点可总结如下：

1. 以物抵债协议不是所谓实践性合同，若无其他导致效力瑕疵事由，该协议于成立时在当事人之间发生效力。

2. 如当事人之间没有明确的债的更新合意（消灭旧债，产生新债），则应采用

“新债清偿说”界定抵债协议的效力，即新债因抵债协议而产生，但在该债务被实际清偿前，旧债不消灭。债务人或第三人清偿抵债协议项下债务的，旧债才消灭。债务人未按照约定履行以物抵债协议，经催告后仍不履行的，债权人有权选择请求债务人履行原债务，或者选择其履行以物抵债协议。

二、履行期届满前的以物抵债协议

【重点法条】

《合同编通则解释》第28条　*债务人或者第三人与债权人在债务履行期限届满前达成以物抵债协议的，人民法院应当在审理债权债务关系的基础上认定该协议的效力。*

当事人约定债务人到期没有清偿债务，债权人可以对抵债财产拍卖、变卖、折价以实现债权的，人民法院应当认定该约定有效。当事人约定债务人到期没有清偿债务，抵债财产归债权人所有的，人民法院应当认定该约定无效，但是不影响其他部分的效力；债权人请求对抵债财产拍卖、变卖、折价以实现债权的，人民法院应予支持。

当事人订立前款规定的以物抵债协议后，债务人或者第三人未将财产权利转移至债权人名下，债权人主张优先受偿的，人民法院不予支持；债务人或者第三人已将财产权利转移至债权人名下的，依据《最高人民法院关于适用〈中华人民共和国民法典〉有关担保制度的解释》第六十八条的规定处理。

债务履行期届满前，债务人尚无须履行债务。此阶段若由债务人或第三人达成“以物抵债协议”，其真实意图基本可归结为：以所谓抵债物作为未来履行债务的担保。例如，甲对乙负有2024年10月到期的100万元借款债务，因甲的财务状态恶化，5月时乙向甲提出交涉，后双方达成如下协议：如到期甲不清偿100万借款本息，则甲自用的一辆价值150万的豪华轿车给乙抵债。这里的所谓以物抵债，其实基本可以解读为让与担保，总体上可依让与担保的规则处理。

专题三十三　合同解除＊＊＊＊

合同解除权是主观题考试中极其重要的考点，考生应将解除合同与主张违约责任均作为违约救济手段对待。凡出现解除合同的考点，考生首先需要判断是双方解除还是依据解除权的单方解除（一般均为单方解除）。若为单方解除，则须审视解除权发生的原因——系因约定的解除权条件成就而发生，还是满足了《民法典》第563条的一般法定解除事由（主要是所谓“根本违约”），抑或是属于承揽合同、委托合同中任意解除权的情形。

一、解除权的发生原因

（一）约定解除权

《民法典》第562条　当事人协商一致，可以解除合同。

当事人可以约定一方解除合同的事由。解除合同的事由发生时，解除权人可以解除合同。

解除权或者因法定原因而产生，或者因当事人事先在合同中专门约定的解除事由的发生而产生。解除合同的约定事由发生时，合同并不自动解除，须由解除权人行使解除权后，合同才解除。这与附解除条件的合同不同，附解除条件的合同在条件成就时自动解除。

（二）法定解除权

【重点法条】

《民法典》第563条 有下列情形之一的，当事人可以解除合同：（一）因不可抗力致使不能实现合同目的；（二）在履行期限届满之前，当事人一方明确表示或者以自己的行为表明不履行主要债务；（三）当事人一方迟延履行主要债务，经催告后在合理期限内仍未履行；（四）当事人一方迟延履行债务或者有其他违约行为致使不能实现合同目的；（五）法律规定的其他情形。

以持续履行的债务为内容的不定期合同，当事人在合理期限之前通知对方后可以解除。

《民法典》第563条第1款所列举的解除权发生原因需要牢记，尤其是以下体现当事人“不能实现合同目的”（对方根本违约）的三种情形：（1）第二项构成所谓预期违约，对方当事人不仅可以主张违约责任的承担，也可以主张解除合同；（2）迟延履行主要债务，通常还不能直接导致解除权的产生，而存在催告的必要；但是，如果迟延履行导致合同目的不能实现的（例如，季节性商品，供货方迟延履行，导致零售商根本不可能售出），债权人直接产生解除权；（3）通常情形下，债务人一方违反主合同义务的，才会构成根本违约，对方才享有解除权；但是，如果从合同义务的不履行也会导致对方合同目的不能实现，则对方当事人也可解除合同（参见《合同编通则解释》第26条、《买卖合同司法解释》第19条）。

相对于《合同法》先前关于解除权的规定，《民法典》第563条增设了第2款：“以持续履行的债务为内容的不定期合同，当事人在合理期限之前通知对方后可以解除”。《民法典》合同编典型合同部分关于不定期租赁合同（第730条）、不定期物业服务合同（第948条）、不定期合伙合同（第976条）等均体现了该种解除权。

（三）任意解除权

《民法典》在“典型合同”部分，出于不同原因的考虑，针对几种合同规定了一方或双方的任意解除权。所谓任意解除权，指解除权人无须出具任何理由即可单方面解除合同的权利。

《民法典》主要规定了两种合同中的任意解除权：（1）承揽合同中的定作人可以任意解除合同（《民法典》第787条）；（2）委托合同中的委托人与受托人均可任意解除

合同（《民法典》第933条）。

能够任意解除合同的，并非完全没有代价。行使任意解除权给对方造成损失的，应予赔偿。

【相关法条】

《民法典》第787条 定作人在承揽人完成工作前可以随时解除合同，造成承揽人损失的，应当赔偿损失

《民法典》第933条 委托人或者受托人可以随时解除委托合同。因解除合同造成对方损失的，除不可归责于该当事人的事由外，无偿委托合同的解除方应当赔偿因解除时间不当造成的直接损失，有偿委托合同的解除方应当赔偿对方的直接损失和合同履行后可以获得的利益。

二、解除权的行使

（一）行使期间

【重点法条】

《民法典》第564条 法律规定或者当事人约定解除权行使期限，期限届满当事人不行使的，该权利消灭。

法律没有规定或者当事人没有约定解除权行使期限，自解除权人知道或者应当知道解除事由之日起一年内不行使，或者经对方催告后在合理期限内不行使的，该权利消灭。

解除权属于形成权，其权利行使应受除斥期间的约束。根据《民法典》第564条的规定，解除权行使期间存在以下规则：（1）当事人可以在合同中约定解除权行使期限；（2）当事人没有约定的，除斥期间为1年，自权利人知道或应当知道解除事由之日起算；（3）当事人没有约定解除期限，但对方做出催告的，除斥期间为催告后的合理期间。

在前述除斥期间内，解除权人不行使解除权的，解除权消灭。

（二）行使方式

【重点法条】

《民法典》第565条 当事人一方依法主张解除合同的，应当通知对方。合同自通知到达对方时解除；通知载明债务人在一定期限内不履行债务则合同自动解除，债务人在该期限内未履行债务的，合同自通知载明的期限届满时解除。对方对解除合同有异议的，任何一方当事人均可以请求人民法院或者仲裁机构确认解除行为的效力。当事人一方未通知对方，直接以提起诉讼或者申请仲裁的方式依法主张解除合同，人民法院或者仲

裁机构确认该主张的，合同自起诉状副本或者仲裁申请书副本送达对方时解除。

解除权在性质上属于形成权，而且不属于形成诉权，因此，仅需以通知相对人的方式即可行使该权利。解除的表示既可以直接明确作出，亦可以“最后通牒”的方式表明如果债务人在一定期限内继续不履行则合同将被自动解除。

解除权既然是形成权，自然无需取得对方的同意。对方有异议的，可请求法院确认解除合同的效力。

与可撤销合同的撤销权行使不同，**解除权不需要依诉讼行使**。如果解除权人未通知对方解除，而是直接诉请法院解除的，如果原告的确享有解除权，则解除的效果自起诉状副本送达对方时解除。注意，此种情形并非自判决时发生解除效力，判决书只能确认而非创设当事人解除的效力。

【相关法条】

《合同编通则解释》第54条 当事人一方未通知对方，直接以提起诉讼的方式主张解除合同，撤诉后再次起诉主张解除合同，人民法院经审理支持该主张的，合同自再次起诉的起诉状副本送达对方时解除。但是，当事人一方撤诉后又通知对方解除合同且该通知已经到达对方的除外。

三、合同解除的效力

【重点法条】

《民法典》第566条 合同解除后，尚未履行的，终止履行；已经履行的，根据履行情况和合同性质，当事人可以请求恢复原状或者采取其他补救措施，并有权请求赔偿损失。

合同因违约解除的，**解除权人可以请求违约方承担违约责任**，但是当事人另有约定的除外。

主合同解除后，担保人对债务人应当承担的民事责任仍应当承担担保责任，但是担保合同另有约定的除外。

合同解除后，原先由该合同所产生的债权、债务均归于消灭。因此，合同没有履行的，当然也就没有再履行的问题（因已不存在债务）；而合同已经履行的，由于履行的法律基础已经丧失，合同当事人不再具有保有履行利益的法律原因，因此，应恢复原状，如将受领的财产返还给对方当事人。不具备恢复原状条件的，则可采取其他补救措施。

解除并不影响要求赔偿损失的权利，即**解除与违约损害赔偿可以并存**。《民法典》之前的规范对于合同因对方根本违约后解除权人的损害赔偿请求权的性质语焉不详，而《民法典》第566条第2款明文规定，解除权人仍可请求对方承担违约责任。在解释上，此处的违约责任当然不是“继续履行”和其他补正履行的修理、更换等，而是

第584条规定的“赔偿损失”。

我国《民法典》不区分“合同解除”与“合同终止”，故对所谓一时性合同（如买卖合同）而言，解除具有溯及既往的效力；而对于持续性合同（如租赁合同）而言，解除仅具有面向未来的效力，也就是说，不发生溯及既往的效力。

专题三十四 违约责任＊＊＊

违约责任是法考主观题的高频考点。除涉及违约金调整、定金规则、责任竞合、实际履行请求权限制等考点外，一物数卖、出卖他人之物、预约合同的不履行等考点也均会落入违约责任的范畴。新出台的《合同编通则解释》确立了若干关于违约责任的新规则，其中关于违约损害赔偿金额的具体确定和计算方法等，考虑到主观题考试的特点，其实被考核的可能性很小。相对而言，该解释中有关违约金、定金的新规比较重要，应着重把握。

一、违约责任的承担方式

《民法典》第577条确定了实际履行（继续履行）、赔偿损失及采取其他补救措施等违约责任形式，分述如下。

（一）实际履行

【重点法条】

《民法典》第580条 当事人一方不履行非金钱债务或者履行非金钱债务不符合约定的，对方可以要求履行，但有下列情形之一的除外：（一）法律上或者事实上不能履行；（二）债务的标的不适于强制履行或者履行费用过高；（三）债权人在合理期限内未要求履行。

有前款规定的除外情形之一，致使不能实现合同目的的，人民法院或者仲裁机构可以根据当事人的请求终止合同权利义务关系，但是不影响违约责任的承担。

《民法典》将实际履行作为了违约责任承担的一般方式，但对于非金钱之债而言，存在第580条所指的几种情形时，不得要求实际履行，而只能要求债务人承担损害赔偿等责任。

不能要求实际履行的情形包括：（1）发生了履行不能，当然不能再要求原定给付的履行。例如，在前述的一物两卖规则中，如出卖人已将标的物交付给后买受人从而导致对先买受人的不能履行，则后者在追究出卖人的违约责任时，仅能要求其赔偿损失，而不能要求实际履行；（2）债务标的不适于强制履行，例如，由于涉及人身自由，劳务债务不能被强制执行；（3）履行费用过高，债务虽仍可能履行，但如果履行的费用过高，从而不符合经济合理原则的（如债权人能从债务人的履行中获利1000元，但如要求债务人履行，债务人须支付10000元成本），应允许违约一方以损害赔偿来替代实际履行；（4）债权人在合理期限内未要求实际履行的，如果要求债务人始终维持在未来可实际履行的状态，则可能为其带来诸多不便，并增加经济成本。

《民法典》第580条第1款完全继受了《合同法》第110条，该条第2款乃民法典新增规范。该款系第一款的延伸，根据第一款，在出现除外情形之一时，对方不得向违约方要求继续履行，但该款并未回答合同效力的后续发展。根据新增的第二款，在出现前款除外情形之一，致使不能实现合同目的时，合同任何一方（包括违约方）均可向人民法院或仲裁机构请求终止合同权利义务关系。此款新规被认为具有违约方司法解除的制度功能。

另外，针对前述债务性质不适合强制履行的情形，《民法典》增设一条新规定（第581条）：当事人一方不履行债务或者履行债务不符合约定，根据债务的性质不得强制履行的，对方可以请求其负担由第三人替代履行的费用。

（二）赔偿损失

《民法典》第584条 当事人一方不履行合同义务或者履行合同义务不符合约定，给对方造成损失的，损失赔偿额应当相当于因违约所造成的损失，包括合同履行后可以获得的利益，但不得超过违反合同一方订立合同时预见到或者应当预见到的因违反合同可能造成的损失。

违约损害赔偿的对象是合同履行利益（如果合同得到正常的履行，债权人将会达到的利益状态）的赔偿，而缔约过失的赔偿是信赖利益（如果未进行缔约，权利人所处的利益状态，包括缔约成本、机会成本）的赔偿。因此，违约损害赔偿包括可得利益的赔偿，例如，出卖人违反交付标的物义务的，买受人可举证证明其转卖标的物能够实现的利益，并对此提出赔偿要求。

全部赔偿原则受可预见性规则的限制，违约一方如能证明对方主张的某些损失是自己在缔约时根本不可能（同时也不应当）预见的，则其可免于赔偿这些损失。

（三）采取补救措施

《民法典》第582条规定："履行不符合约定的，应当按照当事人的约定承担违约责任。对违约责任没有约定或者约定不明确，依照本法第六十一条的规定仍不能确定的，受损害方根据标的的性质以及损失的大小，可以合理选择要求对方承担修理、更换、重作、退货、减少价款或者报酬等违约责任。"

该条是关于瑕疵履行责任的规定。债务人履行合同不符合约定的，为瑕疵履行，债权人视情况可主张以下三种救济：（1）请求补正履行，包括修理、更换、重作等；（2）退货，相当于债权人主张解除合同；（3）主张减价。

二、违约金与定金

（一）违约金的调整

【重点法条】

《民法典》第585条 当事人可以约定一方违约时应当根据违约情况向对方支付一

定数额的违约金，也可以约定因违约产生的损失赔偿额的计算方法。

约定的违约金低于造成的损失的，当事人可以请求人民法院或者仲裁机构予以增加；约定的违约金过分高于造成的损失的，当事人可以请求人民法院或者仲裁机构予以适当减少。

当事人就迟延履行约定违约金的，违约方支付违约金后，还应当履行债务。

违约金的功能是预先约定赔偿金额，以免除赔偿金计算的麻烦，因此，违约金原则上仍具有补偿的性质，但在法律规定的情况下，也具有一定的惩罚功能。

当事人可以请求人民法院或者仲裁机构调整违约金，因此，违约金实际上接近实际计算的损害赔偿金。根据司法解释确立的裁量标准，在违约金高于实际损失30%以上时，违约的一方就可向人民法院或仲裁机构要求适当减少。

只要违约金低于实际损失，权利人即可要求增加违约金。

迟延履行的违约金与实际履行可以并存。

【相关法条】

《合同编通则解释》第64条　当事人一方通过反诉或者抗辩的方式，请求调整违约金的，人民法院依法予以支持。

违约方主张约定的违约金过分高于违约造成的损失，请求予以适当减少的，应当承担举证责任。非违约方主张约定的违约金合理的，也应当提供相应的证据。

当事人仅以合同约定不得对违约金进行调整为由主张不予调整违约金的，人民法院不予支持。

《合同编通则解释》第65条　当事人主张约定的违约金过分高于违约造成的损失，请求予以适当减少的，人民法院应当以民法典第五百八十四条规定的损失为基础，兼顾合同主体、交易类型、合同的履行情况、当事人的过错程度、履约背景等因素，遵循公平原则和诚信原则进行衡量，并作出裁判。

约定的违约金超过造成损失的百分之三十的，人民法院一般可以认定为过分高于造成的损失。

恶意违约的当事人一方请求减少违约金的，人民法院一般不予支持。

（二）定金

定金，是指合同当事人一方，为确保合同的履行之目的而预先向他方给付的金钱或其他替代物。定金一般都表现为一笔金钱，基于当事人的特别约定或特定的交易惯例，也可以金钱以外的物之给付充当定金。

1. 定金的成立

【重点法条】

《民法典》第586条　当事人可以约定一方向对方给付定金作为债权的担保。定金合同自实际交付定金时生效。

定金的数额由当事人约定，但是不得超过主合同标的额的百分之二十，超过部分不产生定金的效力。实际交付的定金数额多于或者少于约定数额的，视为变更约定的定金数额。

定金的成立，需要具备以下三方面的条件：

（1）需要当事人之间达成定金的合意，订立定金合同。当事人约定一方向对方支付一笔金钱，不能均认定为定金合同。在主合同订立后，由本身就负有金钱支付义务的一方（如买受人）向他方支付的一笔金钱，如无其他特别约定，应解释为预付款，而不是定金，从而在当事人一方不履行合同时，不发生定金的效力。

（2）定金应实际支付。定金合同属于实践性合同，根据《民法典》第586条的规定，定金合同自实际交付定金之日起成立。当事人虽就定金达成一致，但未实际给付定金的，不发生定金的效力。定金的数额，由双方约定。定金数额不得超过主债务标的额的20%，超过部分不发生定金的效力。实际交付的定金数额多于或者少于约定数额，视为变更定金合同。

（3）主合同必须有效。定金合同属于从合同，如果其所担保的主合同无效，定金合同也无效。主合同无效而定金已实际支付的，收取定金的一方应负返还之责。

2. 定金的效力

【重点法条】

《民法典》第587条　债务人履行债务后，定金应当抵作价款或者收回。给付定金的一方不履行债务，或者履行债务不符合约定致使不能实现合同目的的，无权请求返还定金；收受定金的一方不履行债务，或者履行债务不符合约定致使不能实现合同目的的，应当双倍返还定金。

（1）充抵价金和返还效力

定金之债为担保主债务履行的从债，故在主债务履行后，定金之从债务也即消灭。给付定金的当事人可以请求接受定金的一方返还定金，或者以定金充抵价金。

（2）定金罚则

定金的担保功能主要体现在《民法典》第587条：给付定金一方不履行债务的，不得请求返还定金；收受定金的一方不履行债务的，应当双倍返还定金。须注意的是，如果当事人仅是发生迟延履行或不完全履行且不影响对方合同目的的实现的，不适用前述“罚则”。

3. 定金的功能与类型

定金可区分为违约定金、立约定金、成约定金与解约定金，制定中的合同编解释拟对各种定金的效力做出规定。由于具体规则尚未出台，对此问题仅需明确以下几点：

（1）如无特别约定，定金一般应解释为违约定金。

（2）当事人达成预约合同，并为本约的订立约定并给付定金的，为立约定金。给付定金一方拒绝订立本约的，无权要求返还定金；收取定金一方拒绝订立本约的，须负双倍返还定金之责。

（3）若当事人特别约定，一方可以牺牲定金利益而解除合同的，则该定金具有解约定金的性质。在约定解约定金的情形，解付定金的一方可以牺牲定金为代价解除合同，收取定金的一方可以双倍返还定金为代价解除合同。解约定金具有止损的功能，相对方除得到定金补偿外，不得再向解约方主张其他损害赔偿。

【相关法条】

《合同编通则解释》第 67 条 当事人交付留置金、担保金、保证金、订约金、押金或者订金等，但是没有约定定金性质，一方主张适用民法典第五百八十七条规定的定金罚则的，人民法院不予支持。当事人约定了定金性质，但是未约定定金类型或者约定不明，一方主张为违约定金的，人民法院应予支持。

当事人约定以交付定金作为订立合同的担保，一方拒绝订立合同或者在磋商订立合同时违背诚信原则导致未能订立合同，对方主张适用民法典第五百八十七条规定的定金罚则的，人民法院应予支持。

当事人约定以交付定金作为合同成立或者生效条件，应当交付定金的一方未交付定金，但是合同主要义务已经履行完毕并为对方所接受的，人民法院应当认定合同在对方接受履行时已经成立或者生效。

当事人约定定金性质为解约定金，交付定金的一方主张以丧失定金为代价解除合同的，或者收受定金的一方主张以双倍返还定金为代价解除合同的，人民法院应予支持。

（三）违约金、定金与赔偿金

【重点法条】

《民法典》第 588 条 当事人既约定违约金，又约定定金的，一方违约时，对方可以选择适用违约金或者定金条款。

约定的定金不足以弥补一方违约造成的损失的，对方可以请求赔偿超过定金数额的损失。

定金与违约金都具有补偿性功能，都是对损害赔偿金的替代，因此，只能选择其一适用，不能合并适用，否则会产生对违约一方不公平的结果。

另外，无论是违约金的支付，还是运用定金罚则，都能使债权人的利益得到填补。如实际损失高于违约金或定金的补偿，则债权人还可就差额主张（仅能主张差额，而不能叠加）。如违约金或定金已经弥补了债权人的损失，则后者不得再就实际损失提出赔偿请求。

三、违约责任与侵权责任的竞合

《民法典》第 186 条 因当事人一方的违约行为，损害对方人身权益、财产权益的，受损害方有权选择请求其承担违约责任或者侵权责任。

违约行为本身也可能同时侵害对方当事人的人身与其他财产，尤其是所谓加害给付，例如，出卖质量不合格电器，因漏电使买受人受伤。责任竞合的典型事例还包括，在旅客运送合同中，承运人未尽保障旅客人身安全的义务导致旅客受伤等。

在发生违约责任与侵权责任竞合的情况下，当事人可选择提起违约之诉或提起侵权之诉。不过，当事人的选择有时会受到其目标的限制，例如，在违约责任与产品侵权责任竞合时，如欲以生产商为被告，则只能提起侵权之诉，因为消费者与生产商之间不存在合同关系。

【提示】

须注意的是，《民法典》修正了主张违约责任不得请求精神损害赔偿的规定（第996条："因当事人一方的违约行为，损害对方人格权并造成严重精神损害，受损害方选择请求其承担违约责任的，不影响受损害方请求精神损害赔偿"。）

专题三十五　买卖合同中的风险负担＊＊＊

在主观题案情涉及动产的买卖，且需要运输的情形，可以方便地考核买卖合同中标的物风险负担这一考点。

一、风险的界定与意义

这里所说的风险，并不能简单地等同于标的物毁损、灭失的事实本身，而是应考虑导致标的物毁损、灭失的事由。只有在因不可归责于双方当事人（通常为不可抗力）而导致标的物灭失之时，才构成风险。如果标的物的灭失是由出卖人或买受人的原因引起（可归责于合同当事人），则不属于风险负担问题。

标的物风险负担的实际意义。在标的物已经毁损、灭失的情况下，所谓标的物风险负担实际上指的是价款应否支付：（1）出卖人承担风险的，意味着其无权要求得到价款；（2）买受人负担风险的，意味着其仍有价款支付义务（尽管标的物已灭失）。

二、风险负担的基本规则：以交付作为风险转移的界限

【重点法条】

《民法典》第604条　标的物毁损、灭失的风险，在标的物交付之前由出卖人承担，交付之后由买受人承担，但法律另有规定或者当事人另有约定的除外。

出卖人按照约定将标的物运送至买受人指定地点并交付给承运人后，标的物毁损、灭失的风险由买受人承担，但是当事人另有约定的除外。

1. 把握"交付地点"这一关键要素：交付必须在交付地点完成，才能转移风险。

2. 交付地点的确定：依约定；未约定的，依《民法典》第511条和第603条之规

定确定（给付金钱以外之标的物的，在债务人即出卖人住所地履行）。

3. 这就意味着，在对交付地未作约定时，风险在出卖人所在地即转移于买受人，由此可以理解“交付第一承运人后由买方承担风险”（第 607 条）等规则。

4.《民法典》第 604 条第 2 款可以理解为买卖合同当事人约定的交付承运人的地点就是履行地点，并因交付承运人而将风险移转于买受人。

5. 交付作为风险转移的界限，此乃买卖合同中风险负担的基本规则。该规则也适用于不动产，这就意味着，在不动产尚未进行移转登记的情况下，尽管买受人尚未取得所有权，但只要其受领了交付（并因此占有了标的物），标的物毁损灭失的风险即由买受人承担。

三、风险负担的辅助规则

1.《民法典》第 605 条：买受人受领迟延的，自受领迟延之时起，由买方承担风险。买受人受领迟延，须是买受人无正当理由不及时受领；如标的物质量不合格导致不能实现合同目的，则买受人可拒收或解除合同，此时仍由出卖人承担毁损灭失的风险。

2.《民法典》第 606 条：在途货物（承运人运输）买卖的，自买卖合同成立时转移风险（须无交付地之约定）。

3. 如涉及种类物买卖，则在种类物特定化于合同项下前，标的物风险不转移于买受人（《买卖合同解释》第 11 条）。

【重点法条】

《民法典》第 605 条　因买受人的原因致使标的物未按照约定的期限交付的，买受人应当自违反约定时起承担标的物毁损、灭失的风险。

《民法典》第 606 条　出卖人出卖交由承运人运输的在途标的物，除当事人另有约定外，毁损、灭失的风险自合同成立时起由买受人承担。

《民法典》第 610 条　因标的物不符合质量要求，致使不能实现合同目的的，买受人可以拒绝接受标的物或者解除合同。买受人拒绝接受标的物或者解除合同的，标的物毁损、灭失的风险由出卖人承担。

专题三十六　赠与合同＊＊

赠与合同也属于主观题考试中比较重要的一个典型合同类型。考点主要在赠与人的两项撤销权，即任意撤销权与法定撤销权。

一、赠与人的任意撤销权

【重点法条】

《民法典》第 658 条　赠与人在赠与财产的权利转移之前可以撤销赠与。

经过公证的赠与合同或者依法不得撤销的具有救灾、扶贫、助残等公益、道德义务性质的赠与合同，不适用前款规定。

在我国民法典上，赠与合同为诺成合同。**对赠与人的保护，主要通过任意撤销权实现**。赠与人的任意撤销权必须发生在赠与财产的权利转移之前：赠予动产的，在交付动产之前可撤销赠与；赠与不动产的，在进行不动产所有权转移登记之前，即便已交付不动产于受赠人，因“赠与财产的权利”尚未转移，故赠与人仍能任意撤销赠与。

不允许赠与人任意撤销赠与合同的两种情形：（1）赠与采用公证形式的。赠与合同是非要式合同，并不要求必须采用公证形式，但是，一旦当事人采用了公证形式，此种特殊形式即使赠与人丧失任意撤销权，从而使其丧失转移赠与财产权利的反悔机会，而受赠人则可获得切实的保障。（2）即便未采取公证形式，但如果赠与具有特定公益目标或具有道德义务性质，依法不得撤销，则同样不可由赠与人任意撤销。

不得任意撤销意味着：在《民法典》第658条第2款不能撤销的情形，赠与合同成立后，赠与人不履行的，受赠人有权要求履行，赠与人不履行赠与合同的，受赠人有权要求赠与人承担继续履行或赔偿损失等违约责任。不过，考虑到赠与的无偿性，《民法典》第660条第2款规定，仅在赠与人因故意或重大过失致赠与物在交付前毁损灭失的，赠与人才须承担赔偿责任。

在不得任意撤销的情形，如赠与人经济状况显著恶化，严重影响其生产经营或者家庭生活的，可以不再履行赠与义务（《民法典》第666条）。

二、赠与人的法定撤销权

【重点法条】

《民法典》第663条 受赠人有下列情形之一的，赠与人可以撤销赠与：（一）严重侵害赠与人或者赠与人的近亲属的合法权益；（二）对赠与人有扶养义务而不履行；（三）不履行赠与合同约定的义务。

赠与人的撤销权，自知道或者应当知道撤销原因之日起一年内行使。

《民法典》第663条并未明确指出赠与人撤销赠与的时间，但是，依逻辑，本条所规定的撤销原则上应指赠与财产的权利转移至受赠人手中之后的撤销，因为，在此权利转移之前，赠与人完全可以根据第658条的规定任意撤销合同。当然，本条的适用还有一种可能性，即赠与为第658条第2款所规定的不得任意撤销的赠与，则无论赠与财产的权利是否转移，赠与人都可根据本条的规定撤销赠与。

赠与人法定撤销权产生的原因可归为两类：（1）受赠人方面存在所谓“**忘恩负义**”的行为，即第663条第一项和第二项所列明的行为；（2）在附义务的赠与中，**受赠人不履行赠与所附的义务**。

法定撤销权的性质为形成权，其行使须受除斥期间的限制：撤销权人为赠与人的，自知道或者应当知道撤销原因之日起一年内行使。赠与人的继承人或者法定代理人——

因受赠人实施违法行为导致赠与人死亡或丧失行为能力——行使撤销权的除斥期间短于第 663 条赠与人本人行使该权利的期间——仅为 6 个月，自知道或应当知道撤销原因之日起计算。

三、赠与人原则上不承担瑕疵担保责任

【重点法条】

《民法典》第 662 条　赠与的财产有瑕疵的，赠与人不承担责任。附义务的赠与，赠与的财产有瑕疵的，赠与人在附义务的限度内承担与出卖人相同的责任。

赠与人故意不告知瑕疵或者保证无瑕疵，造成受赠人损失的，应当承担损害赔偿责任。

基于赠与合同的无偿性，与买卖合同中的出卖人不同，原则上赠与人不对受赠人承担瑕疵担保责任。例如，甲赠与乙手表一只，数日后该表因故障不能使用，此时，乙并不能向甲主张瑕疵担保。

但是，如果赠与是附义务的，且受赠人也履行了该义务，则受赠人并非完全无偿受益，故赠与人应在受赠人所附义务的限度内承担与出卖人一样的瑕疵担保责任。

如果赠与人明知赠与物有瑕疵而隐瞒，或者特别保证赠与物无瑕疵，则受赠人对赠与物的无瑕疵会产生特别的信赖，如受赠人因此而受损失，赠与人应承担损害赔偿责任。

专题三十七　保证 * * * *

作为担保的一个极其重要的类型，保证出现在主观题中的概率较大。《民法典》将保证合同作为一个典型合同的类型，规定于合同编第 13 章（第 681 条至第 702 条）。过去几年，保证频繁地出现在法考主观题测试中，尤其是保证的性质问题，应扎实把握。

一、保证的概念与特征

《民法典》第 681 条　保证合同是为保障债权的实现，保证人和债权人约定，当债务人不履行到期债务或者发生当事人约定的情形时，保证人履行债务或者承担责任的合同。

保证，是指由保证人与债权人约定，当主债务人不履行债务时，由其代负履行责任或承担责任的人的担保方式。

保证具有以下特性：

1. 保证是人的担保方式。保证作为人的担保方式，其担保机制并非像担保物权那样通过确立优先受偿效力增强债权的效力，而是在于扩大债权的一般担保范围。债务人之外的第三人作为保证人，以其全部财产加入债权的一般担保中来，由此保证债权的实现。因此，保证人对于主债务的清偿，实际上承担的是无限责任。而在由第三人

提供抵押物或质押物而成立担保物权的情形，该第三人承担的是有限责任，即仅以担保物之价值为限承担责任。

2. 保证是第三人担保。保证系扩大债权一般担保范围的担保方式，只能由第三人作为保证人，债务人不能成为保证人。这与物的担保通常都是由债务人自己提供担保物构成鲜明的对比。

3. 保证债务具有从属性。从属性是担保制度的一般性质，保证债务的从属性表现在：主债务不成立的，保证债务亦不成立；主债务因债务人或第三人的清偿或替代清偿等其他原因消灭的，保证债务亦消灭。保证合同被确认无效后，债务人、保证人、债权人有过错的，应当根据其过错各自承担相应的民事责任（具体参见《担保制度解释》第17条）。

二、保证合同的订立

（一）保证人

保证人，也即保证债务的债务人。对于保证人的资格，比较重要的是消极资格。《民法典》第683条规定了两类组织不能充当保证人：

1. 机关法人不得为保证人，但是经国务院批准为使用外国政府或者国际经济组织贷款进行转贷的除外；

2. 以公益为目的的非营利法人、非法人组织不得为保证人。民办学校、医院等，如采营利法人的组织架构，当然不在此限制之列

上述两类组织，原则上，也不得以自己的资产提供物的担保（抵押、质押、让与担保等）。根据《担保制度解释》，**例外情形**包括：为购入教育设施、医疗卫生设施和其他公益设施，以该公益设施为标的物设定的所有权保留、融资租赁等具有担保功能的担保物权；以教育设施、医疗卫生设施和其他公益设施以外的财产为自身债务设定的担保物权；以能够出质的权利为自身债务设定的质押。

不具有保证人资格的当事人订立保证合同的，保证合同无效，债权人不能据此取得保证债权。

（二）保证合同的订立方式

【重点法条】

《民法典》第685条 保证合同可以是单独订立的书面合同，也可以是主债权债务合同中的保证条款。

第三人单方以书面形式向债权人作出保证，债权人接收且未提出异议的，保证合同成立。

保证属于意定的担保方式，要求当事人间就保证达成合意。根据《民法典》第685条的规定，保证人与债权人应以书面形式订立保证合同。另外，以下两种情形也可成

立保证合同：（1）在主债权债务合同中加入保证条款；（2）第三人单方以书面形式向债权人作出保证的，债权人接收且未提出异议的。

三、保证类型

《民法典》明确规定了两类保证：一般保证和连带责任保证。

（一）一般保证

一般保证也称补充保证。在一般保证中，在主合同纠纷未经审判或仲裁，并就债务人财产依法强制执行仍不能履行债务前，保证人享有拒绝承担保证责任的抗辩权。此项抗辩权称为“先诉抗辩权”（其实，理解为“**先执行抗辩权**”更为准确）。一般保证，就是保证人享有先诉抗辩权的保证方式。

先诉抗辩权系对保证人的一项重要保护，该抗辩权的行使，将使保证人对主债务仅负补充责任，即在主债务人确实不能清偿的范围内承担补充清偿责任。先诉抗辩权在性质上属于一时性抗辩权，一旦债权人已就主债纠纷提起诉讼或申请仲裁并执行完毕，该项抗辩权即告消灭。

【一般保证先诉抗辩权的诉讼衔接】

《担保制度解释》第26条 一般保证中，债权人以债务人为被告提起诉讼的，人民法院应予受理。债权人未就主合同纠纷提起诉讼或者申请仲裁，仅起诉一般保证人的，人民法院应当驳回起诉。

一般保证中，债权人一并起诉债务人和保证人的，人民法院可以受理，但是在作出判决时，除有民法典第六百八十七条第二款但书规定的情形外，应当在判决书主文中明确，保证人仅对债务人财产依法强制执行后仍不能履行的部分承担保证责任。

债权人未对债务人的财产申请保全，或者保全的债务人的财产足以清偿债务，债权人申请对一般保证人的财产进行保全的，人民法院不予准许。

（二）连带责任保证

在连带责任保证中，一旦发生主债务的不履行，保证人不享有先诉抗辩权，而是与主债务人共同向债权人承担连带清偿责任。不过，须注意的是，在保证人与主债务人间所成立的并非真正意义上的“连带之债”。就债权人可以任意要求主债务人或保证人履行全部债务这一点而言，连带保证与通常的连带债务并无分别，但是，在保证人与主债务人间并不存在分担债务的问题，保证人就其所承担的保证责任可以全部向债务人追偿（《民法典》第700条，有别于《民法典》第519条的规定）。另外，连带责任保证也不能简单适用《民法典》第520条的规定。

（三）保证类型的确定

【重点法条】

《民法典》第686条第2款 当事人在保证合同中对保证方式没有约定或者约定不

明确的，按照一般保证承担保证责任。

《担保制度解释》第25条 当事人在保证合同中约定了保证人在债务人不能履行债务或者无力偿还债务时才承担保证责任等类似内容，具有债务人应当先承担责任的意思表示的，人民法院应当将其认定为一般保证。

当事人在保证合同中约定了保证人在债务人不履行债务或者未偿还债务时即承担保证责任、无条件承担保证责任等类似内容，不具有债务人应当先承担责任的意思表示的，人民法院应当将其认定为连带责任保证。

保证究为一般保证，抑或是连带责任保证，这一点关乎保证人是否享有先诉抗辩权，对保证人和债权人的利益影响甚大，因此，首先应遵循契约自治的精神，由债权人和保证人在保证合同中对保证的类型加以确定。当事人在订立保证合同时，虽未明确将保证约定为连带责任保证，但当事人在保证合同中约定了保证人在债务人不履行债务或者未偿还债务时即承担保证责任、无条件承担保证责任等类似内容，不具有债务人应当先承担责任的意思表示的，应认定为保证人提供的是连带责任保证。

如当事人对保证的类型未作约定或约定不明，根据原《担保法》第19条的规定，保证的类型为连带责任保证，但是，《民法典》彻底改变了这一规则：**在当事人对保证方式没有约定或约定不明时，按照一般保证承担保证责任**。由此可见，新规更加注重对保证人的保护，使其一般性地享有先诉抗辩权。

四、共同保证

【重点法条】

《民法典》第699条 同一债务有两个以上保证人的，保证人应当按照保证合同约定的保证份额，承担保证责任；没有约定保证份额的，债权人可以请求任何一个保证人在其保证范围内承担保证责任。

两个以上保证人共同对一项债务提供保证的，可以约定各自承担一定的份额，此种情形，各个保证人在自己份额内承担责任，相互间没有关系，债权人也不得要求某保证人承担超过其约定份额的保证责任。

如两个以上保证人各自独立与债权人订立保证合同，缺乏共同保证人之间保证份额分担约定的，则根据《民法典》第699条的规定，**债权人可以请求任一保证人在其与债权人约定的保证范围内承担保证责任**。如果保证合同没有特别约定保证范围，则根据《民法典》第691条的规定，保证范围及于主债务的全部（包括利息 、违约金等）。这就意味着，债权人行使保证债权时，保证人不得“另有其他保证人”为由，做份额的抗辩。

保证人之一在承担了保证责任后，可以向债务人追偿，当无疑义。至于该保证人从债务人处不能得到清偿的部分能否要求其他保证人分担的问题，《民法典》删去了《担保法》可以要求分担（追偿）的规定。在解释上，该问题与前述两个以上第三人提供混合担保的情形（《担保制度解释》第13条）采相同的解释规则，即，除非两个以上保证人间约定了追偿或约定了连带共同保证，或至少在同一书面保证文本上签字、盖章情形外，分别提供保证的数保证人之间不能相互要求分担。

五、保证期间

（一）保证期间的概念及期间确定

【重点法条】

《民法典》第692条　保证期间是保证人承担保证责任的期间，不发生中止、中断和延长。

债权人与保证人可以约定保证期间，但是约定的保证期间早于主债务履行期限或者与主债务履行期限同时届满的，视为没有约定；没有约定或者约定不明确的，保证期间为主债务履行期限届满之日起六个月。

债权人与债务人对主债务履行期限没有约定或者约定不明确的，保证期间自债权人请求债务人履行债务的宽限期届满之日起计算。

保证期间，是指债权人可以要求保证人承担保证债务的有效期间。在约定或法定的保证期间内，如果债权人不向保证人主张保证债权或依法采取相关法律行动，则保证人于保证期间届满时免除保证责任。

保证期间由当事人在保证合同中约定，未约定或者虽然约定但早于或等于主债务履行期的（等于无约定），则保证期间适用法定期间，即自债权清偿期届满之日起的6个月内为保证期间。

被担保的债权有清偿期的，保证期间自主债务履行期届满之日起算。当事人未就主债权约定清偿期的，保证期间自债权人请求债务人履行债务的宽限期届满之日起计算。

（二）保证期间届满，保证人免责

【重点法条】

《民法典》第693条　一般保证的债权人未在保证期间内对债务人提起诉讼或者申请仲裁的，保证人不再承担保证责任。

连带责任保证的债权人未在保证期间对保证人主张承担保证责任的，保证人不再承担保证责任。

在一般保证中，债权人未在保证期间内对债务人提起诉讼或申请仲裁的，保证期间届满，保证人免除保证责任（《民法典》第693条第1款）。法律之所以要求债权人在保证期间内对主债务人采取法律行动，主要是因为一般保证的保证人享有先诉抗辩权。债权人要想无障碍地对保证人行使保证债权，首先必须消除保证人的先诉抗辩权，因此，保证期间也就成了限制债权人对主债务人采取法律行动的期间。

在连带保证中，债权人未在保证期间内要求保证人承担保证责任的，保证期间届满，保证人免除保证责任（《民法典》第693条第2款）。

保证期间届满，保证人因此免责。对保证人而言，此效果并非仅使其取得不履行保证义务的抗辩，而是保证责任的消灭。据此，根据《担保制度解释》第34条之规定，人民法院在审理保证合同纠纷时，应将保证期间是否届满等作为案件基本事实加以查明。

（三）保证期间与保证债权诉讼时效期间的衔接

【重点法条】

《民法典》第694条 一般保证的债权人在保证期间届满前对债务人提起诉讼或者申请仲裁的，从保证人拒绝承担保证责任的权利消灭之日起，开始计算保证债务的诉讼时效。

连带责任保证的债权人在保证期间届满前请求保证人承担保证责任的，从债权人请求保证人承担保证责任之日起，开始计算保证债务的诉讼时效。

保证人如果未在保证期间内正当行使保证债权，则依《民法典》第693条的规定，保证债权终局性地消灭，当然也就无所谓保证债权诉讼时效期间起算的问题了。

如果保证人在保证期间内主张了保证债权，则并不发生保证期间中断而重新起算的问题。实际上，保证期间的使命也就结束了。关于权利行使的时间限制，既然保证债权是一项债权，接下来就由债权行使的一般时间限制即3年的诉讼时效期间来接手。

诉讼时效期间有起算问题。根据诉讼时效期间起算的一般原理，债权可得行使时，时效期间即应起算。在连带责任保证，保证人不享有先诉抗辩权，所以一旦保证期间内债权人向保证人主张保证债权，保证期间的使命即告终结，保证债权诉讼时效期间即刻起算，两个期间“无缝对接”。而在一般保证，债权人在保证期间内起诉主债务人的，保证期间的使命终结，但是，此时保证人仍享有先诉抗辩权（因先诉抗辩权在对主债务人的财产强制执行完毕前均可主张），因此，不能自起诉或申请仲裁时立刻起算时效期间，而是在“保证人拒绝承担保证责任的权利消灭之日”起算，在解释上，该权利消灭之日应指先诉抗辩权（先执行抗辩权）消灭之日，具体见于《担保制度解释》第28条之中。

【相关法条】

《担保制度解释》第28条 一般保证中，债权人依据生效法律文书对债务人的财产依法申请强制执行，保证债务诉讼时效的起算时间按照下列规则确定：

（一）人民法院作出终结本次执行程序裁定，或者依照民事诉讼法第二百五十七条第三项、第五项的规定作出终结执行裁定的，自裁定送达债权人之日起开始计算；

（二）人民法院自收到申请执行书之日起一年内未作出前项裁定的，自人民法院收到申请执行书满一年之日起开始计算，但是保证人有证据证明债务人仍有财产可供执行的除外。

一般保证的债权人在保证期间届满前对债务人提起诉讼或者申请仲裁，债权人举证证明存在民法典第六百八十七条第二款但书规定情形的，保证债务的诉讼时效自债权人知道或者应当知道该情形之日起开始计算。

【提示】

保证期间与保证债权的诉讼时效期间的衔接问题，具有相当大的难度，而主观题考核的概率又很低，故对此问题作一般把握即可。

六、保证的效力

保证的效力，主要体现为两方面：在保证人和债权人之间的效力；在保证人和主债务人之间的效力。

（一）在保证人和债权人之间的效力

1. 债权人要求保证人履行保证债务的请求权。在一般保证，当就主债务人的强制执行未见效果或未获得完全满足时，债权人可以请求保证人承担保证责任。在连带保证，在主债务履行期届满主债务人未履行时，债权人可以直接请求保证人承担保证责任。

2. 保证人的抗辩权

【重点法条】

《民法典》第 701 条　保证人可以主张债务人对债权人的抗辩。债务人放弃抗辩的，保证人仍有权向债权人主张抗辩。

《民法典》第 702 条　债务人对债权人享有抵销权或者撤销权的，保证人可以在相应范围内拒绝承担保证责任。

抗辩权是指债权人行使债权时，债务人根据法定事由，对抗债权人行使请求权的权利。

保证人承担的毕竟是主债务人债务的清偿责任，无论如何，保证人的法律地位不应比主债务人更弱。因此，法律规定，保证人享有主债务人对债权人的各项抗辩；主债务人抛弃抗辩的，对保证人不发生效力。除了行使主债务人对债权人的抗辩权外，一般保证的保证人还享有先诉抗辩权。

另外，根据《民法典》第 702 条，债务人对债权人享有抵销权或者撤销权的，保证人可以在相应范围内拒绝承担保证责任。抵销权和撤销权都是形成权，一旦行使就会使债务消灭，从而产生对抗债权的效果，在此意义上，第 702 条的法理与第 701 条相同。

（二）在保证人和主债务人之间的效力

【重点法条】

《民法典》第700条 保证人承担保证责任后，除当事人另有约定外，有权在其承担保证责任的范围内向债务人追偿，享有债权人对债务人的权利，但是不得损害债权人的利益。

保证人履行债务后，取得对主债务人的代位求偿权。此种求偿权不因保证为一般保证或连带保证而有分别，一般保证的保证人放弃先诉抗辩权的，仍享有此项代位求偿权。

保证人得以自己的名义，在其承担清偿义务的范围内，代位行使债权人的权利。通常情况下，保证人仅在履行了保证义务之后始得向主债务人行使。但在主债务人被宣告破产而债权人又未将其债权全额作为破产债权申报时，保证人得以其将来的求偿权作为破产债权向主债务人行使。

另外，根据最高法院民法典担保制度司法解释的规定：**债务人自己提供物的担保，承担了担保责任或者赔偿责任的担保人，在其承担责任的范围内主张行使债权人对债务人享有的担保物权的，人民法院应予支持。**

【相关法条】

《担保制度解释》第18条 承担了担保责任或者赔偿责任的担保人，在其承担责任的范围内向债务人追偿的，人民法院应予支持。

同一债权既有债务人自己提供的物的担保，又有第三人提供的担保，承担了担保责任或者赔偿责任的第三人，主张行使债权人对债务人享有的担保物权的，人民法院应予支持。

七、债的转移与保证责任

（一）债权转让与保证责任

【重点法条】

《民法典》第696条 债权人转让全部或者部分债权，未通知保证人的，该转让对保证人不发生效力。

保证人与债权人约定禁止债权转让，债权人未经保证人书面同意转让债权的，保证人对受让人不再承担保证责任。

保证人的保证责任是否受主债权转让的影响，首先取决于当事人在保证合同中的约定。如保证合同约定，保证人仅对特定债权人承担保证责任的，则在债权转让未经保证人书面同意时，保证人不再承担保证责任。

主债权转让并不会影响保证人的利益，因为保证人担保的是主债务人的债务。因此，除非保证合同有相反的约定，主债权转让的，保证人在原定保证范围内对债权的受让人继续承担保证责任。主债权转让，保证债权随之转让，这也是“从权利随主权利转让”规则的具体体现，因为保证债权是其所担保之债权的从权利。由于债权转让只有通知债务人才对债务人发生效力，因此，债权转让的，也只有通知保证人后，保证人才对受让人承担保证责任。

（二）债务转让与保证责任

【重点法条】

《民法典》第697条 债权人未经保证人书面同意，允许债务人转移全部或者部分债务，保证人对未经其同意转移的债务不再承担保证责任，但是债权人和保证人另有约定的除外。

第三人加入债务的，保证人的保证责任不受影响。

不同的债务人有不同的履行能力和信用，保证人所担保的是特定债务人的履约能力，而债务承担则会导致更换债务人的效果，没有理由要求保证人对其可能一无所知的新债务人的不履行承担责任。因此，除非征得保证人同意，否则免责的债务承担将使保证人的保证责任消灭。债务承担获得债权人同意而未征得保证人同意的，仍可发生债务转移的效力，不过，债权人不得再向保证人主张权利。

《民法典》明确规定了并存的债务承担（即第三人加入债务），由于此种债务承担并不导致债务人的退出，保证人的保证责任不受影响。

八、主合同变更时的保证责任

【重点法条】

《民法典》第695条 债权人和债务人未经保证人书面同意，协商变更主债权债务合同内容，减轻债务的，保证人仍对变更后的债务承担保证责任；加重债务的，保证人对加重的部分不承担保证责任。

债权人与债务人对主债权债务合同履行期限作了变更，未经保证人书面同意的，保证期间不受影响。

债权人与债务人变更被担保之债的内容而未征得保证人书面同意的，基本的原则是：合同变更可以优化保证人的境况（按变更后条件承担保证责任），但恶化其境况的，保证人不受影响（须注意的是，并非使其保证责任消灭，而是使其继续按变更前的情形承担保证责任）。

主债当事人对履行期限做了变更（尤其是延长），未经保证人书面同意的，保证期间不受影响，即仍从主债务原来约定的清偿期届满之日起算。

专题三十八　租赁合同＊＊＊＊

租赁是一种重要的有名合同，主观案例题有可能以租赁关系作为基本的法律关系进行架构，在司考与法考历年考试中，租赁合同都是一个极其重要的出题点，且一旦涉及，分值一般都较高。因此，对租赁合同相关考点应做重点把握。

一、租期

关于租赁合同的租期，应注意以下四项规则：

（1）最长租赁期间为 20 年，超过部分无效；

（2）不定期租赁，当事人双方均可随时解除租赁合同，但出租人解除合同时应在合理期间之前通知承租人（《民法典》第 730 条）；

（3）定期租赁的租期届满，当事人继续租赁关系的，转变为不定期租赁（《民法典》第 734 条）；

（4）租赁期限 6 个月以上的，应当采用书面形式。当事人未采用书面形式，无法确定租赁期限的，视为不定期租赁。

二、一房多租问题

【重点法条】

《租赁合同解释》第 5 条　出租人就同一房屋订立数份租赁合同，在合同均有效的情况下，承租人均主张履行合同的，人民法院按照下列顺序确定履行合同的承租人：（一）已经合法占有租赁房屋的；（二）已经办理登记备案手续的；（三）合同成立在先的。

不能取得租赁房屋的承租人请求解除合同、赔偿损失的，依照民法典的有关规定处理。

“多个租赁合同均有效”，其原理与一物多卖情形下“多个买卖合同均有效”完全一致，即指其均产生合同上的债权债务关系。债权没有排他性，数个承租人均可要求出租人履行合同。在发生数个承租人均要求实际履行的情形，《租赁合同解释》确立了如下优先顺序：

1. 如某个承租人已经占有房屋，则其与出租人之间的合同实际上已经得到履行，故应维持其对房屋的占有。

2. 如出租人尚未向任一承租人交付房屋，而其中有承租人与出租人之间的合同经过登记备案，则该承租人可以优先要求实际履行租赁合同。需注意，租赁合同的登记备案不是租赁合同的生效要件，不登记备案的，不影响租赁合同的效力；但是，在多重租赁情况下，经过登记备案的租赁合同的承租人有优先要求实际履行合同的权利。

3. 如出租人未向任一承租人交付房屋，数个租赁合同也均未办理登记备案，则成立在先的租赁合同的承租人可以要求实际履行合同。

如出租人向其中一个承租人履行合同，则其与该承租人的关系继续受租赁合同的调整（包括承租人支付租金等），（优先顺序见前条规定），其他租赁合同的承租人的交易目的不能实现，可请求解除合同并赔偿损失。

三、房屋承租人的优先购买权

【重点法条】

《民法典》第726条　出租人出卖租赁房屋的，应当在出卖之前的合理期限内通知承租人，承租人享有以同等条件优先购买的权利；但是，房屋共有人行使优先购买权或者出租人将房屋出卖给近亲属的除外。

出租人履行通知义务后，承租人在十五日内未明确表示购买的，视为承租人放弃优先购买权。

《民法典》第728条　出租人未通知承租人或者有其他妨害承租人行使优先购买权情形的，承租人可以请求出租人承担损害赔偿责任。但是，出租人与第三人订立的房屋买卖合同的效力不受影响。

房屋租赁期间，出租人出卖租赁房屋的，承租人有优先购买权。对此优先购买权，须注意以下几点：

1.《民法典》仅在房屋租赁中规定了承租人的优先购买权，其他物的租赁无此权利设计。

2. 出租人侵害承租人优先购买权的，承租人可要求赔偿损失，但出租人与第三人之间买卖合同的效力不受影响。也就是说，出租人未尊重承租人优先购买权的，该行为仅构成对租赁合同的违反，承租人固然能够据此要求出租人赔偿损失，但不能主张出租人与第三人之间的房屋买卖合同及租赁物转让无效。

3. 承租人不得主张优先购买权的情形：（一）房屋共有人行使优先购买权的；（二）出租人将房屋出卖给近亲属的；（三）出租人履行通知义务后，承租人在十五日内未明确表示购买的；（四）出租人委托拍卖出租的房屋并在拍卖五日前通知承租人，承租人未参加拍卖的。

四、买卖不破租赁

【重点法条】

《民法典》第725条　租赁物在承租人依据租赁合同占有期间发生所有权变动的，不影响租赁合同的效力。

此条规则习惯上被称为“买卖不破租赁”，实际上，不仅是租赁物的买卖不能破除租赁，而且因其他原因（如赠与、互易、抵押权的实现等）而导致租赁物在租赁期间发生所有权变动的，都不影响在先成立的租赁合同的效力。

所谓"不影响租赁合同的效力"，指的是，租赁合同继续存在于承租人与新所有权人之间，直至租期届满。因此，该条实际上规定了一种合同权利义务的法定转移：租赁期间，发生租赁物所有权变动的，新所有权人承受原出租人的地位，负有维修租赁物等出租人的义务，并享有收取租金等出租人的权利。

以上规则的适用有一个隐含的前提，即租赁合同必须是定期合同且租期尚未届满。因为，如果租赁为不定期租赁，出租人可随时解除租赁合同，新所有权人也就不必承受出租人的合同地位了。

另外，相对于《合同法》第229条，《民法典》第725条增加了"承租人依据租赁合同占有"的要求，因此，尚未占有租赁物的承租人不得主张该条的权利。

五、转租

【重点法条】

《民法典》第716条 承租人经出租人同意，可以将租赁物转租给第三人。承租人转租的，承租人与出租人之间的租赁合同继续有效，第三人对租赁物造成损失的，承租人应当赔偿损失。承租人未经出租人同意转租的，出租人可以解除合同。

转租，指承租人在占有租赁物期间，作为出租人就租赁物与第三人达成租赁合同关系而言。转租与合同转让有根本区别：在合同转让的情形，承租人将自己的合同地位转让给第三人，原承租人退出租赁关系，第三人作为新承租人直接与出租人形成租赁关系；而在转租的情形，原租赁关系不变，承租人并不退出原租赁关系，同时又以出租人身份构建第二个租赁关系。

依《民法典》第716条之规定，转租需经出租人同意。承租人未经同意转租的，出租人有权解除合同。严格来说，承租人未经同意转租的，转租合同作为债权合同仍是有效的，不过，一旦出租人解除合同，出租人即可向转承租人要求返还租赁物，后者不得以其与承租人之间的租赁合同对抗出租人。依《民法典》717条之规定，承租人经出租人同意转租的，**转租期限如超过租赁合同剩余期限，则超过部分不约束出租人。**

经出租人同意转租的，形成双重租赁关系，原租赁关系继续存在。这就意味着，转承租人造成租赁物损害的，出租人只能要求承租人承担违约责任。

承租人拖欠租金的，次承租人可以代承租人支付其欠付的租金和违约金，但是转租合同对出租人不具有法律约束力的除外。

【相关法条】

《民法典》第717条 承租人经出租人同意将租赁物转租给第三人，转租期限超过承租人剩余租赁期限的，超过部分的约定对出租人不具有法律约束力，但是出租人与承租人另有约定的除外。

《民法典》第719条 承租人拖欠租金的，次承租人可以代承租人支付其欠付的租金和违约金，但是转租合同对出租人不具有法律约束力的除外。次承租人代为支付的租金和违约金，可以充抵次承租人应当向承租人支付的租金；超出其应付的租金数额的，可以向承租人追偿。

《民法典》第 732 条 承租人在房屋租赁期限内死亡的，与其生前共同居住的人或者共同经营人可以按照原租赁合同租赁该房屋。

《民法典》第 734 条 租赁期限届满，承租人继续使用租赁物，出租人没有提出异议的，原租赁合同继续有效，但是租赁期限为不定期。租赁期限届满，房屋承租人享有以同等条件优先承租的权利。

专题三十九 建设施工合同＊＊

建设施工合同是主观题考试相对常见合同类型之一，在 2018 年主观题考试中曾出现建设工程承包人优先受偿权的考点。

一、转包的禁止与分包的限制

【重点法条】

《民法典》第 791 条第 2、3 款 总承包人或者勘察、设计、施工承包人经发包人同意，可以将自己承包的部分工作交由第三人完成。第三人就其完成的工作成果与总承包人或者勘察、设计、施工承包人向发包人承担连带责任。承包人不得将其承包的全部建设工程转包给第三人或者将其承包的全部建设工程支解以后以分包的名义分别转包给第三人。

禁止承包人将工程分包给不具备相应资质条件的单位。禁止分包单位将其承包的工程再分包。建设工程主体结构的施工必须由承包人自行完成。

《民法典》第 791 条确立了以下几个重要规则：

1. 禁止转包，即便征得发包人同意，亦不可以。
2. 经发包人同意，可将部分工程分包给他人，但分包人需要具备相应资质。
3. 分包合法有效的，第三人与承包人对发包人承担连带责任。
4. 主体结构的施工必须由承包人完成。

二、建设工程“阴阳合同”的效力

【重点法条】

《建设工程施工合同解释（一）》第 2 条 招标人和中标人另行签订的建设工程施工合同约定的工程范围、建设工期、工程质量、工程价款等实质性内容，与中标合同不一致，一方当事人请求按照中标合同确定权利义务的，人民法院应予支持。

招标人和中标人在中标合同之外就明显高于市场价格购买承建房产、无偿建设住房配套设施、让利、向建设单位捐赠财物等另行签订合同，变相降低工程价款，一方当事人以该合同背离中标合同实质性内容为由请求确认无效的，人民法院应予支持。

根据《民法典》第146条的规定，当事人双方虚伪表示订立的合同无效，而其隐藏的真实意思表示是否有效须依法判断。建设工程施工合同通过招投标方式缔结的，实务中常发生所谓“阴阳合同”的问题，即中标备案合同系发包人与承包人之间虚假的表示，当事人在中标合同外另有体现真实意思的合意。如果按照《民法典》第146条，则中标备案合同（阳合同）似乎应无效，而“阴合同”是否有效须另行判断。

建设工程施工合同的特殊性导致在此领域适用不同于《民法典》第146条的特殊规则：（1）一方面，中标备案合同即便不体现当事人之间真实意思，但仍应认定依其内容发生效力；（2）另一方面，建设工程施工合同实行强制性招投标管理的，有关招投标方面的法律属于效力性强制性规定，依据《民法典》第153条的规定，对招投标法律的违反将会使相关合同产生无效的后果。

所以，就建设工程施工合同阳合同即便虚假也有效，阴合同即便体现真实意思也是无效的。

三、承包人的优先受偿权

【重点法条】

《民法典》第807条 发包人未按照约定支付价款的，承包人可以催告发包人在合理期限内支付价款。发包人逾期不支付的，除按照建设工程的性质不宜折价、拍卖的以外，承包人可以与发包人协议将该工程折价，也可以申请人民法院将该工程依法拍卖。建设工程的价款就该工程折价或者拍卖的价款优先受偿。

关于建设工程承包人的优先受偿权，除《民法典》第807条的规定外，《建设施工合同解释》也进一步确立了适用规则。对该优先受偿权的理解与适用须注意以下几点：

1. 建设工程承包人的优先受偿权是一种具有法定担保物权性质的权利，无须当事人约定，只要存在发包人无正当理由迟延支付价款并在催告后仍不履行的情形，承包人即可主张该项优先受偿的权利。

2. 该优先受偿权效力强大，它不仅优先于一般债权，而且也优先于抵押权。

3. 司法解释规定了该优先受偿权所担保的承包人债权的范围以及该项权利行使的期限，应予以注意。享有优先权的范围不包括因发包人违约所造成的损失赔偿。

4. 保护建筑工人的利益，是确立承包人对工程价款法定优先权的立法理由，因此有《建设工程施工合同解释（一）》第42条之规定（承包人放弃优先受偿权，损害建筑工人利益的，弃权无效）。

【相关法条】

《建设工程施工合同解释（一）》第35条、第36条、第37条、第40条、第41条、第42条。

四、建设施工合同的无效及其后果

【重点法条】

《建设工程施工合同解释（一）》第1条　建设工程施工合同具有下列情形之一的，应当依据民法典第一百五十三条第一款的规定，认定无效：

（一）承包人未取得建筑业企业资质或者超越资质等级的；

（二）没有资质的实际施工人借用有资质的建筑施工企业名义的；

（三）建设工程必须进行招标而未招标或者中标无效的。

承包人因转包、违法分包建设工程与他人签订的建设工程施工合同，应当依据民法典第一百五十三条第一款及第七百九十一条第二款、第三款的规定，认定无效。

《民法典》第793条　建设工程施工合同无效，但是建设工程经验收合格的，可以参照合同关于工程价款的约定折价补偿承包人。

建设工程施工合同无效，且建设工程经验收不合格的，按照以下情形处理：

（一）修复后的建设工程经验收合格的，发包人可以请求承包人承担修复费用；

（二）修复后的建设工程经验收不合格的，承包人不能请求参照合同关于工程价款的约定补偿。

发包人对因建设工程不合格造成的损失有过错的，应当承担相应的责任。

《民法典》及其他特别法、司法解释规定了许多导致建设施工合同无效的原因，包括缺资质、招标方面的缺陷、非法转包及违法分包等。

但是，无效并非意味着无任何效果。事实上，建设施工合同的无效具有非常特殊的效力。根据《民法典》第793条的规定，在建设施工合同被判定无效但工程已竣工的情形，应区分以下两种情况处理：

1. 建设工程施工合同无效，但建设工程经竣工验收合格，承包人可请求参照合同约定折价补偿承包人。

2. 建设工程施工合同无效，且建设工程经竣工验收不合格的，按照以下情形分别处理：（1）修复后的建设工程经竣工验收合格，发包人可请求承包人承担修复费用的；（2）修复后的建设工程经竣工验收不合格，承包人不得请求支付工程价款。

另外，尽管相关法律与司法解释规定承包人欠缺相应资质是导致建设工程施工合同无效的原因，但根据《建设工程施工合同解释（一）》第7条的规定，发包人可要求借用资质的承包人与出借资质的一方承担连带责任。

【相关法条】

《建设工程施工合同解释（一）》第7条　缺乏资质的单位或者个人借用有资质的建筑施工企业名义签订建设工程施工合同，发包人请求出借方与借用方对建设工程质量不合格等因出借资质造成的损失承担连带赔偿责任的，人民法院应予支持。

专题四十　无因管理、不当得利 * *

不当得利、无因管理的考点出现在主观题考试中的概率不大，通常不会为考核这个考点设计专门的案情。如果要考核，通常会以“某某可以向某某主张哪些权利”这样开放性问题中出现。例如，甲出借其物于乙，乙卖给善意的丙，在丙善意取得的情况下，若问甲可向乙主张哪些权利，则须将“可以不当得利为由，要求返还价款”作为甲的救济手段之一。《民法典》合同编设“准合同”这一分编（第三分编），对无因管理、不当得利做出更为细致的规定。如主观题考试涉及更细节性的考点，考生可迅速检索“准合同”之下的规范。

一、无因管理

（一）无因管理的构成要件

《民法典》第979条　管理人没有法定的或者约定的义务，为避免他人利益受损失而管理他人事务，并且符合受益人真实意思的，可以请求受益人偿还因管理事务而支出的必要费用；管理人因管理事务受到损失的，可以请求受益人给予适当补偿。

管理事务不符合受益人真实意思的，管理人不享有前款规定的权利，但是受益人的真实意思违背公序良俗的除外。

无因管理之债，是指没有约定或法定的义务而为他人管理事务，从而依法律规定在管理人与被管理人之间所产生的债权债务关系。无因管理并非基于双方合意而发生，但是，无因管理法律关系双方当事人之间的管理却类似委托合同。正因为如此，《民法典》不仅将其归入“准合同”，而且还于第984条设有如下规定：管理人管理事务经受益人事后追认的，从管理事务开始时起，适用委托合同的有关规定，但是管理人另有意思表示的除外。

作为法定的债的发生原因，构成无因管理须满足以下要件：

1. 有管理事务的行为。管理事务的行为既可以是法律行为（如订立合同），也可以是其他事务，如亲自为他人修缮房屋等。

2. 有为他人管理的意思。无因管理须有为他人利益而管理的意思，为自己利益而管理不构成无因管理。

3. 管理人系无法定或约定的义务而为管理活动，如系基于法定职责（消防队员在火灾中抢救人员和财物）或为履行债务（如受托人履行委托合同的义务），则不构成无因管理。

（二）无因管理的基本类型

1. 适法的无因管理。管理人有为他人管理的意思，且其管理符合被管理人真实意思的，为适法的无因管理。在此种类型无因管理，管理人行为妥当，对被管理人有完整的请求权。

2. 不适法无因管理。管理人虽有为他人管理的意思，但其管理活动不符合被管理人真实意思的，为不适法无因管理。但是，如果管理人行为本身合理，仅系因为被管理人有违背公序良俗的意思而发生了不符，则仍应将无因管理视为适法无因管理。不适法无因管理不能获得正面法律评价，因此其管理人不享有适法无因管理人所享有的权利。《民法典》第 980 条规定："管理人管理事务不属于前条规定的情形，但是受益人享有管理利益的，受益人应当在其获得的利益范围内向管理人承担前条第一款规定的义务。"

（三）无因管理的效力

《民法通则》仅有一条规范无因管理，在法律效果方面有很多法律漏洞。《民法典》主要在两个方面对无因管理的法律效果做出了完善性规定：（1）将无因管理视为类似双务合同的法律关系，从而也规定了管理人对被管理人的义务（《民法典》第 981-983 条）；（2）根据适法与不适法的不同类型，确定不同的法律效果。

以下结合《民法典》的规定，从管理人与被管理人义务两个角度阐明无因管理的法律效果：

1. 管理人义务：（1）以有利于受益人的方式管理的义务；（2）及时通知义务；（3）报告义务；（4）移交管理利益义务。

2. 被管理人（受益人）方面：（1）如管理人行为得当，则在管理活动中给被管理人造成的损害，不构成侵权行为，后者无权主张赔偿；（2）偿付管理人支付的费用（即便管理行为最终未使其受益）；（3）清偿管理人为实施管理活动所负的债务；（4）补偿管理人在管理活动中所受的合理损失。

以上被管理人的义务，系针对适法无因管理人负担的义务。如果是不适法无因管理，则被管理人不负担以上义务。不过，如果该无因管理仍使被管理人受益的，则被管理人应在受益范围内负费用偿还、损害补偿的义务。

管理人对被管理人无报酬请求权。

二、不当得利

（一）不当得利的构成及类型

《民法典》第 985 条　得利人没有法律根据取得不当利益的，受损失的人可以请求得利人返还获得的利益，但是有下列情形之一的除外：

（一）为履行道德义务进行的给付；

（二）债务到期之前的清偿；

（三）明知无给付义务而进行的债务清偿。

不当得利之债，是指没有法律上的根据（欠缺法律上的原因），一方得利，而导致另一方受损，从而在得利人与受损人之间产生的以利益返还为内容的债权债务关系。

作为法定之债，不当得利有四项构成要件：一方受损；他方受益；受损与受益之间具有因果关系；得利欠缺法律上的原因。其中，“欠缺法律上原因”是理解不当得利的关键。

民法理论将不当得利进一步区分为给付型不当得利和非给付型不当得利。在前者，得利系由于受损者向得利者为给付所致，但该给付缺乏正当原因，主要表现为当事人误认自己为债务人而“清偿”不存在的债务。在后者，不当得利可能系自然原因引起，也可能是人之行为引起（通常伴随认识错误）。

《民法典》第985条针对给付型不当得利规定了几种排除不当得利请求权的情形：（1）为履行道德义务而进行的给付，如抚养义务人以外的亲属自愿给付的抚养费；（2）债务到期之前的清偿，此种情形，可视为债务人自愿抛弃期限利益；（3）明知无给付义务而进行的债务清偿。

（二）不当得利的法律效果

《民法典》第986条 得利人不知道且不应当知道获得的利益没有法律根据，获得的利益已经不存在的，不承担返还该利益的义务。

《民法典》第987条 得利人知道或者应当知道获得的利益没有法律根据的，受损失的人可以请求得利人返还其获得的利益并依法赔偿损失。

简要言之，一旦成立不当得利之债，得利人有义务向受损人返还其所得利益。如得利表现为金钱以外的财产（如动产或不动产），则应直接返还该财产；在该财产因灭失等原因不能返还时，应返还其价额。

具体到返还利益的范围，民法理论一般区分得利人的主观状态做不同对待，《民法典》第986条及987条确立了如下规则：

1. 如得利人系善意，即不知且不应知道自己得利欠缺法律上原因，则仅负现有利益的返还义务，即得利人享有“得利丧失抗辩”。

2. 如得利人系恶意，即明知或应当知道欠缺法律上原因仍受领，则对所取得的一切利益均负返还之责，并赔偿损失。

专题四十一　个人信息保护及人格权编其他问题 *

人格权虽为《民法典》新增的一编，但其知识要点不易整合进主观题大案例，因此，总体上人格权的新规对于主观题考试并不重要。

考生主要关注以下几个问题：（1）主张人格权请求权，包括停止侵害、排除妨碍、消除影响等，不受诉讼时效期间的限制；（2）通过违约之诉主张人格权保护的，不影响权利人主张精神损害赔偿；（3）有关肖像使用许可合同解除的规定。

【重点法条】

《民法典》第995条 人格权受到侵害的，受害人有权依照本法和其他法律的规定请求行为人承担民事责任。受害人的停止侵害、排除妨碍、消除危险、消除影响、恢复名誉、赔礼道歉请求权，不适用诉讼时效的规定。

《民法典》第996条　因当事人一方的违约行为，损害对方人格权并造成严重精神损害，受损害方选择请求其承担违约责任的，不影响受损害方请求精神损害赔偿。

《民法典》第1022条　当事人对肖像许可使用期限没有约定或者约定不明确的，任何一方当事人可以随时解除肖像许可使用合同，但是应当在合理期限之前通知对方。当事人对肖像许可使用期限有明确约定，肖像权人有正当理由的，可以解除肖像许可使用合同，但是应当在合理期限之前通知对方。因解除合同造成对方损失的，除不可归责于肖像权人的事由外，应当赔偿损失。

【注意】

2022年法考大纲将《个人信息保护法》纳入法规附录，并在人格权章“个人信息保护”之下设“个人在个人信息处理活动中的权利”条目（2023、2024年大纲维持了这一做法），值得注意。

应关注《个人信息保护法》第四章之规定，了解个人在信息处理中的以下权利：（1）44条：知情权、决定权，有权限制或者拒绝他人对其个人信息进行处理；（2）45条：查阅、复制权；请求将个人信息转移至其指定的个人信息处理者的权利；（3）46条：更正、补充权；（4）47条：删除权；（5）48条：要求解释说明的权利；（6）49条：近亲属可以行使死者依本章规定享有的权利。

专题四十二　婚姻家庭编、继承编需关注的考点＊＊

考虑到主观题考试中综合案例题的出题特点，要将婚姻家庭编和继承编的考点整合进试题的难度较大。可主要结合物权、债权两个知识模块适当关注以下问题。

一、夫妻财产关系的基本框架

【重点法条】

《民法典》第1062条　夫妻在婚姻关系存续期间所得的下列财产，为夫妻的共同财产归夫妻共同所有：（一）工资、奖金和其他劳务报酬；（二）生产、经营、投资的收益；（三）知识产权的收益；（四）继承或赠与所得的财产，但本法第一千零六十三条第三项规定的除外；（五）其他应当归共同所有的财产。

夫妻对共同所有的财产，有平等的处理权。

1. 婚后所得共同共有。以结婚和离婚为界限，在没有约定财产归属的情形下，原则上，婚姻期间（包括分居期间）所得均为共同财产，法律规定为个人所有的除外。《民法典》主要是在第1062条规定了共有财产的范围。

2. 男女双方可以约定婚姻关系存续期间所得的财产以及婚前财产归各自所有、共同所有或部分各自所有、部分共同所有。夫妻对婚姻关系存续期间所得的财产约定归各自所有的，夫或妻一方对外所负的债务，第三人知道该约定的，以夫或妻一方所有的财产清偿（《民法典》第1065条）。

相关规范：《婚姻家庭编解释（一）》第24条、第25条、第27条

二、婚姻期间所得归属于一方的情形

【重点法条】

《民法典》第1063条 有下列情形之一的，为夫妻一方的财产：（一）一方的婚前财产；（二）一方因身体受到伤害获得的赔偿和补偿；（三）遗嘱或赠与合同中确定只归一方的财产；（四）一方专用的生活用品；（五）其他应当归一方的财产。

相关规范：《婚姻家庭编解释（一）》第26条、第30条、第31条

三、家事代理权、共有财产的处置

【重点法条】

《民法典》第1060条 夫妻一方因家庭日常生活需要而实施的民事法律行为，对夫妻双方发生效力，但是夫妻一方与相对人另有约定的除外。

夫妻之间对一方可以实施的民事法律行为范围的限制，不得对抗善意相对人。

夫与妻既是两个独立的个体，同时又因结婚而缔结为一个婚姻共同体。在对外民事交往（基本限于财产领域），只要在日常生活需要的范围内，法律赋予夫或妻以法定代理权。因此，在家事（家庭日常生活需要）范围内，无论是对共同财产的处置，还是针对第三人取得债权或产生债务，一方的行为均可对双方发生效力。

如果夫妻因约定财产制或其他原因而在家事范围内也限制一方能够独立实施的民事法律行为的范围，则此种约定不得对抗善意相对人。这也就意味着，只要在家事范围内，且相对人对夫妻间的特别约定不知且不应知晓，则夫妻一方对外实施的法律行为仍约束双方。

超出家庭日常生活需要范围而处分共同财产的，需要征得夫妻双方的同意。一方擅自处分的，构成无权处分，相对人只有在满足善意取得要件或征得另一方事后追认时方能取得财产。

《婚姻家庭编解释（一）》第28条 一方未经另一方同意出售夫妻共同共有的房屋，第三人善意购买、支付合理对价并办理产权登记手续，另一方主张追回该房屋的，人民法院不予支持。夫妻一方擅自处分共同共有的房屋造成另一方损失，离婚时另一方请求赔偿损失的，人民法院应予支持。

四、夫妻共同债务的认定

【重点法条】

《民法典》第1064条 夫妻双方共同签字或者夫妻一方事后追认等共同意思表示

所负的债务，以及夫妻一方在婚姻关系存续期间以个人名义为家庭日常生活需要所负的债务，属于夫妻共同债务。

夫妻一方在婚姻关系存续期间以个人名义超出家庭日常生活需要所负的债务，不属于夫妻共同债务；但是，债权人能够证明该债务用于夫妻共同生活、共同生产经营或者基于夫妻双方共同意思表示的除外。

根据《民法典》第1064条的规定，在婚姻关系存续期间的以下债务可认定为夫妻共同债务，债权人可要求夫妻共同清偿：(1）夫妻共同签字所负债务；（2）一方名义所负债务而另一方事后追认的；（3）一方以个人名义在家庭日常生活需要范围内所负的债务；（4）一方依个人名义超出家庭日常生活需要所负的债务，但债权人能够证明该债务用于夫妻共同生活、共同生产经营或者基于夫妻双方共同意思表示的。

【提示】

夫妻关系存续期间所负债务的性质认定问题，系法考主观题在婚姻家庭编中最为重要的一个考点，应重点加以把握。

五、遗嘱形式和效力

（一）遗嘱的形式

1.《继承法》规定了公证遗嘱、自书遗嘱、打印遗嘱、代书遗嘱、录音遗嘱、口头遗嘱六种遗嘱形式。

2. 每种遗嘱均有形式上的要求，须注意的包括：自书遗嘱须亲笔书写并签名；打印遗嘱是《民法典》新增的遗嘱形式，须有两名见证人，且遗嘱人与见证人需要在打印遗嘱的每页上签字；代书遗嘱、录音遗嘱与口头遗嘱均要求至少两名见证人在场见证；口头遗嘱只有在危急情况下才可成立，危急情况解除而能够订立其他遗嘱的，口头遗嘱无效。

（二）数份遗嘱并存时的处理

【重点法条】

《民法典》第1142条　遗嘱人可以撤回、变更自己所立的遗嘱。

立遗嘱后，遗嘱人实施与遗嘱内容相反的民事法律行为的，视为对遗嘱相关内容的撤回。

立有数份遗嘱，内容相抵触的，以最后的遗嘱为准。

【特别提示】

根据原《继承法》的规定，数份遗嘱并存时，一般应以最后遗嘱为准，但之前立有公证遗嘱而未撤销的，则应以公证遗嘱为准。《民法典》第1142条删除了以公证遗嘱为准的规定，一律以最后遗嘱为准。

当然，如果前后订立的遗嘱在内容上并不抵触（多份遗嘱均仅部分处分遗产），则数份遗嘱均可在立遗嘱人死亡时发生效力。

六、遗产债务的清偿

（一）遗产债务清偿的一般规则

【重点法条】

《民法典》第1163条 既有法定继承又有遗嘱继承、遗赠的，由法定继承人清偿被继承人依法应当缴纳的税款和债务；超过法定继承遗产实际价值部分，由遗嘱继承人和受遗赠人按比例以所得遗产清偿。

遗产包括积极遗产与消极遗产，后者包括被继承人生前对他人所负债务和应当缴纳的税款。继承人在继承积极遗产，取得所有权、债权等的同时，也须承继债务。具体而言，《民法典》对于遗产债务的清偿，确立了以下规则：（1）继承人有义务以其所继承的积极遗产来清偿遗产债务，但是，如果积极遗产不足，且有缺乏劳动能力又没有生活来源的继承人，则应为其保留适当的遗产；（2）如果被继承人将全部遗产遗赠给他人，则受遗赠人也有义务清偿遗产债务；（3）在既有法定继承人又有遗嘱继承人、受遗赠人时，应首先由法定继承人以其所继承的财产清偿遗产债务；法定继承人继承的遗产不足以清偿全部债务的，遗嘱继承人和受遗赠人按比例以所得遗产清偿。

（二）限定继承原则

【重点法条】

《民法典》第1161条 继承人以所得遗产实际价值为限清偿被继承人依法应当缴纳的税款和债务。超过遗产实际价值部分，继承人自愿偿还的不在此限。

继承人放弃继承的，对被继承人依法应当缴纳的税款和债务可以不负清偿责任。

我国继承法对遗产债务实行限定继承原则，在遗产的债务大于遗产实际价值时，债务人可以通过以下两种方法之一确保不因继承而遭致损害：（1）放弃继承；（2）主张仅以继承的积极遗产的实际价值为限清偿债务，对超出的债务不负责任。

专题四十三　侵权责任编的重点问题＊＊＊

侵权责任编，不会是法考主观题的重点出题点。最大的可能是，在以合同、担保为主线的出题框架中，植入一至两个侵权责任问题。如此，则监护人责任、用人单位责任、定做人责任等相对考核的可能性最大。

一、精神损害赔偿

【重点法条】

《民法典》第1183条　侵害自然人人身权益造成严重精神损害的，被侵权人有权请求精神损害赔偿。

因故意或者重大过失侵害自然人具有人身意义的特定物造成严重精神损害的，被侵权人有权请求精神损害赔偿。

在侵害人身权益，可引起精神损害赔偿；被侵权人如因具有人身意义的特定物被侵害而主张精神损害赔偿，须侵权人主观上具有故意或重大过失。另外，特别需要强调的是，在《民法典》之前，当事人如果因人格权被侵害而主张精神损害赔偿，则只能提起侵权之诉。《民法典》改变了这一规则。该法第996条规定："因当事人一方的违约行为，损害对方人格权并造成严重精神损害，受损害方选择请求其承担违约责任的，不影响受损害方请求精神损害赔偿"。

二、惩罚性赔偿

侵权法上关于惩罚性赔偿的规定有以下三处，仅需适当识记即可。

【重点法条】

《民法典》第1185条　故意侵害他人知识产权，情节严重的，被侵权人有权请求相应的惩罚性赔偿。

《民法典》第1207条　明知产品存在缺陷仍然生产、销售，或者没有依据前条规定采取补救措施，造成他人死亡或者健康严重损害的，被侵权人有权请求相应的惩罚性赔偿。

《民法典》第1232条　侵权人故意违反国家规定污染环境、破坏生态造成严重后果的，被侵权人有权请求相应的惩罚性赔偿。

三、用人单位的工作人员致人损害的侵权责任

【重点法条】

《民法典》第1191条　用人单位的工作人员因执行工作任务造成他人损害的，由用人单位承担侵权责任。用人单位承担侵权责任后，可以向有故意或者重大过失的工作人员追偿。

劳务派遣期间，被派遣的工作人员因执行工作任务造成他人损害的，由接受劳务派遣的用工单位承担侵权责任；劳务派遣单位有过错的，承担相应的责任。

1. 用人单位对其工作人员的侵权行为负责。
2. 《侵权责任法》未规定追偿，而《民法典》第1191条规定，用人单位可向有故

意或重大过失的工作人员追偿。

3. 注意识记劳动派遣期间工作人员致人损害的责任承担规则：由接受劳务单位承担责任；派遣单位有过错的，承担相应的责任。

4. 个人之间形成劳务关系的，由接受劳务一方承担责任。

【特别提示】

用人单位的工作人员致人损害（所谓“雇主责任”）是法考主观题在侵权责任法领域排名第一的考点，这主要是因为主观题的案情设计通常涉及公司等法人，特别容易与法人工作人员致人损害这个点相关联。

四、定做人可能承担侵权责任的情形

【重点法条】

《民法典》第1193条 承揽人在完成工作过程中造成第三人损害或者自己损害的，定作人不承担侵权责任。但是，定作人对定作、指示或者选任有过错的，应当承担相应的责任。

承揽人的工作具有独立性，定做人原则上不对承揽人对第三人造成的损害负责。但是，在定做人在定做、指示或对承揽人的选任方面有过错的，应对受害人承担相应的责任。例如，房主选择无资质装修公司装修房屋，因高空坠物等致人损害，则主要应由装修公司负赔偿之责，但房主也因选任过错须承担一定责任。

五、安全保障义务人的侵权责任

【重点法条】

《民法典》第1198条 宾馆、商场、银行、车站、机场、体育场馆、娱乐场所等经营场所、公共场所的经营者、管理者或者群众性活动的组织者，未尽到安全保障义务，造成他人损害的，应当承担侵权责任。

因第三人的行为造成他人损害的，由第三人承担侵权责任；经营者、管理者或者组织者未尽到安全保障义务的，承担相应的补充责任。经营者、管理者或者组织者承担补充责任后，可以向第三人追偿。

1. 安全保障义务人：宾馆、商场、银行、车站、娱乐场所等公共场所的管理人或者群众性活动的组织者；旅游经营者、旅游辅助服务者（《旅游纠纷司法解释》）。

2. 第三人侵权的，安全保障义务人（未尽安保义务）承担相应的补充责任。安全保障义务人承担了补充责任后，可以向第三人追偿。

六、机动车交通事故责任

（一）出租、借用机动车的责任承担

【重点法条】

《民法典》第1209条 因租赁、借用等情形机动车所有人、管理人与使用人不是同一人时，发生交通事故造成损害，属于该机动车一方责任的，由机动车使用人承担赔偿责任；机动车所有人、管理人对损害的发生有过错的，承担相应的赔偿责任。

该条明确了实际使用规则，即应由实际驾驶机动车发生交通事故的使用人承担侵权赔偿责任；机动车所有人仅在对损害发生有过错时（例如，明知借用人无驾驶证或饮酒后而出借车辆），承担相应的赔偿责任。

机动车交通事故责任不是物主责任。《民法典》第1212条等也都体现实际使用人承担责任的立场，车主只在有过错时，承担相应的责任。

（二）因买卖未过户时的责任承担

【重点法条】

《民法典》第1210条 当事人之间已经以买卖或者其他方式转让并交付机动车但是未办理登记，发生交通事故造成损害，属于该机动车一方责任的，由受让人承担赔偿责任。

【注意】

因买卖已交付机动车但未办理登记的，因机动车控制已转移，故侵权责任由受让人承担，出让人不承担责任。该条同样体现了实际使用人承担责任的立场。

（三）无偿搭载责任

【重点法条】

《民法典》第1217条 非营运机动车发生交通事故造成无偿搭乘人损害，属于该机动车一方责任的，应当减轻其赔偿责任，但是机动车使用人有故意或者重大过失的除外。

无偿搭载，属于“好意施惠行为”（情谊行为）的典型情形。机动车使用人没有故意或重大过失时，应适当减轻其赔偿责任。

七、饲养动物损害责任

【重点法条】

《民法典》第1245条 饲养的动物造成他人损害的，动物饲养人或者管理人应当承担侵权责任；但是，能够证明损害是因被侵权人故意或者重大过失造成的，可以不承担或者减轻责任。

动物致人损害，应由动物饲养人或者管理人承担责任。该责任应为无过错责任，但是被侵权人的故意或者重大过失可以成为免责或减轻事由。

如因违反管理规定，未对动物采取安全措施造成他人损害的，则仅在能够证明损害是因被侵权人故意造成的，才可以减轻动物饲养人或者管理人的责任。

如系禁止饲养的烈性犬等危险动物造成他人损害的，动物饲养人或者管理人应当承担侵权责任。此种情形，法律未规定免责和减轻事由。

根据《民法典》第1250条，因第三人的过错致使动物造成他人损害的，被侵权人可以向动物饲养人或者管理人请求赔偿，也可以向第三人请求赔偿。动物饲养人或者管理人赔偿后，有权向第三人追偿。

八、高空抛物的补偿责任

【重点法条】

《民法典》第1254条 禁止从建筑物中抛掷物品。从建筑物中抛掷物品或者从建筑物上坠落的物品造成他人损害的，由侵权人依法承担侵权责任；经调查难以确定具体侵权人的，除能够证明自己不是侵权人的外，由可能加害的建筑物使用人给予补偿。

可能加害的建筑物使用人补偿后，有权向侵权人追偿。

物业服务企业等建筑物管理人应当采取必要的安全保障措施防止前款规定情形的发生；未采取必要的安全保障措施的，应当依法承担未履行安全保障义务的侵权责任。

发生本条第一款规定的情形的，有关机关应当依法及时调查，查清责任人。

主观题主要考点一览表

总结以上考点，做适当增补，并以表格方式呈现“主观题考点一览表”如下（法条未特别指明者，指《民法典》的条文；相对重要的考点以黑体形式呈现）：

考点	对应法条	案情设计	答题要点
总则编 1. 胎儿利益保护	第16条	出生前遭遇侵权损害；遗腹子继承利益	直接以《民法典》第16条作为答题依据，答出胎儿“视为具有权利能力”这个关键点
2. 法人独立责任、法人格否认	第60条 第83条第2款 （《公司法》第23条）	识别相关当事人是否法人组织；成员的有限责任；控股股东滥用法人有限责任等	指出主体的法人性质；准确引用第60条，凸显法人独立责任与成员有限责任；以第83条或《公司法》第23条为依据，突出“人格混同”，答出法人格否认后滥用有限责任之股东的连带责任
3. 法定代表人	第61条第2款、第3款；第504条；第65条；《合同编通则解释》第20条、第22条	法定代表人识别；代表人加盖错误公章；代表人越权或离职后（未办理工商登记变更）继续以法人名义行事	紧扣第61条第2款，答出由法人承受法定代表人行为的后果（包括加盖问题公章情形）；越权型无权代表，以第61条第3款、第504条作答；离职后未变更工商登记情形，引用第65条
4. 非法人组织责任	第104条	识别个人独资企业、合伙企业；债权人对非法人组织与其设立人、合伙人等主张债权	紧扣第104条，凸显设立人无限责任的补充责任性质（非法人组织财产不足以清偿债务） 与民诉对接：可在执行程序中，追加合伙人等为被执行人
5. 法律行为（合同）的效力体系	第143-154条	因行为能力缺陷（不重要）、意思表示瑕疵及违法或违背公序良俗，而涉及合同效力的问题	以第143条为指引，紧扣表意瑕疵（第146条无效，第147-151条可撤销）、违法（第153条第1款）或违背公序良俗（第153条第2款）恶意串通（第154条）判断合同的效力为无效或可撤销
6. 双方虚假行为	第146条；《合同编通则解释》第14条；关联《建设施工合同解释（一）》第2条	可能涉及“名为买卖，实为借贷”等双方虚假合同；也可能问及隐藏行为的效力	以第146条为依据，答出双方虚假行为无效；若隐藏行为无效力瑕疵，则隐藏行为有效；若涉及建设施工合同的阴阳合同问题，则以《解释（一）》第2条为答题依据
7. 待审批合同	第502条；《合同编通则解释》第12条	矿业权转让等需行政审批合同的效力	直接依第502条第2款及通则解释第12条作答；重点答出报批条款效力的独立性，及违反报批义务时的责任

续表

考点	对应法条	案情设计	答题要点
8. 可撤销效果与其他救济手段的并存	第147–152条；第577－585条；第563条	因受欺诈而订立合同（如卖家以次充好），问权利人可以主张的救济手段	可依第148条等向法院主张撤销合同，并依第157条、第500条主张权利；可不撤销合同，要求对方承担违约责任（尤其是第582条的瑕疵担保）；根本违约的，还可依第563条主张解除合同，并按第566条界定后果。
9. 无效、被撤销、不成立的法律后果	第157条；《合同编通则解释》第25条	就合同不生效力的后果提问	返还等效果依第157条；注意双方返还的同时履行抗辩问题（互负返还义务构成“对待给付义务”）；赔偿义务可结合第500条的缔约过失责任作答
10. 职务代理	第170条	经理等职务代理人以法人名义订立合同；职务代理人越权代理	职务代理人的代理行为，若涉及盖章问题，按第170条第1款作答；职务代理人越权，可按第170条第2款作答（不按照第172条的表见代理规则作答）
11. 代理权滥用	第168条、第164条	代理人与自己缔约；代理人同时代理双方；代理人与相对人恶意串通	依第168条答出法律效果；在恶意串通情形，可结合第154条按无效界定代理行为的效力，并依第164条答出连带责任
12. 表见代理、狭义无权代理	第171条 第172条 《民总解释》第28条	代理人无代理权而实施代理行为	先判断是否构成表见代理，注意被代理人的可归咎性问题（第172条，解释第28条，关注第28条规定的举证责任），不构成的，依第171条规定的效果作答
13. 诉讼时效的适用对象	第196条、第995条、第419条、《担保制度解释》第44条	结合相关请求权问题（如第235条、第236条等）问是否适用诉讼时效；	依相应条文作答即可；注意一般动产的原物返还请求权须适用诉讼时效期间；涉及担保物权是否因其所担保债权时效期间届满而消灭的问题，依担保解释第44条作答（以登记为公示手段的，消灭；以占有为公示手段的，不消灭）
14. 时效期间届满的后果	第192条	时效期间届满的判断；届满的后果；债权时效期间届满后发生转让，涉及转让效力问题	紧扣第192条三种情况，注意结合第193条（法院不得主动适用）；债权转让情形，答转让有效，但可能需要涉及第548条（债务人可向受让人提出抗辩）
物权编 15. 不动产登记之于不动产物权归属	《物权编解释（一）》第1条、第2条	不动产登记的正确性存疑时，如何确定不动产的归属	可依民事确权之诉解决纠纷；纠纷当事人间依《解释（一）》第2条“实事求是”确定权利归属；若涉及信赖登记簿权属记载的第三人，则按第311条善意取得规定处理

续表

考点	对应法条	案情设计	答题要点
16. 债权合同效力与物权变动效力的区分	第215条；兼及第221条（预告登记）、第402条（抵押权设立）；第597条（出卖他人之物的合同）	出卖他人之物、一物多卖；转让经预告登记的不动产；就抵押合同的效力提问等	可依情形不同，做关键作答。物权变动效力的发生，不仅要求有效的合同，而且还要求处分权与公示（登记或交付）。对买卖合同效力的提问，可特别凸显出“债权合同”“负担行为”“无排他性”（针对一物数卖）等关键词，以“出卖人无处分权，不影响作为债权合同的买卖合同之效力”这种针对性答案应对
17. 异议登记	第220条第2款、第311条；《物权编解释（一）》第15条	案情只要出现异议登记的设计，基本上就问受让人能否取得不动产所有权	引《解释（一）》第15条，指出不动产登记簿上存在意义登记的，应认定受让人非善意，从而不发生善意取得的效果
18. 预告登记	第221条；《解释（一）》第4条；《担保制度解释》第52条（抵押权预告登记）	出现期房买卖合同的预告登记设计，然后问后续买卖合同、抵押合同等的效力及物权变动效力是否发生（可结合一物两卖） 抵押权设立的预告登记效力问题	紧扣第221条“不发生物权效力”的法效果，按预告登记影响处分权从而影响后续处分行为的效力（但不影响作为负担行为的买卖合同等的效力）作答 抵押权预告登记问题，检索《担保制度解释》第52条作答
19. 特殊动产的物权变动	第225条、《物权编解释（一）》第6条	机动车因买卖等转移所有权，交付但未办理过户手续；出卖人再次转让给善意第三人，或者出卖人的债权人要求强制执行已交付于受让人的特殊动产	针对特殊动产在交易当事人之间物权变动时点的问题，坚决依第224条交付转移所有权作答；在出现交易中的后手善意受让人时，依第225条“不得对抗善意第三人”的规定，答出第三人取得特殊动产所有权；针对出卖人债权人要求强制执行的问题，按《解释（一）》第6条，并结合民诉法案外人执行异议及案外人异议之诉处理
20. 非依法律行为发生物权变动	第229条、《物权编解释（一）》第7条；第230条	可能出现以物抵债调解书何时引起不动产物权变动的问题；继承，包括受遗赠，何时引起物权变动	因裁判文书直接引起物权变动的，依《解释（一）》第7条，指出仅有形成判决才能直接引起物权变动；凡涉及因自然人死亡而发生物权变动的，均以第230条为依据，答继承开始（被继承人死亡）时发生物权变动

续表

考点	对应法条	案情设计	答题要点
21. 所有人的返还请求权、占有人的返还请求权	第235条 第462条	可以仅涉及所有权人针对无权占有人的返还问题（后者未实施侵夺占有行为）；也可以仅涉及非物权人的占有人（如借用人）针对侵占人主张返还的问题；还可能涉及物权人遭遇占有侵夺的问题	涉及所有权人诉请返还原物的，须紧扣第235条，按照原告为所有权人，被告为“无权占有人”的基本逻辑作答；涉及占有保护的，须以第462条第1款第一句为依据，强调原告的占有被被告的侵夺行为所剥夺，并应注意1年除斥期间；在同时符合两种救济手段要件时，权利人可选择任一救济手段
22. 善意取得	第311条、第312条、第313条；《物权编解释（一）》第14-20条	房屋登记错误情形，名义权利人转让，受让人能否取得；保管物、借用物等“占有委托物”被占有人无权处分，受让人能否善意取得；善意取得扩张至抵押权或质权	紧扣第311条，辅之以《解释（一）》第14-20条，凸显“无权处分”“受让人善意”“合理价格转让”“已登记或已交付”等关键构成要素
23. 居住权	第368条、第369条、第370条	居住权的设立；居住权人死亡对居住权的影响；所有权人转让房屋使用权对居住权的影响	以居住权合同设立居住权的，自登记时设立；居住权不得转让、不得继承；居住权存续期间，房屋所有权转让的，居住权不受影响
24. 担保的从属性	第388条、第682条；第547条；《担保制度解释》第17条	担保合同的效力受主合同效力瑕疵的影响；主债权转让的，担保权转让；担保合同无效的法律后果	发生上的从属性，依第388条、第682条作答；移转上的从属性，依第547条作答。担保合同无效后的赔偿责任，一般不会涉及细节，涉及时，依《担保制度解释》第17条作答
25. 非典型担保	第388条、第641条、第745条；《担保制度解释》第68条	让与担保的设计（转让所有权或股权以担保债务的履行）；所有权保留买卖、融资租赁涉及担保效力的设计	重点在让与担保，凡判断属于让与担保出题点的，紧扣《担保制度解释》第68条答题；涉及所有权保留与融资租赁的，需理解其与动产抵押的相似性，并参照适用动产抵押的规则
26. 担保物权的物上代位性	第390条；《担保制度解释》第42条	担保期间，担保物毁损、灭失或被征收，而涉及保险金、赔偿金或补充金的	依第390条，答出金钱代位效果；若涉及第三人保险金的给付对象等细节，则依《担保制度解释》第42条处理
27. 人保物保并存（多重担保）	第392条、第699条、《担保制度解释》第13条、第18条	同一债权受多重担保（多重保证、保证与抵押等物保并存、多个抵押权并存等）；可能涉及追偿问题	依第392条确立的规则，以需首先实现债务人自物保为关键要点作答；涉及多个第三担保人之间追偿问题，依《担保制度解释》第13条；存在债务人自物保的，若第三担保人自愿首先承担担保责任，则应按《担保制度解释》第18条处理。

续表

考点	对应法条	案情设计	答题要点
28. 不动产抵押合同的效力	第402条、《担保制度解释》第46条	以房屋抵押，订立抵押合同，但未办理登记	依第402条，不动产抵押，未办理的登记的，抵押权不设立；债权人可依《担保制度解释》第46条主张权利
29. 流押条款	第401条	抵押合同中约定，债务人到期不履行债务的，抵押物所有权归属于债权人	紧扣第401条作答（建议不写“流押条款无效”）
30. 动产抵押的登记对抗	第403条、《担保制度解释》第54条、第67条	动产抵押合同订立，未办理登记，后出现抵押人转让、出租抵押财产或抵押人被宣告破产、抵押人的债权人申请保全或执行抵押财产等情形	紧扣第403条，抵押合同生效，抵押权设立；“不得对抗善意第三人”，完全按解释第54条确定；若涉及所有权保留买卖的买受人被宣告破产等，则通过解释第67条，也适用解释第54条之规定。
31. 正常经营买受人规则	第404条、《担保制度解释》第56条	动产抵押经登记，但抵押人在正常经营活动中出卖抵押财产，已交付，并收取价金，问抵押权是否还存在于抵押物上	按照第404条作答，不能对抗，就意味着抵押权的消灭；需注意解释第56条所做的排除，尤其是涉及生产设备出卖的情形（不构成“正常经营活动中的买受人”）。
32. 抵押与租赁	第405条、《租赁合同解释》第14条	房屋先租赁、后抵押，或者先抵押、后租赁；抵押权实现时，是否破除租赁	按照时间在先，效力优先的原则，根据第405条作答；在先租后押的情形，重点说清楚承租人可以主张其与抵押物的承买人间继续先前的租赁关系。
33. 抵押期间抵押物的转让	第406条、《担保制度解释》第43条；第524条	房屋抵押权设立后，所有人转让房屋所有权于第三人；抵押合同可能约定，未经抵押权人同意，不得转让抵押财产	重点把握第406条第1款第1句与第3句：可以自由转让抵押财产（受让人可取得所有权），但抵押权不受影响。若出现抵押合同约定不得转让的情形，则须以解释第43条为依据作答；若问及受让人如何除去抵押权负担，则可从以第524条规定的利害关系人的代偿权出发作答
34. 抵押权的顺位	第414条、第416条	同一抵押财产上，设置多个抵押权，需要确定优先顺位；可能出现浮动抵押与购置款抵押权的组合	一般按第414条确定优先顺位（也须注意第2款，若先抵押，后做融资租赁安排，同样遵循第1款的顺位规则）；遇购置款抵押权，按第416条作答。
35. 数担保物权的竞合	第415条、第456条	同一动产上，先后出现两种以上的担保权（抵押权、质权、留置权）	抵押权与质权间的优先顺位，依第415条确定（公示在先，效力优先）；若出现留置权与其他担保物权的顺位问题，可引第456条

续表

考点	对应法条	案情设计	答题要点
36. 动产质权的设立	第419条、《担保制度解释》第55条	需要动产质权何时设立，尤其注意占有改定，以及以委托第三人监管方式设立质权问题	质权设立：质押合同+交付+处分权；交付可为简易交付或返还请求权让与，不能是占有改定；无处分权时，可适用第311条第3款的善意取得规定。出现委托第三方监管方式设立质权，须按解释第55条，把握监管人是否为债权人利益实际控制质物这个要点
37. 权利质权	第441条、《担保制度解释》第58条	以汇票出质，需要判断质权何时设立	紧扣《担保制度解释》第58条，以“质押合同+质押背书+交付汇票”方式作答
38. 留置权的发生	第447、第448条；《担保制度解释》第62条	就是否发生留置权设置案情，可能涉及留置物为第三人所有、同一法律关系、商事留置权担保的债权等	紧扣解释第62条的三款规定，要点：满足同一法律关系的，留置物是否为债务人所有，在所不问；欠缺统一法律关系的商事留置权仅针对营业活动产生的债权发生；欠缺同一法律关系的商事留置权，留置物必须归债务人所有
合同编 **39. 合同的相对性**	第465条、第593条	连环交易中，因前一交易的问题，导致后一交易出卖人无法向买受人履约；其他因第三人原因导致违约之情形；仅具有内部效力的约定（如连带债务人间关于责任份额的约定）	“合同具有相对性，债权人仅得向特定债务人主张权利”（若涉及其他法定之债，则使用“债权具有相对性”），可援引第465条第2款；针对第三人原因导致违约的情形，可援引第593条
40. 无名合同	第467条	案情部分出现非典型交易形态（如以劳务换取对他人房屋的使用），且问题部分就“属于何种类型发的合同”提问，也可能问及如何适用法律	清晰答出“无名合同”（或“非典型合同”）。若涉及法律适用，须依案情找到最相类似的典型合同（如租赁、承揽等），然后援引第467条第1款
41. 预约合同	第495条；《合同编通则解释》第6条、第7条、第8条	出现订购书、认购书等，且明确双方未来订立本约合同；可能匹配立约定金；一方不履行订立本约义务，涉及预约合同的违约责任	判断出属于预约的考点后，紧扣第495条，答出不履行订立合同义务的一方须承担违反预约合同的违约责任；若问及责任形态，答不能要求实际履行，但能够主张损害赔偿；涉及立约定金的，仍能依第587条适用定金罚则

续表

考点	对应法条	案情设计	答题要点
42. 格式条款	第496条、第497条	经营者使用不与相对人具体磋商的重复使用的合同与他人缔约；案情所表达的条款内容与相对人有重大利害关系或出现明显“霸王”条款	一定要区分第496条与第497条：涉及告知、说明义务的，以第496条作答，一定要答出“可以主张该条款不成为合同内容”；对霸王条款，以第497条作答，无效。
43. 双务合同的履行抗辩权	第525条、第526条、第527-528条；《合同编通则解释》第31条	买卖等双务合同，根据有无履行顺序之约定及先、后履行顺序，就同时履行抗辩、先履行（顺序履行）抗辩或不安抗辩设计案情	根据先后履行顺序的设置，援引第525条答出同时履行抗辩权、第526条答出顺序履行抗辩权及第527条答出不安抗辩权，若涉及不安抗辩权，还须注意第528条。若涉及在诉讼中提出同时履行抗辩权或不安抗辩权的，适用《合同编通则解释》第31条规定处理。
44. 涉他合同	第522条、第523条、第524条；《合同编通则解释》第29条	出现向第三人履行（利他合同）、由第三人履行的约定；或者涉及有利害关系的第三人代偿	利他合同与第三人负担合同，依第522条、第523条回答即可。若涉及纯正利他合同中合同解除、撤销问题，须依通则解释第29条答出仅合同当事人（而非第三人）能够行使这些形成权 第524条应用比较广泛，如第三担保人、担保物受让人等的代偿权，需要能够识别，并以第524条为依据作答
45. 情势变更	第533条；《合同编通则解释》第32条	因政策变化、疫情等导致供需失衡、价格巨幅变化，符合第533条所规定的情势变更	第533条为基础，识别情势变更，并依据该条答出法律后果（重新磋商；请求法院变更或撤销）
46. 债权人代位权	第535条、第536条、第537条；《合同编通则解释》第33-41条	连环负债，债务人怠于行使其对次债务人的债权；也可能出现有行使代位权需要之债权人的债权未届清偿期的设计	通常情形，依第535条，以债权人为原告，次债务人被被告，提起代位权之诉（应追加债务人为诉讼第三人）；债务人与第三人间存在仲裁协议的，依通则解释第36条处理。须注意第536条的适用可能，与诉讼时效中断与破产债权申报相衔接
47. 债权人撤销权	第538条、第539条、第541条；《合同编通则解释》第42-46条	债务人无偿转让财产或低价出卖、高价收买，影响债权人债权实现	债务人无偿转让，援引第538条；低价出卖，以第539条为依据，须注意相对人知道或应当知道的要件；以债务人与相对人为共同被告；
48. 约定债权不得让与的效力	第545条第2款	金钱债权或者非金钱债权，当事人约定不得向第三人转让；其后，发生转让（包括保理）	紧扣第545条，重点在金钱债权，“不得对抗第三人”意味着，无论第三人是否知晓转让限制，其取得债权的效果不受任何影响

续表

考点	对应法条	案情设计	答题要点
49. 债权转让	第546条、第548条、第549条、第550条；《合同编通则解释》第47-50条	案情中出现债权转让的基础事实，涉及债务人保护的问题；可能涉及表见让与、债权多重让与等	根据第546条，债权转让，未经通知，对债务人不生效力（其意义可参见通则解释第48条）；根据第548条，债务人可以对转让的抗辩事由（如时效期间届满等）对抗受让人；根据第549条，债务人对转让人可以主张抵销的，可以向受让人主张；第550条，增加的旅行费用，由让与人承担 涉及债权表见让与、多重让与的，依通则解释第49条、第50条处理
50. 并存的债务承担	第552条、《担保制度解释》第36条；《合同编通则解释》第51条	债务加入；究竟系债务加入，还是提供保证不清晰，须判断	依第552条，判断债务加入成立，以连带责任为效果；根据担保解释第36条，保证或债务加入不清晰的，应认定为提供保证
51. 以物抵债	《合同编通则解释》第27条、第28条	金钱之债当事人在债务履行期届满之后或之前订立以物抵债协议，就抵债协议的效力及履行问题设问	履行期届满之后的以物抵债，按通则解释第27条处理（诺成性合同，新债清偿）；履行期届满之前的以物抵债，按通则解释第28条处理（让与担保）
52. 合同解除	第562-566条；第933条、第787条；《合同编通则解释》第54条	根本违约的法律救济；不定期继续性合同的解除；解除权行使方式与效力；任意解除权	债务人违约，导致债权人合同目的不能实现，债权人可依据第563条第1款解除；遇不定期租赁等，可依第563条第2款解除；解除权行使方式，依第566条作答；解除权效果，依第566条；特别注意委托合同的任意解除权，依第933条作答。
53. 法定抵销	第568条；《合同编通则解释》第55-58条	双方互负债务；涉及是否能够抵销的问题	主动债权必须已经到期；侵害自然人人身权益及故意或因重大过失侵害财产权益的，侵权人不得主张抵销；时效期间届满的债权不得作为主动债权
54. 违约责任：主张实际履行的限制	第580条	结合出卖他人之物、一物二卖（所有权已为第三人取得）、预约等，要求就违约责任的承担方式作答	援引第580条第1款但书相应的项，答出债权人不得主张实际履行，但可根据第584条要求赔偿损失
55. 违约金的调整	第585条；《合同编通则解释》第64条、第65条	出现违约金过高的设计（过低可能性相对较低）	援引第585条第2款，过高的（按超过实际损失30%把握），违约方可请求法院酌情降低违约金；过低的，守约方可要求增加；关于违约金不得调整的约定，无效

续表

考点	对应法条	案情设计	答题要点
56. 定金	第 586 条、第 587 条、第 588 条；《合同编通则解释》第 67 条	就违约定金、立约定金（结合预约）出题，涉及交付要求、罚则等；可能出现同时约定定金与违约金的情形；	依第 586 条，定金合同自交付时成立；定金最高限额 20%；第 587 条罚则；定金与违约金同时存在的，按第 588 条择一主张；除非特别约定为解约定金，定金约定不具有解约效力
57. 违约责任与侵权责任竞合	第 186 条、第 996 条	因债务人的加害履行，导致他方遭受固有利益（人身或财产）损害	按第 186 条，选择主张违约责任或侵权责任；依第 996 条，主张违约责任，不影响精神损害赔偿
58. 出卖他人之物、无权处分的效力	第 597 条；《合同编通则解释》第 19 条	出卖人对标的物无处分权，而与他人订立买卖合同；问合同的效力及物权变动效果是否发生	以第 597 条为依据作答。关键表达“买卖合同为债权合同，出卖人无处分权，不影响买卖合同的效力”，买受人不能取得所有权的，可解除合同，并要求出卖人承担违约责任。物权效力方面，尽管买卖合同有效，但由于出卖人无处分权，故买受人不能取得所有权，除非得到处分权人的追认、处分人事后取得处分权或符合第 311 条规定的善意取得要件
59. 多重买卖的效力	《买卖合同解释》第 6 条、第 7 条	不动产（房屋）或动产（含特殊动产）一物两卖，涉及合同效力与物权变动效果	合同均有效。关键表达“买卖合同是债权合同，效力上不具有排他性，只要每一个买卖合同自身不存在效力瑕疵事由，则合同的效力不因一物多买而受影响”；若出卖人有处分权，则接受动产交付或已办理房屋所有权移转登记者，取得所有权，其他买受人可解除合同，要求违约损害赔偿。若涉及请求动产交付的优先性问题，则适用买卖解释第 6 条、第 7 条
60. 买卖合同风险负担	第 604 条、第 605 条、第 606 条	不动产或动产买卖，在履行过程中标的物毁损、灭失，要求判断风险由谁承担（买受人是否需要支付价款）	以第 604 条为一般规则，以出卖人在履行地点交付标的物作为一般风险移转的时点；两项特殊规则见于第 605 条（买受人受领迟延）与第 606 条（路货买卖）
61. 分期付款买卖与所有权保留买卖	第 634 条；第 641-643 条	分期付款买卖，价款分三期以上付清，发生迟延支付，问出卖人可采取什么救济手段；买卖合同附加所有权保留约定，后发生买受人不支付价款，问相关法效果	分期付款，牢记第 634 条即可（五分之一的触发点，催告后解除或加速到期）； 所有权保留买卖，需要自担保角度理解，第 64 条需要对接第 403 条，另需注意取回-回赎-变卖的规定

续表

考点	对应法条	案情设计	答题要点
62. 租赁期间，租赁物的转让	第725条；第726条、第728条	租赁期间，出租人将租赁物（大概率考核房屋）转让给第三人，涉及承租人的利益保护	“买卖不破租赁”，承租人可根据第725条要求租赁合同的效力不受影响，即与受让人继续租赁关系；承租人的优先购买权，若出卖人未告知而已将租赁物让渡于第三人，则承租人不得主张转让无效，而仅能向出租人要求赔偿损失
63. 转租	第716条、第717条、第719条	承租人转租，可能涉及经出租人同意与未经同意擅自转租；经同意的转租，可能出现转租合同的租赁期间长于原租赁合同的租期，还可能设计次承租人造成租赁物损害的案情	（1）未经出租人同意的转租，出租人可以解除合同，并向此出租人要求租赁物的返还；转租合同有效，故在出租人解除后，次承租人可要求转租人承担违约责任；（2）经同意的转租，须注意合同相对性原理的运用，出租人与次承租人之间无合同关系；次承租人导致租赁物毁损的，出租人可要求次承租人承担侵权责任，或者向承租人主张违约责任的承担；若转租租期长于原租期，则适用第717条
64. 建设施工合同	《施工合同解释（一）》第1条、第2条、第35-42条；第791条、第793条、第807条	施工合同因欠缺资质、转包等无效；阴阳合同；承包人优先受偿权	阴阳合同，适用《解释（一）》第2条；无效规定，见于解释第2条及第793条；承包人优先受偿权，见于第807条，若向行使期间等细节展开，查阅解释第35-42条
65. 无因管理、不当得利	第979-984条 第985-988条	因管理他人事务支出费用；无法律根据获取利益，应向受损人负返还之责	考核可能性较小，熟悉法条即可
66. 人格权：个人信息保护	《个人信息保护法》第四章第44-49条	就个人在信息处理中的知情同意、查阅、删除等权利设计案情	查询法条答题
67. 婚姻家庭	第1064条	夫妻关系存续期间的负债，为一方个人的债务，还是双方共同债务	依照《民法典》第1064条认定三种情形下为夫妻共同债务，其余情形为个人债务
68. 继承	第230条、第1161条	因继承而引起不动产物权变动；继承人负遗产债务的清偿之责	自继承开始时，发生不动产物权变动（第230条）；继承人负遗产债务清偿之责，但以其继承积极遗产的价值为限
69. 精神损害赔偿、惩罚性赔偿	第1183条 第1207条	因侵权导致精神痛苦；明知产品有缺陷而生产或销售，导致死亡或健康严重受损	按第1183条掌握精神损害赔偿（同时注意第996条）；惩罚性赔偿主要关注第1207条，注意要件

续表

考点	对应法条	案情设计	答题要点
70. 用人单位的责任；定作人责任	第 1191 条 第 1193 条	法人工作人员在执行职务过错中致人损害；承揽合同中，承揽人导致第三人损害	紧扣第 1191 条作答。涉及劳务派遣的按第 2 款作答；涉及个人接受劳务的，按第 1192 条作答 定作人责任，按第 1193 条作答
71. 安全保障义务人责任	第 1198 条	安全保障义务人的直接责任 安全保障义务人对第三人造成的损害，负相应的补充责任	紧扣第 1198 条作答
72. 机动车交通事故责任	第 1209 条、第 1210 条、第 1217 条	发生机动车交通事故，需要判断责任归属，尤其发生在驾驶人与机动车登记所有人不一致时	按照实际驾控规则，将机动车责任理解为行为责任，依第 1209 条、第 1210 条确定出租及出卖后未办理过户手续的责任归属；好意同乘的责任，依第 1217 条处理
73. 物件损害责任	侵权责任编最后一章，第 1254 条	高空抛物、坠物、道路遗撒、道路施工等之人损害	高空抛物责任完整的法律效果依据第 1254 条确定；其他物件责任查询侵权责任编最后一章相应规定。

第三部分　历年真题解析

（一）2023年真题

案情：

2023年3月，乙公司以甲公司为被告向西河市法院提起诉讼，要求解除与甲公司的《设备买卖合同》并要求其承担相应责任。西河市法院受理后，向甲公司送达了起诉状副本，甲公司应诉答辩，诉讼中甲公司一直反对解除合同。法庭审理过程中，乙公司发现甲公司实际上并没有什么财产，胜诉也无实质意义，于是申请撤诉，法院在未征得甲公司同意的情况下即裁定准予撤诉。一个月后，乙公司再次向西河市法院起诉甲公司、王某和李某，提出诉讼请求如下：

1. 要求甲公司继续履行《设备买卖合同》，一次性支付全部剩余价款60万元，赔偿迟延履行损失。同时要求甲公司的股东王某、王某的配偶李某对此承担连带责任。

2. 要求甲公司支付培训费用20万元，赔偿迟延履行损失。同时要求王某、李某对此承担连带责任。

诉讼过程中，甲公司向法院提出以下抗辩：

1. 甲公司认为西河市法院没有管辖权，此案应由自己所在地的东山市法院管辖。因为设备已经完成安装，无法拆除，应属于不动产，协议管辖无效，河西市法院没有管辖权。

2. 甲公司认为买卖合同约定的管辖法院是西河市法院，但是培训协议并未约定管辖法院，而合同履行地与被告住所地都是东山市法院，因此西河市法院对培训合同纠纷没有管辖权。

3. 买卖合同和培训协议没有实质关联，法院不能合并审理。

4. 乙公司的起诉状副本已经送达甲公司，故在第一次起诉时，甲公司与乙公司的《设备买卖合同》已经解除，乙公司第二次起诉要求履行合同是不成立的，且乙公司并非适格原告。

王某同意甲公司的抗辩，承认自己对《设备买卖合同》承担连带保证责任，但主张自己不应对《培训合同》承担连带责任。

李某同意甲公司的抗辩，但认为自己在两份合同中都没有签字，不应当承担连带责任，自己不是适格被告。

法院查明的事实如下：

王某于2017年设立甲公司，且是甲公司唯一股东。后王某与李某结婚，婚后李某即进入甲公司，担任甲公司的财务负责人。2022 年 2 月，为了扩大经营，甲公司需要购买生产设备，于是与乙公司签订《设备买卖合同》，甲公司购买乙公司价值 200 万元的生产设备，先支付 100 万元，其余 100 万元分十期支付，每个月支付 10 万元，12 月底前全部完成付款。合同约定如发生纠纷由西河市法院管辖。同时王某为该买卖合同提供担保，表示："若甲公司不清偿款项，王某无条件承担担保责任。"

甲公司支付了四个月价款后，第五个月并未按期付款，后乙公司了解到甲公司停止付款是因为所购设备无法正常使用。经查，设备不能运转的原因在于甲公司工人不熟悉机器操作流程导致操作失误。针对此种情况，乙公司提出为甲公司员工进行培训的建议，后双方协商达成《培训合同》，约定乙公司为甲公司提供设备使用培训，乙公司要到甲公司所在的东山市培训，培训费 20 万元，甲公司 12 月底前付清。甲公司如约参加培训，但到 12 月底并未支付培训费。乙公司反复催告甲公司支付设备价款和培训费，但甲公司并不配合，只在 2023 年 1 月，给乙公司转账 15 万元，注明"履行合同款"，乙公司询问这笔款项是哪一笔价款，甲公司并未回应。

诉讼过程中，乙公司提出了保全申请，申请查封 A 房屋。法院经审查发现，2021 年王某曾与丁房地产开发商签订 A 房屋买卖合同，约定购房价款为 600 万元，A 房面积为 150 平方米，在当地属于高端住宅。王某支付了 400 万元首付款，剩余房款在丙银行办理了按揭贷款，以 A 房屋作抵押，并为丙银行办理了抵押权预告登记。2022 年 1 月，房屋建成，丁公司办理了所有权首次登记。乙公司申请保全时，房屋尚未过户给王某，且查明王某是故意拖延不办过户。于是法院作出准予查封 A 房屋的裁定，但由于王某没有取得房屋所有权，故无法进行查封登记，法院只进行了公告。法院还查明，王某曾经转移甲公司的财产用于 A 房屋的装修等。

后 A 房屋被乙公司申请强制执行，丙银行提出异议，认为该房屋有自己的抵押预告登记，不能被执行。王某的律师也提出抗辩：认为该房屋属于王某的唯一住房（法院查证属实）。

问题：

1. 乙公司第一次起诉后申请撤诉，法院未经甲公司同意即裁定准许，该做法是否合法？为什么？

2. 请结合民诉法的管辖、当事人、诉讼请求、诉的合并等原理，对甲公司、李某、王某的各项异议，法院应当如何处理？

3. 乙公司要求王某、李某对《设备买卖合同》债务承担连带责任的请求能否得到支持？为什么？

4. 乙公司要求王某、李某对《培训合同》债务承担连带责任的请求能否得到支持？为什么？

5. 乙公司要求甲公司一次性支付剩余的 60 万元以及承担迟延履行的赔偿责任的主张能否得到支持？为什么？

6. 乙公司要求甲公司支付 20 万培训费以及承担迟延履行的赔偿责任的主张能否得到支持？为什么？

7. 法院查封 A 房屋的行为是否生效？为什么？

8. 丙银行对于 A 房屋的执行异议，法院是否应当支持？为什么？

9. A 房屋是王某的唯一住房，且丙银行未办理抵押权登记，这对丙银行的优先受偿权是否产生影响？为什么？

【民法部分答案及解析】

3. 乙公司要求王某、李某对《设备买卖合同》债务承担连带责任的请求能否得到支持？为什么？

答案：（1）乙公司要求王某对《设备买卖合同》承担连带责任的请求可以得到支持。因为王某在与乙公司的保证合同中表示“无条件承担担保责任”，该无条件承担责任的表示，应解释为连带责任保证。

（2）乙公司要求李某对《设备买卖合同》承担连带责任的请求可以得到支持。因为王某是甲公司的唯一股东，李某是甲公司的财务负责人，王某为甲公司签订的《设备买卖合同》负担连带保证之债，属于用于夫妻共同生产经营的情形，应认定为夫妻共同债务，李某应对《设备买卖合同》承担连带责任。

答案解析：

先分析王某是否承担连带责任。题干中明确提及，王某为《设备买卖合同》提供担保，表示：“若甲公司不清偿款项，王某无条件承担担保责任。”既然是“无条件”，就不能解释为享有先诉抗辩权的一般保证，这一点得到了《担保制度解释》第 25 条第 2 款的支持（“当事人在保证合同中约定了保证人在债务人不履行债务或者未偿还债务时即承担保证责任、无条件承担保证责任等类似内容，不具有债务人应当先承担责任的意思表示的，人民法院应当将其认定为连带责任保证”）。

再分析李某是否承担连带责任。李某在本题中并未对《设备买卖合同》签字或提供担保，但是其为王某的配偶，有可能因夫妻共同债务的规则而对《设备买卖合同》承担连带责任。《民法典》第 1064 条规定，夫妻双方共同签名或者夫妻一方事后追认等共同意思表示所负的债务，以及夫妻一方在婚姻关系存续期间以个人名义为家庭日常生活需要所负的债务，属于夫妻共同债务。夫妻一方在婚姻关系存续期间以个人名义超出家庭日常生活需要所负的债务，不属于夫妻共同债务；但是，债权人能够证明该债务用于夫妻共同生活、共同生产经营或者基于夫妻双方共同意思表示的除外。本题中需要重点分析的是，王某对《设备买卖合同》所负担的连带之债，是否构成因夫妻共同生产经营所负担的夫妻共同债务。本题中，甲公司是设备的买受人，王某是该公司的唯一股东，且李某是该公司的财务负责人。据此可知，甲公司是由王某与李某共同生产经营的，王某为《设备买卖合同》提供担保，该连带保证债务是用于共同生产经营的，属于夫妻共同债务，因此李某须对该债务承担连带责任。因此，乙公司要求李某对《设备买卖合同》承担连带责任的请求可以得到支持。

4. 乙公司要求王某、李某对《培训合同》债务承担连带责任的请求能否得到支持？为什么？

答案：(1) 乙公司要求王某对《培训合同》债务承担连带责任的请求能够得到支持。因为王某作为甲公司的唯一股东，曾经转移甲公司的财产用于 A 房屋的装修，存在财产混同的情形，依据法人人格否认规则，王某应对甲公司在《培训合同》中的债务承担连带责任。

(2) 乙公司要求李某对《培训合同》债务承担连带责任的请求能够得到支持。因为王某是甲公司的唯一股东，李某是甲公司的财务负责人，王某基于法人人格否认规则对《培训合同》的债务承担连带责任，这一债务属于用于夫妻共同生产经营的情形，应认定为夫妻共同债务，李某应对《培训合同》承担连带责任。

答案解析：

先分析王某是否承担连带责任。《公司法》第 23 条第 1 款规定，公司股东滥用公司法人独立地位和股东有限责任，逃避债务，严重损害公司债权人利益的，应当对公司债务承担连带责任。该条第 3 款规定，一人有限责任公司的股东不能证明公司财产独立于股东自己的财产的，应当对公司债务承担连带责任。财产混同是导致法人人格否认的主要情形之一。本题中，王某曾经转移甲公司的财产用于 A 房屋的装修，结合甲公司是王某的一人公司这一事实可知，王某与甲公司之间存在财产混同，此时应否认甲公司的独立人格，要求股东王某为甲公司的债务承担连带责任，据此王某应对《培训合同》的债务承担连带责任。

再分析李某是否需要承担连带责任。李某对《培训合同》承担连带责任的可能理由是这一合同债务构成王某与李某的夫妻共同债务。前文已经分析，王某应对甲公司在《培训合同》中的债务承担连带责任，且王某是该公司的唯一股东，李某是该公司的财务负责人，甲公司是由王某与配偶李某共同经营的，结合《民法典》第 1064 条，这一债务应构成夫妻共同生产经营所负的债务，既然王某应对《培训合同》承担连带责任，那么该债务作为夫妻共同债务，李某也应承担连带责任。

5. 乙公司要求甲公司一次性支付剩余的 60 万元以及承担迟延履行的赔偿责任的主张能否得到支持？为什么？

答案：能够得到支持。因为乙公司起诉解除后又申请撤诉，《设备买卖合同》尚未解除，甲公司的剩余 60 万元价款的支付义务均已届履行期，均陷入履行迟延，构成违约，乙公司有权请求继续履行并承担迟延履行的违约责任。

答案解析：

乙公司的主张能否得到支持，取决于《设备买卖合同》是否已经解除。《民法典》第 565 条第 2 款规定："当事人一方未通知对方，直接以提起诉讼或者申请仲裁的方式依法主张解除合同，人民法院或者仲裁机构确认该主张的，合同自起诉状副本或者仲裁申请书副本送达对方时解除。"根据该条规定，仅在法院经审理确认原告享有解除权情形，才发生合同自起诉状副本送达对方时解除的效果。本案中，既然乙公司起诉后又撤诉，应认定《设备买卖合同》未被撤销。这一原理分析也得到了新出台的《合同编通则解释》第54条的支持（尽管该解释在考试时尚未出台）。

根据案情，甲公司购买乙公司价值200万元的生产设备，甲公司先支付100万元，其余100万元分十期支付，每个月支付10万元，12月底前全部完成付款。甲公司支付了四个月价款后，第五个月并未按期付款。截止于2023年4月乙公司再次起诉时，该剩余60万元价款的支付义务均已届履行期，均陷入履行迟延。对于金钱债务的迟延履行，债权人可以同时主张继续履行与迟延部分的违约损害赔偿。因此，乙公司有权请求甲公司一次性支付剩余的60万元并承担迟延的履行的违约责任。

6. 乙公司要求甲公司支付20万元培训费以及承担迟延履行的赔偿责任的主张能否得到支持？为什么？

答案：（1）乙公司要求甲公司支付20万元培训费只能得到部分支持，即乙公司只能要求甲公司支付5万元培训费。因为甲公司基于《设备买卖合同》与《培训合同》对乙公司负有两笔金钱之债，而2023年1月甲公司支付的15万元未明确指定清偿哪笔债务，且两笔债务均已到期，此时依据《民法典》第560条确立的清偿抵充规则，应优先履行欠缺担保或担保最少的债务，因《培训合同》中的债务未设置担保，故应认定此20万元培训费债务已经履行了15万元，剩余5万元。

（2）乙公司要求甲公司承担迟延履行的赔偿责任可以得到支持。因为依据《培训合同》，甲公司有义务支付20万元培训费，在履行期届满时并未支付，陷入迟延履行，构成违约，乙公司有权请求甲公司承担迟延履行的违约责任。

答案解析：

题干中明确提及，2023年1月，甲公司给乙公司转账15万元，注明“履行合同款”，乙公司询问这笔款项是哪一笔价款，甲公司并未回应。由上一题可知，甲公司对乙公司至少存在两笔债务，分别对应《设备买卖合同》与《培训合同》，这15万到底履行的是哪个合同，需要结合履行的抵充规则进行分析。《民法典》第560条规定：“债务人对同一债权人负担的数项债务种类相同，债务人的给付不足以清偿全部债务的，除当事人另有约定外，由债务人在清偿时指定其履行的债务。债务人未作指定的，应当优先履行已经到期的债务；数项债务均到期的，优先履行对债权人缺乏担保或者担保最少的债务；均无担保或者担保相等的，优先履行债务人负担较重的债务；负担相同的，按照债务到期的先后顺序履行；到期时间相同的，按照债务比例履行。”本题中，《设备买卖合同》与《培训合同》的债务均已经到期，此时该15万应抵充对债权人缺乏担保或者担保最少的债务，《设备买卖合同》的债务由王某提供的保证担保，《培训合同》中的债务并无担保，该15万元应抵充《培训合同》的债务。由此，20万元的培训费债务已经被部分履行，仅剩余5万元，据此，乙公司要求甲公司支付20万元培训费的请求只能部分得到支持。

《民法典》第577条规定：“当事人一方不履行合同义务或者履行合同义务不符合

约定的，应当承担继续履行、采取补救措施或者赔偿损失等违约责任。”本题中，依据《培训合同》，甲公司有义务支付20万培训费，且该债务于2022年12月底到期，甲公司并未按约支付，构成迟延履行，乙公司有权请求甲公司承担迟延履行的违约责任。不过，15万部分与剩余的5万部分，各自的迟延履行赔偿的数额有所不同。

8. 丙银行对于A房屋的执行异议，法院是否应当支持？为什么？

答案：不应支持。因为A房屋已经办理所有权首次登记，且不存在抵押权预告登记失效的情形，丙银行对A房屋享有抵押权。既然丙银行对A房屋享有优先受偿权，抵押物其他债权人对抵押财产采取强制执行措施的，执行法院需首先保障丙银行对A房屋的优先受偿，故丙银行无须提出执行异议，其所提出的异议也不应得到支持。

答案解析：

本题表面上测试民诉知识，但其实系实体法与程序法高度融合的一问，关键在于抵押权预告登记的效力，其主要的答题依据在《担保制度解释》第52条。题干中明确提及：王某支付了400万元首付款，剩余房款自丙银行办理了按揭贷款，以A房屋作抵押，并为丙银行办理了抵押权预告登记。抵押权预告登记并非本登记，抵押权尚未设立。但是，《民法典担保制度解释》第52条第1款规定：“当事人办理抵押预告登记后，预告登记权利人请求就抵押财产优先受偿，经审查存在尚未办理建筑物所有权首次登记、预告登记的财产与办理建筑物所有权首次登记时的财产不一致、抵押预告登记已经失效等情形，导致不具备办理抵押登记条件的，人民法院不予支持；经审查已经办理建筑物所有权首次登记，且不存在预告登记失效等情形的，人民法院应予支持，并应当认定抵押权自预告登记之日起设立。”该条款允许在满足一定条件下，抵押权预告登记直接取得抵押权的效力。本题中，A房屋已经办理了所有权首次登记，且并不存在预告登记失效的情形，因此丙银行对A房的抵押权已经成立，且自预告登记之日设立。

《拍卖变卖规定》第28条第1款也明确规定：“拍卖财产上原有的担保物权及其他优先受偿权，因拍卖而消灭，拍卖所得价款，应当优先清偿担保物权人及其他优先受偿权人的债权，但当事人另有约定的除外。”该条明确了一个基本法理：即使第三人就担保财产主张强制执行，且在执行程序中需要处置担保财产，但既然担保物权人能够就拍卖变卖所得的价款主张优先受偿，其权利已经能够得到保障，当然不必其不能提出执行异议。因此，丙银行对于A房屋的执行异议不能得到法院的支持。

9. A房屋是王某的唯一住房，且丙银行未办理抵押权登记，这对丙银行的优先受偿权是否产生影响？为什么？

答案：（1）A房是王某的唯一住房对丙银行的优先受偿权不会产生影响。因为A房屋虽为王某唯一住房，但该房是面积为150平方米的高端住宅，属于超过被执行人及其所扶养家属生活所必需的房屋，法院对A房可予以执行。

（2）丙银行未办理抵押权登记对丙银行的优先受偿权不会产生影响。因为尽管形式上丙银行仅享有抵押权预告登记，但是A房屋的所有权已经办理首次登记，且不存在预告登记失效等情形，此时应认定丙银行已经取得A房屋的抵押权，且抵押权的实现条件已经成就，丙银行有权就A房屋优先受偿。

答案解析：

关于唯一住房是否可被强制执行是民诉法的考点，但第二问仍需以《担保制度解释》第52条作答。所以本问仍属实体法、程序法融合的问题。

关于唯一住房，《民事诉讼法》第255条规定，被执行人未按执行通知履行法律文书确定的义务，人民法院有权查封、扣押、冻结、拍卖、变卖被执行人应当履行义务部分的财产。但应当保留被执行人及其所扶养家属的生活必需品。据此，基于执行中兼顾被执行人合法权益原则，对于被执行人及其所抚养家属的生活必需品，法院不能将其列入执行标的。又根据《查封、扣押、冻结规定》第5条规定，对于超过被执行人及其所扶养家属生活所必需的房屋和生活用品，人民法院根据申请执行人的申请，在保障被执行人及其所扶养家属最低生活标准所必需的居住房屋和普通生活必需品后，可予以执行。据此，A房屋虽为王某的唯一住房，但该房是面积为150平方米的高端住宅，属于超过被执行人及其所扶养家属生活所必需的房屋，王某的律师提出唯一住房的抗辩对丙银行的优先受偿权不会产生影响。

关于银行未办理抵押权登记，《民法典担保制度解释》第52条第1款规定："当事人办理抵押预告登记后，预告登记权利人请求就抵押财产优先受偿，经审查存在尚未办理建筑物所有权首次登记、预告登记的财产与办理建筑物所有权首次登记时的财产不一致、抵押预告登记已经失效等情形，导致不具备办理抵押登记条件的，人民法院不予支持；经审查已经办理建筑物所有权首次登记，且不存在预告登记失效等情形的，人民法院应予支持，并应当认定抵押权自预告登记之日起设立。"该条款允许在满足一定条件下，抵押权预告登记直接取得抵押权的效力。抵押权预告登记取得抵押权效力的前提条件是：（1）已经办理建筑物所有权首次登记；（2）不存在预告登记失效等情形。本题中，A房屋已经办理了所有权首次登记，且并不存在预告登记失效的情形，因此丙银行对A房的抵押权已经成立，且自预告登记之日设立。既然丙银行已经取得A房屋的抵押权，且债务履行期已经届满，抵押权实现条件已经成就，丙银行的优先受偿权不会受抵押权登记尚未办理影响。

【关于2022年真题的说明】

2022年主观题考试，民商、民诉综合大题主要以违约金调整及若干有关担保的问题作为出题点。在有关保证方式的判断中，出题人要求考生判断保证人有关"完全且充分的担保"的担保表示构成一般保证还是连带保证。对此问题，应以约定不清为由，并根据《民法典》第686条第2款认定为一般保证。该题有关债券发行人回购债券、担保人以延缓自己对被担保人的债权请求权作为担保方式等出题点，存在非常明显的模糊性，除事实层面构建不合理、牵强外，其所涉及的法理问题也难以琢磨。我们回顾历年真题，目的仅在于从中发现考试的规律、提取具有启发意义的考点等，若题目本身晦涩不清却仍执着地要搞清，其实并非明智之举。有鉴于此，这里放弃对22年度真题的分析。

（二）2021年真题

案情：

枫桥公司位于T市Y区，通过抵顶债务收回一栋共20层的写字楼（价值10亿元），命名为枫叶写字楼（位于S市A区）。枫桥公司准备将19层和20层自用，其余楼层对外出租。

恒通公司是一家拥有多个金融牌照的集团公司，位于W市C区，恒通公司为了拓展业务，新设立三家子公司，分别为甲公司（全资子公司）、乙公司（控股子公司）和丙公司（参股子公司）。其中，甲公司从事融资租赁业务，乙公司从事保理业务，丙公司从事典当业务。

甲、乙、丙三家公司与枫桥公司约定，分别承租枫叶写字楼的16、17、18层作为办公室，月租金30万元，租金按季度支付；试租1年，到期如无其他约定，自动续租2年，租期自2020年1月15日起算；办公区的墙体等“硬装”不可更改，能拆卸的“软装”可以根据需求变动；若合同履行发生纠纷，由T市Y区法院管辖。恒通公司为甲、乙、丙三家公司的租金支付提供连带责任保证，并出具了《担保函》。

甲公司承租的16层空调设备损坏，枫桥公司维修多次仍未修好，甲公司只好自行垫资60万元进行维修，并明确表示会从下一季度的租金中扣除维修费，枫桥公司表示拒绝。2020年4月16日，甲公司向枫桥公司支付了30万元。枫桥公司诉至法院，要求甲公司支付第二季度租金90万元及利息，恒通公司承担连带保证责任。甲公司辩称，已支付30万元是租金，剩余60万元租金与其垫付的维修费抵销，因此并未拖欠租金。枫桥公司不认可，主张甲公司打给自己的30万元是清偿双方之间另一买卖合同的货款。法院审理后判决甲公司向枫桥公司支付租金90万元及利息，恒通公司承担连带清偿责任；恒通公司清偿债务后，可以向甲公司追偿。

乙公司的客户丁某来谈生意，将车停在枫叶办公楼的地上停车场，被风刮倒的树砸损，车辆损失5000元。在此之前，多名租户曾多次向枫叶办公楼的管理方反映过树可能倒塌的情况，由于工作人员未登记，交接班的时候彻底忘记此事。因发生此意外，丁与乙公司未签约。乙公司丧失了与丁某签订5000万元保理合同的机会。

丙公司觉得办公楼内部的装修风格与其经营理念不符，与枫桥公司协商，想要重新装修，遭到拒绝。心灰意冷的丙公司把第18层转租给了另外一个公司，租期到期后不再续租。

枫叶办公楼经营失败，多次遭到投诉，纠纷越来越多，枫桥公司于2021年1月2日将枫叶办公楼整体转让给峰塔公司。甲公司要求就16层享受优先购买权，在此之前，枫桥公司已经将甲公司、丙公司诉至法院。

问题：

1. 枫桥公司起诉甲公司和恒通公司要求支付租金，应由哪个法院管辖？为什么？
2. 甲公司主张用垫付的60万元维修费抵销租金是抗辩还是反诉？法院应当如何处理？
3. 关于甲公司支付的30万元是租金，应由谁承担证明责任？若法院无法形成自由心证，应该如何处理？
4. 恒通公司承担保证责任后，能否依据该判决书申请强制执行甲公司的财产？为什么？
5. 丁某就遭受到的损害，可以向谁主张赔偿责任？为什么？
6. 乙公司就没有签订成功的5000万合同所遭受的损失能否主张赔偿，为什么？
7. 丙公司是否可以将18层整体转租给另外的公司，为什么？
8. 枫桥公司把枫叶大厦整体转让给峰塔公司，甲公司等的租赁合同是否自动解除？
9. 甲公司可否就16层行使优先购买权？如果能，为什么？如果不能，为什么？
10. 恒通公司是否需要对甲公司、丙公司的租金支付承担连带保证责任？为什么？

【民法部分答案及解析】

5. 丁某就遭受到的损害，可以向谁主张赔偿责任？为什么？

答案：丁某可以向枫叶办公楼的管理方主张赔偿责任。理由：依据《民法典》第1257条，因林木折断、倾倒造成他人损害时，林木的所有人或管理人须承担过错推定责任。本题中，枫叶办公楼的管理方对丁某的损害存在过错，因此须对丁某遭受的损害承担赔偿责任。

答案解析：

《民法典》第1257条规定："因林木折断、倾倒或者果实坠落等造成他人损害，林木的所有人或者管理人不能证明自己没有过错的，应当承担侵权责任。"该条规定了在发生林木折断、倾倒或者果实坠落等情形时，林木的所有人或者管理人承担过错推定责任。结合本题，此前多名租户曾多次向枫叶办公楼的管理方反映过树可能倒塌的情况，由于工作人员未登记，交接班的时候彻底忘记此事。由此可以看出，枫叶办公楼的管理方没有及时采取合理必要的措施来防止林木倾倒，对丁某的损害是有过错的，因此对于丁某遭受的损害，应由枫叶办公楼的管理方赔偿。

6. 乙公司就没有签订成功的5000万元合同所遭受的损失能否主张赔偿，为什么？

答案：不能。理由：丁某因车辆遭受损害而未与乙公司缔约，并未违反先合同义务，也并不存在过错，乙公司不能向丁某主张缔约过失责任。枫桥公司未及时采取合理必要的措施来防止林木倾倒与乙公司未签订合同遭受损失之间并没有相当因果关系，乙公司也无权向枫桥公司主张林木倾倒的侵权损害赔偿责任。

答案解析：

本题乙公司可能有两种损失赔偿的主张可能性：其一，向丁某主张缔约过失责任；其二，向枫桥公司主张侵权责任。因此需要对这两种情况分别进行分析。

乙公司是否有权向丁某主张缔约过失责任。《民法典》第500条规定："当事人在订立合同过程中有下列情形之一，造成对方损失的，应当承担赔偿责任：(一) 假借订立合同，恶意进行磋商；(二) 故意隐瞒与订立合同有关的重要事实或者提供虚假情况；(三) 有其他违背诚信原则的行为。"据此，缔约过失责任的构成要件有：(1) 违反先合同义务；(2) 过错；(3) 造成损害；(4) 损害与违反先合同义务之间存在因果关系。本题中，丁某是因为车辆被砸坏而没有缔约，其并没有违反先合同义务，也不存在过错，因此其缔约过失责任并不成立，乙公司无权向丁某主张缔约过失责任。

乙公司是否有权向枫桥公司主张侵权责任。依据《民法典》第1257条，枫桥公司需要向丁某承担侵权责任，但枫桥公司无需向乙公司承担侵权责任。因为尽管枫桥公司没有及时采取合理必要的措施来防止林木倾倒，但枫桥公司的不作为与乙公司因未签合同而遭受的损失之间，并没有法律上的相当因果关系，枫桥公司对乙公司没有签订成功的5000万合同所遭受的损失无需承担侵权责任。

综上，乙公司就没有签订成功的5000万合同所遭受的损失不能主张赔偿。

7. 丙公司是否可以将18层整体转租给另外的公司，为什么？

答案： 不能。理由：依据《民法典》第716条第2款，承租人未经出租人同意转租的，出租人可以解除合同。因此丙公司要将18曾整体转租给另外的公司，需要经过出租人枫桥公司的同意，若丙公司擅自转租，枫桥公司可以解除合同。

考点：租赁合同

答案解析：

《民法典》第716条规定："承租人经出租人同意，可以将租赁物转租给第三人。承租人转租的，承租人与出租人之间的租赁合同继续有效；第三人造成租赁物损失的，承租人应当赔偿损失。承租人未经出租人同意转租的，出租人可以解除合同。"依据该条，转租的基本前提是征得出租人的同意，否则构成违法转租，出租人可以解除租赁合同。结合本题，未经出租人枫桥公司的同意，丙公司不可以将18层整体转租给另外的公司。

8. 枫桥公司把枫叶大厦整体转让给峰塔公司，甲公司等的租赁合同是否自动解除？

答案： 甲公司等的租赁合同不会自动解除。理由：依据《民法典》第725条，租赁物在承租人按照租赁合同占有期限内发生所有权变动的，不影响租赁合同的效力。因此枫桥公司把枫叶大厦整体转让给峰塔公司，并不会导致甲公司等的租赁合同自动解除。

答案解析：

《民法典》第725条规定："租赁物在承租人按照租赁合同占有期限内发生所有权

变动的，不影响租赁合同的效力。”据此结合本题，枫桥公司将枫叶大厦整体转让给峰塔公司，并不会影响甲公司等的租赁合同，甲公司等的租赁合同不会自动解除。

9. 甲公司可否就16层行使优先购买权？如果能，为什么？如果不能，为什么？

答案：甲公司可以就16层行使优先购买权。理由：依据《民法典》第726条，出租人出卖租赁房屋时，承租人享有优先购买权。枫叶大厦各层是可分的，在功能上相互独立，因此甲公司有权就其承租的第16层主张优先购买权。

答案解析：

《民法典》第726条第1款规定：“出租人出卖租赁房屋的，应当在出卖之前的合理期限内通知承租人，承租人享有以同等条件优先购买的权利；但是，房屋按份共有人行使优先购买权或者出租人将房屋出卖给近亲属的除外。”据此，在出租人出卖房屋时，承租人享有优先购买权。但是本题涉及的是承租部分房屋的承租人在出租人整体出卖房屋时是否享有优先购买权，对于这一问题，《民法典》并未作出明确规定。2005年最高院曾对该问题作出过一个复函，《最高人民法院关于承租部分房屋的承租人在出租人整体出卖房屋时是否享有优先购买权的复函》中规定：“从房屋使用功能上看，如果承租人承租的部分房屋与房屋的其他部分是可分的、使用功能可相对独立的，则承租人的优先购买权应仅及于其承租的部分房屋；如果承租人的部分房屋与房屋的其他部分是不可分的、使用功能整体性较明显的，则其对出租人所卖全部房屋享有优先购买权。”据此结合本题，枫叶写字楼的各楼层之间是可分的，且在功能使用上也互相独立，因此甲公司可以就第16层主张优先购买权。

10. 恒通公司是否需要对甲公司、丙公司的租金支付承担连带保证责任？为什么？

答案：恒通公司需要对甲公司、丙公司的租金支付承担连带保证责任。理由：恒通公司出具《担保函》，债权人枫桥公司接收且未表示异议，保证合同成立。且恒通公司持有多个金融牌照，属于金融机构，依据《民法典担保制度解释》第8条，是否履行内部决议程序不影响担保合同的效力，因此恒通公司出具的《担保函》有效，其需要依《担保函》对甲公司、丙公司的租金支付承担连带保证责任。

答案解析：

《民法典》第685条第2款规定：“第三人单方以书面形式向债权人作出保证，债权人接收且未提出异议的，保证合同成立。”据此结合本题，恒通公司出具《担保函》，且债权人枫桥公司接受且并未提出异议，因此保证合同在恒通公司与枫桥公司之间成立，其主要内容是恒通公司为甲、乙、丙三家公司的租金支付提供连带责任保证。

《民法典担保制度解释》第8条规定：“有下列情形之一，公司以其未依照公司法关于公司对外担保的规定作出决议为由主张不承担担保责任的，人民法院不予支持：（一）金融机构开立保函或者担保公司提供担保；（二）公司为其全资子公司开展经营活动提供担保；（三）担保合同系由单独或者共同持有公司三分之二以上对担保事项有表决权的股东签字同意。上市公司对外提供担保，不适用前款第二项、第三项的规定。”据此，金融机构开立保函时，保函的效力与是否经内部决议无关，本题中恒通公司持有多个金融牌照，具有金融机构的属性，因此《担保函》的效力与是否经内部决议无关。因此，恒通公司出具的《担保函》是有效的，恒通公司需要对甲公司、丙公司的租金支付承担连带保证责任。

（三）2020年真题

案情：

甲公司（位于西上市东河区）是由自然人股东张某和李某（各占50%股份）出资设立的一家有限责任公司，名下拥有W地块（位于南左市北山区）的建设用地使用权，该地段所在区域正准备拆迁。乙公司（位于东下市西河区）是明达公司（位于北右市南海区）的全资子公司，主营房地产开发业务。

张某和李某以个人名义找到乙公司，愿意以W地块的土地使用权与乙公司合作开发房地产。双方商定：(1) 乙公司作为项目运营的商事载体，负责拆迁等事宜，可自主决定如何融资；(2) 张某和李某以W土地使用权出资，但不参与乙公司具体事务；(3) 张某和李某应将W土地使用权转移至乙公司名下，以便项目实施；(4) 乙公司应确保张某和李某分得全部开发房产的40%（每人20%）；(5) 乙公司应将股权变更为：张某和李某各占20%；明达公司占60%。(6) 张某、李某分得房产后收回出资，应将40%股份无偿转给明达公司；(7) 如因合同履行发生诉讼，应由被告所在地法院管辖。协议签订后，乙公司对其股权结构进行了变更，并办理了工商登记。

后乙公司因资金短缺，与丙公司订立“融资租赁合同”，租赁丙公司价值2000万元的铲车2台，但未办理登记。

乙公司为了能向丁公司融资2个亿，又将其所有的动产（包括前述2台铲车）向丁公司设定了浮动抵押，并办理了登记。同时应丁公司要求，乙公司找来自然人钱某和周某提供连带保证担保。

乙公司为获取更多融资，又与戊信托公司签订信托合同，并按要求用其一项专利技术依法提供了质押担保；另由保证人吴某和抵押人郑某（抵押房产价值1500万元房子，办理抵押登记）分别向戊公司提供担保，但吴某和郑某并不知道对方的存在。

乙公司为宣传公司形象，积极落实《民法典》中营利法人社会责任的规定，承诺每年向“青少年成长基金会”捐款1000万元，并在媒体上进行报道。

在公司运营过程中，乙公司将前述2台铲车卖给了自然人孙某，并获得1950万元的货款。在使用过程中，由于铲车存在质量问题和设计缺陷致工人受伤，孙某一直与乙公司交涉。

楼盘建成之后，乙公司陆续对外销售了大概15%的房屋。自然人王某购买房屋后，发现房屋的面积、设计结构等均与宣传不符。

张某和李某发现乙公司大规模融资，又擅自对外销售房产，产生警觉和担忧。遂向法院起诉乙公司违约，要求按约定分配40%的房产（后因故撤诉）。

最后，因乙公司经营不佳，张某和李某向法院申请对乙公司进行重整，并主张对40%房产的取回权。

问题：

2. 丁公司对2台铲车的浮动抵押权能否对抗买受人孙某？为什么？

答案：可以。乙公司作为主营房地产开发业务的公司，其转让2台铲车给孙某的行为不是其正常的经营活动，因此孙某并非正常经营活动中的买受人，不适用正常经营活动买受人规则，根据抵押财产转让的一般规则，铲车的抵押权仍可对抗买受人孙某。

答案解析：丁公司将2台铲车卖给孙某的行为，属于在抵押权存续期间转让抵押财产的行为，不仅需要考虑如何适用《民法典》第406条关于抵押财产转让的一般规则，也需要考虑是否适用《民法典》第403条与第404条这两个涉及动产抵押的特别规则。《民法典》第403条针对的是动产抵押权设立但是未登记的情形，本题中2台铲车的动产浮动抵押权已经登记，显然不适用该条。需要重点考虑的是本题是否适用《民法典》第404条正常经营买受人规则。

《民法典》第404条规定，以动产抵押的，不得对抗正常经营活动中已经支付合理价款并取得抵押财产的买受人。该条即所谓的正常经营买受人规则，该规定不仅适用于普通的动产抵押，也适用于动产浮动抵押。赋予正常经营活动中的买受人以优先地位，其立法目的在于保护正常经营活动中的买受人能确定地获得动产所有权，确保交易秩序和交易效率。要成为该条中的买受人，需满足以下几个要件：（1）动产的转让属于出让人的“正常经营活动”；（2）买受人已经支付合理价款；（3）买受人已经取得抵押财产。

其中本题并不满足第一个要件，因此孙某并非正常经营活动中的买受人。为了平衡动产抵押权人和动产买受人之间的利益，对买受人的保护不能漫无边际，出让人转让抵押财产必须是其“正常经营活动”，是其通常销售的动产。本题中，乙公司主营房地产开发业务的公司，从事的主要经营活动是房地产买卖，买卖铲车并非乙公司从事的主要经营活动，因此，该要件并不满足，因此本题不能适用《民法典》第404条。

既然本题既不适用《民法典》第403条，也不适用《民法典》第404条，那么本题适用《民法典》关于抵押财产转让的一般规则，即第406条。依据《民法典》第406条第1款，抵押期间，抵押人可以转让抵押财产。当事人另有约定的，按照其约定。抵押财产转让的，抵押权不受影响。乙公司转让2台已经设立动产浮动抵押权的铲车，铲车上的动产浮动抵押权具有追及效力，仍然存续，因此，丁公司对2台铲车的浮动抵押权可以对抗买受人孙某。

综上，本题中乙公司出卖2台铲车的行为不属于其正常的经营活动，因此孙某并非《民法典》第404条意义上的买受人，该条并不适用。依据《民法典》第406条第1款，丁公司对2台铲车的浮动抵押权可以对抗买受人孙某。

3. 乙公司到期无法偿还借款，丁公司应如何行使其担保权？

答案：

丁公司应首先实行现对乙公司的动产浮动抵押权，如果动产浮动抵押权无法满足乙公司的债权实现，不足部分，乙公司可向钱某和周某主张连带保证责任。

答案解析：

混合担保情形下，首先要区分“债务人混”与“第三人混”。本题债务人将自己的动产（设备、材料、产品等）设立浮动抵押，另外钱某和周某提供共同保证担保，符合“债务人混”的共同担保形态，对此，《民法典》第392条规定，被担保的债权既有物的担保又有人的担保的，债务人不履行到期债务或者发生当事人约定的实现担保物权的情形，债权人应当按照约定实现债权；没有约定或者约定不明确，债务人自己提供物的担保的，债权人应当先就该物的担保实现债权；第三人提供物的担保的，债权人可以就物的担保实现债权，也可以请求保证人承担保证责任。提供担保的第三人承担担保责任后，有权向债务人追偿。本题中并无当事人各方并无约定，因此债权人丁公司应首先实现对乙公司的动产浮动抵押权。如果动产浮动抵押权实现后无法清偿全部债权，丁公司还可以要求混合共同担保的保证人钱某和周某承担保证责任。承担何种保证责任呢？对此题目已经有明确交代，即“连带保证担保”，因此，对于动产浮动抵押权实现后尚未清偿的债权部分，丁公司还可以要求保证人钱某和周某承担连带保证责任。

4. 乙公司到期没有及时履行还款义务，戊公司可向谁主张权利？为什么？如郑某为保住自己的房屋不被拍卖，主动代替乙公司向戊公司支付相当于其抵押房产价值的1500万元后，其向吴某可以主张什么权利？为什么？

答案：

（一）戊可以要求乙履行还款义务并承担迟延违约责任，对于该债务，乙应先通过实现专利权质权来清偿，未清偿部分可以要求吴某或郑某承担担保责任。乙到期没有及时履行还款义务，属于迟延履行，需承担违约责任。对于该债务，依据《民法典》第392条，戊应先实现债务人乙提供的质权，未清偿部分可以要求保证人吴某与抵押人郑某承担担保责任。

（二）郑某代替乙公司清偿债务后不能向吴某追偿。郑某与吴某并不知道对方的存在，故不存在内部追偿的约定。对于混合共同担保中担保人的内部追偿问题，尽管《民法典》没有规定，但是《全国法院民商事审判工作会议纪要》第56条以及《民法典担保制度解释》第13条对担保人之间的内部追偿权都持否定立场。

答案解析：

第一问：此问命题人采取了开放式的提问方式，与上一题存在一定的区别，需要全面分析当事人之间的法律关系，并在此基础上作答。首先应分析当事人戊和乙之间的法律关系。题目中交代，乙与戊之间签订了信托合同，需要考生可能会被这一法律事实迷惑，事实上，信托关系与本问关系不大，可以直接将乙戊之间的法律关系看作借贷关系，乙需要按照合同约定的期限承担还款义务。题目中交代乙公司到期没有及时履行还款义务，这一信息意味着乙公司已经发生了迟延履行这一违约行为，因此，戊公司可以依据信托合同本身和《民法典》合同编的相关规定要求乙公司清偿到期债务，并要求乙承担相应的迟延违约责任。这是乙戊之间的基础债权债务关系。对于该债务，存在乙提供的物保（专利权质押）和第三人提供的担保（吴某提供的保证和郑某提供的抵押）并存的“混合担保”情形，属于“债务人混”类型。对于“债务人混”类型，需要重点考虑的问题是债权人在实现各个担保权益时有先后顺位的限制，不能自由选择。《民法典》第392条规定，被担保的债权既有物的担保又有人的担保的，债务人不履行到期债务或者发生当事人约定的实现担保物权的情形，债权人应当按照约定实现债权；没有约定或者约定不明确，债务人自己提供物的担保的，债权人应当先就该物的担保实现债权；第三人提供物的担保的，债权人可以就物的担保实现债权，也可以请求保证人承担保证责任。提供担保的第三人承担担保责任后，有权向债务人追偿。因此，在本问中，债权人戊应先实现乙公司自己提供的专利权质权，不能清偿的部分，可以要求保证人吴某承担保证责任，或者通过实现郑某提供的抵押权优先受偿。

第二问：本题涉及混合共同担保情形下担保人之间的内部追偿权问题。在混合共同担保情形下，如果当事人之间就担保人内部追偿并未达成约定，其中部分担保人在承担担保责任后是否能向其他担保人追偿，是我国《民法典》编纂过程中争议极大的问题，不论是学理上还是司法实践中意见并不一致。最后《民法典》的立法者采取了继续沉默的策略，对此问题不表明立场。

否定担保人之间的内部追偿权，其主要依据在于：尽管《民法典》对此问题并未表态，但是《全国法院民商事审判工作会议纪要》和《民法典担保制度解释》都持否定意见。《全国法院民商事审判工作会议纪要》第56条规定，被担保的债权既有保证又有第三人提供的物的担保的，担保法司法解释第38条明确规定，承担了担保责任的担保人可以要求其他担保人清偿其应当分担的份额。但《物权法》第176条并未作出类似规定，根据《物权法》第178条关于“担保法与本法的规定不一致的，适用本法”的规定，承担了担保责任的担保人向其他担保人追偿的，人民法院不予支持，但担保人在担保合同中约定可以相互追偿的除外。《民法典担保制度解释》第13条规定，同一债务有两个以上第三人提供担保，担保人之间约定相互追偿及分担份额，承担了担保责任的担保人请求其他担保人按照约定分担份额的，人民法院应予支持；担保人之间约定承担连带共同担保，或者约定相互追偿但是未约定分担份额的，各担保人按照比例分担向债务人不能追偿的部分。同一债务有两个以上第三人提供担保，担保人之间未对相互追偿作出约定且未约定承担连带共同担保，但是各担保人在同一份合同书上签字、盖章或者按指印，承担了担保责任的担保人请求其他担保人按照比例分担向债务人不能追偿部分的，人民法院应予支持。除前两款规定的情形外，承担了担保责任的担保人请求其他担保人分担向债务人不能追偿部分的，人民法院不予支持。

（四）2019 年真题

案情

甲公司主业为轮胎生产制造，为扩大生产规模，向乙公司借款 8000 万元。在还款期限到来之前，双方签订“以物抵债协议”，约定将甲公司的一幢办公楼过户给乙公司，以抵偿该笔借款本息，但协议签订后双方并未办理过户登记。

甲公司的债权人丙公司获悉前述“以物抵债”协议后认为，甲公司的办公楼市价值 1.2 亿元，用来抵债价格过低，遂提起诉讼，要求撤销该协议。诉讼中，乙公司认为，甲公司还有其他大量财产可偿还丙公司债务，丙公司主张撤销的理由不成立。

其后，甲公司又向丁公司借款，这时甲公司可动用的实物财产几乎已全用于抵押或出质担保。无奈，甲公司大股东 A 在未与妻子商量的情况下，向丁公司提供了保证担保。

丁公司认为，这种保证尚无法保障甲公司履行义务，于是甲公司又将一张以自己为收款人的汇票出质，背书“出质”字样后，交付给丁公司。但出票人在汇票上记载有“不得转让”的字样。

为获得更多融资，甲公司与戊公司签订合同，将闲置的生产车间出租给戊公司。在该租赁合同订立时，甲公司车间尚有部分原材料、半成品没有清点，结果戊公司在租赁期间使用了这些原材料和半成品。

现甲公司的另一债权人罗马轮胎公司因甲公司不能偿还到期债务，对其提起债务清偿诉讼。罗马公司认为，因甲公司在与戊公司的租赁合同履行中，财产没有清点清楚，存在财产混同，遂在诉讼中主张甲公司与戊公司存在“人格混同”，并要求戊公司与甲公司承担连带清偿责任。在前述案件审理过程中，法院根据罗马公司的请求依法对甲公司的财产进行保全。

期间，甲公司与买受人己公司订立一份轮胎买卖合同。己公司已经支付货款，但甲公司一直没有交付轮胎，遂起诉甲公司要求其履行轮胎的交付义务，并获得胜诉判决。己公司收到轮胎后认为该批轮胎质量大不如前，于是又向法院起诉甲公司，提出解除合同、返还货款并赔偿损失的诉讼请求。

此外，为了资金周转，甲公司利用其控股地位，向其全资子公司多次无偿调取资金。当各子公司出现资金短缺时，甲公司就在其所有全资子公司之间统一调度资金使用，导致关联公司之间账目混乱不清。

甲公司全资子公司的债权人庚公司、辛公司，因到期债权不能获得清偿，向法院申请对甲公司及其所有全资子公司进行合并重整。

问题：

1. 在丙公司提起撤销“以物抵债协议”的诉讼中，各方当事人的诉讼地位如何？

2. 本案中“以物抵债协议”效力如何？为什么？

3. 债务人有大量财产可以清偿债务，是否构成对于撤销权行使的障碍？为什么？

4. 甲公司股东A在未与其妻商量的情况下，负担保证债务，该债务是否为夫妻共同债务？为什么？

5. 因汇票记载“不得转让”，甲公司对丁公司的出质是否有效？为什么？

6. 罗马轮胎公司关于甲公司与戊公司存在人格混同并要求其承担连带清偿责任的主张是否成立？为什么？

7. 己公司在获得生效判决后，又提起解除合同、返还货款并赔偿损失的诉讼，是否构成重复起诉？为什么？

8. 庚公司、辛公司是否可以请求甲公司及其所有全资子公司进行合并重整？为什么？

9. 假设甲公司及其全资子公司可以进行合并重整，则重整程序开始后，对于相关公司已经开始的民事诉讼程序有何影响？

10. 合并重整程序开始后，对于所有债权人的影响是什么？

参考答案及解析

1. 在丙公司提起撤销“以物抵债协议”的诉讼中，各方当事人的诉讼地位如何？

答案：丙公司为原告，甲公司为被告，乙公司为无独立请求权的第三人。

答案解析：

本题考核债权人撤销权诉讼中当事人的诉讼地位，难度很低，当然前提是考生能够查询到或熟记相关法条规定。关于债权人撤销之诉中当事人的诉讼地位问题，《合同法解释（一）》第24条规定：“债权人依照合同法第七十四条的规定提起撤销权诉讼时只以债务人为被告，未将受益人或者受让人列为第三人的，人民法院可以追加该受益人或者受让人为第三人”。结合民事诉讼法，该第三人为“无独立请求权第三人”。

2. 本案中“以物抵债协议”效力如何？为什么？

答案：

19年考试，该问的答案具有开放性：（1）答案一：有效。理由：本案中当事人意思表示一致，且不存在无效事由；以物抵债协议不存在法定或约定的特别生效要件。因此，该协议有效。（2）答案二：不生效。理由：依部分学者支持的学说，以物抵债协议为实践性合同。本案中，虽双方意思表示一致，但未办理过户，因此协议并未生效。

在《九民纪要》和最高人民法院合同编解释草案确定的规则面前，若今后再出现有关以物抵债的问题，应放弃实践性合同的观点，以抵债协议立刻发生效力，债权人有权选择请求债务人履行抵债协议或原债务的观点作答。

答案解析：

本题考核以物抵债协议的效力问题。关于以物抵债协议的效力，民法理论界与实务界历来有争议。与代物清偿相关联，有认为以物抵债协议为诺成合同者，也有认为其构成要物合同者。故以上两种答案够算正确。

须注意者，2019 年 11 月，最高人民法院公布的《九民纪要》第 45 条关于“履行期届满前达成的以物抵债协议”部分规定：“当事人在债务履行期届满前达成以物抵债协议，抵债物尚未交付债权人，债权人请求债务人交付的，因此种情况不同于本纪要第 71 条规定的让与担保，人民法院应当向其释明，其应当根据原债权债务关系提起诉讼。经释明后当事人仍拒绝变更诉讼请求的，应当驳回其诉讼请求，但不影响其根据原债权债务关系另行提起诉讼”。而依本案案情，甲、乙公司达成以物抵债协议时，债务履行期尚未届满，据此，若本题系在《九民纪要》出台后出现，则应以回答“以物抵债协议不发生效力”为妥。

3. 债务人有大量财产可以清偿债务，是否构成对于撤销权行使的障碍？为什么？

答案：构成。因为保全撤销权的构成，以“切实损害债权人债权实现”为必要。本案如果甲公司还有其他大量财产可以偿还对丙公司的债务，丙公司的债权没有不能实现的威胁，其债权并不受有损害，债权人撤销权也就不应发生。

答案解析：

《合同法》第 74 条规定的债权人撤销权的要件，不仅指债务人实施了减少责任财产的行为，并且该行为还需要危及债权人债权的实现。本案中，债务人甲有大量财产可以清偿对债权人丙的债权，尽管甲将其房产以明显的低价出让抵债，但并不符合《合同法》第 74 条规定的债权人撤销权的“损害”要件，债权人撤销权不发生。

4. 甲公司股东 A 在未与其妻商量的情况下，负担保证债务，该债务是否为夫妻共同债务？为什么？

答案：不属于。因为根据《最高人民法院关于审理涉及夫妻债务纠纷案件适用法律有关问题的解释》的规定，将债务认定为夫妻共同债务必须满足双方共同签字或一方事后追认、用于夫妻共同生活、用于共同经营这三种情形之一，本案并不符合其中任一情形，因此不属于夫妻共同债务。

答案解析：

2018 年《最高人民法院关于审理涉及夫妻债务纠纷案件适用法律有关问题的解释》规定了三种情形下夫妻共同债务的认定标准，即“共债共签”“事后追认”以及“用于夫妻共同生活或共同经营”。本案中股东 A 在未与妻子商量的情况下所负债务显然与这三种情形都不吻合，因此该债务并不属于夫妻共同债务，应认定为 A 的个人债务。

5. 因汇票记载“不得转让”，甲公司对丁公司的出质是否有效？为什么？

答案 1：有效。理由是：出质合同有效；“不得转让”的记载不影响出质的效力，出质人有处分权；用于质押的票据完成了交付。

答案 2（根据新规作答）：无效，不能创设权利质权。理由是：最高院《担保制度解释》第 58 条规定：以汇票出质，当事人以背书记载“质押”字样并在汇票上签章，汇票已经交付质权人的，人民法院应当认定质权自汇票交付质权人时设立。据此，在汇票本身记载“不得转让”字样时，应认定质权不设立。

答案解析：

本题考核有价证券质押，具体是，记载“不得转让”字样的票据能否有效设立质权的问题。该问题有相当的难度，也有一定的不确定性，但总体上看，2019年考试时应以回答出质有效为宜。根据《物权法》第223条规定，以汇票设立质权，首先要订立书面合同，质权自权利凭证交付给质权人时设立。本案中，甲公司将一张以自己为收款人的汇票出质，背书“出质”字样，并且将该汇票交付给丁公司，依《物权法》前述规定，质权可有效设立。关于“不得转让”字样的记载，应认为不影响质权设立的效果，因为，这一记载并不影响质权的设立。票据出质，一旦交付票据，即可使出质人无法行使票据权利，质权人可以此促成债务人积极履行债务。就此点而言，即便票据自身的流通性受限，也不应认为其丧失了质押的可能性。

由于《担保制度解释》第58条的出现，旧题新解，应回答质权不设立。

（五）2018年真题

【说明】本题考生回忆还原多有出入，故在案情上做弹性处理。考生不必纠结“到底考了什么”，仅需针对预设的案情，认真思考答案即可。

【案情】

甲公司中标了某地块的开发权，与乙公司签订合同，由乙公司负责建筑施工，但甲公司未支付工程款，于是甲公司和乙公司协商后重新达成协议，将甲公司之前的欠款本金8500万元作为对乙公司的借款，乙公司同意以未完成的工程做抵押向银行贷款2亿元，甲公司偿还贷款5000万元后剩余的1.5亿元作为资本继续开发。但甲公司的公章要交由乙公司保管，甲公司对外签订合同需经过乙公司同意，乙公司对外使用甲公司公章需经甲公司同意。甲乙两公司约定若发生争议，由s省q市仲裁委员会仲裁。

乙公司拿到甲公司公章后，重新做了补充协议，并加盖了甲公司公章，并且将仲裁委员会改成g省c市仲裁委员会。后来乙公司以甲公司的名义与丁公司签订购货合同，并加盖了甲公司公章。

后甲乙公司发生争议，乙公司向g省c市仲裁委员会提出仲裁申请，仲裁委员会受理后，甲公司提出管辖异议，认为仲裁协议无效，g省c市仲裁委员会认为仲裁协议有效，继续审理，并作出了裁决。甲公司向法院申请撤销仲裁裁决。

后甲公司与丙公司的韩某签订房屋销售委托合同，经乙公司同意，加盖了甲公司公章，由丙公司负责销售甲公司的楼房，丙公司刚换了法定代表人，但未办理变更登记，韩某是被替换的原法定代表人（甲、乙公司派律师打听了该消息，并获知事情）

后丙公司销售不力，甲公司向法院起诉以此解除委托合同，一审法院判决甲公司败诉，甲公司不服提起上诉，在二审诉讼中变更了诉讼请求，请求判决合同无效，并请求赔偿。

后来甲公司因负债过多，于是和戊签订了借款合同，同时签订了房屋买卖合同，约定戊借款 2 亿元给甲公司，若甲公司到期无法清偿，则甲公司同意用其开发的一栋楼的房屋作价偿还向戊的 2 亿元借款本息。

因甲公司无力向乙公司支付工程款，乙公司遂罢工，导致甲公司想通过建成房屋出售后赢利的计划无法实现，遂提出解除合同。

后因甲公司负债累累，有债权人向 a 省 b 市法院对甲公司提出破产申请，a 省 b 市法院受理了对甲公司的破产申请。之前与甲公司签订购货合同的丁公司向甲公司发货后，收到了破产通知，遂通知卡车返回。丁公司申报破产债权，被甲公司拒绝。丁公司遂向法院提起诉讼。

【问题】

根据案情回答下列问题：

1. 乙公司签订补充协议的行为是否属于表见代理？为什么？

2. 若甲公司能证明补充仲裁协议是乙公司私自用甲公司公章盖的，g 省 c 市仲裁委员会仲裁的仲裁协议是否有效？为什么？

3. 对于 g 省 c 市仲裁委员会作出的仲裁裁决，甲公司是否可以申请撤销？若甲公司要申请撤销仲裁裁决应向哪个法院提出？

4. 甲公司与丙公司的合同是否无效？韩某的行为如何定性？为什么？

5. 甲公司是否有权解除与丙公司的委托合同？为什么？

6. 甲公司在二审中能否变更诉讼请求？为什么？

7. 若甲公司到期无法偿债，戊是否有权取得房屋的所有权？

8. 甲公司与戊的房屋买卖合同能否看成物权担保？为什么？

9. 甲公司是否有权解除与乙公司的合同？为什么？

10. a 省 b 市法院受理甲公司的破产案件，且受理了乙公司诉甲公司的诉讼，b 市法院能否将该诉讼案件移送其他法院管辖？

11. 甲公司与乙公司之间有仲裁协议，甲公司进入破产程序，甲公司与乙公司就仲裁协议约定事项发生争议，该争议应由仲裁委员会仲裁还是由法院管辖？

12 如果乙公司先起诉甲公司主张合同款项的本金，在胜诉之后再次起诉主张利息部分。是否构成重复起诉？法院应否受理？

13. 乙公司对甲公司的工程房屋是否有优先权？为什么？优先权的范围是什么？

【补充】

由于案情均系 18 年考生回忆整理，未必准确，且我们的主要目的仍然是讲清法理，所以，在不特别纠结“18 年真题的细节到底如何”的情况下，对于前述设定的案情，至少还有两问可以提出（前述案情把丁公司的角色遗忘了）：

14. 乙擅自使用甲的公章与丁公司订立购货合同，该合同的效力如何？为什么？

15. 丁公司接到破产通知后，能否指示运货卡车返回？为什么？

【参考答案及解题思路】

1. 乙公司签订补充协议的行为是否属于表见代理？为什么？

【参考答案】乙公司签订补充协议的行为不属于表见代理，理由如下：乙公司未经甲公司授权，不享有代理权，但手中有甲公司的公章，貌似有一定代理权外观；但是，表见代理系针对善意相对人而言，而乙公司签订补充协议是以甲公司名义与自己缔约，根本不存在因善意信赖而需要保护的第三人，故不构成表见代理。

【解题思路】须理解代理的基本结构（三方当事人的结构）；在有权代理中，“自己代理”构成代理权滥用，已属于代理概念的异常现象；一般情况下讨论“无权占有”，包括其属概念“表见代理”，均以通常之三方存在为其前提；尤其是表见代理，关键点就是“相对人有理由相信代理人有代理权的”，当无权代理人同时是相对人时，怎么可能构成表见代理呢？

【启示】本文其实一点都不难，要看民法学基础是否扎实。法考时代，主观题其实是附法学基础提出了更高的要求（其实是最基本要求），过去纯“应试技巧”的捷径比较难走了。

2. 主要为民事诉讼法问题，答案略。

3. 第三问为纯民诉题目，答案略。

4. 甲公司与丙公司的合同是否无效？韩某的行为如何定性？为什么？

【参考答案】甲公司与丙公司的合同无效，韩某的行为属于无权代表的行为。理由如下：(1) 丙公司系营利法人，其法定代表人有权以公司名义对外订立合同；(2) 在于甲公司订立合同时，韩某已不再担任法定代表人，已经无代表法人对外签约的资格；(3)《合同法》第50条规定：“法人或者其他组织的法定代表人、负责人超越权限订立的合同，除相对人知道或者应当知道其超越权限的以外，该代表行为有效”，再参照有关表见代理的原理，如甲公司有理由相信韩某继续担任丙公司法定代理人，则韩某的行为可构成“表见代表”，依题目给定的事实，尽管丙公司未办理法人代表变更登记，但甲公司明知韩某已不再担任丙公司法定代表人，因此，甲、丙公司之间合同无效。

【答题思路】注意审读案件事实，应该将思维导向到“代表”“无权代理”“表见代理”“表见代表”等，然后把逻辑理顺。不能以“恶意串通”为理由，因为案情未提及韩某的恶意配合，故彼种思维不符合案情引导。

【启发】(1) 还是需要扎实基础，知道“代表”“代理”的区别；(2) 要会读题，“未办理法人代表登记”，“派律师探明真实情况”。(民法上信赖保护的思想)

5. 甲公司是否有权解除与丙公司的委托合同？为什么？

【参考答案】(1) 常规解答：甲公司不能解除与丙公司的委托合同。理由：依前题，甲、丙公司之间的委托合同不发生效力；而《合同法》规定的解除权，无论其属于何种类型（法定解除权、约定解除权、任意解除权）均针对有效合同而言，不生效的合同不存在解除的可能。

【思路与启发】

履行、履行抗辩权、不能实现合同目的、解除、违约、迟延，所有这些范畴均以有效合同存在为前提。一定需要有能力区分有效、无效的基本逻辑。

（2）存疑及进一步分析：题面有“后丙公司销售不力”的表述。须知，韩某的行为不构成有效的代表行为，其法律效果应参照狭义无权代理确定为效力未定。无论如何，在韩某已不是法定代表人的情况下，其出面订立的合同依常理不会得到丙公司的承认和履行，而材料说丙公司实际履行了该份委托销售合同，那就应该解释为该合同经当事人追认而发生了效力。如该合同做生效论，则本问可继续分析如下：（1）题面有“丙公司销售不力”的表述，并说甲公司“以此”主张解除，但销售不力应不能解释为根本违约，且案情中不包括解除权条件的约定，故甲不应拥有法定解除权；（2）重要的是，即便甲公司没有法定解除权，它是否有其他解除权呢？《合同法》第410条规定，“委托人或者受托人可以随时解除委托合同。因解除合同给对方造成损失的，除不可归责于该当事人的事由以外，应当赔偿损失”。据此，似可认为甲公司可向丙公司主张任意解除权。

（3）考场应变：法考题出现歧义、漏洞，甚至错误，完全有可能。在考场上，对于可能的争议、歧义和理解角度，只有一个最佳办法：从案情的整体出发，揣摩命题人的意思（认识），顺着命题人的思维走，不要较劲，不要显得自己很高明（尽管的确很高明）。如果按这种认识走，则前述第二层的质疑和复杂思考就都免了吧，就按第一层的简单认识答。理由有二：（a）命题人不太可能透过“丙公司销售不力”这样轻巧的一句话给考生挖一个大坑（以实际履行补正了合同效力缺陷）；（b）案情后续出现了甲公司在二审中“主张无效”的描述。

6. 本问为民诉法考点，答案略。

7. 若甲公司到期无法偿债，戊是否有权取得房屋的所有权？

【参考答案】戊无权取得房屋的所有权。理由如下：（1）甲、戊公司同时订立借款合同与房屋买卖合同，构成《民间借贷司法解释》第24条规制的情形（“当事人以签订买卖合同作为民间借贷合同的担保，借款到期后借款人不能还款，出借人请求履行买卖合同的，人民法院应当按照民间借贷法律关系审理，并向当事人释明变更诉讼请求。当事人拒绝变更的，人民法院裁定驳回起诉”）。根据该项司法解释，戊公司连基于买卖合同的债权请求权都没有，更谈不上取得房屋所有权。（2）即便当事人协议中包括“丙公司取得房屋所有权”的约定（真题在此点上究竟如何措辞，不确定），该约定也不能发生所有权变动的物权效力，因在我国民法上所有权的取得不仅要基于有效的债权合同，而且还需要完成不动产所有权转移登记。

【答题思路及启示】

法考主观题尽管更侧重法理论和法律思维，但是包括司法解释在内的法源规范仍是非常重要的。回答本题（及下一题），依赖对《民间借贷司法解释》第24条的了解。另外，既然题目问到房屋所有权能不能取得，还应从“物权变动”角度谈几句，答案会趋于完美。什么叫主观题？看你说的好不好。

8. 甲公司与戊的房屋买卖合同能否看成物权担保？为什么？

【参考答案】 甲公司与戊公司之间的买卖合同不能看出物权担保，理由如下：(1) 我国《物权法》第5条确立了物权法定原则；我国法上的物权担保仅限于抵押权、质权与留置权，本案所涉安排不属于法定物权担保方式；(2) 即便民法理论与实务中有包括“让与担保”在内的所谓非典型担保方式，但是，一方面这些非典型担保方式并不能简单归入“物权担保”的范畴，另一方面，让与担保也从不以订立买卖合同方式表现。因此，不能认为戊取得了对甲房屋的担保物权。

【解题思路及启示】 还是基础！问你是不是物权担保，立刻需要想到“物权法定”。大家可能学了点“让与担保”的方式，如何写到这个题目答案中呢？最佳方法就是采用上述答案（2）的“即便……”的表述，答案会趋于完美。主观题应尽可能把答案写得“完美”。

9. 甲公司是否有权解除与乙公司的合同？为什么？

【常规答案】 甲公司有权解除合同，理由是：揣摩命题人意思，题面特别点出甲公司“不能实现”合同目的，而根据《合同法》第94条，债务人的违约造成债权人不能实现合同目的的，债权人可解除合同。本案中，债务人罢工导致了债权人不能实现目的，故甲公司可解除合同。

【疑点、分析及启示】

如前所述，考场上，在揣摩命题人意思后，就做上述作答即可。

但是，这一答案其实不太经得起推敲：(a) 尽管本案案情描述不全，未披露甲、乙公司施工、结算的时间、顺序等细节，但既然题面提及“甲公司无力向乙公司支付工程款”，就说明甲公司的付款义务已经到期，而乙公司继续施工就成为履行顺序在后的合同义务，据此，乙公司罢工（停工）可认定为行使《合同法》第67条的顺序履行抗辩权；而行使此项抗辩权的行为当然不能认定为违约行为，更不构成“根本违约”，则何来发包人的解除权。实践中，因发包人不及时结算，承包人不愿意继续投工投料，以停工作为保护自身利益的手段相当常见，怎可将其视为根本违约，反而赋予不及时支付工程款的一方以解除权?! 难道不是应该要求发包方及时支付或提供有效担保，以消除承包方的抗辩权，使其复工吗？(b) 建设工程合同程序繁杂、牵涉面广，对于本题中情形，难道法院可以轻易支持不付工程款的发包人解除与承包人的施工合同？解除后怎么办？乙公司的工程款还给不给？谁来接手半拉子工程？还要不要重新招投标？

要不要重新走相关行政许可、报备、监理等所有手续？合同都解除了，乙公司还能主张建设工程优先受偿权吗（第13问）？……由此可见，说可以解除，其实不仅不太符合法理，而且完全不符合实务的要求。当然，官方不公布试题，也使得一些推论与质疑所基于的案件事实有疑问。

10. 本题不属于民法问题，答案略。

11. 本题不属于民法问题，答案略。

12. 本题属于民诉法问题，答案略。

13. 乙公司对甲公司的工程房屋是否有优先权？为什么？优先权的范围是什么？

【参考答案】 乙公司对甲公司的工程房屋有优先权。因为根据《合同法》第286条的规定，建设工程承包人就其针对发包人的建设工程的价款债权，可以就该工程折价或者拍卖的价款优先受偿。根据此项法定优先权的规定，乙公司对其施工的工程享有优先权。另，案情第一段文字说乙同意甲以在建工程抵押贷款但没再交代相关案情（可见案情设计很一般！），故可考虑多写一句诸如“即使该工程上有第三人的抵押权，乙公司的建设工程价款优先受偿权也优先于抵押权”

根据最高人民法院《关于建设工程的价款优先受偿权问题的批复》（注：类似这种紧扣法条的出题点，最好将相关规范答出），能够主张优先权的建筑工程价款的范围包括承包人为建设工程应当支付的工作人员报酬、材料款等实际支出的费用，不包括承包人因发包人违约所造成的损失。（原文抄录）

【解题思路及启示】 这个启示不需要什么思路和启示，唯一的启示是：对重点法条要熟悉，知道在哪里找，尤其是第二问（优先权范围），没有比考场上迅速翻到最高院批复照抄下来更好的方法。

14. 乙擅自使用甲的公章与丁公司订立购货合同，该合同的效力如何？为什么？

【参考答案】 甲、丁之间的购货合同有效，因为乙虽因未得到甲公司的授权而不具有代理权，但其手握甲公司的公章，具备代理权的外观，同时这一结果也是甲公司不谨慎的行为所致，故乙公司以甲公司名义与丁订立合同的行为构成表见代理，购货合同有效。

【解题思路】 与第一问形成对比，出题人在同一段中构造两种案情，此问中的丁是第三人，应解为构成表见代理。

15. 丁公司可以通知卡车返回。根据《中华人民共和国企业破产法》第39条的规定，人民法院受理破产申请时，出卖人已将买卖标的物向作为买受人的债务人发运，债务人尚未收到且未付清全部价款的，出卖人可以取回在运途中的标的物。根据本题案情，人民法院已受理甲公司批产申请，丁公司尚未收到甲公司的货款，故可主张取回运途中的标的物。

【答题思路】 该问（如果有的话），是本题唯一涉及破产实体法（通常归入商法知识单元）的一问，需熟悉出卖人取回权的知识，并迅速检索到《企业破产法》第39条。

（六）2017年卷四民法案例题

【案情】

2016年1月10日，自然人甲为创业需要，与自然人乙订立借款合同，约定甲向乙借款100万元，借款期限1年，借款当日交付。2016年1月12日，双方就甲自有的M商品房又订立了一份商品房买卖合同，其中约定：如甲按期偿还对乙的100万元借款，则本合同不履行；如甲到期未能偿还对乙的借款，则该借款变成购房款，甲应向乙转移该房屋所有权；合同订立后，该房屋仍由甲占有使用。

2016年1月15日，甲用该笔借款设立了S个人独资企业。为扩大经营规模，S企业向丙借款200万元，借款期限1年，丁为此提供保证担保，未约定保证方式；戊以一辆高级轿车为质押并交付，但后经戊要求，丙让戊取回使用，戊又私自将该车以市价卖给不知情的己，并办理了过户登记。

2016年2月10日，甲因资金需求，瞒着乙将M房屋出卖给了庚，并告知庚其已与乙订立房屋买卖合同一事。2016年3月10日，庚支付了全部房款并办理完变更登记，但因庚自3月12日出国访学，为期4个月，双方约定庚回国后交付房屋。

2016年3月15日，甲未经庚同意将M房屋出租给知悉其卖房给庚一事的辛，租期2个月，月租金5000元。2016年5月16日，甲从辛处收回房屋的当日，因雷电引发火灾，房屋严重毁损。根据甲卖房前与某保险公司订立的保险合同（甲为被保险人），某保险公司应支付房屋火灾保险金5万元。2016年7月13日，庚回国，甲将房屋交付给了庚。

2017年1月16日，甲未能按期偿还对乙的100万元借款，S企业也未能按期偿还对丙的200万元借款，现乙和丙均向甲催要。

【问题】

1. 就甲对乙的100万元借款，如乙未起诉甲履行借款合同，而是起诉甲履行买卖合同，应如何处理？请给出理由。
2. 就S企业对丙的200万元借款，甲、丁、戊各应承担何种责任？为什么？
3. 甲、庚的房屋买卖合同是否有效？庚是否已取得房屋所有权？为什么？
4. 谁有权收取M房屋2个月的租金？为什么？
5. 谁应承担M房屋火灾损失？为什么？
6. 谁有权享有M房屋火灾损失的保险金请求权？为什么？

【参考答案及解析】

1. 本案应按照民间借贷法律关系作出认定和处理。理由是：根据《民间借贷司法解释》第24条第1款，当事人以签订买卖合同作为民间借贷合同的担保，借款到期后借款人不能还款，出借人请求履行买卖合同的，人民法院应当按照民间借贷法律关系审理，并向当事人释明变更诉讼请求；当事人拒绝变更的，人民法院裁定驳回起诉。民间借贷司法解释第24条第2款，根据按照民间借贷法律关系审理作出的判决生效后，借款人不履行生效判决确定的金钱债务，出借人可以申请拍卖买卖合同标的物，以偿还债务；就拍卖所得的价款与应偿还借款本息之间的差额，借款人或者出借人有权主张返还或补偿。

2.（1）甲仅于S企业财产不足以清偿债务时以个人其他财产予以清偿；根据个人独资企业法第31条的规定，“个人独资企业财产不足以清偿债务的，投资人应当以其个人的其他财产予以清偿”（按《民法典》第104条作答亦可）。（2）丁应承担连带保证责任。根据《担保法》第19条的规定，未约定保证责任形式的按照连带责任保证承担责任。需特别注意的是，《民法典》改变了《担保法》关于保证方式的规定，如在2020年考试中作答此问，应回答丁承担一般保证责任。（3）戊不承担责任。质权虽因质物的交付而设立，但丙同意将轿车让戊取回，应解释为其放弃了质权。另外，质押物也已经为第三人合法取得，质权消灭无疑。

3.（1）合同有效。一物数卖，数个买卖合同均有效，且后买受人对先买受人的知情并不影响合同效力。更何况，前一个买卖合同实际上不具有效力。（2）庚已取得所有权，因为买卖合同有效，甲系有权处分，且已经过户登记。

4. 甲有权收取。房屋虽已登记到庚的名下，但双方约定的交房期未届至，甲仍有权占有房屋，且在交付之前有权收取标的物的孳息。甲、辛之间的租赁合同有效，甲可收取房屋的租金。

5. 应由甲承担。根据《合同法》第142条的规定，除非当事人另有约定，标的物风险自交付时起转移。由于甲尚未向买受人辛交付房屋，故标的物的风险应由甲承担。

6. 庚享有请求权。根据《保险法》第49条第1款的规定，保险标的转让的，保险标的的受让人承继被保险人的权利和义务。

（七）2016年卷四民法案例题

【案情】

自然人甲与乙订立借款合同，其中约定甲将自己的一辆汽车作为担保物让与给乙。借款合同订立后，甲向乙交付了汽车并办理了车辆的登记过户手续。乙向甲提供了约定的50万元借款。

一个月后，乙与丙公司签订买卖合同，将该汽车卖给对前述事实不知情的丙公司并实际交付给了丙公司，但未办理登记过户手续，丙公司仅支付了一半购车款。某天，丙公司将该汽车停放在停车场时，该车被丁盗走。丁很快就将汽车出租给不知该车来历的自然人戊，戊在使用过程中因汽车故障送到己公司修理。己公司以戊上次来修另一辆汽车时未付修理费为由扣留该汽车。汽车扣留期间，己公司的修理人员庚偷开上路，违章驾驶撞伤行人辛，辛为此花去医药费2000元。现丙公司不能清偿到期债务，法院已受理其破产申请。

【问题】

1. 甲与乙关于将汽车让与给债权人乙作为债务履行担保的约定效力如何？为什么？乙对汽车享有什么权利？

2. 甲主张乙将汽车出卖给丙公司的合同无效，该主张是否成立？为什么？

3. 丙公司请求乙将汽车登记在自己名下是否具有法律依据？为什么？

4. 丁与戊的租赁合同是否有效？为什么？丁获得的租金属于什么性质？

5. 己公司是否有权扣留汽车并享有留置权？为什么？

6. 如不考虑交强险责任，辛的2000元损失有权向谁请求损害赔偿？为什么？

7. 丙公司与乙之间的财产诉讼管辖应如何确定？法院受理丙公司破产申请后，乙能否就其债权对丙公司另行起诉并按照民事诉讼程序申请执行？

【参考答案及解析】

1. **【16年司法部官方参考答案】**有效。因为我国物权法虽然没有规定这种让与担保方式，但并无禁止性规定。通过合同约定，再转移所有权的方式达到担保目的，是不违反法律的，也符合合同自由、鼓励交易的立法目的。对于乙对汽车享有什么权利，答案一：乙享有的不是所有权，而是以所有权人的名义享有担保权。答案二：由于办理了过户登记手续，乙享有所有权。

如在2020年考试中碰到让与担保的题目，应依《九民纪要》的相关规定作答：71.【让与担保】债务人或者第三人与债权人订立合同，约定将财产形式上转让至债权人名下，债务人到期清偿债务，债权人将该财产返还给债务人或第三人，债务人到期没有清偿债务，债权人可以对财产拍卖、变卖、折价偿还债权的，人民法院应当认定合同有效。合同如果约定债务人到期没有清偿债务，财产归债权人所有的，人民法院应当认定该部分约定无效，但不影响合同其他部分的效力。当事人根据上述合同约定，已经完成财产权利变动的公示方式转让至债权人名下，债务人到期没有清偿债务，债权人请求确认财产归其所有的，人民法院不予支持，但债权人请求参照法律关于担保物权的规定对财产拍卖、变卖、折价优先偿还其债权的，人民法院依法予以支持。债务人因到期没有清偿债务，请求对该财产拍卖、变卖、折价偿还所欠债权人合同项下债务的，人民法院亦应依法予以支持。

2. **【官方参考答案】**不能成立。答案一：乙对汽车享有所有权，其有权处分该汽车。没有导致合同无效的其他因素。答案二：虽然乙将汽车出卖给丙公司的行为属于无权处分，对甲也是违约行为，但无权处分不影响合同效力，法律并不要求出卖人在订立买卖合同时对标的物享有所有权或者处分权。

如在2020年作答该问题，由于问题指向的是买卖合同的效力，应主要说明买卖合同的有效性与出卖人有无处分权无关。

3. 有法律依据。因根据物权法的规定，汽车属于特殊动产，交付即转移所有权，登记只是产生对外的效力，不登记不具有对抗第三人的效力。本案中因为汽车已经交付，丙公司已取得汽车所有权。

由于当事人在之间的买卖合同有效，而机动车的出卖人负有交付车辆和协助办理过户的义务，且出卖人系机动车的登记权利人，不存在不能履行的情形，因此，丙公司可请求甲公司办理登记手续。

4. 有效，因为尽管丁不享有所有权或处分权，但是并不影响租赁合同效力。其所得的租金属于不当得利。

租赁合同属于负担行为，出租人仅须保障承租人可使用租赁物，因此，出租人对租赁物有无处分权不会影响租赁合同的效力。就本题而言，尽管车辆系丁所窃，但承租人并不知晓盗窃事实，车辆出租合同的效力不应受到影响。当然，丁不应保有收取的租金，应依不当得利的规则返还给车辆所有人。

5. 己公司无权扣留汽车并享有留置权。《物权法》第231条规定，债权人留置的动产与债权应该属于同一法律关系。而在本案中，债权与汽车无牵连关系。

6. **【官方答案】**辛有权向戊、己公司、庚请求赔偿，因为戊系承租人，系汽车的使用权人；庚是己公司的雇员，庚的行为属于职务行为，己应当承担雇用人（或雇主）责任；庚系肇事人（或者答直接侵权行为人）。

本题官方答案其实不太能够成立。无论如何，车辆承租人戊承担责任没有任何道理。

7. 丙公司与乙之间的财产诉讼应该由破产案件受理的人民法院管辖。法院受理丙公司破产申请后，乙应当申报债权，如果对于债权有争议，可以向受理破产申请的人民法院提起诉讼，但不能按照民事诉讼程序申请执行。

中国政法大学
CHINA UNIVERSITY OF POLITICAL SCIENCE AND LAW

法大法考

2024年国家法律职业资格考试

主观题考点精编

行政法与行政诉讼法(第三册)

法律职业资格考试培训中心（学院）◎编著
兰燕卓◎编写

中国政法大学出版社
2024·北京

图书在版编目（CIP）数据

2024年国家法律职业资格考试主观题考点精编/法律职业资格考试培训中心（学院）编著．—北京：中国政法大学出版社，2024.8

ISBN 978-7-5764-1466-0

Ⅰ.①2…　Ⅱ.①法…　Ⅲ.①法律工作者—资格考试—中国—自学参考资料　Ⅳ.①D920.4

中国国家版本馆CIP数据核字(2024)第107065号

出 版 者　中国政法大学出版社

地　　址　北京市海淀区西土城路25号

邮寄地址　北京100088信箱8034分箱　邮编100088

网　　址　http://www.cuplpress.com (网络实名：中国政法大学出版社)

电　　话　010-58908285(总编室) 58908433（编辑部） 58908334(邮购部)

承　　印　北京鑫海金澳胶印有限公司

开　　本　787mm×1092mm　1/16

印　　张　86.5

字　　数　2000千字

版　　次　2024年8月第1版

印　　次　2024年8月第1次印刷

定　　价　289.00元（全7册）

前 言

PREFACE

自中国政法大学法律职业资格考试中心（原司法考试学院）成立以来，其紧紧围绕建立的宗旨和方针，一方面为我校学生的法考准备与学习提供全方位教学服务；另一方面为校外学员提供高品质的法考培训，使得学员通过率逐年提升。一直以来，我院按照每年的新大纲所涉考点编写相关理论教材、法条解读等资料，对学员的备考复习发挥了重要作用。但是在培训教学过程中，我们也发现学员面对大量的辅导用书，备考重心不明确，复习缺乏体系化和层次性，“眉毛胡子一把抓”，学习效率比较低，将法考辅导用书去繁存简。伴随法考改革将主观题考查作为考生最后通关阶段，我校选拔了一批在法考方面的权威专家和名师成立编委会，精心编写了这本《国家法律职业资格考试主观题考点精编》作为校内学生法考主观题课程教学及对社会培训的专用教材。

《国家法律职业资格考试主观题考点精编》针对主观题考查内容进行编写，紧扣法考大纲，体系完整，重点突出。综合每门学科内容出综合性案例，授课老师会通过对案例的讲解融会贯通每科考点，抓重点、理顺案情脉络，识破题眼，掌握解题方法。案例贴近实践，与指导性案例相结合，考点明确，法律思维清晰，切中考点要害。全书渗透了参编教师多年的教学经验，体现法考规律和应考学科知识的深刻理解与把握，在排版格式上做了匠心独到的设计。本书主要分为三个部分，第一部分：主观题命题形式、命题思路分析、主观题答题策略和技巧等；第二部分：重要知识点归纳；第三部分：论述题模拟案例分析。

我相信，该教材的出版，会对提高考生主观题考场实战能力及未来从事法律工作能力给予有力支持和帮助。在此预祝各位备考考生顺利通关。最后对编写本套教材编委会老师的辛勤付出表示感谢！

编委会成员（按姓氏笔画排序）：方鹏、兰燕卓、叶晓川、刘家安、杨秀清、宋亚伟、肖沛权、贾若山、梁泽宇。

中国政法大学法律职业资格考试中心

2024 年 8 月

目　录

CONTENTS

第一部分　考点分布及备考策略

一、考点分布表

年份	考点名称	考点内容
2023年（回忆版）	1. 具体行政行为	具体行政行为的判断
	2. 被告	拆除房屋的被告确定
	3. 行为性质，诉讼性质	行政协议，行政诉讼
	4. 行政行为的合法性	程序违法，主体违法，条件违法（材料中的法条）
	5. 赔偿标准	行政赔偿财产权的计算标准
	6. 行政赔偿的举证责任	因被告的原因导致原告无法举证的，由被告承担
2022年（回忆版）	1. 行政诉讼当事人	原告，被告，第三人
	2. 管辖	复议维持的管辖
	3. 起诉期限	未告知起诉期限的情形
	4. 行政行为的性质	行政许可的撤回
	5. 行政行为的合法性	程序违法（材料中的法条）
	6. 判决类型	确认违法判决+撤销判决
2021年（回忆版）	1. 级别管辖	县政府作被告，由中院管辖
	2. 起诉期限	不作为的起诉期限
	3. 被告	行政机关是行政主体
	4. 补偿义务	协商或者市场规则（材料中的法条）
	5. 补偿请求	信赖利益保护
	6. 判决类型	补偿判决
2021年（延）（回忆版）	1. 原告资格	利害关系人具有原告资格
	2. 被告	经批准的行政行为，署名机关作被告
	3. 行政行为性质的判断	行政处罚
	4. 第三人的权利	权利；不出庭的法律后果
	5. 举证责任	赔偿案件的举证责任
	6. 行政赔偿	一审遗漏行政赔偿请求

续表

年份	考点名称	考点内容
2020年（回忆版）	1. 原告资格	行政相对人、利害关系人
	2. 被告	假授权，真委托
	3. 行政行为性质的判断	行政协议
	4. 仲裁条款	约定仲裁条款无效
	5. 起诉期限	三年
	6. 信息公开	第三方利益
2019年（回忆版）	1. 受案范围	属于受案范围
	2. 消防验收备案结果通知的性质	行政确认
	3. 被告改变行政行为	具体表现
	4. 权利的救济	行政复议，行政诉讼
	5. 撤诉	（1）撤诉的条件 （2）不准许撤诉的审理对象
	6. 判决类型	履行判决
2018年（回忆版）	1. 限期拆除的性质	负担性的行政决定
	2. 被告的确定	委托的行政机关是被告
	3. 行政行为的合法性	（1）主体合法 （2）程序合法
	4. 起诉期限	自知道或应当知道作出行政行为之日起六个月内提出
	5. 被告出庭应诉	被诉行政机关负责人应当出庭应诉。不能出庭的，应当委托行政机关相应的工作人员出庭
	6. 行政赔偿的举证责任	在行政赔偿、补偿的案件中，原告应当对行政行为造成的损害提供证据

二、答题注意要点

1. 重要法条的理解和综合运用能力缺失，不会应用

2017年真题节选：……《盐业管理条例》（现已失效）第24条，运输部门应当将盐列为重要运输物资，对食用盐和指令性计划的纯碱、烧碱用盐的运输应当重点保证。……其后，市盐务管理局经听证、集体讨论后，认定该公司未办理工业盐准运证从省外购进工业盐，违反了省政府制定的《盐业管理办法》第20条，决定没收该公司违法购进的工业盐，并处罚款15万元。

问题：市盐务管理局以某公司未办理工业盐准运证从省外购进工业盐构成违法的理由是否成立？为什么？

阅卷中发现，考生对于这个问题普遍得分情况较差，没有挖掘到题目的核心考点。这个题目的解题要领在于根据材料中所列明的相关法律法规，得出在没有上位法设定工业盐准运证这一行政许可的情况下，地方政府规章不能设定工业盐准运证制度的结论。关于许可设定权限的法条，考生都会背诵，但在案例中实际应用能力仍需提高，尤其是对于法考改革，司法部明确强调要“考查考生对知识和技能的综合应用，而不是简单的记忆、理解”，考生对法条的理解和应用的重要性就愈发凸显。

2. 答题时间不充足，对于材料中的法条理解不到位

2021 年真题节选（回忆版）：……材料二：《环境保护法》

第三十一条　国家建立、健全生态保护补偿制度。

国家加大对生态保护地区的财政转移支付力度。有关地方人民政府应当落实生态保护补偿资金，确保其用于生态保护补偿。

国家指导受益地区和生态保护地区人民政府通过协商或者按照市场规则进行生态保护补偿。

问题：被告以企业供水的实际受益者是临近的乙县为由，主张对该企业没有补偿义务的理由是否成立？

阅卷中发现，考生答题时没有用到材料中的法条答题，而是根据自己的理解感觉需要补偿企业，但找不到法条依据。主观题命题结构在材料之后，有时会附加法条，这些法条与案情及问题密切相关。在考场上，由于时间或心态因素，没有看试题中的法条，导致丢分，非常可惜。

3. 阅读材料不仔细，定性错误

2016 年真题节选：……2015 年 11 月 20 日，乙县国土资源局接到举报，得知孙某仍在采砂，以孙某未经批准非法采砂，违反《矿产资源法》为由，发出《责令停止违法行为通知书》，要求其停止违法行为。孙某向法院起诉请求撤销通知书，一并请求对《严禁在自然保护区采砂的规定》进行审查。……

问题：孙某提出的一并审查的请求是否符合要求？

阅卷中发现，考生一般对于新增考点“附带性审查”都有所了解，作答“行政相对人认为规范性文件不合法，在对行政行为提起诉讼时，可以一并请求对该规范性文件进行审查。”然而，题目中对孙某处罚的依据是《矿产资源法》，而非《严禁在自然保护区采砂的规定》，当然不能要求对后者进行附带性审查。而大量考生虽然熟悉法条规定，但读题一扫而过，导致整道题失分！

4. 忽视问题中的关键词，偏离问题

2015 年真题节选：……乙、丙、丁三人向市工商局提出复议申请，市工商局经复议后认定三人提出的变更登记申请不符合受理条件，分局作出的登记驳回通知错误，决定予以撤销。三人遂向法院起诉，并向法院提交了公司的章程、经过公证的临时股

东会决议。……

问题：《行政诉讼法》对一审法院宣判有何要求？

阅卷中发现，考生没有理解问题中的“宣判”这个关键词，进而将“宣判”和“判决类型”混淆，答非所问，导致失分。一旦对题目关键信息的理解错误，会导致整个回答错误。

5. 理论基础不扎实，分析类题目失分

2015年真题节选：某公司系转制成立的有限责任公司，股东15人。全体股东通过的公司章程规定，董事长为法定代表人。对董事长的产生及变更办法，章程未作规定。股东会议选举甲、乙、丙、丁四人担任公司董事并组成董事会，董事会选举甲为董事长。

后乙、丙、丁三人组织召开临时股东会议，会议通过罢免甲董事长职务并解除其董事，选举乙为董事长的决议。乙向区工商分局递交法定代表人变更登记申请，经多次补正后该局受理其申请。

问题：请分析公司的设立登记和变更登记的法律性质？

阅卷中发现，考生对于这个问题无从下手，一方面是法律性质不知如何定性；另一方面是不知如何进行分析。很多考生写了对于二者的一些认识和看法，但并未定性，导致失分。

【举例分析】下面是一名考生的答案与标准答案的差距

2015年案情（题干见上题4、5）

问题：

1. 请分析公司的设立登记和变更登记的法律性质。

2. 《行政诉讼法》对一审法院宣判有何要求？

标准答案	考生答案	备注说明
1. 公司的设立登记为行政许可。《行政许可法》规定，企业或者其他组织的设立等，需要确定主体资格的事项可以设定行政许可。《公司法》规定，设立公司应当依法向公司登记机关申请设立登记。公司设立登记的法律效力，是使公司取得法人资格，进而取得从事经营活动的合法身份，符合行政许可的要求，为行政许可。 公司的变更登记为行政许可。变更登记指公司设立登记事项中的某一项或某几项改变，未经核准变更登记，公司不得擅自变更登记事项；公司登记事项发生变更时未依法办理变更登记的，需要承担相应的法律责任。	1. 公司的设立登记是对符合相关法律法规的公司给予其法定地位的一种认可。公司的变更登记是指对公司一些重要事项的变更，并在法律上加以确认。	1. 需要明确判断各个行为的性质。丢1分 2. 需结合《行政许可法》和《公司法》的相关法理和法条进行深入分析。丢2分

续表

标准答案	考生答案	备注说明
2. 一律公开宣告判决。当庭宣判的，应当在10日内发送判决书；定期宣判的，宣判后立即发给判决书。宣判时，必须告知当事人上诉权利、上诉期限和上诉的人民法院。	2. 如果原告胜诉，法院判决驳回原告诉讼请求；如果被告胜诉，法院判决撤销或确认市工商局的行为违法。	考生要认真理解问题中的关键词。丢4分

6. 对于开放性题目，解题思路不清

2013年真题节选：《政府采购法》规定，对属于地方预算的政府采购项目，其集中采购目录由省、自治区、直辖市政府或其授权的机构确定并公布。张某于2013年2月25日向省财政厅提出公开申请。财政厅答复，政府集中采购项目目录与张某的生产、生活和科研等特殊需要没有直接关系，拒绝公开。张某向省政府申请行政复议，要求认定省财政厅未主动公开目录违法，并责令其公开。省政府于4月10日受理，但在法定期限内未作出复议决定。张某不服，于6月18日以省政府为被告向法院提起诉讼。

问题：省政府在受理此行政复议案件后应当如何处理才符合《行政复议法》和《政府信息公开条例》的规定？

阅卷中发现，考生对于这种指示性不强的题目，往往不知如何作答，不清楚题目的原意，答起来离题万里。考生只是凭感觉写一些好像与题目有关联的内容，但无法准确定位答案的内容，甚至有些考生明知相关法条，也没有回答出来，非常可惜。

7. 混淆相近知识点，记忆错误

2013年真题节选：（见上6）

问题：如果张某未向财政厅提出过公开申请，而以财政厅未主动公开政府集中采购项目目录的行为违法直接向法院提起诉讼，法院应当如何处理？

阅卷中发现，考生对于依职权公开的政府信息如何救济的问题，重点法条记忆不清。信息公开的方式分为依职权与依申请，二者在公开范围、公开程序及救济等方面都不同，需要考生准确区分记忆。

三、主观题应对策略

1. 强化重点法条的适用和综合理解能力

对于法考改革的方向，司法部明确指出，“法律职业资格考试的内容要从过去的司法考试以知识考查为主向以能力考查为主转变，在考查考生应知应会的宪法法律知识基础上，重点考查考生分析问题、解决问题的能力。”基于此，单纯的法条记忆已经不能应对改革后的主观题考查，考生在复习时，必须强化事实认定能力和法律适用能力，以此实现“对知识和技能的综合应用”。

2. 审题时关注与行政行为有关的关键词

在法考行政法的考查中，行政行为一直是命题的核心关键词。通过行政行为的描述和考查，可以贯穿行政主体和行政救济等相关重要考点。而且，历年真题中，对于行政行为性质本身的考查一直也是一个重点内容。比如对于公司的设立和变更登记的性质，就作为主观题的命题内容之一单独成题。同学们需要认真掌握行政行为的基本分类及几类重要的行政行为的特征。

3. 作答时认真研读材料与问题

有些题目本身并不难，但考生在考场上心理压力较大，对于材料和题目本身一扫而过，没有看清命题意图就直接答题，造成不必要的失分。必须通过题目提炼出解题的关键词，有指向性地作答，才能够命中答案。

4. 夯实基础，牢牢掌握基础理论和重点法条

在法考中，基础理论与重点法条会反复考查，而如果复习浮于表面，就只会判断正误。也就是说，如果考查选择题，同学们或许能得分，但按照主观题的考查标准，需要同学们主动组织思路作答，就会出现感觉这个考点复习过，但不知道如何作答的状况。所以请同学们务必把重要考点梳理清晰。

5. 构建体系，厘清部门法的知识结构

在主观题的案例分析当中，体现了行政主体、行政行为、行政救济这些行政法的基本结构，考题都是遵循着这样的内在结构进行命题。掌握行政法的知识结构，一方面有助于主观题的知识储备，更重要的是，对整个部门法的学习与备考都大有益处。

第二部分　主观核心考点

核心考点一　行政行为的性质

一、行政许可

考点名称	考点内容
许可定义	行政许可，是指行政机关根据公民、法人或者其他组织的申请，经依法审查，准予其从事特定活动的行为
许可种类	①直接涉及国家安全、公共安全、经济宏观调控、生态环境保护以及直接关系人身健康、生命财产安全等特定活动，需要按照法定条件予以批准的事项（一般许可） ②有限自然资源开发利用、公共资源配置以及直接关系公共利益的特定行业的市场准入等，需要赋予特定权利的事项（特许：招标、拍卖） ③提供公众服务并且直接关系公共利益的职业、行业，需要确定具备特殊信誉、特殊条件或者特殊技能等资格、资质的事项（认可：考试、考核） ④直接关系公共安全、人身健康、生命财产安全的重要设备、设施、产品、物品，需要按照技术标准、技术规范，通过检验、检测、检疫等方式进行审定的事项（核准：检验、检测、检疫） ⑤企业或者其他组织的设立等，需要确定主体资格的事项（设立登记）
前置性许可	地方性法规和省、自治区、直辖市人民政府规章，不得设定应当由国家统一确定的公民、法人或者其他组织的资格、资质的行政许可；不得设定企业或者其他组织的设立登记及其前置性行政许可

【主观考查方法】

例 1：请分析公司的设立登记和变更登记的法律性质。（2015 年主观真题第 1 问）

答：公司的设立登记为行政许可。《行政许可法》规定，企业或者其他组织的设立等，需要确定主体资格的事项可以设定行政许可。公司的设立登记的法律效力，是使公司取得法人资格，进而取得从事经营活动的合法身份，符合“行政机关根据公民、法人或者其他组织的申请，经依法审查，准予其从事特定活动。”为行政许可。公司的变更登记指公司设立登记事项中的某一项或某几项改变，向公司登记机关申请变更的登记。根据以上分析，也属于行政许可。

例 2：省林业局致函甲公司，告知按照本省地方性法规的规定，新建木材加工企业必须经省林业局办理木材加工许可证后，方能向工商行政管理部门申请企业登记，违者将受到处罚。

问：省林业局要求甲公司办理的木材加工许可证属于何种性质的许可？地方性法规是否有权创设？（2011年主观真题第5问）

答：属于企业设立的前置性行政许可。根据《行政许可法》的规定，地方性法规不得设定企业或其他组织的设立登记及其前置性行政许可。

例3：2012年6月28日，江南市城市建设投资公司向临江区环保局报送该环评报告书送审稿及相关的申请材料，临江区环保局于同日受理了申请。同日，临江区环保局批准了环评报告书。2012年10月10日，江南市发展和改革委员会作出发展和改革局审批的"风情大道工程"可行性研究报告，批准了该高架桥建设项目的申请报告和初步设计文本。2013年6月1日，省环保设计院编制的环评报告书（报批稿）正式完成。

问：临江区发改委2012年10月10日的建设项目行政许可是否合法？为什么？（官方指导案例用书）

答：临江区发改委2012年10月10日的建设项目行政许可是违法的。在申请人尚未完成正式环评报告即环评报告（报批稿）时，就作出行政许可行为，环评报告晚于环评审批将近1年，违反法定程序。同时该行政许可所依据的上述环保局的环评审批是违法的，导致发改委的行政许可缺乏证据，因此该许可是不合法的。

【答题模板】对应问题：请分析该行为的性质？

答：该行为为行政许可。根据《行政许可法》规定，行政许可，是指行政机关根据公民、法人或者其他组织的申请，经依法审查，准予其从事特定活动的行为。本案中，……，因此为行政许可。

二、行政处罚

考点名称	考点内容
处罚定义	行政处罚，是指行政机关依法对违反行政管理秩序的公民、法人或者其他组织，以减损权益或者增加义务的方式予以惩戒的行为
处罚种类	①警告、通报批评 ②罚款、没收违法所得、没收非法财物 ③暂扣许可证件、降低资质等级、吊销许可证件 ④限制开展生产经营活动、责令停产停业、责令关闭、限制从业 ⑤行政拘留 ⑥法律、行政法规规定的其他行政处罚

注意：1. 关于"责令停止"。责令停止违法行为是责令违法者停止本不应作出的违法行为，没有增加违法者的义务和负担，因此不属于行政处罚。但如果责令停止的是某种合法行为，增加了违法者的义务和负担，则属于行政处罚，如责令停产停业。

2. 关于"责令作出"。如《公路安全保护条例》规定责令补种擅自更新采伐的林木，这种恢复原状的行为属于责令改正这种行政命令，不属于处罚。但比如《森林法》规定滥伐林木责令补种三倍林木，已经超出了恢复原状的范围，增加了违法者的义务和负担，则属于行政处罚。

【主观考查方法】

例：决定书载明，依据《土地管理法》第38条的规定，连续二年未使用的土地，经原批准机关批准，由县级以上人民政府无偿收回用地单位的土地使用权，将该地块予以依法收回。

问：丙市自然资源局决定收回国有土地使用权是何种性质的行政行为？请说明理由。(回忆版2021年延期主观真题第3问)

答：行政处罚。根据《行政处罚法》规定，行政处罚是指行政机关依法对违反行政管理秩序的公民、法人或者其他组织，以减损权益或者增加义务的方式予以惩戒的行为。本案中，行政机关认为土地使用者连续两年未使用土地，属于行政违法行为；有关机关将该地块予以依法收回，是对该违法行为的制裁。因此该行为为行政处罚。

三、行政强制

考点名称	考点内容	
强制措施	定义	行政强制措施，是指行政机关在行政管理过程中，为制止违法行为、防止证据损毁、避免危害发生、控制危险扩大等情形，依法对公民的人身自由实施暂时性限制，或者对公民、法人或者其他组织的财物实施暂时性控制的行为
	种类	①限制公民人身自由 ②查封场所、设施或者财物 ③扣押财物 ④冻结存款、汇款 ⑤其他行政强制措施
强制执行	定义	行政强制执行，是指行政机关或者行政机关申请人民法院，对不履行行政决定的公民、法人或者其他组织，依法强制履行义务的行为
	种类	①加处罚款或者滞纳金 ②划拨存款、汇款 ③拍卖或者依法处理查封、扣押的场所、设施或者财物 ④排除妨碍、恢复原状 ⑤代履行 ⑥其他强制执行方式

【主观考查方法】

例1：2015年11月20日，乙县国土资源局接到举报，得知孙某仍在采砂，以孙某未经批准非法采砂，违反《矿产资源法》为由，发出《责令停止违法行为通知书》，要求其停止违法行为。

问： 对《责令停止违法行为通知书》的性质作出判断，并简要比较行政处罚与行政强制措施的不同点。(2016年主观真题第4问)

答： 本案中，责令停止违法行为通知在于制止孙某的违法行为，不具有制裁性质，归于行政强制措施更为恰当。行政处罚和行政强制措施的不同点主要体现在下列方面：一是目的不同。行政处罚的目的是制裁，给予违法者制裁是本质特征；行政强制措施主要目的在于制止和预防，即在行政管理中制止违法行为、防止证据损毁、避免危害发生、控制危险扩大等。二是阶段性不同。行政处罚是对违法行为查处后作出的处理决定，常发生在行政程序终了之时；行政强制措施是对人身自由、财物等实施的暂时性限制、控制措施，常发生在行政程序前端。三是表现形式不同。行政处罚主要有警告、通报批评、罚款、没收违法所得、责令停产停业、暂扣或吊销许可证、行政拘留等；行政强制措施主要有限制公民自由、查封、扣押、冻结等。

例2： 2017年11月1日，市房管局接他人实名举报后调查认定贾某存在取得廉租房后连续6个月未实际居住等情形。2017年12月1日，市房管局直接派人进入该无人居住的廉租房更换门锁、收回该房（市房管局拥有廉租房的备用钥匙）。

《市廉租房管理条例》（地方性法规）第15条规定："取得廉租房之后，连续六个月不在廉租房内实际居住的，市房管局有权作出收回廉租房的决定，收回廉租房。"

问： 2017年12月1日，市房管局直接派人进入贾某承租的但实际上无人居住的廉租房更换门锁、收回该房，属于什么性质的行政行为？(官方指导案例用书)

答： 收回廉租房的行为属于行政强制执行。因为根据《市廉租房管理条例》第15条规定："取得廉租房之后，连续六个月不在廉租房内实际居住的，市房管局有权作出收回廉租房的决定，收回廉租房。"收回廉租房是执行"收回廉租房行政处罚决定"的执行行为，是一项行政强制执行行为。

四、行政协议

考点名称	考点内容
定义	行政机关为了实现行政管理或者公共服务目标，与公民、法人或者其他组织协商订立的具有行政法上权利义务内容的协议
协议种类	①政府特许经营协议 ②土地、房屋等征收征用补偿协议 ③矿业权等国有自然资源使用权出让协议 ④政府投资的保障性住房的租赁、买卖等协议 ⑤政府与社会资本合作协议 ⑥其他行政协议

【主观考查方法】

例1： 黄某与乙区管委会签订了《资产收购协议》，约定补偿数额为300万元。

《资产收购协议》是否属于行政协议？（回忆版2020年主观真题第3问）

答案：《资产收购协议》属于行政协议。《最高人民法院关于审理行政协议案件若干问题的规定》第1条规定："行政机关为了实现行政管理或者公共服务目标，与公民、法人或者其他组织协商订立的具有行政法上权利义务内容的协议，属于《行政诉讼法》第十二条第一款第十一项规定的行政协议。"本案中，区政府为了对外实施行政管理，与黄某签订的具有行政法上权利义务内容的协议，属于行政协议。

例2：《国有土地上房屋征收与补偿条例》第二十五条第一款 房屋征收部门与被征收人依照本条例的规定，就补偿方式、补偿金额和支付期限、用于产权调换房屋的地点和面积、搬迁费、临时安置费或者周转用房、停产停业损失、搬迁期限、过渡方式和过渡期限等事项，订立补偿协议。

问：请分析《国有土地上房屋征收与补偿条例》第25条所规定的补偿协议的性质。（回忆版2023年主观真题第3问）

答：属于行政协议。根据《行政诉讼法》及相关司法解释规定，行政协议是指，行政机关为了实现行政管理或者公共服务目标，与公民、法人或者其他组织协商订立的具有行政法上权利义务内容的协议。本案中，补偿协议是房屋征收部门与被征收人为实施房屋拆迁订立的协议，属于行政协议。

五、行政确认

行政确认是指行政主体对行政相对人的法律地位、法律关系和法律事实进行甄别，给予确定、认可、证明并予以宣告的具体行政行为。

【主观考查方法】

例1：工伤认定是行政确认？[1]

例2：某建设单位施工完毕后，经市公安消防支队验收，消防支队向其出具了《建设工程消防验收备案结果通知》。

《中华人民共和国消防法》第十三条规定：国务院住房和城乡建设主管部门规定应当申请消防验收的建设工程竣工，建设单位应当向住房和城乡建设主管部门申请消防验收。

前款规定以外的其他建设工程，建设单位在验收后应当报住房和城乡建设主管部门备案，住房和城乡建设主管部门应当进行抽查。

依法应当进行消防验收的建设工程，未经消防验收或者消防验收不合格的，禁止投入使用；其他建设工程经依法抽查不合格的，应当停止使用。

问：《建设工程消防验收备案结果通知》属于什么性质的行为？（回忆版2019年主观真题第1问）

---

〔1〕 正确

答：该行为属于行政确认。行政确认，是指行政主体对行政相对人的法律地位、法律关系和法律事实进行甄别，给予确定、认可、证明并予以宣告的具体行政行为。根据《消防法》第13条的规定：其他建设工程，建设单位在验收后应当报住房和城乡建设主管部门备案，住房和城乡建设主管部门应当进行抽查。依法应当进行消防验收的建设工程，未经消防验收或者消防验收不合格的，禁止投入使用；其他建设工程经依法抽查不合格的，应当停止使用。所以，消防验收结果通知符合行政确认的特征。

六、其他行政行为

1. 行政指导

行政指导行为是行政机关以倡导、示范、建议、咨询等方式，引导公民自愿配合而达到行政管理目的的行为。行政指导不具备强制力，不属于行政诉讼的受案范围。

2. 行政给付

行政给付是指行政机关支付抚恤金、最低生活保障待遇或者社会保险待遇的行政行为。

3. 行政征收

行政征收是指行政主体凭借国家行政权，根据国家和社会公共利益的需要，依法向行政相对人强制地、无偿地征收税、费或者实物的行政行为。考试中需要和行政处罚相区分，带"税""费"的是行政征收。

例：社会抚养费是行政处罚?[1]

4. 行政裁决

行政裁决指行政机关居间对特定民事争议作出的有约束力处理的行为。

七、具体行政行为

1. 具体行政行为，是国家行政机关依法就特定事项对特定的公民、法人和其他组织权利义务作出的行政职权行为。

2. 与事实行为区分：事实行为是不以建立、变更或者消灭当事人法律上权利义务为目的的行政活动。这种行为既可以是一种意思表示，也可以是一种实际操作。例如，提出供公众参考的信息、建议或者指导，交通管理部门在公共交通道路上设置交通安全指示标志，工商管理部门销毁已经依法没收的假冒产品。

【主观考查方法】

例1：为落实淘汰落后产能政策，某区政府发布通告：凡在本通告附件所列名单中的企业两年内关闭。提前关闭或者积极配合的给予一定补贴，逾期不履行的强制关闭。关于通告的性质，是否属于具体行政行为?[2]

---

〔1〕错误

〔2〕属于

例 2：1997 年 11 月，某省政府所在地的市政府决定征收含有某村集体土地在内的地块作为旅游区用地，并划定征用土地的四至界线范围。2007 年，市国土局就其中一地块与甲公司签订《国有土地使用权出让合同》。2008 年 12 月 16 日，甲公司获得市政府发放的第 1 号《国有土地使用权证》。2009 年 3 月 28 日，甲公司将此地块转让给乙公司，市政府向乙公司发放第 2 号《国有土地使用权证》。后，乙公司申请在此地块上动工建设。2010 年 9 月 15 日，市政府张贴公告，要求在该土地范围内使用土地的单位和个人，限期自行清理农作物和附着物设施，否则强制清理。2010 年 11 月，某村得知市政府给乙公司颁发第 2 号《国有土地使用权证》后，认为此证涉及的部分土地仍属该村集体所有，向省政府申请复议要求撤销该土地使用权证。省政府维持后，某村向法院起诉。法院通知甲公司与乙公司作为第三人参加诉讼。在诉讼过程中，市政府组织有关部门强制拆除了征地范围内的附着物设施。某村为收集证据材料，向市国土局申请公开 1997 年征收时划定的四至界线范围等相关资料，市国土局以涉及商业秘密为由拒绝提供。

问：市政府共实施了多少个具体行政行为？哪些属于行政诉讼受案范围？（2012 年主观真题第 1 问）

答：具体行政行为包括征收含有某村集体土地在内的地块的行为；向甲、乙两公司发放《国有土地使用权证》的行为；发布公告要求使用土地的单位和个人自行清理农作物和附着物设施的行为。上述行为均属于行政诉讼受案范围。

例 3：2021 年 10 月 25 日，某县政府作出《关于某小区改造建设项目房屋征收决定》（以下简称征收决定），指出因老旧小区改造需要，对某小区内房屋进行征收，并公布了征收范围。

问：房屋征收决定是否为具体行政行为？请说明理由。（回忆版 2023 年主观真题第 1 问）

答：属于具体行政行为。具体行政行为是指行政机关就特定事项对特定的公民、法人和其他组织权利义务作出的行政职权行为。本案中，房屋征收决定是对特定范围的人作出的，因此属于具体行政行为。

核心考点二　设定与规定

一、行政许可

1. 许可的设定

立法	种类
法律	法律可以设定行政许可
行政法规	尚未制定法律的，行政法规可以设定行政许可
地方性法规	尚未制定法律、行政法规的，地方性法规可以设定行政许可
省级政府规章	省、自治区、直辖市人民政府规章可以设定临时性的行政许可

2. 许可的规定

（1）行政法规可以在法律设定的行政许可事项范围内，对实施该行政许可作出具体规定。

（2）地方性法规可以在法律、行政法规设定的行政许可事项范围内，对实施该行政许可作出具体规定。

（3）规章可以在上位法设定的行政许可事项范围内，对实施该行政许可作出具体规定。

（4）【重点法条】《行政许可法》第 16 条第 4 款：法规、规章对实施上位法设定的行政许可作出的具体规定，不得增设行政许可；对行政许可条件作出的具体规定，不得增设违反上位法的其他条件。

二、行政处罚

1. 处罚的设定

立法	种类
法律	法律可以设定各种行政处罚 限制人身自由的行政处罚，只能由法律设定
行政法规	行政法规可以设定除限制人身自由以外的行政处罚
地方性法规	地方性法规可以设定除限制人身自由、吊销营业执照以外的行政处罚
部门规章	尚未制定法律、行政法规的，可以设定警告、通报批评或者一定数额罚款的行政处罚
地方政府规章	尚未制定法律、法规的，可以设定警告、通报批评或者一定数额罚款的行政处罚

2. 处罚的补充设定

（1）法律对违法行为未作出行政处罚规定，行政法规为实施法律，可以补充设定行政处罚。

（2）法律、行政法规对违法行为未作出行政处罚规定，地方性法规为实施法律、行政法规，可以补充设定行政处罚。

3. 处罚的规定

（1）法律对违法行为已经作出行政处罚规定，行政法规需要作出具体规定的，必须在法律规定的给予行政处罚的行为、种类和幅度的范围内规定。

（2）【重点法条】《行政处罚法》第 12 条第 2 款：法律、行政法规对违法行为已经作出行政处罚规定，地方性法规需要作出具体规定的，必须在法律、行政法规规定的给予行政处罚的行为、种类和幅度的范围内规定。

（3）国务院部门规章可以在法律、行政法规规定的给予行政处罚的行为、种类和幅度的范围内作出具体规定。

（4）【重点法条】《行政处罚法》第 14 条第 1 款：地方政府规章可以在法律、法规规定的给予行政处罚的行为、种类和幅度的范围内作出具体规定。

三、行政强制

1. 行政强制措施

（1）由法律、法规设定

立法	种类
法律	行政强制措施由法律设定
行政法规	尚未制定法律，且属于国务院行政管理职权事项的，行政法规可以设定除限制人身自由、冻结存款汇款和应当由法律规定的行政强制措施以外的其他行政强制措施
地方性法规	尚未制定法律、行政法规，且属于地方性事务的，地方性法规可以设定查封场所、设施或者财物和扣押财物的行政强制措施

（2）规定

法律对行政强制措施的对象、条件、种类作了规定的，行政法规、地方性法规不得作出扩大规定。

2. 行政强制执行由法律设定

【主观考查方法】

例 1：2007 年 11 月 12 日，鲁潍公司从江西等地购进 360 吨工业盐。苏州盐务局认为鲁潍公司进行工业盐购销和运输时，应当按照《江苏盐业实施办法》的规定办理工业盐准运证，鲁潍公司未办理工业盐准运证即从省外购进工业盐涉嫌违法。2009 年 2 月 26 日，苏州盐务局对鲁潍公司作出了处罚决定书，决定没收鲁潍公司违法购进的精制工业盐 121.7 吨、粉盐 93.1 吨，并处罚款 122 363 元。

有关规定：

《盐业管理条例》（国务院 1990 年 3 月 2 日第 51 号令发布，自发布之日起施行）第 24 条　运输部门应当将盐列为重要运输物资，对食用盐和指令性计划的纯碱、烧碱用盐的运输应当重点保证。

《盐业管理办法》（2013 年 6 月 29 日省人民政府发布，2009 年 3 月 20 日修正）第 20 条　盐的运销站发运盐产品实行准运证制度。在途及运输期间必须货、单、证同行。无单、无证的，运输部门不得承运，购盐单位不得入库。

问：市盐务管理局以某公司未办理工业盐准运证从省外购进工业盐构成违法的理由是否成立？为什么？（2017 年主观真题第 3 问）

答案：不成立。根据《行政许可法》第 15、16 条规定，在已经制定法律、行政法规的情况下，地方政府规章只能在法律、行政法规设定的行政许可事项范围内对实施该行政许可作出具体规定，不能设定新的行政许可。法律及国务院《盐业管理条例》没有设定工业盐准运证这一行政许可，地方政府规章不能设定工业盐准运证制度。故，市盐务管理局认定有限公司未办理工业盐准运证从省外购进工业盐构成违法的理由不成立。

附该案作为最高院指导性案例的裁判要点：

1. 盐业管理的法律、行政法规没有设定工业盐准运证的行政许可，地方性法规或者地方政府规章不能设定工业盐准运证这一新的行政许可。

2. 盐业管理的法律、行政法规对盐业公司之外的其他企业经营盐的批发业务没有设定行政处罚，地方政府规章不能对该行为设定行政处罚。

3. 地方政府规章违反法律规定设定许可、处罚的，人民法院在行政审判中不予适用。

例2：乙县林业局以高某未办理运输证为由，依据A省地方性法规《林业行政处罚条例》以及授权省林业厅制定的《林产品目录》（该目录规定松香为林产品，应当办理运输证）的规定，将高某无证运输的松香认定为“非法财物”，予以没收。高某提起行政诉讼要求撤销没收决定，法院予以受理。

有关规定：

《森林法》及行政法规《森林法实施条例》涉及运输证的规定如下：除国家统一调拨的木材外，从林区运出木材，必须持有运输证，否则由林业部门给予没收、罚款等处罚。

A省地方性法规《林业行政处罚条例》规定对规定林产品无运输证的，予以没收。

问：依《行政处罚法》，法律、行政法规对违法行为已经作出行政处罚规定，地方性法规需要作出具体规定的，应当符合什么要求？本案《林业行政处罚条例》关于没收的规定是否符合该要求？（2009年主观真题第5问）

答：按照《行政处罚法》的规定，法律、行政法规对违法行为已经作出行政处罚规定，地方性法规需要作出具体规定的，必须在法律、行政法规规定的给予行政处罚的行为、种类和幅度的范围内规定。本案《林业行政处罚条例》关于没收的规定超出了《森林法》及《森林法实施条例》行政处罚行为、种类和幅度的范围，不符合有关要求。

【答题模板】对应问题：该行政机关对相对人处罚的理由是否成立？为什么？

答：不成立。《行政处罚法》规定，地方政府规章可以在法律、法规规定的给予行政处罚的行为、种类和幅度的范围内作出具体规定。本案中，该省级政府规章的内容超出了上位法行政法规的范围，故不应予以适用。

核心考点三　实施主体

一、行政许可的实施主体

一般实施	①具有行政许可权的行政机关 ②法律、法规授权的具有管理公共事务职能的组织 ③委托其他行政机关
集中实施	经国务院批准，省级政府可以决定一个行政机关行使有关行政机关的行政许可权

续表

统一实施	需要行政机关内设的多个机构办理的，该行政机关应当确定一个机构统一受理
联合实施	由地方政府两个以上部门分别实施的，本级政府可以确定一个部门受理并转告有关部门分别提出意见后统一办理，或者组织有关部门联合办理、集中办理

二、行政处罚的实施机关

一般实施	①具有行政处罚权的行政机关 ②法律法规授权的具有管理公共事务职能的组织 ③委托的具有管理公共事务职能的组织	
集中实施	决定主体	国务院或者省级政府
	决定内容	一个行政机关行使有关行政机关的行政处罚权
	例外	限制人身自由的行政处罚权只能由公安机关和法律规定的其他机关行使

三、行政强制的实施机关

行政强制措施	①法律、法规规定的行政机关 ②行政强制措施权不得委托
行政强制执行	①具有行政强制执行权的行政机关：海关、公安、国安、税务、县级以上政府（**口诀**：海公先睡） ②不具有行政强制执行权的行政机关申请法院强制执行

【答题模板】对应问题：该行政行为是否违法？为什么？

答：该行政行为违法。第一，该行政行为主体违法，本案中，……。第二，该行政行为程序违法，本案中，……。故该行政行为违法。

核心考点四　行政行为的程序

一、行政许可的程序

1. 行政许可的一般程序

申请	**提出方式**	①书面：信函、电报、电传、传真、电子数据交换和电子邮件等方式 ②申请人可以委托代理人提出行政许可申请。但是，依法应当由申请人到行政机关办公场所提出行政许可申请的除外
	行政机关义务	①提供格式文本，不得收费 ②行政机关及其工作人员不得以转让技术作为取得行政许可的条件；不得在实施行政许可的过程中，直接或者间接地要求转让技术

续表

受理	不需要取得许可	即时告知申请人不受理	
	不属于本机关职权	即时作出不予受理的决定，并告知申请人向有关机关申请	
	存在错误	允许当事人当场更正	
	材料不符合要求	①应当场或者5日内一次告知补正的全部内容 ②逾期不告知的，自收到申请材料之日起为受理	
	符合要求	受理	
	注意：受理与不受理申请应当出具加盖本行政机关专用印章和注明日期的书面凭证		
审查	对实质内容进行核实	应指派两名以上工作人员核查	
	关系他人重大利益	应当告知该利害关系人，申请人、利害关系人有权进行陈述和申辩	
决定	当场能够作出	当场作出许可决定	
	决定期限	一般许可	20日+10日（机关负责人批准）
		统一、联合、集中	45日+15日（政府负责人批准）
发证	作出许可决定之日起10日内颁发许可证、加贴标签、加盖印章		
延续	①被许可人需要延续依法取得的行政许可的有效期的，应当在该行政许可有效期届满30日前向作出行政许可决定的行政机关提出申请。但是，法律、法规、规章另有规定的，依照其规定 ②行政机关应当根据被许可人的申请，在该行政许可有效期届满前作出是否准予延续的决定；逾期未作决定的，视为准予延续		

【主观考查方法】

例1：原信息产业部制定的部门规章《电信业务经营许可证管理办法》规定，经营许可证有效期届满，应提前90日，向原发证机关提出续办经营许可证的申请。甲公司拟提出续办经营许可证的申请，应当提前多少天提出？[1]

例2：《行政许可法》对被许可人申请延续行政许可有效期有何要求？行政许可机关接到申请后应如何处理？（2016年主观真题第1题）[2]

2. 行政许可的监督管理

撤销 （原机关+上级）	可以撤销	①行政机关工作人员滥用职权、玩忽职守作出准予行政许可决定的 ②超越法定职权作出准予行政许可决定的 ③违反法定程序作出准予行政许可决定的 ④对不具备申请资格或者不符合法定条件的申请人准予行政许可的 ⑤依法可以撤销行政许可的其他情形
	应当撤销	被许可人以欺骗、贿赂等不正当手段取得行政许可的 **注意：**撤销可能对公共利益造成重大损害的，不予撤销

〔1〕90天

〔2〕答案见表格中最后关于延续的规定

续表

变更或撤回	①依法取得的行政许可受法律保护，行政机关不得擅自改变已经生效的行政许可 ②行政许可所依据的法律、法规、规章修改或者废止，或者准予行政许可所依据的客观情况发生重大变化的，为了公共利益的需要，行政机关可以依法变更或者撤回已经生效的行政许可。由此给公民、法人或者其他组织造成财产损失的，行政机关应当依法给予补偿 ③被许可人合法权益受到损害的，应予补偿：一般在实际损失范围内确定补偿数额；行政许可属于特许的，一般按照实际投入的损失确定补偿数额
注销	①许可有效期届满未延续 ②赋予公民特定资格许可，该公民死亡或丧失行为能力 ③法人或其他组织依法终止 ④许可被撤销、撤回，证件被吊销 ⑤因不可抗力导致许可事项无法实施

【主观考查方法】

例：2018 年 7 月 15 日，县住建局（甲方）与 A 公司（乙方）协商签订天然气利用合作协议：甲方同意乙方在本县从事城市天然气特许经营，范围包括本县县城城区、工业区，期限为 20 年。

2019 年 7 月 10 日，县住建局向 A 公司发出催告："你公司的管道天然气经营许可手续至今未能办理，影响了经营区域内居民、工业、商业用户及时用气，现通知你公司抓紧办理管道天然气经营许可手续，若收到本通知 2 个月内经营许可手续尚未批准，我市将收回你公司的管道天然气区域经营权，由此造成的一切损失由你公司自行承担。"2021 年 3 月 6 日，县政府向 A 公司作出收回决定，决定按照合作协议中有关违约责任，收回 A 公司在县城城区、工业区的特许经营授权，授权给 B 公司代表县政府经营管理。

问：请分析县政府作出的收回决定的性质。（回忆版 2022 年主观真题第 4 问）

答：行政许可的撤回。《行政许可法》规定，为了公共利益的需要，行政机关可以依法变更或者撤回已经生效的行政许可。本案中，A 公司的行为影响了经营区域内居民、工业、商业用户及时用气，县政府收回管道天然气区域经营权属于行政许可的撤回。

二、行政处罚的程序

1. 行政处罚决定的一般规定

电子技术	①行政机关依照法律、行政法规规定利用电子技术监控设备收集、固定违法事实的，应当经过法制和技术审核，确保电子技术监控设备符合标准、设置合理、标志明显，设置地点应当向社会公布 ②电子技术监控设备记录违法事实应当真实、清晰、完整、准确。行政机关应当审核记录内容是否符合要求；未经审核或者经审核不符合要求的，不得作为行政处罚的证据 ③行政机关应当及时告知当事人违法事实，并采取信息化手段或者其他措施，为当事人查询、陈述和申辩提供便利。不得限制或者变相限制当事人享有的陈述权、申辩权
人员	执法人员不得少于两人，法律另有规定的除外
当事人	①当事人有权进行陈述和申辩 ②行政机关不得因当事人陈述、申辩而给予更重的处罚
公开	①具有一定社会影响的行政处罚决定应当依法公开 ②公开的行政处罚决定被依法变更、撤销、确认违法或者确认无效的，行政机关应当在3日内撤回行政处罚决定信息并公开说明理由

2. 简易程序

条件	当场作出行政处罚决定： ①警告 ②罚款：对公民200元以下，对法人或者其他组织3000元以下 （治安管理处罚：警告或200元以下罚款）
程序	①出示执法身份证件 ②填写预定格式、编有号码的行政处罚决定书 ③行政处罚决定书应当当场交付当事人 ④必须报所属行政机关备案

3. 普通程序

立案	符合立案标准的，行政机关应当及时立案	
调查	执法人员不得少于2人，并应当向当事人出示证件	
先行登记保存	①行政机关在收集证据时，可以采取抽样取证的方法 ②在证据可能灭失或者以后难以取得的情况下，经行政机关负责人批准，可以先行登记保存，并应当在7日内及时作出处理决定，在此期间，当事人或者有关人员不得销毁或者转移证据	
决定	确有应受行政处罚的违法行为	作出行政处罚决定
	违法行为轻微	根据情节轻重及具体情况，作出行政处罚决定
	违法事实不能成立	不予行政处罚
	违法行为涉嫌犯罪的	移送司法机关

续表

决定书	内容	①当事人的姓名或者名称、地址 ②违反法律、法规或者规章的事实和证据 ③行政处罚的种类和依据 ④行政处罚的履行方式和期限 ⑤不服行政处罚决定，申请行政复议或者提起行政诉讼的途径和期限 ⑥作出行政处罚决定的行政机关名称和作出决定的日期
	形式	必须盖有作出行政处罚决定的行政机关的印章
送达	①行政处罚决定书应当在宣告后当场交付当事人 ②当事人不在场的，行政机关应当在 7 日内依照《民事诉讼法》的有关规定送达当事人 ③当事人同意并签订确认书的，行政机关可以采用传真、电子邮件等方式，将行政处罚决定书等送达当事人	

4. 执行程序

（1）财产权执行原则：罚执分离

可当场收缴的行政处罚罚款	可当场收缴的治安罚款
①按照简易程序当场作出的 100 元以下罚款	①被处 50 元以下罚款，被处罚人对罚款无异议
②按照简易程序当场作出的且不当场收缴事后难以执行的	②被处罚人在当地没有固定住所，不当场收缴事后难以执行的
③在边远、水上、交通不便地区，当事人向指定银行缴纳确有困难，经当事人提出	

（2）人身权执行原则：复议、诉讼不停止执行

行政拘留暂缓执行	①被处罚人申请复议、提起诉讼	
	②提出暂缓执行拘留的申请	
	③具备担保	担保人（无牵连、有权利、有住所、有能力）
		或保证金：按每日行政拘留 200 元的标准
	④公安机关认为不致发生社会危险	

【主观考查方法】

例 1： 市安全监督管理局不能适用简易程序对该公司作出罚款三万元的决定。是否正确？[1]

例 2： 黄某与张某之妻发生口角，被张某打成轻微伤。某区公安分局决定对张某拘留五日。黄某认为处罚过轻遂向法院起诉，法院予以受理。问：张某是否符合申请暂

〔1〕 正确

缓执行拘留的条件?[1]

例3：请简答行政机关适用先行登记保存的条件和程序。(2017年主观真题第1题)

答：根据《行政处罚法》的规定，行政机关在证据可能灭失或者以后难以取得的情况下，经行政机关负责人批准，可以先行登记保存，并应当在7日内及时作出处理决定。

5. 处罚的适用

情形	具体内容
管辖	①行政处罚由违法行为发生地的行政机关管辖 ②行政处罚由县级以上地方人民政府具有行政处罚权的行政机关管辖
一事不再罚	①对当事人的同一个违法行为，不得给予两次以上罚款的行政处罚 ②同一个违法行为违反多个法律规范应当给予罚款处罚的，按照罚款数额高的规定处罚
移送制度	①违法行为涉嫌犯罪的，行政机关应当及时将案件移送司法机关，依法追究刑事责任。人身：已经给予当事人行政拘留的，折抵相应刑期；财产：已经给予当事人罚款的，折抵相应罚金；行政机关尚未给予当事人罚款的，不再给予罚款 ②对依法不需要追究刑事责任或者免予刑事处罚，但应当给予行政处罚的，司法机关应当及时将案件移送有关行政机关
追究时效	①违法行为在2年内未被发现的，不再给予行政处罚；涉及公民生命健康安全、金融安全且有危害后果的，上述期限延长至5年。法律另有规定的除外 ②从违法行为发生之日起计算；违法行为有连续状态的，从行为终了之日起计算
法律适用	①实施行政处罚，适用违法行为发生时的法律、法规、规章的规定 ②但是，作出行政处罚决定时，法律、法规、规章已被修改或者废止，且新的规定处罚较轻或者不认为是违法的，适用新的规定

三、治安管理处罚的程序

传唤	①经公安机关办案部门负责人批准，使用传唤证传唤 ②对现场发现的违反治安管理行为人，经出示工作证件，可以口头传唤 ③对无正当理由不接受传唤或者逃避传唤的，可以强制传唤 ④将传唤的原因和依据告知被传唤人，将传唤的原因和处所通知被传唤人家属
询问	①询问时间不得超过8小时 ②情况复杂可能适用拘留处罚的，不超过24小时 ③被询问人要求就被询问事项自行提供书面材料的，应当准许
检查	①检查不得少于2人，并应当出示工作证件和县级以上政府公安机关开具的检查证明文件 ②确需立即检查的，经出示工作证件，可以当场检查，但检查公民住所除外

[1] 不符合

续表

扣押	①公安机关办理治安案件，对与案件有关的需要作为证据的物品，可以扣押；对与案件无关的物品，不得扣押 ②对被侵害人或者善意第三人合法占有的财产，不得扣押，应当予以登记

四、行政强制措施的程序

1. 一般程序

实施主体	①行政强制措施权不得委托 ②两名以上行政执法人员，出示执法身份证件	
批准程序	原则	实施前须向行政机关负责人报告并经批准
	例外	①需要当场实施，执法人员应当在实施后24小时内向行政机关负责人报告，并补办批准手续 ②如果是限制人身自由，则立即向行政机关负责人报告并补办批准手续
现场笔录	制作现场笔录，由当事人和行政执法人员签名或者盖章，当事人拒绝的，在笔录中予以注明	

2. 查封、扣押的程序

对象	①限于涉案的场所、设施或者财物 ②不得查封、扣押与违法行为无关的场所、设施或者财物；不得查封、扣押公民个人及其所扶养家属的生活必需品
清单	查封、扣押清单一式二份，由当事人和行政机关分别保存
期限	30日+30日 扣除：对物品需要进行检测、检验、检疫或者技术鉴定的期间
不收费	①因查封、扣押发生的保管费用由行政机关承担 ②检测、检验、检疫或者技术鉴定的费用由行政机关承担
义务	①对查封、扣押的对象，行政机关应当妥善保管，不得使用或者损毁；造成损失的，应当承担赔偿责任 ②对查封的对象，行政机关可以委托第三人保管。因第三人的原因造成的损失，行政机关先行赔付后，有权向第三人追偿

例1：某工商局因陈某擅自设立互联网上网服务营业场所扣押其从事违法经营活动的电脑15台，工商局应制作并当场交付扣押决定书和扣押清单。是否正确？[1]

例2：某市质监局发现王某开设的超市销售伪劣商品，因扣押发生的保管费用由王某承担。是否正确？[2]

〔1〕 正确

〔2〕 错误

五、行政强制执行的程序

1. 有执行权的一般程序

主体	具有行政强制执行权的行政机关：海关、公安、国安、税务和县级以上政府（口诀：海公先睡）
催告书	①行政机关依法作出行政决定后，当事人在行政机关决定的期限内不履行义务的，行政机关作出强制执行决定前，应当事先催告当事人履行义务 ②当事人收到催告书后有权进行陈述和申辩。行政机关应当充分听取当事人的意见，对当事人提出的事实、理由和证据，应当进行记录、复核。当事人提出的事实、理由或者证据成立的，行政机关应当采纳
强制执行决定	经催告，当事人逾期仍不履行行政决定，且无正当理由的，行政机关可以作出强制执行决定
	强制执行决定书内容： ①当事人的姓名或者名称、地址 ②强制执行的理由和依据 ③强制执行的方式和时间 ④申请行政复议或者提起行政诉讼的途径和期限 ⑤行政机关的名称、印章和日期
原则	①不得在夜间或者法定节假日实施行政强制执行，但情况紧急的除外 ②不得对居民生活采取停止供水、供电、供热、供燃气等方式迫使当事人履行相关行政决定

2. 申请法院的执行程序

当事人在法定期限内不申请行政复议或者提起行政诉讼，又不履行行政决定的，没有行政强制执行权的行政机关可以自被执行人的法定起诉期限届满之日起三个月内，申请法院强制执行。

<table>
<tr><td>催告</td><td colspan="2">①行政机关申请法院强制执行前，应当催告当事人履行义务
②催告书送达10日后当事人仍未履行义务的，行政机关可以向所在地有管辖权的法院申请强制执行</td></tr>
<tr><td rowspan="2">管辖法院</td><td>原则</td><td>行政机关所在地的基层法院</td></tr>
<tr><td>例外</td><td>不动产所在地的基层法院</td></tr>
<tr><td>法院审查</td><td colspan="2">①法院应当在5日内决定是否受理
②受理后，7日内由行政审判庭对行政行为的合法性进行书面审查，作出是否准予执行的裁定
③法院裁定不予执行：实施主体不具有行政主体资格的；明显缺乏事实根据的；明显缺乏法律、法规依据的；其他明显违法并损害被执行人合法权益的</td></tr>
<tr><td>费用</td><td colspan="2">行政机关不缴纳申请费，强制执行的费用由被执行人承担</td></tr>
</table>

3. 代履行

主体	①行政机关代履行 ②行政机关委托的没有利害关系的第三人代履行
送达	代履行前应当送达决定书
催告	①代履行3日前，催告当事人履行 ②当事人履行的，停止代履行
费用	由当事人承担，法律另有规定除外
禁止	不得采用暴力、胁迫及其他非法方式
立即实施	需要立即清除道路、河道、航道或者公共场所的遗洒物、障碍物或者污染物，当事人不能清除的，行政机关可以决定立即实施代履行

总结：收费问题

不收费	行政法中以不收费为原则，包括行政许可的申请书格式文本不得收费；行政许可和行政处罚中的听证不收费；行政强制措施中因查封、扣押发生的保管费用不得收费；信息公开不收费；行政复议不收费；国家赔偿不收费、不征税
例外	以收费为例外，包括行政强制执行中代履行的费用；行政诉讼的案件受理费

【主观考查方法】

例：11月13日，区城管局对史某的房屋断水断电。11月14日，区城管局对史某的房屋进行了强制拆除，史某尚未来得及将房屋内的家具、衣物等个人物品搬离。问：本案的执行程序应当是什么样的？（官方指导案例用书）

答：本案的程序应当是行政机关申请人民法院强制执行，首先是提出申请；其次是由人民法院对行政机关的申请进行审查。如果被申请执行的具体行政行为有明显缺乏事实根据的、明显缺乏法律依据的或者有其他明显违法并损害被执行人合法权益的情形的，人民法院应当裁定不准予执行。

核心考点五　听证程序

一、许可的听证

听证范围	①依职权：行政机关认为需要听证的其他涉及公共利益的重大行政许可事项 ②依申请：行政许可直接涉及申请人与他人之间重大利益关系
听证程序	①行政机关应当于举行听证的七日前将举行听证的时间、地点通知申请人、利害关系人，必要时予以公告 ②听证应当公开举行 ③行政机关应当指定审查该行政许可申请的工作人员以外的人员为听证主持人，申请人、利害关系人认为主持人与该行政许可事项有直接利害关系的，有权申请回避

续表

	④举行听证时，审查该行政许可申请的工作人员应当提供审查意见的证据、理由，申请人、利害关系人可以提出证据，并进行申辩和质证 ⑤听证应当制作笔录，听证笔录应当交听证参加人确认无误后签字或者盖章。行政机关应当根据听证笔录，作出行政许可决定

二、行政处罚、治安管理处罚的听证

听证范围	行政处罚： ①较大数额罚款 ②没收较大数额违法所得、没收较大价值非法财物 ③降低资质等级、吊销许可证件 ④责令停产停业、责令关闭、限制从业 ⑤其他较重的行政处罚 ⑥法律、法规、规章规定的其他情形
	治安管理处罚：吊销许可证、2000元以上罚款
告知听证	行政机关拟作出上述行政处罚决定，应当告知当事人有要求听证的权利，当事人要求听证的，行政机关应当组织听证
申请听证	当事人要求听证的，应当在行政机关告知后5日内提出
听证通知	听证7日前，通知当事人及有关人员听证的时间、地点
听证公开	听证公开举行，涉及国家秘密、商业秘密或者个人隐私依法予以保密的除外
听证主持人	由行政机关指定的非本案调查人员主持，当事人认为主持人与本案有直接利害关系的，有权申请回避
听证笔录	①听证应当制作笔录，笔录应当交当事人或者其代理人核对无误后签字或者盖章 ②听证结束后，行政机关应当根据听证笔录作出决定
听证费用	由行政机关承担

三、强制法没有听证制度

【主观考查方法】

例1： 某区公安分局以沈某收购赃物为由，拟对沈某处以1000元罚款。该分局向沈某送达了听证告知书，告知其可以在3日内提出听证申请，沈某遂提出听证要求。次日，该分局在未进行听证的情况下向沈某送达1000元罚款决定。问：罚款决定是否违法?[1]

---

〔1〕 违法

例 2：后工商局作出吊销原野公司营业执照的 25 号处罚决定。

问：工商局做出 25 号处罚决定应当履行什么程序？（2014 年主观真题第 3 问）

答：工商局在做出 25 号处罚决定前，应当告知当事人有要求举行听证的权利，当事人要求听证的，行政机关应当组织听证。《行政处罚法》规定，行政机关在作出责令停产停业、吊销许可证或者执照、较大数额罚款等行政处罚决定之前，应当告知当事人有要求举行听证的权利。另外，工商局在做出处罚决定之前，行政机关的负责人应当集体讨论决定。

例 3：《行政处罚法》对举行听证的主持人的要求是什么？（2017 年主观真题第 1 问）

答：听证由市盐务管理局指定的非本案调查人员主持；当事人认为主持人与本案有直接利害关系的，有权申请回避。

【答题模板】对应问题：实施该行政行为应当遵循的主要法定程序是什么？

答：实施该行政行为，应当遵循听证程序。《行政许可法》规定，行政许可直接涉及申请人与他人之间重大利益关系的，行政机关在作出行政许可决定前，应当告知申请人、利害关系人享有要求听证的权利。本案中，……。申请人提出听证申请的，行政机关应当组织听证，履行听证程序。

核心考点六　法律适用

抽象行政行为
- 行政立法
  - 行政法规
  - 行政规章
    - 部门规章
    - 地方政府规章
- 其他规范性文件（有普遍约束力的决定、命令）

一、上位法优于下位法

法律的适用	宪法	具有最高法律效力
	法律	次于宪法
	行政法规	次于宪法、法律
	地方性法规	在等级效力上，低于宪法、法律和行政法规；在地域效力上，仅限于本行政区域以内
	部门规章	等级效力低于法律和行政法规，地域效力可以及于全国
	地方政府规章	等级效力低于法律、行政法规和地方性法规，地域效力限于本行政区域

【主观考查方法】

例 1：乙县林业局以高某未办理运输证为由，依据 A 省地方性法规《林业行政处罚条例》以及授权省林业厅制定的《林产品目录》（该目录规定松香为林产品，应当办理运输证）的规定，将高某无证运输的松香认定为“非法财物”，予以没收。高某提起行政诉讼要求撤销没收决定，法院予以受理。有关规定：

《森林法》及行政法规《森林法实施条例》涉及运输证的规定如下：除国家统一调拨的木材外，从林区运出木材，必须持有运输证，否则由林业部门给予没收、罚款等处罚。

A省地方性法规《林业行政处罚条例》规定对规定林产品无运输证的，予以没收。

问：法院审理本案时应如何适用法律、法规？理由是什么？（2009年主观真题第5问）

答：《森林法》及《森林法实施条例》均未将木材以外的林产品的无证运输行为纳入行政处罚的范围，也未规定对无证运输其他林产品的行为给予没收处罚。A省地方性法规《林业行政处罚条例》的有关规定，扩大了《森林法》及其实施条例关于应受行政处罚行为以及没收行为的范围，不符合上位法。根据行政诉讼法律适用规则，法院应当适用《森林法》及《森林法实施条例》。

例2：原告宣懿成等18人系浙江省衢州市柯城区卫宁巷1号（原14号）衢州府山中学教工宿舍楼的住户。2002年12月9日，衢州市发展计划委员会根据第三人建设银行衢州分行的报告，经审查同意衢州分行在原有的营业综合大楼东南侧扩建营业用房建设项目。同日，衢州市规划局制定建设项目选址意见，衢州分行为扩大营业用房等，拟自行收购、拆除占地面积为205平方米的府山中学教工宿舍楼，改建为露天停车场，具体按规划详图实施。18日，衢州市规划局又规划出衢州分行扩建营业用房建设用地平面红线图。20日，衢州市规划局发出建设用地规划许可证，衢州分行建设项目用地面积756平方米。25日，被告衢州市国土资源局请示收回衢州府山中学教工宿舍楼住户的国有土地使用权187.6平方米，报衢州市人民政府审批同意。同月31日，衢州市国土局作出衢市国土（2002）37号《收回国有土地使用权通知》（以下简称《通知》），并告知宣懿成等18人其正在使用的国有土地使用权将收回及诉权等内容。该《通知》说明了行政决定所依据的法律名称，但没有对所依据的具体法律条款予以说明。原告不服，提起行政诉讼。（最高院指导性案例）

裁判要点：行政机关作出具体行政行为时未引用具体法律条款，且在诉讼中不能证明该具体行政行为符合法律的具体规定，应当视为该具体行政行为没有法律依据，适用法律错误。

二、审理依据

根据我国《行政诉讼法》的规定，人民法院在行政诉讼中适用法律要遵循以下规则：

1. 法律、行政法规与地方性法规是行政审判的依据。“依据”是人民法院对法律、法规无条件的适用。

2. 规章是参照适用。规章可分为部门规章和地方规章两种。“参照”不是无条件的适用，而是有条件的适用，即在某些情况下可以适用，在某些情况下也可以不予适用。

3. 其他规范性文件由法院自行审查，决定是否适用。

【重点法条】《行政诉讼法》第63条：人民法院审理行政案件，以法律和行政法规、地方性法规为依据。地方性法规适用于本行政区域内发生的行政案件。人民法院审理民族自治地方的行政案件，并以该民族自治地方的自治条例和单行条例为依据。人民法院审理行政案件，参照规章。

三、结合材料适用法律

在主观题考查中，案情之后的“材料”往往对解题非常有帮助；需要结合材料中的法律分析案情及问题。

例：2020年12月5日，企业向法院提起诉讼，请求甲县政府判决被告支付补偿金。被告主张原告超过诉讼时效，且认为企业的供水实际收益为临近的乙县，拒绝对企业进行补偿，请求法院驳回企业的诉讼请求。

材料二：《环境保护法》

第五条　环境保护坚持保护优先、预防为主、综合治理、公众参与、损害担责的原则。

第六条　一切单位和个人都有保护环境的义务。

地方各级人民政府应当对本行政区域的环境质量负责。

企业事业单位和其他生产经营者应当防止、减少环境污染和生态破坏，对所造成的损害依法承担责任。

公民应当增强环境保护意识，采取低碳、节俭的生活方式，自觉履行环境保护义务。

第三十一条　国家建立、健全生态保护补偿制度。

国家加大对生态保护地区的财政转移支付力度。有关地方人民政府应当落实生态保护补偿资金，确保其用于生态保护补偿。

国家指导受益地区和生态保护地区人民政府通过协商或者按照市场规则进行生态保护补偿。

问：被告以企业供水的实际受益者是临近的乙县为由，主张对其没有补偿义务的理由是否成立？(回忆版2021年主观真题第4问)

答：理由不成立。《环境保护法》规定，国家指导受益地区和生态保护地区人民政府通过协商或者按照市场规则进行生态保护补偿。本案中，甲县政府作为生态保护地政府，应当与受益地区乙县政府通过协商或者按照市场规则进行生态保护补偿，而不是拒绝企业的补偿请求。

核心考点七　信息公开

一、信息公开的范围

政府信息，是指行政机关在履行行政管理职能过程中制作或者获取的，以一定形式记录、保存的信息。

主动公开	对涉及公众利益调整、需要公众广泛知晓或者需要公众参与决策的政府信息，行政机关应当主动公开	
申请公开	除行政机关主动公开的政府信息外，公民、法人或者其他组织可以申请信息公开	
不公开	绝对不公开	①国家秘密 ②法律、行政法规禁止公开的政府信息 ③公开后可能危及国家安全、公共安全、经济安全、社会稳定的政府信息
	可以不公开	①行政机关的内部事务信息，包括人事管理、后勤管理、内部工作流程等方面的信息，可以不予公开 ②行政机关在履行行政管理职能过程中形成的讨论记录、过程稿、磋商信函、请示报告等过程性信息以及行政执法案卷信息，可以不予公开
	相对不公开	①依申请公开涉及商业秘密、个人隐私等公开会对第三方合法权益造成损害的，行政机关应当书面征求第三方的意见 ②第三方同意公开或者行政机关认为不公开会对公共利益造成重大影响的，予以公开

【答题模板】对应问题：政府拒绝公开的理由是否成立？

答：不成立。《政府信息公开条例》及相关司法解释规定，除行政机关主动公开的政府信息外，公民、法人或者其他组织可以向地方各级人民政府、对外以自己名义履行行政管理职能的县级以上人民政府部门申请获取相关政府信息。本案中，……。故该理由不成立。

二、申请公开的程序

申请公开	形式	书面（信件、数据电文）或者口头申请
	申请书内容	①申请人的姓名或者名称、身份证明、联系方式 ②申请公开的政府信息的名称、文号或者便于行政机关查询的其他特征性描述 ③申请公开的政府信息的形式要求包括获取信息的方式、途径。
对申请公开的处理	申请内容不明确	行政机关应当给予指导和释明，并自收到申请之日起7个工作日内一次性告知申请人作出补正，说明需要补正的事项和合理的补正期限
	不属于本行政机关负责公开	告知申请人并说明理由；能够确定负责公开该政府信息的行政机关的，告知申请人该行政机关的名称、联系方式
	已答复或重复申请	告知申请人不予重复处理
	数量、频次明显超过合理范围	①申请公开政府信息的数量、频次明显超过合理范围，行政机关可以要求申请人说明理由 ②行政机关认为申请理由不合理的，告知申请人不予处理

三、公开的机关、期限与费用

公开机关	制作机关	行政机关制作的政府信息
	保存机关	行政机关从公民、法人或者其他组织处获取的政府信息
	制作或最初获取机关	行政机关获取的其他行政机关的政府信息
公开期限	依职权公开	自该信息形成或者变更之日起 20 个工作日
	依申请公开	当场答复，或收到申请起 20 个工作日+20 个工作日
	收到的起算点	①当面提交的，以提交之日为收到申请之日 ②邮寄方式提交的，以行政机关签收之日为收到申请之日；以平常信函等无需签收的邮寄方式提交政府信息公开申请的，政府信息公开工作机构应当于收到申请的当日与申请人确认，确认之日为收到申请之日 ③通过互联网渠道或者公开工作机构的传真提交的，以双方确认之日为收到申请之日
公开费用	①不收取费用 ②但是，申请人申请公开政府信息的数量、频次明显超过合理范围的，行政机关可以收取信息处理费	

四、信息公开的监督与救济

监督	公民、法人或者其他组织认为行政机关未按照要求主动公开政府信息或者对政府信息公开申请不依法答复处理的，可以向政府信息公开工作主管部门提出。政府信息公开工作主管部门查证属实的，应当予以督促整改或者通报批评
救济	公民、法人或者其他组织认为行政机关在政府信息公开工作中侵犯其合法权益的，可以向上一级行政机关或者政府信息公开工作主管部门投诉、举报，也可以依法申请行政复议或者提起行政诉讼
特殊程序	公民、法人或者其他组织认为行政机关不依法履行主动公开政府信息义务，直接向人民法院提起诉讼的，应当告知其先向行政机关申请获取相关政府信息。对行政机关的答复或者逾期不予答复不服的，复议后可以向人民法院提起诉讼

【主观考查方法】

例 1：对于行政机关应当主动公开的信息未予公开的，应当如何监督？（2013 主观真题第 4 问）

根据《政府信息公开条例》的规定，公民、法人或者其他组织认为行政机关未按照要求主动公开政府信息或者对政府信息公开申请不依法答复处理的，可以向政府信息公开工作主管部门提出。政府信息公开工作主管部门查证属实的，应当予以督促整改或者通报批评。

例 2：如果张某未向财政厅提出过公开申请，而以财政厅未主动公开政府集中采购

项目目录的行为违法直接向法院提起诉讼，法院应当如何处理？（2013主观真题第5问）

根据《最高人民法院关于审理政府信息公开行政案件若干问题的规定》，法院应当告知其先向行政机关申请获取相关政府信息。对行政机关的答复或者逾期不予答复不服的，张某复议后可以向法院提起诉讼。

五、政府信息公开的审理与裁判

案件类型	裁判类型
审理原则	人民法院审理政府信息公开行政案件，应当视情况采取适当的审理方式，以避免泄露涉及国家秘密、商业秘密、个人隐私或者法律规定的其他应当保密的政府信息
被告对依法应当公开的政府信息拒绝或者部分拒绝公开的	①法院应当撤销或者部分撤销被诉不予公开决定，并判决被告在一定期限内公开 ②尚需被告调查、裁量的，判决其在一定期限内重新答复
人民法院经审理认为被告不予公开的政府信息内容可以作区分处理的	应当判决被告限期公开可以公开的内容
被告应当更正而不更正与原告相关的政府信息记录	①判决被告在一定期限内更正 ②尚需被告调查、裁量的，判决其在一定期限内重新答复 ③被告无权更正的，判决其转送有权更正的行政机关处理
被告公开政府信息涉及原告商业秘密、个人隐私且不存在公共利益等法定事由	①判决确认公开政府信息的行为违法，并可以责令被告采取相应的补救措施 ②造成损害的，根据原告请求依法判决被告承担赔偿责任 ③政府信息尚未公开的，应当判决行政机关不得公开

核心考点八　行政诉讼的受案范围

可诉	不可诉
①对行政拘留、暂扣或者吊销许可证和执照、责令停产停业、没收违法所得、没收非法财物、罚款、警告等行政处罚不服的 ②对限制人身自由或者对财产的查封、扣押、冻结等行政强制措施和行政强制执行不服的 ③申请行政许可，行政机关拒绝或者在法定期限内不予答复，或者对行政机关作出的有关行政许可的其他决定不服的 ④对行政机关作出的关于确认土地、矿藏、水流、森林、山岭、草原、荒地、滩涂、海域等自然资源的所有权或者	①国家行为：区别于行政管理行为 ②抽象行政行为：区别于具体行政行为 ③内部行政行为：区别于外部行为 ④法定行政终局裁决：狭义的法律 ⑤刑事侦查行为：刑诉法授权 ⑥调解仲裁行为：区别于行政裁决 ⑦行政指导行为：非强制性 ⑧重复处理行为：不产生新的权利义务影响 ⑨不产生外部法律效力的行为

续表

可诉	不可诉
使用权的决定不服的 ⑤对征收、征用决定及其补偿决定不服的 ⑥申请行政机关履行保护人身权、财产权等合法权益的法定职责，行政机关拒绝履行或者不予答复的 ⑦认为行政机关侵犯其经营自主权或者农村土地承包经营权、农村土地经营权的 ⑧认为行政机关滥用行政权力排除或者限制竞争的 ⑨认为行政机关违法集资、摊派费用或者违法要求履行其他义务的 ⑩认为行政机关没有依法支付抚恤金、最低生活保障待遇或者社会保险待遇的 ⑪认为行政机关不依法履行、未按照约定履行或者违法变更、解除政府特许经营协议、土地房屋征收补偿协议等协议的 ⑫认为行政机关侵犯其他人身权、财产权等合法权益的	⑩过程性行为：准备、论证等 ⑪执行行为：执行法院生效裁判等 ⑫上级对下级的内部监督行为：听取报告等 ⑬对信访事项的行为：登记、受理等 ⑭不产生实际影响的行为

【答题模板】对应问题：本案是否属于行政诉讼的受案范围？

答：属于行政诉讼的受案范围。《行政诉讼法》及相关司法解释规定，公民、法人或者其他组织对行政机关及其工作人员的行政行为不服，依法提起诉讼的，属于人民法院行政诉讼的受案范围。本案中，该行政行为是对特定人作出的、不能反复适用，且对当事人权利义务产生实际影响的行为，属于行政诉讼的受案范围。

例：2012年5月28日，原告罗镕荣向被告吉安市物价局邮寄一份申诉举报函，对吉安电信公司向原告收取首次办理手机卡卡费20元进行举报，要求被告责令吉安电信公司退还非法收取原告的手机卡卡费20元，依法查处并没收所有电信用户首次办理手机卡被收取的卡费，依法奖励原告和书面答复原告相关处理结果。2012年5月31日，被告收到原告的申诉举报函。2012年7月3日，被告作出《关于对罗镕荣2012年5月28日〈申诉书〉办理情况的答复》，并向原告邮寄送达。答复内容为："2012年5月31日我局收到您反映吉安电信公司新办手机卡用户收取20元手机卡卡费的申诉书后，我局非常重视，及时进行调查，经调查核实：江西省通管局和江西省发改委联合下发的《关于江西电信全业务套餐资费优化方案的批复》（赣通局〔2012〕14号）规定：UIM卡收费上限标准：入网50元/张，补卡、换卡：30元/张。我局非常感谢您对物价工作的支持和帮助。"原告收到被告的答复后，以被告的答复违法为由诉至法院。（最高院指导性案例）

裁判要点：行政机关对与举报人有利害关系的举报仅作出告知性答复，未按法律规定对举报进行处理，不属于《最高人民法院关于执行〈中华人民共和国行政诉讼法〉若干问题的解释》（现已失效）第一条第六项规定的"对公民、法人或者其他组织权利义务不产生实际影响的行为"，因而具有可诉性，属于人民法院行政诉讼的受案范围。

一、抽象行为

考点名称	考点内容
抽象行政行为的定义	抽象行政行为是为不特定事项和不特定人安排的，可以反复适用的普遍性规则
抽象行政行为不可诉	按照《行政诉讼法》第13条第2项的规定，直接针对“行政法规、规章或者行政机关制定、发布的具有普遍拘束力的决定、命令”等抽象行政行为的起诉，被排除在受案范围之外

二、内部行为

考点名称	考点内容
内部行为的定义	内部行政行为是指，行政机关之间和行政机关与行政机关工作人员之间存在法律关系，上级有权对隶属于它的下级行政机关或者行政机关工作人员发布有法律约束力的职务命令和指示
内部行为是否可诉	①地方人民政府对其所属行政管理部门的请示作出的批复，一般属于内部行政行为，不可对此提起诉讼 ②但行政管理部门直接将该批复付诸实施并对行政相对人的权利义务产生了实际影响，行政相对人对该批复不服提起诉讼的，人民法院应当依法受理

例：2010年8月31日，安徽省来安县国土资源和房产管理局向来安县人民政府报送《关于收回国有土地使用权的请示》，请求收回该县永阳东路与塔山中路部分地块土地使用权。9月6日，来安县人民政府作出《关于同意收回永阳东路与塔山中路部分地块国有土地使用权的批复》。来安县国土资源和房产管理局收到该批复后，没有依法制作并向原土地使用权人送达收回土地使用权决定，而直接交由来安县土地储备中心付诸实施。魏永高、陈守志的房屋位于被收回使用权的土地范围内，其对来安县人民政府收回国有土地使用权批复不服，提起行政复议。2011年9月20日，滁州市人民政府作出《行政复议决定书》，维持来安县人民政府的批复。魏永高、陈守志仍不服，提起行政诉讼，请求人民法院撤销来安县人民政府上述批复。(最高院指导性案例)

裁判要点：地方人民政府对其所属行政管理部门的请示作出的批复，一般属于内部行政行为，不可对此提起诉讼。但行政管理部门直接将该批复付诸实施并对行政相对人的权利义务产生了实际影响，行政相对人对该批复不服提起诉讼的，人民法院应当依法受理。

三、会议纪要

考点名称	考点内容
会议纪要的定义	会议纪要适用于记载、传达会议情况和议定事项。会议纪要是行政机关基于上下级行政机关的隶属关系，对下级行政机关及其所属公务员发布的命令的一种
会议纪要的效力	①一般来说，只对行政机关内部具有拘束力；而对外部相对人和法院则无拘束力 ②但是，有些会议纪要涉及了外部相对人的利益，或者实际上属于外部命令

四、规范性文件的附带性审查

考点名称	考点内容
附带性审查的对象	行政行为所依据的规范性文件 ①国务院部门制定的规范性文件 ②地方人民政府及部门制定的规范性文件 ③不含规章
附带性审查的要求	①附带性审查：对行政行为提起诉讼时，一并请求对该规范性文件进行审查 ②应当在第一审开庭审理前提出；有正当理由的，也可以在法庭调查中提出
附带性审查的结果	①认为规范性文件不合法，不作为认定行政行为合法的依据，并在裁判理由中予以阐明 ②法院应当向规范性文件的制定机关提出处理建议，并可以抄送制定机关的同级人民政府、上一级行政机关、监察机关以及规范性文件的备案机关 ③法院认为规范性文件不合法的，应当在裁判生效后报送上一级人民法院进行备案。涉及国务院部门、省级行政机关制定的规范性文件，司法建议还应当分别层报最高人民法院、高级人民法院备案

【重点法条】《最高人民法院关于适用〈中华人民共和国行政诉讼法〉的解释》第148条：（规范性文件的审查）人民法院对规范性文件进行一并审查时，可以从规范性文件制定机关是否超越权限或者违反法定程序、作出行政行为所依据的条款以及相关条款等方面进行。有下列情形之一的，属于行政诉讼法第六十四条规定的“规范性文件不合法”：（一）超越制定机关的法定职权或者超越法律、法规、规章的授权范围的；（二）与法律、法规、规章等上位法的规定相抵触的；（三）没有法律、法规、规章依据，违法增加公民、法人和其他组织义务或者减损公民、法人和其他组织合法权益的；（四）未履行法定批准程序、公开发布程序，严重违反制定程序的；（五）其他违反法律、法规以及规章规定的情形。

【主观考查方法】

例1：根据有关规定，原告在行政诉讼中提出一并请求审查行政规范性文件的具体要求是什么？（2016年主观真题第2问）

答： 原告在行政诉讼中一并请求审查规范性文件需要符合下列要求：①该规范性文件为国务院部门和地方政府及其部门制定的规范性文件，但不含规章。②该规范性文件是被诉行政行为作出的依据。③应在第一审开庭审理前提出；有正当理由的，也可以在法庭调查中提出。

例2：行政诉讼中，如法院经审查认为规范性文件不合法，应如何处理？（2016年主观真题第3问）

答： 法院不作为认定被诉行政行为合法的依据，并在裁判理由中予以阐明。作出生效裁判的法院应当向规范性文件的制定机关提出处理建议，并可以抄送制定机关的同级政府、上一级行政机关、监察机关以及规范性文件的备案机关。

例3：袁九妹作为原告起诉市人民政府，提出该审批许可表中在册人口、有效人口填写错误，受理机关与审批机关不一致，审批机关审批时未告知作为利害关系人的原告，且未经公示，是违法的，也没有证据显示村民委员会经过集体讨论，被告的审批行为严重侵害原告的合法权益，提起行政诉讼，要求法院判决撤销被告对（2014）第585号个人建房用地审批表作出的同意建房的审批许可决定，判决重新作出具体行政行为。

2015年5月4日，原告增加诉讼请求，认为《孟岭市个人建房用地管理办法》（以下简称《个人建房用地管理办法》）、《孟岭市工业城二期用地范围房屋迁建补偿安置办法》（以下简称《房屋迁建补偿安置办法》）违反《妇女权益保障法》与《某省实施〈中华人民共和国妇女权益保障法〉办法》等相关法律法规的规定，要求对两个规范性文件进行一并审查并确认该两个文件不合法。

材料五：《个人建房用地管理办法》第12条规定："申请个人建房用地的有效人口计算：（一）本户在册人口（不包括应迁出未迁出的人口）……"

材料六：《房屋迁建补偿安置办法》第7条第3款规定："有下列情形不计入安置人口：（一）……已经出嫁的妇女及其子女（含粮户应迁未迁）只能在男方计算家庭人口……"（官方指导案例用书）

问： 法院应该作出何种判决？

答： 法院应当作出撤销判决，因为被诉审批行为不合法。经审查认为规范性文件不合法，不作为人民法院认定行政行为合法的依据，并阐明理由。

五、行政协议的受案范围

可诉事项	不可诉事项
①政府特许经营协议 ②土地、房屋等征收征用补偿协议 ③矿业权等国有自然资源使用权出让协议 ④政府投资的保障性住房的租赁、买卖等协议 ⑤政府与社会资本合作协议 ⑥其他行政协议	①行政机关之间因公务协助等事由而订立的协议 ②行政机关与其工作人员订立的劳动人事协议

注意1：行政协议约定仲裁条款的，人民法院应当确认该条款无效，但法律、行政法规或者我国缔结、参加的国际条约另有规定的除外。

注意2：行政协议案件的诉讼时效

3年	公民、法人或者其他组织对行政机关不依法履行、未按照约定履行行政协议提起诉讼的，诉讼时效参照民事法律规范确定
6个月	对行政机关变更、解除行政协议等行政行为提起诉讼的，起诉期限依照行政诉讼法及其司法解释确定

六、信息公开的受案范围

可诉事项	不可诉事项
①行政机关拒绝提供或者逾期不予答复 ②认为行政机关提供的政府信息不符合其在申请中要求的内容或者法律、法规规定的适当形式 ③认为行政机关主动公开或者依他人申请公开政府信息侵犯其商业秘密、个人隐私 ④认为行政机关提供的与其自身相关的政府信息记录不准确，要求该行政机关予以更正，该行政机关拒绝更正、逾期不予答复或者不予转送有权机关处理	①因申请内容不明确，行政机关要求申请人作出更改、补充且对申请人权利义务不产生实际影响的告知行为 ②要求行政机关提供政府公报、报纸、杂志、书籍等公开出版物，行政机关予以拒绝 ③要求行政机关为其制作、搜集政府信息，或者对若干政府信息进行汇总、分析、加工，行政机关予以拒绝 ④行政程序中的当事人、利害关系人以政府信息公开名义申请查阅案卷材料，行政机关告知其应当按照相关法律、法规的规定办理

七、行政许可的受案范围

可诉事项	不可诉事项
①行政机关作出的行政许可决定以及相应的不作为，或者行政机关就行政许可的变更、延续、撤回、注销、撤销等事项作出的有关具体行政行为及其相应的不作为侵犯原告合法权益 ②行政机关未公开行政许可决定或者未提供行政许可监督检查记录侵犯原告合法权益	仅就行政许可过程中的告知补正申请材料、听证等通知行为提起行政诉讼的，人民法院不予受理，但导致许可程序事实上终止的除外

核心考点九　行政主体

一、行政主体

<table>
<tr><td rowspan="6">行政主体</td><td rowspan="4">行政机关</td><td colspan="2">中央（部委）</td></tr>
<tr><td rowspan="3">地方</td><td>各级人民政府</td></tr>
<tr><td>政府工作部门</td></tr>
<tr><td>派出机关</td></tr>
<tr><td>法律法规授权组织</td><td colspan="2">有授权时是行政主体</td></tr>
<tr><td>委托机关</td><td colspan="2">委托机关是行政主体，而受托组织不是</td></tr>
</table>

二、判断法律法规授权组织的主体地位

<table>
<tr><td rowspan="2">授权对象</td><td rowspan="2">具有公共管理职能的组织</td><td>行政机构</td><td>派出机构、内部机构、临时机构</td></tr>
<tr><td colspan="2">社会组织</td></tr>
<tr><td>行使职权</td><td colspan="3">只行使某方面的行政职权</td></tr>
<tr><td>法律地位</td><td colspan="3">具有行政主体地位</td></tr>
</table>

结论一：区分公安局和派出所的主体地位

1. 公安局是政府的工作部门，有权进行治安管理处罚，不区分行为种类，都作行政主体。

2. 派出所的权限是警告和500元以下的罚款，故当派出所作警告、作罚款时，派出所作行政主体；否则由所属公安局作行政主体。（钱告所，人告局）

结论二：确定内设机构的主体地位

1. 内设机构如经过授权可以作为行政主体，如原工商行政管理总局内设的商标评审委员会经过法律法规授权，成为行政主体。

2. “办公室”问题：

【基础模版】该办公室是内设机构，且没有法律法规授权，故没有行政主体资格，不能成为被告，所属的××是行政机关，应为本案的被告。

结论三：确定临时机构的主体地位（同内设机构）

三、判断委托机关的主体地位

结论一：行政机关委托的组织所作的行政行为，委托的行政机关是被告

例：2018 年 3 月 12 日，市国土资源局向王某下达《停止违法建设通知书》，责令其停止违法行为。在就王某违法建设行为召开协调会后，市建设规划局向王某发出《责令限期拆除违法建筑的通知》，告知王某其建筑违法，责令王某限期一日内拆除违法建筑。2018 年 3 月 15 日，城管大队组织强制拆除工作，城管大队通知镇政府、镇管委会到场，组织人员将王某的违法房屋予以强制拆除。经法院查明，市建设规划局曾向城管大队发送委托书，委托城管大队作出违法建筑物行政拆除决定。

问：王某对拆除行为不服，本案的被告如何确定？(回忆版 2018 年主观真题第 2 问)

答：被告应为市建设规划局。本案中，王某以镇政府、镇管委会、城管大队、市国土资源局、市建设规划局为被告错误。其中，镇政府、镇管委会由城管大队通知到场，并未从事拆除行为，故不是被告；市国土资源局向王某下达《停止违法建设通知书》，也未从事拆除行为，故不是被告；市建设规划局向城管大队发送委托书，城管大队组织人员将王某的违法房屋予以强制拆除，根据《行政诉讼法》第 26 条第 5 款的规定，行政机关委托的组织所作的行政行为，委托的行政机关是被告。因此，本案的被告为市建设规划局。

结论二：假授权，真委托

行政机关在没有法律、法规或者规章规定的情况下，授权其内设机构、派出机构或者其他组织行使行政职权的，应当视为委托。当事人不服提起诉讼的，应当以该行政机关为被告。

【主观考查方法】

例：乙区政府与乙区管委会签订《征收补偿授权协议书》，授权乙区管委会以乙区政府的名义实施征收补偿事务。黄某与乙区管委会签订了《资产收购协议》，后黄某认为补偿数额过低，向法院提起诉讼要求确认协议无效。

问：本案的被告是谁？为什么？(回忆版 2020 年主观真题第 2 问)

答：区政府是被告。《行政诉讼法》及相关司法解释规定，没有法律、法规或者规章规定，行政机关授权其内设机构、派出机构或者其他组织行使行政职权的，属于委托。当事人不服提起诉讼的，应当以该行政机关为被告。本案中，区政府授权乙区管委会没有法律依据，属于假授权、真委托，视管委会为受区政府委托的组织，其与黄某签订行政协议的，应当由区政府作为被告承担责任。

四、被申请人和复议机关

1. 对行政机关的行为不服

<table>
<tr><th>被申请人</th><th colspan="2">复议机关</th></tr>
<tr><td>地方各级政府</td><td colspan="2">上一级政府（被申请人为省级政府的，自己作复议机关）</td></tr>
<tr><td rowspan="3">政府的工作部门</td><td>原则</td><td>本级政府
（被申请人为国务院工作部门，自己作复议机关）</td></tr>
<tr><td>垂直领导</td><td>上一级主管部门：海关、外汇、金融、税务
（口诀：海外金税）</td></tr>
<tr><td>双重领导</td><td>对司法局的行为不服的，可以向本级政府申请行政复议，也可以向上一级司法局申请行政复议</td></tr>
<tr><td>派出机关</td><td colspan="2">设立机关</td></tr>
</table>

注意1：《行政复议法》的修改和考查重点在于行政复议的相对集中管辖，即对于县公安局的行为不服，只能找县政府作复议机关。此时，复议机关应当将复议决定书、意见书同时抄告被申请人的上一级主管部门。

注意2：对省级政府或者国务院部门的行政行为不服的，向作出该行政行为的机关申请行政复议。对行政复议决定不服的，可以向法院提起行政诉讼；也可以向国务院申请裁决，国务院作出的是最终裁决。

注意3：对当场作出或者依据电子技术监控设备记录的违法事实作出的行政处罚决定不服申请行政复议的，可以通过作出行政处罚决定的行政机关提交行政复议申请。行政机关收到行政复议申请后，应当及时处理；认为需要维持行政处罚决定的，应当自收到行政复议申请之日起5日内转送行政复议机关。

2. 对行政机构的行为不服

<table>
<tr><th>行为人</th><th>被申请人</th><th>复议机关</th></tr>
<tr><td>派出所作罚款</td><td>派出所</td><td rowspan="2">公安局的同级政府</td></tr>
<tr><td>派出所作拘留</td><td>所属公安局</td></tr>
<tr><td>办公室、临时机构
（未经授权）</td><td>所属机关</td><td>所属机关的复议机关</td></tr>
</table>

注意1：派出所的权限是警告和500元以下的罚款。如果是800元罚款，属于“幅度越权”，仍以派出所为被申请人；如果是拘留，属于“种类越权”，需要以所属公安局为被申请人。

注意2：对县级以上地方各级人民政府工作部门依法设立的派出机构依照法律、法规、规章规定，以派出机构的名义作出的行政行为不服的行政复议案件，由本级政府管辖。即派出所是派出机构，复议机关找设立其的工作部门的同级人民政府，即公安局的同级政府。

3. 对其他组织的行为不服

行为人	**被申请人**
法律法规授权组织	自己
受委托组织	委托机关
两个以上行政机关	共同被申请人（复议机关为共同上一级机关）
下级经上级机关批准作出	上级批准机关
被撤销的行政机关	继续行使其职权的机关

五、被告

1. 一般情形

行为主体		被告
行政机关		自己
行政机构	派出所作罚款	自己
	派出所作拘留	所属公安局
	办公室（未经授权）	所属机关
	临时组建机构	组建机关
非政府组织	法律、法规、规章授权的组织	自己
	行政机关委托的组织	委托机关
两个或两个以上的行政机关		共同被告
被撤销或职权变更的行政机关		①继续行使其职权的行政机关 ②没有继续行使其职权的行政机关的，以其所属的人民政府为被告；实行垂直领导的，以垂直领导的上一级行政机关为被告
经批准的行政行为		在对外发生法律效力的文书上署名的机关

注意：被告的变更和追加

（1）原告起诉的被告不适格的，法院应当告知原告变更；原告不同意变更的，裁定驳回起诉。

（2）应当追加被告而原告不同意追加的，法院应当通知其作为第三人参加诉讼，但因复议维持导致共同被告的除外。

【主观考查方法】

例1：为了保护水源地，甲县政府2018年10月10日作出《关于同意关停集中式饮用水源一、二类保护区排污的批复》，决定将某企业经营场所划入二类保护区范围内，县政府决定关停该企业，由甲县环境保护局负责实施其排污关停工作，但对后续工作未作出安排。2019年5月，县生态环境局彻底关停排污口，该企业正式停产。

问：如果该企业对关停决定不服提起行政诉讼，如何确定本案的被告？（回忆版2021年主观真题第3问）

答：甲县政府为被告。《行政诉讼法》及相关司法解释规定，公民、法人或者其他组织直接向人民法院提起诉讼的，作出行政行为的行政机关是被告。本案中，企业起诉的是关停决定，而关停企业的决定是县政府作出的，根据“谁行为，谁被告”的规则，应当由甲县政府作为被告。

例2：2020年，丙市自然资源局向丙市政府呈报，丙市政府作出《同意收回国有土地使用权的批复》，丙市自然资源局据此作出了《收回国有土地使用权决定书》并向刘某送达。

问：本案应如何确定被告。（回忆版2021年延期主观真题第2问）

答：本案的被告是丙市自然资源局。《行政诉讼法》及相关司法解释规定，当事人不服经上级行政机关批准的行政行为，向人民法院提起诉讼的，以在对外发生法律效力的文书上署名的机关为被告。本案中，该决定书经上级机关丙政府批准，以下级机关丙市自然资源局的名义作出，因此被告为署名机关即丙市自然资源局。

2. 拆除房屋的被告确定

情形	被告资格
县级以上地方政府根据城乡规划法的规定，责成有关职能部门对违法建筑实施强制拆除，当事人不服强制拆除行为提起诉讼	①以作出强制拆除决定的行政机关为被告 ②没有强制拆除决定书的，以具体实施强制拆除行为的职能部门为被告
县级以上地方政府已经作出国有土地上房屋征收与补偿决定，当事人不服具体实施房屋征收与补偿工作中的强制拆除房屋等行为提起诉讼	
当事人对集体土地征收中强制拆除房屋等行为不服提起诉讼	

【主观考查方法】

例：2021年10月25日，某县政府作出《关于某小区改造建设项目房屋征收决定》，对某小区内房屋进行征收，并公布了征收范围。房屋征收部门为县住房与城乡建设局，房屋征收实施单位为县政府组建的老旧小区改造工程指挥部。2022年5月15日，指挥部作出强制拆除决定书，并安排一建筑公司强行拆除了孙某的房屋。孙某向法院起诉，请求法院判决强制拆除行为违法并赔偿房屋及装修损失。

问：如何确定本案被告？请说明理由。（回忆版 2023 年主观真题第 2 问）

答：被告是县政府。根据《行政诉讼法》及相关司法解释规定，县级以上地方政府已经作出国有土地上房屋征收与补偿决定，公民、法人或者其他组织不服具体实施房屋征收与补偿工作中的强制拆除房屋等行为提起诉讼的，人民法院应当以作出强制拆除决定的行政机关为被告；没有强制拆除决定书的，以县级以上地方人民政府确定的房屋征收部门为被告。本案中，作出强拆决定书的是指挥部，而指挥部作为临时组建机构不具有行政主体资格，因此被告应为组建机关即县政府。

3. 开发区的被告确定

行为主体		被告资格
开发区	有权	①对国务院、省级政府批准设立的开发区管理机构不服，以该开发区管理机构为被告 ②对国务院、省级政府批准设立的开发区管理机构所属职能部门不服，以其职能部门为被告
	无权	①对其他开发区管理机构所属职能部门不服，以开发区管理机构为被告 ②开发区管理机构没有行政主体资格的，以设立该机构的地方政府为被告

【主观考查方法】

例：金州市为省会城市，金州高新技术开发区是根据省人民政府批准成立的开发区，金州开发区管委会为省人民政府批准设立的开发区行政管理机构，下设财政局、教育局、生态环境局等职能部门。

问：如果福山公司对金州开发区管委会生态环境局作出的行政处罚不服，欲提起行政诉讼，应当以谁为被告？（官方指导案例用书）

答：应当以金州开发区管委会生态环境局作为被告。本案中，金州高新技术开发区是根据省人民政府批准成立的开发区，因此管委会及其职能部门就是其作出行政行为的行政诉讼被告。

4. 复议案件被告的确定

复议案件		被告
复议机关作为 （被告法定）	维持决定	原机关和复议机关（共同被告）
	改变决定	复议机关
复议机关不作为 （自由选择）	诉原行政行为	原机关
	诉复议机关不作为	复议机关

结论一：维持和改变的区分

复议改变	①复议机关改变原行政行为的处理结果 ②复议机关确认原行政行为违法或无效
复议维持	①复议机关改变原行政行为所认定的主要事实和证据、改变原行政行为所适用的规范依据，但未改变原行政行为处理结果 ②复议机关驳回复议申请或者复议请求，但以复议申请不符合受理条件为由驳回的除外 ③复议决定既有维持原行政行为内容，又有改变原行政行为内容或者不予受理申请内容的，原行政机关和复议机关为共同被告

结论二：复议机关作维持决定，被告如何确定

1. 复议机关作维持决定，由原机关和复议机关作共同被告。

2. 如果此时少列被告而原告不同意追加的，法院将另一机关列为共同被告。

结论三：复议维持的审理和裁判

1. 复议机关决定维持原行政行为的，法院应当在审查原行政行为合法性的同时，一并审查复议决定的合法性。

2. 复议机关与作出原行政行为的行政机关为共同被告的案件，法院应当对复议决定和原行政行为一并作出裁判。

【主观考查方法】

例：乙、丙、丁三人向区政府提出复议申请，区政府经复议后认定三人提出的变更登记申请不符合受理条件，区工商分局作出的登记驳回通知错误，决定予以撤销。如何确定本案的审理和裁判对象？如区政府在行政复议中维持区工商分局的行为，有何不同？(2015年主观真题第3问)

答：本案的审理裁判对象是区政府撤销区工商分局通知的行为。如果区政府维持了区工商分局的行为，那么原行政行为和复议决定均为案件的审理对象，法院应一并作出裁判。

六、行政赔偿义务机关

案件类型	赔偿义务机关
行政机关及工作人员侵权	行政机关
两个以上行政机关共同侵权	共同赔偿义务机关
法律法规授权组织侵权	法律法规授权组织
受委托的组织侵权	委托的行政机关
赔偿义务机关被撤销	继续行使其职权的行政机关（先）
	撤销该赔偿义务机关的行政机关（后）

续表

案件类型	赔偿义务机关
复议案件	原机关
	复议机关（加重部分）

核心考点十　行政诉讼参加人

一、原告

1. 一般规定

主体	原告确定	
一般规定	行政行为相对人和利害关系人	
资格转移	①公民死亡	其近亲属为原告
	②法人或其他组织终止的	承受其权利的法人或其他组织为原告
利害关系人	①被诉的行政行为涉及其相邻权或者公平竞争权 ②在复议等行政程序中被追加为第三人 ③要求行政机关依法追究加害人法律责任 ④撤销或者变更行政行为涉及其合法权益 ⑤为维护自身合法权益向行政机关投诉，具有处理投诉职责的行政机关作出或者未作出处理的	
共同原告	10人以上，推选2–5人为诉讼代表人或者法院指定	

例1：经（原）工商局核准，甲公司取得企业法人营业执照，经营范围为木材切片加工。甲公司与乙公司签订合同，由乙公司供应加工木材1万吨。不久，省林业局致函甲公司，告知按照本省地方性法规的规定，新建木材加工企业必须经省林业局办理木材加工许可证后，方能向工商行政管理部门申请企业登记，违者将受到处罚。1个月后，省林业局以甲公司无证加工木材为由没收其加工的全部木片，并处以30万元罚款。其间，省林业公安局曾传唤甲公司人员李某到公安局询问该公司木材加工情况。甲公司向法院起诉要求撤销省林业局的处罚决定。

问：对省林业局的处罚决定，乙公司是否有原告资格？为什么？（2011年主观真题第2问）

答：没有。因为乙公司与省林业局的处罚行为无直接的、实质性的利害关系，对甲公司不履行合同及给乙公司带来的损失，乙公司可以通过对甲公司提起民事诉讼等途径获得救济。

例2：电信卡收费案件（最高院指导性案例）

裁判要点：举报人就其自身合法权益受侵害向行政机关进行举报的，与行政机关的举报处理行为具有法律上的利害关系，具备行政诉讼原告主体资格。

【答题模板】对应问题：某某是否具有原告资格？

答：具有原告资格。《行政诉讼法》及相关司法解释规定，行政行为的相对人以及其他与行政行为有利害关系的公民、法人或者其他组织，有权提起诉讼。本案中，甲属于行政相对人（或利害关系人），可以作为原告提起行政诉讼。

2. 企业的原告资格

具备法人资格的企业	联营企业、中外合资或者合作企业	企业为原告或者联营、合资、合作各方为原告 （认为企业权益或自己一方权益受到侵害，均可起诉）
	非国有企业	该企业为原告或者法定代表人为原告 （被行政机关注销、撤销、合并、强令兼并、出售、分立或改变企业隶属关系的）
	股份制企业	企业为原告，股东大会、股东会、董事会以企业名义起诉 （认为行政行为侵犯企业经营自主权）

3. 行政协议的原告资格

行政相对人	公民、法人或者其他组织
利害关系人	①参与招标、拍卖、挂牌等竞争性活动，认为行政机关应当依法与其订立行政协议但行政机关拒绝订立，或者认为行政机关与他人订立行政协议损害其合法权益的公民、法人或者其他组织 ②认为征收征用补偿协议损害其合法权益的被征收征用土地、房屋等不动产的用益物权人、公房承租人 ③其他认为行政协议的订立、履行、变更、终止等行为损害其合法权益的公民、法人或者其他组织

【重点法条】《最高人民法院关于审理行政协议案件若干问题的规定》第4条第1款：因行政协议的订立、履行、变更、终止等发生纠纷，公民、法人或者其他组织作为原告，以行政机关为被告提起行政诉讼的，人民法院应当依法受理。

4. 行政公益诉讼

内容	检察院在履行职责中发现生态环境和资源保护、食品药品安全、国有财产保护、国有土地使用权出让等领域负有监督管理职责的行政机关违法行使职权或者不作为，致使国家利益或者社会公共利益受到侵害的，应当向行政机关提出检察建议，督促其依法履行职责。行政机关不依法履行职责的，检察院依法向法院提起诉讼
原告	检察院
被告	行政机关
特殊程序	诉前检察建议

【主观考查方法】

例1：白山市江源区中医院新建综合楼时，未建设符合环保要求的污水处理设施即投入使用。吉林省白山市人民检察院发现该线索后，进行了调查。调查发现白山市江源区中医院通过渗井、渗坑排放医疗污水。经对其排放的医疗污水及渗井周边土壤取样检验，化学需氧量、五日生化需氧量、悬浮物、总余氯等均超过国家标准。还发现白山市江源区卫生和计划生育局在白山市江源区中医院未提交环评合格报告的情况下，对其《医疗机构职业许可证》校验为合格，且对其违法排放医疗污水的行为未及时制止，存在违法行为。检察机关在履行了提起公益诉讼的前置程序后，诉至法院，请求：1. 确认被告白山市江源区卫生和计划生育局于2015年5月18日为第三人白山市江源区中医院校验《医疗机构执业许可证》的行为违法；2. 判令白山市江源区卫生和计划生育局履行法定监管职责，责令白山市江源区卫生和计划生育局限期对白山市江源区中医院的医疗污水净化处理设施进行整改；3. 判令白山市江源区中医院立即停止违法排放医疗污水。(最高检指导性案例)

裁判要点：人民法院在审理人民检察院提起的环境行政公益诉讼案件时，对人民检察院就同一污染环境行为提起的环境民事公益诉讼，可以参照行政诉讼法及其司法解释规定，采取分别立案、一并审理、分别判决的方式处理。

例2：2013年3月29日玉鑫公司交纳了罚款后，剑川县森林公安局即对该案予以结案。其后直到2016年11月9日，剑川县森林公安局没有督促玉鑫公司和王寿全履行“限期恢复原状”的行政义务，所破坏的森林植被至今没有得到恢复。(最高检指导性案例)

裁判要点：环境行政公益诉讼中，人民法院应当以相对人的违法行为是否得到有效制止，行政机关是否充分、及时、有效采取法定监管措施，以及国家利益或者社会公共利益是否得到有效保护，作为审查行政机关是否履行法定职责的标准。

二、第三人

标准	①同被诉行政行为有利害关系但没有提起诉讼 ②或者同案件处理结果有利害关系
资格	①行政处罚案件中的受害人或加害人 ②行政处罚案件中的共同被处罚人 ③行政裁决案件中的当事人 ④应当追加被告而原告不同意追加，法院应通知其作为第三人参加诉讼（复议机关作共同被告的除外） ⑤应当追加的原告，既不愿意参加诉讼，又不放弃实体权利的，应追加为第三人
权利	①有权提出自己的请求 ②有权进行举证 ③法院判决第三人承担义务或者减损第三人权益的，第三人有权依法提起上诉或者申请再审
不出庭	不发生阻止案件审理的效果

【主观考查方法】

例1：甲公司（第三人）能否提出诉讼主张？如乙公司（第三人）经合法传唤无正当理由不到庭，法院如何处理？（2012年主观真题第3问）

答：作为第三人，甲公司有权提出与本案有关的诉讼主张。乙公司经合法传唤无正当理由不到庭，不发生阻止案件审理的效果。

例2：甲县招商局作为第三人在行政诉讼中有哪些权利？甲县招商局无正当理由经法庭传唤不出庭，法院如何处理？（回忆版2021年主观真题第4问）

答：见表格中的后两项。

例3：2021年3月6日，县政府向A公司作出收回决定，决定按照合作协议中有关违约责任，收回A公司在县城城区、工业区的特许经营授权，授权给B公司代表县政府经营管理。A公司不服收回决定向市政府申请行政复议。2021年8月20日市政府作出维持决定，但决定未告知起诉期限。2022年1月10日，A公司提起行政诉讼，请求法院撤销收回决定。诉讼中，法院查明B公司已开工建设并在部分地区试运行。

问：本行政诉讼案件的当事人具体有哪些？请说明理由。（回忆版2022年主观真题第1问）

答：原告为A公司。因为A公司与行政行为之间具有利害关系，因此具有行政诉讼的原告资格。

被告为县政府和市政府。因为在复议维持案件中，原机关和复议机关为共同被告，A公司提起行政诉讼，被告为县政府和市政府。

第三人为B公司。因为B公司与案件处理结果有利害关系，是本案的第三人。

核心考点十一　管辖

一、级别管辖

基层法院	管辖第一审行政案件
中级法院	①对国务院部门或者县级以上地方人民政府所作的行政行为 ②海关处理的案件 ③本辖区内重大、复杂的案件 （社会影响重大的共同诉讼、集团诉讼；涉外或者涉及港澳台案件） ④其他法律规定由中级人民法院管辖的案件

例1：企业以县政府为被告提起行政诉讼。

问：本案的级别管辖如何确定？为什么？（回忆版2021年主观真题第1题）

答：由中级人民法院管辖。《行政诉讼法》及相关司法解释规定，中级人民法院管辖下列第一审行政案件：对国务院部门或者县级以上地方人民政府所作的行政行为提起诉讼的案件；海关处理的案件；本辖区内重大、复杂的案件；其他法律规定由中级人民法院管辖的案件。本案中，被告是县政府，因此由中级人民法院管辖。

二、地域管辖

一般原则	被告所在地
复议案件	原机关所在地+复议机关所在地法院管辖
限制人身自由的行政强制措施	被告所在地+原告所在地
不动产物权变动	不动产所在地

三、复议案件的管辖

<table>
<tr><th></th><th>被告</th><th>地域管辖</th><th>级别管辖</th></tr>
<tr><td>复议维持</td><td>原机关+复议机关</td><td rowspan="2">原机关所在地+复议机关所在地</td><td>按原机关（就低）</td></tr>
<tr><td>复议改变</td><td>复议机关</td><td>按复议机关</td></tr>
</table>

【主观考查方法】

例1：某区卫计局以董某擅自开展诊疗活动为由作出没收其违法诊疗工具并处5万元罚款的处罚。董某向区政府申请复议，区政府维持了原处罚决定。董某向法院起诉。问：本案的级别管辖归哪级法院？[1]

例2：2021年3月6日，县政府向A公司作出收回决定，决定按照合作协议中有关违约责任，收回A公司在县城城区、工业区的特许经营授权，授权给B公司代表县政府经营管理。A公司不服收回决定向市政府申请行政复议。2021年8月20日市政府作出维持决定，但决定未告知起诉期限。2022年1月10日，A公司提起行政诉讼，请求法院撤销收回决定。诉讼中，法院查明B公司已开工建设并在部分地区试运行。

问：如何确定本案的管辖法院？请说明理由。（回忆版2022年主观真题第2问）

答：原机关所在地和复议机关所在地的中级人民法院管辖。《行政诉讼法》及相关司法解释规定，地域管辖方面，经复议的案件，由原机关所在地和复议机关所在地法院管辖；级别管辖方面，复议维持案件，复议机关作共同被告的案件，以作出原行政行为的行政机关确定案件的级别管辖。因此，本案的管辖法院是原机关所在地和复议机关所在地的中级人民法院。

【答题模板】对应问题：如何确定本案的管辖法院？

答：应由××区法院管辖。《行政诉讼法》及相关司法解释规定，行政案件由最初作出行政行为的行政机关所在地人民法院管辖。本案中，××（如县环保局）是被告，故应由该地法院进行管辖。《行政诉讼法》及相关司法解释规定，基层人民法院管辖第

〔1〕 基层法院

一审行政案件，本案中，应由该基层法院进行审理。因此，本案应由××区法院管辖。

核心考点十二　行政诉讼的程序

一、起诉期限

1. 一般规定

原则	自知道或应当知道行政行为作出之日起6个月内提出，法律另有规定的除外
不作为案件	①没有履职期限规定，行政机关在接到申请之日起2个月内不履行；法律法规有履职期限规定的，从其规定 ②紧急情况下不受前项期限限制
复议案件	①自收到复议决定书之日起15日内起诉 ②复议机关逾期不作决定的，自复议期满15日内起诉

【主观考查方法】

例1：2018年3月15日，城管大队组织强制拆除工作，城管大队通知镇政府、镇管委会到场，组织人员将王某的违法房屋予以强制拆除。在拆除期间，王某尚未来得及将房屋内物品搬离，城管大队也未依法对屋内物品登记保全，未制作物品清单并交王某签字确认。王某以镇政府、镇管委会、城管大队、市国土资源局、市建设规划局为被告，提起行政诉讼，请求法院确认强制拆除行为违法，赔偿损失30万元。

问：王某提出行政诉讼的期限如何确定？（回忆版2018年主观真题第4问）

答：王某应当自知道或应当知道作出行政行为之日起6个月内提出行政诉讼。《行政诉讼法》第46条第1款规定，公民、法人或者其他组织直接向人民法院提起诉讼的，应当自知道或者应当知道作出行政行为之日起6个月内提出。法律另有规定的除外。

例2：2020年7月20日，企业向甲县政府提出申请：因为排污点关闭，企业无法继续生产，请求政府按企业整体征收发放一次性补偿金，并且免收关停期间的税费和土地使用费。县政府未予以回复。

2020年12月5日，企业向法院提起诉讼，请求政府判决被告支付补偿金。问：企业起诉是否超过起诉期限？为什么？（回忆版2021年主观真题第2题）

答：没有超过起诉期限。《行政诉讼法》及相关司法解释规定，公民、法人或者其他组织申请行政机关履行保护其人身权、财产权等合法权益的法定职责，行政机关在接到申请之日起2个月内不履行的，公民、法人或者其他组织可以向人民法院提起诉讼。法律、法规对行政机关履行职责的期限另有规定的，从其规定。本案中，应当在2个月届满后的6个月内提起行政诉讼，该企业2020年7月20日提出申请，12月5日提起诉讼没有超过起诉期限。

2. 不知道的最长保护期限

不知道起诉期限	自知道或者应当知道起诉期限之日起6个月内提出，但从知道或者应当知道行政行为内容之日起最长不得超过1年
不知道行政行为内容	自知道或者应当知道该行政行为内容之日起6个月内提出 ①因不动产提起的诉讼，自作出之日起不得超过20年 ②其他案件，自作出之日起不得超过5年

【主观考查方法】

例：2021年3月6日，县政府向A公司作出收回决定，决定按照合作协议中有关违约责任，收回A公司在县城城区、工业区的特许经营授权，授权给B公司代表县政府经营管理。A公司不服收回决定向市政府申请行政复议。2021年8月20日市政府作出维持决定，但决定未告知起诉期限。2022年1月10日，A公司提起行政诉讼，请求法院撤销收回决定。诉讼中，法院查明B公司已开工建设并在部分地区试运行。

问：A公司起诉是否超过起诉期限？请说明理由。(回忆版2022年主观真题第3问)

答：没有超过起诉期限。《行政诉讼法》及相关司法解释规定，行政机关作出行政行为时，未告知公民、法人或者其他组织起诉期限的，起诉期限从公民、法人或者其他组织知道或者应当知道起诉期限之日起计算，但从知道或者应当知道行政行为内容之日起最长不得超过一年。本案中，因为决定未告知起诉期限，所以起诉期限从知道起诉期限之日起计算，同时自知道行政行为内容之日未超过一年，所以没有超过起诉期限。

二、立案登记制

立案登记	法院在接到起诉状时对符合本法规定的起诉条件的，应当登记立案
是否立案	①能够判断符合起诉条件的，应当当场登记立案 ②当场不能判断是否符合起诉条件的，应当接收起诉状，出具注明收到日期的书面凭证，并在7日内决定是否立案 ③7日内仍不能作出判断的，应当先予立案
指导义务	起诉状内容欠缺或者有其他错误的，应当给予指导和释明，并一次性告知当事人需要补正的内容
法律责任	①对于不接收起诉状、接收起诉状后不出具书面凭证，以及不一次性告知当事人需要补正的起诉状内容的，当事人可以向上级法院投诉，上级法院应当责令改正，并对直接负责的主管人员和其他直接责任人员依法给予处分 ②法院既不立案，又不作出不予立案裁定的，当事人可以向上一级法院起诉。上一级法院认为符合起诉条件的，应当立案、审理，也可以指定其他下级法院立案、审理

【主观考查方法】

例：法院接到起诉状决定是否立案时通常面临哪些情况？如何处理？(2015年主观真题第4题)[1]

三、一审普通程序

交换诉状	立案起5日内将副本发送被告，被告自收到副本15日内提交证据
公开审理	①人民法院公开审理行政案件，但涉及国家秘密、个人隐私和法律另有规定的除外 ②涉及商业秘密的案件，当事人申请不公开审理的，可以不公开审理
公开宣判	①对公开审理和不公开审理的案件，一律公开宣判 ②当庭宣判，应当在十日内发送判决书；定期宣判，宣判后立即发给判决书 ③宣告判决时，必须告知当事人上诉权利、上诉期限和上诉的人民法院

【主观考查方法】

例：《行政诉讼法》对一审法院宣判有何要求？(2015年主观真题第5题)[2]

四、一审简易程序

适用	**前提**	①第一审案件 ②事实清楚、权利义务关系明确、争议不大 ③发回重审、按照审判监督程序再审的案件不适用
	案件类型	①被诉行政行为是依法当场作出的 ②案件涉及款额2000元以下的 ③属于政府信息公开案件的
	合意	除上述规定以外的第一审案件，当事人各方同意适用
制度	**特点**	①由审判员一人独任审理 ②法院可以用口头通知、电话、短信、传真、电子邮件等简便方式传唤当事人、通知证人、送达裁判文书以外的诉讼文书
	审限	立案之日起45日内审结
	转换	①在审理中，发现案件不宜用简易程序的，裁定转为普通程序 ②在审限届满前作出裁定，并书面通知双方当事人

【主观考查方法】

例1：法院适用简易程序审理的案件应在立案之日起45日内审结，有特殊情况需

〔1〕答案为表格中是否立案的内容

〔2〕答案为表格中公开宣判的内容

延长的经批准可延长。是否正确?[1]

例 2：对适用简易程序作出的判决，当事人不得提出上诉。是否正确?[2]

【答题模板】对应问题：本案是否可以适用简易程序进行审理?

答：（信息公开案件）该案可以适用简易程序进行审理。《行政诉讼法》及相关司法解释规定，人民法院审理下列第一审行政案件，认为事实清楚、权利义务关系明确、争议不大的，可以适用简易程序：（一）被诉行政行为是依法当场作出的；（二）案件涉及款额二千元以下的；（三）属于政府信息公开案件的。除前款规定以外的第一审行政案件，当事人各方同意适用简易程序的，可以适用简易程序。本案中，××属于信息公开案件，故可以适用简易程序进行审理。

五、二审程序

审理方式	①合议庭，开庭审理 ②对没有提出新的事实、证据或理由，认为不需要开庭审理的，也可以不开庭
审理原则	全面审查：判决、裁定、被诉行政行为

【主观考查方法】

例：在二审期间，龙江市人民政府是否有权要求人民法院开庭审理？为什么？（官方指导案例用书）

答：龙江市人民政府无权要求开庭审理。根据《行政诉讼法》，行政诉讼二审是否进行开庭审理，由合议庭根据实际情况确定。

核心考点十三　行政诉讼的特殊制度

一、一并审理

制度内容	在涉及行政许可、登记、征收、征用和行政机关对民事争议所作的裁决的行政诉讼中，当事人申请一并解决相关民事争议的，人民法院可以一并审理
提出期限	应当在第一审开庭审理前提出；有正当理由的，也可以在法庭调查中提出
救济制度	对不予准许的决定可以申请复议一次
程序要求	①在涉及行政许可、登记、征收、征用等行政诉讼中，民事争议应当单独立案，由同一审判组织审理 ②审理行政机关对民事争议所作裁决的案件，一并审理民事争议的，不另行立案
调解制度	当事人在调解中对民事权益的处分，不能作为审查被诉行政行为合法性的根据

〔1〕错误
〔2〕错误

续表

裁判结果	①行政争议和民事争议应当分别裁判 ②当事人仅对行政裁判或者民事裁判提出上诉的，未上诉的裁判在上诉期满后即发生法律效力

二、撤诉、缺席判决与出庭应诉制

1. 撤诉

撤诉方式	申请撤诉	由法院裁定是否准许撤诉
	视为撤诉	①经传票传唤拒不到庭 ②未经许可中途退庭 ③未交诉讼费
撤诉后果	①导致诉讼程序终结 ②裁定准许原告撤诉后，原告不得以同一事实和理由重新起诉，未交诉讼费的例外 ③准予撤诉的裁定确有错误，原告申请再审的，人民法院通过审判监督程序处理	

2. 缺席判决

原告或上诉人	申请撤诉，法院裁定不予准许，并且经传票传唤拒不到庭或未经许可中途退庭
被告	①无正当理由拒不到庭 ②未经许可中途退庭

3. 被告出庭应诉制

负责人	①被诉行政机关负责人应当在第一审、第二审、再审等诉讼程序中出庭参加诉讼 ②包括行政机关的正职、副职负责人、参与分管被诉行政行为实施工作的副职级别的负责人以及其他参与分管的负责人 ③有共同被告的行政案件，可以由共同被告协商确定行政机关负责人出庭应诉；也可以由人民法院确定 ④行政机关负责人出庭应诉的，可以另行委托 1-2 名诉讼代理人
委托	①不能出庭的，应当委托行政机关相应的工作人员出庭（是指被诉行政机关中具体行使行政职权的工作人员；行政机关委托行使行政职权的组织或者下级行政机关的工作人员，可以视为行政机关相应的工作人员） ②行政机关负责人有正当理由不能出庭应诉的，应当向人民法院提交相关证明材料，并加盖行政机关印章或者由该机关主要负责人签字认可 ③行政机关拒绝说明理由的，不发生阻止案件审理的效果，人民法院可以向监察机关、上一级行政机关提出司法建议

【主观考查方法】

例： 若在一审开庭时，行政机关负责人没有出庭应诉，并委托城管大队的相关工

作人员和律师出庭，法庭是否应予准许？为什么？（回忆版2018年主观真题第5问）

答：应予准许。《行政诉讼法》第3条第3款规定：被诉行政机关负责人应当出庭应诉。不能出庭的，应当委托行政机关相应的工作人员出庭。《最高人民法院关于行政机关负责人出庭应诉若干问题的规定》第10条第2款规定：行政机关委托行使行政职权的组织或者下级行政机关的工作人员，可以视为行政机关相应的工作人员。本案中，被告为市建设规划局，如果在一审开庭时，负责人没有出庭应诉，受委托组织城管大队的工作人员可以视为相应的工作人员出庭应诉。

三、调解制度

<table>
<tr><td rowspan="4">调解制度</td><td colspan="2">人民法院审理行政案件，不适用调解</td></tr>
<tr><td>例外</td><td>行政赔偿、补偿以及行政机关行使法律、法规规定的自由裁量权的案件可以调解</td></tr>
<tr><td>原则</td><td>调解应当遵循自愿、合法原则，不得损害国家利益、社会公共利益和他人合法权益</td></tr>
<tr><td>不公开</td><td>①调解过程不公开，但当事人同意公开的除外
②调解协议内容不公开，但为保护国家利益、社会公共利益、他人合法权益，法院认为确有必要公开的除外</td></tr>
</table>

【主观考查方法】

例：公安机关以张某教唆他人吸食毒品为由对其处以拘留10日并处3000元罚款，张某提起诉讼。本案中，法院是否可以进行调解？[1]

【答题模板】对应问题：本案是否可以适用调解？

答：本案可以适用调解制度。《行政诉讼法》及相关司法解释规定，行政赔偿、补偿以及行政机关行使法律、法规规定的自由裁量权的案件可以调解。本案中，××属于赔偿案件，故可以适用调解制度。

四、中止与终结审理

诉讼程序	适用情形
诉讼中止	①原告死亡，须等待其近亲属表明是否参加诉讼 ②原告丧失诉讼行为能力，尚未确定法定代理人 ③作为一方当事人的行政机关、法人或者其他组织终止，尚未确定权利义务承受人 ④一方当事人因不可抗力的事由不能参加诉讼 ⑤案件涉及法律适用问题，需要送请有权机关作出解释或者确认 ⑥案件的审判须以相关民事、刑事或者其他行政案件的审理结果为依据，而相关案件尚未审结的

〔1〕可以

续表

诉讼终结	①原告死亡，没有近亲属或者近亲属放弃诉讼权利 ②作为原告的法人或者其他组织终止后，其权利义务的承受人放弃诉讼权利 ③中止诉讼的前三项事由满90日仍无人继续诉讼

五、被告改变行政行为

改变情形	改变	①改变原行政行为所认定的主要事实和证据的 ②改变原行政行为所适用的规范依据且对定性产生影响的 ③撤销、部分撤销或者变更原行政行为处理结果的
	视为改变	①根据原告的请求依法履行法定职责 ②采取相应的补救、补偿措施 ③在行政裁决案件中，书面认可原告与第三人达成的和解
申请撤诉	符合下列条件的，人民法院应当裁定准许： ①申请撤诉是当事人真实意思表示 ②被告改变被诉具体行政行为，不违反法律、法规的禁止性规定，不超越或者放弃职权，不损害公共利益和他人合法权益 ③被告已经改变或者决定改变被诉具体行政行为，并书面告知人民法院 ④第三人无异议	
法律后果	原告申请撤诉	经法院准许后诉讼终结
	原告不撤诉	继续审理原行为，如原行为违法，作出确认违法判决
	原告或第三人起诉新的行为	审理改变后的行为

【主观考查方法】

例：行政机关在二审期间能否撤销已经生效的《建设工程消防验收备案结果通知》？（回忆版2019年主观真题第3问）

答：可以。《最高人民法院关于行政诉讼撤诉若干问题的规定》第3条规定：有下列情形之一的，属于《行政诉讼法》第五十一条规定的“被告改变其所作的具体行政行为”：（一）改变被诉具体行政行为所认定的主要事实和证据；（二）改变被诉具体行政行为所适用的规范依据且对定性产生影响；（三）撤销、部分撤销或者变更被诉具体行政行为处理结果。本案中，行政机关在二审期间撤销已经生效的《建筑工程消防验收备案结果通知》，属于被告改变其所作的具体行政行为，可以作出该行为。

【答题模板】对应问题：被告的行为属于什么类型的行为？

答：属于被告改变具体行政行为。《行政诉讼法》及相关司法解释规定，行政机关撤销、部分撤销或者变更被诉具体行政行为处理结果，属于被告改变其所作的具体行政行为。本案中，……，属于被告改变具体行政行为。

六、先予执行

适用	案件	起诉行政机关没有依法支付抚恤金、最低生活保障金和工伤、医疗社会保险的案件
	条件	权利义务关系明确，不先予执行将严重影响原告生活
方式	①依原告申请 ②先予执行需要书面裁定	
救济	①当事人对先予执行裁定不服的，可以申请复议一次 ②复议期间不停止裁定的执行	

【主观考查方法】

例1：陈某申请领取最低生活保障费，遭民政局拒绝。陈某诉至法院，要求判令民政局履行法定职责，同时申请法院先予执行。问：如法院作出先予执行裁定，民政局不服，可以申请复议。是否正确？[1]

例2：孙某以房管局办理手续时未尽核实义务造成其15万元债权无法实现为由，起诉要求认定该局行为违法并赔偿损失。问：法院可根据孙某申请裁定先予执行。是否正确？[2]

例3：为遏制贾某上访，2018年10月，民政部门停发其最低生活保障金。贾某申请要求民政部门发放最低生活保障金，但民政部门回复必须中止上访才能发放。贾某因生活费无着落，无力继续上访，最终决定通过行政诉讼维权。

《市最低生活保障金管理条例》第16条规定："存在以下情形的，民政部门停止发放最低生活保障金；（一）已经不符合最低生活保障金发放条件的；（二）因虚假申报骗取最低生活保障金的；（三）领取人被宣告失踪、死亡的；（四）法律、法规规定的其他应当停止发放最低生活保障金的。"（官方指导案例用书）

问：民政部门停止向贾某发放最低生活保障金是否合法？如果你是贾某的律师，应当建议贾某采取何种措施尽快获得最低生活保障金以支持维权诉讼活动持续进行？

答：不合法，应向人民法院申请就最低生活保障金裁定先予执行。停止发放最低生活保障金是严重减损公民权利的行政行为，必须有法律法规的依据。当事人上访不是《市最低生活保障金管理条例》第16条规定的停止发放最低生活保障金的法定情形，因此不能据此停止发放最低生活保障金。本案贾某一直领取最低生活保障金，领取资格很清楚，且贾某无劳动能力、无生活来源，因此为了让当事人尽快获得最低生活保障金，律师应当建议尽快向人民法院申请，就最低生活保障金发放问题作出先予执行的裁定，要求民政部门尽快恢复发放最低生活保障金。

---

〔1〕 正确

〔2〕 错误

核心考点十四　行政诉讼的证据

一、证据的形式要求

书证	①一般要原件 ②提供复制件，应当注明出处，经该部门核对无异加盖印章 ③专业技术资料附说明材料
视听资料	①要原始载体 ②注明制作方法、制作时间、制作人和证明对象 ③声音资料应当附有该声音内容的文字记录
证人证言	①书面证言的要求：要有证人的签名或盖章，但只有签章不行 ②证人因履行出庭作证义务而支出的交通、住宿、就餐等必要费用，由败诉一方当事人承担 ③当事人申请证人出庭作证的，应当在举证期限届满前提出，并经人民法院许可。当事人在庭审过程中要求证人出庭作证的，由法庭决定是否准许
鉴定意见	①要有鉴定人的签名和鉴定部门的盖章 ②原告或者第三人有证据或者有正当理由表明被告据以认定案件事实的鉴定结论可能有错误，在举证期限内书面申请重新鉴定的，人民法院应予准许
现场笔录	①执法人员必须签 ②当事人拒绝签名或者不能签名的，注明原因
勘验笔录	①勘验人签 ②在场人（当地基层组织或者当事人所在单位的派员）签 ③当事人或其成年亲属拒不到场的，说明原因

例1：张某的证词有张某的签字后，即可作为证人证言使用。是否正确？[1]

例2：县公安局提交的现场笔录无当事人签名的，不具有法律效力。是否正确？[2]

二、举证责任的分配

	举证责任
被告	①被告对作出行政行为的合法性负有举证责任：作出该行为的证据+所依据的规范性文件 ②被告不提供或者无正当理由逾期提供证据，视为没有相应证据。但是，被诉行政行为涉及第三人合法权益，第三人提供证据的除外

〔1〕错误

〔2〕错误

续表

原告	①证明符合起诉条件，但被告认为原告起诉超过起诉期限的除外 ②依申请不作为案件中，应当证明自己提出过申请，但因正当理由不能提供的除外 ③行政赔偿、补偿案件中，原告对行政行为造成的损害提供证据；但因被告的原因导致原告无法就损害情况举证的除外。对于各方主张损失的价值无法认定的，应当由负有举证责任的一方当事人申请鉴定。当事人的损失因客观原因无法鉴定的，法院应当结合当事人的主张和在案证据，遵循法官职业道德，运用逻辑推理和生活经验、生活常识等，酌情确定赔偿数额 ④原告可以提供证明行政行为违法的证据；但证据不成立的，不免除被告的举证责任
复议维持	①作出原行政行为的行政机关和复议机关对原行政行为合法性共同承担举证责任，可以由其中一个机关实施举证行为。复议机关对复议决定的合法性承担举证责任 ②复议维持案件，复议机关在复议程序中依法收集和补充的证据，可以作为人民法院认定复议决定和原行政行为合法的依据

【主观考查方法】

例1：假设在贾某诉市房管局收回廉租房决定行政诉讼活动中，双方就贾某到底是何时搬出廉租房的事实发生争论，贾某主张自己没有连续6个月不在廉租房内实际居住，自己是在廉租房和其他住房轮流居住，市房管局则主张贾某存在连续6个月不在廉租房内实际居住的事实，对此事实的举证责任如何分配？(官方指导案例用书)

答：应由市房管局举证证明贾某连续6个月没有在廉租房实际居住。因为行政诉讼一般由被告承担举证责任，即由行政主体负责证明其行政行为事实清楚、证据确凿。市房管局作出收回廉租房决定是基于贾某连续6个月没有在廉租房实际居住这一事实，这个事实应当由市房管局举证证明。

例2：11月14日，区城管局对史某的房屋进行了强制拆除，史某尚未来得及将房屋内的家具、衣物等个人物品搬离。史某不服区城管局的强拆行为，2016年12月22日诉至法院，要求撤销区城管局的强拆行为，并赔偿其损失500万元，其中包括一失踪的祖传玉镯300万元。

问：史某提出对玉镯的赔偿请求应当由谁承担举证责任？(官方指导案例用书)

答：对玉镯的价值的认定应当由史某承担举证责任，因为该财产的损失是由区房管局的强制拆除行为造成的，但是该玉镯超出生活常理且价值无法认定，当事人如果不能提出证据证明其价值，法官无法支持其请求。

例3：马鞍山市花山区人民政府组织拆除上诉人的房屋时，未依法对屋内物品登记保全，未制作物品清单并交上诉人签字确认，致使上诉人无法对物品受损情况举证，故该损失是否存在、具体损失情况等，依法应由马鞍山市花山区人民政府承担举证责任。上诉人主张的屋内物品5万元包括衣物、家具、家电、手机等，均系日常生活必需品，符合一般家庭实际情况，且被上诉人亦未提供证据证明这些物品不存在，故对上诉人主张的屋内物品种类、数量及价值应予认定。上诉人主张实木雕花床价值为5

万元，已超出市场正常价格范围，其又不能确定该床的材质、形成时间、与普通实木雕花床有何不同等，法院不予支持。但出于最大限度保护被侵权人的合法权益考虑，结合目前普通实木雕花床的市场价格，按“就高不就低”的原则，综合酌定该实木雕花床价值为 3 万元。(最高院指导性案例)

裁判要点：在房屋强制拆除引发的行政赔偿案件中，原告提供了初步证据，但因行政机关的原因导致原告无法对房屋内物品损失举证，行政机关亦因未依法进行财产登记、公证等措施无法对房屋内物品损失举证的，人民法院对原告未超出市场价值的符合生活常理的房屋内物品的赔偿请求，应当予以支持。

三、举证期限

	举证期限
被告	①应当在收到起诉状副本之日起 15 日内向人民法院提交证据 ②延期提供：在作出行政行为时已收集了证据，因正当事由，经人民法院准许 ③在诉讼过程中，被告及其诉讼代理人不得自行向原告、第三人和证人收集证据
原告/第三人	①应当在开庭审理前或者人民法院指定的交换证据清单之日提供证据 ②延期提供：因正当事由，经人民法院准许，可以在法庭调查中提供

四、证据的审查

关联性审查	证据与案件事实之间是否存在内在联系
合法性审查	①证据是否符合法定形式 ②证据的取得是否符合法律、法规、规章、司法解释的要求 ③是否有影响证据效力的其他违法情形
真实性审查	①证据形成的原因 ②发现证据时的客观环境 ③证据是否为原件、原物，复制件、复制品与原件、原物是否相符 ④提供证据的人或证人与当事人是否有利害关系

例 1：法院对夏某住院的病案是否为原件的审查，系对证据真实性的审查。是否正确?〔1〕

例 2：从证据形成的原因方面审查的是证据的合法性。是否正确?〔2〕

五、行政协议举证责任

原告	原告主张撤销、解除行政协议的，对撤销、解除行政协议的事由承担举证责任

〔1〕 正确
〔2〕 错误

续表

被告	被告对于自己具有法定职权、履行法定程序、履行相应法定职责以及订立、履行、变更、解除行政协议等行为的合法性承担举证责任
其他	对行政协议是否履行发生争议的，由负有履行义务的当事人承担举证责任

六、信息公开举证责任

被告	拒绝提供	拒绝的根据以及履行法定告知和说明理由义务的情况
	涉密	认定公共利益以及不公开可能对公共利益造成重大影响的理由
	拒绝更正	拒绝的理由
原告	起诉被告拒绝更正	向被告提出过更正申请以及政府信息与其自身相关且记录不准确的事实根据

核心考点十五 行政诉讼的裁判

一、判决类型

1. 一审判决类型

<table>
<tr><th>判决类型</th><th colspan="3">适用情形</th></tr>
<tr><td>驳回原告诉讼请求</td><td colspan="3">①行政行为证据确凿，适用法律、法规正确，符合法定程序
②原告申请被告履行法定职责理由不成立
③原告要求被告履行给付义务理由不成立</td></tr>
<tr><td>撤销判决</td><td colspan="3">①主要证据不足 ②适用法律、法规错误
③违反法定程序 ④超越职权
⑤滥用职权 ⑥明显不当</td></tr>
<tr><td>履行判决</td><td colspan="3">被告不履行法定职责</td></tr>
<tr><td>给付判决</td><td colspan="3">被告负有给付义务（抚恤金、低保、社保）</td></tr>
<tr><td rowspan="3">确认判决</td><td rowspan="2">确认违法</td><td>具备可撤销内容</td><td>①应当撤销，但撤销会给国家利益、公共利益造成重大损害
②程序轻微违法，但对原告权利不产生实际影响</td></tr>
<tr><td>不具备可撤销内容</td><td>①行为违法，但不具有可撤销内容
②被告改变原违法行政行为，原告仍要求确认原行政行为违法
③被告不履行或拖延履行，判决履行没有意义</td></tr>
<tr><td>确认无效</td><td colspan="2">实施主体不具有行政主体资格或没有依据等重大且明显违法情形</td></tr>
<tr><td>变更判决（可以）</td><td colspan="3">①行政处罚明显不当
②其他行政行为涉及对款额的确定、认定确有错误</td></tr>
</table>

2. 具体要求

判决类型	具体要求
撤销判决	①法院判决撤销或者部分撤销，可以判决被告重新作出行政行为 ②法院判决撤销后，当事人对行政机关重新作出的行政行为不服向法院起诉的，法院应当立案 ③判决被告重新作出行政行为的，被告不得以同一的事实和理由作出与原行政行为基本相同的行政行为，但以违反法定程序为由重新作出的不受此限制 ④如果原机关作出了相同的行政行为，法院可以判决撤销或部分撤销，并向上一级行政机关或者监察、人事机关提出司法建议
确认判决	①判决确认违法或者无效的，可以同时判决责令被告采取补救措施 ②给原告造成损失的，依法判决被告承担赔偿责任 ③公民、法人或者其他组织对 2015 年 5 月 1 日之前作出的行政行为提起诉讼，请求确认行政行为无效的，法院不予立案

【主观考查方法】

例 1：大风村三组于 2006 年 9 月 14 日向依云市政府提出要求撤销第 3483 号国有土地使用证的申请。依云市政府相关工作人员在 2006 年 9 月 22 日对第一调味品厂负责人进行了口头询问并制作了调查笔录，但询问时未告知调查目的，也未告知可能因涉嫌欺骗且未如实登记，行政机关拟注销涉案土地使用证等情况。2006 年 12 月 28 日依云市政府作出了《关于注销第 3483 号国有土地使用证的决定》（以下简称 4 号决定），以第一调味品厂与大风村三组采取欺骗手段、未如实登记获颁土地使用证为由，决定注销该土地使用证。第一调味品厂不服，申请行政复议，省人民政府复议维持了 4 号决定。第一调味品厂仍不服，提起行政诉讼，请求撤销 4 号决定。涉案土地在诉讼过程中已用于房地产开发。

问：人民法院应当适用何种判决？为什么？(官方指导案例用书)

答：人民法院应当适用确认判决。因为按照《行政诉讼法》的规定，4 号决定主要证据不足、程序违法，应当作出撤销判决；但是，行政行为有下列情形的，人民法院判决确认违法，但不撤销行政行为：行政行为依法应当撤销，但撤销会给国家利益、社会公共利益造成重大损害的。本案中，撤销违法行政行为会给社会公共利益造成重大损害，因此不予撤销，而是作出确认违法的判决。

例 2：李某认为该消防设施设置在其家门口，影响其出行，向法院提起诉讼，请求依法撤销市公安消防支队批准在其门前设置的消防栓通过验收的决定；依法判令被告责令报批单位依据国家标准限期整改。

问：针对原告请求被告责令建设单位限期整改，如果一审法院支持这一诉讼请求，法院应如何裁判？为什么？（2019 年主观真题第 6 问）

答：法院应当作履行判决。《行政诉讼法》第 72 条规定：人民法院经过审理，查明被告不履行法定职责的，判决被告在一定期限内履行。本案中，原告的诉讼请求为判令被告责令建设单位限期整改，属于要求被告履行法定职责，故法院支持的情况下应当作履行判决。

例3：2021年3月6日，县政府向A公司作出收回决定，未经相关法律要求的听证程序，收回A公司在县城城区、工业区的特许经营授权，授权给B公司代表县政府经营管理。A公司不服收回决定向市政府申请行政复议。2021年8月20日市政府作出维持决定，但决定未告知起诉期限。2022年1月10日，A公司提起行政诉讼，请求法院撤销收回决定。诉讼中，法院查明B公司已开工建设并在部分地区试运行。

问：法院对本案应如何作出裁判？请说明理由。（2022年主观真题第6问）

答：对于原行政行为，法院应判决确认违法。《行政诉讼法》及相关司法解释规定，违反法定程序的，人民法院判决撤销或者部分撤销。同时规定，行政行为依法应当撤销，但撤销会给国家利益、社会公共利益造成重大损害的，法院判决确认违法。本案中，B公司已开工建设并在部分地区试运行，因此判决确认违法。

对于复议决定，法院应判决撤销。因为原行政行为违法，复议机关作出维持决定，因此对于复议决定应予撤销。

【答题模板】对应问题：本案法院应作什么判决？

答：该案应当作确认违法判决。《行政诉讼法》及相关司法解释规定，违反法定程序的，人民法院判决撤销或者部分撤销。同时规定，行政行为依法应当撤销，但撤销会给国家利益、社会公共利益造成重大损害的，人民法院判决确认违法。本案中，……，故应作确认违法判决。

二、行政赔偿请求

一审遗漏赔偿请求	二审认为应当赔偿	①确认被诉行政行为违法 ②并就赔偿部分调解，调解不成，赔偿部分发回重审
	二审认为不应赔偿	判决驳回行政赔偿请求
当事人二审提出赔偿请求		调解，调解不成，告知另行起诉

例1：若一审法院遗漏行政赔偿请求，第二审法院应当如何处理？（回忆版2021延期主观真题第6题）

答：见上表第一种情况。

例2：一审法院如遗漏了该企业的赔偿请求，二审法院应裁定撤销一审判决，发回重审。是否正确？[1]

例3：一审法院认定县政府决定违法，予以撤销，但未对赔偿请求作出裁判。问：如二审法院经审查认为依法不应给予该厂赔偿的，应判决驳回其赔偿请求。是否正确？[2]

---

〔1〕错误
〔2〕正确

核心考点十六　行政复议

一、复议和诉讼的衔接关系

1. 自由选择型

对属于法院受案范围的行政案件，公民、法人或者其他组织可以先向行政机关申请复议，对复议决定不服的，再向法院提起诉讼；也可以直接向法院提起诉讼。行政案件中的大部分案件为自由选择型。

2. 复议前置型

行政复议前置，是指法律、行政法规规定应当先向行政机关申请复议，对复议决定不服再向法院提起诉讼。

新增情形	①对当场作出的行政处罚决定不服（对公民≤200元，组织≤3000元，或警告） ②行政机关存在未履行法定职责情形 ③申请政府信息公开，行政机关不予公开
自然资源	对行政机关作出的侵犯其已经依法取得的自然资源的所有权或者使用权的决定不服
纳税争议	纳税人、扣缴义务人、纳税担保人对税务机关确定纳税主体、征税对象、征税范围、减税、免税及退税、适用税率、计税依据、纳税环节、纳税期限、纳税地点以及税款征收方式等发生的争议
经营者集中	对反垄断执法机构对经营者集中作出的决定不服的，可以先依法申请行政复议；对行政复议决定不服的，可以依法提起行政诉讼

【主观考查方法】

例1：若《建设工程消防验收备案结果通知》被公安消防支队撤销，建设单位可以如何救济自己的权利？（2019年主观真题第4问）

答：建设单位可以先向行政机关申请复议，对复议决定不服的，再向人民法院提起诉讼；也可以直接向人民法院提起诉讼。《行政诉讼法》第44条规定："对属于人民法院受案范围的行政案件，公民、法人或者其他组织可以先向行政机关申请复议，对复议决定不服的，再向人民法院提起诉讼；也可以直接向人民法院提起诉讼。"

例2：2023年11月1日，公司就其职工王某因交通事故死亡，向市人力资源和社会保障局申请工伤认定，并同时提交了市公安局交警大队所作的《道路交通事故证明》等证据。市人力资源和社会保障局以公安机关交通管理部门尚未对本案事故作出交通事故认定书为由，于当日作出《工伤认定时限中止通知书》，并向王某之母沈某和公司送达。因市人力资源和社会保障局未恢复对王某工伤认定程序，沈某于同年3月11日向市政府申请行政复议，要求撤销市人力资源和社会保障局作出的《中止通知书》。市政府以《中止通知书》是程序性行政行为，对权利义务没有实质影响，不属于行政复

议受案范围为由，驳回复议申请。沈某不服，向法院提起行政诉讼。（官方指导案例用书）

问：沈某能否就《中止通知书》直接向法院提起行政诉讼？请阐明理由。

答：不可以。《行政复议法》第23条第1款规定，认为行政机关存在未履行法定职责情形，申请人应当先向行政复议机关申请行政复议，对行政复议决定不服的，可以再依法向人民法院提起行政诉讼。本案中，工伤认定属于市人力资源和社会保障局的法定职责，虽然市人力资源局以公安机关交通管理部门尚未对本案事故作出交通事故认定书为由，作出《工伤认定时限中止通知书》，但若符合条件或中止认定工伤错误，市人力资源和社会保障局应恢复工伤认定申请，履行工伤认定职责，故若沈某认为市人力资源和社会保障局未履行恢复工伤认定职责寻求救济，应先申请行政复议，不能直接向法院提起诉讼。

二、复议参加人

1. 复议申请人

一般规定	申请行政复议的公民、法人或者其他组织
委托代理人	①申请人、第三人可以委托1-2名律师、基层法律服务工作者或者其他代理人代为参加行政复议 ②应当提交授权委托书、委托人及被委托人的身份证明文件 ③公民在特殊情况下无法书面委托的，可以口头委托
复议代表人	申请人超过5人，推选1-5人作为复议代表人

2. 复议第三人

权利内容	①行政复议期间，申请人、第三人及其委托代理人可以按照规定查阅、复制被申请人提出的书面答复、作出行政行为的证据、依据和其他有关材料 ②除涉及国家秘密、商业秘密、个人隐私或者可能危及国家安全、公共安全、社会稳定的情形外，行政复议机构应当同意
法律地位	不参加行政复议，不影响行政复议案件的审理

【主观考查方法】

例：张某义（男）、张某芳（女）系兄妹关系，刘某为张某义妻子。2000年，三人合力翻新房屋，并获得了有关部门的批准。2001年9月1日，江洲市房管局根据刘某提交的申请材料，为刘某填发了该房屋的房屋所有权证。对此，张某芳不知情。2017年4月该房屋要拆迁时张某芳才得知此事。2017年5月1日，张某芳向有关行政复议机关提起行政复议，要求撤销江洲市政府2001年作出的江房字第1180号《房屋所有权证》。行政复议机关在接到张某芳行政复议申请后，查阅相关资料，发现该证存在严重的法律和事实错误。在行政复议过程中，刘某要求参加行政复议，但该行政复议机关认为刘某是否参加行政复议不影响对江洲市2001年相关行政行为的判断，没有同意刘某参加行政复议。2017年7月1日，该行政复议机关作出行政复议决定，撤销该房屋所有权证。刘某对该行政复议决定不服，提起行政诉讼。（官方指导案例用书）

问1：在对江洲市人民政府作出的江房字第1180号《房屋所有权证》行政行为进行行政复议时．刘某是否有权利要求参加行政复议？

答：刘某有权参加行政复议。因为该行政复议的结果涉及刘某在涉案标的物上的权利义务，刘某是该行政复议结果的直接利害关系人。因此，刘某有权参加该行政复议。

问2：刘某对撤销其江房字第1180号《房屋所有权证》的行政复议决定不服，能否就此再向有权行政机关提起行政复议？

答：不可以。因为根据《行政复议法》规定，对行政复议不服的，不能再次提起行政复议。

三、行政复议的程序

1. 申请复议的期限

一般期限	①公民、法人或者其他组织认为行政行为侵犯其合法权益的，可以自知道或者应当知道该行政行为之日起60日内提出行政复议申请 ②但是法律规定的申请期限超过60日的除外（就长不就短）
不作为	①没有履职期限规定的，自行政机关收到申请满60日起；有履职期限规定的从其规定 ②紧急情况下不受前项期限限制
知一半	①行政机关作出行政行为时，未告知公民、法人或者其他组织申请复议的权利、复议机关和申请期限的，申请期限自公民、法人或者其他组织知道或者应当知道申请复议的权利、复议机关和申请期限之日起计算 ②但是自知道或者应当知道行政行为内容之日起最长不得超过1年
全不知	因不动产提出的复议申请自行政行为作出之日起超过20年，其他复议申请自行政行为作出之日起超过5年的，复议机关不予受理

【主观考查方法】

例：（案情见上题）张某芳于2017年提起行政复议，要求撤销江洲市人民政府2001年作出的行政行为，是否超过行政复议的时效？

答：没有超过行政复议申请期限。因为行政复议申请期限从知道行政行为之日起算，张某芳在针对涉案房屋启动征收补偿工作之后才知道江洲市人民政府相关行政行为。因此，张某芳行政复议的申请期限应当从2017年4月开始计算。张某芳2017年5

月 1 日提起行政复议，没有超过行政复议申请期限。且本案为不动产案件，也没有超过自行政行为作出之日起的 20 年。

2. 复议的受理与程序

申请	①书面（当面提交、邮寄、复议机关指定的互联网渠道等方式） ②书面申请有困难的，可以口头申请
受理	①复议机关收到复议申请后，应当在 5 日内进行审查，决定是否受理 ②申请材料不齐全或者表述不清楚的，复议机构应当自收到该申请之日起 5 日内书面通知申请人一次性补正 ③复议机关无正当理由不予受理、驳回申请或者受理后超过复议期限不作答复的，申请人有权向上级行政机关反映，上级行政机关应当责令其纠正；必要时，上级行政复议机关可以直接受理
人员	调查取证时，复议人员不得少于 2 人
证据	被申请人对其作出的行政行为的合法性、适当性负有举证责任
限制	①不得作出对申请人更为不利的变更决定，但是第三人提出相反请求的除外 ②行政复议期间，被申请人不得自行向申请人和其他有关单位或者个人收集证据；自行收集的证据不作为认定行政行为合法性、适当性的依据
鉴定	①涉及专门事项需要鉴定的，当事人可以自行委托鉴定机构进行鉴定，也可以申请复议机构委托鉴定机构进行鉴定 ②鉴定费用由当事人承担。鉴定所用时间不计入复议审理期限
依据	行政复议机关依照法律、法规、规章审理行政复议案件
生效	复议决定书一经送达，即发生法律效力
期间	关于复议期间有关 3 日、5 日、7 日、10 日的规定是指工作日
费用	复议机关受理复议申请，不得向申请人收取任何费用

3. 复议的审理方式

简易程序	**案件类型**	复议机关审理下列复议案件，认为事实清楚、权利义务关系明确、争议不大的，可以适用简易程序： ①行政行为是当场作出的 ②行政行为是警告或者通报批评 ③案件涉及款额 3000 元以下 ④政府信息公开案件 除上述规定以外的复议案件，当事人各方同意适用简易程序的，可以适用简易程序
	审理	①3 日内，将申请书副本发送被申请人。被申请人 5 日内，提出书面答复和证据 ②适用简易程序审理的复议案件，可以书面审理 ③应当自受理申请之日起 30 日内作出行政复议决定

续表

普通程序	①适用普通程序审理的复议案件，复议机构应当当面或者通过互联网、电话等方式听取当事人的意见，并将听取的意见记录在案 ②因当事人原因不能听取意见的，可以书面审理 ③应当自受理申请之日起60日内作出行政复议决定；但是法律规定的行政复议期限少于60日的除外
听证	①审理重大、疑难、复杂的复议案件，复议机构应当组织听证 ②行政复议机构认为有必要听证，或者申请人请求听证，复议机构可以组织听证 ③听证由1名复议人员任主持人，2名以上复议人员任听证员，1名记录员制作听证笔录
复议委员会	①县级以上各级政府应当建立相关政府部门、专家、学者等参与的复议委员会 ②对于案情重大、疑难、复杂；专业性、技术性较强；省级政府作被申请人；复议机构认为有必要的案件，应当提请委员会提出咨询意见 ③提请复议委员会提出咨询意见的案件，复议机关应当将咨询意见作为作出复议决定的重要参考依据

4. 复议的调解与和解

调解	①复议机关办理复议案件，可以进行调解 ②当事人经调解达成协议的，复议机关应当制作复议调解书，经各方当事人签字或者签章，并加盖复议机关印章，即具有法律效力
和解	①当事人在复议决定作出前可以自愿达成和解，当事人达成和解后，由申请人向复议机构撤回复议申请 ②复议机构准予撤回复议申请、复议机关决定终止复议的，申请人不得再以同一事实和理由提出复议申请。但是，申请人能够证明撤回复议申请违背其真实意愿的除外

四、复议决定

1. 复议决定

决定类型	适用情形
维持决定	事实清楚，证据确凿，适用依据正确，程序合法，内容适当
变更决定	①内容不适当 ②未正确适用依据 ③事实不清、证据不足，经复议机关查清事实和证据
其他	①撤销决定、履行决定、确认违法决定、确认无效决定，基本同行政诉讼的判决 ②与诉讼的不同点：对于内容不适当，只能变更不能撤销

2. 复议的履行

履行对象	①被申请人应当履行复议决定书、调解书、意见书 ②被申请人不履行或者无正当理由拖延履行的，复议机关或者有关上级行政机关应当责令其限期履行，并可以约谈被申请人的有关负责人或者予以通报批评
执行主体	①维持决定书，由原机关强制执行，或者申请法院强制执行 ②变更决定书、复议调解书，由复议机关强制执行，或者申请法院强制执行

五、复议中规范性文件的附带性审查

提出方式	公民、法人或者其他组织认为行政机关的行政行为所依据的规范性文件不合法，在对行政行为申请行政复议时，可以一并向复议机关提出对该规范性文件的附带审查申请
内容	①国务院部门的规范性文件 ②县级以上地方各级政府及其工作部门的规范性文件 ③乡、镇政府的规范性文件 ④法律、法规、规章授权的组织的规范性文件
处理方式	①复议机关有权处理的，应当在 30 日内依法处理 ②无权处理的，应当在 7 日内转送有权处理的行政机关，有权处理的机关应当在 60 日内将处理意见回复复议机关
处理结果	①认为相关条款合法的，在复议决定书中一并告知 ②认为相关条款超越权限或者违反上位法的，决定停止该条款的执行，并责令制定机关予以纠正

核心考点十七　国家赔偿

一、行政赔偿范围

应予赔偿	**侵犯人身权**	①侵犯人身自由行为，如违法拘留、违法采取限制公民人身自由的行政强制措施、非法拘禁 ②造成公民身体伤害或者死亡，如殴打、虐待；唆使、放纵他人殴打、虐待；违法使用武器、警械
	侵犯财产权	①违法实施行政处罚、行政强制措施 ②违法征收、征用财产
	其他	①不履行法定职责行为 ②行政机关及其工作人员在履行行政职责过程中作出的不产生法律效果，但事实上损害公民、法人或者其他组织人身权、财产权等合法权益的行为
不予赔偿	①行政机关工作人员与行使职权无关的个人行为 ②因公民、法人和其他组织自己的行为致使损害发生	

【答题模板】对应问题：本案是否属于国家赔偿的范围？

答：本案属于国家赔偿的范围。《国家赔偿法》及相关司法解释规定，国家机关和国家机关工作人员行使职权，有侵犯公民、法人和其他组织合法权益的情形，造成损害的，受害人有依照法律取得国家赔偿的权利。本案中，……，该行为侵犯了公民的人身权（或财产权），因此应予国家赔偿。

二、行政赔偿的程序

1. 单独提起行政赔偿诉讼

赔偿请求人单独提起行政赔偿诉讼，须以赔偿义务机关先行处理为前提。

（1）赔偿义务机关先行处理

申请方式	书面或口头
申请期限	自知道或者应当知道行为侵权之日起2年
处理	赔偿请求人当面递交申请书的，赔偿义务机关应当当场出具加盖本行政机关专用印章并注明收讫日期的书面凭证
协商	可以与赔偿请求人就赔偿方式、赔偿项目和赔偿数额进行协商
决定	自收到申请之日起2个月内作出是否赔偿决定，自作出决定之日起10日内送达

（2）提起行政赔偿诉讼

期限	行政赔偿义务机关处理期限届满后或者赔偿义务机关作出是否赔偿决定之日起三个月内起诉	
调解	行政赔偿诉讼可以适用调解	
条件	①行政行为已被确认为违法，赔偿义务机关已先行处理或者超过法定期限不予处理，公民、法人或者其他组织可以单独提起行政赔偿诉讼 ②行政行为已被确认为违法，包括行政行为被有权机关依照法定程序撤销、变更、确认违法或无效；实施行政行为的行政机关工作人员因该行为被生效法律文书或监察机关政务处分确认为渎职、滥用职权	
原告	受害的公民死亡，继承人、其他有扶养关系的亲属、支付受害公民医疗费、丧葬费等合理费用的人可以依法提起行政赔偿诉讼	
被告	**共同侵权**	①两个以上行政机关共同实施侵权行政行为造成损害的，共同侵权行政机关为共同被告 ②赔偿请求人坚持对其中一个或者几个侵权机关提起行政赔偿诉讼，以被起诉的机关为被告，未被起诉的机关追加为第三人
	复议加重	①原行政行为造成赔偿请求人损害，复议决定加重损害的，复议机关与原行政行为机关为共同被告 ②赔偿请求人坚持对作出原行政行为机关或者复议机关提起行政赔偿诉讼，以被起诉的机关为被告，未被起诉的机关追加为第三人

续表

证据	一般规则	①行政赔偿诉讼中，原告应当对行政行为造成的损害提供证据 ②因被告的原因导致原告无法举证的，由被告承担举证责任
	是否必需品	①法院对于原告主张的生产和生活所必需物品的合理损失，应当予以支持 ②对于原告提出的超出生产和生活所必需的其他贵重物品、现金损失，可以结合案件相关证据予以认定
	身体伤害	原告主张其被限制人身自由期间受到身体伤害，被告否认相关损害事实或者损害与违法行政行为存在因果关系的，被告应当提供相应的证据证明

2. 诉讼时一并提出行政赔偿

公民、法人或者其他组织在提起行政诉讼的同时一并提出行政赔偿请求的，法院应一并受理。

视为一并	行政行为未被确认为违法，公民、法人或者其他组织提起行政赔偿诉讼的，人民法院应当视为提起行政诉讼时一并提起行政赔偿诉讼
告知一并	原告提起行政诉讼时未一并提起行政赔偿诉讼，人民法院审查认为可能存在行政赔偿的，应当告知原告可以一并提起行政赔偿诉讼
提出时间	①原告在第一审庭审终结前提起行政赔偿诉讼，符合起诉条件的，人民法院应当依法受理；原告在第一审庭审终结后、宣判前提起行政赔偿诉讼的，是否准许由人民法院决定 ②原告在第二审程序或者再审程序中提出行政赔偿请求的，人民法院可以组织各方调解；调解不成的，告知其另行起诉

三、刑事赔偿的范围

应予赔偿	侵犯人身权	①违法拘留和超时拘留 ②错误逮捕 ③再审改判无罪，原判刑罚已经执行 ④刑讯逼供、自己或唆使他人造成公民身体伤害或者死亡 ⑤违法使用武器、警械造成公民身体伤害或者死亡
	侵犯财产权	①违法对财产采取查封、扣押、冻结、追缴等措施 ②再审改判无罪，原判罚金、没收财产已经执行
不予赔偿	①因公民自己故意作虚伪供述，或者伪造其他有罪证据被羁押或者被判处刑罚 ②不负刑事责任的人被羁押（“赔后不赔前”） ③不追究刑事责任的人被羁押 ④国家机关工作人员行使与职权无关的个人行为 ⑤因公民自伤、自残等故意行为致使损害发生	

四、刑事赔偿义务机关

案件类型	赔偿义务机关（后置）
错误拘留的	决定拘留的机关
错误逮捕的	决定逮捕的机关
一审判有罪，二审改判无罪的	一审法院
一审判有罪，二审发回重审后作无罪处理	一审法院
再审改判无罪的	作出原生效判决的法院

例：区公安分局以涉嫌故意伤害罪为由将方某刑事拘留，区检察院批准对方某的逮捕。区法院判处方某有期徒刑3年，方某上诉。市中级人民法院以事实不清为由发回区法院重审。区法院重审后，判决方某无罪。判决生效后，方某请求国家赔偿。问：本案的赔偿义务机关是？[1] 如区检察院在审查起诉阶段决定撤销案件，方某请求国家赔偿的，本案的赔偿义务机关是？[2]

【答题模板】对应问题：本案的赔偿义务机关是谁？

答：（刑事赔偿案件用）本案的赔偿义务机关是××（如区法院）。《国家赔偿法》及相关司法解释规定，二审改判无罪，以及二审发回重审后作无罪处理的，作出一审有罪判决的人民法院为赔偿义务机关。本案中，属于刑事赔偿，……，因此××（如区法院）为本案的赔偿义务机关。

五、司法赔偿的程序

1. 赔偿义务机关先行处理

赔偿义务机关	**先行处理**	赔偿请求人要求赔偿，应当先向赔偿义务机关提出
	申请期限	知道或者应当知道侵权行为之日起两年内
	协商内容	赔偿方式、赔偿项目和赔偿数额

同时，需要注意新增的《关于审理司法赔偿案件适用请求时效制度若干问题的解释》。

申请期限	赔偿请求人向赔偿义务机关提出赔偿请求的时效期间为2年，自其知道或者应当知道其行为侵犯其人身权、财产权之日起计算

〔1〕 区法院

〔2〕 区检察院

续表

起算点	①人身自由案件，请求时效期间自其收到决定撤销案件、终止侦查、不起诉或者判决宣告无罪等终止追究刑事责任或者再审改判无罪的法律文书之日起计算 ②人身健康案件，请求时效期间自其知道或者应当知道损害结果之日起计算 ③财产权案件（违法对财产采取查封、扣押、冻结、追缴），请求时效期间自其收到刑事诉讼程序或者执行程序终结的法律文书之日起计算，但是程序终结之后办案机关对涉案财物尚未处理完毕的，请求时效期间自赔偿请求人知道或者应当知道其财产权受到侵犯之日起计算
排除	①赔偿请求人被羁押等限制人身自由的期间，不计算在请求时效期间内 ②赔偿请求人依照法律法规规定的程序向相关机关申请确认职权行为违法或者寻求救济的期间，不计算在请求时效期间内，但是相关机关已经明确告知赔偿请求人应当依法申请国家赔偿的除外
适用	①请求时效期间届满的，赔偿义务机关可以提出不予赔偿的抗辩 ②请求时效期间届满，赔偿义务机关同意赔偿或者予以赔偿后，又以请求时效期间届满为由提出抗辩或者要求赔偿请求人返还赔偿金的，赔偿委员会不予支持 ③赔偿委员会审理国家赔偿案件，不得主动适用请求时效的规定

2. 复议机关处理

复议机关处理	复议机关	为赔偿义务机关的上一级机关
	例外情形	法院是赔偿义务机关，向其上一级法院赔偿委员会申请

3. 赔偿委员会处理

赔偿委员会处理	申请对象	复议机关所在地的同级人民法院赔偿委员会
	申请方式	赔偿申请书一式四份，可以口头申请
	是否立案	七日内决定立案或不予受理
赔偿委员会处理	审查方式	书面审查
	举证责任	①赔偿请求人和赔偿义务机关对自己提出的主张，应当提供证据 ②赔偿义务机关对其职权行为的合法性负有举证责任

4. 赔偿监督

赔偿监督	申诉	赔偿请求人或者赔偿义务机关向上一级人民法院赔偿委员会提出申诉
	法院	经本院院长决定或者上级法院指令，赔偿委员会应当在两个月内重新审查并依法作出决定，上一级法院赔偿委员会也可直接审查并作出决定
	检察院	向同级法院赔偿委员会提出意见，同级法院赔偿委员会应当在两个月内重新审查并依法作出决定

六、国家赔偿的方式和标准

1. 人身权损害赔偿

人身权损害	赔偿方式
人身自由	①按日支付赔偿金，每日赔偿金为国家上年度职工日平均工资 ②上年度，应为赔偿义务机关、复议机关或者人民法院赔偿委员会作出赔偿决定时的上年度；复议机关或者人民法院赔偿委员会决定维持原赔偿决定的，按作出原赔偿决定时的上年度执行
身体伤害	①医疗费 ②护理费 ③误工费
丧失劳动能力	①医疗费 ②护理费 ③残疾生活辅助具费、康复费 ④残疾赔偿金，最高不超过国家上年度职工年平均工资的20倍 ⑤造成全部丧失劳动能力（伤残1-4级）：其扶养的无劳动能力的人的生活费
死亡	①丧葬费和死亡赔偿金，总额为国家上年度职工年平均工资的20倍 ②其生前扶养的无劳动能力的人的生活费
精神损害	①为受害人消除影响、恢复名誉、赔礼道歉；造成严重后果的，应当支付相应的精神损害抚慰金 ②严重后果：包括受害人被非法限制人身自由超过6个月，无罪或者终止追究刑事责任的人被羁押6个月以上；轻伤以上或者残疾；精神障碍或者精神残疾等。精神损害抚慰金一般应当在人身自由赔偿金、生命健康赔偿金总额的50%以下（包括本数）酌定 ③特别严重后果：包括受害人被限制人身自由10年以上，受害人无罪被羁押10年以上，死亡等。可以在50%以上酌定

【主观考查方法】

例：甲县乙镇政府交通安全管理办公室工作人员向某等人进行交通检查，因向某的不当行为导致任某受伤。2019年11月12日，任某申请司法鉴定，鉴定结果为任某特重型颅脑损伤愈后遗留智力缺损和神经功能障碍后遗症，构成精神残疾，伤残程度系七级。2020年1月9日，任某不服，以乙镇政府为被告提起行政诉讼，要求确认向某等人履职行为违法，并请求赔偿医疗费、误工费、残疾赔偿金、律师费以及精神损害抚慰金共计10万元。

问：任某提出的哪些行政赔偿事项能够获得支持？请阐明理由。（案例分析指导用书）

答：任某提出的医疗费、误工费、残疾赔偿金以及精神损害抚慰金能够获得支持。根据《国家赔偿法》，任某提出的赔偿医疗费、误工费、残疾赔偿金能获得支持，律师费不属于因残疾而增加的必要支出，不予支持。此外，向某等人的违法行为致使任某精神残疾，根据《国家赔偿法》及相关司法解释，精神损害抚慰金也应获得支持。

2. 财产权损害赔偿

损害情形	赔偿标准
处罚款、罚金、追缴、没收财产或者征收、征用财产	①返还财产 ②支付银行同期存款利息
查封、扣押、冻结财产	解除查封、扣押、冻结
造成财产损坏或者灭失	①恢复原状或给付相应的赔偿金 ②不能返还财产或者恢复原状的，按照损害发生时该财产的市场价格计算损失 ③违法征收征用土地、房屋，法院判决给予被征收人的行政赔偿，不得少于被征收人依法应当获得的安置补偿权益
直接损失	①存款利息、贷款利息、现金利息 ②机动车停运期间的营运损失 ③通过行政补偿程序依法应当获得的奖励、补贴等
财产已经拍卖或者变卖的	①给付拍卖或者变卖所得的价款 ②变卖的价款明显低于财产价值的，支付相应的赔偿金
吊销许可证和执照、责令停产停业的	停产停业期间必要的经常性费用开支（留守职工工资、税费、水电费、房屋场地租金、设备租金、设备折旧费等）

【主观考查方法】

例：因对征收面积和房屋评估价格不满，孙某一直拒绝签约和搬迁。2022 年 5 月 15 日，指挥部作出强制拆除决定书，并安排一建筑公司强行拆除了孙某的房屋。孙某屋内的物品因未及时搬出而遭到毁损。孙某向法院起诉，请求法院判决强制拆除行为违法并赔偿房屋及装修损失 50 万元，屋内物品损失 5 万元，房租费损失 2 万元。

问：如何确定孙某被拆除房屋的赔偿数额？请说明理由。（回忆版 2023 年主观真题第 5 问）

答：根据《行政诉讼法》及相关司法解释规定，违法行政行为造成公民、法人或者其他组织财产损害，不能返还财产或者恢复原状的，按照损害发生时该财产的市场价格计算损失。市场价格无法确定，或者该价格不足以弥补公民、法人或者其他组织损失的，可以采用其他合理方式计算。违法征收征用土地、房屋，人民法院判决给予被征收人的行政赔偿，不得少于被征收人依法应当获得的安置补偿权益。本案中，孙某被拆除房屋的赔偿数额应遵循上述规定综合确定。

核心考点十八　具体行政行为效力与状态

一、行政行为的效力

类型	内容	
拘束力	行为一经生效	①行政机关和相对人应予遵守 ②其他国家机关和社会成员必须予以尊重
确定力	法定救济期限届满	行为不再争议、不得更改
执行力	履行期限届满	使用国家强制力迫使当事人履行义务或以其他方式实现权利义务安排的效力

【主观考查方法】

例：工商局作出责令改正、缴纳罚款的20号处罚决定。工商局向市政府报告，市政府召开协调会，形成3号会议纪要，认为原野公司虚报注册资本情节严重，而工商局处罚过轻，要求工商局撤销原处罚决定。后工商局作出吊销原野公司营业执照的25号处罚决定。原野公司不服，向法院提起诉讼。

问：市政府能否以会议纪要的形式要求工商局撤销原处罚决定？（2014年主观真题第2问）

答：市政府不能够以会议纪要的形式要求工商局撤销原处罚决定。因为工商局已经作出了20号处罚决定，对此处罚决定的撤销违反了诚实守信原则，也违反了合法行政原则。

二、行政行为的状态

1. 无效

适用情形	重大和明显的法律缺陷
具体表现	无效具体行政行为可以表现为许多具体情形，不能做一次性穷尽列举 ①要求从事将构成犯罪的违法行为 ②明显缺乏法律依据 ③明显缺乏事实根据的，或者要求从事客观上不可能实施的行为
法律效果	①自始不具有法律效力 ②合法权益受到损害的公民、法人、其他组织或者有权机关，可以在任何时候主张无效

2. 撤销

适用情形	一般违法或明显不当
法律效果	必须经过法定程序由国家有权机关作出撤销决定，才能否定其法律效力

3. 废止

适用情形	依据的法律法规发生变化；客观情况发生重大变化；行为的法律效果已实现
法律效果	①具体行政行为废止之前给予当事人的利益不收回；当事人也不能对已履行的义务要求补偿 ②如果废止使当事人的合法权益受到严重损失，或者带来严重的社会不公正，行政机关应当给予受到损失的当事人以必要的补偿

核心考点十九 基本原则

基本原则	内容	
合法行政	法律优先	①行政机关的任何规定和决定都不得与法律相抵触，行政机关不得作出不符合现行法律的规定和决定 ②行政机关有义务积极执行和实施现行有效法律规定的行政义务。行政机关不积极履行法定作为义务，将构成不作为违法
	法律保留	①行政机关采取行政措施必须有立法性规定的明确授权 ②没有立法性规定的授权，行政机关不得采取影响公民、法人和其他组织权利义务的行政措施
合理行政	公正公平	平等对待相对人，不偏私、不歧视
	考虑相关因素	作出行政决定和进行行政裁量，只能考虑符合立法授权目的的各种因素，不得考虑不相关因素
	比例原则	①合目的性。是指行政机关行使裁量权所采取的具体措施必须符合法律目的 ②适当性。是指行政机关所选择的具体措施和手段应当为法律所必需，结果与措施和手段之间存在着正当性 ③损害最小。是指在行政机关在可以采用多种方式实现某一行政目的的情况下，应当采用对当事人权益损害最小的方式
程序正当	行政公开	除涉及国家秘密和依法受到保护的商业秘密、个人隐私的外，行政机关实施行政管理应当公开
	公众参与	行政机关作出重要规定或者决定，应当听取公民、法人和其他组织的意见
	回避原则	行政机关工作人员履行职责，与行政管理相对人存在利害关系时，应当回避

续表

基本原则	内容	
高效便民	高效	行政效率原则。积极履行法定职责，遵守法定时限
	便民	便利当事人原则。在行政活动中不增加当事人程序负担
诚实守信	行政信息真实	行政机关公布的信息内容应当全面、准确、真实，且应对信息的真实性承担法律责任
	保护信赖利益	①非因法定事由并经法定程序，行政机关不得撤销、变更已经生效的行政决定 ②因国家利益、公共利益或其他法定事由需要撤回或变更行政决定的，应当依照法定权限和程序进行，并对行政管理相对人因此而受到的财产损失依法予以补偿
权责统一	行政效能	行政机关依法履行经济、社会和文化事务管理职责，要由法律、法规赋予其相应的执法手段，保证政令有效（执法有保障）
	行政责任	行政职责（有权必有责，用权受监督，违法受追究，侵权需赔偿）

【主观考查方法】

例1：为了保护水源地，甲县政府2018年10月10日作出《关于同意关停集中式饮用水源一、二类保护区排污的批复》，决定将某企业经营场所划入二类保护区范围内，县政府决定关停该企业，由甲县环境保护局负责实施其排污关停工作，但对后续工作未作出安排。2019年5月，县生态环境局彻底关停排污口，该企业正式停产。

2020年7月20日，企业向甲县政府提出申请：因为排污点关闭，企业无法继续生产，请求政府按企业整体征收发放一次性补偿金，并且免收关停期间的税费和土地使用费。县政府未予以回复。

问：如何评价企业的补偿请求和内容？（2021年主观真题第5题）

答：应当支持。《行政许可法》规定，行政许可所依据的法律、法规、规章修改或者废止，或者准予行政许可所依据的客观情况发生重大变化的，为了公共利益的需要，行政机关可以依法变更或者撤回已经生效的行政许可。由此给公民、法人或者其他组织造成财产损失的，行政机关应当依法给予补偿。本案中，基于对行政相对人信赖利益的保护，对于企业的关停应予补偿。

例2：材料三：2017年6月13日，李克强总理在全国深化简政放权放管结合优化服务改革电视电话会议上的讲话强调，我们推动的“放管服”改革、转变政府职能是一个系统的整体，首先要在“放”上下更大功夫，进一步做好简政放权的“减法”，又要在创新政府管理上破难题，善于做加强监管的“加法”和优化服务的“乘法”。如果说做好简化行政审批、减税降费等“减法”是革自己的命，是壮士断腕，那么做好强监管“加法”和优服务“乘法”，也是啃政府职能转变的“硬骨头”。放宽市场准入，可以促进公平竞争、防止垄断，也能为更好的“管”和更优的“服”创造条件。

问：谈谈深化简政放权放管结合优质服务改革，对推进政府职能转变，建设法治政府的意义。请基于案情，结合材料二、材料三和相关法律作答（要求观点明确，说理充分，文字通畅，字数不少于400字）。(2017年主观题第二大问)

答：材料中《盐业体制改革方案》指出要推进盐业体制改革，实现盐业资源有效配置，进一步释放市场活力，取消食盐产销区域限制；并且，要深化简政放权，推进“放管服”改革。深化简政放权放管结合优质服务改革，对推进政府职能转变，建设法治政府有如下意义：

第一，体现合法行政原则。我国合法行政原则在结构上包括对现行法律的遵守和依照法律授权活动两个方面。材料中，以权力清单明确政府能做什么，“法无授权不可为”；以责任清单明确政府该怎么管市场，“法定职责必须为”；以负面清单明确对企业的约束有哪些，“法无禁止即可为”。

第二，体现高效便民原则。分为两个方面；第一是行政效率原则；第二是便利当事人原则。深化行政体制改革、转变政府职能，不仅要取消和下放权力，还要改善和加强政府管理，提高政府效能，增强依法全面履职能力，使市场和社会既充满活力又规范有序，促进经济持续健康发展和社会公平正义。

第三，体现权责统一原则。行政机关依法履行经济、社会和文化事务管理职责，要由法律、法规赋予其相应的执法手段，保证政令有效；行政机关违法或者不当行使职权，应当依法承担法律责任。当前，简政放权改革已进入到深水区和攻坚期，更需要强调法治、依靠法治，在法治的轨道上把简政放权改革推向深处。

综上所述，深化简政放权、放管结合、优化服务，继续推进行政体制改革、转职能、提效能，事关经济发展、社会进步、人民福祉，有利于实现全面深化改革和全面依法治国的深度融合。

第三部分　真题三步骤解题法

2023 行政法真题（考生回忆版）

【题干】

2021年10月25日，某县政府作出《关于某小区改造建设项目房屋征收决定》（以下简称征收决定），指出因老旧小区改造需要，对某小区内房屋进行征收，并公布了征收范围。房屋征收部门为县住房和城乡建设局，房屋征收实施单位为县政府组建的老旧小区改造工程指挥部（简称指挥部）。签约期限为45日，搬迁期限为60日，具体起止日期待房屋征收评估机构选定后，由房屋征收部门另行公告。后县住房和城乡建设局公布征收补偿方案，征收补偿方式分为货币补偿和产权调换两种，由当事人自行选择。货币补偿金额由征收房屋价值和附属物价值两部分组成，其中房屋价值按合法建筑面积类似房地产市场价格，由具有相应资质的房屋征收评估机构评估后确定。

孙某于2009年5月5日购买该小区的房屋，土地性质为国有土地，经房地产价格评估机构出具的分户评估报告，认定征收房屋面积120.2m^2，评估房屋市场价格为35万元。因对征收面积和房屋评估价格不满，孙某一直拒绝签约和搬迁。2022年5月15日，指挥部作出强制拆除决定书，并安排一建筑公司强行拆除了孙某的房屋。孙某屋内的物品因未及时搬出而遭到毁损。孙某向法院起诉，请求法院判决强制拆除行为违法并赔偿房屋及装修损失50万元，屋内物品损失5万元，房租费损失2万元。

材料：

《国有土地上房屋征收与补偿条例》

第二条　为了公共利益的需要，征收国有土地上单位、个人的房屋，应当对被征收房屋所有权人（以下称被征收人）给予公平补偿。

第四条　市、县级人民政府负责本行政区域的房屋征收与补偿工作。

市、县级人民政府确定的房屋征收部门（以下称房屋征收部门）组织实施本行政区域的房屋征收与补偿工作。

市、县级人民政府有关部门应当依照本条例的规定和本级人民政府规定的职责分工，互相配合，保障房屋征收与补偿工作的顺利进行。

第二十五条　房屋征收部门与被征收人依照本条例的规定，就补偿方式、补偿金额和支付期限、用于产权调换房屋的地点和面积、搬迁费、临时安置费或者周转用房、停产停业损失、搬迁期限、过渡方式和过渡期限等事项，订立补偿协议。

补偿协议订立后，一方当事人不履行补偿协议约定的义务的，另一方当事人可以依法提起诉讼。

第二十六条　房屋征收部门与被征收人在征收补偿方案确定的签约期限内达不成补偿协议，或者被征收房屋所有权人不明确的，由房屋征收部门报请作出房屋征收决定的市、县级人民政府依照本条例的规定，按照征收补偿方案作出补偿决定，并在房屋征收范围内予以公告。

补偿决定应当公平，包括本条例第二十五条第一款规定的有关补偿协议的事项。

被征收人对补偿决定不服的，可以依法申请行政复议，也可以依法提起行政诉讼。

第二十七条　实施房屋征收应当先补偿、后搬迁。

作出房屋征收决定的市、县级人民政府对被征收人给予补偿后，被征收人应当在补偿协议约定或者补偿决定确定的搬迁期限内完成搬迁。

任何单位和个人不得采取暴力、威胁或者违反规定中断供水、供热、供气、供电和道路通行等非法方式迫使被征收人搬迁。禁止建设单位参与搬迁活动。

第二十八条　被征收人在法定期限内不申请行政复议或者不提起行政诉讼，在补偿决定规定的期限内又不搬迁的，由作出房屋征收决定的市、县级人民政府依法申请人民法院强制执行。

强制执行申请书应当附具补偿金额和专户存储账号、产权调换房屋和周转用房的地点和面积等材料。

【问题】

1. 房屋征收决定是否为具体行政行为？请说明理由。
2. 如何确定本案被告？请说明理由。
3. 请分析《国有土地上房屋征收与补偿条例》第 25 条所规定的补偿协议和诉讼性质。
4. 本案中拆除行为是否合法？请说明理由。
5. 如何确定孙某被拆除房屋的赔偿数额？请说明理由。
6. 如何确定房屋内损坏物品价值举证责任？

【读题思路分析】

读题思路：本案中，有几个行政行为？

第一次分析：

（1）某县政府作出《关于某小区改造建设项目房屋征收决定》。

（2）指挥部作出强制拆除决定书，并安排一建筑公司强行拆除了孙某的房屋。

读题思路：谁就什么行为提起行政诉讼？

第一次分析：孙某向法院起诉，请求法院判决强制拆除行为违法并赔偿损失。

【解题和答题思路分析】

【问题】

1. 房屋征收决定是否为具体行政行为？请说明理由。

解题思路：某县政府作出《关于某小区改造建设项目房屋征收决定》，对某小区内房屋进行征收，对象是特定的，且产生了实际影响，属于具体行政行为。

第二次分析：具体行政行为是指具有行政权能的组织为实现行政规制而运用行政权，针对特定相对人设定、变更或消灭权利义务所作的行政行为。

法律性	区别于行政事实行为和准备性行政行为。法律性是指行政机关行政的意志行为需要具有相应的成立、生效的法律要件和法律后果，即使得行政法上的权利义务得以建立、变更或者消灭
特定性	区别于抽象行政行为。具体行政行为是对特定人或者特定事项的一次性处理
单方性	具体行政行为的作出不需要公民、法人或者其他组织的同意，是行政机关依据国家行政法律以命令形式单方面设定的
外部性	区别于公务员。具体行政行为是对公民、法人或者其他组织权利义务的安排，是实现行政职能的外部行为

答题思路：结论+定义+本案中

第三次分析：

属于具体行政行为。具体行政行为是指行政机关就特定事项对特定的公民、法人和其他组织权利义务作出的行政职权行为。本案中，房屋征收决定是对特定范围的人作出的，因此属于具体行政行为。

2. 如何确定本案被告？请说明理由。

解题思路：拆房子，果然在考新法。

第二次分析：

<table>
<tr><th>情形</th><th>被告资格</th></tr>
<tr><td>县级以上地方政府根据城乡规划法的规定，责成有关职能部门对违法建筑实施强制拆除，当事人不服强制拆除行为提起诉讼</td><td rowspan="3">①以作出强制拆除决定的行政机关为被告
②没有强制拆除决定书的，以具体实施强制拆除行为的职能部门为被告</td></tr>
<tr><td>县级以上地方政府已经作出国有土地上房屋征收与补偿决定，当事人不服具体实施房屋征收与补偿工作中的强制拆除房屋等行为提起诉讼</td></tr>
<tr><td>当事人对集体土地征收中强制拆除房屋等行为不服提起诉讼</td></tr>
</table>

答题思路：先文书，后行为。同时注意临时组建机构不做被告。

第三次分析：

被告是县政府。根据《行政诉讼法》及相关司法解释规定，县级以上地方政府已经作出国有土地上房屋征收与补偿决定，公民、法人或者其他组织不服具体实施房屋征收与补偿工作中的强制拆除房屋等行为提起诉讼的，人民法院应当以作出强制拆除决定的行政机关为被告；没有强制拆除决定书的，以县级以上地方人民政府确定的房屋征收部门为被告。本案中，作出强拆决定书的是指挥部，而指挥部作为临时组建机构不具有行政主体资格，因此被告应为组建机关即县政府。

3. 请分析《国有土地上房屋征收与补偿条例》第25条所规定的补偿协议和诉讼性质。

解题思路：兰兰老师说，是行政法的题，肯定是行政协议和行政诉讼呀。

第二次分析：

协议定义	行政机关为了实现行政管理或者公共服务目标，与公民、法人或者其他组织协商订立的具有行政法上权利义务内容的协议
协议种类	①政府特许经营协议 ②土地、房屋等征收征用补偿协议 ③矿业权等国有自然资源使用权出让协议 ④政府投资的保障性住房的租赁、买卖等协议 ⑤政府与社会资本合作协议 ⑥其他行政协议

公民、法人或者其他组织就上述行政协议提起行政诉讼的，人民法院应当依法受理。

答题思路：两个问题，分两段回答更清晰。

第三次分析：

属于行政协议。根据《行政诉讼法》及相关司法解释规定，行政协议是指，行政机关为了实现行政管理或者公共服务目标，与公民、法人或者其他组织协商订立的具有行政法上权利义务内容的协议。本案中，补偿协议是房屋征收部门与被征收人为实施房屋拆迁订立的协议，属于行政协议。

属于行政诉讼。根据《行政诉讼法》及相关司法解释规定，土地、房屋等征收征用补偿协议，相对人提起行政诉讼的，法院应当依法受理。因此，行政协议的争议应当通过行政诉讼予以解决。

4. 本案中拆除行为是否合法？请说明理由。

解题思路：问合法违法？肯定违法！材料还没有用到，到材料中去找理由。

第二次分析：

《国有土地上房屋征收与补偿条例》第28条	被征收人在法定期限内不申请行政复议或者不提起行政诉讼，在补偿决定规定的期限内又不搬迁的，由作出房屋征收决定的市、县级人民政府依法申请人民法院强制执行

续表

《国有土地上房屋征收与补偿条例》第27条	实施房屋征收应当先补偿、后搬迁。 作出房屋征收决定的市、县级人民政府对被征收人给予补偿后，被征收人应当在补偿协议约定或者补偿决定确定的搬迁期限内完成搬迁。 任何单位和个人不得采取暴力、威胁或者违反规定中断供水、供热、供气、供电和道路通行等非法方式迫使被征收人搬迁。禁止建设单位参与搬迁活动。

答题思路：多个理由的时候，使用第一、第二这样的表述，采分点更加清晰。

第三次分析：

该行政行为违法。第一，主体违法。根据《国有土地上房屋征收与补偿条例》第28条规定，本案中，应由作出房屋征收决定的市、县级人民政府依法申请人民法院强制执行。第二，条件不适格。该法第27条规定，先补偿，后搬迁。本案中未进行房屋补偿即强行拆除房屋。第三，程序违法。即便行政机关有权实施强制执行，也需要遵守相应的程序。

5. 如何确定孙某被拆除房屋的赔偿数额？请说明理由。

解题思路：考查2022当年未考到的新法，赔偿的一般规定和房屋赔偿的特殊规定都要考虑全面。

第二次分析：

造成财产损坏或者灭失	①恢复原状或给付相应的赔偿金 ②不能返还财产或者恢复原状的，按照损害发生时该财产的市场价格计算损失 ③违法征收征用土地、房屋，法院判决给予被征收人的行政赔偿，不得少于被征收人依法应当获得的安置补偿权益
直接损失	①存款利息、贷款利息、现金利息 ②机动车停运期间的营运损失 ③通过行政补偿程序依法应当获得的奖励、补贴等

答题思路：两个采分点，“按照损害发生时”，和“不能低于安置补偿权益”。

第三次分析：

根据《行政诉讼法》及相关司法解释规定，违法行政行为造成公民、法人或者其他组织财产损害，不能返还财产或者恢复原状的，按照损害发生时该财产的市场价格计算损失。市场价格无法确定，或者该价格不足以弥补公民、法人或者其他组织损失的，可以采用其他合理方式计算。违法征收征用土地、房屋，人民法院判决给予被征收人的行政赔偿，不得少于被征收人依法应当获得的安置补偿权益。本案中，孙某被拆除房屋的赔偿数额应遵循上述规定综合确定。

6. 如何确定房屋内损坏物品价值举证责任？

解题思路：被告导致原告无法就损害情况举证，被告承担举证责任。不会的话也往被告身上蒙。

第二次分析：

	举证责任
被告	①被告对作出行政行为的合法性负有举证责任：作出该行为的证据+所依据的规范性文件 ②被告不提供或者无正当理由逾期提供证据，视为没有相应证据。但是，被诉行政行为涉及第三人合法权益，第三人提供证据的除外
原告	①证明符合起诉条件，但被告认为原告起诉超过起诉期限的除外 ②依申请不作为案件中，应当证明自己提出过申请，但因正当理由不能提供的除外 ③行政赔偿、补偿案件中，原告对行政行为造成的损害提供证据；但因被告的原因导致原告无法就损害情况举证的除外。对于各方主张损失的价值无法认定的，应当由负有举证责任的一方当事人申请鉴定。当事人的损失因客观原因无法鉴定的，法院应当结合当事人的主张和在案证据，遵循法官职业道德，运用逻辑推理和生活经验、生活常识等，酌情确定赔偿数额 ④原告可以提供证明行政行为违法的证据；但证据不成立的，不免除被告的举证责任

答题思路：结论+定义+本案中

第三次分析：

被告承担举证责任。根据《行政诉讼法》及相关司法解释规定，在行政赔偿、补偿的案件中，原告应当对行政行为造成的损害提供证据。因被告的原因导致原告无法举证的，由被告承担举证责任。本案中，行政机关进行违法拆迁，导致孙某屋内物品因未及时搬出而遭到毁损，因此应由被告承担举证责任。

2022 行政法真题（考生回忆版）

【案情】

2018年7月15日，经某市下辖的县政府授权，县住建局（甲方）与A公司（乙方）协商签订天然气利用合作协议，主要内容如下：一、甲方同意乙方在本县从事城市天然气特许经营，范围包括本县县城城区、工业区，期限为20年。二、甲方充分考虑天然气项目具有公共事业的特点，在法律允许范围内对项目建设和经营提供支持和帮助。三、乙方应保证取得足够的天然气指标。如果乙方不能保证实际用气需求，甲方有权依照相关法律法规进行处理。四、本协议签署后，乙方应对项目积极开展工作，签订协议12个月内如因乙方原因工程不能开工建设，则本协议废止。协议签署后，A公司先后获得市天然气综合利用项目的立项批复、管线路由规划意见、建设用地规划设计条件通知书、国有土地使用证、环评意见书等手续，对项目进行了部分开工建设。

2019年7月10日，县住建局向A公司发出催告："你公司的管道天然气经营许可手续至今未能办理，影响了经营区域内居民、工业、商业用户及时用气，现通知你公司抓紧办理管道天然气经营许可手续，若收到本通知2个月内经营许可手续尚未批准，我市将收回你公司的管道天然气区域经营权，由此造成的一切损失由你公司自行承担。”2020年6月25日，A公司参加了县燃气工作会议，会议明确要求：“关于天然气镇村通工程建设。各燃气企业要明确管网铺设计划，加快推进工程建设，今年9月底前未完成燃气配套设施建设的，一律收回区域经营权。”2020年6月29日，A公司向县政府出具项目保证书承诺：“在办理完成项目开工手续三个月内完成以上工作，如不能按时完成，将自动退出政府所授予经营区域。”

2021年3月6日，县政府对A公司作出收回决定，决定按照合作协议中有关违约责任，收回A公司在县城城区、工业区的特许经营授权，授权给B公司代表县政府经营管理。A公司不服收回决定向市政府申请行政复议。2021年8月20日市政府作出维持决定，但决定未告知起诉期限。2022年1月10日，A公司提起行政诉讼，请求法院撤销收回决定。诉讼中，法院查明B公司已开工建设并在部分地区试运行。

材料一：《城镇燃气管理条例》

第五条　国务院建设主管部门负责全国的燃气管理工作。

县级以上地方人民政府燃气管理部门负责本行政区域内的燃气管理工作。

县级以上人民政府其他有关部门依照本条例和其他有关法律、法规的规定，在各自职责范围内负责有关燃气管理工作。

第十五条　国家对燃气经营实行许可证制度。从事燃气经营活动的企业，应当具备下列条件：

（一）符合燃气发展规划要求；

（二）有符合国家标准的燃气气源和燃气设施；

（三）有固定的经营场所、完善的安全管理制度和健全的经营方案；

（四）企业的主要负责人、安全生产管理人员以及运行、维护和抢修人员经专业培训并考核合格；

（五）法律、法规规定的其他条件。

符合前款规定条件的，由县级以上地方人民政府燃气管理部门核发燃气经营许可证。

材料二：《市政公用事业特许经营管理办法》

第二条　本办法所称市政公用事业特许经营，是指政府按照有关法律、法规规定，通过市场竞争机制选择市政公用事业投资者或者经营者，明确其在一定期限和范围内经营某项市政公用事业产品或者提供某项服务的制度。

城市供水、供气、供热、公共交通、污水处理、垃圾处理等行业，依法实施特许经营的，适用本办法。

第十八条　获得特许经营权的企业在特许经营期间有下列行为之一的，主管部门应当依法终止特许经营协议，取消其特许经营权，并可以实施临时接管：

（一）擅自转让、出租特许经营权的；

（二）擅自将所经营的财产进行处置或者抵押的；

（三）因管理不善，发生重大质量、生产安全事故的；

（四）擅自停业、歇业，严重影响到社会公共利益和安全的；

（五）法律、法规禁止的其他行为。

第十九条　特许经营权发生变更或者终止时，主管部门必须采取有效措施保 证市政公用产品供应和服务的连续性与稳定性。

第二十条　主管部门应当在特许经营协议签订后30日内，将协议报上一级市 政公用事业主管部门备案。

第二十五条　主管部门应当建立特许经营项目的临时接管应急预案。

对获得特许经营权的企业取消特许经营权并实施临时接管的，必须按照有关 法律、法规的规定进行，并召开听证会。

【问题】

1. 本案行政诉讼案件的当事人具体有哪些？请说明理由。
2. 如何确定本案的管辖法院？请说明理由。
3. A公司起诉是否超过起诉期限？请说明理由。
4. 请分析县政府作出的收回决定的性质。
5. 县政府收回A公司的特许经营权是否合法？为什么？
6. 法院对本案应如何作出裁判？请说明理由。

【读题思路分析】

读题思路：本案中，有几个行政行为？

第一次分析：

（1）县住建局（甲方）与A公司（乙方）协商签订天然气利用合作协议。

（2）县政府对A公司作出收回决定。

（3）县政府授权给B公司经营管理。

读题思路：谁就什么行为提起行政诉讼？

第一次分析：2022年1月10日，A公司提起行政诉讼，请求法院撤销收回决定。（注意：诉的是复议维持决定）

【解题和答题思路分析】

1. 本案行政诉讼案件的当事人具体有哪些？请说明理由。

解题思路：考查行政诉讼的当事人，送分题。

第二次分析：

(1) 原告的一般规定

	原告资格
一般规定	行政行为相对人和利害关系人
利害关系人	①被诉的行政行为涉及其相邻权或者公平竞争权的 ②在行政复议等行政程序中被追加为第三人的 ③要求行政机关依法追究加害人法律责任的 ④撤销或者变更行政行为涉及其合法权益的 ⑤为维护自身合法权益向行政机关投诉，具有处理投诉职责的行政机关作出或者未作出处理的

(2) 复议案件被告的确定

复议案件		被告
复议机关作为（被告法定）	维持决定	原机关和复议机关（共同被告）
	改变决定	复议机关
复议机关不作为（自由选择）	诉原行政行为	原机关
	诉复议机关不作为	复议机关

(3) 第三人

标准	①同被诉行政行为有利害关系但没有提起诉讼 ②或者同案件处理结果有利害关系
资格	①行政处罚案件中的受害人或加害人 ②行政处罚案件中的共同被处罚人 ③行政裁决案件中的当事人 ④应当追加被告而原告不同意追加，法院应通知其作为第三人参加诉讼（复议机关作共同被告除外） ⑤应当追加的原告，既不愿意参加诉讼，又不放弃实体权利的，应追加为第三人

答题思路：别忘了第三人。

第三次分析：

答：原告为A公司。因为A公司与行政行为之间具有利害关系，因此具有行政诉讼的原告资格。

被告为县政府和市政府。因为复议维持案件，原机关和复议机关为共同被告，A公司提起行政诉讼，被告为县政府和市政府。

第三人为B公司。因为B公司与案件处理结果有利害关系，是本案的第三人。

2. 如何确定本案的管辖法院？请说明理由。

解题思路：考查复议维持的管辖法院。

第二次分析：

	被告	地域管辖	级别管辖
复议维持	原机关+复议机关	原机关所在地+复议机关所在地	按原机关（就低）
复议改变	复议机关		按复议机关

答题思路：地域和级别两个方面都要答上。

第三次分析：

答：原机关所在地和复议机关所在地的中级人民法院管辖。《行政诉讼法》及相关司法解释规定，地域管辖方面，经复议的案件，由原机关所在地和复议机关所在地法院管辖；级别管辖方面，复议维持案件，复议机关作共同被告的案件，以作出原行政行为的行政机关确定案件的级别管辖。因此，本案的管辖法院是原机关所在地和复议机关所在地的中级人民法院。

3. A 公司起诉是否超过起诉期限？请说明理由。

解题思路：没完全看懂案情也没关系，咱就想，如果超过起诉期限，法院不给立案了，那后面的问题还怎么回答？所以肯定没有超期！

第二次分析：

（1）一般规定

原则	自知道或应当知道行政行为作出之日起 6 个月内提出，法律另有规定的除外
复议案件	①自收到复议决定书之日起 15 日内起诉 ②复议机关逾期不作决定的，自复议期满 15 日内起诉

（2）不知道最长保护期限

不知道起诉期限	自知道或者应当知道起诉期限之日起 6 个月内提出，但从知道或者应当知道行政行为内容之日起最长不得超过 1 年
不知道行政行为内容	自知道或者应当知道该行政行为内容之日起 6 个月内提出 ①因不动产提起的诉讼，自作出之日起不得超过 20 年 ②其他案件，自作出之日起不得超过 5 年

答题思路：需要结合题目中“但决定未告知起诉期限”作答，属于不知道诉权的情形。

第三次分析：

答：没有超过起诉期限。《行政诉讼法》及相关司法解释规定，行政机关作出行政行为时，未告知公民、法人或者其他组织起诉期限的，起诉期限从公民、法人或者其他组织知道或者应当知道起诉期限之日起计算，但从知道或者应当知道行政行为内容之日起最长不得超过一年。本案中，因为决定未告知起诉期限，所以起诉期限从知道起诉期限之日起计算，同时自知道行政行为内容之日未超过一年，所以没有超过起诉期限。

4. 请分析县政府作出的收回决定的性质。

解题思路：考查行政行为的性质。

第二次分析：

撤销	**撤销机关**	许可决定机关或其上级机关
	法定情形	①行政机关工作人员滥用职权、玩忽职守准许许可等 ②被许可人以欺骗、贿赂等不正当手段取得许可
	不予撤销	符合可撤销或应撤销条件，可能对公共利益造成重大损害的，不予撤销
撤回	**法定情形**	①公民、法人或者其他组织依法取得的行政许可受法律保护，行政机关不得擅自改变已经生效的行政许可 ②行政许可所依据的法律、法规、规章修改或者废止，或者准予行政许可所依据的客观情况发生重大变化的，为了公共利益的需要，行政机关可以依法变更或者撤回已经生效的行政许可
	法律后果	①被许可人合法权益受到损害的，应予补偿 ②一般在实际损失范围内确定补偿数额；行政许可属于特许的，一般按照实际投入的损失确定补偿数额
注销	①许可有效期届满未延续 ②赋予公民特定资格许可，该公民死亡或丧失行为能力 ③法人或者其他组织依法终止 ④许可依法被撤销、撤回、吊销 ⑤因不可抗力导致许可事项无法实施	

答题思路：观点清晰，自圆其说。

第三次分析：

答：行政许可的撤回。《行政许可法》规定，为了公共利益的需要，行政机关可以依法变更或者撤回已经生效的行政许可。本案中，A公司的行为影响了经营区域内居民、工业、商业用户及时用气，县政府收回管道天然气区域经营权属于行政许可的撤回。

5. 县政府收回A公司的特许经营权是否合法？为什么？

解题思路：考查对材料中法条的理解和运用。问合法违法？肯定违法！

第二次分析：题目中说，2021年3月6日，县政府对A公司作出收回决定，决定按照合作协议中有关违约责任，收回A公司在县城城区、工业区的特许经营授权。表述中未提及听证程序。而《市政公用事业特许经营管理办法》第二十五条规定，对获得特许经营权的企业取消特许经营权并实施临时接管的，必须按照有关法律、法规的规定进行，并召开听证会。

答题思路：运用材料中的法条解题，往往考得非常直接。

第三次分析：

答：违法。《市政公用事业特许经营管理办法》第二十五条规定，对获得特许经营权的企业取消特许经营权并实施临时接管的，必须按照有关法律、法规的规定进行，并召开听证会。本案中，县政府对A公司直接作出收回决定，未经过听证程序，因此程序违法。

6. 法院对本案应如何作出裁判？请说明理由。

解题思路：考查行政诉讼的裁判结果，常规考点。略有拔高的是，本案由于是复议维持案件，所以要对原行政行为和复议决定一并裁判。

第二次分析：

<table>
<tr><th>判决类型</th><th colspan="3">适用情形</th></tr>
<tr><td>驳回原告诉讼请求</td><td colspan="3">①行政行为证据确凿，适用法律、法规正确，符合法定程序
②原告申请被告履行法定职责理由不成立
③原告要求被告履行给付义务理由不成立</td></tr>
<tr><td>撤销判决</td><td colspan="3">①主要证据不足　②适用法律、法规错误
③违反法定程序　④超越职权
⑤滥用职权　⑥明显不当</td></tr>
<tr><td>履行判决</td><td colspan="3">被告不履行法定职责</td></tr>
<tr><td>给付判决</td><td colspan="3">被告负有给付义务（抚恤金、低保、社保）</td></tr>
<tr><td rowspan="3">确认判决</td><td rowspan="2">确认违法</td><td>具备撤销内容</td><td>①应当撤销，但撤销会给国家利益和公共利益造成重大损害
②程序轻微违法，但对原告权利不产生实际影响</td></tr>
<tr><td>不具备可撤销内容</td><td>①行为违法，但不具有可撤销内容
②被告改变原违法行政行为，原告仍要求确认原行政行为违法
③被告不履行或拖延履行，判决履行没有意义</td></tr>
<tr><td>确认无效</td><td colspan="2">实施主体不具有行政主体资格或没有依据等重大且明显违法情形</td></tr>
<tr><td>变更判决（可以）</td><td colspan="3">①行政处罚明显不当
②其他行政行为涉及对款额的确定、认定确有错误</td></tr>
</table>

答题思路：对原行政行为和复议决定一并裁判，尤其不能遗漏复议决定。

第三次分析：

答：对于原行政行为，法院应判决确认违法。《行政诉讼法》及相关司法解释规定，违反法定程序的，人民法院判决撤销或者部分撤销。同时规定，行政行为依法应当撤销，但撤销会给国家利益、社会公共利益造成重大损害的，法院判决确认违法。本案中，B公司已开工建设并在部分地区试运行，因此判决确认违法。

对于复议决定，法院应判决撤销。因为原行政行为违法，复议机关作出维持决定，因此对于复议决定应予撤销。

2021全国卷行政法真题（考生回忆版）

【案情】

为了保护水源地，甲县政府2018年10月10日作出《关于同意关停集中式饮用水源一、二类保护区排污的批复》，决定将某企业经营场所划入二类保护区范围内，县政府决定关停该企业，由甲县环境保护局负责实施其排污关停工作，但对后续工作未作出安排。2019年5月，县生态环境局彻底关停排污口，该企业正式停产。

2020年7月20日，企业向甲县政府提出申请：因为排污点关闭，企业无法继续生产，请求政府按企业整体征收发放一次性补偿金，并且免收关停期间的税费和土地使用费。甲县政府未予以回复。

2020年12月5日，企业向法院提起诉讼，请求法院判决被告支付补偿金。被告主张原告超过诉讼时效，且认为企业的供水实际收益为临近的乙县，拒绝对企业进行补偿，请求法院驳回企业的诉讼请求。

材料一：《水污染防治法》

第四条　县级以上人民政府应当将水环境保护工作纳入国民经济和社会发展规划。

地方各级人民政府对本行政区域的水环境质量负责，应当及时采取措施防治水污染。

第九条　县级以上人民政府环境保护主管部门对水污染防治实施统一监督管理。

第六十五条　禁止在饮用水水源一级保护区内新建、改建、扩建与供水设施和保护水源无关的建设项目；已建成的与供水设施和保护水源无关的建设项目，由县级以上人民政府责令拆除或者关闭。

第六十六条　禁止在饮用水水源二级保护区内新建、改建、扩建排放污染物的建设项目；已建成的排放污染物的建设项目，由县级以上人民政府责令拆除或者关闭。

材料二：《环境保护法》

第五条　环境保护坚持保护优先、预防为主、综合治理、公众参与、损害担责的原则。

第六条　一切单位和个人都有保护环境的义务。

地方各级人民政府应当对本行政区域的环境质量负责。

企业事业单位和其他生产经营者应当防止、减少环境污染和生态破坏，对所造成的损害依法承担责任。

公民应当增强环境保护意识，采取低碳、节俭的生活方式，自觉履行环境保护义务。

第三十一条　国家建立、健全生态保护补偿制度。

国家加大对生态保护地区的财政转移支付力度。有关地方人民政府应当落实生态保护补偿资金，确保其用于生态保护补偿。

国家指导受益地区和生态保护地区人民政府通过协商或者按照市场规则进行生态

保护补偿。

【问题】

1. 本案的级别管辖如何确定？为什么？

2. 企业起诉是否超过起诉期限？为什么？

3. 如果该企业对关停决定不服提起行政诉讼，如何确定本案的被告？

4. 被告以企业供水的实际受益者是临近的乙县为由，主张没有补偿义务，理由是否成立？

5. 如何评价企业的补偿请求和内容？

6. 本案法院应该如何判决？为什么？

【读题思路分析】

读题思路：本案中，有几个行政行为？

第一次分析：

（1）县政府决定关停该企业。

（2）县生态环境局彻底关停排污口。

读题思路：谁就什么行为提起行政诉讼？

第一次分析：2020 年 12 月 5 日，企业向法院提起诉讼，请求法院判决被告（甲县政府）支付补偿金。

【解题和答题思路分析】

1. 本案的级别管辖如何确定？为什么？

解题思路：考查行政诉讼的级别管辖，送分题，开心。

第二次分析：

基层法院	管辖第一审行政案件
中级法院	①被告是国务院部门或者县级以上地方政府 ②海关处理的案件 ③本辖区内重大、复杂的案件（社会影响重大的共同诉讼、涉外或者涉及港澳台案件） ④其他法律规定由中级法院管辖的案件

答题思路：问啥答啥，问的是级别管辖，就不要写被告所在地了。

第三次分析：

由中级人民法院管辖。《行政诉讼法》及相关司法解释规定，中级人民法院管辖下列第一审行政案件：对国务院部门或者县级以上地方人民政府所作的行政行为提起诉讼的案件；海关处理的案件；本辖区内重大、复杂的案件；其他法律规定由中级人民法院管辖的案件。本案中，被告是县政府，因此由中级人民法院管辖。

2. 企业起诉是否超过起诉期限？为什么？

解题思路： 没完全看懂案情也没关系，咱就想，如果超过起诉期限，法院不给立案了，那后面的问题还怎么回答？所以肯定没有超期！

第二次分析：

原则	自知道或应当知道行政行为作出之日起6个月内提出，法律另有规定的除外
不作为案件	从履行职责期限届满之日起： ①法律法规有履职期限规定的，从其规定 ②没有履职期限规定，行政机关在接到申请之日起2个月内不履行 ③紧急情况下不受前项期限限制
复议案件	①自收到复议决定书之日起15日内起诉 ②复议机关逾期不作决定的，自复议期满15日内起诉

答题思路： 考查不作为的起诉期限，补偿没有履职期限，按照法律统一规定的2个月计算履职期限，期限届满的6个月内是起诉期限。

第三次分析：

没有超过起诉期限。《行政诉讼法》及相关司法解释规定，公民、法人或者其他组织申请行政机关履行保护其人身权、财产权等合法权益的法定职责，行政机关在接到申请之日起2个月内不履行的，公民、法人或者其他组织可以向人民法院提起诉讼。法律、法规对行政机关履行职责的期限另有规定的，从其规定。本案中，应当在2个月届满后的6个月内提起行政诉讼，该企业2020年7月20日提出申请，12月5日提起诉讼没有超过起诉期限。

3. 如果该企业对关停决定不服提起行政诉讼，如何确定本案的被告？

解题思路："谁行为，谁被告"，在第一次分析时发现"县政府决定关停该企业"，被告即为县政府。

注意躲坑： 本题诉的是"关停决定"，需要在读题时仔细找到关停决定是谁作出的。

第二次分析：

<table>
<tr><td rowspan="6">行政主体</td><td rowspan="4">行政机关</td><td colspan="2">中央</td></tr>
<tr><td rowspan="3">地方</td><td>各级人民政府</td></tr>
<tr><td>政府工作部门</td></tr>
<tr><td>派出机关</td></tr>
<tr><td>法律法规授权组织</td><td colspan="2">有授权时是行政主体</td></tr>
<tr><td>委托组织</td><td colspan="2">A委托B，告A</td></tr>
</table>

答题思路：结论+法条+本案中

第三次分析：

甲县政府为被告。《行政诉讼法》及相关司法解释规定，公民、法人或者其他组织直接向人民法院提起诉讼的，作出行政行为的行政机关是被告。本案中，企业起诉的是关停决定，而关停企业的决定是县政府作出的，根据“谁行为，谁被告”的规则，应当由甲县政府作为被告。

4. 被告以企业供水的实际受益者是临近的乙县为由，没有补偿义务的理由是否成立？

解题思路：不给老百姓钱？肯定不对！

第二次分析：学过的法条里不知道从哪个方向入手，马上想到案情后面还附有法条，肯定对做题有帮助，不然就不会出现在试卷上了。拿着“补偿”去题目给的法条里找，在最后一个法条里找到了，即《环境保护法》第 31 条第 3 款，“国家指导受益地区和生态保护地区人民政府通过协商或者按照市场规则进行生态保护补偿”。

答题思路：找到上面的法条就好答题了，甲县政府和乙县政府协商或者按照市场规定进行补偿，反正不能不给。

第三次分析：

理由不成立。《环境保护法》规定，国家指导受益地区和生态保护地区人民政府通过协商或者按照市场规则进行生态保护补偿。本案中，甲县政府作为生态保护地政府，应当与受益地区乙县政府通过协商或者按照市场规则进行生态保护补偿，而不是拒绝企业的补偿。

5. 如何评价企业的补偿请求和内容？

解题思路：如何评价？支持！给钱！

第二次分析：

许可的变更或撤回	法定情形	①公民、法人或者其他组织依法取得的行政许可受法律保护，行政机关不得擅自改变已经生效的行政许可 ②行政许可所依据的法律、法规、规章修改或者废止，或者准予行政许可所依据的客观情况发生重大变化的，为了公共利益的需要，行政机关可以依法变更或者撤回已经生效的行政许可
	法律后果	①被许可人合法权益受到损害的，应予补偿 ②一般在实际损失范围内确定补偿数额；行政许可属于特许的，一般按照实际投入的损失确定补偿数额

答题思路：答信赖利益保护原则或者许可法法条都给分。

第三次分析：

应当支持。《行政许可法》规定，行政许可所依据的法律、法规、规章修改或者废止，或者准予行政许可所依据的客观情况发生重大变化的，为了公共利益的需要，行政机关可以依法变更或者撤回已经生效的行政许可。由此给公民、法人或者其他组织造成财产损失的，行政机关应当依法给予补偿。本案中，基于信赖利益，对于企业的关停应予补偿。

6. 本案法院应该如何判决？为什么？

解题思路：肯定是原告赢！

第二次分析：行政诉讼法中未直接规定判决补偿的法条，本题略有拔高。

答题思路：勇敢地写，写出大概意思就行。

第三次分析：

法院应当判决甲县政府在一定期限内对企业的损失进行相应的补偿。如果尚需被告调查或者裁量的，判决被告针对原告的请求重新作出处理。

2021年延考卷主观题（考生回忆版）

【案情】

2008年4月，甲县草原局给刘某颁发了使用草原许可证，使用期限50年。2008年9月，刘某取得了甲县乙乡某村某地的土地使用权。

经甲县招商局介绍，李某购买了刘某的土地使用权。李某为开发绿色农业产业，投资1000万元注册了丰胜公司。丰胜公司向甲县国土资源局要求变更国有土地使用权等信息，国土资源局回复说因该行政区划调整，变更土地手续冻结。期间，丰胜公司购买大量农用机械并组织人力对该盐碱、沙化荒漠土地进行了综合治理、土壤改良，并形成了良田，主要进行有机甜瓜的种植。

此后，甲县乙乡并入丙市。丰胜公司又向丙市自然资源局提出申请，要求变更国有土地使用权及土地开发延期使用手续，丙市自然资源局以未见到档案材料为由拒绝办理。2020年，丙市自然资源局向丙市政府呈报，丙市政府作出《同意收回国有土地使用权的批复》，丙市自然资源局据此作出了《收回国有土地使用权决定书》并向刘某送达。决定书载明，依据《土地管理法》第38条的规定，连续二年未使用的土地，经原批准机关批准，由县级以上人民政府无偿收回用地单位的土地使用权，将该地块予以依法收回。刘某不服，以丙市自然资源局和丙市市政府为被告，提起行政诉讼。

经法院查明，发现土地状况与作出被诉行政行为时发生了显著变化，部分案件事实已无法查清。李某要求赔偿投资损失1000万元。

【问题】

1. 丰胜公司是否可以作为本案原告，请说明理由。

2. 本案应如何确定本案被告。

3. 丙市自然资源局决定收回国有土地使用权是何种性质的行政行为？请说明理由。

4. 甲县招商局作为第三人在行政诉讼中有哪些权利？甲县招商局无正当理由经法庭传唤不出庭，法院如何处理？

5. 对于丰胜公司提出的赔偿投资损失，法院应如何确定举证责任和赔偿数额？
6. 若一审法院遗漏行政赔偿请求，第二审法院应当如何处理？

【读题思路分析】

读题思路：本案中，有几个行政行为？
第一次分析：
(1) 甲县草原局给刘某颁发了使用草原许可证。
(2) 丙市自然资源局以未见到档案材料为由拒绝办理。
(3) 丙市自然资源局据此作出了《收回国有土地使用权决定书》。
读题思路：谁就什么行为提起行政诉讼？
第一次分析：刘某不服，以丙市自然资源局和丙市市政府为被告，提起行政诉讼。

【解题和答题思路分析】

1. 丰胜公司是否可以作为本案原告，请说明理由。
解题思路：问原告资格，都有。
第二次分析：

	原告资格
一般规定	行政行为相对人和利害关系人
利害关系人	①被诉的行政行为涉及其相邻权或者公平竞争权的 ②在行政复议等行政程序中被追加为第三人的 ③要求行政机关依法追究加害人法律责任的 ④撤销或者变更行政行为涉及其合法权益的 ⑤为维护自身合法权益向行政机关投诉，具有处理投诉职责的行政机关作出或者未作出处理的

答题思路：结论+法条+本案中
第三次分析：

具有原告资格。《行政诉讼法》及相关司法解释规定，行政行为的相对人以及其他与行政行为有利害关系的公民、法人或者其他组织，有权提起诉讼。本案中，《收回国有土地使用权决定书》是对刘某作出的，但实际影响了丰胜公司的合法权益，丰胜公司作为该行为的利害关系人，依法具有原告资格。

2. 本案应如何确定本案被告。

解题思路：对于经上级批准的行政行为，“诉讼看名义”，在第一次读材料中看到“丙市自然资源局据此作出了《收回国有土地使用权决定书》”，即丙市自然资源局为被告。

第二次分析：

行为主体	被告资格
行政机关	自己
法律、法规、规章授权的组织	自己
受委托组织	委托机关
派出所做罚款	派出所
派出所做拘留	公安分局
临时组建的机构	组建机关
经上级批准的行政行为	在对外发生法律效力的文书上署名的机关
被撤销或职权变更的行政机关	继续行使其职权的行政机关
两个以上的行政机关	共同被告

答题思路：不找上级，找的是署名机关。

第三次分析：

本案的被告是丙市自然资源局。《行政诉讼法》及相关司法解释规定，当事人不服经上级行政机关批准的行政行为，向人民法院提起诉讼的，以在对外发生法律效力的文书上署名的机关为被告。本案中，该决定书经上级机关丙市政府批准，以下级机关丙市自然资源局的名义作出，因此被告为署名机关即丙市自然资源局。

3. 丙市自然资源局决定收回国有土地使用权是何种性质的行政行为？请说明理由。

解题思路：2021年问行政行为性质？就答行政处罚！因为《行政处罚法》是2021年大纲中唯一一部大修的法律。再有从理论上来说：当事人本可以利用土地的，被收回属于利益损失，因此属于处罚。

第二次分析：

行政处罚	行政机关依法对违反行政管理秩序的公民、法人或者其他组织，以减损权益或者增加义务的方式予以惩戒的行为
行政强制措施	行政机关在行政管理过程中，为制止违法行为、防止证据损毁、避免危害发生、控制危险扩大等情形，依法对公民的人身自由实施暂时性限制，或者对公民、法人或者其他组织的财物实施暂时性控制的行为
行政强制执行	行政机关或者行政机关申请法院，对不履行行政决定的公民、法人或者其他组织，依法强制履行义务的行为

答题思路：行政处罚的定义要点是违法性+制裁性，写不上就找处罚法开头的第二条。

第三次分析：

行政处罚。根据《行政处罚法》规定，行政处罚是指行政机关依法对违反行政管理秩序的公民、法人或者其他组织，以减损权益或者增加义务的方式予以惩戒的行为。

本案中，行政机关认为土地使用者连续两年未使用土地，属于行政违法行为；有关机关将该地块予以依法收回，是对该违法行为的制裁。因此该行为为行政处罚。

4. 甲县招商局作为第三人在行政诉讼中有哪些权利？甲县招商局无正当理由经法庭传唤不出庭，法院如何处理？

解题思路：法条题。不需要结合案情，直接作答法条。

第二次分析：

第三人权利	①可以提出自己的请求 ②可以进行举证 ③法院判决第三人承担义务或者减损第三人权益的，第三人有权提出上诉或者申请再审
不出庭	第三人经传票传唤无正当理由拒不到庭，或者未经法庭许可中途退庭的，不发生阻止案件审理的效果

答题思路：法条表述清晰、完整。

第三次分析：

行政诉讼的第三人在诉讼中的权利包括：第三人有权进行举证；人民法院判决其承担义务或者减损其权益的第三人，有权提出上诉或者申请再审。

第三人经传票传唤无正当理由拒不到庭，或者未经法庭许可中途退庭的，不发生阻止案件审理的效果。因此，甲县招商局无正当理由经法庭传唤不出庭，不发生阻止案件审理的效果。

5. 对于丰胜公司提出的赔偿投资损失，法院应如何确定举证责任和赔偿数额？

解题思路：考的是赔偿的举证责任，由原告举证，但案情中“经法院查明，发现土地状况与作出被诉行政行为时发生了显著变化，部分案件事实已无法查清”。意指因为被告一再拒绝办理导致原告无法举证，则应由被告承担举证责任。根据一般理论，赔偿的范围主要包括实际投入，而不包括可预期的收入。

第二次分析：

	举证责任
被告	①被告对作出的行政行为负有举证责任，应当提供作出该行政行为的证据和所依据的规范性文件 ②被告不提供或者无正当理由逾期提供证据，视为没有相应证据。但是，被诉行政行为涉及第三人合法权益，第三人提供证据的除外
原告	①证明符合起诉条件 ②依申请不作为案件中，应当证明自己提出过申请，但因正当理由不能提供证据的除外 ③行政赔偿、补偿案件中，原告对行政行为造成的损害提供证据。但是，因被告的原因导致原告无法举证的，由被告承担举证责任 ④【权利】原告可以提供证明行政行为违法的证据。但证据不成立的，不免除被告的举证责任

答题思路：有两问，分别作答，不要遗漏。

第三次分析：

《行政诉讼法》及相关司法解释规定，在行政赔偿、补偿的案件中，原告应当对行政行为造成的损害提供证据。因被告的原因导致原告无法举证的，由被告承担举证责任。本案中，属于行政赔偿案件，由原告对行政行为造成的损害承担初步的举证责任，但因被告的原因导致原告无法举证的，由被告承担举证责任。

赔偿数额应当按照被诉行政行为作出时土地上的附着物、土地开荒以及相关实际投入来综合确定。

6. 若一审法院遗漏行政赔偿请求，第二审法院应当如何处理？

解题思路：法条题。不需要结合案情，直接作答法条。

第二次分析：

一审法院遗漏赔偿请求	①第二审法院经审理认为依法应当予以赔偿的，在确认被诉行政行为违法的同时，可以就行政赔偿问题进行调解；调解不成的，应当就行政赔偿部分发回重审 ②第二审法院经审查认为依法不应当予以赔偿的，应当判决驳回行政赔偿请求
当事人二审提出赔偿请求	第二审法院可以进行调解；调解不成的，应当告知当事人另行起诉

答题思路：法条表述清晰、完整。

第三次分析：

原审判决遗漏行政赔偿请求，第二审人民法院经审查认为依法不应当予以赔偿的，应当判决驳回行政赔偿请求。

原审判决遗漏行政赔偿请求，第二审人民法院经审理认为依法应当予以赔偿的，在确认被诉行政行为违法的同时，可以就行政赔偿问题进行调解；调解不成的，应当就行政赔偿部分发回重审。

2020 年行政法真题（考生回忆版）

【案情】

甲市乙区政府为了进行旧城改造，发布了《国有土地征收补偿公告》，对所划定的区域内的国有土地进行征收补偿。乙区政府与乙区管委会签订《征收补偿授权协议书》，授权乙区管委会以乙区政府的名义实施征收补偿事务。

黄某是一名个体工商户，在公告所划定的区域内有厂房，该厂房登记在黄某名下，评估公司评估该房屋价值为 260 万，黄某与乙区管委会签订了《资产收购协议》，约定补偿数额为 300 万元，同时协议中约定，如果发生争议，双方先协商解决，协商不成，任何一方均有权向仲裁机构申请仲裁。后乙区管委会未按照约定发放征收补偿款，黄某向法院提起诉讼。

经法院查明，乙区管委会是甲市政府设立的派出机构，乙区管委会是经乙区政府授权实施征收事宜。黄某向乙区政府申请公开其他被征收人补偿数额的信息，区政府以涉及第三人隐私为由拒绝公开。

材料：

《国有土地上房屋征收与补偿条例》（国务院于2011年1月21日发布，自发布之日起施行）

第2条　为了公共利益的需要，征收国有土地上单位、个人的房屋，应当对被征收房屋所有权人（以下称被征收人）给予公平补偿。

第8条　为了保障国家安全、促进国民经济和社会发展等公共利益的需要，有下列情形之一，确需征收房屋的，由市、县级人民政府作出房屋征收决定：

（一）国防和外交的需要；

（二）由政府组织实施的能源、交通、水利等基础设施建设的需要；

（三）由政府组织实施的科技、教育、文化、卫生、体育、环境和资源保护、防灾减灾、文物保护、社会福利、市政公用等公共事业的需要；

（四）由政府组织实施的保障性安居工程建设的需要；

（五）由政府依照城乡规划法有关规定组织实施的对危房集中、基础设施落后等地段进行旧城区改建的需要；

（六）法律、行政法规规定的其他公共利益的需要。

第29条　房屋征收部门应当依法建立房屋征收补偿档案，并将分户补偿情况在房屋征收范围内向被征收人公布。审计机关应当加强对征收补偿费用管理和使用情况的监督，并公布审计结果。

【问题】

1. 本案的原告是谁？为什么？
2. 本案的被告是谁？为什么？
3. 《资产收购协议》是否属于行政协议？
4. 本案约定的仲裁是否有效？为什么？
5. 如何确定本案的起诉期限？
6. 甲市政府以涉及第三人隐私为由拒绝黄某的公开申请的行为是否合法？

【读题思路分析】

读题思路：本案中，有几个行政行为？

第一次分析：

（1）甲市乙区政府发布《国有土地征收补偿公告》。

（2）黄某与乙区管委会签订了《资产收购协议》。

（3）区政府以涉及第三人隐私为由拒绝公开。

读题思路：谁就什么行为提起行政诉讼？

第一次分析：后乙区管委会未按照约定发放征收补偿款，黄某向法院提起诉讼。

【解题和答题思路分析】

1. 本案的原告是谁？为什么？

解题思路：读题中看到，"后乙区管委会未按照约定发放征收补偿款，黄某向法院提起诉讼"。那么谁是原告？黄某啊！送分题，开心一下。

第二次分析：

	原告资格
一般规定	行政行为相对人和利害关系人
利害关系人	①被诉的行政行为涉及其相邻权或者公平竞争权的 ②在行政复议等行政程序中被追加为第三人的 ③要求行政机关依法追究加害人法律责任的 ④撤销或者变更行政行为涉及其合法权益的 ⑤为维护自身合法权益向行政机关投诉，具有处理投诉职责的行政机关作出或者未作出处理的

答题思路：结论+法条+本案中

第三次分析：

黄某具有原告资格。《行政诉讼法》第25条第1款规定，行政行为的相对人以及其他与行政行为有利害关系的公民、法人或者其他组织，有权提起诉讼。本案中，行政机关与黄某协商一致，签订《资产收购协议书》，黄某是行政协议的行政相对人，与被诉协议具有利害关系，所以黄某具有原告资格。

2. 本案的被告是谁？为什么？

解题思路："假授权，真委托"。案情中说，"乙区政府与乙区管委会签订《征收补偿授权协议书》，授权乙区管委会以乙区政府的名义实施征收补偿事务"。为什么乙区政府对乙区管委会的授权是假的呢？因为真的授权叫"法律法规授权"，即通过立法进行，而不是行政机关自己就可以授权的，那么行政机关的授权怎么办呢？实际上还是在进行委托，即A委托B，告A。

第二次分析："假授权、真委托"：没有法律、法规或者规章规定，行政机关授权其内设机构、派出机构或者其他组织行使行政职权的，属于委托。当事人不服提起诉讼的，应当以该行政机关为被告。

答题思路：做题时看到管委会不要就开始想管委会能不能当被告，要看全题目。

第三次分析：

区政府是被告。《行诉解释》第20条第3款规定：没有法律、法规或者规章规定，行政机关授权其内设机构、派出机构或者其他组织行使行政职权的，属于行政诉讼法第26条规定的委托。当事人不服提起诉讼的，应当以该行政机关为被告。本案中，区政府授权乙区管委会没有法律依据，属于假授权、真委托，视为管委会是受区政府委托的组织，其与黄某签订行政协议的，应当由区政府作为被告承担责任。

3.《资产收购协议》是否属于行政协议？

解题思路：肯定属于呀，也是当年的新法。有关行政协议的司法解释2020年1月1日起施行，这也是当年大纲唯一一个新增法条。

第二次分析：

	原告资格
行政协议定义	行政协议，是指行政机关为了实现行政管理或者公共服务目标，与公民、法人或者其他组织协商订立的具有行政法上权利义务内容的协议
行政协议类型	①政府特许经营协议 ②土地、房屋等征收征用补偿协议 ③矿业权等国有自然资源使用权出让协议 ④政府投资的保障性住房的租赁、买卖等协议 ⑤政府与社会资本合作协议 ⑥其他行政协议

答题思路：行政协议的定义在该司法解释第一条。

第三次分析：

《资产收购协议》属于行政协议。《行政协议案件规定》第1条规定，行政机关为了实现行政管理或者公共服务目标，与公民、法人或者其他组织协商订立的具有行政法上权利义务内容的协议，属于行政诉讼法第12条第1款第11项规定的行政协议。本案中，区政府为了对外实施行政管理，与黄某签订的具有行政法上权利义务内容的协议，属于行政协议。

4. 本案约定的仲裁是否有效？为什么？

解题思路：行政协议需要通过行政诉讼解决，不能通过仲裁解决。

第二次分析：行政协议约定仲裁条款的，人民法院应当确认该条款无效。

答题思路：法条题。

第三次分析：

约定仲裁条款无效。根据《行政协议案件规定》第26条规定，行政协议约定仲裁条款的，人民法院应当确认该条款无效，但法律、行政法规或者我国缔结、参加的国际条约另有规定的除外。因此，本案中行政协议中约定的仲裁条款是无效的。

5. 如何确定本案的起诉期限？

解题思路：此题为拔高题，需要区分行政协议案件不同情形的起诉期限。

第二次分析：

3年	公民、法人或者其他组织对行政机关不依法履行、未按照约定履行行政协议提起诉讼的，诉讼时效参照民事法律规范确定

续表

6个月	对行政机关变更、解除行政协议等行政行为提起诉讼的，起诉期限依照行政诉讼法及其司法解释确定

答题思路：第一次读题时看到，“后乙区管委会未按照约定发放征收补偿款，黄某向法院提起诉讼”，黄某行使的诉权属于民事上的“不履约”，而不是行政上的“公权力侵害”，所以按照3年确定起诉期限。

第三次分析：

本案适用诉讼时效3年。根据《行政协议案件规定》第25条规定，公民、法人或者其他组织对行政机关不依法履行、未按照约定履行行政协议提起诉讼的，诉讼时效参照民事法律规范确定；对行政机关变更、解除行政协议等行政行为提起诉讼的，起诉期限依照行政诉讼法及其司法解释确定。本案中，黄某因乙区管委会未按照约定发放征收补偿款起诉，适用3年的诉讼时效。

6. 甲市政府以涉及第三人隐私为由拒绝黄某的公开申请的行为是否合法？

第二次分析：

相对不公开	①依申请公开涉及商业秘密、个人隐私等公开会对第三方合法权益造成损害的，行政机关应当书面征求第三方的意见 ②第三方同意公开或者行政机关认为不公开会对公共利益造成重大影响的，予以公开

答题思路：结合政府信息公开或者材料中的法条答题都可以。

第三次分析：

区政府拒绝公开行为违法。《政府信息公开条例》第21条规定，土地征收属于行政机关主动公开的事项。《国有土地上房屋征收与补偿条例》第29条规定，并将分户补偿情况在房屋征收范围内向被征收人公布。

《政府信息公开条例》第15条规定，涉及个人隐私等公开会对第三方合法权益造成损害的政府信息，行政机关不得公开。但是，第三方同意公开或者行政机关认为不公开会对公共利益造成重大影响的，予以公开。本案中，乙区政府以涉及被征收人的隐私为由拒绝公开，并没有征求被征收人意见，没有衡量社会公共利益，直接拒绝是违法的。

2019年行政法真题（考生回忆版）

【案情】

某建设单位施工完毕后，经市公安消防支队验收，消防支队向其出具了《建设工程消防验收备案结果通知》，李某认为该消防设施设置在其家门口，影响其出行，向法院提起诉讼，请求依法撤销市公安消防支队批准在其门前设置的消防栓通过验收的决定；依法判令被告责令报批单位依据国家标准限期整改。

被告市公安消防支队辩称：建设工程消防验收备案结果通知是按照建设工程消防验收评定标准完成工程检查，其性质属于技术性验收，并不是一项独立、完整的具体行政行为，不具有可诉性，不属于人民法院行政诉讼的受案范围，请求驳回原告的起诉。

一审法院经审理裁定驳回了李某的诉讼。李某不服提起上诉。二审法院在审理过程中，被告公安消防支队撤销了《建设工程消防验收备案结果通知》，原告李某向法院申请撤诉。

材料一：

《中华人民共和国消防法》（2008 年）第 4 条规定："县级以上地方人民政府公安机关对本行政区域内的消防工作实施监督管理，并由本级人民政府公安机关消防机构负责实施。"

《中华人民共和国消防法》（2008 年）第 13 条规定："按照国家工程建设消防技术标准需要进行消防设计的建设工程竣工，依照下列规定进行消防验收、备案：……（二）其他建设工程，建设单位在验收后应当报公安机关消防机构备案，公安机关消防机构应当进行抽查。依法应当进行消防验收的建设工程，未经消防验收或者消防验收不合格的，禁止投入使用；其他建设工程经依法抽查不合格的，应当停止使用。"

材料二：

《公安部建设工程消防监督管理规定》（已废止）第 3 条第 2 款规定："公安机关消防机构依法实施建设工程消防设计审核、消防验收和备案、抽查，对建设工程进行消防监督。"

【问题】

1. 李某起诉消防支队出具的《建设工程消防验收备案结果通知》，法院是否应当受理？

2. 《建设工程消防验收备案结果通知》属于什么性质的行为？

3. 行政机关在二审上诉期间能否撤销已经生效的《建设工程消防验收备案结果通知》？

4. 若《建设工程消防验收备案结果通知》被公安消防支队撤销，建设单位可以如何救济自己的权利？

5. 二审中李某申请撤诉，法院在什么条件下应当准许其撤诉？如果法院不准撤诉，本案的审理对象是什么？

6. 针对原告请求被告责令建设单位限期整改，如果一审法院支持这一诉讼请求，法院应如何裁判？为什么？

【读题思路分析】

读题思路：本案中，有几个行政行为？

第一次分析：

（1）消防支队向某建设单位出具了《建设工程消防验收备案结果通知》。

（2）二审法院在审理过程中，公安消防支队撤销了《建设工程消防验收备案结果通知》。

读题思路：谁就什么行为提起行政诉讼？

第一次分析：李某向法院提起诉讼，请求依法撤销市公安消防支队批准在其门前设置的消防栓通过验收的决定；依法判令被告责令报批单位依据国家标准限期整改。

【解题和答题思路分析】

1. 李某起诉消防支队出具的《建设工程消防验收备案结果通知》，法院是否应当受理？

解题思路：受理，必须受理，不然后面的题怎么做？

第二次分析：对当事人的权利义务产生了实际影响，属于受案范围。

答题思路：核心点在于"产生实际影响"。

第三次分析：

法院应予受理。《行政诉讼法》第12条第12款规定，人民法院受理公民、法人或者其他组织提起的下列诉讼：认为行政机关侵犯其他人身权、财产权等合法权益的。本案中，《建设工程消防验收备案结果通知》是行政行为，对相对人或利害关系人的权利义务产生实际影响，相对人或利害关系人对验收结果通知不服提起行政诉讼的，人民法院应予受理。

2.《建设工程消防验收备案结果通知》属于什么性质的行为？

解题思路：建设单位施工完毕通过市公安消防支队验收，是开心的是吧？所以不会是行政处罚、行政强制。那属于行政许可还是行政确认呢？许可发生在事前，你不同意我不能做；确认发生在事后，我做完了你觉得怎么样。本案都施工完毕了，那不能是许可，就是确认。

第二次分析：行政确认，是指行政主体对行政相对人的法律地位、法律关系和法律事实进行甄别，给予确定、认可、证明并予以宣告的具体行政行为。

答题思路：行政确认的定义在法条中找不到，因为没有确认法，可以根据自己的理解答，也可以结合材料中的法条回答。

第三次分析：

该行为属于行政确认。行政确认，是指行政主体对行政相对人的法律地位、法律关系和法律事实进行甄别，给予确定、认可、证明并予以宣告的具体行政行为。《消防法》（2008年）第13条规定：其他建设工程，建设单位在验收后应当报公安机关消防机构备案，公安机关消防机构应当进行抽查。依法应当进行消防验收的建设工程，未经消防验收或者消防验收不合格的，禁止投入使用；其他建设工程经依法抽查不合格的，应当停止使用。所以，消防验收结果通知符合行政确认的特征。

3. 行政机关在二审上诉期间能否撤销已经生效的《建设工程消防验收备案结果通知》？

解题思路：这个问题的意思是：行政机关在诉讼中能否改变行政行为？这样转化一下就好理解了吧？答案是可以。

第二次分析：

改变	①改变原行政行为所认定的主要事实和证据的 ②改变原行政行为所适用的规范依据且对定性产生影响的 ③撤销、部分撤销或者变更原行政行为处理结果的
视为改变	①根据原告的请求依法履行法定职责 ②采取相应的补救、补偿措施 ③在行政裁决案件中，书面认可原告与第三人达成的和解

答题思路：撤销属于诉讼中改变行政行为，可以。

第三次分析：

可以。《最高人民法院关于行政诉讼撤诉若干问题的规定》第3条规定，有下列情形之一的，属于行政诉讼法第五十一条规定的“被告改变其所作的具体行政行为”：改变被诉具体行政行为所认定的主要事实和证据；改变被诉具体行政行为所适用的规范依据且对定性产生影响；撤销、部分撤销或者变更被诉具体行政行为处理结果。本案中，行政机关在二审期间撤销已经生效的《消防设施建设验收备案通知》，属于被告改变其所作的具体行政行为，可以做出该行为。

4. 若《建设工程消防验收备案结果通知》被公安消防支队撤销，建设单位可以如何救济自己的权利？

解题思路：送分题。复议、诉讼。

第二次分析：

自由选择	对属于人民法院受案范围的行政案件，公民、法人或者其他组织可以先向行政机关申请复议，对复议决定不服的，再向人民法院提起诉讼；也可以直接向人民法院提起诉讼
复议前置	法律、法规规定应当先向行政机关申请复议，对复议决定不服再向人民法院提起诉讼。 注意新增情形： ①对当场作出的行政处罚决定不服（对公民≤200元，组织≤3000元，或警告） ②行政机关存在未履行法定职责情形 ③申请政府信息公开，行政机关不予公开

答题思路：法条题。要求表述清晰、完整。

第三次分析：

建设单位可以先向行政机关申请复议，对复议决定不服的，再向人民法院提起诉讼；也可以直接向人民法院提起诉讼。《行政诉讼法》第44条规定：对属于人民法院受案范围的行政案件，公民、法人或者其他组织可以先向行政机关申请复议，对复议决定不服的，再向人民法院提起诉讼；也可以直接向人民法院提起诉讼。

5. 二审中李某申请撤诉，法院在什么条件下应当准许其撤诉？如果法院不准撤诉，本案的审理对象是什么？

解题思路：考查被告改变行政行为，原告申请撤诉法院的处理以及二审的审理对象。

第二次分析：

<table>
<tr><td rowspan="3">原告申请撤诉</td><td>法院准许条件</td><td>①当事人真实意思表示
②不违反法律、法规的禁止性规定，不超越或者放弃职权，不损害公共利益和他人合法权益
③被告已经改变或者决定改变被诉具体行政行为，并书面告知法院
④第三人无异议</td></tr>
<tr><td>法院裁定</td><td>①有履行内容且履行完毕的，法院可以裁定准许撤诉
②不能即时或者一次性履行的，法院可以裁定准许撤诉，也可以裁定中止审理</td></tr>
<tr><td>后果</td><td>经法院准许后诉讼终结</td></tr>
<tr><td>不撤诉</td><td colspan="2">①法院继续审理
②原告仍要求确认原行政行为违法的，法院应当依法作出确认判决</td></tr>
<tr><td>诉新行为</td><td colspan="2">审理改变后的行为</td></tr>
</table>

答题思路：第二问有一定迷惑性，注意出题的背景是“二审中”，所以需要结合二审的全面审理原则进行回答。

第三次分析：

二审中李某申请撤诉，法院准许撤诉的条件包括：申请撤诉是当事人真实意思表示；被告改变被诉具体行政行为，不违反法律、法规的禁止性规定，不超越或者放弃职权，不损害公共利益和他人合法权益；被告已经改变或者决定改变被诉具体行政行为，并书面告知人民法院；第三人无异议。

如果法院不准撤诉，本案的审理对象是原审人民法院的裁定和被诉行政行为。

6. 针对原告请求被告责令建设单位限期整改，如果一审法院支持这一诉讼请求，法院应如何裁判？为什么？

解题思路：原告要求被告作为，如果成立，那就是履行判决。

第二次分析：

判决类型	适用情形
驳回原告诉讼请求	①行政行为证据确凿，适用法律、法规正确，符合法定程序 ②原告申请被告履行法定职责理由不成立 ③原告要求被告履行给付义务理由不成立

续表

<table>
<tr><th>判决类型</th><th colspan="3">适用情形</th></tr>
<tr><td>撤销判决</td><td colspan="3">①主要证据不足　②适用法律、法规错误
③违反法定程序　④超越职权
⑤滥用职权　⑥明显不当</td></tr>
<tr><td>履行判决</td><td colspan="3">被告不履行法定职责</td></tr>
<tr><td>给付判决</td><td colspan="3">被告负有给付义务（抚恤金、低保、社保）</td></tr>
<tr><td rowspan="3">确认判决</td><td rowspan="2">确认违法</td><td>具备可撤销内容</td><td>①应当撤销，但撤销会给国家利益、公共利益造成重大损害
②程序轻微违法，但对原告权利不产生实际影响</td></tr>
<tr><td>不具备可撤销内容</td><td>①行为违法，但不具有可撤销内容
②被告改变原违法行政行为，原告仍要求确认原行政行为违法
③被告不履行或拖延履行，判决履行没有意义</td></tr>
<tr><td>确认无效</td><td colspan="2">实施主体不具有行政主体资格或没有依据等重大且明显违法情形</td></tr>
<tr><td>变更判决
（可以）</td><td colspan="3">①行政处罚明显不当
②其他行政行为涉及对款额的确定、认定确有错误</td></tr>
</table>

答题思路：针对不作为案件，就是履行判决或者确认违法判决。本案不存在不能履行的情形，所以答履行判决。

第三次分析：

法院应当作履行判决。《行政诉讼法》第72条规定：人民法院经过审理，查明被告不履行法定职责的，判决被告在一定期限内履行。本案中，原告的诉讼请求为判令被告责令建设单位限期整改，属于要求被告履行法定职责，故法院支持的情况下应当作履行判决。

2018年行政法真题（考生回忆版）

【案情】

王某在未取得建设工程规划许可证情况下，在公路南侧建设沿街楼房。2018年3月12日，市国土资源局向王某下达《停止违法建设通知书》，责令其停止违法行为。在就王某违法建设行为召开协调会后，市建设规划局向王某发出《责令限期拆除违法建筑的通知》，告知王某其建筑违法，责令王某限期1日内拆除违法建筑。2018年3月15日，城管大队组织强制拆除工作，城管大队通知镇政府、镇管委会到场，组织人员将王某的违法房屋予以强制拆除。在拆除期间，王某尚未来得及将房屋内物品搬离，城管大队也未依法对屋内物品登记保全，未制作物品清单并交王某签字确认。王某以镇政府、镇管委会、城管大队、市国土资源局、市建设规划局为被告，提起行政诉讼，请求法院确认强制拆除行为违法，赔偿损失30万元。

经法院查明，市建设规划局曾向城管大队发送委托书，委托城管大队作出违法建筑物行政拆除决定，委托期限为2015年1月1日至2020年12月31日。

【问题】

1. 市建设规划局责令王某限期拆除的行为是什么性质？
2. 王某起诉的被告是否正确？为什么？
3. 市建设规划局的行为是否违法？为什么？
4. 王某提出行政诉讼的期限如何确定？
5. 若在一审开庭时，行政机关负责人没有出庭应诉，并委托城管大队的相关工作人员和律师出庭，法庭是否应予准许？为什么？
6. 王某请求行政赔偿的举证责任如何分配？

【读题思路分析】

读题思路：本案中，有几个行政行为？

第一次分析：

（1）市国土资源局向王某下达《停止违法建设通知书》。

（2）市建设规划局向王某发出《责令限期拆除违法建筑的通知》。

（3）城管大队组织强制拆除工作，组织人员将王某的违法房屋予以强制拆除。

读题思路：谁就什么行为提起行政诉讼？

第一次分析：

王某以镇政府、镇管委会、城管大队、市国土资源局、市建设规划局为被告，提起行政诉讼，请求法院确认强制拆除行为违法，赔偿损失30万元。

【解题和答题思路分析】

1. 市建设规划局责令王某限期拆除的行为是什么性质？

解题思路：问行为的种类，拆房子对当事人而言是负担性行政行为，那是行政处罚、行政强制、还是其他行为？

第二次分析：

2000年，国务院法制办公室在回复四川省政府法制办的批复中指出：对于违章建筑“责令限期拆除，不应当理解为行政处罚行为”。并且，这一观点在2012年国务院回复陕西省政府法制办的批复中又一次重复强调。

注意躲坑：行政处罚是指行政机关依法对违反行政管理秩序的公民、法人或者其他组织，以减损权益或者增加义务的方式予以惩戒的行为。强制措施是指行政机关在行政管理过程中，为制止违法行为、防止证据损毁、避免危害发生、控制危险扩大等情形，依法对公民的人身自由实施暂时性限制，或者对公民、法人或者其他组织的财物实施暂时性控制的行为。

答题思路：不是法条内容，作答无需引用法条，用理论进行展开分析即可。

第三次分析：

市建设规划局责令王某限期拆除的行为属于负担性的行政决定。王某所建房屋为违章建筑，根据《行政处罚法》《行政强制法》及相关法律法规，行政机关责令其拆除不是行政处罚，也不属于强制措施和强制执行。负担的行政行为是指，为当事人设定义务或者剥夺其权益的行政行为。本案中，责令王某限期拆除自己的房屋，为王某在一定时间内设定了要求履行的义务，即为负担性的行政决定。

2. 王某起诉的被告是否正确？为什么？

解题思路：问被告，就是行政主体，这题你会！

第二次分析：

<table>
<tr><td rowspan="6">行政主体</td><td rowspan="4">行政机关</td><td colspan="2">中央</td></tr>
<tr><td rowspan="3">地方</td><td>各级人民政府</td></tr>
<tr><td>政府工作部门</td></tr>
<tr><td>派出机关</td></tr>
<tr><td>法律法规授权组织</td><td colspan="2">有授权时是行政主体</td></tr>
<tr><td>委托组织</td><td colspan="2">委托组织是行政主体，而受托组织不是</td></tr>
</table>

答题思路：在读题时第一次分析找到“王某以镇政府、镇管委会、城管大队、市国土资源局、市建设规划局为被告，提起行政诉讼，请求法院确认强制拆除行为违法，赔偿损失 30 万元”，诉的是强拆，再往上面的分析行为时去找（3）“城管大队组织强制拆除工作，组织人员将王某的违法房屋予以强制拆除”。但是仔细的小朋友会读到题目的最后一句话“经法院查明，市建设规划局曾向城管大队发送委托书，委托城管大队作出违法建筑物行政拆除决定，委托期限为 2015 年 1 月 1 日至 2020 年 12 月 31 日”。题目中没有白说的话，最终得出结论，拆房子的是城管大队，但存在委托关系，A 委托 B，告 A。

第三次分析：

王某起诉的被告不正确，被告应为市建设规划局。本案中，王某以镇政府、镇管委会、城管大队、市国土资源局、市建设规划局为被告错误。其中，镇政府、镇管委会由城管大队通知到场，并未从事拆除行为，故不是被告；市国土资源局向王某下达《停止违法建设通知书》，也未从事拆除行为，故不是被告；市建设规划局向城管大队发送委托书，城管大队组织人员将王某的违法房屋予以强制拆除，根据《行政诉讼法》第 26 条第 5 款的规定，行政机关委托的组织所作的行政行为，委托的行政机关是被告。因此，本案的被告为市建设规划局。

3. 市建设规划局的行为是否违法？为什么？

解题思路：兰兰老师说了，行政机关的行为都是违法的！

第二次分析： 首先考虑程序违法，题目中的“未”是送分，抄一遍就行了；再考虑市建设规划局没有强制执行权，主体也违法。

（1）行政强制执行的程序

一般程序（有执行权）	①政机关依法作出行政决定后，当事人在行政机关决定的期限内不履行义务的，行政机关作出强制执行决定前，应当事先催告当事人履行义务 ②经催告，当事人逾期仍不履行行政决定，且无正当理由的，行政机关可以作出强制执行决定
申请法院程序（无执行权）	①行政机关申请法院强制执行前，应当催告当事人履行义务 ②法院应当在5日内决定是否受理 ③受理后，7日内由行政审判庭对行政行为的合法性进行书面审查，作出是否准予执行的裁定 ④有下列情形之一的，在作出裁定前可以听取被执行人和行政机关的意见：明显缺乏事实根据的；明显缺乏法律、法规依据的；其他明显违法并损害被执行人合法权益的

（2）行政强制执行的实施主体

行政强制执行的主体	具有行政强制执行权的行政机关：海关、公安、国安、税务、县级以上政府（口诀：海公先睡）
	不具有行政强制执行权的行政机关申请法院强制执行

注意躲坑： 主体违法容易忽略，没关系，大部分分值已经拿到了，其余的逐步形成解题思路就好。

答题思路： 有多项内容的时候，使用“第一、第二”的描述方法，让人感觉你真是思路清晰啊！

第三次分析：

市建设规划局的行为违法。其一，主体违法。根据《行政强制法》及相关法律法规，市建设规划局没有强制拆除房屋的权力。其二，程序违法。本案中，城管大队未依法对屋内物品登记保全，未制作物品清单并交王某签字确认。因此，市建设规划局的行为违法。

4. 王某提出行政诉讼的期限如何确定？

解题思路： 题目中没有特殊情形，期限是6个月，但主观题需要写全了。

第二次分析：

原则	自知道或应当知道行政行为作出之日起6个月内提出，法律另有规定的除外
复议案件	①自收到复议决定书之日起15日内起诉 ②复议机关逾期不作决定的，自复议期满15日内起诉

答题思路：法条表述清晰、完整。

第三次分析：

王某应当自知道或应当知道作出行政行为之日起6个月内提出行政诉讼。《行政诉讼法》第46条第1款规定，公民、法人或者其他组织直接向人民法院提起诉讼的，应当自知道或者应当知道作出行政行为之日起6个月内提出。法律另有规定的除外。

5. 若在一审开庭时，行政机关负责人没有出庭应诉，并委托城管大队的相关工作人员和律师出庭，法庭是否应予准许？为什么？

解题思路：考查行政机关负责人出庭应诉，领导没来，委托相应的工作人员出庭，谁是相应的工作人员？题目中的"城管大队的相关工作人员"算不算？

第二次分析：

负责人	①被诉行政机关负责人（正副职）应当出庭应诉 ②行政机关负责人出庭应诉的，可以另行委托一至二名诉讼代理人 ③对于同一审级需要多次开庭的同一案件，行政机关负责人到庭参加一次庭审的，一般可以认定其已经履行出庭应诉义务
委托	①不能出庭的，应当委托相应的工作人员出庭，不得仅委托律师出庭 ②不能出庭的情形：不可抗力；意外事件；需要履行他人不能代替的公务；其他正当事由 ③行政机关相应的工作人员：是指被诉行政机关中具体行使行政职权的工作人员。行政机关委托行使行政职权的组织或者下级行政机关的工作人员，可以视为行政机关相应的工作人员

答题思路：需要注意的是，通过第2问的答案，可以知道本案的被告是建设规划局，和题目中的城管大队不一样，需要说清楚。

第三次分析：

应予准许。《行政诉讼法》第3条第3款规定：被诉行政机关负责人应当出庭应诉。不能出庭的，应当委托行政机关相应的工作人员出庭。《行政机关负责人出庭应诉若干问题规定》第10条第2款规定：行政机关委托行使行政职权的组织或者下级行政机关的工作人员，可以视为行政机关相应的工作人员。本案中，被告为市建设规划局，如果在一审开庭时，负责人没有出庭应诉，受委托组织城管大队的工作人员可以视为相应的工作人员出庭应诉。

6. 王某请求行政赔偿的举证责任如何分配？

解题思路：考的是"行政赔偿"的举证责任，不是一般的举证责任，需要看看案情中有没有特殊情形。根据案情中的"未"，知道了被告有责任，导致原告无法举证。

第二次分析：

	举证责任
被告	①被告对作出的行政行为负有举证责任，应当提供作出该行政行为的证据和所依据的规范性文件 ②被告不提供或者无正当理由逾期提供证据，视为没有相应证据。但是，被诉行政行为涉及第三人合法权益，第三人提供证据的除外
原告	①证明符合起诉条件 ②依申请不作为案件中，应当证明自己提出过申请，但因正当理由不能提供证据的除外 ③行政赔偿、补偿案件中，原告对行政行为造成的损害提供证据。但是，因被告的原因导致原告无法举证的，由被告承担举证责任 ④【权利】原告可以提供证明行政行为违法的证据。但证据不成立的，不免除被告的举证责任

答题思路：将行政赔偿举证责任的一般规定和案情中的特殊情形回答全面。

第三次分析：

市建设规划局对作出的行政行为负有举证责任，本案涉及行政赔偿，原告王某应当对行政行为造成的损害提供证据。因市建设规划局的原因导致王某无法举证的，由被告市建设规划局承担举证责任。《行政诉讼法》第38条第2款规定，在行政赔偿、补偿的案件中，原告应当对行政行为造成的损害提供证据。因被告的原因导致原告无法举证的，由被告承担举证责任。

2017年行政法真题

【案情】

某省盐业公司从外省盐厂购进300吨工业盐运回本地，当地市盐务管理局认为购进工业盐的行为涉嫌违法，遂对该批工业盐予以先行登记保存，并将《先行登记保存通知书》送达该公司。其后，市盐务管理局经听证、集体讨论后，认定该公司未办理工业盐准运证从省外购进工业盐，违反了省政府制定的《盐业管理办法》第20条，决定没收该公司违法购进的工业盐，并处罚款15万元。公司不服处罚决定，向市政府申请行政复议。市政府维持市盐务管理局的处罚决定。公司不服向法院起诉。

材料一：

1.《盐业管理条例》（国务院1990年3月2日第51号令发布，自发布之日起施行，现已失效）

第24条　运输部门应当将盐列为重要运输物资，对食用盐和指令性计划的纯碱、烧碱用盐的运输应当重点保证。

2.《盐业管理办法》（2003年6月29日省人民政府发布，2009年3月20日修正）

第20条　盐的运销站发运盐产品实行准运证制度。在途及运输期间必须货、单、证同行。无单、无证的，运输部门不得承运，购盐单位不得入库。

材料二：2016 年 4 月 22 日，国务院发布的《盐业体制改革方案》指出，要推进盐业体制改革，实现盐业资源有效配置，进一步释放市场活力，取消食盐产销区域限制。要改革食盐生产批发区域限制。取消食盐定点生产企业只能销售给指定批发企业的规定，允许生产企业进入流通和销售领域，自主确定生产销售数量并建立销售渠道，以自有品牌开展跨区域经营，实现产销一体，或者委托有食盐批发资质的企业代理销售。要改革工业盐运销管理。取消各地自行设立的两碱工业盐备案制和准运证制度，取消对小工业盐及盐产品进入市场的各类限制，放开小工业盐及盐产品市场和价格。

材料三：2017 年 6 月 13 日，李克强总理在全国深化简政放权放管结合优化服务改革电视电话会议上的讲话强调，我们推动的“放管服”改革、转变政府职能是一个系统的整体，首先要在“放”上下更大功夫，进一步做好简政放权的“减法”，又要在创新政府管理上破难题，善于做加强监管的“加法”和优化服务的“乘法”。如果说做好简化行政审批、减税降费等“减法”是革自己的命，是壮士断腕，那么做好强监管“加法”和优服务“乘法”，也是啃政府职能转变的“硬骨头”。放宽市场准入，可以促进公平竞争、防止垄断，也能为更好的“管”和更优的“服”创造条件。

【问题】

（一）请根据案情、材料一和相关法律规定，回答下列问题：

1. 请简答行政机关适用先行登记保存的条件和程序。

2.《行政处罚法》对市盐务管理局举行听证的主持人的要求是什么？

3. 市盐务管理局以某公司未办理工业盐准运证从省外购进工业盐构成违法的理由是否成立？为什么？

4. 如何确定本案的被告？为什么？

（二）请基于案情，结合材料二、材料三和相关法律作答（要求观点明确，说理充分，文字通畅，字数不少于 400 字）：

谈谈深化简政放权放管结合优质服务改革，对推进政府职能转变，建设法治政府的意义。

【读题思路分析】

读题思路：本案中，有几个行政行为？

第一次分析：

（1）当地市盐务管理局对该批工业盐予以先行登记保存。

（2）市盐务管理局决定没收该公司违法购进的工业盐，并处罚款 15 万元。

读题思路：谁就什么行为提起行政诉讼？

第一次分析：

市政府维持市盐务管理局的处罚决定。公司不服向法院起诉。

【解题和答题思路分析】

（一）请根据案情、材料一和相关法律规定，回答下列问题：

1. 请简答行政机关适用先行登记保存的条件和程序。

解题思路：不需要结合案情，直接作答法条。

第二次分析：

立案	符合立案标准的，行政机关应当及时立案
调查	执法人员应当向当事人出示证件
先行登记保存	行政机关在收集证据时，可以采取抽样取证的方法；在证据可能灭失或者以后难以取得的情况下，经行政机关负责人批准，可以先行登记保存，并应当在7日内及时作出处理决定，在此期间，当事人或者有关人员不得销毁或者转移证据

答题思路：法条表述清晰、完整。

第三次分析：

根据《行政处罚法》第56条的规定，行政机关在证据可能灭失或者以后难以取得的情况下，经行政机关负责人批准，可以先行登记保存，并应当在7日内及时作出处理决定。

2.《行政处罚法》对市盐务管理局举行听证的主持人的要求是什么？

解题思路：不需要结合案情，直接作答法条。

第二次分析：

听证范围	行政处罚：①较大数额罚款②没收较大数额违法所得、没收较大价值非法财物③降低资质等级、吊销许可证件④责令停产停业、责令关闭、限制从业⑤其他较重的行政处罚⑥法律、法规、规章规定的其他情形
	治安管理处罚：吊销许可证、2000元以上罚款
告知听证	行政机关拟作出上述行政处罚决定，应当告知当事人有要求听证的权利，当事人要求听证的，行政机关应当组织听证
听证公开	听证公开举行，涉及国家秘密、商业秘密或者个人隐私依法予以保密除外
听证主持人	由行政机关指定的非本案调查人员主持，当事人认为主持人与本案有直接利害关系的，有权申请回避
听证笔录	①听证应当制作笔录，笔录应当交当事人或者其代理人核对无误后签字或者盖章②听证结束后，行政机关应当根据听证笔录作出决定
听证费用	由行政机关承担

答题思路：法条表述清晰、完整。

第三次分析：

听证由市盐务管理局指定的非本案调查人员主持；当事人认为主持人与本案有直

接利害关系的，有权申请回避。

3. 市盐务管理局以某公司未办理工业盐准运证从省外购进工业盐构成违法的理由是否成立？为什么？

第二次分析：法规、规章对实施上位法设定的行政许可作出的具体规定，不得增设行政许可；对行政许可条件作出的具体规定，不得增设违反上位法的其他条件。

宪法	具有最高法律效力
法律	次于宪法
行政法规	次于宪法、法律
地方性法规	在等级效力上，低于宪法、法律和行政法规；在地域效力上，仅限于本行政区域以内
部门规章	等级效力低于法律和行政法规，地域效力可以及于全国
地方政府规章	等级效力低于法律、行政法规和地方性法规，地域效力限于本行政区域

答题思路：材料一中，《盐业管理条例》是国务院发布的行政法规，第 24 条规定：运输部门应当将盐列为重要运输物资，对食用盐和指令性计划的纯碱、烧碱用盐的运输应当重点保证。《盐业管理办法》是省政府发布的地方政府规章，第 20 条规定：盐的运销站发运盐产品实行准运证制度。在途及运输期间必须货、单、证同行。无单、无证的，运输部门不得承运，购盐单位不得入库。

那么，省政府依据什么来要求“盐产品实行准运证制度”呢？上位法没有说准运证，这里就凭空出现了，所以违法了。

第三次分析：

不成立。根据《行政许可法》第 15 条、第 16 条的规定，在已经制定法律、行政法规的情况下，地方政府规章只能在法律、行政法规设定的行政许可事项范围内对实施该行政许可作出具体规定，不能设定新的行政许可。法律及国务院《盐业管理条例》没有设定工业盐准运证这一行政许可，地方政府规章不能设定工业盐准运证制度。故，市盐务管理局认定盐业公司未办理工业盐准运证从省外购进工业盐构成违法的理由不成立。

4. 如何确定本案的被告？为什么？

解题思路：送分题，你肯定会！第一次分析的内容，“市政府维持市盐务管理局的处罚决定。公司不服向法院起诉”。

第二次分析：

复议案件		被告
复议机关作为（被告法定）	维持决定	原机关和复议机关（共同被告）
	改变决定	复议机关

续表

复议案件		被告
复议机关不作为（自由选择）	诉原行政行为	原机关
	诉复议机关不作为	复议机关

答题思路：结论+法条+本案中

第三次分析：

市盐务管理局和市人民政府为共同被告。《行政诉讼法》第26条第2款规定："经复议的案件，复议机关决定维持原行政行为的，作出原行政行为的行政机关和复议机关是共同被告；复议机关改变原行政行为的，复议机关是被告。"本案中，复议机关市人民政府维持了市盐务管理局的处罚决定，因此以市人民政府和市盐务管理局为共同被告。

（二）请基于案情，结合材料二、材料三和相关法律作答（要求观点明确，说理充分，文字通畅，字数不少于400字）：

谈谈深化简政放权放管结合优质服务改革，对推进政府职能转变，建设法治政府的意义。

解题思路：小朋友可能不太爱写论述，但其实论述有套路呀！字不够写可以写行政法基本原则！

答题思路：结合材料+基本原则+第一第二+结构完整

答案：

材料中《盐业体制改革方案》指出要推进盐业体制改革，实现盐业资源有效配置，进一步释放市场活力，取消食盐产销区域限制；并且，李克强总理强调，要深化简政放权，推进"放管服"改革。深化简政放权放管结合优质服务改革，对推进政府职能转变，建设法治政府有如下意义：

第一，体现合法行政原则。我国合法行政原则在结构上包括对现行法律的遵守和依照法律授权活动两个方面：其一，行政机关必须遵守现行有效的法律。行政机关实施行政管理，应当依照法律、法规、规章的规定进行，禁止行政机关违反现行有效的立法性规定。其二，行政机关应当依照法律授权活动。这一方面的基本要求是：没有法律、法规、规章的规定，行政机关不得作出影响公民、法人和其他组织合法权益或者增加公民、法人和其他组织义务的决定。

政府在简政放权的同时，要以刚性的制度来管权限权，厉行法治，依法行政，建设法治政府。要坚持职权法定原则，加快建立"三个清单"，划定政府与市场、企业、社会的权责边界。以权力清单明确政府能做什么，"法无授权不可为"；以责任清单明确政府该怎么管市场，"法定职责必须为"；以负面清单明确对企业的约束有哪些，"法无禁止即可为"。通过建立"三个清单"，依法管好"看得见的手"，用好"看不见的手"，挡住"寻租的黑手"。

第二，体现高效便民原则。其分为两个方面；其一，行政效率原则；其二，便利当事人原则。深化行政体制改革、转变政府职能，不仅要取消和下放权力，还要改善和加强政府管理，提高政府效能，增强依法全面履职能力，使市场和社会既充满活力又规范有序，促进经济持续健康发展和社会公平正义。

第三，体现权责统一原则。其分为两个方面：其一，行政效能原则。行政机关依法履行经济、社会和文化事务管理职责，要由法律、法规赋予其相应的执法手段，保证政令有效。其二，行政责任原则。行政机关违法或者不当行使职权，应当依法承担法律责任。当前，简政放权改革已进入到深水区和攻坚期，更需要强调法治、依靠法治，在法治的轨道上把简政放权改革推向深处。

综上所述，深化简政放权、放管结合、优化服务，继续推进行政体制改革、转职能、提效能，事关经济发展、社会进步、人民福祉，有利于实现全面深化改革和全面依法治国的深度融合。

2016 年行政法真题

【案情】

材料一：

孙某与村委会达成在该村采砂的协议，期限为 5 年。孙某向甲市乙县国土资源局申请采矿许可，该局向孙某发放采矿许可证，载明采矿的有效期为 2 年，至 2015 年 10 月 20 日止。

2015 年 10 月 15 日，乙县国土资源局通知孙某，根据甲市国土资源局日前发布的《严禁在自然保护区采砂的规定》，采矿许可证到期后不再延续，被许可人应立即停止采砂行为，撤回采砂设施和设备。

孙某以与村委会协议未到期、投资未收回为由继续开采，并于 2015 年 10 月 28 日向乙县国土资源局申请延续采矿许可证的有效期。该局通知其许可证已失效，无法续期。

2015 年 11 月 20 日，乙县国土资源局接到举报，得知孙某仍在采砂，以孙某未经批准非法采砂，违反《矿产资源法》为由，发出《责令停止违法行为通知书》，要求其停止违法行为。孙某向法院起诉请求撤销通知书，一并请求对《严禁在自然保护区采砂的规定》进行审查。

孙某为了解《严禁在自然保护区采砂的规定》内容，向甲市国土资源局提出政府信息公开申请。

材料二：

涉及公民、法人或其他组织权利和义务的规范性文件，按照政府信息公开要求和程序予以公布。推行行政执法公示制度。推进政务公开信息化，加强互联网政务信息数据服务平台和便民服务平台建设。（摘自《中共中央关于全面推进依法治国若干重大问题的决定》）

【问题】

（一）结合材料一回答以下问题：

1.《行政许可法》对被许可人申请延续行政许可有效期有何要求？行政许可机关接到申请后应如何处理？

2. 孙某一并审查的请求是否符合要求？根据有关规定，原告在行政诉讼中提出一并请求审查行政规范性文件的具体要求是什么？

3. 行政诉讼中，如法院经审查认为规范性文件不合法，应如何处理？

4. 对《责令停止违法行为通知书》的性质作出判断，并简要比较行政处罚与行政强制措施的不同点。

（二）结合材料一和材料二作答（要求观点明确，逻辑清晰、说理充分、文字通畅；总字数不得少于500字）

谈谈政府信息公开的意义和作用，以及处理公开与不公开关系的看法。

【读题思路分析】

读题思路： 本案中，有几个行政行为？

第一次分析：

（1）甲市乙县国土资源局向孙某发放采矿许可证。

（2）乙县国土资源局通知孙某采矿许可证到期后不再延续，被许可人应立即停止采砂行为，撤回采砂设施和设备。

（3）乙县国土资源局通知其许可证已失效，无法续期。

（4）乙县国土资源局发出《责令停止违法行为通知书》，要求其停止违法行为。

读题思路： 谁就什么行为提起行政诉讼？

第一次分析：

孙某向法院起诉请求撤销通知书，一并请求对《严禁在自然保护区采砂的规定》进行审查。

【解题和答题思路分析】

（一）结合材料一回答以下问题：

1.《行政许可法》对被许可人申请延续行政许可有效期有何要求？行政许可机关接到申请后应如何处理？

解题思路： 不需要结合案情，直接作答法条。

第二次分析：

延续	①在许可有效期届满30日前申请，法律、法规、规章另有规定的除外 ②许可机关应在许可有效期届满前决定，逾期视为准予延续

答题思路： 法条表述清晰、完整。

第三次分析：

《行政许可法》第50条规定："被许可人需要延续依法取得的行政许可的有效期的，应在该许可有效期届满30日前向作出许可决定的行政机关提出申请。但法律、法规、规章另有规定的，依照其规定。行政机关应根据被许可人的申请，在该许可有效期届满前作出是否准予延续的决定；逾期未作出决定的，视为准予延续。"

2. 孙某一并审查的请求是否符合要求？根据有关规定，原告在行政诉讼中提出一并请求审查行政规范性文件的具体要求是什么？

解题思路： 第一次读题分析中，"孙某向法院起诉请求撤销通知书，一并请求对《严禁在自然保护区采砂的规定》进行审查。"

注意躲坑：《严禁在自然保护区采砂的规定》由甲市国土资源局发布，是其他规范性文件，但是，这个规定和责令停止通知书没有因果关系啊！案情中的内容是"乙县国土资源局接到举报，得知孙某仍在采砂，以孙某未经批准非法采砂，违反《矿产资源法》为由，发出《责令停止违法行为通知书》，要求其停止违法行为。"即责令停止通知书的依据是《矿产资源法》，而不是题目中的《严禁在自然保护区采砂的规定》。

第二次分析：

附带性审查的对象	行政行为所依据的规范性文件 ①国务院部门制定的规范性文件 ②地方人民政府及部门制定的规范性文件 ③不含规章
附带性审查的要求	①附带性审查：对行政行为提起诉讼时，一并请求对该规范性文件进行审查 ②应当在第一审开庭审理前提出；有正当理由的，也可以在法庭调查中提出
附带性审查的结果	①认为规范性文件不合法，不作为认定行政行为合法的依据，并在裁判理由中予以阐明 ②法院应当向规范性文件的制定机关提出处理建议，并可以抄送制定机关的同级人民政府、上一级行政机关、监察机关以及规范性文件的备案机关 ③法院认为规范性文件不合法的，应当在裁判生效后报送上一级人民法院进行备案。涉及国务院部门、省级行政机关制定的规范性文件，司法建议还应当分别层报最高人民法院、高级人民法院备案

答题思路： 题目是两问，不要遗漏。

第三次分析：

本案中，因《严禁在自然保护区采砂的规定》并非被诉行政行为（责令停止违法行为通知）作出的依据，孙某的请求不成立。根据《行政诉讼法》第53条和司法解释的规定，原告在行政诉讼中一并请求审查规范性文件需要符合下列要求：①该规范性文件为国务院部门和地方政府及其部门制定的规范性文件，但不含规章。②该规范性文件是被诉行政行为作出的依据。③应在第一审开庭审理前提出；有正当理由的，也可以在法庭调查中提出。

3. 行政诉讼中，如法院经审查认为规范性文件不合法，应如何处理？

解题思路：不需要结合案情，直接作答法条。

第二次分析：见上表

答题思路：法条表述清晰、完整。

第三次分析：

法院认为规范性文件不合法不作为认定被诉行政行为合法的依据，并在裁判理由中予以阐明。作出生效裁判的法院应当向规范性文件的制定机关提出处理建议，并可以抄送制定机关的同级政府、上一级行政机关、监察机关以及规范性文件的备案机关。

4. 对《责令停止违法行为通知书》的性质作出判断，并简要比较行政处罚与行政强制措施的不同点。

解题思路：这题挺好，从第二句话基本可以判断在行政处罚和行政强制措施中二选一了。责令停止违法行为对当事人有制裁性吗？没有，他本来就不该去开采，体现的是制止性。

第二次分析：

（1）行政处罚

定义	行政处罚是指行政机关依法对违反行政管理秩序的公民、法人或者其他组织，以减损权益或者增加义务的方式予以惩戒的行为
种类	①警告、通报批评 ②罚款、没收违法所得、非法财物 ③暂扣许可证件、降低资质等级、吊销许可证件 ④限制开展生产经营活动、责令停产停业、责令关闭、限制从业 ⑤行政拘留 ⑥法律、行政法规规定的其他行政处罚

（2）行政强制措施

定义	行政机关在行政管理过程中，为制止违法行为、防止证据损毁、避免危害发生、控制危险扩大等情形，依法对公民的人身自由实施暂时性限制，或者对公民、法人或者其他组织的财物实施暂时性控制的行为
种类	①限制公民人身自由 ②查封场所、设施或者财物 ③扣押财物 ④冻结存款、汇款 ⑤其他行政强制措施

答题思路：不同点的回答不用像答案写那么多。

第三次分析：

本案中，《责令停止违法行为通知书》在于制止孙某的违法行为，不具有制裁性质，归于行政强制措施更为恰当。行政处罚和行政强制措施的不同主要体现在下列方面：①目的不同。行政处罚的目的是制裁性，给予违法者制裁是本质特征；行政强制措施主要目的在于制止性和预防性，即在行政管理中制止违法行为、防止证据损毁、避免危害发生、控制危险扩大等。②阶段性不同。行政处罚是对违法行为查处作出的处理决定，常发生在行政程序终了之时；行政强制措施是对人身自由、财物等实施的暂时性限制、控制措施，常发生在行政程序前端。③表现形式不同。行政处罚主要有警告、通报批评、罚款；没收违法所得、没收非法财物；暂扣许可证件、降低资质等级、吊销许可证件；限制开展生产经营活动、责令停产停业、责令关闭、限制从业；行政拘留等；行政强制措施主要有限制公民自由、查封、扣押、冻结等。

（二）结合材料一和材料二作答（要求观点明确，逻辑清晰、说理充分、文字通畅；总字数不得少于500字）：

谈谈政府信息公开的意义和作用，以及处理公开与不公开关系的看法。

解题思路：信息公开关联的基本原则是程序正当

答题思路：结合材料+基本原则+第一第二+结构完整

答案：

程序正当原则要求行政机关：第一，行政公开。第二，公众参与。第三，回避。材料中提出要求涉及公民、法人或其他组织权利和义务的规范性文件，按照政府信息公开的要求和程序予以公布，以及创建和加强互联网信息数据平台使群众及时了解和参与行政活动，体现了正当程序原则要求的行政公开和公众参与，保障了行政相对人的合法权益。

行政机关坚持贯彻落实程序正当原则，推行政府信息公开制度具有重大意义和作用。首先，实行政府信息公开是深入推进依法行政的要求。依法行政要求全面推进政务公开。坚持以公开为常态、不公开为例外，推进决策公开、执行公开、管理公开、服务公开、结果公开。其次，实行政府信息公开也是建设诚信政府的必然要求。诚信政府要求行政权力要在“阳光下运行”，政府必须履行其对公众承诺的责任，它是现代民主社会中责任政府的重要标志，是整个社会诚信体系的基础和核心，对社会诚信体系的构建具有重要的示范效应和推动作用。最后，政府信息公开制度有利于促进政府与社会之间的良性互动。通过信息公开使公众了解国家政策、指导公民行为，同时政府通过信息公开及时了解公众需要，从而更好地为人民服务。

政府信息公开应当坚持以公开为常态，不公开为例外。除了法定不公开事项外，政府信息都应该及时、准确地向社会公布，保障公民的知情权、参与权。正确处理好公开与不公开的关系还需要进一步细化立法，通过立法进一步规定不公开的事项范围，明确两者边界，从而更好地规范政府行为；处理好公开与不公开的关系离不开执法这一关键环节，加强执法使政策能够切实得到贯彻执行，公开与不公开的规定才有其区分的现实意义。

政府信息公开制度的推行以及互联网信息化平台的建设，不仅有利于监督和督促政府行使行政权力、进行行政活动时依法进行，充分遵循程序正当原则的要求，而且有利于保障公民应有的宪法性权利。政府信息公开制度的推行及完善对于建设中国特色社会主义法治体系，建设社会主义法治国家的总目标具有极大的推动作用。

2015年行政法真题

【案情】

某公司系转制成立的有限责任公司，股东15人。全体股东通过的公司章程规定，董事长为法定代表人。对董事长产生及变更办法，章程未作规定。股东会议选举甲、乙、丙、丁四人担任公司董事并组成董事会，董事会选举甲为董事长。

后乙、丙、丁三人组织召开临时股东会议，会议通过罢免甲董事长职务并解除其董事，乙为董事长的决议。乙向区工商分局递交法定代表人变更登记申请，经多次补正后该局受理其申请。

其后，该局以乙递交的申请缺少修改后明确董事长变更办法的公司章程和公司法定代表人签署的变更登记申请书等材料，不符合法律、法规规定为由，作出登记驳回通知书。

乙、丙、丁三人向区政府提出复议申请，区政府经复议后认定三人提出的变更登记申请不符合受理条件，分局作出的登记驳回通知错误，决定予以撤销。

三人遂向法院起诉，并向法院提交了公司的章程、经过公证的临时股东会决议。

【问题】

1. 请分析公司的设立登记和变更登记的法律性质。

2. 如区政府维持了区工商分局的行政行为，请确定本案中的原告和被告，并说明理由。

3. 如何确定本案的审理和裁判对象？如区政府在行政复议中维持区工商分局的行为，有何不同？

4. 法院接到起诉状决定是否立案时通常面临哪些情况？如何处理？

5.《行政诉讼法》对一审法院宣判有何要求？

【读题思路分析】

读题思路：本案中，有几个行政行为？

第一次分析：

(1) 区工商分局作出登记驳回通知书。

读题思路：谁就什么行为提起行政诉讼？

第一次分析：

区政府经复议后决定予以撤销，乙、丙、丁三人遂向法院起诉。

【解题和答题思路分析】

1. 请分析公司的设立登记和变更登记的法律性质。

解题思路：设立登记和变更登记肯定不是负担性的，排除掉行政处罚和行政强制。设立登记属于行政许可法中明确规定的法定种类；变更登记未在法条中予以体现，根据法理，答行政许可或者行政确认都给分。

第二次分析：

许可定义	行政许可，是指行政机关根据公民、法人或者其他组织的申请，经依法审查，准予其从事特定活动的行为
许可种类	①直接涉及国家安全、公共安全、经济宏观调控、生态环境保护以及直接关系人身健康、生命财产安全等特定活动，需要按照法定条件予以批准的事项（一般许可） ②有限自然资源开发利用、公共资源配置以及直接关系公共利益的特定行业的市场准入等，需要赋予特定权利的事项（特许：招标、拍卖） ③提供公众服务并且直接关系公共利益的职业、行业，需要确定具备特殊信誉、特殊条件或者特殊技能等资格、资质的事项（认可：考试、考核） ④直接关系公共安全、人身健康、生命财产安全的重要设备、设施、产品、物品，需要按照技术标准、技术规范，通过检验、检测、检疫等方式进行审定的事项（核准：检验、检测、检疫） ⑤企业或者其他组织的设立等，需要确定主体资格的事项（设立登记）
前置性许可	地方性法规和省、自治区、直辖市人民政府规章，不得设定应当由国家统一确定的公民、法人或者其他组织的资格、资质的行政许可；不得设定企业或者其他组织的设立登记及其前置性行政许可

答题思路：两个问题，不要遗漏。变更登记答属于行政许可，作为答题策略更为省事和保险。

第三次分析：

公司的设立登记为行政许可。根据《行政许可法》第12条的规定，企业或者其他组织的设立等，需要确定主体资格的事项可以设定行政许可。公司设立登记的法律效力，是使公司取得法人资格，进而取得从事经营活动的合法身份，符合“行政机关根据公民、法人或者其他组织的申请，经依法审查，准予其从事特定活动”的规定，为行政许可。

公司的变更登记是指公司因设立登记事项中的某一项或某几项改变，向公司登记机关申请变更的登记。公司的变更登记也是行政许可，未经核准变更登记，公司不得擅自变更登记事项。

2. 如区政府维持了区工商分局的行政行为，请确定本案中的原告和被告，并说明理由。

解题思路：聪明如你，没问题！

第二次分析：

（1）原告

行政行为的相对人以及其他与行政行为有利害关系的公民、法人或者其他组织，有权提起诉讼。

（2）被告

复议案件		被告
复议机关作为（被告法定）	维持决定	原机关和复议机关（共同被告）
	改变决定	复议机关
复议机关不作为（自由选择）	诉原行政行为	原机关
	诉复议机关不作为	复议机关

答题思路：根据第一次分析，“乙、丙、丁三人遂向法院起诉”，原告是乙、丙、丁三人，题目中问的是“如果维持”，那么被告就是原机关和复议机关作共同被告。

第三次分析：

乙、丙、丁为原告，被告为区政府和区工商分局。本案中，针对区工商分局的决定，乙、丙、丁申请复议。如区政府作出维持决定，根据《行政诉讼法》第26条第2款的规定，复议机关维持原行政行为的，作出原行政行为的行政机关和行政复议机关是共同被告，故区政府和区工商分局为共同被告。《行政诉讼法》第25条第1款规定：“行政行为的相对人以及其他与行政行为有利害关系的公民、法人或者其他组织，有权提起诉讼。”故乙、丙、丁为原告。

3. 如何确定本案的审理和裁判对象？如区政府在行政复议中维持区工商分局的行为，有何不同？

解题思路：考查的是复议维持和复议改变的不同情形下，审理和裁判对象的区别。

第二次分析：

	被告	审理	裁判
复议维持	原机关+复议机关	法院应当在审查原行政行为合法性的同时，一并审查复议决定的合法性	法院应当对复议决定和原行政行为一并作出裁判
复议改变	复议机关	复议决定的合法性	复议决定

答题思路：有两个问题，第二个是“如”，需要进行区分。

第三次分析：

本案的审理裁判对象是区政府撤销区工商分局通知的行为。如果区政府维持了区工商分局的行为，那么原行政行为（登记驳回通知书）和复议决定均为案件的审理对象，法院应一并作出裁判。

4. 法院接到起诉状决定是否立案时通常面临哪些情况？如何处理？

解题思路：不需要结合案情，直接作答法条。

第二次分析：

立案登记	法院在接到起诉状时对符合起诉条件的，应当登记立案
是否立案	①能够判断符合起诉条件的，应当当场登记立案 ②当场不能判断是否符合起诉条件的，应当接收起诉状，出具注明收到日期的书面凭证，并在7日内决定是否立案 ③7日内仍不能作出判断的，应当先予立案
指导义务	起诉状内容欠缺或者有其他错误的，法院应当给予指导和释明，并一次性告知当事人需要补正的内容
不立案	①法院既不立案，又不作出不予立案裁定的，当事人可以向上一级法院起诉 ②上一级法院认为符合起诉条件的，应当立案、审理，也可以指定其他下级法院立案、审理

答题思路：法条表述清晰、完整。

第三次分析：

接到起诉状时，对符合法定起诉条件的，应当登记立案。当场不能判定的，应当接收起诉状，出具注明收到日期的书面凭证，并在7日内决定是否立案；不符合起诉条件的，作出不予立案的裁定；如起诉状内容欠缺或有其他错误的，应给予指导和释明，并一次性告知当事人需要补正的内容。不得未经指导和释明即以起诉不符合条件为由不接收起诉状。

5.《行政诉讼法》对一审法院宣判有何要求？

解题思路：不需要结合案情，直接作答法条。

第二次分析：

庭审方式	①开庭审理 ②合议庭由审判员组成，或审判员、陪审员组成
公开审理	①法院公开审理行政案件，但涉及国家秘密、个人隐私和法律另有规定的除外 ②涉及商业秘密的案件，当事人申请不公开审理的，可以不公开审理
公开宣判	①对公开审理和不公开审理的案件，一律公开宣判 ②当庭宣判的，应当在十日内发送判决书；定期宣判的，宣判后立即发给判决书 ③宣告判决时，必须告知当事人上诉权利、上诉期限和上诉的人民法院

答题思路：法条表述清晰、完整。

第三次分析：

一律公开宣告判决。当庭宣判的，应当在10日内发送判决书；定期宣判的，宣判后立即发给判决书。宣判时，必须告知当事人上诉权利、上诉期限和上诉的法院。

2014年行政法真题

【案情】

2012年3月，建筑施工企业原野公司股东王某和张某向工商局提出增资扩股变更登记的申请，将注册资本由200万元变更为800万元。工商局根据王某、张某提交的验资报告等材料办理了变更登记。后市公安局向工商局发出10号公函称，王某与张某涉嫌虚报注册资本被采取强制措施，建议工商局吊销原野公司营业执照。工商局经调查发现验资报告有涂改变造嫌疑，向公司发出处罚告知书，拟吊销公司营业执照。王某、张某得知此事后迅速向公司补足了600万元现金，并向工商局提交了证明材料。工商局根据此情形作出责令改正、缴纳罚款的20号处罚决定。公安局向市政府报告，市政府召开协调会，形成3号会议纪要，认为原野公司虚报注册资本情节严重，而工商局处罚过轻，要求工商局撤销原处罚决定。后工商局作出吊销原野公司营业执照的25号处罚决定。原野公司不服，向法院提起诉讼。

答题要求：

1. 无本人观点或论述、照搬材料原文不得分；
2. 观点明确，逻辑清晰，说理充分，文字通畅。

【问题】

1. 王某、张某是否构成虚报注册资本骗取公司登记的行为？对在工商局作出20号处罚决定前补足注册资金的行为如何认定？
2. 市政府能否以会议纪要的形式要求工商局撤销原处罚决定？
3. 工商局做出25号处罚决定应当履行什么程序？

【读题思路分析】

读题思路：本案中，有几个行政行为？

第一次分析：

(1) 工商局办理了变更登记

(2) 工商局作出责令改正、缴纳罚款的20号处罚决定

(3) 后工商局作出吊销原野公司营业执照的25号处罚决定

读题思路：谁就什么行为提起行政诉讼？

第一次分析：

原野公司对工商局作出吊销原野公司营业执照的25号处罚决定不服，向法院提起

诉讼。

【解题和答题思路分析】

1. 王某、张某是否构成虚报注册资本骗取公司登记的行为？对在工商局作出20号处罚决定前补足注册资金的行为如何认定？

解题思路：第一问为商经内容，不展开。第二问考查相对人行为的认定。

第二次分析：案情中“王某、张某得知此事后迅速向公司补足了600万元现金，并向工商局提交了证明材料”。关于行政相对人的义务，法条中没有立法进行规范，根据理论，一般包括服从行政管理的义务、协助公务的义务、维护公益的义务、接受行政监督的义务、提供真实信息的义务和遵守法定程序的义务等。王某和张某认识到了自己的违法之处，补足注册资金，属于对违法行为的改正。

答题思路：需要注意问的是相对人的行为如何认定，而不是行政机关的行为性质。

第三次分析：

王某和张某构成虚报注册资本骗取公司登记的行为，“虚报注册资本”的行为是指“虚报注册资本，取得公司登记”的行为，因此，在工商局作出20号处罚决定前补足注册资金的行为属于改正违法行为。

2. 市政府能否以会议纪要的形式要求工商局撤销原处罚决定？

解题思路：这个问题看上去可能不知道怎么入手解答，拿不准的话就认为行政机关的做法是错的，先占个结论分。

第二次分析：在行政处罚法中对行政处罚的简易程序、一般程序和听证程序等进行了规定，但未对行政处罚的撤销程序进行规定。根据理论，行政行为具有拘束力，不能随意撤销或者变更；即便需要撤销或者变更，也需要遵循法定程序。

答题思路：没有直接的法条依据，勇敢地写理论，没问题。

第三次分析：

市政府不能够以会议纪要的形式要求工商局撤销原处罚决定。因为工商局已经作出了20号处罚决定，对此处罚决定的撤销违反了诚实守信原则，也违反了合法行政原则。

3. 工商局做出25号处罚决定应当履行什么程序？

解题思路：处罚履行什么程序？就是听证程序！

第二次分析：

听证范围	行政处罚：①较大数额罚款②没收较大数额违法所得、没收较大价值非法财物③降低资质等级、吊销许可证件④责令停产停业、责令关闭、限制从业⑤其他较重的行政处罚⑥法律、法规、规章规定的其他情形
	治安管理处罚：吊销许可证、2000元以上罚款
告知听证	行政机关拟作出上述行政处罚决定，应当告知当事人有要求听证的权利，当事人要求听证的，行政机关应当组织听证

续表

听证公开	听证公开举行，涉及国家秘密、商业秘密或者个人隐私依法予以保密除外
听证主持人	由行政机关指定的非本案调查人员主持，当事人认为主持人与本案有直接利害关系的，有权申请回避
听证笔录	①听证应当制作笔录，笔录应当交当事人或者其代理人核对无误后签字或者盖章②听证结束后，行政机关应当根据听证笔录作出决定
听证费用	由行政机关承担

答题思路：行政处罚的听证是依申请，作答时不要简单地答听证，要说清楚是告知其有听证的机会，当事人要求听证的，行政机关应当组织听证。

第三次分析：

工商局在作出25号处罚决定前，应当告知当事人有要求举行听证的权利，当事人要求听证的，行政机关应当组织听证。根据《行政处罚法》第63条的规定，行政机关拟作出下列行政处罚决定，应当告知当事人有要求听证的权利，当事人要求听证的，行政机关应当组织听证：较大数额罚款；没收较大数额违法所得、没收较大价值非法财物；降低资质等级、吊销许可证件；责令停产停业、责令关闭、限制从业等。另外，工商局在作出处罚决定之前，行政机关的负责人应当集体讨论决定。

2013年行政法真题

【案情】

《政府采购法》规定，对属于地方预算的政府采购项目，其集中采购目录由省、自治区、直辖市政府或其授权的机构确定并公布。张某在浏览某省财政厅网站时未发现该省政府集中采购项目目录，在通过各种方法均未获得该目录后，于2013年2月25日向省财政厅提出公开申请。财政厅答复，政府集中采购项目目录与张某的生产、生活和科研等特殊需要没有直接关系，拒绝公开。张某向省政府申请行政复议，要求认定省财政厅未主动公开目录违法，并责令其公开。省政府于4月10日受理，但在法定期限内未作出复议决定。张某不服，于6月18日以省政府为被告向法院提起诉讼。

【问题】

1. 法院是否应当受理此案？为什么？
2. 财政厅拒绝公开政府集中采购项目目录的理由是否成立？为什么？
3. 省政府在受理此行政复议案件后应当如何处理才符合《行政复议法》和《政府信息公开条例》的规定？
4. 对于行政机关应当主动公开的信息未予公开的，应当如何监督？
5. 如果张某未向财政厅提出过公开申请，而以财政厅未主动公开政府集中采购项目目录的行为违法为由直接向法院提起诉讼，法院应当如何处理？

【读题思路分析】

读题思路：本案中，有几个行政行为？

第一次分析：

(1) 财政厅拒绝公开

读题思路：谁就什么行为提起行政诉讼？

第一次分析：

省政府在法定期限内未作出复议决定。张某不服，以省政府为被告向法院提起诉讼。

【解题和答题思路分析】

1. 法院是否应当受理此案？为什么？

解题思路：问是否受理？肯定受理！

第二次分析：

立案登记	法院在接到起诉状时对符合起诉条件的，应当登记立案
起诉条件	①原告是行政行为的相对人和利害关系人 ②明确的被告 ③具体的诉讼请求和事实根据 ④属于法院受案范围和受诉法院管辖

答题思路：问的是受理，应结合提起诉讼的条件进行回答。

第三次分析：

法院应当受理此案。根据最高人民法院相关司法解释，复议机关在法定期限内不作复议决定，当事人对复议机关不作为不服向法院起诉的，属于行政诉讼受案范围，被告为复议机关，且张某具有原告资格，起诉未超过法定期限，不存在不受理的情形，故法院应当受理此案。

2. 财政厅拒绝公开政府集中采购项目目录的理由是否成立？为什么？

解题思路：行政机关总是错的。

第二次分析：

主动公开	对涉及公众利益调整、需要公众广泛知晓或者需要公众参与决策的政府信息，行政机关应当主动公开
申请公开	除行政机关主动公开的政府信息外，公民、法人或者其他组织可以申请信息公开

答题思路：根据案情中的政府采购法，集中采购目录属于主动公开的范畴，所以财政厅答复其“与张某的生产、生活和科研等特殊需要没有直接关系，拒绝公开”的理由不成立；并且，即便对于申请公开，这一法条也已不再适用。

第三次分析：

不成立。按照《政府信息公开条例》以及相关法律规定，政府集中采购项目的目录属于政府主动公开的信息，不是依申请公开的信息，且根据新法，申请政府信息公开也不要求该信息与申请人的生产、生活和科研等特殊需要有关。

3. 省政府在受理此行政复议案件后应当如何处理才符合《行政复议法》和《政府信息公开条例》的规定？

解题思路：看上去指向性不强的问题，需要到案情中找答案。既然问的是如何处理才符合规定，那案情中的处理肯定是不符合规定，找出来反着答一遍就行了。

第二次分析：

(1) 案情中“省政府于4月10日受理，但在法定期限内未作出复议决定。”

(2) 案情中，财政厅答复，拒绝公开。

(3)《政府采购法》规定，对属于地方预算的政府采购项目，其集中采购目录由省、自治区、直辖市政府或其授权的机构确定并公布。

答题思路：将两个法条的要求分别作答。

第三次分析：

省政府应当审查省财政厅拒绝公开目录的行为是否合法，并在法定期限内作出复议决定。政府集中采购项目的目录属于主动公开信息，如省政府已授权财政厅确定并公布，省政府应责令财政厅及时公布；如未授权相关机构确定并公布，省政府应主动公布。

4. 对于行政机关应当主动公开的信息未予公开的，应当如何监督？

解题思路：不需要结合案情，直接作答法条。

注意躲坑：需要区分信息公开的监督和救济。

第二次分析：

监督	公民、法人或者其他组织认为行政机关未按照要求主动公开政府信息或者对政府信息公开申请不依法答复处理的，可以向政府信息公开工作主管部门提出。政府信息公开工作主管部门查证属实的，应当予以督促整改或者通报批评
救济	公民、法人或者其他组织认为行政机关在政府信息公开工作中侵犯其合法权益的，可以向上一级行政机关或者政府信息公开工作主管部门投诉、举报，也可以依法申请行政复议或者提起行政诉讼

答题思路：法条表述清晰、完整。

第三次分析：

按照《政府信息公开条例》的规定，公民、法人或者其他组织认为行政机关未按照要求主动公开政府信息或者对政府信息公开申请不依法答复处理的，可以向政府信息公开工作主管部门提出。政府信息公开工作主管部门查证属实的，应当予以督促整改或者通报批评。

5. 如果张某未向财政厅提出过公开申请，而以财政厅未主动公开政府集中采购项目目录的行为违法为由直接向法院提起诉讼，法院应当如何处理？

解题思路：其实也是法条题。

第二次分析：

特殊程序	公民、法人或者其他组织认为行政机关不依法履行主动公开政府信息义务，直接向人民法院提起诉讼的，应当告知其先向行政机关申请获取相关政府信息。对行政机关的答复或者逾期不予答复不服的，复议后可以向人民法院提起诉讼

答题思路：法条表述清晰、完整。

第三次分析：

按照《最高人民法院关于审理政府信息公开行政案件若干问题的规定》，法院应当告知其先向行政机关申请获取相关政府信息。对行政机关的答复或者逾期不予答复不服的，张某复议后可以向法院提起诉讼。

2012 年行政法真题

【案情】

1997 年 11 月，某省政府所在地的市政府决定征收含有某村集体土地在内的地块作为旅游区用地，并划定征用土地的四至界线范围。2007 年，市国土局将其中一地块与甲公司签订《国有土地使用权出让合同》。2008 年 12 月 16 日，甲公司获得市政府发放的第 1 号《国有土地使用权证》。2009 年 3 月 28 日，甲公司将此地块转让给乙公司，市政府向乙公司发放第 2 号《国有土地使用权证》。后，乙公司申请在此地块上动工建设。2010 年 9 月 15 日，市政府张贴公告，要求在该土地范围内使用土地的单位和个人，限期自行清理农作物和附着物设施，否则强制清理。2010 年 11 月，某村得知市政府给乙公司颁发第 2 号《国有土地使用权证》后，认为此证涉及的部分土地仍属该村集体所有，向省政府申请复议要求撤销该土地使用权证。省政府维持后，某村向法院起诉。法院通知甲公司与乙公司作为第三人参加诉讼。

在诉讼过程中，市政府组织有关部门强制拆除了征地范围内的附着物设施。某村为收集证据材料，向市国土局申请公开 1997 年征收时划定的四至界线范围等相关资料，市国土局以涉及商业秘密为由拒绝提供。

【问题】

1. 市政府共实施了多少个具体行政行为？哪些属于行政诉讼受案范围？

2. 如何确定本案的被告、级别管辖、起诉期限？请分别说明理由。

3. 甲公司能否提出诉讼主张？如乙公司经合法传唤无正当理由不到庭，法院如何处理？

4. 如法院经审理发现市政府发放第 1 号《国有土地使用权证》的行为明显缺乏事实根据，应如何处理？

5. 市政府强制拆除征地范围内的附着物设施应当遵循的主要法定程序和执行原则是什么？

6. 如某村对市国土局拒绝公开相关资料的决定不服，向法院起诉，法院应采用何种方式审理？如法院经审理认为市国土局应当公开相关资料，应如何判决？

【读题思路分析】

读题思路：本案中，有几个行政行为？

第一次分析：

(1) 市政府决定征收含有某村集体土地在内的地块作为旅游区用地

(2) 市国土局将其中一地块与甲公司签订《国有土地使用权出让合同》

(3) 市政府向甲公司发放第1号《国有土地使用权证》

(4) 市政府向乙公司发放第2号《国有土地使用权证》

(5) 市政府张贴公告，要求在该土地范围内使用土地的单位和个人，限期自行清理农作物和附着物设施

(6) 市政府组织有关部门强制拆除了征地范围内的附着物设施

(7) 市国土局拒绝提供相关资料

读题思路：谁就什么行为提起行政诉讼？

第一次分析：

省政府维持市政府给乙公司颁发第2号《国有土地使用权证》后，某村向法院起诉。

【解题和答题思路分析】

1. 市政府共实施了多少个具体行政行为？哪些属于行政诉讼受案范围？

解题思路：题目问的是市政府，所以排除掉第一次分析中的（2）和（7），这两个主体是市国土局；其余还有5个行为，评分标准中给的是4个，即（6）没有列入评分答案，但是否回答此项不影响分数。

第二次分析：

具体行政行为是指具有行政权能的组织为实现行政规制而运用行政权，针对特定相对人设定、变更或消灭权利义务所作的行政行为。

法律性	区别于行政事实行为和准备性行政行为。法律性是指行政机关行政的意志行为需要具有相应的成立、生效的法律要件和法律后果，即使得行政法上的权利义务得以建立、变更或者消灭
特定性	区别于抽象行政行为。具体行政行为是对特定人或者特定事项的一次性处理
单方性	具体行政行为的作出不需要公民、法人或者其他组织的同意，是行政机关依据国家行政法律以命令形式单方面设定的
外部性	区别于公务员。具体行政行为是对公民、法人或者其他组织权利义务的安排，是实现行政职能的外部行为

答题思路：逐一回答，不要遗漏（1）和（5），以及注意是两问。

第三次分析：

四个，具体为：征收含有某村集体土地在内的地块的行为；分别向甲、乙两公司发放《国有土地使用权证》的行为；发布公告要求使用土地的单位和个人自行清理农作物和附着物设施的行为。上述行为均属于行政诉讼受案范围。

2. 如何确定本案的被告、级别管辖、起诉期限？请分别说明理由。

解题思路：考的都会！

第二次分析：

	被告	地域管辖	级别管辖
复议维持	原机关+复议机关	原机关所在地+复议机关所在地	按原机关（就低）
复议改变	复议机关		按复议机关

答题思路：每一问分别采取结论+理由，更清晰。

第三次分析：

（1）被告为市政府和省政府。根据《行政诉讼法》第26条的规定，经复议的案件，复议机关决定维持原具体行政行为的，原机关和复议机关为共同被告。

（2）中级人民法院管辖。本案的被告为原机关和复议机关，级别管辖按照作出原行政行为的机关确定。原机关为市政府，根据《行政诉讼法》第15条的规定，应由中级人民法院管辖。

（3）某村应当在收到省政府复议决定书之日起15日内向法院起诉。因为本案是经过复议起诉的，应适用复议后起诉期限。同时，《土地管理法》等法律未对此种情形下的起诉期限作出特别规定，故应适用《行政诉讼法》规定的一般起诉期限。

3. 甲公司能否提出诉讼主张？如乙公司经合法传唤无正当理由不到庭，法院如何处理？

解题思路：甲公司和乙公司是什么诉讼地位？案情中，“法院通知甲公司与乙公司作为第三人参加诉讼。”所以，这个实际是问：第三人能否提出诉讼主张？如第三人经合法传唤无正当理由不到庭，法院如何处理？

第二次分析：

标准	①同被诉行政行为有利害关系但没有提起诉讼 ②或者同案件处理结果有利害关系
资格	①行政处罚案件中的受害人或加害人 ②行政处罚案件中的共同被处罚人 ③行政裁决案件中的当事人 ④应当追加被告而原告不同意追加，法院应通知其作为第三人参加诉讼（复议机关作共同被告除外） ⑤应当追加的原告，既不愿意参加诉讼，又不放弃实体权利的，应追加为第三人

续表

权利	①可以提出自己的请求 ②法院判决第三人承担义务或者减损第三人权益的，第三人有权提出上诉或者申请再审 ③第三人经传票传唤无正当理由拒不到庭，或者未经法庭许可中途退庭的，不发生阻止案件审理的效果

答题思路：法条表述清晰、完整。

第三次分析：

作为第三人，甲公司有权提出与本案有关的诉讼主张。乙公司经合法传唤无正当理由不到庭，不发生阻止案件审理的效果。

4. 如法院经审理发现市政府发放第 1 号《国有土地使用权证》的行为明显缺乏事实根据，应如何处理？

解题思路：小朋友如果这个题不会没关系！属于拔高题，且只考过这一次。第一次分析中，“省政府维持市政府给乙公司颁发第 2 号《国有土地使用权证》后，某村向法院起诉。”诉的复议维持行为，而不是题目中的“第 1 号《国有土地使用权证》”，所以不能从对违法行为作撤销判决这个思路来解答。但是，第 1 号证虽然不是审查对象，但和本案有关，有问题了怎么办，不能判的话就不认可。

第二次分析：《最高人民法院关于审理行政许可案件若干问题的规定》（2010）第 7 条：“作为被诉行政许可行为基础的其他行政决定或者文书存在以下情形之一的，人民法院不予认可：（一）明显缺乏事实根据；（二）明显缺乏法律依据；（三）超越职权；（四）其他重大明显违法情形。”

答题思路：法条表述清晰、完整。

第三次分析：

法院应不予认可。发放第 1 号《国有土地使用权证》的行为不属于本案的审理裁判对象，但构成本案被诉行政行为的基础性、关联性行政行为。根据《最高人民法院关于审理行政许可案件若干问题的规定》第 7 条规定，法院对此行为不予认可。

5. 市政府强制拆除征地范围内的附着物设施应当遵循的主要法定程序和执行原则是什么？

解题思路：不需要结合案情，直接作答法条。主要法定程序相对好回答，难点在于执行原则。

第二次分析：

催告	①作出强制执行决定前，应当事先催告当事人履行义务 ②应当以书面形式作出，直接送达当事人 ③当事人收到催告书后有权进行陈述和申辩

续表

执行决定	①经催告，当事人逾期仍不履行行政决定，且无正当理由的，行政机关可以作出强制执行决定 ②应当以书面形式作出，直接送达当事人 ③在催告期间，对有证据证明有转移或者隐匿财物迹象的，行政机关可以作出立即强制执行决定
原则	①不得在夜间或者法定节假日实施行政强制执行，情况紧急的除外 ②不得对居民生活采取停止供水、供电、供热、供燃气等方式

答题思路：法条表述清晰、完整。

第三次分析：

按照《行政强制法》第四章的规定，市政府采取强制执行应当遵循事先催告当事人履行义务，当事人有权陈述申辩，行政机关应当充分听取当事人意见，书面决定强制执行并送达当事人，与当事人可达成执行协议；不得在夜间或法定节假日实施强制执行，不得对居民生活采取停水、停电、停热、停气等方式迫使当事人执行等程序和执行原则。

6. 如某村对市国土局拒绝公开相关资料的决定不服，向法院起诉，法院应采用何种方式审理？如法院经审理认为市国土局应当公开相关资料，应如何判决？

解题思路：第一问看上去问的无比广阔，实际上需要回到当年的热门话题《最高人民法院关于审理政府信息公开行政案件若干问题的规定》，所以即便在今天你做起来可能有些困难，但在当年就还好，因为是当年的重点。有些题目有自己特殊的命题背景，小朋友没有注意到这个法条也没关系哈。第二问也是法条题。

注意躲坑：政府信息公开诉讼因为有自己的司法解释，所以审理方式和判决与一般案件有所区分。

第二次分析：

审理方式	法院审理政府信息公开行政案件，应当视情况采取适当的审理方式，以避免泄露涉及国家秘密、商业秘密、个人隐私或者法律规定的其他应当保密的政府信息
区分处理案件	法院经审理认为被告不予公开的政府信息内容可以作区分处理的，应当判决被告限期公开可以公开的内容
不公开案件	①法院应当撤销或者部分撤销被诉不予公开决定，并判决被告在一定期限内公开 ②尚需被告调查、裁量的，判决其在一定期限内重新答复
不准确+不作为案件	①被告依法应当更正而不更正与原告相关的政府信息记录的，法院应当判决被告在一定期限内更正 ②尚需被告调查、裁量的，判决其在一定期限内重新答复 ③被告无权更正的，判决其转送有权更正的行政机关处理

答题思路：法条表述清晰、完整。

第三次分析：

法院应当视情况采取适当的审理方式，以避免泄露涉及商业秘密的政府信息。法院应当撤销或部分撤销不予公开决定，并判决市国土局在一定期限公开。尚需市国土局调查、裁量的，判决其在一定的期限内重新答复。

2011 年行政法真题

【案情】

经工商局核准，甲公司取得企业法人营业执照，经营范围为木材切片加工。甲公司与乙公司签订合同，由乙公司供应加工木材 1 万吨。不久，省林业局致函甲公司，告知按照本省地方性法规的规定，新建木材加工企业必须经省林业局办理木材加工许可证后，方能向工商行政管理部门申请企业登记，违者将受到处罚。1 个月后，省林业局以甲公司无证加工木材为由没收其加工的全部木片，并处以 30 万元罚款。其间，省林业公安局曾传唤甲公司人员李某到公安局询问该公司木材加工情况。甲公司向法院起诉要求撤销省林业局的处罚决定。

因甲公司停产，无法履行与乙公司签订的合同，乙公司要求支付货款并赔偿损失，甲公司表示无力支付和赔偿，乙公司向当地公安局报案。2010 年 10 月 8 日，公安局以涉嫌诈骗为由将甲公司法定代表人张某刑事拘留，1 个月后，张某被批捕。2011 年 4 月 1 日，检察院以证据不足为由作出不起诉决定，张某被释放。张某遂向乙公司所在地公安局提出国家赔偿请求，公安局以未经确认程序为由拒绝张某请求。张某又向检察院提出赔偿请求，检察院以本案应当适用修正前的《国家赔偿法》，此种情形不属于国家赔偿范围为由拒绝张某请求。

【问题】

1. 甲公司向法院提起行政诉讼，如何确定本案的地域管辖？
2. 对省林业局的处罚决定，乙公司是否有原告资格？为什么？
3. 甲公司对省林业局的致函能否提起行政诉讼？为什么？
4. 省林业公安局对李某的传唤能否成为本案的审理对象？为什么？李某能否成为传唤对象？为什么？
5. 省林业局要求甲公司办理的木材加工许可证属于何种性质的许可？地方性法规是否有权创设？
6. 对张某被羁押是否应当给予国家赔偿？为什么？
7. 公安局拒绝赔偿的理由是否成立？为什么？
8. 检察院拒绝赔偿的理由是否成立？为什么？

【读题思路分析】

读题思路：本案中，有几个行政行为？

第一次分析：

（1）工商局核准甲公司取得企业法人营业执照

（2）省林业局以甲公司无证加工木材为由没收其加工的全部木片，并处以30万元罚款

读题思路：谁就什么行为提起行政诉讼？

第一次分析：

甲公司向法院起诉要求撤销省林业局的处罚决定。

【解题和答题思路分析】

1. 甲公司向法院提起行政诉讼，如何确定本案的地域管辖？

解题思路：这个会！

第二次分析：

一般原则	被告行政机关所在地
限制人身自由的行政强制措施	被告所在地+原告所在地（原告户籍所在地、经常居住地、被限制人身自由所在地）
不动产案件	不动产所在地（物权变动案件：登记、裁决）

答题思路：送分题。

第三次分析：

由省林业局所在地的法院管辖。因为本案被诉行为为省林业局直接作出的没收和罚款的行政处罚，且不属于行政诉讼特殊地域管辖的情形，故应由最初作出行政行为的行政机关所在地法院管辖。

2. 对省林业局的处罚决定，乙公司是否有原告资格？为什么？

解题思路：读题第一次分析“甲公司向法院起诉要求撤销省林业局的处罚决定”，所以甲公司必然是有原告资格的。但请注意，本题问的是“乙”。

第二次分析：

	原告资格
一般规定	行政行为相对人和利害关系人
利害关系人	①被诉的行政行为涉及其相邻权或者公平竞争权的 ②在行政复议等行政程序中被追加为第三人的 ③要求行政机关依法追究加害人法律责任的 ④撤销或者变更行政行为涉及其合法权益的 ⑤为维护自身合法权益向行政机关投诉，具有处理投诉职责的行政机关作出或者未作出处理的 **注意：**债权人以行政机关对债务人所作的行政行为损害债权实现为由提起行政诉讼的，法院应当告知其就民事争议提起民事诉讼

续表

资格转移	①公民死亡，其近亲属（包括配偶、父母、子女、兄弟姐妹、祖父母、外祖父母、孙子女、外孙子女和其他具有扶养、赡养关系的亲属）为原告 ②法人或其他组织终止的，承受其权利的法人或其他组织为原告
共同原告	10人以上，推选2~5人为诉讼代表人或者法院指定

答题思路：读题的时候不要太仓促，看好是谁去起诉。

第三次分析：

没有。因为乙公司与省林业局的处罚行为无直接的、实质性的利害关系，对甲公司不履行合同及给乙公司带来的损失，乙公司可以通过对甲公司提起民事诉讼等途径获得救济。

3. 甲公司对省林业局的致函能否提起行政诉讼？为什么？

解题思路：读题第一次分析“甲公司向法院起诉要求撤销省林业局的处罚决定”，所以撤销必然是可诉的。但请注意，本题问的是“致函”。

第二次分析：判断标准是该行政行为是否对特定人作出的、是否能反复适用，且是否对当事人权利义务产生实际影响的行为。

答题思路：读题需要仔细。

第三次分析：

不能。因为致函是一种告知、劝告行为，并未确认、改变或消灭甲公司法律上的权利义务，是对甲公司的权利义务不产生实际影响的行为。根据《行政诉讼法》及最高人民法院的司法解释，致函不属于行政诉讼受案范围。

4. 省林业公安局对李某的传唤能否成为本案的审理对象？为什么？李某能否成为传唤对象？为什么？

解题思路：先说都是错的拿到结论分，再分析怎么错了。

第二次分析：

（1）行政诉讼一审以“有限审查”为原则，诉什么，审什么。读题第一次分析“甲公司向法院起诉要求撤销省林业局的处罚决定”，所以本案的审理对象是撤销行为。

（2）治安管理处罚的普通程序

传唤	①需要传唤违反治安管理行为人接受调查的，经公安机关办案部门负责人批准，使用传唤证传唤 ②对现场发现的违反治安管理行为人，经出示工作证件，可以口头传唤 ③对无正当理由不接受传唤的，可以强制传唤 ④将传唤的原因和依据告知被传唤人，将传唤的原因和处所通知被传唤人家属
询问	①询问时间不得超过8小时 ②情况复杂可能适用拘留处罚的，不超过24小时 ③被询问人要求就被询问事项自行提供书面材料的，应当准许

续表

检查	①检查不得少于2人，并应当出示工作证件和县级以上政府公安机关开具的检查证明文件 ②确需立即检查的，经出示工作证件，可以当场检查，但检查公民住所除外
扣押	①公安机关办理治安案件，对与案件有关的需要作为证据的物品，可以扣押；对与案件无关的物品，不得扣押 ②对被侵害人或者善意第三人合法占有的财产，不得扣押，应当予以登记

答题思路：两问分别作答。

第三次分析：

（1）不能。因为本案原告的诉讼请求是撤销省林业局的处罚行为，传唤行为由省林业公安局采取，与本案诉求无关，不能作为本案审理对象。

（2）不能。因为根据《治安管理处罚法》的规定，治安传唤适用的对象是违反治安管理行为人，李某并未违反治安管理规定，故省林业公安局不得对李某进行治安传唤。

5. 省林业局要求甲公司办理的木材加工许可证属于何种性质的许可？地方性法规是否有权创设？

解题思路：问何种性质的许可？就是前置性许可。不放心可以再检查下案情，“新建木材加工企业必须经省林业局办理木材加工许可证后，方能向工商行政管理部门申请企业登记”。第二问有权无权？肯定无权。

第二次分析：

许可定义	行政许可，是指行政机关根据公民、法人或者其他组织的申请，经依法审查，准予其从事特定活动的行为
前置性许可	地方性法规和省、自治区、直辖市人民政府规章，不得设定应当由国家统一确定的公民、法人或者其他组织的资格、资质的行政许可；不得设定企业或者其他组织的设立登记及其前置性行政许可

答题思路：前后两个问题具备关联关系。

第三次分析：

属于企业设立的前置性行政许可。根据《行政许可法》的规定，地方性法规不得设定企业或其他组织的设立登记及其前置性行政许可。

6. 对张某被羁押是否应当给予国家赔偿？为什么？

解题思路：给钱！理由如果不会写怎么办呢？抄案情“公安局以涉嫌诈骗为由将甲公司法定代表人张某刑事拘留，张某被批捕，检察院以证据不足为由作出不起诉决定，张某被释放”。

第二次分析：

人身自由	①违反刑事诉讼法的规定对公民采取拘留措施的，或者依照刑事诉讼法规定的条件和程序对公民采取拘留措施，但是拘留时间超过刑事诉讼法规定的时限，其后决定撤销案件、不起诉或者判决宣告无罪终止追究刑事责任的 ②对公民采取逮捕措施后，决定撤销案件、不起诉或者判决宣告无罪终止追究刑事责任的 ③依照审判监督程序再审改判无罪，原判刑罚已经执行的
身体伤害	①刑讯逼供或者以殴打、虐待等行为或者唆使、放纵他人以殴打、虐待等行为造成公民身体伤害或者死亡的 ②违法使用武器、警械造成公民身体伤害或者死亡的

答题思路：勇敢地写

第三次分析：

应当。因为根据《国家赔偿法》第17条的规定，对公民采取逮捕措施后，决定不起诉，终止追究刑事责任的，受害人有取得国家赔偿的权利。

7. 公安局拒绝赔偿的理由是否成立？为什么？

解题思路：不赔不行！

第二次分析：这个题是2010年出的，当年国赔法进行了修改，其中重要的变化之一是取消了确认程序。

答题思路：回答新旧法变化即可。

第三次分析：

不成立。因为修正后的《国家赔偿法》已经取消了司法赔偿的确认程序，以此为由拒绝赔偿缺乏法律依据。

8. 检察院拒绝赔偿的理由是否成立？为什么？

解题思路：这道题好多问啊，还是不赔不行！

第二次分析：2010年修改国赔法之后，涉及新旧法适用的衔接问题，为此，最高人民法院出台了《关于适用〈中华人民共和国国家赔偿法〉若干问题的解释（一）》，开篇第1条就解决了这个问题："国家机关及其工作人员行使职权侵犯公民、法人和其他组织合法权益的行为发生在2010年12月1日以后，或者发生在2010年12月1日以前、持续至2010年12月1日以后的，适用修正的国家赔偿法。"这个问题现在来看考得比较细，你可能没记住，但属于当年的热点，有特殊的命题原因。

答题思路：结合当年新法进行分析。

第三次分析：

不成立。因为本案侵权行为持续到2010年12月1日以后，按照最高人民法院的司法解释，应当适用修正后的《国家赔偿法》。

第四部分 模拟金题

案例一

【案情】

南安房地产有限公司和富贵工程建设有限公司均为滨河省江洲市企业。2024年3月31日，南安公司和富贵公司签订施工合同，约定富贵公司在滨河省江洲市为南安公司兴建商品房。补充协议约定由富贵公司设立工人工资支付专用账户，账户名为富贵公司财务经理王富贵。随后，南安公司以富贵公司为施工单位办理了工程报建手续。案涉工程由富贵公司项目经理梁某组织工人施工，建筑工人陆某在梁某主管的工地担任现场管理。施工现场大门、施工标志牌等多处设施的醒目位置，均标注该工程的承建单位为富贵公司。另查明，富贵公司为案涉工程投保了施工人员团体人身意外伤害保险，保险单载明被保险人30人，未附人员名单。2024年6月9日，梁某与陆某接到江洲市住建部门的检查通知，二人与工地其他人员在出租屋内等待检查。该出租屋系梁某承租，用于工地开会布置工作和发放工资。当日15时许，梁某被发现躺在出租屋内，死亡原因为猝死。

梁某猝死后，其妻子刘某向江洲市人力资源与社会保障局申请工伤认定。江洲人社局作出《关于梁某视同工亡认定决定书》，认定梁某是在工作时间和工作岗位，突发疾病在48小时之内经抢救无效死亡，符合《工伤保险条例》规定的情形，视同因工死亡。富贵公司不服，向有关部门申请行政复议，行政复议机关作出《行政复议决定书》，以江洲人社局作出的《视同工亡认定书》认定事实不清，证据不足，适用依据错误，程序违法为由，予以撤销。刘某对《行政复议决定书》不服，提起行政诉讼，请求撤销《行政复议决定书》，恢复《视同工亡认定书》的效力。

【问题】

1. 富贵公司对《视同工亡认定书》不服，应当向哪个机关或部门申请行政复议？
2. 刘某对《行政复议决定书》不服，提起行政诉讼，该行政诉讼被告是谁？
3. 富贵公司对《视同工亡认定书》不服，申请行政复议。在行政复议过程中，富贵公司和江洲人社局达成调解协议，复议机关根据调解协议制作具有法律效力的行政调解书。但行政调解书生效后，江洲人社局拒绝履行行政调解书，请问富贵公司能否申请人民法院强制执行行政调解书？
4. 行政复议机关在针对《视同工亡认定书》的复议申请进行审查时，认为本案较为简单，并非重大、疑难、复杂的行政复议案件，但行政复议申请人一直申请举行行政复议听证，行政复议被申请人江洲人社局则反对举行听证会，请问行政复议机关是否可以根据申请人单方申请，对该案件组织听证？为什么？

5. 如果行政复议机关认为江洲人社局作出的《视同工亡认定书》所依据的《滨河省工伤认定标准》（滨河省人力资源与社会保障厅规范性文件）设定的工伤认定标准不合法，行政复议机构应当如何处理？

【答案要点及解析】

1. 富贵公司对《视同工亡认定书》不服，应当向哪个机关或部门申请行政复议？

答：应当向江洲市人民政府申请行政复议。《行政复议法》规定，对政府工作部门作出的行政行为不服申请复议，由本级人民政府管辖。本案中，被申请人为江洲市人社局，因此，复议机关为江洲市人民政府。

解析：《行政复议法》第二十四条第一款　县级以上地方各级人民政府管辖下列行政复议案件：（一）对本级人民政府工作部门作出的行政行为不服的；（二）对下一级人民政府作出的行政行为不服的；（三）对本级人民政府依法设立的派出机关作出的行政行为不服的；（四）对本级人民政府或者其工作部门管理的法律、法规、规章授权的组织作出的行政行为不服的。

2. 刘某对《行政复议决定书》不服，提起行政诉讼，该行政诉讼被告是谁？

答：行政诉讼被告为江洲市人民政府。《行政诉讼法》规定，经复议的案件，复议机关决定维持原行政行为的，作出原行政行为的行政机关和复议机关是共同被告；复议机关改变原行政行为的，复议机关是被告。本案中，行政复议机关撤销了原行为，属于复议改变案件，故复议机关江洲市政府是本案的适格被告。

解析：《行政诉讼法》第二十六条第二、三款　经复议的案件，复议机关决定维持原行政行为的，作出原行政行为的行政机关和复议机关是共同被告；复议机关改变原行政行为的，复议机关是被告。复议机关在法定期限内未作出复议决定，公民、法人或者其他组织起诉原行政行为的，作出原行政行为的行政机关是被告；起诉复议机关不作为的，复议机关是被告。

3. 富贵公司对《视同工亡认定书》不服，申请行政复议。在行政复议过程中，富贵公司和江洲市人社局达成调解协议，复议机关根据调解协议制作具有法律效力的行政调解书。但行政调解书生效后，江洲市人社局拒绝履行行政调解书，请问富贵公司能否申请人民法院强制执行行政调解书？

答：不能，江洲市人社局作为行政复议被申请人，其不履行行政调解书，不能申请人民法院强制执行，只能由江洲市人社局的上级行政机关即江洲市人民政府责令其限期履行。《行政复议法》规定，被申请人不履行或者无正当理由拖延履行行政复议决定书、调解书、意见书的，行政复议机关或者有关上级行政机关应当责令其限期履行，并可以约谈被申请人的有关负责人或者予以通报批评。

解析：《行政复议法》第七十七条　被申请人应当履行行政复议决定书、调解书、意见书。被申请人不履行或者无正当理由拖延履行行政复议决定书、调解书、意见书的，行政复议机关或者有关上级行政机关应当责令其限期履行，并可以约谈被申请人的有关负责人或者予以通报批评。

4. 行政复议机关在针对《视同工亡认定书》的复议申请进行审查时，认为本案较为简单，并非重大、疑难、复杂的行政复议案件，但行政复议申请人一直申请举行行政复议听证，行政复议被申请人江洲人社局则反对举行听证会，请问行政复议机关是否可以根据申请人单方申请，对该案件组织听证？为什么？

答：可以。因为行政复议机构认为有必要听证，或者申请人请求听证的，行政复议机构可以组织听证。《行政复议法》规定，行政复议机构认为有必要听证，或者申请人请求听证的，行政复议机构可以组织听证。

解析：《行政复议法》第五十条　审理重大、疑难、复杂的行政复议案件，行政复议机构应当组织听证。行政复议机构认为有必要听证，或者申请人请求听证的，行政复议机构可以组织听证。听证由一名行政复议人员任主持人，两名以上行政复议人员任听证员，一名记录员制作听证笔录。

5. 如果行政复议机关认为江洲人社局作出的《视同工亡认定书》所依据的《滨河省工伤认定标准》（滨河省人力资源与社会保障厅规范性文件）设定的工伤认定标准不合法，行政复议机构应当如何处理？

答：应当转送有权机关进行处理。《行政复议法》规定，申请人提出对有关规范性文件的附带审查申请，行政复议机关有权处理的，应当在三十日内依法处理；无权处理的，应当在七日内转送有权处理的行政机关依法处理。本案中，《滨河省工伤认定标准》是滨河省人力资源与社会保障厅制定的规范性文件，复议机关江洲市人民政府无权处理，应当转送有权处理的行政机关依法处理。

解析：《行政复议法》第五十六条　申请人依照本法第十三条的规定提出对有关规范性文件的附带审查申请，行政复议机关有权处理的，应当在三十日内依法处理；无权处理的，应当在七日内转送有权处理的行政机关依法处理。

案例二

【案情】

2018年1月28日，罗某在天山市某电信营业厅办理手机号码时，电信公司收取了罗某20元手机卡卡费并出具了发票。罗某认为，电信公司收取其办理手机号码的卡费，违反了《集成电路卡应用和收费管理办法》中不得向用户单独收费的禁止性规定，故向天山市物价局申诉举报，在举报信中要求天山市物价局责令电信公司退还非法收取的手机卡卡费20元，依法查处并没收所有电信用户首次办理手机卡被收取的卡费，依法奖励自己的举报行为和书面答复原告相关处理结果等诉求。2018年2月1日，天山市物价局收到原告的申诉举报函。2018年2月15日，天山市物价局价格管理办公室作出《关于对罗某2018年1月28日〈申诉书〉办理情况的答复》，并向罗某邮寄送达。答复内容为："2018年2月1日我局收到您反映电信公司向新办手机卡用户收取20元手机卡卡费的申诉书后，我局非常重视，及时进行调查，经调查核实：根据我省发改委和通信管理局联合颁发的《电信行业收费管理办法》规定：电信企业可收取手机卡工本费，具体收费标准由电信企业自主确定。我局非常感谢您对物价工作的支持和帮助。天山市物价局价格管理办公室（章）。"

罗某收到天山市物价局价格管理办公室的答复后，认为答复函中并没有对自己申诉举报信中的请求事项作出处理，认为天山市物价局价格管理办公室的行为违反了《价格法》《价格违法行为举报处理规定》等相关法律规定。2018年3月1日，罗某就天山市物价局价格管理办公室答复行为向人民法院提起行政诉讼，请求法院确认天山市物价局价格管理办公室在处理自己申诉举报事项中的行为违法，依法撤销天山市物价局价格管理办公室的答复，判令天山市物价局有关部门依法查处申诉举报信所涉及的违法行为，并赔偿自己为了维权发生的精神损害抚慰金3000元等维权成本。

材料一：《集成电路卡应用和收费管理办法》为原国家计划委员会、国家金卡工程协调领导小组、财政部和中国人民银行于2001年9月28日联合颁布的部门规章。《集成电路卡应用和收费管理办法》第8条第1款规定："事业单位提供经营性服务，公交、供水、供气、供电、铁路、邮电、交通等公用性服务的行业或具有行业垄断性质的企业提供生产经营服务，推广使用IC卡所需费用，通过对用户的服务价格补偿，不得向用户单独收取费用。"

材料二：《价格法》第5条第2款规定："县级以上地方各级人民政府价格主管部门负责本行政区域内的价格工作。"

根据《价格违法行为举报处理规定》第7条的规定，价格主管部门接收举报后应当及时进行审查；第10条第2款规定，价格主管部门依法对被举报的价格违法行为进行调查后，依据《价格行政处罚程序规定》的规定作出行政处罚、不予行政处罚、移送有关行政机关处理等决定或者不予立案的，为举报办结。

【问题】

1. 罗某就天山市物价局相关投诉举报答复提起行政诉讼，罗某是否具有该行政诉讼的原告资格？为什么？

2. 罗某就天山市物价局价格管理办公室相关答复提起行政诉讼，该行政诉讼的被告是谁？为什么？

3. 天山市物价局有关部门针对罗某投诉举报作出《答复函》的行为，是否属于行政诉讼受案范围？为什么？

4. 如果罗某认为省发改委和通信管理局联合颁发的《电信行业收费管理办法》有关规定违法，能否直接就该《电信行业收费管理办法》涉嫌违法提起行政诉讼？为什么?

5. 本案能否适用行政诉讼简易程序审理?如果能够适用应具备什么条件?如果不能适用，请说明理由。

6. 如果本案被告天山市物价局价格管理办公室在行政诉讼过程中认识到自己的答复行为违法，能否在行政诉讼中主动变更被诉答复行为?如果变更成功，被告天山市物价局原被诉答复行为是否可以被免予人民法院司法审查?

7. 法院是否应当支持本案原告罗某要求被告天山物价局赔偿自己3000元精神损害抚慰金的诉求?为什么?

【答案要点及解析】

1. 罗某就天山市物价局相关投诉举报答复提起行政诉讼，罗某是否具有该行政诉讼的原告资格?为什么?

答: 罗某具有原告资格，因为罗某是本案涉诉行政行为的行政相对人，且罗某与本案涉诉行政行为具有利害关系。

解析:《行政诉讼法》第25条第1-3款　行政行为的相对人以及其他与行政行为有利害关系的公民、法人或者其他组织，有权提起诉讼。有权提起诉讼的公民死亡，其近亲属可以提起诉讼。有权提起诉讼的法人或者其他组织终止，承受其权利的法人或者其他组织可以提起诉讼。

2. 罗某就天山市物价局价格管理办公室相关答复提起行政诉讼，该行政诉讼的被告是谁?为什么?

答: 被告是天山市物价局。行政诉讼的被告是行政机关和法律、法规或规章授权作出行政行为的行政主体。本案中，尽管该答复由价格管理办公室作出，根据《价格法》和《价格违法行为举报处理规定》的规定，天山市物价局是依法作出《答复函》这一行政行为的行政主体，是针对作出《答复函》这一行政行为起诉的行政诉讼被告。

解析:《行政诉讼法》第26条第1、5款　公民、法人或者其他组织直接向人民法院提起诉讼的，作出行政行为的行政机关是被告。行政机关委托的组织所作的行政行为，委托的行政机关是被告。

3. 天山市物价局有关部门针对罗某投诉举报作出《答复函》的行为，是否属于行政诉讼受案范围?为什么?

答: 属于行政诉讼范围。天山市物价局作出的《答复函》仅仅列举了相关规范性文件的内容，没有对罗某提出的投诉进行处理和回复，违反了《价格违法行为举报处理规定》。此种以告知《电信行业收费管理办法》有关内容代替告知举报调查结果的行为，未能依法履行保护举报人财产权的法定职责，本身就是对罗某通过正当举报途径寻求救济的权利的一种侵犯，与罗某有利害关系。

解析: 该行政行为是对特定人作出的、不能反复适用，且对当事人权利义务产生实际影响的行为，属于行政诉讼的受案范围。

4. 如果罗某认为省发改委和通信管理局联合颁发的《电信行业收费管理办法》有关规定违法，能否直接就该《电信行业收费管理办法》涉嫌违法提起行政诉讼？为什么？

答：不能直接针对该《电信行业收费管理办法》提起行政诉讼。因为该文件属于行政机关制定、发布的具有普遍约束力的决定、命令，具有“针对不特定对象发布”“反复适用性”“规范性文件”的属性，因此，针对其提起行政诉讼不属于行政诉讼受案范围。

解析：《行政诉讼法》第 13 条　人民法院不受理公民、法人或者其他组织对下列事项提起的诉讼：（二）行政法规、规章或者行政机关制定、发布的具有普遍约束力的决定、命令。

《行政诉讼法》第 53 条　公民、法人或者其他组织认为行政行为所依据的国务院部门和地方人民政府及其部门制定的规范性文件不合法，在对行政行为提起诉讼时，可以一并请求对该规范性文件进行审查。前款规定的规范性文件不含规章。

5. 本案能否适用行政诉讼简易程序审理？如果能够适用应具备什么条件？如果不能适用，请说明理由。

答：可以适用行政诉讼简易程序。条件是天山市物价局和罗某均同意适用行政诉讼简易程序。

解析：《行政诉讼法》第 82 条　人民法院审理下列第一审行政案件，认为事实清楚、权利义务关系明确、争议不大的，可以适用简易程序：（一）被诉行政行为是依法当场作出的；（二）案件涉及款额二千元以下的；（三）属于政府信息公开案件的。除前款规定以外的第一审行政案件，当事人各方同意适用简易程序的，可以适用简易程序。发回重审、按照审判监督程序再审的案件不适用简易程序。

6. 如果本案被告天山市物价局价格管理办公室在行政诉讼过程中认识到自己的答复行为违法，能否在行政诉讼中主动变更被诉答复行为？如果变更成功，被告天山市物价局原被诉答复行为是否可以被免予人民法院司法审查？

答：能，须书面通知人民法院。即使变更成功，也不一定会使原答复行为免于司法审查。原告仍要求确认原行政行为违法的，人民法院应当依法作出确认判决。

解析：《关于行政诉讼撤诉若干问题的规定》第 2 条　被告改变被诉具体行政行为，原告申请撤诉，符合下列条件的，人民法院应当裁定准许：（一）申请撤诉是当事人真实意思表示；（二）被告改变被诉具体行政行为，不违反法律、法规的禁止性规定，不超越或者放弃职权，不损害公共利益和他人合法权益；（三）被告已经改变或者决定改变被诉具体行政行为，并书面告知人民法院；（四）第三人无异议。

《行政诉讼法》第 74 条第 2 款　行政行为有下列情形之一，不需要撤销或者判决履行的，人民法院判决确认违法：（二）被告改变原违法行政行为，原告仍要求确认原行政行为违法的。

7. 法院是否应当支持本案原告罗某要求被告天山物价局赔偿自己 3000 元精神损害

抚慰金的诉求？为什么？

答：不支持。因为涉案行政行为不属于《国家赔偿法》第3条和第17条所列的严重侵犯公民人身权的情形，原告无权要求获得精神损害抚慰金。

解析：《国家赔偿法》第35条　有本法第三条（行政机关及工作人员侵犯人身权）或者第十七条（行使侦查、检察、审判职权的机关以及看守所、监狱管理机关及其工作人员侵犯人身权）规定情形之一，致人精神损害的，应当在侵权行为影响的范围内，为受害人消除影响，恢复名誉，赔礼道歉；造成严重后果的，应当支付相应的精神损害抚慰金。

案例三

【案情】

2013年3月7日，海南省环境监测中心站出具琼环监字［2013］第023号《监测报告》，载明2013年1月14日桑德水务公司污水处理一厂出口排放的废水的各项监测指标。儋州市国土环境资源局根据上述023号《监测报告》，认为桑德水务公司污水处理一厂涉嫌违法排放水污染物，于2013年5月20日立案查处，并于同年7月4日向海南桑德水务有限公司儋州分公司送达《行政处罚事先告知书》。桑德水务儋州分公司于同年7月15日向儋州市国土环境资源局书面提出申辩并要求听证。儋州市国土环境资源局于8月29日向桑德水务儋州分公司送达《行政处罚听证通知书》，告知听证时间、地点等相关事项。儋州市国土环境资源局于9月6日组织听证。2013年10月12日，儋州市国土环境资源局作出儋土环资罚决字［2013］21号《行政处罚决定书》，认定桑德水务公司污水处理一厂2013年1月14日排放的废水超过《城镇污水处理厂污染物排放标准》（GB18918-2002）级B标准限值3倍，违反了《中华人民共和国水污染防治法》第9条的规定，属于违法排放污染物的行为，依照该法第74条第1款的规定，对桑德水务儋州分公司处以2013年1月应缴纳排污费二倍的罚款人民币41272.00元。并于同年11月15日向桑德水务儋州分公司送达了该处罚决定书。同时，《儋州市国土环境资源局关于责令海南桑德水务有限公司儋州分公司污水处理一厂限期改正的通知》载明，限于2014年10月15日前完成整改任务。

2014年6月16日，儋州市国土环境资源局又以上述违法排放事实为由，依据023号《监测报告》对桑德水务公司作出儋土环资罚决字［2014］49号《行政处罚决定书》，对桑德水务公司处以2013年1月应缴纳排污费二倍的罚款人民币41272.00元，并向桑德水务公司送达了49号处罚决定。桑德水务公司不服申请行政复议，儋州市人民政府经复议后于2014年10月31日作出儋府复决字［2014］27号《行政复议决定书》，维持49号处罚决定。桑德水务公司对复议决定不服，提起行政诉讼。

材料一：《生态环境行政处罚办法》第7条第1款、第9条　环境保护主管部门实施行政处罚时，应当及时作出责令当事人改正或者限期改正违法行为的行政命令。

责令改正期限届满，当事人未按要求改正，违法行为仍处于继续或者连续状态的，可以认定为新的环境违法行为。

《生态环境行政处罚办法》第29条 需要取样的，应当制作取样记录或者将取样过程记入现场检查（勘察）笔录，可以采取拍照、录像或者其他方式记录取样情况。

材料二：在原告起诉前，因行政管理体制的调整，儋州市国土环境资源局按职能分立为儋州市国土资源局和儋州市生态环境保护局，儋州市国土环境资源局印章废止。原儋州市国土环境资源局作出的环境处罚行为法律后果按部门职能划分由儋州市生态环境保护局承担。

【问题】

1. 本案的起诉期限如何确定？

2. 《行政处罚法》中，听证笔录的要求和效力是什么？

3. 49号处罚决定是否合法？为什么？

4. 本案的被告如何确定？

5. 为更好地监测厂界的环境指数，市国土环境资源局在该水务公司周边安装隐蔽式污染物自动检测装置。市国土环境资源局能否依据隐蔽设置的自动检测装置收集的证据实施行政处罚？为什么？

6. 本案法院应当如何判决？

7. 在作出49号决定后，行政机关认为该处罚具有一定社会影响，予以公开。法院判决生效后，行政机关应当如何处理？

【答案要点及解析】

1. 本案的起诉期限如何确定？

答：《行政诉讼法》及相关司法解释规定，公民、法人或者其他组织不服复议决定的，可以在收到复议决定书之日起十五日内向人民法院提起诉讼。复议机关逾期不作决定的，申请人可以在复议期满之日起十五日内向人民法院提起诉讼。法律另有规定的除外。本案中，对复议决定不服提起行政诉讼，起诉期限应为收到复议决定书之日起十五日内向人民法院提起诉讼。

解析：《行政诉讼法》第45条 公民、法人或者其他组织不服复议决定的，可以在收到复议决定书之日起十五日内向人民法院提起诉讼。复议机关逾期不作决定的，申请人可以在复议期满之日起十五日内向人民法院提起诉讼。法律另有规定的除外。

2. 《行政处罚法》中，听证笔录的要求和效力是什么？

答：听证应当制作笔录。笔录应当交当事人或者其代理人核对无误后签字或者盖章。当事人或者其代理人拒绝签字或者盖章的，由听证主持人在笔录中注明。听证结束后，行政机关应当根据听证笔录，作出决定。

解析：《行政处罚法》第64条第8项 听证应当制作笔录。笔录应当交当事人或者其代理人核对无误后签字或者盖章。当事人或者其代理人拒绝签字或者盖章的，由听证主持人在笔录中注明。

第 65 条 听证结束后，行政机关应当根据听证笔录，依照本法第五十七条的规定，作出决定。

3. 49 号处罚决定是否合法？为什么？

答：49 号处罚决定违法。《生态环境行政处罚办法》规定，责令改正期限届满，当事人未按要求改正，违法行为仍处于继续或者连续状态的，可以认定为新的环境违法行为。本案中，25 号通知责令其于 2014 年 10 月 15 日前完成整改任务，故在该责令改正期限届满前发生的行为不能认定为新的环境违法行为。而且，《行政处罚法》规定，"对当事人的同一个违法行为，不得给予两次以上罚款的行政处罚"。因此，49 号处罚决定违法。

解析：材料一中《生态环境行政处罚办法》第 7 条第 1 款、第 9 条 环境保护主管部门实施行政处罚时，应当及时作出责令当事人改正或者限期改正违法行为的行政命令。责令改正期限届满，当事人未按要求改正，违法行为仍处于继续或者连续状态的，可以认定为新的环境违法行为。

4. 本案的被告如何确定？

答：被告应为市生态环境保护局和市政府。《行政诉讼法》及相关司法解释规定，行政机关被撤销或者职权变更的，继续行使其职权的行政机关是被告。本案中，原儋州市国土环境资源局分立之后，作出的环境处罚行为法律后果按部门职能划分由儋州市生态环境保护局承担。

同时，《行政诉讼法》及相关司法解释规定，经复议的案件，复议机关决定维持原行政行为的，作出原行政行为的行政机关和复议机关是共同被告；复议机关改变原行政行为的，复议机关是被告。本案是复议维持案件，所以被告为市生态环境保护局和市政府。

解析：《行政诉讼法》第 26 条第 1–3 款 公民、法人或者其他组织直接向人民法院提起诉讼的，作出行政行为的行政机关是被告。经复议的案件，复议机关决定维持原行政行为的，作出原行政行为的行政机关和复议机关是共同被告；复议机关改变原行政行为的，复议机关是被告。复议机关在法定期限内未作出复议决定，公民、法人或者其他组织起诉原行政行为的，作出原行政行为的行政机关是被告；起诉复议机关不作为的，复议机关是被告。

5. 为更好地监测厂界的环境指数，市国土环境资源局在该水务公司周边安装隐蔽式污染物自动检测装置。市国土环境资源局能否依据隐蔽设置的自动检测装置收集的证据实施行政处罚？为什么？

答：不能。《行政处罚法》第 41 条第 1 款规定："行政机关依照法律、行政法规规定利用电子技术监控设备收集、固定违法事实的，应当经过法制和技术审核，确保电子技术监控设备符合标准、设置合理、标志明显，设置地点应当向社会公布。"本案中，收集行政处罚证据的电子监控设备，其设置地点必须向社会公开。

解析：《行政处罚法》第 41 条　行政机关依照法律、行政法规规定利用电子技术监控设备收集、固定违法事实的，应当经过法制和技术审核，确保电子技术监控设备符合标准、设置合理、标志明显，设置地点应当向社会公布。电子技术监控设备记录违法事实应当真实、清晰、完整、准确。行政机关应当审核记录内容是否符合要求；未经审核或者经审核不符合要求的，不得作为行政处罚的证据。行政机关应当及时告知当事人违法事实，并采取信息化手段或者其他措施，为当事人查询、陈述和申辩提供便利。不得限制或者变相限制当事人享有的陈述权、申辩权。

6. 本案法院应当如何判决？

答：法院应判决撤销原行政行为和复议决定。《行政诉讼法》及相关司法解释规定，行政行为主要证据不足、违反法定程序的，法院作撤销判决。本案中，49 号处罚决定基于同一违法事实反复进行了处罚，因此违法。另外，本案是复议维持案件，应当对复议决定和原行政行为一并作出裁判。

解析：《行政诉讼法》第 79 条　复议机关与作出原行政行为的行政机关为共同被告的案件，人民法院应当对复议决定和原行政行为一并作出裁判。

《最高人民法院关于适用〈中华人民共和国行政诉讼法〉的解释》第 136 条第 1、3 款　人民法院对原行政行为作出判决的同时，应当对复议决定一并作出相应判决。人民法院判决撤销原行政行为和复议决定的，可以判决作出原行政行为的行政机关重新作出行政行为。

7. 在作出 49 号决定后，行政机关认为该处罚具有一定社会影响，予以公开。法院判决生效后，行政机关应当如何处理？

答：根据《行政处罚法》的规定，具有一定社会影响的行政处罚决定应当依法公开。公开的行政处罚决定被依法变更、撤销、确认违法或者确认无效的，行政机关应当在三日内撤回行政处罚决定信息并公开说明理由。

解析：《行政处罚法》第 48 条　具有一定社会影响的行政处罚决定应当依法公开。公开的行政处罚决定被依法变更、撤销、确认违法或者确认无效的，行政机关应当在三日内撤回行政处罚决定信息并公开说明理由。

案例四

【案情】

田某考取滨海大学，取得本科生的学籍。在大学一年级电磁学课程的补考过程中，田某随身携带写有电磁学公式的纸条。考试中，田某去上厕所时纸条掉出，被监考教师发现。监考教师虽未发现其有偷看纸条的行为，但还是按照考场纪律，当即停止了田某的考试。据悉，滨海大学早就制定了《关于严格考试管理的紧急通知》（以下简称第 068 号通知）。该通知规定，凡考试作弊的学生一律开除学籍。滨海大学教务处据此认定田某的行为属作弊行为，并交由滨海大学学生处对田某作出开除学籍的决定。同年，滨海大学学生处作出田某学籍变动通知，但开除学籍处理决定和变更学籍的通知未直接向田某宣布、送达，也未给田某办理退学手续，田某继续以该校大学生的身份进行正常的学习生活并参加学校组织的活动，田某对自己被开除学籍并不知情。之后，滨海大学学生处还为田某补办了学生证，滨海大学有关部门每学年均收取田某交纳的教育费，并为田某进行注册、发放大学生补助津贴。经查，滨海大学对田某在该校的四年学习中成绩全部给予合格以上评价，并同意田某通过毕业实习、毕业设计及论文答辩，授予田某优秀毕业论文荣誉。

2017 年 6 月，田某所在院系向滨海大学有关部门报送田某所在班级授予学士学位表时，滨海大学有关部门以田某早在大学一年级已按开除学籍处理、不具备滨海大学学生学籍为由，拒绝授予其毕业证书，同时拒绝将其列入授予学士学位资格的名单交该校学位评定委员会审核。但田某认为自己符合授予学士学位的相关条件，也符合获得毕业证书的相关条件，滨海大学的做法是违法的，故在 2017 年 8 月向人民法院提起诉讼。

材料一：滨海大学是私立大学。滨海大学由民营企业集团滨海集团全资出资兴建，并经教育部门批准，拥有本科生和研究生统招资格。经国务院学位委员会授权，拥有学士学位、硕士学位和博士学位授予权。田某经高考统考自费进入滨海大学学习，毕业后自主择业。

材料二：《普通高等学校学生管理规定》（教育部规章）第 52 条：“学生有下列情形之一，学校可以给予开除学籍处分：（一）违反宪法，反对四项基本原则、破坏安定团结、扰乱社会秩序的；（二）触犯国家法律，构成刑事犯罪的；（三）受到治安管理处罚，情节严重、性质恶劣的；（四）代替他人或者让他人代替自己参加考试、组织作弊、使用通讯设备或其他器材作弊、向他人出售考试试题或答案牟取利益，以及其他严重作弊或扰乱考试秩序行为的；（五）学位论文、公开发表的研究成果存在抄袭、篡改、伪造等学术不端行为，情节严重的，或者代写论文、买卖论文的；（六）违反本规定和学校规定，严重影响学校教育教学秩序、生活秩序以及公共场所管理秩序的；（七）侵害其他个人、组织合法权益，造成严重后果的；（八）屡次违反学校规定受到纪律处分，经教育不改的。”

材料三：《学位条例》（1980 年 2 月 12 日第五届全国人民代表大会常务委员会第十三次会议通过　根据 2004 年 8 月 28 日第十届全国人民代表大会常务委员会第十一次会议《关于修改〈中华人民共和国学位条例〉的决定》修正）第八条规定：学士学位，由国务院授权的高等学校授予。

【问题】

1. 田某对滨海大学就其作出的开除学籍决定不服，认为开除学籍决定侵犯其合法权益，应当提起民事诉讼还是行政诉讼？为什么？

2. 如果田某就该开除学籍决定提起诉讼，应以谁为被告？为什么？

3. 如果田某在大学四年级毕业时就滨海大学在其大学一年级作出的开除学籍决定提起行政诉讼，是否超过行政诉讼期限？为什么？

4. 假设田某不愿向母校滨海大学就其被开除学籍提起诉讼，那么田某的爷爷能否提起诉讼？为什么？

5. 滨海大学《关于严格考试管理的紧急通知》（第068号通知）中有关“凡考试作弊的学生一律开除学籍”的规定是否合法？为什么？

6. 本案是否应当公开审理？

【答案要点及解析】

1. 田某对滨海大学就其作出的开除学籍决定不服，认为开除学籍决定侵犯其合法权益，应当提起民事诉讼还是行政诉讼？为什么？

答：应提起行政诉讼，因为滨海大学对田某开除学籍处理决定是滨海大学依据教育部《普通高等学校学生管理规定》实施的行政行为，对实施行政行为不服的，应当提起行政诉讼。

解析：发放毕业证、学位证属于行政行为。

2. 如果田某就该开除学籍决定提起诉讼，应以谁为被告？为什么？

答：应以滨海大学为被告。滨海大学是法律、法规、规章授权作出行政行为的组织，对法律、法规、规章授权组织作出行政行为不服的，应当以法律、法规、规章授权组织为被告提起行政诉讼。

解析：材料三中《学位条例》第8条规定：学士学位，由国务院授权的高等学校授予。这构成了高等院校行使行政职权的权力来源。根据我国法律、法规规定，高等学校对受教育者有进行学籍管理、奖励或处分的权力，有代表国家对受教育者颁发学历证书、学位证书的职责。高等学校与受教育者之间属于教育行政管理关系，受教育者对高等学校涉及受教育者基本权利的管理行为不服的，有权提起行政诉讼，高等学校是行政诉讼的适格被告。

3. 如果田某在大学四年级毕业时就滨海大学在其大学一年级作出的开除学籍决定提起行政诉讼，是否超过行政诉讼期限？为什么？

答：没有超过行政诉讼起诉期限。尽管滨海大学对田某在大学一年级作出开除学籍处理决定，但田某是在大学四年级才知道自己在大一被开除学籍。行政诉讼起诉期限从行政相对人知道或应当知道行政行为之日起算，从田某知道开除学籍处理决定到田某提起行政诉讼之间没有超过6个月的起诉期限。

解析：《行政诉讼法》第46条　公民、法人或者其他组织直接向人民法院提起诉讼的，应当自知道或者应当知道作出行政行为之日起6个月内提出。法律另有规定的除外。因不动产提起诉讼的案件自行政行为作出之日起超过20年，其他案件自行政行为作出之日起超过5年提起诉讼的，人民法院不予受理。

4. 假设田某不愿向母校滨海大学就其被开除学籍提起诉讼，那么田某的爷爷能否提起诉讼？为什么？

答：不能。田某的爷爷不是开除田某学籍处理决定的利害关系人，也不是行政相对人。田某的爷爷作为近亲属只能在田某死亡时就田某遭受开除学籍处理决定提起行政诉讼。本题中，田某只是不愿向滨海大学提起行政诉讼，田某的爷爷不能因此提起行政诉讼。

解析：《行政诉讼法》第 25 条第 1–3 款 行政行为的相对人以及其他与行政行为有利害关系的公民、法人或者其他组织，有权提起诉讼。有权提起诉讼的公民死亡，其近亲属可以提起诉讼。有权提起诉讼的法人或者其他组织终止，承受其权利的法人或者其他组织可以提起诉讼。

5. 滨海大学《关于严格考试管理的紧急通知》（第 068 号通知）中有关“凡考试作弊的学生一律开除学籍”的规定是否合法？为什么？

答：不合法。第 068 号通知中“凡考试作弊的学生一律开除学籍”的规定，明显扩大了《普通高等学校学生管理规定》第 52 条的适用范围，违反了《普通高等学校学生管理规定》第 52 条的规定，因违反部门规章的规定而违法。

解析：《普通高等学校学生管理规定》（教育部规章）第 52 条：“学生有下列情形之一，学校可以给予开除学籍处分：（四）代替他人或者让他人代替自己参加考试、组织作弊、使用通讯设备或其他器材作弊、向他人出售考试试题或答案牟取利益，以及其他严重作弊或扰乱考试秩序行为。”

6. 本案是否应当公开审理？

答：应当公开审理。因为本案涉及当事人的学位证和毕业证，没有涉及国家秘密和个人隐私，故应当公开审理。

解析：《行政诉讼法》第 54 条 人民法院公开审理行政案件，但涉及国家秘密、个人隐私和法律另有规定的除外。涉及商业秘密的案件，当事人申请不公开审理的，可以不公开审理。

案例五

【案情】

贾某系残疾人，身体重度残疾，行走存在严重障碍，丧失劳动能力，无生活来源，一直依法领取最低生活保障金和低收入者租房补贴。2017 年 1 月 1 日，贾某向其所在的直辖市住房保障和房产管理局提出廉租房实物配租申请，通过摇号取得了该市一套廉租房，与市房管局签订了租赁合同。2017 年 3 月 1 日，贾某入住廉租房，同时市房管局停发给贾某的租房补贴。入住后，贾某发现该住房位置偏远、地处山坡、独自一人交通不便，于 2017 年 4 月 1 日搬回姐姐家，该廉租房闲置。2017 年 11 月 1 日，市房管局接他人实名举报后调查认定贾某存在取得廉租房后连续 6 个月未实际居住等情形。2017 年 12 月 1 日，市房管局直接派人进入该无人居住的廉租房更换门锁、收回该房

（市房管局拥有廉租房的备用钥匙）。2018年1月1日，市房管局恢复向其发放低收入者租房补贴。2018年2月，市房管局公布了新一批廉租房房源，新廉租房位于市中心附近、交通便利且有电梯。贾某于2018年3月1日申请参加新一批廉租房摇号，但市房管局没有通过其参加廉租房摇号的资格审查，认为其曾经严重违反廉租房使用规定，无权再次参加廉租房摇号。贾某不服，向有关部门上访。市有关部门认定贾某为无理上访。为遏制贾某上访，2018年10月，民政部门停发其最低生活保障金。贾某申请要求民政部门发放最低生活保障金，但民政部门回复必须中止上访才能发放。贾某因生活费无着落，无力继续上访，最终决定通过行政诉讼维权。2018年11月，贾某分别起诉市房管局和民政部门，贾某诉房管局一案中，贾某要求市房管局补发2017年4月至12月的租房补贴，同时通过其参加廉租房摇号的资格审查；贾某诉民政部门一案中，贾某要求民政部门赔偿因违法停发最低生活保障金给其带来的损失。

材料一：《市廉租房管理条例》（地方性法规）第15条规定："取得廉租房之后，连续六个月不在廉租房内实际居住的，市房管局有权作出收回廉租房的决定，收回廉租房。"

《市廉租房管理条例》第20条规定："存在以下严重违反本办法行为的，不得再次申请廉租房：（一）因连续六个月不在廉租房内实际居住而被收回廉租房的……"

《市廉租房管理条例》第25条规定："取得廉租房之后，有关部门不再向廉租房使用者发放相关租房补贴。"

材料二：《市最低生活保障金管理条例》（地方性法规）第8条规定："因身体残疾导致丧失劳动能力的，可以按月领取最低生活保障金。"

《市最低生活保障金管理条例》第16条规定："存在以下情形的，民政部门停止发放最低生活保障金：（一）已经不符合最低生活保障金发放条件的；（二）因虚假申报骗取最低生活保障金的；（三）领取人被宣告失踪、死亡的；（四）法律、法规规定的其他应当停止发放最低生活保障金的。"

【问题】

1. 2017年12月1日，市房管局直接派人进入贾某承租的但实际上无人居住的廉租房更换门锁、收回该房，属于什么性质的行政行为？

2. 2017年12月1日，市房管局直接派人进入贾某承租的但实际上无人居住的廉租房更换门锁、收回该房的行为是否合法？为什么？

3. 民政部门停止向贾某发放最低生活保障金是否合法？如果你是贾某的律师，应当建议贾某采取何种措施尽快获得最低生活保障金以支持维权诉讼活动持续进行？

4. 假设在贾某诉市房管局收回廉租房决定行政诉讼活动中，双方就贾某到底是何时搬出廉租房的事实发生争论，贾某主张自己没有连续6个月不在廉租房内实际居住，自己是在廉租房和其他住房轮流居住，市房管局则主张贾某存在连续6个月不在廉租房内实际居住的事实，对此事实的举证责任如何分配？

5. 假设经过审判，人民法院认定被告应当给付原告2018年10月最低生活保障金

2800 元，人民法院能否在本案行政诉讼判决中直接判令被告民政部门支付 2800 元最低生活保障金给原告？

6. 贾某诉民政部门行政诉讼一案，如果贾某和民政部门均同意进行调解，能否适用调解，为什么？

【答案要点及解析】

1. 2017 年 12 月 1 日，市房管局直接派人进入贾某承租的但实际上无人居住的廉租房更换门锁、收回该房，属于什么性质的行政行为？

答：收回廉租房的行为属于行政强制执行。因为《市廉租房管理条例》第 15 条规定："取得廉租房之后，连续六个月不在廉租房内实际居住的，市房管局有权作出收回廉租房的决定，收回廉租房。"收回廉租房是执行"收回廉租房行政处罚决定"的执行行为，是一项行政强制执行行为。

解析：《行政强制法》第 2 条　本法所称行政强制，包括行政强制措施和行政强制执行。行政强制措施，是指行政机关在行政管理过程中，为制止违法行为、防止证据损毁、避免危害发生、控制危险扩大等情形，依法对公民的人身自由实施暂时性限制，或者对公民、法人或者其他组织的财物实施暂时性控制的行为。行政强制执行，是指行政机关或者行政机关申请人民法院，对不履行行政决定的公民、法人或者其他组织，依法强制履行义务的行为。

2. 2017 年 12 月 1 日，市房管局直接派人进入贾某承租的但实际上无人居住的廉租房更换门锁、收回该房的行为是否合法？为什么？

答：不合法，因为违反了法定程序。《市廉租房管理条例》第 15 条的规定："取得廉租房之后，连续六个月不在廉租房内实际居住的，市房管局有权作出收回廉租房的决定，收回廉租房。"行政强制执行应当在被执行的行政决定作出之后才能实施。但是在本案中，市房管局没有按照法定程序和法定形式作出收回廉租房的行政处罚决定。房管局在没有依法作出收回廉租房行政处罚决定前提下，直接实施收回廉租房的行政强制执行行为，不符合法定程序。

解析：《行政强制法》第 34 条　行政机关依法作出行政决定后，当事人在行政机关决定的期限内不履行义务的，具有行政强制执行权的行政机关依照本章规定强制执行。

第 35 条　行政机关作出强制执行决定前，应当事先催告当事人履行义务。催告应当以书面形式作出，并载明下列事项：（一）履行义务的期限；（二）履行义务的方式；（三）涉及金钱给付的，应当有明确的金额和给付方式；（四）当事人依法享有的陈述权和申辩权。

第 36 条　当事人收到催告书后有权进行陈述和申辩。行政机关应当充分听取当事人的意见，对当事人提出的事实、理由和证据，应当进行记录、复核。当事人提出的事实、理由或者证据成立的，行政机关应当采纳。

3. 民政部门停止向贾某发放最低生活保障金是否合法？如果你是贾某的律师，应当建议贾某采取何种措施尽快获得最低生活保障金以支持维权诉讼活动持续进行？

答： 不合法，应向人民法院申请就最低生活保障金裁定先予执行。停止发放最低生活保障金是严重减损公民权利的行政行为，必须有法律法规的依据。当事人上访不是《市最低生活保障金管理条例》第16条规定的停止发放最低生活保障金的法定情形，因此不能据此停止发放最低生活保障金。本案贾某一直领取最低生活保障金，领取资格很明确，且贾某无劳动能力、无生活来源，因此为了让当事人尽快获得最低生活保障金，律师应当建议尽快向人民法院申请就最低生活保障金发放问题作出先予执行的裁定，要求民政部门尽快恢复发放最低生活保障金。

解析： 材料二中《市最低生活保障金管理条例》第16条规定："存在以下情形的，民政部门停止发放最低生活保障金：（一）已经不符合最低生活保障金发放条件的；（二）因虚假申报骗取最低生活保障金的；（三）领取人被宣告失踪、死亡的；（四）法律、法规规定的其他应当停止发放最低生活保障金的。"

4. 假设在贾某诉市房管局收回廉租房决定行政诉讼活动中，双方就贾某到底是何时搬出廉租房的事实发生争论，贾某主张自己没有连续6个月不在廉租房内实际居住，自己是在廉租房和其他住房轮流居住，市房管局则主张贾某存在连续6个月不在廉租房内实际居住的事实，对此事实的举证责任如何分配？

答： 应由市房管局举证证明贾某连续6个月没有在廉租房实际居住。因为行政诉讼一般由被告承担举证责任，即由行政主体负责证明其行政行为事实清楚、证据确凿。市房管局作出收回廉租房决定是基于贾某连续6个月没有在廉租房实际居住这一事实，这个事实应当由市房管局举证证明。

解析：《行政诉讼法》第34条　被告对作出的行政行为负有举证责任，应当提供作出该行政行为的证据和所依据的规范性文件。被告不提供或者无正当理由逾期提供证据，视为没有相应证据。但是，被诉行政行为涉及第三人合法权益，第三人提供证据的除外。

第35条　在诉讼过程中，被告及其诉讼代理人不得自行向原告、第三人和证人收集证据。

5. 假设经过审判，人民法院认定被告应当给付原告2018年10月最低生活保障金2800元，人民法院能否在本案行政诉讼判决中直接判令被告民政部门支付2800元最低生活保障金给原告？

答： 可以。对于行政诉讼原告申请被告依法履行支付抚恤金、最低生活保障待遇或者社会保险待遇等给付义务的理由成立，被告依法负有给付义务而拒绝履行义务的，人民法院可以在判决书中判令被告履行依法确定的相应给付义务，明确到具体给付金额。

解析：《行政诉讼法》第73条　人民法院经过审理，查明被告依法负有给付义务的，判决被告履行给付义务。

《最高人民法院关于适用〈中华人民共和国行政诉讼法〉的解释》第92条　原告申请被告依法履行支付抚恤金、最低生活保障待遇或者社会保险待遇等给付义务的理由成立，被告依法负有给付义务而拒绝或者拖延履行义务的，人民法院可以根据行政诉讼法第 73 条的规定，判决被告在一定期限内履行相应的给付义务。

6. 贾某诉民政部门行政诉讼一案，如果贾某和民政部门均同意进行调解，能否适用调解，为什么？

答： 可以适用调解，贾某诉民政部门一案属于行政赔偿案件，依法可以适用调解，通过调解协议结案。

解析：《行政诉讼法》第 60 条　人民法院审理行政案件，不适用调解。但是，行政赔偿、补偿以及行政机关行使法律、法规规定的自由裁量权的案件可以调解。调解应当遵循自愿、合法原则，不得损害国家利益、社会公共利益和他人合法权益。

案例六

【案情】

毛某与其夫祝某系甲区乙镇生猪养殖户，其养殖场属于村庄规划划定的限养区。2022 年 5 月 31 日，乙镇政府与祝某签订《生猪养殖场关停退养协议》，约定祝某关停其生猪养殖场，不得在原址上再从事生猪养殖，彻底拆除占地 374.3 平方米的养殖设施，由镇政府给予其 10 元/平方米奖励。当日，乙镇政府对拆除养殖设施完成验收，并于 2022 年 7 月 22 日将退养补助款 3473 元转账支付至祝某个人账户。2022 年 8 月 30 日，乙镇政府发现祝某夫妇恢复生猪养殖，向其发送责令关停退养通知书，责令其于当日无偿关停退养，并拆除村庄规划区内擅自所建栏舍。2022 年 9 月 2 日上午，乙镇政府发现仍存在生猪养殖情形，遂于当日下午组织对养猪场建筑进行强制拆除。拆除工作结束后，毛某骑电动车追赶村干部等人搭乘离开的中巴车，并与中巴车发生碰撞，造成头部受伤。因对乙镇政府实施的强制拆除行为不服，祝某夫妇提起行政诉讼，请求法院确认乙镇政府强制拆除行为违法，赔偿养猪场建筑建筑材料、养猪场内相关铝合金、钢棚等建筑设施以及医疗费、精神损失费等各项损失 408230 元。同时，以甲区人民政府《关于深入推进生猪养殖污染整治和规范管理工作的通知》第 3 条第 3 款与《畜禽规模养殖污染防治条例》第 25 条相抵触为由要求法院进行附带审查。乙镇政府在答辩中称，原告养猪场建筑的拆除，系双方基于《生猪养殖场关停退养协议》的履约行为，且双方已经履行完毕，原告的起诉不符合受理条件，且《关于深入推进生猪养殖污染整治和规范管理工作的通知》属于内部指导性文件，原告无权一并要求法院进行合法性审查。

材料：

《城乡规划法》第 65 条　在乡、村庄规划区内未依法取得乡村建设规划许可证或者未按照乡村建设规划许可证的规定进行建设的，由乡、镇人民政府责令停止建设、限期改正；逾期不改正的，可以拆除。

《畜禽规模养殖污染防治条例》（行政法规）第 25 条 因畜牧业发展规划、土地利用总体规划、城乡规划调整以及划定禁止养殖区域，或者因对污染严重的畜禽养殖密集区域进行综合整治，确需关闭或者搬迁现有畜禽养殖场所，致使畜禽养殖者遭受经济损失的，由县级以上地方人民政府依法予以补偿。

《关于深入推进生猪养殖污染整治和规范管理工作的通知》第3条第3款 生猪补助数量按每2平方米实际拆除栏舍或设施占地面积计算1头猪的标准确认；逾期拆除的，扣减20%的补助款，逾期3个月以上未主动拆除的，依法给予强制拆除，并且不得享受补助。

【问题】

1. 试分析乙镇政府与祝某所签《生猪养殖场关停退养协议》的性质，并阐明理由。

2. 试从实体、程序层面评价乙镇政府的强拆行为。

3. 被告的两点答辩理由是否成立？请阐明理由。

4. 本案的举证责任应该如何分配？原告的精神损害赔偿能否获得支持？请阐明理由。

5. 对于附带审查，法院应该如何处理？

【参考答案】

1. 试分析乙镇政府与祝某所签《生猪养殖场关停退养协议》的性质，并阐明理由。

答：乙镇政府与祝某签订的《生猪养殖场关停退养协议》属于行政协议。最高人民法院《关于审理行政协议案件若干问题的规定》规定，行政机关为了实现行政管理或者公共服务目标，与公民、法人或者其他组织协商订立的具有行政法上权利义务内容的协议，属于行政协议。本案中，镇政府与祝某签订的《生猪养殖场关停退养协议》属于行政协议。

解析：《最高人民法院关于审理行政协议案件若干问题的规定》第一条 行政机关为了实现行政管理或者公共服务目标，与公民、法人或者其他组织协商订立的具有行政法上权利义务内容的协议，属于行政诉讼法第十二条第一款第十一项规定的行政协议。

2. 试从实体、程序层面评价乙镇政府的强拆行为。

答：乙镇政府的强拆行为不合法。根据《城乡规划法》，乙镇政府享有对违法建设的养猪场建筑强制拆除权。但是，乙镇政府在实施强制拆除过程中，应履行《行政强制法》规定的催告告知作出强制执行决定书等程序。而镇政府并未履行上述程序，强制拆除行为违法。

解析：《城乡规划法》第65条 在乡村庄规划区内未依法取得乡村建设规划许可证或者未按照乡村建设规划许可证的规定进行建设的，由乡、镇人民政府责令停止建设、限期改正；逾期不改正的，可以拆除。

3. 被告的两点答辩理由是否成立？请阐明理由。

答：被告的两点答辩理由均不能成立。首先，祝某与乙镇政府签订的《生猪养殖场关停退养协议》中仅就拆除养殖场设施约定双方义务，并未就养猪场建筑的拆除进行约定，且随后双方义务均已履行完毕，故乙镇政府在2022年9月2日实施的强制拆除行为并非行政协议内容。其次，根据《关于深入推进生猪养殖污染整治和规范管理工作的通知》第3条第3款的内容即可得知，无论是生猪补助还是强制拆除均会影响公民、法人或者其他组织的权益，该通知不属于被告所认为的内部指导性文件，应为行政规范性文件。

解析：答辩理由一：乙镇政府在答辩中称，原告养猪场建筑的拆除，系双方基于《生猪养殖场关停退养协议》的履约行为，且双方已经履行完毕，原告的起诉不符合受理条件。而乙镇政府与祝某签订《生猪养殖场关停退养协议》，约定彻底拆除的是占地374.3平方米的养殖设施，而非养猪场建筑。

答辩理由二：《关于深入推进生猪养殖污染整治和规范管理工作的通知》属于内部指导性文件，原告无权一并要求法院进行合法性审查。《关于深入推进生猪养殖污染整治和规范管理工作的通知》第3条第3款 生猪补助数量按每2平方米实际拆除栏舍或设施占地面积计算1头猪的标准确认；逾期拆除的，扣减20%的补助款，逾期3个月以上未主动拆除的，依法给予强制拆除，并且不得享受补助。

4. 本案的举证责任应该如何分配？原告的精神损害赔偿能否获得支持？请阐明理由。

答：根据《行政诉讼法》及相关司法解释的规定，祝某夫妇应当对其所主张的损失承担举证责任，镇政府应当对其强制拆除行为的合法性承担举证责任。本案毛某虽头部受伤，但这与乙镇政府强制拆除行为不具有因果关系，其所主张的医疗费、精神抚慰金没有法律依据。

解析：《行政诉讼法》第三十四条第一款　被告对作出的行政行为负有举证责任，应当提供作出该行政行为的证据和所依据的规范性文件。

《行政诉讼法》第三十八条 在行政赔偿、补偿的案件中，原告应当对行政行为造成的损害提供证据。因被告的原因导致原告无法举证的，由被告承担举证责任。

5. 对于附带审查，法院应该如何处理？

答：法院应当作出不予审查决定。《行政诉讼法》规定，公民、法人或者其他组织认为行政行为所依据的国务院部门和地方人民政府及其部门制定的规范性文件不合法，在对行政行为提起诉讼时，可以一并请求对该规范性文件进行审查。本案中，《关于深入推进生猪养殖污染整治和规范管理工作的通知》虽属行政规范性文件，但条款内容系对生猪退养相关补助的政策规定，非本案被诉行政行为即乙镇政府行政强制拆除行为的法律依据，不属于可附带审查的范畴，法院应当不予审查。

解析：《行政诉讼法》第五十三条　公民、法人或者其他组织认为行政行为所依据的国务院部门和地方人民政府及其部门制定的规范性文件不合法，在对行政行为提起诉讼时，可以一并请求对该规范性文件进行审查。前款规定的规范性文件不含规章。

第五部分 主观重点法条

中华人民共和国行政许可法

（2003年8月27日第十届全国人民代表大会常务委员会第四次会议通过 根据2019年4月23日第十三届全国人民代表大会常务委员会第十次会议《关于修改〈中华人民共和国建筑法〉等八部法律的决定》修正）

第一章 总 则

第一条 为了规范行政许可的设定和实施，保护公民、法人和其他组织的合法权益，维护公共利益和社会秩序，保障和监督行政机关有效实施行政管理，根据宪法，制定本法。

第二条 【许可的定义】本法所称行政许可，是指行政机关根据公民、法人或者其他组织的申请，经依法审查，准予其从事特定活动的行为。

第三条 行政许可的设定和实施，适用本法。

有关行政机关对其他机关或者对其直接管理的事业单位的人事、财务、外事等事项的审批，不适用本法。

第四条 设定和实施行政许可，应当依照法定的权限、范围、条件和程序。

第五条 设定和实施行政许可，应当遵循公开、公平、公正、非歧视的原则。

有关行政许可的规定应当公布；未经公布的，不得作为实施行政许可的依据。行政许可的实施和结果，除涉及国家秘密、商业秘密或者个人隐私的外，应当公开。未经申请人同意，行政机关及其工作人员、参与专家评审等的人员不得披露申请人提交的商业秘密、未披露信息或者保密商务信息，法律另有规定或者涉及国家安全、重大社会公共利益的除外；行政机关依法公开申请人前述信息的，允许申请人在合理期限内提出异议。

符合法定条件、标准的，申请人有依法取得行政许可的平等权利，行政机关不得歧视任何人。

第六条 实施行政许可，应当遵循便民的原则，提高办事效率，提供优质服务。

第七条 【许可的救济】公民、法人或者其他组织对行政机关实施行政许可，享有陈述权、申辩权；有权依法申请行政复议或者提起行政诉讼；其合法权益因行政机关违法实施行政许可受到损害的，有权依法要求赔偿。

第八条 【信赖利益保护】公民、法人或者其他组织依法取得的行政许可受法律保护，行政机关不得擅自改变已经生效的行政许可。

行政许可所依据的法律、法规、规章修改或者废止，或者准予行政许可所依据的客观情况发生重大变化的，为了公共利益的需要，行政机关可以依法变更或者撤回已经生效的行政许可。由此给公民、法人或者其他组织造成财产损失的，行政机关应当依法给予补偿。

第九条　依法取得的行政许可，除法律、法规规定依照法定条件和程序可以转让的外，不得转让。

第十条　县级以上人民政府应当建立健全对行政机关实施行政许可的监督制度，加强对行政机关实施行政许可的监督检查。

行政机关应当对公民、法人或者其他组织从事行政许可事项的活动实施有效监督。

第二章　行政许可的设定

第十一条　设定行政许可，应当遵循经济和社会发展规律，有利于发挥公民、法人或者其他组织的积极性、主动性，维护公共利益和社会秩序，促进经济、社会和生态环境协调发展。

第十二条　【许可的种类】下列事项可以设定行政许可：

（一）直接涉及国家安全、公共安全、经济宏观调控、生态环境保护以及直接关系人身健康、生命财产安全等特定活动，需要按照法定条件予以批准的事项；

（二）有限自然资源开发利用、公共资源配置以及直接关系公共利益的特定行业的市场准入等，需要赋予特定权利的事项；

（三）提供公众服务并且直接关系公共利益的职业、行业，需要确定具备特殊信誉、特殊条件或者特殊技能等资格、资质的事项；

（四）直接关系公共安全、人身健康、生命财产安全的重要设备、设施、产品、物品，需要按照技术标准、技术规范，通过检验、检测、检疫等方式进行审定的事项；

（五）企业或者其他组织的设立等，需要确定主体资格的事项；

（六）法律、行政法规规定可以设定行政许可的其他事项。

第十三条　本法第十二条所列事项，通过下列方式能够予以规范的，可以不设行政许可：

（一）公民、法人或者其他组织能够自主决定的；

（二）市场竞争机制能够有效调节的；

（三）行业组织或者中介机构能够自律管理的；

（四）行政机关采用事后监督等其他行政管理方式能够解决的。

第十四条　本法第十二条所列事项，法律可以设定行政许可。尚未制定法律的，行政法规可以设定行政许可。

必要时，国务院可以采用发布决定的方式设定行政许可。实施后，除临时性行政许可事项外，国务院应当及时提请全国人民代表大会及其常务委员会制定法律，或者自行制定行政法规。

第十五条 本法第十二条所列事项，尚未制定法律、行政法规的，地方性法规可以设定行政许可；尚未制定法律、行政法规和地方性法规的，因行政管理的需要，确需立即实施行政许可的，省、自治区、直辖市人民政府规章可以设定临时性的行政许可。临时性的行政许可实施满一年需要继续实施的，应当提请本级人民代表大会及其常务委员会制定地方性法规。

【前置性许可】地方性法规和省、自治区、直辖市人民政府规章，不得设定应当由国家统一确定的公民、法人或者其他组织的资格、资质的行政许可；不得设定企业或者其他组织的设立登记及其前置性行政许可。其设定的行政许可，不得限制其他地区的个人或者企业到本地区从事生产经营和提供服务，不得限制其他地区的商品进入本地区市场。

第十六条 【许可的规定】行政法规可以在法律设定的行政许可事项范围内，对实施该行政许可作出具体规定。

地方性法规可以在法律、行政法规设定的行政许可事项范围内，对实施该行政许可作出具体规定。

规章可以在上位法设定的行政许可事项范围内，对实施该行政许可作出具体规定。

法规、规章对实施上位法设定的行政许可作出的具体规定，不得增设行政许可；对行政许可条件作出的具体规定，不得增设违反上位法的其他条件。

第十七条 除本法第十四条、第十五条规定的外，其他规范性文件一律不得设定行政许可。

第十八条 设定行政许可，应当规定行政许可的实施机关、条件、程序、期限。

第十九条 起草法律草案、法规草案和省、自治区、直辖市人民政府规章草案，拟设定行政许可的，起草单位应当采取听证会、论证会等形式听取意见，并向制定机关说明设定该行政许可的必要性、对经济和社会可能产生的影响以及听取和采纳意见的情况。

第二十条 行政许可的设定机关应当定期对其设定的行政许可进行评价；对已设定的行政许可，认为通过本法第十三条所列方式能够解决的，应当对设定该行政许可的规定及时予以修改或者废止。

行政许可的实施机关可以对已设定的行政许可的实施情况及存在的必要性适时进行评价，并将意见报告该行政许可的设定机关。

公民、法人或者其他组织可以向行政许可的设定机关和实施机关就行政许可的设定和实施提出意见和建议。

第二十一条 省、自治区、直辖市人民政府对行政法规设定的有关经济事务的行政许可，根据本行政区域经济和社会发展情况，认为通过本法第十三条所列方式能够解决的，报国务院批准后，可以在本行政区域内停止实施该行政许可。

第三章　行政许可的实施机关

第二十二条　行政许可由具有行政许可权的行政机关在其法定职权范围内实施。

第二十三条　法律、法规授权的具有管理公共事务职能的组织，在法定授权范围内，以自己的名义实施行政许可。被授权的组织适用本法有关行政机关的规定。

第二十四条　【许可的委托】行政机关在其法定职权范围内，依照法律、法规、规章的规定，可以委托其他行政机关实施行政许可。委托机关应当将受委托行政机关和受委托实施行政许可的内容予以公告。

委托行政机关对受委托行政机关实施行政许可的行为应当负责监督，并对该行为的后果承担法律责任。

受委托行政机关在委托范围内，以委托行政机关名义实施行政许可；不得再委托其他组织或者个人实施行政许可。

第二十五条　经国务院批准，省、自治区、直辖市人民政府根据精简、统一、效能的原则，可以决定一个行政机关行使有关行政机关的行政许可权。

第二十六条　行政许可需要行政机关内设的多个机构办理的，该行政机关应当确定一个机构统一受理行政许可申请，统一送达行政许可决定。

行政许可依法由地方人民政府两个以上部门分别实施的，本级人民政府可以确定一个部门受理行政许可申请并转告有关部门分别提出意见后统一办理，或者组织有关部门联合办理、集中办理。

第二十七条　行政机关实施行政许可，不得向申请人提出购买指定商品、接受有偿服务等不正当要求。

行政机关工作人员办理行政许可，不得索取或者收受申请人的财物，不得谋取其他利益。

第二十八条　对直接关系公共安全、人身健康、生命财产安全的设备、设施、产品、物品的检验、检测、检疫，除法律、行政法规规定由行政机关实施的外，应当逐步由符合法定条件的专业技术组织实施。专业技术组织及其有关人员对所实施的检验、检测、检疫结论承担法律责任。

第四章　行政许可的实施程序

第一节　申请与受理

第二十九条　公民、法人或者其他组织从事特定活动，依法需要取得行政许可的，应当向行政机关提出申请。申请书需要采用格式文本的，行政机关应当向申请人提供行政许可申请书格式文本。申请书格式文本中不得包含与申请行政许可事项没有直接关系的内容。

申请人可以委托代理人提出行政许可申请。但是，依法应当由申请人到行政机关办公场所提出行政许可申请的除外。

行政许可申请可以通过信函、电报、电传、传真、电子数据交换和电子邮件等方式提出。

第三十条 行政机关应当将法律、法规、规章规定的有关行政许可的事项、依据、条件、数量、程序、期限以及需要提交的全部材料的目录和申请书示范文本等在办公场所公示。

申请人要求行政机关对公示内容予以说明、解释的，行政机关应当说明、解释，提供准确、可靠的信息。

第三十一条 申请人申请行政许可，应当如实向行政机关提交有关材料和反映真实情况，并对其申请材料实质内容的真实性负责。行政机关不得要求申请人提交与其申请的行政许可事项无关的技术资料和其他材料。

行政机关及其工作人员不得以转让技术作为取得行政许可的条件；不得在实施行政许可的过程中，直接或者间接地要求转让技术。

第三十二条 【许可的处理】行政机关对申请人提出的行政许可申请，应当根据下列情况分别作出处理：

（一）申请事项依法不需要取得行政许可的，应当即时告知申请人不受理；

（二）申请事项依法不属于本行政机关职权范围的，应当即时作出不予受理的决定，并告知申请人向有关行政机关申请；

（三）申请材料存在可以当场更正的错误的，应当允许申请人当场更正；

（四）申请材料不齐全或者不符合法定形式的，应当当场或者在五日内一次告知申请人需要补正的全部内容，逾期不告知的，自收到申请材料之日起即为受理；

（五）申请事项属于本行政机关职权范围，申请材料齐全、符合法定形式，或者申请人按照本行政机关的要求提交全部补正申请材料的，应当受理行政许可申请。

行政机关受理或者不予受理行政许可申请，应当出具加盖本行政机关专用印章和注明日期的书面凭证。

第三十三条 行政机关应当建立和完善有关制度，推行电子政务，在行政机关的网站上公布行政许可事项，方便申请人采取数据电文等方式提出行政许可申请；应当与其他行政机关共享有关行政许可信息，提高办事效率。

第二节 审查与决定

第三十四条 行政机关应当对申请人提交的申请材料进行审查。

申请人提交的申请材料齐全、符合法定形式，行政机关能够当场作出决定的，应当当场作出书面的行政许可决定。

根据法定条件和程序，需要对申请材料的实质内容进行核实的，行政机关应当指派两名以上工作人员进行核查。

第三十五条 依法应当先经下级行政机关审查后报上级行政机关决定的行政许可，

下级行政机关应当在法定期限内将初步审查意见和全部申请材料直接报送上级行政机关。上级行政机关不得要求申请人重复提供申请材料。

第三十六条　行政机关对行政许可申请进行审查时，发现行政许可事项直接关系他人重大利益的，应当告知该利害关系人。申请人、利害关系人有权进行陈述和申辩。行政机关应当听取申请人、利害关系人的意见。

第三十七条　行政机关对行政许可申请进行审查后，除当场作出行政许可决定的外，应当在法定期限内按照规定程序作出行政许可决定。

第三十八条　申请人的申请符合法定条件、标准的，行政机关应当依法作出准予行政许可的书面决定。

行政机关依法作出不予行政许可的书面决定的，应当说明理由，并告知申请人享有依法申请行政复议或者提起行政诉讼的权利。

第三十九条　行政机关作出准予行政许可的决定，需要颁发行政许可证件的，应当向申请人颁发加盖本行政机关印章的下列行政许可证件：

（一）许可证、执照或者其他许可证书；

（二）资格证、资质证或者其他合格证书；

（三）行政机关的批准文件或者证明文件；

（四）法律、法规规定的其他行政许可证件。

行政机关实施检验、检测、检疫的，可以在检验、检测、检疫合格的设备、设施、产品、物品上加贴标签或者加盖检验、检测、检疫印章。

第四十条　行政机关作出的准予行政许可决定，应当予以公开，公众有权查阅。

第四十一条　法律、行政法规设定的行政许可，其适用范围没有地域限制的，申请人取得的行政许可在全国范围内有效。

第三节　期　限

第四十二条　除可以当场作出行政许可决定的外，行政机关应当自受理行政许可申请之日起二十日内作出行政许可决定。二十日内不能作出决定的，经本行政机关负责人批准，可以延长十日，并应当将延长期限的理由告知申请人。但是，法律、法规另有规定的，依照其规定。

依照本法第二十六条的规定，行政许可采取统一办理或者联合办理、集中办理的，办理的时间不得超过四十五日；四十五日内不能办结的，经本级人民政府负责人批准，可以延长十五日，并应当将延长期限的理由告知申请人。

第四十三条　依法应当先经下级行政机关审查后报上级行政机关决定的行政许可，下级行政机关应当自其受理行政许可申请之日起二十日内审查完毕。但是，法律、法规另有规定的，依照其规定。

第四十四条　行政机关作出准予行政许可的决定，应当自作出决定之日起十日内向申请人颁发、送达行政许可证件，或者加贴标签、加盖检验、检测、检疫印章。

第四十五条 行政机关作出行政许可决定，依法需要听证、招标、拍卖、检验、检测、检疫、鉴定和专家评审的，所需时间不计算在本节规定的期限内。行政机关应当将所需时间书面告知申请人。

第四节 听 证

第四十六条 【依职权听证】法律、法规、规章规定实施行政许可应当听证的事项，或者行政机关认为需要听证的其他涉及公共利益的重大行政许可事项，行政机关应当向社会公告，并举行听证。

第四十七条 【依申请听证】行政许可直接涉及申请人与他人之间重大利益关系的，行政机关在作出行政许可决定前，应当告知申请人、利害关系人享有要求听证的权利；申请人、利害关系人在被告知听证权利之日起五日内提出听证申请的，行政机关应当在二十日内组织听证。

申请人、利害关系人不承担行政机关组织听证的费用。

第四十八条 【听证的程序】听证按照下列程序进行：

（一）行政机关应当于举行听证的七日前将举行听证的时间、地点通知申请人、利害关系人，必要时予以公告；

（二）听证应当公开举行；

（三）行政机关应当指定审查该行政许可申请的工作人员以外的人员为听证主持人，申请人、利害关系人认为主持人与该行政许可事项有直接利害关系的，有权申请回避；

（四）举行听证时，审查该行政许可申请的工作人员应当提供审查意见的证据、理由，申请人、利害关系人可以提出证据，并进行申辩和质证；

（五）听证应当制作笔录，听证笔录应当交听证参加人确认无误后签字或者盖章。

行政机关应当根据听证笔录，作出行政许可决定。

第五节 变更与延续

第四十九条 被许可人要求变更行政许可事项的，应当向作出行政许可决定的行政机关提出申请；符合法定条件、标准的，行政机关应当依法办理变更手续。

第五十条 【许可的延续】被许可人需要延续依法取得的行政许可的有效期的，应当在该行政许可有效期届满三十日前向作出行政许可决定的行政机关提出申请。但是，法律、法规、规章另有规定的，依照其规定。

行政机关应当根据被许可人的申请，在该行政许可有效期届满前作出是否准予延续的决定；逾期未作决定的，视为准予延续。

第六节 特别规定

第五十一条 实施行政许可的程序，本节有规定的，适用本节规定；本节没有规定的，适用本章其他有关规定。

第五十二条　国务院实施行政许可的程序，适用有关法律、行政法规的规定。

第五十三条　实施本法第十二条第二项所列事项的行政许可的，行政机关应当通过招标、拍卖等公平竞争的方式作出决定。但是，法律、行政法规另有规定的，依照其规定。

行政机关通过招标、拍卖等方式作出行政许可决定的具体程序，依照有关法律、行政法规的规定。

行政机关按照招标、拍卖程序确定中标人、买受人后，应当作出准予行政许可的决定，并依法向中标人、买受人颁发行政许可证件。

行政机关违反本条规定，不采用招标、拍卖方式，或者违反招标、拍卖程序，损害申请人合法权益的，申请人可以依法申请行政复议或者提起行政诉讼。

第五十四条　实施本法第十二条第三项所列事项的行政许可，赋予公民特定资格，依法应当举行国家考试的，行政机关根据考试成绩和其他法定条件作出行政许可决定；赋予法人或者其他组织特定的资格、资质的，行政机关根据申请人的专业人员构成、技术条件、经营业绩和管理水平等的考核结果作出行政许可决定。但是，法律、行政法规另有规定的，依照其规定。

公民特定资格的考试依法由行政机关或者行业组织实施，公开举行。行政机关或者行业组织应当事先公布资格考试的报名条件、报考办法、考试科目以及考试大纲。但是，不得组织强制性的资格考试的考前培训，不得指定教材或者其他助考材料。

第五十五条　实施本法第十二条第四项所列事项的行政许可的，应当按照技术标准、技术规范依法进行检验、检测、检疫，行政机关根据检验、检测、检疫的结果作出行政许可决定。

行政机关实施检验、检测、检疫，应当自受理申请之日起五日内指派两名以上工作人员按照技术标准、技术规范进行检验、检测、检疫。不需要对检验、检测、检疫结果作进一步技术分析即可认定设备、设施、产品、物品是否符合技术标准、技术规范的，行政机关应当当场作出行政许可决定。

行政机关根据检验、检测、检疫结果，作出不予行政许可决定的，应当书面说明不予行政许可所依据的技术标准、技术规范。

第五十六条　实施本法第十二条第五项所列事项的行政许可，申请人提交的申请材料齐全、符合法定形式的，行政机关应当当场予以登记。需要对申请材料的实质内容进行核实的，行政机关依照本法第三十四条第三款的规定办理。

第五十七条　有数量限制的行政许可，两个或者两个以上申请人的申请均符合法定条件、标准的，行政机关应当根据受理行政许可申请的先后顺序作出准予行政许可的决定。但是，法律、行政法规另有规定的，依照其规定。

第五章　行政许可的费用

第五十八条　行政机关实施行政许可和对行政许可事项进行监督检查，不得收取任何费用。但是，法律、行政法规另有规定的，依照其规定。

行政机关提供行政许可申请书格式文本，不得收费。

行政机关实施行政许可所需经费应当列入本行政机关的预算，由本级财政予以保障，按照批准的预算予以核拨。

第五十九条 行政机关实施行政许可，依照法律、行政法规收取费用的，应当按照公布的法定项目和标准收费；所收取的费用必须全部上缴国库，任何机关或者个人不得以任何形式截留、挪用、私分或者变相私分。财政部门不得以任何形式向行政机关返还或者变相返还实施行政许可所收取的费用。

第六章　监督检查

第六十条 上级行政机关应当加强对下级行政机关实施行政许可的监督检查，及时纠正行政许可实施中的违法行为。

第六十一条 行政机关应当建立健全监督制度，通过核查反映被许可人从事行政许可事项活动情况的有关材料，履行监督责任。

行政机关依法对被许可人从事行政许可事项的活动进行监督检查时，应当将监督检查的情况和处理结果予以记录，由监督检查人员签字后归档。公众有权查阅行政机关监督检查记录。

行政机关应当创造条件，实现与被许可人、其他有关行政机关的计算机档案系统互联，核查被许可人从事行政许可事项活动情况。

第六十二条 行政机关可以对被许可人生产经营的产品依法进行抽样检查、检验、检测，对其生产经营场所依法进行实地检查。检查时，行政机关可以依法查阅或者要求被许可人报送有关材料；被许可人应当如实提供有关情况和材料。

行政机关根据法律、行政法规的规定，对直接关系公共安全、人身健康、生命财产安全的重要设备、设施进行定期检验。对检验合格的，行政机关应当发给相应的证明文件。

第六十三条 行政机关实施监督检查，不得妨碍被许可人正常的生产经营活动，不得索取或者收受被许可人的财物，不得谋取其他利益。

第六十四条 被许可人在作出行政许可决定的行政机关管辖区域外违法从事行政许可事项活动的，违法行为发生地的行政机关应当依法将被许可人的违法事实、处理结果抄告作出行政许可决定的行政机关。

第六十五条 个人和组织发现违法从事行政许可事项的活动，有权向行政机关举报，行政机关应当及时核实、处理。

第六十六条 被许可人未依法履行开发利用自然资源义务或者未依法履行利用公共资源义务的，行政机关应当责令限期改正；被许可人在规定期限内不改正的，行政机关应当依照有关法律、行政法规的规定予以处理。

第六十七条 取得直接关系公共利益的特定行业的市场准入行政许可的被许可人，

应当按照国家规定的服务标准、资费标准和行政机关依法规定的条件，向用户提供安全、方便、稳定和价格合理的服务，并履行普遍服务的义务；未经作出行政许可决定的行政机关批准，不得擅自停业、歇业。

被许可人不履行前款规定的义务的，行政机关应当责令限期改正，或者依法采取有效措施督促其履行义务。

第六十八条 对直接关系公共安全、人身健康、生命财产安全的重要设备、设施，行政机关应当督促设计、建造、安装和使用单位建立相应的自检制度。

行政机关在监督检查时，发现直接关系公共安全、人身健康、生命财产安全的重要设备、设施存在安全隐患的，应当责令停止建造、安装和使用，并责令设计、建造、安装和使用单位立即改正。

第六十九条 【许可的撤销】有下列情形之一的，作出行政许可决定的行政机关或者其上级行政机关，根据利害关系人的请求或者依据职权，可以撤销行政许可：

（一）行政机关工作人员滥用职权、玩忽职守作出准予行政许可决定的；

（二）超越法定职权作出准予行政许可决定的；

（三）违反法定程序作出准予行政许可决定的；

（四）对不具备申请资格或者不符合法定条件的申请人准予行政许可的；

（五）依法可以撤销行政许可的其他情形。

被许可人以欺骗、贿赂等不正当手段取得行政许可的，应当予以撤销。

依照前两款的规定撤销行政许可，可能对公共利益造成重大损害的，不予撤销。

依照本条第一款的规定撤销行政许可，被许可人的合法权益受到损害的，行政机关应当依法给予赔偿。依照本条第二款的规定撤销行政许可的，被许可人基于行政许可取得的利益不受保护。

第七十条 【许可的注销】有下列情形之一的，行政机关应当依法办理有关行政许可的注销手续：

（一）行政许可有效期届满未延续的；

（二）赋予公民特定资格的行政许可，该公民死亡或者丧失行为能力的；

（三）法人或者其他组织依法终止的；

（四）行政许可依法被撤销、撤回，或者行政许可证件依法被吊销的；

（五）因不可抗力导致行政许可事项无法实施的；

（六）法律、法规规定的应当注销行政许可的其他情形。

第七章 法律责任

第七十一条 违反本法第十七条规定设定的行政许可，有关机关应当责令设定该行政许可的机关改正，或者依法予以撤销。

第七十二条 行政机关及其工作人员违反本法的规定，有下列情形之一的，由其上级行政机关或者监察机关责令改正；情节严重的，对直接负责的主管人员和其他直接责任人员依法给予行政处分：

（一）对符合法定条件的行政许可申请不予受理的；

（二）不在办公场所公示依法应当公示的材料的；

（三）在受理、审查、决定行政许可过程中，未向申请人、利害关系人履行法定告知义务的；

（四）申请人提交的申请材料不齐全、不符合法定形式，不一次告知申请人必须补正的全部内容的；

（五）违法披露申请人提交的商业秘密、未披露信息或者保密商务信息的；

（六）以转让技术作为取得行政许可的条件，或者在实施行政许可的过程中直接或者间接地要求转让技术的；

（七）未依法说明不受理行政许可申请或者不予行政许可的理由的；

（八）依法应当举行听证而不举行听证的。

第七十三条 行政机关工作人员办理行政许可、实施监督检查，索取或者收受他人财物或者谋取其他利益，构成犯罪的，依法追究刑事责任；尚不构成犯罪的，依法给予行政处分。

第七十四条 行政机关实施行政许可，有下列情形之一的，由其上级行政机关或者监察机关责令改正，对直接负责的主管人员和其他直接责任人员依法给予行政处分；构成犯罪的，依法追究刑事责任：

（一）对不符合法定条件的申请人准予行政许可或者超越法定职权作出准予行政许可决定的；

（二）对符合法定条件的申请人不予行政许可或者不在法定期限内作出准予行政许可决定的；

（三）依法应当根据招标、拍卖结果或者考试成绩择优作出准予行政许可决定，未经招标、拍卖或者考试，或者不根据招标、拍卖结果或者考试成绩择优作出准予行政许可决定的。

第七十五条 行政机关实施行政许可，擅自收费或者不按照法定项目和标准收费的，由其上级行政机关或者监察机关责令退还非法收取的费用；对直接负责的主管人员和其他直接责任人员依法给予行政处分。

截留、挪用、私分或者变相私分实施行政许可依法收取的费用的，予以追缴；对直接负责的主管人员和其他直接责任人员依法给予行政处分；构成犯罪的，依法追究刑事责任。

第七十六条 行政机关违法实施行政许可，给当事人的合法权益造成损害的，应当依照国家赔偿法的规定给予赔偿。

第七十七条 行政机关不依法履行监督职责或者监督不力，造成严重后果的，由其上级行政机关或者监察机关责令改正，对直接负责的主管人员和其他直接责任人员依法给予行政处分；构成犯罪的，依法追究刑事责任。

第七十八条　行政许可申请人隐瞒有关情况或者提供虚假材料申请行政许可的，行政机关不予受理或者不予行政许可，并给予警告；行政许可申请属于直接关系公共安全、人身健康、生命财产安全事项的，申请人在一年内不得再次申请该行政许可。

第七十九条　被许可人以欺骗、贿赂等不正当手段取得行政许可的，行政机关应当依法给予行政处罚；取得的行政许可属于直接关系公共安全、人身健康、生命财产安全事项的，申请人在三年内不得再次申请该行政许可；构成犯罪的，依法追究刑事责任。

第八十条　被许可人有下列行为之一的，行政机关应当依法给予行政处罚；构成犯罪的，依法追究刑事责任：

（一）涂改、倒卖、出租、出借行政许可证件，或者以其他形式非法转让行政许可的；

（二）超越行政许可范围进行活动的；

（三）向负责监督检查的行政机关隐瞒有关情况、提供虚假材料或者拒绝提供反映其活动情况的真实材料的；

（四）法律、法规、规章规定的其他违法行为。

第八十一条　公民、法人或者其他组织未经行政许可，擅自从事依法应当取得行政许可的活动的，行政机关应当依法采取措施予以制止，并依法给予行政处罚；构成犯罪的，依法追究刑事责任。

第八章　附　则

第八十二条　本法规定的行政机关实施行政许可的期限以工作日计算，不含法定节假日。

第八十三条　本法自2004年7月1日起施行。

本法施行前有关行政许可的规定，制定机关应当依照本法规定予以清理；不符合本法规定的，自本法施行之日起停止执行。

中华人民共和国行政处罚法

（1996年3月17日第八届全国人民代表大会第四次会议通过　根据2009年8月27日第十一届全国人民代表大会常务委员会第十次会议《关于修改部分法律的决定》第一次修正　根据2017年9月1日第十二届全国人民代表大会常务委员会第二十九次会议《关于修改〈中华人民共和国法官法〉等八部法律的决定》第二次修正　2021年1月22日第十三届全国人民代表大会常务委员会第二十五次会议修订）

第一章　总　则

第一条　为了规范行政处罚的设定和实施，保障和监督行政机关有效实施行政管理，维护公共利益和社会秩序，保护公民、法人或者其他组织的合法权益，根据宪法，制定本法。

第二条　【处罚的定义】行政处罚是指行政机关依法对违反行政管理秩序的公民、法人或者其他组织，以减损权益或者增加义务的方式予以惩戒的行为。

第三条　行政处罚的设定和实施，适用本法。

第四条　公民、法人或者其他组织违反行政管理秩序的行为，应当给予行政处罚的，依照本法由法律、法规、规章规定，并由行政机关依照本法规定的程序实施。

第五条　行政处罚遵循公正、公开的原则。

设定和实施行政处罚必须以事实为依据，与违法行为的事实、性质、情节以及社会危害程度相当。

对违法行为给予行政处罚的规定必须公布；未经公布的，不得作为行政处罚的依据。

第六条　实施行政处罚，纠正违法行为，应当坚持处罚与教育相结合，教育公民、法人或者其他组织自觉守法。

第七条　【处罚的救济】公民、法人或者其他组织对行政机关所给予的行政处罚，享有陈述权、申辩权；对行政处罚不服的，有权依法申请行政复议或者提起行政诉讼。

公民、法人或者其他组织因行政机关违法给予行政处罚受到损害的，有权依法提出赔偿要求。

第八条　公民、法人或者其他组织因违法行为受到行政处罚，其违法行为对他人造成损害的，应当依法承担民事责任。

违法行为构成犯罪，应当依法追究刑事责任的，不得以行政处罚代替刑事处罚。

第二章　行政处罚的种类和设定

第九条　【处罚的种类】行政处罚的种类：

（一）警告、通报批评；

（二）罚款、没收违法所得、没收非法财物；

（三）暂扣许可证件、降低资质等级、吊销许可证件；

（四）限制开展生产经营活动、责令停产停业、责令关闭、限制从业；

（五）行政拘留；

（六）法律、行政法规规定的其他行政处罚。

第十条 法律可以设定各种行政处罚。

限制人身自由的行政处罚，只能由法律设定。

第十一条 行政法规可以设定除限制人身自由以外的行政处罚。

法律对违法行为已经作出行政处罚规定，行政法规需要作出具体规定的，必须在法律规定的给予行政处罚的行为、种类和幅度的范围内规定。

法律对违法行为未作出行政处罚规定，行政法规为实施法律，可以补充设定行政处罚。拟补充设定行政处罚的，应当通过听证会、论证会等形式广泛听取意见，并向制定机关作出书面说明。行政法规报送备案时，应当说明补充设定行政处罚的情况。

第十二条 【地方性法规的规定】地方性法规可以设定除限制人身自由、吊销营业执照以外的行政处罚。

法律、行政法规对违法行为已经作出行政处罚规定，地方性法规需要作出具体规定的，必须在法律、行政法规规定的给予行政处罚的行为、种类和幅度的范围内规定。

法律、行政法规对违法行为未作出行政处罚规定，地方性法规为实施法律、行政法规，可以补充设定行政处罚。拟补充设定行政处罚的，应当通过听证会、论证会等形式广泛听取意见，并向制定机关作出书面说明。地方性法规报送备案时，应当说明补充设定行政处罚的情况。

第十三条 国务院部门规章可以在法律、行政法规规定的给予行政处罚的行为、种类和幅度的范围内作出具体规定。

尚未制定法律、行政法规的，国务院部门规章对违反行政管理秩序的行为，可以设定警告、通报批评或者一定数额罚款的行政处罚。罚款的限额由国务院规定。

第十四条 【地方政府规章的规定】地方政府规章可以在法律、法规规定的给予行政处罚的行为、种类和幅度的范围内作出具体规定。

尚未制定法律、法规的，地方政府规章对违反行政管理秩序的行为，可以设定警告、通报批评或者一定数额罚款的行政处罚。罚款的限额由省、自治区、直辖市人民代表大会常务委员会规定。

第十五条 国务院部门和省、自治区、直辖市人民政府及其有关部门应当定期组织评估行政处罚的实施情况和必要性，对不适当的行政处罚事项及种类、罚款数额等，应当提出修改或者废止的建议。

第十六条 除法律、法规、规章外，其他规范性文件不得设定行政处罚。

第三章 行政处罚的实施机关

第十七条 行政处罚由具有行政处罚权的行政机关在法定职权范围内实施。

第十八条 国家在城市管理、市场监管、生态环境、文化市场、交通运输、应急管理、农业等领域推行建立综合行政执法制度，相对集中行政处罚权。

国务院或者省、自治区、直辖市人民政府可以决定一个行政机关行使有关行政机关的行政处罚权。

【限制人身的主体】限制人身自由的行政处罚权只能由公安机关和法律规定的其他机关行使。

第十九条 法律、法规授权的具有管理公共事务职能的组织可以在法定授权范围内实施行政处罚。

第二十条 行政机关依照法律、法规、规章的规定，可以在其法定权限内书面委托符合本法第二十一条规定条件的组织实施行政处罚。行政机关不得委托其他组织或者个人实施行政处罚。

委托书应当载明委托的具体事项、权限、期限等内容。委托行政机关和受委托组织应当将委托书向社会公布。

委托行政机关对受委托组织实施行政处罚的行为应当负责监督，并对该行为的后果承担法律责任。

受委托组织在委托范围内，以委托行政机关名义实施行政处罚；不得再委托其他组织或者个人实施行政处罚。

第二十一条 受委托组织必须符合以下条件：

（一）依法成立并具有管理公共事务职能；

（二）有熟悉有关法律、法规、规章和业务并取得行政执法资格的工作人员；

（三）需要进行技术检查或者技术鉴定的，应当有条件组织进行相应的技术检查或者技术鉴定。

第四章 行政处罚的管辖和适用

第二十二条 【处罚的地域管辖】行政处罚由违法行为发生地的行政机关管辖。法律、行政法规、部门规章另有规定的，从其规定。

第二十三条 【处罚的级别管辖】行政处罚由县级以上地方人民政府具有行政处罚权的行政机关管辖。法律、行政法规另有规定的，从其规定。

第二十四条 省、自治区、直辖市根据当地实际情况，可以决定将基层管理迫切需要的县级人民政府部门的行政处罚权交由能够有效承接的乡镇人民政府、街道办事处行使，并定期组织评估。决定应当公布。

承接行政处罚权的乡镇人民政府、街道办事处应当加强执法能力建设，按照规定范围、依照法定程序实施行政处罚。

有关地方人民政府及其部门应当加强组织协调、业务指导、执法监督，建立健全行政处罚协调配合机制，完善评议、考核制度。

第二十五条 两个以上行政机关都有管辖权的，由最先立案的行政机关管辖。

对管辖发生争议的，应当协商解决，协商不成的，报请共同的上一级行政机关指定管辖；也可以直接由共同的上一级行政机关指定管辖。

第二十六条　行政机关因实施行政处罚的需要，可以向有关机关提出协助请求。协助事项属于被请求机关职权范围内的，应当依法予以协助。

第二十七条　【案件的移送】违法行为涉嫌犯罪的，行政机关应当及时将案件移送司法机关，依法追究刑事责任。对依法不需要追究刑事责任或者免予刑事处罚，但应当给予行政处罚的，司法机关应当及时将案件移送有关行政机关。

行政处罚实施机关与司法机关之间应当加强协调配合，建立健全案件移送制度，加强证据材料移交、接收衔接，完善案件处理信息通报机制。

第二十八条　【责令改正】行政机关实施行政处罚时，应当责令当事人改正或者限期改正违法行为。

当事人有违法所得，除依法应当退赔的外，应当予以没收。违法所得是指实施违法行为所取得的款项。法律、行政法规、部门规章对违法所得的计算另有规定的，从其规定。

第二十九条　【一事不再罚】对当事人的同一个违法行为，不得给予两次以上罚款的行政处罚。同一个违法行为违反多个法律规范应当给予罚款处罚的，按照罚款数额高的规定处罚。

第三十条　不满十四周岁的未成年人有违法行为的，不予行政处罚，责令监护人加以管教；已满十四周岁不满十八周岁的未成年人有违法行为的，应当从轻或者减轻行政处罚。

第三十一条　精神病人、智力残疾人在不能辨认或者不能控制自己行为时有违法行为的，不予行政处罚，但应当责令其监护人严加看管和治疗。间歇性精神病人在精神正常时有违法行为的，应当给予行政处罚。尚未完全丧失辨认或者控制自己行为能力的精神病人、智力残疾人有违法行为的，可以从轻或者减轻行政处罚。

第三十二条　当事人有下列情形之一，应当从轻或者减轻行政处罚：

（一）主动消除或者减轻违法行为危害后果的；

（二）受他人胁迫或者诱骗实施违法行为的；

（三）主动供述行政机关尚未掌握的违法行为的；

（四）配合行政机关查处违法行为有立功表现的；

（五）法律、法规、规章规定其他应当从轻或者减轻行政处罚的。

第三十三条　违法行为轻微并及时改正，没有造成危害后果的，不予行政处罚。初次违法且危害后果轻微并及时改正的，可以不予行政处罚。

当事人有证据足以证明没有主观过错的，不予行政处罚。法律、行政法规另有规定的，从其规定。

对当事人的违法行为依法不予行政处罚的，行政机关应当对当事人进行教育。

第三十四条　行政机关可以依法制定行政处罚裁量基准，规范行使行政处罚裁量权。行政处罚裁量基准应当向社会公布。

第三十五条 违法行为构成犯罪，人民法院判处拘役或者有期徒刑时，行政机关已经给予当事人行政拘留的，应当依法折抵相应刑期。

违法行为构成犯罪，人民法院判处罚金时，行政机关已经给予当事人罚款的，应当折抵相应罚金；行政机关尚未给予当事人罚款的，不再给予罚款。

第三十六条 【处罚的追究时效】违法行为在二年内未被发现的，不再给予行政处罚；涉及公民生命健康安全、金融安全且有危害后果的，上述期限延长至五年。法律另有规定的除外。

前款规定的期限，从违法行为发生之日起计算；违法行为有连续或者继续状态的，从行为终了之日起计算。

第三十七条 【从旧兼从轻】实施行政处罚，适用违法行为发生时的法律、法规、规章的规定。但是，作出行政处罚决定时，法律、法规、规章已被修改或者废止，且新的规定处罚较轻或者不认为是违法的，适用新的规定。

第三十八条 行政处罚没有依据或者实施主体不具有行政主体资格的，行政处罚无效。

违反法定程序构成重大且明显违法的，行政处罚无效。

第五章 行政处罚的决定

第一节 一般规定

第三十九条 行政处罚的实施机关、立案依据、实施程序和救济渠道等信息应当公示。

第四十条 公民、法人或者其他组织违反行政管理秩序的行为，依法应当给予行政处罚的，行政机关必须查明事实；违法事实不清、证据不足的，不得给予行政处罚。

第四十一条 【电子技术】行政机关依照法律、行政法规规定利用电子技术监控设备收集、固定违法事实的，应当经过法制和技术审核，确保电子技术监控设备符合标准、设置合理、标志明显，设置地点应当向社会公布。

电子技术监控设备记录违法事实应当真实、清晰、完整、准确。行政机关应当审核记录内容是否符合要求；未经审核或者经审核不符合要求的，不得作为行政处罚的证据。

行政机关应当及时告知当事人违法事实，并采取信息化手段或者其他措施，为当事人查询、陈述和申辩提供便利。不得限制或者变相限制当事人享有的陈述权、申辩权。

第四十二条 【人员】行政处罚应当由具有行政执法资格的执法人员实施。执法人员不得少于两人，法律另有规定的除外。

执法人员应当文明执法，尊重和保护当事人合法权益。

第四十三条　执法人员与案件有直接利害关系或者有其他关系可能影响公正执法的，应当回避。

当事人认为执法人员与案件有直接利害关系或者有其他关系可能影响公正执法的，有权申请回避。

当事人提出回避申请的，行政机关应当依法审查，由行政机关负责人决定。决定作出之前，不停止调查。

第四十四条　行政机关在作出行政处罚决定之前，应当告知当事人拟作出的行政处罚内容及事实、理由、依据，并告知当事人依法享有的陈述、申辩、要求听证等权利。

第四十五条　当事人有权进行陈述和申辩。行政机关必须充分听取当事人的意见，对当事人提出的事实、理由和证据，应当进行复核；当事人提出的事实、理由或者证据成立的，行政机关应当采纳。

【不加重】行政机关不得因当事人陈述、申辩而给予更重的处罚。

第四十六条　证据包括：

（一）书证；

（二）物证；

（三）视听资料；

（四）电子数据；

（五）证人证言；

（六）当事人的陈述；

（七）鉴定意见；

（八）勘验笔录、现场笔录。

证据必须经查证属实，方可作为认定案件事实的根据。

以非法手段取得的证据，不得作为认定案件事实的根据。

第四十七条　行政机关应当依法以文字、音像等形式，对行政处罚的启动、调查取证、审核、决定、送达、执行等进行全过程记录，归档保存。

第四十八条　【处罚的公开】具有一定社会影响的行政处罚决定应当依法公开。

公开的行政处罚决定被依法变更、撤销、确认违法或者确认无效的，行政机关应当在三日内撤回行政处罚决定信息并公开说明理由。

第四十九条　发生重大传染病疫情等突发事件，为了控制、减轻和消除突发事件引起的社会危害，行政机关对违反突发事件应对措施的行为，依法快速、从重处罚。

第五十条　行政机关及其工作人员对实施行政处罚过程中知悉的国家秘密、商业秘密或者个人隐私，应当依法予以保密。

第二节　简易程序

第五十一条　【当场作出】违法事实确凿并有法定依据，对公民处以二百元以下、对法人或者其他组织处以三千元以下罚款或者警告的行政处罚的，可以当场作出行政处罚决定。法律另有规定的，从其规定。

第五十二条 执法人员当场作出行政处罚决定的，应当向当事人出示执法证件，填写预定格式、编有号码的行政处罚决定书，并当场交付当事人。当事人拒绝签收的，应当在行政处罚决定书上注明。

前款规定的行政处罚决定书应当载明当事人的违法行为，行政处罚的种类和依据、罚款数额、时间、地点，申请行政复议、提起行政诉讼的途径和期限以及行政机关名称，并由执法人员签名或者盖章。

执法人员当场作出的行政处罚决定，应当报所属行政机关备案。

第五十三条 对当场作出的行政处罚决定，当事人应当依照本法第六十七条至第六十九条的规定履行。

第三节 普通程序

第五十四条 除本法第五十一条规定的可以当场作出的行政处罚外，行政机关发现公民、法人或者其他组织有依法应当给予行政处罚的行为的，必须全面、客观、公正地调查，收集有关证据；必要时，依照法律、法规的规定，可以进行检查。

符合立案标准的，行政机关应当及时立案。

第五十五条 执法人员在调查或者进行检查时，应当主动向当事人或者有关人员出示执法证件。当事人或者有关人员有权要求执法人员出示执法证件。执法人员不出示执法证件的，当事人或者有关人员有权拒绝接受调查或者检查。

当事人或者有关人员应当如实回答询问，并协助调查或者检查，不得拒绝或者阻挠。询问或者检查应当制作笔录。

第五十六条 【先行登记保存】行政机关在收集证据时，可以采取抽样取证的方法；在证据可能灭失或者以后难以取得的情况下，经行政机关负责人批准，可以先行登记保存，并应当在七日内及时作出处理决定，在此期间，当事人或者有关人员不得销毁或者转移证据。

第五十七条 调查终结，行政机关负责人应当对调查结果进行审查，根据不同情况，分别作出如下决定：

（一）确有应受行政处罚的违法行为的，根据情节轻重及具体情况，作出行政处罚决定；

（二）违法行为轻微，依法可以不予行政处罚的，不予行政处罚；

（三）违法事实不能成立的，不予行政处罚；

（四）违法行为涉嫌犯罪的，移送司法机关。

对情节复杂或者重大违法行为给予行政处罚，行政机关负责人应当集体讨论决定。

第五十八条 有下列情形之一，在行政机关负责人作出行政处罚的决定之前，应当由从事行政处罚决定法制审核的人员进行法制审核；未经法制审核或者审核未通过的，不得作出决定：

（一）涉及重大公共利益的；

（二）直接关系当事人或者第三人重大权益，经过听证程序的；

（三）案件情况疑难复杂、涉及多个法律关系的；

（四）法律、法规规定应当进行法制审核的其他情形。

行政机关中初次从事行政处罚决定法制审核的人员，应当通过国家统一法律职业资格考试取得法律职业资格。

第五十九条　行政机关依照本法第五十七条的规定给予行政处罚，应当制作行政处罚决定书。行政处罚决定书应当载明下列事项：

（一）当事人的姓名或者名称、地址；

（二）违反法律、法规、规章的事实和证据；

（三）行政处罚的种类和依据；

（四）行政处罚的履行方式和期限；

（五）申请行政复议、提起行政诉讼的途径和期限；

（六）作出行政处罚决定的行政机关名称和作出决定的日期。

行政处罚决定书必须盖有作出行政处罚决定的行政机关的印章。

第六十条　行政机关应当自行政处罚案件立案之日起九十日内作出行政处罚决定。法律、法规、规章另有规定的，从其规定。

第六十一条　行政处罚决定书应当在宣告后当场交付当事人；当事人不在场的，行政机关应当在七日内依照《中华人民共和国民事诉讼法》的有关规定，将行政处罚决定书送达当事人。

当事人同意并签订确认书的，行政机关可以采用传真、电子邮件等方式，将行政处罚决定书等送达当事人。

第六十二条　行政机关及其执法人员在作出行政处罚决定之前，未依照本法第四十四条、第四十五条的规定向当事人告知拟作出的行政处罚内容及事实、理由、依据，或者拒绝听取当事人的陈述、申辩，不得作出行政处罚决定；当事人明确放弃陈述或者申辩权利的除外。

第四节　听证程序

第六十三条　【依申请听证】行政机关拟作出下列行政处罚决定，应当告知当事人有要求听证的权利，当事人要求听证的，行政机关应当组织听证：

（一）较大数额罚款；

（二）没收较大数额违法所得、没收较大价值非法财物；

（三）降低资质等级、吊销许可证件；

（四）责令停产停业、责令关闭、限制从业；

（五）其他较重的行政处罚；

（六）法律、法规、规章规定的其他情形。

当事人不承担行政机关组织听证的费用。

第六十四条 【听证的程序】听证应当依照以下程序组织：

（一）当事人要求听证的，应当在行政机关告知后五日内提出；

（二）行政机关应当在举行听证的七日前，通知当事人及有关人员听证的时间、地点；

（三）除涉及国家秘密、商业秘密或者个人隐私依法予以保密外，听证公开举行；

（四）听证由行政机关指定的非本案调查人员主持；当事人认为主持人与本案有直接利害关系的，有权申请回避；

（五）当事人可以亲自参加听证，也可以委托一至二人代理；

（六）当事人及其代理人无正当理由拒不出席听证或者未经许可中途退出听证的，视为放弃听证权利，行政机关终止听证；

（七）举行听证时，调查人员提出当事人违法的事实、证据和行政处罚建议，当事人进行申辩和质证；

（八）听证应当制作笔录。笔录应当交当事人或者其代理人核对无误后签字或者盖章。当事人或者其代理人拒绝签字或者盖章的，由听证主持人在笔录中注明。

第六十五条 【听证笔录的效力】听证结束后，行政机关应当根据听证笔录，依照本法第五十七条的规定，作出决定。

第六章 行政处罚的执行

第六十六条 行政处罚决定依法作出后，当事人应当在行政处罚决定书载明的期限内，予以履行。

当事人确有经济困难，需要延期或者分期缴纳罚款的，经当事人申请和行政机关批准，可以暂缓或者分期缴纳。

第六十七条 作出罚款决定的行政机关应当与收缴罚款的机构分离。

除依照本法第六十八条、第六十九条的规定当场收缴的罚款外，作出行政处罚决定的行政机关及其执法人员不得自行收缴罚款。

当事人应当自收到行政处罚决定书之日起十五日内，到指定的银行或者通过电子支付系统缴纳罚款。银行应当收受罚款，并将罚款直接上缴国库。

第六十八条 依照本法第五十一条的规定当场作出行政处罚决定，有下列情形之一，执法人员可以当场收缴罚款：

（一）依法给予一百元以下罚款的；

（二）不当场收缴事后难以执行的。

第六十九条 在边远、水上、交通不便地区，行政机关及其执法人员依照本法第五十一条、第五十七条的规定作出罚款决定后，当事人到指定的银行或者通过电子支付系统缴纳罚款确有困难，经当事人提出，行政机关及其执法人员可以当场收缴罚款。

第七十条　行政机关及其执法人员当场收缴罚款的，必须向当事人出具国务院财政部门或者省、自治区、直辖市人民政府财政部门统一制发的专用票据；不出具财政部门统一制发的专用票据的，当事人有权拒绝缴纳罚款。

第七十一条　执法人员当场收缴的罚款，应当自收缴罚款之日起二日内，交至行政机关；在水上当场收缴的罚款，应当自抵岸之日起二日内交至行政机关；行政机关应当在二日内将罚款缴付指定的银行。

第七十二条　当事人逾期不履行行政处罚决定的，作出行政处罚决定的行政机关可以采取下列措施：

（一）到期不缴纳罚款的，每日按罚款数额的百分之三加处罚款，加处罚款的数额不得超出罚款的数额；

（二）根据法律规定，将查封、扣押的财物拍卖、依法处理或者将冻结的存款、汇款划拨抵缴罚款；

（三）根据法律规定，采取其他行政强制执行方式；

（四）依照《中华人民共和国行政强制法》的规定申请人民法院强制执行。

行政机关批准延期、分期缴纳罚款的，申请人民法院强制执行的期限，自暂缓或者分期缴纳罚款期限结束之日起计算。

第七十三条　当事人对行政处罚决定不服，申请行政复议或者提起行政诉讼的，行政处罚不停止执行，法律另有规定的除外。

当事人对限制人身自由的行政处罚决定不服，申请行政复议或者提起行政诉讼的，可以向作出决定的机关提出暂缓执行申请。符合法律规定情形的，应当暂缓执行。

当事人申请行政复议或者提起行政诉讼的，加处罚款的数额在行政复议或者行政诉讼期间不予计算。

第七十四条　除依法应当予以销毁的物品外，依法没收的非法财物必须按照国家规定公开拍卖或者按照国家有关规定处理。

罚款、没收的违法所得或者没收非法财物拍卖的款项，必须全部上缴国库，任何行政机关或者个人不得以任何形式截留、私分或者变相私分。

罚款、没收的违法所得或者没收非法财物拍卖的款项，不得同作出行政处罚决定的行政机关及其工作人员的考核、考评直接或者变相挂钩。除依法应当退还、退赔的外，财政部门不得以任何形式向作出行政处罚决定的行政机关返还罚款、没收的违法所得或者没收非法财物拍卖的款项。

第七十五条　行政机关应当建立健全对行政处罚的监督制度。县级以上人民政府应当定期组织开展行政执法评议、考核，加强对行政处罚的监督检查，规范和保障行政处罚的实施。

行政机关实施行政处罚应当接受社会监督。公民、法人或者其他组织对行政机关实施行政处罚的行为，有权申诉或者检举；行政机关应当认真审查，发现有错误的，应当主动改正。

第七章　法律责任

第七十六条　行政机关实施行政处罚，有下列情形之一，由上级行政机关或者有关机关责令改正，对直接负责的主管人员和其他直接责任人员依法给予处分：

（一）没有法定的行政处罚依据的；

（二）擅自改变行政处罚种类、幅度的；

（三）违反法定的行政处罚程序的；

（四）违反本法第二十条关于委托处罚的规定的；

（五）执法人员未取得执法证件的。

行政机关对符合立案标准的案件不及时立案的，依照前款规定予以处理。

第七十七条　行政机关对当事人进行处罚不使用罚款、没收财物单据或者使用非法定部门制发的罚款、没收财物单据的，当事人有权拒绝，并有权予以检举，由上级行政机关或者有关机关对使用的非法单据予以收缴销毁，对直接负责的主管人员和其他直接责任人员依法给予处分。

第七十八条　行政机关违反本法第六十七条的规定自行收缴罚款的，财政部门违反本法第七十四条的规定向行政机关返还罚款、没收的违法所得或者拍卖款项的，由上级行政机关或者有关机关责令改正，对直接负责的主管人员和其他直接责任人员依法给予处分。

第七十九条　行政机关截留、私分或者变相私分罚款、没收的违法所得或者财物的，由财政部门或者有关机关予以追缴，对直接负责的主管人员和其他直接责任人员依法给予处分；情节严重构成犯罪的，依法追究刑事责任。

执法人员利用职务上的便利，索取或者收受他人财物、将收缴罚款据为己有，构成犯罪的，依法追究刑事责任；情节轻微不构成犯罪的，依法给予处分。

第八十条　行政机关使用或者损毁查封、扣押的财物，对当事人造成损失的，应当依法予以赔偿，对直接负责的主管人员和其他直接责任人员依法给予处分。

第八十一条　行政机关违法实施检查措施或者执行措施，给公民人身或者财产造成损害、给法人或者其他组织造成损失的，应当依法予以赔偿，对直接负责的主管人员和其他直接责任人员依法给予处分；情节严重构成犯罪的，依法追究刑事责任。

第八十二条　行政机关对应当依法移交司法机关追究刑事责任的案件不移交，以行政处罚代替刑事处罚，由上级行政机关或者有关机关责令改正，对直接负责的主管人员和其他直接责任人员依法给予处分；情节严重构成犯罪的，依法追究刑事责任。

第八十三条　行政机关对应当予以制止和处罚的违法行为不予制止、处罚，致使公民、法人或者其他组织的合法权益、公共利益和社会秩序遭受损害的，对直接负责的主管人员和其他直接责任人员依法给予处分；情节严重构成犯罪的，依法追究刑事责任。

第八章 附 则

第八十四条 外国人、无国籍人、外国组织在中华人民共和国领域内有违法行为，应当给予行政处罚的，适用本法，法律另有规定的除外。

第八十五条 本法中“二日”“三日”“五日”“七日”的规定是指工作日，不含法定节假日。

第八十六条 本法自2021年7月15日起施行。

中华人民共和国行政强制法

（2011年6月30日第十一届全国人民代表大会常务委员会第二十一次会议通过）

第一条 为了规范行政强制的设定和实施，保障和监督行政机关依法履行职责，维护公共利益和社会秩序，保护公民、法人和其他组织的合法权益，根据宪法，制定本法。

第二条 【强制的定义】本法所称行政强制，包括行政强制措施和行政强制执行。

行政强制措施，是指行政机关在行政管理过程中，为制止违法行为、防止证据损毁、避免危害发生、控制危险扩大等情形，依法对公民的人身自由实施暂时性限制，或者对公民、法人或者其他组织的财物实施暂时性控制的行为。

行政强制执行，是指行政机关或者行政机关申请人民法院，对不履行行政决定的公民、法人或者其他组织，依法强制履行义务的行为。

第三条 行政强制的设定和实施，适用本法。

发生或者即将发生自然灾害、事故灾难、公共卫生事件或者社会安全事件等突发事件，行政机关采取应急措施或者临时措施，依照有关法律、行政法规的规定执行。

行政机关采取金融业审慎监管措施、进出境货物强制性技术监控措施，依照有关法律、行政法规的规定执行。

第四条 行政强制的设定和实施，应当依照法定的权限、范围、条件和程序。

第五条 【比例原则】行政强制的设定和实施，应当适当。采用非强制手段可以达到行政管理目的的，不得设定和实施行政强制。

第六条 实施行政强制，应当坚持教育与强制相结合。

第七条 行政机关及其工作人员不得利用行政强制权为单位或者个人谋取利益。

第八条 【强制的救济】公民、法人或者其他组织对行政机关实施行政强制，享有陈述权、申辩权；有权依法申请行政复议或者提起行政诉讼；因行政机关违法实施行政强制受到损害的，有权依法要求赔偿。

公民、法人或者其他组织因人民法院在强制执行中有违法行为或者扩大强制执行范围受到损害的，有权依法要求赔偿。

第二章 行政强制的种类和设定

第九条 【强制措施的种类】行政强制措施的种类：

（一）限制公民人身自由；

（二）查封场所、设施或者财物；

（三）扣押财物；

（四）冻结存款、汇款；

（五）其他行政强制措施。

第十条　行政强制措施由法律设定。

尚未制定法律，且属于国务院行政管理职权事项的，行政法规可以设定除本法第九条第一项、第四项和应当由法律规定的行政强制措施以外的其他行政强制措施。

尚未制定法律、行政法规，且属于地方性事务的，地方性法规可以设定本法第九条第二项、第三项的行政强制措施。

法律、法规以外的其他规范性文件不得设定行政强制措施。

第十一条　法律对行政强制措施的对象、条件、种类作了规定的，行政法规、地方性法规不得作出扩大规定。

法律中未设定行政强制措施的，行政法规、地方性法规不得设定行政强制措施。但是，法律规定特定事项由行政法规规定具体管理措施的，行政法规可以设定除本法第九条第一项、第四项和应当由法律规定的行政强制措施以外的其他行政强制措施。

第十二条　【强制执行的种类】行政强制执行的方式：

（一）加处罚款或者滞纳金；

（二）划拨存款、汇款；

（三）拍卖或者依法处理查封、扣押的场所、设施或者财物；

（四）排除妨碍、恢复原状；

（五）代履行；

（六）其他强制执行方式。

第十三条　行政强制执行由法律设定。

法律没有规定行政机关强制执行的，作出行政决定的行政机关应当申请人民法院强制执行。

第十四条　起草法律草案、法规草案，拟设定行政强制的，起草单位应当采取听证会、论证会等形式听取意见，并向制定机关说明设定该行政强制的必要性、可能产生的影响以及听取和采纳意见的情况。

第十五条　行政强制的设定机关应当定期对其设定的行政强制进行评价，并对不适当的行政强制及时予以修改或者废止。

行政强制的实施机关可以对已设定的行政强制的实施情况及存在的必要性适时进行评价，并将意见报告该行政强制的设定机关。

公民、法人或者其他组织可以向行政强制的设定机关和实施机关就行政强制的设定和实施提出意见和建议。有关机关应当认真研究论证，并以适当方式予以反馈。

第三章　行政强制措施实施程序

第一节　一般规定

第十六条　行政机关履行行政管理职责，依照法律、法规的规定，实施行政强制措施。

违法行为情节显著轻微或者没有明显社会危害的，可以不采取行政强制措施。

第十七条 【措施不得委托】行政强制措施由法律、法规规定的行政机关在法定职权范围内实施。行政强制措施权不得委托。

依据《中华人民共和国行政处罚法》的规定行使相对集中行政处罚权的行政机关，可以实施法律、法规规定的与行政处罚权有关的行政强制措施。

行政强制措施应当由行政机关具备资格的行政执法人员实施，其他人员不得实施。

第十八条 行政机关实施行政强制措施应当遵守下列规定：

（一）实施前须向行政机关负责人报告并经批准；

（二）由两名以上行政执法人员实施；

（三）出示执法身份证件；

（四）通知当事人到场；

（五）当场告知当事人采取行政强制措施的理由、依据以及当事人依法享有的权利、救济途径；

（六）听取当事人的陈述和申辩；

（七）制作现场笔录；

（八）现场笔录由当事人和行政执法人员签名或者盖章，当事人拒绝的，在笔录中予以注明；

（九）当事人不到场的，邀请见证人到场，由见证人和行政执法人员在现场笔录上签名或者盖章；

（十）法律、法规规定的其他程序。

第十九条 情况紧急，需要当场实施行政强制措施的，行政执法人员应当在二十四小时内向行政机关负责人报告，并补办批准手续。行政机关负责人认为不应当采取行政强制措施的，应当立即解除。

第二十条 依照法律规定实施限制公民人身自由的行政强制措施，除应当履行本法第十八条规定的程序外，还应当遵守下列规定：

（一）当场告知或者实施行政强制措施后立即通知当事人家属实施行政强制措施的行政机关、地点和期限；

（二）在紧急情况下当场实施行政强制措施的，在返回行政机关后，立即向行政机关负责人报告并补办批准手续；

（三）法律规定的其他程序。

实施限制人身自由的行政强制措施不得超过法定期限。实施行政强制措施的目的已经达到或者条件已经消失，应当立即解除。

第二十一条 违法行为涉嫌犯罪应当移送司法机关的，行政机关应当将查封、扣押、冻结的财物一并移送，并书面告知当事人。

第二节　查封、扣押

第二十二条　查封、扣押应当由法律、法规规定的行政机关实施，其他任何行政机关或者组织不得实施。

第二十三条　【查封扣押的对象】查封、扣押限于涉案的场所、设施或者财物，不得查封、扣押与违法行为无关的场所、设施或者财物；不得查封、扣押公民个人及其所扶养家属的生活必需品。

当事人的场所、设施或者财物已被其他国家机关依法查封的，不得重复查封。

第二十四条　行政机关决定实施查封、扣押的，应当履行本法第十八条规定的程序，制作并当场交付查封、扣押决定书和清单。

查封、扣押决定书应当载明下列事项：

（一）当事人的姓名或者名称、地址；

（二）查封、扣押的理由、依据和期限；

（三）查封、扣押场所、设施或者财物的名称、数量等；

（四）申请行政复议或者提起行政诉讼的途径和期限；

（五）行政机关的名称、印章和日期。

查封、扣押清单一式二份，由当事人和行政机关分别保存。

第二十五条　【查封扣押的时限】查封、扣押的期限不得超过三十日；情况复杂的，经行政机关负责人批准，可以延长，但是延长期限不得超过三十日。法律、行政法规另有规定的除外。

延长查封、扣押的决定应当及时书面告知当事人，并说明理由。

对物品需要进行检测、检验、检疫或者技术鉴定的，查封、扣押的期间不包括检测、检验、检疫或者技术鉴定的期间。检测、检验、检疫或者技术鉴定的期间应当明确，并书面告知当事人。检测、检验、检疫或者技术鉴定的费用由行政机关承担。

第二十六条　【查封扣押的保管】对查封、扣押的场所、设施或者财物，行政机关应当妥善保管，不得使用或者损毁；造成损失的，应当承担赔偿责任。

对查封的场所、设施或者财物，行政机关可以委托第三人保管，第三人不得损毁或者擅自转移、处置。因第三人的原因造成的损失，行政机关先行赔付后，有权向第三人追偿。

因查封、扣押发生的保管费用由行政机关承担。

第二十七条　行政机关采取查封、扣押措施后，应当及时查清事实，在本法第二十五条规定的期限内作出处理决定。对违法事实清楚，依法应当没收的非法财物予以没收；法律、行政法规规定应当销毁的，依法销毁；应当解除查封、扣押的，作出解除查封、扣押的决定。

第二十八条　有下列情形之一的，行政机关应当及时作出解除查封、扣押决定：

（一）当事人没有违法行为；

（二）查封、扣押的场所、设施或者财物与违法行为无关；

（三）行政机关对违法行为已经作出处理决定，不再需要查封、扣押；

（四）查封、扣押期限已经届满；

（五）其他不再需要采取查封、扣押措施的情形。

解除查封、扣押应当立即退还财物；已将鲜活物品或者其他不易保管的财物拍卖或者变卖的，退还拍卖或者变卖所得款项。变卖价格明显低于市场价格，给当事人造成损失的，应当给予补偿。

第三节　冻结

第二十九条　冻结存款、汇款应当由法律规定的行政机关实施，不得委托给其他行政机关或者组织；其他任何行政机关或者组织不得冻结存款、汇款。

冻结存款、汇款的数额应当与违法行为涉及的金额相当；已被其他国家机关依法冻结的，不得重复冻结。

第三十条　行政机关依照法律规定决定实施冻结存款、汇款的，应当履行本法第十八条第一项、第二项、第三项、第七项规定的程序，并向金融机构交付冻结通知书。

金融机构接到行政机关依法作出的冻结通知书后，应当立即予以冻结，不得拖延，不得在冻结前向当事人泄露信息。

法律规定以外的行政机关或者组织要求冻结当事人存款、汇款的，金融机构应当拒绝。

第三十一条　依照法律规定冻结存款、汇款的，作出决定的行政机关应当在三日内向当事人交付冻结决定书。冻结决定书应当载明下列事项：

（一）当事人的姓名或者名称、地址；

（二）冻结的理由、依据和期限；

（三）冻结的账号和数额；

（四）申请行政复议或者提起行政诉讼的途径和期限；

（五）行政机关的名称、印章和日期。

第三十二条　自冻结存款、汇款之日起三十日内，行政机关应当作出处理决定或者作出解除冻结决定；情况复杂的，经行政机关负责人批准，可以延长，但是延长期限不得超过三十日。法律另有规定的除外。

延长冻结的决定应当及时书面告知当事人，并说明理由。

第三十三条　有下列情形之一的，行政机关应当及时作出解除冻结决定：

（一）当事人没有违法行为；

（二）冻结的存款、汇款与违法行为无关；

（三）行政机关对违法行为已经作出处理决定，不再需要冻结；

（四）冻结期限已经届满；

（五）其他不再需要采取冻结措施的情形。

行政机关作出解除冻结决定的，应当及时通知金融机构和当事人。金融机构接到通知后，应当立即解除冻结。

行政机关逾期未作出处理决定或者解除冻结决定的，金融机构应当自冻结期满之日起解除冻结。

第四章　行政机关强制执行程序

第一节　一般规定

第三十四条　行政机关依法作出行政决定后，当事人在行政机关决定的期限内不履行义务的，具有行政强制执行权的行政机关依照本章规定强制执行。

第三十五条　【催告书】行政机关作出强制执行决定前，应当事先催告当事人履行义务。催告应当以书面形式作出，并载明下列事项：

（一）履行义务的期限；

（二）履行义务的方式；

（三）涉及金钱给付的，应当有明确的金额和给付方式；

（四）当事人依法享有的陈述权和申辩权。

第三十六条　当事人收到催告书后有权进行陈述和申辩。行政机关应当充分听取当事人的意见，对当事人提出的事实、理由和证据，应当进行记录、复核。当事人提出的事实、理由或者证据成立的，行政机关应当采纳。

第三十七条　【强制执行决定】经催告，当事人逾期仍不履行行政决定，且无正当理由的，行政机关可以作出强制执行决定。

强制执行决定应当以书面形式作出，并载明下列事项：

（一）当事人的姓名或者名称、地址；

（二）强制执行的理由和依据；

（三）强制执行的方式和时间；

（四）申请行政复议或者提起行政诉讼的途径和期限；

（五）行政机关的名称、印章和日期。

在催告期间，对有证据证明有转移或者隐匿财物迹象的，行政机关可以作出立即强制执行决定。

第三十八条　催告书、行政强制执行决定书应当直接送达当事人。当事人拒绝接收或者无法直接送达当事人的，应当依照《中华人民共和国民事诉讼法》的有关规定送达。

第三十九条　有下列情形之一的，中止执行：

（一）当事人履行行政决定确有困难或者暂无履行能力的；

（二）第三人对执行标的主张权利，确有理由的；

（三）执行可能造成难以弥补的损失，且中止执行不损害公共利益的；

（四）行政机关认为需要中止执行的其他情形。

中止执行的情形消失后，行政机关应当恢复执行。对没有明显社会危害，当事人确无能力履行，中止执行满三年未恢复执行的，行政机关不再执行。

第四十条 有下列情形之一的，终结执行：

（一）公民死亡，无遗产可供执行，又无义务承受人的；

（二）法人或者其他组织终止，无财产可供执行，又无义务承受人的；

（三）执行标的灭失的；

（四）据以执行的行政决定被撤销的；

（五）行政机关认为需要终结执行的其他情形。

第四十一条 在执行中或者执行完毕后，据以执行的行政决定被撤销、变更，或者执行错误的，应当恢复原状或者退还财物；不能恢复原状或者退还财物的，依法给予赔偿。

第四十二条 实施行政强制执行，行政机关可以在不损害公共利益和他人合法权益的情况下，与当事人达成执行协议。执行协议可以约定分阶段履行；当事人采取补救措施的，可以减免加处的罚款或者滞纳金。

执行协议应当履行。当事人不履行执行协议的，行政机关应当恢复强制执行。

第四十三条 【执行原则】行政机关不得在夜间或者法定节假日实施行政强制执行。但是，情况紧急的除外。

行政机关不得对居民生活采取停止供水、供电、供热、供燃气等方式迫使当事人履行相关行政决定。

第四十四条 对违法的建筑物、构筑物、设施等需要强制拆除的，应当由行政机关予以公告，限期当事人自行拆除。当事人在法定期限内不申请行政复议或者提起行政诉讼，又不拆除的，行政机关可以依法强制拆除。

第二节 金钱给付义务的执行

第四十五条 【间接强制执行】行政机关依法作出金钱给付义务的行政决定，当事人逾期不履行的，行政机关可以依法加处罚款或者滞纳金。加处罚款或者滞纳金的标准应当告知当事人。

加处罚款或者滞纳金的数额不得超出金钱给付义务的数额。

第四十六条 行政机关依照本法第四十五条规定实施加处罚款或者滞纳金超过三十日，经催告当事人仍不履行的，具有行政强制执行权的行政机关可以强制执行。

行政机关实施强制执行前，需要采取查封、扣押、冻结措施的，依照本法第三章规定办理。

没有行政强制执行权的行政机关应当申请人民法院强制执行。但是，当事人在法定期限内不申请行政复议或者提起行政诉讼，经催告仍不履行的，在实施行政管理过程中已经采取查封、扣押措施的行政机关，可以将查封、扣押的财物依法拍卖抵缴罚款。

第四十七条 划拨存款、汇款应当由法律规定的行政机关决定，并书面通知金融机构。金融机构接到行政机关依法作出划拨存款、汇款的决定后，应当立即划拨。

法律规定以外的行政机关或者组织要求划拨当事人存款、汇款的，金融机构应当拒绝。

第四十八条 依法拍卖财物，由行政机关委托拍卖机构依照《中华人民共和国拍卖法》的规定办理。

第四十九条 划拨的存款、汇款以及拍卖和依法处理所得的款项应当上缴国库或者划入财政专户。任何行政机关或者个人不得以任何形式截留、私分或者变相私分。

第三节 代履行

第五十条 【代履行】行政机关依法作出要求当事人履行排除妨碍、恢复原状等义务的行政决定，当事人逾期不履行，经催告仍不履行，其后果已经或者将危害交通安全、造成环境污染或者破坏自然资源的，行政机关可以代履行，或者委托没有利害关系的第三人代履行。

第五十一条 代履行应当遵守下列规定：

（一）代履行前送达决定书，代履行决定书应当载明当事人的姓名或者名称、地址，代履行的理由和依据、方式和时间、标的、费用预算以及代履行人；

（二）代履行三日前，催告当事人履行，当事人履行的，停止代履行；

（三）代履行时，作出决定的行政机关应当派员到场监督；

（四）代履行完毕，行政机关到场监督的工作人员、代履行人和当事人或者见证人应当在执行文书上签名或者盖章。

代履行的费用按照成本合理确定，由当事人承担。但是，法律另有规定的除外。

代履行不得采用暴力、胁迫以及其他非法方式。

第五十二条 需要立即清除道路、河道、航道或者公共场所的遗洒物、障碍物或者污染物，当事人不能清除的，行政机关可以决定立即实施代履行；当事人不在场的，行政机关应当在事后立即通知当事人，并依法作出处理。

第五章 申请人民法院强制执行

第五十三条 【申请法院强制执行】当事人在法定期限内不申请行政复议或者提起行政诉讼，又不履行行政决定的，没有行政强制执行权的行政机关可以自期限届满之日起三个月内，依照本章规定申请人民法院强制执行。

第五十四条 【催告和管辖】行政机关申请人民法院强制执行前，应当催告当事人履行义务。催告书送达十日后当事人仍未履行义务的，行政机关可以向所在地有管辖权的人民法院申请强制执行；执行对象是不动产的，向不动产所在地有管辖权的人民法院申请强制执行。

第五十五条 行政机关向人民法院申请强制执行，应当提供下列材料：

（一）强制执行申请书；

（二）行政决定书及作出决定的事实、理由和依据；

（三）当事人的意见及行政机关催告情况；

（四）申请强制执行标的情况；

（五）法律、行政法规规定的其他材料。

强制执行申请书应当由行政机关负责人签名，加盖行政机关的印章，并注明日期。

第五十六条 人民法院接到行政机关强制执行的申请，应当在五日内受理。

行政机关对人民法院不予受理的裁定有异议的，可以在十五日内向上一级人民法院申请复议，上一级人民法院应当自收到复议申请之日起十五日内作出是否受理的裁定。

第五十七条 【法院的审查】人民法院对行政机关强制执行的申请进行书面审查，对符合本法第五十五条规定，且行政决定具备法定执行效力的，除本法第五十八条规定的情形外，人民法院应当自受理之日起七日内作出执行裁定。

第五十八条 【法院听取意见】人民法院发现有下列情形之一的，在作出裁定前可以听取被执行人和行政机关的意见：

（一）明显缺乏事实根据的；

（二）明显缺乏法律、法规依据的；

（三）其他明显违法并损害被执行人合法权益的。

人民法院应当自受理之日起三十日内作出是否执行的裁定。裁定不予执行的，应当说明理由，并在五日内将不予执行的裁定送达行政机关。

行政机关对人民法院不予执行的裁定有异议的，可以自收到裁定之日起十五日内向上一级人民法院申请复议，上一级人民法院应当自收到复议申请之日起三十日内作出是否执行的裁定。

第五十九条 因情况紧急，为保障公共安全，行政机关可以申请人民法院立即执行。经人民法院院长批准，人民法院应当自作出执行裁定之日起五日内执行。

第六十条 行政机关申请人民法院强制执行，不缴纳申请费。强制执行的费用由被执行人承担。

人民法院以划拨、拍卖方式强制执行的，可以在划拨、拍卖后将强制执行的费用扣除。

依法拍卖财物，由人民法院委托拍卖机构依照《中华人民共和国拍卖法》的规定办理。

划拨的存款、汇款以及拍卖和依法处理所得的款项应当上缴国库或者划入财政专户，不得以任何形式截留、私分或者变相私分。

第六章　法律责任

第六十一条 行政机关实施行政强制，有下列情形之一的，由上级行政机关或者有关部门责令改正，对直接负责的主管人员和其他直接责任人员依法给予处分：

（一）没有法律、法规依据的；

（二）改变行政强制对象、条件、方式的；

（三）违反法定程序实施行政强制的；

（四）违反本法规定，在夜间或者法定节假日实施行政强制执行的；

（五）对居民生活采取停止供水、供电、供热、供燃气等方式迫使当事人履行相关行政决定的；

（六）有其他违法实施行政强制情形的。

第六十二条　违反本法规定，行政机关有下列情形之一的，由上级行政机关或者有关部门责令改正，对直接负责的主管人员和其他直接责任人员依法给予处分：

（一）扩大查封、扣押、冻结范围的；

（二）使用或者损毁查封、扣押场所、设施或者财物的；

（三）在查封、扣押法定期间不作出处理决定或者未依法及时解除查封、扣押的；

（四）在冻结存款、汇款法定期间不作出处理决定或者未依法及时解除冻结的。

第六十三条　行政机关将查封、扣押的财物或者划拨的存款、汇款以及拍卖和依法处理所得的款项，截留、私分或者变相私分的，由财政部门或者有关部门予以追缴；对直接负责的主管人员和其他直接责任人员依法给予记大过、降级、撤职或者开除的处分。

行政机关工作人员利用职务上的便利，将查封、扣押的场所、设施或者财物据为己有的，由上级行政机关或者有关部门责令改正，依法给予记大过、降级、撤职或者开除的处分。

第六十四条　行政机关及其工作人员利用行政强制权为单位或者个人谋取利益的，由上级行政机关或者有关部门责令改正，对直接负责的主管人员和其他直接责任人员依法给予处分。

第六十五条　违反本法规定，金融机构有下列行为之一的，由金融业监督管理机构责令改正，对直接负责的主管人员和其他直接责任人员依法给予处分：

（一）在冻结前向当事人泄露信息的；

（二）对应当立即冻结、划拨的存款、汇款不冻结或者不划拨，致使存款、汇款转移的；

（三）将不应当冻结、划拨的存款、汇款予以冻结或者划拨的；

（四）未及时解除冻结存款、汇款的。

第六十六条　违反本法规定，金融机构将款项划入国库或者财政专户以外的其他账户的，由金融业监督管理机构责令改正，并处以违法划拨款项二倍的罚款；对直接负责的主管人员和其他直接责任人员依法给予处分。

违反本法规定，行政机关、人民法院指令金融机构将款项划入国库或者财政专户以外的其他账户的，对直接负责的主管人员和其他直接责任人员依法给予处分。

第六十七条 人民法院及其工作人员在强制执行中有违法行为或者扩大强制执行范围的，对直接负责的主管人员和其他直接责任人员依法给予处分。

第六十八条 违反本法规定，给公民、法人或者其他组织造成损失的，依法给予赔偿。

违反本法规定，构成犯罪的，依法追究刑事责任。

第七章 附 则

第六十九条 本法中十日以内期限的规定是指工作日，不含法定节假日。

第七十条 法律、行政法规授权的具有管理公共事务职能的组织在法定授权范围内，以自己的名义实施行政强制，适用本法有关行政机关的规定。

第七十一条 本法自2012年1月1日起施行。

最高人民法院关于审理行政协议案件若干问题的规定

（2019 年 11 月 12 日最高人民法院审判委员会第 1781 次会议通过，自 2020 年 1 月 1 日起施行）

为依法公正、及时审理行政协议案件，根据《中华人民共和国行政诉讼法》等法律的规定，结合行政审判工作实际，制定本规定。

第一条 【行政协议的定义】行政机关为了实现行政管理或者公共服务目标，与公民、法人或者其他组织协商订立的具有行政法上权利义务内容的协议，属于行政诉讼法第十二条第一款第十一项规定的行政协议。

第二条 公民、法人或者其他组织就下列行政协议提起行政诉讼的，人民法院应当依法受理：

（一）政府特许经营协议；

（二）土地、房屋等征收征用补偿协议；

（三）矿业权等国有自然资源使用权出让协议；

（四）政府投资的保障性住房的租赁、买卖等协议；

（五）符合本规定第一条规定的政府与社会资本合作协议；

（六）其他行政协议。

第三条 因行政机关订立的下列协议提起诉讼的，不属于人民法院行政诉讼的受案范围：

（一）行政机关之间因公务协助等事由而订立的协议；

（二）行政机关与其工作人员订立的劳动人事协议。

第四条 【行政协议的原告和被告】因行政协议的订立、履行、变更、终止等发生纠纷，公民、法人或者其他组织作为原告，以行政机关为被告提起行政诉讼的，人民法院应当依法受理。

因行政机关委托的组织订立的行政协议发生纠纷的，委托的行政机关是被告。

第五条 下列与行政协议有利害关系的公民、法人或者其他组织提起行政诉讼的，人民法院应当依法受理：

（一）参与招标、拍卖、挂牌等竞争性活动，认为行政机关应当依法与其订立行政协议但行政机关拒绝订立，或者认为行政机关与他人订立行政协议损害其合法权益的公民、法人或者其他组织；

（二）认为征收征用补偿协议损害其合法权益的被征收征用土地、房屋等不动产的用益物权人、公房承租人；

（三）其他认为行政协议的订立、履行、变更、终止等行为损害其合法权益的公民、法人或者其他组织。

第六条 人民法院受理行政协议案件后，被告就该协议的订立、履行、变更、终止等提起反诉的，人民法院不予准许。

第七条 当事人书面协议约定选择被告所在地、原告所在地、协议履行地、协议订立地、标的物所在地等与争议有实际联系地点的人民法院管辖的，人民法院从其约定，但违反级别管辖和专属管辖的除外。

第八条 公民、法人或者其他组织向人民法院提起民事诉讼，生效法律文书以涉案协议属于行政协议为由裁定不予立案或者驳回起诉，当事人又提起行政诉讼的，人民法院应当依法受理。

第九条 在行政协议案件中，行政诉讼法第四十九条第三项规定的“有具体的诉讼请求”是指：

（一）请求判决撤销行政机关变更、解除行政协议的行政行为，或者确认该行政行为违法；

（二）请求判决行政机关依法履行或者按照行政协议约定履行义务；

（三）请求判决确认行政协议的效力；

（四）请求判决行政机关依法或者按照约定订立行政协议；

（五）请求判决撤销、解除行政协议；

（六）请求判决行政机关赔偿或者补偿；

（七）其他有关行政协议的订立、履行、变更、终止等诉讼请求。

第十条 【举证责任】被告对于自己具有法定职权、履行法定程序、履行相应法定职责以及订立、履行、变更、解除行政协议等行为的合法性承担举证责任。

原告主张撤销、解除行政协议的，对撤销、解除行政协议的事由承担举证责任。

对行政协议是否履行发生争议的，由负有履行义务的当事人承担举证责任。

第十一条 人民法院审理行政协议案件，应当对被告订立、履行、变更、解除行政协议的行为是否具有法定职权、是否滥用职权、适用法律法规是否正确、是否遵守法定程序、是否明显不当、是否履行相应法定职责进行合法性审查。

原告认为被告未依法或者未按照约定履行行政协议的，人民法院应当针对其诉讼请求，对被告是否具有相应义务或者履行相应义务等进行审查。

第十二条 行政协议存在行政诉讼法第七十五条规定的重大且明显违法情形的，人民法院应当确认行政协议无效。

人民法院可以适用民事法律规范确认行政协议无效。

行政协议无效的原因在一审法庭辩论终结前消除的，人民法院可以确认行政协议有效。

第十三条 法律、行政法规规定应当经过其他机关批准等程序后生效的行政协议，在一审法庭辩论终结前未获得批准的，人民法院应当确认该协议未生效。

行政协议约定被告负有履行批准程序等义务而被告未履行，原告要求被告承担赔偿责任的，人民法院应予支持。

第十四条　原告认为行政协议存在胁迫、欺诈、重大误解、显失公平等情形而请求撤销，人民法院经审理认为符合法律规定可撤销情形的，可以依法判决撤销该协议。

第十五条　行政协议无效、被撤销或者确定不发生效力后，当事人因行政协议取得的财产，人民法院应当判决予以返还；不能返还的，判决折价补偿。

因被告的原因导致行政协议被确认无效或者被撤销，可以同时判决责令被告采取补救措施；给原告造成损失的，人民法院应当判决被告予以赔偿。

第十六条　【公共利益】在履行行政协议过程中，可能出现严重损害国家利益、社会公共利益的情形，被告作出变更、解除协议的行政行为后，原告请求撤销该行为，人民法院经审理认为该行为合法的，判决驳回原告诉讼请求；给原告造成损失的，判决被告予以补偿。

【撤销判决】被告变更、解除行政协议的行政行为存在行政诉讼法第七十条规定情形的，人民法院判决撤销或者部分撤销，并可以责令被告重新作出行政行为。

被告变更、解除行政协议的行政行为违法，人民法院可以依据行政诉讼法第七十八条的规定判决被告继续履行协议、采取补救措施；给原告造成损失的，判决被告予以赔偿。

第十七条　原告请求解除行政协议，人民法院认为符合约定或者法定解除情形且不损害国家利益、社会公共利益和他人合法权益的，可以判决解除该协议。

第十八条　当事人依据民事法律规范的规定行使履行抗辩权的，人民法院应予支持。

第十九条　被告未依法履行、未按照约定履行行政协议，人民法院可以依据行政诉讼法第七十八条的规定，结合原告诉讼请求，判决被告继续履行，并明确继续履行的具体内容；被告无法履行或者继续履行无实际意义的，人民法院可以判决被告采取相应的补救措施；给原告造成损失的，判决被告予以赔偿。

原告要求按照约定的违约金条款或者定金条款予以赔偿的，人民法院应予支持。

第二十条　被告明确表示或者以自己的行为表明不履行行政协议，原告在履行期限届满之前向人民法院起诉请求其承担违约责任的，人民法院应予支持。

第二十一条　【判决补偿】被告或者其他行政机关因国家利益、社会公共利益的需要依法行使行政职权，导致原告履行不能、履行费用明显增加或者遭受损失，原告请求判令被告给予补偿的，人民法院应予支持。

第二十二条　原告以被告违约为由请求人民法院判令其承担违约责任，人民法院经审理认为行政协议无效的，应当向原告释明，并根据原告变更后的诉讼请求判决确认行政协议无效；因被告的行为造成行政协议无效的，人民法院可以依法判决被告承担赔偿责任。原告经释明后拒绝变更诉讼请求的，人民法院可以判决驳回其诉讼请求。

第二十三条　【调解】人民法院审理行政协议案件，可以依法进行调解。

人民法院进行调解时，应当遵循自愿、合法原则，不得损害国家利益、社会公共利益和他人合法权益。

第二十四条 公民、法人或者其他组织未按照行政协议约定履行义务，经催告后不履行，行政机关可以作出要求其履行协议的书面决定。公民、法人或者其他组织收到书面决定后在法定期限内未申请行政复议或者提起行政诉讼，且仍不履行，协议内容具有可执行性的，行政机关可以向人民法院申请强制执行。

法律、行政法规规定行政机关对行政协议享有监督协议履行的职权，公民、法人或者其他组织未按照约定履行义务，经催告后不履行，行政机关可以依法作出处理决定。公民、法人或者其他组织在收到该处理决定后在法定期限内未申请行政复议或者提起行政诉讼，且仍不履行，协议内容具有可执行性的，行政机关可以向人民法院申请强制执行。

第二十五条 【诉讼时效】公民、法人或者其他组织对行政机关不依法履行、未按照约定履行行政协议提起诉讼的，诉讼时效参照民事法律规范确定；对行政机关变更、解除行政协议等行政行为提起诉讼的，起诉期限依照行政诉讼法及其司法解释确定。

第二十六条 【约定仲裁无效】行政协议约定仲裁条款的，人民法院应当确认该条款无效，但法律、行政法规或者我国缔结、参加的国际条约另有规定的除外。

第二十七条 人民法院审理行政协议案件，应当适用行政诉讼法的规定；行政诉讼法没有规定的，参照适用民事诉讼法的规定。

人民法院审理行政协议案件，可以参照适用民事法律规范关于民事合同的相关规定。

第二十八条 2015年5月1日后订立的行政协议发生纠纷的，适用行政诉讼法及本规定。

2015年5月1日前订立的行政协议发生纠纷的，适用当时的法律、行政法规及司法解释。

第二十九条 本规定自2020年1月1日起施行。最高人民法院以前发布的司法解释与本规定不一致的，适用本规定。

中华人民共和国政府信息公开条例

（2007年4月5日中华人民共和国国务院令第492号公布，2019年4月3日中华人民共和国国务院令第711号修订）

第一章　总　则

第一条　为了保障公民、法人和其他组织依法获取政府信息，提高政府工作的透明度，建设法治政府，充分发挥政府信息对人民群众生产、生活和经济社会活动的服务作用，制定本条例。

第二条　【政府信息的定义】本条例所称政府信息，是指行政机关在履行行政管理职能过程中制作或者获取的，以一定形式记录、保存的信息。

第三条　各级人民政府应当加强对政府信息公开工作的组织领导。

国务院办公厅是全国政府信息公开工作的主管部门，负责推进、指导、协调、监督全国的政府信息公开工作。

县级以上地方人民政府办公厅（室）是本行政区域的政府信息公开工作主管部门，负责推进、指导、协调、监督本行政区域的政府信息公开工作。

实行垂直领导的部门的办公厅（室）主管本系统的政府信息公开工作。

第四条　各级人民政府及县级以上人民政府部门应当建立健全本行政机关的政府信息公开工作制度，并指定机构（以下统称政府信息公开工作机构）负责本行政机关政府信息公开的日常工作。

政府信息公开工作机构的具体职能是：

（一）办理本行政机关的政府信息公开事宜；

（二）维护和更新本行政机关公开的政府信息；

（三）组织编制本行政机关的政府信息公开指南、政府信息公开目录和政府信息公开工作年度报告；

（四）组织开展对拟公开政府信息的审查；

（五）本行政机关规定的与政府信息公开有关的其他职能。

第五条　【公开的原则】行政机关公开政府信息，应当坚持以公开为常态、不公开为例外，遵循公正、公平、合法、便民的原则。

第六条　行政机关应当及时、准确地公开政府信息。

行政机关发现影响或者可能影响社会稳定、扰乱社会和经济管理秩序的虚假或者不完整信息的，应当发布准确的政府信息予以澄清。

第七条　各级人民政府应当积极推进政府信息公开工作，逐步增加政府信息公开的内容。

第八条 各级人民政府应当加强政府信息资源的规范化、标准化、信息化管理，加强互联网政府信息公开平台建设，推进政府信息公开平台与政务服务平台融合，提高政府信息公开在线办理水平。

第九条 公民、法人和其他组织有权对行政机关的政府信息公开工作进行监督，并提出批评和建议。

第二章 公开的主体和范围

第十条 【公开的主体】行政机关制作的政府信息，由制作该政府信息的行政机关负责公开。行政机关从公民、法人和其他组织获取的政府信息，由保存该政府信息的行政机关负责公开；行政机关获取的其他行政机关的政府信息，由制作或者最初获取该政府信息的行政机关负责公开。法律、法规对政府信息公开的权限另有规定的，从其规定。

行政机关设立的派出机构、内设机构依照法律、法规对外以自己名义履行行政管理职能的，可以由该派出机构、内设机构负责与所履行行政管理职能有关的政府信息公开工作。

两个以上行政机关共同制作的政府信息，由牵头制作的行政机关负责公开。

第十一条 行政机关应当建立健全政府信息公开协调机制。行政机关公开政府信息涉及其他机关的，应当与有关机关协商、确认，保证行政机关公开的政府信息准确一致。

行政机关公开政府信息依照法律、行政法规和国家有关规定需要批准的，经批准予以公开。

第十二条 行政机关编制、公布的政府信息公开指南和政府信息公开目录应当及时更新。

政府信息公开指南包括政府信息的分类、编排体系、获取方式和政府信息公开工作机构的名称、办公地址、办公时间、联系电话、传真号码、互联网联系方式等内容。

政府信息公开目录包括政府信息的索引、名称、内容概述、生成日期等内容。

第十三条 除本条例第十四条、第十五条、第十六条规定的政府信息外，政府信息应当公开。

行政机关公开政府信息，采取主动公开和依申请公开的方式。

第十四条 依法确定为国家秘密的政府信息，法律、行政法规禁止公开的政府信息，以及公开后可能危及国家安全、公共安全、经济安全、社会稳定的政府信息，不予公开。

第十五条 【商业秘密、个人隐私的公开】涉及商业秘密、个人隐私等公开会对第三方合法权益造成损害的政府信息，行政机关不得公开。但是，第三方同意公开或者行政机关认为不公开会对公共利益造成重大影响的，予以公开。

第十六条 【可以不公开】行政机关的内部事务信息，包括人事管理、后勤管理、内部工作流程等方面的信息，可以不予公开。

行政机关在履行行政管理职能过程中形成的讨论记录、过程稿、磋商信函、请示报告等过程性信息以及行政执法案卷信息，可以不予公开。法律、法规、规章规定上述信息应当公开的，从其规定。

第十七条　行政机关应当建立健全政府信息公开审查机制，明确审查的程序和责任。

行政机关应当依照《中华人民共和国保守国家秘密法》以及其他法律、法规和国家有关规定对拟公开的政府信息进行审查。

行政机关不能确定政府信息是否可以公开的，应当依照法律、法规和国家有关规定报有关主管部门或者保密行政管理部门确定。

第十八条　行政机关应当建立健全政府信息管理动态调整机制，对本行政机关不予公开的政府信息进行定期评估审查，对因情势变化可以公开的政府信息应当公开。

第三章　主动公开

第十九条　对涉及公众利益调整、需要公众广泛知晓或者需要公众参与决策的政府信息，行政机关应当主动公开。

第二十条　【主动公开的信息】行政机关应当依照本条例第十九条的规定，主动公开本行政机关的下列政府信息：

（一）行政法规、规章和规范性文件；

（二）机关职能、机构设置、办公地址、办公时间、联系方式、负责人姓名；

（三）国民经济和社会发展规划、专项规划、区域规划及相关政策；

（四）国民经济和社会发展统计信息；

（五）办理行政许可和其他对外管理服务事项的依据、条件、程序以及办理结果；

（六）实施行政处罚、行政强制的依据、条件、程序以及本行政机关认为具有一定社会影响的行政处罚决定；

（七）财政预算、决算信息；

（八）行政事业性收费项目及其依据、标准；

（九）政府集中采购项目的目录、标准及实施情况；

（十）重大建设项目的批准和实施情况；

（十一）扶贫、教育、医疗、社会保障、促进就业等方面的政策、措施及其实施情况；

（十二）突发公共事件的应急预案、预警信息及应对情况；

（十三）环境保护、公共卫生、安全生产、食品药品、产品质量的监督检查情况；

（十四）公务员招考的职位、名额、报考条件等事项以及录用结果；

（十五）法律、法规、规章和国家有关规定规定应当主动公开的其他政府信息。

第二十一条　除本条例第二十条规定的政府信息外，设区的市级、县级人民政府及其部门还应当根据本地方的具体情况，主动公开涉及市政建设、公共服务、公益事业、土地征收、房屋征收、治安管理、社会救助等方面的政府信息；乡（镇）人民政府还应当根据本地方的具体情况，主动公开贯彻落实农业农村政策、农田水利工程建设运营、农村土地承包经营权流转、宅基地使用情况审核、土地征收、房屋征收、筹资筹劳、社会救助等方面的政府信息。

第二十二条 行政机关应当依照本条例第二十条、第二十一条的规定，确定主动公开政府信息的具体内容，并按照上级行政机关的部署，不断增加主动公开的内容。

第二十三条 行政机关应当建立健全政府信息发布机制，将主动公开的政府信息通过政府公报、政府网站或者其他互联网政务媒体、新闻发布会以及报刊、广播、电视等途径予以公开。

第二十四条 各级人民政府应当加强依托政府门户网站公开政府信息的工作，利用统一的政府信息公开平台集中发布主动公开的政府信息。政府信息公开平台应当具备信息检索、查阅、下载等功能。

第二十五条 各级人民政府应当在国家档案馆、公共图书馆、政务服务场所设置政府信息查阅场所，并配备相应的设施、设备，为公民、法人和其他组织获取政府信息提供便利。

行政机关可以根据需要设立公共查阅室、资料索取点、信息公告栏、电子信息屏等场所、设施，公开政府信息。

行政机关应当及时向国家档案馆、公共图书馆提供主动公开的政府信息。

第二十六条 属于主动公开范围的政府信息，应当自该政府信息形成或者变更之日起20个工作日内及时公开。法律、法规对政府信息公开的期限另有规定的，从其规定。

第四章 依申请公开

第二十七条 【依申请公开】除行政机关主动公开的政府信息外，公民、法人或者其他组织可以向地方各级人民政府、对外以自己名义履行行政管理职能的县级以上人民政府部门（含本条例第十条第二款规定的派出机构、内设机构）申请获取相关政府信息。

第二十八条 本条例第二十七条规定的行政机关应当建立完善政府信息公开申请渠道，为申请人依法申请获取政府信息提供便利。

第二十九条 公民、法人或者其他组织申请获取政府信息的，应当向行政机关的政府信息公开工作机构提出，并采用包括信件、数据电文在内的书面形式；采用书面形式确有困难的，申请人可以口头提出，由受理该申请的政府信息公开工作机构代为填写政府信息公开申请。

政府信息公开申请应当包括下列内容：

（一）申请人的姓名或者名称、身份证明、联系方式；

（二）申请公开的政府信息的名称、文号或者便于行政机关查询的其他特征性描述；

（三）申请公开的政府信息的形式要求，包括获取信息的方式、途径。

第三十条　政府信息公开申请内容不明确的，行政机关应当给予指导和释明，并自收到申请之日起 7 个工作日内一次性告知申请人作出补正，说明需要补正的事项和合理的补正期限。答复期限自行政机关收到补正的申请之日起计算。申请人无正当理由逾期不补正的，视为放弃申请，行政机关不再处理该政府信息公开申请。

第三十一条　行政机关收到政府信息公开申请的时间，按照下列规定确定：

（一）申请人当面提交政府信息公开申请的，以提交之日为收到申请之日；

（二）申请人以邮寄方式提交政府信息公开申请的，以行政机关签收之日为收到申请之日；以平常信函等无需签收的邮寄方式提交政府信息公开申请的，政府信息公开工作机构应当于收到申请的当日与申请人确认，确认之日为收到申请之日；

（三）申请人通过互联网渠道或者政府信息公开工作机构的传真提交政府信息公开申请的，以双方确认之日为收到申请之日。

第三十二条　【商业秘密、个人隐私的公开】依申请公开的政府信息公开会损害第三方合法权益的，行政机关应当书面征求第三方的意见。第三方应当自收到征求意见书之日起 15 个工作日内提出意见。第三方逾期未提出意见的，由行政机关依照本条例的规定决定是否公开。第三方不同意公开且有合理理由的，行政机关不予公开。行政机关认为不公开可能对公共利益造成重大影响的，可以决定予以公开，并将决定公开的政府信息内容和理由书面告知第三方。

第三十三条　行政机关收到政府信息公开申请，能够当场答复的，应当当场予以答复。

行政机关不能当场答复的，应当自收到申请之日起 20 个工作日内予以答复；需要延长答复期限的，应当经政府信息公开工作机构负责人同意并告知申请人，延长的期限最长不得超过 20 个工作日。

行政机关征求第三方和其他机关意见所需时间不计算在前款规定的期限内。

第三十四条　申请公开的政府信息由两个以上行政机关共同制作的，牵头制作的行政机关收到政府信息公开申请后可以征求相关行政机关的意见，被征求意见机关应当自收到征求意见书之日起 15 个工作日内提出意见，逾期未提出意见的视为同意公开。

第三十五条　【超过合理范围】申请人申请公开政府信息的数量、频次明显超过合理范围，行政机关可以要求申请人说明理由。行政机关认为申请理由不合理的，告知申请人不予处理；行政机关认为申请理由合理，但是无法在本条例第三十三条规定的期限内答复申请人的，可以确定延迟答复的合理期限并告知申请人。

第三十六条　对政府信息公开申请，行政机关根据下列情况分别作出答复：

（一）所申请公开信息已经主动公开的，告知申请人获取该政府信息的方式、途径；

（二）所申请公开信息可以公开的，向申请人提供该政府信息，或者告知申请人获取该政府信息的方式、途径和时间；

（三）行政机关依据本条例的规定决定不予公开的，告知申请人不予公开并说明理由；

（四）经检索没有所申请公开信息的，告知申请人该政府信息不存在；

（五）所申请公开信息不属于本行政机关负责公开的，告知申请人并说明理由；能够确定负责公开该政府信息的行政机关的，告知申请人该行政机关的名称、联系方式；

（六）行政机关已就申请人提出的政府信息公开申请作出答复、申请人重复申请公开相同政府信息的，告知申请人不予重复处理；

（七）所申请公开信息属于工商、不动产登记资料等信息，有关法律、行政法规对信息的获取有特别规定的，告知申请人依照有关法律、行政法规的规定办理。

第三十七条 【区分处理】申请公开的信息中含有不应当公开或者不属于政府信息的内容，但是能够作区分处理的，行政机关应当向申请人提供可以公开的政府信息内容，并对不予公开的内容说明理由。

第三十八条 行政机关向申请人提供的信息，应当是已制作或者获取的政府信息。除依照本条例第三十七条的规定能够作区分处理的外，需要行政机关对现有政府信息进行加工、分析的，行政机关可以不予提供。

第三十九条 申请人以政府信息公开申请的形式进行信访、投诉、举报等活动，行政机关应当告知申请人不作为政府信息公开申请处理并可以告知通过相应渠道提出。

申请人提出的申请内容为要求行政机关提供政府公报、报刊、书籍等公开出版物的，行政机关可以告知获取的途径。

第四十条 行政机关依申请公开政府信息，应当根据申请人的要求及行政机关保存政府信息的实际情况，确定提供政府信息的具体形式；按照申请人要求的形式提供政府信息，可能危及政府信息载体安全或者公开成本过高的，可以通过电子数据以及其他适当形式提供，或者安排申请人查阅、抄录相关政府信息。

第四十一条 公民、法人或者其他组织有证据证明行政机关提供的与其自身相关的政府信息记录不准确的，可以要求行政机关更正。有权更正的行政机关审核属实的，应当予以更正并告知申请人；不属于本行政机关职能范围的，行政机关可以转送有权更正的行政机关处理并告知申请人，或者告知申请人向有权更正的行政机关提出。

第四十二条 行政机关依申请提供政府信息，不收取费用。但是，申请人申请公开政府信息的数量、频次明显超过合理范围的，行政机关可以收取信息处理费。

行政机关收取信息处理费的具体办法由国务院价格主管部门会同国务院财政部门、全国政府信息公开工作主管部门制定。

第四十三条 申请公开政府信息的公民存在阅读困难或者视听障碍的，行政机关应当为其提供必要的帮助。

第四十四条 多个申请人就相同政府信息向同一行政机关提出公开申请，且该政府信息属于可以公开的，行政机关可以纳入主动公开的范围。

对行政机关依申请公开的政府信息，申请人认为涉及公众利益调整、需要公众广泛知晓或者需要公众参与决策的，可以建议行政机关将该信息纳入主动公开的范围。行政机关经审核认为属于主动公开范围的，应当及时主动公开。

第四十五条 行政机关应当建立健全政府信息公开申请登记、审核、办理、答复、归档的工作制度，加强工作规范。

第五章 监督和保障

第四十六条 各级人民政府应当建立健全政府信息公开工作考核制度、社会评议制度和责任追究制度，定期对政府信息公开工作进行考核、评议。

第四十七条 政府信息公开工作主管部门应当加强对政府信息公开工作的日常指导和监督检查，对行政机关未按照要求开展政府信息公开工作的，予以督促整改或者通报批评；需要对负有责任的领导人员和直接责任人员追究责任的，依法向有权机关提出处理建议。

【信息公开的监督】公民、法人或者其他组织认为行政机关未按照要求主动公开政府信息或者对政府信息公开申请不依法答复处理的，可以向政府信息公开工作主管部门提出。政府信息公开工作主管部门查证属实的，应当予以督促整改或者通报批评。

第四十八条 政府信息公开工作主管部门应当对行政机关的政府信息公开工作人员定期进行培训。

第四十九条 县级以上人民政府部门应当在每年 1 月 31 日前向本级政府信息公开工作主管部门提交本行政机关上一年度政府信息公开工作年度报告并向社会公布。

县级以上地方人民政府的政府信息公开工作主管部门应当在每年 3 月 31 日前向社会公布本级政府上一年度政府信息公开工作年度报告。

第五十条 政府信息公开工作年度报告应当包括下列内容：

（一）行政机关主动公开政府信息的情况；

（二）行政机关收到和处理政府信息公开申请的情况；

（三）因政府信息公开工作被申请行政复议、提起行政诉讼的情况；

（四）政府信息公开工作存在的主要问题及改进情况，各级人民政府的政府信息公开工作年度报告还应当包括工作考核、社会评议和责任追究结果情况；

（五）其他需要报告的事项。

全国政府信息公开工作主管部门应当公布政府信息公开工作年度报告统一格式，并适时更新。

第五十一条 【信息公开的救济】公民、法人或者其他组织认为行政机关在政府信息公开工作中侵犯其合法权益的，可以向上一级行政机关或者政府信息公开工作主管部门投诉、举报，也可以依法申请行政复议或者提起行政诉讼。

第五十二条 行政机关违反本条例的规定，未建立健全政府信息公开有关制度、机制的，由上一级行政机关责令改正；情节严重的，对负有责任的领导人员和直接责任人员依法给予处分。

第五十三条 行政机关违反本条例的规定，有下列情形之一的，由上一级行政机关责令改正；情节严重的，对负有责任的领导人员和直接责任人员依法给予处分；构成犯罪的，依法追究刑事责任：

（一）不依法履行政府信息公开职能；

（二）不及时更新公开的政府信息内容、政府信息公开指南和政府信息公开目录；

（三）违反本条例规定的其他情形。

第六章 附 则

第五十四条 法律、法规授权的具有管理公共事务职能的组织公开政府信息的活动，适用本条例。

第五十五条 教育、卫生健康、供水、供电、供气、供热、环境保护、公共交通等与人民群众利益密切相关的公共企事业单位，公开在提供社会公共服务过程中制作、获取的信息，依照相关法律、法规和国务院有关主管部门或者机构的规定执行。全国政府信息公开工作主管部门根据实际需要可以制定专门的规定。

前款规定的公共企事业单位未依照相关法律、法规和国务院有关主管部门或者机构的规定公开在提供社会公共服务过程中制作、获取的信息，公民、法人或者其他组织可以向有关主管部门或者机构申诉，接受申诉的部门或者机构应当及时调查处理并将处理结果告知申诉人。

第五十六条 本条例自2019年5月15日起施行。

最高人民法院关于审理政府信息公开行政案件若干问题的规定

（2010 年 12 月 13 日最高人民法院审判委员会第 1505 次会议通过）

为正确审理政府信息公开行政案件，根据《中华人民共和国行政诉讼法》、《中华人民共和国政府信息公开条例》等法律、行政法规的规定，结合行政审判实际，制定本规定。

第一条　【受案范围】公民、法人或者其他组织认为下列政府信息公开工作中的具体行政行为侵犯其合法权益，依法提起行政诉讼的，人民法院应当受理：

（一）向行政机关申请获取政府信息，行政机关拒绝提供或者逾期不予答复的；

（二）认为行政机关提供的政府信息不符合其在申请中要求的内容或者法律、法规规定的适当形式的；

（三）认为行政机关主动公开或者依他人申请公开政府信息侵犯其商业秘密、个人隐私的；

（四）认为行政机关提供的与其自身相关的政府信息记录不准确，要求该行政机关予以更正，该行政机关拒绝更正、逾期不予答复或者不予转送有权机关处理的；

（五）认为行政机关在政府信息公开工作中的其他具体行政行为侵犯其合法权益的。

公民、法人或者其他组织认为政府信息公开行政行为侵犯其合法权益造成损害的，可以一并或单独提起行政赔偿诉讼。

第二条　公民、法人或者其他组织对下列行为不服提起行政诉讼的，人民法院不予受理：

（一）因申请内容不明确，行政机关要求申请人作出更改、补充且对申请人权利义务不产生实际影响的告知行为；

（二）要求行政机关提供政府公报、报纸、杂志、书籍等公开出版物，行政机关予以拒绝的；

（三）要求行政机关为其制作、搜集政府信息，或者对若干政府信息进行汇总、分析、加工，行政机关予以拒绝的；

（四）行政程序中的当事人、利害关系人以政府信息公开名义申请查阅案卷材料，行政机关告知其应当按照相关法律、法规的规定办理的。

第三条　【特殊程序】公民、法人或者其他组织认为行政机关不依法履行主动公开政府信息义务，直接向人民法院提起诉讼的，应当告知其先向行政机关申请获取相关政府信息。对行政机关的答复或者逾期不予答复不服的，可以向人民法院提起诉讼。

第四条　公民、法人或者其他组织对国务院部门、地方各级人民政府及县级以上地方人民政府部门依申请公开政府信息行政行为不服提起诉讼的，以作出答复的机关为被告；逾期未作出答复的，以受理申请的机关为被告。

公民、法人或者其他组织对主动公开政府信息行政行为不服提起诉讼的，以公开该政府信息的机关为被告。

公民、法人或者其他组织对法律、法规授权的具有管理公共事务职能的组织公开政府信息的行为不服提起诉讼的，以该组织为被告。

有下列情形之一的，应当以在对外发生法律效力的文书上署名的机关为被告：

（一）政府信息公开与否的答复依法报经有权机关批准的；

（二）政府信息是否可以公开系由国家保密行政管理部门或者省、自治区、直辖市保密行政管理部门确定的；

（三）行政机关在公开政府信息前与有关行政机关进行沟通、确认的。

第五条 【举证责任】被告拒绝向原告提供政府信息的，应当对拒绝的根据以及履行法定告知和说明理由义务的情况举证。

因公共利益决定公开涉及商业秘密、个人隐私政府信息的，被告应当对认定公共利益以及不公开可能对公共利益造成重大影响的理由进行举证和说明。

被告拒绝更正与原告相关的政府信息记录的，应当对拒绝的理由进行举证和说明。

被告能够证明政府信息涉及国家秘密，请求在诉讼中不予提交的，人民法院应当准许。

被告主张政府信息不存在，原告能够提供该政府信息系由被告制作或者保存的相关线索的，可以申请人民法院调取证据。

被告以政府信息与申请人自身生产、生活、科研等特殊需要无关为由不予提供的，人民法院可以要求原告对特殊需要事由作出说明。（此款已废止）

原告起诉被告拒绝更正政府信息记录的，应当提供其向被告提出过更正申请以及政府信息与其自身相关且记录不准确的事实根据。

第六条 【审理方式】人民法院审理政府信息公开行政案件，应当视情采取适当的审理方式，以避免泄露涉及国家秘密、商业秘密、个人隐私或者法律规定的其他应当保密的政府信息。

第七条 政府信息由被告的档案机构或者档案工作人员保管的，适用《中华人民共和国政府信息公开条例》的规定。

政府信息已经移交各级国家档案馆的，依照有关档案管理的法律、行政法规和国家有关规定执行。

第八条 政府信息涉及国家秘密、商业秘密、个人隐私的，人民法院应当认定属于不予公开范围。

政府信息涉及商业秘密、个人隐私，但权利人同意公开，或者不公开可能对公共利益造成重大影响的，不受前款规定的限制。

第九条 【裁判结果】被告对依法应当公开的政府信息拒绝或者部分拒绝公开的，人民法院应当撤销或者部分撤销被诉不予公开决定，并判决被告在一定期限内公开。

尚需被告调查、裁量的，判决其在一定期限内重新答复。

被告提供的政府信息不符合申请人要求的内容或者法律、法规规定的适当形式的，人民法院应当判决被告按照申请人要求的内容或者法律、法规规定的适当形式提供。

人民法院经审理认为被告不予公开的政府信息内容可以作区分处理的，应当判决被告期限公开可以公开的内容。

被告依法应当更正而不更正与原告相关的政府信息记录的，人民法院应当判决被告在一定期限内更正。尚需被告调查、裁量的，判决其在一定期限内重新答复。被告无权更正的，判决其转送有权更正的行政机关处理。

第十条　被告对原告要求公开或者更正政府信息的申请无正当理由逾期不予答复的，人民法院应当判决被告在一定期限内答复。原告一并请求判决被告公开或者更正政府信息且理由成立的，参照第九条的规定处理。

第十一条　被告公开政府信息涉及原告商业秘密、个人隐私且不存在公共利益等法定事由的，人民法院应当判决确认公开政府信息的行为违法，并可以责令被告采取相应的补救措施；造成损害的，根据原告请求依法判决被告承担赔偿责任。政府信息尚未公开的，应当判决行政机关不得公开。

诉讼期间，原告申请停止公开涉及其商业秘密、个人隐私的政府信息，人民法院经审查认为公开该政府信息会造成难以弥补的损失，并且停止公开不损害公共利益的，可以依照《中华人民共和国行政诉讼法》第四十四条的规定，裁定暂时停止公开。

第十二条　有下列情形之一，被告已经履行法定告知或者说明理由义务的，人民法院应当判决驳回原告的诉讼请求：

（一）不属于政府信息、政府信息不存在、依法属于不予公开范围或者依法不属于被告公开的；

（二）申请公开的政府信息已经向公众公开，被告已经告知申请人获取该政府信息的方式和途径的；

（三）起诉被告逾期不予答复，理由不成立的；

（四）以政府信息侵犯其商业秘密、个人隐私为由反对公开，理由不成立的；

（五）要求被告更正与其自身相关的政府信息记录，理由不成立的；

（六）不能合理说明申请获取政府信息系根据自身生产、生活、科研等特殊需要，且被告据此不予提供的；

（七）无法按照申请人要求的形式提供政府信息，且被告已通过安排申请人查阅相关资料、提供复制件或者其他适当形式提供的；

（八）其他应当判决驳回诉讼请求的情形。

第十三条　最高人民法院以前所作的司法解释及规范性文件，凡与本规定不一致的，按本规定执行。

中华人民共和国行政诉讼法

（1989年4月4日第七届全国人民代表大会第二次会议通过　根据2014年11月1日第十二届全国人民代表大会常务委员会第十一次会议《关于修改〈中华人民共和国行政诉讼法〉的决定》第一次修正　根据2017年6月27日第十二届全国人民代表大会常务委员会第二十八次会议《关于修改〈中华人民共和国民事诉讼法〉和〈中华人民共和国行政诉讼法〉的决定》第二次修正）

第一章　总　则

第一条　为保证人民法院公正、及时审理行政案件，解决行政争议，保护公民、法人和其他组织的合法权益，监督行政机关依法行使职权，根据宪法，制定本法。

第二条　公民、法人或者其他组织认为行政机关和行政机关工作人员的行政行为侵犯其合法权益，有权依照本法向人民法院提起诉讼。

前款所称行政行为，包括法律、法规、规章授权的组织作出的行政行为。

第三条　人民法院应当保障公民、法人和其他组织的起诉权利，对应当受理的行政案件依法受理。

行政机关及其工作人员不得干预、阻碍人民法院受理行政案件。

【出庭应诉制】被诉行政机关负责人应当出庭应诉。不能出庭的，应当委托行政机关相应的工作人员出庭。

第四条　人民法院依法对行政案件独立行使审判权，不受行政机关、社会团体和个人的干涉。

人民法院设行政审判庭，审理行政案件。

第五条　人民法院审理行政案件，以事实为根据，以法律为准绳。

第六条　【审查对象】人民法院审理行政案件，对行政行为是否合法进行审查。

第七条　人民法院审理行政案件，依法实行合议、回避、公开审判和两审终审制度。

第八条　当事人在行政诉讼中的法律地位平等。

第九条　各民族公民都有用本民族语言、文字进行行政诉讼的权利。

在少数民族聚居或者多民族共同居住的地区，人民法院应当用当地民族通用的语言、文字进行审理和发布法律文书。

人民法院应当对不通晓当地民族通用的语言、文字的诉讼参与人提供翻译。

第十条　当事人在行政诉讼中有权进行辩论。

第十一条　人民检察院有权对行政诉讼实行法律监督。

第二章 受案范围

第十二条 人民法院受理公民、法人或者其他组织提起的下列诉讼:

(一)对行政拘留、暂扣或者吊销许可证和执照、责令停产停业、没收违法所得、没收非法财物、罚款、警告等行政处罚不服的;

(二)对限制人身自由或者对财产的查封、扣押、冻结等行政强制措施和行政强制执行不服的;

(三)申请行政许可,行政机关拒绝或者在法定期限内不予答复,或者对行政机关作出的有关行政许可的其他决定不服的;

(四)对行政机关作出的关于确认土地、矿藏、水流、森林、山岭、草原、荒地、滩涂、海域等自然资源的所有权或者使用权的决定不服的;

(五)对征收、征用决定及其补偿决定不服的;

(六)申请行政机关履行保护人身权、财产权等合法权益的法定职责,行政机关拒绝履行或者不予答复的;

(七)认为行政机关侵犯其经营自主权或者农村土地承包经营权、农村土地经营权的;

(八)认为行政机关滥用行政权力排除或者限制竞争的;

(九)认为行政机关违法集资、摊派费用或者违法要求履行其他义务的;

(十)认为行政机关没有依法支付抚恤金、最低生活保障待遇或者社会保险待遇的;

(十一)认为行政机关不依法履行、未按照约定履行或者违法变更、解除政府特许经营协议、土地房屋征收补偿协议等协议的;

(十二)认为行政机关侵犯其他人身权、财产权等合法权益的。

除前款规定外,人民法院受理法律、法规规定可以提起诉讼的其他行政案件。

第十三条 人民法院不受理公民、法人或者其他组织对下列事项提起的诉讼:

(一)国防、外交等国家行为;

(二)行政法规、规章或者行政机关制定、发布的具有普遍约束力的决定、命令;

(三)行政机关对行政机关工作人员的奖惩、任免等决定;

(四)法律规定由行政机关最终裁决的行政行为。

第三章 管 辖

第十四条 【级别管辖:基层】基层人民法院管辖第一审行政案件。

第十五条 【级别管辖:中级】中级人民法院管辖下列第一审行政案件:

(一)对国务院部门或者县级以上地方人民政府所作的行政行为提起诉讼的案件;

(二)海关处理的案件;

(三)本辖区内重大、复杂的案件;

（四）其他法律规定由中级人民法院管辖的案件。

第十六条 高级人民法院管辖本辖区内重大、复杂的第一审行政案件。

第十七条 最高人民法院管辖全国范围内重大、复杂的第一审行政案件。

第十八条 【地域管辖的原则】行政案件由最初作出行政行为的行政机关所在地人民法院管辖。经复议的案件，也可以由复议机关所在地人民法院管辖。

经最高人民法院批准，高级人民法院可以根据审判工作的实际情况，确定若干人民法院跨行政区域管辖行政案件。

第十九条 【地域管辖：强制措施】对限制人身自由的行政强制措施不服提起的诉讼，由被告所在地或者原告所在地人民法院管辖。

第二十条 【地域管辖：不动产】因不动产提起的行政诉讼，由不动产所在地人民法院管辖。

第二十一条 两个以上人民法院都有管辖权的案件，原告可以选择其中一个人民法院提起诉讼。原告向两个以上有管辖权的人民法院提起诉讼的，由最先立案的人民法院管辖。

第二十二条 人民法院发现受理的案件不属于本院管辖的，应当移送有管辖权的人民法院，受移送的人民法院应当受理。受移送的人民法院认为受移送的案件按照规定不属于本院管辖的，应当报请上级人民法院指定管辖，不得再自行移送。

第二十三条 有管辖权的人民法院由于特殊原因不能行使管辖权的，由上级人民法院指定管辖。

人民法院对管辖权发生争议，由争议双方协商解决。协商不成的，报它们的共同上级人民法院指定管辖。

第二十四条 上级人民法院有权审理下级人民法院管辖的第一审行政案件。

下级人民法院对其管辖的第一审行政案件，认为需要由上级人民法院审理或者指定管辖的，可以报请上级人民法院决定。

第四章 诉讼参加人

第二十五条 【原告资格】行政行为的相对人以及其他与行政行为有利害关系的公民、法人或者其他组织，有权提起诉讼。

【原告资格转移】有权提起诉讼的公民死亡，其近亲属可以提起诉讼。

有权提起诉讼的法人或者其他组织终止，承受其权利的法人或者其他组织可以提起诉讼。

【行政公益诉讼】人民检察院在履行职责中发现生态环境和资源保护、食品药品安全、国有财产保护、国有土地使用权出让等领域负有监督管理职责的行政机关违法行使职权或者不作为，致使国家利益或者社会公共利益受到侵害的，应当向行政机关提出检察建议，督促其依法履行职责。行政机关不依法履行职责的，人民检察院依法向人民法院提起诉讼。

第二十六条 【被告的确定】公民、法人或者其他组织直接向人民法院提起诉讼的，作出行政行为的行政机关是被告。

经复议的案件，复议机关决定维持原行政行为的，作出原行政行为的行政机关和复议机关是共同被告；复议机关改变原行政行为的，复议机关是被告。

复议机关在法定期限内未作出复议决定，公民、法人或者其他组织起诉原行政行为的，作出原行政行为的行政机关是被告；起诉复议机关不作为的，复议机关是被告。

两个以上行政机关作出同一行政行为的，共同作出行政行为的行政机关是共同被告。

行政机关委托的组织所作的行政行为，委托的行政机关是被告。

行政机关被撤销或者职权变更的，继续行使其职权的行政机关是被告。

第二十七条 当事人一方或者双方为二人以上，因同一行政行为发生的行政案件，或者因同类行政行为发生的行政案件、人民法院认为可以合并审理并经当事人同意的，为共同诉讼。

第二十八条 当事人一方人数众多的共同诉讼，可以由当事人推选代表人进行诉讼。代表人的诉讼行为对其所代表的当事人发生效力，但代表人变更、放弃诉讼请求或者承认对方当事人的诉讼请求，应当经被代表的当事人同意。

第二十九条 公民、法人或者其他组织同被诉行政行为有利害关系但没有提起诉讼，或者同案件处理结果有利害关系的，可以作为第三人申请参加诉讼，或者由人民法院通知参加诉讼。

【第三人的权利】人民法院判决第三人承担义务或者减损第三人权益的，第三人有权依法提起上诉。

第三十条 没有诉讼行为能力的公民，由其法定代理人代为诉讼。法定代理人互相推诿代理责任的，由人民法院指定其中一人代为诉讼。

第三十一条 当事人、法定代理人，可以委托一至二人作为诉讼代理人。

下列人员可以被委托为诉讼代理人：

（一）律师、基层法律服务工作者；

（二）当事人的近亲属或者工作人员；

（三）当事人所在社区、单位以及有关社会团体推荐的公民。

第三十二条 代理诉讼的律师，有权按照规定查阅、复制本案有关材料，有权向有关组织和公民调查，收集与本案有关的证据。对涉及国家秘密、商业秘密和个人隐私的材料，应当依照法律规定保密。

当事人和其他诉讼代理人有权按照规定查阅、复制本案庭审材料，但涉及国家秘密、商业秘密和个人隐私的内容除外。

第五章　证　据

第三十三条 证据包括：

（一）书证；

（二）物证；

（三）视听资料；

（四）电子数据；

（五）证人证言；

（六）当事人的陈述；

（七）鉴定意见；

（八）勘验笔录、现场笔录。

以上证据经法庭审查属实，才能作为认定案件事实的根据。

第三十四条　【被告的举证责任】被告对作出的行政行为负有举证责任，应当提供作出该行政行为的证据和所依据的规范性文件。

被告不提供或者无正当理由逾期提供证据，视为没有相应证据。但是，被诉行政行为涉及第三人合法权益，第三人提供证据的除外。

第三十五条　【被告不得收集证据】在诉讼过程中，被告及其诉讼代理人不得自行向原告、第三人和证人收集证据。

第三十六条　被告在作出行政行为时已经收集了证据，但因不可抗力等正当事由不能提供的，经人民法院准许，可以延期提供。

原告或者第三人提出了其在行政处理程序中没有提出的理由或者证据的，经人民法院准许，被告可以补充证据。

第三十七条　原告可以提供证明行政行为违法的证据。原告提供的证据不成立的，不免除被告的举证责任。

第三十八条　【原告的举证责任】在起诉被告不履行法定职责的案件中，原告应当提供其向被告提出申请的证据。但有下列情形之一的除外：

（一）被告应当依职权主动履行法定职责的；

（二）原告因正当理由不能提供证据的。

在行政赔偿、补偿的案件中，原告应当对行政行为造成的损害提供证据。因被告的原因导致原告无法举证的，由被告承担举证责任。

第三十九条　人民法院有权要求当事人提供或者补充证据。

第四十条　人民法院有权向有关行政机关以及其他组织、公民调取证据。但是，不得为证明行政行为的合法性调取被告作出行政行为时未收集的证据。

第四十一条　与本案有关的下列证据，原告或者第三人不能自行收集的，可以申请人民法院调取：

（一）由国家机关保存而须由人民法院调取的证据；

（二）涉及国家秘密、商业秘密和个人隐私的证据；

（三）确因客观原因不能自行收集的其他证据。

第四十二条　在证据可能灭失或者以后难以取得的情况下，诉讼参加人可以向人民法院申请保全证据，人民法院也可以主动采取保全措施。

第四十三条　证据应当在法庭上出示，并由当事人互相质证。对涉及国家秘密、商业秘密和个人隐私的证据，不得在公开开庭时出示。

人民法院应当按照法定程序，全面、客观地审查核实证据。对未采纳的证据应当在裁判文书中说明理由。

以非法手段取得的证据，不得作为认定案件事实的根据。

第六章　起诉和受理

第四十四条　【行政争议的救济】对属于人民法院受案范围的行政案件，公民、法人或者其他组织可以先向行政机关申请复议，对复议决定不服的，再向人民法院提起诉讼；也可以直接向人民法院提起诉讼。

法律、法规规定应当先向行政机关申请复议，对复议决定不服再向人民法院提起诉讼的，依照法律、法规的规定。

第四十五条　【起诉期限：经复议】公民、法人或者其他组织不服复议决定的，可以在收到复议决定书之日起十五日内向人民法院提起诉讼。复议机关逾期不作决定的，申请人可以在复议期满之日起十五日内向人民法院提起诉讼。法律另有规定的除外。

第四十六条　【起诉期限：一般原则】公民、法人或者其他组织直接向人民法院提起诉讼的，应当自知道或者应当知道作出行政行为之日起六个月内提出。法律另有规定的除外。

因不动产提起诉讼的案件自行政行为作出之日起超过二十年，其他案件自行政行为作出之日起超过五年提起诉讼的，人民法院不予受理。

第四十七条　【起诉期限：不作为】公民、法人或者其他组织申请行政机关履行保护其人身权、财产权等合法权益的法定职责，行政机关在接到申请之日起两个月内不履行的，公民、法人或者其他组织可以向人民法院提起诉讼。法律、法规对行政机关履行职责的期限另有规定的，从其规定。

公民、法人或者其他组织在紧急情况下请求行政机关履行保护其人身权、财产权等合法权益的法定职责，行政机关不履行的，提起诉讼不受前款规定期限的限制。

第四十八条　公民、法人或者其他组织因不可抗力或者其他不属于其自身的原因耽误起诉期限的，被耽误的时间不计算在起诉期限内。

公民、法人或者其他组织因前款规定以外的其他特殊情况耽误起诉期限的，在障碍消除后十日内，可以申请延长期限，是否准许由人民法院决定。

第四十九条　提起诉讼应当符合下列条件：

（一）原告是符合本法第二十五条规定的公民、法人或者其他组织；

（二）有明确的被告；

（三）有具体的诉讼请求和事实根据；

（四）属于人民法院受案范围和受诉人民法院管辖。

第五十条 起诉应当向人民法院递交起诉状，并按照被告人数提出副本。

书写起诉状确有困难的，可以口头起诉，由人民法院记入笔录，出具注明日期的书面凭证，并告知对方当事人。

第五十一条 【立案的处理】人民法院在接到起诉状时对符合本法规定的起诉条件的，应当登记立案。

对当场不能判定是否符合本法规定的起诉条件的，应当接收起诉状，出具注明收到日期的书面凭证，并在七日内决定是否立案。不符合起诉条件的，作出不予立案的裁定。裁定书应当载明不予立案的理由。原告对裁定不服的，可以提起上诉。

起诉状内容欠缺或者有其他错误的，应当给予指导和释明，并一次性告知当事人需要补正的内容。不得未经指导和释明即以起诉不符合条件为由不接收起诉状。

对于不接收起诉状、接收起诉状后不出具书面凭证，以及不一次性告知当事人需要补正的起诉状内容的，当事人可以向上级人民法院投诉，上级人民法院应当责令改正，并对直接负责的主管人员和其他直接责任人员依法给予处分。

第五十二条 人民法院既不立案，又不作出不予立案裁定的，当事人可以向上一级人民法院起诉。上一级人民法院认为符合起诉条件的，应当立案、审理，也可以指定其他下级人民法院立案、审理。

第五十三条 【附带性审查】公民、法人或者其他组织认为行政行为所依据的国务院部门和地方人民政府及其部门制定的规范性文件不合法，在对行政行为提起诉讼时，可以一并请求对该规范性文件进行审查。

前款规定的规范性文件不含规章。

第七章　审理和判决

第一节　一般规定

第五十四条 【公开审理】人民法院公开审理行政案件，但涉及国家秘密、个人隐私和法律另有规定的除外。

涉及商业秘密的案件，当事人申请不公开审理的，可以不公开审理。

第五十五条 当事人认为审判人员与本案有利害关系或者有其他关系可能影响公正审判，有权申请审判人员回避。

审判人员认为自己与本案有利害关系或者有其他关系，应当申请回避。

前两款规定，适用于书记员、翻译人员、鉴定人、勘验人。

院长担任审判长时的回避，由审判委员会决定；审判人员的回避，由院长决定；其他人员的回避，由审判长决定。当事人对决定不服的，可以申请复议一次。

第五十六条 诉讼期间，不停止行政行为的执行。但有下列情形之一的，裁定停止执行：

（一）被告认为需要停止执行的；

（二）原告或者利害关系人申请停止执行，人民法院认为该行政行为的执行会造成难以弥补的损失，并且停止执行不损害国家利益、社会公共利益的；

（三）人民法院认为该行政行为的执行会给国家利益、社会公共利益造成重大损害的；

（四）法律、法规规定停止执行的。

当事人对停止执行或者不停止执行的裁定不服的，可以申请复议一次。

第五十七条　人民法院对起诉行政机关没有依法支付抚恤金、最低生活保障金和工伤、医疗社会保险金的案件，权利义务关系明确、不先予执行将严重影响原告生活的，可以根据原告的申请，裁定先予执行。

当事人对先予执行裁定不服的，可以申请复议一次。复议期间不停止裁定的执行。

第五十八条　经人民法院传票传唤，原告无正当理由拒不到庭，或者未经法庭许可中途退庭的，可以按照撤诉处理；被告无正当理由拒不到庭，或者未经法庭许可中途退庭的，可以缺席判决。

第五十九条　诉讼参与人或者其他人有下列行为之一的，人民法院可以根据情节轻重，予以训诫、责令具结悔过或者处一万元以下的罚款、十五日以下的拘留；构成犯罪的，依法追究刑事责任：

（一）有义务协助调查、执行的人，对人民法院的协助调查决定、协助执行通知书，无故推拖、拒绝或者妨碍调查、执行的；

（二）伪造、隐藏、毁灭证据或者提供虚假证明材料，妨碍人民法院审理案件的；

（三）指使、贿买、胁迫他人作伪证或者威胁、阻止证人作证的；

（四）隐藏、转移、变卖、毁损已被查封、扣押、冻结的财产的；

（五）以欺骗、胁迫等非法手段使原告撤诉的；

（六）以暴力、威胁或者其他方法阻碍人民法院工作人员执行职务，或者以哄闹、冲击法庭等方法扰乱人民法院工作秩序的；

（七）对人民法院审判人员或者其他工作人员、诉讼参与人、协助调查和执行的人员恐吓、侮辱、诽谤、诬陷、殴打、围攻或者打击报复的。

人民法院对有前款规定的行为之一的单位，可以对其主要负责人或者直接责任人员依照前款规定予以罚款、拘留；构成犯罪的，依法追究刑事责任。

罚款、拘留须经人民法院院长批准。当事人不服的，可以向上一级人民法院申请复议一次。复议期间不停止执行。

第六十条　【调解制度】人民法院审理行政案件，不适用调解。但是，行政赔偿、补偿以及行政机关行使法律、法规规定的自由裁量权的案件可以调解。

调解应当遵循自愿、合法原则，不得损害国家利益、社会公共利益和他人合法权益。

第六十一条　在涉及行政许可、登记、征收、征用和行政机关对民事争议所作的裁决的行政诉讼中，当事人申请一并解决相关民事争议的，人民法院可以一并审理。

在行政诉讼中，人民法院认为行政案件的审理需以民事诉讼的裁判为依据的，可以裁定中止行政诉讼。

第六十二条 人民法院对行政案件宣告判决或者裁定前，原告申请撤诉的，或者被告改变其所作的行政行为，原告同意并申请撤诉的，是否准许，由人民法院裁定。

第六十三条 【审理依据】人民法院审理行政案件，以法律和行政法规、地方性法规为依据。地方性法规适用于本行政区域内发生的行政案件。

人民法院审理民族自治地方的行政案件，并以该民族自治地方的自治条例和单行条例为依据。

人民法院审理行政案件，参照规章。

第六十四条 【附带性审查：不合法的处理】人民法院在审理行政案件中，经审查认为本法第五十三条规定的规范性文件不合法的，不作为认定行政行为合法的依据，并向制定机关提出处理建议。

第六十五条 人民法院应当公开发生法律效力的判决书、裁定书，供公众查阅，但涉及国家秘密、商业秘密和个人隐私的内容除外。

第六十六条 人民法院在审理行政案件中，认为行政机关的主管人员、直接责任人员违法违纪的，应当将有关材料移送监察机关、该行政机关或者其上一级行政机关；认为有犯罪行为的，应当将有关材料移送公安、检察机关。

人民法院对被告经传票传唤无正当理由拒不到庭，或者未经法庭许可中途退庭的，可以将被告拒不到庭或者中途退庭的情况予以公告，并可以向监察机关或者被告的上一级行政机关提出依法给予其主要负责人或者直接责任人员处分的司法建议。

第二节 第一审普通程序

第六十七条 人民法院应当在立案之日起五日内，将起诉状副本发送被告。被告应当在收到起诉状副本之日起十五日内向人民法院提交作出行政行为的证据和所依据的规范性文件，并提出答辩状。人民法院应当在收到答辩状之日起五日内，将答辩状副本发送原告。

被告不提出答辩状的，不影响人民法院审理。

第六十八条 人民法院审理行政案件，由审判员组成合议庭，或者由审判员、陪审员组成合议庭。合议庭的成员，应当是三人以上的单数。

第六十九条 行政行为证据确凿，适用法律、法规正确，符合法定程序的，或者原告申请被告履行法定职责或者给付义务理由不成立的，人民法院判决驳回原告的诉讼请求。

第七十条 【判决：撤销】行政行为有下列情形之一的，人民法院判决撤销或者部分撤销，并可以判决被告重新作出行政行为：

（一）主要证据不足的；

（二）适用法律、法规错误的；

（三）违反法定程序的；

（四）超越职权的；

（五）滥用职权的；

（六）明显不当的。

第七十一条 【重新作出】人民法院判决被告重新作出行政行为的，被告不得以同一的事实和理由作出与原行政行为基本相同的行政行为。

第七十二条 【判决：履行】人民法院经过审理，查明被告不履行法定职责的，判决被告在一定期限内履行。

第七十三条 【判决：给付】人民法院经过审理，查明被告依法负有给付义务的，判决被告履行给付义务。

第七十四条 【判决：确认违法】行政行为有下列情形之一的，人民法院判决确认违法，但不撤销行政行为：

（一）行政行为依法应当撤销，但撤销会给国家利益、社会公共利益造成重大损害的；

（二）行政行为程序轻微违法，但对原告权利不产生实际影响的。

行政行为有下列情形之一，不需要撤销或者判决履行的，人民法院判决确认违法：

（一）行政行为违法，但不具有可撤销内容的；

（二）被告改变原违法行政行为，原告仍要求确认原行政行为违法的；

（三）被告不履行或者拖延履行法定职责，判决履行没有意义的。

第七十五条 行政行为有实施主体不具有行政主体资格或者没有依据等重大且明显违法情形，原告申请确认行政行为无效的，人民法院判决确认无效。

第七十六条 【赔偿责任】人民法院判决确认违法或者无效的，可以同时判决责令被告采取补救措施；给原告造成损失的，依法判决被告承担赔偿责任。

第七十七条 【判决：变更】行政处罚明显不当，或者其他行政行为涉及对款额的确定、认定确有错误的，人民法院可以判决变更。

人民法院判决变更，不得加重原告的义务或者减损原告的权益。但利害关系人同为原告，且诉讼请求相反的除外。

第七十八条 【赔偿补偿】被告不依法履行、未按照约定履行或者违法变更、解除本法第十二条第一款第十一项规定的协议的，人民法院判决被告承担继续履行、采取补救措施或者赔偿损失等责任。

被告变更、解除本法第十二条第一款第十一项规定的协议合法，但未依法给予补偿的，人民法院判决给予补偿。

第七十九条 【复议维持的裁判对象】复议机关与作出原行政行为的行政机关为共同被告的案件，人民法院应当对复议决定和原行政行为一并作出裁判。

第八十条 【宣判的要求】人民法院对公开审理和不公开审理的案件，一律公开宣告判决。

当庭宣判的，应当在十日内发送判决书；定期宣判的，宣判后立即发给判决书。

宣告判决时，必须告知当事人上诉权利、上诉期限和上诉的人民法院。

第八十一条 人民法院应当在立案之日起六个月内作出第一审判决。有特殊情况需要延长的，由高级人民法院批准，高级人民法院审理第一审案件需要延长的，由最高人民法院批准。

第三节 简易程序

第八十二条 【简易程序的适用】人民法院审理下列第一审行政案件，认为事实清楚、权利义务关系明确、争议不大的，可以适用简易程序：

（一）被诉行政行为是依法当场作出的；

（二）案件涉及款额二千元以下的；

（三）属于政府信息公开案件的。

除前款规定以外的第一审行政案件，当事人各方同意适用简易程序的，可以适用简易程序。

发回重审、按照审判监督程序再审的案件不适用简易程序。

第八十三条 适用简易程序审理的行政案件，由审判员一人独任审理，并应当在立案之日起四十五日内审结。

第八十四条 人民法院在审理过程中，发现案件不宜适用简易程序的，裁定转为普通程序。

第四节 第二审程序

第八十五条 当事人不服人民法院第一审判决的，有权在判决书送达之日起十五日内向上一级人民法院提起上诉。当事人不服人民法院第一审裁定的，有权在裁定书送达之日起十日内向上一级人民法院提起上诉。逾期不提起上诉的，人民法院的第一审判决或者裁定发生法律效力。

第八十六条 【二审可以不开庭】人民法院对上诉案件，应当组成合议庭，开庭审理。经过阅卷、调查和询问当事人，对没有提出新的事实、证据或者理由，合议庭认为不需要开庭审理的，也可以不开庭审理。

第八十七条 【二审全面审查】人民法院审理上诉案件，应当对原审人民法院的判决、裁定和被诉行政行为进行全面审查。

第八十八条 人民法院审理上诉案件，应当在收到上诉状之日起三个月内作出终审判决。有特殊情况需要延长的，由高级人民法院批准，高级人民法院审理上诉案件需要延长的，由最高人民法院批准。

第八十九条 人民法院审理上诉案件，按照下列情形，分别处理：

（一）原判决、裁定认定事实清楚，适用法律、法规正确的，判决或者裁定驳回上诉，维持原判决、裁定；

（二）原判决、裁定认定事实错误或者适用法律、法规错误的，依法改判、撤销或者变更；

（三）原判决认定基本事实不清、证据不足的，发回原审人民法院重审，或者查清事实后改判；

（四）原判决遗漏当事人或者违法缺席判决等严重违反法定程序的，裁定撤销原判决，发回原审人民法院重审。

原审人民法院对发回重审的案件作出判决后，当事人提起上诉的，第二审人民法院不得再次发回重审。

人民法院审理上诉案件，需要改变原审判决的，应当同时对被诉行政行为作出判决。

第五节　审判监督程序

第九十条　当事人对已经发生法律效力的判决、裁定，认为确有错误的，可以向上一级人民法院申请再审，但判决、裁定不停止执行。

第九十一条　当事人的申请符合下列情形之一的，人民法院应当再审：

（一）不予立案或者驳回起诉确有错误的；

（二）有新的证据，足以推翻原判决、裁定的；

（三）原判决、裁定认定事实的主要证据不足、未经质证或者系伪造的；

（四）原判决、裁定适用法律、法规确有错误的；

（五）违反法律规定的诉讼程序，可能影响公正审判的；

（六）原判决、裁定遗漏诉讼请求的；

（七）据以作出原判决、裁定的法律文书被撤销或者变更的；

（八）审判人员在审理该案件时有贪污受贿、徇私舞弊、枉法裁判行为的。

第九十二条　各级人民法院院长对本院已经发生法律效力的判决、裁定，发现有本法第九十一条规定情形之一，或者发现调解违反自愿原则或者调解书内容违法，认为需要再审的，应当提交审判委员会讨论决定。

最高人民法院对地方各级人民法院已经发生法律效力的判决、裁定，上级人民法院对下级人民法院已经发生法律效力的判决、裁定，发现有本法第九十一条规定情形之一，或者发现调解违反自愿原则或者调解书内容违法的，有权提审或者指令下级人民法院再审。

第九十三条　最高人民检察院对各级人民法院已经发生法律效力的判决、裁定，上级人民检察院对下级人民法院已经发生法律效力的判决、裁定，发现有本法第九十一条规定情形之一，或者发现调解书损害国家利益、社会公共利益的，应当提出抗诉。

地方各级人民检察院对同级人民法院已经发生法律效力的判决、裁定，发现有本法第九十一条规定情形之一，或者发现调解书损害国家利益、社会公共利益的，可以向同级人民法院提出检察建议，并报上级人民检察院备案；也可以提请上级人民检察院向同级人民法院提出抗诉。

各级人民检察院对审判监督程序以外的其他审判程序中审判人员的违法行为，有权向同级人民法院提出检察建议。

第八章　执　行

第九十四条　当事人必须履行人民法院发生法律效力的判决、裁定、调解书。

第九十五条　公民、法人或者其他组织拒绝履行判决、裁定、调解书的，行政机关或者第三人可以向第一审人民法院申请强制执行，或者由行政机关依法强制执行。

第九十六条　行政机关拒绝履行判决、裁定、调解书的，第一审人民法院可以采取下列措施：

（一）对应当归还的罚款或者应当给付的款额，通知银行从该行政机关的账户内划拨；

（二）在规定期限内不履行的，从期满之日起，对该行政机关负责人按日处五十元至一百元的罚款；

（三）将行政机关拒绝履行的情况予以公告；

（四）向监察机关或者该行政机关的上一级行政机关提出司法建议。接受司法建议的机关，根据有关规定进行处理，并将处理情况告知人民法院；

（五）拒不履行判决、裁定、调解书，社会影响恶劣的，可以对该行政机关直接负责的主管人员和其他直接责任人员予以拘留；情节严重，构成犯罪的，依法追究刑事责任。

第九十七条　公民、法人或者其他组织对行政行为在法定期限内不提起诉讼又不履行的，行政机关可以申请人民法院强制执行，或者依法强制执行。

第九章　涉外行政诉讼

第九十八条　外国人、无国籍人、外国组织在中华人民共和国进行行政诉讼，适用本法。法律另有规定的除外。

第九十九条　外国人、无国籍人、外国组织在中华人民共和国进行行政诉讼，同中华人民共和国公民、组织有同等的诉讼权利和义务。

外国法院对中华人民共和国公民、组织的行政诉讼权利加以限制的，人民法院对该国公民、组织的行政诉讼权利，实行对等原则。

第一百条　外国人、无国籍人、外国组织在中华人民共和国进行行政诉讼，委托律师代理诉讼的，应当委托中华人民共和国律师机构的律师。

第十章　附　则

第一百零一条　人民法院审理行政案件，关于期间、送达、财产保全、开庭审理、调解、中止诉讼、终结诉讼、简易程序、执行等，以及人民检察院对行政案件受理、审理、裁判、执行的监督，本法没有规定的，适用《中华人民共和国民事诉讼法》的相关规定。

第一百零二条　人民法院审理行政案件，应当收取诉讼费用。诉讼费用由败诉方承担，双方都有责任的由双方分担。收取诉讼费用的具体办法另行规定。

第一百零三条　本法自 1990 年 10 月 1 日起施行。

最高人民法院关于正确确定县级以上地方人民政府行政诉讼被告资格若干问题的规定

法释［2021］5号

（2021年2月22日最高人民法院审判委员会第1832次会议通过，自2021年4月1日起施行）

为准确适用《中华人民共和国行政诉讼法》，依法正确确定县级以上地方人民政府的行政诉讼被告资格，结合人民法院行政审判工作实际，制定本解释。

第一条 【谁行为，谁被告】法律、法规、规章规定属于县级以上地方人民政府职能部门的行政职权，县级以上地方人民政府通过听取报告、召开会议、组织研究、下发文件等方式进行指导，公民、法人或者其他组织不服县级以上地方人民政府的指导行为提起诉讼的，人民法院应当释明，告知其以具体实施行政行为的职能部门为被告。

第二条 【先文书，后行为】县级以上地方人民政府根据城乡规划法的规定，责成有关职能部门对违法建筑实施强制拆除，公民、法人或者其他组织不服强制拆除行为提起诉讼，人民法院应当根据行政诉讼法第二十六条第一款的规定，以作出强制拆除决定的行政机关为被告；没有强制拆除决定书的，以具体实施强制拆除行为的职能部门为被告。

第三条 【先文书，后行为】公民、法人或者其他组织对集体土地征收中强制拆除房屋等行为不服提起诉讼的，除有证据证明系县级以上地方人民政府具体实施外，人民法院应当根据行政诉讼法第二十六条第一款的规定，以作出强制拆除决定的行政机关为被告；没有强制拆除决定书的，以具体实施强制拆除等行为的行政机关为被告。

县级以上地方人民政府已经作出国有土地上房屋征收与补偿决定，公民、法人或者其他组织不服具体实施房屋征收与补偿工作中的强制拆除房屋等行为提起诉讼的，人民法院应当根据行政诉讼法第二十六条第一款的规定，以作出强制拆除决定的行政机关为被告；没有强制拆除决定书的，以县级以上地方人民政府确定的房屋征收部门为被告。

第四条 【谁行为，谁被告】公民、法人或者其他组织向县级以上地方人民政府申请履行法定职责或者给付义务，法律、法规、规章规定该职责或者义务属于下级人民政府或者相应职能部门的行政职权，县级以上地方人民政府已经转送下级人民政府或者相应职能部门处理并告知申请人，申请人起诉要求履行法定职责或者给付义务的，以下级人民政府或者相应职能部门为被告。

第五条 县级以上地方人民政府确定的不动产登记机构或者其他实际履行该职责的职能部门按照《不动产登记暂行条例》的规定办理不动产登记，公民、法人或者其他组织不服提起诉讼的，以不动产登记机构或者实际履行该职责的职能部门为被告。

公民、法人或者其他组织对《不动产登记暂行条例》实施之前由县级以上地方人民政府作出的不动产登记行为不服提起诉讼的，以继续行使其职权的不动产登记机构或者实际履行该职责的职能部门为被告。

第六条　县级以上地方人民政府根据《中华人民共和国政府信息公开条例》的规定，指定具体机构负责政府信息公开日常工作，公民、法人或者其他组织对该指定机构以自己名义所作的政府信息公开行为不服提起诉讼的，以该指定机构为被告。

第七条　【法院释明义务】被诉行政行为不是县级以上地方人民政府作出，公民、法人或者其他组织以县级以上地方人民政府作为被告的，人民法院应当予以指导和释明，告知其向有管辖权的人民法院起诉；公民、法人或者其他组织经人民法院释明仍不变更的，人民法院可以裁定不予立案，也可以将案件移送有管辖权的人民法院。

第八条　本解释自 2021 年 4 月 1 日起施行。本解释施行后，最高人民法院此前作出的相关司法解释与本解释相抵触的，以本解释为准。

中华人民共和国行政复议法

（1999年4月29日第九届全国人民代表大会常务委员会第九次会议通过　根据2009年8月27日第十一届全国人民代表大会常务委员会第十次会议《关于修改部分法律的决定》第一次修正　根据2017年9月1日第十二届全国人民代表大会常务委员会第二十九次会议《关于修改〈中华人民共和国法官法〉等八部法律的决定》第二次修正　2023年9月1日第十四届全国人民代表大会常务委员会第五次会议修订）

第一章　总　则

第一条　为了防止和纠正违法的或者不当的行政行为，保护公民、法人和其他组织的合法权益，监督和保障行政机关依法行使职权，发挥行政复议化解行政争议的主渠道作用，推进法治政府建设，根据宪法，制定本法。

第二条　公民、法人或者其他组织认为行政机关的行政行为侵犯其合法权益，向行政复议机关提出行政复议申请，行政复议机关办理行政复议案件，适用本法。

前款所称行政行为，包括法律、法规、规章授权的组织的行政行为。

第三条　行政复议工作坚持中国共产党的领导。

行政复议机关履行行政复议职责，应当遵循合法、公正、公开、高效、便民、为民的原则，坚持有错必纠，保障法律、法规的正确实施。

第四条　县级以上各级人民政府以及其他依照本法履行行政复议职责的行政机关是行政复议机关。

行政复议机关办理行政复议事项的机构是行政复议机构。行政复议机构同时组织办理行政复议机关的行政应诉事项。

行政复议机关应当加强行政复议工作，支持和保障行政复议机构依法履行职责。上级行政复议机构对下级行政复议机构的行政复议工作进行指导、监督。

国务院行政复议机构可以发布行政复议指导性案例。

第五条　【调解制度】行政复议机关办理行政复议案件，可以进行调解。

调解应当遵循合法、自愿的原则，不得损害国家利益、社会公共利益和他人合法权益，不得违反法律、法规的强制性规定。

第六条　国家建立专业化、职业化行政复议人员队伍。

行政复议机构中初次从事行政复议工作的人员，应当通过国家统一法律职业资格考试取得法律职业资格，并参加统一职前培训。

国务院行政复议机构应当会同有关部门制定行政复议人员工作规范，加强对行政复议人员的业务考核和管理。

第七条　行政复议机关应当确保行政复议机构的人员配备与所承担的工作任务相

适应，提高行政复议人员专业素质，根据工作需要保障办案场所、装备等设施。县级以上各级人民政府应当将行政复议工作经费列入本级预算。

第八条 行政复议机关应当加强信息化建设，运用现代信息技术，方便公民、法人或者其他组织申请、参加行政复议，提高工作质量和效率。

第九条 对在行政复议工作中做出显著成绩的单位和个人，按照国家有关规定给予表彰和奖励。

第十条 公民、法人或者其他组织对行政复议决定不服的，可以依照《中华人民共和国行政诉讼法》的规定向人民法院提起行政诉讼，但是法律规定行政复议决定为最终裁决的除外。

第二章 行政复议申请

第一节 行政复议范围

第十一条 有下列情形之一的，公民、法人或者其他组织可以依照本法申请行政复议：

（一）对行政机关作出的行政处罚决定不服；

（二）对行政机关作出的行政强制措施、行政强制执行决定不服；

（三）申请行政许可，行政机关拒绝或者在法定期限内不予答复，或者对行政机关作出的有关行政许可的其他决定不服；

（四）对行政机关作出的确认自然资源的所有权或者使用权的决定不服；

（五）对行政机关作出的征收征用决定及其补偿决定不服；

（六）对行政机关作出的赔偿决定或者不予赔偿决定不服；

（七）对行政机关作出的不予受理工伤认定申请的决定或者工伤认定结论不服；

（八）认为行政机关侵犯其经营自主权或者农村土地承包经营权、农村土地经营权；

（九）认为行政机关滥用行政权力排除或者限制竞争；

（十）认为行政机关违法集资、摊派费用或者违法要求履行其他义务；

（十一）申请行政机关履行保护人身权利、财产权利、受教育权利等合法权益的法定职责，行政机关拒绝履行、未依法履行或者不予答复；

（十二）申请行政机关依法给付抚恤金、社会保险待遇或者最低生活保障等社会保障，行政机关没有依法给付；

（十三）认为行政机关不依法订立、不依法履行、未按照约定履行或者违法变更、解除政府特许经营协议、土地房屋征收补偿协议等行政协议；

（十四）认为行政机关在政府信息公开工作中侵犯其合法权益；

（十五）认为行政机关的其他行政行为侵犯其合法权益。

第十二条 下列事项不属于行政复议范围：

（一）国防、外交等国家行为；

（二）行政法规、规章或者行政机关制定、发布的具有普遍约束力的决定、命令等规范性文件；

（三）行政机关对行政机关工作人员的奖惩、任免等决定；

（四）行政机关对民事纠纷作出的调解。

第十三条 公民、法人或者其他组织认为行政机关的行政行为所依据的下列规范性文件不合法，在对行政行为申请行政复议时，可以一并向行政复议机关提出对该规范性文件的附带审查申请：

（一）国务院部门的规范性文件；

（二）县级以上地方各级人民政府及其工作部门的规范性文件；

（三）乡、镇人民政府的规范性文件；

（四）法律、法规、规章授权的组织的规范性文件。

前款所列规范性文件不含规章。规章的审查依照法律、行政法规办理。

第二节 行政复议参加人

第十四条 依照本法申请行政复议的公民、法人或者其他组织是申请人。

有权申请行政复议的公民死亡的，其近亲属可以申请行政复议。有权申请行政复议的法人或者其他组织终止的，其权利义务承受人可以申请行政复议。

有权申请行政复议的公民为无民事行为能力人或者限制民事行为能力人的，其法定代理人可以代为申请行政复议。

第十五条 同一行政复议案件申请人人数众多的，可以由申请人推选代表人参加行政复议。

代表人参加行政复议的行为对其所代表的申请人发生效力，但是代表人变更行政复议请求、撤回行政复议申请、承认第三人请求的，应当经被代表的申请人同意。

第十六条 申请人以外的同被申请行政复议的行政行为或者行政复议案件处理结果有利害关系的公民、法人或者其他组织，可以作为第三人申请参加行政复议，或者由行政复议机构通知其作为第三人参加行政复议。

第三人不参加行政复议，不影响行政复议案件的审理。

第十七条 申请人、第三人可以委托一至二名律师、基层法律服务工作者或者其他代理人代为参加行政复议。

申请人、第三人委托代理人的，应当向行政复议机构提交授权委托书、委托人及被委托人的身份证明文件。授权委托书应当载明委托事项、权限和期限。申请人、第三人变更或者解除代理人权限的，应当书面告知行政复议机构。

第十八条 符合法律援助条件的行政复议申请人申请法律援助的，法律援助机构应当依法为其提供法律援助。

第十九条 公民、法人或者其他组织对行政行为不服申请行政复议的，作出行政行为的行政机关或者法律、法规、规章授权的组织是被申请人。

两个以上行政机关以共同的名义作出同一行政行为的，共同作出行政行为的行政机关是被申请人。

行政机关委托的组织作出行政行为的，委托的行政机关是被申请人。

作出行政行为的行政机关被撤销或者职权变更的，继续行使其职权的行政机关是被申请人。

第三节　申请的提出

第二十条　【复议的申请期限】公民、法人或者其他组织认为行政行为侵犯其合法权益的，可以自知道或者应当知道该行政行为之日起六十日内提出行政复议申请；但是法律规定的申请期限超过六十日的除外。

因不可抗力或者其他正当理由耽误法定申请期限的，申请期限自障碍消除之日起继续计算。

行政机关作出行政行为时，未告知公民、法人或者其他组织申请行政复议的权利、行政复议机关和申请期限的，申请期限自公民、法人或者其他组织知道或者应当知道申请行政复议的权利、行政复议机关和申请期限之日起计算，但是自知道或者应当知道行政行为内容之日起最长不得超过一年。

第二十一条　【最长保护期限】因不动产提出的行政复议申请自行政行为作出之日起超过二十年，其他行政复议申请自行政行为作出之日起超过五年的，行政复议机关不予受理。

第二十二条　申请人申请行政复议，可以书面申请；书面申请有困难的，也可以口头申请。

书面申请的，可以通过邮寄或者行政复议机关指定的互联网渠道等方式提交行政复议申请书，也可以当面提交行政复议申请书。行政机关通过互联网渠道送达行政行为决定书的，应当同时提供提交行政复议申请书的互联网渠道。

口头申请的，行政复议机关应当当场记录申请人的基本情况、行政复议请求、申请行政复议的主要事实、理由和时间。

申请人对两个以上行政行为不服的，应当分别申请行政复议。

第二十三条　【复议前置】有下列情形之一的，申请人应当先向行政复议机关申请行政复议，对行政复议决定不服的，可以再依法向人民法院提起行政诉讼：

（一）对当场作出的行政处罚决定不服；

（二）对行政机关作出的侵犯其已经依法取得的自然资源的所有权或者使用权的决定不服；

（三）认为行政机关存在本法第十一条规定的未履行法定职责情形；

（四）申请政府信息公开，行政机关不予公开；

（五）法律、行政法规规定应当先向行政复议机关申请行政复议的其他情形。

对前款规定的情形，行政机关在作出行政行为时应当告知公民、法人或者其他组织先向行政复议机关申请行政复议。

第四节　行政复议管辖

第二十四条　【复议机关】县级以上地方各级人民政府管辖下列行政复议案件：

（一）对本级人民政府工作部门作出的行政行为不服的；

（二）对下一级人民政府作出的行政行为不服的；

（三）对本级人民政府依法设立的派出机关作出的行政行为不服的；

（四）对本级人民政府或者其工作部门管理的法律、法规、规章授权的组织作出的行政行为不服的。

除前款规定外，省、自治区、直辖市人民政府同时管辖对本机关作出的行政行为不服的行政复议案件。

省、自治区人民政府依法设立的派出机关参照设区的市级人民政府的职责权限，管辖相关行政复议案件。

对县级以上地方各级人民政府工作部门依法设立的派出机构依照法律、法规、规章规定，以派出机构的名义作出的行政行为不服的行政复议案件，由本级人民政府管辖；其中，对直辖市、设区的市人民政府工作部门按照行政区划设立的派出机构作出的行政行为不服的，也可以由其所在地的人民政府管辖。

第二十五条　国务院部门管辖下列行政复议案件：

（一）对本部门作出的行政行为不服的；

（二）对本部门依法设立的派出机构依照法律、行政法规、部门规章规定，以派出机构的名义作出的行政行为不服的；

（三）对本部门管理的法律、行政法规、部门规章授权的组织作出的行政行为不服的。

第二十六条　对省、自治区、直辖市人民政府依照本法第二十四条第二款的规定、国务院部门依照本法第二十五条第一项的规定作出的行政复议决定不服的，可以向人民法院提起行政诉讼；也可以向国务院申请裁决，国务院依照本法的规定作出最终裁决。

第二十七条　【垂直领导】对海关、金融、外汇管理等实行垂直领导的行政机关、税务和国家安全机关的行政行为不服的，向上一级主管部门申请行政复议。

第二十八条　对履行行政复议机构职责的地方人民政府司法行政部门的行政行为不服的，可以向本级人民政府申请行政复议，也可以向上一级司法行政部门申请行政复议。

第二十九条　公民、法人或者其他组织申请行政复议，行政复议机关已经依法受理的，在行政复议期间不得向人民法院提起行政诉讼。

公民、法人或者其他组织向人民法院提起行政诉讼，人民法院已经依法受理的，不得申请行政复议。

第三章　行政复议受理

第三十条　行政复议机关收到行政复议申请后，应当在五日内进行审查。对符合下列规定的，行政复议机关应当予以受理：

（一）有明确的申请人和符合本法规定的被申请人；

（二）申请人与被申请行政复议的行政行为有利害关系；

（三）有具体的行政复议请求和理由；

（四）在法定申请期限内提出；

（五）属于本法规定的行政复议范围；

（六）属于本机关的管辖范围；

（七）行政复议机关未受理过该申请人就同一行政行为提出的行政复议申请，并且人民法院未受理过该申请人就同一行政行为提起的行政诉讼。

对不符合前款规定的行政复议申请，行政复议机关应当在审查期限内决定不予受理并说明理由；不属于本机关管辖的，还应当在不予受理决定中告知申请人有管辖权的行政复议机关。

行政复议申请的审查期限届满，行政复议机关未作出不予受理决定的，审查期限届满之日起视为受理。

第三十一条　行政复议申请材料不齐全或者表述不清楚，无法判断行政复议申请是否符合本法第三十条第一款规定的，行政复议机关应当自收到申请之日起五日内书面通知申请人补正。补正通知应当一次性载明需要补正的事项。

申请人应当自收到补正通知之日起十日内提交补正材料。有正当理由不能按期补正的，行政复议机关可以延长合理的补正期限。无正当理由逾期不补正的，视为申请人放弃行政复议申请，并记录在案。

行政复议机关收到补正材料后，依照本法第三十条的规定处理。

第三十二条　【自我纠正】对当场作出或者依据电子技术监控设备记录的违法事实作出的行政处罚决定不服申请行政复议的，可以通过作出行政处罚决定的行政机关提交行政复议申请。

行政机关收到行政复议申请后，应当及时处理；认为需要维持行政处罚决定的，应当自收到行政复议申请之日起五日内转送行政复议机关。

第三十三条　行政复议机关受理行政复议申请后，发现该行政复议申请不符合本法第三十条第一款规定的，应当决定驳回申请并说明理由。

第三十四条　法律、行政法规规定应当先向行政复议机关申请行政复议、对行政复议决定不服再向人民法院提起行政诉讼的，行政复议机关决定不予受理、驳回申请或者受理后超过行政复议期限不作答复的，公民、法人或者其他组织可以自收到决定书之日起或者行政复议期限届满之日起十五日内，依法向人民法院提起行政诉讼。

第三十五条 公民、法人或者其他组织依法提出行政复议申请，行政复议机关无正当理由不予受理、驳回申请或者受理后超过行政复议期限不作答复的，申请人有权向上级行政机关反映，上级行政机关应当责令其纠正；必要时，上级行政复议机关可以直接受理。

第四章 行政复议审理

第一节 一般规定

第三十六条 行政复议机关受理行政复议申请后，依照本法适用普通程序或者简易程序进行审理。行政复议机构应当指定行政复议人员负责办理行政复议案件。

行政复议人员对办理行政复议案件过程中知悉的国家秘密、商业秘密和个人隐私，应当予以保密。

第三十七条 【审理依据】行政复议机关依照法律、法规、规章审理行政复议案件。

行政复议机关审理民族自治地方的行政复议案件，同时依照该民族自治地方的自治条例和单行条例。

第三十八条 上级行政复议机关根据需要，可以审理下级行政复议机关管辖的行政复议案件。

下级行政复议机关对其管辖的行政复议案件，认为需要由上级行政复议机关审理的，可以报请上级行政复议机关决定。

第三十九条 【复议中止】行政复议期间有下列情形之一的，行政复议中止：

（一）作为申请人的公民死亡，其近亲属尚未确定是否参加行政复议；

（二）作为申请人的公民丧失参加行政复议的行为能力，尚未确定法定代理人参加行政复议；

（三）作为申请人的公民下落不明；

（四）作为申请人的法人或者其他组织终止，尚未确定权利义务承受人；

（五）申请人、被申请人因不可抗力或者其他正当理由，不能参加行政复议；

（六）依照本法规定进行调解、和解，申请人和被申请人同意中止；

（七）行政复议案件涉及的法律适用问题需要有权机关作出解释或者确认；

（八）行政复议案件审理需要以其他案件的审理结果为依据，而其他案件尚未审结；

（九）有本法第五十六条或者第五十七条规定的情形；

（十）需要中止行政复议的其他情形。

行政复议中止的原因消除后，应当及时恢复行政复议案件的审理。

行政复议机关中止、恢复行政复议案件的审理，应当书面告知当事人。

第四十条 行政复议期间，行政复议机关无正当理由中止行政复议的，上级行政机关应当责令其恢复审理。

第四十一条　【复议终止】行政复议期间有下列情形之一的，行政复议机关决定终止行政复议：

（一）申请人撤回行政复议申请，行政复议机构准予撤回；

（二）作为申请人的公民死亡，没有近亲属或者其近亲属放弃行政复议权利；

（三）作为申请人的法人或者其他组织终止，没有权利义务承受人或者其权利义务承受人放弃行政复议权利；

（四）申请人对行政拘留或者限制人身自由的行政强制措施不服申请行政复议后，因同一违法行为涉嫌犯罪，被采取刑事强制措施；

（五）依照本法第三十九条第一款第一项、第二项、第四项的规定中止行政复议满六十日，行政复议中止的原因仍未消除。

第四十二条　行政复议期间行政行为不停止执行；但是有下列情形之一的，应当停止执行：

（一）被申请人认为需要停止执行；

（二）行政复议机关认为需要停止执行；

（三）申请人、第三人申请停止执行，行政复议机关认为其要求合理，决定停止执行；

（四）法律、法规、规章规定停止执行的其他情形。

第二节　行政复议证据

第四十三条　行政复议证据包括：

（一）书证；

（二）物证；

（三）视听资料；

（四）电子数据；

（五）证人证言；

（六）当事人的陈述；

（七）鉴定意见；

（八）勘验笔录、现场笔录。

以上证据经行政复议机构审查属实，才能作为认定行政复议案件事实的根据。

第四十四条　【举证责任】被申请人对其作出的行政行为的合法性、适当性负有举证责任。

有下列情形之一的，申请人应当提供证据：

（一）认为被申请人不履行法定职责的，提供曾经要求被申请人履行法定职责的证据，但是被申请人应当依职权主动履行法定职责或者申请人因正当理由不能提供的除外；

（二）提出行政赔偿请求的，提供受行政行为侵害而造成损害的证据，但是因被申请人原因导致申请人无法举证的，由被申请人承担举证责任；

（三）法律、法规规定需要申请人提供证据的其他情形。

第四十五条 行政复议机关有权向有关单位和个人调查取证，查阅、复制、调取有关文件和资料，向有关人员进行询问。

调查取证时，行政复议人员不得少于两人，并应当出示行政复议工作证件。

被调查取证的单位和个人应当积极配合行政复议人员的工作，不得拒绝或者阻挠。

第四十六条 【不得收集证据】行政复议期间，被申请人不得自行向申请人和其他有关单位或者个人收集证据；自行收集的证据不作为认定行政行为合法性、适当性的依据。

行政复议期间，申请人或者第三人提出被申请行政复议的行政行为作出时没有提出的理由或者证据的，经行政复议机构同意，被申请人可以补充证据。

第四十七条 行政复议期间，申请人、第三人及其委托代理人可以按照规定查阅、复制被申请人提出的书面答复、作出行政行为的证据、依据和其他有关材料，除涉及国家秘密、商业秘密、个人隐私或者可能危及国家安全、公共安全、社会稳定的情形外，行政复议机构应当同意。

第三节 普通程序

第四十八条 行政复议机构应当自行政复议申请受理之日起七日内，将行政复议申请书副本或者行政复议申请笔录复印件发送被申请人。被申请人应当自收到行政复议申请书副本或者行政复议申请笔录复印件之日起十日内，提出书面答复，并提交作出行政行为的证据、依据和其他有关材料。

第四十九条 【审理方式】适用普通程序审理的行政复议案件，行政复议机构应当当面或者通过互联网、电话等方式听取当事人的意见，并将听取的意见记录在案。因当事人原因不能听取意见的，可以书面审理。

第五十条 【听证】审理重大、疑难、复杂的行政复议案件，行政复议机构应当组织听证。

行政复议机构认为有必要听证，或者申请人请求听证的，行政复议机构可以组织听证。

听证由一名行政复议人员任主持人，两名以上行政复议人员任听证员，一名记录员制作听证笔录。

第五十一条 行政复议机构组织听证的，应当于举行听证的五日前将听证的时间、地点和拟听证事项书面通知当事人。

申请人无正当理由拒不参加听证的，视为放弃听证权利。

被申请人的负责人应当参加听证。不能参加的，应当说明理由并委托相应的工作人员参加听证。

第五十二条 【复议委员会】县级以上各级人民政府应当建立相关政府部门、专家、学者等参与的行政复议委员会，为办理行政复议案件提供咨询意见，并就行政复议工作中的重大事项和共性问题研究提出意见。行政复议委员会的组成和开展工作的具体办法，由国务院行政复议机构制定。

审理行政复议案件涉及下列情形之一的，行政复议机构应当提请行政复议委员会提出咨询意见：

（一）案情重大、疑难、复杂；

（二）专业性、技术性较强；

（三）本法第二十四条第二款规定的行政复议案件；

（四）行政复议机构认为有必要。

行政复议机构应当记录行政复议委员会的咨询意见。

第四节 简易程序

第五十三条 【简易程序的适用】行政复议机关审理下列行政复议案件，认为事实清楚、权利义务关系明确、争议不大的，可以适用简易程序：

（一）被申请行政复议的行政行为是当场作出；

（二）被申请行政复议的行政行为是警告或者通报批评；

（三）案件涉及款额三千元以下；

（四）属于政府信息公开案件。

除前款规定以外的行政复议案件，当事人各方同意适用简易程序的，可以适用简易程序。

第五十四条 适用简易程序审理的行政复议案件，行政复议机构应当自受理行政复议申请之日起三日内，将行政复议申请书副本或者行政复议申请笔录复印件发送被申请人。被申请人应当自收到行政复议申请书副本或者行政复议申请笔录复印件之日起五日内，提出书面答复，并提交作出行政行为的证据、依据和其他有关材料。

适用简易程序审理的行政复议案件，可以书面审理。

第五十五条 适用简易程序审理的行政复议案件，行政复议机构认为不宜适用简易程序的，经行政复议机构的负责人批准，可以转为普通程序审理。

第五节 行政复议附带审查

第五十六条 【附带审查的处理】申请人依照本法第十三条的规定提出对有关规范性文件的附带审查申请，行政复议机关有权处理的，应当在三十日内依法处理；无权处理的，应当在七日内转送有权处理的行政机关依法处理。

第五十七条 行政复议机关在对被申请人作出的行政行为进行审查时，认为其依据不合法，本机关有权处理的，应当在三十日内依法处理；无权处理的，应当在七日内转送有权处理的国家机关依法处理。

第五十八条 行政复议机关依照本法第五十六条、第五十七条的规定有权处理有关规范性文件或者依据的，行政复议机构应当自行政复议中止之日起三日内，书面通知规范性文件或者依据的制定机关就相关条款的合法性提出书面答复。制定机关应当自收到书面通知之日起十日内提交书面答复及相关材料。

行政复议机构认为必要时，可以要求规范性文件或者依据的制定机关当面说明理由，制定机关应当配合。

第五十九条 【附带审查的结果】行政复议机关依照本法第五十六条、第五十七条的规定有权处理有关规范性文件或者依据，认为相关条款合法的，在行政复议决定书中一并告知；认为相关条款超越权限或者违反上位法的，决定停止该条款的执行，并责令制定机关予以纠正。

第六十条 依照本法第五十六条、第五十七条的规定接受转送的行政机关、国家机关应当自收到转送之日起六十日内，将处理意见回复转送的行政复议机关。

第五章 行政复议决定

第六十一条 行政复议机关依照本法审理行政复议案件，由行政复议机构对行政行为进行审查，提出意见，经行政复议机关的负责人同意或者集体讨论通过后，以行政复议机关的名义作出行政复议决定。

经过听证的行政复议案件，行政复议机关应当根据听证笔录、审查认定的事实和证据，依照本法作出行政复议决定。

【复议委员会的效力】提请行政复议委员会提出咨询意见的行政复议案件，行政复议机关应当将咨询意见作为作出行政复议决定的重要参考依据。

第六十二条 适用普通程序审理的行政复议案件，行政复议机关应当自受理申请之日起六十日内作出行政复议决定；但是法律规定的行政复议期限少于六十日的除外。情况复杂，不能在规定期限内作出行政复议决定的，经行政复议机构的负责人批准，可以适当延长，并书面告知当事人；但是延长期限最多不得超过三十日。

【简易程序的审限】适用简易程序审理的行政复议案件，行政复议机关应当自受理申请之日起三十日内作出行政复议决定。

第六十三条 【复议决定：变更】行政行为有下列情形之一的，行政复议机关决定变更该行政行为：

（一）事实清楚，证据确凿，适用依据正确，程序合法，但是内容不适当；

（二）事实清楚，证据确凿，程序合法，但是未正确适用依据；

（三）事实不清、证据不足，经行政复议机关查清事实和证据。

行政复议机关不得作出对申请人更为不利的变更决定，但是第三人提出相反请求的除外。

第六十四条 【复议决定：撤销】行政行为有下列情形之一的，行政复议机关决定撤销或者部分撤销该行政行为，并可以责令被申请人在一定期限内重新作出行政行为：

（一）主要事实不清、证据不足；

（二）违反法定程序；

（三）适用的依据不合法；

（四）超越职权或者滥用职权。

行政复议机关责令被申请人重新作出行政行为的，被申请人不得以同一事实和理由作出与被申请行政复议的行政行为相同或者基本相同的行政行为，但是行政复议机关以违反法定程序为由决定撤销或者部分撤销的除外。

第六十五条 【复议决定：确认违法】行政行为有下列情形之一的，行政复议机关不撤销该行政行为，但是确认该行政行为违法：

（一）依法应予撤销，但是撤销会给国家利益、社会公共利益造成重大损害；

（二）程序轻微违法，但是对申请人权利不产生实际影响。

行政行为有下列情形之一，不需要撤销或者责令履行的，行政复议机关确认该行政行为违法：

（一）行政行为违法，但是不具有可撤销内容；

（二）被申请人改变原违法行政行为，申请人仍要求撤销或者确认该行政行为违法；

（三）被申请人不履行或者拖延履行法定职责，责令履行没有意义。

第六十六条 被申请人不履行法定职责的，行政复议机关决定被申请人在一定期限内履行。

第六十七条 行政行为有实施主体不具有行政主体资格或者没有依据等重大且明显违法情形，申请人申请确认行政行为无效的，行政复议机关确认该行政行为无效。

第六十八条 【复议决定：维持】行政行为认定事实清楚，证据确凿，适用依据正确，程序合法，内容适当的，行政复议机关决定维持该行政行为。

第六十九条 【复议决定：驳回】行政复议机关受理申请人认为被申请人不履行法定职责的行政复议申请后，发现被申请人没有相应法定职责或者在受理前已经履行法定职责的，决定驳回申请人的行政复议请求。

第七十条 被申请人不按照本法第四十八条、第五十四条的规定提出书面答复、提交作出行政行为的证据、依据和其他有关材料的，视为该行政行为没有证据、依据，行政复议机关决定撤销、部分撤销该行政行为，确认该行政行为违法、无效或者决定被申请人在一定期限内履行，但是行政行为涉及第三人合法权益，第三人提供证据的除外。

第七十一条 被申请人不依法订立、不依法履行、未按照约定履行或者违法变更、解除行政协议的，行政复议机关决定被申请人承担依法订立、继续履行、采取补救措施或者赔偿损失等责任。

被申请人变更、解除行政协议合法，但是未依法给予补偿或者补偿不合理的，行政复议机关决定被申请人依法给予合理补偿。

第七十二条 申请人在申请行政复议时一并提出行政赔偿请求，行政复议机关对依照《中华人民共和国国家赔偿法》的有关规定应当不予赔偿的，在作出行政复议决定时，应当同时决定驳回行政赔偿请求；对符合《中华人民共和国国家赔偿法》的有关规定应当给予赔偿的，在决定撤销或者部分撤销、变更行政行为或者确认行政行为违法、无效时，应当同时决定被申请人依法给予赔偿；确认行政行为违法的，还可以同时责令被申请人采取补救措施。

申请人在申请行政复议时没有提出行政赔偿请求的，行政复议机关在依法决定撤销或者部分撤销、变更罚款，撤销或者部分撤销违法集资、没收财物、征收征用、摊派费用以及对财产的查封、扣押、冻结等行政行为时，应当同时责令被申请人返还财产，解除对财产的查封、扣押、冻结措施，或者赔偿相应的价款。

第七十三条 当事人经调解达成协议的，行政复议机关应当制作行政复议调解书，经各方当事人签字或者签章，并加盖行政复议机关印章，即具有法律效力。

调解未达成协议或者调解书生效前一方反悔的，行政复议机关应当依法审查或者及时作出行政复议决定。

第七十四条 【复议的撤回】当事人在行政复议决定作出前可以自愿达成和解，和解内容不得损害国家利益、社会公共利益和他人合法权益，不得违反法律、法规的强制性规定。

当事人达成和解后，由申请人向行政复议机构撤回行政复议申请。行政复议机构准予撤回行政复议申请、行政复议机关决定终止行政复议的，申请人不得再以同一事实和理由提出行政复议申请。但是，申请人能够证明撤回行政复议申请违背其真实意愿的除外。

第七十五条 行政复议机关作出行政复议决定，应当制作行政复议决定书，并加盖行政复议机关印章。

行政复议决定书一经送达，即发生法律效力。

第七十六条 行政复议机关在办理行政复议案件过程中，发现被申请人或者其他下级行政机关的有关行政行为违法或者不当的，可以向其制发行政复议意见书。有关机关应当自收到行政复议意见书之日起六十日内，将纠正相关违法或者不当行政行为的情况报送行政复议机关。

第七十七条 【履行】被申请人应当履行行政复议决定书、调解书、意见书。

被申请人不履行或者无正当理由拖延履行行政复议决定书、调解书、意见书的，行政复议机关或者有关上级行政机关应当责令其限期履行，并可以约谈被申请人的有关负责人或者予以通报批评。

第七十八条 申请人、第三人逾期不起诉又不履行行政复议决定书、调解书的，或者不履行最终裁决的行政复议决定的，按照下列规定分别处理：

（一）维持行政行为的行政复议决定书，由作出行政行为的行政机关依法强制执行，或者申请人民法院强制执行；

（二）变更行政行为的行政复议决定书，由行政复议机关依法强制执行，或者申请人民法院强制执行；

（三）行政复议调解书，由行政复议机关依法强制执行，或者申请人民法院强制执行。

第七十九条 行政复议机关根据被申请行政复议的行政行为的公开情况，按照国家有关规定将行政复议决定书向社会公开。

县级以上地方各级人民政府办理以本级人民政府工作部门为被申请人的行政复议案件，应当将发生法律效力的行政复议决定书、意见书同时抄告被申请人的上一级主管部门。

第六章 法律责任

第八十条 行政复议机关不依照本法规定履行行政复议职责，对负有责任的领导人员和直接责任人员依法给予警告、记过、记大过的处分；经有权监督的机关督促仍不改正或者造成严重后果的，依法给予降级、撤职、开除的处分。

第八十一条 行政复议机关工作人员在行政复议活动中，徇私舞弊或者有其他渎职、失职行为的，依法给予警告、记过、记大过的处分；情节严重的，依法给予降级、撤职、开除的处分；构成犯罪的，依法追究刑事责任。

第八十二条 被申请人违反本法规定，不提出书面答复或者不提交作出行政行为的证据、依据和其他有关材料，或者阻挠、变相阻挠公民、法人或者其他组织依法申请行政复议的，对负有责任的领导人员和直接责任人员依法给予警告、记过、记大过的处分；进行报复陷害的，依法给予降级、撤职、开除的处分；构成犯罪的，依法追究刑事责任。

第八十三条 被申请人不履行或者无正当理由拖延履行行政复议决定书、调解书、意见书的，对负有责任的领导人员和直接责任人员依法给予警告、记过、记大过的处分；经责令履行仍拒不履行的，依法给予降级、撤职、开除的处分。

第八十四条 拒绝、阻挠行政复议人员调查取证，故意扰乱行政复议工作秩序的，依法给予处分、治安管理处罚；构成犯罪的，依法追究刑事责任。

第八十五条 行政机关及其工作人员违反本法规定的，行政复议机关可以向监察机关或者公职人员任免机关、单位移送有关人员违法的事实材料，接受移送的监察机关或者公职人员任免机关、单位应当依法处理。

第八十六条 行政复议机关在办理行政复议案件过程中，发现公职人员涉嫌贪污贿赂、失职渎职等职务违法或者职务犯罪的问题线索，应当依照有关规定移送监察机关，由监察机关依法调查处置。

第七章 附 则

第八十七条 行政复议机关受理行政复议申请，不得向申请人收取任何费用。

第八十八条 行政复议期间的计算和行政复议文书的送达，本法没有规定的，依照《中华人民共和国民事诉讼法》关于期间、送达的规定执行。

本法关于行政复议期间有关“三日”、“五日”、“七日”、“十日”的规定是指工作日，不含法定休假日。

第八十九条 外国人、无国籍人、外国组织在中华人民共和国境内申请行政复议，适用本法。

第九十条 本法自2024年1月1日起施行。

最高人民法院关于审理行政赔偿案件若干问题的规定

法释［2022］10号

（2021年12月6日最高人民法院审判委员会第1855次会议通过，自2022年5月1日起施行）

为保护公民、法人和其他组织的合法权益，监督行政机关依法履行行政赔偿义务，确保人民法院公正、及时审理行政赔偿案件，实质化解行政赔偿争议，根据《中华人民共和国行政诉讼法》（以下简称行政诉讼法）《中华人民共和国国家赔偿法》（以下简称国家赔偿法）等法律规定，结合行政审判工作实际，制定本规定。

一、受案范围

第一条　【赔偿范围】国家赔偿法第三条、第四条规定的"其他违法行为"包括以下情形：

（一）不履行法定职责行为；

（二）行政机关及其工作人员在履行行政职责过程中作出的不产生法律效果，但事实上损害公民、法人或者其他组织人身权、财产权等合法权益的行为。

第二条　依据行政诉讼法第一条、第十二条第一款第十二项和国家赔偿法第二条规定，公民、法人或者其他组织认为行政机关及其工作人员违法行使行政职权对其劳动权、相邻权等合法权益造成人身、财产损害的，可以依法提起行政赔偿诉讼。

第三条　赔偿请求人不服赔偿义务机关下列行为的，可以依法提起行政赔偿诉讼：

（一）确定赔偿方式、项目、数额的行政赔偿决定；

（二）不予赔偿决定；

（三）逾期不作出赔偿决定；

（四）其他有关行政赔偿的行为。

第四条　法律规定由行政机关最终裁决的行政行为被确认违法后，赔偿请求人可以单独提起行政赔偿诉讼。

第五条　公民、法人或者其他组织认为国防、外交等国家行为或者行政机关制定发布行政法规、规章或者具有普遍约束力的决定、命令侵犯其合法权益造成损害，向人民法院提起行政赔偿诉讼的，不属于人民法院行政赔偿诉讼的受案范围。

二、诉讼当事人

第六条　公民、法人或者其他组织一并提起行政赔偿诉讼中的当事人地位，按照其在行政诉讼中的地位确定，行政诉讼与行政赔偿诉讼当事人不一致的除外。

第七条　受害的公民死亡，其继承人和其他有扶养关系的人可以提起行政赔偿诉讼，并提供该公民死亡证明、赔偿请求人与死亡公民之间的关系证明。

受害的公民死亡，支付受害公民医疗费、丧葬费等合理费用的人可以依法提起行政赔偿诉讼。

有权提起行政赔偿诉讼的法人或者其他组织分立、合并、终止，承受其权利的法人或者其他组织可以依法提起行政赔偿诉讼。

第八条 两个以上行政机关共同实施侵权行政行为造成损害的，共同侵权行政机关为共同被告。赔偿请求人坚持对其中一个或者几个侵权机关提起行政赔偿诉讼，以被起诉的机关为被告，未被起诉的机关追加为第三人。

第九条 【复议加重作共同被告】原行政行为造成赔偿请求人损害，复议决定加重损害的，复议机关与原行政行为机关为共同被告。赔偿请求人坚持对作出原行政行为机关或者复议机关提起行政赔偿诉讼，以被起诉的机关为被告，未被起诉的机关追加为第三人。

第十条 行政机关依据行政诉讼法第九十七条的规定申请人民法院强制执行其行政行为，因据以强制执行的行政行为违法而发生行政赔偿诉讼的，申请强制执行的行政机关为被告。

三、证据

第十一条 【举证责任：行政赔偿诉讼】行政赔偿诉讼中，原告应当对行政行为造成的损害提供证据；因被告的原因导致原告无法举证的，由被告承担举证责任。

【生产生活必需品】人民法院对于原告主张的生产和生活所必需物品的合理损失，应当予以支持；对于原告提出的超出生产和生活所必需的其他贵重物品、现金损失，可以结合案件相关证据予以认定。

第十二条 原告主张其被限制人身自由期间受到身体伤害，被告否认相关损害事实或者损害与违法行政行为存在因果关系的，被告应当提供相应的证据证明。

四、起诉与受理

第十三条 【视为一并提起】行政行为未被确认为违法，公民、法人或者其他组织提起行政赔偿诉讼的，人民法院应当视为提起行政诉讼时一并提起行政赔偿诉讼。

行政行为已被确认为违法，并符合下列条件的，公民、法人或者其他组织可以单独提起行政赔偿诉讼：

（一）原告具有行政赔偿请求资格；

（二）有明确的被告；

（三）有具体的赔偿请求和受损害的事实根据；

（四）赔偿义务机关已先行处理或者超过法定期限不予处理；

（五）属于人民法院行政赔偿诉讼的受案范围和受诉人民法院管辖；

（六）在法律规定的起诉期限内提起诉讼。

第十四条 【法院告知一并】原告提起行政诉讼时未一并提起行政赔偿诉讼，人民法院审查认为可能存在行政赔偿的，应当告知原告可以一并提起行政赔偿诉讼。

原告在第一审庭审终结前提起行政赔偿诉讼，符合起诉条件的，人民法院应当依法受理；原告在第一审庭审终结后、宣判前提起行政赔偿诉讼的，是否准许由人民法院决定。

原告在第二审程序或者再审程序中提出行政赔偿请求的，人民法院可以组织各方调解；调解不成的，告知其另行起诉。

第十五条 【申请赔偿的期限】公民、法人或者其他组织应当自知道或者应当知道行政行为侵犯其合法权益之日起两年内，向赔偿义务机关申请行政赔偿。赔偿义务机关在收到赔偿申请之日起两个月内未作出赔偿决定的，公民、法人或者其他组织可以依照行政诉讼法有关规定提起行政赔偿诉讼。

第十六条 公民、法人或者其他组织提起行政诉讼时一并请求行政赔偿的，适用行政诉讼法有关起诉期限的规定。

第十七条 公民、法人或者其他组织仅对行政复议决定中的行政赔偿部分有异议，自复议决定书送达之日起十五日内提起行政赔偿诉讼的，人民法院应当依法受理。

行政机关作出有赔偿内容的行政复议决定时，未告知公民、法人或者其他组织起诉期限的，起诉期限从公民、法人或者其他组织知道或者应当知道起诉期限之日起计算，但从知道或者应当知道行政复议决定内容之日起最长不得超过一年。

第十八条 【确认违法的情形】行政行为被有权机关依照法定程序撤销、变更、确认违法或无效，或者实施行政行为的行政机关工作人员因该行为被生效法律文书或监察机关政务处分确认为渎职、滥用职权的，属于本规定所称的行政行为被确认为违法的情形。

第十九条 公民、法人或者其他组织一并提起行政赔偿诉讼，人民法院经审查认为行政诉讼不符合起诉条件的，对一并提起的行政赔偿诉讼，裁定不予立案；已经立案的，裁定驳回起诉。

第二十条 在涉及行政许可、登记、征收、征用和行政机关对民事争议所作的裁决的行政案件中，原告提起行政赔偿诉讼的同时，有关当事人申请一并解决相关民事争议的，人民法院可以一并审理。

五、审理和判决

第二十一条 【共同实施承担连带赔偿责任】两个以上行政机关共同实施违法行政行为，或者行政机关及其工作人员与第三人恶意串通作出的违法行政行为，造成公民、法人或者其他组织人身权、财产权等合法权益实际损害的，应当承担连带赔偿责任。

一方承担连带赔偿责任后，对于超出其应当承担部分，可以向其他连带责任人追偿。

第二十二条　【分别实施分情况承担责任】两个以上行政机关分别实施违法行政行为造成同一损害，每个行政机关的违法行为都足以造成全部损害的，各个行政机关承担连带赔偿责任。

两个以上行政机关分别实施违法行政行为造成同一损害的，人民法院应当根据其违法行政行为在损害发生和结果中的作用大小，确定各自承担相应的行政赔偿责任；难以确定责任大小的，平均承担责任。

第二十三条　由于第三人提供虚假材料，导致行政机关作出的行政行为违法，造成公民、法人或者其他组织损害的，人民法院应当根据违法行政行为在损害发生和结果中的作用大小，确定行政机关承担相应的行政赔偿责任；行政机关已经尽到审慎审查义务的，不承担行政赔偿责任。

第二十四条　由于第三人行为造成公民、法人或者其他组织损害的，应当由第三人依法承担侵权赔偿责任；第三人赔偿不足、无力承担赔偿责任或者下落不明，行政机关又未尽保护、监管、救助等法定义务的，人民法院应当根据行政机关未尽法定义务在损害发生和结果中的作用大小，确定其承担相应的行政赔偿责任。

第二十五条　由于不可抗力等客观原因造成公民、法人或者其他组织损害，行政机关不依法履行、拖延履行法定义务导致未能及时止损或者损害扩大的，人民法院应当根据行政机关不依法履行、拖延履行法定义务行为在损害发生和结果中的作用大小，确定其承担相应的行政赔偿责任。

第二十六条　【精神损害抚慰金的要件】有下列情形之一的，属于国家赔偿法第三十五条规定的“造成严重后果”：

（一）受害人被非法限制人身自由超过六个月；

（二）受害人经鉴定为轻伤以上或者残疾；

（三）受害人经诊断、鉴定为精神障碍或者精神残疾，且与违法行政行为存在关联；

（四）受害人名誉、荣誉、家庭、职业、教育等方面遭受严重损害，且与违法行政行为存在关联。

有下列情形之一的，可以认定为后果特别严重：

（一）受害人被限制人身自由十年以上；

（二）受害人死亡；

（三）受害人经鉴定为重伤或者残疾一至四级，且生活不能自理；

（四）受害人经诊断、鉴定为严重精神障碍或者精神残疾一至二级，生活不能自理，且与违法行政行为存在关联。

第二十七条　【赔偿标准按损害发生时】违法行政行为造成公民、法人或者其他组织财产损害，不能返还财产或者恢复原状的，按照损害发生时该财产的市场价格计算损失。市场价格无法确定，或者该价格不足以弥补公民、法人或者其他组织损失的，可以采用其他合理方式计算。

违法征收征用土地、房屋，人民法院判决给予被征收人的行政赔偿，不得少于被征收人依法应当获得的安置补偿权益。

第二十八条　下列损失属于国家赔偿法第三十六条第六项规定的“停产停业期间必要的经常性费用开支”：

（一）必要留守职工的工资；

（二）必须缴纳的税款、社会保险费；

（三）应当缴纳的水电费、保管费、仓储费、承包费；

（四）合理的房屋场地租金、设备租金、设备折旧费；

（五）维系停产停业期间运营所需的其他基本开支。

第二十九条　【直接损失】下列损失属于国家赔偿法第三十六条第八项规定的“直接损失”：

（一）存款利息、贷款利息、现金利息；

（二）机动车停运期间的营运损失；

（三）通过行政补偿程序依法应当获得的奖励、补贴等；

（四）对财产造成的其他实际损失。

第三十条　被告有国家赔偿法第三条规定情形之一，致人精神损害的，人民法院应当判决其在违法行政行为影响的范围内，为受害人消除影响、恢复名誉、赔礼道歉；消除影响、恢复名誉和赔礼道歉的履行方式，可以双方协商，协商不成的，人民法院应当责令被告以适当的方式履行。造成严重后果的，应当判决支付相应的精神损害抚慰金。

第三十一条　人民法院经过审理认为被告对公民、法人或者其他组织造成财产损害的，判决被告限期返还财产、恢复原状；无法返还财产、恢复原状的，判决被告限期支付赔偿金和相应的利息损失。

人民法院审理行政赔偿案件，可以对行政机关赔偿的方式、项目、标准等予以明确，赔偿内容确定的，应当作出具有赔偿金额等给付内容的判决；行政赔偿决定对赔偿数额的确定确有错误的，人民法院判决予以变更。

第三十二条　有下列情形之一的，人民法院判决驳回原告的行政赔偿请求：

（一）原告主张的损害没有事实根据的；

（二）原告主张的损害与违法行政行为没有因果关系的；

（三）原告的损失已经通过行政补偿等其他途径获得充分救济的；

（四）原告请求行政赔偿的理由不能成立的其他情形。

六、其他

第三十三条　本规定自 2022 年 5 月 1 日起施行。《最高人民法院关于审理行政赔偿案件若干问题的规定》（法发〔1997〕10 号）同时废止。

本规定实施前本院发布的司法解释与本规定不一致的，以本规定为准。

最高人民法院关于审理国家赔偿案件确定精神损害赔偿责任适用法律若干问题的解释

（2021年2月7日由最高人民法院审判委员会第1831次会议通过）法释［2021］3号

为正确适用《中华人民共和国国家赔偿法》有关规定，合理确定精神损害赔偿责任，结合国家赔偿审判实际，制定本解释。

第一条 【精神损害的适用主体】公民以人身权受到侵犯为由提出国家赔偿申请，依照国家赔偿法第三十五条的规定请求精神损害赔偿的，适用本解释。

法人或者非法人组织请求精神损害赔偿的，人民法院不予受理。

第二条 公民以人身权受到侵犯为由提出国家赔偿申请，未请求精神损害赔偿，或者未同时请求消除影响、恢复名誉、赔礼道歉以及精神损害抚慰金的，人民法院应当向其释明。经释明后不变更请求，案件审结后又基于同一侵权事实另行提出申请的，人民法院不予受理。

第三条 赔偿义务机关有国家赔偿法第三条、第十七条规定情形之一，依法应当承担国家赔偿责任的，可以同时认定该侵权行为致人精神损害。但是赔偿义务机关有证据证明该公民不存在精神损害，或者认定精神损害违背公序良俗的除外。

第四条 侵权行为致人精神损害，应当为受害人消除影响、恢复名誉或者赔礼道歉；侵权行为致人精神损害并造成严重后果，应当在支付精神损害抚慰金的同时，视案件具体情形，为受害人消除影响、恢复名誉或者赔礼道歉。

消除影响、恢复名誉与赔礼道歉，可以单独适用，也可以合并适用，并应当与侵权行为的具体方式和造成的影响范围相当。

第五条 人民法院可以根据案件具体情况，组织赔偿请求人与赔偿义务机关就消除影响、恢复名誉或者赔礼道歉的具体方式进行协商。

协商不成作出决定的，应当采用下列方式：

（一）在受害人住所地或者所在单位发布相关信息；

（二）在侵权行为直接影响范围内的媒体上予以报道；

（三）赔偿义务机关有关负责人向赔偿请求人赔礼道歉。

第六条 决定为受害人消除影响、恢复名誉或者赔礼道歉的，应当载入决定主文。

赔偿义务机关在决定作出前已为受害人消除影响、恢复名誉或者赔礼道歉，或者原侵权案件的纠正被媒体广泛报道，客观上已经起到消除影响、恢复名誉作用，且符合本解释规定的，可以在决定书中予以说明。

第七条 【精神损害抚慰金的要件】有下列情形之一的，可以认定为国家赔偿法第三十五条规定的“造成严重后果”：

（一）无罪或者终止追究刑事责任的人被羁押六个月以上；

（二）受害人经鉴定为轻伤以上或者残疾；

（三）受害人经诊断、鉴定为精神障碍或者精神残疾，且与侵权行为存在关联；

（四）受害人名誉、荣誉、家庭、职业、教育等方面遭受严重损害，且与侵权行为存在关联。

受害人无罪被羁押十年以上；受害人死亡；受害人经鉴定为重伤或者残疾一至四级，且生活不能自理；受害人经诊断、鉴定为严重精神障碍或者精神残疾一至二级，生活不能自理，且与侵权行为存在关联的，可以认定为后果特别严重。

第八条　【精神损害抚慰金的计算标准】致人精神损害，造成严重后果的，精神损害抚慰金一般应当在国家赔偿法第三十三条、第三十四条规定的人身自由赔偿金、生命健康赔偿金总额的百分之五十以下（包括本数）酌定；后果特别严重，或者虽然不具有本解释第七条第二款规定情形，但是确有证据证明前述标准不足以抚慰的，可以在百分之五十以上酌定。

第九条　精神损害抚慰金的具体数额，应当在兼顾社会发展整体水平的同时，参考下列因素合理确定：

（一）精神受到损害以及造成严重后果的情况；

（二）侵权行为的目的、手段、方式等具体情节；

（三）侵权机关及其工作人员的违法、过错程度、原因力比例；

（四）原错判罪名、刑罚轻重、羁押时间；

（五）受害人的职业、影响范围；

（六）纠错的事由以及过程；

（七）其他应当考虑的因素。

第十条　精神损害抚慰金的数额一般不少于一千元；数额在一千元以上的，以千为计数单位。

赔偿请求人请求的精神损害抚慰金少于一千元，且其请求事由符合本解释规定的造成严重后果情形，经释明不予变更的，按照其请求数额支付。

第十一条　受害人对损害事实和后果的发生或者扩大有过错的，可以根据其过错程度减少或者不予支付精神损害抚慰金。

第十二条　决定中载明的支付精神损害抚慰金及其他责任承担方式，赔偿义务机关应当履行。

第十三条　人民法院审理国家赔偿法第三十八条所涉侵犯公民人身权的国家赔偿案件，以及作为赔偿义务机关审查处理国家赔偿案件，涉及精神损害赔偿的，参照本解释规定。

第十四条　本解释自 2021 年 4 月 1 日起施行。本解释施行前的其他有关规定与本解释不一致的，以本解释为准。

最高人民法院关于审理司法赔偿案件适用请求时效制度若干问题的解释

法释［2023］2号

（2023年4月3日最高人民法院审判委员会第1883次会议通过，自2023年6月1日起施行）

为正确适用国家赔偿请求时效制度的规定，保障赔偿请求人的合法权益，依照《中华人民共和国国家赔偿法》的规定，结合司法赔偿审判实践，制定本解释。

第一条 【赔偿请求时效】赔偿请求人向赔偿义务机关提出赔偿请求的时效期间为两年，自其知道或者应当知道国家机关及其工作人员行使职权时的行为侵犯其人身权、财产权之日起计算。

赔偿请求人知道上述侵权行为时，相关诉讼程序或者执行程序尚未终结的，请求时效期间自该诉讼程序或者执行程序终结之日起计算，但是本解释有特别规定的除外。

第二条 【起算点：人身自由】赔偿请求人以人身权受到侵犯为由，依照国家赔偿法第十七条第一项、第二项、第三项规定申请赔偿的，请求时效期间自其收到决定撤销案件、终止侦查、不起诉或者判决宣告无罪等终止追究刑事责任或者再审改判无罪的法律文书之日起计算。

办案机关未作出终止追究刑事责任的法律文书，但是符合《最高人民法院、最高人民检察院关于办理刑事赔偿案件适用法律若干问题的解释》第二条规定情形，赔偿请求人申请赔偿的，依法应当受理。

第三条 【起算点：人身健康】赔偿请求人以人身权受到侵犯为由，依照国家赔偿法第十七条第四项、第五项规定申请赔偿的，请求时效期间自其知道或者应当知道损害结果之日起计算；损害结果当时不能确定的，自损害结果确定之日起计算。

第四条 【起算点：财产权】赔偿请求人以财产权受到侵犯为由，依照国家赔偿法第十八条第一项规定申请赔偿的，请求时效期间自其收到刑事诉讼程序或者执行程序终结的法律文书之日起计算，但是刑事诉讼程序或者执行程序终结之后办案机关对涉案财物尚未处理完毕的，请求时效期间自赔偿请求人知道或者应当知道其财产权受到侵犯之日起计算。

办案机关未作出刑事诉讼程序或者执行程序终结的法律文书，但是符合《最高人民法院、最高人民检察院关于办理刑事赔偿案件适用法律若干问题的解释》第三条规定情形，赔偿请求人申请赔偿的，依法应当受理。

赔偿请求人以财产权受到侵犯为由，依照国家赔偿法第十八条第二项规定申请赔偿的，请求时效期间自赔偿请求人收到生效再审刑事裁判文书之日起计算。

第五条 赔偿请求人以人身权或者财产权受到侵犯为由，依照国家赔偿法第三十八条规定申请赔偿的，请求时效期间自赔偿请求人收到民事、行政诉讼程序或者执行程序终结的法律文书之日起计算，但是下列情形除外：

（一）罚款、拘留等强制措施已被依法撤销的，请求时效期间自赔偿请求人收到撤销决定之日起计算；

（二）在民事、行政诉讼过程中，有殴打、虐待或者唆使、放纵他人殴打、虐待等行为，以及违法使用武器、警械，造成公民人身损害的，请求时效期间的计算适用本解释第三条的规定。

人民法院未作出民事、行政诉讼程序或者执行程序终结的法律文书，请求时效期间自赔偿请求人知道或者应当知道其人身权或者财产权受到侵犯之日起计算。

第六条　【排除期间】依照国家赔偿法第三十九条第一款规定，赔偿请求人被羁押等限制人身自由的期间，不计算在请求时效期间内。

赔偿请求人依照法律法规规定的程序向相关机关申请确认职权行为违法或者寻求救济的期间，不计算在请求时效期间内，但是相关机关已经明确告知赔偿请求人应当依法申请国家赔偿的除外。

第七条　依照国家赔偿法第三十九条第二款规定，在请求时效期间的最后六个月内，赔偿请求人因下列障碍之一，不能行使请求权的，请求时效中止：

（一）不可抗力；

（二）无民事行为能力人或者限制民事行为能力人没有法定代理人，或者法定代理人死亡、丧失民事行为能力、丧失代理权；

（三）其他导致不能行使请求权的障碍。

自中止时效的原因消除之日起满六个月，请求时效期间届满。

第八条　【期间届满】请求时效期间届满的，赔偿义务机关可以提出不予赔偿的抗辩。

请求时效期间届满，赔偿义务机关同意赔偿或者予以赔偿后，又以请求时效期间届满为由提出抗辩或者要求赔偿请求人返还赔偿金的，人民法院赔偿委员会不予支持。

第九条　赔偿义务机关以请求时效期间届满为由抗辩，应当在人民法院赔偿委员会作出国家赔偿决定前提出。

赔偿义务机关未按前款规定提出抗辩，又以请求时效期间届满为由申诉的，人民法院赔偿委员会不予支持。

第十条　人民法院赔偿委员会审理国家赔偿案件，不得主动适用请求时效的规定。

第十一条　请求时效期间起算的当日不计入，自下一日开始计算。

请求时效期间按照年、月计算，到期月的对应日为期间的最后一日；没有对应日的，月末日为期间的最后一日。

请求时效期间的最后一日是法定休假日的，以法定休假日结束的次日为期间的最后一日。

第十二条　本解释自 2023 年 6 月 1 日起施行。本解释施行后，案件尚在审理的，适用本解释；对本解释施行前已经作出生效赔偿决定的案件进行再审，不适用本解释。

第十三条　本院之前发布的司法解释与本解释不一致的，以本解释为准。

学院简介

COLLEGE INTRODUCTION

中国政法大学（简称法大）是一所以法学为特色和优势，兼有文学、历史学、哲学、经济学、管理学、教育学、理学、工学等学科的“211工程”重点建设大学。

法大的法律资格考试培训历史悠久，全国律师资格考试始于1986年，而1988年法大就开展了法律培训。2005年3月成立了中国政法大学司法考试学院，这是一所集法考研究、教学研究、辅导培训为一体的司法考试学院，2018年正式更名为中国政法大学法律职业资格考试学院。经过多年的积淀，法大法律职业资格考试学院被广大考生称为国家法律职业资格考试考前培训及法考研究、教学研究的大本营。

2024年法大法考课程体系

>>> 面授班型 <<<

班型		上课时间	标准学费（元）
主客一体面授班	面授精英A班	2024年3月-2024年10月	59800
	面授精英B班	2024年5月-2024年10月	49800
	面授集训A班	2024年6月-2024年10月	39800
	面授集训B班	2024年7月-2024年10月	32800
客观题面授班	面授全程班	2024年3月-2024年9月	35800

更多课程详情联系招生老师 →

法大法考姚老师

法大法考白老师

010-5890-8131

http://cuploeru.com

北京市海淀区西土城路25号中国政法大学研究生院东门

中国政法大学
CHINA UNIVERSITY OF POLITICAL SCIENCE AND LAW

法大法考

2024年国家法律职业资格考试

主观题考点精编

民事诉讼法与仲裁制度（第四册）

法律职业资格考试培训中心（学院）◎编著
杨秀清◎编写

中国政法大学出版社
2024 · 北京

图书在版编目（CIP）数据

2024年国家法律职业资格考试主观题考点精编/法律职业资格考试培训中心（学院）编著.—北京：中国政法大学出版社，2024.8

ISBN 978-7-5764-1466-0

Ⅰ.①2… Ⅱ.①法… Ⅲ.①法律工作者—资格考试—中国—自学参考资料 Ⅳ.①D920.4

中国国家版本馆CIP数据核字(2024)第107065号

出版者　中国政法大学出版社
地　址　北京市海淀区西土城路25号
邮寄地址　北京100088信箱8034分箱　邮编100088
网　址　http://www.cuplpress.com (网络实名：中国政法大学出版社)
电　话　010-58908285(总编室) 58908433（编辑部） 58908334(邮购部)
承　印　北京鑫海金澳胶印有限公司
开　本　787mm×1092mm　1/16
印　张　86.5
字　数　2000千字
版　次　2024年8月第1版
印　次　2024年8月第1次印刷
定　价　289.00元（全7册）

前　言

PREFACE

自中国政法大学法律职业资格考试中心（原司法考试学院）成立以来，其紧紧围绕建立的宗旨和方针，一方面为我校学生的法考准备与学习提供全方位教学服务；另一方面为校外学员提供高品质的法考培训，使得学员通过率逐年提升。一直以来，我院按照每年的新大纲所涉考点编写相关理论教材、法条解读等资料，对学员的备考复习发挥了重要作用。但是在培训教学过程中，我们也发现学员面对大量的辅导用书，备考重心不明确，复习缺乏体系化和层次性，“眉毛胡子一把抓”，学习效率比较低，将法考辅导用书去繁存简。伴随法考改革将主观题考查作为考生最后通关阶段，我校选拔了一批在法考方面的权威专家和名师成立编委会，精心编写了这本《国家法律职业资格考试主观题考点精编》作为校内学生法考主观题课程教学及对社会培训的专用教材。

《国家法律职业资格考试主观题考点精编》针对主观题考查内容进行编写，紧扣法考大纲，体系完整，重点突出。综合每门学科内容出综合性案例，授课老师会通过对案例的讲解融会贯通每科考点，抓重点、理顺案情脉络，识破题眼，掌握解题方法。案例贴近实践，与指导性案例相结合，考点明确，法律思维清晰，切中考点要害。全书渗透了参编教师多年的教学经验，体现法考规律和应考学科知识的深刻理解与把握，在排版格式上做了匠心独到的设计。本书主要分为三个部分，第一部分：主观题命题形式、命题思路分析、主观题答题策略和技巧等；第二部分：重要知识点归纳；第三部分：论述题模拟案例分析。

我相信，该教材的出版，会对提高考生主观题考场实战能力及未来从事法律工作能力给予有力支持和帮助。在此预祝各位备考考生顺利通关。最后对编写本套教材编委会老师的辛勤付出表示感谢！

编委会成员（按姓氏笔画排序）：方鹏、兰燕卓、叶晓川、刘家安、杨秀清、宋亚伟、肖沛权、贾若山、梁泽宇。

中国政法大学法律职业资格考试中心

2024 年 8 月

目　录

CONTENTS

第一部分　民事诉讼法与仲裁法主观题命题规律与应对策略

一、主观题考试命题思路分析

与2023年国家统一法律职业资格考试大纲相比较，2024年考试大纲中民事诉讼法与仲裁法部分，在考纲内容结构、具体考试内容以及法律法规目录三部分基本没有变化。《民事诉讼法》第五次修正于2024年1月1日起施行。此次《民事诉讼法》修正对非涉外部分的修改主要集中于审判组织、恶意诉讼、应诉管辖与特别程序，其中在第十五章特别程序中增加一节作为“第四节 指定遗产管理人案件”，对指定遗产管理人案件的申请与相关程序问题作出规定，与《民法典》中的“遗产管理人”制度相配套。对涉外部分的修改主要集中于三个问题：一是涉外管辖制度，增加了涉外协议管辖、应诉管辖、平行管辖的处理以及不方便法院审理原则，修改了专属于人民法院管辖的案件范围以及涉外民事诉讼管辖的连接点；二是涉外民事诉讼规则，增加了调查取证规定，修改了涉外送达方式；三是司法协助制度，增加了不予承认和执行外国法院判决、裁定的法定情形以及人民法院认定外国法院对案件无管辖权的具体情形，增加了当事人对承认和执行或者不予承认和执行的裁定不服的救济方式等。总体而言，由于2024年考纲就该部分考试内容的具体要求实质性变化较小，2024年法律职业资格考试还是会延续2018年至2023年法律职业资格考试的基本风格，以与实体法相结合的综合性案例的方式考查考生对民事诉讼法与仲裁法中基本制度与基本理论的掌握及运用能力，因此，考生仍然可以按照法考时代前几年主观题的备考方式应对2024年法考主观题的复习。

关于2024年法考主观题命题思路，可以注意以下几点：

1. 考查趋势。以通过国家统一法律职业考试选拔法律职业人的目标为指导，将民事诉讼法与仲裁法的重要制度及理论与民法、商法等实体法科目相结合，以综合性大案例的方式考查考生的知识功底以及分析问题、解决问题的实践能力必然成为法律职业考试的发展趋势。考生无需对多学科综合性大案例分析产生恐惧心理，综合性大案例实际上是司法实践中较为复杂的法律关系的再现。现代社会分工趋于细化、商事交易关系日益复杂多样，由此产生的民商事法律关系呈现出明显的交易主体多元化以及所涉权益或利益的交互性与紧密性，一项重大商事活动或交易中往往涉及多重彼此存在各种联系的民事法律关系以及多方当事人，一旦发生争议，往往表现为以一方当事人为中心的连锁式争议或者平行式争议，因此，一个综合性大案例无非就是将三至五个单独的小案例以一个民事主体为中心或者按照法律关系产生的时间顺序为主线串联起来。只要考生了解并意识到这种综合性案例的设计特点，即可从容应对。

2. 考查特点。法律职业资格考试中，在实体法与程序法相结合的综合性案例考查情况下，民事诉讼法与仲裁法的知识主要集中在两大部分：第一，与实体法相关联的重要诉讼制度与理论，如民法典中的各种请求权与给付之诉的关系，民法典中的多数人之债与民事诉讼中的共同诉讼人以及第三人这样的多数当事人制度问题，民法典中的代位权、利他合同、合同转让等与民事诉讼中无独立请求权第三人的关系，民法典中的特殊侵权与民事诉讼中的证明责任的特殊分配问题，民法典中的各种请求权基础事实以及抗辩权与民事诉讼中证明对象的确定问题，民法典中的担保物权与民事诉讼法中担保物权实现的特别程序问题，民法典中的抵销权与民事诉讼中的反诉或抵销抗辩权的问题，民法典中的撤销权、公司法中的公司决议无效、撤销之诉与民事诉讼中的形成之诉的问题，破产法中与债务人有关诉讼的管辖法院的规定与民事诉讼中的专属管辖以及仲裁解决争议的关系问题等。因此，民事诉讼中的诉的种类制度、当事人制度、证明对象的确定以及证明责任的分配与实体法存在密切的关系。第二，民事诉讼中的重要程序制度的考查，如管辖制度、第一审普通程序、第二审程序、审判监督程序以及执行程序等的主要内容。

二、主观题的应对之道

（一）理顺综合性案例中的民事法律关系

综合性案例的特点是案情设计复杂，案情中的主体多元且事实较多，其中有些事实是具有法律意义的事实，往往与所提问题有关；而有些事实是为了保持案情的连贯性而进行的故事描述性事实，往往与所提问题无关，因此，考生要在纷繁复杂的事实中找出与考点有关的事实，就需要先理顺综合性案例中的民事法律关系。综合性案例的案情设计通常有两种思路：第一，以某一民事主体为中心设计多个平行式的民事法律关系；第二，以时间顺序为主线设计多个连锁式的民事法律关系。因此，考生需要做到心中有数。

（二）通读与精读相结合

综合性案例通常案情资料较长，且设计较多数量的问题，有的大案例甚至设计 10 个以上的问题，因此，在复杂的案情资料中如何快速找到与所需要回答问题相关的案件事实，并明确命题人想考查的知识点是非常重要的。为此，考生在阅读案情资料时应采取通读与精读相结合的方法，即先快速通读一遍案情资料，明确命题人设计案情的思路，在此基础上剔除故事描述性事实，筛选出与民事法律关系相关的主要事实。由于命题人所提出的若干个具体问题通常是根据案情资料的先后顺序所提的，因此，在通读案情资料并筛选出与民事法律关系相关的主要事实后，可以结合所提问题精读与所提问题有关的事实，明确所考查的知识点。

（三）回答问题需答案清晰且有理有据

通过法律职业资格考试需先熟悉其设问规律，唯有此，才能在回答问题时做到答案清晰且有理有据。法律职业资格考试的问题不外乎两种情况：第一，以法律及司法解释的规定为依据提出问题。准确回答该类问题相对较为简单，只要针对所考查知识点准确找到所依据的法律及司法解释的具体规定即可。回答时先针对问题给出明确的答案，然后再结合案情资料写出法律及司法解释依据及简要理由即可。第二，以某一基本概念或基本理论为依据提出问题。该类问题的回答无法简单依据法律及司法解释的规定，而需涉及民事诉讼法原理。准确回答该类问题需先根据问题所关涉的案件事实分析该问题所考查的理论知识点，然后才能在给出明确答案的前提下，结合案情阐明理由。阐明理由时要注意详略得当，既不可过于简单，也不可长篇大论，更不可令人不知所云。

（四）主观题备考应重基本功而非口诀记忆

主观题重在考查考生综合理解并运用民事诉讼法与仲裁法的基本概念、基本理论与基本制度分析问题、解决问题的实践能力，无论是以法律规定为依据所设计的考题，还是以基本概念或基本理论为依据所设计的考题，其答案所要求陈述的理由均具有一定的开放性。例如：考生都熟悉《民诉解释》第 247 条关于重复起诉的规定，甚至对其“三同标准”，即“1. 后诉与前诉的当事人相同；2. 后诉与前诉的诉讼标的相同；3. 后诉与前诉的诉讼请求相同，或者后诉的诉讼请求实质上否定前诉裁判结果”烂熟于心，但是，如何将“三同标准”准确运用于具体案例中判断是否构成重复起诉是一个非常复杂的问题，单凭记忆而不理解重复起诉的制度原理及各具体标准的内涵是无法回答案例分析题的。又如，考生都熟悉《企业破产法》第 21 条的规定，即“人民法院受理破产申请后，有关债务人的民事诉讼，只能向受理破产申请的人民法院提起”。据考生回忆，在 2018 年首次法律职业资格考试的主观题中围绕该法律规定出了两道题，一道题是：“B 市法院受理了甲公司的破产案件，且受理了乙公司诉甲公司的诉讼，问：B 市法院能否将该诉讼案件移送其他法院管辖?”考生可以依据《企业破产法》第 21 条准确回答“不能移送”。但是，接着的一道题是：“甲公司与乙公司之间有仲裁协议，甲公司进入破产程序，甲公司与乙公司就仲裁协议约定事项发生争议，该争议应由仲裁委员会仲裁还是由法院管辖?”对于该题，很多考生仍然依据《企业破产法》第 21 条回答“应由法院管辖”，这样就错了，或者还有考生完全不知道该如何回答。这道题实际上涉及对民事诉讼与仲裁在解决争议中运用的关系问题，以及专属管辖不得对抗仲裁和对广义上专属管辖的理解，否则考生无法准确回答该题。再如，《民诉解释》第 326 条规定了第二审法院对原审原告在二审中增加诉讼请求的处理，但是，2018 年考题中出的是“二审中能否变更诉讼请求，为什么?”很多考生直接依据《民诉解释》第 326 条的规定回答该题，该答案就错了。准确回答该题无法直接找到可依据的法律规定，而是需要借助第二审程序与第一审程序的关系理论以及第二审法院对上诉案件的审理范围理论进行回答。这就说明考生虽然背诵了《民事诉讼法》第 175 条与《民诉解释》第 321 条关于第二审法院审理上诉案件范围的规定，但却不理解其中所蕴含的基本原理。

由此可见，备考主观题应充分重视对民事诉讼法与仲裁法基本概念、基本理论与基本制度的理解，知其然还需知其所以然，考生切勿以背口诀背图表的方式备考主观题，否则在考场上难免会陷入读不懂题，或无法准确识别考点，甚至知道考点是什么但却不知道该如何回答的窘境，导致因无法通过主观题考试而使法律职业资格考试功亏一篑！法考时代是一个考查考生法学知识基本功底以及法律思维与发现问题、分析问题、解决问题实践能力的时代！

第二部分　重点知识点归纳及演练

专题一　诉

一、诉的种类

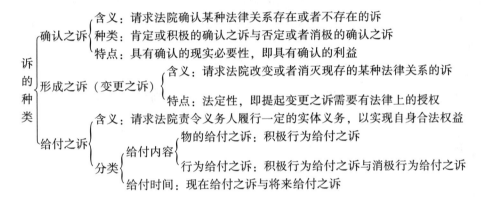

- 诉的种类
  - 确认之诉
    - 含义：请求法院确认某种法律关系存在或者不存在的诉
    - 种类：肯定或积极的确认之诉与否定或者消极的确认之诉
    - 特点：具有确认的现实必要性，即具有确认的利益
  - 形成之诉（变更之诉）
    - 含义：请求法院改变或者消灭现存的某种法律关系的诉
    - 特点：法定性，即提起变更之诉需要有法律上的授权
  - 给付之诉
    - 含义：请求法院责令义务人履行一定的实体义务，以实现自身合法权益
    - 分类
      - 给付内容
        - 物的给付之诉：积极行为给付之诉
        - 行为给付之诉：积极行为给付之诉与消极行为给付之诉
      - 给付时间：现在给付之诉与将来给付之诉

【注意】3 种诉的关系

形成之诉与给付之诉是通常状态的诉，而确认之诉是特殊辅助状态的诉。

二、不同种类诉的当事人适格

（一）形成之诉与给付之诉当事人适格的判断

1. 通常判断标准：是否是民事法律关系的主体

结果：实体当事人，即民事法律关系的主体作为当事人。

2. 特殊判断标准：是否对民事法律关系的利益享有管理权

结果：非实体当事人，即非民事法律关系的主体作为当事人。

（二）确认之诉当事人适格的判断

判断标准：是否具有确认利益。

三、不同种类诉的合法性的判断标准

（一）形成之诉：形成之诉的特殊标准

判断形成之诉是否具有合法性，还应当关注提出形成之诉的当事人是否享有法律上的授权，该授权可以是实体上的授权，如《民法典》第 147 条规定行为人基于重大误解享有的撤销权等；也可以是程序法上的授权，如《民事诉讼法》第 59 条规定的第

三人享有提起第三人撤销之诉的权利。

（二）给付之诉：以实体法上的给付请求权为依据

1. 现在给付之诉

（1）提起物的现在给付之诉，通常具有合法性，但特定物灭失时除外。

（2）提起行为的现在给付之诉，通常具有合法性，但不可替代行为已无法履行时除外。

2. 将来给付之诉

（1）通常不具有合法性。

（2）例外：符合《民法典》第578条关于预期违约的规定，即当事人一方明确表示或者以自己的行为表明不履行合同义务的，对方可以在履行期限届满之前请求其承担违约责任。

（三）确认之诉：具有确认利益

确认利益的判断：第一，确认对象是否妥当；第二，确认目的是否妥当；第三，确认手段是否妥当。

四、反诉

（一）反诉的特点

1. 反诉主体特定

2. 反诉目的对抗

3. 反诉请求独立

4. 反诉与本诉具有牵连性：第一，反诉与本诉的诉讼请求基于相同法律关系；第二，诉讼请求之间具有因果关系；第三，反诉与本诉的诉讼请求基于相同事实的。

【注意】反诉由其他法院专属管辖，或者与本诉的诉讼标的及诉讼请求所依据的事实、理由无关联的，不予受理。【《民诉解释》第233条第3款】

5. 反诉时间的特定性。第一，一审中的反诉：在案件受理后，法庭辩论结束前，被告提出反诉，合并审理；第二，二审中的反诉：根据自愿原则调解，调解不成的，告知另行起诉；双方当事人同意由第二审人民法院一并审理的，第二审人民法院可以一并裁判。【《民诉解释》第232条、《民诉解释》第326条】

6. 反诉与本诉适用程序的同一性，并且受理本诉法院应对反诉具有管辖权。

（二）反诉与反驳、诉讼抗辩

1. 提出主体不同。反诉的提出者是被告；反驳的提出者是各种当事人；诉讼抗辩的提出者是被告。

2. 性质不同。反诉具有诉的性质，具有独立性；反驳不具有诉的性质，是当事人的一项诉讼权利，不具有独立性；诉讼抗辩不具有诉的性质，是被告的一项诉讼权利，不具有独立性。

3. 主张依据的事实是否属于证明对象以及是否承担证明责任不同。被告提出反诉所主张的事实属于证明对象，被告应承担证明责任；提出反驳者所主张的事实不属于证明对象，提出者不应承担证明责任；被告提出诉讼抗辩所主张的事实属于证明对象，被告应承担证明责任。

4. 提出证据的分类不同。被告为证明反诉所提出的证据系本证；反驳提出者所提出的证据系反证；被告为证明诉讼抗辩所提出的证据系本证。

（三）实体抵销权的行使

《九民会议纪要》

43.【抵销】抵销权既可以通知的方式行使，也可以提出抗辩或者提起反诉的方式行使。抵销的意思表示自到达对方时生效，抵销一经生效，其效力溯及自抵销条件成就之时，双方互负的债务在同等数额内消灭。双方互负的债务数额，是截至抵销条件成就之时各自负有的包括主债务、利息、违约金、赔偿金等在内的全部债务数额。行使抵销权一方享有的债权不足以抵销全部债务数额，当事人对抵销顺序又没有特别约定的，应当根据实现债权的费用、利息、主债务的顺序进行抵销。

【案例】

案例一、甲某与乙某承揽合同纠纷一案

案情：甲某通过玉石拍卖会，以100万元的价格竞拍得到一块酷似人形的翡翠原石。甲某得知乙某是一名知名的玉石雕刻工艺师，与乙某签订承揽合同，由乙某在1个月内将翡翠原石雕刻成翡翠工艺品，甲某向乙某支付费用10万元。合同签订后，甲某将翡翠原石交付乙某，翡翠工艺品雕刻一半时，乙某在一次外出时意外车祸造成右手粉碎性骨折，经过住院治疗，乙某右手保住但失去雕刻工艺品的能力。根据案情回答下列问题：

1. 甲某诉至法院，要求乙某返还翡翠原石。该诉系何种诉讼？是否具有合法性？请阐述理由。

2. 甲某诉至法院，要求乙某按照合同约定完成翡翠工艺品雕刻。该诉系何种诉讼？是否具有合法性？请阐述理由。

案例二、西飞公司与东海公司、天泰公司股东会决议有效纠纷案

案情：2014年8月，A省甲市西飞公司与甲市东海公司共同发起设立B省乙市天泰公司。公司章程约定：天泰公司注册资本为1000万元，其中西飞公司出资800万元，持股比例为80%；东海公司出资200万元，持股比例为20%。还约定，由东海公司法定代表人刘某担任天泰公司的执行董事，并兼任天泰公司法定代表人、总经理。天泰公司名下所开发的主要项目位于B省乙市红河区，由于刘某不履行其职责，致使天泰公司的财务状况恶化，所开发的项目也成为烂尾工程无法经营。2017年8月，为改善

天泰公司经营管理状况，天泰公司召开股东会，形成《股东会决议》，修改公司章程，改组董事会，新组建成立的董事会成员5名，由原告西飞公司委派3名，董事长、副董事长各1名，均由原告西飞公司委派人员担任。由于天泰公司、东海公司反悔并拒绝履行《股东会决议》内容，不仅导致各股东决裂，而且造成作为大股东的西飞公司无法实际行使管理公司的权利，使其应有的权利受到损害。

西飞公司于2017年12月向甲市河东区法院提起诉讼，要求确认《股东会决议》有效并要求天泰公司、东海公司履行《股东会决议》约定主要事项的变更登记义务。本案被告在一审中提出我国现行的法律与司法解释仅规定了股东会决议不成立、无效、撤销之诉，却没有规定股东会决议有效之诉，据此请求法院驳回原告起诉。甲市河东区法院经审理裁定驳回西飞公司的起诉。

请根据本案案情回答下列问题：

请对甲市河东区法院的做法进行分析，并阐述理由。

案例三、租赁合同与买卖合同纠纷案

案情：陈某系个体工商户，自2015年开始在小区居民楼里开设干洗店，因价格优惠、干洗衣物质量好、服务周到而得到好评。为扩大经营，2018年3月1日，陈某与赵某签订房屋租赁合同，约定：赵某将其位于小区门口中佳大厦二层的一间300平方米商铺出租给陈某开干洗店，每月租金2万元，按月交付租金。为经营需要，同日，陈某与贸易公司商谈签订买卖合同：陈某以每台5万元的价格从贸易公司购买2台干洗机，贸易公司3月底前交付2台干洗机。到3月底，贸易公司未向陈某交付2台干洗机，陈某也未支付货款。根据案情回答下列问题：

1. 2018年7月，赵某诉至法院，要求陈某支付拖欠的4个月租金共8万元。在本案诉讼中，基于下列假设回答问题：(1) 假设陈某提出主张称：因为赵某出租的商铺电路线路存在老旧问题，陈某与赵某商量，由陈某出资3万元进行电路线路改造，该费用抵偿部分租金。陈某的主张属于何种性质？法院如何处理陈某的主张？请阐述理由。(2) 假设陈某提出主张称：2018年6月，赵某向其借款8万元，要求抵销租金。陈某的主张属于何种性质？法院如何处理陈某的主张？请阐述理由。

2. 2018年5月，贸易公司诉至法院，要求陈某支付购买2台干洗机的货款10万元。在本案诉讼中，基于下列假设回答问题：(1) 假设陈某提出主张称：买卖合同未约定双方履行义务的顺序，贸易公司无权要求其先支付10万元货款。陈某的主张属于何种性质？法院如何对待陈某的主张？请阐述理由。(2) 假设陈某提出主张称：虽然2018年3月1日自己与贸易公司商谈签订2台干洗机的买卖合同，但最终自己未在合同上签字，贸易公司所出示买卖合同中的签字系贸易公司伪造的，因此，双方之间的买卖合同未订立。陈某的主张属于何种性质？请阐述理由。

【参考答案要点】

案例一

本题主要考查对给付之诉合法性的判断。

1. 该诉系给付之诉，具体为特定物的给付之诉。该诉不具有合法性。因为本题中该翡翠原石系特定物，在甲某依合同约定将翡翠原石交付乙某后，乙某已将翡翠工艺品雕刻至一半，已无法恢复翡翠原石的原状。因此，甲某要求乙某返还翡翠原石的诉讼请求已无法实现。

2. 该诉系给付之诉，具体为不可替代的行为给付之诉。该诉不具有合法性。因为本题中乙某为甲某依约雕刻翡翠工艺品的行为系不可替代的行为，乙某因意外车祸已失去雕刻工艺品的能力。因此，甲某要求乙某按照合同约定完成翡翠工艺品雕刻的诉讼请求已无法实现。

案例二

本题主要考查确认之诉与变更之诉的区别。

甲市河东区法院裁定驳回西飞公司的起诉是不正确的。

根据《民事诉讼法》的规定，裁定驳回起诉适用于起诉不符合《民事诉讼法》第122条规定的起诉条件，或者具有第127条规定的特殊情形。判断本题西飞公司的起诉是否符合条件的关键在于其是否属于适格的原告。本题西飞公司提起要求确认《股东会决议》有效并要求天泰公司、东海公司履行《股东会决议》约定主要事项的变更登记义务属于确认之诉与给付之诉，其中确认之诉是给付之诉的前提。判断西飞公司是否是该确认之诉适格原告的依据是西飞公司是否具有提起该确认之诉的确认利益，而非是否有法律规定，法定性是变更之诉的合法性要求，而不是确认之诉的合法性要求。确认利益具体从以下三个方面判断：第一、确认对象是否妥当。本题西飞公司请求确认股东之间依据《股东会决议》所形成的权利义务关系，其确认对象妥当。第二、确认目的是否妥当。本题西飞公司提起确认之诉的目的是通过确认《股东会决议》有效实现其作为大股东对目标公司天泰公司的实际控制权，其确认目的妥当。第三、确认手段是否妥当。本题因刘某未履行作为天泰公司法定代表人、总经理的职责，致使天泰公司的财务状况恶化，且所开发的项目也成为烂尾工程，损害西飞公司作为大股东的权益，其无法直接通过提起变更之诉或者给付之诉救济其权益，其确认手段妥当。因此，西飞公司提起该确认之诉具有合法性，河东区法院裁定驳回起诉是不正确的。

案例三

本题主要考查反诉、诉讼抗辩与反驳的区别。

1. （1）陈某的主张系反诉。因为被告陈某主张的以其改造电路线路的费用抵偿部分租金，与原告赵某要求其支付租金8万元的诉讼请求系基于同一法律关系产生的目的对抗的诉讼请求，符合反诉与本诉的牵连性要求。法院可以将陈某的反诉与赵某的本诉合并审理。因为根据《民事诉讼法》第143条规定，被告提出反诉，可以合并审理。(2) 陈某的主张属于诉讼抗辩，即抵销抗辩。因为陈某主张赵某向其借款8万元与原告赵某所提出的要求陈某支付租金的本诉不具有牵连性，属于在诉讼中以抗辩的方式行使抵销权，系抵销抗辩。法院可以责令陈某就其抵销抗辩事实承担证明责任，并根据其完成证明责任的情况作出判决。

2. (1) 陈某的主张属于诉讼抗辩。因为陈某实际上是以同时履行抗辩权为基础提出诉讼抗辩。法院可以责令陈某就其主张的同时履行抗辩权所依据的事实承担证明责任。因为同时履行抗辩权属于被告陈某主张的阻止原告请求权实现的诉讼抗辩，根据谁主张，谁举证的证明责任分配规则，陈某应就其主张承担证明责任。(2) 陈某的主张属于反驳。因为陈某自己未在合同上签字，双方之间的买卖合同未订立是对原告贸易公司要求其履行支付货款10万元义务所依据的买卖合同关系成立事实的否定，构成诉讼上的事实反驳。

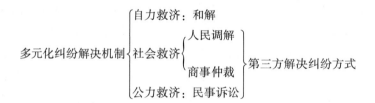

专题二　主管与管辖

一、多元化纠纷解决机制

多元化纠纷解决机制
- 自力救济：和解
- 社会救济
  - 人民调解
  - 商事仲裁
- 公力救济：民事诉讼

（人民调解、商事仲裁、民事诉讼：第三方解决纠纷方式）

二、管辖

(一) 特殊地域管辖

1. 特殊地域管辖确定的规律

(1) 因合同纠纷、票据纠纷、保险合同纠纷、侵权纠纷、运输合同纠纷、运输事故纠纷、船舶碰撞或者海事损害事故纠纷提起的诉讼，被告住所地人民法院有法定管辖权，海难救助费用案件与共同海损纠纷案件除外；

(2) 密切联系是确定特殊地域管辖的重要原则；

(3) 公司纠纷诉讼由公司住所地法院管辖。

2. 合同纠纷案件的管辖

(1) 被告住所地法院有法定管辖权。

(2) 合同履行地法院有法定管辖权。合同履行地分2种情况：

第一，合同约定履行地的，约定履行地为履行地；但是合同没有实际履行，当事人双方住所地都不在合同约定的履行地的，履行地无管辖权。

第二，合同对履行地点没有约定或者约定不明确，根据争议标的的不同情况确定履行地。争议标的为给付货币的，接收货币一方所在地为合同履行地；交付不动产的，不动产所在地为合同履行地；其他标的，履行义务一方所在地为合同履行地。即时结清的合同，交易行为地为合同履行地。

3. 侵权纠纷案件的管辖：被告住所地和侵权行为地法院管辖

（二）不动产纠纷的专属管辖

1. 不动产纠纷是指因不动产的权利确认、分割、相邻关系等引起的物权纠纷。

物权作为财产权的一种，是人们对物的占有、使用、收益、处分的权利。物权分为所有权、用益物权和担保物权。所有权是物权的完整形态，包含了物权占有、使用、收益和处分的全部功能。用益物权是以对物的使用收益为目的的他物权，如土地承包经营权、建设用地使用权、宅基地使用权、地役权等。担保物权是以物的价值担保债权到期能够得到清偿的他物权，如抵押权、质权、留置权等。物权纠纷是基于物权关系而产生的纠纷，与债权纠纷构成了民事纠纷的常见类型。实践中，区分不动产物权纠纷与不动产债权纠纷会产生一些歧义。最高人民法院《民事案由规定》明确，按照物权变动原因与结果相区分的原则，确定纠纷的性质和案由。对于因物权变动的原因关系，即债权性质的合同关系产生的纠纷，如物权设立原因关系方面的抵押合同纠纷，物权转让原因方面的建设用地使用权出让合同纠纷、建设用地使用权转让合同纠纷等，是债权纠纷。对于因物权设立、权属、效力、使用、收益等物权关系产生的纠纷，则是物权纠纷，如《民事案件案由规定》列举的不动产物权纠纷的六类二级案由包括不动产登记纠纷、物权保护纠纷、所有权纠纷、用益物权纠纷、担保物权纠纷和占有保护纠纷。

2. 农村土地承包经营合同纠纷、房屋租赁合同纠纷、建设工程施工合同纠纷、政策性房屋买卖合同纠纷，按照不动产纠纷确定管辖。

这几类涉及不动产的特殊合同纠纷具有一定的特殊性，如建设工程施工合同纠纷往往涉及建筑物工程造价评估、质量鉴定、留置权优先受偿，还可能涉及执行拍卖等，由建筑物所在地法院管辖，有利于案件审理与执行。其他三类特殊合同纠纷，双方的争议除涉及合同的订立、履行以外，还涉及当地的土地承包经营政策和房地产宏观调控政策，由不动产所在地法院专属管辖，有利于统一裁判尺度，配合当地政府处理该类案件可能引起的群体性纠纷。

（三）协议管辖

1. 协议管辖的有效条件

（1）适用范围：合同或者其他财产权益纠纷。当事人因同居或者在解除婚姻、收养关系后发生的财产争议，可以适用协议管辖。

（2）形式：当事人应采用书面协议形式，口头形式无效。

（3）选择范围：被告住所地、合同履行地、合同签订地、原告住所地、标的物所在地等与争议有实际联系的地点的人民法院管辖。

（4）不得违反《民事诉讼法》对级别管辖和专属管辖的规定。

（5）选择要求：第一，根据管辖协议，起诉时能够确定管辖法院的，从其约定；不能确定的，依照《民事诉讼法》的相关规定确定管辖。第二，管辖协议约定2个以上与争议有实际联系的地点的人民法院管辖，管辖协议有效，原告可以向其中1个人民法院起诉。

2. 与法定管辖的关系

【注意】 确定合同纠纷与侵权纠纷的管辖时，有效协议管辖优先于法定管辖适用。

【案例】

案例四、华泰财产保险有限公司北京分公司诉李志贵、天安财产保险股份有限公司河北省分公司张家口支公司保险人代位求偿权纠纷案

案情： 2011年6月1日，华泰财产保险有限公司北京分公司（简称"华泰保险公司"）与北京亚大锦都餐饮管理有限公司（简称"亚大锦都餐饮公司"）签订机动车辆保险合同，被保险车辆的车牌号为京A82368，保险期间自2011年6月5日0时起至2012年6月4日24时止。2011年11月18日，陈某某驾驶被保险车辆行驶至北京市朝阳区机场高速公路上时，与李志贵驾驶的车牌号为冀GA9120的车辆发生交通事故，造成被保险车辆受损。经交管部门认定，李志贵负事故全部责任。事故发生后，华泰保险公司依照保险合同的约定，向被保险人亚大锦都餐饮公司赔偿保险金83 878元，并依法取得代位求偿权。基于肇事车辆系在天安财产保险股份有限公司河北省分公司张家口支公司（简称"天安保险公司"）投保了机动车交通事故责任强制保险，华泰保险公司于2012年10月诉至北京市东城区人民法院，请求判令被告肇事司机李志贵和天安保险公司赔偿83 878元，并承担诉讼费用。

被告李志贵的住所地为河北省张家口市怀来县沙城镇，被告天安保险公司的住所地为张家口市怀来县沙城镇燕京路东108号，保险事故发生地为北京市朝阳区机场高速公路上，被保险车辆行驶证记载所有人的住址为北京市东城区工体北路新中西街8号。

请根据本案案情，回答下列问题：

1. 请对本案的管辖法院进行分析，并阐述理由。
2. 东城区法院应如何处理华泰保险公司的起诉？为什么？

案例五、华欣公司与万和公司合同纠纷案

案情： 2018年3月，位于A市甲区的华欣公司与位于B市乙区的万和公司在C市乙区签订了《水泥买卖合同》，合同约定：万和公司卖给华欣公司700吨水泥，双方在B市丁区交付水泥。

根据下列假设回答问题：

1. 假设合同签订后，华欣公司与万和公司签订了补充协议，约定：因合同履行所发生的争议，由合同履行地法院管辖。因万和公司未向华欣公司交付水泥，华欣公司欲起诉。何地法院有管辖权？请给出分析思路。

2. 假设合同签订后，因万和公司未向华欣公司交付水泥，华欣公司欲起诉。何地法院有管辖权？请给出分析思路。

3. 假设合同签订后，华欣公司与万和公司签订了补充协议，约定：因合同履行所发生的争议，由合同履行地法院管辖。此后，万和公司仅向华欣公司交付了200吨水泥。华欣公司起诉要求万和公司交付剩余500吨水泥，何地法院有管辖权？请给出分析思路。

4. 假设合同签订后，万和公司仅向华欣公司交付了200吨水泥。华欣公司起诉要求万和公司交付剩余500吨水泥，何地法院有管辖权？请给出分析思路。

案例六、冯某滨与科技公司网络侵权纠纷案

户籍在哈尔滨市香坊区的冯某滨与位于北京海淀区的科技公司网络侵权纠纷案。冯某滨用手机注册“XX视频”app账号时，该软件的用户协议载明，用户在注册账号前，应当阅读并同意“XX视频”用户协议，故双方当事人之间形成了合同关系。案涉《XX视频用户服务协议》第14.2条约定本案协议的签署地为北京市海淀区，“若您因本协议与公司发生任何争议，双方应尽量友好协商解决；如协商不成的，您同意应将相关争议提交至北京市海淀区人民法院诉讼解决。”后因科技公司以其他方式使用冯某滨的个人信息，冯某滨认为北京科技公司擅自使用其个人信息的行为侵犯其个人信息、隐私权，作为被侵权人向其住所地哈尔滨市香坊区人民法院起诉，要求北京科技公司停止侵犯其个人信息、隐私权的行为，并赔偿损失5万元。一审法院以案涉合同中约定管辖法院为由，裁定其对本案不享有管辖权，将案件移送给北京海淀区法院。

请根据案情回答下列问题：

1. 本案有管辖权的法院是哪个或哪些？为什么？

2. 请对一审法院移送管辖的做法进行分析。

案例七、北京天禾公司与上海汉能公司装饰装修合同纠纷案

2018年2月，位于北京甲区的天禾公司与位于上海乙区的汉能公司签订《装修装饰合同》，约定：天禾公司承接汉能公司位于安徽省芜湖市丙区的汉能芜湖体验店展厅设计规划、装修装饰工程。同时约定：因本合同产生的争议，协商不成的，由甲方（即汉能公司）住所地人民法院管辖。天禾公司依约履行合同义务，汉能公司仅支付部分工程价款，双方发生争议。天禾公司于2020年3月9日诉至安徽芜湖市丙区法院，请求判令汉能公司向天禾公司支付拖欠的工程价款及逾期付款利息。芜湖市丙区法院受理案件后，汉能公司提出管辖权异议，认为本案应由自己住所地上海乙区法院管辖。

本案应由何地法院管辖？请给出分析思路。

案例八、万海公司与中环公司合同纠纷案

案情： A市四方区有一块300亩的土地准备进行开发，其中包括用于建设别墅区的30亩临海用地和用于建设高层住房的270亩非临海用地。位于A市四方区的万海公司与位于B市天河区的中环公司签订一份《服务合同》，约定：万海公司为中环公司获得300亩土地制作招投标文件，且拿地价格不超过3亿元；丰益公司（万海公司系丰益资产公司全资子公司）为万海公司向A市建设银行某支行的1亿元贷款提供担保。合同同时约定：因合同履行所发生的争议，由中环公司住所地法院管辖。相关合同签订后，中环公司向万海公司支付了相应的费用，最后，中环公司用3亿元拿到非临海270亩用地，未拿到临海的30亩用地。中环公司认为该项目建设亏损，向天河区法院起诉要求解除合同，由万海公司承担违约责任。万海公司提出管辖权异议。

根据案情回答下列问题：

1. 请对本案的管辖进行分析，并给出分析思路。

2. 天河区法院如何处理万海公司的管辖权异议？

【参考答案要点】

案例四

本题主要考查地域管辖的确定。

1. 本案应由张家口怀来县法院和北京市朝阳区法院管辖。因为本题中华泰保险公司依据保险合同向亚大锦都餐饮公司赔偿保险金83 878元后，即取得其对肇事司机李志贵的代位求偿权。华泰保险公司基于代位求偿权提起诉讼应当依据被保险人亚大锦都餐饮公司赔偿请求权所依据的基础法律关系，即李志贵与亚大锦都餐饮公司之间的侵权关系。因此，本案应当适用《民事诉讼法》第29条关于侵权纠纷管辖的规定，由被告住所地或侵权行为地法院管辖。此外，在本案中，因李志贵驾驶的车辆在天安保险公司投保了交强险，天安保险公司在交强险范围内承担赔偿责任，应作为本案的共同被告。本案两个被告李志贵和天安保险公司的住所地均在张家口怀来县，侵权行为地在北京朝阳区，因此，本案应由张家口怀来县法院和北京市朝阳区法院管辖。

2. 东城区法院应裁定不予受理华泰保险公司的起诉。因为东城区对本案没有管辖权，华泰公司向东城区法院起诉不符合《民事诉讼法》第122条规定的起诉条件。

案例五

本题主要考查合同纠纷管辖的确定以及协议管辖的运用。

1. 丁区法院有管辖权。因为该假设中双方约定“因合同履行所发生的争议，由合同履行地法院管辖”，该约定符合民事诉讼法关于协议管辖的规定，系有效约定。本案约定在B市丁区交付水泥，丁区系约定的合同履行地，虽然双方约定的履行地丁区未在双方当事人住所地，且本案合同未实际履行，但是协议管辖作为双方当事人对管辖

法院的约定，其有效与否与合同是否实际履行无关。因此，根据双方当事人关于管辖协议的约定，本案由合同约定的履行地丁区法院管辖。

2. B 市乙区法院有管辖权。因为该假设未涉及协议管辖，应适用合同纠纷的法定管辖制度，即根据《民事诉讼法》第 24 条的规定，由被告住所地或合同履行地法院管辖。但是，本案双方约定的合同履行地丁区不在双方住所地，且合同未履行，因此，根据《民诉解释》第 18 条第 3 款的规定，应当由被告住所地乙区法院管辖。

3. 丁区法院有管辖权。因为该假设中双方约定“因合同履行所发生的争议，由合同履行地法院管辖”，该约定符合民事诉讼法关于协议管辖的规定，系有效约定。本案约定在 B 市丁区交付水泥，丁区系约定的合同履行地，万和公司向华欣公司交付了 200 吨水泥属于已经部分履行合同，因此，根据双方当事人关于协议管辖的约定，本案由合同约定的履行地丁区法院管辖。

4. 乙区和丁区法院有管辖权。因为该假设未涉及协议管辖，应适用合同纠纷的法定管辖制度，即根据《民事诉讼法》第 24 条的规定，由被告住所地或合同履行地法院管辖。本题中，万和公司向华欣公司交付了 200 吨水泥属于已经部分履行合同，因此，乙区作为被告住所地、丁区作为合同履行地有管辖权。

案例六

【特别提示】本案管辖法院的分析思路：

本案是一起典型的合同关系和侵权关系竞合的案件。冯某滨以北京科技公司侵犯其个人信息、隐私权为由提起诉讼，确定本案管辖法院的核心在于如何处理协议管辖与法定管辖的适用，即冯某滨与北京科技公司签订的《XX 视频用户服务协议》中约定的管辖协议能否适用于冯某滨提起的侵权纠纷案件。

司法实践中，经常出现当事人双方在签订的合同中约定了管辖法院，在合同履行过程中产生与合同有关的其他财产权益侵权纠纷，此时，能否适用合同中的管辖协议确定其他财产权益侵权纠纷的管辖法院。现行《民事诉讼法》及司法解释均未作出明确的规定，这就涉及当事人合同中协议管辖条款的解释问题。《民法典》第 466 条第 1 款规定：“当事人对合同条款的理解有争议的，应当依据本法第 142 条第 1 款的规定，确定争议条款的含义。”该法第 142 条第 1 款规定：“有相对人的意思表示的解释，应当按照所使用的词句，结合相关条款、行为的性质和目的、习惯以及诚信原则，确定意思表示的含义。”因此，对于合同关系与侵权关系竞合时能否适用管辖协议的情况不能一概而论，应运用法律解释方法对案涉《XX 视频用户服务协议》中约定的管辖协议的具体条款的表述从以下两个方面进行解释分析：

第一，针对《XX 视频用户服务协议》中管辖协议约定的适用案件范围进行解释分析，换言之，当事人在管辖协议中约定的适用案件范围是否包含与合同有关的侵权关系纠纷。案涉《XX 视频用户服务协议》中管辖协议约定的适用案件范围为“因本协议与公司发生任何争议”，根据文义解释方法，该约定可以适用于与合同有关或者合同履行过程中产生的“其他财产权益纠纷”。因此，就该协议约定的适用案件范围而言，并未排除冯某滨因本协议与公司发生的侵权纠纷。

第二，针对《XX视频用户服务协议》中管辖协议约定的管辖法院进行解释分析，主要是判断当事人约定的管辖法院是否属于《民事诉讼法》第35条规定的可选择管辖法院的范围，即当事人协议选择的法院是否属于“与争议有实际联系地点的法院”。在合同与侵权竞合的情况下，该“争议”应指当事人基于所选择的请求权向法院起诉所解决的争议，因此，本案“争议”应是冯某滨起诉所解决的争议。就案涉《XX视频用户服务协议》约定的管辖法院而言，该协议直接约定提交北京市海淀区人民法院，该约定管辖法院能否适用于冯某滨对北京科技公司提起的侵权纠纷，应取决于北京市海淀区人民法院是否与该侵权纠纷存在《民事诉讼法》第35条所规定的“与争议有实际联系。”就本案而言，被告北京科技公司的住所地在北京市海淀区，因此，当事人在上述协议中所选择的北京市海淀区人民法院作为被告住所地法院，属于《民事诉讼法》第35条所规定的允许当事人选择的管辖法院。

综上，案涉《XX视频用户服务协议》中的管辖协议无论从适用案件范围，还是所选择的管辖法院，均符合《民事诉讼法》第35条关于协议管辖的规定，故，可以适用于因合同履行所产生的侵权纠纷。

【参考答案】

1. 本案有管辖权的法院是北京市海淀区法院。因为本案系冯某滨与北京科技公司基于签订的《XX视频用户服务协议》所引起的个人信息、隐私权侵权纠纷。根据《民事诉讼法》的相关规定，侵权纠纷案件涉及协议管辖与法定管辖的适用关系问题。案涉《XX视频用户服务协议》中约定“因本协议与公司发生任何争议，如协商不成的，提交至北京市海淀区人民法院诉讼解决。”该约定对冯某滨提起的侵权纠纷是否有效决定本案管辖法院的确定。该管辖协议约定的适用案件范围为“因本协议与公司发生任何争议”，可以包括基于本协议产生的合同纠纷，也可以包括基于本协议履行所产生的侵权纠纷；此外，被告北京科技公司的住所地在北京市海淀区，本协议约定的北京市海淀区人民法院属于《民事诉讼法》第35条所规定的“与争议有实际联系的地点的人民法院”的范围，因此，针对冯某滨提起的侵权纠纷，案涉《XX视频用户服务协议》中的管辖协议符合《民事诉讼法》第35条规定的协议管辖的有效条件，本案应由双方约定的北京市海淀区法院管辖。

2. 一审法院移送管辖的做法是正确的。因为一审法院哈尔滨市香坊区法院对本案没有管辖权，根据《民事诉讼法》第37条关于移送管辖的规定，一审法院发现受理的案件不属于本院管辖的，应当移送有管辖权的人民法院。

案例七

本案应由安徽芜湖市丙区法院管辖。

确定本案管辖法院的分析思路如下：第一，根据《民诉解释》第28条的规定，建设工程施工合同纠纷按照不动产纠纷确定管辖。本条规定的建设工程施工合同纠纷，不限于《民事案件案由规定》的建设工程合同纠纷项下的第四级案由“建设工程施工合同纠纷”，还应当包括该项下的建设工程价款优先受偿权纠纷、建设工程分包合同纠纷、建设工程监理合同纠纷，装饰装修合同纠纷等其他与建设工程施工相关的纠纷。本案系天禾公司与汉能公司之间的装饰装修合同纠纷，应按照不动产纠纷确定管辖，属专属管辖情形，由不动产所在地安徽芜湖市丙区法院管辖。第二，本案天禾公司与汉能公司签订的《装修装饰合同》虽然约定“因本合同产生的争议，协商不成的，由甲方（即汉能公司）住所地人民法院管辖”。但是，根据《民事诉讼法》第35条的规定，本案合同中的协议管辖条款因违反专属管辖规定而无效。第三，本案不应适用协议管辖约定确定管辖，而应当适用专属管辖规定由不动产所在地法院管辖。本案天禾公司承接汉能公司位于安徽省芜湖市丙区的汉能芜湖体验店展厅设计规划、装修装饰工程，因此，本案应由工程所在地安徽芜湖市丙区法院管辖。

案例八

本题主要考查协议管辖与专属管辖的运用。

1. 本案应由天河区法院管辖。本案涉及土地使用权问题，分析本案管辖的思路如下：第一，万海公司与中环公司签订的《服务合同》中包含协议管辖的约定，即因合同履行所发生的争议，由中环公司住所地法院管辖。因为土地在四方区，因此，该协议管辖约定有效与否的关键在于对本案纠纷性质的确定。第二，本案系因为万海公司未按照合同约定履行义务而引起的纠纷，且中环公司起诉要求万海公司承担违约责任，因此，本案应属于合同纠纷，而非不动产纠纷。第三，本案系合同纠纷，双方在《服务合同》中约定由中环公司住所地法院管辖符合《民事诉讼法》第35条关于协议管辖的规定，系有效约定，因此，本案应由天河区法院管辖。

2. 天河区法院对万海公司提出的管辖权异议进行审查，因万海公司的异议理由不成立，应裁定驳回其管辖权异议。

专题三 当事人

一、当事人诉讼地位的综合确定

以民事法律关系为基础：因权利受损或者发生争议提起诉讼的人是原告；与原告存在法律关系的人是被告；与原告或者被告存在同一诉讼标的的人是必要共同诉讼人；与原告或者被告存在同一种类诉讼标的的人是普通共同诉讼人；对原被告之间的诉讼标的主张独立请求权的人是有独立请求权的第三人；原被告之间的诉讼结果影响其民事权利义务的人是无独立请求权的第三人。

二、共同诉讼人

（一）必要共同诉讼人

当事人一方或者双方2人以上，诉讼标的同一，法院必须合并审理的诉讼。

1. 法律规定的必要共同诉讼的情形

（1）挂靠关系的当事人。

《民诉解释》第54条："以挂靠形式从事民事活动，当事人请求由挂靠人和被挂靠人依法承担民事责任的，该挂靠人和被挂靠人为共同诉讼人。"

《民法典》第1211条（挂靠机动车交通事故责任）："以挂靠形式从事道路运输经营活动的机动车，发生交通事故造成损害，属于该机动车一方责任的，由挂靠人和被挂靠人承担连带责任。"

（2）劳务派遣关系的当事人。

《民诉解释》第58条："在劳务派遣期间，被派遣的工作人员因执行工作任务造成他人损害的，以接受劳务派遣的用工单位为当事人。当事人主张劳务派遣单位承担责任的，该劳务派遣单位为共同被告。"

《民法典》第1191条第2款（劳务派遣责任）："劳务派遣期间，被派遣的工作人员因执行工作任务造成他人损害的，由接受劳务派遣的用人单位承担侵权责任；劳务派遣单位有过错的，承担相应的责任。"

（3）个体工商户的当事人。

《民诉解释》第59条："在诉讼中，个体工商户以营业执照上登记的经营者为当事人。有字号的，以营业执照上登记的字号为当事人，但应同时注明该字号经营者的基本信息。

营业执照上登记的经营者与实际经营者不一致的，以登记的经营者和实际经营者为共同诉讼人。"

（4）个人合伙的当事人。

《民诉解释》第60条："在诉讼中，未依法登记领取营业执照的个人合伙的全体合伙人为共同诉讼人。个人合伙有依法核准登记的字号的，应在法律文书中注明登记的字号。全体合伙人可以推选代表人；被推选的代表人，应由全体合伙人出具推选书。"

【注意】与合伙组织的区别。合伙组织作为当事人，需具有三个必要因素：第一，合法成立；第二，有一定的组织机构和财产；第三，不具备法人资格。

《民法典》第973条（合伙人对合伙债务的连带责任及追偿权）："合伙人对合伙债务承担连带责任。清偿合伙债务超过自己应当承担份额的合伙人，有权向其他合伙人追偿。"

（5）企业法人合并与分立的当事人。

《民诉解释》第63条："企业法人合并的，因合并前的民事活动发生的纠纷，以合并后的企业为当事人；企业法人分立的，因分立前的民事活动发生的纠纷，以分立后的企业为共同诉讼人。”

《民法典》第 67 条（法人合并、分立后的权利义务承担）：“法人合并的，其权利和义务由合并后的法人享有和承担。

法人分立的，其权利和义务由分立后的法人享有连带债权，承担连带债务，但是债权人和债务人另有约定的除外。”

（6）借用关系的当事人。

《民诉解释》第 65 条：“借用业务介绍信、合同专用章、盖章的空白合同书或者银行账户的，出借单位和借用人为共同诉讼人。”

《建设工程合同纠纷解释（一）》第 7 条：“缺乏资质的单位或者个人借用有资质的建筑施工企业名义签订建设工程施工合同，发包人请求出借方与借用方对建设工程质量不合格等因出借资质造成的损失承担连带赔偿责任的，人民法院应予支持。”

（7）保证合同关系中的当事人。

《民诉解释》第 66 条：“因保证合同纠纷提起的诉讼，债权人向保证人和被保证人一并主张权利的，人民法院应当将保证人和被保证人列为共同被告。保证合同约定为一般保证，债权人仅起诉保证人的，人民法院应当通知被保证人作为共同被告参加诉讼；债权人仅起诉被保证人的，可以只列被保证人为被告。”

一般责任
- 被保证人为被告
- 保证人与被保证人为共同被告

连带责任
- 被保证人为被告
- 保证人为被告
- 被保证人与保证人为共同被告

《民法典》第 686 条第 2 款（保证方式）：“当事人在保证合同中对保证方式没有约定或者约定不明确的，按照一般保证承担保证责任。”

（8）监护关系中的当事人。

《民诉解释》第 67 条：“无民事行为能力人、限制民事行为能力人造成他人损害的，无民事行为能力人、限制民事行为能力人和其监护人为共同被告。”

《民法典》第 1188 条（监护人责任）：“无民事行为能力人、限制民事行为能力人造成他人损害的，由监护人承担侵权责任。监护人尽到监护职责的，可以减轻其侵权责任。

有财产的无民事行为能力人、限制民事行为能力人造成他人损害的，从本人财产中支付赔偿费用；不足部分，由监护人赔偿。”

（9）继承遗产关系中的当事人。

《民诉解释》第 70 条：“在继承遗产的诉讼中，部分继承人起诉的，人民法院应通知其他继承人作为共同原告参加诉讼；被通知的继承人不愿意参加诉讼又未明确表示放弃实体权利的，人民法院仍应将其列为共同原告。”

（10）代理关系中的当事人。

《民诉解释》第 71 条：“原告起诉被代理人和代理人，要求承担连带责任的，被代理人和代理人为共同被告。原告起诉代理人和相对人，要求承担连带责任的，代理人和相对人为共同被告。”

《民法典》第167条（违法代理的责任）："代理人知道或者应当知道代理事项违法仍然实施代理行为，或者被代理人知道或者应当知道代理人的代理行为违法未作反对表示的，被代理人和代理人应当承担连带责任。"

《民法典》第164条（不当代理的民事责任）："代理人不履行或者不完全履行代理职责，造成被代理人损害的，应当承担民事责任。

代理人和相对人恶意串通，损害被代理人合法权益的，代理人和相对人应当承担连带责任。"

（11）财产共有关系中的当事人。

《民诉解释》第72条："共有财产权受到他人侵害，部分共有权人起诉的，其他共有权人为共同诉讼人。"

《民法典》第307条（因共有产生的债权债务承担规则）："因共有的不动产或者动产产生的债权债务，在对外关系上，共有人享有连带债权、承担连带债务，但是法律另有规定或者第三人知道共有人不具有连带债权债务关系的除外；在共有人内部关系上，除共有人另有约定外，按份共有人按照份额享有债权、承担债务，共同共有人共同享有债权、承担债务。偿还债务超过自己应得承担份额的按份共有人，有权向其他共有人追偿。"

2. 标的的共同

特定身份关系、连带债权与连带责任、内部不可分合同关系、共同侵权行为或者共同危险行为。

3. 必要共同诉讼人的关系

（1）其中一人行使诉讼权利，需经其他当事人同意，但行使上诉权除外。

（2）其中一人的诉讼行为经其他人承认，对其他共同诉讼人发生法律效力，但上诉除外。

4. 必要共同诉讼人的参诉方式

（1）必要共同诉讼人可以申请参加诉讼，法院也可以追加其参加诉讼。原告放弃实体权利，可不追加；被告应当追加。

（2）二审中追加，根据自愿原则调解，调解不成，发回重审。

【注意】 诉讼制度适用的规则

诉讼制度的适用取决于制度设置的目的，具体有3种情况：第一，当事人或者利害关系人申请，经法院审查后适用，但法院不得依职权适用；第二，法院依职权适用，无需当事人申请；第三，当事人申请或者协商，经法院审查后适用；法院也可以依职权适用。

（二）普通共同诉讼人

即当事人一方或者双方为2人以上，诉讼标的是同一种类，人民法院认为可以合并，且当事人同意合并审理所形成的共同诉讼。

【注意】 普通共同诉讼人的独立性。

三、第三人

（一）有独立请求权的第三人

1. 含义：对原被告之间的诉讼标的主张独立的请求权，起诉参加他人已经开始的诉讼的人。

2. 诉讼结构

有独立请求权第三人参加诉讼后形成2个独立之诉的合并，但不改变诉的独立性：一个是原被告之间的本诉；另一个是有独立请求权第三人与原被告之间的参加之诉，因此，有独立请求权第三人处于参加之诉原告的诉讼地位。

【注意】考点提示

第一，以起诉的方式在最后一次法庭辩论终结前参加诉讼，法院不得依职权追加；第二，参加诉讼后，有权申请撤诉，且撤诉后可以再起诉；第三，经传票传唤后，无正当理由不到庭或者未经法庭许可中途退庭，按撤诉处理；第四，可以行使属于原告的全部诉讼权利；第五，无权提出管辖权异议；第六，有独立请求权的第三人参加诉讼后，本诉原告可以申请撤诉，法院不得因本诉原告的撤回本诉而直接裁定驳回有独立请求权的第三人的起诉或者直接判决驳回有独立请求权第三人的诉讼请求。此时，有独立请求权的第三人无需重新起诉，其作为另案原告，本诉原告与被告作为另案被告，诉讼继续进行。

（二）无独立请求权的第三人

1. 参诉根据：法律上的利害关系

（1）3个主体之间存在2个内容、客体相牵连的法律关系；

（2）第三人与本诉一方当事人之间的法律关系有发生争议的可能，而且该争议直接影响本诉当事人之间的法律关系。

2. 不得作为无独立请求权的第三人的法定情形

（1）与原告或被告约定仲裁或有约定管辖的案外人，或者专属管辖案件的一方当事人；

（2）在产品质量纠纷案件中，对原被告之间法律关系以外的人，证据已证明其已经提供了合同约定或者符合法律规定的产品的，或者案件中的当事人未在规定的质量异议期内提出异议的，或者作为收货方已经认可该产品质量的人；

（3）已经履行了义务，或者依法取得了一方当事人的财产，并支付了相应对价的原被告之间法律关系以外的人。

3. 需要作为无独立请求权的第三人的法定情形

（1）因三角债引起的代位权诉讼中的主债务人；

（2）撤销权诉讼中的受益人或者受让人。

4. 参诉地位：原被告之外独立的当事人

（1）无权行使的诉讼权利：无权提出管辖权异议，无权放弃、变更本诉诉讼请求，无权申请撤诉；

（2）附条件行使的诉讼权利：第一，是否有上诉权取决于一审判决是否判决其承担民事责任；第二，是否有调解的同意权与调解书的签收权，取决于当事人是否协商由其承担民事责任；

（3）除上述无权行使和附条件行使的诉讼权利以外，其余属于当事人的诉讼权利可以行使，如申请参加诉讼、申请参加当事人之间的调解并达成协议等。

5. 参诉方式

可以申请参加，也可以由人民法院通知其参加诉讼。

四、公益诉讼

《民事诉讼法》第 58 条规定："对污染环境、侵害众多消费者合法权益等损害社会公共利益的行为，法律规定的机关和有关组织可以向人民法院提起诉讼。

人民检察院在履行职责中发现破坏生态环境和资源保护、食品药品安全领域侵害众多消费者合法权益等损害社会公共利益的行为，在没有前款规定的机关和组织或者前款规定的机关和组织不提起诉讼的情况下，可以向人民法院提起诉讼。前款规定的机关或者组织提起诉讼的，人民检察院可以支持起诉。"

（一）公益诉讼的一般规定

1. 管辖

（1）公益诉讼案件由侵权行为地或者被告住所地中级人民法院管辖，但法律、司法解释另有规定的除外，例如刑事附带民事公益诉讼。

（2）集中管辖。经最高法院批准，高级法院可以根据本辖区实际情况，在辖区内确定部分中级法院受理第一审民事公益诉讼案件。

2. 当事人。依法可以提起诉讼的其他机关和有关组织，可以在开庭前申请参加诉讼。法院准许参加诉讼的，列为共同原告。

3. 公益诉讼与私益诉讼并行。法院受理公益诉讼案件，不影响同一侵权行为的受害人提起诉讼。

4. 和解与调解

（1）当事人可以和解，人民法院可以调解。

（2）人民法院应当将和解或者调解协议进行公告。公告期间不得少于三十日。

（3）公告期满后，经审查，和解或者调解协议不违反社会公共利益的，应当出具调解书；违反社会公共利益的，不予出具调解书，继续对案件进行审理并依法作出裁判。

5. 撤诉。公益诉讼案件的原告在法庭辩论终结后申请撤诉的，法院不予准许。

6. 公益诉讼被告不得提起反诉。

7. 诉讼请求的释明。法院认为原告提出的诉讼请求不足以保护社会公共利益的，可以向其释明变更或者增加停止侵害等诉讼请求。

8. 证据规则

（1）自认事实的限制。原告在诉讼过程中承认的对己方不利的事实和认可的证据，法院认为损害社会公共利益的，应当不予确认。

（2）公益诉讼生效裁判确认的事实，私益诉讼当事人主张适用的，无需证明，当事人有异议并用证据推翻的除外。

（二）环境公益诉讼的特殊规定

1. 起诉主体

（1）《环境保护法》第58条：依法在社区的市级以上人民政府民政部门登记，专门从事环境保护公益活动连续5年以上且无违法记录。

（2）《环境公益诉讼解释》第2条："依照法律、法规的规定，在设区的市级以上人民政府民政部门登记的社会团体、基金会以及社会服务机构等，可以认定为环境保护法第五十八条规定的社会组织。"

《环境公益诉讼解释》第4条第1款："社会组织章程确定的宗旨和主要业务范围是维护社会公共利益，且从事环境保护公益活动的，可以认定为环境保护法第五十八条规定的'专门从事环境保护公益活动'"。

2. 诉讼请求

（1）停止侵害、排除妨碍、消除危险、恢复原状、赔偿损失、赔礼道歉等民事责任；

（2）预防性请求及预防费用；

（3）修复环境或者修复环境费用；

（4）功能性损失赔偿；

（5）其他合理费用；

（6）法院对诉讼请求的释明。

3. 环境公益诉讼的证据收集以及证明责任

（1）妨碍举证。原告请求被告提供其排放的主要污染物名称、排放方式、排放浓度和总量、超标排放情况以及防治污染设施的建设和运行情况等环境信息，法律、法规、规章规定被告应当持有或者有证据证明被告持有而拒不提供，如果原告主张相关事实不利于被告的，人民法院可以推定该主张成立。

（2）自认事实的限制。原告在诉讼过程中承认的对己方不利的事实和认可的证据，人民法院认为损害社会公共利益的，应当不予确认。

4. 环境公益诉讼与环境私益诉讼的关系

（1）环境私益诉讼的证明责任。

第一，已为环境民事公益诉讼生效裁判认定的事实，提起私益诉讼的原告、被告均无需举证证明，但原告对该事实有异议并有相反证据足以推翻的除外。

第二，对于环境民事公益诉讼生效裁判就被告是否存在法律规定的不承担责任或者减轻责任的情形、行为与损害之间是否存在因果关系、被告承担责任的大小等所作的认定，提起私益诉讼的原告主张适用的，人民法院应予支持，但被告有相反证据足以推翻的除外。被告主张直接适用对其有利的认定的，人民法院不予支持，被告仍应举证证明。

（2）被告财产不足以履行环境公益诉讼与私益诉讼的全部义务的，应当先履行其他民事诉讼生效裁判所确定的义务，但法律另有规定的除外。

【注意】私益实现优先于公益。

（三）检察院刑事附带民事公益诉讼

2020年12月，最高人民法院、最高人民检察院修正的《关于检察公益诉讼案件适用法律若干问题的解释》（以下简称《检察公益诉讼适用法律问题解释》）在对检察院提起民事公益诉讼作出具体规定的情况下，新增加了对检察院刑事附带民事公益诉讼的规定。该司法解释第20条规定："人民检察院对破坏生态环境和资源保护，食品药品安全领域侵害众多消费者合法权益，侵害英雄烈士等的姓名、肖像、名誉、荣誉等损害社会公共利益的犯罪行为提起刑事公诉时，可以向人民法院一并提起附带民事公益诉讼，由人民法院同一审判组织审理。人民检察院提起的刑事附带民事公益诉讼案件由审理刑事案件的人民法院管辖。"从该规定来看，与检察院依法提起民事公益诉讼的规定相比较，检察院提起刑事附带民事公益诉讼的主要变化在于管辖法院的不同。检察院依法提起民事公益诉讼由被告住所地或者侵权行为地法院管辖，而检察院提起刑事附带民事公益诉讼则由负责审理刑事案件的法院管辖，因此，刑事附带民事公益诉讼改变了公益诉讼由中级法院管辖的级别管辖制度。

五、第三人撤销之诉

（一）条件

1. 主体：有独立请求权的第三人与无独立请求权的第三人。

《九民会议纪要》

120.【债权人能否提起第三人撤销之诉】第三人撤销之诉中的第三人仅局限于《民事诉讼法》第59条规定的有独立请求权及无独立请求权的第三人，而且一般不包括债权人。但是，设立第三人撤销之诉的目的在于，救济第三人享有的因不能归责于本人的事由未参加诉讼但因生效裁判文书内容错误受到损害的民事权益，因此，债权人在下列情况下可以提起第三人撤销之诉：

（1）该债权是法律明确给予特殊保护的债权，如《民法典》第807条规定的建设工程价款优先受偿权，《海商法》第22条规定的船舶优先权；

【提示】

《民法典》第807条　发包人未按照约定支付价款的，承包人可以催告发包人在合理期限内支付价款。发包人逾期不支付的，除根据建设工程的性质不宜折价、拍卖的以外，承包人可以与发包人协议将该工程折价，也可以申请人民法院将该工程依法拍卖。建设工程的价款就该工程折价或者拍卖的价款优先受偿。

（2）因债务人与他人的权利义务被生效裁判文书确定，导致债权人本来可以对《民法典》第538、539条和《企业破产法》第31条规定的债务人的行为享有撤销权而不能行使的；

【提示】

《民法典》

第538条　债务人以放弃其债权、放弃债权担保、无偿转让财产等方式无偿处分财产权益，或者恶意延长其到期债权的履行期限，影响债权人的债权实现的，债权人可以请求人民法院撤销债务人的行为。

第539条　债务人以明显不合理的低价转让财产、以明显不合理的高价受让他人财产或者为他人的债务提供担保，影响债权人的债权实现，债务人的相对人知道或者应当知道该情形的，债权人可以请求人民法院撤销债务人的行为。

（3）债权人有证据证明，裁判文书主文确定的债权内容部分或者全部虚假的。

债权人提起第三人撤销之诉还要符合法律和司法解释规定的其他条件。对于除此之外的其他债权，债权人原则上不得提起第三人撤销之诉。

2. 前提：因不能归责于本人的事由未参加诉讼。

3. 证据：有证据证明发生法律效力的判决、裁定、调解书的部分或者全部内容错误，损害其民事权益的。

4. 法定期间：可以自知道或者应当知道其民事权益受到损害之日起6个月内提起。

5. 法定管辖：向作出该判决、裁定、调解书的人民法院提起诉讼。

（二）特点

第一，属于一种事后救济机制；第二，属于一种特殊、非通常的救济机制；第三，属于一种以保护第三人的民事实体权益为目的的诉讼程序；第四，提起主体具有法定性与特定性。

（三）审理程序

1. 当事人

（1）提起诉讼的第三人列为原告；（2）生效判决、裁定、调解书的当事人列为被告；（3）没有承担责任的无独立请求权的第三人列为第三人，承担责任的无独立请求权的第三人为被告。

2. 撤销之诉的效力

受理第三人撤销之诉案件后，原告提供相应担保，请求中止执行的，人民法院可以准许。

3. 审理：应当适用普通程序组成合议庭开庭审理

（四）法院对第三人撤销之诉的处理

1. 处理结果：第一，请求成立且确认其民事权利的主张全部或部分成立的，改变原判决、裁定、调解书内容的错误部分；第二，请求成立，但确认其全部或部分民事权利的主张不成立，或者未提出确认其民事权利请求的，撤销原判决、裁定、调解书内容的错误部分；第三，请求不成立的，驳回诉讼请求。

2. 对裁判不服的，当事人可以上诉。

3. 原判决、裁定、调解书的内容未改变或者未撤销的部分继续有效。

六、案外人救济制度

（一）关键点

案外人救济制度运用的关键在于案外人的诉讼地位，分为2条主线：一是对必要共同诉讼人作为案外人的救济制度；二是对第三人（包括有独三与无独三）作为案外人的救济制度。

（二）必要共同诉讼人作为案外人的救济制度

<table>
<tr><td rowspan="5">直接申请再审</td><td>主体</td><td>必要共同诉讼人</td></tr>
<tr><td>申请事由</td><td>因不能归责于本人或者其诉讼代理人的事由未参加诉讼的</td></tr>
<tr><td>法定期间</td><td>可以自知道或者应当知道之日起6个月内申请再审</td></tr>
<tr><td>申请法院</td><td>向上一级人民法院申请再审。当事人一方人数众多或者当事人双方为公民的案件，也可以向原审人民法院申请再审</td></tr>
<tr><td>处理</td><td>一审程序再审：追加其为当事人，作出新的判决、裁定；
二审程序再审：调解不成，应当撤销原判决、裁定，发回重审，重审时应追加其为当事人。</td></tr>
<tr><td rowspan="5">间接申请再审（驳回执行异议后申请再审）</td><td>主体</td><td>必要共同诉讼人（作为案外人提出执行异议被驳回）</td></tr>
<tr><td>申请事由</td><td>认为原判决、裁定、调解书内容错误，损害其民事权益</td></tr>
<tr><td>法定期间</td><td>可以自执行异议裁定送达之日起6个月内</td></tr>
<tr><td>申请法院</td><td>作出原判决、裁定、调解书的人民法院</td></tr>
<tr><td>法院处理</td><td>案外人是必要共同诉讼人，处理同直接申请再审的处理：
1. 一审程序再审：追加其为当事人，作出新的判决、裁定；
2. 二审程序再审：调解不成，应当撤销原判决、裁定，发回重审，重审时应追加其为当事人。</td></tr>
</table>

（三）第三人作为案外人的救济制度体系

《九民会议纪要》

122.【程序启动后案外人不享有程序选择权】案外人申请再审与第三人撤销之诉功能上近似，如果案外人既有申请再审的权利，又符合第三人撤销之诉的条件，对于案外人是否可以行使选择权，民事诉讼法司法解释采取了限制的司法态度，即依据民事诉讼法司法解释第301条的规定，按照启动程序的先后，案外人只能选择相应的救济程序：案外人先启动执行异议程序的，对执行异议裁定不服，认为原裁判内容错误损害其合法权益的，只能向作出原裁判的人民法院申请再审，而不能提起第三人撤销之诉；案外人先启动了第三人撤销之诉，即便在执行程序中又提出执行异议，也只能继续进行第三人撤销之诉，而不能依《民事诉讼法》第234条申请再审。

<table>
<tr><td>提起“三撤”后不得申请再审</td><td colspan="2">第三人提起撤销之诉后，未中止生效判决、裁定、调解书执行的，执行法院对第三人提出的执行异议，应予审查。第三人不服驳回执行异议裁定，申请对原判决、裁定、调解书再审的，人民法院不予受理。</td></tr>
<tr><td rowspan="5">间接申请再审，不得提起“三撤”（驳回执行异议后申请再审）</td><td>主体</td><td>第三人（作为案外人提出执行异议后被驳回）</td></tr>
<tr><td>申请事由</td><td>认为原判决、裁定、调解书内容错误，损害其民事权益</td></tr>
<tr><td>法定期间</td><td>可以自执行异议裁定送达之日起6个月内</td></tr>
<tr><td>申请法院</td><td>作出原判决、裁定、调解书的人民法院</td></tr>
<tr><td>法院处理</td><td>第三人作为案外人申请再审，仅审理原判决、裁定、调解书对其民事权益造成损害的内容。经审理，再审请求成立的，撤销或者改变原判决、裁定、调解书；再审请求不成立的，维持原判决、裁定、调解书。</td></tr>
</table>

七、第三人撤销之诉与原案再审的关系

1. 这两个制度均针对生效裁判的错误问题，只是救济的对象不同，第三人撤销之诉救济的是第三人，而原案再审救济的是原案当事人，因此，第三人可以针对生效裁判提出第三人撤销之诉，原案当事人可以针对生效裁判申请再审，但是，由于两个程序针对的是同一份生效裁判，所以不能同时进行诉讼，只能先进行一个诉讼。

2. 原则：将第三人撤销之诉并入原案再审程序，具体审理分为2种情况：第一，适用第一审程序再审，可以将第三人撤销请求一并审理并作出裁判，不服可以上诉。第二，适用第二审程序再审，调解不成，裁定撤销一、二审判决，发回原一审法院重审。

3. 例外：原案当事人恶意串通损害第三人利益的，先审理第三人撤销之诉，中止再审程序。再审程序是否恢复取决于第三人撤销之诉的处理结果：如果法院对第三人撤销之诉审理后作出改判或者撤销的裁判，再审程序终结；如果法院对第三人撤销之诉作出驳回诉讼请求的裁判，再审程序恢复审理。

【案例】

案例九、中国生物多样性保护与绿色发展基金会诉宁夏瑞泰科技股份有限公司环境污染案

案情：2015年8月13日，中国环境保护与绿色发展基金会（以下简称“绿发会”）向宁夏回族自治区中卫市中级人民法院提起诉讼称：宁夏瑞泰科技股份有限公司（以下简称“瑞泰公司”）在生产过程中违规将超标废水直接排入蒸发池，造成腾格里沙漠严重污染，截至起诉时仍然没有整改完毕。请求判令瑞泰公司：停止非法污染环境行为；对造成环境污染的危险予以消除；恢复生态环境或者进行修复；赔偿环境修复前生态功能损失；在全国性媒体上公开赔礼道歉等。

绿发会向法院提交的证据：1. 基金会法人登记证书，显示绿发会是在中华人民共和国民政部登记的基金会法人。2. 2010 至 2014 年度检查合格的证明材料。3. 5 年内未因从事业务活动违反法律、法规的规定而受到行政、刑事处罚的无违法记录声明。4. 绿发会章程规定，其宗旨为“广泛动员全社会关心和支持生物多样性保护和绿色发展事业，保护国家战略资源，促进生态文明建设和人与自然和谐，构建人类美好家园”。5. 1985 年成立至今，一直实际从事包括举办环境保护研讨会、组织生态考察、开展环境保护宣传教育、提起环境民事公益诉讼等活动的相关证据材料。

宁夏回族自治区中卫市中级人民法院于 2015 年 8 月 19 日作出裁定对绿发会的起诉不予受理。绿发会不服，向宁夏回族自治区高级人民法院提起上诉。该院于 2015 年 11 月 6 日作出裁定，驳回上诉，维持原裁定。绿发会又向最高人民法院申请再审。

根据本案案情，回答以下问题：

1. 请简要阐述本案所涉及的诉讼类型及其特点。

2. 本案的争议焦点是什么？请谈谈你的观点。

3. 请对本案绿发会的诉讼请求进行评价。在本案诉讼请求的确定方面，如何理解法院的作用？

4. 针对本案所涉及的诉讼类型，谈谈检察院的地位与作用。

案例十、指导案例 172 号：秦某学滥伐林木刑事附带民事公益诉讼

湖南省保靖县以 1958 年成立的保靖县国营白云山林场为核心，于 1998 年成立白云山县级自然保护区。该保护区于 2005 年被评定为白云山省级自然保护区，并完成了公益林区划界定；又于 2013 年被评定为湖南白云山国家级自然保护区。其间，被告人秦某学于 1998 年承包了位于该县毛沟镇卧当村白云山自然保护区核心区内“土地坳”（地名）的山林，次年起开始有计划地植造杉木林，该林地位于公益林范围内，属于公益林地。2016 年 9 月至 2017 年 1 月，秦某学在没有办理《林木采伐许可证》的情况下，违反森林法，擅自采伐其承包该林地上的杉木林并销售，所采伐区域位于该保护区核心区域内面积为 117. 5 亩，核心区域外面积为 15. 46 亩。经鉴定，秦某学共砍伐林木 1010 株，林木蓄积为 153. 3675 立方米。后保靖县林业勘测规划设计队出具补植补造作业设计说明证明，该受损公益林补植复绿的人工苗等费用为人民币 66025 元。

保靖县人民检察院向县人民法院提起公诉，指控被告人秦某学犯滥伐林木罪。在诉讼过程中，县人民检察院以社会公共利益受到损害为由，又向县人民法院提起附带民事公益诉讼。

保靖县人民裁判认为：白云山国家级自然保护区位于中国十七个生物多样性关键地区之一的武陵山区及酉水流域，是云贵高原、四川盆地至雪峰山区、湘中丘陵之间动植物资源自然流动通道的重要节点，是长江流域洞庭湖支流沅江的重要水源涵养区，其森林资源具有保持水土、维护生物多样性等多方面重要作用。被告人所承包、栽植并管理的树木，已经成为白云山国家级自然保护区森林资源的不可分割的有机组成部

分。被告人无证滥伐该树木且数量巨大，其行为严重破坏了白云山国家级自然保护区生态环境，危及生物多样性保护，使社会公共利益遭受到严重损害，性质上属于一种侵权行为。附带民事公益诉讼不是传统意义上的民事诉讼，公益诉讼起诉人也不是一般意义上的受害人。公益诉讼起诉人要求被告人承担恢复原状法律责任的诉讼请求，于法有据，予以支持。

保靖县人民法院于2018年8月3日作出（2018）湘3125刑初5号刑事附带民事判决，认定被告人秦某学犯滥伐林木罪，判处有期徒刑三年，缓刑四年，并处罚金人民币1万元，并于判决生效后两年内在湖南白云山国家级自然保护区内“土地坳”栽植一年生杉树苗5050株，存活率达到90%以上。结合案情回答下列问题：

1. 谈谈你对检察院提起刑事附带民事公益诉讼和提起民事公益诉讼两种制度的看法。

2. 结合本案评述检察院提起刑事附带民事公益诉讼的管辖制度。

3. 谈谈你对刑事附带民事公益诉讼由人民法院审理刑事案件的同一审判组织审理可能面临的问题。

案例十一、实业有限诉安装公司第三人撤销之诉案

2020年6月13日，甲市A区法院受理实业公司破产清算案。2020年7月31日，实业公司依据与乙市B区安装公司之间的《股权转让协议》以及支付股权转让款的银行转账凭证向甲市A区法院提起诉讼，请求确认乙市B区安装公司名下300万股某银行股份归实业公司所有，并判令安装公司协助办理上述300万股股份变更登记手续。甲市A区法院查明，乙市B区法院于2020年7月10日出具民事调解书，载明甲市纸业公司与安装公司达成协议，确认前述安装公司代持的300万股某银行股份的实际所有人为甲市纸业公司。基于此，甲市实业公司认为在其不知道甲市纸业公司与安装公司在乙市B区法院进行案涉300万股某银行股份确权诉讼的情况下，乙市B区法院作出的上述民事调解书损害其对300万股某银行股份的民事权益，于2020年8月20日变更诉讼请求，请求甲市A区法院撤销乙市B区法院的民事调解书，并在撤销该民事调解书的基础上对系争股份进行确权。

根据案情回答下列问题：

1. 如何理解甲市实业公司变更诉讼请求的行为？请简要阐述理由。

2. 甲市A区法院对甲市实业公司变更的诉讼请求是否有管辖权？请简要阐述理由。

案例十二、指导案例150号：中国民生银行股份有限公司温州分行诉浙江山口建筑工程有限公司、青田依利高鞋业有限公司第三人撤销之诉案

中国民生银行股份有限公司温州分行（以下简称温州民生银行）因与青田依利高鞋业有限公司（以下简称青田依利高鞋业公司）、浙江依利高鞋业有限公司等金融借款合同纠纷一案诉至浙江省温州市中级人民法院（以下简称温州中院），温州中院判令：

一、浙江依利高鞋业有限公司于判决生效之日起十日内偿还温州民生银行借款本金5690万元及期内利息、期内利息复利、逾期利息；二、如浙江依利高鞋业有限公司未在上述第一项确定的期限内履行还款义务，温州民生银行有权以拍卖、变卖被告青田依利高鞋业公司提供抵押的坐落于青田县船寮镇赤岩工业区房产及工业用地的所得价款优先受偿……。上述判决生效后，因该案各被告未在判决确定的期限内履行义务，温州民生银行向温州中院申请强制执行。

在执行过程中，温州民生银行于2017年2月28日获悉，浙江省青田县人民法院向温州中院发出编号为（2016）浙1121执2877号的《参与执行分配函》，以（2016）浙1121民初1800号民事判决为依据，要求温州中院将该判决确认的浙江山口建筑工程有限公司（以下简称山口建筑公司）对青田依利高鞋业公司享有的559.3万元建设工程款债权优先于抵押权和其他债权受偿，对坐落于青田县船寮镇赤岩工业区建设工程项目折价或拍卖所得价款优先受偿。

温州民生银行认为案涉建设工程于2011年10月21日竣工验收合格，但山口建筑公司直至2016年4月20日才向法院主张优先受偿权，显然已超过了六个月的期限，故请求撤销（2016）浙1121民初1800号民事判决，并确认山口建筑公司就案涉建设工程项目折价、拍卖或变卖所得价款不享有优先受偿权。温州民生银行为此提供了相应的证据。

本案温州民生银行是否具有请求撤销（2016）浙1121民初1800号民事判决的主体资格。请简要阐述理由。

案例十三、乳业公司第三人撤销之诉案

2019年10月19日，成某在甲市联华超市股份有限公司丰收路店（以下简称联华丰收路店）购买了4盒乳业有限公司（以下简称乳业公司）生产的婴幼儿配方奶粉，单价108元，共计432元。联华丰收路店向成某开具了购物小票，载明购物商品的名称、数量、单价与总价。涉诉商品的外包装上均标注：婴幼儿配方奶粉特别添加了利用专利技术萃取的适合婴儿生长发育的“专佳蛋白”。

2019年10月27日，成某诉至甲市朝阳区法院称：依据《食品安全国家标准预包装食品标签通则》（GB7718-2011）（以下简称《预包装通则》）的规定，如果在食品标签或食品说明书上特别强调添加了或含有一种或多种有价值、有特性的配料或成分，应标示所强调配料或成分的添加量或在成品中的含量。涉诉商品标注特别添加了“专佳蛋白”，但未标示添加量，不符合食品安全标注，要求联华丰收路店退还货款432元，支付货款10倍赔偿4320元。

2020年3月11日，甲市朝阳区法院作出判决书，认为：作为销售者，联华丰收路店应保证所销售的食品符合食品安全标准。根据《食品安全法》的相关规定，食品安全标准包括对于食品安全、营养有关的标签、标识、说明书的要求。对于婴幼儿食品而言，成分及其含量作为标签的必要组成部分，应属食品安全标准的内容之一。同时，《预包装通则》系食品安全国家标准，因严格依照执行。故销售者应保证其售出的婴幼

儿食品的外包装标注的成分及其含量符合上述法律规定。本案中，成某购买的涉诉商品外包装上明确标准特别添加“专佳蛋白”，但并未标注“专佳蛋白”的添加量或在成品中的含量，因此，涉诉商品属于不符合食品安全标准的食品。判决支持了成某的诉讼请求。双方未上诉。

乳业公司向甲市朝阳区法院提起第三人撤销之诉，请求撤销上述判决。为证明其诉讼请求的合理性，乳业公司提交了商标注册证、发明专利证书、外包装模板、信访回复单、复函、检验报告、标签认可证明、视频生产许可证。

根据案情回答下列问题：

1. 针对本案所述成某购买婴幼儿奶粉的案情，成某为维护自己的民事权益，可以提起何种诉讼？简要阐述理由。

2. 乳业公司是否有权对甲市朝阳区法院的生效判决提起第三人撤销之诉？简要阐述理由。

案例十四、洪明与章凯房屋租赁纠纷案

案情：2016 年 5 月，户籍在河海市河西区的孙婧与户籍在河海市鼓楼区的洪明共同出资购买了位于河海市金水区的 1 套四居室住房，购买房屋后，因孙婧被单位派往海兴市工作3 年，该四居室住房由洪明居住。2017 年 2 月，洪明未告知孙婧擅自与户籍在河海市新华区的个体工商户章凯签订房屋租赁合同，将该四居室出租给章凯，2017 年 7 月，章凯根据自己的经营需要对房屋结构进行了改造。洪明发现此事后，与章凯交涉未果，2017 年 9 月诉至新华区法院，要求章凯恢复房屋原状。新华区法院受理案件后，章凯依法提交了答辩状。举证期限届满后，开庭前，章凯提出自己曾于 2017 年 6 月改造房屋前，征得了洪明同意，为此给洪明快递过 1 封书面材料，上面写明根据经营需要对房屋进行具体改造的内容，洪明亲自签收了该快递，并向新华区法院出示了洪明签收的快递凭证，申请新华区法院责令洪明提供该书面材料。新华区法院责令洪明提交该书证，洪明未提交也未说明理由，新华区法院认定章凯主张的事实，判决驳回洪明的诉讼请求。洪明不服上诉至河海市中级法院，同时请求责令章凯支付拖欠的房屋租金 5 万元。在二审诉讼中，章凯提出新华区法院对此案没有管辖权，河海市中级法院认为章凯一审答辩期内未提出管辖权异议，视为应诉管辖。开庭审理前，洪明申请撤回起诉，河海市中级法院以洪明在二审中无权申请撤回起诉为由未予准许。经过审理，河海市中级法院认为一审判决认定事实清楚，适用法律正确，判决驳回洪明的上诉，维持原判决。

请根据案情回答下列问题：

1. 请对新华区法院的做法予以分析，并阐述理由。

2. 河海市中级法院对本案管辖的处理是否正确？为什么？

3. 河海市中级法院未准许洪明撤回起诉的请求是否正确？为什么？

4. 请对河海市中级法院的判决予以分析，请阐述理由。

5. 该案判决生效后，如果孙婧得知此事，认为生效判决损害其民事权益，可以通过何种途径寻求救济？请简要阐述该救济途径。

案例十五、开发公司与城建公司建设工程施工合同纠纷案

案情：2014年8月，位于A市洪湖区的开发公司与位于B市天河区的城建公司签订1份建设工程施工合同，合同约定：由城建公司于2016年11月底前为开发公司建设位于A市四方区的欣欣家园小区。合同签订后，城建公司按照约定的时间完成了欣欣家园小区的建设任务，因为开发公司拖欠部分工程款未付，经多次交涉未果，2017年5月，城建公司诉至洪湖区法院，要求开发公司支付拖欠的工程款300万元。洪湖区法院受理案件后，以自己没有管辖权为由，将案件移送给四方区法院。2017年9月，四方区法院依法开庭审理了此案，法庭辩论终结后，城建公司与开发公司自行达成和解协议，开发公司于2017年12月底前向城建公司支付290万元工程款，城建公司申请撤诉，开发公司不同意城建公司撤回起诉，四方区法院基于城建公司申请裁定准许城建公司撤诉。

由于开发公司未按照和解协议约定向承建公司支付290万元工程款，2018年3月，城建公司再次向四方区法院起诉要求开发公司支付拖欠的工程款300万元。开庭审理前，开发公司提出，因城建公司所承建的欣欣家园中的3号楼与5号楼存在严重的厨房与卫生间漏水问题，部分业主诉至法院要求退房及赔偿损失，为此，开发公司要求城建公司赔偿因3号楼与5号楼存在质量问题给自己造成的损失130万元。城建公司则提出，3号楼与5号楼由其分包给了建筑公司，申请法院通知建筑公司参加诉讼，四方区法院未予准许。四方区法院合并审理了开发公司要求城建公司赔偿损失的请求。经开庭审理后，四方区法院认定3号楼与5号楼存在严重质量问题，判决城建公司赔偿给开发公司造成的损失130万元，由于城建公司存在违约行为，判决开发公司向城建公司支付230万元工程款。

城建公司不服该案一审判决，向A市中级法院提出上诉，并提供由建筑工程院出具的鉴定意见，鉴定意见认为3号楼与5号楼的漏水问题并非工程质量问题，而是业主使用不当所造成。A市中级法院对该案未经开庭审理，直接判决驳回城建公司上诉，维持原判决。

结合案情，请回答下列问题：

1. 该案一审中，洪湖区法院移送管辖的做法是否正确？为什么？

2. 请对该案四方区法院的做法予以分析，并阐述理由。

3. A市中级法院未经开庭直接作出判决的做法是否正确？为什么？

4. 本案判决生效后，如果建筑公司认为生效判决认定3号楼和5号楼存在严重质量问题，损害其民事权利，其可以寻求何种救济？请简要阐述其救济渠道。

【参考答案要点】

案例九

本题主要考查环境公益诉讼的原告资格的判断。

1. 本案涉及公益诉讼制度。特点：略。

2. 本案的争议焦点是绿发会是否具有提起环境公益诉讼的原告资格。《环境保护法》第58条第1款规定："对污染环境、破坏生态，损害社会公共利益的行为，符合下列条件的社会组织可以向人民法院提起诉讼：(1) 依法在设区的市级以上人民政府民政部门登记；(2) 专门从事环境保护公益活动连续五年以上且无违法记录。"此外，《环境公益诉讼解释》第2条规定："依照法律、法规的规定，在设区的市级以上人民政府民政部门登记的社会团体、基金会以及社会服务机构等，可以认定为环境保护法第五十八条规定的社会组织。"《环境公益诉讼解释》第4条规定："社会组织章程确定的宗旨和主要业务范围是维护社会公共利益，且从事环境保护公益活动的，可以认定为环境保护法第五十八条规定的'专门从事环境保护公益活动'。社会组织提起的诉讼所涉及的社会公共利益，应与其宗旨和业务范围具有关联性。"本案诉讼中，绿发会提供的证据1、证据2与证据3，可以证明其是民政部登记的社会组织，且连续五年以上无违法记录。本案中判断绿发会的原告资格是否适格的关键在于其是否符合"专门从事环境保护公益活动"的条件。绿发会提供的证据4可以证明其宗旨具有保护环境公共利益的内容，证据5可以证明其所从事的活动具有保护环境公共利益的性质，且其从事的保护环境公共利益的活动与其宗旨具有关联性，因此，绿发会符合《环境保护法》第58条关于环境公益诉讼原告资格的条件。

3. 本问题具有开放性。考生只需明确观点并阐述支持自己观点的理由即可。

4. 本问题具有开放性。考生只需明确观点并阐述支持自己观点的理由即可。

案例十

本题主要考查刑事附带民事公益诉讼的相关问题。

1. 检察院提起刑事附带民事公益诉讼和提起民事公益诉讼是我国法律确立的检察院公益诉讼的两种并行制度，两者的目的均是通过对破坏生态环境和资源保护，食品药品安全领域侵害众多消费者合法权益，侵害英雄烈士等的姓名、肖像、名誉、荣誉等损害社会公共利益的行为提起公益诉讼，维护社会公共利益。作为检察院行使公益诉权的两种制度，两者存在以下主要区别：第一，诉讼前提不同。检察院提起刑事附带民事公益诉讼以犯罪行为发生且提起公诉为前提；而检察院提起民事公益诉讼以没有法律规定的提起公益诉讼的适格主体或适格主体不起诉为前提。第二，管辖法院不同。检察院提起刑事附带民事公益诉讼由负责审理刑事案件的法院管辖；而检察院依法提起民事公益诉讼由被告住所地或者侵权行为地中级人民法院管辖。

2. 本案保靖县人民检察院就被告人秦某学因犯滥伐林木罪严重破坏白云山国家级

自然保护区生态环境，危及生物多样性保护，损害社会公共利益的行为向保靖县人民法院提起了刑事附带民事公益诉讼。《检察公益诉讼适用法律问题解释》规定，检察院提起刑事附带民事公益诉讼由负责审理刑事案件的法院管辖。《刑事诉讼法》第25条规定："刑事案件由犯罪地的人民法院管辖。如果由被告人居住地的人民法院审判更为适宜的，可以由被告人居住地的人民法院管辖。"此外，该法第20条规定，第一审普通刑事案件由基层人民法院管辖，但是依照本法由上级人民法院管辖的除外。从司法实践的状况看，破坏生态环境和资源保护领域可提起刑事附带民事公益诉讼的罪名主要集中于我国《刑法》第六章第六节规定的"破坏环境资源保护罪"，食药安全领域可提起刑事附带民事公益诉讼的罪名主要集中于《刑法》第三章第一节"生产、销售伪劣商品罪"。由于破坏环境资源保护犯罪案件罪名相对集中、会持续增加的罪名不多，食药犯罪呈现出轻刑化特征，检察院可提起刑事附带民事公益诉讼的刑事案件由中级法院一审管辖的很少，这决定了刑事附带民事公益诉讼案件在实然层面基本由基层检察院提起并由基层法院审理为主。因此，刑事附带民事公益诉讼起诉主体的基层化已经构成对《民事诉讼法》基于维护公共利益之目的而设置的由中级人民法院管辖第一审民事公益诉讼的级别管辖规则的严重冲击。此外，公益诉讼案件因涉及社会公共利益，往往审理程序复杂，审理执行难度大，社会关注度高，为此，最高人民法院在关于环境公益诉讼和消费公益诉讼的相关司法解释中均确立公益诉讼实行集中管辖，即经最高人民法院批准，高级人民法院可以根据本辖区实际情况，在辖区内确定部分中级人民法院受理第一审民事公益诉讼案件。公益诉讼实行集中管辖，既能有效避免按行政区划管辖案件带来的地方保护，又能充分发挥专业化办案力量的优势作用，切实提升公益诉讼的办案质效，实现公益诉讼制度的立法目的。因此，刑事附带民事公益诉讼的管辖对公益诉讼的集中管辖规则也形成相应的冲击。

3. 根据《检察公益诉讼适用法律问题解释》第20条第1款的规定，检察院提起刑事附带民事公益诉讼由人民法院同一审判组织审理。检察院在刑事诉讼中提起刑事附带民事公益诉讼并非简单的诉讼合并，而是不同类型诉讼程序，即刑事诉讼程序与民事诉讼程序由同一审判组织适用，这就可能产生一些制度适用的分歧。例如关于证明标准在刑事诉讼与附带民事诉讼中的适用问题。我国《刑事诉讼法》确立刑事案件实行"案件事实清楚，证据确实、充分"的证明标准，这实际上是基于实质正义认识论所形成的排除合理怀疑的证明标准；而民事诉讼对事实的认定通常只需要达到"高度盖然性"的证明标准即可。刑事附带民事公益诉讼从表面上看是不同领域的两种案件类型的结合，但本质上是公诉权向社会公益民事诉讼的延伸。从程序上看，民事公益诉讼具有附属性质。司法实践中，法院审理此类案件通常依据《刑事诉讼法》中有关附带民事诉讼的规定，在程序上应先审理刑事部分，按照排除合理怀疑的证明标准对刑事被告人定罪量刑，之后再对附带的民事公益诉讼部分进行审理。因此，在证明标准的适用上，若附带的民事公益诉讼部分也适用刑事诉讼所确立的排除合理怀疑证明标准的规定，一方面与附带的民事公益诉讼的本质属于民事诉讼相悖；另一方面，如果因为适用对证据要求更加严格的排除合理怀疑证明标准而导致难以追究刑事被告人的民事责任，则不利于实现通过检察院提起刑事附带民事公益诉讼的制度设计实现维护社会公共利益的目的。此外，检察院提起刑事附带民事公益诉讼由人民法院同一审判组织审理还可能面临刑事案件的被告人与刑事附带民事公益诉讼被告的范围问题，也就是说，作为刑事诉讼中的被告人和作为附带民事公益诉讼中的被告是否具有一致性的问题。可以说，刑事附带民事公益诉讼中的被告在范围上通常等于或广于刑事诉讼中的被告人，也就是说，附带民事公益诉讼中的被告不一定是刑事诉讼中的被告人，但刑事诉讼中的被告人通常应成为附带民事公益诉讼中的被告。之所以如此，其原因在于，既然适用更严格证明标准的刑事诉讼的被告人对社会公益的侵害行为已构成了刑事犯罪，那么，其行为通常构成对社会公共利益的侵权行为。但是不能反过来说，只有刑事诉讼中的被告人或犯罪嫌疑人才能成为附带民事公益诉讼中的被告。因为在特殊情形下，附带民事公益诉讼中的被告不一定是刑事诉讼中的被告人或犯罪嫌疑人。

案例十一

本题主要考查第三人撤销之诉的条件以及管辖的确定。

1. 甲市实业公司变更诉讼请求的行为系第三人提起撤销之诉。理由如下：本案中，实业公司向甲市A区法院提起诉讼，请求确认乙市B区安装公司名下300万股某银行股份归实业公司所有，即实业公司认为自己对案涉300万股某银行股份享有所有权。诉讼中，实业公司得知乙市B区法院作出的民事调解书载明甲市纸业公司与安装公司达成协议，确认前述安装公司代持的300万股某银行股份的实际所有人为甲市纸业公司。甲市实业公司认为上述民事调解书损害其对300万股某银行股份的民事权益，变更诉讼请求，请求甲市A区法院撤销乙市B区法院的民事调解书的行为符合《民事诉讼法》第59条第3款第三人提起撤销之诉的条件：第一，实业公司对乙市B区法院审理的甲市纸业公司与安装公司之间争议的300万股某银行股份主张享有所有权，系民事诉讼中的有独立请求权的第三人；第二，甲市实业公司因不知道甲市纸业公司与安装公司在乙市B区法院进行案涉300万股某银行股份确权诉讼而未能参加该案诉讼；第三，实业公司依据与安装公司之间的《股权转让协议》以及支付股权转让款的银行转账凭证证明乙市B区法院民事调解书错误并损害其民事权益；第四，乙市B区法院民事调解书系2020年7月10日作出，实业公司于2020年8月20日请求甲市A区法院撤销乙市B区法院的民事调解书，符合可以自知道或者应当知道其民事权益受到损害之日起六个月内提起第三人撤销之诉的法定期间。

2. 甲市A区法院对甲市实业公司变更的诉讼请求没有管辖权。理由如下：甲市A区法院受理实业公司的破产清算案后，根据《企业破产法》第21条的规定，实业公司请求确认乙市B区安装公司名下300万股某银行股份归其所有，并判令安装公司协助办理上述300万股股份变更登记手续的诉讼系有关债务人的民事诉讼，只能向受理破产申请的甲市A区法院提起。当甲市实业公司认为乙市B区法院确认安装公司代持的案涉300万股某银行股份的实际所有人为甲市纸业公司的民事调解书损害其对300万股某银行股份的民事权益，其变更诉讼请求，请求撤销乙市B区法院民事调解书的行为系第三人提起撤销之诉。换言之，实业公司变更诉讼请求之后的诉讼已不再是单纯的有关破产债务人的诉讼，尽管实业公司在撤销该民事调解书的基础上请求对系争股份进行确权，该变更后的诉讼请求实际上是一个第三人撤销之诉。根据《民事诉讼法》第59条第3款的规定，第三人撤销之诉应向作出该调解书的乙市B区法院提起诉讼。因此，甲市A区法院对甲市实业公司变更的诉讼请求没有管辖权。

案例十二

本题主要考查第三人撤销之诉的主体资格。

本案温州民生银行具有请求撤销（2016）浙1121民初1800号民事判决的主体资格。理由如下：本案涉及针对同一标的物的建设工程价款优先受偿权与抵押权实现的关系问题。根据《民诉解释》第290条的规定，第三人提起撤销之诉的，应当提供存在发生法律效力的判决、裁定、调解书的全部或者部分内容错误情形的证据材料，即法院在受理阶段需要从证据材料角度对原生效裁判内容是否存在错误进行一定限度的实质审查。但前述司法解释规定本质上仍然是对第三人撤销之诉起诉条件的规定，起诉条件与最终实体判决的证据要求存在区别，前述司法解释规定并不意味着第三人在起诉时就要完成全部的举证义务，第三人在提起撤销之诉时应对原案判决可能存在错误并损害其民事权益的情形提供初步证据材料加以证明。温州民生银行提起撤销之诉时已经提供证据材料证明自己是同一标的物上的抵押权人，山口建筑公司依据原案生效判决要求参与抵押物折价或者拍卖所得价款的分配将直接影响温州民生银行债权的优先受偿，而且山口建筑公司自案涉工程竣工验收至提起原案诉讼已超过六个月期限，山口建筑公司主张在六个月内行使建设工程价款优先权时并未采取起诉、仲裁等具备公示效果的方式。因此，从起诉条件审查角度看，温州民生银行已经提供初步证据证明原案生效判决第一项内容可能存在错误并将损害其抵押权的实现，其提起诉讼要求撤销原案生效判决主文第一项符合法律规定的起诉条件。

【提示】

该指导案例的裁判要旨：建设工程价款优先受偿权与抵押权指向同一标的物，抵押权的实现因建设工程价款优先受偿权的有无以及范围大小受到影响的，应当认定抵押权的实现同建设工程价款优先受偿权案件的处理结果有法律上的利害关系，抵押权人对确认建设工程价款优先受偿权的生效裁判具有提起第三人撤销之诉的原告主体资格。

案例十三

本题主要考查产品质量纠纷中消费者与销售者以及生产者之间不同诉讼之间的关系。

1. 针对本案所述成某购买婴幼儿奶粉的案情，成某为维护自己的民事权益，可以提起以下两种诉讼：第一，成某可以联华丰收路店为被告提起买卖合同纠纷诉讼。本案成某在联华丰收路店购买了4盒由乳业公司生产的婴幼儿配方奶粉，成某与联华丰收路店就形成了买卖合同关系。因涉诉商品标注特别添加了“专佳蛋白”，但未标示添加量，双方就该婴幼儿奶粉是否符合食品安全标准发生纠纷。根据《消费者权益保护法》的相关规定，消费者在购买、使用商品时，其合法权益受到损害的，可以向销售者要求赔偿。因此，成某有权以联华丰收路店为被告提起买卖合同纠纷诉讼。第二，成某可以乳业公司为被告提起食品质量缺陷侵权纠纷诉讼。本案成某在联华丰收路店购买了的4盒婴幼儿配方奶粉是由乳业公司生产的，涉诉商品标注特别添加了“专佳蛋白”，但未标示添加量，不符合《预包装通则》对食品安全的国家标准的要求。根据《食品安全法》的相关规定，生产不符合食品安全标准的食品，消费者除要求赔偿损失外，还可以向生产者要求支付价款10倍的赔偿金。因此，成某可以乳业公司为被告提起食品质量缺陷侵权纠纷诉讼。

2. 乳业公司无权对甲市朝阳区法院的生效判决提起第三人撤销之诉。理由如下：根据《民事诉讼法》第59条第3款的规定，有权提起第三人撤销之诉的第三人仅限于因不能归责于本人的事由未参加原审诉讼的有独立请求权的第三人和无独立请求权的第三人，且发生法律效力的判决、裁定、调解书的部分或全部内容错误，损害第三人民事权益。甲市朝阳区法院的生效判决系基于成某与联华丰收路店之间的买卖合同关系产生的买卖标的物质量不符合食品安全标准的纠纷，虽然案涉买卖标的物系乳业公司生产的婴幼儿奶粉，但乳业公司并非买卖合同的相对方，在成某选择基于买卖合同向销售者联华丰收路店主张权利时，作为生产者的乳业公司与该案存在事实上的牵连关系，即联华丰收路店可以依据甲市朝阳区法院的生效判决向生产者乳业公司进行追偿，但该牵连关系不属于法律上的利害关系。因为：一方面，成某以销售者联华丰收路店为被告向法院起诉，其依据的是与销售者之间的产品买卖合同关系，该案裁判结果仅涉及销售者，而不会直接引起生产者乳业公司法律上权利义务关系的变化。另一方面，销售者联华丰收路店对生效判决的履行不必然导致生产者承担民事责任，即使销售者联华丰收路店向生产者乳业公司行使追偿权，其追偿权的依据是销售者与生产者之间的产品买卖合同。在产品质量出现问题时，生产者乳业公司依据法律和合同关系应对销售者联华丰收路店承担瑕疵担保义务，该义务的存在不以生效判决为前提，且乳业公司对于销售者联华丰收路店的追偿行为依然享有抗辩权。因此，甲市朝阳区的生效判决责令联华丰收路店向消费者成某承担给付责任，并未涉及乳业公司的实体权利义务，在此情况下，乳业公司的民事权益未受到上述生效判决的侵害，不符合提起第三人撤销之诉的主体要件。故乳业公司无权对甲市朝阳区法院的生效判决提起第三人撤销之诉。

案例十四

本题主要考查专属管辖、书证命令制度、二审中撤回起诉、二审法院对上诉案件的处理以及案外人救济制度。

1. （1）新华区法院受理该案是不正确的。因为房屋租赁合同适用专属管辖，本案应当由房屋所在地金水区法院管辖。(2)新华区法院根据章凯在举证期限届满后，开庭前的申请，责令洪明提供书证的行为是不正确的。因为申请法院责令对方当事人提供书证应当在举证期限届满前书面提出。(3)新华区法院认定章凯所主张的事实是正确的。因为法院责令对方当事人提交书证，对方当事人无正当理由拒不提交的，可以认定申请人所主张的书证内容为真实。

2. 河海市中级法院认为章凯一审答辩期内未提出管辖权异议，视为应诉管辖是不正确的。因为根据《民事诉讼法》第130条第2款的规定，当事人未提出管辖异议，并应诉答辩的，视为受诉法院有管辖权，但违反专属管辖的除外。因此本案一审新华区法院违反专属管辖规定受理案件，根据《民诉解释》第329条的规定，河海市中级法院应裁定撤销原判决并移送有管辖权的法院。

3. 河海市中级法院以洪明在二审中无权申请撤回起诉为由未准许洪明撤回起诉的请求是不正确的。因为根据《民诉解释》第336条第1款的规定，在第二审程序中，原审原告申请撤回起诉，经其他当事人同意，且不损害国家利益、社会公共利益、他人合法权益的，人民法院可以准许。

4. (1)河海市中级法院判决驳回上诉，维持原判决是正确的。因为一审判决认定事实清楚，适用法律正确的，应判决驳回上诉，维持原判决。(2)河海市中级法院未处理洪明提出的责令章凯支付拖欠的房屋租金5万元的请求是不正确的。因为该诉讼请求是原审原告洪明在二审中新增加的诉讼请求，根据司法解释的规定，二审法院可以根据当事人自愿原则进行调解，调解不成的，告知另行起诉。双方当事人同意由第二审法院一并审理的，第二审法院可以一并裁判。

5. 孙婧可以通过申请再审的方式寻求救济。因为本案所涉房屋是孙婧和洪明共同出资购买的，孙婧系本案的必要共同原告。根据《民诉解释》第420条第1款的规定，孙婧因不能归责于本人的事由未参加诉讼的，可以自知道或者应当知道之日起6个月内申请再审。

案例十五

本题主要考查移送管辖、原告撤诉、无独立请求权的第三人、法院对一审案件的处理、二审审理方式以及案外人救济制度。

1. 洪湖区法院移送管辖的做法是正确的。因为根据《民诉解释》第28条第2款的规定，本案所涉及的建设工程施工合同由不动产所在地，即工程所在地的四方区法院管辖，洪湖区法院对本案没有管辖权。

2. (1)四方区法院基于城建公司申请裁定准许城建公司撤诉是不正确的。因为《民诉解释》第238条第2款规定："法庭辩论终结后原告申请撤诉，被告不同意的，人民法院可以不予准许。"本案中开发公司不同意城建公司撤回起诉。(2)城建公司申请法院通知建筑公司参加诉讼，四方区法院未予准许是不正确的。因为本案诉讼中，城建公司提出，3号楼与5号楼由其分包给了建筑公司，案件的处理结果与建筑公司有法律上的利害关系，建筑公司是本案的无独立请求权的第三人。(3) 四方区法院合并审理了开发公司要求城建公司赔偿损失的请求是正确的。因为开发公司的该请求属于反诉，《民诉解释》第 232 条规定：“在案件受理后，法庭辩论结束前，原告增加诉讼请求，被告提出反诉，第三人提出与本案有关的诉讼请求，可以合并审理的，人民法院应当合并审理。”(4) 四方区法院经过审理，判决城建公司赔偿给开发公司造成的损失 130 万元，由于城建公司存在违约行为，判决开发公司向城建公司支付 230 万元工程款是正确。因为工程款是原告城建公司的诉讼请求，而损失赔偿是被告开发公司在诉讼中针对原告城建公司提出的反诉，法院应当对上述请求经过审理后予以判决。

3. A 市中级法院未经开庭直接作出判决的做法是不正确的。因为在本案二审诉讼中，上诉人城建公司提出了新的事实，根据《民事诉讼法》第 176 条第 1 款的规定，市中级法院应当开庭审理。

4. 建筑公司可以通过提起第三人撤销之诉的方式寻求救济。根据《民事诉讼法》第 59 条第 3 款的规定，建筑公司有证据证明 A 市中级法院的生效判决错误损害其民事权益，可以在知道或者应当知道其权益受到损害之日起 6 个月内向市中级法院提起第三人撤销之诉。

专题四　民事诉讼证据与证明

一、证据能力

1. 客观性
2. 关联性
3. 合法性

(1) 形式合法：需以法定证据的形式体现出来，且符合法律关于证据的具体要求。

(2) 收集手段合法：对以严重侵害他人合法权益、违反法律禁止性规定或者严重违背公序良俗的方法形成或者获得的证据，不能作为认定案件事实的依据。(《民诉解释》第 106 条)

(3) 证据材料转化为合法证据：质证，但是人民法院依职权主动调查收集的证据除外。

二、证明对象

《民诉解释》第 91 条：“人民法院应当依照下列原则确定举证证明责任的承担，但法律另有规定的除外：(一) 主张法律关系存在的当事人，应当对产生该法律关系的基本事实承担举证证明责任；(二) 主张法律关系变更、消灭或者权利受到妨害的当事人，应当对该法律关系变更、消灭或者权利受到妨害的基本事实承担举证证明责任。”

【注意】 该司法解释规定可以细化为下列具体事实证明责任的分配：

1. 法律关系发生或者发生效力所依据的事实。如合同的订立、形成权中的生效形成权（法定代理人或者本人的追认权）等。

例如《民法典》第145条规定："限制民事行为能力人实施的纯获利益的民事法律行为或者与其年龄、智力、精神健康状况相适应的民事法律行为有效；实施的其他民事法律行为经法定代理人同意或者追认后有效。相对人可以催告法定代理人自收到通知之日起三十日内予以追认。法定代理人未作表示的，视为拒绝追认。民事法律行为被追认前，善意相对人有撤销的权利。撤销应当以通知的方式作出。"又如第168条规定："代理人不得以被代理人的名义与自己实施民事法律行为，但是被代理人同意或者追认的除外。代理人不得以被代理人的名义与自己同时代理的其他人实施民事法律行为，但是被代理的双方同意或者追认的除外。"

2. 法律关系变更所依据的事实。如法律关系的变更以及形成权中的变更形成权。

3. 法律关系消灭所依据的事实。如形成权中的消灭形成权（撤销权、解除权）。

例如《民法典》第147条规定："基于重大误解实施的民事法律行为，行为人有权请求人民法院或者仲裁机构予以撤销。"又如《民法典》第148条规定："一方以欺诈手段，使对方在违背真实意思的情况下实施的民事法律行为，受欺诈方有权请求人民法院或者仲裁机构予以撤销。"

4. 诉讼抗辩所依据的事实。

第一，区分诉讼否认与诉讼抗辩。

第二，诉讼抗辩的3种类型：一是权利阻却抗辩，被告借助某种事实宣称原告所主张的权利并未发生，即由于某种事实的出现，原告的请求权被阻却而未产生。如民事法律行为无效等；例如《民法典》第144条规定："无民事行为能力人实施的民事法律行为无效。"《民法典》第146条1款规定："行为人与相对人以虚假的意思表示实施的民事法律行为无效。"《民法典》第153条规定："违反法律、行政法规的强制性规定的民事法律行为无效。但是，该强制性规定不导致该民事法律行为无效的除外。违背公序良俗的民事法律行为无效。"二是权利消灭抗辩，被告并不否认原告请求权之存在，却以某种事实说明，该请求权已消灭，如义务履行、债务清偿等；三是权利阻止抗辩，被告既不否认原告请求权之产生，也未主张已消灭，仅以给付拒绝权相对抗，则该权利阻止抗辩具有阻遏原告请求权实现之效力，如同时履行抗辩、先履行抗辩、不安抗辩、诉讼时效抗辩、保证人的先诉抗辩权等。例如《民法典》第525条规定："当事人互负债务，没有先后履行顺序的，应当同时履行。一方在对方履行之前有权拒绝其履行请求。一方在对方履行债务不符合约定时，有权拒绝其相应的履行请求。"《民法典》第526条规定："当事人互负债务，有先后履行顺序，应当先履行债务一方未履行的，后履行一方有权拒绝其履行请求。先履行一方履行债务不符合约定的，后履行一方有权拒绝其相应的履行请求。"《民法典》第527条规定："应当先履行债务的当事人，有确切证据证明对方有下列情形之一的，可以中止履行：（一）经营状况严重恶化；（二）转移财产、抽逃资金，以逃避债务；（三）丧失商业信誉；（四）有丧失或者可能丧失履行债务能力的其他情形。当事人没有确切证据中止履行的，应当承担违约责任。"

5. 排除原告权利所依据的事实。如免责事由。

三、证明责任

（一）含义

证明责任，也称为举证责任，是当事人对自己提出的需要作为证明对象的事实主张有责任提供证据加以证明，以及未能提供证据或者证据不足以证明其事实主张时，由负有证明责任的当事人承担不利法律后果的责任。包括行为意义上的证明责任与结果意义上的证明责任。

【提示】

1. 行为意义上的证明责任产生于当事人提出需要作为证明对象的主张之时，而结果责任则产生于待证事实真伪不明之时。

2. 证明责任的本质在于待证事实真伪不明时，给法院作出裁判提供依据，即诉讼的不利后果由承担证明责任的一方当事人承担。

（二）证明责任的负担原则

谁主张谁举证（这里的“主张”指需要作为证明对象的主张）。

【注意】对同一事实，只能由一方当事人承担证明责任。

（三）证明责任分配的例外规定

1. 适用范围：高度危险侵权纠纷、环境侵权纠纷、建筑物或者物件损害责任、饲养动物致人损害的侵权诉讼、因医疗行为引起的侵权诉讼。

2. 证明责任例外分配规则

（1）原告应当证明的事实：第一，被告对原告实施侵权行为的事实；第二，原告因被告的侵权行为所遭受的损失。

（2）被告应当证明的事实：免责事由。

（3）因果关系的证明：环境污染案件，由被告就其行为与原告的损害之间不存在因果关系承担举证责任；其他案件则由原告就被告的侵权行为与其损害之间存在因果关系承担举证责任。

【注意】被告的主观过错不属于证明对象，无论由原告还是被告证明都是不正确的。

四、证明标准

（一）证明标准的理解

1. 证明标准是判断证据所证明的待证事实能否被认定的依据；

2. 证明标准是判断当事人是否成功完成证明责任的依据；

3. 证明标准是法律对证据的最低要求。

（二）证明标准的规定

1. 一般证明标准：高度可能性。（《民诉解释》第108条）

2. 提高的证明标准：当事人对欺诈、胁迫、恶意串通事实的证明，以及对口头遗嘱或赠与事实的证明，需达到排除合理怀疑的标准。(《民诉解释》第 109 条)

3. 降低的证明标准：与诉讼保全、回避等程序事项有关的事实，人民法院结合当事人的说明及相关证据，认为有关事实存在的可能性较大的，可以认定该事实存在。(《民事证据规定》第 86 条第 2 款)

【案例】

案例十六、银行与甲公司、乙公司贷款纠纷案

案情： 甲公司向银行贷款 50 万元由乙公司提供担保。贷款期满，甲公司无法清偿，甲公司与银行商议，由银行再贷款 63 万元给甲公司还旧账，并由乙公司继续担保。后银行与乙公司由于还款事宜诉至法院，银行要求甲公司偿还贷款 63 万元，并且乙公司承担连带保证责任，乙公司称自己不知道贷款担保合同已经变更，所以主张不应当承担保证责任。

根据案情回答下列问题：

1. 本案中的哪些事实应作为证明对象？请阐明理由。
2. 如何分配本案的证明责任？请阐明理由。

案例十七、陈某与刘某字画买卖合同纠纷

案情： 陈某向法院主张已就某字画与刘某订立了买卖合同，依据合同要求刘某交付字画。刘某在诉讼中并不否认双方就该字画买卖曾协商一致，但又向法院陈述说自己患有间歇性的精神障碍，主张订立买卖合同时正处于不能辨认自己行为的状态，故所订合同无效。陈某则向法院陈述订立合同的当时刘某精神状态良好、头脑清醒，主张合同有效。

根据案情回答下列问题：

1. 本案中哪些事实应作为证明对象？请阐述理由。
2. 如何分配本案的证明责任？请阐述理由。
3. 如果刘某的行为能力在本案中无法查清，法官如何裁判？请阐述理由。

案例十八、康健体育用品公司商标侵权纠纷案

案情： 康健体育用品公司是一家多年生产健身器材且在同类产品中市场占有率和声誉非常好的公司，拥有“康健牌”注册商标，并一直使用于其生产的各类健身器材。2018 年起，康健体育用品公司发现市场上销售的由保健公司生产的按摩器上使用的“益康牌”注册商标与自己的“康健牌”注册商标极其相似，很容易引起消费者的混同。康健体育用品公司与保健公司多次交涉未果，诉至区法院，主张自己拥有“康健牌”注册商标专用权，且该商标为驰名商标，请求区法院责令保健公司停止使用“益

康牌”注册商标。在诉讼中，保健公司提交答辩状称，虽然康健体育用品公司拥有“康健牌”注册商标专用权，且该商标为驰名商标，但其注册于A类，而自己的商标注册于B类，因注册类别不同，因此，保健公司认为未侵犯康健体育用品公司的注册商标专用权，请求区法院驳回康健体育用品公司的诉讼请求。

根据案情回答下列问题：

1. 双方的争议焦点是什么？

2. 保健公司在答辩状中所认可的事实是否构成诉讼自认？请阐述理由。

3. 区法院如何处理本案？请阐述理由。

【参考答案要点】

案例十六

本题主要考查证明对象与证明责任分配。

1. 本案中需要作为证明对象的事实包括：第一，甲公司向银行贷款63万元的事实；第二，乙公司提供连带保证责任的事实；第三，乙公司知道贷款合同已经变更的事实。因为第一个事实是银行对甲公司享有要求其偿还贷款请求权所依据的事实，第二与第三个事实是银行请求乙公司承担连带保证责任所依据的事实。

2. 上述三个事实均应由原告银行承担证明责任，因为三个事实均属于银行主张权利所依据的事实。

案例十七

本题主要考查证明对象与证明责任分配。

1. 本案中需要作为证明对象的事实包括：第一，刘某患有间歇性精神障碍的事实；第二，刘某与陈某签订字画买卖合同时处于不能辨认自己行为的状态。因为这两个事实属于判断刘某是否属于无民事行为能力人所依据的事实，该事实系判断合同是否系无效合同所依据的事实。

2. 上述两个事实均应由被告刘某承担证明责任。因为根据《民诉解释》第91条的规定，主张权利受到妨害的当事人，应当对权利受到妨害的基本事实承担举证证明责任。

3. 如果刘某的行为能力在本案中无法查清，法院应判决责令刘某向陈某交付字画。理由如下：第一，就本案诉讼中刘某与陈某的事实主张而言，刘某主张患有间歇性精神障碍，订立买卖合同时正处于不能辨认自己行为能力的状态，故所订立的合同无效。虽然陈某陈述订立合同时刘某精神状态良好、头脑清醒，主张合同有效，但陈某陈述的事实实际上是对刘某主张事实的反驳主张。第二，刘某所主张的事实系刘某提出的妨碍本案买卖合同有效以及陈某享有字画交付请求权产生的诉讼抗辩主张，根据《民诉解释》第91条的规定，主张法律关系受到妨碍的当事人，应当对该法律关系受到妨碍的基本事实承担举证证明责任，应由刘某对自己订立合同时无民事行为能力的事实主张承担证明责任。第三，如果刘某的行为能力在本案中无法查清，根据《民诉解释》

第90条第2款的规定："在作出判决前，当事人未能提供证据或者证据不足以证明其事实主张的，由负有举证证明责任的当事人承担不利的后果"，应由刘某承担不利的诉讼后果，即法院应判决责令刘某向陈某交付字画。

案例十八

本题主要考查诉讼上自认的适用。

1. 双方的争议焦点是保健公司在按摩器上使用"益康牌"商标的行为是否构成对康健体育用品公司"康健牌"注册商标专用权的侵权。

2. 不构成诉讼自认。因为《民事证据规定》第8条规定：《民诉解释》第96条第1款规定的事实，不适用有关自认的规定。《民诉解释》第96条规定："民事诉讼法第六十七条第二款规定的人民法院认为审理案件需要的证据包括：(一)涉及可能损害国家利益、社会公共利益的；……"本案保健公司在答辩状中认可康健体育用品公司拥有的"康健牌"注册商标系驰名商标，某一商标是否是驰名商标不仅直接影响该注册商标专用权人受到保护的范围，而且还会影响到市场竞争秩序的维护，系可能损害社会公共利益的事实，因此，不适用诉讼自认的规定。

3. 区法院应责令康健体育用品公司对其拥有的"康健牌"注册商标系驰名商标的事实承担证明责任，并根据其完成证明责任的情况作出相应的处理。因为根据《民诉解释》第91条的规定，主张法律关系存在的当事人，应当对产生该法律关系的基本事实承担举证证明责任。

专题五　诉讼案件的审判程序

一、第一审普通程序

（一）第一审程序的启动

1. 起诉条件的理解与适用

《民事诉讼法》第122条：起诉必须符合下列条件：(一)原告必须是与本案有直接利害关系的公民、法人或者其他组织；(二)有明确的被告；(三)有具体的诉讼请求和事实、理由；(四)属于人民法院受理民事诉讼的范围和受诉人民法院管辖。

【注意】(1)原告要适格；

(2)被告下落不明不等于不明确；

(3)权利的可诉性与可保护性不同，如青春费案件可以受理；

(4)起诉证据不同于胜诉证据：①起诉证据符合起诉条件即可，无需达到证明标准的要求；②胜诉证据需达到证明标准的要求。

2. 立案登记制

《民事诉讼法》第126条以及《民诉解释》第208条规定：人民法院应当保障当事人依照法律规定享有的起诉权利。人民法院接到当事人提交的民事起诉状时，对符合

《民事诉讼法》第 122 条的规定，且不属于第 127 条规定情形的，应当登记立案；对当场不能判定是否符合起诉条件的，应当接收起诉材料，并出具注明收到日期的书面凭证。需要补充必要相关材料的，人民法院应当及时告知当事人。在补齐相关材料后，应当在 7 日内决定是否立案。立案后发现不符合起诉条件或者属于《民事诉讼法》第 127 条规定情形的，裁定驳回起诉。原告对该裁定不服的，可以提起上诉。

党的十八届四中全会《决定》要求改革法院的案件受理制度，变立案审查制为立案登记制，对人民法院依法应该受理的案件，做到有案必立、有诉必理，保障当事人诉权。

（二）不予受理、驳回起诉与驳回诉讼请求

在审查起诉阶段，对于不符合起诉条件的，裁定不予受理；在受理案件后，对于不符合起诉条件的，裁定驳回起诉；对于丧失实体胜诉权的，判决驳回诉讼请求。

（三）受理后的特殊处理

1. 重复起诉及其处理

当事人就已经提起诉讼的事项在诉讼过程中或者裁判生效后再次起诉，同时符合下列条件的，构成重复起诉：（1）后诉与前诉的当事人相同；（2）后诉与前诉的诉讼标的相同；（3）后诉与前诉的诉讼请求相同，或者后诉的诉讼请求实质上否定前诉裁判结果。

当事人重复起诉的，裁定不予受理；已经受理的，裁定驳回起诉，但法律、司法解释另有规定的除外。

2. 当事人恒定与承继

（1）在诉讼中，争议的民事权利义务转移的，不影响当事人的诉讼主体资格和诉讼地位。人民法院作出的发生法律效力的判决、裁定对受让人具有拘束力。

（2）受让人申请以无独立请求权的第三人身份参加诉讼的，人民法院可予准许。

（3）受让人申请替代当事人承担诉讼的，人民法院可以根据案件的具体情况决定是否准许；不予准许的，可以追加其为无独立请求权的第三人。人民法院准许受让人替代当事人承担诉讼的，裁定变更当事人。变更当事人后，诉讼程序以受让人为当事人继续进行，原当事人应当退出诉讼。原当事人已经完成的诉讼行为对受让人具有拘束力。

（四）审理

1. 审理范围：法庭审理应当围绕当事人争议的事实、证据和法律适用等焦点问题进行。

2. 原告增加诉讼请求、被告反诉、有独立请求权的第三人参加诉讼的处理。

（1）一审。《民诉解释》第 232 条规定：“在案件受理后，法庭辩论结束前，原告增加诉讼请求，被告提出反诉，第三人提出与本案有关的诉讼请求，可以合并审理的，人民法院应当合并审理。”

（2）二审发回重审。《民诉解释》第 251 条规定：“二审裁定撤销一审判决发回重审的案件，当事人申请变更、增加诉讼请求或者提出反诉，第三人提出与本案有关的诉讼请求的，依照《民事诉讼法》第一百四十三条规定处理。”即合并处理。

（3）再审发回重审。《民诉解释》第252条规定：“再审裁定撤销原判决、裁定发回重审的案件，当事人申请变更、增加诉讼请求或者提出反诉，符合下列情形之一的，人民法院应当准许：（一）原审未合法传唤缺席判决，影响当事人行使诉讼权利的；（二）追加新的诉讼当事人的；（三）诉讼标的物灭失或者发生变化致使原诉讼请求无法实现的；（四）当事人申请变更、增加的诉讼请求或者提出的反诉，无法通过另诉解决的。”

二、第二审程序

（一）上诉的条件

1. 上诉人

（1）有上诉权的人：一审中的原告、被告、有独立请求权的第三人与判决承担民事责任的无独立请求权的第三人。

（2）双方当事人和第三人都上诉的，均为上诉人。

（3）必要共同诉讼人的上诉问题：

必要共同诉讼人中的一人或者部分人提起上诉的，按照下列情况处理：

第一，该上诉仅对与对方当事人之间权利与义务分担有意见，不涉及其他共同诉讼人利益的，对方当事人为被上诉人，未上诉的同一方当事人依原审诉讼地位列明。

第二，该上诉仅对共同诉讼人之间权利与义务分担有意见，不涉及对方当事人利益的，未上诉的同一方当事人为被上诉人，对方当事人依原审诉讼地位列明。

第三，该上诉对双方当事人之间以及共同诉讼人之间权利与义务承担有意见的，未提起上诉的其他当事人均为被上诉人。

【规律】有权上诉并提出上诉的人为上诉人，上诉人对与谁之间的权利分担有意见的，谁为被上诉人，其他当事人依原审诉讼地位列明即可。

【注意】

第一，有独立请求权的第三人在二审中的诉讼地位：（1）有上诉权；（2）提起上诉，作为上诉人；未提起上诉，上诉人对其有意见的，作为被上诉人，对其没有意见的，无需参加二审程序。

第二，无独立请求权的第三人在二审中的诉讼地位：（1）判决承担民事责任，有上诉权；（2）有上诉权提起上诉，作为上诉人；未提起上诉，上诉人对其有意见的，作为被上诉人，对其没有意见的，无需参加二审程序。

2. 上诉期：判决15天，裁定10天。

3. 上诉状：必须书面上诉，口头上诉一律无效。

（二）二审程序中的撤诉

1. 原审原告撤回起诉

（1）在第二审程序中，原审原告申请撤回起诉，经其他当事人同意，且不损害国家利益、社会公共利益、他人合法权益的，人民法院可以准许。

(2) 准许撤诉的，应当一并裁定撤销一审裁判。

(3) 原审原告在第二审程序中撤回起诉后重复起诉的，人民法院不予受理。

2. 二审程序中上诉人撤回上诉

在二审审理过程中，上诉人撤回上诉，法院裁定准许后，一审判决即生效。

(三) 上诉案件的审理

1. 审理范围

(1) 原则：根据《民事诉讼法》第 175 条规定，第二审人民法院应当对上诉请求的有关事实和适用法律进行审查。

(2) 例外：根据《民诉解释》第 321 条第 2 款的规定，当事人没有提出请求的，不予审理。但一审判决违反法律禁止性规定，或者损害国家利益、社会公共利益、他人合法权益的除外。

2. 审理方式

(1) 开庭审理为原则；

(2) 不开庭审理为例外。

根据《民事诉讼法》第 176 条第 1 款的规定，经过阅卷、调查和询问当事人，对没有提出新的事实、证据或者理由，人民法院认为不需要开庭审理的，可以不开庭审理。

(四) 上诉案件的调解

1. 调解成功：应当制作调解书，因为该调解书直接影响到第一审裁判的效力。

2. 特殊调解的适用

(1) 漏审、漏判诉讼请求：《民诉解释》第 324 条规定，对当事人在第一审程序中已经提出的诉讼请求，原审人民法院未作审理、判决的，第二审人民法院可以根据当事人自愿的原则进行调解；调解不成的，发回重审。

(2) 遗漏必须参加诉讼的当事人或者有独立请求权第三人：《民诉解释》第 325 条规定，必须参加诉讼的当事人或者有独立请求权的第三人，在第一审程序中未参加诉讼，第二审人民法院可以根据当事人自愿的原则予以调解；调解不成的，发回重审。

(3) 原审原告新增加诉讼请求或者原审被告提出反诉：《民诉解释》第 326 条规定，在第二审程序中，原审原告增加独立的诉讼请求或者原审被告提出反诉的，第二审人民法院可以根据当事人自愿的原则就新增加的诉讼请求或者反诉进行调解；调解不成的，告知当事人另行起诉。双方当事人同意由第二审人民法院一并审理的，第二审人民法院可以一并裁判。

(4) 一审判决不准离婚，二审认为应当离婚：《民诉解释》第 327 条规定，一审判决不准离婚的案件，上诉后，第二审人民法院认为应当判决离婚的，可以根据当事人自愿的原则，与子女抚养、财产问题一并调解；调解不成的，发回重审。双方当事人同意由第二审人民法院一并审理的，第二审人民法院可以一并裁判。

（五）对判决上诉案件的裁判

对判决上诉的处理：
- 判决驳回上诉，维持原判：认定事实清楚，适用法律正确（包括虽有瑕疵但结果正确）
- 改判
  - 认定事实错误、适用法律错误：法定改判
  - 认定基本事实不清：可改判
- 裁定撤销原判，发回重审（只能1次）
  - 认定基本事实不清
  - 遗漏当事人或违法缺席判决等严重违反法定程序
- 裁定撤销原判，驳回起诉：起诉不符合受理条件
- 裁定撤销原判，移送管辖：一审受理案件违反专属管辖规定

三、审判监督程序

（一）基于检察监督权的再审

1. 检察院监督的方式

检察院有权对民事诉讼活动实行法律监督。具体可以通过三种方式：第一，对法院作出的生效判决、裁定具有抗诉情形，或者发现调解书损害国家利益、社会公共利益的，依照法定程序和方式提出抗诉。第二，对法院作出的生效判决、裁定具有抗诉情形，或者发现调解书损害国家利益、社会公共利益的，依照法定程序和方式提出再审检察建议。第三，对审判监督程序以外的其他审判程序中审判人员的违法行为提出检察建议。

2. 检察院抗诉

（1）抗诉的主体

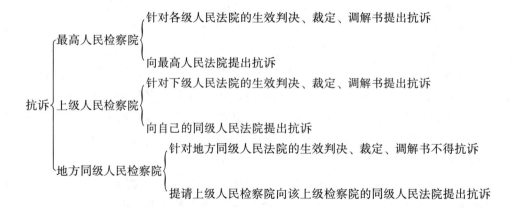

抗诉：
- 最高人民检察院
  - 针对各级人民法院的生效判决、裁定、调解书提出抗诉
  - 向最高人民法院提出抗诉
- 上级人民检察院
  - 针对下级人民法院的生效判决、裁定、调解书提出抗诉
  - 向自己的同级人民法院提出抗诉
- 地方同级人民检察院
  - 针对地方同级人民法院的生效判决、裁定、调解书不得抗诉
  - 提请上级人民检察院向该上级检察院的同级人民法院提出抗诉

（2）法院对检察院抗诉的处理

①人民检察院提出抗诉的案件，接受抗诉的人民法院不审查抗诉理由是否成立。

②法院对抗诉案件的审理

抗诉审理
- 证据情形
  - 上级法院提审：适用第二审程序再审
  - 指令原法院再审
    - 原来是一审案件：适用第一审普通程序再审
    - 原来是二审案件：适用第二审程序再审
- 其他情形→上级法院提审：适用第二审程序再审

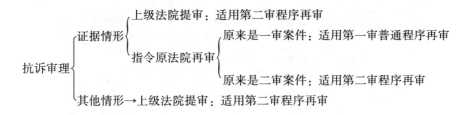

【注意】经下级法院再审的，不得指令再审。

3. 再审检察建议与其他检察建议的区别

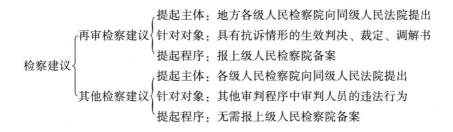

检察建议
- 再审检察建议
  - 提起主体：地方各级人民检察院向同级人民法院提出
  - 针对对象：具有抗诉情形的生效判决、裁定、调解书
  - 提起程序：报上级人民检察院备案
- 其他检察建议
  - 提起主体：各级人民检察院向同级人民法院提出
  - 针对对象：其他审判程序中审判人员的违法行为
  - 提起程序：无需报上级人民检察院备案

（二）当事人申请再审

1. 当事人申请再审的条件

（1）主体是当事人：包括当事人死亡或者终止后的权利义务承继人，但是，债权转让的受让人无权申请再审。

（2）法定期间：法律文书发生法律效力后6个月内。

【例外】自知道或者应当知道之日起6个月内申请再审，适用于：第一，有新的证据足以推翻原判决、裁定的；第二，原判决认定事实的主要证据是伪造的；第三，据以作出原判决、裁定的法律文书被撤销或者变更的；第四，审判人员审理该案件时有贪污受贿，徇私舞弊，枉法裁判行为的。

（3）管辖法院：上一级人民法院。

【注意】（1）当事人一方人数众多或者当事人双方为公民的案件，可以向上一级法院申请再审，也可以向原审人民法院申请再审。（2）当事人分别向原审人民法院和上级人民法院申请再审且不能协商一致的，由原审人民法院受理。（3）当事人申请再审的，不停止判决、裁定的执行。

2. 法院对当事人申请再审案件的处理

原审法院	向谁申请再审	再审程序及裁判效力
基层法院	*原基层法院	适用普通程序再审，再审裁判可以上诉。
	中级法院	提审：适用第二审程序再审，再审裁判生效。

续表

原审法院	向谁申请再审	再审程序及裁判效力
中级法院	*原中级法院	原来是一审案件，适用普通程序再审，再审裁判可以上诉； 原来是二审案件，适用第二审程序再审，再审裁判生效。
	高级法院	提审：适用第二审程序再审，再审裁判生效； 指令原中级法院再审，或者交由其他中级法院再审； 原来是一审案件，适用普通程序再审，再审裁判可以上诉； 原来是二审案件，适用第二审程序再审，再审裁判生效。
高级法院	*原高级法院	1. 原来是一审案件，适用普通程序再审，再审裁判可以上诉； 2. 原来是二审案件，适用第二审程序再审，再审裁判生效。
	最高法院	1. 提审：适用第二审程序再审，再审裁判生效； 2. 指令原高级法院再审，或者交由其他高级法院再审。 （1）原来是一审案件，适用普通程序再审，再审裁判可以上诉； （2）原来是二审案件，适用第二审程序再审，再审裁判生效。

【注】 *向原审法院申请再审适用于当事人一方人数众多或者当事人双方是公民的案件。

（三）再审案件的审理

1. 审理范围

（1）根据《民诉解释》第403条第1款的规定，人民法院审理再审案件应当围绕再审请求进行。损害国家利益、社会公共利益、他人合法权益的，应当一并审理。（2）当事人的再审请求超出原审诉讼请求的，不予审理；符合另案诉讼条件的，告知当事人可以另行起诉。

2. 再审案件的处理

（1）驳回起诉的适用

对起诉不符合条件的处理
- 裁定不予受理：审查起诉阶段
- 驳回起诉
  - 一审：裁定驳回起诉
  - 二审：裁定撤销一审判决，驳回起诉
  - 再审：裁定撤销一、二审判决，驳回起诉

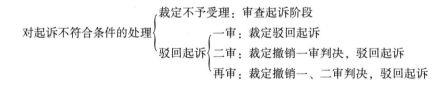

（2）适用二审程序再审案件的处理与上诉案件基本相同。

【案例】

案例十九、吴梅诉四川省眉山西城纸业有限公司买卖合同纠纷案

案情：原告吴梅从事废品收购业务。约自2004年开始，吴梅出售废书给被告四川省眉山西城纸业有限公司（以下简称“西城纸业公司”）。2009年4月14日与同年6月11日，双方通过结算，西城纸业公司分别向吴梅出具197万元与54.8万元两张欠条。因经多次催收上述货款无果，吴梅向眉山市东坡区人民法院起诉，请求法院判令

西城纸业公司支付货款251.8万元及利息。一审法院经审理后判决：被告西城纸业公司在判决生效之日起10日内给付原告吴梅货款251.8万元及违约利息。宣判后，西城纸业公司向眉山市中级法院提起上诉。二审审理期间，西城纸业公司于2009年10月15日与吴梅达成和解协议：西城纸业公司支付251.8万元，吴梅则放弃了支付利息的请求。

根据本案案情回答下列问题：

1. 如果吴梅申请撤回起诉，眉山市中级法院如何处理？

2. 如果西城纸业公司申请撤回上诉，眉山市中级法院如何处理？

3. 如果西城纸业公司不履行和解协议，吴梅如何实现其权利？其能否针对和解协议起诉，要求西城纸业公司履行和解协议的内容？为什么？

案例二十、甲某与长虹公司沃尔沃4S店租赁纠纷案

案情：2004年1月，沃尔沃公司在某省甲市的总经销商长虹公司与洪某签订租赁协议，约定：长虹公司将其位于甲市汽车城内S-5区域的沃尔沃4S店出租给洪某，经营沃尔沃汽车的销售与售后维修，租赁期间自2004年1月至2018年12月共15年。2012年12月，长虹公司在甲市下辖的A县修建了沃尔沃4S店，经营沃尔沃销售以及售后维修。洪某认为长虹公司的行为属于违约行为，于2013年5月诉至A县法院，请求责令长虹公司承担违约责任，赔偿损失80万元。A县法院经审理于2013年11月判决支持洪某的诉讼请求。长虹公司上诉至甲市中级法院，甲市中级法院认为一审判决认定事实清楚，适用法律正确，于2014年10月判决驳回长虹公司的上诉，维持原判。

长虹公司认为生效判决认定基本事实缺乏证据证明，于2015年3月向省高级法院申请再审，省高级法院提审该案，经过审理后，认为该案件认定基本事实错误，于2016年6月裁定撤销一、二审判决，发回A县法院重审。A县法院重审过程中，洪某变更诉讼请求为责令长虹公司停止侵权行为。A县法院准许洪某变更诉讼请求，并于2016年12月作出判决支持了洪某的诉讼请求。长虹公司不服上诉至A市中级法院，A市中级法院于2017年7月判决驳回长虹公司上诉，维持原判。

此后，长虹公司于2015年9月找到沃尔沃汽车华东地区的总经销商上海某公司，关闭了洪某销售及售后维修的总网络系统。2017年11月，洪某向上海B区法院提起诉讼，要求上海某公司停止侵权行为，并赔偿其损失60万元。经法院调解，2018年3月，洪某与上海某公司达成调解协议，上海某公司一次性支付给洪某190万元，洪某不再继续从事经营沃尔沃汽车的销售及售后维修活动。法院制作调解书后，双方签收。

2018年7月，长虹公司认为调解书确定洪某不再继续经营沃尔沃汽车的销售及售后维修活动，以发现新证据足以推翻原生效判决为由向省高级法院申请再审，省高级法院于2018年12月裁定再审此案。

请对本案所涉及诉讼问题进行分析。

案例二十一、万达公司与宜丰公司买卖合同纠纷案

案情：位于A市甲区的万达公司与位于B市乙区的宜丰公司签订了1份木制办公

家具买卖合同，合同约定：宜丰公司分3次向万达公司提供木制办公家具，双方在宜丰公司位于B市丙区的仓库交付木制办公家具。宜丰公司向万达公司交付3批办公家具后，万达公司发现3批办公家具均存在不同程度的开裂、变形等质量问题，与宜丰公司多次交涉未果，万达公司拒付办公家具款。宜丰公司向B市丙区法院起诉，要求万达公司支付拖欠的办公家具款150万元。诉讼过程中，宜丰公司找到因违反万达公司规定被开除的原业务经理王某，唆使其出具1份代表万达公司收到3批质量合格的办公家具的收货确认书，据此宜丰公司认为万达公司已经认可其交付的3批木制办公家具没有质量问题。开庭审理时，万达公司提出宜丰公司提供的木制办公家具存在质量问题，请求责令宜丰公司更换有质量问题的办公家具并支付违约金20万元。丙区法院以万达公司未在开庭审理前提出该请求为由不予受理其请求。经过审理后，丙区法院认为宜丰公司提供的收货确认书证明其提供的木制办公家具合格已经达到足以排除合理怀疑的状态，据此判决责令万达公司向宜丰公司支付拖欠的办公家具款150万元。

万达公司不服，向B市中级法院提出上诉。二审程序中，万达公司与宜丰公司自行达成和解协议，万达公司向宜丰公司支付140万元办公家具款后，宜丰公司为万达公司更换部分开裂、变形的木制办公家具。万达公司申请撤回上诉，B市中级法院裁定准许。此后，万达公司拒绝向宜丰公司支付办公家具款。万达公司委派其业务副经理孙某了解原业务经理王某出具收货确认书的情况。孙某以叙旧为由邀请王某吃饭，席间王某向孙某流露对万达公司的不满，并说为了报复万达公司向宜丰公司出具了虚假的收货确认书。孙某私自用手机录制了其与王某的谈话内容并提供给万达公司，万达公司认为生效判决认定事实的主要证据是伪造的，欲申请再审。

请结合案情回答下列问题：

1. 法院如何处理宜丰公司在诉讼中唆使王某伪造收货确认书的行为？并对宜丰公司该行为所涉及的相关制度进行评价。

2. 请对丙区法院的一审做法予以分析。

3. 请对万达公司委派其业务副经理孙某收集证据的行为进行分析。

4. 万达公司如何申请再审？再审法院如何处理？

5. 如果万达公司的再审申请被法院裁定驳回，其还有无寻求救济的途径？简要阐述。

【参考答案要点】

案例十九

本题主要考查二审中原告撤回起诉及法院的处理、上诉人撤回上诉及法院的处理。

1. 眉山市中级法院对吴梅撤回起诉的申请进行审查，经审查，该撤诉申请经其他当事人同意，且不损害国家利益、社会公共利益、他人合法权益的，法院可以准许。准许撤诉的，应当一并裁定撤销一审裁判。经审查，不符合撤回起诉条件的，裁定不准许其撤回起诉，对案件继续审理。

2. 眉山市中级法院对西城纸业公司撤回上诉的申请进行审查，经审查，符合撤回上诉条件，应裁定准许其撤回上诉，一审判决即发生法律效力；经审查，不符合撤回上诉条件的，裁定不准许其撤回上诉，对案件继续审理。

3. (1) 如果西城纸业公司不履行和解协议，吴梅可以申请法院依和解协议制作调解书，调解书送达生效后，如果西城纸业公司仍然不履行调解书所确定的义务，吴梅可以依据调解书申请法院执行，以实现其权利。(2) 吴梅不能针对和解协议起诉，要求西城纸业公司履行和解协议的内容。因为该和解协议是双方当事人在二审程序中达成的，如果双方当事人不选择申请法院依和解协议制作调解书，或者当事人未选择申请撤诉，则二审法院应对上诉案件经过审理后，根据审理的情况作出相应的处理。

案例二十

本题主要考查法院对一审案件的裁判、对上诉案件的裁判、当事人申请再审以及法院的处理。

本案所涉及的诉讼问题，主要可以从以下几方面进行分析：

1. 对一审程序的分析：A县法院经审理判决支持洪某的诉讼请求是正确的。因为一审法院有权对当事人的诉讼请求进行审理并作出裁判。

2. 对二审程序的分析：甲市中级法院判决驳回长虹公司的上诉，维持原判是正确的。因为根据《民事诉讼法》第177条的规定，第二审法院对上诉案件经过审理，认为一审判决认定事实清楚，适用法律正确，应判决驳回上诉，维持原判。

3. 对再审程序的分析：(1) 长虹公司以生效判决认定基本事实缺乏证据证明为由，于2015年3月向省高级法院申请再审是正确的。因为甲市中级法院的生效判决是2014年10月作出的，长虹公司申请再审的事由符合《民事诉讼法》第211条第2项规定，申请再审的时间符合《民事诉讼法》第216条关于申请再审法定期间的规定，申请再审的法院符合《民事诉讼法》第210条关于申请再审法定管辖的规定。(2) 省高级法院提审该案是正确的，因为省高级法院根据《民事诉讼法》第215条的规定可以提审该案。(3) 省高级法院裁定撤销一、二审判决，发回A县法院重审案件是不正确的。因为根据《民诉解释》第405条的规定，人民法院经再审审理认为，原判决认定事实、适用法律错误，导致裁判结果错误的，应当依法改判、撤销或者变更。(4) A县重审过程中，洪某变更诉讼请求为责令长虹公司停止侵权行为，A县法院准许其变更是不正确的。因为《民诉解释》第252条对再审裁定撤销原判决、裁定发回重审的案件，当事人申请变更诉讼请求规定了法定情形，本案不属于该司法解释规定的法定情形之一。(5) 2018年7月，长虹公司以发现新证据足以推翻原生效判决为由向省高院申请再审，其申请再审符合《民事诉讼法》第216条关于申请再审法定期间的规定，也符合《民事诉讼法》第210条关于申请再审法定管辖的规定，但是，长虹公司以市中级法院2017年7月判决生效后，2018年3月洪某与上海某公司一案的调解书确定洪某不再继续经营沃尔沃汽车的销售及售后维修活动，据此以该调解书作为新证据足以推翻原生效判决为由申请再审不符合申请再审法定事由的规定。

案例二十一

本题主要考查当事人收集证据的手段、证明标准、证明责任、当事人申请再审、申请检察院抗诉或申请再审检察建议。

1. 宜丰公司在诉讼中唆使王某伪造收货确认书的行为属于当事人唆使他人伪造书证的行为，属于妨害民事诉讼的行为，对此，人民法院可以根据当事人行为的情节轻重对其罚款、拘留。该行为违反了《民事诉讼法》第13条所确立的诚实信用原则；然而，由于现行民事诉讼法仅仅原则性地规定了民事诉讼应当遵循诚实信用的原则，而对当事人违反诚实信用原则行为的具体表现及其应承担的法律后果则未作出相应的规定，致使诚实信用原则空洞化，难以真正起到制约当事人不当诉讼行为的作用。

2. (1) 丙区法院以万达公司未在开庭审理前提出请求责令宜丰公司更换有质量问题的办公家具并支付违约金20万元为由不予受理其请求是不正确的。因为万达公司的该请求属于反诉，根据司法解释的规定，被告可以在法庭辩论终结前提出反诉。(2) 丙区法院认为宜丰公司提供的收货确认书证明其提供的木制办公家具合格已经达到足以排除合理怀疑的状态，其对证明标准的适用是不正确的。因为根据司法解释的规定，当事人对欺诈、胁迫、恶意串通、口头遗嘱和赠与事实的证明需达到排除合理怀疑的标准，除此之外事实的证明标准是高度可能性，本案应适用高度可能性的证明标准。(3) 西区法院在认为宜丰公司完成证明责任的基础上，判决责令万达公司支付150万元是正确的，因为一审法院应当对当事人的诉讼请求进行审理与裁判。

3. 万达公司委派其业务副经理孙某收集证据的行为是合法的。因为根据司法解释的规定，对以严重侵害他人合法权益、违反法律禁止性规定或者严重违背公序良俗的方法形成或者获取的证据，不得作为认定案件事实的依据。在本案中，孙某接受万达公司委派，在与王某叙旧吃饭过程中，运用私自录音的方式获得录音资料，证实王某为了报复万达公司向宜丰公司出具虚假收货确认书，该收集证据的方法未违反司法解释的规定，具有合法性。

4. (1) 万达公司应当以生效判决认定事实的主要证据是伪造的为由，在知道或者应当知道之日起6个月内向B市中级法院申请再审。(2) B市中级法院裁定再审后，应当提审该案，并适用第二审程序再审案件，再审后作出的判决是生效判决，当事人不得上诉。

5. 如果万达公司的再审申请被法院裁定驳回，万达公司可以向B市检察院申请抗诉，或者向丙区检察院申请提出再审检察建议。如果万达公司向B市检察院申请抗诉，B市检察院可以向B市中级法院提出抗诉；如果万达公司向丙区检察院申请再审检察建议，丙区检察院可以向丙区法院提出再审检察建议，并报B市检察院备案。

专题六　执行程序

一、执行异议

（一）当事人、利害关系人对执行行为的异议

1. 执行异议的提出：当事人、利害关系人认为执行行为违反法律规定的，可以向负责执行的人民法院提出书面异议。

2. 法院对当事人、利害关系人异议的处理

法院应当自收到书面异议之日起 15 日内审查，理由成立的，裁定撤销或者改正；理由不成立的，裁定驳回。

3. 对当事人、利害关系人的救济

第一，当事人、利害关系人对执行异议裁定不服的，可以自裁定送达之日起 10 日内向上一级人民法院申请复议，应当采取书面形式。

第二，上一级人民法院对当事人、利害关系人的复议申请，应当组成合议庭进行审查。

第三，执行异议审查和复议期间，不停止执行。

（二）案外人对执行标的的异议

1. 案外人异议的提出：执行过程中，案外人可以对执行标的提出书面异议。

2. 法院对案外人异议的处理

人民法院应当自收到书面异议之日起 15 日内审查，理由成立的，裁定中止对该标的的执行；理由不成立的，裁定驳回。

3. 对案外人与当事人的救济

案外人、当事人对裁定不服，认为原判决、裁定错误的，依照审判监督程序办理；与原判决、裁定无关的，可以自裁定送达之日起 15 日内向人民法院提起诉讼。

比较内容	案外人异议之诉	申请人异议之诉
管辖	执行法院（《民诉解释》第 302 条）	执行法院（《民诉解释》第 302 条）
当事人	申请执行人为被告。被执行人反对案外人异议的，被执行人为共同被告；被执行人不反对案外人异议的，可以列被执行人为第三人（《民诉解释》第 305 条）	案外人为被告。被执行人反对申请执行人主张的，以案外人和被执行人为共同被告；被执行人不反对申请执行人主张的，可以列被执行人为第三人（《民诉解释》第 306 条）
审理程序	普通程序	普通程序
举证责任分配	案外人应当就其对执行标的享有足以排除强制执行的民事权益承担举证证明责任（《民诉解释》第 309 条）	案外人应当就其对执行标的享有足以排除强制执行的民事权益承担举证证明责任（《民诉解释》第 309 条）

续表

比较内容	案外人异议之诉	申请人异议之诉
法院处理	（一）案外人就执行标的享有足以排除强制执行的民事权益的，判决不得执行该执行标的；（二）案外人就执行标的不享有足以排除强制执行的民事权益的，判决驳回诉讼请求。案外人同时提出确认其权利的诉讼请求的，人民法院可以在判决中一并作出裁判（《民诉解释》第310条）	（一）案外人就执行标的不享有足以排除强制执行的民事权益的，判决准许执行该执行标的；（二）案外人就执行标的享有足以排除强制执行的民事权益的，判决驳回诉讼请求（《民诉解释》第311条）

【注】1. 法院对被执行人提出异议之诉的处理。《民诉解释》第307条："申请执行人对中止执行裁定未提起执行异议之诉，被执行人提起执行异议之诉的，人民法院告知其另行起诉。"

2. 案外人异议之诉与原执行程序的关系。根据《民诉解释》第313条的规定，案外人执行异议之诉审理期间，人民法院不得对执行标的进行处分。申请执行人请求人民法院继续执行并提供相应担保的，人民法院可以准许。被执行人与案外人恶意串通，通过执行异议、执行异议之诉妨害执行的，人民法院应当依照《民事诉讼法》第116条规定处理。申请执行人因此受到损害的，可以提起诉讼要求被执行人、案外人赔偿。

二、执行和解

适用	执行程序中，当事人可以自行达成和解协议，但法院不得进行调解。
和解协议内容	1. 变更生效文书确定的权利义务主体、履行标的、期限、地点和方式等内容； 2. 当事人达成以物抵债执行和解协议，法院不得依据该协议作出以物抵债裁定。
和解协议形式	和解协议一般为书面形式； 达成口头协议的，执行员记入笔录，由双方当事人签名或盖章。
达成执行和解协议的效力	1. 裁定中止执行 和解协议达成后，有下列情形之一的，法院可以裁定中止执行：第一，各方当事人共同向人民法院提交书面和解协议的；第二，一方当事人向人民法院提交书面和解协议，其他当事人予以认可的；第三，当事人达成口头和解协议，执行人员将和解协议内容记入笔录，由各方当事人签名或者盖章的。 2. 执行结案 和解协议没有强制执行力，当事人自觉履行完毕，法院作执行结案处理。 3. 申请恢复执行或提起诉讼 第一，被执行人一方不履行执行和解协议的，申请执行人可以申请恢复执行原生效法律文书，也可以就履行执行和解协议向执行法院提起诉讼。 第二，执行和解协议中约定担保条款，且担保人承诺在被执行人不履行执行和解协议时自愿接受直接强制执行的，恢复执行原生效法律文书后，法院可以依申请执行人申请及担保条款的约定，直接裁定执行担保财产或者保证人的财产。 第三，申请执行人就履行执行和解协议提起诉讼，执行法院受理后，可以裁定终结原生效法律文书的执行。 第四，恢复执行后，对申请执行人就履行执行和解协议提起的诉讼，法院不予受理。但是，执行和解协议履行完毕，申请执行人因被执行人迟延履行、瑕疵履行遭受损害的，可以向执行法院另行提起诉讼。 第五，申请人因受欺诈、胁迫与被执行人达成和解协议，法院可以根据当事人的申请，恢复对原生效法律文书的执行。

三、执行当事人的变更与追加

（一）申请执行人的变更与追加

申请执行人变更与追加的理论基础是实体权利的继受。例如作为申请执行人的自然人死亡或被宣告死亡，该自然人的遗产管理人、受遗赠人、继承人或其他因该自然人死亡或被宣告死亡依法承受生效法律文书确定权利的主体，申请变更、追加其为申请执行人的，人民法院应予支持。又如申请执行人将生效法律文书确定的债权依法转让给第三人，且书面认可第三人取得该债权，该第三人申请变更、追加其为申请执行人的，人民法院应予支持。

（二）被执行人的变更与追加

被执行人变更与追加的理论基础：一是实体义务的继受；例如作为被执行人的自然人死亡或被宣告死亡，申请执行人申请变更、追加该自然人的遗产管理人、继承人、受遗赠人或其他因该自然人死亡或被宣告死亡取得遗产的主体为被执行人，在遗产范围内承担责任的，人民法院应予支持。又如作为被执行人的法人或其他组织因合并而终止，申请执行人申请变更合并后存续或新设的法人、其他组织为被执行人的，人民法院应予支持。作为被执行人的法人或其他组织分立，申请执行人申请变更、追加分立后新设的法人或其他组织为被执行人，对生效法律文书确定的债务承担连带责任的，人民法院应予支持。但被执行人在分立前与申请执行人就债务清偿达成的书面协议另有约定的除外。二是责任财产的实际控制关系。例如作为被执行人的个人独资企业，不能清偿生效法律文书确定的债务，申请执行人申请变更、追加其出资人为被执行人的，人民法院应予支持。又如作为被执行人的合伙企业，不能清偿生效法律文书确定的债务，申请执行人申请变更、追加普通合伙人为被执行人的，人民法院应予支持。作为被执行人的有限合伙企业，财产不足以清偿生效法律文书确定的债务，申请执行人申请变更、追加未按期足额缴纳出资的有限合伙人为被执行人，在未足额缴纳出资的范围内承担责任的，人民法院应予支持。再如作为被执行人的法人分支机构，不能清偿生效法律文书确定的债务，申请执行人申请变更、追加该法人为被执行人的，人民法院应予支持。法人直接管理的责任财产仍不能清偿债务的，人民法院可以直接执行该法人其他分支机构的财产。作为被执行人的法人，直接管理的责任财产不能清偿生效法律文书确定债务的，人民法院可以直接执行该法人分支机构的财产。

【案例】

案例二十二、天海公司与长庆公司买卖合同纠纷案

位于A市甲区的天海公司与位于B市乙区的长庆公司签订了2台设备的买卖合同。合同签订后，天海公司按照合同约定向长庆公司交付了2台设备，长庆公司迟迟未付

设备款。交涉未果，天海公司于2017年5月向乙区法院起诉，要求长庆公司支付拖欠的设备款600万元。乙区法院经过审理后，于2017年11月判决责令长庆公司支付设备款600万元。双方未上诉。2017年12月，天海公司向乙区法院申请执行。乙区法院受理该执行案件后，因长庆公司无可供执行的资金，乙区法院查封了长庆公司位于B区盈都大厦中的一间商铺，天安公司向乙区法院提出异议，称该间商铺长庆公司已经卖给自己，且自己已付清全部款项。乙区法院经审查，驳回天安公司的异议。2018年1月9日，天海公司与长庆公司达成执行和解协议，约定：长庆公司在一个月内向长海公司支付设备款580万元，由华泰公司以其位于B市乙区的一间商铺提供担保，华泰公司承诺在长庆公司不履行义务时自愿接受法院的执行。天海公司将该执行和解协议提交给乙区法院，乙区法院接受后据此作出裁定终结执行程序。此后，因长庆公司未履行该执行和解协议，天海公司向乙区法院申请恢复执行，乙区法院告知其重新申请执行。

请根据案情回答下列问题：

1. 请对本案中乙区法院的做法进行评价。

2. 天安公司的异议被驳回后，其可以通过何种途径寻求救济？请简要阐述。

3. 请对本案执行中，天海公司与长庆公司达成执行和解协议的行为进行评价。

4. 长庆公司未履行执行和解协议，天海公司可以通过何种方式寻求救济？请简要阐述。

案例二十三、长风公司与世纪公司合同纠纷案

案情：2015年至2016年，长风公司根据买卖合同向世纪公司供应化工材料，2017年2月，双方经核实往来交易记录，签署对账单并由双方盖章，确认世纪公司共欠长风公司材料款4600万元。2017年3月，长风公司诉至A市甲区法院，要求世纪公司支付材料款4600万元。诉讼中，世纪公司提出对账单上本公司的公章系长风公司伪造，不予认可该材料款。2017年11月，甲区法院经过审理后，认为世纪公司未提供证据证明长风公司伪造其公章，据此认定长风公司提供的账单具有真实性，长风公司已完成其证明责任，判决支持长风公司的诉讼请求。世纪公司不服，上诉至A市中级法院，2018年4月，二审法院经审理认为一审判决认定事实清楚，适用法律正确，判决驳回上诉，维持原判。

2018年6月，长风公司向甲区法院申请执行，因世纪公司已因严重亏损停业1年，无资金可供执行，甲区法院查封世纪公司1块土地使用权。万桥公司持1份由B市乙区法院作出的与世纪公司土地使用权纠纷的生效判决，向甲区法院提出执行异议，称该土地使用权经生效判决确认是自己的，甲区法院认为万桥公司的异议理由成立，裁定中止对该土地使用权的执行。

长风公司认为万桥公司与世纪公司之间系借贷纠纷，B市乙区法院根据双方在诉讼中达成的以物抵债协议作出判决，确认该土地使用权归万桥公司是错误的，该生效

判决损害其合法权益，于2018年9月以万桥公司与世纪公司为被告向判决作出的B市乙区法院提出第三人撤销之诉。2019年3月，B市乙区法院经过审理后，判决认定该依据以物抵债协议作出的判决错误，撤销原判决。双方未上诉。

根据案情回答下列问题：

1. 请对A市甲区法院的做法予以分析，并阐述理由。

2. 请对A市中级法院的做法予以分析，并阐述理由。

3. 请对A市甲区法院查封世纪公司土地使用权，以及裁定中止该土地使用权执行的做法予以分析，并阐述理由。

4. 如果在A市甲区法院的执行程序中，万桥公司未提出执行异议，甲区法院可以采取哪些执行措施实现长风公司的民事权益？

5. 请对B市乙区法院对长风公司提出的第三人撤销之诉的处理予以分析，并阐述理由。

案例二十四、指导案例155号：中国建设银行股份有限公司怀化市分行诉中国华融资产管理股份有限公司湖南省分公司等案外人执行异议之诉案

中国华融资产管理股份有限公司湖南省分公司（以下简称华融湖南分公司）与怀化英泰建设投资有限公司（以下简称英泰公司）、东星建设工程集团有限公司（以下简称东星公司）、湖南辰溪华中水泥有限公司（以下简称华中水泥公司）、谢永健、陈桃芳合同纠纷一案，湖南高院于2014年12月12日作出（2014）湘高法民二初字第32号民事判决，判决解除华融湖南分公司与英泰公司签订的《债务重组协议》，由英泰公司向华融湖南分公司偿还债务9800万元及重组收益、违约金和律师代理费695431元，东星公司、华中水泥公司、谢永健、陈桃芳承担连带清偿责任。未按期履行清偿义务的，华融湖南分公司有权以英泰公司已办理抵押登记的房产及相应土地使用权作为抵押物折价或者以拍卖、变卖该抵押物所得价款优先受偿。双方均未上诉，该判决生效。英泰公司未按期履行义务，华融湖南分公司向湖南高院申请强制执行。湖南高院作出拍卖公告，拟拍卖前述抵押房产及相应土地使用权，中国建设银行股份有限公司怀化市分行（以下简称建设银行怀化分行）以其已签订房屋买卖合同且支付购房款为由向湖南高院提出执行异议。湖南高院裁定驳回其异议。建设银行怀化分行遂提起案外人执行异议之诉，请求不得执行案涉房产，确认华融湖南分公司对案涉房产的优先受偿权不得对抗建行怀化分行。

湖南高院认为，本案中当事人所争议的涉案房产系由人民法院作出的生效判决所直接确定执行的标的物，现建设银行怀化分行认为，其对该房产所享有的权利可以阻却执行，即该种权利效力可排除（2014）湘高法民二初字第32号民事判决所确定的华融资产管理湖南分公司对该房产所享有的优先受偿权。建设银行怀化分行的该异议内容，与（2014）湘高法民二初字第32号民事判决确定的权利义务关系的客体具有同一

性，本质上是对原生效判决作为执行依据的合法性和正当性的否定，属于《民事诉讼法》第59条第3款“发生法律效力的判决、裁定、调解书的部分或者全部内容错误，损害其民事权益的”和第238条所规定的“认为原判决、裁定错误”情形，建设银行怀化分行提起案外人执行异议之诉不符合《民诉解释》第303条第1款第2项“有明确的排除对执行标的执行的诉讼请求，且诉讼请求与原判决、裁定无关”之规定，其可通过其他途径寻求救济。因此，裁定驳回建设银行怀化分行的起诉。

请对湖南高院对本案的处理进行分析。

【参考答案要点】

案例二十二

本题主要考查执行管辖、案外人执行异议、案外人执行异议之诉、执行和解、执行措施的综合运用。

1.（1）乙区法院受理并审理判决该案是正确的。因为本案属于合同纠纷，根据《民事诉讼法》的规定，乙区法院作为被告长庆公司住所地法院，对合同纠纷享有管辖权。(2）乙区法院受理该执行案件是正确的。因为根据《民事诉讼法》的规定，法院生效判决的执行管辖法院是第一审法院以及与第一审法院同级的被执行财产所在地法院，乙区法院作为第一审法院享有执行管辖权。(3）乙区法院查封长庆公司的一间商铺是正确的，因为本案中长庆公司无可供执行的资金，乙区法院可以采取查封长庆公司其他财产的执行措施。(4）乙区法院裁定驳回天安公司的异议是不正确的，因为长庆公司将该间商铺卖给天安公司，且天安公司已经付清全部款项，其有权提出案外人执行异议。(5）乙区法院依据天海公司单方提交的执行和解协议，裁定终结执行程序是不正确的。因为根据司法解释的规定，当事人在执行程序中达成执行和解协议的，应当双方向执行法院提交和解协议，并且，法院应据此裁定中止执行，而不是终结执行程序。(6）乙区法院告知天海公司重新申请执行是不正确的。因为达成执行和解协议后，因长庆公司不履行和解协议，天海公司有权向法院申请恢复原判决书的执行。

2. 天安公司的异议被驳回后，其可以通过提起案外人异议之诉的途径寻求救济。根据司法解释的规定，天安公司应当在接到驳回执行异议裁定之日起15日内，以天海公司为被告向乙区法院提起案外人异议之诉，在诉讼中，天安公司应当对其享有对该间商铺的实体权利这一事实承担证明责任。

3. 天海公司与长庆公司达成执行和解协议的行为是合法的。因为根据《民事诉讼法》及司法解释的规定，在执行程序中，双方当事人有权自行协商达成和解协议，依法变更生效法律文书所确定的权利义务主体、履行标的、期限、地点和方式等内容，因此，天海公司与长庆公司通过达成和解协议变更履行标的数额，且约定由华新公司以其商铺提供担保的协议符合法律规定。

4. 长庆公司未履行执行和解协议，天海公司可以通过以下两种方式寻求救济：第一、天海公司可以在和解协议履行期限最后一日起2年内向乙区法院申请恢复原判决书的执行，通过申请法院依据和解协议中的担保条款直接执行华新公司商铺的方式寻求救济。第二、天海公司可以根据执行和解协议向乙区法院起诉要求长庆公司履行还款义务，并且由华新公司以其商铺承担担保责任，通过法院对案件进行审理并作出判决的方式寻求救济。

案例二十三

本题主要考查证据的合法性认定、证明责任、二审法院对上诉案件的处理、执行措施、执行异议以及第三人撤销之诉制度的提起与处理。

1. (1) A市甲区法院认为世纪公司未提供证据证明长风公司伪造其公章，据此认定长风公司提供的对账单具有真实性，该做法是正确的。因为在本案中，长风公司要求世纪公司支付材料款4600万元，应对该事实承担证明责任，其提供双方盖章确认世纪公司共欠长风公司材料款4600万元的对账单予以证明。世纪公司提出其公章系长风公司伪造，但世纪公司未提供证据证明长风公司伪造其公章，甲区法院据此认定长风公司提供的对账单具有真实性，该做法是正确的。(2) A市甲区法院判决支持长风公司诉讼请求的做法是正确的。因为该对账单系双方经核实往来交易记录，签署并由双方盖章的，该对账单确认世纪公司共欠长风公司材料款4600万元，甲区法院据此认为长风公司已完成其证明责任，判决支持长风公司的诉讼请求是正确的。

2. A市中级法院判决驳回上诉，维持原判的做法是正确的。因为二审法院经审理，认为一审判决认定事实清楚，适用法院正确，根据《民事诉讼法》第177条的规定，二审法院以判决方式驳回上诉，维持原判。

3. (1) A市甲区法院查封世纪公司土地使用权的做法是正确的。因为世纪公司已因严重亏损停业1年，无资金可供执行，根据《民事诉讼法》第255条的规定，被执行人未按执行通知履行法律文书确定的义务，人民法院有权查封、扣押、冻结、拍卖、变卖被执行人应当履行义务部分的财产，因此，甲区法院有权查封世纪公司的土地使用权。(2) 甲区法院裁定中止该土地使用权执行的做法是正确的。因为在甲区法院查封世纪公司土地使用权后，万桥公司提出执行异议，称该土地使用权已经生效判决确认是自己的，甲区法院认为万桥公司的异议理由成立，根据《民事诉讼法》第238条的规定，法院认为案外人异议理由成立的，裁定中止对该标的的执行，因此，甲区法院裁定中止该土地使用权的执行是正确的。

4. 甲区法院可以采取以下执行措施实现长风公司的民事权益：第一，拍卖、变卖该土地使用权，以价金实现长风公司的民事权益；第二，用以物抵债的方式实现长风公司的民事权益。具体有两种做法：一是经申请执行人长风公司和被执行人世纪公司同意，且不损害其他债权人合法权益和社会公共利益的，人民法院可以不经拍卖、变卖，直接将被执行人世纪公司的土地使用权作价交申请执行人长风公司抵偿债务。二是在世纪公司的土地使用权无法拍卖或者变卖时，经申请执行人长风公司同意，且不损害其他债权人合法权益和社会公共利益的前提下，人民法院可以将该土地使用权作价后交付申请执行人长风公司抵偿债务，或者交付其管理。

5. B市乙区法院对长风公司提出的第三人撤销之诉的处理是不正确的。因为第三人撤销之诉中的第三人仅局限于《民事诉讼法》第59条规定的有独立请求权及无独立请求权的第三人，而且一般不包括债权人。虽然《全国法院民商事审判工作会议纪要》第120条规定在几种特殊情形下，债权人可以提起第三人撤销之诉，其中包括债权人有证据证明，裁判文书主文确定的债权内容部分或者全部虚假的，但是，本案中长风公司只是认为B市乙区法院根据双方达成的以物抵债协议制作判决，确认该土地使用权归万桥公司是错误的，但是并未提供证据证明万桥公司与世纪公司之间的借贷纠纷系虚假诉讼。因此，B市乙区法院受理长风公司提出的第三人撤销之诉，并认定依据该以物抵债协议作出的判决错误，撤销原判决是不正确的。

案例二十四

湖南高院裁定驳回建设银行怀化分行起诉的处理不当。理由如下：第一，本案的焦点是建设银行怀化分行提起的案外人执行异议之诉是否合法。《民诉解释》第303条规定，案外人提起执行异议之诉，应当符合“诉讼请求与原判决、裁定无关”这一条件。华融湖南分公司申请强制执行所依据的原判决即第32号判决的主文内容是判决英泰公司向华融湖南分公司偿还债务9800万元及重组收益、违约金和律师代理费695431元，华融湖南分公司有权以案涉房产作为抵押物折价或者以拍卖、变卖该抵押物所得价款优先受偿。本案中，建行怀化分行提起案外人异议之诉的诉讼请求是排除对案涉房产的强制执行，确认华融湖南公司对案涉房产的优先受偿权不得对抗建行怀化分行。以其签订购房合同、支付购房款及占有案涉房产在办理抵押之前为由，主张排除对案涉房产的强制执行。建行怀化分行在本案中并未否定华融湖南分公司所享有的抵押权，也未请求纠正第32号判决，实际上其提出案外人异议之诉所要解决的是其主张基于房屋买卖享有的权益与华融湖南分公司所享有的抵押权之间的权利顺位问题，属于诉讼请求“与原判决、裁定无关”的情形，符合提起案外人异议之诉的条件。第二，退一步讲，即使按照湖南高院的认为，建设银行怀化分行的该异议内容，与（2014）湘高法民二初字第32号民事判决确定的权利义务关系的客体具有同一性，本质上是对原生效判决作为执行依据的合法性和正当性的否定，湖南高院认为属于《民事诉讼法》第59条第3款“发生法律效力的判决、裁定、调解书的部分或者全部内容错误，损害其民事权益的”和第238条所规定的“认为原判决、裁定错误”情形，该处理思路也是不正确的。因为根据《民诉解释》第301条的规定，第三人提起撤销之诉后，未中止生效判决、裁定、调解书执行的，执行法院对第三人依照《民事诉讼法》第234条（现为第238条）规定提出的执行异议，应予审查。第三人不服驳回执行异议裁定，申请对原判决、裁定、调解书再审的，人民法院不予受理。案外人对人民法院驳回其执行异议裁定不服，认为原判决、裁定、调解书内容错误损害其合法权益的，应当根据《民事诉讼法》第234条（现为第238条）规定申请再审，提起第三人撤销之诉的，人民法院不予受理。由于案外人申请再审与第三人撤销之诉功能上近似，如果案外人既有申请再审的权利，又符合第三人撤销之诉的条件，对于案外人是否可以行使选择权，《民事诉讼法》司法解释采取了限制的司法态度，即依据上述司法解释规定，按照启动程序的先后，案外人只能选择相应的救济程序：案外人先启动执行异议程序的，对执行异议裁定不服，认为原裁判内容错误损害其合法权益的，只能向作出原裁判的人民法院申请再审，而不能提起第三人撤销之诉；案外人先启动了第三人撤销之诉，即便在执行程序中又提出执行异议，也只能继续进行第三人撤销之诉，而不能依据《民事诉讼法》第238条申请再审。因此，即使按照湖南高院的思路，本案中建设银行怀化分行在提出的执行异议被驳回后，其只能申请再审，而无权选择提出第三人撤销之诉。

专题七　仲裁协议

一、仲裁协议的形式与内容

（一）仲裁协议的形式：书面形式

（二）仲裁协议的内容

1. 请求仲裁的意思表示

2. 仲裁事项

（1）约定仲裁事项应具有可仲裁性，即不属于不可仲裁的事项。

（2）仲裁事项应当明确。

【注意】第一，当事人未约定仲裁事项的，仲裁协议无效；第二，仲裁事项约定即明确，范围大小不影响仲裁事项的明确；第三，当事人概括约定仲裁事项为合同争议的，基于合同成立、效力、变更、转让、履行、违约责任、解释、解除等产生的纠纷都可以认定为仲裁事项。

3. 选定的仲裁委员会

（1）选定仲裁委员会的明确性是仲裁协议有效的法定要求。

（2）仲裁协议约定的仲裁机构名称不准确，但能够确定具体的仲裁机构的，应当认定选定了仲裁机构。

（3）仲裁协议仅约定纠纷适用的仲裁规则，视为未约定仲裁机构，但当事人达成补充协议或者按照约定的仲裁规则能够确定仲裁机构的除外。

（4）仲裁协议约定2个以上仲裁机构的，当事人可以协议选择其中的1个仲裁机构申请仲裁；当事人不能就仲裁机构选择达成一致的，仲裁协议无效。

（5）仲裁协议约定由某地的仲裁机构仲裁且该地仅有1个仲裁机构的，该仲裁机构视为约定的仲裁机构。该地有2个以上仲裁机构的，当事人可以协议选择其中的1个仲裁机构申请仲裁；当事人不能就仲裁机构选择达成一致的，仲裁协议无效。

二、仲裁协议的效力

（一）仲裁协议法律效力的体现

1. 对当事人的效力：约束当事人对争议解决方式的选择权

2. 对法院的效力：相对排斥法院的司法管辖权

《仲裁法》第26条：当事人达成仲裁协议，一方向人民法院起诉未声明有仲裁协议，人民法院受理后，另一方在首次开庭前提交仲裁协议的，人民法院应当驳回起诉，但仲裁协议无效的除外（《民诉解释》第215条：仲裁条款或者仲裁协议不成立、无效、失效、内容不明确无法执行的除外）；另一方在首次开庭前未对人民法院受理该案提出异议的，视为放弃仲裁协议，人民法院应当继续审理。

3. 对仲裁机构的效力：授权并限定仲裁的范围

【注意】

（1）仲裁庭有权对当事人基于仲裁协议提出的仲裁请求作出仲裁裁决。

（2）仲裁裁决经常出现部分有效，部分无效的情况。

（二）仲裁协议效力的确认

1. 确认仲裁协议效力的机构及程序：可以请求仲裁委员会作出决定或者请求人民法院作出裁定；一方请求仲裁委员会作出决定，另一方请求人民法院作出裁定的，由人民法院裁定。

2. 请求确认仲裁协议效力的时间：应在首次开庭前提出。

【注意】当事人约定可以向仲裁机构申请仲裁，也可以向人民法院起诉的，仲裁协议无效。但一方向仲裁机构申请仲裁，另一方未在法定期间提出异议的除外。

3. 确认仲裁协议效力的法院

《最高人民法院关于审理仲裁司法审查案件若干问题的规定》第2条：申请确认仲裁协议效力的案件，由仲裁协议约定的仲裁机构所在地、仲裁协议签订地、申请人住所地、被申请人住所地的中级人民法院或者专门人民法院管辖。涉及海事海商纠纷仲裁协议效力的案件，由仲裁协议约定的仲裁机构所在地、仲裁协议签订地、申请人住所地、被申请人住所地的海事法院管辖；上述地点没有海事法院的，由就近的海事法院管辖。

【注意】第一，当事人在仲裁庭首次开庭前没有对仲裁协议的效力提出异议，而后向人民法院申请确认仲裁协议无效的，人民法院不予受理。第二，仲裁机构对仲裁协议的效力作出决定后，当事人向人民法院申请确认仲裁协议效力或者申请撤销仲裁机构的决定的，人民法院不予以受理。

4. 确认涉外仲裁协议效力的法律适用

根据《涉外民事关系法律适用法》第18条的规定，当事人可以协议选择仲裁协议适用的法律。当事人没有选择的，适用仲裁机构所在地法律或者仲裁地法律。《最高人民法院关于审理仲裁司法审查案件若干问题的规定》第13、14、15条对此作出如下进一步的规定：（1）当事人协议选择确认涉外仲裁协议效力适用的法律，应当作出明确的意思表示，仅约定合同适用的法律，不能作为确认合同中仲裁条款效力适用的法律。（2）人民法院根据《中华人民共和国涉外民事关系法律适用法》第18条的规定，确定确认涉外仲裁协议效力适用的法律时，当事人没有选择适用的法律，适用仲裁机构所在地的法律与适用仲裁地的法律将对仲裁协议的效力作出不同认定的，人民法院应当适用确认仲裁协议有效的法律。（3）仲裁协议未约定仲裁机构和仲裁地，但根据仲裁协议约定适用的仲裁规则可以确定仲裁机构或者仲裁地的，应当认定其为《中华人民共和国涉外民事关系法律适用法》第18条中规定的仲裁机构或者仲裁地。

（三）仲裁协议的独立性

1. 仲裁协议独立存在，合同的变更、解除、终止或者无效，不影响仲裁协议的效力。

2. 仲裁庭有权确认合同的效力。

（四）仲裁协议效力的扩张

1.《仲裁法解释》第8条：当事人订立仲裁协议后合并、分立的，仲裁协议对其权利义务的继受人有效。当事人订立仲裁协议后死亡的，仲裁协议对承继其仲裁事项中的权利义务的继承人有效。前两款规定情形，当事人订立仲裁协议时另有约定的除外。

2.《仲裁法解释》第9条：债权债务全部或者部分转让的，仲裁协议对受让人有效，但当事人另有约定、在受让债权债务时受让人明确反对或者不知有单独仲裁协议的除外。

三、仲裁协议的无效与失效

（一）仲裁协议无效的法定情形

1. 约定的仲裁事项超出法律规定的仲裁范围；

2. 无民事行为能力人或者限制民事行为能力人订立的仲裁协议；

3. 一方采取胁迫手段，迫使对方订立仲裁协议的；

4. 口头协议无效。

（二）仲裁协议的失效

1. 基于仲裁协议，仲裁庭已对仲裁协议所约定的全部争议事项作出仲裁裁决。

2. 当事人放弃仲裁协议。具体包括3种形式：（1）当事人通过书面形式明确表示放弃仲裁协议；（2）当事人通过书面形式，变更了争议解决方式；（3）双方当事人通过起诉、应诉不提出异议的行为放弃仲裁协议。

3. 附期限的仲裁协议因期限的届满而失效。

【案例】

案例二十五、科研中心与木业公司仲裁协议效力认定案例

案情：

2015年12月，科研中心（乙方、承租方）与木业公司（甲方、出租方）签订《租房协议》，协议约定：科研中心租用木业公司位于甲市经济开发区内的办公楼作为科研中心的实验室用房。该涉案《租房协议》第5条约定："违约责任：……如有争议可申请甲市仲裁委员会仲裁解决，仲裁解决不成可上诉至甲市中级人民法院"。后双方因履行该协议发生争议，科研中心作为申请人向甲市仲裁委员会申请仲裁，甲市仲裁委员会于2017年9月27日受理该案。木业公司在仲裁审理期间向甲市仲裁委员会申请确认涉案仲裁协议无效，甲市仲裁委员会尚未对仲裁协议效力作出决定时，科研中心向甲市中级人民法院提出确认仲裁协议有效的申请。

请问：请对本案中的仲裁协议效力进行分析。

案例二十六、信力公司与坤诚公司仲裁协议效力认定案

案情：2013年4月16日，信力公司与坤诚公司签订《工矿产品购销合同》，其中第9条约定："合同争议的解决方式：合同在履行过程中发生争议，由双方协商，协商不成时，提交北京市仲裁委员会仲裁解决"。2018年3月19日，信力公司收到由北京仲裁委员会发送的答辩通知，得知坤诚公司已向北京仲裁委员会提出仲裁申请，案件已被受理。信力公司认为，购销合同中仲裁协议约定的"北京市仲裁委员会"是泛指住所地在北京市的所有仲裁委员会，而非特指"北京仲裁委员会"，二者的名称亦不相同。购销合同属于对仲裁委员会没有约定或约定不明的情形，之后双方也未达成补充协议，依据《中华人民共和国仲裁法》第18条之规定，该仲裁协议应属无效。而被申请人坤诚公司称：购销合同中约定的"北京市仲裁委员会"仅多了1个"市"字，应为笔误，双方约定的是"北京仲裁委员会"，仲裁协议有效。

问题：请对本案仲裁协议的效力进行分析。

案例二十七、神宝公司、世欣公司、华普集团与李某仲裁协议效力认定案

案情：2015年8月，神宝公司作为甲方、世欣公司作为乙方、华普集团作为丙方、李某作为丁方签订了《关于矿业公司股权转让的合作协议书》（以下简称《合作协议书》）。该《合作协议书》第9条约定："因本协议产生的争议，各方应协商解决，协商不成时，任何一方均可向协议签署地的人民法院提起诉讼"。2015年9月，世欣公司与神宝公司签订《关于矿业公司股权转让的合作协议书之补充协议书（一）》（以下简称《补充协议一》）。2015年11月，世欣公司与华普集团、李某签订《关于矿业公

司股权转让的合作协议书之补充协议书（二）》（以下简称《补充协议二》）。2016年4月24日，世欣公司作为甲方、华普集团作为乙方、李某作为丙方签订《担保协议》，该《担保协议》第5条约定："如果各方在执行协议中产生争议又无法协商一致的，应向甲方所在地有管辖权的人民法院提起诉讼"。

2017年2月23日，华普集团、李某与世欣公司签订《补充协议》，该《补充协议》第1条约定："各方在此确认，《合作协议书》、《补充协议一》、《补充协议二》、《担保协议》（以下合称'各方已签署协议'）为各方就矿业公司股权合作项目所签署的一系列法律文件，均系各方真实意思表示，……"；此外，该《补充协议》第9条约定："各方在此确认，各方因各方已签署协议以及本补充协议的解释、履行而产生的任何争议均应提交北京仲裁委员会进行仲裁。"第10条约定："本补充协议为各方关于矿业公司合作项目的补充约定，本补充协议内容与各方此前已签署的书面文件（包括各方已签署协议）不一致之处，以本补充协议的约定为准。"此后，神宝公司、世欣公司、华普集团与李某在履行上述协议时发生争议。

请问：该案当事人应当通过何种方式解决争议？请阐述理由。

【参考答案要点】

案例二十五

本题主要考查仲裁协议效力的认定问题，应注意区分仲裁裁决终局性不确定协议与或仲裁或诉讼协议的区别。

本案中《租房协议》中的仲裁协议约定："……如有争议，可申请甲市仲裁委员会仲裁解决，仲裁解决不成可上诉至甲市中级人民法院。"分析本案仲裁协议应注意以下几点：第一，本案《租房协议》中仲裁协议约定，"如有争议，可申请甲市仲裁委员会仲裁"，该仲裁协议符合《仲裁法》第16条关于法定内容与书面形式的要求，且不具备《仲裁法》第17条规定的无效情形，应属于有效仲裁协议。第二，本案仲裁协议约定"仲裁解决不成可上诉至甲市中级人民法院"系对仲裁裁决效力的约定，因违反《仲裁法》第9条关于仲裁实行一裁终局制度的规定，应属无效，但该约定不属于仲裁协议的内容，不影响仲裁协议的效力。第三，应区分"或裁或审"的仲裁协议。"或裁或审"是仲裁法的基本制度，根据《仲裁法解释》第7条的规定，"当事人约定争议可以向仲裁机构申请仲裁也可以向人民法院起诉的，仲裁协议无效"，可见，"或裁或审"的仲裁协议系当事人在仲裁协议中既约定以仲裁方式解决争议，同时又约定以诉讼方式解决争议，该协议因违反仲裁法"或裁或审"的基本制度而无效。

案例二十六

本题主要考查约定仲裁机构名称不准确仲裁该协议的效力的认定问题。

分析本案仲裁协议的效力应注意以下几点：第一，当事人对仲裁委员会名称表述不准确的情形，应当作出合理解释，有助于尊重当事人意思自治以及维护仲裁协议效力司法审查法律适用尺度的统一。第二，本案当事人约定的仲裁委员会为“北京市仲裁委员会”，系约定北京市行政区域内的仲裁机构，结合将仲裁机构地点设置在北京的仲裁委员会的实际情况，仅“北京仲裁委员会”系地方性仲裁机构，与约定仲裁机构在表述上相似。结合立约本意与文字措辞，当事人选择将争议提交仲裁解决的意愿是明显的，虽然“北京市仲裁委员会”的名称不完全准确，但经综合对比分析文字表述、当事人真实意思、仲裁机构名称，可以确定北京仲裁委员会是唯一对涉案合同争议具有管辖权的仲裁机构。第三，在以往司法审判实践中，法院对“北京市仲裁委员会”的司法审查也认为，其与“北京仲裁委员会”相差一“市”字，并不会因此产生歧义，故“北京市仲裁委员会”的约定应属明确，仲裁协议应为有效。综上所述，结合尊重当事人选择将争议解决提交仲裁的意思自治与维护仲裁协议效力司法审查的法律适用尺度统一，应认定购销合同中的仲裁条款有效。

案例二十七

本题主要考查数份合同中约定诉讼与仲裁的关系处理问题。

本案当事人应通过向北京仲裁委员会申请仲裁的方式解决争议。分析思路如下：

第一，根据意思自治原则，合同当事人可以对因合同引起争议的解决方式进行约定，也可以自由选择约定争议解决的具体方式，还可以通过新的约定确认、补充或者变更在先约定的争议解决方式。在本案中，就股权转让事项，当事人签订了包括《合作协议书》、《担保协议》以及几份《补充协议》在内的若干份协议，每份协议对争议解决方式的约定都有所不同。若干份合同在签订时间上有先后之分，在合同内容上有承接性和延续性，在后的合同既是独立的新合同，又是对在前合同的确认、补充或变更。

第二，前合同约定争议解决方式为诉讼，而后补充合同约定争议解决方式为仲裁时，在审查后补充合同约定仲裁协议效力时，应从后补充合同的整体性与独立性两方面综合分析。就合同的整体性而言，后补充合同系对前合同的补充；就合同的独立性而言，后合同是一份单独的合同，其具有合同成立全部形式要件与实质要件，在签订时间、签订主体、合同内容等方面均具独立性。因此，前合同约定诉讼，而后补充协议约定仲裁时，只要补充协议约定的仲裁条款符合《仲裁法》第16条仲裁协议的要件，应认定仲裁协议为合法有效。

第三，对于依据《补充协议》中的有效仲裁协议申请仲裁的事项范围，应当取决于该仲裁协议对仲裁事项的具体约定。如果补充协议中关于通过仲裁方式解决争议的约定是对在此之前的数份合同中关于争议解决方式约定的整体变更，在此情况下，无论是该补充协议约定内容所发生的争议，还是前合同约定内容所发生的争议，均应当适用补充协议中关于争议解决方式的约定，提交约定的仲裁委员会仲裁解决。在本案中，《补充协议》第9条约定："各方在此确认，各方因各方已签署协议以及本补充协议的解释、履行而产生的任何争议均应提交北京仲裁委员会进行仲裁。"第10条约定："本补充协议为各方关于矿业公司合作项目的补充约定，本补充协议内容与各方此前已签署的书面文件（包括各方已签署协议）不一致之处，以本补充协议的约定为准。"基于此，订立在后的《补充协议》对与黔锦公司股权转让事项有关的前几份合同中约定的争议解决方式进行了重新确认，是对在此之前的数份合同中关于争议解决方式约定的整体变更。因此，本案当事人应通过向北京仲裁委员会申请仲裁的方式解决争议。

专题八　仲裁程序与司法监督

一、仲裁程序与民事诉讼程序的比较

比较内容	仲裁程序	民事诉讼程序
机构性质	仲裁机构是民间性机构	人民法院是国家的审判机关
受案范围	平等主体之间的合同及财产权益纠纷	平等主体之间的人身及财产权益纠纷
管辖	无级别管辖与地域管辖	有法定管辖与裁定管辖
审判组织	1. 合议庭与独任庭，由当事人约定；对于当事人未约定的，由仲裁委员会主任指定 2. 合议庭的组成 （1）先确定2名非首席仲裁员：第一，当事人各自选定；第二，当事人各自委托主任指定；第三，当事人超期未选，由主任指定（2）首席仲裁员：第一，双方当事人共同选定；第二，双方当事人共同委托主任指定；第三，当事人超期未选，由主任指定 3. 独任制仲裁庭的组成：方法同首席仲裁员	合议庭与独任庭，由法院依法定程序确定
审理方式	不公开开庭审理为原则，公开开庭（国家秘密除外）与书面审理为例外，由当事人选择	公开开庭审理为原则，不公开审理由法律规定，即涉及国家秘密、个人隐私的属于法定不公开，离婚案件与涉及商业秘密的案件属于申请不公开
视为撤回仲裁程序与撤诉	申请人经书面通知，无正当理由拒不到庭或者未经仲裁庭许可中途退庭的，可以视为撤回仲裁申请	原告经传票传唤，无正当理由拒不到庭或者未经法庭许可中途退庭的，可以按撤诉处理；不到庭无法查明案件事实的除外
缺席裁决与缺席判决	被申请人经书面通知，无正当理由拒不到庭或者未经仲裁庭许可中途退庭的，可以缺席裁决	被告经传票传唤，无正当理由拒不到庭或者未经法庭许可中途退庭的，可以缺席判决，但必须到庭的被告除外

续表

比较内容	仲裁程序	民事诉讼程序
财产保全	1. 分为仲裁前的财产保全与仲裁中的财产保全。对于前者，利害关系人向被保全财产所在地或被申请人住所地法院申请；对于后者，当事人向仲裁委员会申请，仲裁委员会将当事人的申请提交财产所在地或者被申请人住所地基层法院保全；但涉外案件由中级人民法院保全 2. 仲裁委员会无权实施财产保全措施	1. 分为诉前财产保全与诉讼中财产保全。对于前者，只能依申请人申请保全；对于后者，既可依当事人申请保全，也可以由法院依职权保全 2. 人民法院有权实施财产保全措施
证据保全	1. 分为仲裁前证据保全与仲裁中的证据保全。对于前者，利害关系人向证据所在地或被申请人住所地法院申请；对于后者，当事人向仲裁委员会申请，仲裁委员会将当事人的申请提交证据所在地基层法院保全；但涉外案件由中级人民法院保全 2. 仲裁委员会无权实施证据保全措施	1. 分为诉前证据保全与诉讼中证据保全。对于前者，只能依申请人申请保全；对于后者，既可依当事人申请保全，也可以由法院依职权保全 2. 人民法院有权实施证据保全措施
和解	1. 当事人达成和解协议后，可以撤回仲裁申请，也可以申请依和解协议作仲裁裁决 2. 当事人撤回仲裁申请后反悔的，可以根据原仲裁协议申请仲裁，也可以根据重新达成的仲裁协议申请	当事人达成和解协议后，可以申请撤诉，也可以申请法院依和解协议制作调解书，但不得申请制作判决书
调解	1. 自愿调解与先行调解是并列方式 2. 当事人达成调解协议后，仲裁庭可以制作调解书或者裁决书；调解书与裁决书具有同等法律效力	1. 自愿调解为原则，先行调解为例外 2. 当事人达成调解协议后，法院只能依据调解协议制作调解书，不得制作判决书，但是，无行为能力人的离婚诉讼和涉外民事诉讼，当事人申请根据调解协议制作判决书的，可以准许
裁决与判决	1. 合议制实行少数服从多数的原则 2. 形不成多数人意见时，依首席仲裁员的意见作出裁决 3. 持不同意见的仲裁员可以签名，也可以不签名	1. 合议制实行少数服从多数的原则 2. 无法形成多数人意见时，不得按照审判长的意见作出判决 3. 持不同意见的审判人员无权拒绝签名
裁决书与判决书的制作	仲裁裁决书应记载仲裁请求、争议事实、裁决理由、裁决结果、费用负担与裁决日期；但是，当事人不愿意写明争议事实与裁决理由的，可以不写	判决书由法院依法制作
裁决书与判决书的补正	对仲裁裁决书中的文字、计算错误或者仲裁庭已经裁决但在裁决书中遗漏的事项，仲裁庭应当补正；当事人自收到仲裁裁决书之日起30日内，可以请求仲裁庭补正	1. 判决遗漏实体事项，作出补充判决 2. 判决书中的文字、计算错误，作出裁定补正判决书的笔误

附：仲裁员的更换

1. 仲裁员的回避

（1）法定情形：第一，是本案当事人，或者当事人、代理人的近亲属；第二，与本案有利害关系；第三，与本案当事人、代理人有其他关系，可能影响公正仲裁的；第四，私自会见当事人、代理人，或者接受当事人、代理人的请客送礼的。

（2）决定权：仲裁员是否回避，由仲裁委员会主任决定；仲裁委员会主任担任仲裁员时，由仲裁委员会集体决定。

（3）法律后果：第一，因回避而重新选定或者指定仲裁员后，当事人可以请求已进行的仲裁程序重新进行，是否准许，由仲裁庭决定；第二，仲裁庭也可以自行决定已进行的仲裁程序是否重新进行。

2. 仲裁员因其他原因更换：仲裁程序继续进行

二、仲裁司法监督

撤销与不予执行仲裁裁决制度的比较

<table>
<tr><th colspan="2">比较内容</th><th>撤销仲裁裁决</th><th>不予执行仲裁裁决</th></tr>
<tr><td rowspan="6">相同之处</td><td>性质相同</td><td>司法监督制度</td><td>司法监督制度</td></tr>
<tr><td>行使权利主体相同</td><td>人民法院</td><td>人民法院</td></tr>
<tr><td>对当事人后果相同</td><td>当事人权利未实现，争议未解决</td><td>当事人权利未实现，争议未解决</td></tr>
<tr><td>对当事人救济相同</td><td>可以重新达成仲裁协议后申请仲裁，也可以向法院起诉</td><td>可以重新达成仲裁协议后申请仲裁，也可以向法院起诉</td></tr>
<tr><td>国内裁决的法定情形相同</td><td>1. 没有仲裁协议的；2. 裁决的事项不属于仲裁协议的范围或者仲裁机构无权仲裁的；3. 仲裁庭的组成或者仲裁的程序违反法定程序的；4. 裁决所根据的证据是伪造的；5. 对方当事人向仲裁机构隐瞒了足以影响公正裁决证据的；6. 仲裁员在仲裁该案时有贪污受贿、徇私舞弊、枉法裁决行为的</td><td>与撤销情形相同</td></tr>
<tr><td>涉外裁决的法定情形相同</td><td>1. 当事人在合同中没有订有仲裁条款或者事后没有达成书面仲裁协议的；2. 被申请人没有得到指定仲裁员或者进行仲裁程序的通知，或者由于其他不属于被申请人负责的原因未能陈述意见的；3. 仲裁庭的组成或者仲裁的程序与仲裁规则不符的；4. 裁决的事项不属于仲裁协议的范围或者仲裁机构无权仲裁的</td><td>与撤销情形相同</td></tr>
</table>

续表

比较内容		撤销仲裁裁决	不予执行仲裁裁决
不同之处	申请主体不同	双方当事人	裁决的义务人，即被执行人
	申请期限不同	收到裁决后6个月内	执行过程中
	申请法院不同	仲裁机构所在地中级法院	被执行人住所地或被执行财产所在地中级法院
	处理程序不同	1. 通知仲裁庭重新仲裁：仲裁裁决所根据的证据是伪造的、对方当事人隐瞒了足以影响公正裁决的证据的，可以通知仲裁庭在一定期限内重新仲裁。仲裁庭在人民法院指定的期限内开始重新仲裁的，人民法院应当裁定终结撤销程序。未开始重新仲裁的，人民法院应当裁定恢复撤销程序 2. 裁定撤销仲裁裁决或者驳回申请：自受理之日起2个月内	1. 不可以通知仲裁庭重新仲裁 2. 符合条件的，裁定不予执行仲裁裁决；不符合条件的，裁定驳回申请

【注意】

1.《办理仲裁裁决执行案件的规定》第13条规定：下列情形经人民法院审查属实的，应当认定为民事诉讼法第237条（现行《民事诉讼法》第248条）第2款第2项规定的“裁决的事项不属于仲裁协议的范围或者仲裁机构无权仲裁的”情形：（一）裁决的事项超出仲裁协议约定的范围；（二）裁决的事项属于依照法律规定或者当事人选择的仲裁规则规定的不可仲裁事项；（三）裁决内容超出当事人仲裁请求的范围；（四）作出裁决的仲裁机构非仲裁协议所约定。

2.《办理仲裁裁决执行案件的规定》第14条第1款规定：违反仲裁法规定的仲裁程序、当事人选择的仲裁规则或者当事人对仲裁程序的特别约定，可能影响案件公正裁决，经人民法院审查属实的，应当认定为民事诉讼法第237条（现行《民事诉讼法》第248条）第2款第3项规定的“仲裁庭的组成或者仲裁的程序违反法定程序的”情形。

3.《办理仲裁裁决执行案件的规定》第15条规定：符合下列条件的，人民法院应当认定为民事诉讼法第237条（现行《民事诉讼法》第248条）第2款第4项规定的“裁决所根据的证据是伪造的”情形：（一）该证据已被仲裁裁决采信；（二）该证据属于认定案件基本事实的主要证据；（三）该证据经查明确属通过捏造、变造、提供虚假证明等非法方式形成或者获取，违反证据的客观性、关联性、合法性要求。

4.《办理仲裁裁决执行案件的规定》第16条规定：符合下列条件的，人民法院应当认定为民事诉讼法第237条（现行《民事诉讼法》第248条）第2款第5项规定的“对方当事人向仲裁机构隐瞒了足以影响公正裁决的证据的”情形：（一）该证据属于认定案件基本事实的主要证据；（二）该证据仅为对方当事人掌握，但未向仲裁庭提交；

（三）仲裁过程中知悉存在该证据，且要求对方当事人出示或者请求仲裁庭责令其提交，但对方当事人无正当理由未予出示或者提交。当事人一方在仲裁过程中隐瞒己方掌握的证据，仲裁裁决作出后以己方所隐瞒的证据足以影响公正裁决为由申请不予执行仲裁裁决的，人民法院不予支持。

【案例】

案例二十八、郑某与徐某、甲市通讯公司之间民间借贷纠纷案

案情：郑某与甲市通讯公司之间长期存在资金拆借关系。2015 年 7 月 12 日，郑某与通讯公司约定：郑某向通讯公司分 3 笔提供借款 2900 万元，自 2015 年 7 月 13 日至 2015 年 8 月 5 日，通讯公司全权授权其业务经理徐某以其个人名义向郑某出具借款借据及收款确认书，通讯公司确认对徐某签署的借款借据及收款确认书中所确定的借款向郑某承担还款责任。郑某按照与通讯公司的约定分 3 笔向徐某提供 2900 万元借款。之后郑某与通讯公司正式签订《借款合同》，约定：因借款合同发生的争议，提交甲市仲裁委员会仲裁解决。

因借款逾期未清偿，郑某于 2017 年 2 月向甲市仲裁委提起仲裁，请求通讯公司偿还借款人民币 2900 万元及利息、律师费等款项，甲市仲裁委员会受理案件。2017 年 5 月 14 日，徐某以郑某为被告、通讯公司为第三人向甲市 A 区法院提起诉讼，认为上述借款关系实际发生于其与郑某之间，而并非发生于郑某与通讯公司之间，提出请求确认其与郑某之间的借款合同关系真实有效，并请求确认原告向被告已偿还欠款金额为 2167.7 万元，甲市 A 区法院受理案件。此后，甲市仲裁委员会中止仲裁程序。在首次开庭前，郑某提出答辩认为其与通讯公司之间存在仲裁协议，本案应由甲市仲裁委员会仲裁解决，A 区法院认为郑某超过答辩期无权提出存在仲裁协议问题。A 区法院经过审理后，判决确认徐某与郑某之间的借款关系合法有效，但驳回徐某的其他诉讼请求。郑某不服上诉至甲市中级法院，甲市中级法院未询问当事人，也未经开庭审理，直接裁定驳回上诉，维持原判决。

根据本案案情回答下列问题：

1. 甲市仲裁委员会中止仲裁程序是否正确？请阐述理由。
2. 请对 A 区法院的做法进行评价，并阐述理由。
3. 请对甲市中级法院的做法进行分析，并阐述理由。

【参考答案要点】

案例二十八

本题主要考查仲裁与民事诉讼的关系、确认之诉合法性的判断。

1. 甲市仲裁委员会中止仲裁程序的做法是不正确的。因为本案《借款合同》中约定：“因借款合同发生的争议，提交甲市仲裁委员会仲裁解决”，该仲裁协议符合《仲

裁法》第16条关于仲裁协议法定内容与书面形式的约定，且不具有《仲裁法》第17条规定的仲裁协议无效的情形，该仲裁协议系有效仲裁协议。郑某请求通讯公司偿还借款人民币2900万元及利息、律师费等款项属于仲裁协议约定的事项，因此，郑某有权基于该仲裁协议就约定事项申请甲市仲裁委员会仲裁解决。

2.（1）A区法院受理徐某以郑某为被告、通讯公司为第三人提起的请求确认其与郑某之间的借款合同关系真实有效，并请求确认原告向被告已偿还欠款金额为2167.7万元的诉讼，是不正确的。因为徐某提起的是确认之诉，判断确认之诉的原告是否适格的标准是原告是否具有确认利益，具体标准有三个：一是确认对象妥当；二是确认目的妥当；三是确认手段妥当。在本案中，徐某请求确认其与郑某之间的借款合同关系真实有效，虽然该确认对象系现在的借款关系，其确认对象具有妥当性，但是，由于本案郑某并未请求徐某偿还借款，而是请求通讯公司偿还借款，因此，徐某在权利未受到侵害或者未处于危险状态时，其不具有提起确认之诉目的的妥当性。此外，徐某请求确认原告向被告已偿还欠款金额为2167.7万元，该确认之诉针对的是事实，而非民事法律关系，因此，该确认对象不具有妥当性。综上，徐某提起的确认之诉不具有合法性，其不是该确认之诉适格的原告，A区法院对于原告不适格的起诉不应予以受理。(2) A区法院认为郑某超过答辩期无权提出存在仲裁协议问题的做法是不正确的。因为根据《仲裁法》第26条的规定，当事人达成仲裁协议，一方向人民法院起诉未声明有仲裁协议，人民法院受理后，另一方在首次开庭前提交仲裁协议的，人民法院应当驳回起诉，因此，郑某有权在首次开庭前提出其与通讯公司之间存在仲裁协议。(3) A区法院判决确认徐某与郑某之间的借款合法有效，但驳回徐某其他诉讼请求的做法是不正确的。因为本案徐某起诉不符合《民事诉讼法》第122条规定的条件，A区法院在受理案件后应裁定驳回起诉。

3. 甲市中级法院未询问当事人，也未经开庭审理，直接裁定驳回上诉，维持原判决，其做法是不正确的。具体有二：一是不开庭审理的做法不正确。根据《民事诉讼法》第176条的规定，第二审法院审理上诉案件时，即使对当事人没有提出新的事实、证据或者理由，合议庭认为不需要开庭审理的，也需要询问当事人，因此，甲市中级法院在未询问当事人的情况下，不开庭审理上诉案件是不正确的。二是甲市中级法院作出裁定驳回上诉，维持原判决，其文书适用不正确。根据《民事诉讼法》第177条的规定，驳回上诉，维持原判决应当适用“判决”，而非“裁定”。

第三部分　经典试题解析

一、案情（2018/主/四仿真）

甲公司中标了某地块的开发权，与乙公司签订合同，由乙公司负责建筑施工，但甲公司未支付工程款，于是甲公司和乙公司协商后重新达成协议，将甲公司之前的欠款本金8500万元作为对乙公司的借款，乙公司同意以未完成的工程做抵押向银行贷款2亿元，甲公司偿还贷款5000万元后剩余的1.5亿元作为资本继续开发。但甲公司的公章要交由乙公司保管，甲公司对外签订合同需经过乙公司同意，乙公司对外使用甲公司公章需经甲公司同意。甲乙两公司约定若发生争议，由s省q市仲裁委员会仲裁。

乙公司拿到甲公司公章后，重新做了补充协议，并加盖了甲公司公章，并且将仲裁委员会改成g省c市仲裁委员会。后来乙公司以甲公司的名义与丁公司签订购货合同，并加盖了甲公司公章。

后甲乙公司发生争议，乙公司向g省c市仲裁委员会提出仲裁申请，仲裁委员会受理后，甲公司提出管辖异议，认为仲裁协议无效，g省c市仲裁委员会认为仲裁协议有效，继续审理，并作出了裁决。甲公司向法院申请撤销仲裁裁决。

后甲公司与丙公司的韩某签订房屋销售委托合同，经乙公司同意，加盖了甲公司公章，由丙公司负责销售甲公司的楼房，丙公司刚换了法定代表人，但未办理变更登记，韩某是被替换的原法定代表人（甲、乙公司派律师打听了该消息，并获知实情）。

后丙公司销售不力，甲公司向法院起诉以此解除委托合同，一审法院判决甲公司败诉，甲公司不服提起上诉，在二审诉讼中变更了诉讼请求，请求判决合同无效，并请求赔偿。

后来甲公司因负债过多，于是和戊签订了借款合同，同时签订了房屋买卖合同，约定戊借款2亿元给甲公司，若甲公司到期无法清偿，则甲公司同意用其开发的一栋楼的房屋作价偿还戊的2亿元借款本息。

因甲公司无力向乙公司支付工程款，乙公司遂罢工，导致甲公司想通过建成房屋出售后盈利的计划无法实现，遂提出解除合同。

后因甲公司负债累累，有债权人向a省b市法院对甲公司提出破产申请，a省b市法院受理了对甲公司的破产申请。之前与甲公司签订购货合同的丁公司向甲公司发货后，收到了破产通知，遂通知卡车返回。丁公司申报破产债权，被甲公司拒绝。丁公司遂向法院提起诉讼。

根据案情回答下列问题：

1. 乙公司签订补充协议的行为是否属于表见代理？为什么？

2. 若甲公司能证明补充仲裁协议是乙公司私自用甲公司公章盖的，g省c市仲裁委员会仲裁的仲裁协议是否有效？为什么？

3. 对于g省c市仲裁委员会作出的仲裁裁决，甲公司是否可以申请撤销？若甲公司要申请撤销仲裁裁决应向哪个法院提出？

4. 甲公司与丙公司的合同是否无效？韩某的行为如何定性？为什么？

5. 甲公司是否有权解除与丙公司的委托合同？为什么？

6. 甲公司在二审中能否变更诉讼请求？为什么？

7. 若甲公司到期无法偿债，戊是否有权取得房屋的所有权？

8. 甲公司与戊的房屋买卖合同能否看成物权担保？为什么？

9. 甲公司是否有权解除与乙公司的合同？为什么？

10. a省b市法院受理甲公司的破产案件，且受理了乙公司诉甲公司的诉讼，b市法院能否将该诉讼案件移送其他法院管辖？

11. 甲公司与乙公司之间有仲裁协议，甲公司进入破产程序，甲公司与乙公司就仲裁协议约定事项发生争议，该争议应由仲裁委员会仲裁还是由法院管辖？

12. 如果乙公司先起诉甲公司主张合同款项的本金，在胜诉之后再次起诉主张利息部分。是否构成重复起诉？法院应否受理？

13. 乙公司对甲公司的工程房屋是否有优先权？为什么？优先权的范围是什么？

【补充】由于案情均系18年考生回忆整理，未必准确，且我们的主要目的仍然是讲清法理，所以，在不特别纠结“18年真题的细节到底如何”的情况下，对于前述设定的案情，至少还有两问可以提出（前述案情把丁公司的角色遗忘了）：

14. 乙擅自使用甲的公章与丁公司订立购货合同，该合同的效力如何？为什么？

15. 丁公司接到破产通知后，能否指示运货卡车返回？为什么？

【参考答案与解题思路】

1. 非民事诉讼法题。

2. **【参考答案】** g省c市仲裁委员会的仲裁协议无效。因为根据仲裁法理论，仲裁协议是双方当事人在商事争议发生之前或者之后，通过自愿协商达成的将争议提交仲裁委员会仲裁解决的书面意思表示。因此，意思表示真实是仲裁协议的有效要件之一。本题中，若甲公司能证明补充仲裁协议是乙公司私自用甲公司公章盖的，就意味着将仲裁委员会改成g省c市仲裁委员会并非甲公司的真实意思表示，不符合仲裁协议的有效要件。

【解题思路】 就理论而言，判断一个仲裁协议是否有效，可以从《仲裁法》第16条和《仲裁法》第17条两个角度分析，但是，究竟从哪个角度分析需要结合案情信息来确定。本题的关键信息是“乙公司拿到甲公司公章后，重新做了补充协议”，改变了仲裁机构。《仲裁法》第17条规定了仲裁协议无效的法定情形，如果考生从这个角度回答这道题就偏离了题干信息。正确回答本题，首先应确定从《仲裁法》第16条规定的仲裁协议法定内容之一：“请求仲裁的意思表示”入手，明确仲裁协议的有效要件；

其次，结合案情分析乙公司签订的补充协议中的仲裁协议是否系甲公司的真实意思表示。

3. **【参考答案】** 对于g省c市仲裁委员会作出的仲裁裁决，甲公司可以申请撤销。甲公司要申请撤销仲裁裁决，应向g省c市仲裁委员会所在的c市中级法院提出。因为仲裁委员会受理后，甲公司提出管辖异议，认为仲裁协议无效，g省c市仲裁委员会在认定仲裁协议有效的情况下作出了仲裁裁决，甲公司可以根据《仲裁法》第58条规定的"没有仲裁协议"为由申请撤销。

【解题思路】 本题直接考查《仲裁法》第58条关于申请撤销仲裁裁决的法定情形与管辖法院。根据《仲裁法解释》第27条的规定，当事人在仲裁程序中对仲裁协议的效力提出异议，在仲裁裁决作出后又以此为由主张撤销仲裁裁决，经审查符合《仲裁法》第58条的，法院应当支持。申请撤销仲裁裁决的管辖法院是仲裁委员会所在地中级法院。

4. 非民事诉讼法题。

5. 非民事诉讼法题。

6. **【参考答案】** 甲公司在二审中不能变更诉讼请求。因为根据民事诉讼原理及相关法律规定，原告的诉讼请求是法院审理与裁判的对象，原告应当在法庭辩论终结前变更诉讼请求，第二审作为第一审的续审，第二审法院应当对当事人上诉请求的有关事实和适用法律进行审理，当事人没有提出请求的，不予审理，但一审判决违反法律禁止性规定，或者损害国家利益、社会公共利益、他人合法权益的除外。

【解题思路】 正确回答本题需要注意原告变更诉讼请求与原告增加新诉讼请求的区别。原告的诉讼请求是法院审理与裁判的对象，原告只能在一审法庭辩论终结前变更诉讼请求；而增加新诉讼请求是在原诉讼请求不变的情况下，增加独立的诉讼请求，原告可以在一审法庭辩论终结前增加新诉讼请求，也可以在二审程序中增加新诉讼请求。根据《民诉解释》第326条的规定，在第二审程序中，原审原告增加独立的诉讼请求或者原审被告提出反诉的，第二审人民法院可以根据当事人自愿的原则就新增加的诉讼请求或者反诉进行调解；调解不成的，告知当事人另行起诉。

7. 非民事诉讼法题。

8. 非民事诉讼法题。

9. 非民事诉讼法题。

10. **【参考答案】** b市法院不能将该诉讼案件移送其他法院管辖。因为根据《企业破产法》第21条的规定，人民法院受理破产申请后，有关债务人的民事诉讼，只能向受理破产申请的人民法院提起。

【解题思路】 正确回答本题务必要注意问题中的概念，该问题问的是"b市法院能否将该诉讼案件移送其他法院管辖"，即问题的关键概念是"移送"，那就是移送管辖问题，因此，答案应当是不能移送给其他法院管辖。如果改变一下问题，改为"b市法院能否将该诉讼案件交给（或者'转移给'）其他法院管辖"，即问题的关键概念是

“交给”或者“转移”，那就是管辖权转移问题了，答案就应当是能够交给或者转移给其他法院管辖。因此，本题的关键在于注意区分移送管辖和管辖权转移。最高人民法院《关于适用〈中华人民共和国企业破产法〉若干问题的规定（二）》第47条第1、2款规定：“人民法院受理破产申请后，当事人提起的有关债务人的民事诉讼案件，应当依据企业破产法第二十一条的规定，由受理破产申请的人民法院管辖。受理破产申请的人民法院管辖的有关债务人的第一审民事案件，可以依据民事诉讼法第三十八条的规定，由上级人民法院提审，或者报请上级人民法院批准后交下级人民法院审理。”由此可见，《企业破产法》及司法解释确立了与破产债务人有关的民事诉讼案件应由受理破产申请的人民法院管辖的原则；此外，对于破产债务人有关的民事诉讼案件可以适用管辖权转移制度，而非移送管辖制度。

11. **【参考答案】**乙公司与甲公司就仲裁协议约定事项发生争议，只要仲裁协议有效，就应当由仲裁委员会仲裁；如果仲裁协议无效，则应由受理破产申请的人民法院管辖。因为《企业破产法》第21条所确立的与破产债务人有关的民事诉讼案件应由受理破产申请的人民法院管辖的原则，只能适用于以民事诉讼方式解决争议时，对争议案件管辖法院的确定，不能对抗当事人以仲裁协议将争议案件交付仲裁委员会仲裁的意思表示，当事人订立仲裁协议的目的就在于排除法院对仲裁协议约定事项的管辖权。

【解题思路】正确回答本案的关键在于对仲裁与民事诉讼关系的理解，仲裁与民事诉讼是两种具有相同法律效力的争议解决方式，凡是具有可仲裁性的争议事项，当事人即可以通过订立有效仲裁协议排除法院对该争议事项的管辖权。

12. **【参考答案】**不构成重复起诉，法院应予受理。因为根据《民诉解释》第247条规定，当事人就已经提起诉讼的事项在裁判生效后再次起诉，同时符合下列条件的，构成重复起诉：（一）后诉与前诉的当事人相同；（二）后诉与前诉的诉讼标的相同；（三）后诉与前诉的诉讼请求相同，或者后诉的诉讼请求实质上否定前诉裁判结果。本题中，乙公司基于同一合同关系二次起诉甲公司，“当事人”与“诉讼标的”两个要件是相同的，但利息属于法院未裁判过的新诉讼请求，不符合上述第（三）项要件，故不构成重复起诉，法院应当受理。

【解题思路】该题是一道直接考查对司法解释规定理解的试题，正确回答本题，需注意司法解释关于构成重复起诉要件的具体规定。

13. 非民事诉讼法题。

14. 非民事诉讼法题。

15. 非民事诉讼法题。

二、案情（2017/4/六）

2013年5月，居住在S市二河县的郝志强、迟丽华夫妻将二人共有的位于S市三江区的三层楼房出租给包童新居住，协议是以郝志强的名义签订的。2015年3月，住所地在S市四海区的温茂昌从该楼房底下路过，被三层掉下的窗户玻璃砸伤，花费医疗费8500元。

就温茂昌受伤赔偿问题，利害关系人有关说法是：包童新承认当时自己开了窗户，但没想到玻璃会掉下，应属窗户质量问题，自己不应承担责任；郝志强认为窗户质量没有问题，如果不是包童新使用不当，窗户玻璃不会掉下；此外，温茂昌受伤是在该楼房院子内，作为路人的温茂昌不应未经楼房主人或使用权人同意擅自进入院子里，也有责任；温茂昌认为自己是为了躲避路上的车辆而走到该楼房旁边的，不知道这个区域已属个人私宅的范围。为此，温茂昌将郝志强和包童新诉至法院，要求他们赔偿医疗费用。

法院受理案件后，向被告郝志强、包童新送达了起诉状副本等文件。在起诉状、答辩状中，原告和被告都坚持协商过程中自己的理由。开庭审理5天前，法院送达人员将郝志强和包童新的传票都交给包童新，告其将传票转交给郝志强。开庭时，温茂昌、包童新按时到庭，郝志强迟迟未到庭。法庭询问包童新是否将出庭传票交给了郝志强，包童新表示4天之前就交了。法院据此在郝志强没有出庭的情况下对案件进行审理并作出了判决，判决郝志强与包童新共同承担赔偿责任：郝志强赔偿4000元，包童新赔偿4500元，两人相互承担连带责任。

一审判决送达后，郝志强不服，在上诉期内提起上诉，认为一审审理程序上存在瑕疵，要求二审法院将案件发回重审。包童新、温茂昌没有提起上诉。

问题：

1. 哪些（个）法院对本案享有管辖权？为什么？
2. 本案的当事人确定是否正确？为什么？
3. 本案涉及的相关案件事实应由谁承担证明责任？
4. 一审案件的审理在程序上有哪些瑕疵？二审法院对此应当如何处理？

【参考答案与解题思路】

1.**【参考答案】**S市三江区法院和S市二河县法院对本案有管辖权。《民事诉讼法》第29条规定，因侵权行为提起的诉讼，由侵权行为地或者被告住所地法院管辖。S市三江区法院为侵权行为地和被告包童新住所地，S市二河县法院为被告郝志强住所地。

【解题思路】正确解答本题需要注意两点：第一，本案被告的确定，即房屋所有权人郝志强、迟丽华与房屋承租人包童新均应作为被告。第二，本案房屋所在地S市三江区为侵权行为发生地。

2.**【参考答案】**本案一审当事人的确定不完全正确（或部分正确或部分错误）：(1)温茂昌作为原告、郝志强、包童新作为被告正确，遗漏迟丽华为被告错误。温茂昌是受害人，与案件的处理结果有直接的利害关系，作为原告，正确；(2)《民法典》第1253条规定，建筑物、构筑物或者其他设施及其搁置物、悬挂物发生脱落、坠落造成他人损害，所有人、管理人或者使用人不能证明自己没有过错的，应当承担侵权责任。

郝志强为楼房所有人，包童新为楼房使用人，作为被告，正确；（3）迟丽华作为楼房的所有人之一，没有列为被告，错误。

【解题思路】解答本题的关键在于对民事诉讼中原告与被告的理解以及《民法典》关于建筑物悬挂物坠落造成他人损害的民事责任确定的相关规定。

3. **【参考答案】**（1）郝志强为该楼所有人、包童新为该楼使用人的事实、该楼三层掉下的窗户玻璃砸伤温茂昌的事实、温茂昌受伤状况的事实、温茂昌治伤花费医疗费8500元的事实等，由温茂昌承担证明责任；（2）包童新认为窗户质量存在问题的事实，由包童新承担证明责任；（3）包童新使用窗户不当的事实、温茂昌未经楼房的主人或使用权人的同意擅自进到楼房的院子里的事实，由郝志强承担证明责任。

【解题思路】正确解答本题的关键在于对证明责任分配规则的准确适用。本题考查《民事证据规定》第1条以及《民法典》第1253条关于建筑物坠落物造成他人损害侵权纠纷证明责任分配的特殊规定。

4. **【参考答案】**（1）一审案件的审理存在如下瑕疵：第一，遗漏被告迟丽华：迟丽华作为楼房所有人之一，应当作为被告参加诉讼。第二，一审法院通过包童新向郝志强送达开庭传票没有法律根据，属于违法行为；法院未依法向郝志强送达开庭传票，进而导致案件缺席判决，不符合作出缺席判决的条件，并严重限制了郝志强辩论权的行使。

（2）遗漏当事人、违法缺席判决、严重限制当事人辩论权的行使，都属于司法解释中列举的程序上严重违法、案件应当发回重审的行为，因此，二审法院应当裁定发回重审。

【解题思路】正确解答本题关于第一审程序的瑕疵需要注意两点：第一，本案中房屋所有权人之一的迟丽华应当作为本案的共同被告，不应当遗漏；第二，送达是法院向受送达人以法定程序与方法送达诉讼文书的行为，本案中法院对被告之一的郝志强的送达不合法，进而导致缺席判决不合法。正确解答本题关于第二审法院的处理主要涉及《民事诉讼法》第177条关于二审法院对上诉案件裁判的具体规定。

三、案情（2016/4/六）

陈某转让一辆中巴车给王某但未办过户。王某为了运营，与明星汽运公司签订合同，明确挂靠该公司，王某每月向该公司交纳500元，该公司为王某代交规费、代办各种运营手续、保险等。明星汽运公司依约代王某向鸿运保险公司支付了该车的交强险费用。

2015年5月，王某所雇司机华某驾驶该中巴车致行人李某受伤，交警大队认定中巴车一方负全责，并出具事故认定书。但华某认为该事故认定书有问题，提出虽肇事车辆车速过快，但李某横穿马路没有走人行横道，对事故发生也负有责任。因赔偿问题协商无果，李某将王某和其他相关利害关系人诉至F省N市J县法院，要求王某、相关利害关系人向其赔付治疗费、误工费、交通费、护理费等费用。被告王某委托N市甲律师事务所刘律师担任诉讼代理人。

案件审理中，王某提出其与明星汽运公司存在挂靠关系、明星汽运公司代王某向保险公司交纳了该车的交强险费用、交通事故发生时李某横穿马路没走人行横道等事实；李某陈述了自己受伤、治疗、误工、请他人护理等事实。诉讼中，各利害关系人对上述事实看法不一。李某为支持自己的主张，向法院提交了因误工被扣误工费、为就医而支付交通费、请他人护理而支付护理费的书面证据。但李某声称治疗的相关诊断书、处方、药费和治疗费的发票等不慎丢失，其向医院收集这些证据遭拒绝。李某向法院提出书面申请，请求法院调查收集该证据，J县法院拒绝。

在诉讼中，李某向J县法院主张自己共花治疗费36 650元，误工费、交通费、护理费共计12 000元。被告方仅认可治疗费用15 000元。J县法院对案件作出判决，在治疗费方面支持了15 000元。双方当事人都未上诉。

一审判决生效一个月后，李某聘请N市甲律师事务所张律师收集证据、代理本案的再审，并商定实行风险代理收费，约定按协议标的额的35%收取律师费。经律师说服，医院就李某治伤的相关诊断书、处方、药费和治疗费的支付情况出具了证明，李某据此向法院申请再审，法院受理了李某的再审申请并裁定再审。

再审中，李某提出增加赔付精神损失费的诉讼请求，并要求张律师一定坚持该意见，律师将其写入诉状。

问题：

1. 本案的被告是谁？简要说明理由。
2. 就本案相关事实，由谁承担证明责任？简要说明理由。
3. 交警大队出具的事故认定书，是否当然就具有证明力？简要说明理由。
4. 李某可以向哪个（些）法院申请再审？其申请再审所依据的理由应当是什么？
5. 再审法院应当按照什么程序对案件进行再审？再审法院对李某增加的再审请求，应当如何处理？简要说明理由。
6. 根据律师执业规范，评价甲律师事务所及律师的执业行为，并简要说明理由。

【参考答案与解题思路】

1. **【参考答案】** 本案被告得以原告的主张来加以确定：原告主张挂靠单位和被挂靠单位承担责任的，王某、明星汽运公司、鸿运保险公司为共同被告。理由：根据《民法典》第1210、1212条的规定，转让机动车未办理手续的，由保险公司在强制责任保险范围内予以赔偿，不足部分由受让人承担侵权责任；明星汽运公司为王某从事中巴车运营的被挂靠单位，根据《民诉解释》第54条规定，以挂靠形式从事民事活动，当事人请求由挂靠人和被挂靠人依法承担民事责任的，该挂靠人和被挂靠人为共同诉讼人。原告不主张挂靠单位承担责任的，王某、鸿运保险公司为共同被告。

【解题思路】 正确解答本题需注意两点：第一，陈某转让一辆中巴车给王某但未办过户，明星汽运公司依约代王某向鸿运保险公司支付了该车的交强险费用，此时就产生了鸿运保险公司在强制责任保险范围内予以赔偿的责任。第二，王某挂靠于明星汽运公司，就产生了王某与明星汽运公司必要共同诉讼人的问题。

2.【参考答案】王某与明星汽运公司存在挂靠关系的事实由王某承担证明责任；明星汽运公司依约代王某向鸿运保险公司交纳了该车的强制保险费用的事实由王某承担证明责任；交通事故发生时李某横穿马路没走人行通道的事实，由王某承担证明责任；李某受伤状况、治疗状况、误工状况、请他人护理状况等事实，由李某承担证明责任。理由：诉讼中，在通常情况下，谁主张事实支持自己的权利主张，由谁来承担自己所主张的事实的证明责任。本案上述事实，不存在特殊情况的情形，因此由相对应的事实主张者承担证明责任。

【解题思路】正确解答本题的关键在于对证明责任分配规则的准确适用，本题并不存在法定证明责任分配的特殊情形，应当适用《民诉解释》第91条关于证明责任分配一般原则的规定，即谁主张，谁举证。

3.【参考答案】交警大队出具的事故认定书，不当然具有证明力。理由：在诉讼中，交警大队出具的事故认定书只是证据的一种，其所证明的事实与案件其他证据所证明的事实是否一致，以及法院是否确信该事故认定书所确认的事实，法院有权根据案件的综合情况予以判断，即该事故认定书的证明力由法院判断后确定。

【解题思路】正确解答本题的关键在于对证据证明力的理解，为此要区分证据的资格，即证据的能力与证据的证明力的关系，具备证据的客观性、关联性和合法性只是意味着具备了证据的资格，即证据的能力，但该证据的证明力则是由法院依据案件具体情况进行判断。

4.【参考答案】李某可以向F省N市中级法院申请再审。因为，根据《民诉解释》，再审案件原则上向原审法院的上级法院提出。本案不存在向原审法院申请再审的法定事由。再审的理由为：对审理案件需要的主要证据，当事人因客观原因不能自行收集，书面申请人民法院调查收集，人民法院未调查收集；有新的证据，足以推翻原判决。

【解题思路】本题直观考查当事人申请再审的管辖与法定情形的适用。正确解答本题需注意两个基本事实：第一，本案的生效判决是F省N市J县法院作出的，且本案当事人中有非公民的法人，因此，当事人应当向上一级法院申请再审。第二，本案判决生效后，李某委托的律师说服医院就李某治伤的相关诊断书、处方、药费和治疗费的支付情况出具了证明，也就是说，对于主要证据，当事人因客观原因无法收集，书面申请法院调查，法院拒绝收集；李某委托律师收集的证据可以作为新证据推翻原判决。

5.【参考答案】再审法院应当按照第二审程序对案件进行再审。因为受理并裁定对案件进行再审的，是原审法院的上级法院，应当适用第二审程序对案件进行再审。

再审法院对李某增加的要求被告支付精神损失费的再审请求不予受理；且该请求也不属于可以另行起诉的情形，再审法院也不可告知另行起诉。因为，根据规定，当事人在侵权诉讼中没有提出赔偿精神损害的诉讼请求，诉讼终结后，又基于同一侵权事实另行起诉请求赔偿精神损害赔偿的，人民法院不予受理。

【解题思路】 该题直观考查再审程序的适用以及再审的审理范围。正确解答本题需注意两个事实：第一，本案生效判决虽然是第一审J县法院作出的，但当事人向其上级法院N市中级法院申请再审，N市中级法院只能提审此案，而上级法院提审案件必须适用第二审程序再审。第二，再审中，李某提出增加赔付精神损失费的诉讼请求，根据《民诉解释》第403条的规定，不属于再审的审理范围，且不属于可以另行起诉的内容。

6. **【参考答案】**（1）可以适用风险代理，但风险代理收费按规定不得高于30%；（2）甲律所张律师担任李某申诉代理人，违反《律师执业行为规范》第50条第（七）项规定；（3）李某增加诉讼请求不符合有关规定（理由如前），律师应指出未能指出，有违“以事实为根据、以法律为准绳”的执业原则及勤勉尽责的要求。

【解题思路】 该题直观考查律师执业规范的具体内容。

第四部分　综合练习题

一、案例一

案情：2020年3月，鸿嘉公司与大有公司签订《转让协议》，收购大有公司所属的铁生沟煤矿采矿权、机械设备等有效资产，鸿嘉公司需支付5000万元作为定金。

为筹集定金，2020年4月，鸿嘉公司与投资公司签订了3000万元的《借款合同》，约定：本合同履行发生的纠纷，应由A仲裁委员会仲裁。天泰公司的董事长陈某同意为其提供担保，并与投资公司签订了《连带责任保证合同》，约定该合同效力独立于《借款合同》。

2020年5月，鸿嘉公司与维康公司签订了《股权转让协议》，将其持有的开发公司3%的股权以2000万元的价格转让给维康公司。

鸿嘉公司分期向大有公司支付了5000万元定金。2020年8月，大有公司通过中原产权公司，将案涉标的公开挂牌出让。2020年9月，鸿嘉公司向大有公司报送收购铁生沟煤矿有效资产的《担保方案》，与之前大有公司在《国有产权转让公告》及承诺函要求的担保主体和方式不一致，挂牌出让期内，因鸿嘉公司未能进场摘牌，案涉资产未交易成功。后铁生沟煤矿关闭。

鸿嘉公司诉至A市甲区法院要求大有公司返还5000万元的定金。甲区法院以案涉资产未交易成功系鸿嘉公司原因所致，判决驳回其诉讼请求。鸿嘉公司不服，上诉至A市中级法院，并以铁生沟煤矿已关闭，鸿嘉公司与大有公司签订《转让协议》的合同目的已无法实现为由变更诉讼请求为解除合同。

因鸿嘉公司未按时向投资公司偿还3000万元借款本金与利息，投资公司诉至B市乙区法院，要求天泰公司履行担保责任，偿还3000万元借款本金与利息。乙区法院追加鸿嘉公司作为共同被告。诉讼中，天泰公司主张《连带责任保证合同》系董事长陈某超越法定代表人权限擅自与投资公司签订，不应承担责任。

2020年7月，维康公司依据《股权转让协议》向鸿嘉公司支付2000万元股权转让款后，鸿嘉公司以各种理由拒绝给维康公司办理股权转让手续。2020年11月10日，维康公司诉至A市丙区法院要求解除与鸿嘉公司之间的《股权转让协议》，责令鸿嘉公司退回股权转让款2000万元并支付违约金60万元。2020年11月18日，丙区法院向鸿嘉公司送达了起诉状副本。2021年4月16日，丙区法院经审理判决解除维康公司与鸿嘉公司之间的《股权转让协议》，责令鸿嘉公司退回股权转让款2000万元。双方未上诉。

问题：

1.《转让协议》的性质是什么？为什么？

2. 请评价甲区法院判决驳回鸿嘉公司诉讼请求的做法，并阐述理由。

3. A 市中级法院能否接受鸿嘉公司将诉讼请求变更为解除合同？为什么？

4. 如何理解天泰公司与投资公司签订的《连带责任保证合同》中关于该合同效力独立于《借款合同》的约定？请阐述理由。

5. 乙区法院追加鸿嘉公司作为共同被告的做法是否正确？为什么？

6. 如果投资公司以天泰公司与鸿嘉公司作为共同被告向乙区法院起诉，要求偿还借款，乙区法院应如何处理？请阐述理由。

7. 陈某擅自与投资公司签订《连带责任保证合同》的行为对天泰公司是否发生效力？请简要阐述。

8. 投资公司欲使诉讼请求得到乙区法院支持，其应证明何种事实？应证明到何种程度？

9. 维康公司向 A 市丙区法院起诉解除与鸿嘉公司之间的《股权转让协议》，该诉系何种性质的诉？请阐述理由。

10. 如何确定维康公司与鸿嘉公司之间《股权转让协议》的解除时间？请阐述理由。

11. 请对丙区法院的判决进行评价，并阐述理由。

二、 案例二

案情：A 市西区的甲公司有两个自然人股东孙某和黄某，各持股 50%，甲公司名下在 B 市东区有一宗地块的土地使用权，该地块准备拆迁。

C 市北区的乙公司是 D 市南区明达公司的全资子公司，主营房地产业务。孙某和黄某与乙公司签订《合作开发协议》，约定：以甲公司地块土地使用权与乙公司共同开发房地产项目，乙公司将 40%的股权转移至孙某和黄某名下，每人各 20%。房产开发结束后，乙公司将开发房屋或所得 40%交付给孙某和黄某后，两人将 40%股权退回乙公司。如因履行协议发生争议，由被告住所地法院管辖。协议签订后，乙公司进行了股权变更登记。

乙公司与丙公司签订了《融资租赁合同》，丙公司出资购买 2 台价值 1700 万元的铲车，出租给乙公司使用，乙公司分 15 期向丙公司支付租金，同时将该土地使用权抵押给了丙公司。在开发过程中，乙公司擅自将 2 台铲车卖给了赵某，所得价款为 1650 万元。后因为铲车的质量问题和设计缺陷，赵某一直与乙公司交涉未果，向 C 市北区法院起诉。

为了获得更多融资款，乙公司与丁公司签订了《借款合同》，以乙公司全部动产为丁公司设定动产浮动抵押，并办理了登记，李某和邓某为丁公司提供连带保证。此外，乙公司又与戊公司签订了《借款合同》，吴某提供担保，崔某以其价值1500万元的房屋提供抵押，并办理了抵押登记，但吴某和崔某彼此互不知情。

乙公司为了响应国家关于营利法人社会责任的号召，与基金会签订了《赠与合同》，承诺向青少年成长基金捐款1000万元，并在媒体上进行宣传。

楼盘建成之后，乙公司陆续对外销售了大概15%的房屋。王某购买房屋后发现房屋的面积、容积率、配套设施均与宣传有很大差距，要求乙公司承担违约责任。

孙某和黄某发现乙公司大规模融资，又迅速对外销售房产产生怀疑。向法院起诉要求乙公司交付40%的房屋。

问题：

1. 甲公司的债权人能否直接要求孙某和黄某承担连带责任？请阐述理由。

2. 孙某和黄某起诉要求乙公司交付40%的房屋，由哪个（些）法院管辖？为什么？

3. 孙某和黄某能否要求撤销乙公司与购房者签订的房屋买卖合同？

4. 购房人王某如何寻求救济？能否依据《消费者权益保护法》主张三倍的惩罚性赔偿？

5. 乙公司的债权人丁公司和戊公司能否主张撤销乙公司与基金会的赠与合同？乙公司本人能否主张撤销？为什么？

6. 赵某向C市北区法院起诉可以向乙公司主张什么责任？请阐述理由。

7. C市北区法院受理案件后，如何启动对铲车质量问题和设计缺陷的鉴定程序？如何确定鉴定人？

8. 乙公司为丁公司设立的动产浮动抵押权能否对抗赵某？请阐述理由。

9. 如果乙公司无法偿还丁公司的借款，丁公司能否直接以李某和邓某为被告起诉要求偿还？请阐述理由。

10. 如果崔某为了不使自己的房屋被执行，替乙公司向戊公司偿还了1500万元的债务，其能否向吴某主张其应承担的责任？

三、案例三

案情：弘毅资本控股有限公司（以下简称弘毅公司）系天成酒店管理合伙企业（有限合伙，以下简称天成合伙企业）的普通合伙人。2020年10月16日，张某与天成合伙企业、弘毅公司签订《弘毅天成2号合伙协议》，约定：张某作为天成合伙企业的有限合伙人认购弘毅天成2号楼应收账款理财产品，投资金额50万元，期限1年，预期年化收益8.5%。第一次分红时间为2021年4月16日，第二次返本与分红时间为2021年10月16日。同时约定，因合同履行发生争议，协商不成，提交A仲裁委员会仲裁。2021年10月16日投资期满，弘毅公司与天成合伙企业未履行约定义务。

2021年4月，张某去世，留下遗嘱，《弘毅天成2号合伙协议》项下权利由张洪与张虎共同继承。

2022 年 1 月，张虎就合伙返本与分红一事与弘毅公司、天成合伙企业交涉未果，诉至 A 市甲区法院，要求弘毅公司与天成合伙企业履行合伙协议约定，返还本金 50 万元，并向甲区法院提交了张某按协议约定账户通过电子银行向天成合伙企业转账 50 万元的截图。甲区法院受理案件后，弘毅公司与天成合伙企业提交答辩状，开庭时又提交仲裁协议，请求甲区法院驳回张虎起诉。甲区法院以弘毅公司与天成合伙企业超期无权提交仲裁协议为由未予接受。庭审中，甲区法院认为案涉法律关系系借款纠纷，向张虎释明变更诉讼请求，张虎坚持系合伙协议纠纷未变更诉讼请求，2022 年 4 月，甲区法院判决驳回张虎的诉讼请求。张虎不服上诉至 A 市中级法院，A 市中级法院经审理，于 2022 年 7 月判决驳回上诉维持原判决。

2022 年 11 月，张虎认为 A 市中级法院遗漏张洪违反法定程序，欲申请再审。

请根据案情回答下列问题：

1. 本案所涉纠纷应通过何种方式解决？为什么？

2. 《弘毅天成 2 号合伙协议》中的仲裁协议对张洪与张虎是否有效？为什么？

3. 请对案涉银行转账截图的证据立法种类、理论分类进行分析。

4. 请对甲区法院的做法进行分析。

5. 根据案情，张虎能否通过申请再审寻求救济。请简要阐述。

6. 如果张洪认为生效判决损害其合法权益，其可以通过何种途径寻求救济。简要阐述具体内容。

7. 如果张虎另案起诉要求弘毅公司、天成合伙企业按照约定预期年化收益支付分红收益，法院如何处理？请阐述理由。

8. 如果张虎基于借款纠纷另案起诉要求弘毅公司、天成合伙企业返还 50 万元，是否构成重复诉讼？请阐述理由。

四、案例四

2018 年 5 月，A 市甲区的中鼎公司借用 A 市乙区坤泰公司的资质与 B 市丙区开发公司签订了《建设工程施工合同》，约定：由中鼎公司承建开发公司位于 B 市丁区的飞龙家园项目。同时约定，因合同履行所发生的争议，由 A 市仲裁委员会仲裁解决；对仲裁裁决不服，可以向有管辖权的人民法院起诉。

飞龙家园一期建成后，2019 年 8 月 13 日，开发公司因资金不足与 B 市丁区的建设银行和平支行签订了《贷款合同》，约定：和平支行向开发公司提供 2.8 亿元贷款，资金专项用于开发公司飞龙家园二期后续工程建设。同日，建设银行和平支行与开发公司签订《抵押合同》，并向住建局申请办理抵押登记，在提交备案登记的抵押物清单上约定以飞龙家园二期工程项下的土地使用权及其上在建 1 号楼和未建 2 号楼作为抵押物为上述贷款合同提供担保，并约定，抵押期间抵押物上新增建筑物应列入抵押物范围。2019 年 8 月 18 日，B 市住建局为上述土地使用权及其上在建 1 号楼办理了抵押登记。

2019年12月9日，B市戊区的洪某与开发公司签订了《商品房预售合同》，洪某购买飞龙家园一期2号楼1605号三居室住房，洪某首付100万元，其余200万元与B市丁区睦家小贷公司签订《借款合同》，约定借款利息为月息3%。2019年12月25日，赵某办理了所有权预告登记。

洪某付清房款后半年，开发公司向洪某交付三居室住房。洪某居住不到2个月，三居室住房即出现墙面开裂、厨房严重漏水的问题。洪某于2020年9月诉至B市丙区法院，请求责令开发公司维修房屋，并赔偿因厨房漏水造成红木家具变形的损失10万元。在诉讼中，洪某提供了墙面开裂、厨房漏水以及红木家具变形的照片，开发公司对照片无异议，但主张厨房漏水是洪某使用不当造成的，并提供了竣工验收报告，证明工程经验收合格。洪某不认可竣工验收报告的客观性，丙区法院责令洪某证明厨房漏水系房屋质量缺陷，且红木家具变形的损失10万元系因厨房漏水所引起，因洪某未提供证据证明上述事实，2021年3月，丙区法院判决责令开发公司维修房屋，驳回洪某的损失赔偿请求。洪某不服上诉至B市中级法院，申请变更诉讼请求为解除合同，退还购房款300万元及支付截止退还之日的利息，增加责令开发公司按照合同约定支付违约金15万元。B市中级法院准许，经过审理，于2021年8月判决解除合同，并责令开发公司退还购房款300万元及支付截止退还之日的利息，并支付违约金15万元。

2021年11月，洪某向丙区法院申请执行。因开发公司已停业一年，无可供执行的资金且债台高筑，丙区法院根据洪某申请查封飞龙家园1号楼一层的门面商铺一间，同时，洪某向丙区法院提出，开发公司的股东之一天湾公司未足额出资，申请追加天湾公司作为被执行人，对开发公司的债务承担连带责任。本案执行中，因开发公司未偿还建设银行和平支行的贷款，建设银行和平支行向丙区法院主张对飞龙家园1号楼一层门面商铺的抵押权。

2022年1月，开发公司向丙区法院申请破产，丙区法院受理其破产申请。

根据案情回答下列问题：

1. 如何理解《建设工程施工合同》中关于争议解决方式的约定？请阐述理由。

2. 对于因房屋质量不合格给开发公司造成的损失，开发公司应通过诉讼方式，还是仲裁方式解决？开发公司能否起诉要求中鼎公司和坤泰公司承担连带责任？为什么？

3. 如果建设银行和平支行基于与开发公司签订的《抵押合同》主张抵押权，其抵押物的范围是什么？阐述理由。

4. 开发公司为赵某办理了所有权预告登记后，赵某是否可以取得飞龙家园一期2号楼1605号三居室住房的所有权？为什么？

5. 请对丙区法院的做法予以分析，并阐述理由。

6. 请对B市中级法院的做法予以分析，并阐述理由。

7. 对于洪某提出的查封飞龙家园1号楼一层的门面商铺一间的申请，丙区法院能否支持？丙区法院可以采取何种执行措施实现洪某的债权？请阐述理由。

8. 对于洪某申请追加天湾公司作为被执行人，对开发公司的债务承担连带责任的请求，丙区法院能否支持？为什么？

9. 对建设银行和平支行主张对飞龙家园1号楼一层的门面商铺的抵押权，丙区法院如何处理？请阐述理由。

10. 如果丙区法院裁定驳回第9问中建设银行和平支行的主张，建设银行和平支行能否提出执行异议之诉？请阐述理由。

11. 丙区法院受理对开发公司的破产申请后，丙区法院如何处理对飞龙家园1号楼一层的门面商铺的查封？为什么？

【参考答案】

一、案例一

1.《转让协议》是具有预约性质的合同，《民法典》第495条在吸收司法实践经验的基础上，以立法的形式确定了预约合同制度，肯定预约合同是一种独立的合同，回应了实践的需求，具有十分重要的意义。

2. 甲区法院判决驳回鸿嘉公司诉讼请求的做法是正确的。本案《转让协议》系预约合同，鸿嘉公司在明确知晓本约合同担保条款内容的情况下，又在提供担保的主体及担保方式问题上出现意见反复，以致未能进场交易并与大有公司订立正式的资产转让协议，从而构成违约。本约合同未能订立是可归责于交付定金的鸿嘉公司一方的原因，故约定的定金不再退还。

3. A市中级法院不能接受鸿嘉公司将诉讼请求变更为解除合同。根据民事诉讼法第171条的规定，当事人对一审判决不服，有权对一审判决提出上诉，二审程序作为一审程序的继续，二审法院应当对当事人上诉请求的有关事实和适用法律进行审理，当事人无权在二审中变更诉讼请求。

4. 天泰公司与投资公司签订的《连带责任保证合同》中关于该合同效力独立于《借款合同》的约定，系双方当事人关于担保独立性的约定。该约定排除担保效力上的从属性，根据《民法典担保制度司法解释》第2条的规定，该有关担保独立性的约定无效。担保合同的效力取决于主合同的效力，即主合同有效的，有关担保独立性的约定无效不影响担保合同的效力；主合同无效的，人民法院应当认定担保合同无效。

5. 乙区法院追加鸿嘉公司作为共同被告的做法不正确。因为天泰公司对鸿嘉公司向投资公司偿还本金与利息承担连带责任，投资公司有权选择仅起诉连带保证人天泰公司。

6. 乙区法院可以受理投资公司对天泰公司的起诉，但不应受理投资公司对鸿嘉公司的起诉。因为鸿嘉公司与投资公司签订的《借款合同》中约定了仲裁协议。根据《担保制度司法解释》第21条第1款的规定，主合同或者担保合同约定了仲裁条款的，人民法院对约定仲裁条款的合同当事人之间的纠纷无管辖权。

7. 陈某超越法定代表人权限擅自与投资公司签订《连带责任保证合同》的行为对

天泰公司是否发生效力，取决于投资公司是否具有善意。根据《公司法》第 15 条的规定，公司为他人提供担保，依照公司章程的规定，由董事会或者股东会、股东大会决议。此外，根据《民法典担保制度司法解释》第 7 条的规定，公司的法定代表人违反公司法关于公司对外担保决议程序的规定，超越权限代表公司与相对人订立担保合同，人民法院应当依照民法典第 61 条和第 504 条等规定处理：（一）相对人善意的，担保合同对公司发生效力；相对人请求公司承担担保责任的，人民法院应予支持。（二）相对人非善意的，担保合同对公司不发生效力。

8.（1）投资公司应就其“善意”，即已对公司决议进行了合理审查的事实承担证明责任。因为投资公司系善意的，担保合同对天泰公司发生效力。根据《民法典担保制度司法解释》第 7 条第 2 款的规定，投资公司在订立担保合同时不知道且不应当知道天泰公司的法定代表人董事长陈某超越权限，即投资公司有证据证明已对公司决议进行了合理审查，人民法院应当认定其构成善意。（2）应证明到高度可能性的程度。根据该事实不属于《民诉解释》第 109 条适用排除合理怀疑的五种特殊事实，应适用该解释第 108 条规定的高度可能性的证明标准。

9. 维康公司向 A 市丙区法院起诉解除与鸿嘉公司之间的《股权转让协议》，该诉系确认之诉。维康公司依据《股权转让协议》向鸿嘉公司支付股权转让款后，鸿嘉公司迟迟不给维康公司办理股权转让变更登记手续，维康公司据此向 A 市丙区法院起诉解除合同，实际上是请求丙区法院确认其享有解除合同的形成权，符合确认之诉的特点。

10. 2020 年 11 月 18 日为维康公司与鸿嘉公司之间《股权转让协议》的解除时间。本案因鸿嘉公司拒绝为维康公司办理股权转让变更登记，维康公司未通知鸿嘉公司，直接以提起诉讼的方式依法主张解除合同，丙区法院经审理判决确认维康公司的主张，根据《民法典》第 565 条第 2 款的规定，《股权转让协议》自起诉状副本送达鸿嘉公司之日，即 2020 年 11 月 18 日解除。

11. 丙区法院判决解除维康公司与鸿嘉公司之间的《股权转让协议》，责令鸿嘉公司退回股权转让款 2000 万元是正确的，但遗漏支付违约金 60 万元是不正确的。根据民事诉讼理论，法院应当对当事人基于处分权提出的诉讼请求进行审理并作出判决，丙区法院遗漏维康公司提出的支付违约金 60 万元的诉讼请求违反处分原则，是不正确的。

二、案例二

1. 不能。《民法典》第 83 条第 2 款：营利法人的出资人不得滥用法人独立地位和出资人有限责任损害法人债权人的利益；滥用法人独立地位和出资人有限责任，逃避债务，严重损害法人债权人的利益的，应当对法人债务承担连带责任。《公司法》第 23 条第 1 款：公司股东滥用公司法人独立地位和股东有限责任，逃避债务，严重损害公司债权人利益的，应当对公司债务承担连带责任。本案中孙某、黄某以甲公司的地块使用权和乙公司合作开发，但是却约定将开发项目所得的40%交给自己，由此导致甲公司的财产和孙某、黄某的财产混同，但是本案中既没有明确目的在于逃避债务，也没有事实反映严重损害债权人利益，且根据公司人格否定制度应当慎用的原则，甲公司的债权人都不能直接要求孙某和黄某承担连带责任。

2. 孙某和黄某起诉要求乙公司交付40%的房屋，由C市北区法院管辖。因为孙某和黄某与乙公司签订《协议》中约定，如因履行协议发生争议，由被告住所地法院管辖，符合《民事诉讼法》第34条关于协议管辖的规定，系有效约定，应由被告乙公司住所地C市北区法院管辖。

3. 不能。根据《民法典》第147~151条之规定，在具有重大误解、一方欺诈、第三人欺诈、胁迫、乘人之危导致显失公平五种情节下，民事法律行为可撤销。乙公司卖房属于有权处分，且孙某与黄某并非房屋买卖合同的相对人，基于合同相对性，无权要求撤销乙公司与购房者签订的房屋买卖合同。

4.（1）购房人王某可以通过与乙公司和解、向调解委员会申请调解、与乙公司协商达成有效仲裁协议申请仲裁或者向法院提起诉讼的方式获得救济。（2）一种观点：不能。根据《最高人民法院关于审理商品房买卖合同纠纷案件适用法律若干问题的解释》相关规定，在商品房买卖合同中要求惩罚性赔偿仅限于特定情形，而不包括本案中所说的与宣传不符的情况，所以王某无权依据《消费者权益保护法》主张三倍的惩罚性赔偿。另一种观点：能。根据相关规定，经营者提供商品或者服务有欺诈行为的，应当按照消费者的要求增加赔偿其受到的损失，增加赔偿的金额为消费者购买商品的价款或者接受服务费用的三倍。本案中，乙公司的宣传和实际交付的房屋明显不符，成立欺诈，王某能够依据消法主张三倍的惩罚性赔偿。

5.（1）不能。根据《民法典》第538条之规定，债务人以放弃其债权、放弃债权担保、无偿转让财产等方式无偿处分财产权益，或者恶意延长其到期债权的履行期限，影响债权人的债权实现的，债权人可以请求人民法院撤销债务人的行为。本案中，虽然乙公司与基金会签订了赠与合同，但是其房屋还仅仅出售了15%左右，且债权人丁公司与戊公司的债权都有相应的担保，因此乙公司对基金会的捐赠1000万的行为并不会影响到债权人丁公司和戊公司债权的实现，丁公司和戊公司作为乙公司的债权人无权行使撤销权撤销该捐赠行为。（2）不能。根据《民法典》第658条之规定，赠与人在赠与财产的权利转移之前可以撤销赠与。经过公证的赠与合同或者依法不得撤销的具有救灾、扶贫、助残等公益、道德义务性质的赠与合同，不适用前款规定。本案中，乙公司将财产捐赠给基金会所签订的系具有公益性质的赠与合同，债权人不能行使任意撤销权来撤销该赠与合同。

6. 赵某向C市北区法院起诉可以向乙公司主张违约责任。根据《民法典》第577条之规定，当事人一方履行合同义务不符合约定的，应当承担赔偿损失等违约责任。本案中，乙公司交付给赵某的铲车存在质量问题和设计缺陷，构成违约行为，赵某可以向乙公司主张违约责任。

7. C市北区法院受理案件后，赵某可以就铲车的质量问题和设计缺陷向北区法院申请鉴定。赵某申请鉴定的，由赵某和乙公司协商确定具备资格的鉴定人；协商不成的，由北区法院指定。赵某未申请鉴定，北区法院认为需要鉴定的，应当委托具备资格的鉴定人进行鉴定。

8. 能。根据《民法典》第404条之规定（正常经营买受人规则），以动产抵押的，不得对抗正常经营活动中已支付合理价款并取得抵押财产的买受人。本案中乙公司为房地产开发企业，其正常的经营范围为房地产开发活动，出卖设备并不在正常经营范围之内。所以乙公司为丁公司设立的动产浮动抵押权能够对抗赵某。

9. 丁公司不能直接以李某和邓某为被告起诉要求偿还借款。根据《民法典》第392条之规定，被担保的债权既有物的担保又有人的担保的，债务人不履行到期债务，债权人应当按照约定实现债权；没有约定或者约定不明确，债务人自己提供物的担保的，债权人应当先就该物的担保实现债权。本案属于混合担保，没有约定债权实现的顺序，且债务人乙公司自己提供了物保，因此，债权人丁公司行使权利有顺序限制，应先就乙公司的动产抵押实现债权，未获清偿的部分才能再要求李某和邓某承担保证责任。

10. 不能。根据《民法典》第392条之规定（混合担保中担保物权实现规则），提供担保的第三人承担担保责任后，有权向债务人追偿。本案中，崔某与吴某系分别为乙公司向戊公司的借款提供担保，且两人彼此互不相知，不构成连带共同担保，崔某替乙公司偿还1500万元债务之后，只能向债务人乙公司追偿。

三、案例三

1. 本案纠纷应通过仲裁方式予以解决。因为张某与天成合伙企业、弘毅公司签订的《弘毅天成2号合伙协议》约定：因合同履行发生争议，协商不成，提交A仲裁委员会仲裁。该仲裁协议的约定符合《仲裁法》第16条关于仲裁协议内容与形式的要求，不具有《仲裁法》第17条规定的无效情形，为有效仲裁协议。

2. 《弘毅天成2号合伙协议》中的仲裁协议对张洪与张虎有效。因为该仲裁协议系张某与天成合伙企业、弘毅公司签订，张某去世，留下遗嘱，《弘毅天成2号合伙协议》项下权利由张洪与张虎共同继承，根据《仲裁法解释》第8条的规定，当事人订立仲裁协议后死亡的，仲裁协议对承继其仲裁事项中的权利义务的继承人有效，且张某与天成合伙企业、弘毅公司签订仲裁协议时未作出另外的排斥仲裁协议效力扩张的约定。

3. 案涉银行转账截图系证据立法种类中的电子数据。就理论分类而言，以案涉银行转账截图与证明责任的关系为标准，该证据系本证，因为张虎就张某与天成合伙企业、弘毅公司签订合同后，依约履行投资50万元的事实承担证明责任，案涉银行转账截图系张虎为完成其证明责任而提交的证据，系本证；以案涉银行转账截图的来源为标准，该证据系原始证据，因为该证据来源于通过银行转账的事实本身，且根据《民事证据规定》第15条第2款“当事人以电子数据作为证据的，应当提供原件。电子数据的制作者制作的与原件一致的副本，或者直接来源于电子数据的打印件或其他可以显示、识别的输出介质，视为电子数据的原件”的规定，该证据系原始证据；以案涉银行转账截图与证明对象的关系为标准，该证据系直接证据，因为该证据系张某按协议约定账户通过电子银行向天成合伙企业转账50万元，能够单独直接证明张某向天成合伙企业投资50万元的事实。

4. 根据案情对甲区法院的做法可作如下分析：(1) 甲区法院受理案件是不正确的，因为张某与天成合伙企业、弘毅公司签订的《弘毅天成2号合伙协议》中存在有效仲裁协议，法院不应受理案件。(2) 甲区法院以弘毅公司与天成合伙企业超期无权提交仲裁协议为由未予接受是正确的，因为弘毅公司与天成合伙企业是在开庭时提交了仲裁协议，根据《仲裁法》第26条“当事人达成仲裁协议，一方向人民法院起诉未声明有仲裁协议，人民法院受理后，另一方在首次开庭前提交仲裁协议的，人民法院应当驳回起诉，但仲裁协议无效的除外；另一方在首次开庭前未对人民法院受理该案提出异议的，视为放弃仲裁协议，人民法院应当继续审理”的规定，视为弘毅公司与天成合伙企业已放弃仲裁协议，因此，甲区法院未予接受是正确的。(3) 庭审中，甲区法院认为案涉法律关系系借款纠纷，向张虎释明变更诉讼请求的做法是不正确的，因为根据《民事证据规定》第53条“诉讼过程中，当事人主张的法律关系性质或者民事行为效力与人民法院根据案件事实作出的认定不一致的，人民法院应当将法律关系性质或者民事行为效力作为焦点问题进行审理。但法律关系性质对裁判理由及结果没有影响，或者有关问题已经当事人充分辩论的除外。存在前款情形，当事人根据法庭审理情况变更诉讼请求的，人民法院应当准许并可以根据案件的具体情况重新指定举证期限”的规定，法院应将案涉法律关系作为焦点进行审理，由当事人根据庭审情况行使处分权变更诉讼请求，而不应由法院向当事人释明变更诉讼请求。(4) 甲区法院判决驳回张虎诉讼请求的做法是正确的，因为在张虎坚持系合伙协议纠纷未变更诉讼请求的情况下，法院认为张虎的诉讼请求不应得到支持，判决驳回张虎诉讼请求是正确的。(5) 案涉法律关系的性质名为合伙关系实为借贷关系，因为共同投资、共担风险、共同受益是合伙关系的基本原则，本案中虽然存在张某向天成合伙企业投资50万元的事实，但张某并未参与合伙企业的实际经营，也不承担合伙企业的经营风险。此外，张某虽然就其投资受益，但该受益并非根据合伙企业经营状况获得经营利润的分配，而是按照合同约定的利率固定受益，因此，案涉法律关系符合借贷关系中投入资金，获得固定利息等固定收益的基本特征。

5. 张虎能够通过申请再审寻求救济，其可以在A市中级人民法院的判决生效之日起6个月内，以A市中级法院遗漏必要共同诉讼人张洪，违反法定程序为由向高级人民法院申请再审。

6. 如果张洪认为生效判决损害其合法权益，其可以通过直接向高级人民法院申请再审的途径寻求救济，因为张某去世后，留下遗嘱，《弘毅天成2号合伙协议》项下权利由张洪与张虎共同继承，张洪应为本案的必要共同诉讼人，其有权根据《民诉法解释》第420条第1款“必须共同进行诉讼的当事人因不能归责于本人或者其诉讼代理人的事由未参加诉讼的，可以根据民事诉讼法第211条第八项规定，自知道或者应当知道之日起六个月内申请再审”的规定，向高级人民法院申请再审。

7. 本题答案具有开放性，如果张虎另案起诉要求弘毅公司、天成合伙企业按照约定预期年化收益支付分红收益，法院如何处理取决于法院如何理解诉讼标的。如果法院采取给付之诉的诉讼标的系给付请求权的理论，法院应当受理张虎另案起诉要求弘毅公司、天成合伙企业按照约定预期年化收益支付分红收益。因为张虎之前向甲区法院起诉，仅要求弘毅公司与天成合伙企业履行合伙协议约定，返还本金50万元，并未提出按照约定预期年化收益支付分红收益的请求，分红收益支付请求权与本金返还请求权系两个不同的请求权，因此，张虎另案起诉要求弘毅公司、天成合伙企业按照约定预期年化收益支付分红收益与前诉的诉讼标的不同，不构成《民诉法解释》第247条规定的重复诉讼，法院应当受理。如果法院采取给付之诉的诉讼标的系民事法律关系的理论，法院不应受理张虎另案起诉要求弘毅公司、天成合伙企业按照约定预期年化收益支付分红收益。因为张虎另案起诉也是基于张某与弘毅公司、天成合伙企业基于《弘毅天成2号合伙协议》所形成的法律关系，与前诉的诉讼标的相同，构成《民诉法解释》第247条规定的重复诉讼，法院不应当受理。

8. 本题答案具有开放性，如果张虎基于借款纠纷另案起诉要求弘毅公司、天成合伙企业返还50万元，是否构成重复诉讼取决于法院如何理解诉讼标的。如果法院采取给付之诉的诉讼标的系给付请求权的理论，法院不应当受理张虎另案起诉要求弘毅公司、天成合伙企业返还50万元，因为前后两诉的诉讼标的均为50万元本金返还请求权，虽然张虎提起前诉是基于合伙关系起诉，后诉基于借款关系起诉，而合伙关系或者借款关系只是构成50万元本金返还请求权所依据的事实和法律理由的不同，因前后两诉的诉讼标的相同，张虎基于借款纠纷另案起诉要求弘毅公司、天成合伙企业返还50万元构成《民诉法解释》第247条规定的重复诉讼，法院不应当受理。如果法院采取给付之诉的诉讼标的系民事法律关系的理论，法院应当受理张虎另案起诉要求弘毅公司、天成合伙企业返还50万元，因为前诉的诉讼标的为合伙关系，而后诉的诉讼标的为借款关系，前后两诉因诉讼标的不同，不构成《民诉法解释》第247条规定的重复诉讼，法院应当受理。

四、案例四

1. 《建设工程施工合同》中关于争议解决方式的约定：因合同履行所发生的争议，由A市仲裁委员会仲裁解决；对仲裁裁决不服，可以向有管辖权的人民法院起诉。该条款在约定仲裁协议的同时，对仲裁裁决的效力作出了约定。根据《仲裁法》第2条的规定，对于平等主体之间的合同纠纷，当事人有权约定仲裁。但是，根据《仲裁法》第9条和第57条的规定，仲裁实行一裁终局制度。裁决书自作出之日起发生法律效力，因此，当事人无权就仲裁裁决的效力作出约定。

2. (1) 开发公司应通过向A市仲裁委员会申请仲裁的方式解决争议。因为双方约定“因合同履行所发生的争议，由A市仲裁委员会仲裁解决”符合《仲裁法》第16条关于仲裁协议的书面形式以及仲裁协议法定内容的规定，属于有效仲裁协议。(2) 开发公司能要求中鼎公司和坤泰公司承担连带责任。因为根据《建设工程司法解释二》第4条的规定，缺乏资质的单位借用有资质的建筑施工企业名义签订建设工程施工合同，发包人请求出借方与借用方对建设工程质量不合格等因出借资质造成的损失承担连带赔偿责任的，人民法院应予支持。

3. 其抵押物的范围包括：(1) 飞龙家园二期工程项下的土地使用权及其上在建1号楼。因为2016年8月18日，B市住建局根据《抵押合同》和抵押物清单为上述土地使用权及其上在建1号楼办理了抵押登记。(2) 飞龙家园二期工程项下未建的2号楼。因为：第一、在建工程抵押权作为《物权法》(已随民法典施行而废止) 所规定的民事权利，属于《立法法》第11条第8项所规定的法律保留事项。其民事权利的内容不因任何他人的不当限制而减损。第二、在本案中，虽然住建局在抵押登记中未对“未建的2号楼”进行登记，但是，《物权法》(已随民法典施行而废止) 第187条对“正在建造的建筑物”没有做出相反定义的情况下，应当遵从此前规范性文件中对“在建工程抵押”的规定。第三、在《物权法》(已随民法典施行而废止) 颁行之前，《担保法司法解释》(已废止) 第47条规定，以依法获准尚未建造的或者正在建造中的房屋或者其他建筑物抵押的，当事人办理了抵押物登记，人民法院可以认定抵押有效。第四、抵押物清单上约定以飞龙家园二期工程项下的土地使用权及其上在建1号楼和未建2号楼作为抵押物为上述贷款合同提供担保，并约定，抵押期间抵押物上新增建筑物应列入抵押物范围。因此，应当根据当事人提交备案登记的材料综合认定在建工程抵押权的范围。

4. 赵某不可以取得飞龙家园一期2号楼1605号三居室住房的所有权。因为根据《民法典》第221条的规定，房屋买受人办理了所有权转移预告登记后，只是限制了出卖人对标的物的处分权，买受人尚需在房屋竣工验收后办理本登记后方能取得房屋所有权。

5. (1) 丙区法院受理案件的做法是正确的，因为是被告住所地，有管辖权。(2) 丙区法院责令洪某对厨房漏水系房屋质量缺陷，且红木家具变形的损失10万元系因厨房漏水所引起的事实承担证明责任，其证明责任分配是正确的。因为该事实是洪某提出请求所依据的事实，根据《民诉解释》第91条，应当由提出主张的洪某承担证明责任。(3) 丙区法院判决责令开发公司维修房屋，驳回洪某的损失赔偿请求的做法是正确的。因为开发公司对房屋开裂予以认可，该事实无需证明。而洪某未提出证明厨房漏水系房屋质量缺陷，且红木家具变形的损失10万元系因厨房漏水所引起，丙区法院根据证明责任的结果责任，由洪某承担该事实真伪不明的不利后果，判决驳回其损失赔偿请求的做法是正确的。

6. (1) B市中级法院准许洪某申请变更诉讼请求为解除合同，退还购房款300万元及支付截止退还之日的利息是不正确的，因为二审中不得变更诉讼请求。(2) 准许洪某增加责令开发公司按照合同约定支付违约金 15 万元是正确的，因为二审中当事人可以增加新的诉讼请求。(3) B 市中级法院判决解除合同，并责令开发公司退还购房款 300 万元及支付截止退还之日的利息的做法是不正确的，因为二审不得对当事人变更的诉讼请求进行审理与判决。(4) B 市中级法院判决责令开发公司支付违约金 15 万元的做法是不正确的，因为该请求属于原审原告在二审中新增加的请求。(《民诉解释》326 条)。

7. (1) 丙区法院能支持。因为开发公司无资金可供执行，根据《民诉法》第 255 条规定，被执行人未按执行通知履行法律文书确定的义务，人民法院有权查封、扣押、冻结、拍卖、变卖被执行人应当履行义务部分的财产。(2) 丙区法院可以采取拍卖或者变卖该门面房的措施实现洪某的债权，但是应遵循拍卖优先于变卖的原则。(《民诉法》258 条)。

8. 对于洪某申请追加天湾公司作为被执行人的请求能支持，但是，对开发公司的债务承担连带责任的请求不能支持。《执行中变更、追加当事人的规定》17 条：作为被执行人的企业法人，财产不足以清偿生效法律文书确定的债务，申请执行人申请变更、追加未缴纳或未足额缴纳出资的股东、出资人或依公司法规定对该出资承担连带责任的发起人为被执行人，在尚未缴纳出资的范围内依法承担责任的，人民法院应予支持。

9. 丙区法院在 15 日内审查，经过审查，裁定驳回建设银行和平支行的异议。因为该异议属于案外人对执行标的的异议，根据《抵押合同》，和平支行对该门面商铺不享有抵押权。

10. 如果丙区法院裁定驳回第 9 问中建设银行和平支行的主张，建设银行和平支行能提出执行异议之诉。因为该门面商铺与洪某与开发公司生效判决无关。

11. 根据《破产法》第 19 条“人民法院受理破产申请后，有关债务人财产的保全措施应当解除，执行程序应当中止”的规定，丙区法院受理对开发公司的破产申请后，丙区法院应解除对飞龙家园 1 号楼一层的门面商铺的查封，执行程序应中止。

中国政法大学
CHINA UNIVERSITY OF POLITICAL SCIENCE AND LAW

法大法考

2024年国家法律职业资格考试

主观题考点精编

刑事诉讼法（第五册）

法律职业资格考试培训中心（学院）◎编著
肖沛权◎编写

中国政法大学出版社
2024・北京

图书在版编目（CIP）数据

2024年国家法律职业资格考试主观题考点精编/法律职业资格考试培训中心（学院）编著. —北京：中国政法大学出版社，2024.8
ISBN 978-7-5764-1466-0

Ⅰ.①2… Ⅱ.①法… Ⅲ.①法律工作者－资格考试－中国－自学参考资料 Ⅳ.①D920.4

中国国家版本馆CIP数据核字(2024)第107065号

出版者　中国政法大学出版社
地　址　北京市海淀区西土城路25号
邮寄地址　北京100088信箱8034分箱　邮编100088
网　址　http://www.cuplpress.com (网络实名：中国政法大学出版社)
电　话　010-58908285(总编室) 58908433（编辑部） 58908334(邮购部)
承　印　北京鑫海金澳胶印有限公司
开　本　787mm×1092mm　1/16
印　张　86.5
字　数　2000千字
版　次　2024年8月第1版
印　次　2024年8月第1次印刷
定　价　289.00元（全7册）

前　言

PREFACE

自中国政法大学法律职业资格考试中心（原司法考试学院）成立以来，其紧紧围绕建立的宗旨和方针，一方面为我校学生的法考准备与学习提供全方位教学服务；另一方面为校外学员提供高品质的法考培训，使得学员通过率逐年提升。一直以来，我院按照每年的新大纲所涉考点编写相关理论教材、法条解读等资料，对学员的备考复习发挥了重要作用。但是在培训教学过程中，我们也发现学员面对大量的辅导用书，备考重心不明确，复习缺乏体系化和层次性，“眉毛胡子一把抓”，学习效率比较低，将法考辅导用书去繁存简。伴随法考改革将主观题考查作为考生最后通关阶段，我校选拔了一批在法考方面的权威专家和名师成立编委会，精心编写了这本《国家法律职业资格考试主观题考点精编》作为校内学生法考主观题课程教学及对社会培训的专用教材。

《国家法律职业资格考试主观题考点精编》针对主观题考查内容进行编写，紧扣法考大纲，体系完整，重点突出。综合每门学科内容出综合性案例，授课老师会通过对案例的讲解融会贯通每科考点，抓重点、理顺案情脉络，识破题眼，掌握解题方法。案例贴近实践，与指导性案例相结合，考点明确，法律思维清晰，切中考点要害。全书渗透了参编教师多年的教学经验，体现法考规律和应考学科知识的深刻理解与把握，在排版格式上做了匠心独到的设计。本书主要分为三个部分，第一部分：主观题命题形式、命题思路分析、主观题答题策略和技巧等；第二部分：重要知识点归纳；第三部分：论述题模拟案例分析。

我相信，该教材的出版，会对提高考生主观题考场实战能力及未来从事法律工作能力给予有力支持和帮助。在此预祝各位备考考生顺利通关。最后对编写本套教材编委会老师的辛勤付出表示感谢！

编委会成员（按姓氏笔画排序）：方鹏、兰燕卓、叶晓川、刘家安、杨秀清、宋亚伟、肖沛权、贾若山、梁泽宇。

中国政法大学法律职业资格考试中心

2024 年 8 月

目 录

CONTENTS

专题一　刑事诉讼法的基本理论

一、 刑事诉讼的基本理念

刑事诉讼的基本理念，是指对刑事诉讼法具体制度的制定、刑事诉讼法的实施等具有指引性作用的理念、思想等。

（一）惩罚犯罪与保障人权

1. 惩罚犯罪：惩罚犯罪是指通过刑事诉讼程序，在准确及时查明案件事实真相的基础上，对构成犯罪的被告人公正适用刑法，以打击犯罪。即运用刑事实体法和刑事程序法来抑制犯罪。

2. 保障人权：保障人权是指在通过刑事诉讼惩罚犯罪的过程中，保障公民合法权益不受非法侵犯。具体来说，有以下三点内涵：

（1）无辜的人不受追究；

（2）有罪的人受到公正处罚；

（3）诉讼权利得到充分保障和行使。

3. 二者的关系：惩罚犯罪与保障人权既统一又对立。**一方面，惩罚犯罪不能忽视保障人权。**如果在刑事诉讼中违反宪法、刑事诉讼法有关权利保障的规范，滥用司法权力，甚至刑讯逼供、诱供等，往往造成冤假错案，无法实现惩罚犯罪的目的。**另一方面，保障人权也不能脱离惩罚犯罪。**如果不去查明案件事实、惩罚犯罪，不仅被害人的实体权利得不到维护，犯罪嫌疑人、被告人的实体权利易受侵犯，而且诉讼参与人的程序性权利保障就失去了原本的含义。因此，**要坚持惩罚犯罪和保障人权相结合，二者应当并重，不可片面强调一面而忽视另一面。**

（二）实体公正和程序公正

1. 实体公正：实体公正即结果公正，指案件实体的结局处理（定罪与量刑）所体现的公正。具体要求有：

（1）据以定罪量刑的犯罪事实应当证据确实充分；

（2）正确适用刑法，准确认定犯罪嫌疑人是否犯罪及其罪名；

（3）按照罪刑相适应原则，依法适度判定刑罚；

（4）对于错误处理的案件，采取救济方法及时纠正、及时补偿。

2. 程序公正：程序公正即过程公正，是诉讼程序方面体现的公正。具体要求有：

（1）严格遵守刑事诉讼法的规定；

（2）认真保障当事人和其他诉讼参与人，特别是犯罪嫌疑人、被告人和被害人的诉讼权利；

（3）严禁刑讯逼供和以其他非法手段取证；

（4）司法机关依法独立行使职权；

（5）保障诉讼程序的公开性和透明度；

（6）严格依法定期限办案、结案。

3. 二者的关系：

实体公正和程序公正各自都有独立的内涵和标准，不能相互代替，**二者应当并重**。在我国，长期存在“重实体、轻程序”的做法，应当着重予以纠正。因此，在执法方面，要严格执法，既遵循实体法，也遵循程序法。

（三）诉讼效率

诉讼效率是指诉讼中所投入的司法资源（包括人力、财力、物力等）与案件处理数量的比例。讲求诉讼效率，要求投入一定司法资源处理尽可能多的案件。追求诉讼效率，意味着应当降低诉讼成本，加速诉讼进程，减少案件拖延和积压。

1. 诉讼效率的体现：《刑事诉讼法》规定了“准确、及时地查明犯罪事实”的内容，而且还从诉讼期限、轻罪不起诉、认罪认罚从宽原则、速裁程序和简易程序等多方面体现了诉讼效率的理念。

2. 司法公正与诉讼效率的关系处理：应当遵循“**公正第一、效率第二**”的原则。具体而言：

（1）在刑事诉讼中，效率在公正得以实现的基础上才有意义。如果公正不存在，也就无所谓效率。

（2）刑事诉讼应当在保证司法公正的前提下追求效率，而不能草率办案损害实体公正和程序公正。如果只讲“从快”而违背诉讼规律，虽然结案率很高，但错案往往也会增多，冤枉了无辜，放纵了犯罪，不仅做不到公正，也难以真正实现效率。

二、刑事诉讼法与刑法的关系

1. 刑法是**实体法**，解决的是犯罪与刑罚的问题；刑事诉讼法是**程序法**，解决的是通过怎样的程序追究刑事责任的问题。

2. 刑事诉讼法具有保障刑法正确适用的工具价值，也有自己独立的价值。

（1）刑事诉讼法的工具价值

①通过明确对刑事案件行使侦查权、起诉权、审判权的专门机关，为查明案件事实、适用刑事实体法**提供了组织上的保障**。

②刑事诉讼法通过明确行使侦查权、起诉权、审判权主体的权力与职责及诉讼参与人的权利与义务，为查明案件事实及适用刑事实体法的活动**提供了基本构架**。同时，由于有明确的活动方式和程序，也**为刑事实体法适用的有序性提供了保障**。

③规定了收集证据的方法与运用证据的规则，既为获取证据、明确案件事实**提供了手段**，又为收集证据、运用证据**提供了程序规范**。

④规定了证明责任和证明标准，为规范和准确进行定罪量刑**提供了标准和保障**。

⑤关于程序系统的设计，可以在相当程度上**避免、减少**案件实体上的**误差**。

⑥针对不同案件或不同情况设计不同的具有针对性的程序，使得案件处理简繁有

别，**保证处理案件的效率**。

（2）刑事诉讼法的独立价值

①刑事诉讼法所规定的诉讼结构、原则、制度、程序，体现着**程序本身的民主、法治、人权精神**，也反映出一国刑事司法制度的进步、文明程度，是衡量社会公正的一个极为重要的指标。

②刑事诉讼法具有**弥补刑事实体法不足**并**“创制”**刑事实体法的功能。

③刑事诉讼法具有**影响**刑事实体法实现的功能。

三、刑事诉讼的具体价值

刑事诉讼价值，是指刑事诉讼立法及其实施对国家、社会及其一般成员具有的效用和意义。刑事诉讼价值包括**秩序**、**公正**、**效益**诸项内容，其中**公正在刑事诉讼价值中居于核心的地位**。

（一）刑事诉讼价值的内容

1. 秩序：秩序价值包括两方面含义：

（1）通过惩治犯罪，维护社会秩序，即恢复被犯罪破坏的社会秩序以及预防社会秩序被犯罪所破坏；

（2）追究犯罪的活动是有序的。

2. 公正：公正价值在刑事诉讼价值中居于核心的地位，包括**实体公正**和**程序公正**两个方面。

3. 效益：效益价值既包括效率，也包括在保证社会生产方面所产生的效益，即刑事诉讼对推动社会经济发展方面的效益。

（二）刑事诉讼的秩序、公正、效益诸项价值的关系

刑事诉讼的秩序、公正、效益诸项价值都很重要，不可偏废。刑事诉讼的秩序、公正、效益价值是通过刑事诉讼法的制定和实施来实现的。一方面，刑事诉讼法保证刑法的正确实施，实现秩序、公正、效益价值，这称为刑事诉讼法的**工具价值**；另一方面，刑事诉讼法的制定和适用本身也在实现着秩序、公正、效益价值，这成为刑事诉讼法的**独立价值**。因此，只有严格执行刑事诉讼法，才能实现刑事诉讼价值。

四、认罪认罚从宽原则

1. **认罪**：［**要求认事实**］指犯罪嫌疑人、被告人**自愿如实供述**自己的罪行，**对指控的犯罪事实没有异议**。

（1）**承认**指控的**主要犯罪事实**，仅对**个别**事实情节提出**异议**，或者虽然对**行为性质**提出**辩解但**表示**接受司法机关认定意见**的，**不影响**“**认罪**”的认定。此处对行为性质提出辩解既包括对罪与非罪提出辩解，比如认为自己行为是正当防卫，也包括对此罪与彼罪提出辩解，比如指控贪污，辩解是挪用，只要表示接受司法机关的认定意见，

不影响“认罪”的认定。比如，被告人张三对人民检察院起诉的故意伤害事实不持异议，只是辩称其行为属于正当防卫，这不影响“认罪”的认定。

（2）犯罪嫌疑人、被告人犯**数罪**，仅**如实供述**其中**一罪**或**部分**罪名事实的，**全案不作“认罪”的认定**，不适用认罪认罚从宽制度，但对**如实供述的部分**，人民检察院**可以**提出**从宽处罚**的建议，人民法院可以从宽处罚。

2. **认罚**：指犯罪嫌疑人、被告人真诚悔罪，**愿意接受处罚**。认罚在不同阶段表现有所不同。

（1）**在侦查阶段**表现为表示愿意接受处罚。

（2）在**审查起诉阶段**表现为A. **接受人民检察院拟作出的起诉或不起诉决定**，B. **认可人民检察院的量刑建议**，C. **签署**认罪认罚**具结书**。

（3）在**审判阶段**表现为当庭确认自愿签署具结书，愿意接受刑罚处罚。

⊙［**提示**］①【**表里不一不认罚**】“认罚”考察的重点是犯罪嫌疑人、被告人的悔罪态度和悔罪表现，应当结合退赃退赔、赔偿损失、赔礼道歉等因素来考量。犯罪嫌疑人、被告人虽然表示“认罚”，却**暗中串供**、**干扰证人作证**、**毁灭**、**伪造证据**或者**隐匿**、**转移财产**，**有赔偿能力而不赔偿损失**，则不能**适用认罪认罚**从宽制度。

②【**程序选择不影响**】犯罪嫌疑人、被告人**享有程序选择权**，**不同意**适用**速裁**程序、**简易**程序的，**不影响“认罚”**的认定。

3. **从宽**：既包括实体法上的从宽，也包括程序法上的从宽。

⊙［**提示**］从宽幅度的把握需要从多个方面进行考量。A. 主动认罪优于被动认罪，早认罪优于晚认罪，彻底认罪优于不彻底认罪，稳定认罪优于不稳定认罪。B. **认罪认罚**的从宽幅度一般**应当大于仅有坦白**，或者虽认罪但不认罚的从宽幅度。C. 对犯罪嫌疑人、被告人具有**自首**、**坦白**情节，**同时认罪认罚**的，**应当在**法定刑**幅度内**给予**相对更大**的从宽**幅度**。D. **认罪认罚与自首、坦白不作重复评价**。

⊙［**提示**］（1）认罪认罚从宽既是一项基本原则，也是一项具体制度，适用于全部案件，**轻罪可认罪认罚从宽，重罪也可认罪认罚从宽**；而且其适用贯穿刑事诉讼全过程，因此，在后续具体程序中，侦查程序、审查起诉、审判阶段也会有相关制度内容。

（2）**“可以”适用，不是一律适用**：对犯罪性质和危害后果特别严重、犯罪手段特别残忍、社会影响特别恶劣的犯罪嫌疑人、被告人，认罪认罚不足以从轻处罚的，依法不予从宽处罚。

（3）认罪认罚从宽作为一项基本原则，贯穿刑事诉讼全过程。犯罪嫌疑人、被告人可以在侦查阶段认罪认罚，而且在后续阶段也稳定地认罪认罚，一直到案件终结。如果犯罪嫌疑人、被告人在侦查阶段没有认罪认罚，到了审查起诉阶段或在更晚的阶段才认罪认罚，也适用认罪认罚从宽原则。如果犯罪嫌疑人在侦查阶段认罪认罚了，但是到了审查起诉阶段或者审判阶段反悔，不认罪认罚了，也准许。不过，因为先前阶段已经因为其认罪认罚给予过其在该阶段的从宽处理，其在后续阶段反悔的，也有相关机制“收回”先前阶段的从宽“优惠”。

⊙【**总结**】司法改革热点评论（谈理解、谈认识）的答题模板（论述题的答题模板）

（一）请运用所学刑事诉讼法学知识，谈谈你对**推进以审判为中心的诉讼制度改革**这一部署的认识（2015 年主观题真题）。

【参考答案】

答：（1）所谓“推进以审判为中心的诉讼制度改革”，就是要求将审判作为整个刑事诉讼程序的中心环节和最后一道防线，凸显审判的中心地位。其有三项要求：一是要求庭审实质化，即改变庭审形式化的倾向，使庭审真正成为查明事实、认定证据和适用法律的核心。二是审判程序对审前程序进行制约，使侦查程序、审查起诉程序围绕审判程序展开和进行。三是要求依法独立公正行使审判权，由裁判者裁决，由裁决者负责，坚持证据裁判原则、疑罪从无原则等。

（2）推进以审判为中心的诉讼制度改革具有重大意义。**第一，有利于实现司法公正**。司法公正包括程序公正与实体公正，程序公正指诉讼过程公正，实体公正要求法官准确认定案件事实，准确适用法律。推进以审判为中心的诉讼制度改革，要求把法庭作为调查事实证据、形成裁判结果的中心，严格执行非法证据排除，体现了程序公正与实体公正。**第二，有利于提高诉讼效率**。以审判为中心要求办案人员从侦查阶段就必须依法、客观收集证据，确保进入庭审的案件事实和证据经得起检验，确保案件质量，进而提高诉讼效率。**第三，有利于保障人权**。以审判为中心，能够充分保障被告人的质证权，通过排除非法证据，遏制刑讯逼供，发挥审判保障诉权、尊重人权的作用。**第四，有利于防止冤假错案**。强调庭审的决定性作用，严格证据标准，落实规则要求，确保案件质量，从而有效避免冤错案件的发生。

（3）总之，推动以审判为中心的诉讼制度改革，坚持以审判为中心，努力使人民群众在每一个司法案件中感受到公平正义。

专题二　刑事证据制度

本专题的思维导图

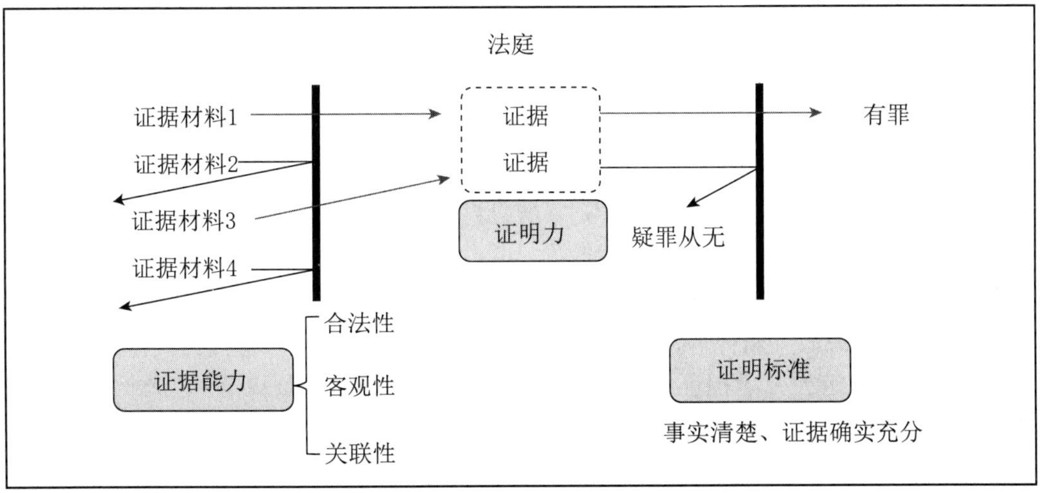

一、 无罪推定原则

（一）无罪推定原则的概念

任何人在未经依法确定为有罪以前，应假定为无罪。

（二）无罪推定原则的要求

（1）认定犯罪的证明责任由代表国家的控方承担。

（2）控方的证明要达到排除合理怀疑的证明标准。

（3）被刑事指控人证实有罪之前应被“推定”无罪。

（4）存疑案件的处理应有利于被指控人，即疑罪从无。

⊙［提示］（1）这种依法确定有罪以前的“无罪”状态只是法律推定的状态，这种状态是可以被推翻的。那么，谁来推翻，怎样才算是推翻了呢？首先，我们知道，这种无罪的推定状态是对被追诉人有利的，被追诉人不可能去推翻，故只能由控方来推翻（即控方承担证明责任）。其次，控方要提出证据来推翻这种“无罪”的推定状态，使“无罪”状态转为“有罪认定”，但不可能无穷无尽地提出证据，其提出证据证明达到法律规定的程度，就意味着这个“无罪”的推定状态被推翻，从而转为有罪认定，这个法律规定的证明要达到的程度，就是证明标准。按照联合国公约的要求，证明标准要求是“排除合理怀疑”的程度。再次，应当承认，控方不可能对所有案件的证明都能达到排除合理怀疑的标准，有的案件能达到，有的案件就是达不到这个证明标准，如果达不到排除合理怀疑的程度，意味着案件就处于真伪不明的疑案状态，这种疑案状态意味着控方没有推翻“无罪”的推定，那么对于疑案的处理，应当作出有利于被告人的处理，即“存疑有利于被告人”的处理。最后，由于在控方推翻这种“无罪”的推定之前，被追诉人在法律上都视为无罪，既然在法律上被视为无罪，那么在这种“无罪”的状态被推翻之前，被追诉人应当享有作为一个被视为“无罪之人”所应当享有的权利保护。

（2）根据我国《刑事诉讼法》“未经人民法院依法判决对任何人都不得确定有罪原则”的内容，只能**表明我国刑事诉讼法有体现无罪推定的精神的规定，但是没有确立无罪推定原则**。

（三）我国《刑事诉讼法》中体现无罪推定原则的规定

（1）定罪权只能由法院统一行使。《刑事诉讼法》第 12 条规定：“未经人民法院依法判决，对任何人都不得确定有罪。”

（2）区分犯罪嫌疑人与刑事被告人。公安案件在提起公诉前将被追诉人称为犯罪嫌疑人，提起公诉后开始称为被告人。

（3）明确规定控方承担证明责任。《刑事诉讼法》第 51 条规定：“公诉案件中被告人有罪的举证责任由人民检察院承担，自诉案件中被告人有罪的举证责任由自诉人承担。”

(4) 疑案作无罪处理。《刑事诉讼法》第200条第1款第3项规定："证据不足，不能认定被告人有罪的，应当作出证据不足、指控的犯罪不能成立的无罪判决。"

⊙ [**提示**] 要理解"疑案作无罪处理"，考生应当首先理解何谓"疑案"。所谓"疑案"，是指对案件的证明在最后达不到证明标准，使案件处于真伪不明的状态。由于我国证明标准表述为"事实清楚，证据确实充分"，故我国刑事诉讼中的疑案是指对案件的证明在最后达不到"事实清楚，证据确实充分"的程度，案件处于真伪不明的疑案状态。而达不到"事实清楚，证据确实充分"的另一种表述就是"事实不清，证据不足"。因此，"案件事实不清，证据不足"本身就是"疑案"的表述。

【注意】没有体现疑罪从无的情形

(1) 二审阶段：二审法院经过审理后，发现原判决**事实不清或者证据不足**的，可以在查清事实后改判；也可以裁定撤销原判，发回原审人民法院重新审判。(《刑事诉讼法》第236条第1款第3项)

(2) **死刑缓期执行案件的复核程序**：高级人民法院复核后，发现原判**事实不清、证据不足**的，**可以**裁定不予核准，并撤销原判，**发回重新审判**，或者依法**改判**(与二审审理后证据不足的处理结果一样)。(《刑诉解释》第428条第1款第4项)

(3) **死刑立即执行案件的复核程序**：最高人民法院复核后，发现**原判事实不清、证据不足**的，**应当**裁定不予核准，并撤销原判，**发回重新审判**。(《刑诉解释》第429条第1款第3项)

二、 出题点一：根据本案证据能否认定被告人有罪

(一) 证据能力与证明力

1. 证据能力，又称"证据的适格性""证据资格"，是指某一材料能够被允许作为证据在诉讼中使用的能力或者资格。判断某一材料是否具有证据能力（即能不能作为证据来使用时）应当考虑以下三个方面：(1) **合法性**；(2) **客观性**；(3) **关联性**。

2. 证明力，是指**已经具有证据能力**的证据对于案件事实有无证明作用及证明作用如何等，也就是证据对证明案件事实的价值。

(二) 证据能力的判断

1. 合法性的判断：不合法取得的证据的排除范围（《刑事诉讼法》第56条、《刑诉解释》第82~139条）

1) 物证、书证

(1) 直接排除的情形（《刑诉解释》第83、84、86条）

①原物的照片、录像或者复制品，**不能反映原物**的外形和特征的；

②书证有更改或者更改迹象不能作出合理解释，或者书证的副本、复制件**不能反映原件**及其内容的，不得作为定案的根据；

③在勘验、检查、搜查过程中提取、扣押的物证、书证，**未附笔录或者清单**，不

能证明物证、书证**来源**的。

（2）可补正或解释的情形（《刑诉解释》第86条第2款）

物证、书证的收集程序、方式有下列瑕疵，经补正或者作出合理解释的，可以采用：

①勘验、检查、搜查、提取笔录或者扣押清单上**没有调查人员或者侦查人员、物品持有人、见证人签名**，或者对物品的名称、特征、数量、质量等注明不详的；

②物证的照片、录像、复制品，书证的副本、复制件未注明与原件核对无异，**无复制时间，或者无被收集、调取人签名的**；

③物证的照片、录像、复制品，书证的副本、复制件**没有制作人关于制作过程和原物、原件存放地点的说明，或者说明中无签名的**；

④有其他瑕疵的。

⊙［**提示**］物证、书证的来源、收集程序有疑问，不能作出合理解释的，不得作为定案的根据。

2）证人证言

（1）直接排除的情形

①**【客观性考虑】**证人证言具有下列情形之一的，不得作为证据使用（**《刑诉解释》第88条**）：

<1>处于明显**醉酒**、中毒或者**麻醉**等状态，不能正常感知或者正确表达的证人所提供的证言，不得作为证据使用；

<2>证人的**猜测**性、评论性、推断性的证言，不得作为证据使用，但根据一般生活经验判断符合事实的除外。

②**【合法性考虑】**证人证言具有下列情形之一的，不得作为定案的根据（**《刑诉解释》第89条**）：

<1>询问证人没有**个别**进行的；

<2>书面证言**没有**经证人**核对**确认的；

<3>询问聋、哑人，应当提供通晓**聋、哑**手势的人员而未提供的；

<4>询问不通晓当地通用语言、文字的证人，应当提供**翻译**人员而未提供的。

③**【真实性考虑】**经人民法院通知，证人没有正当理由拒绝出庭或者出庭后拒绝作证，法庭对其证言的**真实性无法确认**的，该证人证言**不得作为定案的根据**。（**《刑诉解释》第91条第3款**）

④采用**暴力、威胁**以及**非法限制人身自由**等非法方法收集的证人证言、被害人陈述，应当予以排除。（**《刑诉解释》第125条**）

【直接排除的记忆技巧】麻醉猜测未个别；核对翻译由暴胁；真实性无法识别

（2）可补正或解释的情形（《刑诉解释》第90条）

证人证言的收集程序、方式有下列瑕疵，经补正或者作出合理解释的，可以采用；不能补正或者作出合理解释的，不得作为定案的根据：

①询问笔录没有填写询问人、记录人、法定代理人姓名以及询问的起止时间、地点的；

②询问**地点不符合规定**的；

③询问笔录没有记录告知证人有关权利义务和法律责任的；

④询问笔录反映出在同一时段，同一询问人员询问不同证人的；

⑤**询问未成年人**，其法定代理人或者合适成年人**不在场**的。

（3）印证规则

①证人当庭作出的证言，经控辩双方质证、法庭查证属实的，应当作为定案的根据。

证人**当庭**作出的证言**与其庭前证言矛盾**，证人能够作出合理解释，**并有其他证据印证的，应当采信其庭审证言**；不能作出合理解释，而其庭前证言**有其他证据印证的，可以采信其庭前证言**。

②经人民法院通知，证人没有正当理由拒绝出庭或者出庭后拒绝作证，法庭对其证言的**真实性无法确认**的，该证人证言**不得作为定案的根据**。

3）被害人陈述

对被害人陈述的审查与认定，参照**适用证人证言的有关规定**。

4）犯罪嫌疑人、被告人的供述

（1）直接排除的情形（《刑诉解释》第94条）

被告人供述具有下列情形之一的，不得作为定案的根据：

①讯问笔录**没有**经被告人**核对**确认的。

②讯问聋、哑人，应当提供通晓**聋**、**哑手势**的人员而**未提供**的；讯问不通晓当地通用语言、文字的被告人，应当提供**翻译人员**而未提供。

③讯问**未成年人**，其**法定代理人**或者**合适成年人不在场的**。【区别证人】

④采用刑讯逼供等非法方法取得的供述，应当排除。

⑤采用**刑讯逼供**或者**冻**、**饿**、**晒**、**烤**、**疲劳审讯**等非法方法收集的被告人供述，应当排除。（《关于建立健全防范刑事冤假错案工作机制的意见》第8条第1款）

⑥采用暴力或者侵犯合法权益等进行威胁使痛苦作出的供述。

⑦**地点违规取得的供述**。除情况**紧急**必须现场讯问以外，在**规定的办案场所外**讯问取得的供述，应当排除。（《关于建立健全防范刑事冤假错案工作机制的意见》第8条第2款）

⑧**依法应当全程录音录像**收集的供述。未依法对讯问进行**全程录音录像**取得的供述，以及不能排除以非法方法取得的供述，应当排除。（《关于建立健全防范刑事冤假错案工作机制的意见》第8条第2款）

⊙［**提示**］以下案件应当全程录音录像：**无期**徒刑、**死刑**案件、其他重大犯罪案件以及**职务**犯罪案件。

【注意】依法应当对讯问过程录音录像的案件，相关录音录像**未随案移送**的，必要时，法院可以**通知**检察院在指定时间内移送。人民检察院未移送，导致**不能排除**属于规定的以非法方法收集证据情形的，对有关证据**应当**依法**排除**；导致有关证据的**真实性无法确认**的，不得作为定案的根据。

⑨**限制人身自由的方法收集的供述**。采用**非法拘禁**等非法限制人身自由的方法收集的犯罪嫌疑人、被告人供述，应当予以排除。

⑩重复性供述的排除

<1>**原则**：采用刑讯逼供方法使犯罪嫌疑人、被告人作出供述，之后犯罪嫌疑人、被告人**受该刑讯逼供行为影响**而作出的与该供述**相同的重复性**供述，应当一并排除。例：犯罪嫌疑人四金第一次接受讯问的时候遭到了刑讯逼供作出了有罪供述，第二次在接受讯问的时候由于害怕再次遭到毒打于是再次进行了有罪供述。第一次的有罪供述由于是通过刑讯逼供获得的所以应当排除，**第二次**的有罪供述属于"受该刑讯逼供行为**影响**而作出的与该供述相同的重复性供述"，也应当排除。

<2>**例外**：A 调查、侦查期间，监察机关、侦查机关根据控告、举报或者自己发现等，确认或者不能排除以非法方法收集证据而**更换调查、侦查人员**，其他调查、侦查人员再次讯问时**告知**诉讼权利和认罪的法律后果，被告人**自愿**供述的；

B. 审查逮捕、审查起诉和审判期间，检察人员、审判人员讯问时告知诉讼权利和认罪的法律后果，犯罪嫌疑人、被告人自愿供述的。

⊙［**提示**］以引**诱**方法取得的犯罪嫌疑人、被告人供述虽然是非法证据，但根据法律规定是**不排除**的。

（2）可补正或解释的情形（《刑诉解释》第95条）

讯问笔录有下列瑕疵，经补正或者作出合理解释的，可以采用；不能补正或者作出合理解释的，不得作为定案的根据：

①讯问笔录填写的讯问时间、讯问地点、讯问人、记录人、法定代理人等有误或者存在**矛盾**的；

②讯问人**没有签名**的；

③首次讯问笔录没有记录告知被讯问人有关权利和法律规定的。

（3）印证规则

被告人庭审中翻供，但不能合理说明翻供原因或者其辩解与全案证据矛盾，而其**庭前供述与其他证据相互印证**的，可以**采信其庭前供述**。

被告人庭前供述和辩解存在反复，但庭审中供认，且与**其他证据相互印证**的，可以**采信其庭审供述**；被告人庭前供述和辩解存在反复，庭审中不供认，且无其他证据与庭前供述印证的，不得采信其庭前供述。

5）鉴定意见、有专门知识的人出具的报告

（1）直接排除的情形【资质、来源、程序、关联】（《刑诉解释》第98条）

①鉴定机构**不具备法定资质**，或者鉴定事项**超出**该鉴定机构业务范围、技术条件的；

②鉴定人**不具备法定资质**，**不具有**相关专业技术或者职称，或者**违反**回避规定的；

③送检材料、样本来源**不明**，或者因污染**不具备**鉴定条件的；

④鉴定对象与送检材料、样本**不一致**的；

⑤鉴定**程序违反规定**的；

⑥鉴定过程和方法**不符合**相关专业的规范要求的；

⑦鉴定文书**缺少**签名、盖章的；

⑧鉴定意见与案件事实没有关联的；

⑨违反有关规定的其他情形。

［**注意1**］经法院通知，鉴定人或者出具报告的**有专门知识的人**拒不出庭作证的，鉴定意见或者有关报告**不得**作为定案的根据。

［**注意2**］对有专门知识的人出具的报告的审查与认定，参照适用关于鉴定意见审查与认定的有关规定。

6）辨认笔录

（1）直接排除的情形（《刑诉解释》第105条）

辨认笔录具有下列情形之一的，不得作为定案的根据：

①辨认不是在调查人员、侦查人员**主持**下进行的；

②辨认**前**使辨认人**见到**辨认对象的；

③辨认活动没有**个别**进行的；

④辨认对象没有**混杂**在具有类似特征的其他对象中，或者供辨认对象**数量**不符合规定的；

⑤辨认中给辨认人明显**暗示**或者明显有**指认嫌疑**的；

⑥违反有关规定、不能确定辨认笔录**真实性**的其他情形。

（2）可补正或解释的情形

有下列情形之一的，通过有关办案人员的补正或者作出合理解释的，辨认结果可以作为证据使用【**瑕疵**可补正】（《关于办理死刑案件审查判断证据若干问题的规定》第30条第2款）：

①主持辨认的侦查人员少于2人的；

②没有向辨认人详细询问辨认对象的具体特征的；

③对辨认经过和结果没有制作专门的规范的辨认笔录，或者辨认笔录没有侦查人员、辨认人、见证人的签名或者盖章的；

④辨认记录过于简单，只有结果没有过程的；

⑤案卷中只有辨认笔录，没有被辨认对象的照片、录像等资料，无法获悉辨认的真实情况的。

7）侦查实验笔录

直接排除的情形：侦查实验的条件与事件发生时的**条件有明显差异**，或者存在影响实验结论科学性的其他情形的，侦查实验笔录不得作为定案的根据。

8）勘验、检查笔录

（1）**直接排除的情形**：勘验、检查笔录存在明显不符合法律、有关规定的情形，**不能作出合理解释**的，不得作为定案的根据。

（2）**可解释的情形**：有合理解释的，则不排。

9）视听资料、电子数据

（1）直接排除的情形（《刑诉解释》第109条、第114条）

①电子数据系**篡改**、**伪造**或者**无法确定真伪**的；

②视听资料制作、取得的时间、地点、方式等有疑问，**不能作出合理解释**；

③电子数据有**增加**、**删除**、**修改**等情形，影响电子数据**真实性**的；

④其他无法保证电子数据真实性的情形。

（2）可补正或解释的情形（《刑诉解释》第113条）

电子数据的收集、提取程序有下列瑕疵，经补正或者作出合理解释的，可以采用；不能补正或者作出合理解释的，不得作为定案的根据：

①未以封存状态移送的；

②笔录或者清单上没有调查人员或者侦查人员、电子数据持有人、提供人、见证人签名或者盖章的；

③对电子数据的名称、类别、格式等注明不清的；

④有其他瑕疵的。

2. 客观性的判断：

客观性，是指证据是客观存在的，不以人的主观意志为转移。任何一种犯罪行为都是在一定的时间和空间发生的，只要有行为的发生，就必然留下各种痕迹和印象并形成证据，这是不以人的意志为转移的客观存在。

【注意】意见一般不能作为证据使用，但有四类意见是例外：

（1）鉴定意见。

（2）根据一般生活**经验**判断**符合事实**的除外。

（3）具有专门知识的人出具的报告。

（4）有关部门就事故进行调查形成的报告。

3. 关联性的判断：

关联性，是指**证据必须与案件事实有客观联系**，对证明刑事案件事实具有某种实际意义。证据关联性主要从以下几个方面理解：

（1）**关联性是证据的一种客观属性**。证据的关联性不是办案人员的主观想象或者强加的联系，而是根源于证据事实同案件事实之间的客观联系。

（2）证据与案件事实相**关联的形式是多种多样、十分复杂的**。

【注意】证据与案件事实相关联**最常见的形式是因果联系**，即证据事实是犯罪的原因或结果的事实；其次是与犯罪相关的空间、时间、条件、方法、手段的事实。它们或者反映犯罪的动机，或者反映犯罪的手段，或者反映犯罪过程和实施犯罪的环境、条件，或者反映犯罪后果。还有反映犯罪事实不存在或犯罪并非犯罪嫌疑人、被告人所为等。由此可见，**证据与案件事实相关联的形式不仅仅是因果联系。**

（3）证据的**关联性是证据证明力的原因。**

【提示1】类似事件、品格材料等与本案案件事实都不具有关联性，因此不能作为本案的证据使用。

【提示2】主要从以下2点进行判断：

（1）看所用证据是证明什么事实的。

（2）所证明的事实是不是犯罪构成的事实。

（三）证明力的判断（判断已经具有证据能力的证据能否达到证明标准）

1）直接证据与间接证据

根据**证据与案件主要事实的证明关系**的不同，可以将证据分为直接证据与间接证据。

1. 直接证据：直接证据是能够单独、直接证明案件主要事实的证据。就是说，某一项证据的内容，无需经过推理过程，即可以直观地说明犯罪行为是不是犯罪嫌疑人、被告人所实施的。

【名师点拨】根据上述关于案件主要事实的理解，通俗来讲，所谓直接证据，是指仅凭这一项证据，就能肯定性地指出**具体是谁实施**的犯罪行为（属于肯定性的直接证据），或者指出**谁没有实施**犯罪行为（否定性的直接证据），或者指出根本**不存在犯罪事实**（否定性的直接证据）。

2. 间接证据：间接证据是不能单独、直接证明刑事案件主要事实，需要与其他证据相结合才能证明的证据。

【注意】关于直接证据与间接证据的划分，需要注意以下几点：

①直接证据与间接证据的划分，与原始证据、传来证据的划分没有关系。它们的划分标准是不同的，不能理所当然地将直接证据等同于原始证据。直接证据有可能是原始证据，也有可能是传来证据。同样的，间接证据有可能是原始证据，也有可能是传来证据。

②直接证据与间接证据的划分，与证据真伪没有关系。换言之，在判断某一项证据属于直接证据还是间接证据时，不需要先判断证据的真伪。

③在只有一个直接证据的情况下，由于无法印证，不能对被告人定罪，即**孤证不能定案。**

上述三个问题中，**只要有一个问题的答案是“能”的**，那么**该证据就是直接证据**。如果三个问题的答案**全部都是“不能”的**，则这个**证据是间接证据。**

2）定罪证明标准（提出证据对被告人有罪证明要达到的程度、要求）

1.《刑事诉讼法》**第55条**：对一切案件的判处都要重证据，重调查研究，不轻信口供。只有被告人供述，没有其他证据的，不能认定被告人有罪和处以刑罚；没有被告人供述，证据确实、充分的，可以认定被告人有罪和处以刑罚。

证据确实、充分，应当符合以下条件：

（1）定罪量刑的事实都有证据证明；

（2）据以定案的证据均经法定程序查证属实；

（3）综合全案证据，对所认定事实**已排除合理怀疑**。

2.《刑事诉讼法》**第200条**：在被告人最后陈述后，审判长宣布休庭，合议庭进行评议，根据已经查明的事实、证据和有关的法律规定，分别作出以下判决：

（1）案件事实清楚，证据确实、充分，依据法律认定被告人有罪的，应当作出有罪判决；

（2）依据法律认定被告人无罪的，应当作出无罪判决；

（3）证据不足，不能认定被告人有罪的，应当作出证据不足、指控的犯罪不能成立的无罪判决。

3.《刑诉解释》**第140条**：没有直接证据，但间接证据同时符合下列条件的，可以认定被告人有罪：

（1）证据已经查证属实；

（2）证据之间相互印证，不存在无法排除的矛盾和无法解释的疑问；

（3）全案证据形成完整的证据链；

（4）根据证据认定案件事实足以排除合理怀疑，结论具有唯一性；

（5）运用证据进行的推理符合逻辑和经验。

4.《刑诉解释》**第141条**：根据被告人的供述、指认提取到了隐蔽性很强的物证、书证，且被告人的供述与其他证明犯罪事实发生的证据相互印证，并排除串供、逼供、诱供等可能性的，可以认定被告人有罪。

3）疑罪从无（达不到证明标准的案件的处理方式）

1. 疑罪的概念：指既有**相当的证据**说明犯罪嫌疑人、被告人有犯罪嫌疑，但全案证据又**未达到确实、充分的要求**，不能排除合理怀疑地作出被告人有罪的结论，使案件处于真伪不明的疑案状态，即为疑罪**【有证据，但证据达不到证明标准的程度就是疑罪】**。

2. 疑罪的处理原则：根据证明责任的分配以及现代无罪推定原则的要求，疑案要作**疑罪从无**处理。

3. 我国疑罪的表述：因为我国的定罪的证明标准为事实清楚、证据确实、充分，加之疑罪是指达不到证明标准的程度，所以我国疑罪的表述为：**事实不清，证据不足**。

4. 我国疑罪从无处理的体现

（1）审查起诉：对于**2次**补充侦查的案件，人民检察院仍然认为**证据不足**，不符合起诉条件的，应当作出**不起诉**的决定。（《刑事诉讼法》第175条第4款）

（2）一审阶段：一审审理后，证据不足，不能认定被告人有罪的，应当作出**证据不足、指控的犯罪不能成立的无罪判决**。（《刑事诉讼法》第200条第1款第3项）

◉【经典真题】【2015-4-7】

案情：某日凌晨，A 市某小区地下停车场发现一具男尸，经辨认，死者为刘瑞，达永房地产公司法定代表人。停车场录像显示一男子持刀杀死了被害人，但画面极为模糊，小区某保安向侦查人员证实其巡逻时看见形似刘四的人拿刀捅了被害人后逃走（开庭时该保安已辞职无法联系）。

侦查人员在现场提取了一只白手套，一把三棱刮刀（由于疏忽，提取时未附笔录）。侦查人员对现场提取的血迹进行了 ABO 血型鉴定，认定其中的血迹与犯罪嫌疑人刘四的血型一致。

刘四到案后几次讯问均不认罪，后来交代了杀人的事实并承认系被他人雇佣所为，公安机关据此抓获了另外两名犯罪嫌疑人康雍房地产公司开发商张文、张武兄弟。

侦查终结后，检察机关提起公诉，认定此案系因开发某地块利益之争，张文、张武雇佣社会人员刘四杀害了被害人。

法庭上张氏兄弟、刘四同时翻供，称侦查中受到严重刑讯，不得不按办案人员意思供认，但均未向法庭提供非法取证的证据或线索，未申请排除非法证据。

公诉人指控定罪的证据有：①小区录像；②小区保安的证言；③现场提取的手套、刮刀；④ABO 血型鉴定；⑤侦查预审中三被告人的有罪供述及其相互证明。三被告对以上证据均提出异议，主张自己无罪。

请根据《刑事诉讼法》及相关司法解释的规定，对以上证据分别进行简要分析，并作出是否有罪的结论。

答题要求：

1. 无本人分析、照抄材料原文不得分；

2. 结论、观点正确，逻辑清晰，说理充分，文字通畅。

【参考答案】

在本案中，侦查机关**收集到的证据材料有**：①小区录像；②小区保安的证言；③现场提取的手套、刮刀；④ABO 血型鉴定；⑤侦查预审中三位被告人的有罪供述及其相互证明。三位被告人对以上证据均提出异议，主张自己无罪；⑥男尸。上述证据中，小区保安的证言因为**无法核对确认**，应当予以排除，不得作为定案的依据；手套、刮刀证据属于物证，因为**未附笔录**，因此予以排除，不得作为定案的依据。侦查预审中三位被告人的有罪供述虽然被告人提出刑讯逼供，但**没有提供相关线索或材料**，也**没有申请**非法证据**排除**，因此**不予以排除**，能够作为定案的依据。其余证据是合法取得，可以作为定案的依据。综上，本案收集到的证据材料中，**能够作为定案依据的证据有**：小区录像；ABO 血型鉴定；被告人的庭前供述与庭上翻供；男尸。

根据《刑事诉讼法》第 200 条和第 55 条规定，要认定被告人有罪，要求对被告人有罪的证明达到**事实清楚，证据确实充分，排除合理怀疑**的程度。根据《刑诉解释》第 140 条的规定，排除合理怀疑要求对被告人实施犯罪的证明达到**结论唯一**的程度。本案中，上述能够作为证据使用的证据中，由于小区录像、ABO 血型鉴定、男尸均是间接证据，被告人的供述虽然是直接证据，但庭上翻供属于否定性直接证据，二者矛盾。因此，上述证据表明有可能是被告人实施犯罪，也有可能是别人实施犯罪，排除不了别人实施犯罪的可能性，亦即对被告人实施犯罪**得不出唯一结论**，意味着**达不到事实清楚，证据确实充分的程度**，因此，根据《刑事诉讼法》第200条第1款第3项规定，**应当作出事实不清，证据不足的无罪判决**。

综上，根据本案证据，不能认定被告人有罪。

三、出题点二：非法证据排除程序

1. 非法证据排除规则的概念、意义以及在我国的立法沿革

（1）概念：非法证据排除规则，是指违反法定程序，以非法方法获取的证据，原则上不具有证据能力，不能为法庭采纳。

（2）意义

①体现了程序价值，即保障程序人权的价值，尤其是保障犯罪嫌疑人、被告人的程序人权。非法证据排除规则通过对刑讯逼供等非法取得的证据排除，可以有效地遏制侦查违法取证现象的发生，使犯罪嫌疑人、被告人的合法权益免受侵害，从而加强诉讼人权保障，彰显正当程序的正义价值。

②体现了实体价值，即有利于查明案件事实真相。非法证据排除规则把非法取得的证据排除在诉讼之外，在很大程度上避免了根据虚假的证据对案件事实作出错误的认定，有利于最大限度地防止、减少冤案错案的发生。

（3）立法沿革

非法证据排除规则在我国经历了从无到有，从有到深化发展的过程。

①“两院三部”于2010年6月13日联合颁布了《关于办理死刑案件审查判断证据若干问题的规定》和《关于办理刑事案件排除非法证据若干问题的规定》，其中，后者对我国的非法证据排除规则首次作了比较明确具体的规定。一方面，明确了非法证据排除范围；另一方面，明确了非法取得被告人审判前的供述的排除程序。**这标志着我国非法证据排除规则以司法解释的形式正式确立。**

②2012年《刑事诉讼法》第二次修改将非法证据排除规则写入法典，**正式以法律形式确立了非法证据排除规则。**《刑事诉讼法》不仅规定严禁司法工作人员刑讯逼供和以威胁、引诱、欺骗及其他非法方法收集证据（现第52条），而且对排除的范围（现第56条）、法定调查，包括启动、证明、处理（现第58、59、60条）以及法律监督（现第57条）作出相关规定。

③随后的司法解释中丰富了我国非法证据排除规则。一方面，2012年底修订的《刑诉解释》《最高检规则》以及《公安部规定》均对非法证据排除规则作了专门规定。另一方面，2013年10月最高人民法院印发《关于建立健全防范刑事冤假错案工作机制的意见》对排除非法证据的情形又进行了更加细化的规定。

④2014年10月，《中共中央关于全面推进依法治国若干重大问题的决定》提出，

要“健全落实罪刑法定、疑罪从无、非法证据排除等法律原则的法律制度。完善对限制人身自由司法措施和侦查手段的司法监督，加强对刑讯逼供和非法取证的源头预防，健全冤假错案有效防范、及时纠正机制”。

⑤2017 年 6 月，“两院三部”联合发布《关于办理刑事案件严格排除非法证据若干问题的规定》。该规定共 42 条，内容包括一般规定、侦查、审查逮捕、审查起诉、辩护、审判等方面，更严格、更全面、更详细地对非法证据排除问题作了规定。

⑥2018 年 3 月，《监察法》通过，其中也规定了非法证据排除的内容。

2. 不同阶段的排除程序

（1）侦查阶段的排除程序

①依申请：犯罪嫌疑人及其辩护人在侦查期间可以向**人民检察院**申请排除非法证据。对犯罪嫌疑人及其辩护人提供相关线索或者材料的，人民检察院应当调查核实。调查结论应当书面告知犯罪嫌疑人及其辩护人。对确有以非法方法收集证据情形的，人民检察院应当向侦查机关提出纠正意见。

侦查机关对审查认定的非法证据，应当予以排除，不得作为提请批准逮捕、移送审查起诉的根据。

②依职权：对重大案件，人民检察院**驻看守所检察人员应**当在侦查终结前询问犯罪嫌疑人，核查是否存在刑讯逼供、非法取证情形，并同步录音录像。经核查，确有刑讯逼供、非法取证情形的，侦查机关应当及时排除非法证据，不得作为提请批准逮捕、移送审查起诉的根据。

（2）检察院阶段的排除程序

①启动

<1>依申请：审查逮捕、审查起诉期间，犯罪嫌疑人及其辩护人申请排除非法证据，并**提供相关线索或者材料的**，人民检察院应当调查核实。调查结论应当书面告知犯罪嫌疑人及其辩护人。

<2>依职权：**人民检察院**在审查起诉期间发现侦查人员以刑讯逼供等非法方法收集证据的，应当依法排除相关证据并提出纠正意见，必要时人民检察院可以自行调查取证。

②调查核实：讯问犯罪嫌疑人；询问办案人员；询问在场人员及证人；听取辩护律师意见；调取讯问笔录、讯问录音、录像；调取、查询犯罪嫌疑人出入看守所的身体检查记录及相关材料；进行伤情、病情检查或者鉴定；其他调查核实方式。

③最后处理：存在非法取证情形的，不得作为报请逮捕、批准或者决定逮捕、移送审查起诉以及提起公诉的依据。被排除的非法证据应当随案移送，并写明为依法排除的非法证据。对于确有以非法方法收集证据情形，**尚未构成犯罪的**，应当依法向被调查人所在机关**提出纠正意见**。对于需要补正或者作出合理解释的，应当提出明确要求。经审查，认为非法取证行为构成犯罪**需要追究刑事责任**的，应当依法移送立案侦查。

（3）审判阶段的排除程序

①启动

<1>依申请

A. 有权申请的主体：**当事人及其辩护人、诉讼代理人**有权申请人民法院对以非法方法收集的证据依法予以排除。

B. 申请的初步责任：申请排除以非法方法收集的证据的，应当**提供相关线索或者材料。（指涉嫌非法取证的人员、时间、地点、方式、内容等）**

C. 申请时间：应当**在开庭审理前**提出，但**在庭审期间才发现相关线索或者材料的除外。**

<2>依职权：**法庭**审理过程中，审判人员认为可能存在《刑事诉讼法》第 56 条规定的以非法方法收集证据情形的，应当对证据收集的合法性进行法庭调查。

②对证据合法性的调查

<1>调查时间：庭审期间，法庭决定对证据收集的合法性进行调查的，应当**先行当庭调查**。但为防止庭审过分迟延，也可以**在法庭调查结束前**进行调查。

<2>调查的证明

A. 举证责任：检察院应当对证据收集的合法性加以证明。

【注意】辩方不承担举证责任。

B. 证明方法：公诉人对证据收集的合法性加以证明，可以出示讯问笔录、提讯登记、体检记录、采取强制措施或者侦查措施的法律文书、侦查终结前对讯问合法性的核查材料等证据材料，有针对性地播放讯问录音录像，提请法庭通知侦查人员或者其他人员出庭说明情况。

控辩双方申请法庭通知调查人员、侦查人员或者其他人员出庭说明情况，法庭认为有必要的，应当通知有关人员出庭。根据案件情况，法庭可以依职权通知调查人员、侦查人员或者其他人员出庭说明情况。调查人员、侦查人员或者其他人员出庭的，应当向法庭说明证据收集过程，并就相关情况接受控辩双方和法庭的询问。（《刑诉解释》第 136 条）

③最后处理：经法庭审理，**确认**存在本规定所规定的以非法方法收集证据情形的，对有关证据应当予以排除。法庭根据相关线索或者材料对证据收集的合法性有疑问，而人民检察院未提供证据或者提供的证据不能证明证据收集的合法性，**不能排除**存在本规定所规定的以非法方法收集证据情形的，对有关证据应当予以排除。对依法予以排除的证据，不得宣读、质证，不得作为判决的根据。（《关于办理刑事案件严格排除非法证据若干问题的规定》第 34 条）

（4）二审法院的排除程序

①审查情形：具有下列情形之一的，第二审人民法院应当对证据收集的合法性进行审查，并根据刑事诉讼法和本解释的有关规定作出处理：

<1>第一审人民法院对当事人及其辩护人、诉讼代理人排除非法证据的**申请没有审**

查，且以该证据作为定案根据的；

<2>人民检察院或者被告人、自诉人及其法定代理人**不服第一审法院作出的有关证据收集合法性的调查结论**，提出抗诉、上诉的；

<3>当事人及其辩护人、诉讼代理人**在一审结束后才发现**相关线索或者材料，申请法院排除非法证据的。（《刑诉解释》第138条）

②调查程序：第二审人民法院对证据收集合法性的调查，参照上述第一审程序的规定。

③最后处理：第一审人民法院对被告人及其辩护人排除非法证据的申请未予审查，并以有关证据作为定案根据，可能影响公正审判的，第二审人民法院**可以**裁定撤销原判，发回原审人民法院重新审判。第一审人民法院对依法应当排除的非法证据未予排除的，第二审人民法院**可以依法排除非法证据**。排除非法证据后，原判决认定事实和适用法律正确、量刑适当的，应当裁定驳回上诉或者抗诉，维持原判；原判决认定事实没有错误，但适用法律有错误，或者量刑不当的，应当改判；原判决事实不清楚或者证据不足的，可以裁定撤销原判，发回原审人民法院重新审判。（《关于办理刑事案件严格排除非法证据若干问题的规定》第40条）

⊙【总结模板】“法院应当如何处理辩护方关于非法证据排除的申请”“对于非法证据排除的申请，法院应当如何调查”“对于非法证据排除的申请，法院应当如何处理”等问题，可按照以下模板回答。

（1）申请条件：根据《严格排除非法证据规定》第23、24、25条可知，被告人及其辩护人申请排除非法证据的，**应当提供**相应的**线索**和材料，若未提供相关线索或者材料，不符合法律规定的申请条件的，法院不予受理。法院应当要求辩方提供相关线索或材料。辩方提供相关线索或材料，法院**应当决定启动非法证据排除程序**。

（2）法院启动后，对证据收集合法性有疑问的，可以**召开庭前会议**就非法证据排除等问题**了解情况、听取意见**，但不能实质性处理。

（3）调查时间：根据《严格排除非法证据规定》第30条可知，庭审期间，法庭决定对证据收集合法性进行调查的，应当**先行当庭调查**。但是为了防止庭审的过分迟延，也可以在**法庭调查结束前**进行调查。在开庭以后，法院可在辩方申请后，也可以在**法庭调查结束前**，对**非法证据**进行**调查**。

（4）证明责任：根据《刑事诉讼法》第59条可知，**检察院**应当对证据收集的合法性加以证明。调查时，要求控方对证据收集的**合法性**进行证明。**控方**可以出示相关证据进行**证明**。现有证据材料不能证明证据收集的合法性的，检察院可以提请法院通知**有关侦查人员**或者其他人员**出庭说明情况**。

（5）处理结果：根据《严格排除非法证据规定》第33条、第34条可知，法庭对证据合法性进行调查后应当**当庭作出**是否排除的**决定**，**必要**时可以休庭由**合议庭**评议或者**提交审委会**讨论。最后，法院**不能排除**非法收集证据可能性或**确认存在**非法收集证据情形的，应当将证据排除，不得作为判决的根据。

四、出题点三：证据的种类与证据的分类

（一）证据的种类（法定形式）

证据的种类，是指根据证据事实内容的各种外部形式对证据所作的分类。证据种类实际上是证据在法律上的分类，是证据的法定形式。根据《刑事诉讼法》第50条的规定，证据有下列8种：（1）物证；（2）书证；（3）证人证言；（4）被害人陈述；（5）犯罪嫌疑人、被告人供述和辩解；（6）鉴定意见；（7）勘验、检查、辨认、侦查实验等笔录；（8）视听资料、电子数据。证据必须经过查证属实，才能作为定案的根据。

1. 物证

（1）概念

物证是以其外部特征、存在位置、物理属性来证明案件真实情况的一切**物品和痕迹**。

（2）特点

①物证是以其外部特征、物品属性、存在状况等来发挥证明作用的，因此，与其他证据相比，物证具有较强的客观性、稳定性。

②物证所包含的信息内容通常只能反映案件中的某些片段或个别情节，而不能一步到位地直接证明案件中的主要事实，通常只能作为间接证据。

2. 书证

（1）概念

书证是指以记载的内容和反映的思想来证明案件真实情况的书面材料或其他物质材料。

（2）特点

①书证必须**以一定的物质材料为载体**，属于**实物证据**范围，**客观性较强**。

②该项材料**所记载的内容或者所表达的思想，必须与待证明的案件事实有关联**，能够被用来证明案件事实。

3. 证人证言

（1）概念

证人证言，是指证人就其所了解的案件情况向公安司法机关所作的陈述。

（2）特点

①证人是犯罪嫌疑人、被告人、被害人以外的人，一般而言，**与犯罪嫌疑人、被告人、被害人相比，其陈述受利害关系影响较小**。

②**陈述的是亲身感知的事实**。《刑诉解释》第88条第2款规定：证人的猜测性、评论性、推断性的证言，不得作为证据使用，但根据一般生活经验判断符合事实的除外。

③**容易受到其他因素的影响**。证人证言是证人对感知情况的反映，往往会受到证

人的主观因素和客观条件的影响。

④**证人证言不可替代**。证人既不能由公安司法机关自由选择和指定，也不能由别人代替和更换。凡没有亲身经历或闻知案件情况的人，都不具有证人资格；即使共同经历了同一案件的人，也不得互相代替作证。

4. 被害人陈述：是指刑事被害人就其受害情况和其他与案件有关的情况向公安司法机关所作的陈述。

5. 犯罪嫌疑人、被告人供述与辩解

（1）概念

犯罪嫌疑人、被告人的供述和辩解，是指犯罪嫌疑人、被告人就有关案件的情况向侦查、检察和审判人员所作的陈述，通常称为**口供**。它的内容主要包括犯罪嫌疑人、被告人承认自己有罪的供述和说明自己无罪、罪轻的辩解。

⊙**【考点提示】**口供包括“供述”与“辩解”。在口供的证明力上，应当重证据，重调查研究，不轻信口供，只有口供不能定罪。

（2）特点

①可以**全面、具体反映案件事实**。

②由于犯罪嫌疑人、被告人与案件的处理结果有直接的切身利害关系，口供的内容必然受诉讼地位和复杂心理活动的影响，所以这种供述或辩解**虚假的可能性也比较大**。

③往往呈现**出反复无常的“易变性”**。

6. 鉴定意见

（1）概念

鉴定意见是指公安司法机关为了解决案件中某些专门性问题，指派或聘请具有专门知识和技能的人，进行鉴定后所作的书面意见。

（2）特点

①具有特定的**书面**形式。

②是鉴定人对**专门性问题**从科学、技术或者专门知识的角度提出的鉴别判断意见。

③内容仅限于解决案件所涉及的专门性问题，而**不是就法律问题**提供意见。

④**受利害关系影响较小**。鉴定人必须与案件事实和当事人没有利害关系。

⑤鉴定意见必须是由公安司法机关指派或者聘请的具有这方面专业知识和技能的人作出的。

7. 勘验、检查、辨认、侦查实验等笔录

（1）勘验笔录，是指办案人员对与犯罪有关的场所、物品、尸体等进行勘查、检验后所作的记录。

（2）检查笔录，是指办案人员为确定被害人、犯罪嫌疑人、被告人的某些特征、伤害情况和生理状态，对他们的人身进行检验和观察后所作的客观记载。

（3）辨认笔录，是指客观、全面记录辨认过程和辨认结果，并由有关在场人员签名的记录。

（4）侦查实验笔录，是指对侦查实验的试验条件、试验过程和试验结果的客观记载。

8. 视听资料、电子数据

（1）视听资料：是指以模拟信号存储的录音、录像带等音视频资料。

（2）电子数据：是以数字化形式存储于计算机存储器或外部存储介质中、能够证明案件真实情况的数据或信息。《关于办理刑事案件收集提取和审查判断电子数据若干问题的规定》第 1 条第 1、2 款规定，电子数据是案件发生过程中形成的，以数字化形式存储、处理、传输的，能够证明案件事实的数据。电子数据包括但不限于下列信息、电子文件：①网页、博客、微博客、朋友圈、贴吧、网盘等网络平台发布的信息；②手机短信、电子邮件、即时通信、通讯群组等网络应用服务的通信信息；③用户注册信息、身份认证信息、电子交易记录、通信记录、登录日志等信息；④文档、图片、音视频、数字证书、计算机程序等电子文件。

（二）其他能够作为证据使用的情形

1. 行政证据向刑事证据转化

行政机关在行政执法和查办案件过程中收集的**物证**、**书证**、**视听资料**、**电子数据**、**鉴定意见**、**勘验**、**检查笔录**等证据材料，在刑事诉讼中可以作为证据使用。（《刑事诉讼法》第 54 条第 2 款、《公安部规定》第 63 条、《最高检规则》第 64 条）

2. 监察机关收集的证据用作刑事证据

（1）监察机关依照《监察法》规定收集的物证、书证、证人证言、被调查人供述和辩解、视听资料、电子数据等证据材料，**在刑事诉讼中可以作为证据使用。**

（2）监察机关在收集、固定、审查、运用证据时，**应当与刑事审判关于证据的要求和标准相一致。以非法方法收集的证据应当依法予以排除，不得作为案件处置的依据**。（《监察法》第 33 条）

3. 有专门知识人出具的报告

因无鉴定机构，或者根据法律、司法解释的规定，指派、聘请有专门知识的人就案件的专门性问题出具的报告，可以作为证据使用。对前款规定的报告的审查与认定，参照适用鉴定意见的有关规定。经人民法院通知，出具报告的人拒不出庭作证的，有关报告不得作为定案的根据。（《刑诉解释》第 100 条）

4. 有关部门对事故进行调查形成的报告

有关部门对事故进行调查形成的报告，在刑事诉讼中可以作为证据使用；报告中涉及专门性问题的意见，经法庭查证属实，且调查程序符合法律、有关规定的，可以作为定案的根据。（《刑诉解释》第 101 条）

5. 来自境外的证据材料

（1）对来自境外的证据材料，人民检察院应当随案移送有关材料来源、提供人、提取人、提取时间等情况的说明。经人民法院审查，相关证据材料能够证明案件事实且符合刑事诉讼法规定的，可以作为证据使用，但提供人或者我国与有关国家签订的双边条约对材料的使用范围有明确限制的除外；材料来源不明或者真实性无法确认的，不得作为定案的根据。当事人及其辩护人、诉讼代理人提供来自境外的证据材料的，该证据材料应当经所在国公证机关证明，所在国中央外交主管机关或者其授权机关认证，并经中华人民共和国驻该国使领馆认证，或者履行中华人民共和国与该所在国订立的有关条约中规定的证明手续，但我国与该国之间有互免认证协定的除外。(《刑诉解释》第77条)

(2) 控辩双方提供的证据材料涉及外国语言、文字的，应当附中文译本。(《刑诉解释》第78条)

(三) 证据的理论分类

1. 按照证据的来源不同，分为**原始证据**与**传来证据**。

(1) **原始证据**：凡来自原始出处，即**直接**来源于案件事实的证据材料，即通常所讲的一手证据。

(2) **传来证据**：通过**转手**、**摘抄**、**复制**、**转述**而来的证据，即通常所讲的二手证据、三手证据。

2. 按照与证明被告人有罪的关系不同，分为有罪证据与无罪证据。

(1) **有罪证据**：可以**肯定**嫌疑人、被告人**实施**犯罪行为以及可以证明犯罪行为轻重情节的证据。

(2) **无罪证据**：能**否定**犯罪事实存在，或能够证明嫌疑人、被告人**未实施**犯罪行为的证据。

3. 按照证据的表现形式不同，分为言词证据与实物证据。

(1) **言词证据**：以人的**言词**为表现形式的证据。包括证人证言、被害人陈述、犯罪嫌疑人、被告人的供述和辩解、**鉴定意见**、**辨认笔录**。

(2) **实物证据**：以各种**实物**、**痕迹**、图形、符号等载体和客观上存在的自然状况为表现形式的证据。包括物证、书证、视听资料、电子数据以及**勘验笔录**、**检查笔录**和**侦查实验笔录**。

4. 按照与证明对象的关系不同，分为直接证据与间接证据(内容见上文)。

五、 出题点四：证明对象与证明责任

(一) 刑事诉讼证明对象

刑事诉讼的证明对象也称证明客体、待证事实或要证事实，是证明主体运用一定的证明方法所要证明的一切法律要件事实。刑事诉讼的证明对象在诉讼证明活动中居于极为重要的地位，它是诉讼证明活动的起点和归宿。刑事诉讼证明对象的内容如下：

1. 待证事实

(1) 实体法事实

①犯罪构成要件的诸事实。即关于犯罪主体、犯罪客体、客观方面和主观方面的

事实。诉讼理论将其概括为“7何”：何人，何时，何地，基于何种动机、目的，采用何种方法、手段，实施了何种犯罪行为，造成何种危害后果等。

②量刑情节的事实。包括法定量刑情节与酌定量刑情节，如作为影响量刑的从重、从轻、减轻、免除刑罚的法定情节或者酌定情节。

③足以排除行为违法性、可罚性或行为人刑事责任的事实。

<1>排除行为违法性的事实包括：正当防卫、紧急避险、行使职权行为（如两军交战而杀死敌军、执行死刑等）以及意外事件等。

<2>排除行为可罚性的事实包括：《刑事诉讼法》第16条规定的不追究刑事责任。

<3>排除行为人刑事责任的事实包括：未到承担刑事责任的法定年龄、不负刑事责任的精神病人的犯罪行为。

（2）**程序法事实**：能够成为证明对象的程序法事实，主要包括：

①关于回避的事实。

②对犯罪嫌疑人、被告人采取某种强制措施的事实。强制措施指的是逮捕，逮捕的三个条件之一就是“有证据证明有犯罪事实”。

③耽误诉讼期限是否有不能抗拒的原因或者其他正当理由的事实。

④违反法定程序的事实。

⑤有关管辖争议的事实。

⑥与执行的合法性有关的事实，如关于罪犯“是否怀孕”的事实。

⑦其他需要证明的程序性事实。

2. 免证事实：在法庭审理中，下列事实不必提出证据进行证明

（1）为一般人共同知晓的常识性事实。

（2）人民法院生效裁判所确认的并且未依审判监督程序重新审理的事实。

（3）法律、法规的内容以及适用等属于审判人员履行职务所应当知晓的事实。

（4）在法庭审理中**不存在异议的程序**事实。

（5）法律规定的推定事实。

（6）自然规律或者定律。（《最高检规则》第401条）

⊙**【提示】**在我国，哪怕被告人认罪，即控辩双方对**实体法事实不存在异议，控方对实体法事实仍然需要证明。**

（二）刑事诉讼证明责任

1. 概念：证明责任是诉讼法和证据法中的一项基本制度，是指人民检察院或某些当事人应当承担的收集或提供证据证明应予认定的案件事实或有利于自己的主张的责任，否则，将承担其主张不能成立的后果。

证明责任包括**提供证据责任和说服责任**两个方面的内容，承担证明责任的主体不仅要提出证据，而且必须尽力去说服裁判者相信所主张的事实存在或不存在，如果最终不能说服法官确认自己主张的证据，案件最终处于真伪不明时需要承担败诉风险或者其他不利后果。需要指出的是，在刑事诉讼中，提供证据的责任并非承担证明责任

的主体独有的，有的主体即使不是承担证明责任的主体但也要承担一定的提供证据的责任，而案件最终真伪不明时由承担证明责任的主体承担败诉风险则是唯一的。因此，**在判断一个主体是否承担证明责任时，依据的是在案件最终真伪不明时由谁来承担败诉风险。**

2. 证明责任的分配

（1）**分配原则**：在刑事诉讼（无论是公诉案件还是自诉案件）中，证明责任的分配依据包括以下三个原则与法则：①“**谁主张，谁举证**”的古老法则；②“**否认者不负证明责任**”的古老法则；③现代**无罪推定**原则。

（2）**具体分配**

①控方承担证明责任

<1>**公诉案件**：证明犯罪嫌疑人、被告人有罪的责任由**检察院**承担。

<2>**自诉案件**：**自诉人**应对其控诉承担证明责任。

②辩方不承担证明责任，但有例外情形需要提出证据

被告人一般不承担证明责任，既不证明自己有罪，也不证明自己无罪。

【例外情形】在**巨额财产来源不明**案件；**非法持有**国家绝密、机密文件、资料、物品犯罪案件**这两类**案件中，辩方负有一定的提出证据的责任（**提出证据的责任不等于证明责任**）。

⊙［**提示**］巨额财产来源不明案件要求控方证明被告人存在来源不明的巨额财产，非法持有类犯罪要求控方证明被告人有非法持有行为。在该两类犯罪中，控方仍然承担证明责任，即需要提出证据，且要证明清楚案件事实，只是当前法律中对控方“证明清楚”的要求比较低，即控方只要证明了被告人存在来源不明的巨额财产、持有本不该持有的物品就算“证明清楚”，**不再需要**进一步**证明**被告人的**辩解**是否为**虚假**等。

③法院不承担证明责任，但可以调查核实证据

⊙**【总结模板】**证明责任的承担。“被告人的辩护律师在法庭上提出被告人有立功情节，对于该立功情节，应当如何证明？”“被告人在法庭上提出自己并没有实施犯罪，对此，应当如何证明？”“被告人的辩护律师在法庭上提出被告人有自首情节，对于自首情节，应当如何证明？”等问题的答题模板。

此类问题实际上是考查刑事诉讼中证明责任的承担问题。在刑事诉讼中，证明责任从总体上是属于控方的，但区分定罪事实、量刑事实还是程序事实在具体上有细微的区别。因此，考生面对“如何证明”的题目时，须首先弄清楚问题中所问的事实究竟是定罪事实、量刑事实还是程序事实，弄清楚后根据以下不同的事实的答题模板进行回答。

（1）关于定罪事实的证明责任承担。基于无罪推定的原则，犯罪嫌疑人、被告人在刑事诉讼中是行使辩护权的主体，而不承担证明自己无罪的举证责任。《刑事诉讼法》第51条规定，公诉案件中被告人有罪的举证责任由人民检察院承担，自诉案件中被告人有罪的举证责任由自诉人承担。根据该条规定，对被告人定罪的证据由人民检察院、自诉人提出。

（2）关于量刑事实的证明责任承担。量刑证据如何承担我国立法并没有作出规定。对于量刑证据，从重的情节应该由公诉机关承担举证责任；对于从轻、减轻的证据，被告人及其辩护人也负有提供初步证据的责任。对于立功，提供揭发他人犯罪的线索等。当辩护方提出量刑证据的相关线索后，人民检察院负有查证的义务。

（3）关于非法证据排除的程序事实的证明责任承担。根据《刑事诉讼法》第59条第1款可知由控方承担证明取证合法性的证明责任。对于非法证据排除，辩护方负有提出实施非法取证的人员、时间、地点、内容、方式等相关材料和线索的义务。

【例子】“被告人的辩护律师在法庭上提出被告人有立功情节，对于该立功情节，应当如何证明?”

答：对于该立功情节，要求辩方提出时须提供初步证据，如提供揭发他人犯罪的线索等。当辩方提出相关线索后，人民检察院负有查证的义务。

六、出题点五：证据规则

证据规则大体包括两类：一类是调整证据能力的规则，包括非法证据排除规则、传闻证据规则、自白任意性规则、意见证据规则、最佳证据规则；另一类是调整证明力的规则，包括关联性规则、补强证据规则。

1. 传闻证据规则。是指在**法庭以外**作出的**陈述**，该规则强调作出陈述者**出庭陈述**。如无法定理由，任何人在**法庭审理外**的陈述，不得作为认定被告人有罪的证据。

⊙**【提示】**我国并未确定该规则；传闻证据不等于传来证据。

2. 自白任意性规则。又称非任意自白排除规则，指在刑事诉讼中，只有基于被追诉人**自由意志**而作出的自白(有罪供述)，**才具有可采性**。不得强迫任何人证实自己有罪。

⊙**【提示】**自白任意性规则不排斥“自愿”作出的自白，只排斥“强迫”作出的自白。我国现行《刑事诉讼法》第52条中规定了该规则。

3. 意见证据规则。指证人只能陈述**自己亲身感受**的事实，不得陈述对案件事实的意见或者结论。

【注意】鉴定意见、根据一般生活经验判断符合事实的意见、有专门知识的人出具的报告（如价格认定书）、有关部门针对事故进行调查形成的报告，这四类都含有意见，但是不受意见证据规则约束，不影响其作为证据使用。

4. 最佳证据规则。即原始证据规则，指以文字、符号、图像等方式记载的内容来证明案情时，其**原件**才是最佳证据。要求出示的证据为**原件**，否则不能出示该证据用以证明待证事实。只有在特别情况下（**法定允许的原因**导致原始证据不能或**不宜出示**）**才能出示证据的复印件**用以证明待证事实。

5. 关联性规则。指只有与**案件事实有关**的材料，才能作为证据使用。而且，关联紧密程度决定了该证据的证明价值大小。

6. 补强证据规则

（1）**概念：**指为了防止误认事实或者发生其他危险性，而在运用某些证明力显然薄弱的证据（主证据）认定案情时，必须有其他证据（补强证据）**补强其证明力**，才能被法庭采信为定案依据。

（2）条件：

①补强证据**必须具有证据能力**。

②必须**独立**于补强对象，具有**独立的来源**。【不能和被补强证据同源】

③补强证据可以是**实物证据**(物证、书证）也可以是**言词证据**(证人证言、鉴定意见)。

④补强证据本身**必须具有担保补强对象真实的能力**，但并不要求能够补强所有事实，而只需要补强部分事实、片段即可。

（3）**口供补强规则**：只有被告人供述，没有其他证据的，不能认定被告人有罪和处以刑罚。没有被告人供述，证据确实充分的，可以认定犯罪嫌疑人、被告人有罪和处以刑罚。

（4）**一般证据的补强规则**：下列证据应当慎重使用，有其他证据印证的，可以采信：

①生理上、精神上**有缺陷**，对案件事实的认知和表达存在一定困难，但**尚未丧失**正确认知、表达能力的被害人、证人和被告人所作的陈述、证言和供述。

②与被告人**有亲属关系**或者其他**密切关系**的证人所作的有利被告人的证言，或者与被告人**有利害冲突**的证人所作的不利被告人的证言。

专题三　立案与侦查程序

第一节　立　案

立案程序的流程图

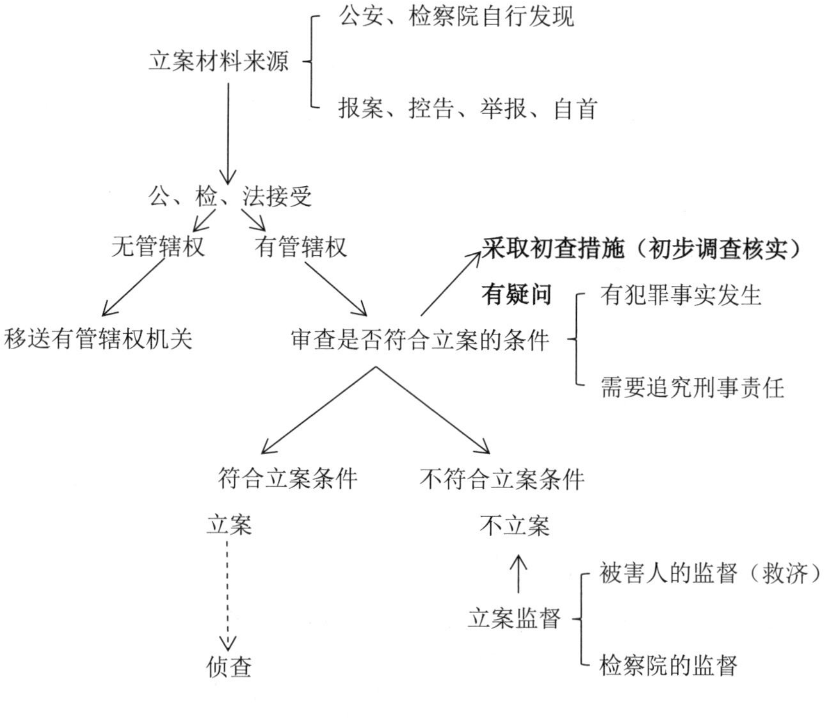

一、 立案的条件

公诉案件立案必须同时满足以下两个条件：一是**有犯罪事实发生**，称为事实条件；二是**需要追究刑事责任**，称为法律条件。

1. **有犯罪事实发生**：指客观上发生了某种危害社会的犯罪行为。

“有犯罪事实发生”仅要求有一定的事实材料证明有犯罪行为发生即可，至于整个犯罪的过程、犯罪的具体情节、犯罪人是谁等，不要求在立案阶段全部弄清楚，这些问题应当通过立案后的侦查或审判活动来解决。

2. **需要追究刑事责任**：查明**有无《刑事诉讼法》第16条**规定的不予追究刑事责任的情形。

二、 立案的程序

（一）对立案材料的接受

1. 对报案、控告、举报和自首等材料都**应当**接受。对于不属于自己管辖的，应当移送主管机关处理；必须采取紧急措施的，应当先采取紧急措施，然后移送主管机关。

2. 报案、控告、举报可以用**书面或者口头**形式提出。向人民法院提出自诉、上诉、申诉、申请等的，应当以书面形式提出。书写有困难的，除另有规定的以外，可以口头提出，由人民法院工作人员制作笔录或者记录在案，并向口述人宣读或者交其阅读。（《刑诉解释》第651条）

3. 接受控告、举报的工作人员应当说明诬告应负的法律责任。但是，只要不是捏造事实、伪造证据，即使控告、举报的事实有出入，甚至是错告的，也要和诬告严格加以区别。

4. 保障扭送人、报案人、控告人、举报人及其近亲属的安全，不愿公开的，要保密。

（二）对立案材料的审查

1. 迅速审查原则：对接受的案件，或者发现的犯罪线索，公安机关应当迅速进行审查。（《公安部规定》第174条）

2. 审查的内容：（1）是否有犯罪事实发生；（2）是否需要追究刑事责任。

3. 审查可采取的措施：调查核实（初查措施）

（1）发现案件事实或者线索不明的，**必要时**(需要经过调查才能够确认是否达到刑事立案标准的)，**经办案部门负责人批准，可以进行调查核实**。调查核实过程中，公安机关可以依照有关法律和规定采取**询问、查询、勘验、鉴定和调取证据材料**等**不限制被调查对象人身、财产权利的措施**。但是，**不得对被调查对象采取强制措施，不得查封、扣押、冻结被调查对象的财产，不得采取技术侦查措施**。（《公安部规定》第174条）

【注意】针对信息网络犯罪案件，也作出了同样的规定。

（2）人民检察院立案侦查的案件，调查核实**一般不得接触被调查对象**。必须接触被调查对象的，应当经检察长批准。（《最高检规则》第168条）

（三）对立案材料的处理

1. 立案：对立案材料进行审查后，认为有犯罪事实需要追究刑事责任的，应当立案。

2. 不立案：认为没有犯罪事实，或者具有《刑事诉讼法》第16条规定不予追究刑事责任的，不予立案。（对有控告人的案件，决定不予立案的，应当制作**不予立案决定书**，并在3日以内**送达控告人**）

三、立案监督

（一）检察院对公安机关应当立案而不立案的监督

（1）【说理前置】检察院发现公安机关可能存在应当立案而不立案情形的，应当依法进行审查。人民检察院经审查，**认为需要公安机关说明不立案理由的，应当**要求公安机关书面说明不立案的理由。**公安机关**应当在收到通知书之日起**7日内书面说明**不立案的**理由**。

⊙**【提示】**根据此规定，检察院审查后并非一定进行立案监督，只有在“认为需要公安机关说明不立案理由的”，才“应当”要求公安机关说明不立案的理由。

（2）公安机关说明不立案的理由后，检察院对公安机关的**理由进行审查**，理由不成立的，经检察长决定，**应当通知**公安机关立案，并发出通知立案书。

（3）公安机关应当在收到通知立案书之日起**15日内立案**。

【注意】公安机关收到通知立案书后，超过**15日没有立案**，检察院应当发出**纠正违法通知书**，公安机关仍不纠正的，报上一级检察院协同同级公安机关处理。**【也就是说，检察院此时不能代为立案】**

（二）被害人

1. 如果是控告人身份，可以向公安机关申请复议、复核【先复议、再复核】

（1）**控告人**对不予立案决定不服的，可以在收到不予立案通知书后**7日以内向作出决定的公安机关**申请复议；

（2）控告人对不予立案的复议决定不服的，可以在收到复议决定书后**7日以内向上一级公安机关申请复核**。上一级公安机关应当在收到复核申请后**30日以内**作出决定。对上级公安机关撤销不予立案决定的，下级机关应当执行。（《公安部规定》第179条）

【注意】被害人有可能是控告人身份，也有可能是报案人身份。由于控告这个词只能被害人用，因此，一旦说是控告人，那肯定是被害人，但是被害人不一定是控告人。如果被害人仅仅是报案人身份，是不享有此项权利的。

2. 被害人不管是控告人身份还是报案人身份都可以向检察院提出申诉

被害人及其法定代理人、近亲属或者行政执法机关认为公安机关对应当立案侦查的案件不立案侦查，还可以向人民检察院提出申诉。人民检察院应当要求公安机关说明不立案的理由。

3. 向法院提起自诉

对于不予立案的情形，且犯罪侵犯被害人的人身或者财产权利的，被害人有权直接向法院提起自诉。

【注意】 被害人复议（公安）/申诉（检察院）/自诉（法院），**无顺序限制。**

第二节　侦　查

侦查程序流程图

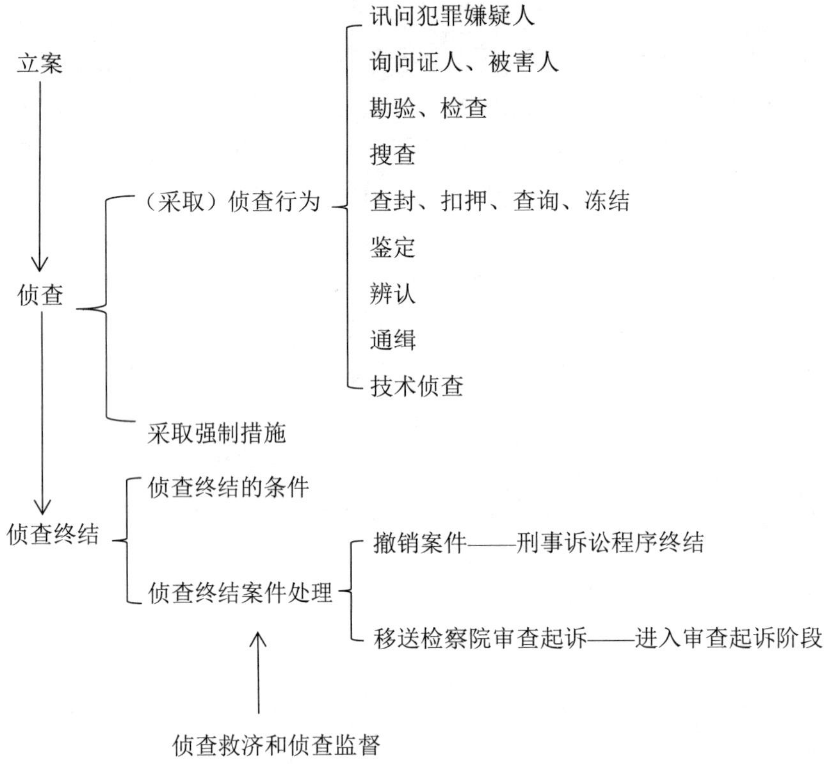

一、 侦查行为

(一) 讯问犯罪嫌疑人

1. 讯问主体：讯问犯罪嫌疑人必须由人民检察院或者公安机关的侦查人员负责进行。讯问的时候，侦查人员不得少于**2人**。

2. 地点：

(1) **不需要羁押的：**对不需要逮捕、拘留的犯罪嫌疑人，可以传唤到犯罪嫌疑人所在**市、县内的指定地点**或者到**他的住处**进行讯问，但是应当出示人民检察院或者公安机关的证明文件。对在**现场**发现的犯罪嫌疑人，经出示工作证件，可以**口头**传唤，但应当在讯问笔录中注明。

（2）已被羁押的：犯罪嫌疑人被送交看守所羁押以后，侦查人员对其进行讯问，应当在**看守所内**进行。

【注意】《公安部规定》198 条规定："讯问犯罪嫌疑人，**除下列情形以外，应当在公安机关执法办案场所的讯问室进行**：

①**紧急**情况下在**现场**进行讯问的；

②对有严重伤病或者残疾、**行动不便**的，以及正在**怀孕**的犯罪嫌疑人，在其**住处**或者就诊的**医疗机构**进行讯问的。对于**已送交看守所**羁押的犯罪嫌疑人，应当**在看守所讯问室**进行讯问。对于正在被执行**行政拘留、强制隔离戒毒**的人员以及正在**监狱服刑**的罪犯，可以在其**执行场所进行讯问**。对于不需要拘留、逮捕的犯罪嫌疑人，经办案部门负责人批准，可以传唤到犯罪嫌疑人所在市、县**公安机关执法办案场所**或者到**他的住处**进行讯问。"

3. 时间：传唤、拘传持续的时间**不得超过 12 小时**；案情**特别重大、复杂**，需要采取拘留、逮捕措施的，传唤、拘传持续的时间**不得超过 24 小时**。两次传唤间隔的时间一般**不得少于 12 小时**。**不得以连续传唤**的方式变相拘禁犯罪嫌疑人。应当保证犯罪嫌疑人的饮食和必要的休息时间。

4. 讯问程序：

（1）侦查人员讯问同案的犯罪嫌疑人，应当**个别进行**。

（2）侦查人员在讯问犯罪嫌疑人的时候，应当**首先讯问犯罪嫌疑人是否有犯罪行为**，让他陈述有罪的情节或者无罪的辩解，然后向他提出问题。

（3）犯罪嫌疑人对侦查人员的提问，**应当如实回答**。但是对与本案无关的问题，有拒绝回答的权利。

（4）侦查人员在讯问犯罪嫌疑人的时候，应当告知犯罪嫌疑人享有的诉讼权利，如实供述自己罪行可以从宽处理和认罪认罚的法律规定。

（5）侦查人员在讯问犯罪嫌疑人的时候，可以对讯问过程进行录音或者录像；对于可能判处**无期徒刑、死刑**的案件或者其他**重大犯罪案件**[1]，**应当**对讯问过程进行录音或者录像。录音或者录像**应当全程进行**，保持完整性。

【注意】人民检察院办理直接受理侦查的案件，**应当**在每次讯问犯罪嫌疑人时，对讯问过程实行全程录音、录像，并在讯问笔录中注明。

（6）针对信息网络犯罪案件，讯问异地与案件有关联的犯罪嫌疑人的，可以由办案地公安机关通过远程**网络视频**等方式进行并制作笔录。远程讯问的，应当对讯问过

〔1〕《公安部规定》第 208 条第 2 款规定，"可能判处无期徒刑、死刑的案件"，是指应当适用的法定刑或者量刑档次包含无期徒刑、死刑的案件。"其他重大犯罪案件"，是指致人重伤、死亡的严重危害公共安全犯罪、严重侵犯公民人身权利犯罪，以及黑社会性质组织犯罪、严重毒品犯罪等重大故意犯罪案件。

程**同步录音录像**，并随案移送。

（7）讯问犯罪嫌疑人，**应当制作讯问笔录**。讯问笔录应当交犯罪嫌疑人核对；对于没有阅读能力的，应当向他宣读。如果记载有遗漏或者差错，犯罪嫌疑人可以提出补充或者改正。犯罪嫌疑人承认笔录没有错误后，应当签名或者盖章。侦查人员也应当在笔录上签名。**犯罪嫌疑人请求自行书写供述的，应当准许，但不得以自行书写的供述代替讯问笔录**。必要的时候，侦查人员也可以要犯罪嫌疑人亲笔书写供词。

【注意】针对信息网络犯罪案件，**远程讯问**的，应当由**协作地**公安机关**事先核实**被讯问人的身份。办案地公安机关应当将讯问笔录传输至协作地公安机关。讯问笔录经被讯问人**确认**并逐页**签名**、**捺指印**后，由**协作地**公安机关协作人员**签名**或者**盖章**，并将原件提供给办案地公安机关。讯问人员收到笔录后，应当在首页右上方写明“于某年某月某日收到”，并**签名**或者**盖章**。

异地与案件有关联的犯罪嫌疑人亲笔书写证词、供词的，参照上述规定。

5. 讯问特殊对象的要求

（1）讯问**未成年犯罪嫌疑人**：**应当**通知未成年犯罪嫌疑人的**法定代理人**到场。无法通知、法定代理人不能到场或者法定代理人是共犯的，也可以通知**合适成年人**到场，并将有关情况记录在案。到场的**法定代理人**可以**代为行使**未成年犯罪嫌疑人的**诉讼权利**。

【注意1】合适成年人是指未成年犯罪嫌疑人的**其他成年亲属**，所在学校、单位、居住地或者办案单位所在地**基层组织**或者**未成年人保护组织的代表**。

【注意2】只有到场的法定代理人可以代为行使未成年犯罪嫌疑人的诉讼权利。到场的合适成年人不能代为行使未成年犯罪嫌疑人的诉讼权利。

（2）讯问**女性未成年犯罪嫌疑人**：应当有**女工作人员在场**。

（3）讯问**聋哑人**：应当有**通晓聋哑手势的人**参加。

（4）讯问**不通晓**当地**语言**文字的犯罪嫌疑人：应当配备**翻译人员**。

（二）询问证人、被害人

1. 询问主体：侦查人员，不得少于2人。

2. 地点：侦查人员询问证人，可以在**现场**进行，也可以到**证人所在单位**、**住处**或者**证人提出的地点**进行，在必要的时候，可以**通知**证人到**侦查机关**提供证言。在现场询问证人，应当出示工作证件，到证人所在单位、住处或者证人提出的地点询问证人，应当出示人民检察院或者公安机关的证明文件。

⊙**【提示】**侦查人员询问证人/被害人**不得另行指定其他地点**。

3. 询问程序

（1）**询问方式**：询问证人应当**个别**进行。【没有个别进行的要排除】

（2）**告知责任**：应当告知证人应当如实提供证据、证言和有意作伪证或者隐匿罪证要负的法律责任。

（3）**流程**：一般先由证人就其所知道的情形进行叙述，然后再由侦查人员提问。

（4）**笔录**：对证人的叙述应当制作笔录，交证人核对或向其宣读，证人确认无误后，应当签名或者盖章。侦查人员也应当在笔录上签名。

（5）**不得非法取证**：不得以**暴力、威胁等**非法手段询问证人。

（6）**录音录像**：检察院侦查过程中，询问**重大或者有社会影响的案件的重要证人**，应当对询问过程实行全程录音、录像，并在询问笔录中注明。

4. 方法：侦查人员询问证人，应当**个别**进行。

5. 信息网络犯罪案件，**询问异地**证人、被害人的，规则同前述的**讯问异地**犯罪嫌疑人的规定。

6. 询问笔录：询问证人，**应当制作询问笔录**。询问笔录应当交证人核对；对于没有阅读能力的，应当向他宣读。**如果记载有遗漏或者差错，证人可以提出补充或者改正**。证人承认笔录没有错误后，应当签名或者盖章。侦查人员也应当在笔录上签名。**证人请求自行书写证言的，应当准许**。必要的时候，侦查人员也可以要证人亲笔书写证言。

【注意】针对信息网络犯罪案件，**远程询问**的，规则同前述的**远程讯问**的规定。

7. 询问特殊对象：

（1）询问**未成年人证人**：①在询问的时候，**应当**通知未成年证人的**法定代理人**到场。无法通知、法定代理人不能到场的，也可以通知**合适成年人**到场，并将有关情况记录在案。**到场的法定代理人可以代为行使未成年证人、被害人的诉讼权利**。（《刑事诉讼法》第281条第1款）

②审理未成年人遭受性侵害或者暴力伤害案件，在询问未成年被害人、证人时，**应当采取同步录音录像等措施，尽量一次完成**；未成年被害人、证人是女性的，应当由女性工作人员**进行**。（《刑诉解释》第556条）

（2）**聋哑人**：应当有通晓聋哑手势的人参加。

【注意】询问被害人，适用询问证人的相关规定。

（三）勘验、检查

1. 主体：**侦查人员**对于与犯罪有关的场所、物品、人身、尸体应当进行勘验或者检查。在必要的时候，可以指派或者聘请具有专门知识的人，在侦查人员的主持下进行勘验、检查。（《刑事诉讼法》第128条）

2. 程序要求（总体）

（1）侦查人员执行勘验、检查，必须持有人民检察院或者公安机关的证明文件。

（2）勘验、检查应当邀请2名与案件无关的见证人在场。

（3）勘验、检查的情况应当写成笔录，由参加勘验、检查的人和见证人签名或者盖章。

3. 种类

（1）现场勘验：在必要时可以指派或聘请具有专门知识的人在侦查人员的主持下进行勘验。

（2）物证检验：对在侦查活动中收集到的物品或者痕迹进行检查、验证的一种侦查活动。

（3）尸体检验：对于**死因不明**的尸体，为了确定死因，经**县级以上公安机关负责人批准**，可以解剖尸体，并且**通知死者家属到场**，让其在解剖尸体通知书上签名。

（4）人身检查：

①对**被害人不得强制**进行人身检查。对**犯罪嫌疑人**如果有必要，**可以强制**进行。

②检查妇女的身体，应当由**医师**或者**女工作人员**进行。

（5）侦查实验：

①为查明案情，必要时，经**公安机关负责人或者检察长**批准，可以进行侦查实验。

②进行侦查实验，禁止**一切足以造成危险、侮辱人格或者有伤风化的行为。**

（四）搜查

1. 概念

为了收集犯罪证据、查获犯罪人，**侦查人员**可以对犯罪嫌疑人以及可能隐藏罪犯或者犯罪证据的人的**身体、物品、住处和其他有关的地方**进行搜查。

2. 程序与要求

（1）执行搜查的侦查人员不得少于2人。

（2）搜查时，必须向被搜查人出示搜查证，否则，被搜查人有权拒绝搜查。但是，侦查人员“在执行逮捕、拘留的时候，**遇有紧急情况，不另用搜查证也可以进行搜查**”。（《公安部规定》第223、224条）

（3）进行搜查时，应当**有被搜查人或者他的家属**、**邻居**或者**其他见证人**在场。

（4）搜查**妇女**的身体，应当由**女工作人员**进行。

（5）**遇到阻碍搜查的，侦查人员可以强制搜查**。（《公安部规定》第225条）

（6）搜查的情况应当制作笔录，由侦查人员和被搜查人或者他的家属，邻居或者其他见证人签名。如果被搜查人拒绝签名，或者被搜查人在逃，他的家属拒绝签名或者不在场的，侦查人员应当在笔录中注明。（《公安部规定》第226条）

（五）查封、扣押物证、书证

1. 程序与要求

（1）查封、扣押的程序要求

①只能由侦查人员进行。（2人及以上）

②扣押时不需要专门出示查封、扣押证。

③对查封、扣押的财物、文件，应当会同在场见证人和被查封、扣押财物、文件持有人查点清楚，当场开列清单一式二份，由侦查人员、见证人和持有人签名或者盖章，一份交给持有人，另一份附卷备查。

④对查封、扣押的财物、文件，要妥善保管或者封存，不得使用、调换或者损毁。

⑤侦查人员认为需要扣押犯罪嫌疑人的邮件、电报的时候，经**公安机关或者人民检察院**批准，即可通知**邮电机关**将有关的邮件、电报**检交扣押**。不需要继续扣押的时候，应即通知邮电机关。

⑥对查封、扣押的财物、文件、邮件、电报，经查明确实与案件无关的，应当在**3日以内**解除查封、扣押，予以退还。

（2）查询、冻结的程序要求

①**冻结存款、汇款等财产的期限为6个月**。冻结**债券、股票、基金份额等证券的期限为2年**。有特殊原因需要延长期限的，可以续冻。每次续冻存款、汇款等财产的期限最长不得超过**6个月**；每次续冻债券、股票、基金份额等证券的期限最长不得超过**2年**。

②**不得重复冻结，但可以轮候冻结**。

③对冻结的存款、汇款、债券、股票、基金份额等财产，经查明确实与案件无关的，应当在**3日以内**解除冻结，予以退还。

（六）鉴定

1. 主体：接受侦查机关**指派或聘请**的鉴定人。

2. 程序和要求

（1）鉴定人进行鉴定后，**应当写出鉴定意见，并且签名。多人参加鉴定，鉴定人有不同意见的，应当注明**。

（2）侦查人员如果有疑问，可以要求鉴定人作补充鉴定。必要时，也可以另行指派或者聘请鉴定人重新鉴定。

（3）应当将用作证据的鉴定意见**告知犯罪嫌疑人、被害人**。如果**犯罪嫌疑人、被害人提出申请，可以补充鉴定或者重新鉴定**。（《刑事诉讼法》第148条）

（4）对犯罪嫌疑人作**精神病鉴定的时间不计入办案期限**，其他鉴定时间都应当计入办案期限。

（七）辨认

1. 主持人：辨认应当在侦查人员的主持下进行。

2. 主体：被害人、证人和犯罪嫌疑人都可以是辨认的主体。

3. 对象：与犯罪有关的物品、文件、尸体、犯罪嫌疑人。

4. 辨认规则

（1）主持人规则：主持的侦查人员不得少于2人。

（2）个别规则：几名辨认人对同一辨认对象进行辨认时，应当由辨认人**个别**进行。

（3）混杂规则

①**相似性要求**：辨认时，应当将辨认对象混杂在**特征相类似**的其他对象中，不得给辨认人任何暗示。

②数量上的要求：

<1>公安机关侦查的案件，辨认犯罪嫌疑人时，被辨认的人数不得少于7人；对犯罪嫌疑人照片进行辨认的，不得少于10人的照片；辨认物品时，混杂的同类物品不得少于5件，照片不得少于10张。

<2>人民检察院辨认时，应当将辨认对象混杂在其他对象中。不得在辨认前向辨认人展示辨认对象及其影像资料，不得给辨认人任何暗示。辨认犯罪嫌疑人时，被辨认的人数不得少于7人，照片不得少于10张。辨认物品时，同类物品不得少于5件，照片不得少于5张。对犯罪嫌疑人的辨认，辨认人不愿公开进行时，可以在不暴露辨认人的情况下进行，并应当为其保守秘密。（《最高检规则》第226条）

（4）防止预断规则：在辨认前，应当避免辨认人见到被辨认对象。

（5）禁止暗示规则：辨认时，不得给辨认人任何暗示。

5. 其他程序要求

（1）必要的时候，可以有见证人在场。

（2）对犯罪嫌疑人的辨认，辨认人不愿公开进行的，可以在不暴露辨认人的情况下进行，侦查人员应当为其保密。

（3）对于辨认的情况，应当制作笔录，由主持和参加辨认的侦查人员、辨认人、见证人签名或盖章。**必要时可以对辨认过程进行录音、录像**。

（八）通缉

1. 决定主体：公安机关和人民检察院。

2. 发布主体：只有公安机关有权发布通缉令。

3. 发布范围：各级公安机关在自己管辖的地区以内，可以直接发布通缉令；如**超出自己管辖的地区，应当报请有权决定的上级机关发布**。

4. 通缉对象：只能是**依法应当逮捕而在逃**的犯罪嫌疑人，也包括已被捕而在羁押期间逃跑的犯罪嫌疑人。

（九）技术侦查措施

1. 主体

（1）决定主体：公安机关（国家安全机关）、人民检察院。

（2）执行主体：公安机关（国家安全机关）。

2. 时间：立案后

3. 案件范围

（1）**公安机关可决定**的范围：公安机关在立案后，对于**危害国家安全犯罪、恐怖活动犯罪、黑社会性质的组织犯罪、重大毒品犯罪**或者**其他严重危害社会的犯罪**案件。（《刑事诉讼法》第150条第1款）

（2）**检察院可决定**的范围：**人民检察院在立案后，利用职权实施的严重侵犯公民人身权利**的**重大**犯罪案件。（《刑事诉讼法》第150条第2款）（**2018年《刑事诉讼法》修改新增**）

（3）**公、检均可**决定的范围：追捕被通缉或者批准、决定逮捕的在逃的犯罪嫌疑人、被告人，经过批准，可以采取追捕所必需的技术侦查措施。（《刑事诉讼法》第150条第3款）

【注意】监察机关可决定的范围监察机关调查涉嫌重大贪污贿赂等职务犯罪。（《监察法》第28条）

4. 适用对象：**犯罪嫌疑人、被告人**以及与**犯罪活动直接关联**的人员。

5. 批准期限

批准决定自签发之日起**3个月以内**有效。不需要继续采取技术侦查措施的，应当及时解除；对于复杂、疑难案件，期限届满仍有必要继续采取技术侦查措施的，经过批准，有效期可以延长，每次不得超过三个月。（《刑事诉讼法》第151条）

6. 执行程序

（1）采取技术侦查措施，必须严格按照批准的措施**种类、适用对象和期限**执行。在有效期限内，需要**变更技术侦查措施种类或者适用对象**的，应当**按照规定重新办理批准手续**。（《公安部规定》第267条）

（2）侦查人员对采取技术侦查措施过程中知悉的国家秘密、商业秘密和个人隐私，应当**保密**；获取的与案件无关的材料，必须**及时销毁**。

（3）采取技术侦查措施获取的材料，**只能用于对犯罪的侦查、起诉和审判**，不得用于其他用途。

7. 两种**秘密侦查措施**的适用

（1）"**隐匿身份**"的侦查

必要时，经**公安机关负责人**决定，可以由有关人员隐匿其身份实施侦查。但是，不得诱使他人犯罪，**不得采用可能危害公共安全或者发生重大人身危险的方法**。（《刑事诉讼法》第153条第1款）

（2）控制下交付

对涉及**给付毒品等违禁品或者财物**的犯罪活动，公安机关根据侦查犯罪的需要，可以依照规定实施控制下交付。

8. 证据使用

（1）采取技术侦查措施收集的材料作为证据使用的，**批准采取技术侦查措施的法律决定文书应当附卷，辩护律师可以依法查阅、摘抄、复制**。

（2）如果使用该证据**可能危及有关人员的人身安全**，或者**可能产生其他严重后果的**，应当采取不暴露有关人员身份、技术方法等保护措施。当庭调查技术调查、侦查证据材料可能危及有关人员的人身安全，或者可能产生其他严重后果的，法庭应当采取不暴露有关人员身份和技术调查、侦查措施使用的技术设备、技术方法等保护措施。必要的时候，可以由审判人员在庭外对证据进行核实。

二、侦查终结

侦查终结，是侦查机关对于自己立案侦查的案件，经过一系列的侦查活动，根据已经查明的事实、证据，依照法律规定，足以对案件作出起诉、不起诉或者撤销案件的结论，决定不再进行侦查，并对犯罪嫌疑人作出处理的一种诉讼活动。

（一）侦查终结的条件

1. **首要条件**：案件事实清楚。

2. **重要条件**：证据确实、充分。

3. **法律手续**完备。

以上三个条件必须同时具备，缺一不可。

（二）听取意见

在案件侦查终结前，**辩护律师提出要求的**，侦查机关**应当听取**辩护律师的意见，并记录在案。**辩护律师提出书面意见**的，**应当附卷**。（《刑事诉讼法》第161条）

（三）侦查终结对案件的处理

1. 移送起诉：公安机关侦查终结的案件，应当做到犯罪事实清楚，证据确实、充分，并且写出起诉意见书，连同案卷材料、证据一并移送同级人民检察院审查决定；同时将案件移送情况告知犯罪嫌疑人及其辩护律师。犯罪嫌疑人自愿认罪的，应当记录在案，随案移送，并在起诉意见书中写明有关情况。

2. 撤销案件：

①在侦查过程中，发现不应对犯罪嫌疑人追究刑事责任的，应当撤销案件；犯罪嫌疑人已被逮捕的，应当立即释放，发给释放证明，并且**通知**原批准逮捕的人民检察院。

②犯罪嫌疑人**自愿如实供述**涉嫌犯罪的事实，有**重大立功或者案件涉及国家重大利益**的，经**最高人民检察院核准**，公安机关**可以**撤销案件。根据前款规定不起诉或者撤销案件的，人民检察院、公安机关应当及时对查封、扣押、冻结的财物及其孳息作出处理。（《刑事诉讼法》第182条）

三、认罪认罚从宽制度在侦查阶段的适用

1. 侦查机关的权利告知义务

侦查人员在讯问犯罪嫌疑人的时候，应当告知犯罪嫌疑人享有的诉讼权利，如实供述自己罪行可以从宽处理和认罪认罚的法律规定。

2. 保障值班律师提供法律帮助

犯罪嫌疑人、被告人入所羁押时没有委托辩护人，法律援助机构也没有指派律师提供辩护的，看守所应当告知其有权约见值班律师，获得法律咨询、程序选择建议、申请变更强制措施、对案件处理提出意见等法律帮助，并为犯罪嫌疑人、被告人约见值班律师提供便利。

没有委托辩护人、法律援助机构没有指派律师提供辩护的犯罪嫌疑人、被告人，向看守所申请由值班律师提供法律帮助的，看守所应当在24小时内通知值班律师。（《公安部规定》第49条）

3. 侦查阶段认罪认罚的处理

（1）犯罪嫌疑人自愿认罪的，**应当记录在案**，随案移送，并在起诉意见书中写明有关情况；

（2）认为案件符合速裁程序适用条件的，**可以向人民检察院提**出适用**速裁程序的建议**。（《公安部规定》第289条第2款）

（3）自愿如实供述涉嫌犯罪的事实，有重大立功或者案件涉及国家重大利益的，经最高人民检察院核准，公安机关可以撤销案件。（《刑事诉讼法》第182条第1款）

【如实供述+重大立功或国家重大利益+最高检核准=可撤销案件】

专题四 审查起诉

审查起诉程序的流程图

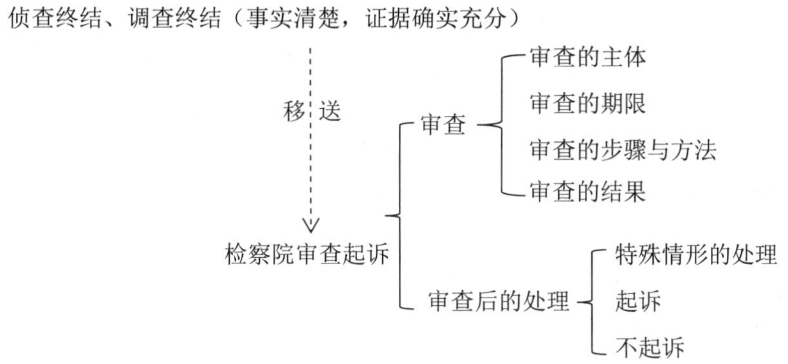

一、起诉原则

（一）起诉法定主义：也称起诉合法主义，是指只要被告人行为符合法定起诉条件，公诉机关不享有自由裁量的权力，必须起诉，不论具体情节。

（二）起诉便宜主义：也称起诉合理主义，是指被告人行为在具备起诉条件时，是否起诉，由检察官根据被告人及其行为具体情况及刑事政策等因素自由裁量。

⊙［**提示**］二者的最大区别就在于公诉机关是否享有自由裁量权。

我国采用以**起诉法定主义为主，兼采起诉便宜主义**的起诉原则，检察官的起诉裁量权受到严格限制。我国刑事诉讼中，体现起诉便宜主义的制度主要是酌定不起诉制度。

二、人民检察院如何审查（人民检察院审查是否符合起诉的条件）

（一）审查起诉应当遵循的程序与要求

1. 审查主体：凡需要提起公诉的案件，一律由人民检察院负责捕诉的部门审查决定。

2. 管辖：各级人民检察院提起公诉，应当与人民法院审判管辖相适应。

3. 审查期限

（1）正常计算

人民检察院对于监察机关、公安机关移送起诉的案件，应当在**1个月以内**作出决定，重大、复杂的案件，可以**延长15日**；犯罪嫌疑人认罪认罚，符合速裁程序适用条件的，应当在**10日以内**作出决定，对可能判处的有期徒刑超过一年的，可以**延长至15日**。

（2）重新计算

①改变管辖的，**从改变后的人民检察院收到案件之日起计算审查起诉期限；**

②补充侦查完毕移送审查起诉后，人民检察院重新计算审查起诉期限。

（3）中止计算

犯罪嫌疑人逃跑或者长期患精神病、重大疾病。

（4）不计入审查期限

对于**监察机关移送起诉的已采取留置措施的案件**，人民检察院应当对犯罪嫌疑人先行拘留，留置措施自动解除。人民检察院应当在拘留后的**10日以内**作出是否逮捕、取保候审或者监视居住的决定。在特殊情况下，决定的时间可以**延长1日至4日。人民检察院决定采取强制措施的期间不计入审查起诉期限。**（《刑事诉讼法》第170条第2款）

4. 审查的内容

人民检察院审查案件的时候，必须查明：（1）犯罪事实、情节是否清楚，证据是否确实、充分，犯罪性质和罪名的认定是否正确；（2）有无遗漏罪行和其他应当追究刑事责任的人；（3）是否属于不应追究刑事责任的；（4）有无附带民事诉讼；（5）侦查活动是否合法。

5. 审查的步骤和方法

（1）**应当审阅案卷材料**。

（2）**应当讯问犯罪嫌疑人**。

（3）**应当听取辩护人或者值班律师、被害人及其诉讼代理人的意见**。

（4）**审查核实证据**。

（二）审查起诉中遇到特殊情形的处理

1. 材料不齐备的：及时要求移送案件的单位补送相关材料。

2. 审查起诉中发现立案管辖错误的

（1）自侦案件属于监察机关管辖的：及时商监察机关办理。

（2）自侦案件属于公安机关管辖的：案件事实清楚，证据确实、充分，符合起诉条件的，可以直接起诉；事实不清、证据不足的，应当及时移送有管辖权的机关办理。

（3）公安移送起诉的案件属于监察机关管辖的/监察移送起诉的应当由公安管辖的：

①案件事实清楚，证据确实、充分，符合起诉条件的，经征求监察机关、公安机

关意见后，没有不同意见的，可以直接起诉；

②有不同意见或者事实不清、证据不足的，应当将案件退回移送案件的机关并说明理由，建议其移送有管辖权的机关办理。

3. 补充侦查——有犯罪事实不清、证据不足或者存在遗漏罪行、遗漏同案犯罪嫌疑人等情形。

（1）**【公安机关侦查的案件】**人民检察院认为**犯罪事实不清、证据不足或者存在遗漏罪行、遗漏同案犯罪嫌疑人**等情形需要补充侦查的，应当制作补充侦查提纲，连同案卷材料一并**退回公安机关补充侦查**。人民检察院**也可以自行侦查**，必要时可以要求公安机关提供协助。

（2）**【监察机关调查的案件】**人民检察院对于监察机关移送起诉的案件，认为需要补充调查的，**应当退回监察机关补充调查**。必要时，**可以自行补充侦查**。需要退回补充调查的案件，人民检察院应当出具补充调查决定书、补充调查提纲，写明补充调查的事项、理由、调查方向、需补充收集的证据及其证明作用等，连同案卷材料一并送交监察机关。

（3）**【检察机关立案侦查的案件】**人民检察院负责捕诉的部门对本院负责侦查的部门移送起诉的案件进行审查后，认为**犯罪事实不清、证据不足或者存在遗漏罪行、遗漏同案犯罪嫌疑人**等情形需要补充侦查的，应当制作补充侦查提纲，连同案卷材料一并**退回负责侦查的部门补充侦查**。必要时，**也可以自行侦查**，可以要求负责侦查的部门予以协助。

⊙**【总结】**审查起诉阶段的补充侦查

1. 退回补充侦查（补充调查）

（1）**补侦主体：**公安机关、监察机关（注意，监察机关用的词为“补充调查”）、检察院负责侦查的部门。

【注意】对需要补充侦查的，检察院负责捕诉的部门应当制作补充侦查提纲，连同案卷材料一并退回公安机关补充侦查、退回监察机关补充调查、退回检察院负责侦查的部门补充侦查。

（2）**适用情形：**认为**犯罪事实不清、证据不足**或者存在**遗漏罪行、遗漏同案犯罪嫌疑人**等情形需要补充侦查的。

（3）**期限次数：**每次**一个月**，以**两次为限**。

【注意】即使改变了管辖前后总共也不能超过2次。

（4）**补侦后果：**

①经过**1次**补充侦查、补充调查后移送起诉，仍然事实不清、证据不足的，**可以不起诉**，**也可以继续补充侦查**。

②经过**第2次补**充侦查、补充调查后移送起诉，仍然事实不清、证据不足的，经检察长批准，**应当不起诉**。

（5）**期限计算：**补充侦查完毕，审查起诉的期限需要**重新计算**。

2. 自行侦查

（1）**主体**：检察院（负责捕诉的部门）。

（2）**期限**：应当在审查起诉期限内补充侦查完毕。

【注意】监察机关移送起诉的案件检察院负责捕诉的部门可以自行补充侦查的情形：

对于监察机关移送起诉的案件，具有下列情形之一的，人民检察院可以**自行补充侦查**：

①证人证言、犯罪嫌疑人供述和辩解、被害人陈述的内容主要情节一致，**个别情节不一致的**；

②物证、书证等证据材料**需要补充鉴定**的；

③其他由人民检察院查证更为便利、更有效率、更有利于查清案件事实的情形。

自行补充侦查完毕后，应当将相关证据材料入卷，同时抄送监察机关。人民检察院自行补充侦查的，可以商请监察机关提供协助。（《最高检规则》第344条）

【注意】审查起诉阶段退回补充侦查只有两次机会，无论是否改变管辖

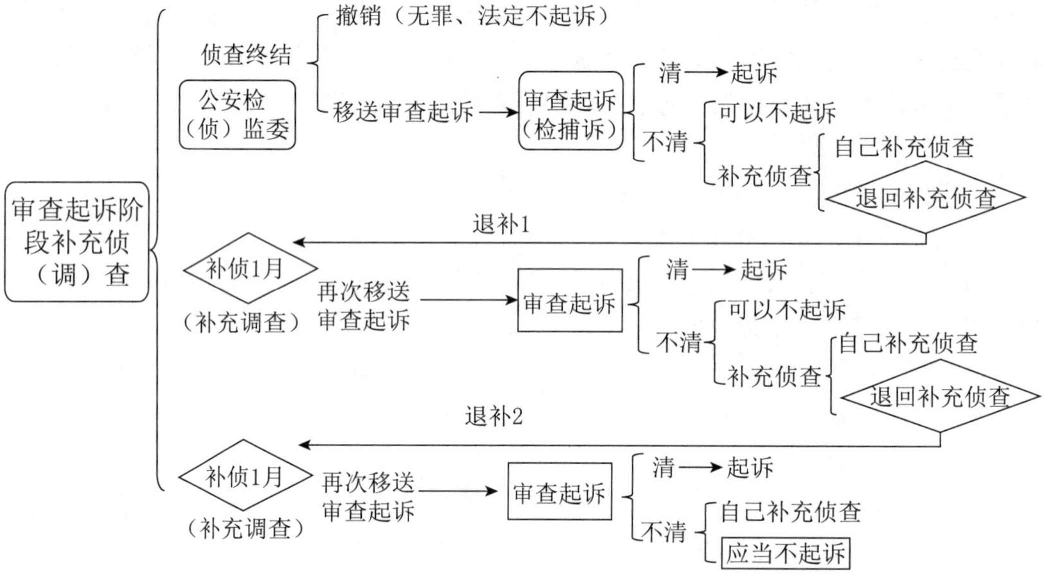

3. 有遗漏罪行或者遗漏同案犯罪嫌疑人等情形

人民检察院在办理公安机关移送起诉的案件中，发现**遗漏罪行**或者有依法应当移送起诉的**同案犯罪嫌疑人未移送**起诉的，应当要求公安**补充侦查**或者**补充移送起诉**。对于事实清楚，证据确实、充分的，也可以直接提起公诉。（《最高检规则》第356条）

［第2点与第3点的关系］根据本条规定，人民检察院在办理公安机关移送审查起诉的案件中，经阅卷、提讯犯罪嫌疑人或经自行侦查，发现除已被移送审查起诉的犯罪嫌疑人以外，还有其他应当追究刑事责任的**同案犯罪嫌疑人**，或者犯罪嫌疑人**还有**

其他罪行的，有两种处理途径：一是应当要求公安机关将遗漏的罪行或者同案犯罪嫌疑人补充移送审查起诉；如果案件事实不清，证据不足，可以按照法律规定退回公安机关补充侦查。二是如果事实清楚，证据确实、充分，也可以直接提起公诉。[1]

4. 经过二次退回补充侦查后发现新的犯罪事实

二次退回补充侦查或者二次退回补充调查的案件，在审查起诉中又发现新的犯罪事实的，**应当移送**公安机关或者监察机关**立案侦查或立案调查**；对已经查清的犯罪事实，应当依法**提起公诉**。

5. 同案犯在逃：对于移送起诉的案件，犯罪嫌疑人在逃的，应当要求公安机关采取措施保证犯罪嫌疑人到案后再移送起诉。**共同犯罪**案件中**部分**犯罪嫌疑人**在逃**的，对**在案犯罪嫌疑人**的移送起诉**应当受理**。（《最高检规则》第158条第3款）

人民检察院直接受理侦查的共同犯罪案件，如果同案犯罪嫌疑人在逃，但在案犯罪嫌疑人犯罪事实清楚，证据确实、充分的，对在案犯罪嫌疑人应当根据本规则第237条的规定分别移送起诉或者移送不起诉。由于同案犯罪嫌疑人在逃，**在案犯罪嫌疑人**的犯罪事实**无法查清**的，对在案犯罪嫌疑人应当根据案件的不同情况分别报请**延长**侦查羁押期限、**变更**强制措施或者**解除强制措施**。（《最高检规则》第252条）

6. 无犯罪事实：应当作出不起诉决定。

三、人民检察院如何处理（人民检察院审查后的处理结果）

（一）提起公诉

1. 条件

（1）犯罪事实已经查清，证据确实、充分；

（2）依法应当追究刑事责任。

2. 案件的移送

（1）人民检察院决定起诉的，应当制作起诉书。

（2）人民检察院提起公诉的案件，应当向人民法院移送起诉书、案卷材料、证据和认罪认罚具结书等材料。

3. 提出量刑建议

（1）人民检察院提起公诉的案件，可以向人民法院提出量刑建议。除有减轻处罚或者免除处罚情节外，量刑建议应当在法定量刑幅度内提出。

（2）提出量刑建议的，可以制作量刑建议书，与起诉书一并移送人民法院。

（3）认罪认罚案件的量刑建议，按照有关的规定办理。

4. 提出程序适用建议

人民检察院提起公诉时，如果案件符合简易程序适用条件的，可以建议人民院适

---

〔1〕 参见童建明、万春主编：《〈人民检察院刑事诉讼规则〉条文释义》，中国检察出版社2020年版，第377页。

用简易程序；如果案件符合速裁程序适用条件的，可以建议人民法院适用速裁程序。

（二）不起诉

不起诉，是指人民检察院对公安机关侦查终结移送起诉的案件或者对自行侦查终结的案件，经过审查后，认为犯罪嫌疑人具有某种特殊情形或者符合特定条件而作出的不将案件移送人民法院进行审判的决定。**不起诉是人民检察院审查案件的结果之一，具有终止诉讼的法律效力（附条件不起诉除外）**。

1. 种类

（1）**法定不起诉**

符合《刑事诉讼法》第**16条**规定的情形之一，或者没**有犯罪事实**的，经检察长批准，**应当**作出不起诉决定。

⊙［**提示**］负责捕诉的部门对于本院负责侦查的部门移送起诉的案件，发现具有上述规定情形的，应当退回本院负责侦查的部门，建议撤销案件。

（2）**酌定不起诉（又称相对不起诉）**

人民检察院对于同时符合以下两个条件的案件，经检察长批准，**可以作出不起诉决定**（意味着符合这两个条件也可以作出起诉决定）：

①犯罪嫌疑人的**行为已经构成犯罪**；

②**犯罪情节轻微**，依照刑法不需要判处刑罚或免除刑罚。

（3）**存疑不起诉（又称证据不足不起诉）**

①经过1次补充调查或补充侦查后，认为证据不足，**可以再次退回补充调查或补充侦查**；若没有再次退回补充调查或补充侦查必要的，经检察长批准，**可以作出不起诉决定**；

②经过**2次**补充调查或补充侦查后，仍然认为证据不足，不符合起诉条件的，经检察长批准，**应当作出不起诉决定**。

⊙［**提示**］人民检察院作出**存疑不起诉**后，在发现新的证据，符合起诉条件时，**可**以提起公诉。（《最高检规则》第369条）

（4）**附条件不起诉**

对于**未成年人**涉嫌刑法分则第**四、五、六**章规定的犯罪，可能判处**1年**有期徒刑以下刑罚，**符合起诉条件**，但有**悔罪表现**的，检察院**可以**作出附条件不起诉的决定。

（5）**认罪认罚特别不起诉**

犯罪嫌疑人自愿如实供述涉嫌犯罪的事实，有**重大立功**[1]或者案件**涉及国家重大利益**的，经**最高人民检察院**核准，人民检察院**可以**作出**不起诉**决定，**也可以**对涉嫌数罪中的**一项或者多项**不起诉。（《刑事诉讼法》第182条）

〔1〕重大立功，是指犯罪嫌疑人有检举、揭发司法机关尚未掌握或者尚未完全掌握的其他犯罪嫌疑人的重大犯罪行为，提供侦破其他重大案件的重要线索，阻止他人重大犯罪活动，协助司法机关抓捕其他重大犯罪嫌疑人等。

⊙［**提示**］①重大立功，是指犯罪嫌疑人有检举、揭发司法机关尚未掌握或者尚未完全掌握的其他犯罪嫌疑人的**重大犯罪**行为，提供侦破**其他重大案件**的重要线索，阻止他人重大犯罪活动，协助司法机关抓捕其他**重大犯罪嫌疑人**等（此处的三个“重大”是指被检举揭发的犯罪嫌疑人、被告人可能判处**无期徒刑**以上刑罚或者案件在**省**、自治区、直辖市或者**全国**范围内**有较大影响**等)。

②案件涉及国家重大利益，是指人民法院对案件的审理以及对犯罪嫌疑人的宣判和惩处，将会直接或间接地影响国家政治、外交、国防、科技、经济等领域特别重大的利益。

2. 程序

（1）**不起诉决定的程序**

作出不起诉决定，必须**经检察长批准**后才能作出。

⊙［**提示**］人民检察院直接受理侦查的案件，以及监察机关移送起诉的案件，拟作不起诉决定的，应当报请**上一级**人民检察院批准。(《最高检规则》第371条)

（2）**不起诉的宣告**

①人民检察院决定不起诉的，应当**制作不起诉决定书**(书面)。

②不起诉的决定，由人民检察院公开宣布。不起诉决定书**自公开宣布之日起**生效。

（3）**不起诉决定书的送达**

①**被不起诉人及其辩护人**以及被不起诉人的所在单位。

②对于**监察机关或者公安机关移送起诉**的案件，人民检察院决定不起诉的，应当将不起诉决定书送达监察机关或者公安机关。

③应当送达**被害人**或者其**近亲属**及其**诉讼代理人**。

（4）**对被不起诉人和涉案财物的处理**

①被不起诉人**在押**的，应当**立即释放**；被采取其他强制措施的，应当通知执行机关解除。

②根据案件的不同情况，可以对被不起诉人予以训诫或者责令具结悔过、赔礼道歉、赔偿损失。

③需要对侦查中扣押、冻结的财物解除查封、扣押、冻结的，应当**书面**通知解除。

④人民检察院决定不起诉的案件，需要**没收违法所得**的，经**检察长批准**，应当**提出检察意见**，移送有关主管机关处理，并要求有关主管机关及时通报处理情况。具体程序可以参照《最高检规则》第248条的规定办理。[1]

---

〔1〕《最高检规则》第248条规定：“人民检察院撤销案件时，对犯罪嫌疑人的违法所得及其他涉案财产应当区分不同情形，作出相应处理：（1）因犯罪嫌疑人死亡而撤销案件，依照刑法规定应当追缴其违法所得及其他涉案财产的，按照本规则第十二章第四节的规定办理。（2）因其他原因撤销案件，对于查封、扣押、冻结的犯罪嫌疑人违法所得及其他涉案财产需要没收的，应当提出检察意见，移送有关主管机关处理。（3）对于冻结的犯罪嫌疑人存款、汇款、债券、股票、基金份额等财产需要返还被害人的，可以通知金融机构、邮政部门返还被害人；对于查封、扣押的犯罪嫌疑人的违法所得及其他涉案财产需要返还被害人的，直接决定返还被害人。人民检察院申请人民法院裁定处理犯罪嫌疑人涉案财产的，应当向人民法院移送有关案卷材料。”

3. 救济

(1) **公安机关**

对于公安机关移送审查起诉的案件，公安机关认为不起诉的决定有错误的时候，可以要求**复议**，如果意见不被接受，可以向上一级人民检察院提请**复核**。

(2) **监察机关**

对于监察机关移送起诉的案件，监察机关认为不起诉的决定有错误的，可以向上一级人民检察院提请**复议**。(《监察法》第47条第4款)

(3) **被害人**

被害人如果对不起诉决定不服，可以自收到不起诉决定书后7日以内向上一级检察院**申诉**，对申诉不服的可以向法院提起**自诉**。也可以不经申诉，直接向法院提起自诉。

⊙ [**提示**] **附条件不起诉的被害人**只可以**向上一级**人民检察院**申诉，不能向法院提起自诉**。

(4) 被不起诉人

针对人民检察院作出的酌定不起诉决定，被不起诉人不服，可以自收到不起诉决定书后向**作出决定的**人民检察院提出申诉。

①如果是收到不起诉决定书后**7日以内**提出申诉的，应当由作出决定的人民检察院**负责捕诉的部门**进行复查。

②如果是收到不起诉决定书后**7日以后**提出申诉的，应当由作出决定的人民检察院**负责控告申诉检察的部门**进行审查。

四、认罪认罚从宽制度在审查起诉阶段的适用

1. 人民检察院的权利告知义务

审查案件讯问犯罪嫌疑人时，犯罪嫌疑人认罪认罚的，人民检察院应当告知其享有的诉讼权利和认罪认罚的法律规定，

2. 保障值班律师提供法律帮助(《最高检规则》第267条)

人民检察院办理犯罪嫌疑人认罪认罚案件，应当保障犯罪嫌疑人获得有效法律帮助，确保其了解认罪认罚的性质和法律后果，自愿认罪认罚。犯罪嫌疑人自愿**认罪认罚、没有辩护人**的，在审查起诉阶段，人民检察院**应当通知值班律师**为其提供法律帮助。符合通知辩护条件的，应当依法通知法律援助机构指派律师为其提供辩护。

3. 应当听取意见(《最高检规则》第269条)

犯罪嫌疑人认罪认罚的，人民检察院应当听取**犯罪嫌疑人、辩护人或者值班律师、被害人及其诉讼代理人**对下列事项的意见，并记录在案：

(1) 涉嫌的犯罪事实、罪名及适用的法律规定；

(2) 从轻、减轻或者免除处罚等从宽处罚的建议；

(3) 认罪认罚后案件审理适用的程序；

（4）其他需要听取意见的事项。

人民检察院依照前款规定听取值班律师意见的，应当提前为值班律师了解案件有关情况提供必要的便利。自人民检察院对案件审查起诉之日起，值班律师可以**查阅**案卷材料，了解案情。人民检察院应当为值班律师查阅案卷材料提供便利。

人民检察院不采纳辩护人或者值班律师所提意见的，应当向其说明理由。

4. 认罪认罚具结书（《最高检规则》第 272 条）

犯罪嫌疑人自愿认罪认罚，同意量刑建议和程序适用的，应当在**辩护人或者值班律师在**场的情况下签署认罪认罚具结书。具结书应当包括犯罪嫌疑人如实供述罪行、同意量刑建议和程序适用等内容，由犯罪嫌疑人及其辩护人、值班律师签名。

犯罪嫌疑人具有下列情形之一的，**不需要**签署认罪认罚具结书：

（1）犯罪嫌疑人是**盲**、**聋**、**哑**人，或者是尚未完全丧失辨认或者控制自己行为能力的**精神病人**的；

（2）未成年犯罪嫌疑人的**法定代理人、辩护人对未成年人认罪认罚有异议**的；

（3）**其他**不需要签署认罪认罚具结书的情形。

有前款情形，犯罪嫌疑人未签署认罪认罚具结书的，不影响认罪认罚从宽制度的适用。

【例】问：未成年犯罪嫌疑人欲认罪认罚，是否以法定代理人、辩护人同意为前提？

答：不是，只要未成年犯罪嫌疑人自己决定认罪认罚的，就可以适用认罪认罚从宽制度。若该未成年犯罪嫌疑人的法定代理人、辩护人同意他认罪认罚的，那么应当签署认罪认罚具结书。但是如果未成年犯罪嫌疑人法定代理人、辩护人不同意未成年犯罪嫌疑人认罪认罚的，就不用签署认罪认罚具结书，即未成年犯罪嫌疑人的法定代理人和辩护人不同意的只是作为签署具结书的例外，并不代表认罪认罚的不适用。

5. 审查起诉阶段认罪认罚从宽处理的表现

（1）起诉

①犯罪嫌疑人认罪认罚的，人民检察院**应当**就主刑、附加刑、是否适用缓刑等提出**量刑建议**。[1]量刑建议一般应当为**确定刑**。对新类型、不常见犯罪案件，量刑情节复杂的重罪案件等，也可以提出幅度刑量刑建议。

②犯罪嫌疑人认罪认罚，人民检察院经审查，认为符合速裁程序适用条件的，提起公诉时，**可以建议**人民法院适用**速裁程序**审理。

（2）不起诉

①**【酌定不起诉】**自愿认罪认罚，且符合酌定不起诉条件的，可以作出不起诉

［1］《最高检规则》第 276 条第 1 款、第 2 款："办理认罪认罚案件，人民检察院应当将犯罪嫌疑人是否与被害方达成和解或者调解协议，或者赔偿被害方损失，取得被害方谅解，或者自愿承担公益损害修复、赔偿责任，作为提出量刑建议的重要考虑因素。犯罪嫌疑人自愿认罪并且愿意积极赔偿损失，但由于被害方赔偿请求明显不合理，未能达成和解或者调解协议的，一般不影响对犯罪嫌疑人从宽处理。"

决定。

②**【认罪认罚特别不起诉】**犯罪嫌疑人自愿如实供述涉嫌犯罪的事实，有**重大立功**或者**案件涉及国家重大利益**的，经最高人民检察院核准，人民检察院**可以**作出不起诉决定，也**可以**对涉嫌数罪中的一项或者多项不起诉。（《刑事诉讼法》第182条第1款）

【如实供述+重大立功或国家重大利益+最高检核准=可不起诉或数罪中一项或多项不起诉】

【重大立功的理解】认罪认罚当中重大立功应从三个方面进行理解：[1]

一是现有法律规定中的重大立功。根据《刑法》第68条、第78条以及最高人民法院《关于处理自首和立功具体应用法律若干问题的解释》第7条和《关于处理自首和立功若干具体问题的意见》的规定，犯罪分子有检举、揭发他人重大犯罪行为，经查证属实；提供侦破其他重大案件的重要线索，经查证属实；阻止他人重大犯罪活动；协助司法机关抓捕其他重大犯罪嫌疑人（包括同案犯）；对国家和社会有其他重大贡献等表现的，应当认定为有重大立功表现。其中，"重大犯罪""重大案件""重大犯罪嫌疑人"的标准，一般是指犯罪嫌疑人、被告人可能被判处无期徒刑以上刑罚或者案件在本省、自治区、直辖市或者全国范围内有较大影响等情形。

二是特殊情形撤销案件中的重大立功。从认罪认罚从宽制度的设计初衷和刑事诉讼法的立法原意看，认罪认罚中"重大立功"与正常意义上的重大立功并非同一层面含义，其应当比照刑法和相关司法解释规定的重大立功更为从严把握，其在程度上应当与维护国家重大利益具有等质性，即不追究刑事责任更有利于维护外交、国家安全等国家重大利益和公共利益。

三是重大立功的把握原则。基于重大立功与国家重大利益的等质性，此类特殊案件在实践中应当是极少数，因此需要把握的原则是"严格控制，慎重适用，防止滥用"。

【国家重大利益的把握】此处的案件涉及国家重大利益，主要是指外交、国家安全、经济等国家重大利益和公共利益。刑法与刑事诉讼法中对何为国家重大利益没有作出明确的解释，需要办案机关根据案件情况严格把握。

6. 反悔

（1）**作出酌定不起诉决定后的反悔**(《最高检规则》第278条)

因犯罪嫌疑人认罪认罚，人民检察院依照《刑事诉讼法》第177条第2款作出**酌定不起诉决定**后，犯罪嫌疑人反悔的，人民检察院应当进行审查，并区分下列情形依法作出处理：

①发现犯罪嫌疑人没有犯罪事实，或者符合刑事诉讼法**第16条【法定不起诉】**规定的情形之一的，**应当撤销**原不起诉决定，依法**重新作出**不起诉决定；

---

〔1〕 参见童建明、万春主编：《〈人民检察院刑事诉讼规则〉条文释义》，中国检察出版社2020年版，第300页。

②犯罪嫌疑人**犯罪情节轻微**，依照刑法规定不需要判处刑罚或者免除刑罚的，可以**维持**原不起诉决定；

③排除认罪认罚因素后，**符合起诉条件**的，**应当**根据案件具体情况撤销原不起诉决定，依法**提起公诉**。

（2）**起诉前的反悔**

犯罪嫌疑人认罪认罚，签署认罪认罚具结书，在人民检察院提起**公诉前反悔**的，具结书失效，人民检察院应当在全面审查事实证据的基础上，**依法提起公诉**。（《认罪认罚从宽指导意见》第52条）

【经典例题】2022年12月11日，A市监察委员会将张三涉嫌贪污罪一案移送A市人民检察院审查起诉。12月12日，A市人民检察院决定将张三先行拘留，由A市公安局执行。经审查，A市人民检察院认为张三还存在涉嫌挪用公款罪的事实，于12月18日将本案退回A市监察委员会补充调查。经补充调查，12月25日，A市监察委员会将本案再次移送A市人民检察院审查起诉。1月9日，A市人民检察院向甲市人民法院提起公诉。

【问题】

1. A市人民检察院是否可以自行补充侦查？请说明理由。

2. A市人民检察院将本案退回A市监察委员会补充调查时，应如何处理？

3. 如果二次退回补充调查后，A市人民检察院认为本案依然不符合起诉条件，应如何处理？如果发现张三还存在涉嫌滥用职权罪的事实，应如何处理？

【解析】

1. 答：本案是监察机关移送起诉的案件，根据规定，A市检察院认为需要补充调查的，应当退回A市监察委员会补充调查。**必要时，可以自行补充侦查**。法条依据为《最高检规则》第343条第1款。

2. 答：（1）本案是需要退回补充调查的案件，根据规定，退回时，A市人民检察院应当**出具补充调查决定书**、**补充调查提纲**，写明补充调查的**事项**、**理由**、**调查方向**、**需补充收集的证据及其证明作用**等，连同案卷材料**一并送交**A市监察委员会。法条依据为《最高检规则》第343条第2款。（2）本案犯罪嫌疑人张三已被采取强制措施，根据规定，A市检察院应当将退回补充调查情况**书面通知**执行拘留的A市公安局。A市监察委员会**需要讯问**的，A市人民检察院**应当予以配合**。法条依据为《最高检规则》第343条第3款。

3. 答：（1）本案二次退回补充调查后，A市人民检察院仍然认为**证据不足**，不符合起诉条件的，根据规定，应当**经检察长批准**，**依法作出不起诉**决定。法条依据为《最高检规则》第367条第1款。（2）本案二次退回补充调查后，A市人民检察院又发现**新的犯罪事实**的，根据规定，应当**将线索移送**监察机关或者公安机关。对**已经查清的犯罪事实**，应当**依法提起公诉**。法条依据为《最高检规则》第349条。

专题五　第一审程序

第一节　审判组织

审判组织是指人民法院审判案件的组织形式。人民法院审判刑事案件的组织形式有三种，即**独任庭**、**合议庭**和**审判委员会**。

一、 独任庭

1. 概念：独任庭是指由**审判员一人**独任审判的制度。

2. 内容

（1）**基层法院**适用**简易程序**进行**第一审**的刑事案件，可能判处 3 年有期徒刑以下刑罚的，**可以由 1 名审判员**独任审判。

（2）**基层法院**适用**速裁程序**进行**第一审**的刑事案件，**应当由 1 名审判员**独任审判。

⊙［**提示**］**发回重审**和**再审均不适用**独任庭：①二审法院发回重审的案件不能独任，而应当**另行组**成合议庭。②由原审法院再审的案件不能独任，而应当**另行组**成合议庭。

二、 合议庭

1. 概念：合议庭，是由审判人员或者由审判人员和人民陪审员组成审判集体对具体案件进行审判的制度。

2. 组成

（1）**第一审程序**：

①基层、中级人民法院的一审程序：

<1>3 人（审判员）；

<2>3 人或 7 人（审判员+人民陪审员）。

②高级人民法院的一审程序：

<1>3、5、7 人（审判员）；

<2>3 人或 7 人（审判员+人民陪审员）。

③最高人民法院的一审程序：3、5、7 人（审判员）。

（2）**第二审程序**：3、5 人，只能由**审判员**组成。

（3）**死刑复核程序**：3 人，只能由审判员组成。（包括死刑立即执行复核和死缓复核）

（4）**发回重审/再审程序**：应当另行组成**合议庭**。（分别按照一审、二审程序组成）

［小结］陪审员参加审判有哪些限制？①**陪审员**只能参加基层法院、中级法院或者是高级法院的**一审**。②只要有陪审员参加，只能是 3 人或者 7 人合议庭。③**二审没有陪审员**参加。

三、审判委员会

1. 概念：审判委员会是人民法院内部设立的对审判工作实行集体领导的组织。审判委员会具有审判组织的性质。

2. 讨论前提：只有当合议庭难以作出决定时，才**提请院长决定提交审委会讨论**。

3. 讨论决定的案件范围

（1）对下列案件，合议庭**应当**提请院长决定提交审判委员会讨论决定：

①**【死刑案件】**高级人民法院、中级人民法院拟判处**死刑立即执行**的案件，以及中级人民法院拟判处**死刑缓期执行**的案件；

②**【需要再审案件】各级法院**已经发生法律效力的判决、裁定**确有错误需要再审**的案件；

③**【再审抗诉案件】人民检察院**依照审判监督程序提出**抗诉**的案件。

（2）下列案件，合议庭认为难以作出决定的，**可以**提请院长决定提交审判委员会讨论决定：

①合议庭成员意见有重大分歧的；②新类型案件；③社会影响重大的案件；④其他疑难、复杂、重大案件。

4. 救济

审判委员会的决定，合议庭应当执行，合议庭有不同意见，可建议院长提交审委会复议。

四、人民陪审员制度

（一）适用范围

1. 适用审级：只适用于**第一审程序**。但是，最高人民法院的第一审程序不适用人民陪审员制度。

2. 案件范围

（1）**【应当组成合议庭】**基层人民法院、中级人民法院、高级人民法院审判下列第一审刑事案件，由审判员和人民陪审员组成合议庭进行（《刑诉解释》第213条）：

①涉及群体利益、公共利益的；

②人民群众广泛关注或者其他社会影响较大的；

③案情复杂或者有其他情形，需要由人民陪审员参加审判的。

（2）**【应当组成7人合议庭的情形】**基层人民法院、中级人民法院、高级人民法院审判下列第一审刑事案件，由审判员和人民陪审员组成**七人合议庭**进行（《刑诉解释》第213条）：

①可能判处**10年**以上有期徒刑、**无期徒刑**、**死刑**，且社会**影响重大**的；

②涉及**征地拆迁**、**生态环境保护**、**食品药品安全**，且社会**影响重大**的；

③其他社会影响重大的。

（3）第一审刑事案件被告人、民事案件原告或者被告、行政案件原告**申请**由人民陪审员参加合议庭审判的，人民法院**可以**决定由人民陪审员和法官组成合议庭审判。

（二）人民陪审员的权利与义务

1. 权利

（1）**【完整表决权】**人民陪审员参加3人合议庭审判案件，对事实认定、法律适用，独立发表意见，**行使表决权。**

[**注意**] 人民陪审员不得担任审判长。

（2）**【法律适用无表决权】**人民陪审员参加7人合议庭审判案件，对事实认定独立发表意见，并与法官共同表决；对**法律适用**，可以发表意见，但**不参加表决**。

（3）**【评议原则】**合议庭评议案件时，实行**少数服从多数**的原则。人民陪审员同合议庭其他组成人员意见分歧的，应当将其意见写入笔录。

2. 义务

（1）**【回避】**人民陪审员的回避，参照有关法官回避的法律规定执行。

（2）**【履职义务】**应当忠实履行审判职责，保守审判秘密，注重司法礼仪，维护司法形象。

第二节　公诉案件第一审普通程序

第一审程序图（公诉案件）

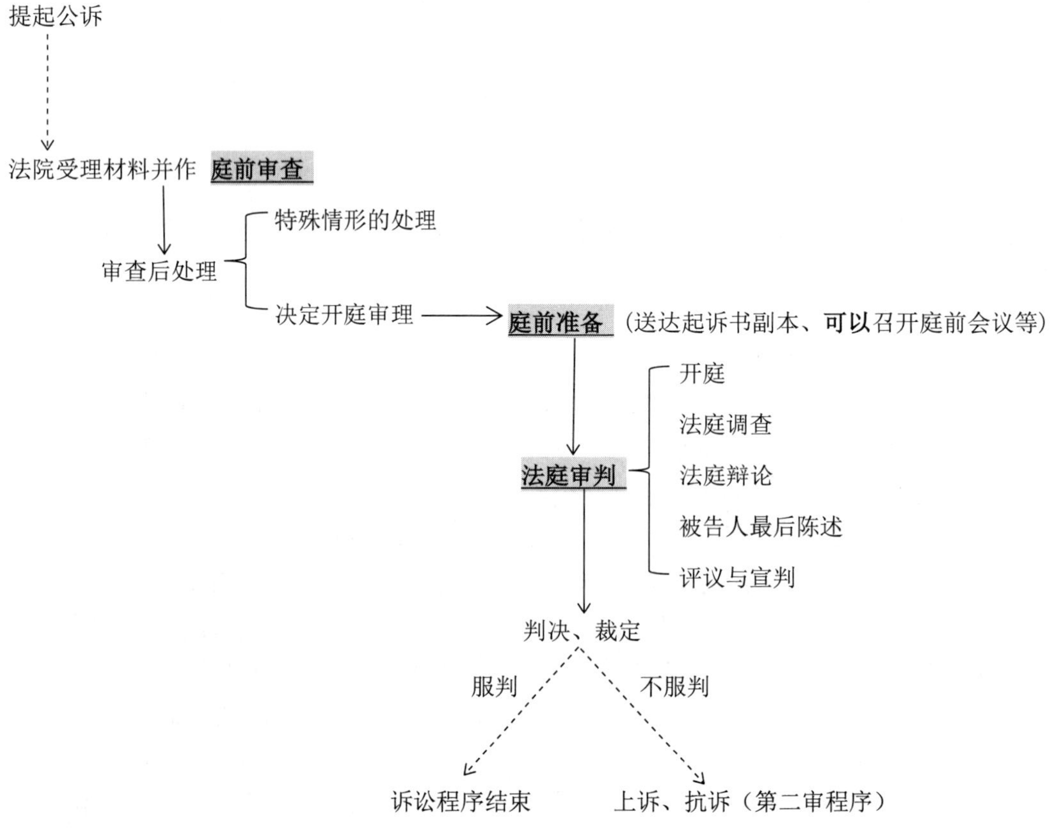

一、 对公诉案件的庭前审查

（一）任务

通过审查，解决案件是否符合开庭审判的条件，并决定是否受理（即是否将被告人正式交付法庭审判）。

（二）内容：案卷材料与全部证据

（《刑诉解释》第218条）对提起公诉的案件，人民法院应当在收到起诉书和案卷、证据后，审查以下内容：

（1）是否属于本院管辖；

（2）起诉书是否写明被告人的身份，是否受过或者正在接受刑事处罚、行政处罚、处分，被采取留置措施的情况，被采取强制措施的时间、种类、羁押地点，犯罪的时间、地点、手段、后果以及其他可能影响定罪量刑的情节；有多起犯罪事实的，是否在起诉书中将事实分别列明；

（3）是否移送证明指控犯罪事实及影响量刑的证据材料，包括采取技术调查、侦查措施的法律文书和所收集的证据材料；

（4）是否查封、扣押、冻结被告人的违法所得或者其他涉案财物，查封、扣押、冻结是否逾期；是否随案移送涉案财物、附涉案财物清单；是否列明涉案财物权属情况；是否就涉案财物处理提供相关证据材料；

（5）是否列明被害人的姓名、住址、联系方式；是否附有证人、鉴定人名单；是否申请法庭通知证人、鉴定人、有专门知识的人出庭，并列明有关人员的姓名、性别、年龄、职业、住址、联系方式；是否附有需要保护的证人、鉴定人、被害人名单；

（6）当事人已委托辩护人、诉讼代理人或者已接受法律援助的，是否列明辩护人、诉讼代理人的姓名、住址、联系方式；

（7）是否提起附带民事诉讼；提起附带民事诉讼的，是否列明附带民事诉讼当事人的姓名、住址、联系方式等，是否附有相关证据材料；

（8）监察调查、侦查、审查起诉程序的各种法律手续和诉讼文书是否齐全；

（9）被告人认罪认罚的，是否提出量刑建议、移送认罪认罚具结书等材料；

（10）有无刑事诉讼法第16条第2项至第6项规定的不追究刑事责任的情形。

（三）方式：程序性审查

（四）时间：对公诉案件是否受理，应当在7日内审查完毕

【注意-期限计入】 法院对提起公诉的案件进行审查的期限计入**审理期限**。

（五）对公诉案件庭前审查后的处理

1. 决定开庭审理： 起诉书中有明确的指控犯罪事实并且附有证据的，应当决定开庭审判。

（1）分案审理

对一案起诉的**共同犯罪**或者**关联犯罪**案件，被告人**人数众多**、案情**复杂**，人民法院经审查认为，**分案审理更有利于保障庭审质量和效率**的，可以分案审理。**分案审理不得影响当事人的质证权等诉讼权利的行使。**

（2）并案审理

对分案起诉的共同犯罪或者关联犯罪案件，人民法院经审查认为，**合并审理更有利于查明案件事实、保障诉讼权利、准确定罪量刑**的，可以**并案**审理。

2. 特殊情形的处理（《刑诉解释》第219条）

（1）**不属于本院管辖的**：应当**退回**人民检察院。

（2）**被告人不在案的**：应当**退回**人民检察院；但是，对人民检察院按照缺席审判程序提起公诉的，应当依照《刑诉解释》第24章（缺席审判程序）的规定作出处理。

（3）**对于需要补送材料的**：应当**通知**人民检察院在3日以内**补送**。

（4）依照《刑事诉讼法》第200条第3项规定宣告被告人无罪后，人民检察院根据新的事实、证据重新起诉的：人民法院应当依法受理。[1]

【注意】仅限因**证据不足**而宣告无罪的情形。（《刑事诉讼法》第200条第3项规定：证据不足，不能认定被告人有罪的，应当作出证据不足、指控的犯罪不能成立的无罪判决。）

（5）**法院裁定准许检察院撤诉的案件，没有新的影响定罪量刑的事实、证据，重新起诉的**：应当**退回**人民检察院。

（6）《刑事诉讼法》第16条第2~6项规定情形：应当**退回**人民检察院。

属于告诉才处理的案件，应当退回人民检察院，并应当同时告知被害人有权提起自诉。

（7）对于被告人真实**身份不明**，但**符合起诉条件**的：人民法院**应当依法受理**。

二、 庭前准备

（一）确定审判长及合议庭组成人员

人民法院的**书记员职责是担任审判庭的记录工作，不属于合议庭成员**。

（二）开庭10日以前：开庭10日以前将**起诉书副本**送达被告人、辩护人

（三）通知当事人在开庭5日以前提供证据

通知当事人、法定代理人、辩护人、诉讼代理人**在开庭5日以前**提供证人、鉴定

---

[1] **【解释】**一般而言，判决生效后（包括宣告无罪后生效），根据《刑诉解释》第457条第2款规定，有新的证据证明原判决、裁定认定的事实确有错误，可能影响定罪量刑的，应当启动审判监督程序予以纠正，而不是由检察院按普通程序重新起诉。但是，因为证据不足而宣告的无罪，在当时宣告无罪时是因为依据当时的证据就只能作出无罪判决，当时判决无罪并没有错。哪怕后面出现了新的事实、证据显示不应该判无罪，但因为当时的证据就那些，所以应当维护原判决的既判力。要纠正这个错误，允许检察院按普通程序重新起诉，而且法院受理后作出新的判决的，原来所作出的证据不足的无罪判决也不撤销。

人名单，以及拟当庭出示的证据；申请证人、鉴定人、有专门知识的人出庭的，应当列明有关人员的姓名、性别、年龄、职业、住址、联系方式。

（四）开庭3日以前

1. 开庭3日以前将开庭的时间、地点**通知人民检察院**。

2. 开庭3日以前将传唤当事人的传票和通知辩护人、诉讼代理人、法定代理人、证人、鉴定人等出庭的**通知书送达**；通知有关人员出庭，也可以采取电话、短信、传真、电子邮件、即时通讯等能够确认对方收悉的方式；对被害人人数众多的涉众型犯罪案件，可以通过互联网公布相关文书，通知有关人员出庭。

3. 公开审理的案件，在开庭3日以前**公布案由**、被告人姓名、开庭时间和地点。

（五）召开庭前会议

1. 可以召开的情形

《刑诉解释》第226条 案件具有下列情形之一的，人民法院**可以**决定召开庭前会议：

（1）证据材料较多、案情重大复杂的；

（2）控辩双方对事实、证据存在较大争议的；

（3）社会影响重大的；

（4）需要召开庭前会议的其他情形。

【提示】控辩双方可以申请人民法院召开庭前会议，提出申请应当说明理由。人民法院经审查认为有必要的，应当召开庭前会议；决定不召开的，应当告知申请人。（《刑诉解释》第227条）

2. 参加主体

（1）庭前会议由审判长主持，合议庭其他审判员也可以主持庭前会议。

（2）召开庭前会议**应当**通知公诉人、辩护人到场，但被告人不是必须到场，根据情况**可以通知**被告人到场，也可以不通知被告人到场（参加庭前会议不是被告人的权利）。

【例外-应当通知被告人到场的情形】庭前会议准备就**非法证据排除**了解情况、听取意见，或者准备**询问控辩双方对证据材料的意见**的，**应当通知**被告人到场。有多名被告人的案件，可以根据情况确定参加庭前会议的被告人。

3. 了解情况，听取意见

（1）在开庭以前，审判人员可以召集公诉人、当事人和辩护人、诉讼代理人，对**回避**、**出庭证人名单**、**非法证据排除**等与审判相关的问题，了解情况，听取意见。（《刑事诉讼法》第187条第2款）

（2）《刑诉解释》第228条第1款 召开庭前会议，审判人员可以就下列问题向控辩双方了解情况，听取意见：

①是否对**案件管辖**有异议；

②是否申请有关人员**回避**；

③是否申请**不公开审理**；

④是否申请**排除非法证据**；

⑤是否提供**新的证据材料**；

⑥是否申请重新**鉴定或者勘验**；

⑦是否**申请收集、调取**证明被告人无罪或者罪轻的证据材料；

⑧是否申请证人、鉴定人、有专门知识的人、调查人员、侦查人员或者其他人员出庭，是否对**出庭人员名单有异议**；

⑨是否对**涉案财物**的权属情况和人民检察院的处理建议有异议；

⑩与审判相关的其他问题。

【提示】庭前会议只是人民法院在开庭前进行的准备工作之一，案件还没正式开庭审理，因此，庭前会议仍然只能是**程序性审查**、形式性审查，而不能是实质性审查。

4. 程序要求

（1）审判人员可以询问控辩双方对证据材料有无异议，对**有异议的证据**，应当在庭审时**重点调查**；**无异议的**，庭审时举证、质证**可以简化**。

（2）庭前会议中，人民法院**可以开展附带民事调解**。

（3）庭前会议情况**应当制作笔录**，由参会人员核对后签名。

（4）庭前会议由审判长主持，合议庭其他审判员也可以主持庭前会议。召开庭前会议应当通知公诉人、辩护人到场。庭前会议准备就非法证据排除了解情况、听取意见，或者准备询问控辩双方对证据材料的意见的，应当通知被告人到场。有多名被告人的案件，可以根据情况确定参加庭前会议的被告人。

（5）庭前会议一般不公开进行。根据案件情况，庭前会议可以采用视频等方式进行。

5. 事项处理

（1）对**可能导致庭审中断的程序性事项**，人民法院可以在庭前会议后依法作出处理，并在庭审中说明处理决定和理由。控辩双方没有新的理由，在庭审中再次提出有关申请或者异议的，法庭可以在说明庭前会议情况和处理决定理由后，依法予以驳回。

（2）人民法院在庭前会议中听取控辩双方对案件事实、证据材料的意见后，对**明显事实不清、证据不足的案件**，可以建议人民检察院补充材料或者撤回起诉。建议撤回起诉的案件，人民检察院不同意的，开庭审理后，没有新的事实和理由，一般不准许撤回起诉。

（3）对召开庭前会议的案件，可以在开庭时告知庭前会议情况。对**庭前会议中达成一致意见的事项**，法庭在向控辩双方核实后，可以当庭予以确认；未达成一致意见的事项，法庭可以归纳控辩双方争议焦点，听取控辩双方意见，依法作出处理。控辩双方在庭前会议中就有关事项达成一致意见，在庭审中反悔的，除有正当理由外，法庭一般不再进行处理。

(六) 出庭要求

1. 人民法院审判公诉案件，人民检察院**应当派员出席法庭**支持公诉。

2. 被害人、诉讼代理人经传唤或者通知未到庭，**不影响开庭审理的**，人民法院**可以开庭审理**。

3. 辩护人经通知未到庭，**被告人同意的**，法院可以开庭审理，但被告人属于应当提供法律援助情形的除外。

4. 被害人人数众多，且案件不属于附带民事诉讼范围的，被害人可以推选若干代表人参加庭审。(《刑诉解释》第 224 条)

三、 法庭审判

(一) 开庭

1. 书记员

受审判长委托，查明公诉人、当事人、证人及其他诉讼参与人是否到庭。

2. 审判长

(1) 开庭的时候，审判长查明当事人是否到庭。

(2) **审判长宣布案件的来源、起诉的案由**、附带民事诉讼当事人的姓名及是否公开审理；**不公开审理的，应当宣布理由**。

(3) 审判长宣布人员名单。

(4) 审判长应当**告知**当事人及其法定代理人、辩护人、诉讼代理人在法庭审理过程中依法享有的**诉讼权利**。

(5) 审判长应当询问当事人及其法定代理人、辩护人、诉讼代理人是否申请回避、申请何人回避和申请回避的理由。

(6) **被告人认罪认罚的，审判长应当告知被告人享有的诉讼权利和认罪认罚的法律规定。**(《刑事诉讼法》第 190 条第 2 款)

(二) 法庭调查

1. 公诉人宣读起诉书

审判长宣布法庭调查开始后，先由公诉人宣读起诉书，有附带民事诉讼的，再由附带民事诉讼原告人或者其诉讼代理人宣读附带民事诉状。

2. 被告人、被害人陈述

公诉人宣读起诉书后，在审判长主持下，被告人、被害人可以就起诉书指控的犯罪事实分别进行陈述。

3. 讯问、发问当事人

(1) 公诉人、当事人、法定代理人、辩护人、诉讼代理人都有权讯问或发问，但针对的对象有所不同。而且只有公诉人讯问被告人不需要经审判长准许，其余人员的讯问、发问，以及公诉人向被害人、附带民事诉讼原告人发问都必须经审判长准许。

（2）讯问**同案审理**的被告人，**应当分别进行**。（《刑诉解释》第243条）

（3）审理过程中，法庭认为有必要的，可以传唤同案被告人、分案审理的共同犯罪或者关联犯罪案件的被告人等到庭对质。（《刑诉解释》第269条）

【名师点拨】除了开庭查明情况及宣读起诉书时为了提高诉讼效率同案被告人可以同时在场外，从讯问被告人开始就必须分别进行。

4. 出示、核实证据

证据只有经过查证核实才能成为定案的根据。因此，在讯问、发问当事人以后，应当核查各种证据。具体程序如下：

（1）出示、宣读证据

①出示证据的一方就所出示的证据的**来源、特征**等作必要的**说明**。

②举证方当庭出示证据后，由对方发表质证意见。

③举证、质证的方式（《最高检规则》第399条第2款）：

其一，**【需要单独举证、质证】**对**可能影响定罪量刑的关键证据**和控辩双方**存在争议的证据**，**一般应当**单独举证、质证，充分听取质证意见。

其二，**【仅说明即可】**对不影响定罪量刑且控辩双方**无异议的证据**，举证方可以仅就证据的名称及证明的事实作出说明。

其三，**【分组示证、质证】**对于证明方向一致、证明内容相近或者证据种类相同，存在内在逻辑关系的证据，可以归纳、分组示证、质证。

【注意】公诉人出示证据时，可以借助多媒体设备等方式出示、播放或者演示证据内容。定罪证据和量刑证据需要分开的，应当分别出示。

④**【证据偷袭】**公诉人申请出示**开庭前未移送**人民法院的证据，辩护方提出异议的，审判长**应当**要求公诉人**说明理由**；理由成立并确有出示必要的，应当准许。**辩护方**提出需要对新的证据**作辩护准备**的，法庭可以**宣布休庭**，并确定准备辩护的时间。

（2）询问证人、鉴定人、调查人员、侦查人员

①证人、鉴定人**应当**出庭的条件

《刑事诉讼法》第192条　公诉人、当事人或者辩护人、诉讼代理人对证人证言**有异议**，且该证人证言对案件定罪量刑**有重大影响**，人民法院认为证人**有必要**出庭作证的，证人应当出庭作证。

人民警察就其执行职务时目击的犯罪情况作为证人出庭作证，适用前款规定。

公诉人、当事人或者辩护人、诉讼代理人对鉴定意见**有异议**，人民法院认为鉴定人**有必要**出庭的，鉴定人应当出庭作证。经人民法院通知，鉴定人拒不出庭作证的，鉴定意见不得作为定案的根据。

②调查人员、侦查人员出庭

控辩双方对侦破经过、证据来源、证据真实性或者合法性等有异议，申请调查人员、侦查人员或者有关人员出庭，人民法院认为有必要的，应当通知调查人员、侦查人员或者有关人员出庭。（《刑诉解释》第249条第2款）

③依职权通知出庭

为查明案件事实、调查核实证据，人民法院可以依职权通知证人、鉴定人、有专门知识的人、调查人员、侦查人员或者其他人员出庭。

人民法院通知有关人员出庭的，可以要求控辩双方予以协助。

④证人**可以**不出庭的情形

《刑诉解释》第 253 条　证人具有下列情形之一，无法出庭作证的，人民法院**可以**准许其不出庭：

<1>庭审期间身患严重疾病或者行动极为不便的；

<2>居所远离开庭地点且交通极为不便的；

<3>身处国外短期无法回国的；

<4>有其他客观原因，确实无法出庭的。

具有前款规定情形的，可以通过视频等方式作证。

⑤证人、鉴定人拒绝出庭的后果

<1>证人拒不出庭的后果：

《刑事诉讼法》第 193 条　经人民法院通知，证人没有正当理由不出庭作证的，人民法院可以**强制其到庭**，但是被告人的**配偶**、**父母**、**子女**除外。证人没有正当理由拒绝出庭或者出庭后拒绝作证的，**予以训诫**，**情节严重的**，**经院长批准**，**处以 10 日以下的拘留**。被处罚人对拘留决定不服的，可以向上一级人民法院申请复议。复议期间不停止执行。

⊙**【名师点拨】**此处的拘留属于司法拘留，而非刑事强制措施的拘留。法院没有刑事拘留权。

<2>鉴定人拒不出庭的后果：

A. 经人民法院通知，**鉴定人拒不出庭作证的，鉴定意见不得作为定案的根据**。（《刑诉解释》第 99 条第 1 款）

B. 鉴定人由于不能抗拒的原因或者有其他正当理由无法出庭的，人民法院可以根据情况决定**延期审理**或者**重新鉴定**。（《刑诉解释》第 99 条第 2 款）

（3）有专门知识的人出庭作证

①公诉人、当事人及其辩护人、诉讼代理人**申请法庭通知**有专门知识的人出庭，**就鉴定意见提出意见的，应当说明理由**。法庭认为有必要的，应当通知有专门知识的人出庭。

②申请有专门知识的人出庭，**不得超过 2 人**。**有多种类鉴定意见的，可以相应增加人数**。

③有专门知识的人出庭，**适用鉴定人出庭的有关规定**。

5. 调取新证据

《刑诉解释》第 273 条　法庭审理过程中，控辩双方**申请通知新的证人到庭**，**调取新的证据**，**申请重新鉴定或者勘验的**，应当提供证人的基本信息、证据的存放地点，说明拟证明的事项，申请重新鉴定或者勘验的理由。**法庭认为有必要的，应当同意，并宣布休庭；根据案件情况，可以决定延期审理。**

人民法院决定重新鉴定申请的，应当及时委托鉴定，并将鉴定意见告知人民检察院、当事人及其辩护人、诉讼代理人。

6. 补充侦查

（1）《刑诉解释》第274条　审判期间，公诉人发现案件**需要补充侦查，建议延期审理**的，**合议庭可以同意**，但建议延期审理**不得超过2次**。

人民检察院将补充收集的证据移送人民法院的，人民法院应当通知辩护人、诉讼代理人查阅、摘抄、复制。

补充侦查期限届满后，经法庭通知，人民检察院**未将补充的证据材料移送人民法院的**，人民法院**可以根据在案证据作出判决、裁定**。

（2）《刑诉解释》第277条　审判期间，合议庭发现被告人可能有**自首、坦白、立功等法定量刑情节**，而人民检察院移送的**案卷中没有相关证据材料的，应当通知人民检察院在指定时间内移送**。

审判期间，**被告人提出新的立功线索的**，人民法院**可以建议**人民检察院补充侦查。

7. 合议庭调查核实证据

《刑事诉讼法》第196条　法庭审理过程中，合议庭对证据有疑问的，**可以宣布休庭，对证据进行调查核实**。人民法院调查核实证据，可以进行**勘验、检查、查封、扣押、鉴定和查询、冻结**。

法庭对证据有疑问的，可以告知公诉人、当事人及其法定代理人、辩护人、诉讼代理人补充证据或者作出说明；必要时，可以宣布休庭，对证据进行调查核实。对公诉人、当事人及其法定代理人、辩护人、诉讼代理人补充的和审判人员庭外调查核实取得的证据，应当经过当庭质证才能作为定案的根据。但是，对不影响定罪量刑的非关键证据、有利于被告人的量刑证据以及认定被告人有犯罪前科的裁判文书等证据，经庭外征求意见，控辩双方没有异议的除外。（《刑诉解释》第271条）

⊙**【名师点拨】**法院调查核实证据的**措施有很多，但是没有搜查。**

（三）法庭辩论

法庭辩论应当在审判长的主持下，按照下列顺序进行：

（1）公诉人发言。公诉人的首轮发言被称作发表公诉词。

（2）被害人及其诉讼代理人发言。

（3）被告人自行辩护。

（4）辩护人辩护。

（5）控辩双方进行辩论。

(四) 被告人最后陈述

1. 含义

(1) 被告人最后陈述是法庭审判中一个**独立的阶段**。

(2) 审判长宣布法庭辩论终结后，合议庭应当保证被告人充分行使最后陈述的权利。

(3) 被告人最后陈述是被告人一项**不可剥夺、不可替代、不可省略**的权利，无论是普通程序还是简易程序、速裁程序，均不得剥夺。

2. 禁止性规定

(1) 被告人在最后陈述中多次重复自己意见的，审判长可以制止。

(2) 被告人陈述内容蔑视法庭、公诉人，损害他人及社会公共利益，或者与本案无关的，应当制止。

(3) 在公开审理的案件中，被告人最后陈述的内容涉及国家秘密、个人隐私或者商业秘密的，应当制止。

⊙**【名师点拨】**《刑诉解释》第 288 条规定：被告人在最后陈述中提出**新的事实、证据**，合议庭认为可能影响正确裁判的，应当**恢复法庭调查**；被告人提出**新的辩解理由**，合议庭认为可能影响正确裁判的，应当**恢复法庭辩论**。

(五) 评议与宣判

1. 评议

评议一律秘密进行。

2. 判决类型

(1) 有罪判决

①起诉指控的事实清楚，证据确实、充分，依据法律认定指控被告人的罪名成立的，应当作出有罪判决。

②起诉指控的事实清楚，证据确实、充分，指控的罪名与审理认定的罪名不一致的，应当**按照审理认定的罪名**作出有罪判决。

【提示】具有第②项规定情形的，人民法院应当在判决前听取控辩双方的意见，保障被告人、辩护人充分行使辩护权。必要时，可以重新开庭，组织控辩双方围绕被告人的行为构成何罪进行辩论。

(2) 无罪判决

①案件事实清楚，证据确实、充分，依据法律认定被告人无罪的，应当判决宣告被告人无罪。

②**证据不足，不能认定被告人有罪的**，应当以证据不足、指控的犯罪不能成立，判决宣告被告人无罪。

⊙**【名师点拨】**因证据不足，不能认定被告人有罪而被判无罪的案件，如果有新事实和证据重新起诉，人民法院应当受理，并**应当在判决中写明**被告人曾被人民检察院提起公诉，因证据不足，指控的犯罪不能成立，被人民法院依法判决宣告无罪的情况；前案依照刑事诉讼法第200条第3项规定（即证据不足）作出的判决**不予撤销**。

（3）依法不负刑事责任的判决

①被告人因未达到刑事责任年龄，不予刑事处罚的，应当判决宣告被告人不负刑事责任。

②被告人是精神病人，在不能辨认或者不能控制自己行为时造成危害结果，不予刑事处罚的，应当判决宣告被告人不负刑事责任。被告人符合强制医疗条件的，应当依照强制医疗程序进行审理并作出判决。

3. 宣判

（1）宣告判决，一律公开进行。

（2）宣判形式

①**当庭宣判**：5日以内送达判决书。

②**定期宣判**：立即送达判决书。

四、法庭审理中特殊问题的处理

（一）法院在审判期间发现新事实的处理

审判期间，人民法院发现新的事实，可能影响定罪量刑的，或者需要补查补证的，应当**通知人民检察院**，由其决定是否补充、变更、追加起诉或者补充侦查。人民检察院不同意或者在指定时间内未回复书面意见的，人民法院应当就起诉指控的事实，依照《刑诉解释》第295条的规定作出判决、裁定。（《刑诉解释》第297条）

（二）检察院发现新情况的处理（《最高检规则》第423条）

1. 变更起诉

在人民法院宣告判决前，人民检察院发现被告人的真实身份或者犯罪事实与起诉书中叙述的身份或者指控犯罪事实**不符的**，或者事实、证据没有变化，但罪名、适用法律与起诉书**不一致的**，**可以变更起诉**。

2. 追加、补充起诉

在人民法院宣告判决前，人民检察院发现**遗漏的**同案犯罪嫌疑**人或者罪**行可以一并起诉和审理的，**可以追加、补充起诉**。

⊙**【总结】**法院要遵循不告不理原则。不告不理原则有两项要求：第一，没有起诉，就没有审判。第二，法院审判的范围仅限于起诉的事实范围。受不告不理原则的约束，法院在审理案件过程中遇有不同的情形，处理方式有所不同：

（1）法院依法审理后**认定的罪名与检察机关指控的罪名不一致**，法院如何处理？——应当**按照审理认定的罪名作出有罪判决**。人民法院应当在判决前听取控辩双方的意见，保障被告人、辩护人充分行使辩护权。必要时，可以重新开庭，组织控辩双方围绕被告人的行为构成何罪进行辩论（但如果法院认为构成告诉才处理的罪名的，只能裁定终止审理，并将材料退回检察院，并告知被害人有权向法院提起自诉）。

（2）人民法院在审判期间**发现新的事实**，可能影响定罪的，法院如何处理？——法院**应当通知检察院**，由检察院决定是否补充、追加、变更起诉或补充侦查。

（3）审判期间，**被告人提出新的立功线索的**，法院如何处理？——法院**可以建议人民检察院补充侦查**。

（4）审判期间，合议庭发现被告人可能有**自首、坦白、立功等法定量刑情节**，而人民检察院移送的案卷中没有相关证据材料的，法院如何处理？——法院**应当通知人民检察院移送**。

（三）撤诉问题

公诉案件的撤诉：

1. 在开庭后、宣告判决前，人民检察院要求撤回起诉的，人民法院应当审查撤回起诉的理由，作出是否准许的裁定。（《刑诉解释》第296条）

2. 经法院审查，如果被告人确实无罪，不需要负刑事责任的，法院应当裁定准许撤诉；如果被告人有罪的，则不准许。

⊙**【提示】**对于撤回起诉的案件，没有新的事实或者新的证据，人民检察院不得再行起诉。

五、审理中特殊情形的处理

（一）裁定终止审理：《刑事诉讼法》第16条第2~6项。

【注意1-亲告案件】属于告诉才处理的案件，应当**裁定终止**审理，并**告知**被害人有权提起自诉。

【注意2-被告人死亡】被告人死亡的，应当**裁定终止**审理；但有证据证明被告人无罪，经缺席审理确认无罪的，应当判决宣告被告人无罪。

（二）裁定中止审理

1. 被告人患有**严重疾病**，无法出庭的；

2. 被告人**脱逃**的；

3. 自诉人患有**严重疾病**，无法出庭，未委托诉讼代理人出庭的；

4. 由于**不能抗拒**的原因。

【注意-期限不计入】中止审理的原因消失后，应当恢复审理。中止审理的期间不计入审理期限。

（三）决定延期审理

1. 需要通知新的证人到庭，调取新的物证，重新鉴定或者勘验的。（**时间继续算**）

2. 检察院要补充侦查，提出建议的。合议庭应当同意。（**审限重新计算**）

3. 由于当事人申请回避而不能进行审判的。（**时间继续算**）

4. 简易程序转为普通程序审理的案件，公诉人需要为出席法庭进行准备的，可以

建议人民法院**延期审理**。（从**决定转化之日**起重新计算）

六、公诉案件第一审程序的审理期限

（一）2个月

人民法院审理公诉案件，应当在受理后2个月以内宣判。

（二）延长1个月

至迟不得超过3个月。

（三）再延长3个月

对于可能判处死刑的案件或者附带民事诉讼的案件，以及有以下情形之一的：交通十分不便的边远地区的重大复杂案件、重大的犯罪集团案件、流窜作案的重大复杂案件、犯罪涉及面广，取证困难的重大复杂案件，经**上一级人民法院**批准，可以延长3个月。

（四）无限延长

因特殊情况还需要延长的，报请**最高人民法院**批准。

第三节　自诉案件的第一审程序

一、自诉案件的范围

（一）告诉才处理的案件（侮辱、诽谤案；暴力干涉婚姻自由案；虐待案；侵占案）

（二）被害人有证据证明的轻微刑事案件（公诉和自诉交叉）

（三）公诉转自诉案件

二、自诉案件的审查与受理

（一）审查

1. 审查时间

对自诉案件，人民法院应当在15日内审查完毕。

2. 审查内容（法院受理自诉案件的条件）

（1）**有适格的自诉人**。在法律规定的自诉案件范围内，遭受犯罪行为直接侵害的被害人有权向人民法院提起自诉。

（2）**属于自诉案件的受案范围**。

【名师点拨】自诉案件的范围是：①告诉才处理的案件（侮辱、诽谤案；暴力干涉婚姻自由案；虐待案；侵占案）②被害人有证据证明的轻微刑事案件（公诉和自诉交叉）③公诉转自诉案件。

（3）**受诉人民法院有管辖权**。

（4）**有明确的被告人、具体的诉讼请求。**

（5）**有能证明被告人犯罪事实的证据。**

（二）审查后的处理

1. 受理（立案）

经审查，符合受理条件的，应当决定立案，并书面通知自诉人或者代为告诉人。对犯罪事实清楚，有足够证据的自诉案件，应当开庭审理。

⊙**【名师点拨】**被告人实施两个以上犯罪行为，分别属于公诉案件和自诉案件，人民法院可以一并审理。对自诉部分的审理，适用自诉案件第一审程序的规定。

2. 不予受理

《刑诉解释》第320条第2款　具有下列情形之一的，**应当说服自诉人撤回起诉；自诉人不撤回起诉的，裁定不予受理：**

（1）不属于自诉案件的；

（2）**缺乏罪证的；**

（3）犯罪已过追诉时效期限的；

（4）被告人死亡的；

（5）被告人下落不明的；

（6）除因证据不足而撤诉的以外，自诉人撤诉后，就同一事实又告诉的；

（7）经人民法院调解结案后，自诉人反悔，就同一事实再行告诉的；

（8）属于本解释第一条第二项规定的案件，公安机关正在立案侦查或者人民检察院正在审查起诉的；

（9）不服人民检察院对未成年犯罪嫌疑人作出的附条件不起诉决定或者附条件不起诉考验期满后作出的不起诉决定，向人民法院起诉的。

三、自诉案件第一审程序的特点

（一）可以适用简易程序

三类自诉案件均可以适用简易程序。

（二）可以调解

1. **前两类自诉案件**（告诉才处理的案件和被害人有证据证明的轻微刑事案件）**可以调解**。

2. **第三类自诉案件**（被害人有证据证明对被告人侵犯自己人身、财产权利的行为应当依法追究刑事责任，而公安机关或者人民检察院不予追究被告人刑事责任的案件）**不适用调解**。

（三）可以提起反诉

1. 前两类自诉案件的被告人或者其法定代理人在诉讼过程中，可以对自诉人提起反诉。但**第三类自诉案件被告人不可以提起反诉**。

2. 反诉案件适用自诉案件的规定，应当与自诉案件一并审理。**自诉人撤诉的，不影响反诉案件的继续审理**。

3. 二审不能提起反诉。二审期间，自诉案件当事人提起反诉的，**应当告知其另行起诉**。

（四）可以和解与撤诉

1. **三类自诉案件**均可以和解与撤诉。

2. 判决宣告前，自诉案件的当事人可以自行和解，自诉人可以撤回自诉。人民法院经审查，认为和解、撤回自诉**确属自愿的，应当裁定准许**；认为系被强迫、威吓等，并**非出于自愿的，不予准许**。

3. 自诉人经**两次**传唤，无正当理由拒不到庭，或者未经法庭准许中途退庭的，人民法院应当裁定**按撤诉处理**。

4. 裁定准许撤诉或者当事人自行和解的自诉案件，被告人被采取强制措施的，人民法院应当**立即解除**。

5. 部分自诉人撤诉或者被裁定按撤诉处理的，**不影响案件的继续审理**。

（五）自诉案件具有可分性（《刑诉解释》第323条）

1. 被告人的可分性

自诉人明知有其他共同侵害人，但只**对部分侵害人提起自诉**的，人民法院应当**受理**，并告知其放弃告诉的法律后果；自诉人放弃告诉，判决宣告后**又对其他共同侵害人就同一事实提起自诉的，人民法院不予受理**。

2. 自诉人的可分性

共同被害人中**只有部分人告诉**的，人民法院应当通知其他被害人参加诉讼，并告知其不参加诉讼的法律后果。被通知人接到通知后表示不参加诉讼或者不出庭的，视为放弃告诉。第一审宣判后，被通知人就同一事实又提起自诉的，人民法院不予受理。但是，当事人另行提起民事诉讼的，不受本解释限制。

（六）审限特殊

1. 被告人未被羁押的

适用普通程序审理的被告人未被羁押的自诉案件，应当在立案后**6个月**内宣判。

2. 被告人被羁押的

如果被告人被羁押的，审理期限与公诉案件的相同。

第四节　简易程序

一、概念

简易程序，是指基层法院在审理具备特定条件的案件时所采取的相对简单的审理程序，它是简化和省略普通程序的某些环节和步骤后形成的一种程序。

二、 适用范围

(一) 积极范围

基层法院管辖的案件，同时符合下列条件的，人民法院**可以适用简易程序**审判：

1. 案件事实清楚、证据充分的；

2. 被告人认罪（此处的认罪是指认事实，即承认自己所犯罪行，对指控的犯罪事实没有异议）；

3. 被告人对适用简易程序没有异议的。

(二) 消极范围

1. 被告人是**盲、聋、哑**人；

2. 被告人是尚未完全丧失辨认或者控制自己行为能力的**精神病**人；

3. 有**重大社会影响**的；

4. 共同犯罪案件中**部分被告人不认罪**或者**对适用简易程序有异议**的；

5. 辩护人**作无罪辩护**的；

6. 被告人认罪但经审查认为**可能不构成犯罪**的；

7. 不宜适用简易程序审理的其他情形。

【注意】①自诉案件——可以适用。

②未成年人案件——经未成年人犯罪嫌疑人、被告人本人、法定代理人、辩护人同时同意的，可以适用简易程序。

③共同犯罪案件——可以适用，只要全部共犯都认罪，且都同意适用即可。

【例】问：某案中被告人涉嫌间谍罪，可能判处有期徒刑 3 年，可以适用简易程序吗？

答：间谍罪、危害国家安全犯罪等的最低管辖法院是中院，所以间谍罪不会在基层法院审判，因此间谍罪不能适用简易程序，因为它最低管辖法院在中院。此处应当学会举一反三，**中院一审案件肯定不能适用简易程序，因为简易程序只能适用于基层法院**。

三、 审理特点

1. 只适用于一审、基层法院。

2. 程序启动：

(1) **自诉案件，法院决定**是否适用。

(2) **公诉案件（三种方式）**，简易程序既可以由检察院在提起公诉时**建议适用**；也可以由被告人及其辩护人**申请适用**；还可以由法院自己**决定适用**。

【注意】适用简易程序的案件，审判长或独任审判员**应当当庭询问**被告人对指控的犯罪事实的意见，告知被告人适用简易程序审理的法律规定，**确认被告人是否同意适用简易程序**。

3. 审判组织形式的简化。可能判处【**3年有期徒刑以下**】刑罚的**可以独任审判**，可以合议庭。但是可能判处【**超过3年**】有期徒刑刑罚的**必须合议庭**。

【注意-量刑变化导致程序转化】适用简易程序独任审判过程中，发现对被告人可能判处的有期徒刑超过3年的，应当转由合议庭审理。

4. 适用简易程序审理案件，被告人有辩护人的，应当通知其出庭。

5. 适用简易程序审理的公诉案件，人民检察院应当派员出庭。

6. 法庭审理程序简便。简化法庭调查和法庭辩论程序，不受送达、讯问被告人、询问证人、鉴定人、出示证据、法庭辩论程序规定的限制，可以简化，但在判决宣告前**应当听取被告人的最后陈述意见**。

7. 审理期限较短。法院应当在受理后**20日以内审结**；对可能判处的有期徒刑**超过3年的，可以延长至一个半月**。

8. 适用简易程序，一般应当当庭宣判。

9. 适用简易程序审理案件，裁判文书可以简化。

四、 简易程序向普通程序转化

（一）【转化的法定事由】

1. 被告人的行为可能**不构成犯罪**的；
2. 被告人可能**不负刑事责任**的；
3. 被告人当庭对起诉指控的犯罪事实予以**否认**的；
4. 案件事实**不清**、证据**不足**的；
5. 不应当或者不宜适用简易程序的其他情形。

（二）【审理期限的重新计算】

决定转为普通程序审理的案件，审理期限应当从**作出决定之日**起计算。

（三）【转化后的程序要求】

转为普通程序审理的案件，公诉人需要为出席法庭进行准备的，可以建议法院延期审理。

第五节　速裁程序

一、 适用条件

（一）积极条件

基层人民法院管辖的可能判处**3年有期徒刑**以下刑罚的案件，案件**事实清楚，证据确实、充分**，被告人**认罪认罚**并**同意适用速裁程序**的，可以适用速裁程序，由审判员1人独任审判。

（二）消极条件

有下列情形之一的，不适用速裁程序：

1. 被告人是**盲、聋、哑**人；

2. 被告人是尚未完全丧失辨认或者控制自己行为能力的**精神病人**的；

3. **【注意-对比简易程序】**被告人是**未成年人**的；

4. 案件有**重大社会影响**的；

5. 共同犯罪案件中**部分被告人**对指控的犯罪事实、罪名、量刑建议或者适用速裁程序**有异议**的；

6. 被告人与被害人或者其法定代理人**没有**就附带民事诉讼赔偿等事项**达成调解或者和解协议**的；

7. 辩护人**作无罪辩护**的；

8. 其他不宜适用速裁程序的情形。

【注意 1】自诉案件不能适用速裁程序。

【注意 2】速裁程序仅仅适用于基层法院的 3 年有期徒刑以下刑罚的案件，如果是危害国家安全犯罪的，按照法律规定最低管辖法院在中院。所以危害国家安全犯罪、恐怖活动犯罪等绝对不能够适用速裁程序。

二、 速裁程序的特点

1. 只适用于**第一审**程序。

2. 只适用于**基层**法院。

3. **程序启动：【三种方式，决定权在法院】**

速裁程序既可以由**检察院建议适用；**也可以由**法院自己决定适用；被告人及其辩护人可以向法院提出**适用速裁程序的**申请**。

4. 速裁程序实行**独任审判**。

5. 审理期限较短。适用速裁程序审理案件，人民法院**应当**在受理后**10 日**以内审结；对可能判处的有期徒刑**超过 1 年**的，可以延长至**15 日**。

三、 速裁程序的审理

1. 适用速裁程序审理案件，一般不进行法庭调查、法庭辩论，但在判决宣告前应当听取**辩护人的意见**和被告人的**最后陈述**意见。

2. 适用速裁程序审理的案件，人民检察院**应当派员出席**法庭。

3. 适用速裁程序审理案件，可以**集中开庭，逐案审理**。公诉人简要宣读起诉书后，审判人员应当当庭询问被告人对指控事实、证据、量刑建议以及适用速裁程序的意见，核实具结书签署的自愿性、真实性、合法性，并核实附带民事诉讼赔偿等情况。

4. 适用速裁程序审理案件，**应当**当庭宣判。

5. 适用速裁程序审理案件，裁判文书可以简化。

四、 程序转化

（一）【应当转化的情形】

适用速裁程序审理案件，在法庭审理过程中，具有下列情形之一的，应当转为普通程序或者简易程序审理：

1. 被告人的行为可能**不构成犯罪**或者**不应当追究刑事责任**的；
2. 被告人**违背意愿**认罪认罚的；
3. 被告人**否认**指控的犯罪事实的；
4. 案件疑难、复杂或者对适用法律**有重大争议**的；
5. 其他不宜适用速裁程序的情形。

（二）【期间重新计算】

决定转为普通程序或者简易程序审理的案件，**审理期限应当从作出决定之日起计算**。

第六节　认罪认罚从宽制度在审判阶段中的适用

（一）一审法院的权利告知义务

对认罪认罚案件，法庭审理时**应当告知**被告人享有的诉讼权利和认罪认罚的法律规定。

（二）保障值班律师提供法律帮助

1. 被告人没有委托辩护人，法律援助机构也没有指派律师为其提供辩护的，人民法院**应当告知被告人有权约见值班律师，并为被告人约见值班律师提供便利**。

2. 人民法院收到在押被告人提出的法律帮助申请，应当依照有关规定及时通知值班律师。

（三）程序适用

对认罪认罚案件，应当根据案件情况，依法适用速裁程序、简易程序或者普通程序审理。

（四）审查内容

审查认罪认罚的**自愿性**和认罪认罚**具结书内容的真实性、合法性**。

（五）一审阶段认罪认罚从宽的表现

1. 定罪：【一般应当采纳罪名】对于认罪认罚案件，人民法院依法作出判决时，**一般应当采纳**人民检察院指控的**罪名**。

【指控和审理罪名不一致】对认罪认罚案件，人民检察院起诉指控的事实清楚，但指控的罪名与审理认定的**罪名不一致**的，人民法院**应当听取**人民检察院、被告人及其辩护人对审理认定罪名的意见，**依法作出判决**。

2. 量刑

（1）**【一般应当采纳量刑建议】**对于认罪认罚案件，人民法院依法作出判决时，一般应当采纳人民检察院指控的罪名和量刑建议。

（2）**【调整量刑建议】**但有下列情形的除外：①被告人的行为不构成犯罪或者不应当追究其刑事责任的；②被告人违背意愿认罪认罚的；③被告人否认指控的犯罪事实的；④起诉指控的罪名与审理认定的罪名不一致的；⑤其他可能影响公正审判的情形。对认罪认罚案件，人民法院经审理认为**量刑建议明显不当**，或者被告人、辩护人对量刑建议**提出异议的**，人民检察院可以调整量刑建议。人民检察院不调整量刑建议或者调整量刑建议后仍然明显不当的，人民法院**应当依法作出判决**。（《刑事诉讼法》第201条）

【注意-调整量刑建议的时间】适用速裁程序审理认罪认罚案件，需要调整量刑建议的，应当**在庭前**或者**当庭**作出调整。

【继续适用速裁程序需满足量刑条件】调整量刑建议后，仍然符合速裁程序适用条件的，继续适用速裁程序审理。

对量刑建议是否明显不当，应当根据审理认定的犯罪事实、认罪认罚的具体情况，结合相关犯罪的法定刑、类似案件的刑罚适用等作出审查判断。

【注意】（1）对认罪认罚案件，人民法院**一般应当对被告人从轻处罚**；符合非监禁刑适用条件的，应当适用非监禁刑；具有法定减轻处罚情节的，可以减轻处罚。

（2）对认罪认罚案件，应当根据被告人认罪认罚的阶段早晚以及认罪认罚的主动性、稳定性、彻底性等，在从宽幅度上体现差异。

（3）共同犯罪案件，**部分被告人认罪认罚**的，可以依法对该**部分被告人从宽处罚**，但应当注意全案的量刑平衡。

（六）不同审判阶段认罪认罚的处理

提起公诉前未认罪认罚，在审判阶段认罪认罚的：人民法院可以不再通知人民检察院提出或者调整量刑建议。

（七）审理过程中反悔的：人民法院应当根据审理查明的事实，依法作出裁判。需要转换程序的，依照《关于适用认罪认罚从宽制度的指导意见》的相关规定处理。

专题六　第二审程序

第二审程序流程图

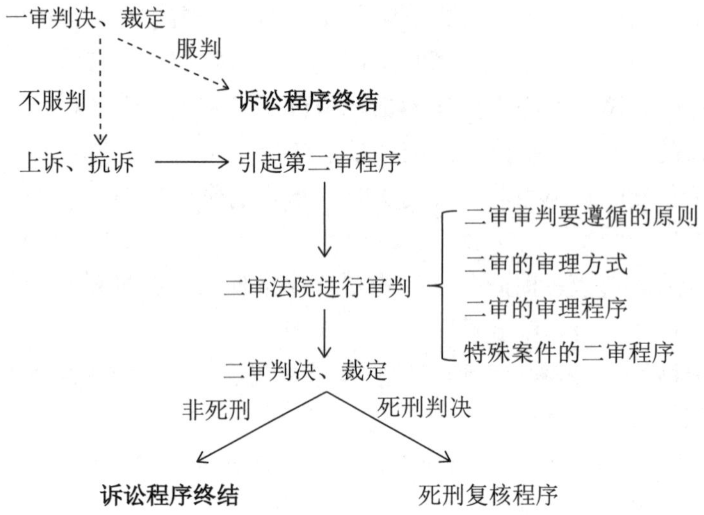

第一节　第二审程序的提起

一、 第二审程序如何启动

（一）上诉如何启动二审程序（当事人针对一审裁判如何救济）

1. 上诉的主体

（1）独立上诉主体

①**被告人**、**自诉人**及其**法定代理人**不服判决和准许撤回起诉、终止审理等裁定的，有权上诉。

②**附带民事诉讼的当事人及其法定代理人**对一审法院的判决、裁定中的附带民事诉讼部分享有独立上诉权。

（2）非独立上诉主体

被告人的**辩护人**和**近亲属**，经被告人同意可以上诉。

【例外：**缺席**审判程序和违法所得**没收**程序中的近亲属，享有独立的上诉权】

2. 上诉的期限

（1）**【刑事部分】不服判决**的上诉、抗诉的**期限为 10 日**，**裁定为 5 日**。

（2）**【附民部分】**对于附带民事诉讼的上诉、抗诉期限，应当按刑事部分的上诉、抗诉期限确定。附带民事部分另行审判的，上诉期限也应当**按《刑事诉讼法》规定的期限**确定。

3. 上诉的理由：无需理由，只要不服一审判决即可。

4. 上诉的形式与途径

（1）形式：**书面或者口头**。

（2）途径：上诉状既可以通过**第一审**法院递交、也可以直接向**上一级**法院递交。

【注意】上诉是向**上一级法院**上诉，但是递交上诉状有两种途径递交。

5. 上诉的效力

（1）上诉能引起二审程序。

（2）上诉能使一审裁判不能马上生效。

6. 上诉的撤回

（1）上诉人在**上诉期限内**要求撤回上诉的，人民法院应当准许。

【注意】是否提出上诉，以其在**上诉期满前**最后一次的意思表示为准。

（2）**上诉期满后**要求撤回上诉的，应当由第二审人民法院进行审查。

①应当裁定**准许**——认为原判认定**事实和适用法律正确**，**量刑适当**的。

②应当裁定**不予准许**，继续按照上诉案件审理——认为原判**确有错误**的。

【注意】被判处**死刑立即执行**的被告人提出上诉，在第二审**开庭后宣告裁判前**申请撤回上诉的，应当**不予准许**，继续按照上诉案件审理。

⊙**【总结模板】**当事人不服一审判决如何救济？

（1）被告人自收到判决书之日起10日内有权向上一级法院上诉启动二审程序进行救济。

（2）被害人自收到判决书之日起5日内有权向检察院申请抗诉进行救济。

（3）对于附带民事诉讼部分，附带民事诉讼当事人自收到判决书之日10日内有权向上一级法院上诉启动二审程序进行救济。

（二）检察院抗诉如何启动二审程序（检察院针对一审裁判如何监督）

1. 抗诉的主体：第一审法院的**同级**人民检察院。

【注意】公诉案件**被害人及其法定代理人**没有上诉权，也没有抗诉权，只有**请求检察院抗诉**的权利（被害人及其法定代理人不服地方各级法院第一审的**判决**的，自收到判决书后5日以内，有权请求人民检察院提出抗诉。检察院自收到被害人及其法定代理人的请求后5日以内，应当作出是否抗诉的决定并且答复请求人）。

2. 抗诉的期限

（1）**【刑事部分】不服判决**的上诉、抗诉的**期限为10日**，**裁定为5日**。

（2）**【附民部分】**对于附带民事诉讼的上诉、抗诉期限，应当按刑事部分的上诉、抗诉期限确定。附带民事部分另行审判的，上诉期限也应当**按《刑事诉讼法》规定的期限**确定。

3. 抗诉的理由：一审判决确有错误。

4. 抗诉的形式与途径

（1）抗诉的形式：必须以**书面**抗诉。

（2）抗诉的途径：抗诉书只能通过**一审法院**递交。

【注意1】二审抗诉是向**上一级法院抗诉**，但是抗诉书只能通过一审法院提出，然后由一审法院连同案卷、证据向上一级法院移送。

【注意2】上级人民检察院如果认为抗诉不当，可以向**同级**人民法院**撤回抗诉**，并且通知下级人民检察院。

5. 抗诉的效力

（1）抗诉能引起二审程序。

（2）抗诉能使一审裁判不能马上生效。

6. 抗诉的撤回

（1）人民检察院在**抗诉期限内**要求撤回抗诉的，人民法院应当准许。

（2）人民检察院在**抗诉期满后**要求撤回抗诉的，第二审人民法院**可以裁定准许**，但是认为原判存在将无罪判为有罪、轻罪重判等情形的，应当不予准许，继续审理。

【注意1】上级人民检察院认为下级人民检察院抗诉不当，向第二审人民法院要求撤回抗诉的，适用前两款规定。

【注意2】①在上诉、抗诉**期满前撤回上诉、抗诉的**，第一审判决、裁定在上诉、抗诉**期满**之日起生效；

②在上诉、抗诉**期满后要求撤回上诉、抗诉的**，第二审人民法院裁定准许的，第一审判决、裁定应当**自第二审裁定书送达上诉人**或者**抗诉机关之日**起生效。

⊙**【知识点分析思路总结】**检察院如何监督一审裁判？

检察院自收到判决书之日起10日内有权向上一级法院抗诉启动二审程序进行监督。

第二节　第二审程序的审判

一、 第二审程序的审判原则

（一）全面审查原则

1. 含义

第二审人民法院应当就第一审判决认定的事实和适用法律进行全面审查，不受上诉或者抗诉范围的限制。共同犯罪的案件只有部分被告人上诉的，应当对全案进行审查，一并处理。

2. 具体内容

（1）**不管有无上诉或抗诉**：既要审查上诉或者抗诉的部分，又要审查没有上诉或者抗诉的部分。

（2）**不管事实还是法律**：既审查一审判决事实是否正确，证据是否确实、充分，又要审查法律有无错误。

（3）**不管刑事还是民事**：既要审查刑事诉讼部分，又要审查附带民事诉讼部分。

（4）**不管实体还是程序**：既要审查实体问题，又要审查程序问题。

（5）**不管共犯上诉与否**：

①【**部分上诉或部分抗诉**】共同犯罪案件，**只有部分**被告人提出上诉，或者自诉人只对部分被告人的判决提出上诉，或者人民检察院只对部分被告人的判决提出抗诉的，第二审人民法院应当对全案进行审查，一并处理。（《刑诉解释》第389条）

②【**上诉人死亡**】共同犯罪案件，上诉的被告人**死亡**，其他被告人未上诉的，第二审人民法院应当对死亡的被告人终止审理；但有证据证明被告人无罪，经缺席审理确认无罪的，应当判决宣告被告人无罪。具有前款规定的情形，第二审人民法院仍应对全案进行审查，对其他同案被告人作出判决、裁定。（《刑诉解释》第390条）

（二）上诉不加刑原则

1. 含义

所谓上诉不加刑原则，是指第二审法院审判只有被告人或者他法定代理人、辩护人、近亲属上诉的案件，不得对被告人的刑罚作出实质不利的改判。

2. 具体要求

上诉不加刑的**“刑”包括三方面内容：刑种、刑期、刑罚的执行方法**。

（1）原判认定的罪名不当的，可以**改变罪名，但不得加重刑罚**或者对刑罚执行产生不利影响；

（2）原判认定的罪数不当的，**可以改变罪数，并调整刑罚**，但不得**加重决定执行的刑罚或者对刑罚执行产生不利影响**；

⊙［**提示**］《刑法》第81条第2款规定：对累犯以及因故意杀人、强奸、抢劫、绑架、放火、爆炸、投放危险物质或者有组织的暴力性犯罪被判处10年以上有期徒刑、无期徒刑的犯罪分子，不得假释。

（3）原判对被告人宣告缓刑的，**不得撤销缓刑或者延长缓刑考验期**；

（4）原判**没有宣告职业禁止、禁止**令的，不得增加宣告；原判**宣告职业禁止、禁止令的，不得增加内容、延长期限**；

（5）原判对被告人判处死刑缓期执行**没有限制减刑、决定终身监禁的，不得限制减刑、决定终身监禁**；

（6）原判判处的刑罚不当、应当适用附加刑而没有适用的，**不得直接加重刑罚、适用附加刑**。原判判处的刑罚畸轻，必须依法改判的，应当**在第二审判决、裁定生效后，依照审判监督程序重新审判**。（《刑诉解释》第401条第1款第2~7项）

（7）**被告人或者其法定代理人、辩护人、近亲属提出上诉，人民检察院未提出抗诉的案件**，第二审人民法院发回重新审判后，除有新的犯罪事实且人民检察院补充起诉的以外，原审人民法院**不得加重被告人的刑罚**。原审人民法院对上诉发回重新审判的案件依法作出判决后，人民检察院抗诉的，**第二审人民法院不得改判为重于原审人民法院第一次判处的刑罚**。（《刑诉解释》第403条）

（8）【共犯问题】同案审理的案件，只有**部分被告人上诉**的，既不得加重上诉人的

刑罚，也**不得加重其他同案被告人的刑罚**。（《刑诉解释》第401条第1款第1项）

（9）【共犯问题】人民检察院**只对部分被告人的判决提出抗诉**，或者自诉人**只对部分被告人的判决提出上诉**的，第二审人民法院**不得对其他同案被告人加重刑罚**。（《刑诉解释》第402条）

二、第二审程序的审理

（一）二审的审理程序

1. 二审的方式

（1）应当开庭审理的情形

下列案件，应当组成合议庭，开庭审理：

①对第一审认定的**事实、证据提出异议**，可能影响定罪量刑的；

②被告人被判处**死刑（包括死刑立即执行、死缓）**的上诉案件；

③人民**检察院抗诉**的案件；

④应当开庭审理的其他案件。

（2）可不开庭审理的情形

第二审人民法院决定不开庭审理的，应当**讯问**被告人，**听取**其他当事人、辩护人、诉讼代理人的意见。合议庭全体成员应当阅卷，必要时应当提交书面阅卷意见。

【注意】二审不开庭不是书面审理，而是**调查讯问式审理**。

2. 开庭地点

第二审人民法院开庭审理上诉、抗诉案件，可以到案件发生地或者原审人民法院所在地进行；当然，也可以在二审法院进行。

3. 检察院派员出庭

人民检察院提出**抗诉的案件**或者第二审人民法院**开庭审理**的公诉案件，同级人民检察院都应当派员出席法庭。

4. 检察院阅卷

第二审人民法院应当在决定开庭审理后及时通知人民检察院查阅案卷。人民检察院应当在**1个月以内**查阅完毕。**人民检察院查阅案卷的时间不计入审理期限。**

5. 二审辩护问题

（1）第二审期间，被告人除自行辩护外，还**可以继续委托第一审辩护人或者另行委托辩护人**辩护。

（2）共同犯罪案件，只有部分被告人提出上诉，或者自诉人只对部分被告人的判决提出上诉，或者人民检察院只对部分被告人的判决提出抗诉的，**其他同案被告人也可以委托辩护人辩护**。（《刑诉解释》第392条第2款）

6. 新证据的处理

第二审期间，人民检察院或者被告人及其辩护人提交新证据的，人民法院**应当及时通知对方查阅、摘抄或者复制**。（《刑诉解释》第395条）

7. 同案被告人的出庭

（1）对同案审理案件中**未上诉的被告人，未被申请出庭**或者**人民法院认为没有必要到庭的，可以不再传唤到庭**。

（2）同案审理的案件，**未提出上诉**、人民检察院也**未对其判决提出抗诉的被告人要求出庭的，应当准许**。出庭的被告人**可以参加法庭调查辩论，也可以委托辩护人辩护**。（《刑诉解释》第399条第2款）

8. 委托宣判

（1）第二审人民法院**可以委托第一审人民法院代为宣判，并向当事人送达第二审判决书、裁定书**。第一审人民法院应当在代为宣判后5日内将宣判笔录送交第二审人民法院，并在送达完毕后及时将送达回证送交第二审人民法院。

（2）委托宣判的，第二审人民法院应当**直接向同级人民检察院送达**第二审判决书、裁定书。

（二）二审审理期限

1. 2个月

第二审人民法院受理上诉、抗诉案件，应当在2个月以内审结。

2. 延长2个月

对于**可能判处死刑**的案件或者**附带民事诉讼**的案件，以及有《刑事诉讼法》158条规定（**四类特定案件：交、集、流、广**）情形之一的，经省、自治区、直辖市**高级人民法院**批准或者决定，可以**延长2个月**。

3. 无限延长

因特殊情况还需要延长的，报请**最高人民法院**批准。

【注意】最高人民法院受理上诉、抗诉案件的**审理期限，由最高人民法院决定**。

三、第二审法院经过审理后的处理

（一）维持原判裁定

原判决认定事实和适用法律正确、量刑适当的，应当裁定驳回上诉或者抗诉，维持原判。

⊙**【名师点拨】**一审判决量刑过轻，但受上诉不加刑原则的限制，只能裁定维持原判。

（二）改判判决

1. 应当改判

原判决认定事实没有错误，但适用法律有错误，或者量刑不当的，应当改判。

2. 可以改判

原判决事实不清楚或者证据不足的，可以在查清事实后改判。

（三）发回重审裁定

1. 可以发回

（1）原判决事实不清楚或者证据不足的，可以在查清事实后改判；也可以裁定撤销原判，发回原审人民法院重新审判。

（2）第二审期间，发现第一审判决未对随案移送的涉案财物及其孳息作出处理的，可以裁定撤销原判，发回原审人民法院重新审判，由原审人民法院依法对涉案财物及其孳息一并作出处理。

⊙**【名师点拨】**发回重审只能发回一次。

2. 应当发回

《刑事诉讼法》第238条 第二审人民法院发现第一审人民法院的审理有下列违反法律规定的诉讼程序的情形之一的，**应当裁定撤销原判，发回原审人民法院重新审判：**

（1）违反《刑事诉讼法》有关公开审判的规定的；

（2）违反回避制度的；

（3）审判组织的组成不合法的；

（4）剥夺、限制了当事人的法定诉讼权利，可能影响公正审判的；

（5）其他违反法律规定的诉讼程序，可能影响公正审判的。

⊙**【总结】二审审理结果**

①没错——维持。

②事实不清，证据不足——可以发回重审，也可以查清的基础上改判（只能发回一次）。

③程序错误——应当发回重审。

④量刑错误——应当**改判**。如果只有被告人一方上诉，即受制于上诉不加刑原则，而又想加重刑罚的，只能**维持原判**。

⊙**【总结模板】**“二审法院如何处理本案”“二审法院应当如何判决本案”“二审法院处理本案的程序步骤是什么”等问题的答题模板：

（1）二审法院应当由审判员3人或5人组成合议庭进行审理。法条依据为《刑诉法》第183条第4款、第234条第1款。

（2）①二审法院应当开庭审理。本案二审程序是检察院抗诉引起的/针对事实、证据有异议上诉引起的/有死刑（视案情而定），符合应当开庭审理的情形，故二审法院应当开庭审理。法条依据为《刑事诉讼法》第234条第1款。

②二审法院可以不开庭审理。根据刑事诉讼法规定，检察院抗诉引起的/针对事实、证据有异议上诉引起的/有死刑情形的二审程序应当开庭审理，但本案不属于应当开庭审的三种情形之一，**可以不开庭，但应当讯问被告人，听取其他当事人、辩护人、诉讼代理人的意见**。法条依据为《刑事诉讼法》第234条第1款、第2款。

注意：究竟答①还是②得视案情而定。

（3）二审法院审理时，应当遵循上诉不加刑原则和全面审查原则进行审理。法条依据为《刑事诉讼法》第233条、237条。

（4）二审法院应当在2个月内审结。法条依据为《刑事诉讼法》第243条。

（5）二审法院应当根据审理的情况作出判决：如果事实清楚、证据确实充分，维持原判。如果事实不清证据不足，可查清基础上改判，也可以撤销原判，发回重审（但如果已经以此理由发回过一次的，就不能以此为理由再发回）。程序错误的，应当发回重审。适用法律错误、量刑错误，应当改判。但受制上诉不加刑的，又想加重刑罚的，只能维持原判。法条依据为《刑事诉讼法》第236条、238条。

四、特殊案件的二审程序

（一）共同犯罪案件

1. **共犯二审的全面审查问题**：只有部分被告人提出上诉，或者自诉人只对部分被告人的判决提出上诉，或者人民检察院只对部分被告人的判决提出抗诉的，第二审法院应当对全案进行审查，一并处理。

2. **共犯死亡的处理问题**：上诉的被告人死亡，其他被告人未上诉的，第二审法院仍应对全案进行审查。经审查，死亡的被告人不构成犯罪的，应当宣告无罪；构成犯罪的，应当终止审理。对其他同案被告人仍应作出判决、裁定。

3. **共犯的上诉不加刑问题**

（1）共同犯罪案件，只有部分被告人提出上诉的，既不能加重提出上诉的被告人的刑罚，也不能加重其他同案被告人的刑罚。

（2）共同犯罪案件，人民检察院只对部分被告人的判决提出抗诉的，第二审人民法院对其他第一审被告人不得加重刑罚。

4. **【到庭】**对同案审理案件中未上诉的被告人，未被申请出庭或者人民法院认为没有必要到庭的，**可以不再传唤到庭**。

5. **【出庭】**同案审理的案件，未提出上诉、人民检察院也未对其判决提出抗诉的被告人要求出庭的，应当准许。出庭的被告人**可以参加法庭调查和辩论**。

6. **【辩护】**共同犯罪案件，只有部分被告人提出上诉，或者自诉人只对部分被告人的判决提出上诉，或者人民检察院只对部分被告人的判决提出抗诉的，**其他**同案被告人**也可以委托辩护人辩护**。

7. **【分案与并案处理】**有多名被告人的案件，部分被告人的犯罪事实不清、证据不足或者有新的犯罪事实需要追诉，且有关犯罪与其他同案被告人没有关联的，第二审人民法院根据案件情况，可以对该部分被告人**分案处理**，将该部分被告人**发回原审人民法院重新审判**。原审人民法院重新作出判决后，被告人上诉或者人民检察院抗诉，其他被告人的案件尚未作出第二审判决、裁定的，第二审人民法院可以**并案审理**。（《刑诉解释》第404条第2款）

【例】问：甲乙为共同犯罪案件被告人，在案件二审程序审理过程中，法院发现甲的犯罪事实不清，证据不足，但是乙的犯罪事实清楚，应当如何处理？

答：二审法院可以将甲分案处理，发回重审，继续审理乙的部分。二审法院发回重审且原审法院重新作出判决后，甲提起上诉或者检察院又抗诉的，如果二审法院对乙尚未作出裁判，可以把甲乙并案审理。这样规定是为了提高诉讼效率。

（二）自诉案件的二审程序

1. 二审的**反诉**：二审反诉的，人民法院**应当告知其另行起诉**；

2. 二审的**调解**：可以进行调解，**应当制作调解书，第一审判决、裁定视为自动撤销**；

3. 二审的**和解**：自行和解的，由法院**裁定准许撤回自诉，并撤销第一审判决或者裁定**。

（三）附带民事诉讼的二审程序

关于附带民事诉讼的二审程序的内容，详见专题十“附带民事诉讼”。

专题七　死刑复核程序

第一节　死刑立即执行案件的复核程序

死刑立即执行案件复核程序流程图（中级法院一审判死刑立即执行）

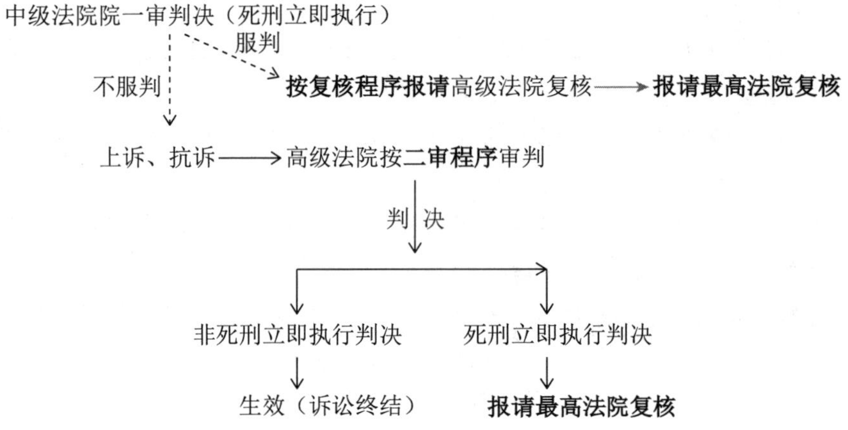

一、判处死刑立即执行案件的报请程序

（一）核准权：最高人民法院

（二）报请程序

1. 中级人民法院一审判处死刑立即执行的案件[1]

（1）不上诉、抗诉的：上诉、抗诉期满**10日以内报请高级人民法院复核**。高级人

〔1〕死刑案件的一审法院最低级别是中级法院，当然，高级人民法院和最高人民法院也可以是死刑案件的一审法院。如果最高人民法院一审判处死刑立即执行的案件，由于最高人民法院已经经过了一审程序，因此不存在复核问题。据此，判处死刑立即执行案件的报请程序，存在两种情形，即中级法院一审判处死刑立即执行案件的报请程序和高级法院一审判处死刑立即执行案件的报请程序。

民法院同意判处死刑的，应当在作出裁定后10日以内报请最高人民法院核准。高级人民法院认为原判认定的某一具体事实或者引用的法律条款等存在瑕疵，但判处被告人死刑并无不当的，可以在纠正后作出核准的判决、裁定。作出裁判后10日以内报请最高人民法院核准。

【提示】高级人民法院不同意判处死刑的，应当依照二审程序提审或者发回重新审判。

（2）上诉或抗诉的：

①【报请核准】高级人民法院裁定维持原判的，应当在作出裁定后10日以内报请最高院核准；

②【直接改判】高级人民法院如果认为不应当判处死刑的，直接通过二审改判，生效。

【提示】对于此类型案件高级人民法院并不走复核程序。

【提示】某案件由中院一审判处死刑立即执行后、报请最高人民法院复核前，并不必然经过高级人民法院的复核程序。中间经过的程序既有可能是高级人民法院的二审，也有可能是高级人民法院的复核。判断经过的是何种程序，要看该案是否上诉或抗诉。

⊙［总结］中级法院一审判处死刑立即执行案件的后续程序流程图

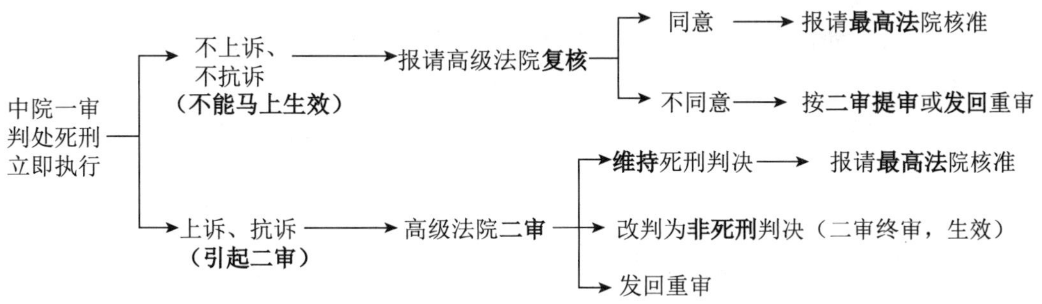

2. 高级法院一审判处死刑立即执行的案件

不上诉、不抗诉的：在上诉、抗诉期满后10日以内报请最高人民法院核准。

【提示】上诉、抗诉的：由**最高法院**按照**二审**程序审理，不存在最高人民法院复核的问题。

二、判处死刑立即执行案件的复核程序（如何复核）

1. 审判组织：审判员3人组成合议庭进行。

2. 复核原则：遵循全面审查原则，对**事实**认定、**法律**适用和诉讼**程序**进行**全面审查**。

【提示】共同犯罪案件中，**部分被告人**被判处死刑的，应当对**全案进行审查**，但不**影响对其他被告人生效判决、裁定的执行**；发现对**其他被告人**已经发生法律效力的判决、裁定**确有错误时，可以指令原审人民法院再审**。

3. **复核方式：强调控辩双方的参与**

（1）最高人民法院复核死刑案件，**应当讯问**被告人。

（2）审查核实案卷材料。

（3）辩护律师**提出要求**的，**应当听取**辩护律师的意见。

（4）最高人民检察院**可以**向最高院提出意见。最高人民法院**应当**将死刑复核结果通报最高检。

【注意】最高人民法院复核死刑案件，被告人**申请**法律援助的，应当通知**司法部**法律援助中心指派律师为其提供辩护。司法部法律援助中心在接到最高人民法院法律援助通知书后，应当在3日内指派**具有3年以上刑事辩护执业经历**的律师担任被告人的辩护律师，并函告最高人民法院。最高人民法院应当告知或者委托高级人民法院告知被告人为其指派的辩护律师的情况。**被告人拒绝指派的律师为其辩护的，最高人民法院应当准许**。最高人民检察院**可以**向最高院提出意见。最高人民法院**应当**将死刑复核结果通报最高检。

⊙［**提示**］最高人民法院复核死刑案件不是书面审理，**而是调查讯问式审理**。

三、 判处死刑立即执行案件复核后的结果

1. **裁定核准**

（1）**直接核准**：原判认定事实和适用法律正确、量刑适当、诉讼程序合法的，应当裁定核准；

（2）**纠正瑕疵后核准**：原判认定的某一具体事实或者引用的法律条款等存在瑕疵，但判处被告人死刑并无不当的，可以在纠正后作出核准的判决、裁定。

2. **应当裁定不予核准，发回重审**

（1）原判事实不清、证据不足的；

（2）复核期间出现新的影响定罪量刑的事实、证据的；

（3）原审违反法定诉讼程序，可能影响公正审判的，应当裁定不予核准，并撤销原判，发回重新审判。

3. **一般应当发回重审，必要时可依法改判**

原判认定事实正确、证据充分，但依法**不应当判处死刑**的，应当裁定不予核准，并撤销原判，**发回**重新审判；根据案件情况，**必要**时，也可以依法**改判**。

⊙［**总结**］关于死刑立即执行案件复核后的结果，记忆技巧是：**没错就核准（瑕疵不是错，纠正后核准），有错就发回重审（量刑错误原则上也是发回重审，必要时可改判）**。

四、 最高人民法院复核后发回重审的程序

（一）最高人民法院发回重审的程序要求

1. 发回审级

（1）最高法裁定不予核准死刑的，根据案件情况，可以发回第二审法院或者第一审法院重新审判。

（2）对最高法发回第二审法院重新审判的案件，第二审法院一般不得发回第一审法院重新审判。

【提示】由于中级人民法院一审判处死刑立即执行后，高级人民法院区分有没有上诉、抗诉而适用的程序有所不同，因此最高人民法院复核后发回重审的程序也区分高级法院此前报请时适用的不同程序而有所不同。

2. 第一种情形：中级人民法院一审判处死刑立即执行后，**有上诉、抗诉的**，高级人民法院适用二审程序后维持原判报请最高人民法院核准。最高人民法院裁定不予核准，发回重审的，根据案件情况，可以**发回第二审人民法院**或者**第一审人民法院**重新审判。具体而言：

（1）发回第一审人民法院重新审判的，应当开庭审理。

（2）发回第二审人民法院重新审判的，第二审人民法院一般不得发回第一审人民法院重新审判。第二审人民法院重新审判的，可以直接改判；必须通过开庭查清事实、核实证据或者纠正原审程序违法的，应当开庭审理。（《刑诉解释》第430条）

3. 第二种情形：中级人民法院一审判处死刑立即执行后，**没有上诉或抗诉的**，高级人民法院适用复核程序复核后同意判处死刑立即执行而继续报请最高人民法院核准。最高人民法院裁定不予核准，发回重审的，可以发回**第一审人民法院**重新审判，也可以发回**复核过本案的高级人民法院**重新审判。具体而言：

（1）发回第一审人民法院重新审判的，应当开庭审理。

（2）发回复核过本案的高级人民法院重新审判的，高级人民法院可以依照第二审程序提审或者发回重新审判。（《刑诉解释》第431条）

⊙ **[提示]** 最高人民法院发回重审，同样是发回高级法院，应当区分高级法院在往上报请复核时是二审法院还是复核法院而答案有所不同。

（二）发回下级法院后，下级法院重审时的要求

1. 审判组织：最高人民法院裁定不予核准死刑，发回重新审判的案件，原审人民法院**应当另行组成合议庭**审理。但是，以下两种情形发回重审的除外：

（1）复核期间出现新的影响定罪量刑的事实、证据，发回重新审判的。**（出现新事实、证据）**

（2）原判认定事实正确、证据充分，但**依法不应当判处死刑**的，应当裁定不予核准，并撤销原判，发回重新审判的。**（量刑错误）**

⊙【总结模板】

一、 中级人民法院一审判处死刑立即执行往上报请的程序

【出题思路1】某个中级法院判处死刑立即执行后，某某高级法院应当如何审理？

【出题思路2】中级法院判处死刑立即执行后，最高法院复核死刑判决之前，是否应当先经过高级法院的复核？

⊙**【答题模板】**

解题的思路是：首先定位清楚这个高级法院是二审法院还是复核法院？

1. **如果高级法院是二审法院**，则答题模板如下：

（1）高级法院应当**按二审程序**审理，由**审判员**组成**合议庭**进行审理。

（2）高级法院应当开庭审理。本案二审程序是有死刑立即执行情形，符合应当开庭审理的情形，故二审法院应当开庭审理。

（3）高级法院审理时，应当遵循**上诉不加刑原则**和**全面审查原则**进行审理。

（4）高级法院应当在**2个月**内审结。

（5）高级法院应当根据审理的情况作出判决：如果事实清楚、证据确实充分，**维持原判**。如果事实不清证据不足可查清基础上**改判**，也可以撤销原判，**发回**重审（但如果已经以此理由发回过一次的，就不能再以此为理由再发回）。**程序错误**的，应当**发回**重审。适用**法律错误、量刑错误**，应当**改判**。但受制上诉不加刑，又想加重的，只能维持原判。法条依据为《刑事诉讼法》第234条、237条、233条、243条、236条。

2. **如果高级法院是复核法院**，则答题模板如下：

高级法院应当按复核程序审理。高级法院同意判处死刑的，应当在作出裁定后10日以内报请最高人民法院核准。高级人民法院不同意判处死刑的，应当依照二审程序提审或者发回重新审判。

二、 最高人民法院应当如何复核？

（1）最高人民法院复核死刑案件，应当由**审判员三人组成合议庭**进行。

（2）最高人民法院复核死刑案件，应当**讯问**被告人，辩护律师提出要求的，应当**听取**辩护律师的意见。

（3）在复核死刑案件过程中，最高人民检察院可以向最高人民法院**提出意见**。最高人民法院应当将死刑复核结果**通报**最高人民检察院。

（4）最高人民法院复核后应当作出相应处理：原判事实、法律正确、量刑适当、诉讼程序合法的，裁定**核准死刑**。事实不清、证据不足的，裁定不予核准死刑，撤销原判，**发回**重审。复核期间出现**新**的影响定罪量刑的**事实**、**证据**的，裁定不予核准死刑，撤销原判，**发回**重审。原判认定**事实正确**，但依法**不应当判处死刑**的，裁定不予核准死刑，撤销原判，**发回**重审；发现原审违反法律规定的**诉讼程序**，可能影响正确判决的，裁定不予核准死刑，撤销原判，**发回**重审。法条依据为《刑诉解释》第429条。

三、发回重审（发回某某高级法院，该高级法院应当如何审理？）

1. 如果高级法院是二审法院的答题模板：

高级人民法院**一般不能再发回**第一审的中级人民法院。高级人民法院重新审判的，应当**另行组成合议庭**审理。可以直接改判，但必须通过开庭查清事实、核实证据或者纠正原审程序违法的，应当开庭审理。

2. 如果高级法院是复核法院的答题模板：

高级人民法院可以依照第二审程序**提审**或者**发回**一审法院重新审判。【注意】如果事实不清发回重审的，要看事实不清对定罪量刑的影响程度，如果影响重大的，高级人民法院应当发回一审法院重新审判为宜。

第二节　判处死刑缓期二年执行案件的复核程序

死刑缓期二年执行案件的核准权由高级人民法院统一行使。报请复核的死刑缓期二年执行案件，应当一案一报。报送的材料包括报请复核的报告，第一、二审裁判文书，案件综合报告各五份以及全部案卷、证据。

一、判处死刑缓期二年执行案件的报请程序

（一）核准权

判处死刑缓期二年执行的案件，由**高级人民法院**核准。

（二）报请程序

中级人民法院判处死刑缓期二年执行的第一审案件，被告人**不上诉**，人民检察院**不抗诉**的，在上诉、抗诉期满后，应当报请高级人民法院核准。

二、判处死刑缓期二年执行案件的复核程序

1. 审判组织：高级人民法院复核死缓的案件，应由审判员3人组成合议庭进行。
2. 复核原则：遵循全面审查原则，对事实认定、法律适用和诉讼程序进行全面审查。
3. 复核方式：（1）高级人民法院复核死刑缓期二年执行案件，**应当讯问被告人**。（2）审查核实案卷材料。

三、判处死刑缓期二年执行案件复核后的结果

1. 予以核准

（1）直接核准：事实和适用法律正确、量刑适当、诉讼程序合法，应当裁定予以核准。

（2）纠正后核准：原判**判处被告人死缓并无不当**，但具体认定的某一事实或者引用的法律条款等存在瑕疵，可以在纠正后作出核准的判决或者裁定。

2. 发回重审或者改判

（1）原判**事实不清、证据不足**的，可以裁定不予核准，并撤销原判，发回重新审判，或者依法改判；

（2）复核期间出现**新的影响定罪量刑的事实、证据**的，可以裁定不予核准，并撤销原判，发回重新审判，或者审理后依法改判。

3. 应当依法改判

认为**原判过重**的，应当依法改判。**【复核不加刑】**

【注意】高院核准死缓案件，不得以提高审级等方式加重被告人的刑罚。

4. 发回重审

原审违反法定诉讼程序，可能影响公正审判的，应当裁定不予核准，并撤销原判，发回重新审判。

第三节　死刑、死缓执行的变更

一、死刑执行的变更

（一）变更的情形

执行前，发现有下列情形之一的，应当**暂停执行**，并**层报**最高人民法院：

（1）罪犯可能有**其他犯罪**的；

（2）共同犯罪的**其他**犯罪**嫌疑人到案**，可能影响罪犯量刑的；

（3）共同犯罪的**其他罪犯被暂停**或者**停止执行死刑**，可能影响罪犯量刑的；

（4）罪犯**揭发重大犯罪**事实或者有其他**重大立功**表现，可能需要改判的；

（5）罪犯**怀孕**的；**（包括怀孕后流产的情形）**

（6）判决、裁定可能有影响定罪量刑的其他错误的。

（二）变更的程序

（1）变更情形的发现

①下级人民法院发现

<1>下级人民法院执行前发现有上述变更情形的，应**暂停执行**死刑，并立即**层报最高人民法院**审批。

<2>最高人民法院经审查：

A. 认为不影响罪犯定罪量刑，应当**决定**下级人民法院继续执行死刑；

B. 认为可能影响罪犯定罪量刑，应当**裁定**下级人民法院停止执行死刑。

②最高人民法院发现

最高人民法院在**执行死刑命令签发后、执行前**，发现有法定停止执行情形的，应当立即裁定下级法院**停止执行**死刑，并将有关材料移交下级法院。

（2）**停止后的调查**

下级人民法院接到最高人民法院停止执行死刑的裁定后，**应当会同**有关部门调查核实停止执行死刑的事由，并及时将调查结果和意见**层报**最高人民法院审核。

（3）**最高人民法院审查**

对下级人民法院报送的停止执行死刑的调查结果和意见，由**最高人民法院原作出核准死刑判决、裁定的合议庭负责审查，必要时，另行组成合议庭进行审查**。

（三）最高人民法院审查后的处理

（1）**依法改判**：确认罪犯正在怀孕的，应当依法改判；

（2）**发回重审**：

①确有其他犯罪，依法应当追诉的，应当裁定不予核准死刑，撤销原判，发回重新审判；

②确认原裁判有错或有重大立功表现需改判的，应裁定不予核准死刑，撤销原判发回重审。

（3）**继续执行**：

确认原裁判没有错误，罪犯没有重大立功表现，或者重大立功表现不影响原裁判执行的，应当裁定继续执行原核准死刑的裁判，并由院长**重新**签发执行死刑的命令。

二、 死刑缓期二年执行的变更

（一）死刑缓期二年执行的减刑

（1）**减刑条件**

①在缓刑执行期间，如果**没有故意犯罪**，**2年期满**以后，**减为无期**徒刑。

②死缓犯在缓期执行期间，如果确有**重大立功**表现，**2年期满**以后，**减为25年**有期徒刑。

（2）**死刑缓期二年执行限制减刑**

对被判处死刑缓期执行的**累犯**以及因故意**杀人**、**强奸**、**抢劫**、**绑架**、**放火**、**爆炸**、**投放危险物质**或者有组织的**暴力性犯罪**被判处**死刑缓期二年**执行的犯罪分子，人民法院根据犯罪情节、人身危险性等情况，可以在作出裁判的同时决定对其**限制减刑**。

（3）**管辖法院与裁定时间**

对被判处死刑缓期执行的罪犯的减刑，由罪犯服刑地的**高级人民法院**在收到同级监狱管理机关审核同意的减刑建议书后**一个月**以内作出裁定。

（二）死刑缓期二年执行被执行死刑

在死刑缓期二年执行期间，如果故意犯罪，**情节恶劣的**，查证属实，应当执行死刑。此种情况下在判决、裁定发生法律效力后，应当层报最高人民法院核准执行死刑。

⊙**【提示1】**对故意犯罪未执行死刑的，**不再报高级人民法院核准**，死刑缓期二年执行的期间重新计算，并**层报**最高人民法院**备案**。备案不影响判决、裁定的生效和执行。最高人民法院经备案审查，认为原判不予执行死刑错误，确需改判的，应当依照审判监督程序予以纠正。

⊙【提示2】对死刑缓期二年执行期间故意犯罪的，由罪犯服刑监狱及时侦查，侦查终结后移送人民检察院审查起诉。经人民检察院提起公诉，服刑地的中级人民法院依法审判，所作的判决可以上诉、抗诉。认定构成故意犯罪的判决、裁定发生法律效力后，由作出生效判决、裁定的人民法院依法报请最高人民法院核准死刑。核准后，**交罪犯服刑地的中级人民法院执行**。

⊙**【模板总结】死刑执行的变更**

执行前，发现有下列情形之一的，应当**暂停执行**，并**层报**最高人民法院：

(1) 罪犯可能有其他犯罪的；

(2) 共同犯罪的其他犯罪嫌疑人到案，可能影响罪犯量刑的；

(3) 共同犯罪的其他罪犯被暂停或者停止执行死刑，可能影响罪犯量刑的；

(4) 罪犯揭发重大犯罪事实或者有其他重大立功表现，可能需要改判的；

(5) 罪犯怀孕的；

(6) 判决、裁定可能有影响定罪量刑的其他错误的。

执行前发现有上述情况的，法院如何处理？

(1) 下级法院执行前发现有上述情形的，应暂停执行死刑，并立即层报最高院审批。(2) 最高法经审查：①认为不影响罪犯定罪量刑的，应当决定下级法院继续执行死刑；②认为可能影响罪犯定罪量刑的，应当裁定下级法院停止执行死刑。

专题八　审判监督程序

第一节　审判监督程序的提起

一、申诉（提起审判监督程序的材料来源）

(一) 申诉主体

1. **当事人及其法定代理人、近亲属**。

2. **案外人**认为已经发生法律效力的判决、裁定侵害其合法权益，提出申诉的，法院应当审查处理。

【提示】申诉可以委托律师代为进行。

(二) 申诉对象：已经发生法律效力的**判决、裁定**。

(三) 申诉效力

1. 申诉**不能停止**判决、裁定的执行。

2. 申诉**不能直接引起**审判监督程序。

（四）申诉时间

1. 一般而言，**刑罚执行完毕后2年内**提出申诉，符合条件的，法院应当受理。

2. **超过2年**提出申诉，有下列情形之一的，**应当受理**：

（1）可能对原审被告人**宣告无罪**的；

（2）在**期限内向法院申诉，法院未受理**的；

（3）属于**疑难**、**复杂**、**重大**案件的。

（五）受理机关

可以由**法院**或者**检察院**受理申诉材料。

（六）申诉人向人民法院审查申诉的程序

1. 人民法院的审查处理

（1）**【原则】**审查处理：申诉由**终审人民法院**审查处理。终审法院驳回申诉的，申诉人对驳回申诉不服的，可以向**上一级人民法院**申诉。上一级人民法院经审查认为申诉不符合启动审判监督程的情形的，应当说服申诉人撤回申诉；对仍然坚持申诉的，应当驳回或者通知不予重新审判。**（两级申诉制）**

【注意1】第二审人民法院裁定准许撤回上诉的案件，申诉人对第一审判决提出申诉的，可以由第一审人民法院审查处理。

【注意2】【两级申诉制的例外】上级人民法院对经终审法院的上一级人民法院依照审判监督程序审理后维持原判或者经两级人民法院依照审判监督程序复查**均驳回**的申请再审或申诉案件，**一般不予受理**。但再审申请人或申诉人提出**新的理由**，且符合《刑事诉讼法》第253条，以及刑事案件的原审被告人**可能被宣告无罪**的除外。

（2）**【越一级申诉——**申诉主体越过终审法院，直接向终审法院的上一级法院申诉**】**上一级法院对未经终审法院审查处理的申诉，①**可以告知申诉人向终审人民法院**提出申诉；②或者**直接交终审人民法院**审查处理，并告知申诉人；③**案件疑难**、**复杂**、**重大的，也可以直接审查处理**。

（3）**【不能越两级申诉】**对未经终审人民法院及其上一级人民法院审查处理，直接向上级人民法院申诉的，上级人民法院**应当告知**申诉人向**下级人民法院提出**。

（4）**【指定审查】**最高人民法院或者上级人民法院可以指定**终审人民法院以外**的人民法院对申诉进行审查。被指定的人民法院审查后，应当制作审查报告，提出处理意见，**层报**最高人民法院或者上级人民法院审查处理。

（5）**【死刑案件】**对死刑案件的申诉，可以由**原核准的人民法院**直接审查处理，也可以交由**原审人民法院**审查。原审人民法院应当制作审查报告，提出处理意见，**层报原核准的人民法院**审查处理。

【注意】对立案审查的申诉案件，人民法院可以听取当事人和原办案单位的意见，也可以对原判据以定罪量刑的证据和新的证据进行核实。必要时，可以进行听证。

2. 审查时间

对立案审查的申诉案件，应当在3个月内作出决定，至迟不得超过6个月。因案件疑难、复杂、重大或者其他特殊原因需要延长审查期限的，参照《刑诉解释》第210条的规定处理。[1]

3. 审查后的处理

（1）应当决定重新审判

经审查，具有下列情形之一的，应当根据《刑事诉讼法》第253条的规定，决定重新审判：

①有**新的证据**证明原判决、裁定认定的事实确有错误，可能影响定罪量刑的；

②据以定罪量刑的证据不确实、不充分、依法应当排除的；

③证明案件事实的主要证据之间存在矛盾的；

④主要事实依据被依法变更或者撤销的；

⑤认定罪名错误的；

⑥量刑明显不当的；

⑦对违法所得或者其他涉案财物的处理确有明显错误的；

⑧违反法律关于溯及力规定的；

⑨违反法定诉讼程序，可能影响公正裁判的；

⑩审判人员在审理该案件时有贪污受贿、徇私舞弊、枉法裁判行为的。（《刑诉解释》第457条第2款）

（2）驳回申诉

申诉不具有上述情形的，应当**说服申诉人撤回申诉**；对仍然坚持申诉的，应当**书面通知驳回**。

【注意】申诉人对驳回申诉不服的，**可以向上一级人民法院申诉**。上一级人民法院经审查认为申诉不符合启动审判监督程序的情形的，应当说服申诉人撤回申诉；对仍然坚持申诉的，**应当驳回或者通知不予重新审判**。（两级申诉制）

（七）申诉人向人民检察院申诉的程序要求

1. 原则【两级申诉制】

（1）当事人及其法定代理人、近亲属认为法院已经发生法律效力的刑事判决、裁定确有错误，向人民检察院申诉的，由作出生效判决、裁定的法院的**同级检察院**依法办理。该同级检察院认为判决裁定确有错误需要抗诉的，应当提请**上一级**检察院**抗诉**。

【注意】地方各级人民检察院对不服同级人民法院已经发生法律效力的判决、裁定

---

[1]《刑诉解释》第210条规定："对可能判处死刑的案件或者附带民事诉讼的案件，以及有刑事诉讼法第158条规定情形之一的案件，上一级人民法院可以批准延长审理期限一次，期限为3个月。因特殊情况还需要延长的，应当报请最高人民法院批准。申请批准延长审理期限的，应当在期限届满15日以前层报。有权决定的人民法院不同意的，应当在审理期限届满5日以前作出决定。因特殊情况报请最高人民法院批准延长审理期限，最高人民法院经审查，予以批准的，可以延长审理期限1至3个月。期限届满案件仍然不能审结的，可以再次提出申请。"

的申诉复查后，认为需要提出抗诉的，应当提请**上一级人民检察院**抗诉。

（2）申诉主体对法院已经生效的判决、裁定提出申诉，经同级人民检察院复查决定不予抗诉后继续提出申诉的，**上一级检察院**应当受理。该上一级检察院认为裁判确有错误的，可以直接向其同级法院抗诉。

（3）对不服人民法院已经发生法律效力的判决、裁定的申诉，经两级人民检察院办理且省级人民检察院已经复查的，如果**没有新的证据**，人民检察院**不再复查**，但原审被告人可能被宣告**无罪**或者判决、裁定有其他**重大错误**可能的**除外**。

2. 越级申诉的处理

申诉主体直接向**上级检察院**申诉的，上级检察院可以交由作出生效判决、裁定的法院的同级检察院受理；案情重大、疑难、复杂的，上级检察院可以直接受理。

⊙【总结模板】

一、如何申诉（当事人或当事人的近亲属认为生效裁判有错，应当如何救济）

【出题思路1】当事人认为生效裁判有错，向法院申诉的程序要求是什么？

【出题思路2】案件生效后×××的父亲向检察院申诉，程序要求是什么？

第一种情形，向法院申诉的程序要求

1. 没有指出向哪个法院申诉的

答：（1）申诉人首先应当向终审法院（此处应当根据本案具体化为×××法院）申诉。终审法院应当受理。终审法院驳回申诉的，当事人可以继续向上一级法院申诉。上一级法院应当审查处理。上一级人民法院经审查认为申诉不符合启动再审程序的条件的，应当说服申诉人撤回申诉；对仍然坚持申诉的，应当驳回或者通知不予重新审判。

（2）如果当事人未经终审法院处理而直接向上一级法院申诉的，可以告知申诉人向终审法院提出申诉，或者直接交终审法院审查处理，并告知申诉人；案件疑难、复杂、重大的，也可以直接审查处理。

（3）如果申诉人直接向上级法院申诉的，该上级法院应当告知申诉人向下级法院提出申诉。

2. 如果指出向具体哪个法院申诉，则先定位清楚终审法院在哪里，然后根据终审法院，看其是向终审法院申诉还是越一级申诉还是越两级申诉，对应答上述（1）或（2）或（3）的内容。

【例】陈某涉嫌盗窃被甲省乙市A区法院一审判处有期徒刑5年，一审宣判后，被告人认为量刑过重提起上诉，检察院未提起抗诉。乙市中级法院审理后维持原判。

问：陈某若认为生效判决有错，向法院申诉的程序要求是什么？

答：（1）陈某首先应当向**乙市中级法院**申诉。**乙市中级法院**应当受理。**乙市中级法院**驳回申诉的，陈某可以继续向**甲省高级法院**申诉。**甲省高级法院**应当审查处理。**甲省高级法院**经审查认为申诉不符合启动再审程序的条件的，应当说服陈某撤回申诉；对仍然坚持申诉的，应当驳回或者通知不予重新审判。

（2）如果陈某未经乙市中级法院处理而直接向**甲省高级法院**申诉的，可以告知陈某向乙市中级法院提出申诉，或者直接交乙市中级法院审查处理，并告知陈某；案件疑难、复杂、重大的，也可以直接审查处理。

（3）如果申诉人直接向**最高人民法院**申诉的，**最高人民法院**应当告知陈某向下级法院提出申诉。

第二种情形，向检察院申诉的程序要求

1. 没有指出向哪个检察院申诉的

答：（1）申诉人首先应当向终审法院的同级检察院提出，该同级检察院应当受理。该同级检察院认为判决裁定确有错误需要抗诉的，应当提请上一级检察院抗诉。该同级检察院决定不予抗诉的，申诉人可以向该同级检察院的上一级检察院申诉。上一级检察院应当受理。该上一级检察院认为裁判确有错误的，可以直接向其同级法院抗诉。如果该上一级检察院决定不予抗诉的，经省市两级检察院办理后，没有新的事实和证据不再立案复查。

（2）如果申诉人直接向上级检察院申诉，上级检察院可以交由作出生效判决、裁定的法院的同级检察院受理；案情重大、疑难、复杂的，上级检察院可以直接受理。

2. 如果指出向具体哪个检察院申诉，则先定位清楚终审法院在哪里，然后根据终审法院，看其是向终审法院的同级检察院申诉还是越级申诉，对应答上述（1）或（2）的内容。

【例】陈某涉嫌盗窃被甲省乙市A区法院一审判处有期徒刑5年，一审宣判后，被告人认为量刑过重提起上诉，检察院未提起抗诉。乙市中级法院审理后维持原判。

问：陈某若认为生效判决有错，向检察院申诉的程序要求是什么？

答：（1）陈某首先应当向**乙市检察院**申诉。**乙市检察院**应当受理。**乙市检察院**认为判决确有错误需要抗诉的，应当提请**甲省检察院**抗诉。**乙市检察院**决定不予抗诉的，陈某可以向**甲省检察院**申诉。**甲省检察院**应当受理。**甲省检察院**认为裁判确有错误的，可以直接向**甲省高级人民法院**抗诉。如果**甲省检察院**决定不予抗诉的，经省市两级检察院办理后，没有新的事实和证据不再立案复查。

（2）如果陈某直接向**甲省检察院或最高人民检察院**申诉，**甲省检察院或最高人民检察院**可以交由**乙市检察院**受理；案情重大、疑难、复杂的，**甲省检察院或最高人民检察院**可以直接受理。

⊙**【总结】**（再审）申诉与上诉的区别

不同点	申诉	上诉
1. 对象不同	已经**发生法律效力**的判决、裁定	**尚未发生法律效力**的一审判决、裁定
2. 提起主体不同	当事人及其法定代理人、近亲属	被告人、自诉人、附民诉讼当事人及其法定代理人、经被告人同意的被告人的辩护人及其近亲属

续表

不同点	申诉	上诉
3. 受理机关不同	原审人民法院及对应的**同级人民检察院**	是原审人民法院及其**上一级人民法院**
4. 提起期限不同	一般在刑罚执行完毕后2年内	判决10日；裁定5日。
5. 后果不同	不停止生效判决、裁定的执行；不能必然引起审判监督程序	上诉必然导致一审判决、裁定不能生效；上诉必然会引起第二审程序。

二、 提起审判监督程序的主体

（一）人民法院

1. 本院院长+审判委员会

各级法院院长对本院已经发生法律效力的判决和裁定，如果发现在认定事实上或者在适用法律上确有错误，必须提交审判委员会处理。

2. 最高人民法院、上级法院

最高人民法院对各级法院已经发生法律效力的判决和裁定，**上级人民法院**对下级法院已经发生法律效力的判决和裁定，如果发现确有错误，有权**提审**或者**指令下级人民法院再审**。

（二）人民检察院

最高人民检察院对各级人民法院（包含最高人民法院）已经发生法律效力的判决和裁定，**上级人民检察院**对下级人民法院已经发生法律效力的判决或者裁定，如果发现确有错误，有权按照审判监督程序向同级人民法院提出抗诉，或者指令作出生效判决、裁定法院的上一级人民检察院向同级人民法院提出抗诉。

⊙**【模板总结】**如何启动再审程序

（一）法院如何启动（法院认为生效裁判有错，应当如何纠正）

1. 启动主体：终审法院以及终审法院的所有上级法院

2. 启动方式：决定

3. 程序要求（答题模板）

（1）终审法院启动的：针对本院的生效裁判，由院长提交审判委员会讨论决定，从而制作再审决定书启动再审程序予以纠正。启动后，终审法院另行组成合议庭按XX审程序（取决于终审时是几审）进行再审。

（2）上级法院启动的：某某法院可以直接制作再审决定书启动再审程序予以纠正。某某法院决定再审的，可以提审也可以指令下级法院再审。如果提审，某某法院应当按二审程序组成合议庭进行审理，所作裁判即为终审裁判，不得上诉、抗诉。如果指令下级法院再审，一般应当指令原审法院（把原审法院指出来）以外的下级法院（指与原审法院同级的其他下级法院）按××审程序（取决于原审法院终审时是几审程序）

再审；如果指令原审法院更有利于查明案件事实真相，纠正错误的，也可以指令原审法院再审。

（二）检察院如何启动（检察院认为生效裁判有错，应当如何纠正）

1. 启动主体：终审法院的所有上级检察院或者最高检察院

2. 启动方式：抗诉

3. 程序要求（答题模板）

某某检察院有权按照审判监督程序向其同级人民法院提起抗诉进行纠正。提起抗诉后，接受其抗诉的法院应当组成合议庭审理。如果对原判事实不清、证据不足，包括有新的证据证明原判可能有错误，需要指令下级人民法院再审的，也可以指令下级法院再审。

⊙**【考点提示】**再审抗诉与二审抗诉的区别

不同点	二审抗诉	再审抗诉
1. 对象不同	地方各级法院尚未发生法律效力的一审裁判	已经发生法律效力的判决和裁定
2. 有权抗诉机关不同	原审法院同级检察院	原审法院之上级检察院或最高检
3. 接受抗诉机关不同	接受二审抗诉的是提出抗诉检察院的上一级法院	接受再审抗诉的是提出抗诉的检察院的同级法院
4. 提起期限不同	二审抗诉有法定的期限	法律没有对再审抗诉的期限作规定
5. 效力不同	必然导致第一审裁判不发生法律效力	再审抗诉不会停止原判决、裁定的执行

二审抗诉与再审抗诉比较图

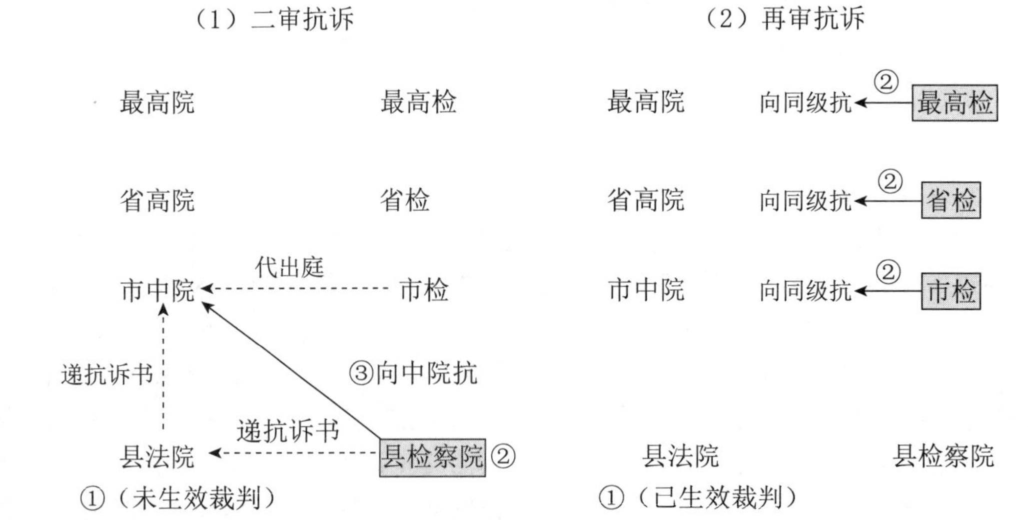

第二节 依照审判监督程序对案件的重新审判

一、依照审判监督程序对案件重新审判的程序

（一）审判组织

由原审法院审理的，**应当另行组成合议庭进行**。原来审判该案的合议庭成员，应当回避。

（二）适用审级

1. **原来是第一审案件，应当依照第一审程序进行审判**，所作的判决、裁定，可以上诉、抗诉。

2. **原来是第二审案件，或者是上级法院提审的案件，应当依照第二审程序进行审判**。所作的判决、裁定，是终审的判决、裁定，不可以上诉、抗诉。

（三）再审决定书的制作

对决定依照审判监督程序重新审判的案件，法院应当制作**再审决定书**。

（四）再审效力

再审期间不停止原判决、裁定的执行，但被告人**可能经再审改判无罪**，或者**可能经再审减轻原判刑罚而致刑期届满的，可以决定中止**原判决、裁定的执行，必要时，可以对被告人采取取保候审、监视居住措施。

（五）指令再审

上级法院指令下级法院再审的，**一般应当**指令原审法院以外的下级法院审理；由原审法院审理更有利于查明案件事实、纠正裁判错误的，也可以指令原审法院审理。

（六）再审审理方式

1. 应当开庭

（1）依照**第一审**程序审理的。

（2）依照第二审程序需要对**事实或者证据**进行审理的。

（3）**检察院**按照审判监督程序提出**抗诉**的。

（4）可能对原审被告人（原审上诉人）**加重刑罚**的。

（5）有其他应当开庭审理情形的。

2. 可以缺席审判

符合《刑事诉讼法》第 296 条、第 297 条规定的，可以缺席审判。

（七）审理程序

1. 依照审判监督程序重新审判的案件，法院应当**重点针对申诉、抗诉和决定再审的理由**进行审理。**必要时**，应当对原判决、裁定认定的事实、证据和适用法律进行**全面审查**。

2. 对依照审判监督程序重新审判的案件，法院在依照第一审程序进行审判的过程中，发现原审被告人还有其他犯罪的，一般应当并案审理，但分案审理更为适宜的，可以分案审理。

3. 开庭审理的再审案件，再审决定书或者抗诉书只针对部分原审被告人，**其他同案原审被告人不出庭不影响审理的**，可以不出庭参加诉讼。

4. 开庭审理的再审案件，**系法院决定再审的，由合议庭组成人员宣读再审决定书；系检察院抗诉的，由检察员宣读抗诉书；系申诉人申诉的，由申诉人或者其辩护人、诉讼代理人陈述申诉理由**。

5. 法院开庭审理的再审案件，**同级检察院应当派员出席法庭**。

（八）中止审理与终止审理

原审被告人(原审上诉人) 收到再审决定书或者抗诉书后**下落不明**或者收到抗诉书后**未到庭**的，法院**应当中止审理**；原审被告人（原审上诉人）到案后，恢复审理；如果**超过2年仍查无下落的**，应当裁定**终止审理**。

（九）强制措施

1. **法院决定再审**的案件，需要对被告人采取**强制措施**的，由**法院决定**。

2. **检察院提出抗诉的再审**案件，需要对被告人采取强制措施的，**由检察院决定**。

（十）再审抗诉的撤回

法院审理**检察院抗诉的再审案件**，检察院在**开庭审理前撤回抗诉的，应当裁定准许**；检察院接到出庭通知后**不派员出庭，且未说明原因**的，可以**裁定按撤回抗诉处理**，并通知诉讼参与人。

（十一）再审审限

1. 应当在作出提审、再审决定之日起**3个月以内**审结，需要延长期限的，**不得超过6个月**。

2. 接受抗诉的法院按照审判监督程序审判**抗诉的案件，审理期限适用前款规定**；对需要指令下级法院再审的，应当自接受抗诉之日起**一个月以内**作出决定，下级法院审理案件的期限适用前款规定。

（十二）再审不加刑

除检察院抗诉的以外，再审**一般不得**加重原审被告人的刑罚。再审决定书或者抗诉书只针对部分原审被告人的，不得加重其他同案原审被告人的刑罚。

二、重新审判后的处理

（一）维持原判

1. 应当维持

原判决、裁定**认定事实和适用法律正确、量刑适当**的，应当裁定驳回申诉或者抗诉，维持原判决、裁定。

2. 纠正后维持

原判决、裁定定罪准确、量刑适当，但**在认定事实、适用法律等方面有瑕疵的**，应当裁定纠正并维持原判决、裁定。

（二）应当改判

原判决、裁定认定**事实没有错误**，但**适用法律错误**，**或者量刑不当**的，应当撤销原判决、裁定，**依法改判**。

（三）可以改判，也可以发回重审

依照第二审程序审理的案件，原判决、裁定**事实不清或者证据**不足的，**可以在查清事实后改判**，也**可以裁定撤销原判**，**发回原审法院重新审判**。

（四）疑罪从无

原判决、裁定事实不清或者证据不足，经审理事实已经查清的，应当根据查清的事实依法裁判；事实**仍无法查清**，**证据不足**，不能认定被告人有罪的，应当撤销原判决、裁定，判决**宣告被告人无罪**。

第三节　再审改判后的国家赔偿

（1）《刑诉解释》第474条规定，对再审改判宣告无罪并依法享有申请国家赔偿权利的当事人，人民法院宣判时，应当告知其在判决发生法律效力后可以依法申请国家赔偿。

（2）《国家赔偿法》第21条第4款规定：再审改判无罪的，**作出原生效判决的人民法院为赔偿义务机关**。

（3）《国家赔偿法》第22条第2款规定：赔偿请求人要求赔偿，**应当先向赔偿义务机关提出**。

（4）《国家赔偿法》第39条第1款规定：赔偿请求人请求国家赔偿的**时效为2年，自其知道或者应当知道国家机关及其工作人员行使职权时的行为侵犯其人身权、财产权之日起计算**，但被羁押等限制人身自由期间不计算在内。

⊙**【经典真题】【2017-4-3】（本题21分）**

被告人李某于2014年7月的一天晚上，和几个朋友聚会，饭后又一起卡拉OK，期间餐厅经理派服务员胡某陪侍。次日凌晨两点结束后，李某送胡某回家的路上，在一废弃的工棚内强行与胡某发生了性关系。案发后李某坚称是通奸而不是强奸。此案由S市Y区检察院起诉。Y区法院经不公开审理，以事实不清证据不足为由作出无罪判决。检察机关提起抗诉，S市中级法院改判被告人构成强奸罪并处有期徒刑三年。二审法院定期宣判，并向抗诉的检察机关送达了判决书，没有向被告人李某送达判决书，但在中国裁判文书网上发布了判决书。

【问题】

1. 本案二审判决是否生效？为什么？我国刑事裁判一审生效与二审生效有无区别？为什么？

2. 此案生效后当事人向检察院申诉，程序要求是什么？

3. 省检察院按审判监督程序向省高级法院提起抗诉，对于原判决、裁定事实不清或者证据不足的再审案件，省高级法院应当如何处理？

4. 如果省高级法院认为S市中级法院生效判决确有错误，应当如何纠正？

5. 此案在由省检察院向省高级法院抗诉中，请求改判被告人无罪，被告人及其辩护人也辩称无罪，省高级法院根据控辩双方一致意见，是否应当做出无罪判决？为什么？

【答案】

1. （1）未生效。二审判决应当在宣告以后才生效，本案二审判决始终未向被告人李某宣告，裁判文书网上发布判决书也不能等同于向李某宣告判决，李某始终不知道判决的内容，因此本案二审程序未完成宣告，判决未生效。

（2）一审裁判的生效时间为裁判送达后次日开始计算上诉、抗诉期限，经过上诉、抗诉期限未上诉、抗诉的一审裁判才生效。由于我国实行二审终审制，普通案件二审裁判为终审裁判，自宣告之日起生效。

2. （1）当事人及其法定代理人、近亲属首先应当向S市检察院提出，S市检认为判决裁定确有错误需要抗诉的，应当提请省检抗诉。如果S市检察院决定不予抗诉的，当事人一方对S市检决定不予抗诉有权继续向省检察院申诉的，省检察院应当受理，省检认为判决裁定确有错误可以直接向省高院抗诉。省检决定不予抗诉的，经省市两级检察院办理后，没有新的事实和证据不再立案复查。（2）当事人及其法定代理人、近亲属如果直接向省检察院申诉的，省检察院可以交由作出生效判决、裁定的法院的同级检察院受理；案情重大、疑难、复杂的，省检察院可以直接受理。〔1〕

3. （1）经审理能够查清事实的，应当在查清事实后依法裁判；（2）经审理仍无法查清事实，证据不足的，不能认定原审被告人无罪的，应当判决宣告原审被告人无罪；（3）经审理发现有新证据且超过刑事诉讼法规定的指令再审期限的，可以裁定撤销原判，发回原审法院重新审判。

4. 省高级法院既可以提审也可以指令下级法院再审。（1）提审由省高院组成合议庭，所作出判决裁定为终审判决裁定；提审的案件应当是原判决裁定认定事实正确但适用法律错误，或者案件疑难、复杂、重大，或者不宜由原审法院审理的情形。（2）省

〔1〕【当年公布的参考答案】（1）当事人及其法定代理人、近亲属首先应当向S市检察院提出，案情重大、复杂、疑难的，省检察院也可以直接受理。（2）当事人一方对S市检决定不予抗诉而继续向省检察院申诉的，省检察院应当受理，经省市两级检察院办理后，没有新的事实和证据不再立案复查。（3）S市检认为判决裁定确有错误需要抗诉的，应当提请省检抗诉。（4）省检认为判决裁定确有错误可以直接向省高院抗诉。

法院指令再审一般应当指令S市中院以外的中级法院再审，依照第二审程序进行；如果更有利于查明案件事实、纠正裁判错误，也可以指令S市中院再审，S市中院应当另行组成合议庭，依照二审程序进行。

5. 法院可以根据具体情况，既可以作有罪判决也可以作无罪判决。(1) 本案系审判监督程序的案件，法庭审理的对象是生效的法院判决裁定是否有错误，判决有罪无罪的依据是案件事实、证据及适用的法律是否确有错误。(2) 检察机关的抗诉是引起再审程序的缘由，其请求改判无罪已经不是控诉的含义，也不是控方，不存在控辩双方意见一致的情形。

专题九　执行制度

一、 执行机关

(一) 法院

死刑立即执行、罚金、没收财产、无罪、免除刑罚，由**法院**执行。

(二) 监狱

死刑缓期二年执行、**无期徒刑**、**有期徒刑**，由公安机关送交**监狱**执行。

(三) 公安机关

余刑不足3个月的有期徒刑(看守所执行)、**拘役**、**剥夺政治权利**，由**公安机关**执行。

(四) 未成年犯管教所

被判处刑罚的未成年犯由**未成年犯管教所**执行。

(五) 社区矫正机构

管制、**宣告缓刑**、**假释**、**暂予监外执行**由**社区矫正机构**执行。

⊙**【提示】**罪犯被交付执行刑罚的时候，应当由交付执行的法院在判决生效后10日内将有关的法律文书送达公安机关、监狱或者其他执行机关。

二、 死刑立即执行判决的执行

(一) 执行命令的签发

最高人民法院院长签发死刑执行命令

(二) 死刑的执行机关

执行死刑的机关是**第一审法院**；

在**死刑缓期执行期间故意犯罪**被核准执行死刑的，由**罪犯服刑地**的**中级**人民法院执行。

（三）死刑执行的程序

1. 由高院交付第一审法院执行。第一审法院接到死刑执行命令后，应当**7 日以内**执行。

在死刑缓期执行期间故意犯罪，最高法核准执行死刑的，由罪犯服刑地的中级法院执行。

2. 死刑采用**枪决**或者**注射**等方法执行。采用注射方法执行死刑的，应当在指定的刑场或者羁押场所内执行。采用枪决、注射以外的其他方法执行死刑的，应当事先层**报最高法批准**。

3. 交付执行 3 日以前通知**同级检察院派员**临场监督。

4. 罪犯的**最后会见权**：

（1）第一审法院在执行死刑前，应当告知罪犯**有权会见其近亲属**。

罪犯申请会见并提供具体联系方式的，法院应当通知其近亲属。确实无法与罪犯近亲属取得联系，或者其近亲属拒绝会见的，应当告知罪犯。罪犯申请通过录音录像等方式留下遗言的，法院**可以**准许。

（2）罪犯近亲属申请会见的，法院应当准许并及时安排，但罪犯拒绝会见的除外。罪犯拒绝会见的，应当记录在案并及时告知其近亲属；必要时，应当录音录像。

（3）罪犯申请会见未成年子女的，应当经未成年子女的**监护人同意**。

如果会见可能**影响未成年人身心健康**的，法院可以通过视频方式安排会见，会见时**监护人应当在场**。

（4）会见一般在罪犯**羁押场所**进行。

5. 法院的审判人员现场指挥执行死刑。在执行前需对罪犯验明正身，讯问有无遗言、信札，然后交付执行人员执行死刑。在执行前，如果发现可能有错误，应当暂停执行，报请最高法裁定。执行死刑应当公布，但不应当示众，禁止游街示众或者其他有辱罪犯人格的行为。

6. 执行死刑后，在场书记员应当写成笔录。交付执行的法院应当将执行死刑情况报告最高法。

7. 执行死刑后，交付执行的法院应当通知罪犯家属。

三、 刑事裁判涉财产部分和附带民事裁判的执行

（一）执行对象

（1）罚金、没收财产；

（2）追缴、责令退赔违法所得；

（3）处置随案移送的赃款赃物；

（4）没收随案移送的供犯罪所用本人财物；

（5）其他应当由人民法院执行的相关涉财产的判项。

（二）执行主体

第一审法院负责裁判执行的机构执行相应刑事裁判涉财产部分和附带民事裁判；

如果被执行的财产在**异地**的，可以委托财产所在地的**同级法院**代为执行。

⊙【**提示**】没收财产的判决，无论附加适用或者独立适用，都由**法院执行**；在必要的时候，可以会同公安机关执行。

（三）执行时间

1. 罚金刑

罚金在判决规定的期限内**一次或者分期缴纳**。

期满无故不缴纳或者未足额缴纳的，法院应当**强制缴纳**。经强制缴纳仍不能全部缴纳的，在任何时候，包括主刑执行完毕后，发现被执行人有可供执行的财产的，应当**追缴**。

2. 没收财产

没收财产在判决生效后，应当**立即执行**。

（四）强制执行措施

法院应当依法对被执行人的财产状况进行调查，发现有可供执行的财产，需要查封、扣押、冻结的，应当及时采取**查封**、**扣押和冻结**等强制执行措施。

（五）执行范围

1. 判处没收财产的，应当执行刑事裁判生效时**被执行人合法所有**的财产。

2. 执行没收财产或罚金刑，应当参照**被扶养人住所地**政府公布的上年度当地居民最低生活费标准，**保留**被执行人及其所扶养家属的**生活必需费用**。

（六）执行顺序

1. 被判处罚金或者没收财产，同时又承担附带民事诉讼赔偿责任的，应先履行对**被害人的民事赔偿责任**。

2. 判处财产刑之前被执行人所负**正当债务**，应当偿还的，经债权人请求，先行予以偿还。

3. 行政机关就同一犯罪事实所作的罚款，法院判处罚金时应当折抵，扣除行政处罚已执行的部分。

⊙【**提示**】被执行人在执行中同时承担刑事责任、民事责任，其财产不足以支付的，按照下列顺序执行：

人身损害赔偿中的医疗费用→（优先受偿权）→退赔被害人的损失→其他民事债务→罚金→没收财产。

（债权人对执行标的依法享有**优先受偿权**，其主张优先受偿的，人民法院应当在前款第①项规定的医疗费用受偿后，予以支持。）

（七）执行财产的处理

执行的财产应当全部上缴国库。

（八）执行异议

执行刑事裁判涉财产部分、附带民事裁判过程中，当事人、利害关系人认为执行行为违反法律规定，或者案外人对被执行标的书面提出异议的，法院应当审查并参照民事诉讼法的有关规定处理。

（九）特殊情况的处理

1. 终结执行

（1）适用情形

①据以执行的判决、裁定被**撤销**的；

【注意】财产刑全部或部分被撤销的，已执行的财产应当全部或者部分**返还**被执行人；无法返还的，财产刑被撤销应当**依法赔偿**。

②被执行人死亡或者被执行死刑，且无财产可供执行的；

③被判处罚金的单位终止，且无财产可供执行的；

④依照刑法第53条第2款规定免除罚金的；

⑤应当终结执行的其他情形。

（2）裁定终结执行后发现被执行人的财产有被隐匿、转移等情形的，应当**追缴**。

2. 罚金的减免

因遭遇**不能抗拒的灾祸**等原因缴纳罚金确有困难，被执行人申请**延期**缴纳、酌情**减少或者免除**罚金的，应当提交相关证明材料。法院应当在收到申请后一个月以内作出裁定。符合法定条件的，应当准许；不符合条件的，驳回申请。

专题十　管辖与回避制度

第一节　立案管辖

立案管辖，是指公安司法机关之间在直接受理刑事案件上的权限分工。立案管辖所要解决的是哪类刑事案件由公安司法机关中的哪一个机关立案受理的问题，即确定：哪些刑事案件不需要经过侦查，由法院直接受理；哪些刑事案件由公安机关或其他机关立案侦查（调查）。

一、人民检察院直接受理的案件范围

（一）检察机关直接受理的刑事案件的范围

1. 人民检察院在对诉讼活动实行法律监督中发现的**司法工作人员**利用**职权**实施的非法拘禁、刑讯逼供、非法搜查等侵犯公民权利、损害司法公正的犯罪，**可以**由人民检察院立案侦查。

人民检察院在对诉讼活动实行法律监督中，发现司法工作人员涉嫌利用职权实施的下列侵犯公民权利、损害司法公正的犯罪案件，**可以**立案侦查：（1）**非法拘禁罪**（非

司法工作人员除外）；（2）**非法搜查罪**（非司法工作人员除外）；（3）**刑讯逼供罪**；（4）**暴力取证罪**；（5）**虐待被监管人罪**；（6）**滥用职权罪**（非司法工作人员滥用职权侵犯公民权利、损害司法公正的情形除外）；（7）玩忽职守罪（非司法工作人员玩忽职守侵犯公民权利、损害司法公正的情形除外）；（8）**徇私枉法罪**；（9）民事、行政枉法裁判罪；（10）执行判决、裁定失职罪；（11）执行判决、裁定滥用职权罪；（12）**私放在押人员罪**；（13）失职致使在押人员脱逃罪；（14）徇私舞弊减刑、假释、暂予监外执行罪。

【注意】司法工作人员，是指有侦查、检察、审判、监管职责的工作人员。

2. 对于**公安机关管辖**的**国家机关**工作人员**利用职权**实施的重大犯罪案件，需要由人民检察院直接受理的时候，经**省级**以上人民检察院决定，**可以**由人民检察院立案侦查。

（二）检察院办理直接受理的刑事案件的级别管辖与侦查部门

1. 级别管辖

（1）人民检察院办理直接受理侦查的案件，由**设区的市级**人民检察院立案侦查。**基层人民检察院发现犯罪线索**的，**应当报设区的市级人民检察院决定立案侦查**。

（2）设区的市级人民检察院也**可以将案件交由基层人民检察院立案侦查**，或者由**基层人民检察院协助侦查**。

（3）最高人民检察院、省级人民检察院发现犯罪线索的，可以自行决定立案侦查，也可以将案件线索交由指定的省级人民检察院、设区的市级人民检察院立案侦查。

2. 侦查部门

人民检察院**负责刑事检察工作的专门部门**负责侦查。设区的市级以上人民检察院侦查终结的案件，可以**交有管辖权的基层人民法院相对应的基层人民检察院提起公诉**；需要指定其他基层人民检察院提起公诉的，应当**与同级人民法院协商指定管辖**；依法应当由中级人民法院管辖的案件，应当由设区的市级人民检察院提起公诉。

二、人民法院直接受理的案件范围

由人民法院直接受理的刑事案件，也称为自诉案件，是指被害人及其法定代理人、近亲属，为追究被告人的刑事责任，直接向人民法院提起诉讼的案件。《刑事诉讼法》第19条第3款规定："自诉案件，由人民法院直接受理。"人民法院仅直接受理自诉案件，立案后直接进入审理阶段，不需要经过专门机关侦查。这类案件包括三种情形：

（一）告诉才处理的案件

1. 概念：告诉才处理的案件，是指只有经被害人或其法定代理人提出控告和起诉，人民法院才予以受理的案件。

2. 告诉才处理的案件具体包括：

（1）侮辱、诽谤案（严重危害社会秩序和国家利益的除外）；

（2）暴力干涉婚姻自由案（致使被害人死亡的除外）；

（3）虐待案**（但被害人没有能力告诉或者因受到强制、威吓无法告诉的除外）**；

（4）侵占案。

（二）被害人有证据证明的轻微刑事案件

这类自诉案件必须满足两个条件：一是必须是轻微的刑事案件；二是被害人必须有相应的证据证明被告人有罪。这类案件主要包括：（1）故意伤害案（轻伤）；（2）非法侵入住宅案；（3）侵犯通信自由案；（4）重婚案；（5）遗弃案；（6）生产、销售伪劣商品案；（7）侵犯知识产权案；（8）属于《刑法》分则第四章、第五章规定的，对被告人可能判处3年有期徒刑以下刑罚的案件。

（三）被害人有证据证明对被告人侵犯自己人身、财产权利的行为应当依法追究刑事责任，且有证据证明曾经提出控告，而公安机关或者人民检察院不予追究被告人刑事责任的案件

这类自诉案件必须具备以下条件：

1. 被告人的行为侵犯的是被害人的人身权利或财产权利；
2. 被告人的行为应当依法追究刑事责任；
3. 被害人有证据证明被告人的行为构成犯罪；
4. 被害人有证据证明曾经提出控告，而公安机关或检察机关已经作出不予追究被告人刑事责任的决定。

三、 公安机关立案侦查的案件

《刑事诉讼法》第19条第1款规定："刑事案件的侦查由公安机关进行，法律另有规定的除外。""法律另有规定"是指：

1. 由**人民检察院**直接立案侦查的案件；
2. 由**监察委员会**立案调查的**公职人员和有关人员的职务犯罪**案件；
3. 由**国家安全机关**立案侦查的危害国家安全的刑事案件；
4. 由**军队保卫部门**立案侦查的**军队内部发生**的刑事案件；
5. 由**监狱**立案侦查的**罪犯**在**监狱内犯罪**的案件；
6. 由**中国海警局**立案侦查的**海上发生**的刑事案件；
7. 由海关走私犯罪侦查部门（也可以是公安走私犯罪侦查部门）立案侦查的走私犯罪案件。

四、 管辖权竞合的处理

（一）人民检察院与公安机关的管辖权竞合

人民检察院在立案侦查自侦案件时，发现犯罪嫌疑人同时涉嫌公安机关管辖的犯

罪线索的，应当将属于公安机关管辖的刑事案件移送公安机关。如果涉嫌主罪属于公安机关管辖，由公安机关为主侦查，人民检察院予以配合；如果涉嫌主罪属于人民检察院管辖，由人民检察院为主侦查，公安机关予以配合。(《六机关规定》第1条)

⊙**【总结】**一般原则：分别管辖；如果涉及主罪的，主罪的机关管辖为主，另一机关配合。

(二) 公诉案件与自诉案件的管辖权竞合

公安机关或人民检察院在侦查过程中，如果发现被告人还犯有属于人民法院直接受理的罪行时，应当分情况进行处理：

1. 如果发现犯罪嫌疑人还犯有**告诉才处理**的案件，对此公安和检察院没有管辖权可以告知被害人向人民法院直接提起诉讼；

2. 如果发现犯罪嫌疑人还犯有属于**第二类或第三类**自诉案件，可以立案侦查，然后在检察院提起公诉时，和公诉案件一并移送法院，由法院合并审理。

(三) 人民法院在审理自诉案件时发现还有公诉案件

人民法院在审理自诉案件过程中，如果发现被告人还犯有必须由人民检察院提起公诉的罪行时，应当将新发现的罪行另案移送有管辖权的公安机关或者人民检察院处理。

第二节 审判管辖

审判管辖，是指各级人民法院之间、同级人民法院之间以及普通人民法院与专门人民法院之间、各专门法院之间，在审判第一审刑事案件上的职权划分。审判管辖所要解决的是在人民法院系统内部受理案件的分工，即一起刑事案件具体应该由哪一个人民法院进行第一审的问题。具体来说，包括级别管辖、地区管辖、移送管辖、指定管辖和特殊管辖。

一、 级别管辖

级别管辖，是指各级人民法院之间在审判第一审刑事案件上的权限划分，是对第一审刑事案件审判权的纵向划分，解决的是上下级人民法院之间的权限分工问题。

(一) 级别管辖的具体划分

划分级别管辖考虑的主要因素有：案件的性质和影响；罪行的轻重和可能判处刑罚的轻重；案件涉及面的大小；不同级别法院在审判体系中的地位、职责和条件等。

1. 最高人民法院：管辖全国性的重大刑事案件。

2. 高级人民法院：管辖全省（自治区、直辖市）性的重大刑事案件。

3. 中级人民法院：

(1) 危害国家安全、恐怖活动案件；

(2) 可能判处无期徒刑、死刑的案件；

（3）违法所得没收程序；

（4）**贪污贿赂案件、经最高人民检察院核准的严重危害国家安全犯罪、恐怖活动犯罪案件而被告人在境外的缺席审判程序。**

4. 基层人民法院：管辖第一审普通刑事案件，但是依照本法由上级人民法院管辖的除外。

（二）级别管辖的变通

1. 上级法院可以审判应由下级法院管辖的案件（上可以审下）

（1）级别管辖的具体划分是指这类案件最低应由该级别的法院进行第一审，但并不排除由该级别法院的上级法院对这些案件进行第一审。

（2）一人犯数罪、共同犯罪或者其他需要并案审理的案件，其中一人或者一罪属于上级人民法院管辖的，全案由上级人民法院管辖。（《刑诉解释》第15条）

（3）人民检察院认为可能判处无期徒刑、死刑，向中级人民法院提起公诉的案件，中级人民法院受理后，认为不需要判处无期徒刑、死刑的，应当依法审判，不再交基层人民法院审判。

（4）基层人民法院对下列第一审刑事案件，可以请求移送中级人民法院审判：

①重大、复杂案件；

②新类型的疑难案件；

③在法律适用上具有普遍指导意义的案件。需要将案件移送中级人民法院审判的，应当在报请院长决定后，至迟于案件审理期限届满15日以前书面请求移送。中级人民法院应当在接到申请后10日以内作出决定。不同意移送的，应当下达不同意移送决定书，由请求移送的人民法院依法审判；同意移送的，应当下达同意移送决定书，并书面通知同级人民检察院。

2. 下级法院绝不可以审判应由上级法院审判的案件（下不可以审上）

基层人民法院对可能判处无期徒刑、死刑的第一审刑事案件，应当移送中级人民法院审判。

二、地区管辖

地区管辖，是指同级人民法院之间，在审判第一审刑事案件时的权限划分，是对第一审刑事案件审判权的横向划分。确定地区管辖的原则有两个：

（一）一般原则

刑事案件由犯罪地的人民法院管辖。如果被告人居住地的人民法院审判更为适宜的，可以由被告人居住地的人民法院管辖。

1. 犯罪地包括犯罪行为地和犯罪结果地

《刑诉解释》第2条规定，犯罪地包括犯罪行为地和犯罪结果地。针对或者主要利用计算机网络实施的犯罪，犯罪地包括用于实施犯罪行为的网络服务使用的服务器所在地，网络服务提供者所在地，被侵害的信息网络系统及其管理者所在地，犯罪过程中被告人、被害人使用的信息网络系统所在地，以及被害人被侵害时所在地和被害人财产遭受损失地等。

2. 居住地是指被告人的户籍地。经常居住地与户籍地不一致的，经常居住地为其居住地。经常居住地为被告人被追诉前已连续居住 1 年以上的地方，但住院就医的除外。

被告单位登记的住所地为其居住地。主要营业地或者主要办事机构所在地与登记的住所地不一致的，主要营业地或者主要办事机构所在地为其居住地。

（二）并案管辖

1. 人民法院发现被告人**还有其他犯罪被起诉的**，可以并案审理；涉及**同种犯罪的，一般应当并案审理**。

2. 人民法院发现被告人还有其他犯罪被审查起诉、立案侦查、立案调查的，可以参照前款规定协商人民检察院、公安机关、监察机关并案处理，但可能造成审判过分迟延的除外。

3. 根据前两款规定并案处理的案件，由**最初受理地**的人民法院审判。必要时，可以由主要犯罪地的人民法院审判。

4. 第二审人民法院在审理过程中，发现被告人还有其他犯罪没有判决的，参照前条规定处理。第二审人民法院决定并案审理的，应当发回第一审人民法院，由第一审法院作出处理。

（三）指定管辖

指定管辖是指当管辖权不明或者有管辖权的法院不宜行使管辖权时，由上级人民法院以指定的方式确定案件由下级法院管辖。【注意：只能上指下】

1. 管辖不明或者存在争议的

管辖权发生争议的，应当在**审理期限内协商**解决——**协商不成**的，分别**层报共同的上级**人民法院**指定**管辖。

⊙［**提示**］争议各方**协商是必经程序**，只有协商不成的，才能报请共同上级法院指定管辖，而且报请只能“**逐级**”层报，不能越级报请。

2. 有管辖权但客观原因不宜管辖的

（1）有管辖权的人民法院因案件涉及本院院长需要回避或者其他原因，不宜行使管辖权的，可以请求移送上一级人民法院管辖。

（2）上一级人民法院可以管辖，也可以指定与提出请求的人民法院同级的其他人民法院管辖。（《刑诉解释》第 18 条）

（3）指定时：不能违背级别管辖；也不能超出辖区。

3. 其他需要指定管辖的情形

【有管辖权，且没有不宜管辖的情形】

有关案件，由犯罪地、被告人居住地以外的人民法院审判更为适宜的，上级人民法院可以指定下级人民法院管辖。

例：专业性较强的刑事案件，可以指定具有相关审判经验的法院管辖。

4. 指定管辖后的处理

（1）上级法院指定管辖，应当将指定管辖决定书送达被指定管辖的人民法院和其他有关的人民法院。

（2）指定后的案卷移送制度（由原受理案件的人民法院移送）：

【公诉案件】原受理案件的人民法院收到决定书后，应当书面通知原受理案件的人民法院的同级人民检察院，并将案卷材料退回，同时书面通知当事人。

第三节　回避制度

刑事诉讼中的回避，是指根据刑事诉讼法和有关法律的规定，侦查人员、检察人员、审判人员以及书记员、翻译人员和鉴定人等同案件有法定利害关系或者其他可能影响案件公正处理的关系，因而不得参与该案诉讼活动的一项诉讼制度。

一、回避的理由

回避的理由，是指由法律规定适用回避所必须具备的根据。根据刑事诉讼法的有关规定，回避的理由包括以下几种情形：

1. 是**本案的当事人或者是当事人的近亲属**的。

《刑事诉讼法》第 108 条规定，当事人是指被害人、自诉人、犯罪嫌疑人、被告人、附带民事诉讼的原告人和被告人；近亲属是指夫、妻、父、母、子、女、同胞兄弟姐妹。

⊙**【考点提示】**最高人民法院《关于审判人员在诉讼活动中执行回避制度若干问题的规定》第 1 条对此作了进一步的解释，规定与当事人有直系血亲、三代以内旁系血亲以及近姻亲关系的审判人员都应当回避。

2. **本人或者他的近亲属和本案有利害关系**的。所谓利害关系是指本案的处理结果会影响到审判人员、检察人员、侦查人员以及书记员、翻译人员、鉴定人或其近亲属的利益。

3. **担任过本案的证人、鉴定人、辩护人、诉讼代理人或者翻译人员**的。在同一个案件中，曾经担任证人、鉴定人、辩护人或诉讼代理人的人，对案件事实往往已经形成自己的看法，如果再以其他办案人员的身份参与对该案件的处理，就很难做到客观公正。

4. **与本案的辩护人、诉讼代理人有近亲属关系**的。

5. 与本案**当事人**有其他关系，**可能影响公正处理案件**的。这是对上述四种情形以外的概括性规定，内容比较广泛，既可以是同学、朋友等友好关系，也可以是不睦关系，即与当事人有过仇隙、纠纷等。具体则由公安司法机关裁量决定。上述关系必须达到影响案件公正处理的程度时，才应当回避。

6. 接受当事人及其委托的人的**请客送礼**，或者**违反规定会见**当事人及其委托的人。《刑事诉讼法》第 30 条规定："审判人员、检察人员、侦查人员不得接受当事人及其委托的人的请客送礼，不得违反规定会见当事人及其委托的人。审判人员、检察人员、侦查人员违反前款规定的，应当依法追究法律责任。当事人及其法定代理人有权要求他们回避。"

7. **参加过本案调查、侦查、审查起诉的监察、侦查、检察人员，调至人民法院工作的，不得担任本案的审判人员，或者参加过本案侦查的侦查人员，调至人民检察院工作的，不得担任本案的检察人员。**

⊙**【考点提示】**

也就是说，相关人员应当遵循"程序只能参与一次"原则，即如果已经参与过本案前面的某一程序了，那么后续的程序就不能再参与了，原因是该人员已经处理过本案了，可能会产生先入为主的想法，加之已经牵扯到利害关系（如最后判无罪可能会导致对前面工作的否定等）很难保证其在后续程序中公正处理本案，故要回避。需要指出的是，"程序只能参与一次"原则**也适用于人民检察院书记员、司法警察和人民检察院聘请或指派的翻译人员和鉴定人；法庭书记员以及法院聘请或指派的翻译人员和鉴定人。**

8. 在一个审判程序中参与过本案审判工作的合议庭组成人员或者独任审判员不得再参与本案其他程序的审判。

【注意】在一个审判程序中参与过本案审判工作的合议庭组成人员或者独任审判员，不得再参与本案其他程序的审判。但是，发回重新审判的案件，在第一审人民法院作出裁判后又进入第二审程序、在法定刑以下判处刑罚的复核程序或者死刑复核程序的，原第二审程序、在法定刑以下判处刑罚的复核程序或者死刑复核程序中的合议庭组成人员不受本款规定的限制。（《刑诉解释》第 29 条第 2 款）

⊙［**小结**］关于程序只能参与一次及其例外的图示

1. 一般案件二审发回重审的情况：

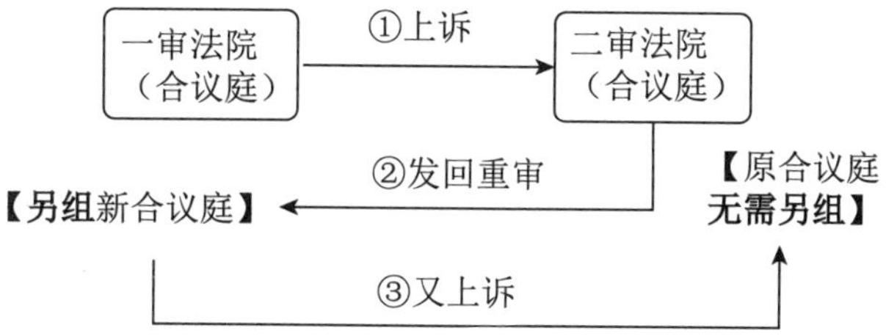

2. 死刑复核程序发回重审的情况：

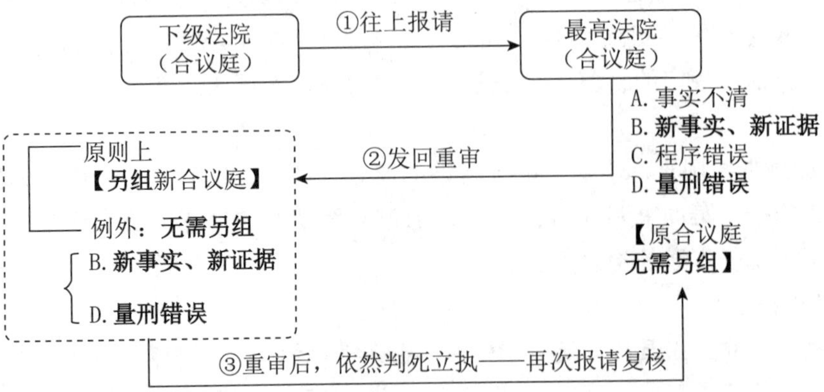

9. 应当实行任职回避的，不得担任案件的审判人员

《刑诉解释》第30条规定："依照法律和有关规定应当实行任职回避的，不得担任案件的审判人员。"

二、回避的程序

（一）回避的申请

1. 回避的提出主体

（1）自行回避：由具有回避理由的公安司法人员**本人主动**提出。

（2）申请回避：由**当事人及其法定代理人、辩护人、诉讼代理人**提出申请。

⊙**【考点提示】**有权申请回避的主体只有以上四种，**近亲属不享有申请回避权**。

（3）指令回避：由**对回避有决定权的机关或人员**直接决定。

2. 回避的提出方式：既可以以**书面形式**提出回避，也可以以**口头形式**提出。

（二）回避的决定主体

1. 审判人员、检察人员、侦查人员的回避：应当分别由法院院长、检察长、县级以上公安机关负责人决定。

2. 人民法院院长的回避：由本院审判委员会决定。审判委员会讨论院长回避时，由副院长主持，院长不得参加。

3. 检察长和公安机关负责人的回避：由同级人民检察院检察委员会决定。这里的公安机关负责人，是指公安机关的正职负责人。对公安机关副职负责人的回避，由正职负责人决定。检察委员会讨论检察长回避问题时，由副检察长主持。检察长不得参加。

4. 法官助理、书记员、翻译人员和鉴定人的回避：一般应当按照诉讼进行的阶段，分别由公安机关负责人、检察长或法院院长决定。

⊙**【考点提示】**法官助理的回避由院长决定。法官助理、书记员、翻译人员和鉴定人实行“谁聘请，谁决定”原则，即在本案中为谁工作，就由谁来决定。书记员、翻译人员和鉴定人的回避在刑事诉讼中由法院院长、检察长、公安机关负责人决定，这与民事诉讼及行政诉讼中由审判长决定不同。

⊙**【考点总结】**关于回避的决定主体，可以总结如下：

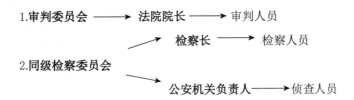

1.**审判委员会** → **法院院长** → 审判人员

2.**同级检察委员会** → **检察长** → 检察人员

2.**同级检察委员会** → **公安机关负责人** → 侦查人员

（三）回避前诉讼活动的法律效力

提出有法定理由的回避申请，有关的**检察人员、审判人员应当暂停**参与本案的诉讼活动，**侦查人员不能停止**对案件的侦查工作。

被决定回避的人员在回避决定作出以前所进行的诉讼活动（包括取得的证据和进行的诉讼行为）**是否有效，由决定其回避的该主体根据案件情况决定**。

（四）回避决定的复议

1. **当事人及其法定代理人、辩护人、诉讼代理人**对驳回申请的决定不服，可以向**原决定机关**申请**复议一次**。

2. 在复议主体作出复议决定前，**不影响被申请回避的人员参与案件的处理活动**。

3. 不属于《刑事诉讼法》第29条、第30条规定情形的回避申请，由法庭**当庭驳回，并不得申请复议**。

专题十一　诉讼参与人与辩护制度

第一节　诉讼参与人

一、诉讼参与人概念及范围

1. 概念：诉讼参与人是指在刑事诉讼过程中享有一定诉讼权利，承担一定诉讼义务的除了国家专门机关工作人员以外的人。

2. 范围[1]**【与案件最终结局的利害关系不同】**

（1）**当事人：**被害人、自诉人、犯罪嫌疑人、被告人、附带民事诉讼的原告人和被告人。

---

〔1〕《刑事诉讼法》第108条第4项规定：“诉讼参与人”是指当事人、法定代理人、诉讼代理人、辩护人、证人、鉴定人和翻译人员。《刑事诉讼法》第108条第2项规定：“当事人”是指被害人、自诉人、犯罪嫌疑人、被告人、附带民事诉讼的原告人和被告人。

（2）**其他诉讼参与人**：法定代理人、诉讼代理人、辩护人、证人、鉴定人和翻译人员。

二、当事人

当事人指与案件的结局有着直接利害关系，对刑事诉讼进程发挥着较大影响作用的诉讼参与人。包括被害人、犯罪嫌疑人、被告人、自诉人、附带民事诉讼的原告人和被告人。其中，被害人的诉讼权利、单位犯罪嫌疑人、被告人的诉讼代表人是本部分的易考点。

（一）被害人（专指公诉案件的被害人）

1. 诉讼权利（提出控告、申请回避、参加法庭调查、使用本民族语言文字诉讼、申诉）

（1）**报案、控告权**。对侵犯其人身、财产权利的**犯罪事实或者犯罪嫌疑人**，有权向公安机关、人民检察院或者人民法院**报案**或者**控告**。

（2）［**对公安机关不立案**］不服的

①**申请复议、复核权**。<1>如果被害人向公安机关**控告**而公安机关不予立案，被害人可以在收到不予立案通知书后 7 日以内**向原决定机关申请复议**。<2>对不予立案的**复议决定不服**的，可以在收到复议决定书后 7 日以内**向上一级公安机关申请复核**。

②向决定机关的同级**检察院**提出**申诉**；

③向**法院**提出**自诉【公诉转自诉】**。

（3）**委托诉讼代理人**。自**案件移送审查起诉之日起**，有权**委托诉讼代理人**。

（4）［**对检察院不起诉决定**］**不服的**，①有权向上一级检察院提出申诉；②有权向法院提出自诉【公诉转自诉】

（5）**不服一审未生效判决**，有权**请求人民检察院提出抗诉**。

（6）**不服生效判决**，有权**向检察院**或**法院**提出**申诉**。

（7）**针对强制医疗决定的复议权**。对法院强制医疗的决定不服的，有权向上一级法院**申请复议**。

（8）**因作证人身安全面临危险的**，有权要求公、检、法提供**人身保护**措施。

（二）犯罪嫌疑人、被告人的诉讼权利

1. 防御性权利

（1）**含义**：针对控诉方**合法**诉讼行为的防御。即防止权利被侵犯而行使的权利。

（2）**包含的权利**：

①辩护权

②拒绝回答权

③参加法庭调查权

④参加法庭辩论权

⑤最后陈述权

⑥反诉权。自诉案件的被告人有权对自诉人提出反诉。

⊙［**提示**］公诉转自诉案件不能反诉。

2. 救济性权利

（1）含义：针对控诉方**不合法**、**侵权行为**的救济。即权利已经被侵犯了要求救济而行使的权利。

（2）包含的权利：

①申请**复议**权。

②**控告**权。

③**申请变更**、**解除**强制措施权。

④**申诉**权。

A. 对检察院作出的**酌定不起诉**决定，有权向该人民检察院申诉。

B. 对已经发生法律效力的裁判，有权向**法院**、**检察院**提出申诉。

⑤**上诉**权。对一审未生效的**裁判**有权向上一级人民法院上诉。

⑥对缺席审判**异议权**。

3. 程序保障权

（1）在未经人民法院依法判决的情况下，不得被确定有罪。

（2）获得人民法院的公开、独立、公正的审判。

（3）在刑事诉讼过程中，不受审判人员、检察人员、侦查人员以刑讯逼供、威胁、引诱、欺骗及其他非法方法进行讯问。

（4）不受侦查人员实施的非法逮捕、拘留、取保候审、监视居住等强制措施。

（5）不受侦查人员的非法搜查、扣押等侦查行为。

（6）第二审法院在审理只有被告人一方提出上诉的案件时，不得加重被告人的刑罚。

（三）单位犯罪嫌疑人、被告人的诉讼代表人

1. 含义：代表单位参加刑事诉讼的人

2. 诉讼代表人的确定顺序

（1）**第一顺位**：被告单位的诉讼代表人，**应当是法定代表人**、**实际控制人**或者**主要负责人**。

（2）**第二顺位：单位内接受委托的人**。法定代表人、实际控制人或者主要负责人被指控为单位犯罪直接责任人员或者**因客观原因无法出庭**的，**应当**由被告**单位委托其他负责人**或者**职工**作为诉讼代表人。**但是**，有关人员被指控为单位犯罪直接责任人员或者知道案件情况、**负有作证义务的除外**。

（3）**第三顺位：单位外接受委托的人**。依据第二顺位难以确定诉讼代表人的，可以由被告单位**委托律师等**单位以外的人员作**为诉讼代表人**。

⊙［**提示**］诉讼代表人不得同时担任被告单位或者被指控为单位犯罪直接责任人员

的有关人员的辩护人。

3. 诉讼代表人的变更

（1）**【主体不符合要求】**开庭审理单位犯罪案件，应当通知被告单位的诉讼代表人出庭；**诉讼代表人不符合上述主体要求的**，应当要求人民**检察院另行确定**。

（2）**【诉讼代表人不出庭】**应当按照下列情形分别处理：

A. 诉讼代表人系被告单位的**法定代表人**、**实际控制人**或者**主要负责人**，**无正当理由**拒不出庭的，**可以拘传其到庭**；因客观原因无法出庭，或者下落不明的，应当要求人民检察院另行确定诉讼代表人。

⊙［**提示**］此处的拘传不是强制措施。而是司法拘传。因为强制措施只适用于真正的犯罪嫌疑人、被告人身上，诉讼代表人只是代表单位参加诉讼，不是犯罪嫌疑人、被告人。关于强制措施的拘传，详见第八章“强制措施”相关内容。

B. 诉讼代表人系**其他人员**的，应当要求人民检察院**另行确定诉讼代表人**。

第二节　辩护制度

一、 辩护人的诉讼地位、 职责与人数

（一） 辩护人的诉讼地位

1. 辩护人在刑事诉讼中**只承担辩护职能**，是犯罪嫌疑人、被告人合法权益的专门维护者。辩护人在刑事诉讼中一般不能检举、揭发犯罪嫌疑人、被告人已经实施的犯罪行为。

2. 辩护人是**独立的诉讼参与人**，**享有独立的诉讼地位**，以**自己的名义**，独立进行辩护，**不受犯罪嫌疑人、被告人意思表示的约束**。辩护人与犯罪嫌疑人、被告人的关系，不同于诉讼代理人和当事人的关系。辩护律师参与诉讼是履行法律规定的职责，而不是基于犯罪嫌疑人、被告人的授权。辩护人不是犯罪嫌疑人、被告人的“代言人”。

3. 辩护人所**维护的只能是犯罪嫌疑人、被告人的合法权益**。因此辩护人只能**依据事实和法律**为犯罪嫌疑人、被告人进行辩护，而不能为其当事人谋取非法利益，更不得教唆犯罪嫌疑人、被告人翻供，帮助犯罪嫌疑人、被告人威胁、引诱证人改变证言或者进行其他妨碍诉讼的活动。

（二） 辩护人的职责

《刑事诉讼法》第37条：辩护人的责任是根据事实和法律，提出犯罪嫌疑人、被告人无罪、罪轻或者减轻、免除其刑事责任的材料和意见，维护犯罪嫌疑人、被告人的诉讼权利和其他合法权益。具体而言，其职责包括：

（1）**从实体上为犯罪嫌疑人、被告人辩护**。即根据事实和法律，提出证明犯罪嫌疑人、被告人无罪、罪轻或者减轻、免除其刑事责任的材料和意见，帮助公安司法机

关全面了解案情，正确适用法律，依法公正处理案件。

（2）**从程序上为犯罪嫌疑人、被告人辩护。**帮助犯罪嫌疑人、被告人依法正确行使自己的诉讼权利，并在发现犯罪嫌疑人、被告人的诉讼权利遭受侵犯时，向公安司法机关提出意见，要求依法制止，或向有关单位提出控告。

（3）**为犯罪嫌疑人、被告人提供其他法律帮助。**辩护人应当解答犯罪嫌疑人、被告人提出的有关法律问题，为犯罪嫌疑人、被告人代写有关文书，案件宣判后，应当了解被告人的态度，征求其对判决的意见以及是否提起上诉等。

（三）辩护人的人数

犯罪嫌疑人、被告人除自己行使辩护权以外，还可以委托1至2人作为辩护人。

【注意】一名辩护人不得为2名以上的同案被告人或者未同案处理但犯罪事实存在关联的被告人辩护。

⊙**【模板总结】**题目可能会问“**如果你是一审阶段的辩护律师，请简述你的辩护意见**”。**作为辩护律师，不管在什么阶段，其参与刑事诉讼的唯一目的是维护嫌疑人、被告人的合法权益。故，只要问辩护律师如何提辩护意见的，均可按以下模板答题。**

答：根据《刑事诉讼法》第37条的规定，辩护人的责任是根据事实和法律，提出犯罪嫌疑人、被告人无罪、罪轻或者减轻、免除其刑事责任的材料和意见，维护犯罪嫌疑人、被告人的诉讼权利和其他合法权益。作为本案一审阶段辩护律师，我将根据事实和法律，作出如下辩护意见：

第一，**从程序上提出维护被告人合法权益的辩护意见。**由上可知，程序性辩护是辩护的其中一种。辩护律师在本案中，由于被告人遭到刑讯逼供，且物证取证的方式不符合法律规定（看案情而写），上述证据不得作为定案依据，因此我将向法院申请排除上述证据，要求法院不得将上述证据作为定案的依据。

第二，**从实体上提出维护被告人合法权益的辩护意见。**在本案中，我将做事实不清，证据不足的无罪辩护。理由是：在非法证据排除以后，现有证明被告人有罪的证据仅限于以下证据：……（把题干中的证据罗列一下），这些证据显然不足以证明就是被告人实施的犯罪，因此，作事实不清，证据不足的无罪辩护最有利于维护被告人的合法权益。

总之，我将从实体上与程序上提出维护被告人合法权益的辩护意见。

法条依据为《刑事诉讼法》第37条~第44条、第55条~第56条，第118条~第153条。

二、辩护人的范围

（一）可以担任辩护人的人

1. 律师；
2. 人民团体或者犯罪嫌疑人、被告人所在单位推荐的人；

3. 犯罪嫌疑人、被告人的**监护人、亲友**。

（二）不能担任辩护人的人

1. 绝对禁止（任何情况下都不能担任）

（1）正在**被执行刑罚**或者处于**缓刑、假释**考验期间的人；

（2）依法**被剥夺、限制人身自由**的人；

（3）**无**行为能力或者**限制**行为能力的人。

⊙［**提示**］这些人都有一个特点，即自身难保。

2. 相对禁止

（1）**被开除**公职、被**吊销**律师、公证员资格的人；

（2）法院、检察院、公安机关、**监察机关**、国家安全机关、监狱的**现职**人员；

（3）人民**陪审员**；

（4）与本案审理结果**有利害关系**的人；

（5）**外国人**或者无国籍人。

⊙［**提示**］上述人员一般情况下不能担任辩护人，但如果是犯罪嫌疑人、被告人的近亲属[1]或监护人，则可以作为辩护人。

3. 因任职回避导致不能担任辩护人

（1）检察人员和审判人员（含人民法院其他工作人员）从人民法院、人民检察院离任后**2年内**，不得以**律师身份**担任辩护人（可以**非律师**身份担任）；

（2）检察人员和审判人员（含人民法院其他工作人员）从人民法院、人民检察院离任后不得担任**原任职**人民法院、人民检察院所办理案件的辩护人。但系犯罪嫌疑人、被告人的**监护人、近亲属**则可以。

三、 辩护人的诉讼权利

（一）阅卷权

《刑事诉讼法》第40条规定："辩护律师自人民检察院对案件审查起诉之日起，可以查阅、摘抄、复制本案的案卷材料。其他辩护人经人民法院、人民检察院许可，也可以查阅、摘抄、复制上述材料。"具体而言如下：

1. 非律师辩护人：享有阅卷权，但须经人民法院、人民检察院许可。

2. 辩护律师

（1）无须经许可：无须经办案机关许可即可阅卷。

（2）阅卷时间：自**人民检察院对案件审查起诉之日**起。在审查起诉阶段，辩护人应当到人民检察院阅卷；案件起诉到人民法院后，辩护人应当到人民法院阅卷。

（3）阅卷范围：案卷材料（指包括**诉讼文书和证据材料**在内的案卷中的**所有材**

[1]《刑事诉讼法》第108条第6项规定，"近亲属"是指夫、妻、父、母、子、女、同胞兄弟姐妹。

料)，合议庭、审判委员会的讨论记录以及其他依法不公开的材料不得查阅、摘抄、复制。

⊙**【提示】**对作为证据材料向人民法院移送的讯问录音录像，辩护律师申请查阅的，人民法院应当准许。(《刑诉解释》第54条)

查阅、摘抄、复制案卷材料，涉及国家秘密、商业秘密、个人隐私的，应当保密；对不公开审理案件的信息、材料，或者在办案过程中获悉的案件重要信息、证据材料，不得违反规定泄露、披露，不得用于办案以外的用途。人民法院可以要求相关人员出具承诺书。(《刑诉解释》第55条第1款)

(4) 阅卷方法：查阅、复印、拍照、扫描、电子数据拷贝等。

(5) 阅卷保障：人民检察院和人民法院应当为辩护人查阅、摘抄、复制案卷材料提供便利和充分的时间。具体而言：①辩护律师提出阅卷要求的，检察院、法院**应当当时安排**辩护律师阅卷，无法当时安排的，应当向辩护律师说明并安排在3个工作日以内阅卷，**不得限制辩护律师阅卷的次数和时间**；②辩护人复制案卷材料的，人民检察院不收取费用。

(二) 会见、通信权

《刑事诉讼法》第39条第1款规定："辩护律师可以同在押的犯罪嫌疑人、被告人会见和通信。其他辩护人经人民法院、人民检察院许可，也可以同在押的犯罪嫌疑人、被告人会见和通信。"具体而言，辩护人的会见、通信权的内容如下：

1. 非律师辩护人：享有会见、通信权，但须经人民法院、人民检察院许可。

【注意】在审查起诉阶段是由负责捕诉的部门进行审查并作出是否许可的决定。

2. 辩护律师

(1) 会见人员：犯罪嫌疑人、被告人委托2名律师担任辩护人的，2名辩护律师可以**共同会见**，也可以**单独会见**。辩护律师可以带1名律师助理协助会见。助理人员随同辩护律师参加会见的，应当出示律师事务所证明和律师执业证书或者申请律师职业人员实习证。办案机关应当核实律师助理的身份。

(2) 会见的证件要求：辩护律师持**律师执业证书**、律师事务所证明和**委托书或者法律援助公函**即有权要求会见在押的犯罪嫌疑人、被告人。

(3) 安排会见的时间：看守所应当及时安排会见，至迟不得超过48小时。

⊙**【考点提示】**看守所安排会见不得附加其他条件或者变相要求辩护律师提交法律规定以外的其他文件、材料，**不得以未收到办案机关通知为由拒绝**安排辩护律师会见。看守所应当设立会见预约平台，采取网上预约、电话预约等方式为辩护律师会见提供便利，但**不得以未预约会见为由拒绝安排**辩护律师会见。

(4) 经侦查机关许可才能会见的案件：**危害国家安全犯罪、恐怖活动犯罪案件**，在侦查期间辩护律师会见在押的犯罪嫌疑人，应当经侦查机关许可。上述案件，侦查机关应当**事先通知**看守所。

（5）会见的内容

①辩护律师会见在押的犯罪嫌疑人、被告人，可以**了解**案件有关情况，提供法律咨询等。

②自案件移送审查起诉之日起，可以向犯罪嫌疑人、被告人**核实**有关证据。

⊙**【名师点拨】**辩护律师了解案件情况没有阶段限制，但核实证据须案件移送审查起诉之日起才有权核实。

（6）会见的保障

①辩护律师会见在押的犯罪嫌疑人、被告人时，看守所**应当采取必要措施，保障会见顺利和安全进行**。律师会见在押的犯罪嫌疑人、被告人时，看守所应当保障律师履行辩护职责需要的**时间和次数**，并与看守所工作安排和办案机关侦查工作相协调。

②辩护律师会见在押的或者被监视居住的犯罪嫌疑人、被告人时，**不得监听，不得派警员在场**。

⊙**【提示】**在律师会见室不足的情况下，看守所经辩护律师书面同意，可以安排在讯问室会见，但应当关闭录音、监听设备。

（7）通信权

看守所应当及时传递辩护律师同犯罪嫌疑人、被告人的往来信件。看守所可以对信件**进行必要的检查，但不得截留、复制、删改信件，不得向办案机关提供信件内容**，但信件内容涉及危害国家安全、公共安全、严重危害他人人身安全以及涉嫌串供、毁灭证据等情形的除外。

（三）调查取证权

根据《刑事诉讼法》第41条、第43条规定，辩护人的调查取证权包括下列几种情形：

1. 非律师辩护人：非律师辩护人没有亲自调查取证的权利，也没有申请检察院、法院调查取证的权利，而**只有申请检察院、法院调取未随案移送的证明犯罪嫌疑人、被告人无罪或罪轻的证据的权利**（详情见"申请调取无罪或罪轻证据的权利"的内容）。

2. 辩护律师

（1）亲自调查取证权

①经证人或者其他有关单位和个人同意，可以向他们收集与本案有关的材料。

⊙**【名师点拨】**辩护律师申请向**正在服刑**的罪犯收集与案件有关的材料的，监狱和其他监管机关在查验律师执业证书、律师事务所证明和犯罪嫌疑人、被告人委托书或法律援助公函后，应当**及时安排并提供合适的场所和便利**。

②**经人民检察院或者人民法院许可**，并且经被害人或者其近亲属、被害人提供的证人同意，可以向他们收集与本案有关的材料。

（2）申请调查取证权

辩护律师可以申请人民检察院、人民法院向证人或者有关单位、个人收集、调取证据材料。

检察院负责捕诉的部门、法院认为确有收集、调取必要，且不宜或者不能由辩护律师收集、调取的，应当同意。检察院、法院收集、调取证据材料时，辩护律师可以在场。（不得向律师签发准许调查决定书，应当自己取证）

（3）申请调取无罪或罪轻证据的权利

辩护人认为在调查、侦查、审查起诉期间监察机关、公安机关、人民检察院收集的证明犯罪嫌疑人、被告人无罪或者罪轻的证据材料未提交的，有权申请人民检察院、人民法院调取。

【注意】该项权利是所有辩护人（包括非律师辩护人和辩护律师）均享有的权利。

（四）提出意见权

提出意见权是指辩护人在不同诉讼阶段向办案机关提出辩护意见的权利：

1. 在案件侦查终结前，辩护律师提出要求的，侦查机关应当听取辩护律师的意见，并记录在案。（《刑事诉讼法》第161条）

2. 检察院审查批准逮捕，可以听取辩护律师的意见；辩护律师提出要求的，应当听取辩护律师的意见。（《刑事诉讼法》第88条第2款）

3. 对未成年人审查批捕、审查起诉，应当听取辩护人的意见。（《刑事诉讼法》第280条第1款）

4. 审查起诉阶段，检察院应当听取辩护人的意见。（《刑事诉讼法》第173条）

5. 第二审案件依法不开庭审理的，应当讯问被告人，听取其他当事人、辩护人、诉讼代理人的意见。合议庭全体成员应当阅卷，必要时应当提交书面阅卷意见。（《刑事诉讼法》第234条第2款）

6. 最高人民法院复核死刑案件，辩护律师提出要求的，应当听取辩护律师的意见。（刑事诉讼法第251条第1款）

7. 适用速裁程序审理案件，在判决宣告前应当听取辩护人的意见。（《刑诉解释》第373条）

8. 对认罪认罚案件，人民检察院起诉指控的事实清楚，但指控的罪名与审理认定的罪名不一致的，人民法院应当听取人民检察院、被告人及其辩护人对审理认定罪名的意见，依法作出判决。（《刑诉解释》第352条）

（五）其他权利

1. 参加法庭调查和辩论权

（1）在法庭调查阶段，辩护人在公诉人讯问被告人后经审判长许可，可以向被告人发问；经审判长许可，可以对证人、鉴定人发问。

（2）法庭审理中，辩护人有权申请通知新的证人到庭，调取新的物证，重新鉴定或者勘验。

（3）在法庭辩论阶段，辩护人可以对证据和案件情况发表意见并且可以和控方展开辩论。

（4）辩护律师作**无罪辩护**的，**可以当庭**就量刑问题发表辩护意见，**也可以庭后提交量刑辩护意见**。（《关于依法保障律师执业权利的规定》第35条）

（5）辩护律师可以根据需要，向人民法院申请带**律师助理参加庭审**。经人民法院准许，可以带一名助理参加庭审。**律师助理**参加庭审仅能从事相关辅助工作，**不得发表辩护、代理意见**。

2. 申请解除期限届满强制措施的权利

（1）**犯罪嫌疑人、被告人及其法定代理人、近亲属**或者**辩护人**有权申请变更强制措施。人民法院、人民检察院和公安机关收到申请后，应当在3日以内作出决定；不同意变更强制措施的，应当告知申请人，并说明不同意的理由。

（2）人民法院、人民检察院或者公安机关对于被采取强制措施法定期限届满的犯罪嫌疑人、被告人应当予以释放、解除取保候审、监视居住或者依法变更强制措施。犯罪嫌疑人、被告人及其法定代理人、**近亲属或者辩护人**对于人民法院、人民检察院或者公安机关采取强制措施法定期限届满的，有权要求解除强制措施。

⊙**【名师点拨】**包括辩护律师和非律师辩护人在内的辩护人都享有此项权利。

3. 非独立的上诉权：辩护人经被告人同意，可以提出上诉

4. 申诉控告权

辩护人、诉讼代理人认为公安机关、人民检察院、人民法院及其工作人员阻碍其依法行使诉讼权利的，有权向同级或者上一级人民检察院申诉或者控告。人民检察院对申诉或者控告应当及时进行审查，情况属实的，通知有关机关予以纠正。（《刑事诉讼法》第49条）

四、 辩护人的义务

根据刑事诉讼法及相关司法解释，辩护人的义务主要包括：

（一）特定证据展示义务

辩护人收集的有关犯罪嫌疑人不在犯罪现场、**未达到刑事责任年龄、属于不负刑事责任的精神病人**的证据，应当及时告知**公安机关、人民检察院**，以避免对不必要的案件进行侦查和审查起诉，节约司法资源。

⊙**【名师点拨】**虽然辩护人需要展示的上述三个证据均是有利于犯罪嫌疑人、被告人的证据，但是**并不是所有有利于犯罪嫌疑人、被告人的证据都需要展示**，而仅限于上述三个有利于的证据。

（二）保密义务

1. 辩护律师对在执业活动中知悉的委托人的有关情况和信息，有权予以保密。但是，辩护律师对在执业活动中知悉的委托人或者其他人，**准备或正在实施危害国家安全、公共安全**以及**严重危害他人人身安全**的犯罪的，应当及时告知司法机关，但公安司法机关应当为辩护律师保密。

2. 查阅、摘抄、复制案卷材料，涉及国家秘密、商业秘密、个人隐私的，应当保密；对不公开审理案件的信息、材料，或者在办案过程中获悉的案件重要信息、证据材料，不得违反规定泄露、披露，不得用于办案以外的用途。人民法院可以要求相关人员出具承诺书。

（三）不得干扰司法机关诉讼活动义务

辩护律师和其他辩护人不得帮助犯罪嫌疑人、被告人隐匿、毁灭、伪造证据或者串供，不得威胁、引诱证人作伪证及进行其他干扰司法机关诉讼活动的行为。否则，应当依法追究法律责任。

（四）不得毁灭证据、伪造证据、妨碍作证

辩护人或者其他任何人，不得帮助犯罪嫌疑人、被告人隐匿、毁灭、伪造证据或者串供，不得威胁、引诱证人作伪证以及进行其他干扰司法机关诉讼活动的行为。

辩护人违反上述规定，涉嫌犯罪的：应当由办理辩护人所承办案件的侦查机关以外的侦查机关办理。辩护人是律师的，应当及时通知其所在的律师事务所或者所属的律师协会。

五、 辩护的种类

（一）自行辩护

自行辩护贯穿于刑事诉讼过程的始终，犯罪嫌疑人、被告人在任何诉讼阶段、任何案件中都可以自行辩护。

（二）委托辩护

1. 公诉案件：公诉案件的犯罪嫌疑人在**被侦查机关第一次讯问**或者**采取强制措施之日起**，有权委托辩护人。

【注意】侦查阶段只能委托律师担任辩护人。

2. 自诉案件：被告人有权**随时**委托辩护人为自己辩护。

（三）法律援助辩护

法律援助辩护是指犯罪嫌疑人、被告人及其近亲属因经济困难或者其他原因没有委托辩护人而向法律援助机构申请的，或者具备法定情形时由公检法机关直接通知法律援助机构，由法律援助机构指派律师为其提供辩护。法律援助辩护的内容如下：

1. 特点

（1）适用前提：法律援助辩护以犯罪嫌疑人、被告人没有委托辩护人为前提。

【注意】对法律援助机构指派律师为被告人提供辩护，被告人的监护人、近亲属又代为委托辩护人的，应当听取被告人的意见，由其确定辩护人人选。（《刑诉解释》第51条）

（2）适用阶段：法律援助辩护适用于侦查、审查起诉到审判整个刑事诉讼过程。

（3）适用程序：法律援助辩护只能由律师担任，其他人不得担任。且公、检、法三机关通知法律援助机构指派律师。

2. 种类

（1）申请法律援助辩护

①因**经济困难**或者其他原因没有委托辩护人的，**本人**及其**近亲属**可以向法律援助机构提出申请。对**符合法律援助条件**的，法律援助机构**应当**指派律师为其提供辩护。[1]

⊙［**提示1**］经济困难的标准，由**省、自治区、直辖市人民政府**根据本行政区域经济发展状况和法律援助工作需要确定，并实行动态调整。

②**最高人民法院复核死刑案件**，被告人**申请**法律援助的，应当**通知司法部**法律援助中心指派律师为其提供辩护。

⊙【**提示1**】司法部法律援助中心在接到最高人民法院法律援助通知书后，应当在3日内指派**具有3年以上刑事辩护执业经历**的律师担任被告人的辩护律师，并函告最高人民法院。

⊙【**提示2**】最高人民法院应当告知或者委托高级人民法院告知被告人为其指派的辩护律师的情况。**被告人拒绝指派的律师为其辩护的，最高人民法院应当准许。**

（2）强制法律援助辩护

具有下列情形之一，犯罪嫌疑人、被告人没有委托辩护人的，人民法院、人民检察院和公安机关**应当**通知法律援助机构指派律师为其提供辩护：[2]

①盲、聋、哑(**视力、听力、言语残疾人**)；

②尚未完全丧失辨认或者控制自己行为能力的精神病人；

③可能判处**无期**、**死刑**的；

④**审判时**未满18周岁的**未成年**人；

⑤贪污贿赂犯罪案件，以及需要及时进行审判，经最高人民检察院核准的严重危害国家安全犯罪、恐怖活动犯罪案件，犯罪嫌疑人、被告人在境外，人民法院**缺席审判**案件；

⑥高级人民法院**复核死刑**案件；

---

[1]《法律援助法》第31条规定："下列事项的当事人，因经济困难没有委托代理人的，可以向法律援助机构申请法律援助：（1）依法请求国家赔偿；（2）请求给予社会保险待遇或者社会救助；（3）请求发给抚恤金；（4）请求给付赡养费、抚养费、扶养费；（5）请求确认劳动关系或者支付劳动报酬；（6）请求认定公民无民事行为能力或者限制民事行为能力；（7）请求工伤事故、交通事故、食品药品安全事故、医疗事故人身损害赔偿；（8）请求环境污染、生态破坏损害赔偿；（9）法律、法规、规章规定的其他情形。"

[2]《法律援助法》第25条规定："刑事案件的犯罪嫌疑人、被告人属于下列人员之一，没有委托辩护人的，人民法院、人民检察院、公安机关应当通知法律援助机构指派律师担任辩护人：（1）未成年人；（2）视力、听力、言语残疾人；（3）不能完全辨认自己行为的成年人；（4）可能被判处无期徒刑、死刑的人；（5）申请法律援助的死刑复核案件被告人；（6）缺席审判案件的被告人；（7）法律法规规定的其他人员。其他适用普通程序审理的刑事案件，被告人没有委托辩护人的，人民法院可以通知法律援助机构指派律师担任辩护人。"

⑦死刑缓期执行期间**故意犯罪**的案件。

⊙［**提示**］对可能被判处**无期徒刑、死刑的人，以及死刑复核案件的被告人**，法律援助机构收到人民法院、人民检察院、公安机关通知后，应当指派具有**3年以上相关执业经历的律师**担任辩护人。（《法律援助法》第26条）

（3）酌定法律援助辩护

具有下列情形之一，被告人没有委托辩护人的，人民法院**可以**通知法律援助机构指派律师为其提供辩护：

①共同犯罪案件中，其他被告人已经委托辩护人的；

②案件有重大社会影响的；

③人民检察院抗诉的；

④被告人的行为可能不构成犯罪的；

⑤有必要指派律师提供辩护的其他情形。

【注意1】根据《法律援助法》第25条第2款规定，其他**适用普通程序审理**的刑事案件，被告人没有委托辩护人的，人民法院可以通知法律援助机构指派律师担任辩护人。

【注意2】对法律援助机构指派律师为被告人提供辩护，被告人的监护人、近亲属又代为委托辩护人的，**应当听取**被告人的意见，由其确定辩护人人选。

六、值班律师制度

（一）法律规定

《刑事诉讼法》第36条：法律援助机构可以在人民法院、看守所等场所派驻值班律师。犯罪嫌疑人、被告人没有委托辩护人，法律援助机构没有指派律师为其提供辩护的，由值班律师为犯罪嫌疑人、被告人提供**法律咨询、程序选择建议、申请变更强制措施、对案件处理提出意见等法律帮助**。人民法院、人民检察院、看守所应当告知犯罪嫌疑人、被告人有权约见值班律师，并为犯罪嫌疑人、被告人约见值班律师提供便利。

（二）基本内涵

1. 值班律师制度是对我国辩护制度的重要补充。

2. 值班律师制度是我国法律援助制度的重要组成部分，值班律师的派驻由法援机构负责，并由法援机构确定人选、进行指导和管理。

3. 值班律师在具体案件的身份不是辩护人，不提供出庭辩护的服务，但需要以其专业的法律知识为犯罪嫌疑人、被告人提供法律咨询、程序选择建议、申请变更强制措施、对案件处理提出意见等一系列法律帮助。

4. 值班律师制度的适用范围不限于认罪认罚从宽制度，而应该覆盖所有案件的所有诉讼阶段中犯罪嫌疑人、被告人没有辩护人的情形。

5. 法院、检察院、看守所等办案机关需要为值班律师制度的设立和运转承担相应的责任，具体包括应当告知犯罪嫌疑人、被告人有权约见值班律师，并为其约见值班律师提供便利。

（三）内容

1. **值班律师的定位：免费为**犯罪嫌疑人、被告人提供**法律帮助**。

2. 可以派驻值班律师的**场所**：法律援助机构可以在人民**法院**、人民检察院、**看守所**等场所派驻值班律师。

3. **值班律师的职责：**

值班律师依法提供以下法律帮助：

（1）提供法律咨询；

（2）提供程序选择建议；

（3）帮助犯罪嫌疑人、被告人申请变更强制措施；

（4）对案件处理提出意见；

（5）帮助犯罪嫌疑人、被告人及其近亲属申请法律援助；

（6）法律法规规定的其他事项。

值班律师在认罪认罚案件中，还应当提供以下法律帮助：

（1）向犯罪嫌疑人、被告人释明认罪认罚的性质和法律规定；

（2）对人民检察院指控罪名、量刑建议、诉讼程序适用等事项提出意见；

（3）犯罪嫌疑人签署认罪认罚具结书时在场。

4. **值班律师的权利**：值班律师办理案件时，可以应犯罪嫌疑人、被告人的约见进行会见，也可以经办案机关允许主动会见。值班律师持律师执业证或者律师工作证、法律帮助申请表或者法律帮助通知书到看守所办理法律帮助会见手续，看守所应当及时安排会见。危害国家安全犯罪、恐怖活动犯罪案件，侦查期间值班律师会见在押犯罪嫌疑人的，应当经侦查机关许可。

侦查阶段，值班律师可以向侦查机关了解犯罪嫌疑人涉嫌的罪名及案件有关情况；案件进入审查起诉阶段后，值班律师可以查阅案卷材料，了解案情，人民检察院、人民法院应当及时安排，并提供便利。已经实现卷宗电子化的地方，人民检察院、人民法院可以安排在线阅卷。

5. **值班方式**：值班方式可以采用现场值班、电话值班、网络值班相结合的方式。现场值班的，可以采取固定专人或轮流值班，也可以采取预约值班。

6. **被追诉人拒绝帮助**：依法应当通知值班律师提供法律帮助而犯罪嫌疑人、被告人明确拒绝的，公安机关、人民检察院、人民法院应当记录在案。前一诉讼程序犯罪嫌疑人、被告人明确拒绝值班律师法律帮助的，后一诉讼程序的办案机关仍需告知其有权获得值班律师法律帮助的权利，有关情况应当记录在案。

7. **法律帮助的衔接**：对于被羁押的犯罪嫌疑人、被告人，在不同诉讼阶段，可以由派驻看守所的同一值班律师提供法律帮助。对于未被羁押的犯罪嫌疑人、被告人，前一诉讼阶段的值班律师可以在后续诉讼阶段继续为犯罪嫌疑人、被告人提供法律帮助。

七、拒绝辩护

刑事诉讼中有两种拒绝辩护：一种是犯罪嫌疑人、被告人拒绝辩护人为其辩护；另一种是律师拒绝继续为犯罪嫌疑人、被告人辩护。

（一）犯罪嫌疑人、被告人拒绝辩护人为其辩护

在审判过程中，被告人可以拒绝辩护人继续为他辩护，也可以另行委托辩护人辩护。虽然刑事诉讼法未对侦查、审查起诉阶段拒绝辩护做出规定，但由于犯罪嫌疑人在侦查阶段即可委托辩护人，如果犯罪嫌疑人在侦查阶段、审查起诉阶段拒绝辩护人继续辩护或者要求更换辩护人，也应当参照审判阶段的规定进行处理。

1. 强制法律援助辩护案件的拒绝辩护

（1）属于应当提供法律援助辩护的情形，被告人拒绝法律援助机构指派的律师为其辩护的，人民法院应当查明原因。**理由正当的，应当准许**，但被告人应当在5日以内另行委托辩护人；被告人未另行委托辩护人的，人民法院应当在3日以内书面通知法律援助机构另行指派律师为其提供辩护。

（2）属于应当提供法律援助辩护的情形，被告人拒绝法律援助机构指派的律师为其辩护，人民法院同意的，**重新开庭后被告人再次拒绝**辩护人辩护的，**不予准许**。

⊙**【提示】属于强制法律援助辩护的情形，被告人可以拒绝辩护人辩护**，但需要**正当理由**，且**只能拒绝1次**，重新开庭后再次拒绝的，无论有无理由，都不予准许，最后在法庭上必须有辩护人为其辩护。

2. 非强制法律援助辩护案件的拒绝辩护

如果被告人拒绝辩护的，人民法院应当准许；应当准许被告人另行委托；再次拒绝的，可以准许，但是最终只能自行辩护。

⊙**【名师点拨】**属于非强制法律援助辩护的情形，被告人**可以拒绝辩护人辩护**，**无需任何理由**，可以无理由地**拒绝2次**，但拒绝2次之后，权利用尽，最终**只能自行辩护**。

⊙**【提示】**

（1）**被告人在一个审判程序中更换辩护人一般不得超过两次**。被告人当庭拒绝辩护人辩护，要求另行委托辩护人或者指派律师的，合议庭应当准许。被告人拒绝辩护人辩护后，**没有辩护人**的，应当**宣布休庭**；**仍有辩护人**的，庭审**可以继续**进行。有多名被告人的案件，部分被告人拒绝辩护人辩护后，没有辩护人的，根据案件情况，可以对该部分被告人另案处理，对其他被告人的庭审继续进行。（《刑诉解释》第311条第1、2、3款）

（2）依照上述规定另行委托辩护人或者通知法律援助机构指派律师的，自案件宣布休庭之日起至**第15日**止，由辩护人准备辩护，但**被告人及其辩护人自愿缩短时间**的除外。（《刑诉解释》第313条第1款）

（二）律师拒绝继续为犯罪嫌疑人、被告人辩护

我国《律师法》第32条规定："律师接受委托后，无正当理由的，不得拒绝辩护或者代理。但是，**委托事项违法、委托人利用律师提供的服务从事违法活动或者委托人故意隐瞒与案件有关的重要事实的**，律师有权拒绝辩护或者代理。"可见，与犯罪嫌疑人、被告人拒绝辩护不同，律师拒绝继续为犯罪嫌疑人、被告人辩护具有**严格的法定条件**。

专题十二　强制措施

一、拘传

1. 适用对象：拘传的对象是**未被羁押**的**犯罪嫌疑人、被告人**。

2. 决定机关：人民法院、人民检察院和公安机关都有权**决定**适用拘传。

3. 执行机关：人民法院、人民检察院和公安机关都有权**执行**拘传。

4. 执行程序：

（1）证件要求：拘传时，应当出示《拘传证》或《拘传票》。

（2）地点：拘传犯罪嫌疑人，应当在**被拘传人所在的市、县内**进行。

（3）人数：执行拘传的人员不得少于**2人**。

（4）讯问要求：

①执行拘传后，应当立即进行讯问。

②一次拘传的时间不得超过**12小时**，案件特别重大、复杂，需要采取拘留、逮捕措施的，拘传持续的时间不得超过24小时。不得以连续拘传的形式变相拘禁犯罪嫌疑人、被告人。

③两次拘传间隔的时间一般不少于12小时。期间，应保持其饮食和必要休息时间。

⊙**【总结】**拘传与传唤的区别

拘传与传唤的区别			
	对象不同	强制力不同	手续
拘传	**未被羁押**的犯罪嫌疑人、被告人	具有强制性，是**强制措施**	**不能口头拘传，必须持有拘传证**
传唤	当事人（不含证人）	不具有强制性	原则上要传唤通知书；现场发现，**可以口头**
【注意】传唤并非拘传的必经程序。 **【例】**可以先传唤犯罪嫌疑人、若传唤不到场，再对犯罪嫌疑人进行拘传；也可以不经传唤、直接拘传犯罪嫌疑人。			

二、 取保候审

1. **概念**：公、检、法责令犯罪嫌疑人、被告人提供**保证人**或者交纳**保证金**，保证犯罪嫌疑人、被告人不逃避或妨碍侦查、起诉和审判，并**随传随到**的强制措施。

⊙【**提示**】取保候审所解决的是犯罪嫌疑人、被告人如何保自己出去（不用羁押在看守所等候审判），并且保自己出去之后在等候审判中遵守什么义务的问题。作为一种非羁押性强制措施，取保候审是历年考试中的高频考点。

2. **决定机关**：法院、检察院、公安机关决定（即在不同阶段由该阶段的主持机关来决定）。

⊙【**提示**】国家安全机关侦查的案件，在侦查阶段由国家安全机关决定。

3. **执行机关**：**公安**机关执行（不管什么阶段，也不管是谁决定的，均由公安机关执行）。

【**注意1**】具体由被取保候审人**居住地的派出所**执行。被取保候审人居住地**在异地**的，应当及时通知**居住地公安机关**，由其**指定被取保候审人居住地的派出所**执行。必要时，办案部门可以协助执行。居住地包括户籍所在地、经常居住地。经常居住地是指被取保候审人离开户籍所在地最后连续居住一年以上的地方。取保候审一般应当在户籍所在地执行，但已形成经常居住地的，可以在经常居住地执行。[1]

【**注意2**】被取保候审人居住地变更的，由负责执行的公安机关通知**变更后的居住地公安机关执行，并通知**作出取保候审决定的人民法院、人民检察院。

⊙【**提示**】国家安全机关决定取保候审的，以及人民检察院、人民法院在办理国家安全机关移送的犯罪案件时决定取保候审的，由**国家安全机关**执行。

4. **对象**：无需逮捕的犯罪嫌疑人、被告人。

5. **适用情形**：有下列情形之一的犯罪嫌疑人、被告人，**可以**取保候审：

（1）可能判处**管制**、**拘役**或者独立适用**附加刑**的；

（2）可能判处**有期徒刑以上**刑罚，采取取保候审**不致发生社会危险性**的；

（3）患有严重**疾病**、生活不能自理，**怀孕**或者正在**哺乳**自己婴儿的妇女，采取取保候审不致发生社会危险性的；

（4）羁押期限届满，案件尚未办结，需要采取取保候审的。

⊙【**总结**】不符合逮捕条件的，可以取保候审。

【**注意**】对于采取取保候审**足以防止发生社会危险性的**犯罪嫌疑人，**应当依法适用**取保候审。决定取保候审的，**不得中断**对案件的侦查、起诉和审理。严禁以取保候审变相放纵犯罪。

---

〔1〕《关于取保候审若干问题的规定》第16条第3款："被取保候审人具有下列情形之一的，也可以在其暂住地执行取保候审：（1）被取保候审人离开户籍所在地一年以上且无经常居住地，但在暂住地有固定住处的；（2）被取保候审人系外国人、无国籍人，香港特别行政区、澳门特别行政区、台湾地区居民的；（3）被取保候审人户籍所在地无法查清且无经常居住地的。"

6. 取保方式【两种方式只能择其一适用，对未成年人取保候审的，应当优先适用保证人保证】

（1）保证人

①可以责令提供保证人的情形：

具有下列情形之一的犯罪嫌疑人，可以责令其提供1至2名保证人：

<1>无力交纳保证金的；

<2>系未成年人或者已满75周岁的人；

<3>其他不宜收取保证金的。

②保证人的条件

<1>与本案**无牵连**；【注意：可以和本案当事人有牵连】

<2>**有能力**履行保证义务；

<3>享有**政治**权利，人身**自由没有被限制**；

<4>有固定的**住处和收入**。

③保证人的义务

<1>**监督**：保证人应当监督被保证人遵守义务；

<2>及时**报告**：保证人发现被保证人可能发生或者已经发生违反义务的行为的，应当及时向执行机关报告。

④保证人的责任

<1>**行政责任**：被保证人违反应当遵守的规定，保证人未履行保证义务的，查证属实后，经**县级以上公安机关负责人**批准，对保证人处**1000元以上2万元以下**罚款。

<2>**刑事责任**：协助逃匿、明知藏匿地点而拒绝提供的，**对保证人应当依照刑法有关规定追究刑事责任**。

⊙**【提示】**保证人不需要承担民事责任。

⑤换人：保证人**不愿继续**担保或者**丧失**担保条件，应当**责令**被取保候审人**重新提出保证人**或者**交纳保证金**，或者作出**变更强制措施**的决定。

（2）保证金

①数额

<1>至少1000元以上，未成年人500元以上；

<2>应当用人民币交纳，具体**数额**由**决定机关**决定；

<3>**取保候审的决定机关**应当综合考虑保证诉讼活动正常进行的需要，被取保候审人的社会危险性，案件的性质、情节，可能判处刑罚的轻重，被取保候审人的经济状况等情况，确定保证金的数额。【注意：不需要考虑当地经济水平】

⊙**【总结】**<1>在取保候审中，决定机关只负责**三件事：决定取保候审，解除取保候审**，以及**保证金数额的确定**。<2>其余的事都由执行机关（公安机关）负责（包括保证金的收取、保管、确定是否违反规定、没收、退还、罚款）。

②收取：保证金由县级以上**执行机关统一收取**和管理。提供保证金的人应当将保

证金存入执行机关指定**银行的专门账户**。**【直接存银行】**

【注意】被取保候审人在3日内向公安机关指定的银行**一次性**交纳保证金。被取保候审人或者**为其提供保证金的人**应当将所交纳的保证金存入取保候审保证金专门账户，并由银行出具相关凭证。

7. 被取保候审人的义务

(1) **法定义务**：被取保候审的犯罪嫌疑人、被告人应当遵守以下规定：

①未经执行机关批准**不得离**开所居住的市、县；[1]

【注意】具体由**负责执行的派出所**批准。由**人民法院、人民检察院决定**取保候审的，执行机关**批准**被取保候审人离开所居住的市、县**前**，**应当征得决定机关同意**。

②住址、工作单位和联系方式发生**变动**的，在24小时以内向**执行机关报**告；

③在**传**讯的时候及时**到**案；

④**不得**以任何形式干**扰**证人作证；

⑤**不得**毁灭、伪造证据或者串供。

(2) **酌定义务**：人民法院、人民检察院和公安机关**可以**根据案件情况，责令被取保候审的犯罪嫌疑人、被告人遵守以下一项或者多项规定：

①不得进入**特定的场所**；[2]

②不得与**特定的人员**会见或者通信；[3]

③不得从事**特定的活动**；[4]

④将护照等出入境证件、驾驶**证件交**执行机关**保存**。**【注意没有身份证】**

---

[1]《关于取保候审若干问题的规定》第19条："被取保候审人未经批准不得离开所居住的市、县。被取保候审人需要离开所居住的市、县的，应当向**负责执行的派出所**提出书面申请，并注明事由、目的地、路线、交通方式、往返日期、联系方式等。被取保候审人有紧急事由，来不及提出书面申请的，可以先通过电话、短信等方式提出申请，并及时补办书面申请手续。经审查，具有工作、学习、就医等正当合理事由的，由派出所负责人批准。负责执行的派出所**批准后，应当通知决定机关**，并告知被取保候审人遵守下列要求：(1) 保持联系方式畅通，并在传讯的时候及时到案；(2) 严格按照批准的地点、路线、往返日期出行；(3) 不得从事妨害诉讼的活动；(4) 返回居住地后及时向执行机关报告。对于因正常工作和生活需要经常性跨市、县活动的，可以根据情况，简化批准程序。"

[2]《关于取保候审若干问题的规定》第7条："决定取保候审时，可以根据案件情况责令被取保候审人不得进入下列'特定的场所'：(1) 可能导致其再次实施犯罪的场所；(2) 可能导致其实施妨害社会秩序、干扰他人正常活动行为的场所；(3) 与其所涉嫌犯罪活动有关联的场所；(4) 可能导致其实施毁灭证据、干扰证人作证等妨害诉讼活动的场所；(5) 其他可能妨害取保候审执行的特定场所。"

[3]《关于取保候审若干问题的规定》第8条："决定取保候审时，可以根据案件情况责令被取保候审人不得与下列"特定的人员"会见或者通信：(1) 证人、鉴定人、被害人及其法定代理人和近亲属；(2) 同案违法行为人、犯罪嫌疑人、被告人以及与案件有关联的其他人员；(3) 可能遭受被取保候审人侵害、滋扰的人员；(4) 可能实施妨害取保候审执行、影响诉讼活动的人员。前款中的'通信'包括以信件、短信、电子邮件、通话，通过网络平台或者网络应用服务交流信息等各种方式直接或者间接通信。"

[4]《关于取保候审若干问题的规定》第9条："决定取保候审时，可以根据案件情况责令被取保候审人不得从事下列'特定的活动'：(1) 可能导致其再次实施犯罪的活动；(2) 可能对国家安全、公共安全、社会秩序造成不良影响的活动；(3) 与所涉嫌犯罪相关联的活动；(4) 可能妨害诉讼的活动；(5) 其他可能妨害取保候审执行的特定活动。"

8. 没有违反义务的

（1）保证人保证的：保证人不需要承担责任；

（2）保证金保证的：未违反规定的，在取保候审结束的时候，凭解除取保候审的通知或者有关法律文书到**银行领取**退还的保证金。**【退钱找银行，不找公安机关】**

9. 违反义务的后果

（1）已交纳保证金的，**没收**部分或者全部**保证金**，并且决定机关应当区别情形，责令犯罪嫌疑人、被告人具结悔过，重新交纳保证金、提出保证人，或者监视居住、予以逮捕。

【注意】针对没收保证金的决定不服的，被取保候审人或者其法定代理人可以在5日以内向**作出没收决定的公安机关**申请**复议**。被取保候审人或者其法定代理人对复议决定不服的，可以在收到复议决定书后5日以内向上一级公安机关申请复核一次。

（2）对违反取保候审规定，需要予以逮捕的，**可以**对犯罪嫌疑人、被告人**先行拘留**。

【注意】需要予以逮捕的，可以对被取保候审人先行拘留，并提请人民检察院、人民法院依法作出逮捕决定。人民法院、人民检察院决定逮捕的，由**所在地同级**公安机关执行。

（3）被取保候审人没有违反规定，但在取保候审期间**涉嫌故意实施新的犯罪**被立案侦查的，公安机关应当**暂扣**保证金，待人民法院**判决生效后，决定是否没收**保证金。对**故意实施新的犯罪的，应当没收保证金**；对**过失**实施新的犯罪或者**不构成**犯罪的，应当**退还**保证金。

10. 期限：12个月（三个机关可以分别计算12个月）。

【注意】（1）**同一机关**再次决定对其取保候审的，取保候审的期限应当**连续计算**。

（2）**不同机关**决定继续对其取保候审的，取保候审的期限**重新计算**。

【例】侦查机关在侦查中决定对某甲取保候审，在执行到第7个月的时候，案件侦查终结，移送给检察院审查起诉。检察院在**审查起诉**当中认为仍然需要对某甲取保候审，于是决定对某甲取保候审，此时某甲的**取保候审期限重新计算**，检察院可以对某甲决定采取12个月的取保候审强制措施。

11. 取保候审的变更、解除

（1）取保候审期限届满，**决定机关应当作出解除**取保候审或者**变更**强制措施的决定，并送交执行机关。

（2）决定机关未解除取保候审或者未对被取保候审人采取其他刑事强制措施的，被取保候审人及其法定代理人、近亲属或者辩护人有权要求决定机关解除取保候审。

（3）犯罪嫌疑人、被告人，法定代理人、近亲属、辩护人认为取保候审超期，要求解除取保候审的，**决定机关**应当在7日内审查决定。

（4）取保候审的**自动解除**。有下列情形之一的，取保候审自动解除，不再办理解除手续，决定机关应当及时通知执行机关：

①取保候审依法变更为监视居住、拘留、逮捕，变更后的强制措施已经开始执行的；

②人民检察院作出不起诉决定的；

③人民法院作出的无罪、免予刑事处罚或者不负刑事责任的判决、裁定已经发生法律效力的；

④被判处管制或者适用缓刑，社区矫正已经开始执行的；

⑤被单处附加刑，判决、裁定已经发生法律效力的；

⑥被判处监禁刑，刑罚已经开始执行的。

执行机关收到决定机关上述决定书或者通知后，应当立即执行，并将执行情况及时通知决定机关。

【注意】侦查或起诉阶段已经采取取保候审，而后续阶段又决定取保候审的，受案机关作出取保候审决定并执行后，原取保候审措施**自动解除**，不再办理解除手续。对继续采取保证金保证的，原则上**不变更保证金数额，不再重新收取保证金。**

三、监视居住

（一）适用机关与适用对象

1. 决定机关：人民法院、人民检察院、公安机关和国家安全机关。

2. 执行机关：不管哪个机关决定适用监视居住，一律只能由公安机关执行。

3. 适用对象：

（1）替代逮捕：公、检、法机关对**符合逮捕条件**，有下列情形之一的犯罪嫌疑人、被告人，**可以**监视居住：

①患有严重疾病、生活不能自理的；

②怀孕或者正在哺乳自己婴儿的妇女；

③系生活不能自理的人的唯一**扶养人**；

④因为案件的特殊情况或者办理案件的需要，采取监视居住措施更为适宜的；

⑤羁押期限届满，案件尚未办结，需要采取监视居住措施的。

（2）替代取保候审：符合取保候审条件，但不能提出保证人，也不交纳保证金的，可以监视居住。

（二）被监视居住人的义务以及违反义务的处理

1. 被监视居住人的义务：被监视居住的犯罪嫌疑人、被告人**应当**遵守以下规定：

（1）未经执行机关批准不得离开执行监视居住的**处所**。

（2）未经执行机关批准**不得会见**他人或者通信。

（3）在传讯的时候及时到案。

（4）不得以任何形式干扰证人作证。

（5）不得毁灭、伪造证据或者串供。

（6）将护照等出入境证件、身份证件、驾驶证件交执行机关保存。

2. 违反义务的处理

被监视居住的犯罪嫌疑人、被告人有违反上诉义务情形，情节严重的，**可以**予以逮捕；需要予以逮捕的，**可以**对犯罪嫌疑人、被告人先行拘留。

（三）监视居住的程序

1. 决定机关：人民法院、人民检察院、公安机关和国家安全机关均有权决定适用监视居住。

2. 执行机关：不管哪个机关决定适用监视居住，一律只能由公安机关执行。

3. 期限：监视居住6个月，公、检、法分别计算，各有6个月。在此期限内不得中断对案件的侦查、起诉和审理。

4. 执行场所：

（1）住处监视居住：监视居住**应当**在犯罪嫌疑人、被告人的**住处**执行。

（2）指定居所监视居住：

①**无固定住处**的，可以在指定的居所执行。

②对于涉嫌**危害国家安全犯罪**、**恐怖活动犯罪**，在住处执行可能**有碍侦查**的，经**上一级公安机关**批准，也可以在指定的居所执行。

5. 监督方式：执行机关可以采取电子监控、不定期检查等监视方法对其遵守监视居住规定的情况进行监督；在侦查期间，可以对被监视居住的犯罪嫌疑人的通信进行监控。

6. 通知：除无法通知的，应当在执行监视居住后24小时以内，将监视居住的**原因**和**处所**通知被监视居住人的家属。

7. 检察院对监视居住的监督：

（1）对决定指定住所监视居住的监督

①公安机关、人民法院决定指定居所监视居住：同级人民检察院负责捕诉的部门实行监督。

②人民检察院决定指定居所监视居住：负责控告申诉检察的部门实行监督。

（2）对执行指定居所监视居住的监督

①公安机关、人民法院决定指定居所监视居住：由人民检察院负责刑事执行检察的部门实行监督。

②人民检察院决定指定居所监视居住：负责控告申诉检察的部门实行监督。

8. 监视居住的解除：

（1）依职权：**公安机关负责人、人民检察院检察长或者人民法院院长**决定。

（2）依申请：**犯罪嫌疑人、被告人及其法定代理人、近亲属或者辩护人**向人民法院、人民检察院、公安机关提出申请。

9. 刑期的折抵：

（1）被判处管制的，监视居住1日折抵刑期1日；

（2）被判处拘役、有期徒刑的，监视居住2日折抵刑期1日。

【提示】 折抵刑期仅限于指定居所监视居住的情形。

四、拘留

（一）刑事拘留的适用机关和适用情形

1. 决定机关：**公安机关和人民检察院。**

2. 执行机关：拘留的**执行权属于公安机关和国家安全机关。**

3. 适用情形

公安机关有权决定拘留的情形：

（1）正在预备犯罪、实行犯罪或者在犯罪后即时被发觉的。

（2）被害人或者在场亲眼看见的人指认他犯罪的。

（3）在身边或者住处发现有犯罪证据的。

（4）犯罪后企图自杀、逃跑或者在逃的。

（5）有毁灭、伪造证据或者串供可能的。

（6）不讲真实姓名、住址，身份不明的。指其本人拒不说明其姓名、住址、职业等基本情况的。

（7）有流窜作案、多次作案、结伙作案重大嫌疑的。

人民检察院有权决定先行拘留的情形：

（1）人民检察院在直接受理的案件的侦查过程中，可以在以下两种情形下决定拘留：

①犯罪后企图自杀、逃跑或者在逃的；

②有毁灭、伪造证据或者串供可能的。

（2）对于监察机关移送起诉的已采取留置措施的案件，人民检察院**应当**对犯罪嫌疑人先行拘留，留置措施自动解除。人民检察院应当在拘留后的10日以内作出是否逮捕、取保候审或者监视居住的决定。在特殊情况下，决定的时间可以延长1日至4日。人民检察院决定采取强制措施的期间不计入审查起诉期限。

（二）拘留的程序

1. 决定主体：**公安机关和人民检察院。**

2. 执行主体：公安机关。

3. 执行程序：

（1）证件要求：公安机关执行拘留时，必须出示拘留证。**紧急情况下**，符合《公安部规定》第124条的，可以先行拘留。

（2）24小时内送看守所：拘留后，应立即将被拘留人送看守所羁押，至迟不得超过24小时。

（3）24小时内通知家属：**除无法通知或涉嫌危害国家安全犯罪、恐怖活动犯罪通**

知可能有碍侦查的情形外，人民检察院和公安机关应当在拘留后24小时以内，通知被拘留人的家属。有碍侦查的情形消失以后，应当立即通知被拘留人的家属。

（4）24小时内讯问：公安机关或者人民检察院对于被拘留的犯罪嫌疑人应当在24小时进行讯问。

【提示】 谁决定的拘留，由谁来负责讯问。

（5）异地拘留的要求：执行异地拘留应当通知被拘留人所在地的公安机关，被拘留人所在地的公安机关应当予以配合。

4. 拘留的期限

（1）公安机关立案侦查的案件：

①一般案件，应当在拘留后的**3日以内**提请人民检察院审查批捕。在特殊情况下，可以延长1-4日。人民检察院应当自接到公安机关提请批准逮捕书后的7日以内，作出批准逮捕或者不批准逮捕的决定。

②对于**流窜作案、多次作案、结伙作案**的重大嫌疑分子，提请审查批捕的时间可以延长至30日。人民检察院应当自接到公安机关提请批准逮捕书后的7日以内，作出批准逮捕或者不批准逮捕的决定。

（2）人民检察院直接受理的案件：①一般情况下：14天 ②特殊情况：14+3=17天。

五、 逮捕

（一）逮捕的适用条件

逮捕的适用情形分为一般逮捕、径行逮捕和转化逮捕，它们的适用条件也有所不同。

1. 一般逮捕的条件

（1）**证据要件：有证据证明有犯罪事实。**

①有证据证明发生了犯罪事实；

②有证据证明该犯罪事实是犯罪嫌疑人实施的；

③证明犯罪嫌疑人实施犯罪行为的证据已经查证属实的。

（2）**刑罚要件：可能判处徒刑以上刑罚。**

（3）社会危险性要件：**采取取保候审尚不足以防止发生社会危险性的。**

①可能实施新的犯罪的；

②有危害国家安全、公共安全或者社会秩序的现实危险的；

③可能毁灭、伪造证据，干扰证人作证或者串供的；

④可能对被害人、举报人、控告人实施打击报复的；

⑤企图自杀或者逃跑的。

批准或者决定逮捕，应当将犯罪嫌疑人、被告人涉嫌犯罪的性质、情节，**认罪认罚**等情况，作为是否可能发生社会危险性的考虑因素。

2. 径行逮捕的条件

符合下列三种情形之一的，应当径行逮捕：

（1）对有证据证明有犯罪事实，可能判处**10年有期徒刑**以上刑罚的。

（2）有证据证明有犯罪事实，可能判处**徒刑**以上刑罚，**曾经故意犯罪**或**身份不明**的。

3. 转化逮捕的条件

被取保候审、监视居住的犯罪嫌疑人、被告人，违反取保候审、监视居住决定，情节严重的，可以予以逮捕。

（二）逮捕的权限（逮捕的批准、决定和执行机关）

1. 法院

拥有**决定**逮捕权。

2. 检察院

拥有**批准**逮捕权：对于公安机关移送要求审查批准逮捕的案件，人民检察院有**批准**权。

拥有**决定**逮捕权：

（1）人民检察院直接受理的刑事案件（自侦案件），认为对犯罪嫌疑人需要逮捕的，人民检察院有权决定逮捕。

（2）人民检察院在**审查起诉**中，认为犯罪嫌疑人符合法律规定的逮捕条件，应予逮捕的，依法有权自行决定逮捕。

3. 公安机关

拥有**执行**逮捕权：公安机关无权自行决定逮捕。逮捕的执行权属于公安机关。人民检察院和人民法院决定或批准逮捕的都必须交付公安机关执行。

（三）逮捕的批准和决定程序

1. 人民检察院对公安机关提请逮捕的批准程序

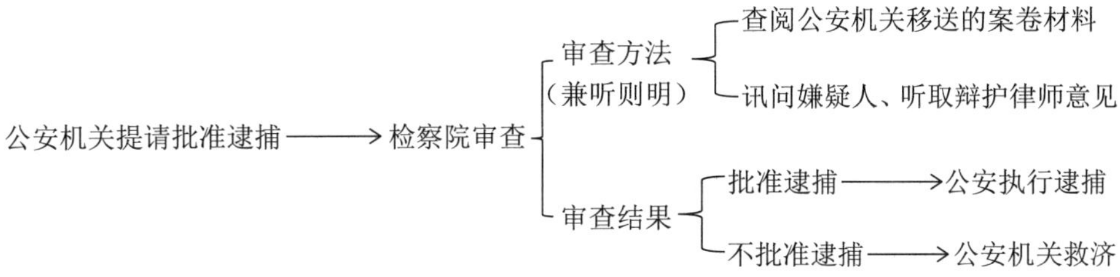

2. 公安机关提请逮捕

公安机关要求逮捕犯罪嫌疑人的时候，应当经县级以上公安机关负责人批准，制作提请批准逮捕书，连同案卷材料、证据，一并移送同级人民检察院审查批准。

3. 检察院审查批捕

（1）审查方法

①查阅公安机关移送的案卷材料。

②人民检察院审查批准逮捕，可以讯问犯罪嫌疑人；有下列情形之一的，应当讯问犯罪嫌疑人：

<1>对是否符合逮捕条件有疑问的；

<2>犯罪嫌疑人要求向检察人员当面陈述的；

<3>侦查活动可能有重大违法行为的；（即办案严重违反法律规定的程序，或者存在刑讯逼供等严重侵犯犯罪嫌疑人人身权利和其他诉讼权利等情形。）

<4>案情重大疑难复杂的；

<5>犯罪嫌疑人认罪认罚的；

<6>犯罪嫌疑人系未成年人的；

<7>犯罪嫌疑人是盲、聋、哑人或者是尚未完全丧失辨认或者控制自己行为能力的精神病人的。

③听取辩护律师意见

<1>人民检察院审查批准逮捕，**可以**听取辩护律师的意见。如果辩护律师**提出表达意见的要求**的，人民检察院办案人员**应当听取**辩护律师的意见。

<2>对于犯罪嫌疑人、被告人是未成年人的，应当听取辩护律师的意见。

（2）审查期限

①已被拘留的，人民检察院应当在7日内作出是否批准逮捕的决定。

②未被拘留的，应当在接到提请批准逮捕书后的15日以内作出是否批准逮捕的决定，重大、复杂的案件不得超过20日。

③自侦案件的审查决定逮捕的时间

对本院负责侦查的部门移送审查逮捕的案件，犯罪嫌疑人已被拘留的，负责捕诉的部门应当在收到逮捕犯罪嫌疑人意见书后7日以内，报请检察长决定是否逮捕，特殊情况下，决定逮捕的时间可以延长1日至3日；犯罪嫌疑人未被拘留的，负责捕诉的部门应当在收到逮捕犯罪嫌疑人意见书后15日以内，报请检察长决定是否逮捕，重大、复杂案件，不得超过20日。

（3）审查结果

①批准逮捕：对于符合逮捕条件的，**作出批准逮捕的决定**，制作批准逮捕决定书。

②不批准逮捕：对于不符合逮捕条件的，**作出不批准逮捕的决定**，制作不批准逮捕决定书，说明不批准逮捕的理由，**需要补充侦查的，**应当**同时通知公安机关**。

⊙**【名师点拨】**公安机关对于不批准逮捕有权救济。公安机关对人民检察院不批准逮捕的决定，认为有错误的时候，可以要求复议，但是必须将被拘留的人立即释放或者变更强制措施。如果意见不被接受，可以向上一级人民检察院提请复核。

（四）逮捕的执行程序

1. 执行主体：公安机关

2. 执行要求

（1）执行逮捕的人员**不得少于 2 人**。

（2）**县级以上公安机关负责人**签发逮捕证。

（3）执行逮捕时，必须向被逮捕人出示逮捕证，并责令被逮捕人在逮捕证上签名、捺指印。被逮捕人拒绝在逮捕证上签名、捺指印的，应在逮捕证上注明。

3. 逮捕后的要求

（1）逮捕犯罪嫌疑人、被告人后，应当**立即**将被羁押人送看守所羁押。（区别拘留）

（2）除无法通知的以外，应当在逮捕后的**24 小时以内**，通知被逮捕人的家属。逮捕通知书应当写明**逮捕原因和羁押处所**。

（3）应当在逮捕后的**24 小时以内**进行讯问。

【提示】通知与讯问遵循"在本案中谁想捕的，谁通知、谁讯问"原则。

4. 异地逮捕的要求

异地逮捕的，公安机关**应当通知**被逮捕人**所在地**的公安机关，被逮捕人所在地的公安机关**应当协助执行**。

（五）强制措施的变更与解除

1. 强制措施由轻的变更为重的

（1）被取保候审的犯罪嫌疑人、被告人违反义务，已交纳保证金的，没收部分或者全部保证金，并且区别情形，责令犯罪嫌疑人、被告人**具结悔过，重新交纳保证金、提出保证人**，或者**监视居住**、予以**逮捕**。

（2）被监视居住的犯罪嫌疑人、被告人有违反上诉义务情形，情节严重的，**可以**予以逮捕；需要予以逮捕的，**可以**对犯罪嫌疑人、被告人先行拘留。

2. 由重的变更为较轻的——**逮捕的变更**

（1）**可以**变更的情形

被逮捕的被告人具有下列情形之一的，人民法院可以变更强制措施：

①患有严重疾病、生活不能自理的。

②怀孕或者正在哺乳自己婴儿的。

③系生活不能自理的人的唯一扶养人。

（2）**应当**变更的情形

①第一审人民法院判决被告人无罪、不负刑事责任或者免予刑事处罚的；

②第一审人民法院判处管制、宣告缓刑、单独适用附加刑，判决尚未发生法律效力的；

③被告人被羁押的时间已到第一审人民法院对其判处的刑期期限的；

④案件不能在法律规定的期限内审结的。

（六）羁押必要性审查与羁押必要性评估（2024 年新增）

1. 概念

（1）所谓羁押必要性审查，是指人民检察院被逮捕的犯罪嫌疑人、被告人有无继续羁押的必要性进行审查，对不需要继续羁押的，建议办案机关予以释放或者变更强制措施的监督活动。

（2）羁押必要性评估，是指公安机关在移送审查起诉前，发现采取逮捕措施不当或者犯罪嫌疑人及其法定代理人、近亲属或者辩护人、值班律师申请变更羁押强制措施的，应当对羁押的必要性进行评估。不需要继续羁押的，应当及时决定释放或者变更强制措施。

2. 审查主体与评估主体

（1）审查主体：不管是侦查阶段、审查起诉阶段还是审判阶段，均由该阶段办案机关对应的同级检察院负责捕诉的部门审查。负责刑事执行、控告申诉、案件管理、检察技术的部门应当予以配合。

（2）评估主体：公安机关对羁押的必要性进行评估，由办案部门负责，法制部门统一审核。

3. 启动方式

（1）依职权启动

检察院可以依职权主动进行羁押必要性审查。

【注意1】已经逮捕的犯罪嫌疑人认罪认罚的，人民检察院应当及时对羁押必要性进行审查。经审查，认为没有继续羁押必要的，应当予以释放或者变更强制措施。

【注意2】检察院对审查起诉阶段未经羁押必要性审查、可能判处三年有期徒刑以下刑罚的在押犯罪嫌疑人，在提起公诉前应当依职权开展一次羁押必要性审查。

（2）依申请启动

犯罪嫌疑人、被告人及其法定代理人、近亲属或者辩护人、值班律师可以申请检察院进行羁押必要性审查，申请时应当说明不需要继续羁押的理由，有相关证据或者其他材料的，应当提供。

【注意】申请时，理由是必须说明，但证据和材料不是必须提供。

4. 审查期限与评估期限

（1）审查期限：【侦查阶段、审判阶段】人民检察院在侦查阶段、审判阶段收到羁押必要性审查申请或者建议的，应当在10日以内决定是否向公安机关、人民法院提出释放或者变更的建议。【审查起诉阶段】人民检察院在审查起诉阶段收到变更申请的，应当在3日以内作出决定。

（2）评估期限：公安机关在侦查阶段收到变更申请的，应当在3日以内作出决定。

5. 审查程序与评估程序

开展羁押必要性审查、评估工作，可以采取以下方式：

<1>审查犯罪嫌疑人、被告人不需要继续羁押的理由和证明材料；

<2>听取犯罪嫌疑人、被告人及其法定代理人、近亲属或者辩护人、值班律师意见；

<3>听取被害人及其法定代理人、诉讼代理人、近亲属或者其他有关人员的意见，

了解和解、谅解、赔偿情况；

<4>听取公安机关、人民法院意见，必要时查阅、复制原案卷宗中有关证据材料；

<5>调查核实犯罪嫌疑人、被告人的身体健康状况；

<6>向看守所调取有关犯罪嫌疑人、被告人羁押期间表现的材料；

<7>进行羁押必要性审查、评估需要采取的其他方式.

听取意见情况应当制作笔录，与书面意见、调查核实获取的其他证据材料等一并附卷。

【注意1】 人民检察院、公安机关应当依法、及时、规范开展羁押必要性审查、评估工作，全面贯彻宽严相济刑事政策，准确把握羁押措施适用条件，严格保守办案秘密和国家秘密、商业秘密、个人隐私。

【注意2】 人民检察院开展羁押必要性审查，可以按照《人民检察院羁押听证办法》组织听证。

6. 审查结果与评估结果

（1）人民检察院审查后发现犯罪嫌疑人、被告人具有下列情形之一的，应当向公安机关、人民法院提出释放或者变更强制措施建议；审查起诉阶段的，应当及时决定释放或者变更强制措施。(对【不能关；超刑期；事实清，取保监】，应当向办案机关提出释放或者变更强制措施的建议)：

<1>【不能关】案件证据发生重大变化，没有证据证明有犯罪事实或者犯罪行为系犯罪嫌疑人、被告人所为的；

<2>【不能关】案件事实、情节或者法律、司法解释发生变化，犯罪嫌疑人、被告人可能被判处拘役、管制、独立适用附加刑、免予刑事处罚或者判决无罪的；

<3>【羁押期限超刑期】继续羁押犯罪嫌疑人、被告人，羁押期限将超过依法可能判处的刑期的；

<4>【事实清，取保监】案件事实基本查清，证据已经收集固定，符合取保候审或者监视居住条件的；

<5>其他对犯罪嫌疑人、被告人采取羁押强制措施不当，应当及时释放或者变更的。

公安机关评估后发现符合上述情形的，应当及时决定释放或者变更强制措施。

专题十三　附带民事诉讼

一、 附带民事诉讼提起的前提

附带民事诉讼以刑事诉讼存在为前提。

⊙［**提示**］附带民事诉讼以刑事诉讼存在为前提，刑事诉讼既可以是公诉，也可以是自诉。亦即在自诉案件中，被害人也能提起附带民事诉讼。

二、有权提起附带民事诉讼的原告人

1. 因为犯罪行为而遭受**物质损失**的**被害人**；

2. 当被害人是**未成年人**或**精神病人**等限制行为能力人时，其**法定代理人**可以代为提起附带民事诉讼；

3. 被害人**死亡**或者**丧失**行为能力的，其**法定代理人**、**近亲属**可以提起附带民事诉讼；

⊙ [**提示**] 近亲属的范围是：上（父母）、下（子女）、左（夫妻）、右（同胞兄弟姐妹）。

4. **国家财产**、**集体财产**遭受损失，**受损单位未提起**附带民事诉讼，**人民检察院**在提起公诉时可以提起附带民事诉讼。

[**注意**] ①对于**破坏生态环境和资源保护**，**食品药品安全**领域侵害众多消费者合法权益，**侵害英雄烈士**的姓名、肖像、名誉、荣誉等侵害社会公共利益的行为，人民检察院也可以提起**附带民事公益诉讼**。

②人民检察院提起附带民事诉讼的，应当列为**附带民事诉讼原告人**。

三、附带民事诉讼的被告人

1. 被告人范围

（1）刑事**被告人**以及未被追究刑事责任的**其他共同侵害人**；

（2）刑事被告人的**监护人**；

（3）死刑罪犯的遗产**继承人**；

（4）共同犯罪案件中，案件审结前死亡的被告人的遗产**继承人**；

（5）对被害人的物质损失依法应当承担赔偿责任的**其他单位和个人**。

[**注意**] 附带民事诉讼被告人的亲友自愿代为赔偿的，**可以准许**。但是，此时附带民事诉讼被告人的亲友并不是附带民事诉讼的当事人。

2. 共同侵害人的处理

（1）被害人或者其法定代理人、近亲属**仅对部分**共同侵害人提起附带民事诉讼的，法院**应当告知**其可以对其他共同侵害人，包括没有被追究刑事责任的共同侵害人，一并提起附带民事诉讼，但共同犯罪案件中**同案犯在逃**的除外。

（2）被害人或者其法定代理人、近亲属**放弃**对其他共同侵害人的诉讼权利的，法院**应当告知**其相应法律后果，并在裁判文书中说明其放弃诉讼请求的情况。

（3）共同犯罪案件，**同案犯在逃**的，**不应列为附带民事诉讼被告人**。逃跑的同案犯到案后，被害人或者其法定代理人、近亲属可以对其提起附带民事诉讼，但**已经从其他共同犯罪人处获得足额赔偿的除外**。

四、附带民事诉讼的具体诉讼请求（赔偿范围）

（1）赔偿范围限于物质损失，精神损失一般不赔偿

因受到犯罪侵犯，提起附带民事诉讼或者单独提起民事诉讼要求赔偿精神损失的，人民法院一般不予受理。

（2）物质损失=实际损失+必然损失

①**实际损失**：犯罪行为造成被害人人身损害的，应当赔偿**医疗费**、**护理费**、**交通费**等为治疗和康复支付的合理费用，以及因**误工减少的收入**。造成被害人残疾的，还应当赔偿**残疾生活辅助器具费**等费用；造成被害人死亡的，还应当赔偿**丧葬费**等**费用**。

②**必然损失**：现在没有支出，因为人身损害将来一定会支出的费用。

【注意1】附带民事诉讼当事人就民事赔偿问题达成调解、和解协议的，赔偿范围、数额**不受上述规定的限制**。（《刑诉解释》第192条）

⊙【易出题点——不赔偿的范围】

①残疾生活辅助器具费≠伤残赔偿金。**伤残赔偿金不赔偿**，但**交通肇事犯罪案件例外**。

②丧葬费≠死亡赔偿金。**死亡赔偿金不赔偿**，但**交通肇事犯罪案件例外**。

③必然损失≠可期待收益损失。**可期待收益损失不赔偿（典型的是合同行为）**。

④**【赃物、赃款附民不赔偿】**被告人非法占有、处置被害人财产的（**赃物**、**赃款**）应当依法予以**追缴**或者**责令退赔**。被害人提起附带民事诉讼的，人民法院不予受理。追缴、退赔的情况，**可以作为量刑情节考虑**。

⑤**国家机关工作人员在行使职权时**，侵犯他人人身、财产权利构成犯罪，被害人或者其法定代理人、近亲属提起附带民事诉讼的，人民法院不予受理，但应当告知其可以依法**申请国家赔偿**。

（3）物质损失必须是由被告人的**犯罪行为直接造成**的。

⊙【总结】以下情形不能提起附带民事诉讼，即使提起，法院亦不予受理的：

1. **伤残赔偿金**不能提（交通肇事犯罪案件除外）；
2. **死亡赔偿金**不能提（交通肇事犯罪案件除外）；
3. **可期待收益损失**不能提；
4. **赃物**、**赃款**不能提；
5. **国家机关工作人员**的**职务行为**(**包括职务犯罪**）导致的物质损失不能提；
6. 物质损失**不是犯罪行为造成的**不能提。

五、附带民事诉讼提起的期间与方式

（一）提起的期间

1. 原则：从立案到一审判决宣告之前。

2. 【例外】第一审期间未提起附带民事诉讼，在**第二审期间提起**的，第二审人民法院可以依法进行**调解**；**调解不成**的，**告知**当事人可以在刑事判决、裁定生效后**另行提起民事诉讼**。（《刑诉解释》第198条）

（二）提起的方式

1. 公民（口头或者书面）书写诉状确有困难的，可以口头起诉。

2. 检察院或单位。（**书面**）

六、 不同阶段提起附带民事诉讼的处理

（一）在侦查、审查起诉阶段提出赔偿要求的处理

1. 侦查、审查起诉期间，有权提起附带民事诉讼的人提出赔偿要求的，有两种处理方式：

（1）当事人双方达成和解协议并签署和解协议书。

（2）当事人双方在公安机关或人民检察院的主持下进行调解，调解达成协议并制作调解书。

2. 侦查、审查起诉期间，有权提起附带民事诉讼的人提出赔偿要求，经公安机关、人民检察院调解，当事人双方**已经达成协议**并**全部履行**，被害人或者其法定代理人、近亲属又提起附带民事诉讼的，人民法院**不予受理**，但有证据证明调解**违反自愿、合法原则**的**除外**。

（二）在一审期间提起附带民事诉讼的处理

1. 受理

人民法院收到附带民事起诉状后，应当进行审查，并应当在7日内决定是否立案。符合法定条件的，应当受理；不符合的，**裁定**不予受理。

2. 财产保全

指对可能因被告人的行为或者其他原因，使附带民事判决难以执行的案件，司法机关对被告人的财产采取一定的保全措施，从而保证附带民事判决能够得到执行。附带民事诉讼的财产保全包括两种情形：诉中保全和诉前保全。

（1）诉中保全

①法院对可能因被告人的行为或者其他原因，使附带民事判决难以执行的案件，根据附带民事诉讼**原告人或人民检察院**申请，法院可以裁定采取保全措施，**查封、扣押**或者**冻结**被告人的财产；

②附带民事诉讼原告人未提出申请的，必要时，法院也可以采取保全措施。

（2）诉前保全

①因情况紧急，不立即申请保全将会使其合法权益受到难以弥补的损害的，可以在提起附带民事诉讼前，向**被保全财产所在地**、**被申请人居住地**或者**对案件有管辖权的法院**申请采取保全措施。

②申请人在人民法院受理刑事案件后**15日内未提起**附带民事诉讼的，人民法院应当**解除**保全措施。

【注意】人民法院采取保全措施，适用民事诉讼法有关规定。

3. 审理

（1）**审理原则与组织**

附带民事诉讼应当同刑事案件一并审判，只有为了防止刑事案件审判的过分迟延，才可以在刑事案件审判后，由**同一审判组织**继续审理附带民事诉讼。

（2）**证明责任**

附带民事诉讼当事人对自己提出的主张，有责任提供证据。

（3）**一审法院对于提起的附带民事诉讼，如何处理？**

①可以根据**自愿、合法**的原则进行调解。

②调解达成协议的，应当制作**调解书**。调解书经双方当事人签收后，即具有法律效力。调解达成协议并**即时履行完毕**的，**可以不制作**调解书，但应当制作笔录，经双方当事人、审判人员、书记员**签名**或者盖章后即发生法律效力。

③**【调解失败】**调解未达成协议或者调解书签收前当事人反悔的，附带民事诉讼应当同刑事诉讼**一并判决**。

4. 当事人缺席的后果

（1）附带民事诉讼原告人经传唤，无正当理由拒不到庭，或者未经法庭许可中途退庭的，**应当按撤诉**处理。

（2）刑事被告人**以外**的附带民事诉讼被告人经传唤，无正当理由拒不到庭，或者未经法庭许可中途退庭的，附带民事部分**可以缺席判决**。

（3）刑事被告人**以外**的附带民事诉讼被告人**下落不明**，或者用公告送达以外的其他方式无法送达，可能导致刑事案件审判**过分迟延**的，**可以不将其列为附带民事诉讼被告人**，**告知**附带民事诉讼原告人**另行提起民事诉讼**。

5. 最后处理

（1）应当结合被告人赔偿被害人物质损失的情况认定其悔罪表现，并在量刑时予以考虑。追缴、退赔的情况，**可以作为量刑情节考虑**。

【注意】附带民事诉讼被告人的亲友自愿代为赔偿的，**可以准许**，并可作为酌定量刑情节考虑。

（2）法院认定公诉案件被告人的行为**不构成犯罪**，对已经提起的附带民事诉讼，经调解不能达成协议的，**可以一并作出刑事附带民事判决**，也**可以告知**附带民事原告人**另行提起民事诉讼**。

（三）在二审期间提起附带民事诉讼的处理

第一审期间未提起附带民事诉讼，在**第二审期间提起**的，第二审人民法院可以依法进行**调解**；**调解不成**的，**告知**当事人可以在刑事判决、裁定生效后**另行提起民事诉讼**。（《刑诉解释》第198条）

七、 附带民事诉讼的二审程序

1. 刑民分开生效

（1）**【只有刑事部分上诉】**第一审民事部分的判决，在上诉期满后即发生法律效力。

（2）**【只有附民上诉】**第一审刑事判决，在上诉期满后即发生法律效力。

【注意】应当送监执行的一审刑事被告人是二审附民被告人的，二审附带民事诉讼案件审结前，可以**暂缓送监执行**。

2. 全案审查：审理附带民事诉讼的上诉、抗诉案件，应当对全案进行审查。

3. 存在错误时的不同处理

（1）**【附民已生效】**对刑事部分提出上诉、抗诉，附带民事部分已经发生效力的案件，如果发现民事部分确有错误，应当依照**审判监督程序**对附带民事部分予以纠正。

（2）**【刑事已生效】**对附带民事部分提出上诉、抗诉，刑事部分已经发生法律效力的案件，应当对全案进行审查，并按照下列情形分别处理：

①第一审判决的刑事部分**并无不当**的，只需就**附带民事部分**作出处理；

②第一审判决的刑事部分**确有错误**的，依照**审判监督程序**对刑事部分进行再审，并将附带民事部分与刑事部分**一并审理**。（《刑诉解释》第407条、第409条）

4. 增加请求或者反诉：第二审期间，第一审附带民事诉讼原告人增加独立的诉讼请求或者第一审附带民事诉讼被告人提出反诉的，第二审人民法院可以根据自愿、合法的原则进行调解；调解不成的，告知当事人另行起诉。

5. 增加数额：可以调解，调解不成依法作出裁判。

专题十四 监察法与刑事诉讼法的衔接

衔接流程图

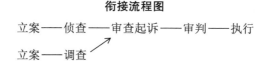

立案——侦查——审查起诉——审判——执行

立案——调查↗

一、 监察机关立案调查的案件

1. 监察对象：【公职人员全覆盖+类公职人员】，**其中，类公职人员**包括国企、事业单位、基层组织中的**管理人员**。具体而言：

⊙**【提示】**国企、事业单位、基层组织中的**管理**人员才是监察对象，其他普通人员不包含在内，如国企中的普通职员。

2. 案件范围：监察机关对公职人员和有关人员涉嫌**贪污贿赂**、**滥用职权**、**玩忽职守**、**权力寻租**、**利益输送**、**徇私舞弊**以及**浪费国家资财等职务违法和职务犯罪**进行调查。

⊙【提示】核心是贪污、滥用职权等**职务犯罪**。判断监察机关立案调查的案件范围，从两点出发：一是**身份**，即**公职人员或类公职人员**；二是**罪名**：**贪污、滥用职权等职务犯罪**。

二、交叉管辖的衔接（监察委员会与其他机关的管辖权竞合）

1. **监察机关调查过程中发现被调查人既涉嫌严重职务违法或者职务犯罪，又涉嫌其他违法犯罪的**：

（1）一般应当由**监察**机关**为主**调查，**其他机关**予以**协助**。

（2）《监察法实施条例》第51条 公职人员既涉嫌贪污贿赂、失职渎职等严重职务违法和职务犯罪，又涉嫌公安机关、人民检察院等机关管辖的犯罪，依法由监察机关为主调查的，应当由监察机关和其他机关**分别依职权立案**，**监察机关承担组织协调职责，协调调查和侦查工作进度、重要调查和侦查措施使用等重要事项**。

2. **人民检察院侦查过程中发现**犯罪嫌疑人**同时涉嫌监察机关管辖**的职务犯罪线索的：

（1）**【应沟通】**应当及时与同级监察机关**沟通**。

（2）**【一并移】**经沟通，认为**全案**由**监察机关管辖更为适宜**的，人民检察院**应当**将案件和相应职务犯罪线索**一并移送**监察机关。

（3）**【分别管】**认为由监察机关和人民检察院**分别管辖**更为适宜的，人民检察院应当将监察委员会管辖的**相应职务犯罪线索移送监察委员会**，对依法由人民检察院管辖的犯罪案件**继续侦查**。

（4）**【不停侦】**人民检察院应当及时将沟通情况**报告上一级**人民检察院。沟通期间，人民检察院**不得停止**对**案件的侦查**。

⊙［**提示**］人民检察院在办理直接受理侦查的案件中，发现犯罪嫌疑人同时涉嫌监察机关管辖的其他职务犯罪，经沟通全案移送监察机关管辖的，监察机关应当依法进行调查。

三、监察机关调查程序与检察机关审查起诉程序的衔接

1. 调查终结

（1）对涉嫌职务犯罪的，监察机关经调查认为**犯罪事实清楚**，**证据确实**、**充分**的，制作**起诉意见书**，连同案卷材料、**证据**一并移送**人民检察院**依法审查、提起公诉；

（2）监察机关经调查，对违法取得的财物，依法予以没收、追缴或者责令退赔；对涉嫌犯罪取得的财物，应当随案移送人民检察院。

【注意】经调查认为被调查人构成职务违法或者职务犯罪的，应当**区分不同情况**提出相应处理意见，经审批将调查报告、职务违法或者职务犯罪事实材料、涉案财物报告、涉案人员处理意见等材料，连同全部证据和文书手续移送审理。

2. 人民检察院审查起诉

（1）人民检察院对于监察机关移送起诉的案件，依照刑事诉讼法和监察法的有关规定进行审查。

（2）人民检察院对于监察机关、公安机关移送起诉的案件，应当在1个月以内作出决定，重大、复杂的案件，可以延长15日；犯罪嫌疑人认罪认罚，符合速裁程序适用条件的，应当在10日以内作出决定，对可能判处的有期徒刑超过一年的，可以延长至15日。

（3）对监察机关移送的案件，人民检察院依照《中华人民共和国刑事诉讼法》对被调查人采取强制措施。人民检察院经审查，认为犯罪事实已经查清，证据确实、充分，依法应当追究刑事责任的，应当作出起诉决定。

四、 监察机关留置措施与检察机关强制措施的衔接

1. 监察机关在调查中可以采取留置措施

（1）可以采取留置措施的情形

《监察法》第22条　被调查人涉嫌贪污贿赂、失职渎职等严重职务违法或者职务犯罪，监察机关已经掌握其部分违法犯罪事实及证据，仍有重要问题需要进一步调查，[1] 并有下列情形之一的，经监察机关**依法审批**，可以将其留置在特定场所：

①涉及案情重大、复杂的；

②可能逃跑、自杀的；

③可能串供或者伪造、隐匿、毁灭证据的；

④可能有其他妨碍调查行为的。

对涉嫌行贿犯罪或者共同职务犯罪的涉案人员，监察机关可以依照前款规定采取留置措施。

留置场所的设置、管理和监督依照国家有关规定执行。

（2）不得采取留置措施的情形：

《监察法实施条例》第96条　对下列人员不得采取留置措施：

①患有严重疾病、生活不能自理的；

②怀孕或者正在哺乳自己婴儿的妇女；

③系生活不能自理的人的唯一扶养人。

上述情形消除后，根据调查需要可以对相关人员采取留置措施。

---

〔1〕《监察法实施条例》第92条第2、3、4款规定："监察法第二十二条第一款规定的严重职务违法，是指根据监察机关已经掌握的事实及证据，被调查人涉嫌的职务违法行为情节严重，可能被给予撤职以上政务处分；重要问题，是指对被调查人涉嫌的职务违法或者职务犯罪，在定性处置、定罪量刑等方面有重要影响的事实、情节及证据。监察法第二十二条第一款规定的已经掌握其部分违法犯罪事实及证据，是指同时具备下列情形：（一）有证据证明发生了违法犯罪事实；（二）有证据证明该违法犯罪事实是被调查人实施；（三）证明被调查人实施违法犯罪行为的证据已经查证属实。部分违法犯罪事实，既可以是单一违法犯罪行为的事实，也可以是数个违法犯罪行为中任何一个违法犯罪行为的事实。"

（3）**留置程序**

①**【批准手续】**监察机关采取留置措施，应当由监察机关领导人员集体研究决定。**设区的市级以下**监察机关采取留置措施，应当报**上一级监察机关批准**。**省级**监察机关采取留置措施，应当**报国家监察委员会备案**。

②**【调查人员不得少于2人】**采取留置措施时，调查人员不得少于2人。

③**【通知家属】**采取留置措施后，应当在24小时以内通知被留置人员所在单位和家属。当面通知的，由有关人员在《留置通知书》上签名。无法当面通知的，可以先以电话等方式通知，并通过邮寄、转交等方式送达《留置通知书》，要求有关人员在《留置通知书》上签名。

因可能毁灭、伪造证据，干扰证人作证或者串供等有碍调查情形而不宜通知的，应当按规定报批，记录在案。有碍调查的情形消失后，应当立即通知被留置人员所在单位和家属。

④**【提请协助】**县级以上监察机关需要提请公安机关协助采取留置措施的，应当按规定报批，请同级公安机关依法予以协助。

⑤**【留置期限】**留置时间不得超过3个月，自向被留置人员**宣布之日**起算。具有下列情形之一的，经审批可以**延长一次**，延长时间不得超过3个月：

A. 案情重大，严重危害国家利益或者公共利益的；

B. 案情复杂，涉案人员多、金额巨大，涉及范围广的；

C. 重要证据尚未收集完成，或者重要涉案人员尚未到案，导致违法犯罪的主要事实仍须继续调查的；

D. 其他需要延长留置时间的情形。

省级以下监察机关采取留置措施的，延长留置时间应当报**上一级**监察机关**批准**。

延长留置时间的，应当在留置期满前向被留置人员宣布延长留置时间的决定，要求其在《延长留置时间决定书》上签名、捺指印。被留置人员拒绝签名、捺指印的，调查人员应当在文书上记明。

延长留置时间的，应当通知被留置人员家属。

⑥**【留置的解除】**对被留置人员不需要继续采取留置措施的，应当按规定报批，及时解除留置。

2. 监察机关留置措施与人民检察院刑事拘留的衔接

对于监察机关移送起诉的已采取留置措施的案件，人民检察院**应当**对犯罪嫌疑人**先行拘留**，留置措施**自动解除**。人民检察院应当在拘留后的**10日以内**作出是否逮捕、取保候审或者监视居住的决定。在特殊情况下，决定的时间可以**延长1日至4日**。人民检察院决定采取强制措施的期间**不计入**审查起诉期限。

五、人民检察院审查起诉与监察机关补充调查的衔接

人民检察院在审查起诉阶段的补充调查

1.《最高检规则》第343条　人民检察院对于监察机关移送起诉的案件，认为需要补充调查的，**应当退回监察机关补充调查。必要时，可以自行补充侦查。**

需要退回补充调查的案件，人民检察院应当出具**补充调查决定书、补充调查提纲，**写明补充调查的事项、理由、调查方向、需补充收集的证据及其证明作用等，**连同案卷材料**一并送交监察机关。

人民检察院决定退回补充调查的案件，犯罪嫌疑人已被采取强制措施的，应当将退回补充调查情况书面通知强制措施执行机关。监察机关需要讯问的，人民检察院应当予以配合。

2.《最高检规则》第344条　对于监察机关移送起诉的案件，具有下列情形之一的，人民检察院可以自行补充侦查：

（1）证人证言、犯罪嫌疑人供述和辩解、被害人陈述的内容主要情节一致，个别情节不一致的；

（2）物证、书证等证据材料需要补充鉴定的；

（3）其他由人民检察院查证更为便利、更有效率、更有利于查清案件事实的情形。

自行补充侦查完毕后，应当将相关证据材料入卷，同时抄送监察机关。人民检察院自行补充侦查的，可以商请监察机关提供协助。

【注意】人民检察院在审查起诉中决定自行侦查的，应当在**审查起诉期限内侦查**完毕。

3.《最高检规则》第346条　退回监察机关补充调查、退回公安机关补充侦查的案件，均应当在**1个月以内**补充调查、补充侦查完毕。

补充调查、补充侦查以**2次为限**。

补充调查、补充侦查完毕移送起诉后，人民检察院**重新计算审查起诉期限**。

人民检察院负责捕诉的部门退回本院负责侦查的部门补充侦查的期限、次数按照本条第一款至第三款的规定执行。

六、人民检察院不起诉与监察机关救济的衔接

1. 人民检察院的不起诉决定

（1）**【法定不起诉】**人民检察院对于监察机关或者公安机关移送起诉的案件，发现犯罪嫌疑人**没有犯罪事实**，或者**符合刑事诉讼法第16条规定**的情形之一的，经检察长批准，**应当**作出**不起诉**决定。

对于犯罪事实并非犯罪嫌疑人所为，需要重新调查或者侦查的，应当在作出不起诉决定后书面说明理由，将案卷材料退回监察机关或者公安机关并建议重新调查或者侦查。

(2)**【存疑不起诉】**人民检察院对于**2次**退回补充调查或者补充侦查的案件，仍然认为**证据不足，不符合起诉条件的**，经检察长批准，依法作出**不起诉**决定。

人民检察院对于经过**1次退**回补充调查或者补充侦查的案件，认为证据不足，不符合起诉条件，且没有再次退回补充调查或者补充侦查必要的，经检察长批准，**可以**作出**不起诉**决定。

(3)【酌定不起诉】人民检察院对于犯罪情节轻微，依照刑法规定不需要判处刑罚或者免除刑罚的，经检察长批准，可以作出不起诉决定。

【注意】人民检察院直接受理侦查的案件，以及监察机关移送起诉的案件，拟作不起诉决定的，**应当报请上一级人民检察院批准**。

2. 监察机关对不起诉决定的救济

监察机关认为人民检察院不起诉决定有错误的，应当在收到不起诉决定书后**30日以内**，依法**向其上一级人民检察院提请复议**。监察机关应当将上述情况及时向上一级监察机关书面报告。

专题十五 特别程序

第一节 未成年人刑事案件诉讼程序

一、 未成年人刑事案件诉讼程序的特殊规定

(一) 强制法律援助辩护

未成年犯罪嫌疑人、被告人没有委托辩护人的，人民法院、人民检察院、公安机关**应当通知**法律援助机构指派律师为其提供辩护。

(二) 侦查阶段特殊规定

1. 立案程序特殊规定

办理未成年人刑事案件时，应当重点查清未成年犯罪嫌疑人实施犯罪行为时是否已满14周岁、16周岁、18周岁的临界年龄。

2. 特殊的讯问规则

(1) 合适成年人在场

对于未成年人刑事案件，在讯问和审判的时候，**应当通知**未成年犯罪嫌疑人、被告人的**法定代理人到场**。

无法通知、法定代理人不能到场或者法定代理人是共犯的，也**可以通知**未成年犯罪嫌疑人、被告人的**其他成年亲属**，所在**学校、单位、居住地基层组织**或者**未成年人保护组织的代表**到场，并将有关情况记录在案。

(2) 到场的**法定代理人**可以代为行使未成年犯罪嫌疑人、被告人的**诉讼权利**。

到场的**法定代理人或者其他人员**认为办案人员在讯问、审判中侵犯未成年人合法

权益的，可以**提出意见**。讯问笔录、法庭笔录应当交给到场的法定代理人或者其他人员阅读或者向他宣读。

（3）讯问女性未成年犯罪嫌疑人，应当有**女工作人员**在场。

询问未成年被害人、证人，适用前面的规定。

⊙**【提示】**法定代理人到场的，法定代理人可以代为行使诉讼权利；合适成年人到场的，合适成年人不能代为行使诉讼权利。

3. 慎用强制措施（逮捕程序特殊）

（1）对未成年被告人应当**严格限制**适用逮捕措施。

（2）人民法院决定逮捕，**应当讯问**未成年被告人，**听取**辩护律师的意见。

（3）对被逮捕且没有完成义务教育的未成年被告人，人民法院应当与教育行政部门互相配合，保证其接受义务教育。

（4）人民法院对无固定住所、无法提供保证人的未成年被告人适用取保候审的，应当**指定合适成年人**作为保证人，必要时可以安排取保候审的被告人接受社会观护。

（三）审查起诉阶段特殊规定

1. 应当听取意见与讯问未成年人

（1）审查起诉未成年犯罪嫌疑人，应当听取辩护人的意见，应当听取其父母或者其他法定代理人、被害人及其法定代理人的意见。

（2）人民检察院审查起诉未成年人刑事案件，应当讯问未成年犯罪嫌疑人。讯问程序同上述侦查阶段中的讯问。

2. 安排会见、通话

（1）适用情形

移送审查起诉的案件具备以下条件之一，且其**法定代理人、近亲属等与本案无牵连**的，经**公安机关同意**，检察人员可以安排在押的未成年犯罪嫌疑人与其**法定代理人、近亲属**等进行会见、通话：

①案件事实已基本查清，主要证据确实、充分，安排会见、通话**不会影响诉讼活动正常进行**；

②未成年犯罪嫌疑人有认罪、悔罪表现，或者虽尚未认罪、悔罪，但通过会见、通话**有可能促使其转化**，或者通过会见、通话有**利于社会、家庭稳定**；

③未成年犯罪嫌疑人的法定代理人、近亲属对其犯罪原因、社会危害性以及后果有一定的认识，并能配合司法机关进行教育。（《人民检察院办理未成年人刑事案件的规定》第24条）

（2）会见、通话时检察人员可以在场。

3. 适用特殊的酌定不起诉制度

（1）对于**犯罪情节轻微**，具有下列情形之一，**依照刑法规定不需要判处刑罚或者免除刑罚**的未成年犯罪嫌疑人，一般应当依法作出不起诉决定：

①被胁迫参与犯罪的；

②犯罪预备、中止、未遂的；

③在共同犯罪中起次要或者辅助作用的；

④系又聋又哑的人或者盲人的；

⑤因防卫过当或者紧急避险过当构成犯罪的；

⑥有自首或者立功表现的；

⑦其他依照刑法规定不需要判处刑罚或者免除刑罚的情形。

（《人民检察院办理未成年人刑事案件的规定》第 26 条）

（2）对于未成年人实施的**轻伤害案件、初次犯罪、过失犯罪、犯罪未遂的案件以及被诱骗或者被教唆实施的犯罪案件**等，情节轻微，犯罪嫌疑人确有悔罪表现，当事人双方自愿就**民事赔偿达成协议**并切实履行或者经被害人同意并提供有效担保，符合刑法第 37 条规定的，人民检察院可以作出不起诉决定，并可以根据案件的不同情况，予以训诫或者责令具结悔过、赔礼道歉、赔偿损失，或者由主管部门予以行政处罚。（《人民检察院办理未成年人刑事案件的规定》第 27 条）

4. 适用附条件不起诉制度

（四）审判阶段特殊规定

1. 简易程序

未成年人刑事案件可以适用简易程序。决定适用简易程序的，人民法院应当征求未成年**被告人及其法定代理人、辩护人**的意见。上述人员只要有一个人提出异议的，不适用简易程序。

2. 法定代理人到场

（1）人民法院审理未成年人刑事案件，在讯问和开庭时，应当通知未成年被告人的**法定代理人**到场。

法定代理人无法通知、不能到场或者是共犯的，也**可以通知**合适成年人到场，并将有关情况记录在案。

（2）到场的法定代理人或者其他人员，除依法行使刑事诉讼法第 281 条第 2 款规定的权利外，经法庭同意，可以参与对未成年被告人的**法庭教育**等工作。

【名师点拨】法定代理人到场的，**法定代理人**可以代为行使**诉讼权利**；**合适成年人**到场的，合适成年人**不能代为行使**诉讼权利。

3. 未成年被害人、证人询问与作证

（1）审理未成年人遭受性侵害或者暴力伤害案件，在询问未成年被害人、证人时，应当采取同步录音录像等措施，**尽量一次完成**；未成年被害人、证人是女性的，应当由**女性工作人员**进行。（《刑诉解释》第 556 条第 2 款）

（2）开庭审理涉及未成年人的刑事案件，未成年被害人、证人一般不出庭作证；必须出庭的，应当采取保护其隐私的技术手段和心理干预等保护措施。（《刑诉解释》第 558 条）

4. 少年法庭（未成年人案件审判组织）

（1）被告人实施被指控的**犯罪时不满18周岁**、人民**法院立案时不满20周岁**的案件，由未成年人案件审判组织审理。

（2）下列案件可以由未成年人案件审判组织审理：

①人民法院立案时不满22周岁的在校学生犯罪案件；

②强奸、猥亵、虐待、遗弃未成年人等侵害未成年人人身权利的犯罪案件；

③由未成年人案件审判组织审理更为适宜的其他案件。

（3）共同犯罪案件有未成年被告人的或者其他涉及未成年人的刑事案件，是否由未成年人案件审判组织审理，由**院长**根据实际情况决定。

5. 亲属会见

开庭前和休庭时，法庭根据情况，可以安排未成年被告人与其**法定代理人**或者**合适成年人**会见。

6. 量刑建议

控辩双方提出对未成年被告人判处**管制**、**宣告缓刑**等量刑建议的，应当向法庭提供有关未成年被告人能够获得监护、帮教以及对所居住社区无重大不良影响的书面材料。

7. 法庭教育

（1）法庭辩论结束后，法庭可以根据未成年人的生理、心理特点和案件情况，对未成年被告人进行教育；判决未成年被告人有罪的，宣判后，应当对未成年被告人进行**法治教育**。（《刑诉解释》第576条第1款）

（2）对未成年被告人进行教育，其法定代理人以外的成年亲属或者教师、辅导员等参与有利于感化、挽救未成年人的，人民法院应当邀请其参加有关活动。（《刑诉解释》第576条第2款）

8. 法定代理人的补充陈述

未成年被告人最后陈述后，法庭应当询问其法定代理人是否补充陈述。

9. 公开宣判原则

（1）对未成年人刑事案件宣告判决应当**公开**进行。（《刑诉解释》第578条第1款）

（2）对依法应当**封存犯罪记录**的案件，宣判时，**不得**组织人员**旁听**；有旁听人员的，应当告知其**不得传播**案件信息。（《刑诉解释》第578条第2款）

（五）执行阶段的特别规定

1. 犯罪记录封存制度

（1）封存条件

①**犯罪的时候不满18周岁**，**被判处5年有期徒刑**以下刑罚的，应当对相关犯罪记录予以封存。

②**犯罪的时候不满18周岁**，**被判处5年有期徒刑**以下刑罚的，人民检察院应当在收到人民法院生效判决后，对犯罪记录予以封存。

⊙【名师点拨】人民检察院对未成年犯罪嫌疑人作出不起诉决定后，应当对相关记录予以封存。(《最高检规则》486 条)

(2) 封存的解除

对被封存犯罪记录的未成年人，符合下列条件之一的，应当对其犯罪记录解除封存：

①实施**新的犯罪**，且新罪与封存记录之罪数罪**并罚后**被决定执行**5 年有期徒刑以上刑罚**的；

②发现**漏罪**，且漏罪与封存记录之罪数罪**并罚后**被决定执行**5 年有期徒刑以上刑罚**的。(《最高检规则》第 485 条)

二、 附条件不起诉制度

(一) 适用条件

未成年人涉嫌刑法分则第**四、五、六章**规定的犯罪，可能判**1 年有期徒刑以下**刑罚，**符合起诉条件**，但有**悔罪**表现的，检察院**可以**作出附条件不起诉的决定。

⊙【名师点拨】人民检察院在作出附条件不起诉的决定以前，**应当听取公安机关、被害人的意见**，并制作笔录附卷。**被害人是未成年人的**，还应当**听取被害人的法定代理人、诉讼代理人的意见**。

(二) 对附条件不起诉的制约 (不服的救济和处理)

1. 对附条件不起诉的决定，**公安机关**可以提出**复议**和**复核**。

2. **被害人**对检察院对未成年犯罪嫌疑人作出的附条件不起诉的决定和考验期满的不起诉的决定，可以**向上一级检察院申诉**，不可以向法院起诉。

3. 未成年**犯罪嫌疑人及其法定代理人**对检察院决定附条件不起诉**有异议**的，检察院应当作出**起诉**的决定。

(三) 附条件不起诉的考验

1. 考验主体

附条件不起诉的考验主体是**作出附条件不起诉决定的人民检察院**。

2. 考验期限

附条件不起诉的考验期为**6 个月以上 1 年以下**，从检察院作出附条件不起诉的决定之日起计算。

考验期不计入案件**审查起诉期限**。

⊙【提示 1】作出附条件不起诉决定的案件，审查起诉期限自人民检察院**作出**附条件不起诉决定**之日起中止计算**，自考验期限**届满之日**起或者人民检察院**作出**撤销附条件不起诉**决定之日起恢复计算**。

⊙【提示 2】考验期的长短应当与未成年犯罪嫌疑人所犯罪行的轻重、主观恶性的大小和人身危险性的大小、一贯表现及帮教条件等相适应，根据未成年犯罪嫌疑人在考验期的表现，可以在**法定期限范围内**适当缩短或者延长。

3. 考验内容

被附条件不起诉的未成年犯罪嫌疑人，应当遵守下列规定：

（1）遵守法律法规，服从监督；

（2）按照考察机关的规定**报告**自己的**活动情况**；

（3）离开所居住的市、县或者迁居，应当**报经考察机关批准**；

（4）按照考察机关的要求**接受矫治和教育**。

（《刑事诉讼法》第283条）

4. 考验后的处理

（1）起诉

被附条件不起诉的未成年犯罪嫌疑人，在考验期内有下列情形之一的，人民检察院应当撤销附条件不起诉的决定，提起公诉：

①实施新的犯罪的；

②发现决定附条件不起诉以前还有其他犯罪需要追诉的；

③违反治安管理规定，造成严重后果，或者多次违反治安管理规定的；

④违反考察机关有关附条件不起诉的监督管理规定，造成严重后果，或者多次违反考察机关有关附条件不起诉的监督管理规定的。（《人民检察院办理未成年人刑事案件的规定》第46条）

（2）不起诉

在考验期内没有上述情形，考验期满的，检察院应当作出不起诉的决定。

第二节　当事人和解的公诉案件诉讼程序

一、当事人和解的公诉案件诉讼程序的具体制度与程序

（一）适用条件

1. 积极条件

（1）犯罪嫌疑人、被告人**真诚悔罪**。真诚悔罪通过积极赔偿、赔礼道歉等方式表现出来。

（2）获得**被害人谅解**。

（3）被害人**自愿和解**。

（4）属于侵害特定被害人的故意犯罪或者有直接被害人的过失犯罪。

（5）案件事实清楚，证据确实、充分。

2. 消极条件

犯罪嫌疑人、被告人在**5年以内曾经故意犯罪**的，不得适用。

⊙**【提示】**犯罪嫌疑人在犯《刑事诉讼法》第288条第1款规定的犯罪前5年内曾故意犯罪，**无论**该故意犯罪**是否已经追究**，均应当认定为前款规定的5年以内曾故意犯罪。

（二）适用案件范围

下列公诉案件，双方当事人可以适用和解程序：

（1）因**民间纠纷**引起，涉嫌刑法分则**第4、5章**规定的犯罪案件，可能判处**3年有期徒刑**以下刑罚的；

（2）除**渎职犯罪以外**的可能判处**7年有期徒刑以下**刑罚的**过失犯罪**案件。

犯罪嫌疑人、被告人在5年以内曾经故意犯罪的，不适用本章规定的程序。（《刑事诉讼法》第288条）

⊙【**提示**】有下列情形之一的，**不属于因民间纠纷**引起的犯罪案件：①**雇凶伤害他人**的；②涉及**黑社会性质组织**犯罪的；③涉及**寻衅滋事**的；④涉及**聚众斗殴**的；⑤**多次故意伤害**他人身体的；⑥其他**不宜和解**的。（《公安部规定》第334条）

（三）和解主体

1. 被害人一方

（1）被害人**死亡**的，其**近亲属**可以与被告人和解。

近亲属有多人的，达成和解协议，应当经处于**最先继承顺序**的所有近亲属同意。

（2）被害人系**无行为能力或者限制行为能力人**的，其**法定代理人、近亲属**可以代为和解。

2. 犯罪嫌疑人、被告人一方

（1）被告人的**近亲属**经**被告人同意**，可以代为和解。

（2）被告人系**限制行为能力人**的，其**法定代理人**可以代为和解。

【**名师点拨**】被告人的法定代理人、近亲属依照前两款规定代为和解的，和解协议约定的**赔礼道歉**等事项，应当由**被告人本人履行**。但是，赔钱是可以由近亲属、法定代理人代为赔偿的。

【**名师点拨**】根据《刑诉解释》第587条、《最高检规则》第496条的规定可知，法院可以主持和解，检察院也可以建议和解，这些做法只是促成和解，而不是参与双方的具体和解中。总之，法院和检察院不能参与和解当中。和解的主体仅仅是被害人一方与犯罪嫌疑人、被告人一方。**公安机关、检察院、人民法院均不是和解的主体**。

（《刑诉解释》第587条：“对符合刑事诉讼法第288条规定的公诉案件，事实清楚、证据充分的，人民法院应当告知当事人可以自行和解；当事人提出申请的，人民法院可以主持双方当事人协商以达成和解。根据案件情况，人民法院可以邀请人民调解员、辩护人、诉讼代理人、当事人亲友等参与促成双方当事人和解。”

《最高检规则》第496条：“人民检察院对于符合刑事和解条件的公诉案件，可以建议当事人进行和解，并告知相应的权利义务，必要时可以提供法律咨询。”）

（四）和解事项

1. 可以和解的事项

双方当事人可以就**赔偿损失、赔礼道歉等民事责任事项**进行和解，并且可以就被害人及其法定代理人或者近亲属是否要求或者同意公安机关、人民检察院、人民法院对犯罪嫌疑人依法**从宽处理**进行协商。

2. 不得和解的事项

双方当事人不得对案件的**事实认定、证据采信、法律适用和定罪量刑**等依法属于公安机关、人民检察院、人民法院职权范围的事宜进行协商。(《最高检规则》第495条)

（五）不同阶段达成和解协议的处理

和解适用于侦查、审查起诉与审判三个阶段。不同阶段达成和解协议的，公安机关、人民检察院、人民法院的处理方式不同。

1. 公安机关（侦查阶段）

公安机关可以向人民检察院**提出从宽处理的建议**。

【名师点拨】公安机关**无权**根据当事人和解而**撤销**案件。

2. 检察院（审查起诉阶段）

（1）人民检察院可以向人民法院**提出从宽处罚的建议**；

（2）对于犯罪情节轻微，不需要判处刑罚的，**可以作出不起诉**的决定。

3. 法院（审判阶段）

（1）对于达成和解协议的案件，人民法院可以依法对被告人**从宽处罚**。(《刑事诉讼法》第290条)

（2）详细理解：

①对达成和解协议的案件，人民法院**应当对被告人从轻处罚**；

②符合非监禁刑适用条件的，应当适用非监禁刑；

③判处法定最低刑仍然过重的，可以减轻处罚；

④综合全案认为犯罪情节轻微不需要判处刑罚的，可以免除刑事处罚；

⑤共同犯罪案件，部分被告人与被害人达成和解协议的，可以依法对该部分被告人从宽处罚，但应当注意全案的量刑平衡。(《刑诉解释》第596条)

（六）和解协议的履行

1. 和解协议约定的赔偿损失内容，被告人应当在协议签署后**即时履行**，至迟在**人民检察院作出从宽处理决定前**履行。(《刑诉解释》第593条第1款、《最高检规则》第499条)

2. 确实难以一次性履行的，在**提供有效担保**并且**被害人同意**的情况下，也可以分期履行。(《最高检规则》第499条)

⊙**【名师点拨】**法院阶段达成的和解协议应当即时履行，而附带民事诉讼中的调解协议约定的赔偿损失内容可以分期履行。

（七）达成和解协议后提起附带民事诉讼的处理

双方当事人在侦查、审查起诉期间已经达成和解协议并全部履行，被害人或者其法定代理人、近亲属又提起附带民事诉讼的，人民法院不予受理，但有证据证明和解违反自愿、合法原则的除外。

第三节　缺席审判程序

一、缺席审判程序的适用范围

（一）贪污贿赂或需要及时进行审判的国恐犯罪案件

对于**贪污贿赂**犯罪案件，以及需要**及时进行审判**，经**最高人民检察院核准**的**严重危害国家安全犯罪、恐怖活动**犯罪案件，犯罪嫌疑人、被告人**在境外**，监察机关、公安机关移送起诉，人民检察院认为**犯罪事实已经查清，证据确实、充分，依法应当追究刑事责任**的，可以向人民法院提起公诉。

人民法院进行审查后，对于起诉书中有明确的指控犯罪事实，符合缺席审判程序适用条件的，应当决定开庭审判。（《刑事诉讼法》第291条）

（二）严重疾病或死亡案件

1. 因被告人**患有严重疾病无法出庭，中止审理超过6个月**，被告人仍无法出庭，**被告人及其法定代理人、近亲属申请或者同意恢复审理**的，人民法院可以在被告人不出庭的情况下缺席审理，依法作出判决。（《刑事诉讼法》第296条）

2. **被告人死亡**的，人民法院应当裁定终止审理，但**有证据证明被告人无罪**，人民法院经缺席审理确认无罪的，应当依法作出判决。（《刑事诉讼法》第297条第1款）

3. 人民法院按照**审判监督程序重新审判**的案件，**被告人死亡**的，人民法院可以缺席审理，依法作出判决。（《刑事诉讼法》第297条第2款）

二、对第（一）类缺席审判案件的审理

（一）管辖法院

1. 管辖法院

犯罪地、**被告人离境前居住地**或者**最高人民法院指定**的**中级**人民法院。

2. 审判组织

有管辖权的法院应组成**合议庭**进行审理。

（二）庭前审查

人民法院对人民检察院依照刑事诉讼法第291条第1款的规定提起公诉的案件进行审查后，应当按照下列情形分别处理：

1. 符合缺席审判程序适用条件，属于本院管辖，且材料齐全的，应当受理；

2. 不属于可以适用缺席审判程序的案件范围、不属于本院管辖或者不符合缺席审判程序的其他适用条件的，应当退回人民检察院；

3. 材料不全的，应当通知人民检察院在30日内补送；30日内不能补送的，应当

退回人民检察院。

(三) 送达文书

1. 人民法院立案后，应当将传票和起诉书副本送达**被告人**，传票应当载明被告人到案期限以及不按要求到案的法律后果等事项；

2. 人民法院立案后，应当将起诉书副本送达**被告人近亲属**，告知其有权代为委托辩护人，并通知其敦促被告人归案。(《刑诉解释》第600条)

(四) 辩护

1. 委托辩护

(1) **被告人**有权委托或者由**近亲属**代为委托1至2名辩护人。

(2) 委托律师担任辩护人的，应当委托具有**中华人民共和国律师资格**并依法取得执业证书的律师；在**境外委托**的，应当依照本解释第486条的规定对授权委托进行**公证、认证**。(《刑诉解释》第601条第1款)

2. 强制法律援助辩护

(1) 被告人及其近亲属没有委托辩护人的，人民法院**应当通知**法律援助机构指派律师为其提供辩护。(《刑事诉讼法》第293条)

(2) 被告人及其近亲属**拒绝**法律援助机构指派的律师**辩护**的，人民法院应当**查明原因**。

①**理由正当**的，应当准许拒绝辩护，但**被告人**应当在5日以内**另行委托**辩护人；

②被告人**未另行委托**辩护人的，人民法院应当在3日以内**通知法律援助机构另行指派**律师为其提供辩护。(《刑诉解释》第50条第2款、第601条第3款)

(五) 近亲属参加诉讼

1. 申请

(1) 被告人的近亲属申请参加诉讼的，应当在收到起诉书副本后、第一审开庭前提出，并提供与被告人关系的证明材料。

(2) 有**多名近亲属**的，应当**推选1至2人参加诉讼**。对被告人的近亲属提出申请的，人民法院应当及时审查决定。

2. 诉讼权利

被告人的近亲属参加诉讼的，可以**发表意见，出示证据，申请法庭通知证人、鉴定人等出庭，进行辩论**。(参照适用公诉案件第一审普通程序的有关规定)

3. 一审裁判

(1) 人民法院审理后应当参照刑事一审的规定作出判决、裁定。(刑事一审规定：《刑诉解释》第295条)

(2) 作出有罪判决的，应当达到证据确实、充分的证明标准。

(3) 经审理认定的罪名不属于“贪污贿赂犯罪案件”或“需要及时进行审判，经最高人民检察院核准的严重危害国家安全犯罪、恐怖活动犯罪案件”的罪名的，应当

终止审理。

（4）适用缺席审判程序审理案件，可以对违法所得及其他涉案财产一并作出处理。

4. 上诉权

人民法院应当将判决书送达**被告人**及其**近亲属**、**辩护人**。

（1）被告人或者其**近亲属**不服判决的，有权向**上一级人民法院**上诉。

（2）辩护人经被告人或者其近亲属**同意**，可以提出上诉。（《刑事诉讼法》第 294 条）

⊙**【名师点拨 1】**此处**近亲属**的上诉权是**独立**的上诉权，无须经被告人同意即可上诉。

⊙**【名师点拨 2】**人民检察院也有救济权，即人民检察院认为人民法院的判决确有错误的，应当向上一级人民法院提出**抗诉**。

5. 重新审理权

（1）在审理过程中，被告人**自动投案**或者**被抓获**的，人民法院应当**重新审理**。（《刑事诉讼法》第 295 条第 1 款）

（2）在判决、裁定发生法律效力后，罪犯到案的，人民法院应当将罪犯**交付执行**刑罚。

交付执行刑罚前，人民法院**应当告知**罪犯有权对判决、裁定提出异议。

罪犯对判决、裁定**提出异议**的，人民法院应当**重新审理**。（《刑事诉讼法》第 295 条第 2 款）

⊙**【名师点拨】**此处的重新审理是指按照普通程序重新审理。

6. 涉案财物的处理

（1）依照生效判决、裁定对罪犯的财产进行的处理确有错误的，应当予以**返还**、**赔偿**。（《刑事诉讼法》第 295 条第 3 款）

（2）适用缺席审判程序审理案件，可以对违法所得及其他涉案财产一并作出处理。（《刑诉解释》第 604 条第 4 款）

三、对严重疾病或死亡案件的缺席审判程序

（一）对严重疾病案件的缺席审判

1. 因被告人患有严重疾病导致缺乏受审能力，无法出庭受审，**中止审理超过 6 个月**，被告人仍无法出庭，被告人及其法定代理人、近亲属申请或者同意恢复审理的，人民法院可以根据刑事诉讼法第 296 条的规定缺席审判。

2. 符合前款规定的情形，被告人无法表达意愿的，其**法定代理人**、**近亲属**可以代为申请或同意恢复审理。

（二）对死亡案件的缺席审判

1. 人民法院受理案件后被告人死亡的，应当裁定终止审理；但有证据证明被告人

无罪，经缺席审理确认无罪的，应当判决**宣告被告人无罪**。

【注意】“有证据证明被告人无罪，经缺席审理确认无罪”，包括案件事实清楚，证据确实、充分，依据法律认定被告人无罪的情形，以及证据不足，不能认定被告人有罪的情形。

2. 人民法院按照审判监督程序重新审判的案件，被告人死亡的，可以缺席审理。

①有证据证明被告人无罪，经缺席审理确认被告人无罪的，应当判决宣告被告人无罪；

②虽然构成犯罪，但**原判量刑畸重**的，应当**依法作出判决**。

第四节 犯罪嫌疑人、被告人逃匿、死亡案件违法所得的没收程序

一、违法所得没收程序的适用条件与没收对象

（一）适用条件

1. 犯罪嫌疑人、被告人实施了**贪污贿赂犯罪**、**恐怖活动犯罪**等重大犯罪后逃匿，在**通缉一年后不能到案**，依照刑法规定应当追缴其违法所得。

⊙**【提示1】**违法所得没收程序中所指的“贪污贿赂犯罪、恐怖活动犯罪等”犯罪案件，是指下列案件：

（1）贪污贿赂、失职渎职等职务犯罪案件；

（2）刑法分则第二章规定的相关恐怖活动犯罪案件，以及恐怖活动组织、恐怖活动人员实施的杀人、爆炸、绑架等犯罪案件；

（3）危害国家安全、走私、洗钱、金融诈骗、黑社会性质组织、毒品犯罪案件；

（4）电信诈骗、网络诈骗犯罪案件。（《刑诉解释》第609条）

⊙**【提示2】**在省、自治区、直辖市或者全国范围内具有较大影响的犯罪案件，或者犯罪嫌疑人、被告人逃匿境外的犯罪案件，应当认定为刑事诉讼法第298条第1款规定的“重大犯罪案件”。（《刑诉解释》第610条）

2. 犯罪嫌疑人、被告人**死亡**，依照刑法规定应当追缴其违法所得。

⊙**【提示】**此种情形适用违法所得没收程序，**没有案件范围的限制**，也不限于重大犯罪案件，只要犯罪嫌疑人、被告人死亡，且有应当追缴违法所得及其他涉案财产，即可适用。

（二）没收对象

违法所得没收程序的没收对象是**违法所得**及**其他涉案财产**。具体而言包括：

1. **实施犯罪行为所取得的财物及其孳息**，以及被告人**非法持有的违禁品**、**供犯罪所用的本人财物**。

⊙**【名师点拨】**如果是供犯罪所用的他人财物，则不属于没收的对象。

2. 下列情形也认定为或视为《刑事诉讼法》第298条规定的为违法所得：

（1）通过实施犯罪**直接或者间接产生、获得**的任何财产。

（2）违法所得已经部分或者全部转变、转化为其他财产的，**转变、转化后的财产**。

（3）来自违法所得转变、转化后的**财产收益**，或者来自已经与违法所得相**混合财产中违法所得相应部分的收益**。

（《最高人民法院、最高人民检察院关于适用犯罪嫌疑人、被告人逃匿、死亡案件违法所得没收程序若干问题的规定》第6条）

二、违法所得没收程序的启动与审理

（一）没收程序的启动

1. 启动主体

违法所得没收程序的启动主体是**人民检察院**。

2. 启动方式

违法所得没收程序经人民检察院向人民法院**提出申请**而启动。

3. 程序要求

（1）在侦查阶段，公安机关认为符合没收违法所得条件的，经**县级以上公安机关负责人**批准，应当写出没收**违法所得意见书**，连同相关证据材料一并移送人民检察院。人民检察院可以向人民法院提出没收违法所得的申请。

⊙**【名师点拨】**公安机关不是没收程序的启动主体，其不能直接向法院提出没收违法所得的申请；其只能向检察院移送违法所得意见书，由检察院向法院申请。

（2）在审查起诉阶段，人民检察院发现符合没收违法所得条件的，可以直接向人民法院提出没收违法所得的**申请**。

⊙**【名师点拨】**检察院申请没收违法所得，不以公安机关移交没收违法所得意见书为前提。在审查起诉阶段，检察院认为符合没收条件的，也可以直接申请。

（3）在审判阶段：

①被告人**逃匿**，人民法院应当裁定**中止审理**。如果通缉一年不到案且符合没收违法所得条件的，**人民检察院**可以向人民法院提出没收违法所得的**申请**。

②在审判阶段，被告人**死亡**的，人民法院应当裁定**终止审理**。如果符合没收违法所得条件的，**人民检察院**可以向人民法院提出没收违法所得的**申请**。

⊙**【提示】**法院不是启动主体，在被告人逃匿或死亡且符合没收违法所得条件的，法院不能直接作出没收违法所得的裁定，能否按没收程序审理，**取决于检察院**是否向其提出没收违法所得的**申请**。

（二）没收程序的审理

1. 管辖法院

没收程序案件由犯罪地或者犯罪嫌疑人、被告人**居住地**的**中级**人民法院组成**合议庭**审理。

2. 对申请的审查与受理

（1）审查

对人民检察院提出的没收违法所得申请，人民法院应当审查以下内容：

①是否属于可以适用违法所得没收程序的案件范围；

②是否属于本院管辖；

③是否写明犯罪嫌疑人、被告人基本情况，以及涉嫌有关犯罪的情况，并附证据材料；

④是否写明犯罪嫌疑人、被告人逃匿、被通缉、脱逃、下落不明、死亡等情况，并附证据材料；

⑤是否列明违法所得及其他涉案财产的种类、数量、价值、所在地等，并附证据材料；

⑥是否附有查封、扣押、冻结违法所得及其他涉案财产的清单和法律手续；

⑦是否写明犯罪嫌疑人、被告人有无利害关系人，利害关系人的姓名、身份、住址、联系方式及其要求等情况；

⑧是否写明申请没收的理由和法律依据；

⑨其他依法需要审查的内容和材料。

前款规定的材料需要翻译件的，人民法院应当要求人民检察院一并移送。（《刑诉解释》第612条）

（2）受理

对没收违法所得的申请，人民法院应当在30日以内审查完毕，并按照下列情形分别处理：

①属于没收违法所得申请受案范围和本院管辖，且材料齐全、有证据证明有犯罪事实的，应当受理；

②不属于没收违法所得申请受案范围或者本院管辖的，应当退回人民检察院；

③没收违法所得申请不符合“有证据证明有犯罪事实”标准要求的，应当通知人民检察院撤回申请；

④材料不全的，应当通知人民检察院在七日以内补送；七日以内不能补送的，应当退回人民检察院。（《刑诉解释》第613条第1款）

3. 财产保全

人民检察院尚未查封、扣押、冻结申请没收的财产或者查封、扣押、冻结期限即将届满，涉案财产有被隐匿、转移或者毁损、灭失危险的，人民法院可以**查封**、**扣押**、**冻结**申请没收的财产。

4. 发出公告

人民法院决定受理没收违法所得的申请后，应当在**15日内**发出公告，公告期为**6个月**，公告期间**不适用中止**、**中断**、**延长**的规定。

5. 利害关系人申请参加诉讼

（1）**犯罪嫌疑人**、被告人的**近亲属**和**其他利害关系人**有权申请参加诉讼，也可以委托诉讼代理人参加诉讼。

（2）**利害关系人**申请参加诉讼的，应当在**公告期间**提出。

（3）在公告**期满后申请**参加诉讼，能够**合理说明原因**，并提供**证明**申请没收的财产系其所有的证据材料的，人民法院应当准许。

⊙**【提示1】**利害关系人包括犯罪嫌疑人、被告人的近亲属和其他利害关系人。其中，其他利害关系人是指除犯罪嫌疑人、被告人的近亲属以外的，对申请没收的财产主张权利的**自然人和单位**。（《刑诉解释》第616条）

⊙**【提示2】**利害关系人申请参加诉讼的，应当提供相应的材料：近亲属应当提供其与犯罪嫌疑人、被告人**关系**的证明材料，其他利害关系人应当提供证明其对**违法所得及其他涉案财产主张权利**的证据材料。（《刑诉解释》第617条第1款）

⊙**【提示3】**利害关系人可以委托诉讼代理人参加诉讼。委托律师担任诉讼代理人的，应当委托具有中华人民共和国律师资格并依法取得执业证书的律师；在境外委托的，应当依照本解释第四百八十六条的规定对授权委托进行公证、认证。（《刑诉解释》第617条第2款）

⊙**【提示4】**犯罪嫌疑人、被告人逃匿境外，**委托诉讼代理人**申请参加诉讼，且违法所得或者其他涉案财产所在国、地区主管机关明确提出意见**予以支持**的，人民法院**可以准许**。人民法院准许参加诉讼的，犯罪嫌疑人、被告人的诉讼代理人依照本解释关于利害关系人的诉讼代理人的规定行使诉讼权利。（《刑诉解释》第618条）

6. 审理要求

（1）公告期满后，人民法院应当组成**合议庭**对申请没收违法所得的案件进行审理。（《刑诉解释》第619条第1款）

（2）**利害关系人**及其诉讼代理人申请参加诉讼的，人民法院应当**开庭审理**。

没有利害关系人申请参加诉讼的，或者利害关系人及其诉讼代理人无正当理由拒不到庭的，可以不开庭审理。（《刑诉解释》第619条第2款）

⊙**【提示】**利害关系人接到通知后无正当理由拒不到庭，或者未经法庭许可中途退庭的，**可以转为**不开庭审理，但还有其他利害关系人参加诉讼的除外。

（3）人民法院确定开庭日期后，应当将开庭的时间、地点通知人民检察院、利害关系人及其诉讼代理人、证人、鉴定人、翻译人员。通知书应当依照本解释第615条第2款、第3款规定的方式，至迟在开庭审理3日以前送达；受送达人在境外的，至迟在开庭审理30日以前送达。（《刑诉解释》第619条第3款）

（4）人民法院对没收违法所得的申请进行审理，**人民检察院**应当**承担举证责任**。

（5）人民法院对没收违法所得的申请开庭审理的，人民检察院应当**派员出席法庭**。

7. 审理期限

审理申请没收违法所得案件的期限，参照公诉案件第一审普通程序和第二审程序的审理期限执行。

⊙【提示】公告期间和**请求刑事司法协助**的时间不计入**审理期限**。

8. 审理后的处理

（1）对申请没收违法所得的案件，人民法院审理后，应当按照下列情形分别处理：

①申请没收的财产**属于**违法所得及其他涉案财产的，除**依法返还被害人**的以外，应当裁定没收；

②不符合刑事诉讼法第298条第1款规定的条件的，应当裁定驳回申请，**解除查封、扣押、冻结措施**。

（2）申请没收的财产具有高度可能属于违法所得及其他涉案财产的，应当认定为前款规定的“申请没收的财产属于违法所得及其他涉案财产”。

（3）巨额财产来源不明犯罪案件中，没有利害关系人对违法所得及其他涉案财产主张权利，或者利害关系人对违法所得及其他涉案财产虽然主张权利但提供的证据没有达到相应证明标准的，应当视为“申请没收的财产属于违法所得及其他涉案财产”。

9. 上诉、抗诉

对于法院作出的裁定，犯罪嫌疑人、被告人的**近亲属**和**其他利害关系人**或者**检察院**可以在5日内提出上诉、抗诉。

⊙【提示】近亲属此处的上诉权是**独立的上诉权**。

10. 二审审理

（1）对不服第一审没收违法所得或者驳回申请裁定的上诉、抗诉案件，第二审人民法院经审理，应当按照下列情形分别处理：

①第一审裁定认定事实清楚和适用法律正确的，应当驳回上诉或者抗诉，维持原裁定；

②第一审裁定认定事实清楚，但适用法律有错误的，应当改变原裁定；

③第一审裁定认定事实不清的，可以在查清事实后改变原裁定，也可以撤销原裁定，发回原审人民法院重新审判；

④第一审裁定违反法定诉讼程序，可能影响公正审判的，应当撤销原裁定，发回原审人民法院重新审判。（《刑诉解释》第623条第1款）

（2）第一审人民法院对发回重新审判的案件作出裁定后，第二审人民法院对不服第一审人民法院裁定的上诉、抗诉，应当依法作出裁定，**不得再发回原审**人民法院重新审判；但是，第一审人民法院在重新审判过程中**违反法定诉讼程序**，可能影响公正审判的**除外**。（《刑诉解释》第623条第2款）

（3）利害关系人**非因故意或者重大过失**在第一审期间未参加诉讼，在第二审期间申请参加诉讼的，人民法院应当准许，并撤销原裁定，**发回原审**人民法院重新审判。（《刑诉解释》第624条）

三、审理申请没收违法所得的案件过程中特殊情形的处理

（一）被告人脱逃或者死亡的处理

1. 在审理案件过程中，被告人脱逃或者死亡，符合没收违法所得程序规定的，人民检察院可以向人民法院提出没收违法所得的申请；（《刑事诉讼法》第 298 条第 1 款）；符合缺席审判程序规定的，人民检察院可以按照缺席审判程序向人民法院提起公诉。（《刑事诉讼法》第 291 条第 1 款）

2. 人民检察院向原受理案件的人民法院提出没收违法所得申请的，可以由**同一审判组织**审理。（《刑诉解释》第 626 条第 2 款）

（二）犯罪嫌疑人、被告人到案的处理

1. 审理过程中到案

（1）在审理申请没收违法所得的案件过程中，在逃的犯罪嫌疑人、被告人到案（自动投案或者被抓获）的，人民法院应当裁定**终止审理**。

（2）人民检察院向**原**受理申请的人民法院提起公诉的，**可以由同一审判组织**审理。

⊙**【提示】**法院裁定终止审理没收程序后，对法院而言，程序就终结了。由于法院遵循“不告不理”原则，其不能主动将程序转为普通程序，法院要追究到案的犯罪嫌疑人、被告人刑事责任，必须由检察院向其提起公诉才行。

2. 裁定生效后到案的

（1）没收违法所得裁定生效后，犯罪嫌疑人、被告人到案并对没收裁定**提出异议**，人民检察院向**原**作出裁定的人民法院提起公诉的，**可以由同一审判组织**审理。

（2）人民法院经审理，应当按照下列情形分别处理：

①原裁定正确的，予以维持，不再对涉案财产作出判决；

②原裁定确有错误的，应当撤销原裁定，并在判决中对有关涉案财产一并作出处理。

⊙**【名师点拨】**这是刑事诉讼唯一一处针对**生效裁判**的纠正，不是通过审判监督程序进行，而是在**普通程序**中进行的。

3. 没收的裁定已生效，但没到案，且发现裁定有错

法院生效的没收裁定确有错误的，除上述情形外，应当依照**审判监督程序**予以纠正。

第五节　依法不负刑事责任的精神病人的强制医疗程序

一、强制医疗程序的适用程序

（一）适用条件

同时满足以下三个条件的，可以予以强制医疗：

1. 实施**暴力行为**，危害公共安全或者严重危害公民人身安全，社会危害性已经**达到犯罪程度**。

2. 经法定程序鉴定依法**不负刑事责任**的精神病人。

3. 有**继续危害社会**的可能。

⊙**【名师点拨】**此处暴力行为要求侵犯的是公共安全或者公民人身安全。如果暴力行为侵犯的公共财产，则不满足1的条件。

（二）强制医疗程序的启动

1. 启动主体

所谓启动主体，是指一旦该主体要启动，法院就必须审理强制医疗程序的。

在我国，强制医疗程序的启动主体有两个：**检察院**和**法院**。

换言之，法院不能根据公安机关向法院申请而审理强制医疗案件。亦即公安机关不能直接向法院申请强制医疗，其只能向检察院申请，再由检察院向法院申请而启动法院的强制医疗程序。

2. 启动方式

（1）检察院

检察院启动强制医疗程序的**方式**是向法院**提出**强制医疗的**申请**。

（2）法院

法院启动强制医疗程序的**方式**是**在审理案件过程中决定**。

3. 启动程序

（1）检察院

①公安机关移送

公安机关发现精神病人符合强制医疗条件的，应当写出**强制医疗意见书**，移送人民检察院。对于公安机关移送的精神病人符合强制医疗条件的，**人民检察院应当向人民法院提出强制医疗的申请**。

②审查起诉中发现

在审查起诉中，犯罪嫌疑人经鉴定系依法不负刑事责任的精神病人的，**人民检察院应当作出不起诉决定**。

认为符合《刑事诉讼法》第302条规定条件的，应当向人民法院提出强制医疗的申请。（《最高检规则》第543条）认为符合强制医疗条件的，**应当向人民法院提出强制医疗的申请**。（《最高法解释》第548条）

（2）法院启动

检察院向人民法院提起公诉，人民法院在审理案件过程中发现被告人符合强制医疗条件的，**可以作出**强制医疗的决定。

⊙**【名师点拨1】**法院启动强制医疗程序**必须是在普通程序审理过程中发现**的才能启动。因为，法院遵循“不告不理”原则，所以，虽然法院启动强制医疗程序不以检察院申请为前提条件，但是必须以检察院的起诉为条件，没有检察院向法院提起的公诉，法院不能启动强制医疗程序（注：我国没有规定自诉案件的强制医疗程序）。

⊙**【名师点拨2】**由于检察院启动的方式为**申请**，因此**检察院启动**的强制医疗程序中，该精神病人称为“**被申请人**”。而法院启动的方式是“**决定**”，但**法院启动**以检察院起诉为前提条件，故此，该精神病人在法院启动时已经具有了“**被告人**”的身份。由此可见，考生应该根据该精神病人的称谓来判断是哪个机关启动强制医疗程序的。

（三）强制医疗的决定

1. 管辖法院

（1）人民检察院申请对依法不负刑事责任的精神病人强制医疗的案件，由被申请人**实施暴力行为所在地**的**基层**人民法院管辖；

（2）由**被申请人居住地**的人民法院审判更为适宜的，可以由被申请人居住地的**基层**人民法院管辖。

2. 审理组织

审理强制医疗程序案件应当组成**合议庭**进行审理。

3. 对申请的审查与受理

对人民检察院提出的强制医疗申请，人民法院应当在七日以内审查完毕，并按照下列情形分别处理：

（1）属于强制医疗程序受案范围和本院管辖，且材料齐全的，应当受理；

（2）**不属于本院管辖**的，应当**退回**人民检察院；

（3）材料不全的，应当通知人民检察院在3日以内补送；3日以内**不能补送**的，应当**退回**人民检察院。（《刑诉解释》第633条）

4. 审理

（1）审理强制医疗案件，应当组成合议庭，开庭审理。但是，被申请人（被告人）的**法定代理人请求**不开庭审理，并经**人民法院审查同意**的除外。

（2）审理人民检察院申请强制医疗的案件，应当**会见被申请人**，**听取被害人及其法定代理人的意见**。

⊙**【名师点拨】**会见不一定在法庭上会见，可以在**庭外会见**，故被申请人不是必须出庭。

（3）人民法院对强制医疗案件开庭审理的，人民检察院应当派员出席法庭。

（4）对实施暴力行为的精神病人，在人民法院决定强制医疗前，**公安机关**可以采取**临时的保护性约束措施**。

（5）应当**通知法定代理人**到场

人民法院审理强制医疗案件，**应当通知**被申请人或者被告人的**法定代理人**到场；被申请人或者被告人的法定代理人**经通知未到场**的，可以通知被申请人或者被告人的**其他近亲属**到场。（《刑诉解释》第634条第1款）

⊙**【名师点拨】**此处仅仅通知法定代理人到场。根据检察院还是法院启动的强制医疗程序而有所不同。**检察院启动**的，通知**被申请人的法定代理人**到场；**法院启动**的，则通知**被告人的法定代理人**到场。

5. 法律援助代理

（1）被申请人或者被告人

被申请人或者被告人没有委托诉讼代理人的，应当自受理强制医疗申请或者发现被告人符合强制医疗条件之日起**3日以内**，通知法律援助机构指派律师担任其诉讼代理人，为其提供法律帮助。（《刑诉解释》第634条第2款）

（2）被害人或者自诉人或者附民原告

刑事公诉案件的**被害人及其法定代理人或者近亲属**，刑事自诉案件的**自诉人及其法定代理人**，刑事**附带民事诉讼案件的原告人及其法定代理人**，因经济困难没有委托诉讼代理人的，可以向法律援助机构申请法律援助。（《法律援助法》第29条）

6. 审理期限

法院经审理，对于被申请人或者被告人符合强制医疗条件的，应当在**1个月以内**作出决定。

⊙**【名师点拨】**法院强制医疗的文书是“**决定**”。

7. 审理后的处理结果

（1）符合强制医疗条件的，应当作出对被申请人强制医疗的决定。

（2）被申请人属于依法不负刑事责任的精神病人，但**不符合**强制医疗条件的，应当作出**驳回**强制医疗申请的决定。

（3）被申请人**具有完全或者部分刑事责任能力**，依法应当追究刑事责任的，应当作出**驳回**强制医疗申请的决定，并**退回人民检察院依法处理**。

⊙**【名师点拨】**由于法院遵循“不告不理”原则，对于需要追究刑事责任的，**法院不能直接转为普通程序审理**，而只能退回检察院。只有在检察院向法院提起公诉时，法院才能按普通程序审理案件，依法追究刑事责任。

8. 复议

被决定强制医疗的人、**被害人**及其**法定代理人**、**近亲属**对强制医疗决定不服的，可以自收到决定书第二日起**5日以内向上一级人民法院**申请复议。复议期间不停止执行强制医疗的决定。

⊙**【名师点拨】**根据此规定，有权复议的主体包括以下6类人员：①被决定强制医疗的人；②被决定强制医疗的人的近亲属；③被决定强制医疗的人的法定代理人；④被害人；⑤被害人的近亲属；⑥被害人的法定代理人。

（四）强制医疗决定的执行

1. 人民法院决定强制医疗的，应当在作出决定后5日以内，**向公安机关送达**强制医疗决定书和强制医疗**执行通知书**；

2. 由**公安机关**将被决定强制医疗的人**送交强制医疗**。

(五) 强制医疗的解除

1. *启动*

(1) 建议解除

强制医疗机构应当定期对被强制医疗的人进行诊断评估。对于已不具有人身危险性，不需要继续强制医疗的，应当及时**提出解除意见**，报决定强制医疗的法院批准。

(2) 申请解除

被强制医疗的人及其近亲属有权申请解除强制医疗。被强制医疗的人及其近亲属申请解除强制医疗的，应当向决定强制医疗的人民法院提出。

被强制医疗的人及其近亲属提出的解除强制医疗申请被人民法院驳回，**6 个月后**再次提出申请的，人民法院应当受理。(《刑诉解释》第 645 条)

⊙ **【提示】** 根据此规定，被强制医疗的人及其近亲属**第一次申请解除强制医疗没有时间限制**；但是，申请**被驳回的，必须经过 6** 个月之后才能再次申请。

2. *审查与处理*

(1) 强制医疗机构提出解除强制医疗意见，或者被强制医疗的人及其近亲属申请解除强制医疗的，人民法院应当**组成合议庭**进行审查，并在**1 个月**以内，按照下列情形分别处理：

①被强制医疗的人已不具有人身危险性，**不需要继续强制医疗**的，应当作出**解除**强制医疗的**决定**，并**可责令被强制医疗的人的家属严加看管和医疗**；

②被强制医疗的人仍具有人身危险性，需要继续强制医疗的，应当作出**继续强制医疗**的决定。

对前款规定的案件，必要时，人民法院可以开庭审理，通知人民检察院派员出庭。(《刑诉解释》第 647 条第 1、2 款)

(2) 人民法院应当在作出决定后**5 日以内**，将决定书送达强制医疗机构、申请解除强制医疗的人、被决定强制医疗的人和人民检察院。决定解除强制医疗的，应当通知强制医疗机构在收到决定书的当日解除强制医疗。(《刑诉解释》第 647 条第 3 款)

(六) 检察院对强制医疗的监督

1. 人民检察院认为强制医疗决定或者解除强制医疗决定不当，应在收到决定书后 **20 日以内**提出**书面纠正意见**。

2. 检察院提出**书面纠正意见**的，人民法院应当**另行组成合议庭**审理，并在**1 个月**以内作出决定。

中国政法大学
CHINA UNIVERSITY OF POLITICAL SCIENCE AND LAW

法大法考

2024年国家法律职业资格考试

主观题考点精编

商法（第六册）

法律职业资格考试培训中心（学院）◎编著
梁泽宇◎编写

中国政法大学出版社
2024·北京

图书在版编目（CIP）数据

2024年国家法律职业资格考试主观题考点精编/法律职业资格考试培训中心（学院）编著. —北京：中国政法大学出版社，2024.8

ISBN 978-7-5764-1466-0

Ⅰ.①2… Ⅱ.①法… Ⅲ.①法律工作者－资格考试－中国－自学参考资料 Ⅳ.①D920.4

中国国家版本馆CIP数据核字(2024)第107065号

出 版 者	中国政法大学出版社
地　　址	北京市海淀区西土城路25号
邮寄地址	北京100088信箱8034分箱　邮编100088
网　　址	http://www.cuplpress.com (网络实名：中国政法大学出版社)
电　　话	010-58908285(总编室) 58908433（编辑部）58908334(邮购部)
承　　印	北京鑫海金澳胶印有限公司
开　　本	787mm×1092mm　1/16
印　　张	86.5
字　　数	2000千字
版　　次	2024年8月第1版
印　　次	2024年8月第1次印刷
定　　价	289.00元（全7册）

前 言

PREFACE

自中国政法大学法律职业资格考试中心（原司法考试学院）成立以来，其紧紧围绕建立的宗旨和方针，一方面为我校学生的法考准备与学习提供全方位教学服务；另一方面为校外学员提供高品质的法考培训，使得学员通过率逐年提升。一直以来，我院按照每年的新大纲所涉考点编写相关理论教材、法条解读等资料，对学员的备考复习发挥了重要作用。但是在培训教学过程中，我们也发现学员面对大量的辅导用书，备考重心不明确，复习缺乏体系化和层次性，“眉毛胡子一把抓”，学习效率比较低，将法考辅导用书去繁存简。伴随法考改革将主观题考查作为考生最后通关阶段，我校选拔了一批在法考方面的权威专家和名师成立编委会，精心编写了这本《国家法律职业资格考试主观题考点精编》作为校内学生法考主观题课程教学及对社会培训的专用教材。

《国家法律职业资格考试主观题考点精编》针对主观题考查内容进行编写，紧扣法考大纲，体系完整，重点突出。综合每门学科内容出综合性案例，授课老师会通过对案例的讲解融会贯通每科考点，抓重点、理顺案情脉络，识破题眼，掌握解题方法。案例贴近实践，与指导性案例相结合，考点明确，法律思维清晰，切中考点要害。全书渗透了参编教师多年的教学经验，体现法考规律和应考学科知识的深刻理解与把握，在排版格式上做了匠心独到的设计。本书主要分为三个部分，第一部分：主观题命题形式、命题思路分析、主观题答题策略和技巧等；第二部分：重要知识点归纳；第三部分：论述题模拟案例分析。

我相信，该教材的出版，会对提高考生主观题考场实战能力及未来从事法律工作能力给予有力支持和帮助。在此预祝各位备考考生顺利通关。最后对编写本套教材编委会老师的辛勤付出表示感谢!

编委会成员（按姓氏笔画排序）：方鹏、兰燕卓、叶晓川、刘家安、杨秀清、宋亚伟、肖沛权、贾若山、梁泽宇。

中国政法大学法律职业资格考试中心

2024 年 8 月

目 录

CONTENTS

第一章　历年真题与参考答案

一、2023年真题

（一）真题回放

2022年1月，甲公司（持股53%）、乙公司（持股30%）、洪七公（持股10%）与黄药师（持股7%）共同设立A有限责任公司，注册资本为3000万元。A公司章程规定，洪七公和黄药师两名自然人应在公司设立时缴纳出资，甲公司和乙公司两个法人应当在公司设立后四年内缴纳出资。A公司董事会由王重阳（甲公司委派）、欧阳锋（乙公司委派）、洪七公组成，王重阳任公司董事长、法定代表人。

2022年3月，公司召开股东会，会上甲公司、乙公司和洪七公皆投票赞成股东五年内不能对外转让股权，黄药师投了反对票。A公司据此变更章程，规定股东在五年内不得对外转让股权。2022年5月，黄药师欲对外转让股权，于是他伪造股东会决议、其他股东放弃优先购买权声明书等材料，并隐瞒公司章程变更事实，将股权转让给不知情的段智兴。段智兴遂请求A公司配合变更股东登记，A公司以不知情为由拒绝。

A公司全体股东于2022年2月通过股东会决议，公司对外担保超过50万元的，需经股东会决议。2022年7月，王重阳代表A公司对外担保B公司对C公司的债权，担保金额为60万元。B公司和C公司对前述A公司股东会决议均不知情，且王重阳向B公司出示了由三名董事签字的董事会决议。

2022年9月1日，王重阳以身体不适为由向A公司递交书面辞呈，辞去董事和法定代表人职务，第二天，王重阳就不再到公司上班。对此，公司一直未作答复，也未选任新的董事和法定代表人。2022年9月28日，王重阳了解到D公司生产一种A公司急需的原材料，遂以A公司法定代表人的身份与D公司签订了800万的买卖合同。

根据以上材料回答下列问题：

1. 股权买受人段智兴能否善意取得？(3分)

2. 王重阳代表A公司对外担保B公司对C公司的债权，担保金额为60万元，未经股东会决议是否有效？(5分)

3. 股权买受人段智兴可否直接主张股权变更登记？(3分)

4. 关于五年内不能对外转让股权的决议，黄药师投了反对票，该决议是否对其生效？(4分)

5. 王重阳辞去法定代表人职务是否有效？(5分)

6. 王重阳与D公司签订的买卖合同是否有效？(3分)

7. D公司起诉A公司，要求支付800万债务，并且已经胜诉。D公司可否请求甲

公司的未到期出资加速到期?(4分)

(二)参考答案与解读

1. 股权买受人段智兴不能善意取得股权。(1分)善意取得制度的前提为处分人构成无权处分,本题中黄药师虽然侵犯了其他股东的优先购买权,但由于黄药师转让的是自己所持有的股权,对该笔股权享有处分权,因此其处分行为仍为有权处分。故而段智兴不能善意取得股权。(2分)

【解读】本考点是常见考点,考查考生对善意取得前提的掌握。善意取得的前提是处分人无权处分,若是有权处分,则不构成善意取得。

2. 有效。(1分)首先,A公司股东会决议规定,公司对外担保超过50万元的,需经股东会决议,王重阳未经股东会决议便对外签订担保合同,属于越权担保行为。(1分)其次,(根据《民法典》第504条、《九民纪要》第17条、《担保制度解释》第7条)法定代表人未经授权擅自为他人提供担保的,构成越权代表,人民法院应当区分订立合同时债权人是否善意分别认定合同效力:债权人善意的,合同有效;反之,合同无效。因此解答本题的关键在于B公司是否善意。(1分)最后,(根据《九民纪要》第18条,前条所称的善意,是指债权人不知道或者不应当知道法定代表人超越权限订立担保合同)B公司构成善意。这是因为:第一,在非关联担保的情形下,债权人对公司董事会决议或股东会决议同意决议的人数及签字人员符合公司章程的规定,就应当认定其构成善意。第二,“法人章程或者法人权力机构对法定代表人代表权的限制,不得对抗善意相对人”,因此虽然公司内部约定担保金额超过60万元应当经过股东会决议,但是债权人只审查了董事会决议依然不影响其构成善意。(2分)

【解读】本题考查非关联担保情形下债权人善意的认定,属于常见考点。公司对外担保连续多年成为考点,考生应当对此有着完全掌握。

3. 不可以。(1分)(《公司法解释四》第21条)有限责任公司的股东向股东以外的人转让股权,未就其股权转让事项征求其他股东意见,或者以欺诈、恶意串通等手段,损害其他股东优先购买权,其他股东主张按照同等条件购买该转让股权的,人民法院应当予以支持。黄药师的行为侵犯了其他股东的优先购买权,其他股东有权请求救济,有权行使优先购买权。(1分)此时,如果允许段智兴直接变更股权登记的请求,会侵犯其他股东的优先购买权。(1分)因此股权买受人段智兴不得直接主张股权变更登记。

【解读】本题考查侵犯股东优先购买权。同时要注意与新《公司法》新增考点的区别。如果段智兴受让股权的过程完全符合公司法规定,则段智兴有权请求公司变更股东名册、出具出资证明书、办理股东变更登记。

4. 有效。(1分)第一,(《公司法》第84条第3款)公司章程对股权转让另有规定的,从其规定。故而,公司章程可以对股权转让作出规定。(1分)第二,公司表决采取资本多数决,股东会修改公司章程应当获得代表三分之二以上表决权的股东通过。A公司修改章程的表决权达到93%(只有7%不赞同),超过了修改章程所要求的三分之二表决权。因此 A 公司修改章程的行为有效。(1 分) 第三，公司章程对股东具有约束力。(1 分) 综上，虽然黄药师投了反对票，不过由于修改章程的股东会决议合法有效，因而对黄药师亦有约束力。

【解读】本题考查的是章程的修改和章程的约束范围。可能有观点认为，章程对股东股权转让的限制严重侵犯了股东的固有权（转让股权的权利）。这种观点有些偏颇，本题中章程不是完全剥夺股东转让股权的权利，而是对该权利进行了合理限制（实务中 5 年的禁售期不算过分)，因此章程是有效的。

5. 无效。(1 分) 第一，(《公司法》第 70 条第 3 款) 董事可以无理由辞去其职务。(1 分) 第二，(《公司法》第 70 条第 2、3 款) 但董事在任期内辞任导致董事会成员低于法定人数的，在改选出的董事就任前，原董事仍应当依照法律、行政法规和公司章程的规定，履行董事职务。(《公司法》第 68 条) 有限公司的董事会人数在三人以上。因此，王重阳辞任将导致 A 公司董事会成员低于法定人数，在 A 公司改选出的董事就任前，王重阳仍应当履行董事职务。(2 分) 第三，(《公司法》第 10 条第 2 款) 担任法定代表人的董事或者经理辞任的，视为同时辞去法定代表人。由于王重阳尚未卸任董事职务，因此也未卸任法定代表人职务。(1 分)

【解读】本题答案因《公司法》修订而作出修改。本题考查的点有三个：一是董事可以无理由辞职，也可以被无理由辞退，其原因就在于董事与公司是委任关系，参照适用委托合同的规定，双方皆享有任意解除权。二是留守董事制度，即董事在任期内辞任导致董事会成员低于法定人数的，在改选出的董事就任前，原董事仍应当留守。三是兼任法定代表人的董事、经理辞职的，同时视为辞去法定代表人。同理，如果该董事留守的，原则上也留守法定代表人。

6. 有效。(1 分) 因王重阳仍然为公司之法定代表人，其以公司名义所作的行为，效果直接归属于公司。(2 分)

【解读】本题答案因《公司法》修订而作出修改。本题可以作出变形：若王重阳已经卸任法定代表人，但公司尚未变更法定代表人登记的，该合同是否有效？答案为有效，原因是（《公司法》第 34 条第 2 款）公司登记事项未经登记或者未经变更登记，不得对抗善意相对人。法定代表人为公司登记事项，王重阳虽然卸任法定代表人，但是未经变更登记，故而善意的 D 公司与之缔结合同，可以约束 A 公司。

7. D 公司可以请求甲公司的未到期出资加速到期。(1 分) (《公司法》第 54 条) 公司不能清偿到期债务的，公司或者已到期债权的债权人有权要求已认缴出资但未届出资期限的股东提前缴纳出资。本题中，A 公司已经不能清偿 D 公司到期债务，故而 D 公司有权请求甲公司未到期出资加速到期。

【解读】本题答案因《公司法》修订而作出修改。考生们应当掌握，加速到期的条件已经被新《公司法》大幅放宽，只需要公司不能清偿到期债务，公司和债权人就有权请求加速到期。

（三）关联法条

1.《民法典》第三百一十一条　无处分权人将不动产或者动产转让给受让人的，所有权人有权追回；除法律另有规定外，符合下列情形的，受让人取得该不动产或者动产的所有权：

（一）受让人受让该不动产或者动产时是善意；

（二）以合理的价格转让；

（三）转让的不动产或者动产依照法律规定应当登记的已经登记，不需要登记的已经交付给受让人。

受让人依据前款规定取得不动产或者动产的所有权的，原所有权人有权向无处分权人请求损害赔偿。

当事人善意取得其他物权的，参照适用前两款规定。

2.《担保制度解释》第七条　公司的法定代表人违反公司法关于公司对外担保决议程序的规定，超越权限代表公司与相对人订立担保合同，人民法院应当依照民法典第六十一条和第五百零四条等规定处理：

（一）相对人善意的，担保合同对公司发生效力；相对人请求公司承担担保责任的，人民法院应予支持。

（二）相对人非善意的，担保合同对公司不发生效力；相对人请求公司承担赔偿责任的，参照适用本解释第十七条的有关规定。

法定代表人超越权限提供担保造成公司损失，公司请求法定代表人承担赔偿责任的，人民法院应予支持。

第一款所称善意，是指相对人在订立担保合同时不知道且不应当知道法定代表人超越权限。相对人有证据证明已对公司决议进行了合理审查，人民法院应当认定其构成善意，但是公司有证据证明相对人知道或者应当知道决议系伪造、变造的除外。

3.《九民纪要》第 18 条【善意的认定】　前条所称的善意，是指债权人不知道或者不应当知道法定代表人超越权限订立担保合同。《公司法》第 16 条（现为第 15 条）对关联担保和非关联担保的决议机关作出了区别规定，相应地，在善意的判断标准上也应当有所区别。一种情形是，为公司股东或者实际控制人提供关联担保，《公司法》第 16 条（现为第 15 条）条明确规定必须由股东会决议，未经股东会决议，构成越权代表。在此情况下，债权人主张担保合同有效，应当提供证据证明其在订立合同时对股东会决议进行了审查，决议的表决程序符合《公司法》第 16 条（现为第 15 条）的规定，即在排除被担保股东表决权的情况下，该项表决由出席会议的其他股东所持表决权的过半数通过，签字人员也符合公司章程的规定。另一种情形是，公司为公司股东或者实际控制人以外的人提供非关联担保，根据《公司法》第 16 条（现为第 15 条）的规定，此时由公司章程规定是由董事会决议还是股东会决议。无论章程是否对决议机关作出规定，也无论章程规定决议机关为董事会还是股东会，根据《民法典》第 61 条第 3 款关于“法人章程或者法人权力机构对法定代表人代表权的限制，不得对抗善意相对人”的规定，只要债权人能够证明其在订立担保合同时对董事会决议或者股东会决议进行了审查，同意决议的人数及签字人员符合公司章程的规定，就应当认定其构成善意，但公司能够证明债权人明知公司章程对决议机关有明确规定的除外。

债权人对公司机关决议内容的审查一般限于形式审查，只要求尽到必要的注意义务即可，标准不宜太过严苛。公司以机关决议系法定代表人伪造或者变造、决议程序违法、签章（名）不实、担保金额超过法定限额等事由抗辩债权人非善意的，人民法院一般不予支持。但是，公司有证据证明债权人明知决议系伪造或者变造的除外。

4.《公司法解释》四第二十一条　有限责任公司的股东向股东以外的人转让股权，未就其股权转让事项征求其他股东意见，或者以欺诈、恶意串通等手段，损害其他股东优先购买权，其他股东主张按照同等条件购买该转让股权的，人民法院应当予以支持，但其他股东自知道或者应当知道行使优先购买权的同等条件之日起三十日内没有主张，或者自股权变更登记之日起超过一年的除外。

前款规定的其他股东仅提出确认股权转让合同及股权变动效力等请求，未同时主张按照同等条件购买转让股权的，人民法院不予支持，但其他股东非因自身原因导致无法行使优先购买权，请求损害赔偿的除外。

股东以外的股权受让人，因股东行使优先购买权而不能实现合同目的的，可以依法请求转让股东承担相应民事责任。

5.《公司法》第五条　设立公司应当依法制定公司章程。公司章程对公司、股东、董事、监事、高级管理人员具有约束力。

6.《公司法》第十条　公司的法定代表人按照公司章程的规定，由代表公司执行公司事务的董事或者经理担任。

担任法定代表人的董事或者经理辞任的，视为同时辞去法定代表人。

法定代表人辞任的，公司应当在法定代表人辞任之日起三十日内确定新的法定代表人。

7.《公司法》第十一条　法定代表人以公司名义从事的民事活动，其法律后果由公司承受。

公司章程或者股东会对法定代表人职权的限制，不得对抗善意相对人。

法定代表人因执行职务造成他人损害的，由公司承担民事责任。公司承担民事责任后，依照法律或者公司章程的规定，可以向有过错的法定代表人追偿。

8.《公司法》第三十四条　公司登记事项发生变更的，应当依法办理变更登记。

公司登记事项未经登记或者未经变更登记，不得对抗善意相对人。

9.《公司法》第五十四条　公司不能清偿到期债务的，公司或者已到期债权的债权人有权要求已认缴出资但未届出资期限的股东提前缴纳出资。

10.《公司法》第六十六条　股东会的议事方式和表决程序，除本法有规定的外，由公司章程规定。

股东会作出决议，应当经代表过半数表决权的股东通过。

股东会作出修改公司章程、增加或者减少注册资本的决议，以及公司合并、分立、解散或者变更公司形式的决议，应当经代表三分之二以上表决权的股东通过。

11.《公司法》第六十八条　有限责任公司董事会成员为三人以上，其成员中可以有公司职工代表。职工人数三百人以上的有限责任公司，除依法设监事会并有公司职工代表的外，其董事会成员中应当有公司职工代表。董事会中的职工代表由公司职工通过职工代表大会、职工大会或者其他形式民主选举产生。

董事会设董事长一人，可以设副董事长。董事长、副董事长的产生办法由公司章程规定。

12.《公司法》第七十条　董事任期由公司章程规定，但每届任期不得超过三年。董事任期届满，连选可以连任。

董事任期届满未及时改选，或者董事在任期内辞任导致董事会成员低于法定人数的，在改选出的董事就任前，原董事仍应当依照法律、行政法规和公司章程的规定，履行董事职务。

董事辞任的，应当以书面形式通知公司，公司收到通知之日辞任生效，但存在前款规定情形的，董事应当继续履行职务。

13.《公司法》第八十四条　有限责任公司的股东之间可以相互转让其全部或者部分股权。

股东向股东以外的人转让股权的，应当将股权转让的数量、价格、支付方式和期限等事项书面通知其他股东，其他股东在同等条件下有优先购买权。股东自接到书面通知之日起三十日内未答复的，视为放弃优先购买权。两个以上股东行使优先购买权的，协商确定各自的购买比例；协商不成的，按照转让时各自的出资比例行使优先购买权。

公司章程对股权转让另有规定的，从其规定。

14.《公司法》第八十六条　股东转让股权的，应当书面通知公司，请求变更股东名册；需要办理变更登记的，并请求公司向公司登记机关办理变更登记。公司拒绝或者在合理期限内不予答复的，转让人、受让人可以依法向人民法院提起诉讼。

股权转让的，受让人自记载于股东名册时起可以向公司主张行使股东权利。

二、2022年真题

（一）真题回放

甲有限责任公司成立于2015年6月，主要从事软件开发，股东分别为A、B、C、D、E，各股东的持股比例依次为55%、26%、11%、5%、3%，公司董事长兼法定代表人为A。甲公司运行良好，产品开发也很成功。公司成立后一直未对股东分红。对此，E一直很有意见，遂打算将其股权转让给经营相同业务的乙公司，并与乙公司进行了初步洽谈。为便于其股权估价，2019年5月，E向A提出查账要求，要求查阅甲公司成立后所有的会计账簿。A得知E转让股权意图后，认为E的目的不正当、拒绝其查阅要求。

2019年12月，A为担保其对丙公司所负2年期借款债务的履行，将其所持甲公司27%的股权，转让给丙公司，并约定在A到期不偿还借款本息时，丙公司有权以该股权优先受偿。但在双方达成约定后，A并未为丙公司在甲公司登记中办理相应的股东登记。

2020年3月，A在甲公司股东会上作了两项提议。提案一：A、B、C、D、E五人在甲公司之外，再行设立“丁合伙企业（有限合伙）”，A为普通合伙人，其余均为有限合伙人；提案二：A对丁合伙企业的出资，为其所持甲公司54%的股权；其余各合伙人的出资，为各自所持甲公司的全部股权。就该两项提议除E表示强烈反对外，其余股东均表示赞同，遂形成相应的股东会决议。

2020年5月，丁合伙企业成立，合伙人分别为A、B、C、D；甲公司股东相应变更为A、E与丁合伙企业。持股比例分别为1%、3%与96%；公司法定代表人仍为A。

2022年初，A无法清偿对丙公司的本息债务，丙公司遂就丁合伙企业所持甲公司27%的股权主张优先受偿。

根据以上材料回答下列问题：

1. A拒绝E的查阅请求是否合法？请说明理由。(6分)

2. A与丙公司之间达成的约定是否有效？请说明理由。(4分)

3. 甲公司2020年3月形成的设立丁合伙企业的股东会决议（对提案一的决议），是否有效？请说明理由。(4分)

4. 甲公司2020年3月形成的将其股东股权转入丁合伙企业的股东会决议（对提案二的决议），是否有效？请说明理由。(4分)

5. 对甲公司股东会决议持反对意见的E，能否向甲公司主张股权回购请求权？请说明理由。(6分)

6. 丙公司的优先受偿请求是否合理？请说明理由。(4分)

（二）参考答案与解读

1. 不合法。(1分) 公司有合理根据认为股东查阅会计账簿、会计凭证有不正当目的，可能损害公司合法利益的，可以拒绝提供查阅。(1分)（《公司法解释四》第8条）股东的不正当目的有：（一）股东自营或者为他人经营与公司主营业务有实质性竞争关系业务的，但公司章程另有规定或者全体股东另有约定的除外；（二）股东为了向他人通报有关信息查阅公司会计账簿，可能损害公司合法利益的；（三）股东在向公司提出查阅请求之日前的三年内，曾通过查阅公司会计账簿，向他人通报有关信息损害公司合法利益的；（四）股东有不正当目的的其他情形。(4分) 题设中，E为了对股权估价，不属于以上四种情形，因此不具有“不正当目的”，公司不得拒绝提供查阅。

【解读】本题考查的是查阅会计账簿、会计凭证的条件，这是法考的高频考点。本题要注意的是，股东与公司具有竞争关系的，属于“不正当目的”，但是股东要把股权卖给与公司具有竞争关系的公司，不属于“不正当目的”。此外，新《公司法》相比于2018年《公司法》增加了股东查阅敏感资料的范围，明确会计凭证可以成为查阅的对象。

2. 有效。(1分)(《担保制度解释》第68条规定)债务人或者第三人与债权人约定将财产形式上转移至债权人名下，债务人不履行到期债务，债权人有权对财产折价或者以拍卖、变卖该财产所得价款偿还债务的，人民法院应当认定该约定有效。题设中，A与丙公司约定将股权形式上转移至丙公司名下，A不履行到期债务，丙公司有权就股权优先受偿，该约定有效。(3分)

【解读】《担保制度解释》于2020年底出台，2021-2023年都成为高频考点，体现新法必考的特点，结合第6小问，考查得比较细致，有一定难度。因此考生必须将新法吃透。

3. 无效。(1分)A、B、C、D、E五人在甲公司之外，再行设立合伙企业，不是甲公司的投资行为，因此不属于甲公司的事务，进而不属于甲公司股东会的职权。因此该项决议由于违反了对股东会职权的法律规定，构成无效。(3分)(进一步地，若认为该次决议仅是披着决议外衣的协议，则该次协议不成立。因为该协议应当获得A、B、C、D、E五人的一致同意方才成立，由于E不同意，故而该协议不成立。)

【解读】本小题考查的是股东会职权范围，股东会不能对股东会职权之外的事项作出决议，即便作出了该项决议也属无效。例如，股东会不能就“将周一、周二调整为双休日”进行表决。

4. 无效。(1分)A、B、C、D以甲公司股权为出资设立丁合伙企业，本质上是A、B、C、D向丁转让股权。股东转让股权属于股东意思自治的范畴(但股东对外转让股权的，应受其他股东优先购买权的限制)，不属于股东会决议的范畴。因此，该项决议由于违反了对股东会职权的法律规定，构成无效。(3分)

【解读】本小题考查的内容与前小题一致。注意本题的变形：若A、B、C、D签订合伙协议以甲公司股权为出资设立丁合伙企业，则合伙协议是否有效，E是否有优先购买权？答案是合伙协议有效，且E仍然享有优先购买权。E若行使了优先购买权，造成的后果是合伙协议虽然有效，但是无法履行。

5. 不能。(1分)(《公司法》第89条)股东在以下几种情况下享有请求公司按照合理的价格收购其股权的权利：一是公司连续五年不向股东分配利润，而公司该五年连续盈利，并且符合本法规定的分配利润条件，对此股东投反对票的；二是公司合并、分立、转让主要财产，对此股东投反对票的；三是公司章程规定的营业期限届满或者章程规定的其他解散事由出现，股东会通过决议修改章程使公司存续，对此股东投反对票的；四是公司的控股股东滥用股东权利，严重损害公司或者其他股东利益的。本题中，E的情形显然不属于第一、二、三种。E的情形也不属于第四种，因为A、B、C、D四人设立丁合伙企业作为持股平台，本身不属于滥用股东权利，未损害公司或者E的利益。(5分)

【解读】本小题因为新《公司法》的通过而部分修正了答案。本题考查的是股东回购请求权，若考生能精准定位法条，则本题不难回答。应当予以注意的是，新《公司法》新增了一种股东回购请求权的情形，即公司的控股股东滥用股东权利，严重损害公司或者其他股东利益的。考生应当对新考点予以重视。

6. 不合理。（1 分）丙公司享有优先受偿权的基础为丙公司就该笔股权享有质权，以股权出质的，质权自办理出质登记时设立（《民法典》第 443 条第 1 款）。本题中，丙公司与 A 并未办理股权出质登记，因此丙公司不得就该笔股权享有优先受偿权。（3 分）亦可以根据担保制度解释第 68 条第 2 款作答：债务人或者第三人与债权人约定将财产形式上转移至债权人名下，债务人不履行到期债务，财产归债权人所有的，人民法院应当认定该约定无效，但是不影响当事人有关提供担保的意思表示的效力。当事人已经完成财产权利变动的公示，债务人不履行到期债务，债权人请求对该财产享有所有权的，人民法院不予支持；债权人请求参照民法典关于担保物权的规定对财产折价或者以拍卖、变卖该财产所得的价款优先受偿的，人民法院应予支持；债务人履行债务后请求返还财产，或者请求对财产折价或者以拍卖、变卖所得的价款清偿债务的，人民法院应予支持。本题中，丙公司没有完成财产权利变动的公示，因此丙公司不得享有优先受偿权。（3 分）

【解读】本小题具有一定的迷惑性，应当与第 2 小题作出区分。第 2 小题问的是，丙公司与 A 的约定是否有效，本质上是问质押合同是否有效，合同由于不存在无效的事由，因此是有效的。本题问的是丙公司是否取得质权，质权是物权，质押合同是债权，债权有效不代表质权有效。本题中由于股权出质未登记，故而质权未设立，丙公司不享有优先受偿权。

（三）关联法条

1.《公司法解释四》第八条　有限责任公司有证据证明股东存在下列情形之一的，人民法院应当认定股东有公司法第三十三条（现为第五十七条）第二款规定的“不正当目的”：

（一）股东自营或者为他人经营与公司主营业务有实质性竞争关系业务的，但公司章程另有规定或者全体股东另有约定的除外；

（二）股东为了向他人通报有关信息查阅公司会计账簿，可能损害公司合法利益的；

（三）股东在向公司提出查阅请求之日前的三年内，曾通过查阅公司会计账簿，向他人通报有关信息损害公司合法利益的；

（四）股东有不正当目的的其他情形。

2.《担保制度解释》第六十八条　债务人或者第三人与债权人约定将财产形式上转移至债权人名下，债务人不履行到期债务，债权人有权对财产折价或者以拍卖、变卖该财产所得价款偿还债务的，人民法院应当认定该约定有效。当事人已经完成财产权利变动的公示，债务人不履行到期债务，债权人请求参照民法典关于担保物权的有关规定就该财产优先受偿的，人民法院应予支持。

债务人或者第三人与债权人约定将财产形式上转移至债权人名下，债务人不履行到期债务，财产归债权人所有的，人民法院应当认定该约定无效，但是不影响当事人有关提供担保的意思表示的效力。当事人已经完成财产权利变动的公示，债务人不履行到期债务，债权人请求对该财产享有所有权的，人民法院不予支持；债权人请求参照民法典关于担保物权的规定对财产折价或者以拍卖、变卖该财产所得的价款优先受偿的，人民法院应予支持；债务人履行债务后请求返还财产，或者请求对财产折价或者以拍卖、变卖所得的价款清偿债务的，人民法院应予支持。

债务人与债权人约定将财产转移至债权人名下，在一定期间后再由债务人或者其指定的第三人以交易本金加上溢价款回购，债务人到期不履行回购义务，财产归债权人所有的，人民法院应当参照第二款规定处理。回购对象自始不存在的，人民法院应当依照民法典第一百四十六条第二款的规定，按照其实际构成的法律关系处理。

3.《公司法》第二十五条　公司股东会、董事会的决议内容违反法律、行政法规的无效。

4.《公司法》第五十九条　股东会行使下列职权：

（一）选举和更换董事、监事，决定有关董事、监事的报酬事项；

（二）审议批准董事会的报告；

（三）审议批准监事会的报告；

（四）审议批准公司的利润分配方案和弥补亏损方案；

（五）对公司增加或者减少注册资本作出决议；

（六）对发行公司债券作出决议；

（七）对公司合并、分立、解散、清算或者变更公司形式作出决议；

（八）修改公司章程；

（九）公司章程规定的其他职权。

股东会可以授权董事会对发行公司债券作出决议。

对本条第一款所列事项股东以书面形式一致表示同意的，可以不召开股东会会议，直接作出决定，并由全体股东在决定文件上签名或者盖章。

5.《公司法》第八十九条　有下列情形之一的，对股东会该项决议投反对票的股东可以请求公司按照合理的价格收购其股权：

（一）公司连续五年不向股东分配利润，而公司该五年连续盈利，并且符合本法规定的分配利润条件；

（二）公司合并、分立、转让主要财产；

（三）公司章程规定的营业期限届满或者章程规定的其他解散事由出现，股东会通过决议修改章程使公司存续。

自股东会决议作出之日起六十日内，股东与公司不能达成股权收购协议的，股东可以自股东会决议作出之日起九十日内向人民法院提起诉讼。

公司的控股股东滥用股东权利，严重损害公司或者其他股东利益的，其他股东有权请求公司按照合理的价格收购其股权。

公司因本条第一款、第三款规定的情形收购的本公司股权，应当在六个月内依法转让或者注销。

6.《民法典》第四百四十三条 以基金份额、股权出质的，质权自办理出质登记时设立。

基金份额、股权出质后，不得转让，但是出质人与质权人协商同意的除外。出质人转让基金份额、股权所得的价款，应当向质权人提前清偿债务或者提存。

三、2021年真题

（一）真题回放

2018年，A、B、C、D、E五个公司共同出资设立甲公司，章程规定B、C、D公司各自派员出任董事会成员，公司法定代表人由E公司所委派的董事会成员担任。E公司遂派遣本公司法定代表人张三，兼任甲公司董事，并成为甲公司法定代表人。A公司在甲公司设立时一次性履行完毕出资义务；B、C、D三家公司设立时仅出资50%，剩余50%在五年内缴纳完毕；E公司以自有房屋（评估作价300万元）进行出资，剩余出资在八年内缴纳完毕。

公司成立后，B公司为了担保对债权人李四的债务把其持有的甲公司股权转让给了李四，并进行了股东名册的变更和工商变更登记。此外，双方同时约定若债权到期无法清偿，该股权归债权人李四所有。

2019年8月，甲公司经张三的提议，就王五担任公司总经理与法定代表人一事召开股东会会议，经合计持有半数表决权的股东通过。

甲公司成立以来，经营状况良好，为回报股东长期以来对公司的支持，遂决定向股东分红。因公司章程对如何进行分红没有约定，股东会就分红方案按照实缴还是认缴比例表决无法达成一致，该事项遂被搁置。

2020年12月，因王五无力调和股东之间的矛盾，甲公司遂通过董事会决议解除了王五的总经理职务，王五对该解聘决议表示不服。

此外，经查，E公司用于出资的房屋实际上系马六所有，但由于登记错误登记在了E公司名下，E公司法定代表人张三对此知情。

根据以上材料回答下列问题：

1. 甲公司能否取得E公司出资的房屋？

2. 对于分红事宜的表决，究竟该按照实缴出资比例还是按照认缴出资比例，为什么？

3. B公司和李四之间的合同效力如何？

4. 王五担任总经理和法定代表人的决议是否生效？

5. B公司为了提供担保而将股权转让给李四，其他股东是否享有优先购买权？

6. 董事会决定解聘王五的决议是否有效？

（二）参考答案与解读

1. 不能。（《公司法解释三》第7条第1款）出资人以不享有处分权的财产出资的，当事人之间对出资行为效力产生争议的，可以参照善意取得的规定进行认定。（《民法典》第311条）善意取得的构成要件为包括无权处分、相对人善意等。本案中，E公司用以出资的房屋实际上系马六所有，其出资行为构成无权处分。由于张三任甲公司法定代表人，因此张三之情可以推定甲公司知情，故而甲公司不符合相对人善意的要件。综上，甲公司不能基于善意取得房屋。

【解读】善意取得制度是民商法主观题考查的高频考点。本题侧重于考查在出资人以不享有处分权的财产出资时，如何认定公司的善意。由于出资相当转让，所以公司欲取得出资的财产，主观上应当具有善意，而公司是否具有善意，又取决于公司的核心人员（比如公司的法定代表人、董事、经理、设立时的负责人等）是否知情。

2. 应按照认缴出资比例进行表决。（《公司法》第65条）股东会会议由股东按照出资比例行使表决权；但是，公司章程另有规定的除外。本处的“按照出资比例”，应当解释为“按照认缴出资比例”。（《九民纪要》第7条　股东认缴的出资未届履行期限，对未缴纳部分的出资是否享有以及如何行使表决权等问题，应当根据公司章程来确定。公司章程没有规定的，应当按照认缴出资的比例确定。如果股东会作出不按认缴出资比例而按实际出资比例或者其他标准确定表决权的决议，股东请求确认决议无效的，人民法院应当审查该决议是否符合修改公司章程所要求的表决程序，即必须经代表三分之二以上表决权的股东通过。符合的，人民法院不予支持；反之，则依法予以支持。）又由于股东会没有就表决比例通过三分之二以上同意的决议，故而应当按照认缴出资的比例确定表决权比例。

【解读】本题考查的是表决比例。考生应当作出区分：一是表决权的比例原则上是按照认缴比例进行的，除非公司修改章程（这也就意味着表决权比例应当超过三分之二）；二是收益权性质的行权比例为实缴比例，比如说分红权、新股优先认购权、剩余财产分配权等都是按照实缴比例进行。除此之外，本题考生们还要注重审题。本题考查的不是分红的比例，而是决定分红的表决权的比例，本质上问的就是表决权比例而非分红比例。

3. 双方关于若债权到期无法清偿，该股权归债权人李四所有的约定无效，但是不影响当事人有关提供担保的意思表示的效力（或答转让效力无效，担保效力有效）。（《担保制度解释》第68条第2款）债务人或者第三人与债权人约定将财产形式上转移至债权人名下，债务人不履行到期债务，财产归债权人所有的，人民法院应当认定该约定无效，但是不影响当事人有关提供担保的意思表示的效力。本案中，B公司为了担保对债权人李四的债务将其股权转让给李四，双方约定若债权到期无法清偿，该股权归债权人李四所有的约定无效，但不影响B公司以股权为李四债权提供担保的意思表示的效力。

【解读】本题考的是《担保制度解释》，该解释于2020年底出台，2021年1月1日生效，连续多年持续成为考点，考生应当予以重点掌握。

4.（1）王五担任总经理的股东会决议无效。(《公司法》第74条第1款）决定聘任或者解聘公司经理属于董事会的职权范畴。股东会不能侵夺董事会的法定职权。由于股东会决议的内容违反了法律的规定，因而无效。

（2）王五担任法定代表人的股东会决议不成立。本案中，甲公司的公司章程已明确规定，公司法定代表人由E公司所委派的董事会成员担任。现甲公司拟通过股东会决议将法定代表人更换为王五，实质上就是对公司章程中关于法定代表人的产生、变更方法的修改（《公司法》第46条），因此必须经过修改章程的程序，即由代表三分之二以上表决权的股东通过（《公司法》第66条）。由于在本题中，仅有合计持有半数表决权的股东通过，没有达到三分之二以上，因此股东会决议没有通过，属于不成立的股东会决议（《公司法》第27条）。

【解读】本题是对股东会、董事会职权以及决议性质的联动考查。考生首先需要掌握：任免董事是股东会职权，任免经理是董事会职权，二者不可相互替代。其次考生需要掌握决议不成立、可撤销以及无效的分野。对于第一个小问，由于股东会越权，因此决议无效。对于第二个小问，由于表决需要三分之二以上通过，故而即便取得了过半数同意，表决也因为赞成数未达到法定比例而未通过（不成立），这一点的考查具有深度，有一定难度。

这里要额外说一句，“甲公司经张三的提议”召开股东会，属于语焉不详，有两种解释。一种解释是张三提议直接导致股东会召开，那么股东会召开不合法，因为股东会需要由董事会召集；另一种解释是，张三提议召开，而后公司内部走了合法的程序，而后才召开股东会，那么股东会召集自然是合法的。从上下文看以及设问的情况看，本题应采第二种解释。当然，如果考生时间充足，在考场上出于以防万一的考虑，可以将召集程序不合法进而导致决议可撤销一项也写上。多写并不扣分。

5. 不享有优先购买权。优先购买权的前提条件是股东对外转让股权。本题中，B公司形式上将股权转让给李四，但是该股权转让行为无效，仅具有担保的效力，因此李四不是公司的股东，B公司仍然是公司的股东。故而，由于不存在股东对外转让股权，也就不存在优先购买权的行使问题。

【解读】本题与第3小题本质上考查的是同一个内容，即要求考生掌握让与担保不是让与而是担保的本质。由于让与担保不是让与，不是股权转让，自然其他股东也就没有优先购买权。

6. 有效。(《公司法》第74条第1款）董事会有权无理由解聘经理。经理与公司的关系类似于董事与公司的关系，但属于委任关系，参照适用委托关系的规则。公司享有无条件解除董事、经理职务的权利。

【解读】本题的解答需要一定的推理能力。股东会可以无理由解除董事，这一点是很明确的，董事会是否可以无理由解除经理，这在法律上并没有明确规定，需要考生根据法理作出推理。

（三）关联法条

1.《公司法解释三》第七条　出资人以不享有处分权的财产出资，当事人之间对于出资行为效力产生争议的，人民法院可以参照民法典第三百一十一条的规定予以认定。

以贪污、受贿、侵占、挪用等违法犯罪所得的货币出资后取得股权的，对违法犯罪行为予以追究、处罚时，应当采取拍卖或者变卖的方式处置其股权。

2.《民法典》第三百一十一条　无处分权人将不动产或者动产转让给受让人的，所有权人有权追回；除法律另有规定外，符合下列情形的，受让人取得该不动产或者动产的所有权：

（一）受让人受让该不动产或者动产时是善意；

（二）以合理的价格转让；

（三）转让的不动产或者动产依照法律规定应当登记的已经登记，不需要登记的已经交付给受让人。

受让人依据前款规定取得不动产或者动产的所有权的，原所有权人有权向无处分权人请求损害赔偿。

当事人善意取得其他物权的，参照适用前两款规定。

3.《担保制度解释》第六十八条　债务人或者第三人与债权人约定将财产形式上转移至债权人名下，债务人不履行到期债务，债权人有权对财产折价或者以拍卖、变卖该财产所得价款偿还债务的，人民法院应当认定该约定有效。当事人已经完成财产权利变动的公示，债务人不履行到期债务，债权人请求参照民法典关于担保物权的有关规定就该财产优先受偿的，人民法院应予支持。

债务人或者第三人与债权人约定将财产形式上转移至债权人名下，债务人不履行到期债务，财产归债权人所有的，人民法院应当认定该约定无效，但是不影响当事人有关提供担保的意思表示的效力。当事人已经完成财产权利变动的公示，债务人不履行到期债务，债权人请求对该财产享有所有权的，人民法院不予支持；债权人请求参照民法典关于担保物权的规定对财产折价或者以拍卖、变卖该财产所得的价款优先受偿的，人民法院应予支持；债务人履行债务后请求返还财产，或者请求对财产折价或者以拍卖、变卖所得的价款清偿债务的，人民法院应予支持。

债务人与债权人约定将财产转移至债权人名下，在一定期间后再由债务人或者其指定的第三人以交易本金加上溢价款回购，债务人到期不履行回购义务，财产归债权人所有的，人民法院应当参照第二款规定处理。回购对象自始不存在的，人民法院应当依照民法典第一百四十六条第二款的规定，按照其实际构成的法律关系处理。

4.《公司法》第二十五条　公司股东会、董事会的决议内容违反法律、行政法规的无效。

5.《公司法》第二十七条　有下列情形之一的，公司股东会、董事会的决议不成立：

（一）未召开股东会、董事会会议作出决议；

（二）股东会、董事会会议未对决议事项进行表决；

（三）出席会议的人数或者所持表决权数未达到本法或者公司章程规定的人数或者所持表决权数；

（四）同意决议事项的人数或者所持表决权数未达到本法或者公司章程规定的人数或者所持表决权数。

6.《公司法》第四十六条　有限责任公司章程应当载明下列事项：

（一）公司名称和住所；

（二）公司经营范围；

（三）公司注册资本；

（四）股东的姓名或者名称；

（五）股东的出资额、出资方式和出资日期；

（六）公司的机构及其产生办法、职权、议事规则；

（七）公司法定代表人的产生、变更办法；

（八）股东会认为需要规定的其他事项。

股东应当在公司章程上签名或者盖章。

7.《公司法》第六十五条　股东会会议由股东按照出资比例行使表决权；但是，公司章程另有规定的除外。

8.《公司法》第六十六条　股东会的议事方式和表决程序，除本法有规定的外，由公司章程规定。

股东会作出决议，应当经代表过半数表决权的股东通过。

股东会作出修改公司章程、增加或者减少注册资本的决议，以及公司合并、分立、解散或者变更公司形式的决议，应当经代表三分之二以上表决权的股东通过。

9.《公司法》第七十四条　有限责任公司可以设经理，由董事会决定聘任或者解聘。

经理对董事会负责，根据公司章程的规定或者董事会的授权行使职权。经理列席董事会会议。

10.《公司法》第二百一十条　公司分配当年税后利润时，应当提取利润的百分之十列入公司法定公积金。公司法定公积金累计额为公司注册资本的百分之五十以上的，可以不再提取。

公司的法定公积金不足以弥补以前年度亏损的，在依照前款规定提取法定公积金之前，应当先用当年利润弥补亏损。

公司从税后利润中提取法定公积金后，经股东会决议，还可以从税后利润中提取任意公积金。

公司弥补亏损和提取公积金后所余税后利润，有限责任公司按照股东实缴的出资比例分配利润，全体股东约定不按照出资比例分配利润的除外；股份有限公司按照股东所持有的股份比例分配利润，公司章程另有规定的除外。

公司持有的本公司股份不得分配利润。

11.《九民纪要》第7条【表决权能否受限】 股东认缴的出资未届履行期限，对未缴纳部分的出资是否享有以及如何行使表决权等问题，应当根据公司章程来确定。公司章程没有规定的，应当按照认缴出资的比例确定。如果股东会作出不按认缴出资比例而按实际出资比例或者其他标准确定表决权的决议，股东请求确认决议无效的，人民法院应当审查该决议是否符合修改公司章程所要求的表决程序，即必须经代表三分之二以上表决权的股东通过。符合的，人民法院不予支持；反之，则依法予以支持。

四、2020年真题

（一）真题回放

和平房地产开发有限责任公司（以下简称“和平公司”）成立于2015年，注册资本1000万元，股东为A、B、C、D、E五个自然人，分别持股40%、20%、20%、15%、5%。五人约定，公司前五年若有利润，A得40%，其他四位股东每人各得15%，从第六年开始按照出资比例分配公司利润。

C为公司董事长和法定代表人，A和B为公司董事，D为公司总经理。2015年5月，C召集并主持了公司的股东会会议，作出以下决议：①董事长签订金额超过100万元的合同由董事会批准；②因有一名监事辞职，决定由E担任公司监事。

2015年8月，C未经董事会批准，擅自以和平公司名义与泰达物业公司签订一份价值500万元的物业外包合同。泰达公司不知道和平公司相关股东会决议。

2015年10月，C违反公司章程规定，在未经公司董事会集体讨论决定的情况下，将和平公司承建的工程违法转包给没有建筑资质的个人承包。在工程建设过程中，C也未切实履行对该工程质量、账务的掌控和监管，致使工程资金被个人控制和使用，导致和平公司代个人承担了相应的民事责任，因无法实现追偿而产生损失。和平公司起诉请求C赔偿和平公司损失200余万元及利息。

2016年3月，和平公司决定购买一批建筑材料，总经理D负责建材购买业务，同年4月，在D的促成下，和平公司与兴来建材公司签订建材购买合同，而D是兴来建材公司的大股东。

根据以上材料回答下列问题：

1. A、B、C、D、E五人关于公司前五年利润分配的约定是否有效？为什么？

2. 2015年5月召开的公司股东会会议是否有瑕疵，为什么？

3. 和平公司与泰达公司的物业外包合同是否有效？为什么？

4. 如果你是法官，你是否会支持和平公司对C提起的诉讼请求？为什么？

5. 总经理D在建材购买业务中使和平公司与自己作为大股东的兴来建材公司签订合同的行为是否违反法律的规定？为什么？

（二）参考答案与解读

1. 有效。（《公司法》第210条第4款）公司弥补亏损和提取公积金后所余税后利润，有限责任公司按照股东实缴的出资比例分配利润，全体股东约定不按照出资比例分配利润的除外。因此，五人可以约定前五年的利润分配比例。

【解读】分红应当按照实缴出资比例分配，但全体股东另有约定的除外，该考点属于高频考点，属于较为简单的考查。

2. 有瑕疵。（《公司法》第 63 条第 1 款）股东会应当由董事会召集，由董事长主持。因此 C 虽然可以主持，但是在召集上有瑕疵。

【解读】考生应当掌握股东会、董事会召集、主持的流程。

3. 有效。（《公司法》第 11 条第 2 款）公司章程或者股东会对法定代表人职权的限制，不得对抗善意相对人。本题中，泰达物业公司不知晓公司内部对法定代表人 C 职权的限制，因此是善意相对人，因此 C 代表和平公司与泰达物业公司签订的合同有效。

【解读】本题属于比较简单的考查。考生应当掌握以下原则：公司内部规定，原则上不得对抗善意相对人。

4. 支持。（《公司法》第 188 条）董事、监事、高级管理人员执行职务违反法律、行政法规或者公司章程的规定，给公司造成损失的，应当承担赔偿责任。C 作为公司的董事，对公司负有信义义务，C 违反公司章程，与无资质的相对人签订合同，侵犯了公司利益，因此公司有权请求 C 承担赔偿责任。

【解读】本题属于比较简单的考查。董事违反信义义务给公司造成损失的，公司有权请求董事赔偿。

5. D 的行为违反法律的规定。首先，D 的行为构成关联交易。（《公司法》第 182 条第 2 款）董事直接控制的企业，与公司订立合同或者进行交易属于关联交易。本题中，D 是兴来建材公司的大股东，故而直接控制该企业。其次，进行关联交易的，D 应当就与订立合同或者进行交易有关的事项向董事会或者股东会报告，并按照公司章程的规定经董事会或者股东会决议通过。D 没有按照法律规定向董事会或者股东会报告，并且未经董事会或者股东会决议通过，因此 D 的行为违反法律的规定。

【解读】本题在《公司法》修订后具有了更直接的法律依据。对于关联交易，考生应当掌握以下三点：一是关联交易的定义，关联交易不仅包括董监高与公司的交易，也包括董监高的近亲属、直接或间接控制的企业、其他关联人与公司的交易；二是公司法对关联交易并非绝对禁绝，而是属于限制性交易；三是开展关联交易的合法程序为：（1）向董事会、股东会报告；（2）公司董事会、股东会决议通过。

（三）关联法条

1. 《公司法》第十一条　法定代表人以公司名义从事的民事活动，其法律后果由公司承受。

公司章程或者股东会对法定代表人职权的限制，不得对抗善意相对人。

法定代表人因执行职务造成他人损害的，由公司承担民事责任。公司承担民事责任后，依照法律或者公司章程的规定，可以向有过错的法定代表人追偿。

2.《公司法》第六十三条　股东会会议由董事会召集，董事长主持；董事长不能履行职务或者不履行职务的，由副董事长主持；副董事长不能履行职务或者不履行职务的，由过半数的董事共同推举一名董事主持。

董事会不能履行或者不履行召集股东会会议职责的，由监事会召集和主持；监事会不召集和主持的，代表十分之一以上表决权的股东可以自行召集和主持。

3.《公司法》第一百八十二条　董事、监事、高级管理人员，直接或者间接与本公司订立合同或者进行交易，应当就与订立合同或者进行交易有关的事项向董事会或者股东会报告，并按照公司章程的规定经董事会或者股东会决议通过。

董事、监事、高级管理人员的近亲属，董事、监事、高级管理人员或者其近亲属直接或者间接控制的企业，以及与董事、监事、高级管理人员有其他关联关系的关联人，与公司订立合同或者进行交易，适用前款规定。

4.《公司法》第一百八十八条　董事、监事、高级管理人员执行职务违反法律、行政法规或者公司章程的规定，给公司造成损失的，应当承担赔偿责任。

五、2019 年真题

（一）真题回放

甲有限责任公司注册资本 8000 万元，由 A 公司、B 公司、C 公司、D 公司作为股东，持股比例分别为 41%、37%、14%、8%，均已实缴。B 公司持股 37%，但是其中有 17%为代 E 公司持，由 E 公司实际出资。甲公司设董事会，由 5 名董事组成，分别由 A 公司、B 公司、C 公司按照 2：2：1 的比例委派。A 公司委派的 2 名董事中，有 1 人任董事长。B 公司委派的 2 名董事中，有 1 名是 E 公司代表。在日常决策中，E 公司经常派不同的人出席股东会。其他股东对此知情，但未置可否。

甲公司计划增资 2000 万，由乙公司认缴全部 2000 万增资。C 公司同意增资，但提出以下主张：（1）按照实缴出资比例优先认缴新增资本；（2）若其他股东放弃优先认缴新增资本，也由其优先认购。A、B、D 均不同意 C 公司的主张，增资一事搁置。

B 公司向 D 公司借款，将名下的 20%股权出质给 D 公司。又向丙公司借款，将 10%股权出质给丙公司。两次质押均已办理了股权质押登记，丙公司不知道 B 公司代 E 公司持股的事实。

因 B 公司逾期未能偿债，D 公司申请法院实现担保物权。

E 公司的债权人丁公司要求强制执行 E 公司财产。法院查明 B 公司代 E 公司持股的事实，于是启动 B 公司名下代持 17%的股权的程序。

根据以上材料回答下列问题：

1. C 公司的第一个主张能否成立？

2. C 公司的第二个主张能否成立？

3. D 是否取得股权质权？

4. 丙公司是否取得股权质权？

5. D 公司申请法院实现担保物权，在审理程序中 E 公司可以如何救济？若进入执行程序，E 公司又该如何救济？

6. 对于 E 公司的债权人丁公司提出的执行申请，B、D、E、丙公司是否有权提出执行异议？

（二）参考答案与解读

1. 能够成立。（《公司法》第 227 条第 1 款）有限责任公司增加注册资本时，股东在同等条件下有权优先按照实缴的出资比例认缴出资。但是，全体股东约定不按照出资比例优先认缴出资的除外。因此，在全体股东没有另行约定的情形下，C 公司有权按照实缴出资比例优先认缴新增资本。

【解读】 本题是送分题，学生需掌握“新剩利”（新股认购权、剩余财产分配请求权、利润分配请求权）是按实缴比例行权即可。

2. 不能成立。（《公司法》第 227 条第 1 款）股东对于增资的认购权的范围限于“以其实缴出资比例”，对于超出实缴比例的增资范围主张优先认购权没有法律依据。因此，对于其他股东放弃的认缴部分，C 公司无权行使优先认购权。

【解读】 本题的灵感来自最高人民法院（2010）民申字第 1275 号。该案中，最高人民法院认为，优先购买权作为一种排斥第三人竞争效力的权利，对其相对人权利影响重大，必须基于法律明确规定才能享有。其发生要件及行使范围须以法律的明确规定为根据。公司法明确规定了全体股东无约定的情况下，有限责任公司新增资本时股东优先认缴出资的权利以及该权利的行使范围以“实缴的出资比例”为限，超出该法定的范围，则无所谓权利的存在。当然，本案判决在学术界存在争议，未来有可能被推翻。考生在复习时只需掌握本案判决即可，若将来该案被推翻，老师自然会提醒考生。

3. D 公司能够取得质权。本题质押物为股权，以股权出质的，质权自办理出质登记时设立（《民法典》第 443 条）。此外还有一个隐含条件，即出质人对于质押物享有处分权。那么，第一，本题明确表明已经办理了股权质押登记，因此第一个要件满足。第二，出质人享有处分权，具体分析如下。B 公司持有 37%的股权，其中代 E 公司持有 17%。由于 E 公司经常派员参加股东会，对此 D 公司应当是知情的，所以 D 公司明知 B 公司享有处分权的股权为 20%（37%－17%）。B 公司向 D 公司出质的股权正好为 20%，故而在此范围内 B 公司是有权处分，因此 D 公司取得质权。

【解读】 本小题与下一小题形成了比照，用意很鲜明，本题考有权处分的继受取得，下一题考无权处分的善意取得。再次强调，善意取得是高频考点，考生必须予以充分掌握并且能够灵活运用。

4. 丙公司取得股权质权。（接上案的分析，B 公司已经将自己所持有的 20%股权质押给 D 公司）B 公司出质给丙公司的股权为 B 公司代持 E 公司的股权，B 公司是名义股东。（根据《公司法解释三》第 25 条）名义股东将登记在其名下的股权质押的，第三人能否取得股权质权参照适用善意取得制度。本案中，丙公司对 B 公司代持 E 公司

17%股权并不知情，且已办理股权质押登记，因此，丙公司满足善意取得要件，可以取得股权质权。

【解读】 对于《公司法解释三》第 25 条规定，名义股东将登记于其名下的股权转让、质押或者以其他方式处分，实际出资人以其对于股权享有实际权利为由，请求认定处分股权行为无效的，人民法院可以参照民法典第三百一十一条（即善意取得）的规定处理。善意取得的前提是处分人无权处分，因此本条的底层逻辑是名义股东处分其名下股权属于无权处分。本条之所以规定为“无权处分”，不是因为名义股东不是股东，而是因为名义股东肩负着对实际出资人的义务，由于处分股权是违约的，故而构成无权处分。〔1〕

5.（1）审理程序中救济措施：D 公司向法院申请实现担保物权，适用的是民事诉讼法的特别程序。（民诉法解释第 369 条）人民法院应当就主合同的效力、期限、履行情况，担保物权是否有效设立、担保财产的范围、被担保的债权范围、被担保的债权是否已届清偿期等担保物权实现的条件，以及是否损害他人合法权益等内容进行审查。被申请人或者利害关系人提出异议的，人民法院应当一并审查。

由此可知，E 公司在审理程序中可以提出异议，法院应当一并审查。

（2）执行程序中救济措施：若进入到执行程序，E 公司认为损害到自己的利益，可以向执行法院提起执行标的的异议（《民事诉讼法》第 238 条）。

【解读】 本题为商法与民事诉讼法结合的考点。从最近几年（2020 年-2023 年）的命题规律来看，选做的商法大题已经不再与民诉法结合考查。

6. 判断 B、D、E 及丙公司是否有权提出执行异议关键在于看四家公司是否存在提出执行异议的实体法依据。换言之，就是看这四家公司对该部分股权是否享有股东权利、质权等实体性权利。

（1）B 公司：无权提出执行异议。首先，B 公司与 E 公司签订有股权代持协议，故而 B 公司是名义股东，而 E 公司是实际出资人；其次，（《九民纪要》第 28 条）由于 E 公司经常派员参加股东会，其他股东知情，且没有提出反对意见，故而 E 公司实际上已经具备股东资格。故而，对于该笔 17%的股权其持有人就是 E 公司，而非 B 公司，故而 B 公司无权提出执行异议。

（2）D 公司：无权提出执行异议。（根据第三问的结论）D 公司对 B 公司所持有的 20%股权享有质权，而对于 B 公司代 E 公司所持有的 17%股权无质权。D 公司与丁公司的行为没有利益冲突，故而 D 公司无权提出执行异议。

（3）E 公司：无权提出执行异议。本案中，E 公司是被执行人，且是该笔股权的持有者，因此无权对执行标的提出执行异议。

（4）丙公司：有权提出执行异议。（根据第四问的结论）丙公司对该笔 17%股权中的 10%股权享有质权，（若该笔 17%股权全部由丁公司执行，则丙公司的利益将遭受

〔1〕 参见刘贵祥：《关于新公司法适用中的若干问题（上）》，载《法律适用》2024 年第 6 期。

侵害）因此丙有权提出执行异议。

【解读】执行异议虽然看上去复杂，但是只要把握案外人与执行申请人、被执行人就执行标的是否有实体上的争议，就可以作出判断。当然，从最近几年（2020 年-2023 年）的命题规律来看，选做的商法大题已经不再与民诉法结合考查。

（三）关联法条

1.《民法典》第四百四十三条　以基金份额、股权出质的，质权自办理出质登记时设立。

基金份额、股权出质后，不得转让，但是出质人与质权人协商同意的除外。出质人转让基金份额、股权所得的价款，应当向质权人提前清偿债务或者提存。

2.《公司法》第二百二十七条　有限责任公司增加注册资本时，股东在同等条件下有权优先按照实缴的出资比例认缴出资。但是，全体股东约定不按照出资比例优先认缴出资的除外。

股份有限公司为增加注册资本发行新股时，股东不享有优先认购权，公司章程另有规定或者股东会决议决定股东享有优先认购权的除外。

3.《公司法解释三》第二十五条　名义股东将登记于其名下的股权转让、质押或者以其他方式处分，实际出资人以其对于股权享有实际权利为由，请求认定处分股权行为无效的，人民法院可以参照民法典第三百一十一条的规定处理。

名义股东处分股权造成实际出资人损失，实际出资人请求名义股东承担赔偿责任的，人民法院应予支持。

4.《民事诉讼法》第二百三十八条　执行过程中，案外人对执行标的提出书面异议的，人民法院应当自收到书面异议之日起十五日内审查，理由成立的，裁定中止对该标的的执行；理由不成立的，裁定驳回。案外人、当事人对裁定不服，认为原判决、裁定错误的，依照审判监督程序办理；与原判决、裁定无关的，可以自裁定送达之日起十五日内向人民法院提起诉讼。

5.《民诉法解释》第三百六十九条　人民法院应当就主合同的效力、期限、履行情况，担保物权是否有效设立、担保财产的范围、被担保的债权范围、被担保的债权是否已届清偿期等担保物权实现的条件，以及是否损害他人合法权益等内容进行审查。

被申请人或者利害关系人提出异议的，人民法院应当一并审查。

6.《九民纪要》第 28 条【实际出资人显名的条件】　实际出资人能够提供证据证明有限责任公司过半数的其他股东知道其实际出资的事实，且对其实际行使股东权利未曾提出异议的，对实际出资人提出的登记为公司股东的请求，人民法院依法予以支持。公司以实际出资人的请求不符合公司法司法解释（三）第 24 条的规定为由抗辩的，人民法院不予支持。

六、2018年真题

（一）真题回放

王重阳、林朝英和周伯通是全真公司的股东。王重阳担任公司法定代表人，与林朝英是恋人关系。2015年4月2日，全真公司与王重阳、林朝英、洪七公、欧阳锋设立射雕公司，签订了《投资人协议》，签署了《射雕公司章程》，规定射雕公司的注册资本是5000万元。其中，全真公司认缴2000万元，王重阳认缴1000万元，林朝英认缴500万元，洪七公认缴1000万元，欧阳锋认缴500万元。《章程》还规定，全真公司和洪七公的出资应在公司设立时一次性缴足，王重阳、林朝英、欧阳锋认缴的出资，在公司设立后三年内缴足。同一天，洪七公与周伯通签订了《委托持股协议》，约定：洪七公在射雕公司认缴的出资由周伯通实际缴纳，股权实际为周伯通所有，周伯通与洪七公之间系委托代持股关系。周伯通与洪七公将《委托持股协议》进行了公证。

射雕公司成立并领取了企业法人营业执照，营业执照上注明：公司注册资本5000万元，实缴3000万元，认缴2000万元。林朝英是射雕公司的法定代表人。全真公司和周伯通均按章程的规定以向公司账户汇款的方式足额缴纳了出资。汇款单用途栏内写明“认缴股权投资款”。

2016年12月，王重阳分两次从其银行卡向林朝英银行卡分别汇款100万元、80万元，到款当日，林朝英将这两笔款项均汇入射雕公司账户，汇款单的汇款用途栏内写明“投资款”。林朝英认缴的出资，尚有320万元未缴足。

2016年12月，欧阳锋向射雕公司账户汇款100万元，尚有400万元未实际缴足。

2017年1月，欧阳锋拟转让股权，其他股东不主张购买。欧阳锋最终将股权转让给白头山公司，并办理了股权变更登记。

2017年3月，王重阳与林朝英关系破裂，在林朝英的操作下，射雕公司会计柯镇恶与全真公司签订了《股权转让协议》，将全真公司对射雕公司的股权转让给柯镇恶，该《股权转让协议》上加盖有全真公司公章，法定代表人签字一栏王重阳的签字则是林朝英伪造的。射雕公司持该《股权转让协议》到公司登记机关办理了股权变更登记，柯镇恶未实际向全真公司支付股权转让款。

2017年4月，柯镇恶与桃花岛公司签订《股权转让协议》，柯镇恶将其名下的射雕公司股权转让给桃花岛公司，桃花岛公司向柯镇恶支付股权转让款3000万元，射雕公司为桃花岛公司办理了股权过户变更登记。

2017年8月，洪七公因拖欠小额贷款公司借款，被法院判决应偿还借款本金300万元及相应的利息和罚息。小额贷款公司申请法院强制执行，法院查封了洪七公在射雕公司的股权，对此，周伯通提出案外人异议。

2017年9月，射雕公司因不能偿还银行到期借款3000万元本金及利息，被银行起诉到法院。在该案一审审理期间，银行以王重阳认缴的出资未足额缴纳为由，追加王重阳为被告，请求王重阳对银行债务承担连带清偿责任。

根据以上材料回答下列问题：

1. 如王重阳以林朝英用于出资的180万元是他所汇为由，主张确认林朝英名下的股权实际为王重阳所有，该主张是否成立？为什么？

2. 欧阳锋向白头山公司转让股权时，其认缴的出资尚有400万元未缴纳，如认缴期限届满，射雕公司是否可以向白头山公司催缴？为什么？

3. 全真公司与柯镇恶签订了《股权转让协议》，并将股权过户到柯镇恶名下，据此是否可以认定柯镇恶已取得射雕公司的股权？为什么？

4. 根据题中所述事实，是否可以认定桃花岛公司已取得射雕公司股权？为什么？

5. 周伯通的案外人执行异议是否成立？为什么？

6. 在银行诉射雕公司和王重阳的清偿贷款纠纷案件中，王重阳是否应当对公司债务承担连带责任？为什么？

（二）参考答案与解读

1. 不成立。首先，林朝英将共计180万元的款项汇入射雕公司账户，汇款单用途栏内写明“投资款”，应当认定林朝英向公司履行了180万元的出资义务。其次，至于该笔股权是王重阳所有还是林朝英所有，应当看二者之间是否有股权代持协议。本案并未提及二者关于代持的约定，因此应当将这两笔共计180万元的汇款，认定为王重阳对林朝英的借款，而非投资款。

【解读】本题较为简单，考查考生对于代持协议的认定。考生容易一看到A出钱B出资这一模式，就默认为这是一种股权代持。然而实务中，B向A借款，然后再出资的情形也屡见不鲜，因此关键要判断A和B之间是否具有股权代持的意思。

2. 可以。首先，欧阳锋拟转让股权，其他股东不主张购买，欧阳锋将股权转让给白头山公司，并办理了股权变更登记，由此说明白头山公司已经合法取得相应股权。其次，根据公司章程，欧阳锋的认缴出资应当在公司设立后三年内缴足，因此欧阳锋已缴100万元，未缴400万元不构成瑕疵出资。（《公司法》第88条第1款，股东转让已认缴出资但未届出资期限的股权的，由受让人承担缴纳该出资的义务；受让人未按期足额缴纳出资的，转让人对受让人未按期缴纳的出资承担补充责任。）欧阳锋转让已认缴但未届出资期限的股权的，由白头山公司承担出资义务；白头山公司未按期足额缴纳出资的，欧阳锋承担补充责任。因此，射雕公司可以向白头山公司催缴。

【解读】新《公司法》出台后，本题的答案已经非常明晰。股东出资期限未届期就转让股权的，受让人承担出资责任，转让人承担补充责任。这一考点属于重中之重，考生务必掌握。

3. 不可以。

理由1：股东对外转让股权的，其他股东享有同等条件下的优先购买权。柯镇恶并非射雕公司的股东，全真公司将射雕公司的股权转让给柯镇恶，属于股东对外转让股权，其他股东享有优先购买权。在本案中，转让股权的行为并未通知其他股东，其他股东的优先购买权遭到侵犯，因此柯镇恶尚未取得股权。

理由2：（《民法典》第146条第1款）行为人与相对人以虚假的意思表示实施的民事法律行为无效。整体来看，全真公司并无转让其股权的意思（法定代表人签字一栏王重阳的签字是林朝英伪造），而柯镇恶亦无购买该股权的意思（柯镇恶未付股权转让款），因此该次股权转让行为构成双方当事人以虚假意思表示所实施的民事法律行为，因此无效，故而柯镇恶不能取得股权。

【解读】 本题的考查不难，考生不难得出柯镇恶不能取得股权的结论，之后只要适当说理即可。

4. 不可以。首先，（根据第三问的结论）柯镇恶未取得射雕公司股权，故而其转让股权的行为构成无权处分，由于桃花岛公司对此并不知情，且支付了合理的对价，故而桃花岛公司构成了善意取得的要件。其次，有限公司股东对外转让股权，应受到其他股东优先购买权的限制。本案中，并未提及其他股东接到了通知，也未提及其他股东放弃优先购买权，因此可以认定其他股东的优先购买权受到了侵犯。（公司法解释四第21条第1款）其他股东有权行使优先购买权，因此桃花岛公司尚未取得股权。

【解读】 本题应当注意其他股东的优先购买权对善意取得的影响。股权作为一种特殊的物，善意取得不仅要满足一般善意取得的要求，还应当尊重其他股东的优先购买权。在其他优先购买权受侵害的情形下，受让人暂未取得股权。

5. 不成立。（《公司法解释三》第24条）周伯通与洪七公之间是代持关系，周伯通是实际出资人，洪七公是名义股东，周伯通不是股东。因此，实际出资人不得以与名义股东之间的债权纠纷，排除人民法院的强制执行。因此周伯通的案外人执行异议请求不成立。

【解读】 案外人执行异议的本质是，审查案外人是否对执行标的享有民事权益，案外人享有的民事权益能否足以排除法院的执行行为。本题考查的实质上是实际出资人对股权所享有的和同性权利是否可以对抗名义股东的债权人。对此，理论界多有争议，因此本题出得其实不好。好在根据近年来的命题规律，商法已经不会与民事诉讼法合并考查，那么执行异议也就不会出现在此题。回到本题本身，出题人应当是参考了最高人民法院（2017）最高法民终100号。在本案中，最高人民法院认为，《公司法解释三》第二十四条的规定，是对实际出资人与名义股东之间委托持股合同效力及双方因投资权益的归属发生争议的判断依据，仅解决实际出资人与名义股东之间的债权纠纷，不能据此对抗善意第三人或排除人民法院的强制执行。

6. 不应当。（《公司法》第54条）公司不能清偿到期债务的，公司或者已到期债权的债权人有权要求已认缴出资但未届出资期限的股东提前缴纳出资。根据章程规定，王重阳应当于公司设立三年后缴纳出资，因此王重阳不构成瑕疵出资，构成已认缴出资但未届出资期限。射雕公司不能清偿到期债务的，银行作为债权人有权请求王重阳加速到期。该种责任是补充责任，而非连带责任。

【解读】 在新《公司法》明确加速到期制度的背景下，本题答案非常清晰。考生应当注意区分加速到期制度、瑕疵出资制度以及转让后股权出资责任的区别。

（三）关联法条

1.《公司法》第五十四条　公司不能清偿到期债务的，公司或者已到期债权的债权人有权要求已认缴出资但未届出资期限的股东提前缴纳出资。

2.《公司法》第八十八条　股东转让已认缴出资但未届出资期限的股权的，由受让人承担缴纳该出资的义务；受让人未按期足额缴纳出资的，转让人对受让人未按期缴纳的出资承担补充责任。

未按照公司章程规定的出资日期缴纳出资或者作为出资的非货币财产的实际价额显著低于所认缴的出资额的股东转让股权的，转让人与受让人在出资不足的范围内承担连带责任；受让人不知道且不应当知道存在上述情形的，由转让人承担责任。

3.《民法典》第一百四十六条　行为人与相对人以虚假的意思表示实施的民事法律行为无效。

以虚假的意思表示隐藏的民事法律行为的效力，依照有关法律规定处理。

4.《公司法解释三》第二十四条　有限责任公司的实际出资人与名义出资人订立合同，约定由实际出资人出资并享有投资权益，以名义出资人为名义股东，实际出资人与名义股东对该合同效力发生争议的，如无法律规定的无效情形，人民法院应当认定该合同有效。

前款规定的实际出资人与名义股东因投资权益的归属发生争议，实际出资人以其实际履行了出资义务为由向名义股东主张权利的，人民法院应予支持。名义股东以公司股东名册记载、公司登记机关登记为由否认实际出资人权利的，人民法院不予支持。

实际出资人未经公司其他股东半数以上同意，请求公司变更股东、签发出资证明书、记载于股东名册、记载于公司章程并办理公司登记机关登记的，人民法院不予支持。

5.《公司法解释四》第二十一条　有限责任公司的股东向股东以外的人转让股权，未就其股权转让事项征求其他股东意见，或者以欺诈、恶意串通等手段，损害其他股东优先购买权，其他股东主张按照同等条件购买该转让股权的，人民法院应当予以支持，但其他股东自知道或者应当知道行使优先购买权的同等条件之日起三十日内没有主张，或者自股权变更登记之日起超过一年的除外。

前款规定的其他股东仅提出确认股权转让合同及股权变动效力等请求，未同时主张按照同等条件购买转让股权的，人民法院不予支持，但其他股东非因自身原因导致无法行使优先购买权，请求损害赔偿的除外。

股东以外的股权受让人，因股东行使优先购买权而不能实现合同目的的，可以依法请求转让股东承担相应民事责任。

第二章　公司法精讲

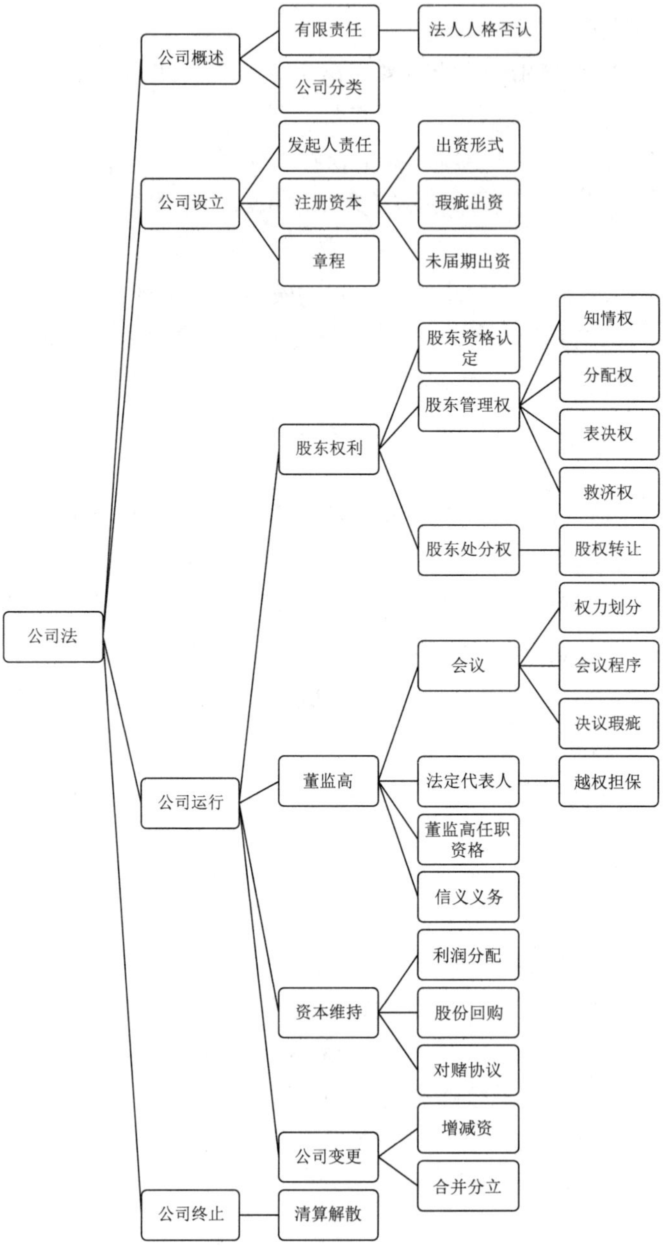
公司法
公司概述
有限责任
法人人格否认
公司分类
公司设立
发起人责任
注册资本
出资形式
瑕疵出资
未届期出资
章程
公司运行
股东权利
股东资格认定
股东管理权
知情权
分配权
表决权
救济权
股东处分权
股权转让
董监高
会议
权力划分
会议程序
决议瑕疵
法定代表人
越权担保
董监高任职资格
信义义务
资本维持
利润分配
股份回购
对赌协议
公司变更
增减资
合并分立
公司终止
清算解散

第一节　公司法总则

一、公司独立法人地位与股东有限责任

⊙［**制度价值**］1. 股东有限责任：股东有限责任是公司制度的基石，指股东在完全履行其出资义务之后，对于公司的负债不承担责任。

例如，中国恒大（03333. HK）的注册资本为10亿美元，根据其公布的财报，截至2022年12月31日，中国恒大负债总额24374. 1亿人民币。由于中国恒大的股东们已经足额缴纳了10亿美元，因此对于公司目前超2. 4万亿人民币的债务，中国恒大的股东原则上不需要再拿出一分钱来偿付（存在少许例外）。换言之，对于以许家印先生为代表的股东们，无须替中国恒大偿还债务，即便公司破产，由于许家印家族仍有其他财产，因此可以继续享受富足生活。

再例如一个人有100万，他拿出10万注册公司，自己的其他财产（90万）与该笔财产（10万）相隔离。如果创业成功，公司价值10亿，则该创业者凭借股权而实现财务自由；即便失败了，创业者也只不过损失10万元，另外90万元得到保存。

⊙**总结**：股东有限责任有利有弊，弊端在于将创业风险转移给社会；益处在于鼓励创业。在当今世界，科技发展迅速，股东有限责任利大于弊。

2. 公司法人人格独立：公司法人人格是公司制度的另一大基石，与股东有限责任紧密相连。其出现的本质原因在于：公司必须与股东相互独立，否则股东就会利用自己的有限责任，滥用公司法人人格独立，侵犯债权人之利益。

以一个高度简化的例子来说明：甲是A公司70%的大股东。A公司从银行借款1000万元，甲操纵A公司将这1000万元转移到个人账户供自己挥霍。由于A公司推定具有独立人格，所以债务到期后，银行只能要求A公司还款，而A公司无力偿还。

上述情形之所以会发生，就是因为A公司虽然因法律之推定而具有独立人格，实则完全被甲所掌控，因此事实上不具有独立人格（试想，如果A公司具有独立人格，怎么可能心甘情愿把1000万无偿转给甲——即便甲是自己的股东也不可能）。此时，法律的推定就是不合适的，就应当将A公司具有独立人格的假设推翻，此时要求甲与A公司对1000万元的债务承担连带责任。这一套制度就是法人人格否认制度，也被形象地称为“揭开公司面纱制度”“刺破公司面纱制度”，这一套制度如此重要，以至于没有这套制度，公司制度就不可能得到社会的认可——那赚钱未免也容易了，你只需要注册一个公司，然后让公司去借钱，你再把钱转到个人账户，给债权人留一个空壳。

⊙**总结**：公司独立于股东只是一种法律推定，事实上股东随时可能滥用公司独立人格、股东有限责任，掏空公司，把一个空壳留给债权人，如此之大的漏洞必须予以填补。

（一）公司的基本特征

1. 公司独立法人地位

公司是企业法人，有独立的法人财产，享有法人财产权。公司以其全部财产对公司的债务承担责任。

公司的合法权益受法律保护，不受侵犯。

2. 股东有限责任

有限责任公司的股东以其认缴的出资额为限对公司承担责任；股份有限公司的股东以其认购的股份为限对公司承担责任。

公司股东对公司依法享有资产收益、参与重大决策和选择管理者等权利。

（二）公司法人人格否认制度★

公司法人人格否认指，公司股东滥用公司法人独立地位和股东有限责任，逃避债务，严重损害公司债权人利益的，应当对公司债务承担连带责任。

1. 构成要件

公司法规定了两种法人人格否认的情形：

（1）纵向人格否认：公司股东滥用公司法人独立地位和股东有限责任，逃避债务，严重损害公司债权人利益的，应当对公司债务承担连带责任。

（2）横向人格否认：股东利用其控制的两个以上公司实施前述行为的，各公司应当对任一公司的债务承担连带责任。

	构成要件	内容
1	**主体要件**	积极股东以及“姐妹公司”
2	**主观要件**	逃避债务
3	**行为要件**	滥用公司法人独立地位和股东有限责任
4	**结果要件**	严重损害债权人利益

2. 适用情形

	类型	内容
1	**人格混同**	在认定是否构成人格混同时，应当综合考虑以下因素： ①股东无偿使用公司资金或者财产，不作财务记载的 ②股东用公司的资金偿还股东的债务，或者将公司的资金供关联公司无偿使用，不作财务记载的 ③公司账簿与股东账簿不分，致使公司财产与股东财产无法区分的 ④股东自身收益与公司盈利不加区分，致使双方利益不清的 ⑤公司的财产记载于股东名下，由股东占有、使用的 ⑥人格混同的其他情形 在出现人格混同的情况下，往往同时出现以下混同：公司业务和股东业务混同；

续表

	类型	内容
		公司员工与股东员工混同，特别是财务人员混同；公司住所与股东住所混同。人民法院在审理案件时，关键要审查是否构成人格混同，而不要求同时具备其他方面的混同，其他方面的混同往往只是人格混同的补强
2	**过度支配与控制**	①母子公司之间或者子公司之间进行利益输送的 ②母子公司或者子公司之间进行交易，收益归一方，损失却由另一方承担的 ③先从原公司抽走资金，然后再成立经营目的相同或者类似的公司，逃避原公司债务的 ④先解散公司，再以原公司场所、设备、人员及相同或者相似的经营目的另设公司，逃避原公司债务的 ⑤过度支配与控制的其他情形
3	**资本显著不足**	公司设立后在经营过程中，股东实际投入公司的资本数额与公司经营所隐含的风险相比明显不匹配。

3. 证明责任

	公司类型	举证责任分配
1	**普通公司**	谁主张，谁举证
2	**一人公司**	只有一个股东的公司，股东不能证明公司财产独立于股东自己的财产的，应当对公司债务承担连带责任

（三）公司法人人格否认诉讼

⊙［**制度价值**］债权人起诉股东要求其与公司对债务承担连带责任，该诉讼严格来讲应该分成两步：第一步，债权人必须证明公司欠债不还；第二步，债权人证明股东滥用公司法人独立地位和股东有限责任，逃避债务，严重侵犯债权人利益。很明显，第一步是第二步的基础和前提，如果连公司是否欠债不还都没查清，何谈股东与公司承担连带责任？

因此，提起公司法人人格否认之诉，要么债权人就分成两个诉分别进行，要么就以公司和股东为共同被告。

1. 当事人的诉讼地位

人民法院在审理公司人格否认纠纷案件时，应当根据不同情形确定当事人的诉讼地位：

（1）债权人对债务人公司享有的债权已经由生效裁判确认，其另行提起公司人格否认诉讼，请求股东对公司债务承担连带责任的，列股东为被告，公司为第三人；

（2）债权人对债务人公司享有的债权提起诉讼的同时，一并提起公司人格否认诉讼，请求股东对公司债务承担连带责任的，列公司和股东为共同被告；

（3）债权人对债务人公司享有的债权尚未经生效裁判确认，直接提起公司人格否认诉讼，请求公司股东对公司债务承担连带责任的，人民法院应当向债权人释明，告知其追加公司为共同被告。债权人拒绝追加的，人民法院应当裁定驳回起诉。

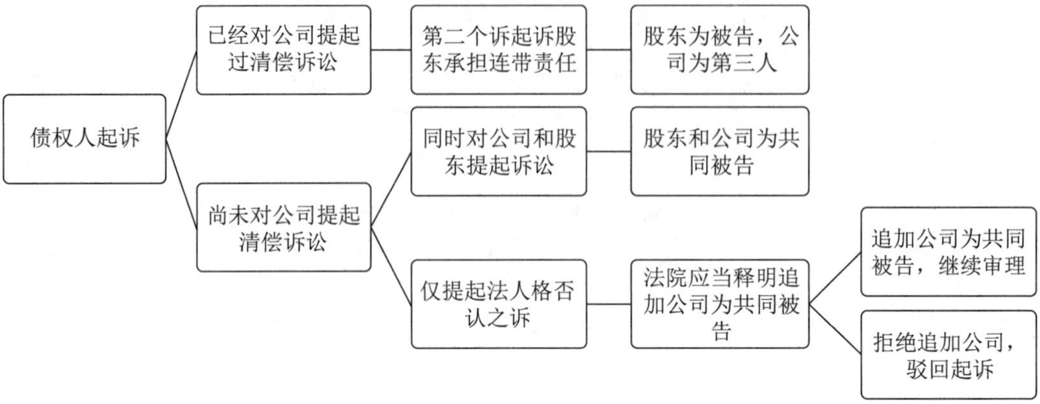

2. 举证责任的分配

原则：谁主张，谁举证。由受损害的公司债权人举证证明：（1）股东存在滥用公司法人独立地位和股东有限责任之行为；（2）债权人的利益遭受严重损失；（3）股东行为与债权人的损失具有因果关系。

例外：一人公司举证责任倒置，即一人公司的股东不能证明公司财产独立于股东自己的财产的，应当对公司债务承担连带责任。

二、公司类型

（一）有限责任公司和股份有限公司

有限责任公司（有限公司）是我国公司的基本形态，在数量上占据绝大多数，公司法也以有限公司为立法的基本模板，故而也是考试考察的重点。股份有限公司（股份公司）特征是，将股本作等额拆分，每一份为一股，股东按照持有的股份数量行使表决权。而有限公司并不对股本进行等额拆分，股东通过章程约定持有的一定比例的股权。其实，这种区分没有太大意义。

真正有意义的区别是，有限公司就约等于封闭公司，特点是股东人数少（50人以内），股东相互之间的联系更加紧密，股东参与公司管理。股份公司包括两类：公众股份公司和非公众股份公司。前者以上市公司为典型，特点是股东人数极多（几十万人），股东相互之间没有紧密联系，股东不直接参与管理，而是将公司交给董事会管理。非公众股份公司的股东人数必须在200人以下，曾经的主要作用就是等待上市，现在限制减少，一般投资者也可以选择非公众股份公司作为创业的起点。

以上区别体现在法律上，就表现为：

一是在出售股份上，有限公司的股东向现有股东之外的人出售股份的，其他股东有优先购买权；股份公司的股东就没有优先购买权。

二是在增发新股上，有限公司增发新股的，现有股东拥有优先认购权；股份公司的股东不享有优先认购权。

三是在公司治理的完善程度上，有限公司的公司治理更富有弹性，法律即便规定了有限公司的内部治理结构和权限，同时也大量地允许“章程另有规定的除外”；股份公司的公司治理则刚性地多，也因此上市公司必须采取股份公司这一组织形式。

（二）母子公司与总分公司

1. 母公司与子公司

母公司和子公司分别都是独立法人。

2. 总公司与分公司

总公司是指依法设立并管辖公司全部组织的具有企业法人资格的总机构。总公司是独立的法人。

分公司是指在业务、资金、人事等方面受本公司管辖而不具有法人资格的分支机构。分公司不具有法人资格。

分公司应当向公司登记机关申请登记，领取营业执照。分公司可以作为独立诉讼主体。

以一个比喻来说：总公司与分公司的关系是人与自己的手臂的关系；母公司与子公司则是母亲与子女的关系。

	子公司	分公司
独立人格	有	无
诉讼资格	有	有
营业执照	有	有
名称	独立	XX 分公司
对外签订合同	以自己名义	以自己或总公司名义
责任承担	独立	总公司财产

三、公司章程

公司章程，是指公司依法制定的、规定公司名称、住所、经营范围、经营管理制度等重大事项的基本文件，也是公司必备的规定公司组织及活动基本规则的书面文件。

（一）公司章程的制订与修改

1. 公司章程的制订

公司章程的制订有两种途径：

一是全体股东共同制订。有限公司和发起设立的股份公司采用此种方式制定初始公司章程。

二是部分股东制订。通过募集设立的股份公司，发起人负责制订章程，认股人不负责制订章程。但是，该章程必须通过公司成立大会出席会议的股东（既包括发起人也包括认购人）的过半数同意。

设立公司的，应当提交公司章程等文件，故而初始章程的出现早于公司的成立。

2. 公司章程的修改

有限公司的章程修改，必须经代表2/3以上表决权的股东通过；股份公司的章程修改，必须经出席股东会股东所持表决权的2/3以上通过。

（二）公司章程的内容

1. 公司的经营范围

公司的经营范围由公司章程规定。公司可以修改公司章程，变更经营范围。公司的经营范围中属于法律、行政法规规定须经批准的项目，应当依法经过批准。

公司超越经营范围经营的，其效力应当有所区分：

（1）若公司超越经营范围所从事的业务，无须取得行政机关批准，则公司超越经营范围经营的行为有效。

（2）若公司超越经营范围所从事的业务，应当取得行政机关批准而未取得批准的，则公司的行为将受到行政处罚乃至触犯刑法，因此该种经营行为由于违反法律、法规的强制性规定而无效。

2. 法定代表人的产生与变更方式

公司的法定代表人按照公司章程的规定，由代表公司执行公司事务的董事或者经理担任。

3. 绝对必要记载事项

有限责任公司章程应当载明下列事项：①公司名称和住所；②公司经营范围；③公司注册资本；④股东的姓名或者名称；⑤股东的出资额、出资方式和出资日期；⑥公司的机构及其产生办法、职权、议事规则；⑦公司法定代表人的产生、变更办法；⑧股东会会议认为需要规定的其他事项。股东应当在公司章程上签名或者盖章。

除了包括有限责任公司章程的必要载明事项，股份有限公司章程应当载明下列事项：①公司设立方式；②公司股份总数，公司设立时发行的股份数，发行面额股的，每股的金额；③发行类别股的，类别股股东的股份数及其权利和义务；④发起人的姓名或者名称、认购的股份数、出资方式；⑤公司利润分配办法；⑥公司的解散事由与清算办法；⑦公司的通知和公告办法。

（三）公司章程的效力

设立公司应当依法制定公司章程，公司章程对公司、股东、董事、监事、高级管理人员具有约束力。

公司章程对善意第三人（主要是债权人）不具有约束力。

四、 公司对外表示意思

法定代表人是中国公司法上最重要的个人，是“一长制”在公司领域的体现。法定代表人以公司名义从事的民事活动，其法律后果皆由公司承受。

（一）法定代表人的产生与职权

公司的法定代表人按照公司章程的规定，由代表公司执行公司事务的董事或者经理担任。

公司章程规定法定代表人的产生和变更方式。

法定代表人的职权包括：①对外，拥有概括的、近乎无限的对外代表公司意思的权力；②对内，源于法定代表人的兼职所拥有的董事或经理的权力。

⊙［例］实践中，章程会直接规定：“公司的法定代表人由董事长担任。”在这种情况下，法定代表人当选的流程是：股东会先选举出董事，董事们召开董事会，推举董事长，该董事长直接依据章程而成为法定代表人。

那么，股东会可以直接选举法定代表人呢？原则上是不能的，因为董事长由董事会选出。例外是，如果股东会表决比例超过2/3，此时相当于修改了章程，故而可以直接选出法定代表人。

（二）法定代表人的约定限制★★

法定代表人的职权受到两方面的限制，即约定限制和法定限制。公司章程或者股东会可以对法定代表人职权的限制，这种限制是约定限制，因此不得对抗善意相对人。

法定代表人因执行职务造成他人损害的，由公司承担民事责任。公司承担民事责任后，依照法律或者公司章程的规定，可以向有过错的法定代表人追偿。

（三）法定代表人的法定限制——公司对外担保规则★★★

法定代表人除了受到约定限制之外，还受到法律、法规的限制，实践中最常见的就是法定代表人在代表公司进行担保时受到了《公司法》第15条的限制。

1. 非关联担保：公司向其他企业投资或者为他人提供担保，按照公司章程的规定，由董事会或者股东会决议；公司章程对投资或者担保的总额及单项投资或者担保的数额有限额规定的，不得超过规定的限额。

2. 关联担保：公司为公司股东或者实际控制人提供担保的，应当经股东会决议。前款规定的股东或者受前款规定的实际控制人支配的股东，不得参加前款规定事项的表决。该项表决由出席会议的其他股东所持表决权的过半数通过。

3. 债务加入准用担保规则：法定代表人以公司名义与债务人约定加入债务并通知债权人或者向债权人表示愿意加入债务，该约定的效力问题，参照关于公司为他人提供担保的有关规则处理。

担保类型	关联担保	非关联担保
债务人身份	公司股东或实际控制人提供担保	前述人员以外的人
决议机关	股东会决议，且关联人回避	章程选择董事会决议或股东会决议

（四）法定代表人越权对外担保的效力

1. 基本处理规则：适用《民法典》第504条（类似于无权代理）

根据公司法，担保行为不是法定代表人所能单独决定的事项，而必须以公司股东会、董事会等公司机关的决议作为授权的基础和来源。法定代表人未经授权擅自为他人提供担保的，构成越权代表，人民法院应当根据《民法典》第504条关于法定代表人越权代表的规定，区分订立合同时债权人是否善意分别认定合同效力：债权人善意的，合同有效；反之，合同无效。

2. 债权人善意的判断

善意，是指债权人不知道或者不应当知道法定代表人超越权限订立担保合同。

（1）关联担保

为公司股东或者实际控制人提供关联担保，公司法明确规定必须由股东会决议，未经股东会决议，构成越权代表。在此情况下，债权人主张担保合同有效，应当提供证据证明其在订立合同时对股东会决议进行了审查，决议的表决程序符合公司法的规定，即在排除被担保股东表决权的情况下，该项表决由出席会议的其他股东所持表决权的过半数通过，签字人员也符合公司章程的规定。

（2）非关联担保

公司为公司股东或者实际控制人以外的人提供非关联担保，根据公司法的规定，此时由公司章程规定是由董事会决议还是股东会决议。无论章程是否对决议机关作出规定，也无论章程规定决议机关为董事会还是股东会，根据《民法典》第61条第3款关于“法人章程或者法人权力机构对法定代表人代表权的限制，不得对抗善意相对人”的规定，只要债权人能够证明其在订立担保合同时对董事会决议或者股东会决议进行了审查，同意决议的人数及签字人员符合公司章程的规定，就应当认定其构成善意，但公司能够证明债权人明知公司章程对决议机关有明确规定的除外。

（3）审查标准

债权人对公司机关决议内容的审查一般限于形式审查，只要求尽到必要的注意义务即可，标准不宜太过严苛。公司以机关决议系法定代表人伪造或者变造、决议程序违法、签章（名）不实、担保金额超过法定限额等事由抗辩债权人非善意的，人民法院一般不予支持。但是，公司有证据证明债权人明知决议系伪造或者变造的除外。

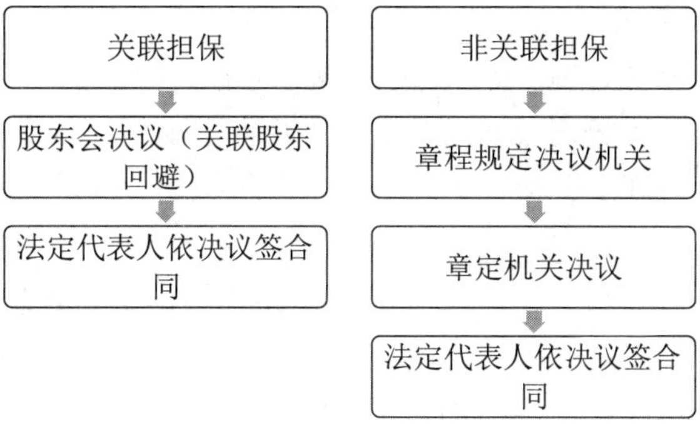

审查事项	关联担保	非关联担保
决议机关	必须审查是不是股东会决议	董事会决议、股东会决议任一
回避人员	应审查利害关系人是否回避	无需审查
票数	出席会议股东过半数	符合章程规定的决议票数
签字人员	符合章程规定（不审签章真假）	符合章程规定（不审签章真假）

3. 无须机关决议的例外

存在下列情形的，即便债权人知道或者应当知道没有公司机关决议，也应当认定担保合同符合公司的真实意思表示，合同有效：

（1）公司是以为他人提供担保为主营业务的担保公司，或者是开展保函业务的银行或者非银行金融机构；

（2）公司为其直接或者间接控制的公司开展经营活动向债权人提供担保；

（3）公司与主债务人之间存在相互担保等商业合作关系；

（4）担保合同系由单独或者共同持有公司 2/3 以上有表决权的股东签字同意。

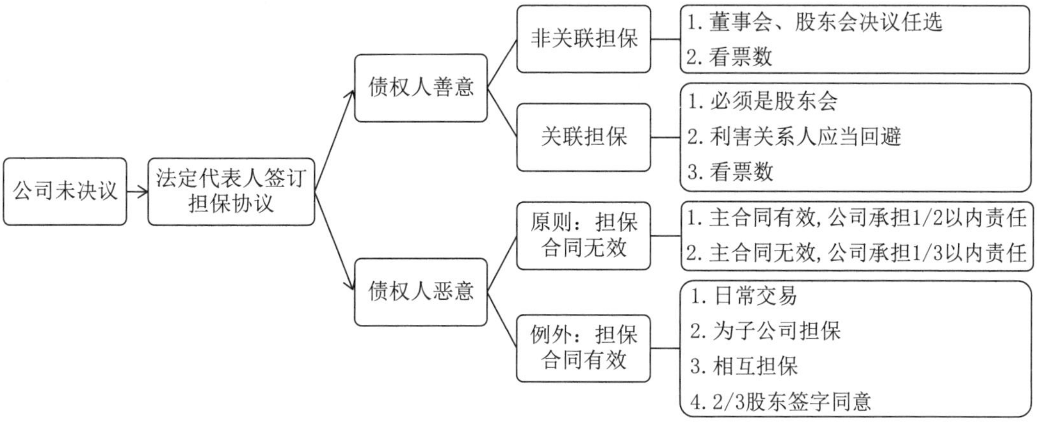

4. 上市公司的担保

上市公司在一年内担保金额超过公司资产总额 30%，应当由股东会作出决议，并经出席会议的股东所持表决权的2/3以上通过。

相对人善意的判断（相对人应当依据上市公司公开披露的信息）：

（1）相对人根据上市公司公开披露的关于担保事项已经董事会或者股东会决议通过的信息，与上市公司订立担保合同，相对人主张担保合同对上市公司发生效力，并由上市公司承担担保责任的，法院应予支持。

（2）相对人未根据上市公司公开披露的关于担保事项已经董事会或者股东会决议通过的信息，与上市公司订立担保合同，上市公司主张担保合同对其不发生效力，且不承担担保责任或者赔偿责任的，法院应予支持。

（3）相对人与上市公司已公开披露的控股子公司订立的担保合同，或者相对人与股票在国务院批准的其他全国性证券交易场所交易的公司订立的担保合同，适用前两项规定。

（五）公章

司法实践中，有些公司有意刻制两套甚至多套公章，有的法定代表人或者代理人甚至私刻公章，订立合同时恶意加盖非备案的公章或者假公章，发生纠纷后法人以加盖的是假公章为由否定合同效力的情形并不鲜见。人民法院在审理案件时，应当主要审查签约人于盖章之时有无代表权或者代理权，从而根据代表或者代理的相关规则来确定合同的效力。

法定代表人或者其授权之人在合同上加盖法人公章的行为，表明其是以法人名义签订合同，除公司担保等法律规定对其职权有特别规定的情形外，应当由法人承担相应的法律后果。法人以法定代表人事后已无代表权、加盖的是假章、所盖之章与备案公章不一致等为由否定合同效力的，人民法院不予支持。

代理人以被代理人名义签订合同，要取得合法授权。代理人取得合法授权后，以被代理人名义签订的合同，应当由被代理人承担责任。被代理人以代理人事后已无代理权、加盖的是假章、所盖之章与备案公章不一致等为由否定合同效力的，人民法院不予支持。

第二节　公司设立

一、公司设立概述

（一）设立公司

公司设立，是指发起人依照法定条件和程序，为组建公司并取得法人资格而必须采取和完成的法律行为。

根据公司法，公司设立分为发起设立和募集设立。

有限公司股东≤50；股份公司发起人≤200（其中有半数以上的发起人在中华人民共和国境内有住所）

1. 有限公司发起设立

发起设立指，公司的全部股份均由发起人自行认购而设立公司的方式。有限公司只能采用发起设立的方式。股份公司可以采用发起设立或募集设立。

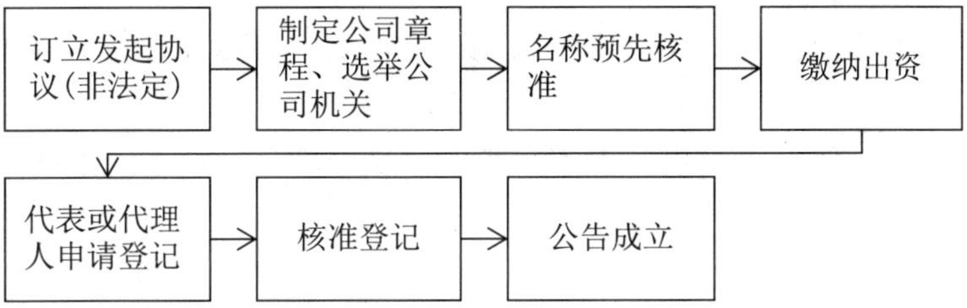

2. 股份公司发起设立

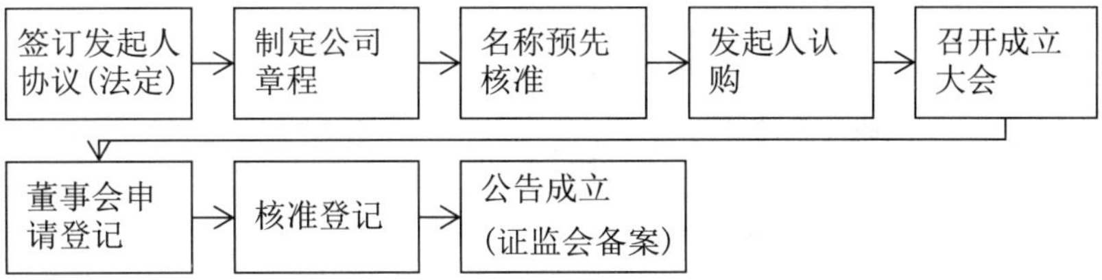

3. 股份公司募集设立[1]

(1) 以募集设立方式设立股份有限公司的，发起人认购的股份不得少于公司章程规定的公司设立时应发行股份总数的35%。

(2) 发起人向社会公开募集股份，应当公告招股说明书，并制作认股书。由认股人填写认购的股份数、金额、住所，并签名或者盖章。

(3) 认股人应当按照所认购股数足额缴纳股款。向社会公开募集股份的股款缴足后，应当经依法设立的验资机构验资并出具证明。

股份公司募集设立的全流程：

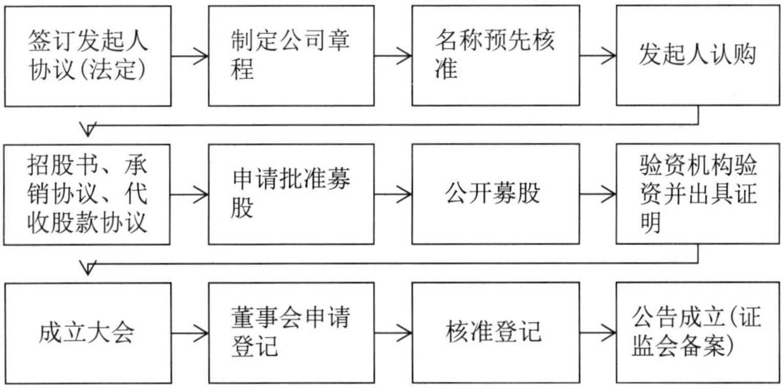

[1] 由于证券法的限制，我国1993年后实际上不存在以募集设立方式设立的公司。

4. 成立大会

募集设立股份有限公司的发起人应当自公司设立时应发行股份的股款缴足之日起30内召开公司成立大会。发起人应当在成立大会召开15日前将会议日期通知各股东或者予以公告。成立大会应当有持有表决权过半数的股东出席，方可举行。

以发起设立方式设立股份有限公司成立大会的召开和表决程序由公司章程或者发起人协议规定。

公司成立大会行使下列职权：①审议发起人关于公司筹办情况的报告；②通过公司章程；③选举董事、监事；④对公司的设立费用进行审核；⑤对发起人用于抵作股款的财产的作价进行审核；⑥发生不可抗力或者经营条件发生重大变化直接影响公司设立的，可以作出不设立公司的决议。

成立大会对前款所列事项作出决议，应当经出席会议的股东所持表决权过半数通过。

5. 设立失败

公司不能成立时，发起人对设立时产生的债务和费用负连带责任；对认股人已缴纳的股款，负返还股款并加算银行同期存款利息的连带责任。

公司设立过程中，由于发起人的过失致使公司利益受到损害的，应当对公司承担赔偿责任。

（二）公司登记

1. 公司设立登记

（1）一般规定

设立公司，应当依法向公司登记机关申请设立登记。法律、行政法规规定设立公司应当报经批准的，应当在公司登记前依法办理批准手续。

（2）申请文件及一次性告知补正

申请设立公司，应当提交设立登记申请书、公司章程等文件，提交的相关材料应当真实、合法和有效。申请材料不齐全或者不符合法定形式的，公司登记机关应当一次性告知需要补正的材料。

（3）公司登记事项

公司登记事项包括：①名称；②住所；③注册资本；④经营范围；⑤法定代表人的姓名；⑥有限责任公司股东、股份有限公司发起人的姓名或者名称。

（4）营业执照

依法设立的公司，由公司登记机关发给公司营业执照。公司营业执照签发日期为公司成立日期。公司营业执照应当载明公司的名称、住所、注册资本、经营范围、法定代表人姓名等事项。公司登记机关可以发给电子营业执照。电子营业执照与纸质营业执照具有同等法律效力。

2. 公司变更登记【新】

公司申请变更登记，应当向公司登记机关提交公司法定代表人签署的变更登记申请书、依法作出的变更决议或者决定等文件。

公司变更法定代表人的，变更登记申请书由变更后的法定代表人签署。

3. 公司注销登记

公司因解散、被宣告破产或者其他法定事由需要终止的，应当依法向公司登记机关申请注销登记，由公司登记机关公告公司终止。

4. 撤销登记

	事项	内容
1	申请条件	提交虚假材料或者采取其他欺诈手段隐瞒重要事实取得市场主体登记的
2	申请主体	受虚假市场主体登记影响的自然人、法人和其他组织可以向登记机关提出撤销市场主体登记的申请
3	调查、公示异议	登记机关受理申请后，应当及时开展调查。经调查认定存在虚假市场主体登记情形的，登记机关应当撤销市场主体登记。 相关市场主体和人员无法联系或者拒不配合的，登记机关可以向社会公示，公示期为 45 日。相关市场主体及其利害关系人在公示期内没有提出异议的，登记机关可以撤销市场主体登记。
4	市场禁入	直接责任人自市场主体登记被撤销之日起 3 年内不得再次申请市场主体登记
5	例外情形	有下列情形之一的，登记机关可以不予撤销市场主体登记： ①撤销市场主体登记可能对社会公共利益造成重大损害 ②撤销市场主体登记后无法恢复到登记前的状态 ③法律、行政法规规定的其他情形

二、发起人及设立中的公司

（一）股东、发起人的概念

股东指公司的出资人，是股份公司或有限公司中持有股份或享有股权的人，有权出席股东会并依法享有资产收益、参与重大决策和选择管理者等权利。

发起人是发起公司的股东们的特称，指依照有关法律规定订立发起人协议，提出设立公司申请，认购公司股份，并对公司设立承担责任的人。

（二）发起人责任★★

1. 公司设立成功

发起人为设立公司以自己名义对外签订合同，合同相对人有权请求该发起人承担合同责任。

公司成立后对前款规定的合同予以确认，或者已经实际享有合同权利或者履行合同义务，合同相对人有权请求公司承担合同责任。

发起人以设立中公司名义对外签订合同，公司成立后合同相对人有权请求公司承担合同责任。

公司成立后有证据证明发起人利用设立中公司的名义为自己的利益与相对人签订合同，公司以此为由主张不承担合同责任的，人民法院应予支持，但相对人为善意的除外。

2. 公司设立失败

公司因故未成立，债权人可以请求全体或者部分发起人对设立公司行为所产生的费用和债务承担连带清偿责任的。

部分发起人依照前款规定承担责任后，有权请求其他发起人按照约定的责任承担比例分担责任；没有约定责任承担比例的，按照约定的出资比例分担责任；没有约定出资比例的，按照均等份额分担责任。

因部分发起人的过错导致公司未成立，其他发起人主张其承担设立行为所产生的费用和债务的，人民法院应当根据过错情况，确定过错一方的责任范围。

3. 侵权责任的分担

发起人因履行公司设立职责造成他人损害，公司成立后受害人有权请求公司承担侵权赔偿责任；公司未成立，受害人有权请求全体发起人承担连带赔偿责任。

公司或者无过错的发起人承担赔偿责任后，可以向有过错的发起人追偿。

⊙［**总结**］发起人责任遵循的思路：合伙+代理

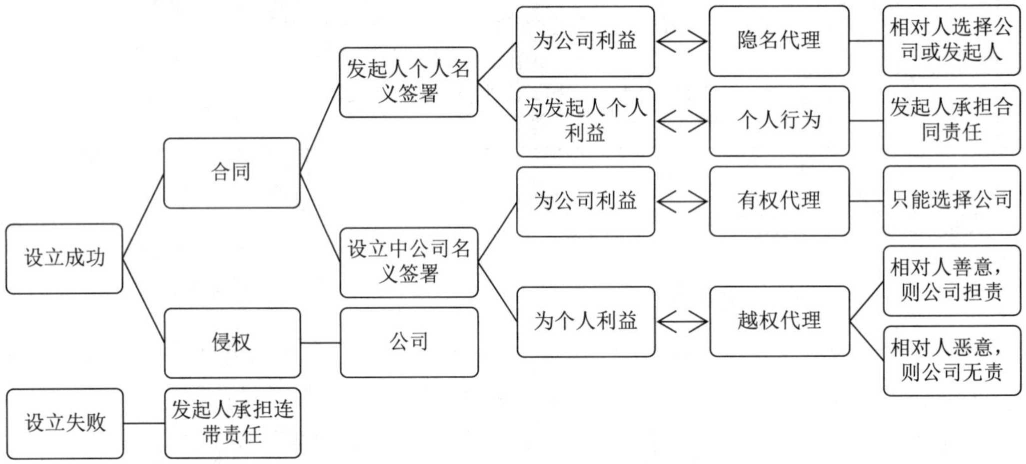

三、股东出资★★★

（一）最低注册资本

组织类型	最低注册资本限额	资本制度
有限公司	无最低注册资本限额	限期认缴资本制
股份公司	无最低注册资本限额	实缴资本制

续表

组织类型	最低注册资本限额	资本制度
商业银行	全国性商业银行：10 亿元 城市合作商业银行：1 亿元 农村商业银行：5000 万元	实缴资本制
证券公司	证券经营、咨询：5000 万元 证券承销等（1 项）：1 亿元 证券承销等（2 项）：5 亿元	实缴资本制
保险公司	2 亿元	实缴资本制

（二）注册资本和限期认缴资本制

1. 注册资本与实缴资本

（1）注册资本指股东投入公司作为公司资本的财产，公司的注册资本需要在公司章程、营业执照、商事登记中载入或登记。

注册资本必须与实缴资本和公司总资产、公司净资产区分开。

注册资本是股东认缴出资的总和，是营业执照的记载事项、公司登记事项。这一个静态的数据，仅能体现公司在成立时的资产情况。例如，一个公司的注册资本为 100 万元，这只能说明该公司成立时有 100 万元。但是 4 年后，这个公司手上的钱既可能高达 1 个亿，因为公司经营很成功；也可能这个公司经营失败，10 年后公司只有 1 万元的财产。

（2）实缴资本，也称为实收资本，指股东实际缴纳的已届出资期限的出资总额，小于等于注册资本，并非营业执照记载事项和公司登记事项。

继续用前面那个例子来表述，该公司注册资本为 100 万元，章程规定成立时股东实缴 20 万元，剩余 80 万元在 5 年后到期。则在公司成立的前 5 年，公司的实缴资本为 20 万元。

公司总资本是会计上的用语，能够反映公司的真实情况。根据会计恒等式，总资产=负债+所有者权益（股东出资+公司经营所得，也称为净资产），是某个时点公司可支配财产状况的反映公司以全部财产（总资产）作为偿债基础。仍拿前面的例子表示，若公司经营得很成功，在公司成立后的第 4 年，公司的总资产为 1.5 亿元，负债为 5000 万元，则公司的净资产为 1 亿元；而此时，公司的注册资本依然为 100 万元，实缴资本依然为 20 万元。

2. 限期认缴资本制

（1）有限责任公司的注册资本为在公司登记机关登记的全体股东认缴的出资额。全体股东认缴的出资额由股东按照公司章程的规定自公司成立之日起5年内缴足。

股份公司实行实缴资本制度。

⊙［总结］请对比实缴制和认缴制的区别：

假设公司于2020年1月1日成立，成立时的注册资本为100万元，在实缴制下，公司成立时股东就应当将100万元的真金白银交付给公司；认缴制下，公司成立时登记的注册资本为100万元，章程可以规定5年后才须实缴，则公司在2020年1月1日至2024年12月31日的5年间，掌握的现金和财物的价值为0，仅享有对股东100万元的债权。

故而，认缴制的本质是，股东以自己对公司负有的债务出资。

⊙［总结］2023年公司法给“老”公司带来的影响：

1. 有限公司：以2024-7-1为界：（1）如出资期限不足5年，不受影响；（2）不足8年，也不受影响；（3）超过8年的，在2024-7-1到2027-6-30选一个黄道吉日，修正章程调整为5年以内。

2. 股份公司：以2024-7-1为界：（1）如出资期限还有不足3年的，不受影响；（2）在2024-7-1到2027-6-30选一个黄道吉日，缴纳。

（2）表决权的行使★★

股东认缴的出资未届履行期限，对未缴纳部分的出资是否享有以及如何行使表决权等问题，应当根据公司章程来确定。公司章程没有规定的，应当按照认缴出资的比例确定。如果股东会作出不按认缴出资比例而按实际出资比例或者其他标准确定表决权的决议，股东请求确认决议无效的，人民法院应当审查该决议是否符合修改公司章程所要求的表决程序，即必须经代表三分之二以上表决权的股东通过。符合的，人民法院不予支持；反之，则依法予以支持。

（3）财产性利益按实缴比例行使

有限公司增加资本时，股东在同等条件下有权优先按照实缴的出资比例认缴出资。但是，全体股东约定不按照出资比例优先认缴出资的除外。

有限公司按照股东实缴的出资比例分配利润，全体股东约定不按照出资比例分配利润的除外。

公司财产在分别支付清算费用、职工的工资、社会保险费用和法定补偿金，缴纳所欠税款，清偿公司债务后的剩余财产，有限责任公司按照股东的出资比例分配，股份有限公司按照股东持有的股份比例分配。

⊙［总结］实缴比例与认缴比例行权：

表决权：按认缴比例行权（除非改章程）

“新剩利”（新股认购权、剩余财产分配请求权、分红权）：按实缴比例行权（除非全体股东另有约定）

3. 认缴资本的加速到期【新】★★★

（1）清算型加速到期：如果公司破产或解散等情形下，股东与公司约定的期限利益不能继续保护，股东须提前向公司履行出资义务。

（2）非清算型加速到期：公司不能清偿到期债务的，公司或者已到期债权的债权人有权要求已认缴出资但未届缴资期限的股东提前缴纳出资。

⊙［**总结**］目前，我国同时采用授权资本制和法定资本制，还采用限期认缴制，致使我国公司的注册资本金非常复杂。

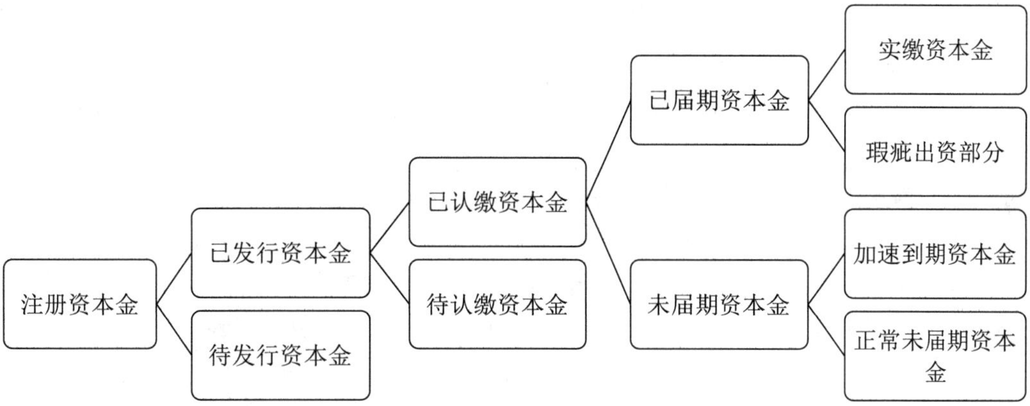

（三）出资形式★★★

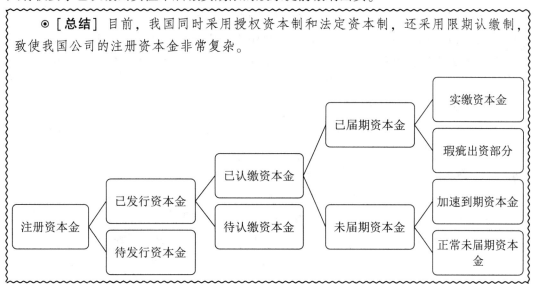

⊙［**制度价值**］钱是公司经营的基础，公司的起步资金来源于股东出资，而股东的主要义务就是出资。出资讲求一个“实”字，公司的资金应当与记载的资本相一致，这是公司行走“江湖”的立身之本。

1. 出资形式概述

股东可以用货币出资，也可以用实物、知识产权、土地使用权、股权、债权等可以用货币估价并可以依法转让的非货币财产作价出资；但是，法律、行政法规规定不得作为出资的财产除外。

对作为出资的非货币财产应当评估作价，核实财产，不得高估或者低估作价。法律、行政法规对评估作价有规定的，从其规定。

劳务、信用、自然人姓名、商誉、特许经营权、设定担保的财产〔1〕不得用于出资。

2. 货币出资

这里的货币既包括本币，也包括外币。股东以货币出资的，应当将货币足额存入公司在银行开设的账户。

---

〔1〕以设定担保的财产出资，认定为出资有瑕疵，人民法院可责令出资人在指定的合理期限内将担保解除，如果出资人按期补正，则出资合法有效，逾期未补正的，认定为股东未履行出资义务。

由于货币采“占有即所有”原则，故而股东出资货币的来源不受限制。股东以贪污、受贿、侵占、挪用等违法犯罪所得的货币出资后取得股权的，出资行为合法有效，相关资金转为公司的独立财产。此时，对股东的违法犯罪行为予以追究、处罚时，应当采取拍卖或者变卖股权的方式予以处置，而不能直接执行公司的资金。

3. 实物出资应当依法评估作价

出资人以非货币财产出资，应当依法如实评估作价。

出资人以非货币财产出资，未依法评估作价，公司、其他股东或者公司债权人请求认定出资人未履行出资义务的，人民法院应当委托具有合法资格的评估机构对该财产评估作价。评估确定的价额显著低于公司章程所定价额的，人民法院应当认定出资人未依法全面履行出资义务。

出资人以符合法定条件的非货币财产出资后，因市场变化或者其他客观因素导致出资财产贬值，不能认定为没有全面履行出资义务，但是，当事人另有约定的除外。

4. 以房屋、土地使用权或者需要办理权属登记的知识产权等财产出资

（1）已经交付公司使用但未办理权属变更手续，应当在指定的合理期间内办理权属变更手续；在前述期间内办理了权属变更手续的，认定其已经完全履行了出资义务；出资人可主张自其实际交付财产给公司使用时起享有相应的股东权利。

（2）已经办理权属变更手续但未交付给公司使用，应当向公司交付，在实际交付之前不享有相应的股东权利。

⊙［例］1. 股东以房屋所有权出资，于2023年1月1日交付给公司使用，但6月1日才办理过户登记，该股东自1月1日起享有相应的股东权利。

2. 股东以房屋所有权出资，于2023年1月1日过户给公司，但6月1日才交付给公司使用，该股东自6月1日起享有相应的股东权利。

5. 土地使用权出资

（1）出资人应当以“出让”土地使用权出资。出资人以划拨土地使用权出资的，或者以设定权利负担的土地使用权出资，公司、其他股东或者公司债权人主张认定出资人未履行出资义务的，人民法院应当责令当事人在指定的合理期间内办理土地变更手续；逾期未办理的，人民法院应当认定出资人未依法全面履行出资义务。

（2）出资人不得以设立权利负担的土地使用权出资。出资人以设定权利负担的土地使用权出资，公司、其他股东或者公司债权人主张认定出资人未履行出资义务的，人民法院应当责令当事人在指定的合理期间内解除权利负担；逾期未解除的，人民法院应当认定出资人未依法全面履行出资义务。

6. 以股权出资

出资人以其他公司股权出资，符合下列条件的，人民法院应当认定出资人已履行出资义务：

（1）出资的股权由出资人合法持有并依法可以转让；

（2）出资的股权无权利瑕疵或者权利负担；

(3) 出资人已履行关于股权转让的法定手续；

(4) 出资的股权已依法进行了价值评估。

股权出资不符合前三项的规定，公司、其他股东或者公司债权人请求认定出资人未履行出资义务的，人民法院应当责令该出资人在指定的合理期间内采取补正措施，以符合上述条件；逾期未补正的，人民法院应当认定其未依法全面履行出资义务。

股权出资不符合本条第四项的规定，公司、其他股东或者公司债权人请求认定出资人未履行出资义务的，人民法院应当按照非货币出资未依法评估作价规定处理。

⊙ **[例]** 甲是A公司（注册资本为1000万元）持股10%的股东。甲将A公司10%的股权作价1000万元，出资到B公司（注册资本2000万元），占股50%。

情形一：A公司是刚上市的公司，甲所持有的股票仍在限售期，依法被限制转让。此时，B公司和B公司其他股东、B公司债权人可以认定甲未履行出资义务。甲应当在限售期届满后，将A公司股票出资到B公司（本质上是转让），此时甲的出资行为得到补正。或者因各种原因无法等到限售期届满的，由甲承担未完全履行出资义务的责任。

情形二：后查明，甲在担任A公司股东期间，应对A公司出资100万元，但只出资70万元，仍有30万元的到期出资尚未缴纳。此时，甲应当对A公司补足30万元的出资，并缴纳利息，否则甲既未完全履行对A公司的出资义务，也未完全履行对B公司的出资义务。

情形三：甲以A公司股权出资到B公司的行为，本质上是股权转让，因此A公司的股东乙有优先购买权。甲侵犯乙的优先购买权，在未通知乙的情况下，直接将A公司股权出资到B公司。乙有权在法定期限内行使优先购买权，若乙行使优先购买权，甲就无法以A公司股权出资，此时应对B公司承担瑕疵出资责任。

情形四：甲在出资时未依法如实评估，实际上A公司10%的股权只值700万元，此时甲应当对B公司承担差额（300万元）及利息的补足责任。

7. 以债权出资

债权可以用货币估价并依法可以转让，是合法的出资形式。债权出资的方式由两种：

(1) 债转股，即目标公司与特定债权人在不损害其他债权人的前提下，达成合意，约定将目标公司的债权人转换为目标公司的股东，该债权人对目标公司的债权变成股东对目标公司的股本投资。

(2) 债权让与，指股东以其对第三方的债权作为股权出资。此时，以债权出资，本质上就是债权让与，应符合民法上的相关规定。[1]

---

[1] 《民法典》第545条 债权人可以将债权的全部或者部分转让给第三人，但是有下列情形之一的除外：(一) 根据债权性质不得转让；(二) 按照当事人约定不得转让；(三) 依照法律规定不得转让。当事人约定非金钱债权不得转让的，不得对抗善意第三人。当事人约定金钱债权不得转让的，不得对抗第三人。《民法典》第546条 债权人转让债权，未通知债务人的，该转让对债务人不发生效力。债权转让的通知不得撤销，但是经受让人同意的除外。

⊙ [例] 甲对A公司享有100万元的债权，A公司到期后无法偿还。甲认为A公司虽然暂时面临财务困难，但有发展潜力，因此愿意将债权转化为股权。

具体的操作上，只要甲和A公司协商一致，甲可以将100万元债权转化为100万元注册资本。A公司（已有注册资本200万元）增加100万元的注册资本，增加注册资本后A公司的注册资本为300万元，甲持有其中的100万元注册资本。A公司获得了对自己100万元的债权，此时发生民法上的混同，该债权消灭。

8. 以不享有处分权的财产出资

出资人以不享有处分权的财产出资，当事人之间对于出资行为效力产生争议的，人民法院以“善意取得”的规定予以认定。[1]

⊙ [例] 张三将一台电脑作价5000元作为出资，与李四、王五共同设立公司。实则该电脑是张三从马六处借来，张三并无所有权，张三用电脑出资的行为属于无权处分。

情形1：若无其他案情细节，应推定公司对此不知情，按照善意取得制度，公司取得该电脑，张三出资合法有效。马六有权请求张三就电脑的损失作损害赔偿。

情形2：若张三是公司的关键人物，比如张三在公司担任董事、高管或法定代表人等，则推定公司知情，公司无法善意取得该电脑，马六可以直接追回电脑，张三没有履行出资义务，应承担补足出资等法律责任。

（四）瑕疵出资责任★★★

⊙ **[制度价值]** 股东未履行或者未全面履行出资义务，性质上属于对公司的违约，因此从民法基本原理出发，公司可以要求：一是继续履行，即股东补足出资；二是要求赔偿损失，这与继续履行并不矛盾；三是在股东根本违约的情况下，解除合同，即将股东除权。

瑕疵出资具体包括三种情形：一是完全没有缴纳任何到期出资；二是虽然缴纳了全部到期出资，但并非按期缴纳，而是延期缴纳；三是缴纳了部分，但是仍有部分到期出资尚未缴纳。后者又包括两种情况：一是以货币出资的，只缴纳部分数额，仍有部分数额的货币未缴纳；二是以非货币形式出资，核查后发现出资的非货币财产的实际价额显著低于所认缴的出资额。

1. 股东的内部责任

股东未履行或者未全面履行出资义务，在性质上属于违约之债。公司或者其他股东有权请求瑕疵出资的股东向公司依法全面履行出资义务，董事、监事、高级管理人

[1] 善意取得（《民法典》第311条）：无处分权人将不动产或者动产转让给受让人的，所有权人有权追回；除法律另有规定外，符合下列情形的，受让人取得该不动产或者动产的所有权：（一）受让人受让该不动产或者动产时是善意；（二）以合理的价格转让；（三）转让的不动产或者动产依照法律规定应当登记的已经登记，不需要登记的已经交付给受让人。受让人依据前款规定取得不动产或者动产的所有权的原所有权人有权向无处分权人请求损害赔偿。当事人善意取得其他物权的，参照适用前两款规定。

员有责任要求该股东依法全面履行出资义务。

（1）董事会催缴【新】

有限公司成立后，董事会应当对股东的出资情况进行核查，发现股东未按期足额缴纳公司章程规定的出资的，应当向该股东发出书面催缴书，催缴出资。

董事会未履行前款规定的义务，给公司造成损失的，负有责任的董事应当承担赔偿责任。

发出书面催缴书催缴出资，可以载明缴纳出资的宽限期；宽限期自公司发出催缴书之日起，不得少于60日。

（2）补足出资

有限公司设立时，股东未按照公司章程规定足额缴纳出资，或者作为出资的非货币财产的实际价额显著低于所认缴的出资额的，应当由该股东补足其差额，设立时的其他股东承担连带责任。

董事、监事、高级管理人员知道或者应当知道设立时的股东有前款规定行为未采取必要措施，给公司造成损失的，应当承担赔偿责任。

（3）财产性权利受限

股东未履行或者未全面履行出资义务或者抽逃出资，公司根据公司章程或者股东会决议对其利润分配请求权、新股优先认购权、剩余财产分配请求权等股东权利作出相应的合理限制，该股东请求认定该限制无效的，人民法院不予支持。

（4）失权【新】

宽限期届满，股东仍未履行出资义务的，公司（董事会决议）可以向该股东发出失权通知，通知应当以书面形式发出，自通知发出之日起，该股东丧失其未缴纳出资的股权。

依照前款规定丧失的股权应当依法转让，或者相应减少注册资本并注销该股权；六个月内未转让或者注销的，由公司其他股东按照其出资比例足额缴纳相应出资。

⊙［**总结**］失权的流程：股东不履行或不完全履行出资义务→公司催缴（60日以上宽限期）→股东依然不缴纳→董事会决议（按照未缴比例失权）→股东失去股权（也不再需要出资、但需承担赔偿责任）→转让或注销（6个月内）→未转让或注销的，其他股东按比例出资。

2. 股东对债权人责任

⊙［**制度价值**］股东对公司违约，未履行或未完全履行出资义务，原则上受债之相对性的限制，无须对公司债权人负责。但是，在公司无法偿付公司债权人债权的情况下，考虑到公司往往在股东控制之下，公司会怠于向股东行使债权（即及时催缴），为了保障公司债权人的利益，必须赋予债权人以代位权。

（1）股东对公司债务承担补充赔偿责任

公司债权人请求未履行或者未全面履行出资义务的股东在未出资本息范围内对公

司债务不能清偿的部分承担补充赔偿责任的，人民法院应予支持；未履行或者未全面履行出资义务的股东已经承担上述责任，其他债权人提出相同请求的，人民法院不予支持。

（2）设立时瑕疵出资，发起人之间的连带责任【新】

股东在公司设立时未履行或者未全面履行出资义务，债权人有权请求公司的发起人与被告股东承担连带责任的；公司的发起人承担责任后，可以向被告股东追偿。

（3）董事、高管承担失职责任

股东在公司增资时未履行或者未全面履行出资义务，债权人有权请求未尽信义义务而使出资未缴足的董事、高级管理人员承担相应责任；董事、高级管理人员承担责任后，可以向被告股东追偿。

⊙［**总结**］补充赔偿责任的特点：

1. 劣后性：公司债务首先由公司清偿，对其不能清偿的部分，才能请求股东承担责任。

2. 有限性：股东向公司债权人承担赔偿责任的范围以股东未履行出资义务的本息范围为限。

补充责任与连带责任的区别：

1. 连带责任，债权人可以同时向债务人A和B主张全部债权，且A和B都没有先诉抗辩权。

2. 补充责任：债权人应当先请求主债务人A，对于A不能清偿的部分，才能请求B。

3. 受让人责任【新】

（1）受让未届期出资的受让人责任★★★

股东出资未届认缴期限的，出资无瑕疵，因此股东可以转让其股权。转让未届认缴期限的出资，由受让人承担出资义务，转让人承担补充责任。

（2）受让瑕疵出资股权的受让人责任

未按照公司章程规定的出资日期缴纳出资或者作为出资的非货币财产的实际价额显著低于所认缴的出资额的股东转让股权的，转让人与受让人在出资不足的范围内承担连带责任；受让人不知道且不应当知道存在上述情形的，由转让人承担责任。

受让人根据前款规定承担责任后，向该未履行或者未全面履行出资义务的股东追偿的，人民法院应予支持。但是，当事人另有约定的除外。

4. 追缴瑕疵出资不受诉讼时效限制

公司股东未履行或者未全面履行出资义务或者抽逃出资，公司或者其他股东请求其向公司全面履行出资义务或者返还出资，被告股东以诉讼时效为由进行抗辩的，人民法院不予支持。

公司债权人的债权未过诉讼时效期间，请求未履行或者未全面履行出资义务或者抽逃出资的股东承担赔偿责任，被告股东以出资义务或者返还出资义务超过诉讼时效期间为由进行抗辩的，人民法院不予支持。

5. 证明标准

当事人之间对是否已履行出资义务发生争议，原告提供对股东履行出资义务产生合理怀疑证据的，被告股东应当就其已履行出资义务承担举证责任。

⊙［总结］

人员类型	对公司责任	对公司债权人责任
行为股东	①补足出资（本息）+赔偿损失 ②新、剩、利按实缴比例分配 ③不补缴的，失权	补充赔偿责任
发起人	对设立时的出资，互相之间承担连带责任；担责后可追偿	
董监高	未催缴的，对公司损害赔偿	未催缴的，对债权人承担相应责任
受让人	知道或者应当知道瑕疵出资的，连带责任；担责后可追偿	

［例］

	认缴总额		分期认缴额		实缴额	
	甲	乙	甲	乙	甲	乙
2020. 1. 1	200	100	100	50	100	50（实物）
2020. 6. 1	200	100	50	30	0	30
2020. 12. 1	200	100	50	20	0	20
总额	300		300		200	
占比	66. 7%	33. 3%	66. 7%	33. 3%	50%	50%

回答以下问题：[1]

1. 2020. 2. 1 甲、乙的状态

2. 2020. 3. 1 甲将自己全部股权出让给丙

[1] 答案：

1. 2020. 2. 1 甲、乙的状态——无瑕疵

2. 2020. 3. 1 甲将自己全部股权出让给丙——丙承担实缴义务，甲承担补充责任

3. 2020. 4. 1 公司无法偿还款项达 200 万，甲乙之责任——加速到期

4. 2020. 7. 1 甲、乙的状态——甲未履行出资义务，公司可催缴，乙连带

5. 2020. 8. 1 甲将自己全部股权出让给丙——丙在知道或应知范围内承担范围内，承担连带责任

6. 后查出乙出资的实物，实际价值为 30 万——公司应催缴，甲乙承担连带责任

3. 2020. 4. 1 公司无法偿还款项达200万，甲乙之责任

4. 2020. 7. 1 甲、乙的状态

5. 2020. 8. 1 甲将自己全部股权出让给丙

6. 后查出乙出资的实物，实际价值为30万

（五）抽逃出资

1. 抽逃出资的行为表现

公司成立后，公司、股东或者公司债权人以相关股东的行为符合下列情形之一且损害公司权益为由，请求认定该股东抽逃出资的，人民法院应予支持：

（1）制作虚假财务会计报表虚增利润进行分配；

（2）通过虚构债权债务关系将其出资转出；

（3）利用关联交易将出资转出；

（4）其他未经法定程序将出资抽回的行为。

2. 抽逃出资的责任

（1）抽逃行为人对公司返还，对债权人补充赔偿

股东抽逃出资的，应当向公司返还出资本息，对公司不能清偿的债务，抽逃出资的股东在抽逃出资本息范围内承担补充赔偿责任；抽逃出资的股东已经承担上述责任，其他债权人提出相同请求的，人民法院不予支持。

（2）“帮凶”连带

协助抽逃出资的其他股东、董事、高级管理人员或实际控制人承担连带责任。

第三节　股东资格与股东权利

一、股东资格

（一）股东确认之诉

1. 公司法对股东并无行为能力的要求，限制民事行为能力人和无民事行为能力人均可成为公司股东。

2. 记载于股东名册的股东，可以依股东名册主张行使股东权利。

股东转让其股权的，应当书面通知公司，请求变更股东名册，需要办理变更登记的并请求公司向公司登记机关办理变更登记。

公司拒绝或者在合理期限内不予答复的，转让人、受让人可以依法向人民法院提起诉讼。当事人向人民法院起诉请求确认其股东资格的，应当以公司为被告，与案件争议股权有利害关系的人作为第三人参加诉讼。

当事人之间对股权归属发生争议，一方请求人民法院确认其享有股权的，应当证明以下事实之一：

（1）已经依法向公司出资或者认缴出资，且不违反法律法规强制性规定；

（2）已经受让或者以其他形式继受公司股权，且不违反法律法规强制性规定。

（二）股东资格的证明

在司法实践中，股东资格的证据是多种多样的。其中比较重要的文件有：

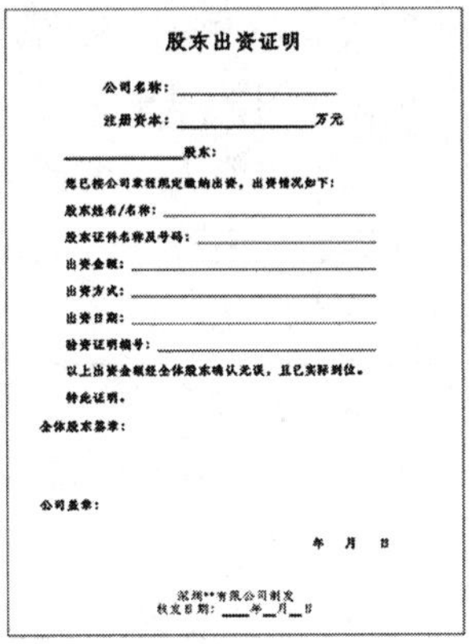
股东出资证明

公司名称：________

注册资本：________万元

________股东：

您已按公司章程规定缴纳出资，出资情况如下：

股东姓名/名称：________

股东证件名称及号码：________

出资金额：________

出资方式：________

出资日期：________

验资证明编号：________

以上出资金额经全体股东确认无误，且已实际到位。

特此证明。

全体股东签章：

公司盖章：

年　月　日

深圳**有限公司制发

核发日期：____年__月__日

1. 出资证明书。有限责任公司成立后，应当向股东签发出资证明书，记载下列事项：公司名称；公司成立日期；公司注册资本；股东的姓名或者名称、认缴和实缴的出资额、出资方式和出资日期；出资证明书的编号和核发日期。出资证明书由法定代表人签名，并由公司盖章。

2. 股东名册。有限责任公司应当置备股东名册，记载下列事项：股东的姓名或者名称及住所；股东认缴和实缴的出资额、出资方式和出资日期；出资证明书编号；取得和丧失股东资格的日期。记载于股东名册的股东，可以依股东名册主张行使股东权利。

XXXXXXXXXX 公司股东名册

序号	姓名/名称	证件名称	证件号码	住所	出资额（万元）	出资证明书编号	备注
1							
2							
3							
4							
5							

备注：1、记载于股东名册的股东，可以依股东名册主张行使股东权利；

2、公司应当将股东的姓名或者名称向公司登记机关登记；登记事项发生变更的，应当办理变更登记，未经登记或者变更登记的，不得对抗第三人。

XXXXXXXXXX 公司（盖章）

3. 章程。有限责任公司章程应当载明的事项包括股东的姓名或者名称。

4. 商事登记。公司登记事项包括有限责任公司股东、股份有限公司发起人的姓名或者名称。公司登记机关应当将前款规定的公司登记事项通过统一的企业信息公示系统向社会公示。

除此之外，还有其他材料，比如：发起人协议；公司会议通知；股东会会议记录、签到表；银行转账记录（表明股东出资或收到过分红）；股权转让协议等。

大致而言，股东名册是公司内部股东身份或资格的法定证明文件。记载于股东名册的股东，可以依股东名册主张行使股东权利。

商事登记的股东具有推定效力，外部事项以商事登记的股东为准。股东名册已经变更，但是商事登记尚未登记的，公司不得以股东名册的记载对抗信任商事登记的善意第三人。

（三）名义股东与实际出资人纠纷★★

1. 相关概念

代持协议：有限公司的实际出资人与名义出资人订立的合同，约定由实际出资人出资并享有投资权益，以名义出资人为名义股东。

名义股东，也称显名股东，是指登记于股东名册及公司登记机关的登记文件中，但事实上并没有真实向公司出资，并且也不会向公司出资的人。从形式上而言，名义股东是公司的股东，享有股东权利，承担股东义务。

实际出资人，也被不准确地称为隐名股东，是向公司履行了实际的出资义务，但是其姓名或名称并未记载于公司股东名册及公司登记机关的登记文件中的人。实际出资人没有股东身份，没有直接的股东权利或义务。

⊙ **[总结]** 对于名义股东与实际出资人的纠纷，可以从以下几个方面理解：

1. 谁是股东？——名义股东
2. 实际出资人的权利？——对名义股东行使合同权利
3. 名义股东是否可以转让股权？——可以
4. 出资人义务由谁承担？——名义股东
5. 实际出资人可否成为股东？——可以，必须要证明：①实际出资；②半数以上其他股东同意

2. 名义股东与实际出资人的关系

（1）投资收益最终由实际出资人享有

实际出资人与名义股东因投资权益的归属发生争议，实际出资人以其实际履行了出资义务为由向名义股东主张权利的，人民法院应予支持。名义股东以公司股东名册记载、公司登记机关登记为由否认实际出资人权利的，人民法院不予支持。

（2）出资最终应由实际出资人缴纳

实际出资人根据代持协议将出资款交付名义股东，名义股东再以自己的名义缴纳至公司。

3. 名义股东与公司、公司债权人、受让人的关系

（1）名义股东是公司的股东

名义股东享有股东权，享有盈余分配请求权、投票权等权利。同时，名义股东也应当对公司尽到股东出资义务。

（2）名义股东对债权人承担补充赔偿责任

实际出资人没有交付出资款，导致名义股东无法缴纳出资的，名义股东是瑕疵出资的责任人，应当对公司债权人承担补充赔偿责任。

（3）名义股东处分股权构成“无权处分”

名义股东将登记于其名下的股权转让、质押或者以其他方式处分的，应当定性为“无权处分”。[1]

名义股东将登记于其名下的股权转让、质押或者以其他方式处分，实际出资人以

[1] 本处之所以规定为“无权处分”，不是因为名义股东不是股东，而是因为名义股东肩负着对实际出资人的义务，由于处分股权是违约的，故而构成无权处分。参见刘贵祥：《关于新公司法适用中的若干问题（上）》，《法律适用》2024 年第 6 期。

其对于股权享有实际权利为由，请求认定处分股权行为无效的，人民法院可以参照民法典第三百一十一条的规定处理。

名义股东处分股权造成实际出资人损失，实际出资人请求名义股东承担赔偿责任的，人民法院应予支持。

4. 实际出资人的显名化

（1）实际出资人应当得到公司其他股东半数以上同意。实际出资人未得到半数以上同意，即请求公司变更股东、签发出资证明书、记载于股东名册、记载于公司章程并向公司登记机关办理登记的，人民法院不予支持。

（2）其他股东的同意可以是默示的。实际出资人能够提供证据证明有限责任公司过半数的其他股东知道其实际出资的事实，且对其实际行使股东权利未曾提出异议的，对实际出资人提出的登记为公司股东的请求，人民法院依法予以支持。

（四）冒名股东

1. 冒名股东的定义及特点

冒名股东是指冒用他人名义出资并将该他人作为股东在公司登记机关登记，被冒名人对此不知情。

冒名股东与代持制度的不同之处在于，实际股东与名义股东之间存在代持协议，对股东权利的归属、名义的使用达成合意，而冒名股东完全未告知被冒名主体，双方没有形成合意。

2. 冒名人的责任

冒用他人名义出资并将该他人作为股东在公司登记机关登记的，冒名登记行为人应当承担相应责任。

公司、其他股东或者公司债权人以未履行出资义务为由，请求被冒名登记为股东的承担补足出资责任或者对公司债务不能清偿部分的赔偿责任的，人民法院不予支持。

（五）股权让与担保（“明股实债”）★★★

⊙［**制度价值**］实践中，经常发生大股东向债权人借款，并以有限公司股权作为质押物的情形。如甲是持股70%A公司股权的大股东，该公司估值为1亿元。甲向乙借款5000万元，借款期限2年，到期后本息共6000万元，并以A公司70%股权为质押物。乙担心甲事后掏空A公司，使得自己手中的质押物一文不值，故而实践中发展出以下操作：

甲将A公司70%股权以5000万元的价格转让给乙，同时约定，2年后，甲有权以6000万元的价格回购乙手中A公司70%股权。这样的操作效果上和前述的借款是一致的。

问题接踵而至：（1）如果到期后，甲没有偿还6000万元，乙是否就可以心安得理地占有该股权？（2）如果在此期间，A公司债权人发现甲当初瑕疵出资，可否要求受让人乙承担责任？

对此，最高院的观点是，前述合同，名为股权转让合同，实为借款合同+担保合同，根据实质大于形式的审判原则，应当将该合同定义为借款合同+担保合同。故而，双方约定，2年后甲不还款，乙就享有A公司股权的约定无效（即乙没有对该笔股权的“所有权”），但乙可以就A公司股权的折价、拍卖或变卖所得享有优先受偿权（即乙享有“担保物权”）。

1. 转移股权登记，同时约定不还债时债权人优先受偿——有效

债务人或者第三人与债权人约定将财产形式上转移至债权人名下，债务人不履行到期债务，债权人有权对财产折价或者以拍卖、变卖该财产所得价款偿还债务的，人民法院应当认定该约定有效。当事人已经完成财产权利变动的公示，债务人不履行到期债务，债权人请求参照民法典关于担保物权的有关规定就该财产优先受偿的，人民法院应予支持。

2. 转移股权登记，同时约定不还债时债权人取得所有权——无效

债务人或者第三人与债权人约定将财产形式上转移至债权人名下，债务人不履行到期债务，财产归债权人所有的，人民法院应当认定该约定无效，但是不影响当事人有关提供担保的意思表示的效力。当事人已经完成财产权利变动的公示，债务人不履行到期债务，债权人请求对该财产享有所有权的，人民法院不予支持。

债权人请求参照民法典关于担保物权的规定对财产折价或者以拍卖、变卖该财产所得的价款优先受偿的，人民法院应予支持；债务人履行债务后请求返还财产，或者请求对财产折价或者以拍卖、变卖所得的价款清偿债务的，人民法院应予支持。

3. 约定回购的，若债务人不能回购，债权人仅享有优先受偿权

债务人与债权人约定将财产转移至债权人名下，在一定期间后再由债务人或者其指定的第三人以交易本金加上溢价款回购，债务人到期不履行回购义务，财产归债权人所有的，人民法院应当认定该约定无效，但是不影响当事人有关提供担保的意思表示的效力。当事人已经完成财产权利变动的公示，债务人不履行到期债务，债权人请求对该财产享有所有权的，人民法院不予支持。

4. “明股实债”中的受让人，不承担股东责任

股东以将其股权转移至债权人名下的方式为债务履行提供担保，公司或者公司的债权人以股东未履行或者未全面履行出资义务、抽逃出资等为由，请求作为名义股东的债权人与股东承担连带责任的，人民法院不予支持。

二、股权转让

（一）有限公司股权的转让【新】★★★

1. 内部转让

有限责任公司的股东之间可以相互转让其全部或者部分股权。

2. 对外转让

股东向股东以外的人转让股权的，应当将股权转让的数量、价格、支付方式和期限等事项书面通知其他股东，其他股东在同等条件下有优先购买权。股东自接到书面通知之日起30日内未答复的，视为放弃优先购买权。两个以上股东行使优先购买权的，协商确定各自的购买比例；协商不成的，按照转让时各自的出资比例行使优先购买权。

公司章程对股权转让另有规定的，从其规定。

3. 强制执行

人民法院依照法律规定的强制执行程序转让股东的股权时，应当通知公司及全体股东，其他股东在同等条件下有优先购买权。其他股东自人民法院通知之日起满20日不行使优先购买权的，视为放弃优先购买权。

4. 公司配合变更的义务【新】

（1）公司变更股东名册：转让股权后，公司应当及时注销原股东的出资证明书，向新股东签发出资证明书，并相应修改公司章程和股东名册中有关股东及其出资额的记载。对公司章程的该项修改不需再由股东会表决。

（2）公司变更登记：股东转让其股权的，应当书面通知公司，请求变更股东名册，需要办理变更登记的并请求公司向公司登记机关办理变更登记。公司拒绝或者在合理期限内不予答复的，转让人、受让人可以依法向人民法院提起诉讼。

（3）股权转让的，受让人自记载于股东名册时起向公司主张行使股东权利。

5. 继承

自然人股东死亡后，其合法继承人可以继承股东资格；但是，公司章程另有规定的除外。

（二）股份公司股份的转让

1. 自由转让

股份有限公司的股东持有的股份可以向其他股东转让，也可以向股东以外的人转让；公司章程规定转让受限的股份，其转让按照公司章程的规定。

2. 转让方式

股东转让其股份，应当在依法设立的证券交易场所进行或者按照国务院规定的其他方式进行。

股票的转让，由股东以背书方式或者法律、行政法规规定的其他方式进行；转让后由公司将受让人的姓名或者名称及住所记载于股东名册。

股东会召开前20日内或者公司决定分配股利的基准日前5日内，不得变更股东名册。法律、行政法规或者国务院证券监督管理机构对上市公司股东名册变更另有规定的，从其规定。

3. “老股”限售

公司公开发行股份前已发行的股份，自公司股票在证券交易所上市交易之日起1

年内不得转让。法律、行政法规或者国务院证券监督管理机构对上市公司的股东、实际控制人转让其所持有的本公司股份另有规定的，从其规定（3 年）。

4. 董监高限售

公司董事、监事、高级管理人员应当向公司申报所持有的本公司的股份及其变动情况，在就任时确定的任职期间每年转让的股份不得超过其所持有本公司股份总数的 25%。

董事、监事、高级管理人员所持本公司股份自公司股票上市交易之日起 1 年内不得转让。上述人员离职后半年内，不得转让其所持有的本公司股份。公司章程可以对公司董事、监事、高级管理人员转让其所持有的本公司股份作出其他限制性规定。

5. 限售股的出质

股票在法律、行政法规规定的限制转让期限内出质的，质权人不得在限制转让期限内行使质权。

（三）有限公司股东优先购买权★★★

⊙ **[制度价值]** 股东为何要侵犯其他股东优先购买权？甲、乙、丙是 A 公司的股东，甲持有 60%股权，并且担任公司法定代表人。甲考上公务员，不能继续当股东，但是由于 A 公司效益很好，甲只想卖给自己的弟弟小甲。6 月 1 日，甲与小甲签订股权转让协议。当天，甲伪造股东会决议，在当地市监局完成登记，小甲成为 A 公司 60%股权的股东。

1. 同等条件

（1）通知的形式

转让股东应当向其他股东以书面或者其他能够确认收悉的合理方式通知转让股权的同等条件。

（2）“同等条件”应当考虑转让股权的数量、价格、支付方式及期限等因素。

2. 优先购买权的行权期限

有限责任公司的股东主张优先购买转让股权的，应当在收到通知后，在规定的时间内购买，通知确定的期间短于 30 日或者未明确行使期间的，行使期间为 30 日。

3. 后悔权

有限责任公司的转让股东，在其他股东主张优先购买后又不同意转让股权的，对其他股东优先购买的主张，人民法院不予支持，但公司章程另有规定或者全体股东另有约定的除外。其他股东主张转让股东赔偿其损失合理的，人民法院应当予以支持。

4. 优先购买权的诉讼

（1）即使股权已经完成变更手续，其他股东依然可以行使优先购买权

有限责任公司的股东向股东以外的人转让股权，以欺诈、恶意串通等手段，损害其他股东优先购买权，其他股东主张按照同等条件购买该转让股权的，人民法院应当予以支持。

（2）除斥期间

但其他股东自知道或者应当知道行使优先购买权的同等条件之日起 30 日内没有主张，或者自股权变更登记之日起超过 1 年的除外。

（3）不得仅主张优先购买权受损

其他股东仅提出确认股权转让合同及股权变动效力等请求，未同时主张按照同等条件购买转让股权的，人民法院不予支持，但其他股东非因自身原因导致无法行使优先购买权，请求损害赔偿的除外。

5. 股权转让合同不因未通知其他股东或侵害其他股东优先购买权而无效或可撤销

股权转让合同如无其他影响合同效力的事由，应当认定有效。

其他股东行使优先购买权的，虽然股东以外的股权受让人关于继续履行股权转让合同的请求不能得到支持，但不影响其依约请求转让股东承担相应的违约责任。

三、知情权

知情权是股东行使权利的前提和基础，是股东的固有权，不得被剥夺。因此，公司章程、股东之间的协议等可以适当限制知情权的行使，但不得实质性剥夺股东查阅或者复制公司文件材料的权利。

曾经有限公司股东的知情权比之股份公司股东的知情权更加丰富和深入，新公司法赋予二者类似的知情权，是一种立法进步。

（一）查阅、复制非敏感材料

股东有权查阅、复制公司章程、股东名册、股东会会议记录、董事会会议决议、监事会会议决议和财务会计报告。

（二）查阅敏感材料★★★

股东可以要求查阅公司会计账簿、会计凭证。股东要求查阅公司会计账簿、会计凭证的，应当向公司提出书面请求，说明目的。公司有合理根据认为股东查阅会计账簿、会计凭证有不正当目的，可能损害公司合法利益的，可以拒绝提供查阅，并应当自股东提出书面请求之日起 15 日内书面答复股东并说明理由。公司拒绝提供查阅的，股东可以向人民法院提起诉讼。

1. 流程

申请（书面+说明理由）→公司拒绝（15 日内，书面+说明理由）→起诉

2. 股东具有不正当目的的法定情形

（1）股东自营或者为他人经营与公司主营业务有实质性竞争关系业务的，但公司章程另有规定或者全体股东另有约定的除外；

（2）股东为了向他人通报有关信息查阅公司会计账簿，可能损害公司合法利益的；

（3）股东在向公司提出查阅请求之日前的 3 年内，曾通过查阅公司会计账簿，向他人通报有关信息损害公司合法利益的；

（4）股东有不正当目的的其他情形。

（三）会所、律所协助查账

股东查阅前款规定的材料，可以委托会计师事务所、律师事务所等中介机构进行。股东及其委托的会计师事务所、律师事务所等中介机构查阅、复制有关材料，应当遵守有关保护国家秘密、商业秘密、个人隐私、个人信息等法律、行政法规的规定。

（四）诉讼资格

1. 原则规定

原告股东应当为现任股东：原告在起诉时不具有公司股东资格的，法院应当驳回起诉。

2. 例外情形

但原告有初步证据证明在持股期间其合法权益受到损害，请求依法查阅或者复制其持股期间的公司特定文件材料的除外。

3. 股份公司股东的持股条件

连续180日以上单独或者合计持有公司3%以上股份的股东可以查阅公司的会计账簿、会计凭证，公司章程对持股比例有较低规定的，从其规定。

（五）判决内容

人民法院审理股东请求查阅或者复制公司特定文件材料的案件，对原告诉讼请求予以支持的，应当在判决中明确查阅或者复制公司特定文件材料的时间、地点和特定文件材料的名录。

股东依据人民法院生效判决查阅公司文件材料的，在该股东在场的情况下，可以由会计师、律师等依法或者依据执业行为规范负有保密义务的中介机构执业人员辅助进行。

（六）滥用知情权的赔偿责任

股东行使知情权后泄露公司商业秘密导致公司合法利益受到损害，公司请求该股东赔偿相关损失的，人民法院应当予以支持。

辅助股东查阅公司文件材料的会计师、律师等泄露公司商业秘密导致公司合法利益受到损害，公司请求其赔偿相关损失的，人民法院应当予以支持。

（七）董监高制作、保存财务文件的义务

公司董事、高级管理人员等未依法履行职责，导致公司未依法制作或者保存公司文件材料，给股东造成损失，股东依法请求负有相应责任的公司董事、高级管理人员承担民事赔偿责任的，人民法院应当予以支持。

四、异议股东回购请求权【新】

（一）有限公司异议股东回购请求权

有限公司股东，有下列情形之一的，对股东会该项决议投反对票的股东可以请求

公司按照合理的价格收购其股权：

（1）公司连续五年不向股东分配利润，而公司该五年连续盈利，并且符合分配利润条件；

（2）公司合并、分立、转让主要财产；

（3）公司章程规定的营业期限届满或者章程规定的其他解散事由出现，股东会通过决议修改章程使公司存续。

自股东会决议作出之日起60日内，股东与公司不能达成股权收购协议的，股东可以自股东会决议作出之日起90日内向人民法院提起诉讼。

公司的控股股东滥用股东权利，严重损害公司或者其他股东利益的，其他股东有权请求公司按照合理的价格收购其股权。

公司依照本条第一款、第三款规定的情形收购的本公司股权，应当在6个月内依法转让或者注销。

（二）股份公司异议股东回购请求权

有下列情形之一的，对股东会该项决议投反对票的股东可以请求公司按照合理的价格收购其股份，公开发行股份的公司除外：

（1）公司连续五年不向股东分配利润，而公司该五年连续盈利，并且符合本法规定的分配利润条件；

（2）公司转让主要财产；

（3）公司章程规定的营业期限届满或者章程规定的其他解散事由出现，股东会通过决议修改章程使公司存续。

自股东会决议作出之日起60日内，股东与公司不能达成股份收购协议的，股东可以自股东会决议作出之日起90日内向人民法院提起诉讼。

公司因本条第一款规定的情形收购的本公司股份，应当在6个月内依法转让或者注销。

五、股东代表诉讼【新】★

⊙［**制度价值**］原则上，由于公司是独立的法人，因此当其利益受到侵害时，应当自己起诉、维护自己的利益。但是由于公司的这种独立是拟制的，公司不可避免地受到一些人的不当控制，进而怠于起诉，仍由自己的利益受到损害。典型如，公司的控股股东、董事、监事和高级管理人员伤害公司利益，这些人往往又控制着公司，指望公司去起诉他们是不可能的。当这种情形发生时，有动力去起诉的，只有公司的其他股东，此时，也必要赋予这些股东“代表”诉讼的权利。“代表”很好地说明了这种诉讼的性质，公司才是真正的权利人，只是情况特殊，股东必须代为起诉，那么诉讼利益当然仍应由公司所享有。

（一）股东代表诉讼的前置程序

1. 交叉请求

董事、高级管理人员损害公司利益的，有限责任公司的股东、股份有限公司连续180以上单独或者合计持有公司1%以上股份的股东，可以书面请求监事会向人民法院提起诉讼；监事有前条规定的情形的，前述股东可以书面请求董事会向人民法院提起诉讼。

监事会或者监事对董事、高级管理人员提起诉讼的，应当列公司为原告，依法由监事会主席或者不设监事会的有限责任公司的监事代表公司进行诉讼。

董事会或者董事对监事提起诉讼的，或者对他人提起诉讼的，应当列公司为原告，依法由董事长或者董事代表公司进行诉讼。

2. 前置程序履行

监事会或者董事会收到前款规定的股东书面请求后：①拒绝提起诉讼；或者②自收到请求之日起30日内未提起诉讼；或者③情况紧急、不立即提起诉讼将会使公司利益受到难以弥补的损害的，股东有权为公司利益以自己的名义直接向人民法院提起诉讼。

3. 正确适用前置程序

一般情况下，股东没有履行该前置程序的，应当驳回起诉。但是，该项前置程序针对的是公司治理的一般情况，即在股东向公司有关机关提出书面申请之时，存在公司有关机关提起诉讼的可能性。如果查明的相关事实表明，根本不存在该种可能性的，人民法院不应当以原告未履行前置程序为由驳回起诉。

（二）股东代表诉讼的当事人

1. 原告

原告为现任股东，可以对成为股东前的“坏事”提起诉讼：股东提起股东代表诉讼，被告以行为发生时原告尚未成为公司股东为由抗辩该股东不是适格原告的，人民法院不予支持。

2. 被告

（1）董监高。董监高执行职务违反法律、行政法规或者公司章程的规定，给公司造成损失的，应当承担赔偿责任。

（2）公司控股股东、实际控制人。在我国，控股股东、实际控制人会直接操纵公司，做出“掏空”公司的行为，公司自然不会去起诉控股股东，此时少数股东为了自己的利益可以代表公司起诉控股股东。

（3）董监高、双控人的关联人。

3. 公司的地位

应当列公司为第三人参加诉讼。

4. 其他股东的地位

一审法庭辩论终结前，其他符合条件的股东，以相同的诉讼请求申请参加诉讼的，应当列为共同原告。

（三）诉讼结果的归属

股东代表诉讼，胜诉利益归属于公司。股东请求被告直接向其承担民事责任的，人民法院不予支持。

股东代表诉讼，诉讼请求部分或者全部得到人民法院支持的，公司应当承担股东因参加诉讼支付的合理费用。

（四）股东代表诉讼的调解

公司是股东代表诉讼的最终受益人，为避免因原告股东与被告通过调解损害公司利益，人民法院应当审查调解协议是否为公司的意思。只有在调解协议经公司股东会、董事会决议通过后，人民法院才能出具调解书予以确认。至于具体决议机关，取决于公司章程的规定。公司章程没有规定的，人民法院应当认定公司股东会为决议机关。

（五）股东代表诉讼中的反诉

可以向原告股东提起反诉：股东提起股东代表诉讼后，被告以原告股东恶意起诉侵犯其合法权益为由提起反诉的，人民法院应予受理。

不可以向第三人公司提起反诉：被告以公司在案涉纠纷中应当承担侵权或者违约等责任为由对公司提出的反诉，因不符合反诉的要件，人民法院应当裁定不予受理。

（六）双重股东代表诉讼【新】

公司全资子公司的董事、监事、高级管理人员有前条规定情形，或者他人侵犯公司全资子公司合法权益造成损失的，有限责任公司的股东、股份有限公司连续180日以上单独或者合计持有公司1%以上股份的股东，可以依照股东代表诉讼的规定书面请求全资子公司的监事会、董事会向人民法院提起诉讼或者以自己的名义直接向人民法院提起诉讼。

1. 双重股东代表诉讼的要件

（1）公司股东维护公司全资子公司的利益（爷爷对孙公司）；（2）公司全资子公司的董监高和他人侵犯全资子公司的利益。

2. 前置程序

向全资子公司的董事会、监事会请求。

3. 利益归属

诉讼利益归属于全资子公司。

六、股东直接诉讼

股东自益权受到公司侵害的（往往是在控股股东、董事、监事、高管的操纵和针对下），由于受损的人是股东自己，当然可以自己提起对公司的诉讼。实践中出现比较多的案件类型有：

（一）董高侵权

董事、高级管理人员违反法律、行政法规或者公司章程的规定，损害股东利益的，股东可以向人民法院提起诉讼。

公司董事、高级管理人员等未依法履行职责，导致公司未依法制作或者保存公司文件材料，给股东造成损失，股东依法请求负有相应责任的公司董事、高级管理人员承担民事赔偿责任的，人民法院应当予以支持。

（二）具体股利分配之诉，给付之诉

股东提交载明具体分配方案的股东会或者股东大会的有效决议，请求公司分配利润，公司拒绝分配利润且其关于无法执行决议的抗辩理由不成立的，人民法院应当判决公司按照决议载明的具体分配方案向股东分配利润。

第四节　公司组织结构与董监高责任

⊙［**制度价值**］公司是法人，它的意志形成和表达必须借由公司机关完成。我国公司法采股东会中心主义，股东会是公司权力的核心，是公司的权力机构。在股东会之下，并行存在着董事会和监事会，董事会是公司的执行机构，监事会的职责是监督董事会。董事组成董事会，不过董事自己没有直接执事之权，必须以董事会整体的名义行动。董事会任命经理，经理是公司中的“总理”，是公司日常经营事务的总负责人。由于经理是董事会任命的，所以经理层（即高级管理人员）的权力归于董事会，同时受监事会的监督。当然，在我国最具公司实权的是法定代表人，法定代表人已经在前文讨论过，本处不再赘述。

股东会、董事会和监事会“三会”是我国公司治理的基本架构，这三者都可以进行一定的简化。在一人公司，由于只有一个股东，因此称“会”就不合适，一人公司的最高机关就是该“股东”，股东做出“决定”，而不像股东会做出“决议”。

对于较小的公司或者股东人数较少的有限公司，设立多人组成的董事会可能不效率，因此董事会可以简化为只设一名董事，该董事行使董事会职权。这个董事还可以兼任公司经理，因此一个一人公司可以非常简化：股东一人，该股东可以任独任制的董事，该董事可以同时兼任经理。

监事会也可以简化，规模较小或者股东人数较少的有限公司，可以不设监事会，设一名监事，行使监事会的职权；经全体股东一致同意，也可以不设监事。进一步地，“三会”中的监事会还可以不设。新公司法规定，有限公司可以按照公司章程的规定在董事会中设置由董事组成的审计委员会，行使监事会的职权，不设监事会或者监事。这个审计委员会本质上就是董事会的下设机构，只不过单独行使了监督权（主要是财务监督权）。鉴于我国监事会长期被指摘为“腰杆子硬不起来”，取消监事、监事会，而由比较“硬”的董事们（这些董事应当与其他董事有一定的利益区隔）行使审计权，该思路较为可行，且更具效率。

除了“三会”之外，我国公司中还有工会、党支部（或是党委），这两点考察地较少。

考察较多的是职工大会和职工代表大会，职工（代表）大会可以选举职工董事、职工监事，是工人参与公司治理的重要途径。

一、股东会

（一）股东会的职权

公司股东会由全体股东组成。股东会是公司的权力机构，行使下列职权：①选举和更换董事、监事，决定有关董事、监事的报酬事项；②审议批准董事会的报告；③审议批准监事会的报告；④审议批准公司的利润分配方案和弥补亏损方案；⑤对公司增加或者减少注册资本作出决议；⑥对发行公司债券作出决议（股东会可以授权董事会对发行公司债券作出决议）；⑦对公司合并、分立、解散、清算或者变更公司形式作出决议；⑧修改公司章程；⑨公司章程规定的其他职权。

股东以书面形式一致表示同意的，可以不召开股东会会议，直接作出决定，并由全体股东在决定文件上签名或者盖章。

只有一个股东的有限公司不设股东会，股东作出决定时，应当采用书面形式，并由股东签名或者盖章后置备于公司。

⊙［**总结**］有限公司股东会拥有的都是基础权利，体现了其权力机关的特点，其权利可以分为以下四类：①控制下属的权利，即任免董事、监事（经理由董事会任免），并给他们发薪水，以及要求董事会、监事会作工作汇报。②最重要的财务问题，即分钱、补亏、增减资及发债；③公司基本形式问题，如公司合并、分立；修改章程；④自己愿意给自己授予的权利。

（二）有限公司股东会会议的召集和主持★★

1. 有限公司股东会的召集原因和召集人

会议类型	召集原因	召集人和主持人
首次股东会	公司初设	由出资最多的股东召集和主持
定期会议	章程规定	①由董事会召集，董事长主持；董事长不能履行职务或者不履行职务的，由副董事长主持；副董事长不履行的，由过半数的董事共同推举一名董事主持。 ②董事会不能履行或者不履行召集股东会会议职责的，由监事会召集和主持。 ③监事会不召集和主持的，代表10%以上表决权的股东可以自行召集和主持。
临时会议	提议召开： ①代表10%以上表决权的股东； ②1/3以上的董事； ③监事会。	

2. 有限公司股东会的通知

召开股东会会议，应当于会议召开15日前通知全体股东；但是，公司章程另有规定或者全体股东另有约定的除外。股东会应当对所议事项的决定作成会议记录，出席会议的股东应当在会议记录上签名。

（三）股份公司股东会的召集与主持

1. 股份公司股东会的召集

<table>
<tr><th>会议类型</th><th>召集原因</th><th>召集人和主持人</th></tr>
<tr><td>成立大会</td><td>设立公司</td><td>募集设立：发起人
发起设立：公司章程或者发起人协议规定</td></tr>
<tr><td>年会</td><td>章程规定</td><td rowspan="2">①由董事会召集，董事长主持；董事长不能履行职务或者不履行职务的，由副董事长主持；副董事长不履行的，由过半数的董事共同推举一名董事主持。
②董事会不能履行或者不履行召集股东会会议职责的，由监事会召集和主持。
③监事会不召集和主持的，连续90日以上单独或者合计持有公司10%以上股份的股东可以自行召集和主持。</td></tr>
<tr><td>临时会议
*应当在2月内召开</td><td>①董事人数不足法定人数或者公司章程所定人数的2/3；
②公司未弥补的亏损达股本总额1/3；
③10%以上股份的股东请求；
④董事会认为必要；
⑤监事会提议召开；
⑥章程规定的其他情形。</td></tr>
</table>

2. 股份公司股东会的通知

（1）提前通知

召开股份公司股东会会议，应当将会议召开的时间、地点和审议的事项于会议召开20日前通知各股东；临时股东会会议应当于会议召开15日前通知各股东。

（2）上市公司公告通知。公开发行股份的公司，应当以公告方式作出通知。

（3）通知事项。股东会不得对通知中未列明的事项作出决议。

（4）电子通讯。公司股东会、董事会、监事会召开会议和表决可以采用电子通讯方式，公司章程另有规定的除外。

3. 少数股东提案权

（1）提案权主体：单独或者合计持有公司1%以上股份的股东；公司不得提高提出临时提案股东的持股比例。

（2）提案时限：可以在股东会召开10日前提出临时提案并书面提交董事会；董事会应当在收到提案后2日内通知其他股东，并将该临时提案提交股东会审议。

（3）临时提案的要求：临时提案应当有明确议题和具体决议事项；临时提案不得违反法律、行政法规或者公司章程的规定，不得超出股东会职权范围。

(四) 表决规则

1. 表决基础

股东会会议由股东按照（认缴）出资比例行使表决权；但是，公司章程另有规定的除外。

如果股东会作出不按认缴出资比例而按实际出资比例或者其他标准确定表决权的决议，股东请求确认决议无效的，人民法院应当审查该决议是否符合修改公司章程所要求的表决程序，即必须经代表 2/3 以上表决权的股东通过。

2. 表决票数

（1）一般决议

有限公司股东会会议作出决议应当经代表过半数表决权的股东通过。

股份公司股东会作出决议，应当经出席会议的股东所持表决权过半数通过。

（2）特殊决议★★

有限公司股东会会议作出修改公司章程、增加或者减少注册资本的决议，以及公司合并、分立、解散或者变更公司形式的决议，应当经代表 2/3 以上表决权的股东通过。

股份公司股东会会议作出修改公司章程、增加或者减少注册资本的决议，以及公司合并、分立、解散或者变更公司形式的决议，应当经出席会议 2/3 以上表决权的股东通过。

（3）上市公司重大交易

上市公司在 1 年内购买、出售重大资产或者向他人提供担保的金额超过公司资产总额 30%的，应当由股东会作出决议，并经出席会议的股东所持表决权的 2/3 以上通过。

3. 代理投票

股东可以委托代理人出席股东会会议，代理人应当向公司提交股东授权委托书，委托书应当明确代理人代理的事项、权限和期限，并在授权范围内行使表决权。

二、董事会与经理

(一) 董事会的职权

公司设董事会，规模较小或者股东人数较少的有限责任公司，可以不设董事会，设一名董事，行使董事会的职权。该董事可以兼任公司经理。

董事会行使下列职权：①召集股东会会议，并向股东会报告工作；②执行股东会的决议；③制订公司的利润分配方案和弥补亏损方案；④制订公司增加或者减少注册资本以及发行公司债券的方案；⑤制订公司合并、分立、解散或者变更公司形式的方案；⑥决定公司内部管理机构的设置；⑦决定聘任或者解聘公司经理及其报酬事项，并根据经理的提名决定聘任或者解聘公司副经理、财务负责人及其报酬事项；⑧制定公司的基本管理制度；⑨公司章程规定或者股东会授予的其他职权。

公司章程对董事会权力的限制不得对抗善意相对人。

⊙［总结］董事会理论上是既权威、又了解公司实际情况的机构，对股东会具有信息优势，因此重大事项的“方案”都是董事会拿的，拿出后交给股东会审批。在这种情况下，如果股东会“面”一点，实权就会被董事会侵夺。

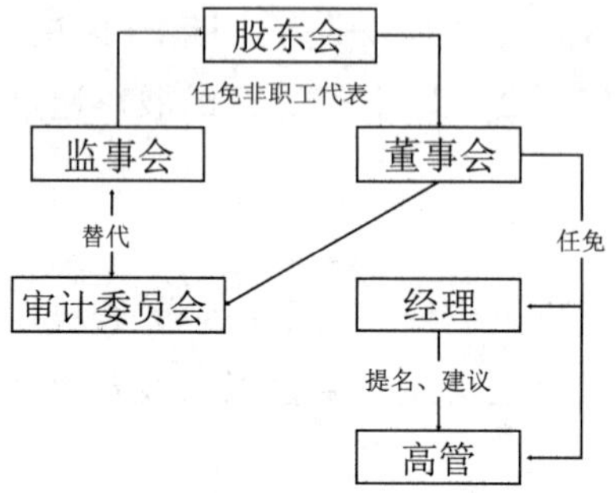

（二）董事会的人员构成

有限责任公司董事会成员为3人以上，其成员中可以有公司职工代表。

职工人数300人以上的有限责任公司，除依法设监事会并有公司职工代表的外，其董事会成员中应当有公司职工代表。董事会中的职工代表由公司职工通过职工代表大会、职工大会或者其他形式民主选举产生（300以上职工，必须有职工董事或者监事）。

董事会设董事长1人，可以设副董事长。董事长、副董事长的产生办法由公司章程规定。

上市公司设董事会秘书，负责公司股东会和董事会会议的筹备、文件保管以及公司股东资料的管理，办理信息披露事务等事宜。

（三）董事的任职期限与辞任

1. 连选连任

董事任期由公司章程规定，但每届任期不得超过3年。董事任期届满，连选可以连任。

2. 留守董事

董事任期届满未及时改选，或者董事在任期内辞任导致董事会成员低于法定人数的，在改选出的董事就任前，原董事仍应当依照法律、行政法规和公司章程的规定，履行董事职务。

3. 董事辞任

董事辞任的，应当以书面形式通知公司，公司收到通知之日辞任生效，但存在前款规定情形的，董事应当继续履行职务。

担任法定代表人的董事辞任的，视为同时辞去法定代表人。

法定代表人辞任的，公司应当在法定代表人辞任之日起 30 日内确定新的法定代表人。

4. 无理由免职

股东会可以决议解任董事，决议作出之日解任生效。无正当理由，在任期届满前解任董事的，该董事可以要求公司予以赔偿。

董事职务被解除后，因补偿与公司发生纠纷提起诉讼的，应当依据法律、行政法规、公司章程的规定或者合同的约定，综合考虑解除的原因、剩余任期、董事薪酬等因素，确定是否补偿以及补偿的合理数额。

5. 累计投票制

股东会选举董事、监事，可以按照公司章程的规定或者股东会的决议，实行累积投票制。

累积投票制，是指股东会选举董事或者监事时，每一股份拥有与应选董事或者监事人数相同的表决权，股东拥有的表决权可以集中使用。

⊙［例］1. 普通投票制：

甲　51%　甲 1（51）　甲 2（51）　甲 3（51）

乙　49%　乙 1（49）　乙 2（49）　乙 3（49）

只要甲有 51%的投票权，则可以全部控制公司的董事、监事

2. 累积投票制：甲：74×3＝222；　乙：26×3＝78

（1）投票策略 1：

甲　74%　甲 1（79）　甲 2（79）　甲 3（64）

乙　26%　乙 1（78）　乙 2（0）　乙 3（0）

（2）投票策略 2：

甲　74%　甲 1（74）　甲 2（74）　甲 3（74）

乙　26%　乙 1（78）　乙 2（0）　乙 3（0）

累积投票制可以保证小股东有至少一个董事、监事席位

（四）审计委员会【新】

有限责任公司可以按照公司章程的规定在董事会中设置由董事组成的审计委员会，行使监事会的职权，不设监事会或者监事。

	人员构成	职权
有限公司	3 名以上董事	监事会的职权
股份公司	3 名以上董事，且半数以上为独立董事	

（五）董事会会议的召集和主持

1. 一般规定

董事会会议由董事长召集和主持；董事长不能履行职务或者不履行职务的，由副董事长召集和主持；副董事长不能履行职务或者不履行职务的，由过半数的董事共同推举一名董事召集和主持。

2. 股份公司特别规定

（1）定期会议。董事会每年度至少召开两次会议，每次会议应当于会议召开10日前通知全体董事和监事。

（2）董事会临时会议

（i）临时董事会的提议

代表10%以上表决权的股东、1/3以上董事或者监事会，可以提议召开临时董事会会议。

（ii）临时董事的召集和通知

董事长应当自接到提议后10日内，召集和主持董事会会议。董事会召开临时会议，可以另定召集董事会的通知方式和通知时限。

（六）董事会会议的表决

1. 法定最低出席人数。董事会会议应当有过半数的董事出席方可举行。董事会作出决议，应当经全体董事的过半数通过。

2. 一人一票制。董事会决议的表决，应当一人一票。

3. 董事会会议记录。董事会应当对所议事项的决定作成会议记录，出席会议的董事应当在会议记录上签名。

（七）董事的参会义务

1. 委托投票制度

董事会会议，应当由董事本人出席；董事因故不能出席，可以书面委托其他董事代为出席，委托书应当载明授权范围。

2. 董事的赔偿责任

董事应当对董事会的决议承担责任。董事会的决议违反法律、行政法规或者公司章程、股东会决议，给公司造成严重损失的，参与决议的董事对公司负赔偿责任。

3. 异议董事免责

经证明在表决时曾表明异议并记载于会议记录的，该董事可以免除责任。

（八）经理

有限责任公司设经理，由董事会决定聘任或者解聘。经理对董事会负责，根据公司章程的规定或者董事会的授权行使职权。经理列席董事会会议。

高级管理人员，是指公司的经理、副经理、财务负责人，上市公司董事会秘书和公司章程规定的其他人员。

三、监事会

（一）监事会的职权

1. 监事会职权概述

监事会行使下列职权：①检查公司财务；②对董事、高级管理人员执行职务的行为进行监督，对违反法律、行政法规、公司章程或者股东会决议的董事、高级管理人员提出解任的建议；③当董事、高级管理人员的行为损害公司的利益时，要求董事、高级管理人员予以纠正；④提议召开临时股东会会议，在董事会不履行召集和主持股东会会议职责时召集和主持股东会会议；⑤向股东会会议提出提案；⑥对董事、高级管理人员提起诉讼；⑦公司章程规定的其他职权。

2. 知情权和调查权

监事可以列席董事会会议，并对董事会决议事项提出质询或者建议。监事会发现公司经营情况异常，可以进行调查；必要时，可以聘请会计师事务所等协助其工作，费用由公司承担。

3. 报告制度

监事会可以要求董事、高级管理人员提交执行职务的报告。董事、高级管理人员应当如实向监事会提供有关情况和资料，不得妨碍监事会或者监事行使职权。

4. 经费保障。监事会行使职权所必需的费用，由公司承担。

（二）监事会的构成【新】

1. 监事会成员为 3 人以上。

2. 监事会应当包括股东代表和适当比例的公司职工代表，其中职工代表的比例不得低于 1/3，具体比例由公司章程规定。监事会中的职工代表由公司职工通过职工代表大会、职工大会或者其他形式民主选举产生。

3. 监事会设主席一人，由全体监事过半数选举产生。

4. 董事、高级管理人员不得兼任监事。

5. 规模较小或者股东人数较少的有限责任公司，可以不设监事会，设一名监事，行使监事会的职权；经全体股东一致同意，也可以不设监事。

⊙［**总结**］1. 不设监事会的场景有三种：

（1）小规模公司，只设一个监事，不设监事会；

（2）小规模公司，不设监事会，也不设监事，也没有审计委员会；

（3）设立审计委员会的公司。

2. 不设职工监事的场景：

（1）只有一个监事的；

（2）既没有监事，也没有监事会的。

（三）监事的任职

监事的任期每届为3年。监事任期届满，连选可以连任。

监事任期届满未及时改选，或者监事在任期内辞任导致监事会成员低于法定人数的，在改选出的监事就任前，原监事仍应当依照法律、行政法规和公司章程的规定，履行监事职务。

（四）监事会会议的召集和主持

监事会主席召集和主持监事会会议；监事会主席不能履行职务或者不履行职务的，由过半数的监事共同推举一名监事召集和主持监事会会议。

（五）监事会会议的表决规则

监事会每年度至少召开一次会议，监事可以提议召开临时监事会会议。

监事会的议事方式和表决程序，除公司法有规定的外，由公司章程规定。

监事会决议应当经全体监事的过半数通过。监事会决议的表决，应当一人一票。监事会应当对所议事项的决定作成会议记录，出席会议的监事应当在会议记录上签名。

四、特殊公司的特别治理制度

（一）上市公司的特别规定

1. 禁止上市公司交叉持股

上市公司控股子公司不得取得该上市公司的股份。

上市公司控股子公司因公司合并、质权行使等原因持有上市公司股份的，不得行使所持股份对应的表决权，并应当及时处分相关上市公司股份。

2. 上市公司特别决议——“第八大特别决议”

上市公司在1年内购买、出售重大资产或者向他人提供担保的金额超过公司资产总额30%的，应当由股东会作出决议，并经出席会议的股东所持表决权的2/3以上通过。

3. 上市公司的审计委员会

上市公司在董事会中设置审计委员会的，董事会对下列事项作出决议前应当经审计委员会全体成员过半数通过：①聘用、解聘承办公司审计业务的会计师事务所；②任免财务负责人；③披露财务会计报告；④国务院证券监督管理机构规定的其他事项。

（二）国有出资公司的特别规定

国家出资公司，是指国家出资的国有独资公司、国有资本控股公司，包括国家出资的有限责任公司、股份有限公司。

1. 国有独资公司的职权划分

国有独资公司不设股东会，由履行出资人职责的机构（国资委）行使股东会职权。

履行出资人职责的机构可以授权公司董事会行使股东会的部分职权，决定公司的重大事项。但公司章程的制定和修改，公司的合并、分立、解散、申请破产，增加或者减少注册资本，分配利润，应当由履行出资人职责的机构决定。

2. 国有独资公司的董事会组成

国有独资公司的董事会成员中，应当过半数为外部董事，并应当有公司职工代表。

董事会成员由履行出资人职责的机构委派；但是，董事会成员中的职工代表由公司职工代表大会选举产生。

3. 国有独资公司的高管及兼职限制

国有独资公司的经理由董事会聘任或者解聘。

经履行出资人职责的机构同意，董事会成员可以兼任经理。

国有独资公司的董事、高级管理人员，未经履行出资人职责的机构同意，不得在其他有限责任公司、股份有限公司或者其他经济组织兼职。

（三）外国公司的分支机构

1. 外国公司分支机构的开立

（1）开立的审批

外国公司在中华人民共和国境内设立分支机构，应当向中国主管机关提出申请，并提交其公司章程、所属国的公司登记证书等有关文件，经批准后，向公司登记机关依法办理登记，领取营业执照。

外国公司分支机构的审批办法由国务院另行规定。

（2）外国公司的分支机构的名称

外国公司的分支机构应当在其名称中标明该外国公司的国籍及责任形式。

外国公司的分支机构应当在本机构中置备该外国公司章程。

（3）外国公司的分支机构之法律地位

外国公司在中华人民共和国境内设立的分支机构不具有中国法人资格。

外国公司对其分支机构在中华人民共和国境内进行经营活动承担民事责任。

2. 外国公司分支机构的代表

外国公司在中华人民共和国境内设立分支机构，应当在中华人民共和国境内指定负责该分支机构的代表人或者代理人，并向该分支机构拨付与其所从事的经营活动相适应的资金。

3. 禁止非法逃避债务

外国公司撤销其在中华人民共和国境内的分支机构时，应当依法清偿债务，按照公司清算程序的规定进行清算。未清偿债务之前，不得将其分支机构的财产转移至中华人民共和国境外。

五、决议

⊙ **[制度价值]** 公司的事务可以分为日常事务和重要事务。日常事务的决策权归属于经理，经理的命令下属应当执行。而对于重要事务，就应当经过决议，最重大的由股东会决议，次重大的由董事会决议。

决议的关键是开会，开会的关键是意见的讨论和交流。一个成功的会议，应当严格遵守步骤：①具有召开理由（如章程规定、有人提议等）；②由有权机关发出会议通知，通知应当预留足够的时间，同时要告知会议议程；③正式召开会议，与会人员签到，回避人员不得入会；④会议由适格的主持人主持，并维持会议纪律；⑤逐项讨论会议议程，与会人员充分发表意见并辩论；⑥进行符合法定和章程形式的表决；⑦记录在案并签字。

（一）决议的法律性质

民事法律行为可以基于双方或者多方的意思表示一致成立，也可以基于单方的意思表示成立。

法人、非法人组织依照法律或者章程规定的议事方式和表决程序作出决议的，该决议行为成立（决议是一种特殊的民事法律行为）。

（二）决议瑕疵★★★

决议瑕疵有三种类型：决议不成立、决议可撤销和决议无效，并不存在决议效力待定的情形。

1. 决议不成立

（1）未开会：未召开股东会、董事会会议作出决议；

（2）未表决：股东会、董事会会议未对决议事项进行表决；

（3）不足法定最低出席人数：出席会议的人数或者所持表决权数未达到公司法或者公司章程规定的人数或者所持表决权数；

（4）赞成票不够：同意决议事项的人数或者所持表决权数未达到公司法或者公司章程规定的人数或者所持表决权数。

2. 决议可撤销

（1）决议可撤销的条件：（i）公司股东会、董事会会议的召集程序、表决方式违反法律、行政法规或者公司章程；（ii）决议内容违反公司章程

⊙［例］第一种类型的典型情况如：

1. 应当提前15天通知，但提前的天数不够；

2. 应当回避的没回避；

3. 应当通知全体股东，故意不通知个别股东；

4. 未经过董事会，监事会自行召集并主持；

5. 未经过董事会、监事会，股东自行召集并主持；

6. 通知时没说明决议事项；

7. 投票表决改成举手表决；

第二种类型的典型情况如：章程规定由股东会决定100万元以上投资，董事会作出了200万元的投资决议。

（2）决议撤销的时效

股东自决议作出之日起 60 日内，可以请求人民法院撤销。

未被通知参加股东会会议的股东自知道或者应当知道股东会决议作出之日起 60 日内，可以请求人民法院撤销；自决议作出之日起 1 年内没有行使撤销权的，撤销权消灭。

（3）例外情形

股东会、董事会会议的召集程序或者表决方式仅有轻微瑕疵，对决议未产生实质影响的除外。

⊙［例］典型情况如：

A. 提前 14 天通知开会；

B. 会议推迟 3 小时；

C. 应当书面通知，但是口头通知，不过股东全部到会。

3. 决议无效

公司股东会、董事会的决议内容违反法律、行政法规的无效。

4. 决议瑕疵的外部效力【新】

公司股东会、董事会决议被人民法院宣告无效、撤销或者确认不成立的，公司应当向公司登记机关申请撤销根据该决议已办理的变更登记。

股东会、董事会决议被人民法院宣告无效、撤销或者确认不成立的，公司根据该决议与善意相对人形成的民事法律关系不受影响。

⊙［例］公司章程规定，超过 100 万元的交易由股东会审议。公司召开董事会，决议购买 200 万元钢材。公司经理据此与钢铁公司签订 200 万元的钢材买卖合同。决议被撤销后，钢材买卖合同依然有效。

六、董监高资格与义务

（一）董监高资格

有下列情形之一的，不得担任公司的董事、监事、高级管理人员：

（1）无民事行为能力或者限制民事行为能力；

（2）因贪污、贿赂、侵占财产、挪用财产或者破坏社会主义市场经济秩序，被判处刑罚，或者因犯罪被剥夺政治权利，执行期满未逾 5 年，被宣告缓刑的，自缓刑考验期满之日起未逾 2 年；

（3）担任破产清算的公司、企业的董事或者厂长、经理，对该公司、企业的破产负有个人责任的，自该公司、企业破产清算完结之日起未逾 3 年；

（4）担任因违法被吊销营业执照、责令关闭的公司、企业的法定代表人，并负有个人责任的，自该公司、企业被吊销营业执照、责令关闭之日起未逾 3 年；

（5）个人因所负数额较大债务到期未清偿被人民法院列为失信被执行人。

违反前款规定选举、委派董事、监事或者聘任高级管理人员的，该选举、委派或者聘任无效。

董事、监事、高级管理人员在任职期间出现第一款所列情形的，公司应当解除其职务。

（二）董监高忠实义务

1. 董监高禁止性行为

董事、监事、高级管理人员对公司负有忠实义务，应当采取措施避免自身利益与公司利益冲突，不得利用职权谋取不正当利益。

董事、监事、高级管理人员不得有下列行为：

（1）侵占公司财产、挪用公司资金；

（2）将公司资金以其个人名义或者以其他个人名义开立账户存储；

（3）利用职权贿赂或者收受其他非法收入；

（4）接受他人与公司交易的佣金归为己有；

（5）擅自披露公司秘密；

（6）违反对公司忠实义务的其他行为。

2. 董监高限制性行为【新】★★★

（1）限制董监高利用公司机会

董事、监事、高级管理人员不得利用职务便利为自己或者他人谋取属于公司的商业机会。但是，有下列情形之一的除外：

①向董事会或者股东会报告，并经董事会或者股东会决议通过；

②根据法律、行政法规或者公司章程的规定，公司不能利用该商业机会。

（2）限制董监高与公司竞争

董事、监事、高级管理人员不得自营或者为他人经营与其任职公司同类的业务，但董事、监事、高级管理人员向董事会或者股东会报告，并经董事会或者股东会决议允许的除外。

（3）限制关联交易

董事、监事、高级管理人员，直接或者间接与本公司订立合同或者进行交易，应当就与订立合同或者进行交易有关的事项向董事会或者股东会报告，并按照公司章程的规定经董事会或者股东会决议通过。

董事、监事、高级管理人员的近亲属，董事、监事、高级管理人员或者其近亲属直接或者间接控制的企业，以及与董事、监事、高级管理人员有其他关联关系的关联人，与公司订立合同或者进行交易，适用前款规定。

3. 关联交易的程序性规定

（1）披露：董事、监事、高级管理人员应当就关联交易、开展竞争业务、获得公司商业机会有关的事项向董事会或者股东会报告（披露），并按照公司章程的规定经董事会或者股东会决议通过（表决）。

（2）回避：董事会对前述事项决议时，关联董事不得参与表决，也不得代理其他董事行使表决权。

该董事会会议由过半数的无关联关系董事出席即可举行，董事会会议所作决议须经无关联关系董事过半数通过。

（3）上交：出席董事会会议的无关联关系董事人数不足3人的，应当将该事项提交股东会审议。

（4）效果：若履行了前述程序性规定，则关联交易推定为公允的；若不履行前述程序性规定，关联交易并不是直接无效，而是推定为不公允，由关联人证明该交易为公允。

（三）董监高勤勉义务

董事、监事、高级管理人员对公司负有勤勉义务，执行职务应当为公司的最大利益尽到管理者通常应有的合理注意。

（四）董监高违反信义义务的责任

1. 违法所得的公司归入权

2. 对公司的赔偿责任

3. 董事第三人责任【新】★★

董事、高级管理人员执行职务，给他人造成损害的，公司应当承担赔偿责任；董事、高级管理人员存在故意或者重大过失的，也应当承担赔偿责任。

> ⊙［**对比**］用人单位的工作人员因执行工作任务造成他人损害的，由用人单位承担侵权责任。用人单位承担侵权责任后，可以向有故意或者重大过失的工作人员追偿。

4. 董事责任保险【新】

公司可以在董事任职期间为董事因执行公司职务承担的赔偿责任投保责任保险。

公司为董事投保责任保险或者续保后，董事会应当向股东会报告责任保险的投保金额、承保范围及保险费率等内容。

七、控股股东与实际控制人

（一）定义

控股股东指具有控股地位的股东，其出资额占有限公司资本总额50%以上或者其持有的股份占股份公司股本总额50%以上的股东；出资额或者持有股份的比例虽然不足50%，但依其出资额或者持有的股份所享有的表决权已足以对股东会的决议产生重大影响的股东。

实际控制人指虽不是公司股东，但通过投资关系、协议或者其他安排，能够实际支配公司行为的人。

（二）控股股东信义义务

1. 事实董事：公司的控股股东、实际控制人不担任公司董事但实际执行公司事务的，应遵守董事信义义务。

2. 影子董事：公司的控股股东、实际控制人指示董事、高级管理人员从事损害公司或者股东利益的行为的，与该董事、高级管理人员承担连带责任。

（三）关联交易制度

公司的控股股东、实际控制人、董事、监事、高级管理人员不得利用关联关系损害公司利益。违反前款规定，给公司造成损失的，应当承担赔偿责任。

第五节　公司财务制度

一、公司股票

（一）概述

1. 股票的定义与记名股票

公司的股份采取股票的形式，股票是公司签发的证明股东所持股份的凭证。

公司发行的股票，应当为记名股票。

2. 不得折价发行

面额股股票的发行价格可以按票面金额，也可以超过票面金额，但不得低于票面金额。

3. 股票的形式

股票采用纸面形式或者国务院证券监督管理机构规定的其他形式。股票采用纸面形式的，应当载明下列主要事项：①公司名称；②公司成立日期或者股票发行的时间；③股票种类、票面金额及代表的股份数，发行无面额股的，股票代表的股份数。

股票采用纸面形式的，还应当载明股票的编号，由法定代表人签名，公司盖章。发起人股票采用纸面形式的，应当标明发起人股票字样。

4. 股票交付

股份有限公司成立后，即向股东正式交付股票。公司成立前不得向股东交付股票。

（二）无面额股【新】

公司的全部股份，根据公司章程的规定择一采用面额股或者无面额股。采用面额股的，每一股的金额相等。

公司可以根据公司章程的规定将已发行的面额股全部转换为无面额股或者将无面额股全部转换为面额股。

采用无面额股的，应当将发行股份所得股款的1/2以上计入注册资本。

（三）类别股

1. 原则：股权平等

股份的发行，实行公平、公正的原则，同类别的每一股份应当具有同等权利。

同次发行的同类别股份，每股的发行条件和价格应当相同；认购人所认购的股份，每股应当支付相同价额。

2. 类别股【新】

公司可以按照公司章程的规定发行下列与普通股权利不同的类别股：

（1）优先或者劣后分配利润或者剩余财产的股份；

（2）每一股的表决权数多于或者少于普通股的股份；

（3）转让须经公司同意等转让受限的股份；

（4）国务院规定的其他类别股。

公开发行股份的公司不得发行前款第二项、第三项规定的类别股；公开发行前已发行的除外。

发行类别股的公司，应当在公司章程中载明以下事项：

（1）类别股分配利润或者剩余财产的顺序；

（2）类别股的表决权数；

（3）类别股的转让限制；

（4）保护中小股东权益的措施；

（5）股东会认为需要规定的其他事项。

3. 类别股拥有平等监事选举权

公司发行表决权差异类别股的，对于监事或者审计委员会成员的选举和更换，类别股与普通股每一股的表决权数相同。

4. 类别股的权利

发行类别股的公司，应当在公司章程中载明以下事项：①类别股分配利润或者剩余财产的顺序；②类别股的表决权数；③类别股的转让限制；④保护中小股东权益的措施；⑤股东会会议认为需要规定的其他事项。

发行类别股的公司，可能损害类别股股东权利的，除应当经股东会决议外，还应当经出席类别股股东会的股东所持表决权的三分之二以上通过。

二、公司债券

⊙［**制度价值**］公司债券本质上就是标准化的公司债权。典型公开发行的公司债券的过程包括：①某公司产生1亿元的现金需求；②银行不愿意借，或者利息太高等，决定向证券市场投资者借；③通过证监会注册；④向投资者公布借款的数额、利息、担保等信息；⑤债券的面额为100元，公发行100万张债券；⑥找证券公司承销；⑦感兴趣的投资者申购债券，成功申购的，将购买款打给公司，公司向其交付相应数量的债券；⑧债券持有人可以在证券市场上买卖债券。

所以债券的好处是：一是不再完全依赖银行借款；二是为投资者提供较为稳定的投资品种；三是标准化，债券持有人（实际上就是债权人）不用等到清偿期届满，就可以随时在证券市场上卖掉债券。

（一）公司债券概述

公司债券，是指公司发行的约定按期还本付息的有价证券。

公司债券可以公开发行，也可以非公开发行。

公司以实物券方式发行公司债券的，应当在债券上载明公司名称、债券票面金额、利率、偿还期限等事项，并由法定代表人签名，公司盖章。

公司债券应当为记名债券。

（二）公司债券的公开募集

公开发行公司债券的申请经国务院证券监督管理机构注册后，应当公告公司债券募集办法。

公司债券募集办法应当载明下列主要事项：①公司名称；②债券募集资金的用途；③债券总额和债券的票面金额；④债券利率的确定方式；⑤还本付息的期限和方式；⑥债券担保情况；⑦债券的发行价格、发行的起止日期；⑧公司净资产额；⑨已发行的尚未到期的公司债券总额；⑩公司债券的承销机构。

（三）债券持有人名册

公司发行公司债券应当置备公司债券持有人名册。

发行公司债券的，应当在公司债券持有人名册上载明下列事项：①债券持有人的姓名或者名称及住所；②债券持有人取得债券的日期及债券的编号；③债券总额，债券的票面金额、利率、还本付息的期限和方式；④债券的发行日期。

（四）可转换为股票的债券（可转债）

股份有限公司经股东会决议，或者经公司章程、股东会授权由董事会决议，可以发行可转换为股票的公司债券，并规定具体的转换办法。

上市公司发行可转换为股票的公司债券，应当经国务院证券监督管理机构注册。

发行可转换为股票的公司债券，应当在债券上标明可转换公司债券字样，并在公司债券持有人名册上载明可转换公司债券的数额。

发行可转换为股票的公司债券的，公司应当按照其转换办法向债券持有人换发股票，但债券持有人对转换股票或者不转换股票有选择权。法律、行政法规另有规定的除外。

（五）债券持有人会议【新】

公开发行公司债券的，应当为同期债券持有人设立债券持有人会议，债券持有人会议可以对与债券持有人有利害关系的事项作出决议。

债券持有人会议决议应当经出席债券持有人会议且有表决权的持有人所持表决权的过半数通过。

除公司债券募集办法另有约定的，债券持有人会议决议对同期全体债券持有人发生效力。

（六）债券受托管理人【新】

公开发行公司债券的，发行人应当为债券持有人聘请债券受托管理人，委托其为债券持有人办理受领清偿、债权保全、与债券相关的诉讼以及参与债务人破产程序等事项。

债券受托管理人应当勤勉尽责，公正履行受托管理职责，不得损害债券持有人利益。受托管理人与债券持有人存在利益冲突可能损害债券持有人利益的，债券持有人会议可以决议变更债券受托管理人。

债券受托管理人违反法律、行政法规或者债券持有人会议决议，损害债券持有人利益的，应当承担赔偿责任。

三、公司财务基础

（一）公司财务管理制度

1. 年审制度

公司应当在每一会计年度终了时编制财务会计报告，并依法经会计师事务所审计。财务会计报告应当依照法律、行政法规和国务院财政部门的规定制作。

2. 财务公开制度

有限责任公司应当按照公司章程规定的期限将财务会计报告送交各股东。

股份有限公司的财务会计报告应当在召开股东会年会的 20 日前置备于本公司，供股东查阅；公开发行股票的股份有限公司应当公告其财务会计报告。

3. 提供资料义务

公司应当向聘用的会计师事务所提供真实、完整的会计凭证、会计账簿、财务会计报告及其他会计资料，不得拒绝、隐匿、谎报。

4. 一本账制度

公司除法定的会计账簿外，不得另立会计账簿。对公司资产，不得以任何个人名义开立账户存储。

5. 中介机构责任

承担资产评估、验资或者验证的机构提供虚假材料或者提供有重大遗漏的报告的，由有关机关按照《中华人民共和国资产评估法》《中华人民共和国注册会计师法》等法律、行政法规的规定处罚。

承担资产评估、验资或者验证的机构因其出具的评估结果、验资或者验证证明不实，给公司债权人造成损失的，除能够证明自己没有过错的外（过错推定责任），在其评估或者证明不实的金额范围内承担赔偿责任。

（二）公积金制度

⊙［**制度价值**］公司的注册资本是公司股东投入公司的原始资本，例如公司的注册资本为 1000 万元，也假定该公司的注册资本已经全部实缴。经过几年的发展，公司可能发展势头很好，可能亏损严重。如果公司发展势头较好，假设公司的年净利润为200万元，所有财产的静态价值为1500万元，此时若某一个风投基金看上了该公司，想要通过投入资金到公司，获得公司相应增资成为公司持股20%的股东，那么风投基金应该注入多少钱到公司？

首先，以注册资本来算是不合理的。按注册资本来算，风投基金只要投入250万元到公司，就可以达到目的。风投基金的出资数额为250万元，出资后公司整体的注册资本为1250万元，占比为20%。但是，这种情况原始股东们肯定不乐意，因为这几年他们相当于白经营了，公司明明比刚成立的时候好得多，风投基金还以刚成立的价格进来，捡了大便宜。

其次，以静态财产的价格算也不是不合理的，原始股东们也吃亏。

最后，以年利润乘以一定的系数算，是目前的合理方案。目前主流的估值法是现金流折现法，简单地讲就是把公司未来赚的钱折合到当下的钱，加总后得出目前公司的价值。我们以最粗略的方式来计算，目前公司每年净利润为200万元，起码再连续赚20年，则公司应当值4000万元。所以，能够让原始股东和风投基金都满意的增资方案应当是：风投基金投入1000万元到公司，这样风投出了1000万元，而获得了整体5000万元（公司价值4000万元，加上风投自己新投入的1000万元）的20%的权益。

那么，在会计上，如何处理这1000万元？首先，这1000万元不能全部计入注册资本，这样注册资本就成为2000万元，风投基金占1000万元，原始股东合计占1000万元，风投占了50%的股权，显然不是大家原意。此时，正确的做法是，这1000万元只有250万元计入注册资本，注册资本为1250万元，风投基金占250万元，20%；原始股东们占1000万元不变，占比80%。那么，剩余的750万元何去何从？答案就是计入资本公积——这就是资本公积的来源。

注册资本	净资产	净利润/年	估值（PE)
1000万元	1500万元	200万元	4000万元

占股	20%
投资人出资	1000万
投资后总估值	5000万
注册资本	1250万
新增注册资本	250万
资本公积金	750万

盈余公积的来源就简单得多，我国对公司经营存在“父爱主义”，希望公司能够节俭经营，不要寅吃卯粮，在盈利的年份，多留一点钱在公司，不要都分给股东，以救济亏损的年份。这部分留存不分的钱，很大一部分就被计入盈余公积。

1. 资本公积

公司以超过股票票面金额的发行价格发行股份所得的溢价款、发行无面额股所得股款未计入注册资本的金额以及国务院财政部门规定列入资本公积金的其他项目，应当列为公司资本公积金。

2. 盈余公积金

盈余公积金包括法定盈余公积金和任意盈余公积金，也简称法定公积金和任意公积金。

（1）法定公积金

公司先用当年利润弥补亏损。

公司分配当年税后利润时，应当提取利润的10%列入公司法定公积金。公司法定公积金累计额为公司注册资本的50%以上的，可以不再提取。

（2）任意公积金

公司从税后利润中提取法定公积金后，经股东会决议，还可以从税后利润中提取任意公积金。

⊙［**例**］某公司注册资本100万元，已有法定公积金40万元，任意公积300万元。当年弥补亏损并缴税后的利润为200万元。

此时，200万元的10%为20万元，若按此提取则法定公积为60万元。因此，本年只需要提取10万元。剩余190万元进入下一个阶段。公司可以将0–190万元计入任意公积，其余用于利润分配。

3. 公积金的用途

（1）基本用途。公司的公积金用于弥补公司的亏损、扩大公司生产经营或者转为增加公司资本。

（2）公积金补亏的次序。公积金弥补公司亏损，应当先使用任意公积金和法定公积金；仍不能弥补的，可以按照规定使用资本公积金。

（3）法定公积金转增资本的留存。法定公积金转为资本时，所留存的该项公积金不得少于转增前公司注册资本的25%。

⊙［**例**］某公司有注册资本100万元，资本公积80万元，法定公积50万元，任意公积70万元。

1. 该公司当年亏损100万元，此时用任意公积和法定公积弥补。

2. 该公司当年亏损200万元，此时用任意公积、法定公积弥补还不足，用法定公积弥补亏空。

3. 该公司决议用法定公积转增资本。此时，最多转增25万元（100万＊25%），转增后的资本为125万元，法定公积剩余25万元。

四、资本维持制度

⊙［**制度价值**］股东出资到公司之后，公司是独立法人，不得随便把钱分给股东，要时刻维持公司财产大于等于公司注册资本，这就是资本维持制度。这是出于保护债权人的必须。例如，某公司有1000万元的注册资本（假设已经实缴），债权人又借给公司500万元。没有资本维持制度的话，公司会把1500万元现金立刻全部发给股东，债权人只剩一个空壳公司。这显然要被禁止。

但是股东又需要投资收益（除了上市公司，因为上市公司股东可以通过出售股票而获取投资收益）。

在上述两种需求的拉扯下，公司只规定了三种情况下，公司可以把钱分配给股东：一是分配红利，同时为了保护公司债权人，分配红利有很严格的要求。二是减资，这也受很严格的限制。三是公司解散时，此时应当优先全部偿还债权人的债权，剩余的财产由股东按照实缴比例分配。

所以，一切无偿从公司流出利益到股东的行为，都必须受到资本维持制度的限制，视其具体情况，按照分红和减资的规定去要求。

（一）盈余分配（分红）★★★

1. 盈余分配的法定程序

利润先弥补亏损 → 缴税，形成税后利润 → 提取法定盈余公积 → 提取任意盈余公积 → 董事会形成分配方案 → 股东会决议通过 → 董事会6月内执行

2. 盈余分配的比例

公司弥补亏损和提取公积金后所余税后利润，有限责任公司按照股东实缴的出资比例分配利润，全体股东约定不按照出资比例分配利润的除外。

股份有限公司按照股东所持有的股份比例分配利润，公司章程另有规定的除外。

公司持有的本公司股份不得分配利润。

3. 违法分红责任

公司违反规定在弥补亏损和提取法定公积金之前向股东分配利润的，股东应当将违反规定分配的利润退还公司。

给公司造成损失的，股东及负有责任的董事、监事、高级管理人员应当承担赔偿责任。

4. 股东盈余分配请求之诉

（1）原则上，只能就具体盈余分配请求权提起诉讼。

原则上，股东只能就具体盈余分配请求权提起诉讼。即股东会已经通过了决议，但是董事会不执行的，此时股东可以请求公司执行决议。

股东提交载明具体分配方案的股东会或者股东大会的有效决议，请求公司分配利润，公司拒绝分配利润且其关于无法执行决议的抗辩理由不成立的，人民法院应当判决公司按照决议载明的具体分配方案向股东分配利润。

（2）例外，由于股东受到压迫，公司拒不分红，股东可以请求分红。

股东未提交载明具体分配方案的股东会或者股东大会决议，请求公司分配利润的，人民法院应当驳回其诉讼请求，但违反法律规定滥用股东权利导致公司不分配利润，给其他股东造成损失的除外。

（3）当事人

股东请求公司分配利润案件，应当列公司为被告。

一审法庭辩论终结前，其他股东基于同一分配方案请求分配利润并申请参加诉讼的，应当列为共同原告。

（二）减少注册资本

1. 减资的法定程序

公司减少注册资本，应当编制资产负债表及财产清单。

公司应当自股东会作出减少注册资本决议之日起10日内通知债权人，并于30日内在报纸上或者统一的企业信息公示系统公告。债权人自接到通知之日起30日内，未接到通知的自公告之日起45日内，有权要求公司清偿债务或者提供相应的担保。

公司减少注册资本，应当按照股东出资或者持有股份的比例相应减少出资额或者股份。公司法或者其他法律另有规定的除外。

2. 简易减资【新】

公司弥补亏损后，仍有亏损的，可以减少注册资本弥补亏损，但不得向股东分配，也不得免除股东缴纳出资或者股款的义务。

简易减资的，不需要提前清偿债务或提供担保，但应当在报纸上或者统一的企业信息公示系统公告。

公司简易减资后，在法定公积金累计额达到公司注册资本50%前，不得分配利润。

3. 违规减资的责任

违法减少注册资本的，股东应当退还其收到的资金，减免股东出资的应当恢复原状。

给公司造成损失的，股东及负有责任的董事、监事、高级管理人员应当承担赔偿责任。

（三）股份公司回购股份★★★

1. 股份公司回购股份的处理规则

	情形	程序	股份处置	上市公司回购
1	减少公司注册资本	股东会决议	10日注销	—

续表

	情形	程序	股份处置	上市公司回购
2	与持有本公司股份的其他公司合并	股东会决议	6月转让或注销	—
3	将股份用于员工持股计划或者股权激励	授权，2/3董事出席	10%，3年转让或注销	公开集中交易
4	股东因对股东会作出的公司合并、分立决议持异议，要求公司收购其股份	—	6月转让或注销	—
5	将股份用于转换上市公司发行的可转换为股票的公司债券	授权，2/3董事出席	10%，3年转让或注销	公开集中交易
6	上市公司为维护公司价值及股东权益所必需	授权，2/3董事出席	10%，3年转让或注销	公开集中交易

2. 公司不得接受本公司的股票作为质权的标的。

（四）财务资助

⊙［**制度价值**］限制财务资助的一大重要原因是，实践中有公司通过循环增资的方式，人为地做大公司注册资本，提高杠杆率，增加了经济运行风险。这里的实例是安邦集团。安邦集团最终穿透后，其实只有86名个人投资者，而他们动用的资金也仅仅为5.6亿元。这些投资者用49家号称总注册资本达24亿元的企业，再通过层层类似"蛇吞象"的控股方式，撬动对安邦98%股权、600多亿元的注册资金（111倍资金杠杆）和超过19000亿元的资产（超过3400倍的资产杠杆）的最终控制。

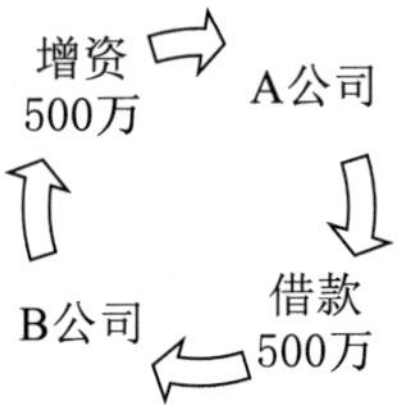

1. 原则：公司不得提供财务资助

公司及其子公司不得为他人取得本公司的股份提供赠与、借款、担保以及其他财务资助。

违法为他人取得本公司股份提供财务资助，给公司造成损失的，负有责任的董事、监事、高级管理人员应当承担赔偿责任。

2. 例外情形

1	公司实施员工持股计划

续表

2	决议通过	构成要件： ①为公司利益； ②经股东会决议，或者董事会按照公司章程或者股东会的授权作出决议，董事会作出决议应当经全体董事的2/3上通过； ③财务资助的累计总额不得超过已发行股本总额的10%。

(五) 对赌协议

⊙ [**制度价值**] 投资初创公司是一件高风险的事，其中最让人担心的是，创始团队在拿到巨额投资后，能否保持初心，用好这笔钱，还是就此堕落？因此，投资者就会和创始团队进行对赌。典型的对赌协议为：

一个互联网公司注册资本为1000万元（意味着创始团队出了1000万），该公司虽然在亏损，但是用户数量不断扩大，因此估值为10亿元。投资人投资2.5亿元到公司，占股20%。这2.5亿元实际上就在创始团队的控制下。

对赌协议约定，该公司应当在5年内将用户群扩大到千万级，app下载量应当超一千万。若达成该成就，则投资者和创始团队相安无事。若没有达成该成就，惩罚往往有两个：(1) 公司应当以4亿元的价格回购投资人的20%股权；(2) 创始团队与公司承担连带责任。还有一种可能的惩罚是：公司应当赔偿投资人1亿元，创始团队与公司承担连带责任。

创始团队可以和投资者对赌，这没有任何争议。但是，投资者和公司的对赌协议就造成了法律困扰：公司对赌赢了还好说，一旦输了，公司就应当回购股权，这是一种减资行为，如果让公司履行协议，则似乎违反了资本维持原则。

1. 与目标公司的对赌协议原则上有效

投资方与目标公司订立的“对赌协议”在不存在法定无效事由的情况下，目标公司仅以存在股权回购或者金钱补偿约定为由，主张“对赌协议”无效的，人民法院不予支持。

2. 应当审查对赌协议的可履行性

但投资方主张实际履行的，人民法院应当审查是否符合公司法关于“股东不得抽逃出资”及股份回购的强制性规定，判决是否支持其诉讼请求。

3. 投资方请求目标公司回购股权的处理

投资方请求目标公司回购股权的，人民法院应当依据关于“股东不得抽逃出资”或者关于股份回购的强制性规定进行审查。经审查，目标公司未完成减资程序的，人民法院应当驳回其诉讼请求。

4. 投资方请求目标公司金钱补偿的处理

投资方请求目标公司承担金钱补偿义务的，人民法院应当依据关于“股东不得抽逃出资”和关于利润分配的强制性规定进行审查。经审查，目标公司没有利润或者虽有利润但不足以补偿投资方的，人民法院应当驳回或者部分支持其诉讼请求。今后目标公司有利润时，投资方还可以依据该事实另行提起诉讼。

第六节　公司变更

一、公司合并

（一）公司合并概述

公司合并可以采取吸收合并或者新设合并。一个公司吸收其他公司为吸收合并，被吸收的公司解散。两个以上公司合并设立一个新的公司为新设合并，合并各方解散。

吸收合并：A+B=A

新设合并：A+B=C

（二）公司合并的法定程序

公司合并，应当由合并各方签订合并协议，并编制资产负债表及财产清单。公司应当自作出合并决议之日起10日内通知债权人，并于30日内在报纸上或者统一的企业信息公示系统公告。债权人自接到通知之日起30日内，未接到通知的自公告之日起45日内，可以要求公司清偿债务或者提供相应的担保。

公司合并时，合并各方的债权、债务，应当由合并后存续的公司或者新设的公司承继。

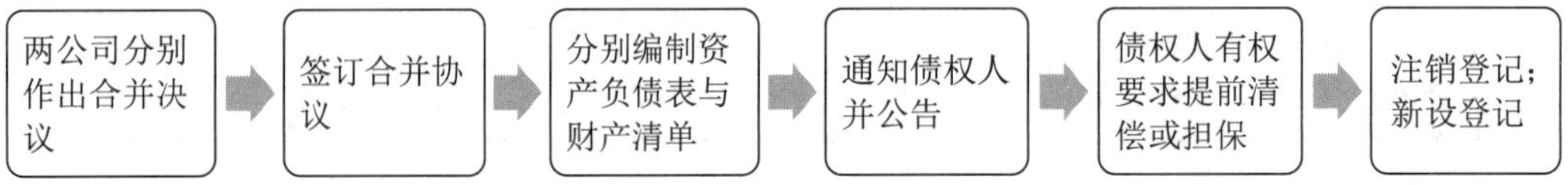

（三）特殊的公司合并形式

1. 简易合并（母子公司合并）

公司与其持股90%以上的公司合并，被合并的公司不需经股东会决议，但需经董事会决议。同时，应当通知被合并公司的其他股东，其他股东有权请求公司按照合理的价格收购其股权或者股份。

⊙［**总结**］被合并公司的小股东没有表决权，但有评估权。

2. 小规模合并（大并小）

公司合并支付的价款不超过本公司净资产10%的，可以不经股东会决议；但是，公司章程另有规定的除外。小规模合并应当经董事会决议。

二、公司分立

⊙［**制度价值**］在公司合并中，债权人的权利可能受到侵害。例如，A公司有总资产100万元，只有一个债权人甲，甲的债权为70万元，此时甲的债权可以得到完全清偿。B公司的总资产为20万元，有一个债权人乙，债权为80万元，乙的债权无法得到清偿。A公司和B公司合并后，公司的总资产为120万元，总负债高达150万元，甲的债权就无法得到完全清偿，甲就吃亏了。因此，要对甲进行保护。

（一）公司分立概述

公司分立，指一个公司分立成两个以上公司的行为，随之公司财产作相应分割。

存续分立：A=A+B

新设分立：A=B+C

（二）公司分立的法定程序

公司分立，应当编制资产负债表及财产清单。公司应当自作出分立决议之日起10日内通知债权人，并于30日内在报纸上或者统一的企业信息公示系统公告。

公司分立前的债务由分立后的公司承担连带责任。但是，公司在分立前与债权人就债务清偿达成的书面协议另有约定的除外。

三、增加注册资本

（一）增资的一般规定

有限责任公司增加资本时，股东在同等条件下有权优先按照实缴的出资比例认缴出资。但是，全体股东约定不按照出资比例优先认缴出资的除外。

股份有限公司为增加资本发行新股时，股东不享有优先认购权，公司章程另有规定或者股东会决议赋予股东优先认购权的除外。

⊙［**例**］注册资本方面，甲：乙：丙=200万：100万：200万；实缴资本方面，甲：乙：丙=100万：100万：200万。

增资400万的分配：先看股东共同约定；再协商；协商不成的，按实缴比例出资。

（二）股份公司增资的特殊规定

1. 发行新股的股东会决议

公司发行新股，股东会应当对下列事项作出决议：①新股种类及数额；②新股发行价格；③新股发行的起止日期；④向原有股东发行新股的种类及数额；⑤发行无面额股的，新股发行所得股款计入注册资本的金额。

公司发行新股，可以根据公司经营情况和财务状况，确定其作价方案。

2. 授权资本制度【新】

公司章程或者股东会可以授权董事会在3年内决定发行不超过已发行股份50%的股份。但以非现金支付方式支付股款的应当经股东会决议。

公司章程或者股东会授权董事会决定发行新股的，董事会决议应当经全体董事2/3以上通过。

⊙［例］公司成立于2023年1月1日，已发行1000万股股票，每股面额100元。公司章程规定，董事会可以在3年内，发行500万股股票，每股面额100元。

董事会共有9人组成。董事会于2024年1月1日，决议发行200万股，应经6人以上同意方能通过。

发行200万股，不是现金支付，而是通过厂房所有权支付，则需要由股东会决议。

四、减资（略）

五、变更公司形式

有限公司和股份公司可以互相转化。

有限责任公司变更为股份有限公司时，折合的实收股本总额不得高于公司净资产额。有限责任公司变更为股份有限公司，为增加资本公开发行股份时，应当依法办理。

⊙［例］A有限公司的注册资本为1000万元，经审计的净资产为1亿元。A有限公司为了冲击上市，要将自己变更为A股份公司。在变更时，A股份公司的注册资本最高不得超过1亿元。

第七节　公司终止

一、公司解散

⊙［**制度价值**］公司生命的终止，以注销登记为标志。根据公司临终时能不能还得清所有的债务，公司终止分为公司解散和公司破产。如果公司能还得清债务，则意味着公司还可以剩余一些钱分给股东，此时走公司解散程序；如果公司不能清偿全部债务，那么不仅股东拿不到一分钱，甚至债权人们都拿不回全部本息，此时就要走破产程序。

公司解散的情形：

<table>
<tr><td rowspan="2">1</td><td rowspan="2">意定解散</td><td>意定解散的情形：
①公司章程规定的营业期限届满或者公司章程规定的其他解散事由出现；
②股东会决议解散。</td></tr>
<tr><td>回转情形：
①有前述两种情形，但尚未向股东分配财产的，可以通过修改公司章程或者经股东会决议而存续；
②依照前款规定修改公司章程或者经股东会决议，有限责任公司须经持有 2/3 以上表决权的股东通过，股份有限公司须经出席股东会会议的股东所持表决权的 2/3 以上通过；</td></tr>
<tr><td>2</td><td>合并分立</td><td>因公司合并或者分立需要解散，此时公司无需清算可直接注销。</td></tr>
<tr><td>3</td><td>行政强制解散</td><td>公司依法被吊销营业执照、责令关闭或者被撤销的，应当解散。</td></tr>
<tr><td>4</td><td>司法强制解散</td><td>构成要件：
①当公司经营管理发生严重困难；
②继续存续会使股东利益受到重大损失；
③通过其他途径不能解决的；
④持有公司全部股东表决权 10%上的股东可以请求人民法院解散公司。</td></tr>
</table>

二、公司清算

> ⊙［**制度价值**］公司是复杂的经济体，解散意味着公司开启了终止之路，在这条路上，最重要的就是要清算公司，算清楚公司的账，还清楚公司的债，最后公司才能注销。

（一）清算义务人

> ⊙［**制度价值**］现实中，公司明明已经不再经营，但是公司内部人因为种种原因（比如一直在侵犯公司财产，不敢组成清算组算总账，或者想通过不清算赖账，或者就是单纯的懒）不肯组成清算组去清算公司。这个时候，为了维护债权人的利益，也为了防止公共资源的浪费（“僵尸企业”浪费资源），就必须让一些人承担起组成清算组的责任，如果迟迟不组成清算组的，则这些清算义务人应当承担责任。
>
> 清算义务人和清算组的关系好比父母与老师。孩子的教育是由老师负责的，而找老师则是父母的责任。一个孩子失教分为两个阶段：第一个阶段，父母没有把孩子送教；第二个阶段，老师没有好好教。清算义务人的责任是第一个阶段，清算组不好好清算，是第二个阶段。

1. 清算义务人的确定

董事为公司清算义务人，应当在解散事由出现之日起 15 日内组成清算组进行清算。

清算义务人未及时履行清算义务，给公司或者债权人造成损失的，应当承担赔偿责任。

2. 清算义务人的责任

清算义务人未及时履行清算义务，给公司或者债权人造成损失的，应当承担赔偿责任。

（二）清算组

1. 清算组的形成

（1）自愿清算

董事为公司清算义务人，应当在解散事由出现之日起15日内组成清算组进行清算。

清算组由董事组成，但是公司章程另有规定或者股东会决议另选他人的除外。

（2）强制清算

逾期不成立清算组进行清算或者成立清算组后不清算的，利害关系人（①公司股东；②债权人；③政府机关：作出吊销营业执照、责令关闭或者撤销决定的部门或者公司登记机关）可以申请人民法院指定有关人员组成清算组进行清算。

人民法院应当受理该申请，并及时组织清算组进行清算。

2. 清算组的职权

清算组在清算期间行使下列职权：①清理公司财产，分别编制资产负债表和财产清单；②通知、公告债权人；③处理与清算有关的公司未了结的业务；④清缴所欠税款以及清算过程中产生的税款；⑤清理债权、债务；⑥分配公司清偿债务后的剩余财产；⑦代表公司参与民事诉讼活动。

3. 通知与债权申报

清算组应当自成立之日起10日内通知债权人，并于60日内在报纸上或者统一的企业信息公示系统公告。

债权人应当自接到通知之日起30日内，未接到通知的自公告之日起45日内，向清算组申报其债权。

债权人申报债权，应当说明债权的有关事项，并提供证明材料。清算组应当对债权进行登记。

在申报债权期间，清算组不得对债权人进行清偿。

4. 清偿顺序

清算组在清理公司财产、编制资产负债表和财产清单后，应当制订清算方案，并报股东会或者人民法院确认。

公司财产在分别支付①清算费用，②职工的工资、社会保险费用和法定补偿金，③缴纳所欠税款，④清偿公司债务后的剩余财产，⑤有限责任公司按照股东的（实缴）出资比例分配，股份有限公司按照股东持有的股份比例分配。

清算期间，公司存续，但不得开展与清算无关的经营活动。公司财产在未依照前款规定清偿前，不得分配给股东。

5. 解散转破产

清算组在清理公司财产、编制资产负债表和财产清单后，发现公司财产不足清偿债务的，应当依法向人民法院申请破产清算。

人民法院受理破产申请后，清算组应当将清算事务移交给人民法院指定的破产管理人。

6. 清算组的信义义务

清算组成员履行清算职责，负有忠实义务和勤勉义务。

清算组成员怠于履行清算职责，给公司造成损失的，应当承担赔偿责任；因故意或者重大过失给债权人造成损失的，应当承担赔偿责任。

7. 强制注销

（1）解散原因：公司被吊销营业执照、责令关闭或者被撤销。

（2）成为“僵尸”：满 3 年未向公司登记机关申请注销公司登记的。

（3）公告注销：公司登记机关可以通过国家企业信用信息公示系统予以公告，公告期限不少于 60 日。公告期限届满后，未有异议的，公司登记机关可以注销公司登记。

（4）依照前款规定注销公司登记的，原公司股东、清算义务人的责任不受影响。

8. 简易注销

事项	内容
简易注销的条件	①公司在存续期间未产生债务，或 ②已清偿全部债务的，经全体股东承诺，可以通过简易程序注销公司登记。
简易注销的程序	通过简易程序注销公司登记（20+20）： ①应当通过统一的企业信息公示系统予以公告，公告期限不少于 20 日 →②公告期限届满后，未有异议的，公司可以在 20 日内向公司登记机关申请注销公司登记。
简易注销的效果	公司通过简易程序注销公司登记，股东承诺不实的，应当对注销登记前的债务承担连带责任。

第八节　公司法与民诉法的衔接

一、强制执行股权

（一）概述

1. 执行标的

被执行人是公司股东的，人民法院可以强制执行其在公司持有的股权，不得直接执行公司的财产。

人民法院可以冻结下列资料或者信息之一载明的属于被执行人的股权：

（1）股权所在公司的章程、股东名册等资料；

（2）公司登记机关的登记、备案信息；

（3）国家企业信用信息公示系统的公示信息。

2. 管辖：依照民事诉讼法的规定以被执行股权所在地确定管辖法院的，股权所在地是指股权所在公司的住所地。

（二）股权强制执行异议

1. 执行异议：案外人基于实体权利对被冻结股权提出排除执行异议的，人民法院应当依照民事诉讼法的规定[1]进行审查。

2. 法院审查：执行过程中，案外人对执行标的提出书面异议的，人民法院应当自收到书面异议之日起十五日内审查，理由成立的，裁定中止对该标的的执行；理由不成立的，裁定驳回。

法院审查的关键是案外人是否具有实体性权利。

［例］ 甲有限公司有3名股东，分别为A公司（60%）、B公司（30%）、C公司（10%），其中A公司的股权为代D公司所持有，另外A公司以40%的股权向F公司作了质押。因A公司对E公司欠款未还，E公司胜诉后，向法院请求强制执行A公司全部的60%股权。

（1）D公司是否有权提出执行异议？

不可以，原因为：D公司作为实际出资人，不是股权持有人，因此不可以提出执行异议。

（2）F公司是否有权提出执行异议？

可以，原因为：F公司对其中40%股权部分享有担保物权，若全部由E公司强制执行，则F公司的实体性权利落空，因此F公司可以对40%股权提起执行异议，但是对于剩余的20%不得提起异议。

（3）案情其余相同，若D公司的债权人G公司胜诉，向法院请求强制执行A公司所代持的60%股权，A公司是否可以提出执行异议？

可以，因为A公司虽然为名义股东，但依然为股东，推定其具有实体性权利，因此可以提出执行异议。

---

〔1〕《民事诉讼法》第238条 执行过程中，案外人对执行标的提出书面异议的，人民法院应当自收到书面异议之日起十五日内审查，理由成立的，裁定中止对该标的的执行；理由不成立的，裁定驳回。案外人、当事人对裁定不服，认为原判决、裁定错误的，依照审判监督程序办理；与原判决、裁定无关的，可以自裁定送达之日起十五日内向人民法院提起诉讼。

3. 执行异议的处理

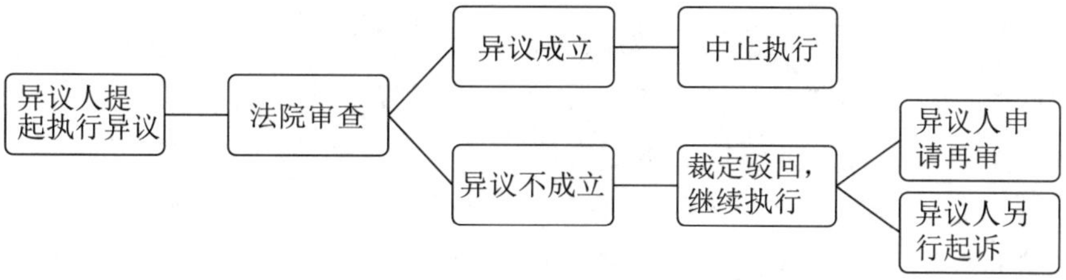

（三）股权冻结

1. 股权冻结程序

人民法院冻结被执行人的股权，应当向公司登记机关送达裁定书和协助执行通知书，要求其在国家企业信用信息公示系统进行公示。股权冻结自在公示系统公示时发生法律效力。多个人民法院冻结同一股权的，以在公示系统先办理公示的为在先冻结。

依照前款规定冻结被执行人股权的，应当及时向被执行人、申请执行人送达裁定书，并将股权冻结情况书面通知股权所在公司。

2. 股权冻结的数额

人民法院冻结被执行人的股权，以其价额足以清偿生效法律文书确定的债权额及执行费用为限，不得明显超标的额冻结。股权价额无法确定的，可以根据申请执行人申请冻结的比例或者数量进行冻结。

被执行人认为冻结明显超标的额的，可以依照民事诉讼法的规定〔1〕提出书面异议，并附证明股权等查封、扣押、冻结财产价额的证据材料。人民法院审查后裁定异议成立的，应当自裁定生效之日起七日内解除对明显超标的额部分的冻结。

3. 股权冻结的效果

（1）被执行人的配合义务：被执行人就被冻结股权所作的转让、出质或者其他有碍执行的行为，不得对抗申请执行人。

（2）公司的配合义务：人民法院冻结被执行人股权的，可以向股权所在公司送达协助执行通知书，要求其在实施增资、减资、合并、分立等对被冻结股权所占比例、股权价值产生重大影响的行为前向人民法院书面报告有关情况。人民法院收到报告后，应当及时通知申请执行人，但是涉及国家秘密、商业秘密的除外。

---

〔1〕《民事诉讼法》第236条 当事人、利害关系人认为执行行为违反法律规定的，可以向负责执行的人民法院提出书面异议。当事人、利害关系人提出书面异议的，人民法院应当自收到书面异议之日起十五日内审查，理由成立的，裁定撤销或者改正；理由不成立的，裁定驳回。当事人、利害关系人对裁定不服的，可以自裁定送达之日起十日内向上一级人民法院申请复议。

股权所在公司未向人民法院报告即实施前款规定行为的，依照民事诉讼法的规定[1]处理。

股权所在公司或者公司董事、高级管理人员故意通过增资、减资、合并、分立、转让重大资产、对外提供担保等行为导致被冻结股权价值严重贬损，影响申请执行人债权实现的，申请执行人可以依法提起诉讼。

（3）股息、红利的处理：人民法院冻结被执行人基于股权享有的股息、红利等收益，应当向股权所在公司送达裁定书，并要求其在该收益到期时通知人民法院。人民法院对到期的股息、红利等收益，可以书面通知股权所在公司向申请执行人或者人民法院履行。

股息、红利等收益被冻结后，股权所在公司擅自向被执行人支付或者变相支付的，不影响人民法院要求股权所在公司支付该收益。

（四）股权拍卖

1. 股权拍卖的方式

人民法院拍卖被执行人的股权，应当采取网络司法拍卖方式。

依据处置参考价并结合具体情况计算，拍卖被冻结股权所得价款可能明显高于债权额及执行费用的，人民法院应当对相应部分的股权进行拍卖。对相应部分的股权拍卖严重减损被冻结股权价值的，经被执行人书面申请，也可以对超出部分的被冻结股权一并拍卖。

2. 不予支持的股权拍卖抗辩

被执行人、利害关系人以具有下列情形之一为由请求不得强制拍卖股权的，人民法院不予支持：

（1）被执行人未依法履行或者未依法全面履行出资义务；

（2）被执行人认缴的出资未届履行期限；

（3）法律、行政法规、部门规章等对该股权自行转让有限制；

（4）公司章程、股东协议等对该股权自行转让有限制。

人民法院对具有前款第一、二项情形的股权进行拍卖时，应当在拍卖公告中载明被执行人认缴出资额、实缴出资额、出资期限等信息。股权处置后，相关主体依照有关规定履行出资义务。

---

[1]《民事诉讼法》第117条 有义务协助调查、执行的单位有下列行为之一的，人民法院除责令其履行协助义务外，并可以予以罚款：（一）有关单位拒绝或者妨碍人民法院调查取证的；（二）有关单位接到人民法院协助执行通知书后，拒不协助查询、扣押、冻结、划拨、变价财产的；（三）有关单位接到人民法院协助执行通知书后，拒不协助扣留被执行人的收入、办理有关财产权证照转移手续、转交有关票证、证照或者其他财产的；（四）其他拒绝协助执行的。人民法院对有前款规定的行为之一的单位，可以对其主要负责人或者直接责任人员予以罚款；对仍不履行协助义务的，可以予以拘留；并可以向监察机关或者有关机关提出予以纪律处分的司法建议。

二、执行中追加、变更当事人

（一）追加、变更申请执行人

1. 现申请执行人终止的处理：作为申请执行人的法人或非法人组织终止，因该法人或非法人组织终止依法承受生效法律文书确定权利的主体，申请变更、追加其为申请执行人的，人民法院应予支持。

2. 现申请执行人合并的处理：作为申请执行人的法人或非法人组织因合并而终止，合并后存续或新设的法人、非法人组织申请变更其为申请执行人的，人民法院应予支持。

3. 现申请执行人分立的处理：作为申请执行人的法人或非法人组织分立，依分立协议约定承受生效法律文书确定权利的新设法人或非法人组织，申请变更、追加其为申请执行人的，人民法院应予支持。

4. 现申请执行人清算或破产的处理：作为申请执行人的法人或非法人组织清算或破产时，生效法律文书确定的权利依法分配给第三人，该第三人申请变更、追加其为申请执行人的，人民法院应予支持。

（二）追加、变更被申请执行人

1. 现被申请执行人合并的处理：作为被执行人的法人或非法人组织因合并而终止，申请执行人申请变更合并后存续或新设的法人、非法人组织为被执行人的，人民法院应予支持。

2. 现被申请执行人分立的处理：作为被执行人的法人或非法人组织分立，申请执行人申请变更、追加分立后新设的法人或非法人组织为被执行人，对生效法律文书确定的债务承担连带责任的，人民法院应予支持。但被执行人在分立前与申请执行人就债务清偿达成的书面协议另有约定的除外。

3. 分支机构与法人：作为被执行人的法人分支机构，不能清偿生效法律文书确定的债务，申请执行人申请变更、追加该法人为被执行人的，人民法院应予支持。

法人直接管理的责任财产仍不能清偿债务的，人民法院可以直接执行该法人其他分支机构的财产。

作为被执行人的法人，直接管理的责任财产不能清偿生效法律文书确定债务的，人民法院可以直接执行该法人分支机构的财产。

4. 追加股东作为被申请执行人

（1）追加瑕疵出资的股东和发起人：作为被执行人的营利法人，财产不足以清偿生效法律文书确定的债务，申请执行人申请变更、追加未缴纳或未足额缴纳出资的股东、出资人或依公司法规定对该出资承担连带责任的发起人为被执行人，在尚未缴纳出资的范围内依法承担责任的，人民法院应予支持。

（2）追加抽逃出资的股东：作为被执行人的营利法人，财产不足以清偿生效法律文书确定的债务，申请执行人申请变更、追加抽逃出资的股东、出资人为被执行人，在抽逃出资的范围内承担责任的，人民法院应予支持。

（3）追加瑕疵出资又转让股权的股东：作为被执行人的公司，财产不足以清偿生效法律文书确定的债务，其股东未依法履行出资义务即转让股权，申请执行人申请变更、追加该原股东或依公司法规定对该出资承担连带责任的发起人为被执行人，在未依法出资的范围内承担责任的，人民法院应予支持。

（4）追加一人公司的股东：作为被执行人的一人有限责任公司，财产不足以清偿生效法律文书确定的债务，股东不能证明公司财产独立于自己的财产，申请执行人申请变更、追加该股东为被执行人，对公司债务承担连带责任的，人民法院应予支持。

5. 追加违法清算义务人、清算人为被申请执行人

（1）作为被执行人的公司，未经清算即办理注销登记，导致公司无法进行清算，申请执行人申请变更、追加有限责任公司的股东、股份有限公司的董事和控股股东为被执行人，对公司债务承担连带清偿责任的，人民法院应予支持。[1]

（2）作为被执行人的法人或非法人组织，被注销或出现被吊销营业执照、被撤销、被责令关闭、歇业等解散事由后，其股东、出资人或主管部门无偿接受其财产，致使该被执行人无遗留财产或遗留财产不足以清偿债务，申请执行人申请变更、追加该股东、出资人或主管部门为被执行人，在接受的财产范围内承担责任的，人民法院应予支持。

（3）作为被执行人的法人或非法人组织，未经依法清算即办理注销登记，在登记机关办理注销登记时，第三人书面承诺对被执行人的债务承担清偿责任，申请执行人申请变更、追加该第三人为被执行人，在承诺范围内承担清偿责任的，人民法院应予支持。

6. 追加无偿接受财产的第三人为被申请执行人

作为被执行人的法人或非法人组织，财产依行政命令被无偿调拨、划转给第三人，致使该被执行人财产不足以清偿生效法律文书确定的债务，申请执行人申请变更、追加该第三人为被执行人，在接受的财产范围内承担责任的，人民法院应予支持。

（三）执行异议之诉

被申请人或申请人对执行法院依据规定作出的变更、追加裁定或驳回申请裁定不服的，可以自裁定书送达之日起十五日内，向执行法院提起执行异议之诉。

被申请人提起执行异议之诉的，以申请人为被告。申请人提起执行异议之诉的，以被申请人为被告。

1. 被申请人提起的执行异议之诉，人民法院经审理，按照下列情形分别处理：

（1）理由成立的，判决不得变更、追加被申请人为被执行人或者判决变更责任范围；

[1] 本条应当随着新公司法实施而修改。

（2）理由不成立的，判决驳回诉讼请求。

诉讼期间，人民法院不得对被申请人争议范围内的财产进行处分。申请人请求人民法院继续执行并提供相应担保的，人民法院可以准许。

2. 申请人提起的执行异议之诉，人民法院经审理，按照下列情形分别处理：

（1）理由成立的，判决变更、追加被申请人为被执行人并承担相应责任或者判决变更责任范围；

（2）理由不成立的，判决驳回诉讼请求。

第三章 企业破产法精讲

第一节 一般规定

一、破产程序

（一）破产清算

破产清算是最基础的破产程序，另外两种破产程序都是以其为基础的。破产清算是指，法院指定管理人，变卖破产企业的财产，并按照一定顺序向企业的债权人进行分配，最终注销企业的过程。

（二）破产重整

破产重整，是指专门针对可能或已经具备破产原因但又有维持价值和再生希望的企业，经由各方利害关系人的申请，在法院的主持和利害关系人的参与下，进行业务上的重组和债务调整，以帮助债务人摆脱财务困境、恢复营业能力的法律制度

（三）破产和解

破产和解制度是指为避免破产清算，由债务人提出和解申请并提出和解协议草案，经债权人会议讨论通过并经法院许可的关于解决债权债务问题的一系列制度。

（四）破产程序之间的转换

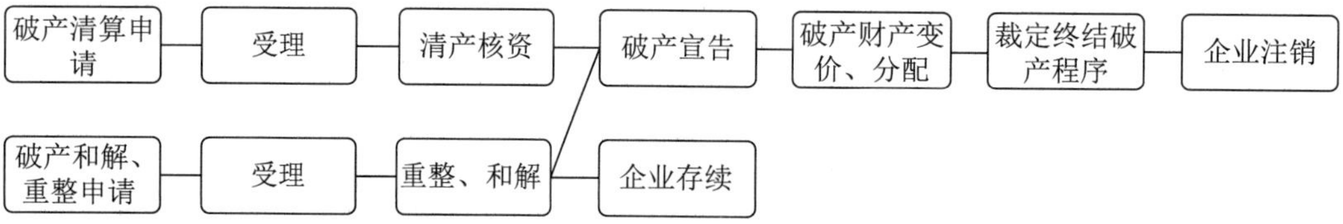

二、破产原因★

（一）破产原因概述

企业法人不能清偿到期债务，并且资产不足以清偿全部债务或者明显缺乏清偿能力的，依照企业破产法规定清理债务。相关当事人以对债务人的债务负有连带责任的人未丧失清偿能力为由，主张债务人不具备破产原因的，人民法院应不予支持。

a=不能清偿到期债务

b=资产不足以清偿全部债务（资不抵债）

c=明显缺乏清偿能力

破产原因：a+b；a+c

（二）不能清偿到期债务

下列情形同时存在的，人民法院应当认定债务人不能清偿到期债务：

（1）债权债务关系依法成立；（2）债务履行期限已经届满；（3）债务人未完全清偿债务。

（三）资产不足以清偿全部债务

债务人的资产负债表，或者审计报告、资产评估报告等显示其全部资产不足以偿付全部负债的，人民法院应当认定债务人资产不足以清偿全部债务，但有相反证据足以证明债务人资产能够偿付全部负债的除外。

（四）明显缺乏清偿能力

债务人账面资产虽大于负债，但存在下列情形之一的，人民法院应当认定其明显缺乏清偿能力：

1. 因资金严重不足或者财产不能变现等原因，无法清偿债务；
2. 法定代表人下落不明且无其他人员负责管理财产，无法清偿债务；
3. 经人民法院强制执行，无法清偿债务；
4. 长期亏损且经营扭亏困难，无法清偿债务；
5. 导致债务人丧失清偿能力的其他情形。

第二节 破产申请和受理

一、申请

（一）申请人

1. 债务人。债务人有破产原因的，可以向人民法院提出重整、和解或者破产清算申请。

企业法人已解散但未清算或者未在合理期限内清算完毕，债权人申请债务人破产清算的，除债务人在法定异议期限内举证证明其未出现破产原因外，人民法院应当受理。

2. 债权人。债务人不能清偿到期债务，债权人可以向人民法院提出对债务人进行重整或者破产清算的申请。

企业法人已解散但未清算或者未清算完毕，资产不足以清偿债务的，依法负有清算责任的人应当向人民法院申请破产清算。

3. 出资人（股东）

债权人	须为具有给付内容、法律上可强制执行、已到期的请求权
	实质要件：债务人不能清偿到期债务
	申请程序：重整、破产清算

续表

债务人	可申请程序：全部
清算人/清算义务人	已解散但未清算或未清算完毕，资产不足以清偿债务的，清算人应向法院申请破产清算。 特点：清算义务人必须提出破产申请，不得故意拖延申请；只能申请破产清算程序，不得选择重整或和解程序；清算义务人提出破产申请后，人民法院应当受理并于受理时宣告破产。
出资人	10%的出资人可申请重整
	受理破产申请后，破产宣告前

（二）撤回申请

人民法院受理破产申请前，申请人可以请求撤回申请。

二、受理

（一）破产申请审查

1. 通知与债务人异议：债权人提出破产申请的，人民法院应当自收到申请之日起5日内通知债务人。

债务人对申请有异议的，应当自收到人民法院的通知之日起7日内向人民法院提出。人民法院应当自异议期满之日起10日内裁定是否受理。债务人对债权人的申请未在法定期限内向人民法院提出异议，或者异议不成立的，人民法院应当依法裁定受理破产申请。

除前款规定的情形外，人民法院应当自收到破产申请之日起15日内裁定是否受理。

有特殊情况需要延长前两款规定的裁定受理期限的，经上一级人民法院批准，可以延长15日。

2. 审查对象：人民法院收到破产申请后应当及时对申请人的主体资格、债务人的主体资格和破产原因，以及有关材料和证据等进行审查，并依据企业破产法第十条的规定作出是否受理的裁定。

3. 补充材料：人民法院认为申请人应当补充、补正相关材料的，应当自收到破产申请之日起5日内告知申请人。当事人补充、补正相关材料的期间不计入破产申请审查期限。

4. 拒不立案的处理：申请人向人民法院提出破产申请，人民法院未接收其申请，或者不进行审查破产申请的、不出具书面凭证的，申请人可以向上一级人民法院提出破产申请。

上一级人民法院接到破产申请后，应当责令下级法院依法审查并及时作出是否受理的裁定。

下级法院仍不作出是否受理裁定的，上一级人民法院可以径行作出裁定。

上一级人民法院裁定受理破产申请的，可以同时指令下级人民法院审理该案件。

（二）裁定结果

1. 裁定受理：人民法院受理破产申请的，应当自裁定作出之日起 5 日内送达申请人。

债权人提出申请的，人民法院应当自裁定作出之日起 5 日内送达债务人。

债务人应当自裁定送达之日起 15 日内，向人民法院提交财产状况说明、债务清册、债权清册、有关财务会计报告以及职工工资的支付和社会保险费用的缴纳情况。债务人拒不提交的，人民法院可以对债务人的直接责任人员采取罚款等强制措施。

2. 裁定不受理：人民法院裁定不受理破产申请的，应当自裁定作出之日起 5 日内送达申请人并说明理由。申请人对裁定不服的，可以自裁定送达之日起 10 日内向上一级人民法院提起上诉。

人民法院受理破产申请后至破产宣告前，经审查发现债务人不符合破产原因的，可以裁定驳回申请。申请人对裁定不服的，可以自裁定送达之日起 10 日内向上一级人民法院提起上诉。

3. 指定管理人：人民法院裁定受理破产申请的，应当同时指定管理人。

4. 通知债权人并公告：人民法院应当自裁定受理破产申请之日起 25 日内通知已知债权人，并予以公告。通知和公告应当载明下列事项：

（1）申请人、被申请人的名称或者姓名；

（2）人民法院受理破产申请的时间；

（3）申报债权的期限、地点和注意事项；

（4）管理人的名称或者姓名及其处理事务的地址；

（5）债务人的债务人或者财产持有人应当向管理人清偿债务或者交付财产的要求；

（6）第一次债权人会议召开的时间和地点；

（7）人民法院认为应当通知和公告的其他事项。

（三）受理后债务人负责人的义务

自人民法院受理破产申请的裁定送达债务人之日起至破产程序终结之日，债务人的有关人员承担下列义务：

1. 保管义务。妥善保管其占有和管理的财产、印章和账簿、文书等资料；

2. 如实回答义务。根据人民法院、管理人的要求进行工作，并如实回答询问；

3. 如实回答义务。列席债权人会议并如实回答债权人的询问；

4. 禁足。未经人民法院许可，不得离开住所地；

5. 新任禁止。不得新任其他企业的董事、监事、高级管理人员。

前款所称有关人员，是指企业的法定代表人；经人民法院决定，可以包括企业的财务管理人员和其他经营管理人员。

（四）破产程序开始后，其他诉讼、执行程序的处理

1. 破产案件的管辖和法律适用：破产案件由债务人住所地人民法院管辖。

破产案件审理程序，企业破产法没有规定的，适用民事诉讼法的有关规定。

2. 解除财产保全措施、中止执行程序：人民法院受理破产申请后，有关债务人财产的保全措施应当解除，执行程序应当中止。对债务人财产已采取保全措施的相关单位，在知悉人民法院已裁定受理有关债务人的破产申请后，应当及时解除对债务人财产的保全措施。

3. 诉讼、仲裁中止，管理人接管后继续进行：人民法院受理破产申请后，已经开始而尚未终结的有关债务人的民事诉讼或者仲裁应当中止；在管理人接管债务人的财产后，该诉讼或者仲裁继续进行。

4. 新诉讼应当向破产法院提起

（1）原则性规定

人民法院受理破产申请后，当事人提起的有关债务人的民事诉讼案件，应当由受理破产申请的人民法院管辖。

（2）可以提审、下放

受理破产申请的人民法院管辖的有关债务人的第一审民事案件，可以由上级人民法院提审，或者报请上级人民法院批准后交下级人民法院审理。

（3）专属管辖案件的指定

受理破产申请的人民法院，如对有关债务人的海事纠纷、专利纠纷、证券市场因虚假陈述引发的民事赔偿纠纷等案件不能行使管辖权的，可以由上级人民法院指定管辖。

5. 破产诉讼费：破产案件的诉讼费用，从债务人财产中拨付。相关当事人以申请人未预先交纳诉讼费用为由，对破产申请提出异议的，人民法院不予支持。

（五）债务人债权诉讼时效的中断

1. 基本规则：债务人对外享有债权的诉讼时效，自人民法院受理破产申请之日起中断。

2. 短期超限的恢复：债务人无正当理由未对其到期债权及时行使权利，导致其对外债权在破产申请受理前1年内超过诉讼时效期间的，人民法院受理破产申请之日起重新计算上述债权的诉讼时效期间。

第三节　管理人

一、管理人的选任

（一）管理人的指定与更换

1. 管理人由人民法院指定。

2. 管理人的更换：债权人会议认为管理人不能依法、公正执行职务或者有其他不能胜任职务情形的，可以申请人民法院予以更换。

指定管理人和确定管理人报酬的办法，由最高人民法院规定。管理人的报酬由人民法院确定。债权人会议对管理人的报酬有异议的，有权向人民法院提出。

3. 管理人辞职：管理人没有正当理由不得辞去职务。管理人辞去职务应当经人民法院许可。

（二）管理人的任职资格

管理人可以由有关部门、机构的人员组成的清算组或者依法设立的律师事务所、会计师事务所、破产清算事务所等社会中介机构担任。

人民法院根据债务人的实际情况，可以在征询有关社会中介机构的意见后，指定该机构具备相关专业知识并取得执业资格的人员担任管理人。

有下列情形之一的，不得担任管理人：

（1）因故意犯罪受过刑事处罚；

（2）曾被吊销相关专业执业证书；

（3）与本案有利害关系；

（4）人民法院认为不宜担任管理人的其他情形。

个人担任管理人的，应当参加执业责任保险。

二、管理人的权限与职责

（一）管理人的权限

1. 管理人接管债务人

（1）接管财产、文件。管理人接管债务人的财产、印章和账簿、文书等资料。

（2）接收债务偿还。债务人的债务人或者财产持有人应当向管理人清偿债务或者交付财产。

债务人的债务人或者财产持有人故意违反该规定向债务人清偿债务或者交付财产，使债权人受到损失的，不免除其清偿债务或者交付财产的义务。

2. 管理人的日常管理权

（1）调查债务人财产状况，制作财产状况报告；

（2）决定债务人的内部管理事务；

（3）决定债务人的日常开支和其他必要开支；

（4）管理和处分债务人的财产；

（5）代表债务人参加诉讼、仲裁或者其他法律程序；

（6）提议召开债权人会议；

（7）管理人经人民法院许可，可以聘用必要的工作人员；

（8）人民法院认为管理人应当履行的其他职责。

3. 重大事项的管理权：在第一次债权人会议召开之前，管理人可以实施重大事项，但必须报告人民法院，并应当经人民法院许可。

（1）涉及土地、房屋等不动产权益的转让；

（2）探矿权、采矿权、知识产权等财产权的转让；

（3）全部库存或者营业的转让；

（4）借款；

（5）设定财产担保；

（6）债权和有价证券的转让；

（7）履行债务人和对方当事人均未履行完毕的合同；

（8）放弃权利；

（9）担保物的取回；

（10）对债权人利益有重大影响的其他财产处分行为；

（11）决定继续或者停止债务人的营业。

4. 决定双方均未履行完毕的双务合同是否继续履行的权利

人民法院受理破产申请后，管理人对破产申请受理前成立而债务人和对方当事人均未履行完毕的合同有权决定解除或者继续履行，并通知对方当事人。

（1）超出时限解除。管理人自破产申请受理之日起2个月内未通知对方当事人，或者自收到对方当事人催告之日起30日内未答复的，视为解除合同。

（2）拒不提供担保解除。管理人决定继续履行合同的，对方当事人应当履行；但是，对方当事人有权要求管理人提供担保。管理人不提供担保的，视为解除合同。

（二）管理人的职责

1. 管理人信义义务。管理人应当勤勉尽责，忠实执行职务。

2. 报告义务。管理人依照企业破产法规定执行职务，向人民法院报告工作，并接受债权人会议和债权人委员会的监督。

管理人应当列席债权人会议，向债权人会议报告职务执行情况，并回答询问。

3. 管理人赔偿责任

管理人或者相关人员在执行职务过程中，因故意或者重大过失不当转让他人财产或者造成他人财产毁损、灭失，导致他人损害产生的债务作为共益债务，由债务人财产随时清偿不足弥补损失，权利人向管理人或者相关人员主张承担补充赔偿责任的，人民法院应予支持。

上述债务作为共益债务由债务人财产随时清偿后，债权人以管理人或者相关人员执行职务不当导致债务人财产减少给其造成损失为由提起诉讼，主张管理人或者相关人员承担相应赔偿责任的，人民法院应予支持。

第四节 债务人财产

一、债务人财产概述

（一）债务人财产的范围

1. 债务人财产的取得：破产申请受理时属于债务人的全部财产，以及破产申请受理后至破产程序终结前债务人取得的财产，为债务人财产。

2. 债务人财产的形式：除债务人所有的货币、实物外，债务人依法享有的可以用货币估价并可以依法转让的债权、股权、知识产权、用益物权等财产和财产权益，人民法院均应认定为债务人财产。

3. 设定担保物权的财产：债务人已依法设定担保物权的特定财产，人民法院应当认定为债务人财产。

对债务人的特定财产在担保物权消灭或者实现担保物权后的剩余部分，在破产程序中可用以清偿破产费用、共益债务和其他破产债权。

4. 共有财产的分割：债务人对按份享有所有权的共有财产的相关份额，或者共同享有所有权的共有财产的相应财产权利，以及依法分割共有财产所得部分，人民法院均应认定为债务人财产。

人民法院宣告债务人破产清算，属于共有财产分割的法定事由。

人民法院裁定债务人重整或者和解的，共有财产的分割应当依据民法典第303条的规定进行；[1]基于重整或者和解的需要必须分割共有财产，管理人请求分割的，人民法院应予准许。

因分割共有财产导致其他共有人损害产生的债务，其他共有人请求作为共益债务清偿的，人民法院应予支持。

5. 执行回转的财产：破产申请受理后，有关债务人财产的执行程序未中止的，采取执行措施的相关单位应当依法予以纠正。依法执行回转的财产，人民法院应当认定为债务人财产。

（二）不属于债务人财产的范围

下列财产不应认定为债务人财产：

1. 债务人基于仓储、保管、承揽、代销、借用、寄存、租赁等合同或者其他法律关系占有、使用的他人财产；

2. 债务人在所有权保留买卖中尚未取得所有权的财产；

---

〔1〕《民法典》第303条　共有人约定不得分割共有的不动产或者动产，以维持共有关系的，应当按照约定，但是共有人有重大理由需要分割的，可以请求分割；没有约定或者约定不明确的，按份共有人可以随时请求分割，共同共有人在共有的基础丧失或者有重大理由需要分割时可以请求分割。因分割造成其他共有人损害的，应当给予赔偿。

3. 所有权专属于国家且不得转让的财产；

4. 其他依照法律、行政法规不属于债务人的财产。

（三）取回担保物

1. 可以取回担保物。人民法院受理破产申请后，管理人可以通过清偿债务或者提供为债权人接受的担保，取回质物、留置物。

2. 清偿不得超过担保物的价值。前款规定的债务清偿或者替代担保，在质物或者留置物的价值低于被担保的债权额时，以该质物或者留置物当时的市场价值为限。

3. 报告债权人委员会。管理人拟通过清偿债务或者提供担保取回质物、留置物，或者与质权人、留置权人协议以质物、留置物折价清偿债务等方式，进行对债权人利益有重大影响的财产处分行为的，应当及时报告债权人委员会。未设立债权人委员会的，管理人应当及时报告人民法院。

（四）债务人财产的保全措施

1. 破产法院可以对债务人财产采取保全措施

破产申请受理后，对于可能因有关利益相关人的行为或者其他原因，影响破产程序依法进行的，受理破产申请的人民法院可以根据管理人的申请或者依职权，对债务人的全部或者部分财产采取保全措施。

2. 破产程序终止后的恢复保全

人民法院受理破产申请后至破产宣告前裁定驳回破产申请，或者裁定终结破产程序的，应当及时通知原已采取保全措施并已依法解除保全措施的单位按照原保全顺位恢复相关保全措施。

在已依法解除保全的单位恢复保全措施或者表示不再恢复之前，受理破产申请的人民法院不得解除对债务人财产的保全措施。

（五）不得个别清偿

人民法院受理破产申请后，债务人对个别债权人的债务清偿无效。

二、管理人撤销权、追回权★★★

（一）受理前1年内无偿处分财产

人民法院受理破产申请前1年内，涉及债务人财产的下列行为，管理人有权请求人民法院予以撤销：

1. 无偿转让财产的

2. 以明显不合理的价格进行交易的

3. 对没有财产担保的债务提供财产担保的

4. 对未到期的债务提前清偿的

5. 放弃债权的

（二）受理前6个月内个别清偿

人民法院受理破产申请前6个月内，涉及债务人财产的个别清偿行为，管理人有权请求人民法院予以撤销。

1. 适用要件

（1）人民法院受理破产申请前6个月内

（2）债务人出现破产原因

（3）债务人对个别债权人进行清偿的

（4）管理人有权请求人民法院予以撤销

（5）例外情形，个别清偿使债务人财产受益的除外。

2. 例外情形

（1）对担保债权清偿

债务人对以自有财产设定担保物权的债权进行的个别清偿，管理人请求撤销的，人民法院不予支持。

但是，债务清偿时担保财产的价值低于债权额的除外。

（2）司法清偿

债务人经诉讼、仲裁、执行程序对债权人进行的个别清偿，管理人请求撤销的，人民法院不予支持。但是，债务人与债权人恶意串通损害其他债权人利益的除外。

（3）获益清偿

债务人对债权人进行的以下个别清偿，管理人请求撤销的，人民法院不予支持：

（i）债务人为维系基本生产需要而支付水费、电费等的；

（ii）债务人支付劳动报酬、人身损害赔偿金的；

（iii）使债务人财产受益的其他个别清偿。

3. 个别清偿诉讼的中止与恢复

（1）个别清偿诉讼的中止

破产申请受理前，债权人就债务人财产提起下列诉讼，破产申请受理时案件尚未审结的，人民法院应当中止审理：

（i）主张次债务人代替债务人直接向其偿还债务的；

（ii）主张债务人的出资人、发起人和负有监督股东履行出资义务的董事、高级管理人员，或者协助抽逃出资的其他股东、董事、高级管理人员、实际控制人等直接向其承担出资不实或者抽逃出资责任的；

（iii）以债务人的股东与债务人法人人格严重混同为由，主张债务人的股东直接向其偿还债务人对其所负债务的；

（iv）其他就债务人财产提起的个别清偿诉讼。

债务人破产宣告后，人民法院应当判决驳回债权人的诉讼请求。但是，债权人一审中变更其诉讼请求为追收的相关财产归入债务人财产的除外。

（2）个别清偿诉讼的恢复

债务人破产宣告前，人民法院裁定驳回破产申请或者终结破产程序的，上述中止审理的案件应当依法恢复审理。

（3）个别清偿已作出判决，但尚未执行完毕的应当中止

破产申请受理前，债权人就债务人财产向人民法院提起诉讼，人民法院已经作出生效民事判决书或者调解书但尚未执行完毕的，破产申请受理后，相关执行行为应当中止，债权人应当依法向管理人申报相关债权。

（4）受理破产申请后，法院不予受理个别清偿诉讼

破产申请受理后，债权人就债务人财产向人民法院提起个别清偿诉讼的，人民法院不予受理。

（三）提前清偿的处理

破产申请受理前1年内债务人提前清偿的未到期债务，在破产申请受理前已经到期，管理人请求撤销该清偿行为的，人民法院不予支持。

但是，该清偿行为发生在破产申请受理前6个月内且债务人具有破产原因情形的除外。

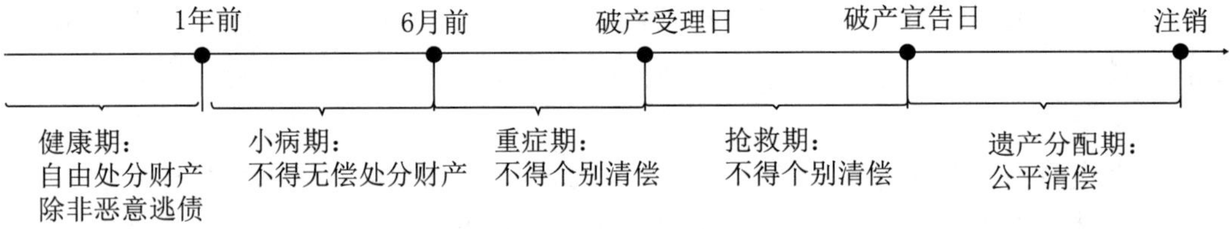

［例］甲公司破产受理日为2023年12月1日，1年前为2022年12月1日，6个月前为2023年6月1日。甲于2023年1月1日，提前偿还了对乙公司的100万元负债。

1. 乙公司的负债本应于2023年5月1日到期，虽然提前清偿，但即便正常清偿，对乙也是有效清偿。

2. 乙公司的负债本应于2023年8月1日到期，因此如果正常清偿，对乙也构成个别清偿；提前清偿就更不可以了。

（四）欺诈行为无效

涉及债务人财产的下列行为无效：

1. 为逃避债务而隐匿、转移财产的；

2. 虚构债务或者承认不真实的债务的。

管理人主张被隐匿、转移财产的实际占有人返还债务人财产，或者主张债务人虚构债务或者承认不真实债务的行为无效并返还债务人财产的，人民法院应予支持。

（五）对出资人出资的追回

1. 出资的破产清算加速到期

人民法院受理破产申请后，债务人的出资人尚未完全履行出资义务的，管理人应

当要求该出资人缴纳所认缴的出资，而不受出资期限的限制。

2. 出资义务的履行无诉讼时效

管理人代表债务人提起诉讼，主张出资人向债务人依法缴付未履行的出资或者返还抽逃的出资本息，出资人以认缴出资尚未届至公司章程规定的缴纳期限或者违反出资义务已经超过诉讼时效为由抗辩的，人民法院不予支持。

3. 瑕疵出资相关责任人的范围

管理人依据公司法的相关规定代表债务人提起诉讼，主张公司的发起人和负有监督股东履行出资义务的董事、高级管理人员，或者协助抽逃出资的其他股东、董事、高级管理人员、实际控制人等，对股东违反出资义务或者抽逃出资承担相应责任，并将财产归入债务人财产的，人民法院应予支持。

（六）董监高非正常收入的追回

1. 概述

债务人的董事、监事和高级管理人员利用职权从企业获取的非正常收入和侵占的企业财产，管理人应当追回。

2. 非正常收入

债务人有破产原因的情形时，债务人的董事、监事和高级管理人员利用职权获取的以下收入，人民法院应当认定为非正常收入：

（1）绩效奖金；

（2）普遍拖欠职工工资情况下获取的工资性收入；

（3）其他非正常收入。

债务人的董事、监事和高级管理人员拒不向管理人返还上述债务人财产，管理人主张上述人员予以返还的，人民法院应予支持。

3. 返还后形成的债权的处理

（1）绩效奖金的债权性质。债务人的董事、监事和高级管理人员因返还绩效奖金、其他非正常收入后，对债务人形成了债权，该债权可以作为普通破产债权清偿。

（2）工资性收入的性质。因返还“普遍拖欠职工工资情况下获取的工资性收入”形成的债权，按照该企业职工平均工资计算的部分作为拖欠职工工资清偿；高出该企业职工平均工资计算的部分，可以作为普通破产债权清偿。

（七）管理人不行使追回权的责任

1. 管理人的赔偿责任

管理人请求撤销涉及债务人财产的相关行为并由相对人返还债务人财产的，人民法院应予支持。

管理人因过错未依法行使撤销权导致债务人财产不当减损，债权人提起诉讼主张管理人对其损失承担相应赔偿责任的，人民法院应予支持。

2. 债权人会议、债权人委员会可以申请更换管理人

债权人通过债权人会议或者债权人委员会，要求管理人依法向次债务人、债务人的出资人等追收债务人财产，管理人无正当理由拒绝追收，债权人会议申请人民法院更换管理人的，人民法院应予支持。

3. 个别债权人的代表诉讼

管理人不予追收，个别债权人代表全体债权人提起相关诉讼，主张次债务人或者债务人的出资人等向债务人清偿或者返还债务人财产，或者依法申请合并破产的，人民法院应予受理。

三、权利人的取回权★

（一）取回权概述

1. 权利人取回权的适用要件

（1）权利人对财产享有物权

（2）财产为债务人占有

（3）权利人可以通过管理人取回

2. 权利人有起诉权：权利人向管理人主张取回相关财产，管理人不予认可，权利人以债务人为被告向人民法院提起诉讼请求行使取回权的，人民法院应予受理。

权利人依据人民法院或者仲裁机关的相关生效法律文书向管理人主张取回所涉争议财产，管理人以生效法律文书错误为由拒绝其行使取回权的，人民法院不予支持。

3. 权利人应当支付相关费用：权利人行使取回权时未依法向管理人支付相关的加工费、保管费、托运费、委托费、代销费等费用，管理人拒绝其取回相关财产的，人民法院应予支持。

4. 权利人行使取回权的时间：权利人行使取回权，应当在破产财产变价方案或者和解协议、重整计划草案提交债权人会议表决前向管理人提出。

权利人在上述期限后主张取回相关财产的，应当承担延迟行使取回权增加的相关费用。

（二）特殊取回权（在途货物出卖人取回权）

1. 基本规定

出卖人取回权，是指人民法院受理破产申请时，出卖人已将买卖标的物向作为买受人的债务人发运，债务人尚未收到且未付清全部价款时，出卖人所享有的可以取回在运途中的标的物的权利。

在途货物出卖人取回权的适用要件：

（1）时间要件：①人民法院受理破产申请时，出卖人已将买卖标的物向作为买受人的债务人发运；②买卖标的物在运输途中，买受人尚未收到标的物

（2）价款要件：买受人未付清全部价款

（3）法律效果：

（i）出卖人可以取回在运途中的标的物

（ii）出卖人对在运途中标的物未及时行使取回权，在买卖标的物到达管理人后向管理人行使在运途中标的物取回权的，管理人不应准许

（4）例外情形：管理人可以支付全部价款，请求出卖人交付标的物

2. 非因出卖人原因导致在途货物到达管理人的处理

通过通知承运人或者实际占有人中止运输、返还货物、变更到达地，或者将货物交给其他收货人等方式，对在运途中标的物主张了取回权但未能实现，或者在货物未达管理人前已向管理人主张取回在运途中标的物，在买卖标的物到达管理人后，出卖人向管理人主张取回的，管理人应予准许。

（三）代位物取回权

1. 不易保管财产的代位物

对债务人占有的权属不清的鲜活易腐等不易保管的财产或者不及时变现价值将严重贬损的财产，管理人及时变价并提存变价款后，有关权利人就该变价款行使取回权的，人民法院应予支持。

2. 财产灭失的代位物

（1）可以取回代位物的情形

债务人占有的他人财产毁损、灭失，因此获得的保险金、赔偿金、代偿物①尚未交付给债务人，或者②代偿物虽已交付给债务人但能与债务人财产予以区分的，权利人主张取回就此获得的保险金、赔偿金、代偿物的，人民法院应予支持。

（2）不可以取回代位物的情形

保险金、赔偿金已经交付给债务人，或者代偿物已经交付给债务人且不能与债务人财产予以区分的，人民法院应当按照以下规定处理：

（i）财产毁损、灭失发生在破产申请受理前的，权利人因财产损失形成的债权，作为普通破产债权清偿；

（ii）财产毁损、灭失发生在破产申请受理后的，因管理人或者相关人员执行职务导致权利人损害产生的债务，作为共益债务清偿。

（3）财产灭失没有代位物的处理

债务人占有的他人财产毁损、灭失，没有获得相应的保险金、赔偿金、代偿物，或者保险金、赔偿物、代偿物不足以弥补其损失的部分，人民法院应当按照以下规定处理：

（i）财产毁损、灭失发生在破产申请受理前的，权利人因财产损失形成的债权，作为普通破产债权清偿；

（ii）财产毁损、灭失发生在破产申请受理后的，因管理人或者相关人员执行职务导致权利人损害产生的债务，作为共益债务清偿。

（四）财产被转让给第三人的处理

1. 第三人已经善意取得的情形

债务人占有的他人财产被违法转让给第三人，依据善意取得规则第三人已善意取得财产所有权，原权利人无法取回该财产的，人民法院应当按照以下规定处理：

（1）转让行为发生在破产申请受理前的，原权利人因财产损失形成的债权，作为普通破产债权清偿；

（2）转让行为发生在破产申请受理后的，因管理人或者相关人员执行职务导致原权利人损害产生的债务，作为共益债务清偿。

2. 第三人尚未善意取得的情形

债务人占有的他人财产被违法转让给第三人，第三人已向债务人支付了转让价款，但依据善意取得规则尚未取得财产所有权，原权利人依法追回转让财产的，对因第三人已支付对价而产生的债务，人民法院应当按照以下规定处理：

（1）转让行为发生在破产申请受理前的，作为普通破产债权清偿；

（2）转让行为发生在破产申请受理后的，作为共益债务清偿。

（五）所有权保留合同的取回权

所有权保留，是指在买卖合同中，买受人虽先占有使用标的物，但是在全部价款支付以前，出卖人对于标的物仍然保留所有权。[1]

买卖合同双方当事人在合同中约定标的物所有权保留，在标的物所有权未依法转移给买受人前，一方当事人破产的，该买卖合同属于双方均未履行完毕的合同，管理人有权决定解除或者继续履行合同。

［例］甲公司以100万的价格向乙公司出售机密机床一台，约定乙公司首付款30%，剩余70%分7个月偿还，在全部价款支付之前，甲公司对机床保留所有权。乙公司支付首付款后，甲公司将机床交付给乙公司使用。

正常情况下，该合同有两个方向：（1）乙正常付款，全部付款支付完成后，甲乙两清，机器归乙所有；（2）乙不能支付全部货款，或提前转售、出质机器，甲可以取回该物再卖给他人，退还乙已经支付价款。

1. 出卖人破产

（1）出卖人破产，其管理人决定继续履行所有权保留买卖合同的

---

〔1〕《民法典》第641条　当事人可以在买卖合同中约定买受人未履行支付价款或者其他义务的，标的物的所有权属于出卖人。出卖人对标的物保留的所有权，未经登记，不得对抗善意第三人。第642条　当事人约定出卖人保留合同标的物的所有权，在标的物所有权转移前，买受人有下列情形之一，造成出卖人损害的，除当事人另有约定外，出卖人有权取回标的物：（一）未按照约定支付价款，经催告后在合理期限内仍未支付；（二）未按照约定完成特定条件；（三）将标的物出卖、出质或者作出其他不当处分。出卖人可以与买受人协商取回标的物；协商不成的，可以参照适用担保物权的实现程序。第643条　出卖人依据前条第一款的规定取回标的物后，买受人在双方约定或者出卖人指定的合理回赎期限内，消除出卖人取回标的物的事由的，可以请求回赎标的物。买受人在回赎期限内没有回赎标的物，出卖人可以以合理价格将标的物出卖给第三人，出卖所得价款扣除买受人未支付的价款以及必要费用后仍有剩余的，应当返还买受人；不足部分由买受人清偿。

（i）继续履行：买受人应当按照原买卖合同的约定支付价款或者履行其他义务。

（ii）出卖人取回标的物及其例外：买受人未依约支付价款或者履行完毕其他义务，或者将标的物出卖、出质或者作出其他不当处分，给出卖人造成损害，出卖人管理人依法主张取回标的物的，人民法院应予支持。

但是，买受人已经支付标的物总价款75%以上或者第三人善意取得标的物所有权或者其他物权的除外。

若未能取回标的物，出卖人管理人依法主张买受人继续支付价款、履行完毕其他义务，以及承担相应赔偿责任的，人民法院应予支持。

（2）出卖人破产，其管理人决定解除所有权保留买卖合同

（i）交回标的物：买受人应当向出卖人管理人交付买卖标的物。

买受人依法履行合同义务并将买卖标的物交付出卖人管理人后，买受人已支付价款损失形成的债权作为共益债务清偿。

但是，买受人违反合同约定，出卖人管理人主张上述债权作为普通破产债权清偿的，人民法院应予支持。

（ii）不予支持的抗辩：买受人以其不存在未依约支付价款或者履行完毕其他义务，或者将标的物出卖、出质或者作出其他不当处分情形抗辩的，人民法院不予支持。

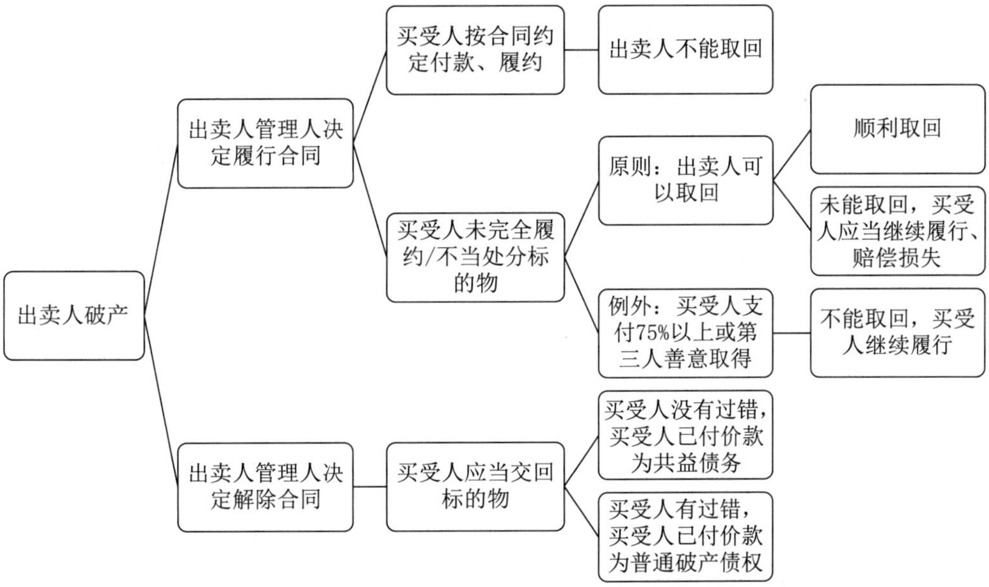

2. 买受人破产

（1）买受人破产，其管理人决定继续履行所有权保留买卖合同的

（i）欠款加速到期：原买卖合同中约定的买受人支付价款或者履行其他义务的期限在破产申请受理时视为到期，买受人管理人应当及时向出卖人支付价款或者履行其他义务。

（ii）出卖人取回标的物及其例外：买受人管理人无正当理由未及时支付价款或者

履行完毕其他义务，或者将标的物出卖、出质或者作出其他不当处分，给出卖人造成损害，出卖人有权取回标的物。

若未能取回标的物，出卖人依法主张买受人继续支付价款、履行完毕其他义务，以及承担相应赔偿责任的，人民法院应予支持。对因买受人未支付价款或者未履行完毕其他义务，以及买受人管理人将标的物出卖、出质或者作出其他不当处分导致出卖人损害产生的债务，出卖人主张作为共益债务清偿的，人民法院应予支持。

但是，买受人已支付标的物总价款75%以上或者第三人善意取得标的物所有权或者其他物权的除外。

（2）买受人破产，其管理人决定解除所有权保留买卖合同

（i）出卖人有权取回：出卖人有权取回买卖标的物。

（ii）出卖人返还买受人已支付价款：出卖人取回买卖标的物，买受人管理人主张出卖人返还已支付价款的，人民法院应予支持。

（iii）标的物价值减少的处理：取回的标的物价值明显减少给出卖人造成损失的，出卖人可从买受人已支付价款中优先予以抵扣后，将剩余部分返还给买受人；对买受人已支付价款不足以弥补出卖人标的物价值减损损失形成的债权，出卖人主张作为共益债务清偿的，人民法院应予支持。

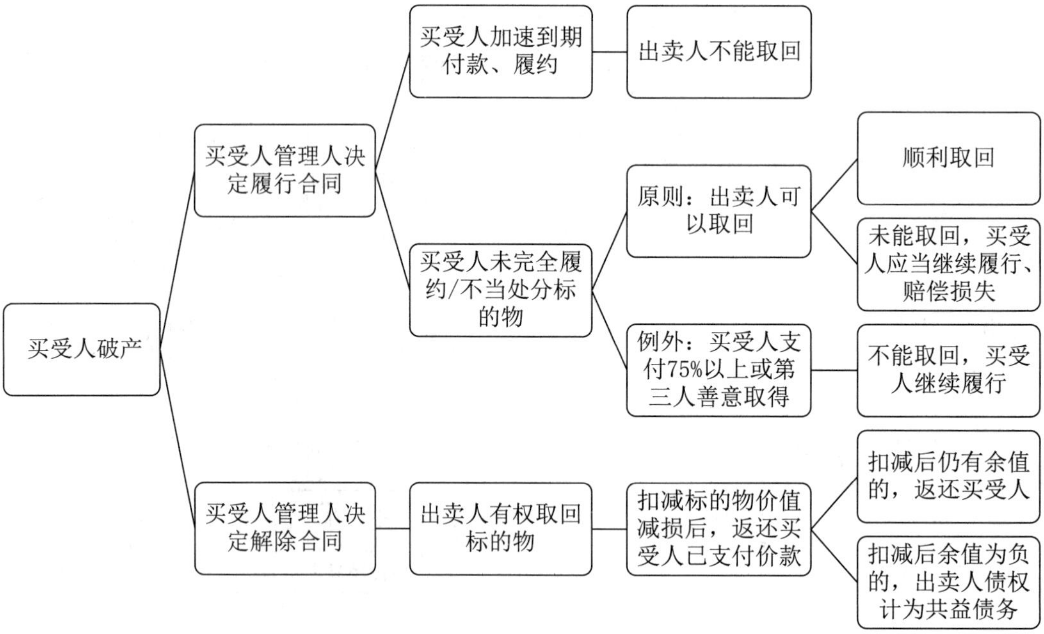

四、破产抵销权★

（一）破产抵销权概述

1. 破产抵销权的行权人：债权人在破产申请受理前对债务人负有债务的，可以向

管理人主张抵销。

管理人不得主动抵销债务人与债权人的互负债务，但抵销使债务人财产受益的除外。

2. 破产抵销的生效：管理人收到债权人提出的主张债务抵销的通知后，经审查无异议的，抵销自管理人收到通知之日起生效。

（二）管理人异议

1. 管理人异议及起诉

管理人对抵销主张有异议的，应当在约定的异议期限内或者自收到主张债务抵销的通知之日起3个月内向人民法院提起诉讼。无正当理由逾期提起的，人民法院不予支持。

人民法院判决驳回管理人提起的抵销无效诉讼请求的，该抵销自管理人收到主张债务抵销的通知之日起生效。

2. 异议无效的情形

债权人主张抵销，管理人以下列理由提出异议的，人民法院不予支持：

（1）破产申请受理时，债务人对债权人负有的债务尚未到期；

（2）破产申请受理时，债权人对债务人负有的债务尚未到期；

（3）双方互负债务标的物种类、品质不同。

（三）不得以突击获得的债权债务主张抵销

1. 有下列情形之一的，不得抵销：

（1）债务人的债务人在破产申请受理后取得他人对债务人的债权的；

（2）债权人已知债务人有不能清偿到期债务或者破产申请的事实，对债务人负担债务的；但是，债权人因为法律规定或者有破产申请1年前所发生的原因而负担债务的除外；

（3）债务人的债务人已知债务人有不能清偿到期债务或者破产申请的事实，对债务人取得债权的；但是，债务人的债务人因为法律规定或者有破产申请1年前所发生的原因而取得债权的除外。

2. 例外：前述所列不得抵销情形的债权人，主张以其对债务人特定财产享有优先受偿权的债权，与债务人对其不享有优先受偿权的债权抵销，债务人管理人提出异议的，人民法院不予支持。但是，用以抵销的债权大于债权人享有优先受偿权财产价值的除外。

⊙ **［制度价值］** 抵销赋予了债权人很大的优先权（类似于担保物权），所以有被滥用的风险，“聪明的”债权人可能低价购买其他人的债务，以提高自己的清偿比例。

例如：甲公司作为债务人欠乙公司100万元，丙公司又作为次债务人欠甲公司100万元。现在甲公司面临破产，其破产清偿率为10%。

1. 正常情况下，乙公司应当获得10万的清偿；而丙公司应当全部偿还100万元。这种操作下，其他债权人的利益为+90万元。

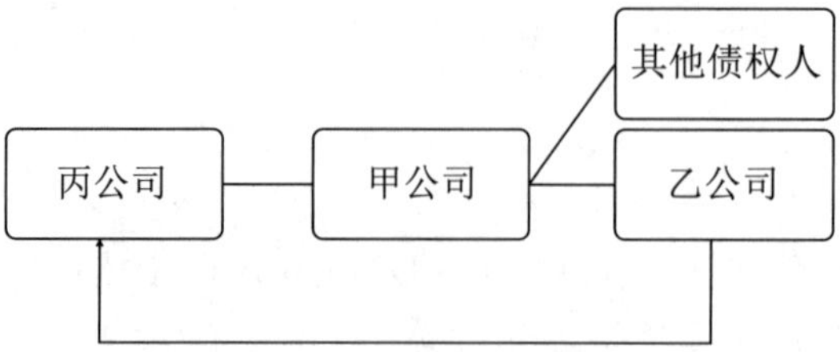

2. 丙公司花了30万，向乙公司购买其对甲公司的债权。丙于是既对甲负有100万元的债务，又对甲享有100万元的债权，此时如果允许丙主张抵销。丙占了70万的便宜；乙占了20万的便宜；其他债权人本该获得的+90万的利益不当消失。

3. 乙公司了解到甲公司可能破产，于是和甲公司签订了100万元的机器购买合同，甲向乙发货，乙拒不付款。此时，乙既对甲负有100万元的债务，又对甲享有100万元的债权，若允许乙抵销，显然让乙钻了空子。

4. 丙公司了解到甲公司可能破产，于是利用甲公司破罐子破摔的心理，与甲签订了一批图书买卖合同，将自己一批滞销图书以100万元的价格出售给甲。此时，丙既对甲负有100万元的债务，又对甲享有100万元的债权，若允许丙抵销，则丙实际上是以100万元的滞销图书代替了100万元货币的履行，侵犯了甲公司债权人的利益。

5. 法院于2023年7月1日受理甲公司破产申请，丙于2022年5月1日，购买乙对甲的债权，并主张抵销，是否有效？有效。

3. 通过抵销进行个别清偿的无效

破产申请受理前6个月内，债务人具有破产原因的情形，债务人与个别债权人以抵销方式对个别债权人清偿，其抵销的债权债务属于前述不得抵销的情形之一，管理人在破产申请受理之日起3个月内向人民法院提起诉讼，主张该抵销无效的，人民法院应予支持。

[例] 甲公司作为债务人欠乙公司100万元，丙公司又作为次债务人欠甲公司100万元。现在甲公司面临破产，其破产清偿率为10%。

法院于2023年7月1日受理甲公司破产申请。丙公司于2023年2月1日购买乙对甲的债权，已经完成抵销。这种情况构成个别清偿，无效。

4. 债务人的股东主张以下列债务与债务人对其负有的债务抵销，债务人管理人提出异议的，人民法院应予支持：

（1）债务人股东因欠缴债务人的出资或者抽逃出资对债务人所负的债务

（2）债务人股东滥用股东权利或者关联关系损害公司利益对债务人所负的债务

第五节 债权确认

一、债权申报

（一）债权申报概述

1. 债权人申报时应当书面说明

债权人应当在人民法院确定的债权申报期限内向管理人申报债权。

债权人申报债权时，应当书面说明债权的数额和有无财产担保，并提交有关证据。申报的债权是连带债权的，应当说明。

2. 未到期债权。未到期的债权，在破产申请受理时视为到期。

3. 债权停止计息。附利息的债权自破产申请受理时起停止计息。破产申请受理后，债务人欠缴款项产生的滞纳金，包括债务人未履行生效法律文书应当加倍支付的迟延利息和劳动保险金的滞纳金，债权人作为破产债权申报的，人民法院不予确认。

4. 未确定的债权。附条件、附期限的债权和诉讼、仲裁未决的债权，债权人可以申报。

5. 管理人登记与核查义务

（1）登记造册。管理人收到债权申报材料后，应当登记造册，详尽记载申报人的姓名、单位、代理人、申报债权额、担保情况、证据、联系方式等事项，形成债权申报登记册。

（2）核查义务。管理人应当对债权的性质、数额、担保财产、是否超过诉讼时效期间、是否超过强制执行期间等情况进行审查、编制债权表，并应当提交第一次债权人会议核查。

（3）保管义务。债权表、债权申报登记册及债权申报材料在破产期间由管理人保管，债权人、债务人、债务人职工及其他利害关系人有权查阅。

6. 虚假债权的处理

已经生效法律文书确定的债权，管理人应当予以确认。

管理人认为债权人据以申报债权的生效法律文书确定的债权错误，或者有证据证明债权人与债务人恶意通过诉讼、仲裁或者公证机关赋予强制执行力公证文书的形式虚构债权债务的，应当依法通过审判监督程序向作出该判决、裁定、调解书的人民法院或者上一级人民法院申请撤销生效法律文书，或者向受理破产申请的人民法院申请撤销或者不予执行仲裁裁决、不予执行公证债权文书后，重新确定债权。

（二）债权申报的时限

1. 债权申报的时限：人民法院受理破产申请后，应当确定债权人申报债权的期限。债权申报期限自人民法院发布受理破产申请公告之日起计算，最短不得少于 30 日，最长不得超过 3 个月。

2. 超时申报的处理：在人民法院确定的债权申报期限内，债权人未申报债权的，可以在破产财产最后分配前补充申报；但是，此前已进行的分配，不再对其补充分配。申报债权的费用，由补充申报人承担。

3. 不申报的处理：债权人未依照企业破产法规定申报债权的，不得依照破产法规定的程序行使权利。

（三）职工债权的申报

1. 职工工资、社保不必申报：债务人所欠职工的工资和医疗、伤残补助、抚恤费用，所欠的应当划入职工个人账户的基本养老保险、基本医疗保险费用，以及法律、行政法规规定应当支付给职工的补偿金，不必申报，由管理人调查后列出清单并予以公示。

2. 职工对清单记载的异议：职工对清单记载有异议的，可以要求管理人更正；管理人不予更正的，职工可以向人民法院提起诉讼。

（四）连带债权的申报

1. 连带债权人的申报：连带债权人可以由其中一人代表全体连带债权人申报债权，也可以共同申报债权。

2. 内部求偿权的申报：债务人的保证人或者其他连带债务人已经代替债务人清偿债务的，以其对债务人的求偿权申报债权。

债务人的保证人或者其他连带债务人尚未代替债务人清偿债务的，以其对债务人的将来求偿权申报债权。但是，债权人已经向管理人申报全部债权的除外。

［例］甲是债务人，乙是甲的保证人，共同对丙100万元的债权承担责任。

1. 乙已经全部偿还100万元，则乙以100万元申报；丙不申报。

2. 乙尚未偿还丙，丙以100万元申报；乙不能申报。

3. 乙尚未偿还丙，乙与丙达成了由乙偿还70万元的还款协议。乙以70万元申报；丙以30万元申报。

3. 连带债务人一起破产的，债权人的申报

连带债务人数人被裁定适用破产程序的，其债权人有权就全部债权分别在各破产案件中申报债权。

［例］甲、乙、丙连带对丁承担100万元的赔偿责任。甲、乙、丙全部进入破产程序。丁分别在甲、乙、丙处分别申报100万元的债权。假设甲、乙、丙的债权清偿率分别为10%，则丁总共可以受偿30万元。

（五）保证人进入破产程序的债权申报

保证人被裁定进入破产程序的，债权人有权申报其对保证人的保证债权。

主债务未到期的，保证债权在保证人破产申请受理时视为到期。

一般保证的保证人主张行使先诉抗辩权的，人民法院不予支持，但债权人在一般保证人破产程序中的分配额应予提存，待一般保证人应承担的保证责任确定后再按照

破产清偿比例予以分配。

保证人被确定应当承担保证责任的，保证人的管理人可以就保证人实际承担的清偿额向主债务人或其他债务人行使求偿权。

[例] 甲对乙承担100万元的付款责任，2023年12月31日到期，丙对前述债务承担保证责任。2023年7月1日，法院受理丙的破产申请。丙的预计清偿率为10%。

乙可以以100万元在丙的管理人处申报债权。

1. 丙如果为一般保证。丙不可以行使先诉抗辩权。丙的管理人先提存10万元。假设2023年12月31日，甲只能偿付90万元，则丙只需支付给乙1万元，剩余9万元用于分配；若甲支付0万元，则丙支付给乙10万元。丙支付给乙后，可以向甲追偿。

2. 丙如果为连带责任保证。丙本来就没有先诉抗辩权。丙直接支付给乙10万元。丙向甲追偿10万元。

（六）债务人、保证人同时进入破产程序的债权申报

债务人、保证人均被裁定进入破产程序的，债权人有权向债务人、保证人分别申报债权。

债权人向债务人、保证人均申报全部债权的，从一方破产程序中获得清偿后，其对另一方的债权额不作调整，但债权人的受偿额不得超出其债权总额。保证人履行保证责任后不再享有求偿权。

[例] 甲对乙承担100万元的付款责任，2023年12月31日到期，丙对前述债务承担保证责任。2023年6月1日，法院受理甲的破产申请；甲的预计清偿率为20%。2023年7月1日，法院受理丙的破产申请；丙的预计清偿率为10%。

乙可以在甲、丙的管理人处分别申报100万元债权。

乙一共获得30万元的偿付，丙不再向甲追偿。

（七）特殊债权的申报

1. 管理人或者债务人解除合同的，对方当事人以因合同解除所产生的损害赔偿请求权申报债权。

2. 债务人是委托合同的委托人，被裁定适用破产程序，受托人不知该事实，继续处理委托事务的，受托人以由此产生的请求权申报债权。

3. 债务人是票据的出票人，被裁定适用破产程序，该票据的付款人继续付款或者承兑的，付款人以由此产生的请求权申报债权。

二、债权确认与异议

（一）债权确认

债务人、债权人对债权表记载的债权无异议的，由人民法院裁定确认。

（二）债权异议

1. 说明理由。债务人、债权人对债权表记载的债权有异议的，应当说明理由和法

律依据。

2. 异议程序。①先经管理人解释或调整；②异议人仍然不服的，或者管理人不予解释或调整的，异议人应当在债权人会议核查结束后15日内向人民法院提起债权确认的诉讼。

当事人之间在破产申请受理前订立有仲裁条款或仲裁协议的，应当向选定的仲裁机构申请确认债权债务关系。

3. 债权异议之诉的当事人

（1）债务人异议。债务人对债权表记载的债权有异议向人民法院提起诉讼的，应将被异议债权人列为被告。

（2）债权人异议

（i）对他人的债权有异议。债权人对债权表记载的他人债权有异议的，应将被异议债权人列为被告。

（ii）对自己的债权有异议。债权人对债权表记载的本人债权有异议的，应将债务人列为被告。

对同一笔债权存在多个异议人，其他异议人申请参加诉讼的，应当列为共同原告。

第六节　债权人会议

一、 单个债权人的权利

单个债权人有权查阅债务人财产状况报告、债权人会议决议、债权人委员会决议、管理人监督报告等参与破产程序所必需的债务人财务和经营信息资料。

管理人无正当理由不予提供的，债权人可以请求人民法院作出决定；人民法院应当在5日内作出决定。

上述信息资料涉及商业秘密的，债权人应当依法承担保密义务或者签署保密协议；涉及国家秘密的应当依照相关法律规定处理。

二、债权人会议

（一）债权人会议的组成

1. 债权人组成债权人会议：依法申报债权的债权人为债权人会议的成员，有权参加债权人会议，享有表决权。

2. 债权尚未确定的债权人：债权尚未确定的债权人，除人民法院能够为其行使表决权而临时确定债权额的外，不得行使表决权。

3. 对债务人的特定财产享有担保权的债权人，未放弃优先受偿权利的，对于通过和解协议、通过破产财产的分配方案不享有表决权。

4. 债权人可以委托代理人出席债权人会议，行使表决权。代理人出席债权人会议，应当向人民法院或者债权人会议主席提交债权人的授权委托书。

5. 债权人会议应当有债务人的职工和工会的代表参加，对有关事项发表意见。

（二）债权人会议主席

债权人会议设主席一人，由人民法院从有表决权的债权人中指定。

债权人会议主席主持债权人会议。

（三）债权人会议的职权

债权人会议行使下列职权：

1. 核查债权；
2. 申请人民法院更换管理人，审查管理人的费用和报酬；
3. 监督管理人；
4. 选任和更换债权人委员会成员；
5. 决定继续或者停止债务人的营业；
6. 通过重整计划；
7. 通过和解协议；
8. 通过债务人财产的管理方案；
9. 通过破产财产的变价方案；
10. 通过破产财产的分配方案；
11. 人民法院认为应当由债权人会议行使的其他职权。

债权人会议应当对所议事项的决议作成会议记录。

（四）债权人会议的召开

1. 第一次债权人会议由人民法院召集，自债权申报期限届满之日起 15 日内召开。

2. 以后的债权人会议，在人民法院认为必要时，或者管理人、债权人委员会、占债权总额四分之一以上的债权人向债权人会议主席提议时召开。

3. 提前通知：召开债权人会议，管理人应当提前 15 日通知已知的债权人。

4. 债权人会议的决议，由①出席会议的有表决权的债权人过半数通过（人数占出席人数 1/2），并且其②所代表的债权额占无财产担保债权总额的 1/2 以上（债权额占债权总额的 1/2）。但是，破产法另有规定的除外。

5. 债权人会议的决议，对于全体债权人均有约束力。

6. 债权人会议的决议除现场表决外，可以由管理人事先将相关决议事项告知债权人，采取通信、网络投票等非现场方式进行表决。

采取非现场方式进行表决的，管理人应当在债权人会议召开后的 3 日内，以信函、电子邮件、公告等方式将表决结果告知参与表决的债权人。

（五）债权人会议决议的撤销

债权人认为债权人会议的决议违反法律规定，损害其利益的，可以自债权人会议作出决议之日起 15 日内，请求人民法院裁定撤销该决议，责令债权人会议依法重新作出决议。

债权人会议的决议具有以下情形之一，损害债权人利益，债权人申请撤销的，人民法院应予支持：

（1）债权人会议的召开违反法定程序；

（2）债权人会议的表决违反法定程序；

（3）债权人会议的决议内容违法；

（4）债权人会议的决议超出债权人会议的职权范围。

人民法院可以裁定撤销全部或者部分事项决议，责令债权人会议依法重新作出决议。

债权人申请撤销债权人会议决议的，应当提出书面申请。债权人会议采取通信、网络投票等非现场方式进行表决的，债权人申请撤销的期限自债权人收到通知之日起算。

（六）法院强制裁定

1. 对一次债权人会议未通过事项的裁定

债务人财产的管理方案、破产财产的变价方案，经债权人会议表决未通过的，由人民法院裁定。对于该裁定，人民法院可以在债权人会议上宣布或者另行通知债权人。

债权人对裁定不服的，可以自裁定宣布之日或者收到通知之日起 15 日内向该人民法院申请复议。复议期间不停止裁定的执行。

2. 对两次债权人会议皆未通过事项的裁定

破产财产的分配方案，经债权人会议二次表决仍未通过的，由人民法院裁定。对于该裁定，人民法院可以在债权人会议上宣布或者另行通知债权人。

债权额占无财产担保债权总额 1/2 以上的债权人对裁定不服的，可以自裁定宣布之日或者收到通知之日起 15 日内向该人民法院申请复议。复议期间不停止裁定的执行。

三、债权人委员会

（一）债权人委员会的组成

债权人会议可以决定设立债权人委员会。债权人委员会由债权人会议选任的债权人代表和 1 名债务人的职工代表或者工会代表组成。债权人委员会成员不得超过 9 人。

债权人委员会成员应当经人民法院书面决定认可。

（二）债权人委员会的职权

1. 债权人委员会行使下列职权

（1）监督债务人财产的管理和处分；

（2）监督破产财产分配；

（3）提议召开债权人会议；

（4）债权人会议委托的其他职权。

债权人委员会执行职务时，有权要求管理人、债务人的有关人员对其职权范围内的事务作出说明或者提供有关文件。

管理人、债务人的有关人员违反企业破产法规定拒绝接受监督的，债权人委员会有权就监督事项请求人民法院作出决定；人民法院应当在5日内作出决定。

2. 债权人会议委托的其他职权

债权人会议可以委托给债权人委员会的事项有：（1）申请人民法院更换管理人，审查管理人的费用和报酬；（2）监督管理人；（3）决定继续或者停止债务人的营业。

债权人会议不得作出概括性授权，委托其行使债权人会议所有职权。

（三）债权人委员会的表决

债权人委员会决定所议事项应获得全体成员过半数通过，并作成议事记录。

债权人委员会成员对所议事项的决议有不同意见的，应当在记录中载明。

债权人委员会行使职权应当接受债权人会议的监督，以适当的方式向债权人会议及时汇报工作，并接受人民法院的指导。

（四）重大财产处分管理制度

1. 重大财产处分的范围

（1）涉及土地、房屋等不动产权益的转让；

（2）探矿权、采矿权、知识产权等财产权的转让；

（3）全部库存或者营业的转让；

（4）借款；

（5）设定财产担保；

（6）债权和有价证券的转让；

（7）履行债务人和对方当事人均未履行完毕的合同；

（8）放弃权利；

（9）担保物的取回；

（10）对债权人利益有重大影响的其他财产处分行为。

2. 重大财产处分的程序

（1）债权人会议表决。管理人处分债务人重大财产的，应当事先制作财产管理或者变价方案并提交债权人会议进行表决，债权人会议表决未通过的，管理人不得处分。

（2）报告债权人委员会或人民法院。管理人实施处分前，应当提前10日书面报告债权人委员会。未设立债权人委员会的，管理人应当报告人民法院。

（3）债权人委员会的监督。债权人委员会可以要求管理人对处分行为作出相应说明或者提供有关文件依据。

债权人委员会认为管理人实施的处分行为不符合债权人会议通过的财产管理或变价方案的，有权要求管理人纠正。管理人拒绝纠正的，债权人委员会可以请求人民法院作出决定。

人民法院认为管理人实施的处分行为不符合债权人会议通过的财产管理或变价方案的，应当责令管理人停止处分行为。管理人应当予以纠正，或者提交债权人会议重新表决通过后实施。

第七节　破产清算

一、破产宣告

(一) 破产宣告的效果

人民法院宣告债务人破产的，应当自裁定作出之日起 5 日内送达债务人和管理人，自裁定作出之日起 10 日内通知已知债权人，并予以公告。

债务人被宣告破产后，债务人称为破产人，债务人财产称为破产财产，人民法院受理破产申请时对债务人享有的债权称为破产债权。

(二) 不予破产宣告的情形

破产宣告前，有下列情形之一的，人民法院应当裁定终结破产程序，并予以公告：

1. 第三人为债务人提供足额担保或者为债务人清偿全部到期债务的；
2. 债务人已清偿全部到期债务的。

二、变价和分配

(一) 破产财产变价方案

1. 管理人拟定：管理人应当及时拟订破产财产变价方案
2. 债权人会议通过或法院强裁：管理人应当按照债权人会议通过的或者人民法院裁定的破产财产变价方案，适时变价出售破产财产。

(二) 破产财产变卖

变价出售破产财产应当通过拍卖进行。但是，债权人会议另有决议的除外。

破产企业可以全部或者部分变价出售。企业变价出售时，可以将其中的无形资产和其他财产单独变价出售。

按照国家规定不能拍卖或者限制转让的财产，应当按照国家规定的方式处理。

(三) 破产财产的分配顺序★★★

1. 担保债权人别除权

对破产人的特定财产享有担保权的权利人，对该特定财产享有优先受偿的权利。

担保债权人行使优先受偿权利未能完全受偿的，其未受偿的债权作为普通债权；放弃优先受偿权利的，其债权作为普通债权。

[例] 甲公司是破产人，乙公司是甲公司 100 万元的债权人，以甲公司名下一栋建

筑物作为担保。担保时，该担保物的价值为150万。近几年，房价大跌，担保物只值70万。

乙的70万元债权，在担保物70万元的范围内，优先受偿。剩余的30万元，作为普通债权受偿。

2. 破产财产的清偿顺序

破产财产在优先清偿破产费用和共益债务后，依照下列顺序清偿：

（1）破产人所欠职工的工资和医疗、伤残补助、抚恤费用，所欠的应当划入职工个人账户的基本养老保险、基本医疗保险费用，以及法律、行政法规规定应当支付给职工的补偿金；

（2）破产人欠缴的除前项规定以外的社会保险费用和破产人所欠税款；

（3）普通破产债权。

破产财产不足以清偿同一顺序的清偿要求的，按照比例分配。

破产企业的董事、监事和高级管理人员的工资按照该企业职工的平均工资计算。

（四）破产费用和共益债务

1. 破产费用

人民法院受理破产申请后发生的下列费用，为破产费用：

（1）破产案件的诉讼费用；

（2）管理、变价和分配债务人财产的费用；

（3）管理人执行职务的费用、报酬和聘用工作人员的费用。

人民法院裁定受理破产申请的，此前债务人尚未支付的公司强制清算费用、未终结的执行程序中产生的评估费、公告费、保管费等执行费用，可以参照企业破产法关于破产费用的规定，由债务人财产随时清偿。

此前债务人尚未支付的案件受理费、执行申请费，可以作为破产债权清偿。

2. 共益债务

人民法院受理破产申请后发生的下列债务，为共益债务：

（1）因管理人或者债务人请求对方当事人履行双方均未履行完毕的合同所产生的债务

（2）债务人财产受无因管理所产生的债务

（3）因债务人不当得利所产生的债务

（4）为债务人继续营业而应支付的劳动报酬和社会保险费用以及由此产生的其他债务

（5）管理人或者相关人员执行职务致人损害所产生的债务

（6）债务人财产致人损害所产生的债务

（7）破产申请受理后借款债权人的债权

（8）破产申请受理后，经债权人会议决议通过，或者第一次债权人会议召开前经人民法院许可，管理人或者自行管理的债务人可以为债务人继续营业而借款。提供借款的债权人主张参照共益债务的规定优先于普通破产债权清偿的，人民法院应予支持，但其主张优先于此前已就债务人特定财产享有担保的债权清偿的，人民法院不予支持。

管理人或者自行管理的债务人可以为前述借款设定抵押担保，抵押物在破产申请受理前已为其他债权人设定抵押的，债权人主张按照民法典第414条规定的顺序清偿，人民法院应予支持。[2]

3. 破产费用和共益债务的清偿

（1）破产费用和共益债务由债务人财产随时清偿。

（2）债务人财产不足以清偿所有破产费用和共益债务的，先行清偿破产费用。

（3）债务人财产不足以清偿所有破产费用或者共益债务的，按照比例清偿。

（4）债务人财产不足以清偿破产费用的，管理人应当提请人民法院终结破产程序。人民法院应当自收到请求之日起15日内裁定终结破产程序，并予以公告。

［例］破产企业财产只有100万元，破产费用50万元，共益债务500万元，其中应付共益债权人甲100万元，应付共益债权人乙400万元。这种情况下清偿顺序是，优先清偿破产费用50万元，剩余50万元不足以清偿全部共益债务则按50÷500＝10%比例分别清偿，甲获得清偿100×10%＝10万，乙获得清偿400×10%＝40万。

三、破产程序的终结

（一）破产程序终结的条件

1. 无财产可供分配

破产人无财产可供分配的，管理人应当请求人民法院裁定终结破产程序。

2. 最后分配完结后

管理人在最后分配完结后，应当及时向人民法院提交破产财产分配报告，并提请人民法院裁定终结破产程序。

人民法院应当自收到管理人终结破产程序的请求之日起15日内作出是否终结破产程序的裁定。裁定终结的，应当予以公告。

（二）追加分配

自破产程序终结之日起2年内，有下列情形之一的，债权人可以请求人民法院按照破产财产分配方案进行追加分配：

（1）发现有应当追回的财产的；

（2）发现破产人有应当供分配的其他财产的。

有前款规定情形，但财产数量不足以支付分配费用的，不再进行追加分配，由人民法院将其上交国库。

---

〔2〕《民法典》第414条 同一财产向两个以上债权人抵押的，拍卖、变卖抵押财产所得的价款依照下列规定清偿：（一）抵押权已经登记的，按照登记的时间先后确定清偿顺序；（二）抵押权已经登记的先于未登记的受偿；（三）抵押权未登记的，按照债权比例清偿。其他可以登记的担保物权，清偿顺序参照适用前款规定。

（三）破产人的保证人和其他连带债务人责任

破产人的保证人和其他连带债务人，在破产程序终结后，对债权人依照破产清算程序未受清偿的债权，依法继续承担清偿责任。

第八节 重 整

一、重整申请和重整期间

（一）重整申请人

1. 直接申请。债务人或者债权人可以直接向人民法院申请对债务人进行重整。

2. 间接申请。债权人申请对债务人进行破产清算的，在人民法院受理破产申请后、宣告债务人破产前，债务人或者出资额占债务人注册资本 1/10 以上的出资人，可以向人民法院申请重整。

（二）重整期间

人民法院经审查认为重整申请符合法律规定的，应当裁定债务人重整，并予以公告。

自人民法院裁定债务人重整之日起至重整程序终止，为重整期间。

（三）重整期间的管理

1. 债务人自行管理：在重整期间，经债务人申请，人民法院批准，债务人可以在管理人的监督下自行管理财产和营业事务。

有前款规定情形的，依照企业破产法规定已接管债务人财产和营业事务的管理人应当向债务人移交财产和营业事务，企业破产法规定的管理人的职权由债务人行使。

2. 管理人负责管理财产和营业事务的，可以聘任债务人的经营管理人员负责营业事务。

（四）重整期间的营业维持

1. 在重整期间，对债务人的特定财产享有的担保权暂停行使。

但是，担保物有损坏或者价值明显减少的可能，足以危害担保权人权利的，担保权人可以向人民法院请求恢复行使担保权。

2. 在重整期间，债务人或者管理人为继续营业而借款的，可以为该借款设定担保。

（五）权利人取回权暂停行使

债务人合法占有的他人财产，该财产的权利人在重整期间要求取回的，应当符合事先约定的条件。

债务人重整期间，权利人要求取回债务人合法占有的权利人的财产，不符合双方事先约定条件的，人民法院不予支持。

但是，因管理人或者自行管理的债务人违反约定，可能导致取回物被转让、毁损、灭失或者价值明显减少的除外。

（六）重整期间债务人出资人、董监高的义务

在重整期间，债务人的出资人不得请求投资收益分配。

在重整期间，债务人的董事、监事、高级管理人员不得向第三人转让其持有的债务人的股权。但是，经人民法院同意的除外。

（七）重整程序的中止

在重整期间，有下列情形之一的，经管理人或者利害关系人请求，人民法院应当裁定终止重整程序，并宣告债务人破产：

（1）债务人的经营状况和财产状况继续恶化，缺乏挽救的可能性；

（2）债务人有欺诈、恶意减少债务人财产或者其他显著不利于债权人的行为；

（3）由于债务人的行为致使管理人无法执行职务。

二、重整计划的制定和批准

（一）重整计划制定的期限

债务人或者管理人应当自人民法院裁定债务人重整之日起6个月内，同时向人民法院和债权人会议提交重整计划草案。

前款规定的期限届满，经债务人或者管理人请求，有正当理由的，人民法院可以裁定延期3个月。

债务人或者管理人未按期提出重整计划草案的，人民法院应当裁定终止重整程序，并宣告债务人破产。

（二）重整计划的表决

1. 下列各类债权的债权人参加讨论重整计划草案的债权人会议，依照下列债权分类，分组对重整计划草案进行表决：

（1）担保债权人组。对债务人的特定财产享有担保权的债权。

（2）职工组。债务人所欠职工的工资和医疗、伤残补助、抚恤费用，所欠的应当划入职工个人账户的基本养老保险、基本医疗保险费用，以及法律、行政法规规定应当支付给职工的补偿金。

（3）税款组。债务人所欠税款。

（4）普通债权组。普通债权。

（5）出资人组。债务人的出资人代表可以列席讨论重整计划草案的债权人会议。重整计划草案涉及出资人权益调整事项的，应当设出资人组，对该事项进行表决。

人民法院在必要时可以决定在普通债权组中设小额债权组对重整计划草案进行表决。

2. 重整计划不得规定减免债务人欠缴的失业保险金费用、工伤保险费用、生育保

险费用。

该项费用的债权人不参加重整计划草案的表决。

3. 人民法院应当自收到重整计划草案之日起三十日内召开债权人会议，对重整计划草案进行表决。

出席会议的同一表决组的债权人过半数同意重整计划草案，并且其所代表的债权额占该组债权总额的2/3以上的，即为该组通过重整计划草案。

（三）重整计划通过

1. 表决通过。各表决组均通过重整计划草案时，重整计划即为通过。

2. 法院批准。自重整计划通过之日起10日内，债务人或者管理人应当向人民法院提出批准重整计划的申请。

人民法院经审查认为符合破产法规定的，应当自收到申请之日起30日内裁定批准，终止重整程序，并予以公告。

（四）法院强裁

未通过重整计划草案的表决组拒绝再次表决或者再次表决仍未通过重整计划草案，但重整计划草案符合下列条件的，债务人或者管理人可以申请人民法院批准重整计划草案：

（1）按照重整计划草案，担保债权就该特定财产将获得全额清偿，其因延期清偿所受的损失将得到公平补偿，并且其担保权未受到实质性损害，或者该表决组已经通过重整计划草案；

（2）按照重整计划草案，职工债权和税款债权将获得全额清偿，或者相应表决组已经通过重整计划草案；

（3）按照重整计划草案，普通债权所获得的清偿比例，不低于其在重整计划草案被提请批准时依照破产清算程序所能获得的清偿比例，或者该表决组已经通过重整计划草案；

（4）重整计划草案对出资人权益的调整公平、公正，或者出资人组已经通过重整计划草案；

（5）重整计划草案公平对待同一表决组的成员，并且所规定的债权清偿顺序不违反法律规定；

（6）债务人的经营方案具有可行性。

人民法院经审查认为重整计划草案符合前款规定的，应当自收到申请之日起30日内裁定批准，终止重整程序，并予以公告。

（五）重整转清算

重整计划草案未获得通过且未获得法院强制裁定批准，或者已通过的重整计划未获得批准的，人民法院应当裁定终止重整程序，并宣告债务人破产。

三、重整计划的执行

（一）重整计划的执行人

1. 重整计划由债务人负责执行。人民法院裁定批准重整计划后，已接管财产和营业事务的管理人应当向债务人移交财产和营业事务。

2. 自人民法院裁定批准重整计划之日起，在重整计划规定的监督期内，由管理人监督重整计划的执行。

在监督期内，债务人应当向管理人报告重整计划执行情况和债务人财务状况。

监督期届满时，管理人应当向人民法院提交监督报告。自监督报告提交之日起，管理人的监督职责终止。

管理人向人民法院提交的监督报告，重整计划的利害关系人有权查阅。

经管理人申请，人民法院可以裁定延长重整计划执行的监督期限。

（二）重整计划的效力

1. 经人民法院裁定批准的重整计划，对债务人和全体债权人均有约束力。

2. 债权人未依照企业破产法规定申报债权的，在重整计划执行期间不得行使权利。

在重整计划执行完毕后，可以按照重整计划规定的同类债权的清偿条件行使权利。

[例] 甲公司的重整计划获得通过，计划规定所有普通债权人的清偿比例降为60%。乙公司是甲公司100万元的债权人，但是乙公司在之前的债权申报环节没有申报债权。在重整计划执行期间，乙公司不得要求甲公司还款。

重整计划完成后，甲公司获得重生。

3. 债权人对债务人的保证人和其他连带债务人所享有的权利，不受重整计划的影响。

[例] 甲公司的重整计划获得通过，乙公司是甲公司的债权人，在重整计划中将自己的债权从100万调整到60万。丙公司是甲公司100万债权的保证人，丙公司仍要对乙公司的100万债权承担保证责任。

（三）重整计划执行不能的处理

1. 债务人不能执行或者不执行重整计划的，人民法院经管理人或者利害关系人请求，应当裁定终止重整计划的执行，并宣告债务人破产。

2. 人民法院裁定终止重整计划执行的，债权人在重整计划中作出的债权调整的承诺失去效力。

3. 债权人因执行重整计划所受的清偿仍然有效，债权未受清偿的部分作为破产债权。

前款规定的债权人，只有在其他同顺位债权人同自己所受的清偿达到同一比例时，才能继续接受分配。

[例] 甲公司的重整计划获得通过，乙公司是甲公司的债权人，在重整计划中将自己的债权从100万调整到60万。在执行重整计划时，乙公司已经获得了10万元的偿付。丙公司、丁公司和乙公司是同一顺位的债权人，尚未获得任何偿付。

后来，甲公司发现无法执行重整计划，于是法院宣告甲公司破产。甲公司在破产财产分配中，直到丙公司、丁公司也获得了10万元的偿付，乙公司才能继续获得分配。

4. 为重整计划的执行提供的担保继续有效。

[例] 甲公司的大股东乙公司，为了让甲公司继续或者，愿意为甲公司的重整计划提供担保。结果发现，当时的预估太过乐观，甲公司无法执行重整计划，不可避免地走向死亡。此时，重整计划当然被废除，但是乙公司应当继续提供担保。因为乙公司所担保的，就是重整计划能够执行。不能执行的，乙公司当然应当承担担保责任。

第九节　和　解

一、和解申请

（一）和解申请人

债务人可以直接向人民法院申请和解；也可以在人民法院受理破产申请后、宣告债务人破产前，向人民法院申请和解。

债务人申请和解，应当提出和解协议草案。

人民法院经审查认为和解申请符合破产法规定的，应当裁定和解，予以公告，并召集债权人会议讨论和解协议草案。

（二）自行和解

和解人民法院受理破产申请后，债务人与全体债权人就债权债务的处理自行达成协议的，可以请求人民法院裁定认可，并终结破产程序。

二、协议的批准

（一）1/2+2/3 表决规则

债权人会议通过和解协议的决议，由出席会议的有表决权的债权人过半数同意，并且其所代表的债权额占无财产担保债权总额的2/3以上。

（二）法院裁定认可

债权人会议通过和解协议的，由人民法院裁定认可，终止和解程序，并予以公告。管理人应当向债务人移交财产和营业事务，并向人民法院提交执行职务的报告。

（三）和解失败

和解协议草案经债权人会议表决未获得通过，或者已经债权人会议通过的和解协议未获得人民法院认可的，人民法院应当裁定终止和解程序，并宣告债务人破产。

三、和解的效力

（一）担保物权人的权利

对债务人的特定财产享有担保权的权利人，自人民法院裁定和解之日起可以行使权利。

（二）和解协议的效力

经人民法院裁定认可的和解协议，对债务人和全体和解债权人均有约束力。

和解债权人是指人民法院受理破产申请时对债务人享有无财产担保债权的人。

和解债权人未依照企业破产法规定申报债权的，在和解协议执行期间不得行使权利；在和解协议执行完毕后，可以按照和解协议规定的清偿条件行使权利。

和解债权人对债务人的保证人和其他连带债务人所享有的权利，不受和解协议的影响。

四、和解协议的执行

债务人应当按照和解协议规定的条件清偿债务。

（一）和解协议的无效

因债务人的欺诈或者其他违法行为而成立的和解协议，人民法院应当裁定无效，并宣告债务人破产。

有前款规定情形的，和解债权人因执行和解协议所受的清偿，在其他债权人所受清偿同等比例的范围内，不予返还。

（二）债务人不执行和解协议

1. 债务人不能执行或者不执行和解协议的，人民法院经和解债权人请求，应当裁定终止和解协议的执行，并宣告债务人破产。

2. 人民法院裁定终止和解协议执行的，和解债权人在和解协议中作出的债权调整的承诺失去效力。

3. 和解债权人因执行和解协议所受的清偿仍然有效，和解债权未受清偿的部分作为破产债权。

前款规定的债权人，只有在其他债权人同自己所受的清偿达到同一比例时，才能继续接受分配。

4. 为和解协议的执行提供的担保继续有效。

（三）和解协议执行完毕的后果

按照和解协议减免的债务，自和解协议执行完毕时起，债务人不再承担清偿责任。

学院简介

COLLEGE INTRODUCTION

中国政法大学（简称法大）是一所以法学为特色和优势，兼有文学、历史学、哲学、经济学、管理学、教育学、理学、工学等学科的“211工程”重点建设大学。

法大的法律资格考试培训历史悠久，全国律师资格考试始于1986年，而1988年法大就开展了法律培训。2005年3月成立了中国政法大学司法考试学院，这是一所集法考研究、教学研究、辅导培训为一体的司法考试学院，2018年正式更名为中国政法大学法律职业资格考试学院。经过多年的积淀，法大法律职业资格考试学院被广大考生称为国家法律职业资格考试考前培训及法考研究、教学研究的大本营。

2024年法大法考课程体系

>>> 面授班型 <<<

班型		上课时间	标准学费（元）
主客一体面授班	面授精英A班	2024年3月-2024年10月	59800
	面授精英B班	2024年5月-2024年10月	49800
	面授集训A班	2024年6月-2024年10月	39800
	面授集训B班	2024年7月-2024年10月	32800
客观题面授班	面授全程班	2024年3月-2024年9月	35800

更多课程详情联系招生老师 →

010-5890-8131　http://cuploeru.com

北京市海淀区西土城路25号中国政法大学研究生院东门

法大法考姚老师　法大法考白老师

中国政法大学
CHINA UNIVERSITY OF POLITICAL SCIENCE AND LAW

法大法考

2024年国家法律职业资格考试

主观题考点精编

理论法（第七册）

法律职业资格考试培训中心（学院）◎编著
叶晓川◎编写

中国政法大学出版社
2024・北京

图书在版编目（CIP）数据

2024年国家法律职业资格考试主观题考点精编/法律职业资格考试培训中心（学院）编著. —北京：中国政法大学出版社，2024.8

ISBN 978-7-5764-1466-0

Ⅰ.①2… Ⅱ.①法… Ⅲ.①法律工作者—资格考试—中国—自学参考资料 Ⅳ.①D920.4

中国国家版本馆CIP数据核字(2024)第107065号

出版者　中国政法大学出版社

地　址　北京市海淀区西土城路25号

邮寄地址　北京100088信箱8034分箱　邮编100088

网　址　http://www.cuplpress.com (网络实名：中国政法大学出版社)

电　话　010-58908285(总编室) 58908433（编辑部）58908334(邮购部)

承　印　北京鑫海金澳胶印有限公司

开　本　787mm×1092mm　1/16

印　张　86.5

字　数　2000千字

版　次　2024年8月第1版

印　次　2024年8月第1次印刷

定　价　289.00元（全7册）

前　言

PREFACE

自中国政法大学法律职业资格考试中心（原司法考试学院）成立以来，其紧紧围绕建立的宗旨和方针，一方面为我校学生的法考准备与学习提供全方位教学服务；另一方面为校外学员提供高品质的法考培训，使得学员通过率逐年提升。一直以来，我院按照每年的新大纲所涉考点编写相关理论教材、法条解读等资料，对学员的备考复习发挥了重要作用。但是在培训教学过程中，我们也发现学员面对大量的辅导用书，备考重心不明确，复习缺乏体系化和层次性，“眉毛胡子一把抓”，学习效率比较低，将法考辅导用书去繁存简。伴随法考改革将主观题考查作为考生最后通关阶段，我校选拔了一批在法考方面的权威专家和名师成立编委会，精心编写了这本《国家法律职业资格考试主观题考点精编》作为校内学生法考主观题课程教学及对社会培训的专用教材。

《国家法律职业资格考试主观题考点精编》针对主观题考查内容进行编写，紧扣法考大纲，体系完整，重点突出。综合每门学科内容出综合性案例，授课老师会通过对案例的讲解融会贯通每科考点，抓重点、理顺案情脉络，识破题眼，掌握解题方法。案例贴近实践，与指导性案例相结合，考点明确，法律思维清晰，切中考点要害。全书渗透了参编教师多年的教学经验，体现法考规律和应考学科知识的深刻理解与把握，在排版格式上做了匠心独到的设计。本书主要分为三个部分，第一部分：主观题命题形式、命题思路分析、主观题答题策略和技巧等；第二部分：重要知识点归纳；第三部分：论述题模拟案例分析。

我相信，该教材的出版，会对提高考生主观题考场实战能力及未来从事法律工作能力给予有力支持和帮助。在此预祝各位备考考生顺利通关。最后对编写本套教材编委会老师的辛勤付出表示感谢！

编委会成员（按姓氏笔画排序）：方鹏、兰燕卓、叶晓川、刘家安、杨秀清、宋亚伟、肖沛权、贾若山、梁泽宇。

中国政法大学法律职业资格考试中心

2024 年 8 月

目 录

CONTENTS

历年金题

第一章　金题回顾

一、2018 年金题

材料一：“改革和法治如鸟之两翼、车之两轮。我们要坚持走中国特色社会主义法治道路，加快构建中国特色社会主义法治体系，建设社会主义法治国家。全面依法治国，核心是坚持党的领导、人民当家作主、依法治国有机统一，关键在于坚持党领导立法、保证执法、支持司法、带头守法。要在全社会牢固树立宪法法律权威，弘扬宪法精神，任何组织和个人都必须在宪法法律范围内活动，都不得有超越宪法法律的特权。”

——摘自习近平在庆祝中国共产党成立 95 周年大会上的讲话

材料二：“全面推进依法治国这件大事能不能办好，最关键的是方向是不是正确、政治保证是不是坚强有力，具体讲就是要坚持党的领导，坚持中国特色社会主义制度，贯彻中国特色社会主义法治理论。”

——摘自习近平：《关于〈中共中央关于全面推进依法治国若干重大问题的决定〉的说明》

问题：根据材料，结合自己的实际工作和学习，谈谈坚定不移走中国特色社会主义法治道路的核心要义。

答题要求：

1. 无观点或论述、照搬材料原文的不得分；
2. 观点正确，表述完整、准确；
3. 总字数不少于 600 字。

【参考答案】

道路问题关系全局，决定成败。党的十八届四中全会向国内外明确宣示，我们要坚定不移走中国特色社会主义法治道路。中国特色社会主义法治道路的核心要义，就是坚持中国共产党的领导，坚持中国特色社会主义制度，贯彻中国特色社会主义法治理论。

党的领导是中国特色社会主义最本质的特征，是社会主义法治最根本的保证，我国宪法确立了中国共产党的领导地位，党的领导和社会主义法治是一致的，社会主义法治必须坚持党的领导，党的领导必须依靠社会主义法治。中国特色社会主义制度包括人民代表大会制度、中国共产党领导的多党合作和政治协商制度、民族区域自治制度和基层群众自治制度，基本经济制度、基本分配制度和中国特色社会主义法律体系等等，是中国特色社会主义法治体系的根本制度基础，是推进全面依法治国的根本制度保障。中国特色社会主义法治理论深刻回答了社会主义法治的本质特征、价值功能、内在要求、基本原则、发展方向等重大问题，是中国特色社会主义法治体系的理论指导和学理支撑，是推进全面依法治国的行动指南。

作为一名学生，我在学习中国近现代史的过程中清楚认识到当前中国法治建设取得的一切成就都离不开中国共产党的正确领导，因此我会坚定不移拥护党的领导，积极响应党的号召，平时努力学习法律知识，提升自己的法律素养，提高自己的综合水平。如在《中华人民共和国民法典》《中华人民共和国监察法》《中华人民共和国宪法修正案》《中华人民共和国刑法修正案》出台的时候，第一时间钻研学习，不断丰富自己的法律知识，密切联系法律实践，学以致用，争取为中国特色社会主义法治道路的发展贡献自己的力量。

总而言之，中国特色社会主义法治道路是社会主义法治建设成就和经验的集中体现，是建设社会主义法治国家的唯一正确道路。在实现中华民族伟大复兴的历史进程中，我们必须厉行法治，坚持党的领导、坚持中国特色社会主义制度、贯彻中国特色社会主义法治理论，坚定不移走中国特色社会主义法治道路。同时又必须把人类法治文明发展的一般规律创造性地运用于我国社会主义法治国家建设的伟大实践，以创造更高水平的法治文明。

二、2019年金题

材料一：全面依法治国是一个系统工程，必须统筹兼顾、把握重点、整体谋划，更加注重系统性、整体性、协同性。依法治国、依法执政、依法行政是一个有机整体，关键在于党要坚持依法执政、各级政府要坚持依法行政。法治国家、法治政府、法治社会三者各有侧重、相辅相成，法治国家是法治建设的目标，法治政府是建设法治国家的主体，法治社会是构筑法治国家的基础。要善于运用制度和法律治理国家，提高党科学执政、民主执政、依法执政水平。

——摘自习近平总书记在中央全面依法治国委员会第一次会议上的讲话（2018年8月24日）

材料二：依法治国是我国宪法确定的治理国家的基本方略，而能不能做到依法治国，关键在于党能不能坚持依法执政，各级政府能不能依法行政。我们要增强依法执政意识，坚持以法治的理念、法治的体制、法治的程序开展工作，改进党的领导方式和执政方式，推进依法执政制度化、规范化、程序化。执法是行政机关履行政府职能、管理经济社会事务的主要方式，各级政府必须依法全面履行职能，坚持法定职责必须为、法无授权不可为，健全依法决策机制，完善执法程序，严格执法责任，做到严格规范公正文明执法。

——摘自习近平：《加快建设社会主义法治国家》（2014年10月23日），《求是》杂志2015年第1期

材料三：深化党和国家机构改革，目标是构建系统完备、科学规范、运行高效的

党和国家机构职能体系，形成总揽全局、协调各方的党的领导体系，职责明确、依法行政的政府治理体系……全面提高国家治理能力和治理水平。

——摘自《中共中央关于深化党和国家机构改革的决定》

（2018 年 2 月 28 日中国共产党第十九届中央委员会第三次全体会议通过）

问题：结合你对深化党和政府机构改革的认识，谈谈法治政府建设在全面依法治国中的重要意义以及新时代法治政府建设的根本遵循。

答题要求：

1. 无观点或论述、照搬材料原文的不得分；
2. 观点正确，表述完整、准确；
3. 总字数不得少于 600 字。

【参考答案】

我国在 2004 年颁布的《全面推进依法行政实施纲要》中首次提出建设法治政府的概念。法治政府建设的总体目标是经过坚持不懈的努力，到 2020 年基本建成职能科学、权责法定、执法严明、公开公正、廉洁高效、守法诚信的法治政府。《中共中央关于全面推进依法治国若干重大问题的决定》提出从依法全面履行政府职能、健全依法决策机制、深化行政执法体制改革、坚持严格规范公正文明执法、强化对行政权力的制约和监督、全面推进政务公开这六个方面推进法治政府建设。

法治政府建设是推进全面依法治国不可或缺的一环。第一，政府是法律的实施者、行政法规和规章的制定者，全面依法治国要求政府在国家治理中依法行政，依法制定法规和规章。第二，对政府公权力的规范是法治社会的基本特征，人类世界中已经建成的法治国家都通过宪法和法律对政府公权力的行使进行了规范，建设法治国家要先建设法治政府是一条基本经验。第三，法治政府的建设有力地维护了宪法和法律的权威与尊严，有助于在社会中形成遵法守法的良好氛围，能够有效带动全民法治意识和法律知识水平的提升，进而推动全面依法治国的实现。

在中国特色社会主义社会发展进入新时代的今天，在深化党和国家机构改革的进程中，建设法治政府进而推进全面依法治国要遵循以下根本要点：第一是坚持和强化党对法治政府建设的领导，历史表明党的领导是推进法治政府建设的首要前提，我们目前在法治政府的建设过程中取得的一切成果都离不开党的领导；第二是要根据新时代的形势和我国发展的需求，推进党和国家机构的改革，实现国家治理能力和治理体系的现代化；第三是要紧跟时代需求，健全有关实体法律和程序法律，健全规范政府依法行政的制度，为法治政府建设提供完善的法律和制度遵循。

总之，在中国特色社会主义新时代，推进全面依法治国离不开法治政府的建设。只有坚持和不断强化党的领导，推进党和国家机构的改革，加强法律和制度建设，全面提升国家治理能力和治理水平现代化才能有序推进法治政府建设，才能推进全面依法治国，才能实现中华民族伟大复兴的中国梦。

三、2020 年金题

材料一： 当今世界正经历百年未有之大变局，我国正处于实现中华民族伟大复兴关键时期。顺应时代潮流，适应我国社会主要矛盾变化，统揽伟大斗争、伟大工程、伟大事业、伟大梦想，不断满足人民对美好生活新期待，战胜前进道路上的各种风险挑战，必须在坚持和完善中国特色社会主义制度、推进国家治理体系和治理能力现代化上下更大功夫。把我国制度优势更好转化为国家治理效能，为实现“两个一百年”奋斗目标、实现中华民族伟大复兴的中国梦提供有力保证。

材料二： 要加大对危害疫情防控行为执法司法力度，严格执行传染病防治法及其实施条例、野生动物保护法、动物防疫法、突发公共卫生事件应急条例等法律法规，依法实施疫情防控及应急处理措施。

材料三： 这场抗疫斗争是对国家治理体系和治理能力的一次集中检验。新征程上，要突出问题导向，从完善疾病预防控制体系、强化公共卫生法治保障和科技支撑、提升应急物资储备和保障能力、提升国家生物安全防御能力、完善城市治理体系和城乡基层治理体系等方面入手，抓紧补短板、堵漏洞、强弱项，加快完善各方面体制机制，增强社会治理总体效能，不断提升应对重大突发公共卫生事件的能力和水平，为保障人民生命安全和身体健康夯实制度保障。

问题： 结合法治在疫情防控中的作用，谈谈法治在治理体系和治理能力现代化中的作用。

答题要求：

1. 无观点或论述、照搬材料原文的不得分；
2. 观点正确，表述完整、准确；
3. 总字数不得少于 600 字。

【参考答案】

法治在社会发展中起着引领、规范和保障的统筹作用。就引领作用而言，社会的发展并非有其既定轨道，并非按部就班。要使社会发展符合广大人民的利益，落实人民主体地位，就必须在以宪法为核心的法律体系中确立社会发展的目标，为社会发展提供方向引领。就规范作用而言，没有规矩，不成方圆，社会的良好发展离不开稳定的秩序，而秩序的稳定则必须依靠法治，同时组成社会的各种权力也需通过法治实现规范运行。就保障作用而言，法治为人民各项权利的实现提供了依据和救济途径，保障了人民的主体地位，树立了人民参与各项活动、推动社会发展的信心。

法治之于国家治理体系和治理能力现代化的作用：一是法治为国家治理现代化提供了实现路径。纵观世界，实现了现代化的国家都首先实现了法治化。法治是治国理政的基本方式，是国家治理体系和治理能力的重要依托。习近平总书记指出，只有全面依法治国才能有效保障国家治理体系的系统性、规范性、协调性，才能最大限度凝聚社会共识。二是法治为国家治理现代化明确了目标追求，人类社会的治理经历了从人治到法治的转变，国家治理的现代化必然要追求法治化而非人治化。因而法治是国家治理现代化的实现路径，同时也是国家治理现代化所必须追求的目标，二者辩证统一。三是法治为国家治理现代化框定了主线任务，要实现国家治理的现代化，就必须不断完善中国特色社会主义法律体系，推进依法行政，强化司法公正，维护人民各项权利。

在法治轨道上推进疫情防控工作，是推进国家治理体系和治理能力现代化的重要体现。法治为疫情防控：一是提供了政府和社会开展防控的法律依据，国家开展防疫工作，权力来源即是相关法律。二是规范了公权力在疫情防控中的运行，平衡了疫情防控与公民权利保护之间的关系。三是法治为疫情防控中纠纷解决提供了机制手段，法治是疫情防控的手段保障。运用法治手段可以严厉打击殴打伤害医务人员、扰乱医疗救治秩序、哄抬物价、借机诈骗等违法犯罪行为，及时化解与公共突发事件相关的民事纠纷，减少矛盾冲突，维护社会稳定。

因此，我们必须发挥好法治在社会发展中的统筹作用，坚持在法治轨道上推进国家治理体系和治理能力现代化。从立法、执法、司法、守法各环节发力，全面提高依法防控、依法治理能力，为疫情防控工作提供有力法治保障。

四、2021年金题

材料一：推进全面依法治国是国家治理的一场深刻变革，必须以科学理论为指导，加强理论思维，不断从理论和实践的结合上取得新成果，总结好、运用好党关于新时代加强法治建设的思想理论成果，更好指导全面依法治国各项工作。

——2020年11月16日-17日习近平在中央全面依法治国工作会议上的重要讲话

材料二：党的十八大以来，党中央对全面依法治国作出一系列重大决策，提出一系列全面依法治国新理念新思想新战略……明确了全面依法治国的指导思想、发展道路、工作布局、重点任务。这些新理念新思想新战略，是全面依法治国的根本遵循，必须长期坚持、不断丰富发展。

——2018年8月24日习近平在中央全面依法治国委员会第一次会议上的重要讲话

材料三：立足我国国情和实际，加强对社会主义法治建设的理论研究，尽快构建体现我国社会主义性质，具有鲜明中国特色、实践特色、时代特色的法治理论体系和话语体系。坚持和发展我国法律制度建设的显著优势，深入研究和总结我国法律制度体系建设的成功经验，推进中国特色社会主义法治体系创新发展。

——《法治中国建设规划（2020-2025年）》

问题：

结合习近平法治思想的核心要义，谈谈你对当前和下一个阶段推进全面依法治国重点抓住的“十一个坚持”的认识。

答题要求：

1. 无观点或论述、照搬材料原文的不得分；

2. 观点正确，表述完整、准确的；

3. 总字数不少于600字。

【参考答案】

习近平法治思想的核心要义在于“十一个坚持”。一是坚持党对全面依法治国的领导；二是坚持以人民为中心；三是坚持中国特色社会主义法治道路；四是坚持依宪治国、依宪执政；五是坚持在法治轨道上推进国家治理体系和治理能力现代化；六是坚持建设中国特色社会主义法治体系；七是坚持依法治国、依法执政、依法行政共同推进，法治国家、法治政府、法治社会一体建设；八是坚持全面推进科学立法、严格执法、公正司法、全民守法；九是坚持统筹推进国内法治和涉外法治；十是坚持建设德才兼备的高素质法治工作队伍；十一是坚持抓住领导干部这个“关键少数”。

“十一个坚持”是当前和下一个阶段推进全面依法治国的纲领性指导方针。“十一个坚持”深刻阐明了全面依法治国的政治方向，明确了全面依法治国必须遵循的政治准绳；深刻阐明了全面依法治国的重要地位，明确了新时代全面依法治国的职责使命；深刻阐明了全面依法治国的工作布局，明确了法治中国建设的前进方向；深刻阐明了全面依法治国的重点任务，明确了新时代全面依法治国的重点领域和关键环节；深刻阐明了全面依法治国的重大关系，明确了必须正确把握的重大理论问题和科学方法论；深刻阐明了全面依法治国的重要保障，明确了领导干部和人才队伍在推动全面依法治国中的重要性。

践行“十一个坚持”要做到以下三点：一是要把认真学习领会“十一个坚持”作为当前和今后一个时期的一项重大任务，牢牢把握全面依法治国政治方向、重要地位、工作布局、重点任务、重大关系、重要保障。二是要以“十一个坚持”为核心，深入贯彻落实习近平法治思想，将习近平法治思想作为全面依法治国的根本遵循和行动指南，贯彻到立法、执法、司法、守法等方方面面。三是坚持顶层设计，严格落实“十四五”规划和2035年远景目标、《法治中国建设规划（2020-2025年）》《法治政府建设实施纲要（2021-2025年）》《法治社会建设实施纲要（2020-2025年）》《关于加强社会主义法治文化建设的意见》等纲领文件。

总之，“十一个坚持”系统阐述了新时代推进全面依法治国的重要思想和战略部署，深入回答了我国社会主义法治建设一系列重大理论和实践问题。在当前和下一个阶段推进全面依法治国必须深刻认识“十一个坚持”的重大意义，深入把握重大内涵，深化具体实践。

五、2021年金题（延考地区）

问题：

根据材料，结合你对习近平法治思想以人民为中心的理解，谈谈你对新时代全面依法治国的根本立场和实现途径的理解。

答题要求：

1. 无观点或论述、照搬材料原文的不得分；
2. 观点正确，表述完整、准确的；
3. 总字数不少于600字。

【参考答案】

“坚持以人民为中心”是习近平法治思想的重要内容，是中国特色社会主义法治的本质要求。习近平指出，全面依法治国最广泛、最深厚的基础是人民，必须坚持为了人民、依靠人民、造福人民。

新时代全面依法治国的根本立场是人民立场。第一，坚持法治为了人民，努力实现满足人民需要的良法善治。只有制定出更多反映客观规律、体现人民意志、符合公平正义的良法，更加重视法治、厉行法治，更好发挥法治固根本、稳预期、利长远的作用，人民群众的获得感、幸福感、安全感才能不断增强。第二，坚持法治依靠人民，切实保障和发挥人民的主体地位。人民不仅是国家权力的来源，也是法治建设创造性实践的源头活水。推进全面依法治国，必须充分调动人民群众积极性和主动性，创新公众参与法治实践的方式，依法保证人民通过各种途径和形式参与国家和社会治理。第三，坚持法治造福人民，牢牢把握公平正义这一法治价值追求。公正是法治的生命线，公平正义是人民的期盼。为切实保障人民权益，在推进全面依法治国过程中，必须紧紧围绕保障和促进社会公平正义，努力让人民群众在每一项法律制度、每一个执法决定、每一宗司法案件中都感受到公平正义。

就实现途径而言：第一，要用制度体系保证人民当家作主。人民代表大会制度是我国的根本政治制度，是人民当家作主的重要制度平台。要充分发挥人民代表大会根本政治制度的作用，通过人民代表大会制度牢牢把国家和民族前途命运掌握在人民手中。第二，要通过科学立法加强人民权益保障。推进全面依法治国的根本目的是依法保障人民权益。要坚持并强化科学立法、民主立法，落实各项基本权利，建立完善的权利保障体系。第三，要通过严格执法强化法律实施。徒法不足以自行，必须坚持严格执法，确保依法执法、合理执法，进一步推进法治政府建设，确保人民权益不受侵害。第四，要坚持公正司法，维护社会公平正义。公平正义是良性社会的基本标准，是中国共产党治国理政的重要价值取向，也是人民美好生活的重要方面。要系统研究、谋划和解决法治领域人民群众反映强烈的突出问题，让人民群众在每一项法律制度、每一个执法决定、每一宗司法案件中都感受到公平正义。

总之，踏上全面建设社会主义现代化国家新征程，推动全面依法治国迈上新台阶，必须深刻理解坚持以人民为中心的法治立场，进一步强化系统观念、法治思维，以实际行动兑现以人民为中心的承诺，为实现中华民族伟大复兴的中国梦提供有力法治保障。

六、 2022年金题

材料一：改革开放以后，党坚持依法治国，不断推进社会主义法治建设……党领导深化以司法责任制为重点的司法体制改革，推进政法领域全面深化改革，加强对执法司法活动的监督制约，开展政法队伍教育整顿，依法纠正冤错案件，严厉惩治执法司法腐败，确保执法司法公正廉洁高效权威。（摘自：《中共中央关于党的百年奋斗重大成就和历史经验的决议》。2021年11月11日中国共产党第十九届中央委员会第六次全体会议通过。）

材料二：当前，法治领域存在的一些突出矛盾和问题，原因在于改革还没有完全到位。要围绕让人民群众在每一项法律制度、每一个执法决定、每一宗司法案件中都感受到公平正义这个目标，深化司法体制综合配套改革，加快建设公正高效权威的社会主义司法制度。（摘自《坚持走中国特色社会主义法治道路，更好推进中国特色社会主义法治体系建设》，载《求是》2022年第4期）

材料三：

总书记指出，权力是一把双刃剑，在法治轨道上行使可以造福人民，在法律之外行使则必然祸害国家和人民。执法司法权力专业性强、自由裁量度大、受干扰诱惑多，权力的多重属性表现得尤为明显。（摘自钟政声：《深化执法司法权力运行机制改革，归根到底就是要规范用权》）

问题：

请根据以上材料，结合你对习近平法治思想的理解，谈谈党的十八大以来改革重构司法权力配置和运行机制的重大成就和意义。

答题要求：

1. 无观点或论述、直接照搬材料原文的不得分；
2. 观点正确，表达完整、准确；
3. 总字数不少于600字。

【参考答案】

党的十八大以来，以习近平同志为核心的党中央大力深化司法体制改革，加强党对司法工作的领导，完善司法管理体制和司法权力运行机制，规范司法行为，加强对司法活动的监督，切实推进公正司法，在改革重构司法权力配置和运行机制方面主要取得了以下四方面成就：

一是从权力结构和管理体制上强化办案责任。确立了司法工作人员分类管理制度。实行“让审理者裁判、由裁判者负责”“谁办案谁负责、谁决定谁负责”的办案责任制，强化了办案人员的责任。

二是建立健全执法司法权制约监督机制。完善责任体系，“放权不放任”。建立防止干预司法的制度，对领导干部和司法机关内部人员过问案件的，记录留痕，通报追责。

三是改革司法人员职业保障和人、财、物管理体制、制度。建立与法官检察官单独职务序列相配套的薪酬等制度，完善依法履职保护机制。推进省级以下法院检察院编制、财、物等统一管理，防止地方保护主义干扰司法公正。

四是改革政法机构职能设置。党委政法委机构职能进一步优化，党对政法工作的绝对领导进一步加强。最高人民法院设立巡回法庭，方便诉讼。最高人民检察院改革内设机构，强化专职专能。组建国家移民管理局，加强对移民及出入境的管理。重新组建司法部，优化司法行政机关机构职能体系。

党的十八大以来改革重构司法权力配置和运行机制具有重大意义。一是完善党领导全面依法治国的制度和工作机制，加强和改善了党对全面依法治国的领导。二是立足中国实际需要进行改革重构，坚持和拓展中国特色社会主义法治道路。三是坚持和加强了公正司法，提高司法办案质量、效率，进一步提升了司法公信力。

七、 2023 年金题

问题：

第一问：联系宪法中关于基本制度和基本人民权利义务的规定，论述宪法是如何保障中国式现代化的。

答题要求：

1. 无观点或论述、直接照搬材料原文的不得分；
2. 观点正确，表达完整、准确；
3. 总字数不少于 600 字。

【参考答案】

宪法集中体现了党和人民的统一意志和共同愿望，是国家意志的最高表现形式，是国家根本法，是治国安邦的总章程，具有最高的法律地位、法律权威、法律效力。我国宪法第一章《总纲》规定了我国的基本制度，包括社会主义制度、人民民主专政制度、人民代表大会制度、中国共产党领导下的多党合作和政治协商制度、民族区域自治制度、基本经济制度等。我国宪法第二章规定了公民的基本权利和义务，包括平等权、选举权和被选举权、政治自由、宗教信仰权利、人身自由权利、财产权利、社会文化权利等一系列基本权利，同时也规定了公民维护国家统一和全国各民族团结、依照法律服兵役和参加民兵组织、依法纳税等基本义务。

强化宪法对中国式现代化的保障，一要坚持依宪治国、依宪执政，坚持宪法确定的中国共产党领导地位不动摇，坚持宪法确定的人民民主专政的国体和人民代表大会制度的政体不动摇；二要坚持以人民为中心，宪法的根基在于人民发自内心的拥护，宪法的伟力在于人民出自真诚的信仰，依宪治国、依宪执政的最大优势和最高原则在于为人民执政、靠人民执政，人民是党执政兴国的最大底气，要依法保障全体公民享有广泛的权利，努力维护最广大人民群众的根本利益，保障人民群众对美好生活的向往和追求，切实维护和促进社会公平正义，让宪法真正成为全体人民共同的信仰，让尊崇宪法、学习宪法、遵守宪法、维护宪法、运用宪法成为全体人民的自觉行动；三要坚持建设中国特色社会主义法治体系，以高质量法治保障高质量发展，要加快形成完备的法律规范体系、高效的法治实施体系、严密的法治监督体系、有力的法治保障体系、完善的党内法规体系，要加强重点领域、新兴领域、涉外领域立法，增强立法系统性、整体性、协同性、时效性，全面推进严格规范公正文明执法。

总之，党团结带领人民进行社会主义现代化建设的实践充分证明，推进中国式现代化，离不开宪法的保障，宪法为中国式现代化提供了根本法律依据和根本法治保障。

第二问：根据材料，结合你对习近平法治思想的理解，谈谈你对依宪治国和依宪执政的认识。

答题要求：

1. 无观点或论述、直接照搬材料原文的不得分；
2. 观点正确，表达完整、准确；
3. 总字数不少于600字。

【参考答案】

习近平法治思想提出，坚持依宪治国、依宪执政，是全面推进依法治国的工作重点。坚持依法治国首先要坚持依宪治国，坚持依法执政首先要坚持依宪执政。

坚持依宪治国、依宪执政是由宪法的地位和性质决定的。宪法是国家的根本法，具有最高的法律效力。党领导人民制定宪法法律，领导人民实施宪法法律，党自身要在宪法法律范围内活动。全国各族人民、一切国家机关和武装力量、各政党和各社会团体、各企业事业组织，都必须以宪法为根本的活动准则，都负有维护宪法尊严、保证宪法实施的职责。任何组织和个人都不得有超越宪法法律的特权，一切违反宪法法律的行为都必须予以追究。

坚持依宪治国、依宪执政，一要坚持宪法确定的中国共产党领导地位不动摇。宪法明确规定中国共产党领导是中国特色社会主义最本质的特征，确定了中国共产党的执政地位，确认了党在国家政权结构中总揽全局、协调各方的核心地位，这是中国特色社会主义事业和全体人民根本利益得到巩固和发展的根本保障。二要坚持宪法确定的人民民主专政的国体和人民代表大会制度的政体不动摇，加强宪法实施和监督，加快完善以宪法为核心的中国特色社会主义法律体系，坚持宪法实施、宪法解释、宪法监督系统推进，推进合宪性审查工作，加强宪法理论研究和宣传教育，不断提升中国宪法理论和实践的说服力、影响力，维护宪法权威。

总而言之，坚持依宪治国、依宪执政，是习近平法治思想的重要内容和鲜明特色，突出了宪法在依法治国、依法执政中的基础性地位，对于推进全面依法治国、建设社会主义法治国家意义重大。

第二章 写作方法

第一节 论述题的答题要求

一、考生对问题的回答和分析必须从法学的角度进行

具体来说，就是运用自己掌握的法学理论和法学知识，结合题目当中给定的材料信息，分析其中的法律关系及其性质。在此基础上，具体指明其合法与违法之处，或者就此当中涉及的问题从法学理论的角度加以思考。既然是法考，论述题的答案就要有法律上的观点，虽然是在考查考生的分析问题、解决问题、表达问题的能力，但是实际上是在考查考生用法律知识分析问题和解决问题的能力，所以考生一定要用法律的观点来分析问题。纵观往年的论述题答题要求，第一项都明确地指出要“运用掌握的法学知识来阐明你的观点和理由”。面对同一个社会问题，不同职业的人会有不同的看法和解决方案，而从事法律职业的人必须从法学的立场出发，运用法律思维，提出法律上的解决方案。

二、说理充分，逻辑严谨，语言流畅，表达准确

这是对考生回答问题时分析程度的要求。所谓“说理充分”，首先要求考生要有自己的观点，必须明确表达出自己赞成什么，反对什么；或者认为何为合法，何为违法。论述题重在一个“论”字，说理就是“论”的表现形式。要论证，就必须有论点。所以论述题要求考生必须针对问题作出自己的判断，提出自己的论点，这一点是不能回避的。论点应当放在显要的位置，比如说开篇或者每一段的第一句话。最好在开篇就要提出自己的论点，让阅卷老师一目了然。比如 2003 年的论述题，针对交通局的执法措施，考生一定要表明观点，即该执法措施是否合法、是否合理。2004 年的第四卷第七题，考生也一定要说明自己认为哪一种方式能取得最好的效果。另外，要对自己所持的观点提出论据加以论证，论据应当是法学原理和法律规定，这也是法律论证的要求。对社会问题的法律分析，所依据的最重要的论据应当是法律规定和法学原理。当然，由于司法考试和法考所选择的案例都属于法律上的疑难案例，有时候没有明确的法律依据，所以论据当中除了法律规定和法律原理之外，还需要一些数据、事实等论据。论证应当彻底、充分且有说服力。当然，论证可以有不同的方法，例如，推理、比较、举例、反证、引申。应当针对不同的题目采取不同的论证方法。针对 2004 年第四卷的第七题，就应当运用比较的方法，将民事诉讼、人民调解、治安处罚、刑事附带民事诉讼等各种方案的优劣都分析清楚，最后作出自己的选择，这样就显得有说服力。

所谓“逻辑严谨”，要求考生对问题的分析层次分明，环环相扣，不能出现逻辑上的矛盾和不周延问题。从多个方面对该问题进行分析时，要保持各部分之间的协调和统一，不能自相矛盾。

所谓“语言流畅”，要求考生对相关问题的分析要一气呵成，不能颠三倒四。语言的使用要简练。论述题的开头和结尾部分一定要写好，能够打动阅卷老师。文章的开头和结尾是阅卷老师关注的重点，阅卷老师往往先看观点，再看表达。观点体现在内容上，往往着眼全篇；表达体现在句子上，往往着眼于开头和结尾，所以一定要写好。笔者建议，开篇最好开门见山，直接提出自己的论点；在结尾时，最好能够概括全文的主要内容，点明或深化篇章的中心。这里还需要注意的是，论述题要考查考生的语言表达能力，许多考生为了追求有文采，往往文章比较花哨，这不值得提倡。打动人的方式无外乎诉诸理智或者情感，法律人更多强调以理服人，而不是以情动人。过于追求文采往往会使论证本身充满道德色彩，背离法学的立场。

所谓“表达准确”，首先要求使用法言法语，也就是使用法学和法律上的专业性概念、词语；其次是能准确地运用法学和法律上专业词语、概念来表达自己的观点，不能词不达意，如果对某些法律概念拿不准，最好不要用，避免出现常识性的错误，给阅卷老师留下基础知识不牢靠的印象，影响得分；最后是对法学理论的基本主张和法律规定的内容能够准确地表达出来。尽量避免使用生活化的语言，特别是地方化的语言来回答问题。

三、抓好审题这个环节

做论述题，审题是关键。审题不好，往往就会“失之毫厘，谬以千里”。在审题这个环节，要注意两点：

第一，要注意答题要求。审题时必须要审清答题要求，这样有利于弄清楚出题者的思路和要求，只有搞清楚出题思路，才能做到有的放矢，做出来的答案才符合题意。2004年司法考试第四卷第七题的要求是“作为一个法律职业者，你认为根据我国法律的规定，有哪几种法律途径或方式可供乙选择，以维护其权益。针对本案的实际情况，你认为选择其中哪一种方式处理此事社会效果更好、更具优越性，并请阐明理由”。同时要求“运用所掌握的法学和社会知识来阐释观点和理由”。而2004年司法考试第四卷第八题的答题要求是“请你谈谈对此事的看法”，并要求“运用掌握的法学知识阐释你的观点和理由”。这两道题的答题要求不一样，答题的角度就不一样。解答第七题自然要挑选一种途径，而且要运用所掌握的“法学和社会知识”来阐释所选择的途径的理由，只要符合这个要求，几种途径可以任选一个，只要能够自圆其说就可以了。

第二，针对不同的论述题，审题时采取的策略也不同。针对有明确要求的论述题，比如2004年司法考试第四卷第七题，完全就可以按照题目的具体要求来作答。但是对于2004年司法考试第四卷的第八题，只是要求谈谈“你对此事的看法”，而且是“运用法学知识”。这就增加了难度，很多考生觉得无处下手。对于这样的题目，不妨放开手脚，只要是材料中与法律有关的“点”，都可以作为切入点来展开论述，甚至可以把这些点都拿出来，分别论述。不过这样的话，由于字数要求，就需要考生有较高的概括能力。那么在审题时，不妨把材料当中可以从法律角度进行讨论的“点”都标出来，然后再根据自己的知识储备，就自己比较擅长的法律领域进行论述。比如该题涉及的“法律点”至少有：“喜悦家庭”的经营行为、工商行政管理机关的许可行为、追星族与明星照片的组合行为、媒体报道行为、科技进步引发的法律思考等，在这些当中选取一个自己擅长的角度加以论述即可。

第二节　答题模版——四段论

一、什么是“四段论”

“四段论”即“概括问题——分析问题——提出对策——总结、提升”。

1. 第一段：概括问题（“是什么”）。答论述题的第一步首先要读懂题，即所给定的材料或案件到底说了什么。这就需要我们运用自己的背景知识去进行概括，点出材料所反映的问题。

2. 第二段：分析问题（“为什么”）。司法考试和法考的论述题不是命题人主观臆造的，它往往来自司法实践当中具有重大影响及争议的案件或热点事件。因此，材料本身就充满争议，它可能涉及不同利益主体之间的诉求，也可能是具体制度的博弈，抑或是立法当中的抉择，这就要求考生透过材料去分析其背后的成因，而这恰恰是司法考试和法考所重点考查的一个点。

3. 第三段：提出对策（“怎么办”）。论述题考试的目的不仅仅是要求考生知道问题的所在，更主要的是让考生提出解决问题的对策，即假设你成为案件当中的法官，你怎么样权衡不同的利益；如果你作为律师，你如何去维护你方当事人的权益；如果你作为一个立法者，你如何通过立法来解决现实当中的争议。所以在第三段，一定要提出对策，而且，提出的对策最好是分点列出，不能密密麻麻地放在一起。

4. 第四段：总结、提升。论述题是开放式的，没有标准答案，从不同的角度出发，我们会看到不同的“蒙娜丽莎的笑”。论述题最后一段有必要对论文进行总结和提升。要注意前后观点一致、逻辑严谨。

二、举例说明

我们以 2017 年司法考试卷四第七题论述题为例，来具体说明如何运用“四段论”模版来答题：

案情：某省盐业公司从外省盐厂购进 300 吨工业盐运回本地，当地市盐务管理局认为购进工业盐的行为涉嫌违法，遂对该批工业盐予以先行登记保存，并将《先行登记保存通知书》送达该公司。其后，市盐务管理局经听证、集体讨论后，认定该公司未办理工业盐准运证从省外购进工业盐，违反了省政府制定的《盐业管理办法》第 20 条，决定没收该公司违法购进的工业盐，并处罚款 15 万元。公司不服处罚决定，向市政府申请行政复议。市政府维持市盐务管理局的处罚决定。公司不服向法院起诉。

材料一：

1.《盐业管理条例》（国务院1990年3月2日第51号令发布，自发布之日起施行）

第24条 运输部门应当将盐列为重要运输物资，对食用盐和指令性计划的纯碱、烧碱用盐的运输应当重点保证。

2.《盐业管理办法》（2003年6月29日省人民政府发布，2009年3月20日修正）

第20条 盐的运销站发运盐产品实行准运证制度。在途及运输期间必须货、单、证同行。无单、无证的，运输部门不得承运，购盐单位不得入库。

材料二：2016年4月22日，国务院发布的《盐业体制改革方案》指出，要推进盐业体制改革，实现盐业资源有效配置，进一步释放市场活力，取消食盐产销区域限制。要改革食盐生产批发区域限制。取消食盐定点生产企业只能销售给指定批发企业的规定，允许生产企业进入流通和销售领域，自主确定生产销售数量并建立销售渠道，以自有品牌开展跨区域经营，实现产销一体，或者委托有食盐批发资质的企业代理销售。要改革工业盐运销管理。取消各地自行设立的两碱工业盐备案制和准运证制度，取消对小工业盐及盐产品进入市场的各类限制，放开小工业盐及盐产品市场和价格。

材料三：2017年6月13日，李克强总理在全国深化简政放权放管结合优化服务改革电视电话会议上的讲话强调，我们推动的“放管服”改革、转变政府职能是一个系统的整体，首先要在“放”上下更大功夫，进一步做好简政放权的“减法”，又要在创新政府管理上破难题，善于做加强监管的“加法”和优化服务的“乘法”。如果说做好简化行政审批、减税降费等“减法”是革自己的命，是壮士断腕，那么做好强监管“加法”和优服务“乘法”，也是啃政府职能转变的“硬骨头”。放宽市场准入，可以促进公平竞争、防止垄断，也能为更好的“管”和更优的“服”创造条件。

问题：请基于案情，结合材料二、材料三和相关法律作答（要求观点明确，说理充分，文字通畅，字数不少于400字）。

谈谈深化简政放权放管结合优质服务改革，对推进政府职能转变、建设法治政府的意义。

【参考答案】

我国社会发展正处在转型关键期、改革阵痛期。从深化改革到四个全面，都事关民生利益。形势倒逼我们必须从政治体制改革方面着手，理顺权力运行关系，减少甚至剔除影响社会发展的各种原生阻力。“把该放的权力放掉”，就是要激发制度和体制潜力，让改革释放出更多更大的活力，让民众享受到改革红利，这是深化改革促进发展的前提和保障。【“是什么”】

深化行政体制改革、转变政府职能，是促进发展的强大动力和重要保障。经济体制改革的核心问题是处理好政府和市场的关系，使市场在资源配置中起决定性作用和更好发挥政府作用。转变政府职能是深化行政体制改革的核心，具有牵一发而动全身的重要作用。【“为什么”】

推动简政放权向纵深发展，必须：（一）进一步释放市场活力和社会创造力。为了国家发展和人民福祉，为了使经济运行保持在合理区间，实现经济社会持续健康发展，坚决把该“放”的彻底放开、该“减”的彻底减掉、该“清”的彻底清除，不留尾巴、不留死角、不搞变通。(二) 创新和加强政府管理，使市场和社会活而有序。深化行政体制改革、转变政府职能，不仅要取消和下放权力，还要改善和加强政府管理，提高政府效能，增强依法全面履职能力，使市场和社会既充满活力又规范有序，促进经济持续健康发展和社会公平正义。(三) 优化政府服务，更好满足人民群众和经济社会发展需求。深化简政放权等改革破除障碍，把市场机制作用发挥好，努力提供比较充裕的公共产品和优质高效的公共服务，使整个社会更温馨、更和谐、更有凝聚力和活力。【“怎么办”】

“简政放权”是一场深刻的革命，是为了更有力地创新和强化社会管理，优化行政管理流程，将好的管理措施用在民生大计上。“简政放权”既是增强政府治理、建设现代法治政府的内在要求，也是提升政府公信力、执行力和权威性，更好服务人民群众的有效保障。简政放权等改革要在法治轨道上推进，重大改革要于法有据，同时法律法规也要适应改革需要，及时加以调整和完善，使激发释放活力和维护保障秩序有机统一起来。【总结、提升】

习近平法治思想专题

第一章 习近平法治思想的形成发展及重大意义

第一节 习近平法治思想的形成发展

一、习近平法治思想形成的时代背景

1. 2020年中央全面依法治国工作会议明确了习近平法治思想在全面依法治国工作中的指导地位。在我国开启全面建设社会主义现代化国家新征程的重要时刻，明确习近平法治思想在全面依法治国工作中的指导地位，是全面贯彻习近平新时代中国特色社会主义思想，加快建设中国特色社会主义法治体系、建设社会主义法治国家的必然要求。

2. 伟大时代孕育伟大理论，伟大思想引领伟大征程。习近平法治思想是顺应实现中华民族伟大复兴时代要求应运而生的重大理论创新成果，是马克思主义法治理论中国化的最新成果，是全面依法治国的根本遵循和行动指南。习近平法治思想是着眼中华民族伟大复兴战略全局和当今世界百年未有之大变局，顺应实现中华民族伟大复兴时代要求应运而生的重大战略思想。

3. 当今世界正经历百年未有之大变局，新冠肺炎疫情全球大流行使这个大变局加速演进，经济全球化遭遇逆流，保护主义、单边主义上升，世界经济低迷，国际贸易和投资大幅萎缩，国际经济、科技、文化、安全、政治等格局都在发生深刻调整。

4. 我国正处在中华民族伟大复兴的关键时期，中华民族迎来了从站起来、富起来到强起来的伟大飞跃。我国经济正处在转变发展方式、优化经济结构、转换增长动力的攻关期，经济已由高速增长阶段转向高质量发展阶段，经济长期向好，市场空间广阔，发展韧性强大，正在形成以国内大循环为主体、国内国际双循环相互促进的新发展格局，改革发展稳定任务日益繁重。面对新形势新任务，着眼于统筹国内国际两个大局，科学认识和正确把握我国发展的重要战略机遇期，必须把全面依法治国摆在更加突出的全局性、战略性的重要地位。习近平法治思想从历史和现实相贯通、国际和国内相关联、理论和实际相结合上，深刻回答了新时代为什么要实行全面依法治国、怎样实行全面依法治国等一系列重大问题，为深入推进全面依法治国、加快建设社会主义法治国家、运用制度威力应对风险挑战、实现党和国家长治久安、全面建设社会主义现代化国家、实现中华民族伟大复兴的中国梦，提供了科学指南。

二、习近平法治思想形成发展的逻辑

1. 习近平法治思想是习近平新时代中国特色社会主义思想的重要组成部分。党的

十八大以来，以习近平同志为核心的党中央从坚持和完善中国特色社会主义的全局和战略高度定位法治、布局法治、厉行法治，把全面依法治国纳入“四个全面”战略布局，创造性地提出了关于全面依法治国的一系列新理念新思想新战略，领导和推动我国社会主义法治建设取得了历史性成就。

2. **历史逻辑**：习近平法治思想凝聚着中国共产党人在法治建设长期探索中形成的**经验积累和智慧结晶**，标志着我们党对共产党执政规律、社会主义建设规律、人类社会发展规律的认识达到了新高度，开辟了中国特色社会主义法治理论和实践的新境界。

3. **理论逻辑**：习近平法治思想坚持**马克思主义法治理论的基本原则**，贯彻运用**马克思主义法治理论的立场、观点和方法**，继承**我们党关于法治建设的重要理论**，传承**中华优秀传统法律文化**，系统总结**新时代中国特色社会主义法治实践经验**，是马克思主义法治理论与新时代中国特色社会主义法治实践相结合的产物，是马克思主义法治理论中国化的新发展新飞跃，反映了创新马克思主义法治理论的内在逻辑要求。

4. **实践逻辑**：习近平法治思想是从统筹中华民族伟大复兴战略全局和世界百年未有之大变局、实现党和国家长治久安的战略高度出发，在推进**伟大斗争、伟大工程、伟大事业、伟大梦想**的实践之中完善形成的，并会随着实践的发展而进一步丰富。

三、习近平法治思想形成发展的历史进程

1. 十八届四中全会专门研究全面依法治国，出台了**关于全面推进依法治国若干重大问题的决定**。

2. **十九大**提出到**2035年基本建成法治国家、法治政府、法治社会**。

3. **十九届二中全会**专题研究**宪法修改**，推动宪法与时俱进完善发展。

4. **十九届三中全会**决定成立**中央全面依法治国委员会**，加强党对全面依法治国的集中统一领导。

5. **十九届四中全会**从推进**国家治理体系和治理能力现代化**的角度，对坚持和完善中国特色社会主义法治体系，提高党依法治国、依法执政能力作出部署。

6. **十九届五中全会**对立足新发展阶段、贯彻新发展理念、**构建新发展格局**的法治建设工作提出新要求。

四、习近平法治思想的鲜明特色

1. 原创性：习近平总书记不断在理论上**拓展新视野、提出新命题、作出新论断、形成新概括**，为发展马克思主义法治理论作出了重大原创性贡献。

2. **系统性**：习近平总书记强调全面依法治国是一个系统工程，注重用**整体联系、统筹协调、辩证统一**的科学方法谋划和推进法治中国建设，科学指出当前和今后一个时期推进全面依法治国十一个重要方面的要求，构成了**系统完备、逻辑严密、内在统一**的科学思想体系。

3. **时代性**：习近平总书记立足中国特色社会主义进入新时代的历史方位，科学回

答了新时代我国**法治建设向哪里走、走什么路、实现什么目标**等根本性问题，在新时代治国理政实践中开启了法治中国新篇章。

4. 人民性：习近平总书记强调法治建设要**为了人民、依靠人民、造福人民、保护人民**，推动把体现人民利益、反映人民愿望、维护人民权益、增进人民福祉落实到全面依法治国各领域全过程，不断增强人民群众获得感、幸福感、安全感。

5. 实践性：习近平总书记明确**提出全面依法治国并将其纳入"四个全面"战略布局**，以破解法治实践难题为着力点，作出一系列重大决策部署，使社会主义法治国家建设发生历史性变革、取得历史性成就。

第二节　习近平法治思想的重大意义

一、习近平法治思想是马克思主义法治理论同中国法治建设具体实际相结合、同中华优秀传统法律文化相结合的最新成果

1. **马克思主义法治理论**深刻揭示了**法的本质特征、发展规律**，科学阐明了**法的价值和功能、法的基本关系**等根本问题，在人类历史上首次把对法的认识真正建立在科学的世界观和方法论基础上。

2. 习近平法治思想**坚持马克思主义法治理论的基本立场、观点和方法**，在法治理论上**实现了一系列重大突破、重大创新、重大发展**，为马克思主义法治理论的不断发展作出了原创性贡献，是马克思主义法治理论中国化的最新成果，是习近平新时代中国特色社会主义思想的重要组成部分，是习近平新时代中国特色社会主义思想的"法治篇"。

二、习近平法治思想是对党领导法治建设丰富实践和宝贵经验的科学总结

1. 新时代，以习近平同志为核心的党中央对我国社会主义法治建设经验进行提炼和升华，**提出全面依法治国**，进一步明确全面依法治国**在统筹推进"五位一体"总体布局和协调推进"四个全面"战略布局中的重要地位**。

2. 习近平法治思想以新的高度、新的视野、新的认识赋予中国特色社会主义法治建设事业以新的时代内涵，深刻回答了事关新时代我国社会主义法治建设的一系列重大问题，实现了中国特色社会主义法治理论的历史性飞跃。

三、习近平法治思想是在法治轨道上全面建设社会主义现代化国家的根本遵循

1. 坚持全面依法治国，是中国特色社会主义国家制度和国家治理体系的显著优势。

2. 当前，我们已开启全面建设社会主义现代化国家新征程，要坚持以习近平法治思想为指导，更好发挥法治固根本、稳预期、利长远的保障作用，及时把推动改革、

促进发展、维护稳定的成果以法律形式固化下来，推动各方面制度更加成熟、日臻完善，为夯实“中国之治”提供稳定的制度保障。

四、习近平法治思想是引领法治中国建设实现高质量发展的思想旗帜

1. 习近平法治思想从全面建设社会主义现代化国家的目标要求出发，**立足新发展阶段、贯彻新发展理念、构建新发展格局的实际需要，提出了当前和今后一个时期全面依法治国的目标任务**，为实现新时代法治中国建设高质量发展提供了强有力的思想武器。

2. 要毫不动摇地坚持习近平法治思想在全面依法治国工作中的指导地位，把习近平法治思想贯彻落实到全面依法治国全过程和各方面，转化为做好全面依法治国各项工作的**强大动力**，转化为推进法治中国建设的**思路举措**，转化为建设社会主义法治国家的**生动实践**，不断开创法治中国建设新局面。

第二章 习近平法治思想的核心要义

第一节 坚持党对全面依法治国的领导

一、党的领导是中国特色社会主义法治之魂

1. 党政军民学、东西南北中，党是领导一切的。中国共产党是中国特色社会主义事业的坚强领导核心，是最高政治领导力量，各个领域、各个方面都必须坚定自觉坚持党的领导。

2. 坚持党的领导，是社会主义法治的根本要求，是党和国家的根本所在、命脉所在，是全国各族人民的利益所系、幸福所系，是全面推进依法治国的题中应有之义。习近平总书记强调："全党同志必须牢记，党的领导是我国社会主义法治之魂，是我国法治同西方资本主义国家法治最大的区别。离开了党的领导，全面依法治国就难以有效推进，社会主义法治国家就建不起来。"

二、全面依法治国是要加强和改善党的领导

1. 全面依法治国，**必须坚持党总揽全局、协调各方的领导核心地位不动摇**。习近平总书记指出："全面推进依法治国是一个系统工程，是国家治理领域一场广泛而深刻的革命。"

2. 加强和改善党对全面依法治国的领导，**是由党的领导和社会主义法治的一致性决定的**。全面推进依法治国需要通过法定程序把党的意志转化为国家意志，把党的路线方针政策转化为国家的法律法规。党带头厉行法治，把法治作为治国理政的基本方式，各级党组织和广大党员带头模范守法，才能在全社会普遍形成尊法守法风尚，为社会主义法治建设创造浓厚氛围。

三、坚持党的领导、人民当家作主、依法治国有机统一

1. 坚持党的领导、人民当家作主、依法治国有机统一，是对中国特色社会主义法治本质特征的科学概括，是对中国特色社会主义民主法治发展规律的本质把握。习近平总书记指出："把坚持党的领导、人民当家作主、依法治国有机统一起来是我国社会主义法治建设的一条基本经验。"

2. 坚持党的领导、人民当家作主、依法治国有机统一，**最根本的是坚持党的领导。**习近平总书记强调："党的领导是人民当家作主和依法治国的根本保证，人民当家作主是社会主义民主政治的本质特征，依法治国是党领导人民治理国家的基本方式，三者统一于我国社会主义民主政治伟大实践。"

3. 人民代表大会制度是坚持党的领导、人民当家作主、依法治国有机统一的根本制度安排。人民代表大会制度是实现党的领导和执政的制度载体和依托，是人民当家作主的根本途径和实现形式。

四、坚持党领导立法、保证执法、支持司法、带头守法

1. 推进全面依法治国，必须把党的领导贯彻落实到全面依法治国全过程和各方面。习近平总书记指出：“坚持党的领导，不是一句空的口号，必须具体体现在党领导立法、保证执法、支持司法、带头守法上。一方面，要坚持党总揽全局、协调各方的领导核心作用，统筹依法治国各领域工作，确保党的主张贯彻到依法治国全过程和各方面。另一方面，要改善党对依法治国的领导，不断提高党领导依法治国的能力和水平。”

2. 把党的领导贯彻落实到全面依法治国全过程和各方面，是我国社会主义法治建设的一条基本经验。必须坚持党领导立法、保证执法、支持司法、带头守法，把依法治国基本方略同依法执政基本方式统一起来，把党总揽全局、协调各方同人大、政府、政协、监察机关、审判机关、检察机关依法依章程履行职能、开展工作统一起来，把党领导人民制定和实施宪法法律同党坚持在宪法法律范围内活动统一起来，善于使党的主张通过法定程序成为国家意志，善于使党组织推荐的人选通过法定程序成为国家政权机关的领导人员，善于通过国家政权机关实施党对国家和社会的领导，善于运用民主集中制原则维护中央权威、维护全党全国团结统一。

五、健全党领导全面依法治国的制度和工作机制

1. 加强党对全面依法治国的领导，必须健全党领导全面依法治国的制度和工作机制。习近平总书记强调：“要健全党领导全面依法治国的制度和工作机制，推进党的领导制度化、法治化，通过法治保障党的路线方针政策有效实施。”

2. 成立**中央全面依法治国委员会**，目的就是从机制上加强党对全面依法治国的集中统一领导，统筹推进全面依法治国工作，这既是加强党的领导的应有之义，也是法治建设的重要任务。

3. 健全党领导全面依法治国的制度和体制，完善党制定全面依法治国方针政策的工作机制和程序，加强党对全面依法治国的集中统一领导。充分发挥各级党委的领导核心作用，把法治建设真正摆在全局工作的突出位置，与经济社会发展同部署、同推进、同督促、同考核、同奖惩。各级党委要健全党领导依法治国的制度和工作机制，履行对本地区本部门法治工作的领导责任。党委政法委员会是党委领导和管理政法工作的职能部门，是实现党对政法工作领导的重要组织形式，要带头在宪法法律范围内活动，善于运用法治思维和法治方式领导政法工作，在推进国家治理体系和治理能力现代化中发挥重要作用。

第二节　坚持以人民为中心

一、以人民为中心是中国特色社会主义法治的根本立场

1. 人民群众是我们党的力量源泉，人民立场是中国共产党的根本政治立场。习近

平总书记指出："必须牢记我们的共和国是中华人民共和国，始终要把人民放在心中最高的位置，始终全心全意为人民服务，始终为人民利益和幸福而努力工作。"

2. 全面依法治国最广泛、最深厚的基础是人民，**推进全面依法治国的根本目的是依法保障人民权益**。

二、坚持人民主体地位

1. 坚持人民主体地位，必须**把以人民为中心的发展思想融入到全面依法治国的伟大实践中**。

2. 坚持人民主体地位，要求**用法治保障人民当家作主**。

三、牢牢把握社会公平正义的价值追求

1. **公平正义是法治的生命线**，是中国特色社会主义法治的内在要求。坚持全面依法治国，建设社会主义法治国家，**切实保障社会公平正义和人民权利，是社会主义法治的价值追求**。

2. 全面依法治国必须紧紧围绕保障和促进社会公平正义，把**公平正义贯穿到立法、执法、司法、守法的全过程和各方面**，紧紧围绕保障和促进社会公平正义来推进法治建设和法治改革，创造更加公平正义的法治环境，努力让人民群众在每一项法律制度、每一个执法决定、每一宗司法案件中都感受到公平正义。

四、推进全面依法治国的根本目的是依法保障人民权益

1. 我们党全心全意为人民服务的**根本宗旨**，决定了必须始终把人民作为一切工作的中心。

2. 推进全面依法治国，必须切实保障公民的**人身权、财产权、人格权和基本政治权利**，保证公民经济、文化、社会等各方面权利得到落实。必须着力解决人民群众最关切的**公共安全**、**权益保障**、**公平正义**问题，努力维护最广大人民的根本利益，保障人民群众对美好生活的向往和追求。

第三节　坚持中国特色社会主义法治道路

一、中国特色社会主义法治道路是建设中国特色的社会主义法治体系、建设社会主义法治国家的唯一正确道路

1. 道路决定成败。中国特色社会主义法治道路，是社会主义法治建设成就和经验的**集中体现**，是建设社会主义法治国家的唯一正确道路。

2. 历史和现实充分证明，中国特色社会主义法治道路，是**唯一正确的道路**。

3. 中国特色社会主义法治道路，根植于我国社会主义初级阶段的**基本国情**，生发于我国改革开放和社会主义现代化建设的**具体实践**，是被实践证明了的符合我国基本

国情、符合人民群众愿望、符合实践发展要求的法治道路，具有显著优越性。我国社会主义法治建设之所以能取得举世瞩目的伟大成就，就在于开辟了一条符合我国国情、遵循法治规律的中国特色社会主义法治道路。

4. 在坚持和拓展中国特色社会主义法治道路这个根本问题上，要树立自信、保持定力，必须从我国实际出发，**同推进国家治理体系和治理能力现代化相适应，突出中国特色、实践特色、时代特色**，既不能罔顾国情、超越阶段，也不能因循守旧、墨守成规。要学习借鉴世界上优秀的法治文明成果，但必须**坚持以我为主、为我所用，认真鉴别，合理吸收，不能搞"全盘西化"，不能搞"全面移植"，不能照搬照抄。**

二、中国特色社会主义法治道路的核心要义

1. 习近平总书记指出："全面推进依法治国这件大事能不能办好，最关键的是方向是不是正确、政治保证是不是坚强有力，具体讲就是要坚持党的领导，坚持中国特色社会主义制度，贯彻中国特色社会主义法治理论。"

2. 坚定不移走中国特色社会主义法治道路，最根本的是坚持中国共产党的领导。党的领导是实现全面推进依法治国总目标的最根本保证，必须始终坚持党总揽全局、协调各方的领导核心地位不动摇。

3. 中国特色社会主义制度是中国特色社会主义法治体系的根本制度基础，是全面推进依法治国的根本制度保障。习近平总书记指出："我们要坚持的中国特色社会主义法治道路，本质上是中国特色社会主义道路在法治领域的具体体现。"中国特色社会主义根本制度、基本制度和重要制度，是中国特色社会主义法治道路的制度基础和重要保障。要坚持中国特色社会主义法治道路，不断巩固和完善中国特色社会主义制度，以法治为中国特色社会主义制度保驾护航。

4. 中国特色社会主义法治理论是中国特色社会主义法治体系的理论指导和学理支撑。习近平总书记指出："我们要发展的中国特色社会主义法治理论，本质上是中国特色社会主义理论体系在法治问题上的理论成果。"习近平法治思想是习近平新时代中国特色社会主义思想的重要组成部分，是新时代推进全面依法治国的科学指南和根本遵循。

第四节　坚持依宪治国、依宪执政

一、坚持依法治国首先要坚持依宪治国，坚持依法执政首先要坚持依宪执政

1. 坚持依法治国首先要坚持依宪治国，坚持依法执政首先要坚持依宪执政，这是宪法的地位和作用决定的。习近平总书记强调："宪法是国家的根本法，具有最高的法律效力。党领导人民制定宪法法律，领导人民实施宪法法律，党自身要在宪法法律范围内活动。全国各族人民、一切国家机关和武装力量、各政党和各社会团体、各企业事业组织，都必须以宪法为根本的活动准则，都负有维护宪法尊严、保证宪法实施的

职责。任何组织和个人都不得有超越宪法法律的特权，一切违反宪法法律的行为都必须予以追究。”

2. 坚持依宪治国，是推进全面依法治国、建设社会主义法治国家的基础性工作，科学回答了宪法如何更好促进全面建设社会主义现代化国家的关键性问题。

3. 坚持依宪执政，体现了中国共产党作为执政党的执政理念，体现了我们党对执政规律和执政方式的科学把握。

4. 坚持依宪治国、依宪执政，要坚持宪法确定的中国共产党领导地位不动摇，坚持宪法确定的人民民主专政的国体和人民代表大会制度的政体不动摇。习近平总书记指出：“党和法、党的领导和依法治国是高度统一的。我们就是在不折不扣贯彻着以宪法为核心的依宪治国、依宪执政，我们依据的是中华人民共和国宪法。”

二、宪法是国家的根本法，是治国理政的总章程

1. 宪法是国家的根本法，是治国理政的总章程，具有最高的法律地位、法律权威、法律效力。习近平总书记指出：“宪法是国家的根本法，坚持依法治国首先要坚持依宪治国，坚持依法执政首先要坚持依宪执政。”

2. 依宪治国、依宪执政是建设社会主义法治国家的首要任务。坚持依宪治国，既强调宪法的根本法地位，又强调在全面依法治国过程中，必须依据宪法精神、宪法原则以及宪法所确定的各项制度推进依法治理。同时，公民的基本权利和义务是宪法的核心内容，宪法是每个公民享有权利、履行义务的根本保证。坚持依宪执政，必须要坚持以人民为中心。

三、全面贯彻实施宪法

全面贯彻实施宪法，切实维护宪法尊严和权威，是维护国家法制统一、尊严、权威的前提，也是维护最广大人民根本利益、确保国家长治久安的重要保障。习近平总书记指出：“宪法的生命在于实施，宪法的权威也在于实施。”

四、推进合宪性审查工作

1. 完善宪法监督制度，必须积极稳妥推进**合宪性审查工作**，加强备案审查制度和能力建设，依法撤销和纠正违宪违法的规范性文件，维护宪法权威。

2. 监督宪法的实施，是宪法赋予全国人大及其常委会的重要职责。

3. 推进合宪性审查工作，必须加强宪法解释工作，积极回应涉及宪法有关问题的关切，努力实现宪法稳定性和适应性的统一。

五、深入开展宪法宣传教育

1. 宪法的根基在于人民发自内心的拥护，宪法的伟力在于人民出自真诚的信仰。

2. 要使宪法真正走入日常生活、走入人民群众。

3. 要抓住领导干部这个“关键少数”。完善国家工作人员学习宪法法律的制度，推动领导干部加强宪法学习，增强宪法意识，带头尊崇宪法、学习宪法、遵守宪法、维护宪法、运用宪法，做尊法学法守法用法的模范。

第五节　坚持在法治轨道上推进国家治理体系和治理能力现代化

一、全面依法治国是国家治理的一场深刻革命

1. 我国社会主义法治凝聚着我们党治国理政的理论成果和实践经验，是制度之治最基本最稳定最可靠的保障。

2. 在法治轨道上推进国家治理体系和治理能力现代化，要提高党依法治国、依法执政能力，推进**党的领导制度化、法治化、规范化**。要**用法治保障人民当家作主，健全社会公平正义法治保障制度，使法律及其实施有效体现人民意志、保障人民权益、激发人民创造力**。要**健全完善中国特色社会主义法治体系**，不断满足国家治理需求和人民日益增长的美好生活需要。要**坚持依法治国、依法执政、依法行政共同推进，坚持法治国家、法治政府、法治社会一体建设**，更加注重系统性、整体性、协同性。要更好**发挥法治对改革发展稳定的引领、规范、保障作用**，以深化依法治国实践检验法治建设成效，推动各方面制度更加成熟、更加定型，逐步实现**国家治理制度化、程序化、规范化、法治化**。

二、法治是国家治理体系和治理能力的重要依托

1. 法治是治国理政的基本方式。习近平总书记指出：“法治是国家治理体系和治理能力的重要依托。只有全面依法治国才能有效保障国家治理体系的系统性、规范性、协调性，才能最大限度凝聚社会共识。”“在全面建设社会主义现代化国家新征程上，我们要更加重视法治、厉行法治，更好发挥法治固根本、稳预期、利长远的保障作用，坚持依法应对重大挑战、抵御重大风险、克服重大阻力、解决重大矛盾。”

2. 坚持和完善中国特色社会主义制度，推进国家治理体系和治理能力现代化，就是要适应时代变革，不断健全我国国家治理的体制机制，不断完善中国特色社会主义法治体系，实现党和国家各项事务治理制度化、规范化、程序化，提高运用制度和法律治理国家的能力，提高党科学执政、民主执政、依法执政水平。

3. **国家治理体系**是在党领导下管理国家的制度体系，包括经济、政治、文化、社会、生态文明和党的建设等各领域的体制机制、法律法规安排，是一整套紧密相连、相互协调的制度构成的体系。

4. **国家治理能力**是运用国家制度管理社会各方面事务的能力，是改革发展稳定、内政外交国防、治党治国治军等各个方面国家制度执行能力的集中体现。

三、更好发挥法治固根本、稳预期、利长远的保障作用

1. 全面推进依法治国，是着眼于实现中华民族伟大复兴中国梦、实现党和国家长

治久安的长远考虑。

2. 坚持依法应对重大挑战、抵御重大风险、克服重大阻力、解决重大矛盾。

3. 新冠肺炎疫情就是一场突如其来的重大风险挑战，能不能坚持依法、科学、有序防控至关重要。

四、坚持依法治军、从严治军

1. 依法治军、从严治军，是我们党建军治军的基本方略。

2. 贯彻依法治军战略是系统工程，要统筹全局、突出重点，以重点突破带动整体推进。

五、坚持依法保障“一国两制”实践与推进祖国统一

1. “一国两制”是党领导人民实现祖国和平统一的一项重要制度，是中国特色社会主义的一个伟大创举。

2. 中华人民共和国宪法和特别行政区基本法共同构成特别行政区的宪制基础。

3. 台湾是中国一部分、两岸同属一个中国的历史和法理事实，是任何人任何势力都无法改变的。

六、坚持依法治网

1. 网络空间不是“法外之地”，同样要讲法治。

2. 加快制定完善互联网领域法律法规。

第六节　坚持建设中国特色社会主义法治体系

一、推进全面依法治国的总目标和总抓手

全面推进依法治国涉及立法、执法、司法、普法、守法各个环节、各个方面，必须有一个总揽全局、牵引各方的总抓手，这个总抓手就是建设中国特色社会主义法治体系。

二、建设完备的法律规范体系

1. 经过长期努力，中国特色社会主义法律体系已经形成，国家和社会生活各方面总体上实现了有法可依。要不断**完善以宪法为核心的中国特色社会主义法律体系，坚持立法先行，坚持立、改、废、释并举，健全完善法律、行政法规、地方性法规**，为全面推进依法治国提供遵循。

2. 要深入推进**科学立法、民主立法、依法立法，提高立法质量和效率**，以良法保善治、促发展。

三、建设高效的法治实施体系

1. 法治实施体系是执法、司法、守法等宪法法律实施的工作体制机制。高效的法治实施体系，最核心的是健全宪法实施体系。全面贯彻实施宪法，是建设社会主义法治国家的首要任务和基础性工作。

2. 深入推进**执法体制改革，完善执法程序，推进综合执法，严格执法责任，建立权责统一、权威高效的行政执法体制。深化司法体制改革，完善司法管理体制和司法权力运行机制，规范司法行为，加强对司法活动的监督，切实做到公正司法。坚持把全民普法和守法作为全面依法治国的长期基础性工作**，采取有力措施**加强法治宣传教育**，不断**增强全民法治观念**。

四、建设严密的法治监督体系

1. 法治监督体系是由**党内监督**、**人大监督**、**民主监督**、**行政监督**、**司法监督**、**审计监督**、**社会监督**、**舆论监督**等构成的权力制约和监督体系。

2. 要加强党对法治监督工作的集中统一领导，把**法治监督作为党和国家监督体系的重要内容**，保证行政权、监察权、审判权、检察权得到依法正确行使，保证公民、法人和其他组织合法权益得到切实保障。**加强国家机关监督、民主监督、群众监督和舆论监督**，形成法治监督合力，发挥整体监督效能。**加强执纪执法监督**，坚持把纪律规矩挺在前面，推进执纪执法贯通，建立有效衔接机制。

五、建设有力的法治保障体系

1. 法治保障体系包括**党领导全面依法治国的制度和机制、队伍建设和人才保障**等。

2. 坚持党的领导，把党的领导贯穿于依法治国各领域全过程，是社会主义法治的根本保证。

3. 坚定中国特色社会主义制度自信，坚持走中国特色社会主义法治道路，健全完善中国特色社会主义法治体系，筑牢全面依法治国的制度保障。

4. 大力加强法治工作队伍建设，用习近平法治思想武装头脑，切实提高法治工作队伍思想政治素质、业务工作能力、职业道德水准，切实提高运用法治思维和法治方式的能力水平，夯实社会主义法治建设的组织和人才保障。

六、建设完善的党内法规体系

1. 党内法规既是管党治党的重要依据，也是建设社会主义法治国家的有力保障。

2. 必须完善党内法规制定体制机制，完善党的组织法规制度、党的领导法规制度、党的自身建设法规制度、党的监督保障法规制度。要加大党内法规备案审查和解释力度，注重党内法规同国家法律的衔接和协调。要完善党内法规制度体系，确保内容科学、程序严密、配套完备、运行有效，形成制度整体效应，强化制度执行力，为提高党的领导水平和执政能力提供有力的制度保障。

第七节 坚持依法治国、依法执政、依法行政共同推进，法治国家、法治政府、法治社会一体建设

一、全面依法治国是一个系统工程

习近平总书记指出："全面推进依法治国是一项庞大的系统工程，必须统筹兼顾、把握重点、整体谋划，在共同推进上着力，在一体建设上用劲。"

二、法治国家是法治建设的目标

建设社会主义法治国家，是我们党确定的建设社会主义现代化国家的重要目标。习近平总书记指出，"一个现代化国家必然是法治国家。"

三、法治政府是建设法治国家的主体

全面依法治国，法治政府建设要率先突破。习近平总书记强调："推进全面依法治国法治政府建设是重点任务和主体工程，对法治国家、法治社会建设具有示范带动作用"。

四、法治社会是构筑法治国家的基础

1. 全面依法治国需要全社会共同参与，需要增强全社会法治观念，必须在全社会弘扬社会主义法治精神，建设社会主义法治文化。习近平总书记强调："只有全体人民信仰法治、厉行法治，国家和社会生活才能真正实现在法治轨道上运行。"

2. 法治建设既要抓末端、治已病，更要抓前端、治未病。我国国情决定了我们不能成为"诉讼大国"。

3. 加快实现社会治理法治化，依法防范风险、化解矛盾、维护权益，营造公平、透明、可预期的法治环境。

4. 加强法治乡村建设是实施乡村振兴战略、推进全面依法治国的基础性工作。要把政府各项涉农工作纳入法治化轨道，完善农村法律服务，积极推进法治乡村建设。

第八节 坚持全面推进科学立法、严格执法、公正司法、全民守法

一、科学立法、严格执法、公正司法、全民守法是推进全面依法治国的**重要环节**

1. 党的十一届三中全会确立了有法可依、有法必依、执法必严、违法必究的社会主义法制建设的"十六字方针"。

2. 党的十八大把法治建设摆在了更加突出的位置，强调全面推进依法治国，明确

提出法治是治国理政的基本方式，**要推进科学立法、严格执法、公正司法、全民守法。**“科学立法、严格执法、公正司法、全民守法”成为指引新时代法治中国建设的“新十六字方针”。

二、推进科学立法

1. 法律是治国之重器，良法是善治之前提。越是强调法治，越是要提高立法质量。

2. 要完善立法规划，突出立法重点，坚持立改废并举，提高立法科学化、民主化水平，提高法律的针对性、及时性、系统性。

3. 要完善立法工作机制和程序，扩大公众有序参与，充分听取各方面意见，使法律准确反映经济社会发展要求，更好协调利益关系，发挥立法的引领和推动作用。

三、推进严格执法

1. 执法是行政机关履行政府职能、管理经济社会事务的主要方式。

2. 要加强宪法和法律实施，维护社会主义法制的统一、尊严、权威，形成人们不愿违法、不能违法、不敢违法的法治环境，做到有法必依、执法必严、违法必究。

四、推进公正司法

1. 公正司法是维护社会公平正义的最后一道防线。各级司法机关要紧紧围绕努力让人民群众在每一个司法案件中都感受到公平正义这个要求和目标改进工作，坚持做到严格司法、规范司法。

2. 要改进司法工作作风，通过热情服务切实解决好老百姓打官司过程中遇到的各种难题，特别是要加大对困难群众维护合法权益的法律援助，加大司法公开力度，以回应人民群众对司法公正公开的关注和期待。

3. 深化司法体制和工作机制改革，加强党对司法工作的领导，确保审判机关、检察机关依法独立公正行使审判权、检察权，全面落实司法责任制。

4. 健全公安机关、检察机关、审判机关、司法行政机关各司其职，侦查权、检察权、审判权、执行权相互配合、相互制约的体制机制。强化诉讼过程中当事人和其他诉讼参与人的知情权、陈述权、辩护辩论权、申请权、申诉权的制度保障，加强对刑事诉讼、民事诉讼、行政诉讼的法律监督。完善人民监督员制度，依法规范司法人员与当事人、律师、特殊关系人、中介组织的接触、交往行为。

五、推进全民守法

1. 法律要发生作用，全社会首先要信仰法律。习近平总书记指出：“全民守法，就是任何组织或者个人都必须在宪法和法律范围内活动，任何公民、社会组织和国家机关都要以宪法和法律为行为准则，依照宪法和法律行使权利或权力、履行义务或职责。”

2. **要深入开展法治宣传教育，在全社会弘扬社会主义法治精神，传播法律知识，培养法律意识，在全社会形成宪法至上、守法光荣的良好社会氛围。**要突出普法重点内容，落实“谁执法谁普法”的普法责任制，努力在增强普法的针对性和实效性上下功夫，不断提升全体公民法治意识和法治素养。

3. **要坚持法治教育与法治实践相结合，广泛开展依法治理活动，提高社会治理法治化水平。**要坚持依法治国和以德治国相结合，把法治建设和道德建设紧密结合起来，把他律和自律紧密结合起来，做到法治和德治相辅相成、相互促进。

第九节　坚持统筹推进国内法治和涉外法治

一、统筹推进国内法治和涉外法治是全面依法治国的迫切任务

1. 当今世界正面临百年未有之大变局，国际社会经济发展和地缘政治安全发生深刻变化。国家主权、安全、发展利益是国家核心利益，**切实维护国家主权、安全、发展利益是涉外法治工作的首要任务。**当前，随着我国经济实力和综合国力快速增长，对外开放全方位深化，“一带一路”建设深入推进，我国日益走近世界舞台中央，深度融入全球化进程，维护我国国家利益和公民、法人在境外合法权益的任务日益繁重。

2. 统筹推进国内法治和涉外法治，协调推进国内治理和国际治理，是全面依法治国的必然要求，是建立以国内大循环为主体、国内国际双循环相互促进的新发展格局的客观需要，是维护国家主权、安全、发展利益的迫切需要。这就要求在全面依法治国进程中，必须**统筹运用国内法和国际法，加快涉外法治工作战略布局，推进国际法治领域合作，加快推进我国法域外适用的法律体系建设，加强国际法研究和运用，提高涉外工作法治化水平**，更好地维护国家主权、安全、发展利益，为构建人类命运共同体提供法治保障。

二、加快涉外法治工作战略布局

1. 统筹国内国际两个大局是我们党治国理政的重要理念和基本经验，统筹推进国内法治和涉外法治，加快涉外法治工作战略布局即是这一理念和经验在法治领域的具体体现。

2. 要**加快形成系统完备的涉外法律法规体系，积极构建更加完善的涉外经济法律体系**，逐步形成法治化、国际化、便利化的营商环境。要**提升涉外执法司法效能**，引导企业、公民在“走出去”过程中更加自觉遵守当地法律法规和风俗习惯，提高运用法治和规则维护自身合法权益的意识和能力。

3. 要**加强反制裁、反干涉和反制“长臂管辖”的理论研究和制度建设**，努力维护公平公正的国际环境。要加大涉外法治人才培养力度，尽快建设一支精通国内法治和涉外法治，既熟悉党和国家方针政策、了解我国国情，又具有全球视野、熟练运用外语、通晓国际规则的高水平法治人才队伍，为我国参与国际治理提供有力人才支撑。

三、加强对外法治交流合作

1. 法治是人类政治文明的重要成果，是现代社会治理的基本手段，既是国家治理体系和治理能力的重要依托，也是维护世界和平与发展的重要保障。要旗帜鲜明地坚定维护以联合国为核心的国际体系，坚定维护以联合国宪章宗旨和原则为基础的国际法基本原则和国际关系基本准则，坚定维护以国际法为基础的国际秩序。引导国际社会共同塑造更加公正合理的国际新秩序，推动构建人类命运共同体。

2. **积极参与执法安全国际合作**，共同打击暴力恐怖势力、民族分裂势力、宗教极端势力和贩毒走私、跨国有组织犯罪。**坚持深化司法领域国际合作**，完善我国司法协助体制，扩大国际司法协助覆盖面。加强反腐败国际合作，加大海外追赃追逃、遣返引渡力度。

3. 法治是国家核心竞争力的重要内容。**要提高国际法斗争能力**，坚持国家主权平等，坚持反对任何形式的霸权主义，坚持推进国际关系民主化法治化，综合利用立法、执法、司法等法律手段开展斗争，坚决维护国家主权、安全、发展利益。

4. **要主动参与并努力引领国际规则制定**，对不公正、不合理、不符合国际格局演变大势的国际规则、国际机制提出中国的改革方案，推动形成公正、合理、透明的国际规则体系，提高我国在全球治理体系变革中的话语权和影响力。

四、为构建人类命运共同体提供法治保障

第十节　坚持建设德才兼备的高素质法治工作队伍

一、建设一支德才兼备的高素质法治工作队伍至关重要

1. **全面推进依法治国，必须建设一支德才兼备的高素质法治工作队伍。**习近平总书记指出："研究谋划新时代法治人才培养和法治队伍建设长远规划，创新法治人才培养机制，推动东中西部法治工作队伍均衡布局，提高法治工作队伍思想政治素质、业务工作能力、职业道德水准，着力建设一支忠于党、忠于国家、忠于人民、忠于法律的社会主义法治工作队伍，为加快建设社会主义法治国家提供有力人才保障。"

2. 要坚持把法治工作队伍建设作为全面依法治国的基础性工作，大力推进法治专门队伍**革命化、正规化、专业化、职业化**，培养造就一大批高素质法治人才及后备力量。

二、加强法治专门队伍建设

1. 全面推进依法治国，首先必须把法治专门队伍建设好。要坚持把政治标准放在首位，加强科学理论武装，坚持用习近平新时代中国特色社会主义思想特别是习近平法治思想武装头脑，深入开展理想信念教育，深入开展社会主义核心价值观教育，不

断打牢高举旗帜、听党指挥、忠诚使命的思想基础，永葆忠于党、忠于国家、忠于人民、忠于法律的政治本色。

2. 要把**强化公正廉洁的职业道德作为必修课**，自觉用法律职业伦理约束自己，信仰法治、坚守法治，培育职业良知，坚持严格执法、公正司法，树立惩恶扬善、执法如山的浩然正气，杜绝办“金钱案”“权力案”“人情案”。

3. **完善法律职业准入、资格管理制度，建立法律职业人员统一职前培训制度和在职法官、检察官、警官、律师同堂培训制度**。完善从**符合条件的律师、法学专家中招录立法工作者、法官、检察官、行政复议人员的制度**。

4. 加强立法工作队伍建设。**建立健全立法、执法、司法部门干部和人才常态化交流机制，加大法治专门队伍与其他部门具备条件的干部和人才交流力度。加强边疆地区、民族地区和基层法治专门队伍建设。健全法官、检察官员额管理制度，规范遴选标准、程序。加强执法司法辅助人员队伍建设。建立健全符合职业特点的法治工作人员管理制度，完善职业保障体系。健全执法司法人员依法履职免责、履行职务受侵害保障救济、不实举报澄清等制度。**

三、加强法律服务队伍建设

1. **法律服务队伍是全面依法治国的重要力量。要加强法律服务队伍建设，把拥护中国共产党领导、拥护社会主义法治作为法律服务人员从业的基本要求**，加强对法律服务队伍的教育管理，引导法律服务工作者坚持正确政治方向，依法依规诚信执业，认真履行社会责任，满腔热忱投入社会主义法治国家建设。

2. 要充分发挥律师在全面依法治国中的重要作用，加强律师队伍思想政治建设，完善律师执业保障机制，增强广大律师走中国特色社会主义法治道路的自觉性和坚定性，建设一支拥护党的领导、拥护社会主义法治的高素质律师队伍。

3. 要落实党政机关、人民团体、国有企事业单位普遍建立法律顾问制度和公职律师、公司律师制度，健全相关工作规则，理顺管理体制机制，重视发挥法律顾问和公职律师、公司律师作用。

4. 要加强**公证员、基层法律服务工作者、人民调解员队伍建设**，推动法律服务志愿者队伍建设，建立激励法律服务人才跨区域流动机制，逐步解决基层和欠发达地区法律服务资源不足和人才匮乏问题。

四、加强法治人才培养

1. 全面推进依法治国是一项长期而重大的历史任务，必须坚持以习近平法治思想为指导，立德树人，德法兼修，培养大批高素质法治人才。高校作为法治人才培养的第一阵地，要充分利用学科齐全、人才密集的优势，加强法治及其相关领域基础性问题的研究，对复杂现实进行深入分析、作出科学总结、提炼规律性认识，为完善中国特色社会主义法治体系、建设社会主义法治国家提供理论支撑。

2. 大力加强法学学科体系建设，认真总结法学教育和法治人才培养经验和优势，深入研究和解决好**为谁教、教什么、教给谁、怎样教**的问题，探索建立适应新时代全面依法治国伟大实践需要的法治人才培养机制。要强化法学教育实践环节，处理好法学知识和法治实践教学的关系，将立法执法司法实务工作部门的优质法治实践资源引进高校课堂，加强法学教育、法学研究工作者和法治实务工作者之间的交流。

3. 坚持以我为主、兼收并蓄、突出特色，积极吸收借鉴世界上的优秀法治文明成果，有甄别、有选择地吸收和转化，不能囫囵吞枣、照搬照抄，努力以中国智慧、中国实践为世界法治文明建设作出贡献。

第十一节　坚持抓住领导干部这个“关键少数”

一、领导干部是全面依法治国的关键

1. 领导干部是全面推进依法治国的重要组织者、推动者、实践者，是全面依法治国的关键。

2. 领导干部对法治建设既可以起到关键推动作用，也可能起到致命破坏作用。必须把领导干部作为全面依法治国实践的重中之重予以高度重视，牢牢抓住领导干部这个“关键少数”。各级领导干部要对法律怀有敬畏之心，带头依法办事，带头遵守法律，不断提高运用法治思维和法治方式深化改革、推动发展、化解矛盾、维护稳定、应对风险的能力。

二、领导干部要做尊法学法守法用法的模范

1. 尊崇法治、敬畏法律，是领导干部必须具备的基本素质。

2. **领导干部必须做尊法的模范**，带头尊崇法治、敬畏法律，彻底摒弃人治思想和长官意志，决不搞以言代法、以权压法。**领导干部必须做学法的模范**，深入学习贯彻习近平法治思想，带头了解法律、掌握法律，充分认识法治在推进国家治理体系和治理能力现代化中的重要地位和重大作用。**领导干部必须做守法的模范**，牢记法律红线不可逾越、法律底线不可触碰，带头遵纪守法、捍卫法治。**领导干部必须做用法的模范**，带头厉行法治、依法办事，真正做到在法治之下、而不是法治之外、更不是法治之上想问题、作决策、办事情。

三、领导干部要提高运用法治思维和法治方式的能力

1. 法治思维是基于法治的固有特性和对法治的信念来认识事物、判断是非、解决问题的思维方式。法治方式是运用法治思维处理和解决问题的行为模式。党政主要负责人要履行推进法治建设第一责任人职责，统筹推进科学立法、严格执法、公正司法、全民守法。领导干部要守法律、重程序，带头营造办事依法、遇事找法、解决问题用法、化解矛盾靠法的法治环境，善于用法治思维谋划工作，用法治方式处理问题。要

牢记职权法定，牢记权力来自哪里、界线划在哪里，做到法定职责必须为、法无授权不可为。

2. **要坚持以人民为中心，牢记法治的真谛是保障人民权益，权力行使的目的是维护人民权益**。要加强对权力运行的制约监督，依法设定权力、规范权力、制约权力、监督权力，把权力关进制度的笼子里。要把法治素养和依法履职情况纳入考核评价干部的重要内容，让尊法、学法、守法、用法成为领导干部自觉行为和必备素质。

四、党政主要负责人要履行推进法治建设第一责任人职责

第三章　习近平法治思想的实践要求

第一节　充分发挥法治对经济社会发展的保障作用

一、以法治保障经济发展

1. **厉行法治**是发展社会主义市场经济的内在要求，也是社会主义市场经济良性运行的**根本保障**。习近平总书记在中央全面依法治国委员会第一次会议上指出："贯彻新发展理念，实现经济从高速增长转向高质量发展，必须坚持以法治为引领。"在中央全面依法治国委员会第二次会议上强调："**法治是最好的营商环境**。"

2. 要加强党领导经济工作制度化建设，提高党领导经济工作法治化水平，以法治化方式领导和管理经济。要不断完善社会主义市场经济法律制度，加快建立和完善现代产权制度，推进产权保护法治化，加大知识产权保护力度。要积极营造公平有序的经济发展的法治环境，依法平等保护各类市场主体合法权益，营造各种所有制主体依法平等使用资源要素、公开公平公正参与竞争、同等受到法律保护的市场环境。

二、以法治保障政治稳定

1. **保障政治安全、政治稳定是法律的重要功能**。

2. 在我国政治生活中，党是居于领导地位的，加强党的集中统一领导，支持人大、政府、政协和监察机关、法院、检察院依法依章程履行职能、开展工作、发挥作用，这两方面是统一的。

三、以法治保障文化繁荣

1. 文化是民族血脉和人民的精神家园，是一个国家的灵魂。全国人大常委会决定设立烈士纪念日、中国人民抗日战争胜利纪念日、南京大屠杀死难者国家公祭日，大力弘扬以爱国主义为核心的伟大民族精神。

2. 要坚持**用社会主义核心价值观引领文化立法，完善社会主义先进文化的法治保障机制，依法规范和保障社会主义先进文化发展方向，进一步完善中国特色社会主义文化法律制度体系**。要深入推进社会主义文化强国建设，加快公共文化服务体系建设，运用法治方式保障人民文化权益，满足人民群众的基本文化需求。要坚持依法治网、依法办网、依法上网，加快网络法治建设，加强互联网领域立法，完善网络信息服务、网络安全保护、网络社会管理等方面的法律法规，依法规范网络行为，促进互联网健康有序发展。

四、以法治保障社会和谐

1. 社会和谐稳定是人民群众的共同心愿，是改革发展的重要前提。

2. 要**充分发挥法治作为保障和改善民生制度基石的作用，加强民生法治保障，**破解民生难题，着力保障和改善民生。要更加注重社会建设，推进社会体制改革，扩大公共服务，完善社会管理，促进社会公平正义，满足人民日益增长的美好生活需要。要坚持和完善共建共治共享的社会治理制度，完善党委领导、政府负责、社会协同、公众参与、法治保障的社会治理体制，畅通公众参与重大公共决策的渠道，切实保障公民、法人和其他组织合法权益。

3. 要**贯彻落实总体国家安全观，加快国家安全法治建设，提高运用法治手段维护国家安全的能力**。切实做好新冠肺炎疫情依法防控工作，抓紧构建系统完备、科学规范、运行有效的疫情防控和公共卫生法律体系，依法保障人民群众生命健康安全。

五、以法治保障生态良好

1. 生态环境是关系党的使命宗旨的重大政治问题，也是关系民生的重大社会问题。

2. 生态文明建设必须要纳入法治的轨道，以最严格的制度、最严密的法治，对生态环境予以最严格的保护，对破坏生态环境的行为予以最严厉的制裁，才能遏制住生态环境持续恶化的趋势，保障生态文明建设的持续健康发展。**要加大生态环境保护执法司法力度**，大幅度提高破坏环境违法犯罪的成本，**强化各类环境保护责任主体的法律责任，强化绿色发展法律和政策保障**，用严格的法律制度保护生态环境。**要建立健全自然资源产权法律制度，完善国土空间开发保护法律制度，完善生态环境保护管理法律制度，加快构建有效约束开发行为和促进绿色发展、循环发展、低碳发展的生态文明法治体系。**

第二节　正确认识和处理全面依法治国一系列重大关系

一、政治和法治

1. 正确处理政治和法治的关系，是法治建设的一个根本问题。

2. 党和法的关系是政治和法治关系的集中反映。

3. 要处理好党的政策和国家法律的关系，两者在本质上是一致的。党的政策是国家法律的先导和指引，是立法的依据和执法司法的重要指导。要善于通过法定程序使党的政策成为国家意志、形成法律，并通过法律保障党的政策有效实施，从而确保党发挥总揽全局、协调各方的领导核心作用。党的全面领导在法治领域，就是党领导立法、保证执法、支持司法、带头守法。

二、改革和法治

1. 法治和改革有着内在的必然联系，二者相辅相成、相伴而生，如鸟之两翼、车之两轮。必须在法治下推进改革，在改革中完善法治。**要发挥法治对改革的引领和推动作用，确保重大改革于法有据，做到在法治的轨道上推进改革，要切实提高运用法**

治思维和法治方式推进改革的能力和水平，要善于运用法治思维和法治方式想问题、作判断、出措施。

2. 要**坚持改革决策和立法决策相统一、相衔接，确保改革和法治实现良性互动。立法主动适应改革需要，积极发挥引导、推动、规范、保障改革的作用，做到重大改革于法有据，改革和法治同步推进，增强改革的穿透力。**

3. 善于**通过改革和法治推动贯彻落实新发展理念**。

三、依法治国和以德治国

1. 法律是成文的道德，道德是内心的法律。法是他律，德是自律，需要二者并用、双管齐下。

2. 法安天下，德润人心。中国特色社会主义法治道路的一个**鲜明特点，就是坚持依法治国与以德治国相结合**，既重视发挥法律的规范作用，又重视发挥道德的教化作用，这是历史经验的总结，也是对治国理政规律的深刻把握。

3. **要强化道德对法治的支撑作用**。坚持依法治国和以德治国相结合，就要重视发挥道德的教化作用，提高全社会文明程度，为全面依法治国创造良好人文环境。要在道德体系中体现法治要求，发挥道德对法治的滋养作用，努力使道德体系同社会主义法律规范相衔接、相协调、相促进。要在道德教育中突出法治内涵，注重培育人们的法律信仰、法治观念、规则意识，引导人们自觉履行法定义务、社会责任、家庭责任，营造全社会都讲法治、守法治的文化环境。

4. **要把道德要求贯彻到法治建设中**。以**法治承载道德理念**，道德才有可靠制度支撑。法律法规要树立鲜明道德导向，弘扬美德义行，立法、执法、司法都要体现社会主义道德要求，都要把社会主义核心价值观贯穿其中，使社会主义法治成为良法善治。要把实践中广泛认同、较为成熟、可操作性强的道德要求及时上升为法律规范，引导全社会崇德向善。要坚持严格执法，弘扬真善美、打击假恶丑。要坚持公正司法，发挥司法断案惩恶扬善功能。

5. **要运用法治手段解决道德领域突出问题**。法律是底线的道德，也是道德的保障。要加强相关立法工作，明确对失德行为的惩戒措施。要依法加强对群众反映强烈的失德行为的整治。对突出的诚信缺失问题，既要抓紧建立覆盖全社会的征信系统，又要完善守法诚信褒奖机制和违法失信惩戒机制，使人不敢失信、不能失信。对见利忘义、制假售假的违法行为，要加大执法力度，让败德违法者受到惩治、付出代价。要提高全民法治意识和道德自觉，使全体人民成为社会主义法治的忠实崇尚者、自觉遵守者、坚定捍卫者，争做社会主义道德的示范者、良好风尚的维护者。要发挥领导干部在依法治国和以德治国中的关键作用，以实际行动带动全社会崇德向善、尊法守法。

四、依法治国和依规治党

1. 国有国法，党有党规。依法治国、依法执政，**既要求党依据宪法法律治国理政，**

也要求党依据党内法规管党治党。依规管党治党是依法治国的重要前提和政治保障。只有把党建设好，国家才能治理好。正确处理依法治国和依规治党的关系，是中国特色社会主义法治建设的鲜明特色。

2. **要坚持依法治国与制度治党、依规治党统筹推进、一体建设**，注重党内法规同国家法律法规的衔接和协调，统筹推进依规治党和依法治国，促进党的制度优势与国家制度优势相互转化，提升我们党治国理政的合力和效能，提高党的执政能力和领导水平，促进国家治理体系和治理能力现代化，推动中国特色社会主义事业不断取得新成就。

3. 要**完善党内法规体系**。党内法规是党的中央组织、中央纪律检查委员会以及党中央工作机关和省、自治区、直辖市党委制定的体现党的统一意志、规范党的领导和党的建设活动、依靠党的纪律保证实施的专门规章制度。党内法规体系是以党章为根本，以民主集中制为核心，以准则、条例等中央党内法规为主干，由各领域各层级党内法规制度组成的有机统一整体。要从全面依法治国和全面从严治党相统一的高度，科学认识党内法规及其与国家法律的关系，确保党内法规与国家法律的衔接与协调。

4. **坚持依规治党带动依法治国**。只有坚持依规治党，切实解决党自身存在的突出问题，才能使中国共产党始终成为中国特色社会主义事业的坚强领导核心，才能为全面依法治国确立正确的方向和道路，才能发挥好党领导立法、保证执法、支持司法、带头守法的政治优势。只有坚持依规治党，使各级党组织和全体党员牢固树立法治意识、规则意识、程序意识，弘扬宪法精神和党章精神，才能对立法、执法、司法、守法实行科学有效的领导，在全面依法治国中起到引领和保障作用。

第四章 时政热点萃选

第一节 《法治中国建设规划（2020-2025年）》节选

一、坚定不移走中国特色社会主义法治道路，奋力建设良法善治的法治中国

（一）指导思想

高举中国特色社会主义伟大旗帜，坚持以马克思列宁主义、毛泽东思想、邓小平理论、“三个代表”重要思想、科学发展观、习近平新时代中国特色社会主义思想为指导，全面贯彻党的十九大和十九届二中、三中、四中、五中全会精神，全面贯彻习近平法治思想，增强“四个意识”、坚定“四个自信”、做到“两个维护”，坚持党的领导、人民当家作主、依法治国有机统一，坚定不移走中国特色社会主义法治道路，培育和践行社会主义核心价值观，以解决法治领域突出问题为着力点，建设中国特色社会主义法治体系，建设社会主义法治国家，在法治轨道上推进国家治理体系和治理能力现代化，提高党依法治国、依法执政能力，为全面建设社会主义现代化国家、实现中华民族伟大复兴的中国梦提供有力法治保障。

（二）主要原则

——坚持党的集中统一领导。牢牢把握党的领导是社会主义法治最根本的保证，坚持党领导立法、保证执法、支持司法、带头守法，充分发挥党总揽全局、协调各方的领导核心作用，确保法治中国建设的正确方向。

——坚持贯彻中国特色社会主义法治理论。深入贯彻习近平法治思想，系统总结运用新时代中国特色社会主义法治建设的鲜活经验，不断推进理论和实践创新发展。

——坚持以人民为中心。坚持法治建设为了人民、依靠人民，促进人的全面发展，努力让人民群众在每一项法律制度、每一个执法决定、每一宗司法案件中都感受到公平正义，加强人权法治保障，非因法定事由、非经法定程序不得限制、剥夺公民、法人和其他组织的财产和权利。

——坚持统筹推进。坚持依法治国、依法执政、依法行政共同推进，坚持法治国家、法治政府、法治社会一体建设，坚持依法治国和以德治国相结合，坚持依法治国和依规治党有机统一，全面推进科学立法、严格执法、公正司法、全民守法。

——坚持问题导向和目标导向。聚焦党中央关注、人民群众反映强烈的突出问题和法治建设薄弱环节，着眼推进国家治理体系和治理能力现代化，固根基、扬优势、补短板、强弱项，切实增强法治中国建设的时代性、针对性、实效性。

——坚持从中国实际出发。立足我国基本国情，统筹考虑经济社会发展状况、法治建设总体进程、人民群众需求变化等综合因素，汲取中华法律文化精华，借鉴国外法治有益经验，循序渐进、久久为功，确保各项制度设计行得通、真管用。

（三）总体目标

建设法治中国，应当实现法律规范科学完备统一，执法司法公正高效权威，权力运行受到有效制约监督，人民合法权益得到充分尊重保障，法治信仰普遍确立，法治国家、法治政府、法治社会全面建成。

到2025年，党领导全面依法治国体制机制更加健全，以宪法为核心的中国特色社会主义法律体系更加完备，职责明确、依法行政的政府治理体系日益健全，相互配合、相互制约的司法权运行机制更加科学有效，法治社会建设取得重大进展，党内法规体系更加完善，中国特色社会主义法治体系初步形成。

到2035年，法治国家、法治政府、法治社会基本建成，中国特色社会主义法治体系基本形成，人民平等参与、平等发展权利得到充分保障，国家治理体系和治理能力现代化基本实现。

二、全面贯彻实施宪法，坚定维护宪法尊严和权威

建设法治中国，必须高度重视宪法在治国理政中的重要地位和作用，坚持依宪治国、依宪执政，把全面贯彻实施宪法作为首要任务，健全保证宪法全面实施的体制机制，将宪法实施和监督提高到新水平。

（四）坚持把宪法作为根本活动准则

全国各族人民、一切国家机关和武装力量、各政党和各社会团体、各企业事业组织，都负有维护宪法尊严、保证宪法实施的职责，都不得有超越宪法法律的特权。坚持宪法法律至上，维护国家法制统一、尊严、权威，一切法律法规规章规范性文件都不得同宪法相抵触，一切违反宪法法律的行为都必须予以追究。党带头尊崇和执行宪法，把党领导人民制定和实施宪法法律同党坚持在宪法法律范围内活动统一起来，保障宪法法律的有效实施。

（五）加强宪法实施和监督

全国人大及其常委会要切实担负起宪法监督职责，加强宪法实施和监督，并将其作为全国人大常委会年度工作报告的重要事项。全国人大及其常委会通过的法律和作出的决定决议，应当确保符合宪法规定、宪法精神。推进合宪性审查工作，健全合宪性审查制度，明确合宪性审查的原则、内容、程序。建立健全涉及宪法问题的事先审查和咨询制度，有关方面拟出台的行政法规、军事法规、监察法规、地方性法规、经济特区法规、自治条例和单行条例、部门规章、地方政府规章、司法解释以及其他规范性文件和重要政策、重大举措，凡涉及宪法有关规定如何理解、实施、适用问题的，都应当依照有关规定向全国人大常委会书面提出合宪性审查请求。在备案审查工作中，应当注重审查是否存在不符合宪法规定和宪法精神的内容。加强宪法解释工作，落实宪法解释程序机制，回应涉及宪法有关问题的关切。

（六）推进宪法学习宣传教育

在全社会深入开展尊崇宪法、学习宪法、遵守宪法、维护宪法、运用宪法的宪法学习宣传教育活动，普及宪法知识，弘扬宪法精神。抓住领导干部这个“关键少数”，把宪法法律学习列为党委（党组）理论学习中心组学习的重要内容，纳入党和国家工作人员培训教育体系。全面落实宪法宣誓制度。加强青少年宪法法律教育，增强青少年的规则意识、法治观念。在“五四宪法”历史资料陈列馆基础上建设国家宪法宣传教育馆。加强宪法理论研究和教材编写、修订、使用，凝练我国宪法的时代特色和实践特色，形成中国特色社会主义宪法理论和宪法话语体系。

三、建设完备的法律规范体系，以良法促进发展、保障善治

建设法治中国，必须加强和改进立法工作，深入推进科学立法、民主立法、依法立法，不断提高立法质量和效率，以高质量立法保障高质量发展、推动全面深化改革、维护社会大局稳定。

（七）完善立法工作格局

加强党对立法工作的领导，完善党委领导、人大主导、政府依托、各方参与的立法工作格局。党中央领导全国立法工作、研究决定国家立法工作中的重大问题，有立法权地方的党委按照党中央大政方针领导本地区立法工作。

完善人大主导立法工作的体制机制。加强人大对立法工作的组织协调，发挥人大及其常委会的审议把关作用。健全全国人大相关专门委员会、全国人大常委会工作机构牵头起草重要法律草案机制。更好发挥人大代表在起草和修改法律法规中的作用，人民代表大会会议一般都应当安排审议法律法规案。研究并完善人大常委会会议制度，探索增加人大常委会审议法律法规案的会次安排。充分发挥人大常委会组成人员在立法中的作用，逐步提高人大常委会专职委员特别是有法治实践经验的专职委员比例。

注重发挥政府在立法工作中的重要作用。做好有关法律、地方性法规草案的起草工作，加强政府部门间立法协调。严格按照法定权限和程序制定行政法规、规章，保证行政法规、规章质量。

拓宽社会各方有序参与立法的途径和方式。加强立法协商，充分发挥政协委员、民主党派、工商联、无党派人士、人民团体、社会组织在立法协商中的作用。

（八）坚持立改废释并举

加强重点领域、新兴领域、涉外领域立法。推动贯彻新发展理念、构建新发展格局，加快完善深化供给侧结构性改革、促进创新驱动发展、防范化解金融风险等急需的法律法规。加强对权力运行的制约和监督，健全规范共同行政行为的法律法规，研究制定行政程序法。围绕加强社会主义文化建设，完善发展文化事业和文化产业、保护知识产权等方面的法律法规。加强保障和改善民生、创新社会治理方面的法律制度建设，为推进教育现代化、实施健康中国战略、维护社会治安等提供有力保障。加强

疫情防控相关立法和配套制度建设，完善有关处罚程序，强化公共安全保障，构建系统完备、科学规范、运行有效的突发公共卫生事件应对法律体系。加强同民法典相关联、相配套的法律制度建设。加强国家安全领域立法。健全军民融合发展法律制度。加强信息技术领域立法，及时跟进研究数字经济、互联网金融、人工智能、大数据、云计算等相关法律制度，抓紧补齐短板。加强区域协调发展法律制度建设。制定和修改法律法规要着力解决违法成本过低、处罚力度不足问题。统筹解决食品药品、生态环境、安全生产等领域法律法规存在的该硬不硬、该严不严、该重不重问题。

针对法律规定之间不一致、不协调、不适应问题，及时组织清理。对某一领域有多部法律的，条件成熟时进行法典编纂。加强立法的协同配套工作，实行法律草案与配套规定同步研究、同步起草，增强法律规范整体功效。加强立法评估论证工作。加强法律法规解释工作。建设全国统一的法律、法规、规章、行政规范性文件、司法解释和党内法规信息平台。

坚持立法和改革相衔接相促进，做到重大改革于法有据，充分发挥立法的引领和推动作用。对改革急需、立法条件成熟的，抓紧出台；对立法条件还不成熟、需要先行先试的，依法及时作出授权决定或者改革决定。授权决定或者改革决定涉及的改革举措，实践证明可行的，及时按照程序制定修改相关法律法规。

完善弘扬社会主义核心价值观的法律政策体系，把社会主义核心价值观要求融入法治建设和社会治理。

加强京津冀协同发展、长江经济带发展、粤港澳大湾区建设、长三角一体化发展、黄河流域生态保护和高质量发展、推进海南全面深化改革开放等国家重大发展战略的法治保障。

（九）健全立法工作机制

健全立法立项、起草、论证、协调、审议机制，提高立法的针对性、及时性、系统性、可操作性。健全立法规划计划编制制度，充分发挥立法规划计划的统筹引领作用。健全立法征求意见机制，扩大公众参与的覆盖面和代表性，增强立法透明度。对与企业生产经营密切相关的立法项目，充分听取有关企业和行业协会商会意见。健全立法征求公众意见采纳反馈机制，对相对集中的意见未予采纳的，应当进行说明。充分利用大数据分析，为立法中的重大事项提供统计分析和决策依据。对立法涉及的重大利益调整事项加强论证咨询，推进对争议较大的重要立法事项引入第三方评估工作。建立健全重要立法争议事项协调机制，防止立法项目久拖不决。完善立法技术规范，加强立法指引。

（十）加强地方立法工作

有立法权的地方应当紧密结合本地发展需要和实际，突出地方特色和针对性、实效性，创造性做好地方立法工作。健全地方立法工作机制，提高立法质量，确保不与上位法相抵触，切实避免越权立法、重复立法、盲目立法。建立健全区域协同立法工作机制，加强全国人大常委会对跨区域地方立法的统一指导。2025 年年底前，完成对全国地方立法工作人员的轮训。

四、建设高效的法治实施体系，深入推进严格执法、公正司法、全民守法

建设法治中国，必须深入推进严格执法、公正司法、全民守法，健全社会公平正义法治保障制度，织密法治之网，强化法治之力，不断增强人民群众的获得感、幸福感、安全感。

（十一）构建职责明确、依法行政的政府治理体系

各级政府必须坚持依法行政，恪守法定职责必须为、法无授权不可为，把政府活动全面纳入法治轨道。

依法全面履行政府职能，着力厘清政府和市场、政府和社会的关系，更加注重用法律和制度遏制不当干预经济活动的行为。深入推进简政放权，持续整治变相设置行政许可事项的违法违规行为。大力推行清单制度并实行动态管理，编制完成并公布中央层面设定的行政许可事项清单、备案管理事项清单，国务院部门权责清单于 2022 年上半年前编制完成并公布。

严格落实重大行政决策程序制度，切实防止违法决策、不当决策、拖延决策。充分发挥法律顾问、公职律师在重大行政决策中的作用。建立健全重大行政决策跟踪反馈和评估制度。全面推行行政规范性文件合法性审核机制，凡涉及公民、法人或其他组织权利和义务的行政规范性文件均应经过合法性审核。

深化行政执法体制改革，统筹配置行政执法职能和执法资源，最大限度减少不必要的行政执法事项。进一步整合行政执法队伍，继续探索实行跨领域跨部门综合执法。推动执法重心向市县两级政府下移，加大执法人员、经费、资源、装备等向基层倾斜的力度。健全事前事中事后监管有效衔接、信息互联互通共享、协同配合工作机制。完善行政执法权限协调机制。健全行政执法和刑事司法衔接机制，全面推进“两法衔接”信息平台建设和应用。完善行政强制执行体制机制。建立健全军地联合执法机制。

坚持严格规范公正文明执法，全面推行行政执法公示制度、执法全过程记录制度、重大执法决定法制审核制度。加大食品药品、公共卫生、生态环境、安全生产、劳动保障、野生动物保护等关系群众切身利益的重点领域执法力度。推进统一的行政执法人员资格和证件管理、行政执法文书基本标准、行政执法综合管理监督信息系统建设。全面推行行政裁量权基准制度，规范执法自由裁量权。改进和创新执法方式，加强行政指导、行政奖励、行政和解等非强制行政手段的运用。建立行政执法案例指导制度。建立健全行政执法风险防控机制。严格执行突发事件应对有关法律法规，依法实施应急处置措施，全面提高依法应对突发事件能力和水平。

加强和创新事中事后监管，推进“双随机、一公开”跨部门联合监管，强化重点领域重点监管，探索信用监管、大数据监管、包容审慎监管等新型监管方式，努力形成全覆盖、零容忍、更透明、重实效、保安全的事中事后监管体系。持续开展“减证

便民”行动，推行证明事项告知承诺制。

持续营造法治化营商环境，实施统一的市场准入负面清单制度，清理破除隐性准入壁垒，普遍落实“非禁即入”。全面清理、废止对非公有制经济的各种形式不合理规定，坚决纠正滥用行政权力排除、限制竞争行为。全面清理违法违规的涉企收费、检查、摊派事项和评比达标表彰活动。加强政务诚信建设，重点治理政府失信行为，加大惩处和曝光力度。实行知识产权侵权惩罚性赔偿制度，激励和保护科技创新。

加快推进“互联网+政务服务”，政务服务重点领域和高频事项基本实现“一网、一门、一次”。2022年年底前建成全国一体化政务服务平台，除法律法规另有规定或涉及国家秘密等外，政务服务事项全部纳入平台办理，全面实现“一网通办”。

（十二）建设公正高效权威的中国特色社会主义司法制度

紧紧抓住影响司法公正、制约司法能力的深层次问题，坚持符合国情和遵循司法规律相结合，坚持和加强党对司法工作的绝对领导。健全公安机关、检察机关、审判机关、司法行政机关各司其职，侦查权、检察权、审判权、执行权相互配合、相互制约的体制机制。深化司法体制综合配套改革，全面落实司法责任制。

明确四级法院职能定位，充分发挥审级监督功能。完善民事再审程序，探索将具有普遍法律适用指导意义、关乎社会公共利益的案件交由较高层级法院审理。完善最高人民法院巡回法庭工作机制，健全综合配套措施。完善知识产权、金融、海事等专门法院建设，加强互联网法院建设。深化与行政区划适当分离的司法管辖制度改革。健全未成年人司法保护体系。

坚持“让审理者裁判、由裁判者负责”，依法赋权独任庭、合议庭。健全重大、疑难、复杂案件由院庭长直接审理机制。坚持“谁办案谁负责、谁决定谁负责”，落实检察官办案主体地位。健全担任领导职务的检察官直接办案制度。加强办案团队建设，推动司法人员专业化分工、类案专业化办理。健全专业法官会议、检察官联席会议制度，切实发挥为办案组织提供法律咨询的功能。加强和完善指导性案例制度，确保法律适用统一。

深化以审判为中心的刑事诉讼制度改革。健全侦查机关调查收集证据制度，规范补充侦查、不起诉、撤回起诉制度。完善庭前会议、非法证据排除制度，规范法庭调查和庭审量刑程序，落实证人、鉴定人、侦查人员出庭作证制度，完善技术侦查证据的法庭调查和使用规则。完善认罪认罚从宽制度，落实宽严相济刑事政策。改革刑事申诉制度，对不服司法机关生效裁判和决定的申诉，逐步实行由律师代理制度。健全落实法律援助值班律师制度，实现刑事案件律师辩护、法律帮助全覆盖。健全有关工作机制，依法从严从快惩处妨碍突发事件应对的违法犯罪行为。

完善民事诉讼制度体系。探索扩大小额诉讼程序适用范围，完善其与简易程序、普通程序的转换适用机制。探索扩大独任制适用范围。优化司法确认程序适用。改革诉讼收费制度。全面建设集约高效、多元解纷、便民利民、智慧精准、开放互动、交融共享的现代化诉讼服务体系。加快推进跨域立案诉讼服务改革，2022年年底前实现诉讼服务就近能办、同城通办、异地可办。

深化执行体制改革，加强执行难综合治理、源头治理。深入推进审执分离，优化执行权配置，落实统一管理、统一指挥、统一协调的执行工作机制。完善刑罚执行制度，统一刑罚执行体制。深化监狱体制机制改革，实行罪犯分类、监狱分级制度。完善社区矫正制度。完善监狱、看守所与社区矫正和安置帮教机构之间的工作对接机制。

（十三）深入推进全民守法

全面依法治国需要全社会共同参与，必须大力弘扬社会主义法治精神，建设社会主义法治文化，引导全体人民做社会主义法治的忠实崇尚者、自觉遵守者、坚定捍卫者。

改进创新普法工作，加大全民普法力度，增强全民法治观念。建立健全立法工作宣传报道常态化机制，对立法热点问题主动发声、解疑释惑。全面落实“谁执法谁普法”普法责任制。深入开展法官、检察官、行政复议人员、行政执法人员、律师等以案释法活动。加强突发事件应对法治宣传教育和法律服务。

广泛推动人民群众参与社会治理，打造共建共治共享的社会治理格局。完善群众参与基层社会治理的制度化渠道。加快推进市域社会治理现代化。健全社会治理规范体系。发挥工会、共青团、妇联等群团组织引领联系群众参与社会治理的作用。加快推进社会信用立法，完善失信惩戒机制。规范失信惩戒对象名单制度，依法依规明确制定依据、适用范围、惩治标准和救济机制，在加强失信惩戒的同时保护公民、企业合法权益。加强对产权的执法司法保护，健全涉产权错案甄别纠正机制。完善对暴力袭警行为的刑事责任追究制度。加大对暴力伤害医务人员犯罪行为的打击力度。

紧紧围绕人民日益增长的美好生活需要加强公共法律服务，加快整合律师、公证、调解、仲裁、法律援助、司法鉴定等公共法律服务资源，到 2022 年基本形成覆盖城乡、便捷高效、均等普惠的现代公共法律服务体系。构建公共法律服务评价指标体系，以群众满意度来检验公共法律服务工作成效。推动建设一支高素质涉外法律服务队伍、建设一批高水平涉外法律服务机构。

积极引导人民群众依法维权和化解矛盾纠纷，坚持和发展新时代“枫桥经验”。充分发挥人民调解的第一道防线作用，完善人民调解、行政调解、司法调解联动工作体系。全面开展律师调解工作。完善调解、信访、仲裁、行政裁决、行政复议、诉讼等社会矛盾纠纷多元预防调处化解综合机制，整合基层矛盾纠纷化解资源和力量，充分发挥非诉纠纷解决机制作用。深化法律援助制度改革，扩大法律援助覆盖面。有序推进行政裁决工作，探索扩大行政裁决适用范围。

五、建设严密的法治监督体系，切实加强对立法、执法、司法工作的监督

建设法治中国，必须抓紧完善权力运行制约和监督机制，规范立法、执法、司法机关权力行使，构建党统一领导、全面覆盖、权威高效的法治监督体系。

（十四）推进对法治工作的全面监督

加强党对法治监督工作的集中统一领导，把法治监督作为党和国家监督体系的重要内容，保证行政权、监察权、审判权、检察权得到依法正确行使，保证公民、法人和其他组织合法权益得到切实保障。加强国家机关监督、民主监督、群众监督和舆论监督，形成法治监督合力，发挥整体监督效能。推进执纪执法贯通、有效衔接司法。完善人民监督员制度。坚持以公开为常态、不公开为例外，全面推进立法公开、执法公开、司法公开，逐步扩大公开范围，提升公开服务水平，主动接受新闻媒体舆论监督和社会监督。党委政法委应当指导、推动政法单位建立健全与执法司法权运行机制相适应的制约监督体系，构建权责清晰的执法司法责任体系，健全政治督察、综治督导、执法监督、纪律作风督查巡查等制度机制。

（十五）加强立法监督工作

建立健全立法监督工作机制，完善监督程序。推进法律法规规章起草征求人大代表、政协委员意见工作。依法处理国家机关和社会团体、企业事业组织、公民对法规规章等书面提出的审查要求或者审查建议。

加强备案审查制度和能力建设，实现有件必备、有备必审、有错必纠。完善备案审查程序，明确审查范围、标准和纠正措施。强化对地方各级政府和县级以上政府部门行政规范性文件、地方各级监察委员会监察规范性文件的备案审查。加强对司法解释的备案监督。将地方法院、检察院制定的规范性文件纳入本级人大常委会备案审查范围。加快建立全国统一的备案审查信息平台。建立健全党委、人大常委会、政府、军队等之间的备案审查衔接联动机制。建立健全备案审查工作年度报告制度。

（十六）加强对执法工作监督

加强省市县乡四级全覆盖的行政执法协调监督工作体系建设，强化全方位、全流程监督，提高执法质量。加大对执法不作为、乱作为、选择性执法、逐利执法等有关责任人的追责力度，落实行政执法责任制和责任追究制度。完善行政执法投诉举报和处理机制。

加强和改进行政复议工作，强化行政复议监督功能，加大对违法和不当行政行为的纠错力度。推进行政复议体制改革，整合行政复议职责，畅通行政复议渠道，2022年前基本形成公正权威、统一高效的行政复议工作体制。健全行政复议案件审理机制，加强行政复议规范化、专业化、信息化建设。规范和加强行政应诉工作。

（十七）加强对司法活动监督

健全对法官、检察官办案的制约和监督制度，促进司法公正。全面推行法官、检察官办案责任制，统一规范法官、检察官办案权限。加强审判权、检察权运行监督管理，明确法院院长、庭长和检察院检察长、业务部门负责人监督管理权力和责任，健全审判人员、检察人员权责清单。完善对担任领导职务的法官、检察官办案情况的考核监督机制，配套建立内部公示、定期通报机制。健全落实司法机关内部人员过问案件记录追责、规范司法人员与律师和当事人等接触交往行为的制度。构建科学合理的司法责任认定和追究制度。完善司法人员惩戒制度，明确惩戒情形和程序。

完善民事、行政检察监督和检察公益诉讼案件办理机制。健全对最高人民法院巡回法庭、知识产权法院、金融法院、互联网法院等的法律监督机制。拓展公益诉讼案件范围，完善公益诉讼法律制度，探索建立民事公益诉讼惩罚性赔偿制度。完善检察建议制度。

完善刑事立案监督和侦查监督工作机制。健全刑事案件统一审核、统一出口工作机制，规范证据审查判断与运用。健全侦查机关办理重大案件听取检察机关意见建议制度。完善对查封、扣押、冻结等侦查措施的监督机制。健全刑事申诉案件受理、移送、复查机制。推动在市县公安机关建设执法办案管理中心。

加强人权司法保障。建立重大案件侦查终结前对讯问合法性进行核查制度。健全讯问犯罪嫌疑人、听取辩护人意见工作机制。建立对监狱、看守所的巡回检察制度。完善看守所管理制度。完善有效防范和及时发现、纠正冤假错案工作机制。健全辩护人、诉讼代理人行使诉讼权利保障机制。

六、建设有力的法治保障体系，筑牢法治中国建设的坚实后盾

建设法治中国，必须加强政治、组织、队伍、人才、科技、信息等保障，为全面依法治国提供重要支撑。

（十八）加强政治和组织保障

各级党委（党组）和领导干部要支持立法、执法、司法机关开展工作，支持司法机关依法独立公正行使职权。党的各级组织部门等要发挥职能作用，保障推进法治中国建设。中央和省级党政部门要明确负责本部门法治工作的机构。各级立法、执法、司法机关党组（党委）要加强领导、履职尽责，机关基层党组织和党员要充分发挥战斗堡垒和先锋模范作用，保障宪法法律实施。严格执行《领导干部干预司法活动、插手具体案件处理的记录、通报和责任追究规定》。

（十九）加强队伍和人才保障

牢牢把握忠于党、忠于国家、忠于人民、忠于法律的总要求，大力提高法治工作队伍思想政治素质、业务工作能力、职业道德水准，努力建设一支德才兼备的高素质法治工作队伍。

建设革命化、正规化、专业化、职业化的法治专门队伍。坚持把政治标准放在首位，加强科学理论武装，深入开展理想信念教育。完善法律职业准入、资格管理制度，建立法律职业人员统一职前培训制度和在职法官、检察官、警官、律师同堂培训制度。完善从符合条件的律师、法学专家中招录立法工作者、法官、检察官、行政复议人员的制度。加强立法工作队伍建设。建立健全立法、执法、司法部门干部和人才常态化交流机制，加大法治专门队伍与其他部门具备条件的干部和人才交流力度。加强边疆

地区、民族地区和基层法治专门队伍建设。健全法官、检察官员额管理制度，规范遴选标准、程序。加强执法司法辅助人员队伍建设。建立健全符合职业特点的法治工作人员管理制度，完善职业保障体系。健全执法司法人员依法履职免责、履行职务受侵害保障救济、不实举报澄清等制度。加强法治专门队伍教育培训。

加快发展律师、公证、司法鉴定、仲裁、调解等法律服务队伍。健全职业道德准则、执业行为规范，完善职业道德评价机制。把拥护中国共产党领导、拥护我国社会主义法治作为法律服务人员从业的基本要求。坚持和加强党对律师工作的领导，推动律师行业党的建设。完善律师执业权利保障制度机制。健全法官、检察官、律师等法律职业人员惩戒机制，建立律师不良执业信息记录披露和查询制度。发展公职律师、公司律师和党政机关、企事业单位、村（居）法律顾问队伍。

构建凸显时代特征、体现中国特色的法治人才培养体系。坚持以习近平新时代中国特色社会主义思想为指导，坚持立德树人、德法兼修，解决好为谁教、教什么、教给谁、怎样教的问题。推动以马克思主义为指导的法学学科体系、学术体系、教材体系、话语体系建设。深化高等法学教育改革，优化法学课程体系，强化法学实践教学，培养信念坚定、德法兼修、明法笃行的高素质法治人才。推进教师队伍法治教育培训。加强法学专业教师队伍建设。完善高等学校涉外法学专业学科设置。加大涉外法治人才培养力度，创新涉外法治人才培养模式。建立健全法学教育、法学研究工作者和法治实践工作者之间双向交流机制。

(二十) 加强科技和信息化保障

充分运用大数据、云计算、人工智能等现代科技手段，全面建设“智慧法治”，推进法治中国建设的数据化、网络化、智能化。优化整合法治领域各类信息、数据、网络平台，推进全国法治信息化工程建设。加快公共法律服务实体平台、热线平台、网络平台有机融合，建设覆盖全业务、全时空的公共法律服务网络。

七、建设完善的党内法规体系，坚定不移推进依规治党

建设法治中国，必须坚持依法治国和依规治党有机统一，加快形成覆盖党的领导和党的建设各方面的党内法规体系，增强党依法执政本领，提高管党治党水平，确保党始终成为中国特色社会主义事业的坚强领导核心。

(二十一) 健全党内法规体系

坚持和加强党的全面领导，坚持党要管党、全面从严治党，以党章为根本，以民主集中制为核心，不断完善党的组织法规、党的领导法规、党的自身建设法规、党的监督保障法规，构建内容科学、程序严密、配套完备、运行有效的党内法规体系。坚持立改废释并举，与时俱进做好党内法规制定修订工作，完善清理工作机制，加大解释力度，提高党内法规质量。健全党内法规备案审查制度，坚持有件必备、有备必审、有错必纠，维护党内法规体系统一性和权威性。注重党内法规同国家法律的衔接和协

调，努力形成国家法律和党内法规相辅相成、相互促进、相互保障的格局。

（二十二）抓好党内法规实施

把提高党内法规执行力摆在更加突出位置，把抓“关键少数”和管“绝大多数”统一起来，以各级领导机关和党员领导干部带头尊规学规守规用规，带动全党遵规守纪。加强学习教育，把重要党内法规列为党委（党组）理论学习中心组学习的重要内容，列为党校（行政学院）、干部学院重要教学内容，列入法治宣传教育规划重要任务。加大党内法规公开力度，提高党内法规的普及度和知晓率。落实党内法规执行责任制，做到有规必执、执规必严。开展党内法规实施评估工作，推动党内法规实施。强化监督检查和追责问责，将党内法规执行情况作为各级党委督促检查、巡视巡察重要内容，严肃查处违反党内法规的各种行为。

（二十三）强化党内法规制度建设保障

加强党内法规专门工作队伍建设，突出政治标准，加强专业化建设，充实各级党内法规工作机构人员力量。加快补齐党内法规理论研究方面短板，重点建设一批党内法规研究高端智库和研究教育基地，推动形成一批高质量研究成果，引领和聚集一批党内法规研究人才。健全后备人才培养机制，继续推进在部分高校开展党内法规研究方向的研究生教育，加强学科建设，为党内法规事业持续发展提供人才支撑。

八、紧紧围绕新时代党和国家工作大局，依法维护国家主权、安全、发展利益

建设法治中国，必须高度重视依法保障“一国两制”实践、巩固和深化两岸关系和平发展，运用法治思维和法治方式处理好国际经济、政治、社会事务，深入推进依法治军从严治军，更好维护和实现我国和平发展的战略目标。

（二十四）依法保障“一国两制”实践和推进祖国统一

坚持宪法的最高法律地位和最高法律效力，坚定不移并全面准确贯彻“一国两制”“港人治港”“澳人治澳”和高度自治的方针，坚持依法治港治澳，维护宪法和基本法确定的特别行政区宪制秩序，把维护中央对特别行政区全面管治权和保障特别行政区高度自治权有机统一起来，完善特别行政区同宪法和基本法实施相关的制度和机制。支持特别行政区行政长官和政府依法施政、积极作为，履行维护国家主权、安全、发展利益的宪制责任。健全落实特别行政区维护国家安全的法律制度和执行机制，确保“一国两制”行稳致远。防范和反对外部势力干预香港、澳门事务，保持香港、澳门长期繁荣稳定。

探索“一国两制”台湾方案，推进祖国和平统一进程。推动两岸就和平发展达成制度性安排，完善促进两岸交流合作、深化两岸融合发展、保障台湾同胞福祉的制度安排和政策措施。支持两岸法学法律界交流交往。运用法治方式捍卫一个中国原则、坚决反对“台独”，坚定维护国家主权、安全、发展利益。

依法保护港澳同胞、台湾同胞权益。全面推进内地同香港、澳门互利合作，完善

便利香港、澳门居民在内地发展的政策措施。加强内地同香港和澳门、大陆同台湾的执法合作和司法协助，共同打击跨境违法犯罪活动。

（二十五）加强涉外法治工作

适应高水平对外开放工作需要，完善涉外法律和规则体系，补齐短板，提高涉外工作法治化水平。

积极参与国际规则制定，推动形成公正合理的国际规则体系。加快推进我国法域外适用的法律体系建设。围绕促进共建“一带一路”国际合作，推进国际商事法庭建设与完善。推动我国仲裁机构与共建“一带一路”国家仲裁机构合作建立联合仲裁机制。强化涉外法律服务，维护我国公民、法人在海外及外国公民、法人在我国的正当权益。建立涉外工作法务制度。引导对外经贸合作企业加强合规管理，提高法律风险防范意识。建立健全域外法律查明机制。推进对外法治宣传，讲好中国法治故事。加强国际法研究和运用。

加强多双边法治对话，推进对外法治交流。深化国际司法交流合作。完善我国司法协助体制机制，推进引渡、遣返犯罪嫌疑人和被判刑人移管等司法协助领域国际合作。积极参与执法安全国际合作，共同打击暴力恐怖势力、民族分裂势力、宗教极端势力和贩毒走私、跨国有组织犯罪。加强反腐败国际合作，加大海外追逃追赃、遣返引渡力度。

（二十六）深入推进依法治军、从严治军

深入贯彻习近平强军思想，坚持党对人民军队绝对领导，全面深入贯彻军委主席负责制，围绕实现党在新时代的强军目标，加快构建完善的中国特色军事法治体系，推动治军方式根本性转变。

加快推进改革急需、备战急用、官兵急盼重点立法项目。有力有序推进军事政策制度改革。完善军事立法计划管理制度。健全军事规范性文件审查和备案制度。完善军事法规制度定期清理机制。推动军事法制信息化建设，推进法规制度建设集成化、军事法规法典化。2020年年底前，完成国防和军队建设各系统各领域主干法规制度改革，构建起中国特色社会主义军事法规制度体系基本框架；到2022年，健全各领域配套法规制度，构建起比较完备的中国特色社会主义军事法规制度体系。

明确军事法规执行责任和程序，落实执法责任制。强化官兵法治信仰和法治思维，深化法治军营创建活动。持续实施军事法治理论研究工程，组织编写全军统一的军事法治理论教材。加强军事法治国际交流，积极参与国际军事规则创制。综合运用党内监督、层级监督、专门监督等方式，构建常态化规范化军事法治监督体系。

构建依法治军组织领导体系，成立军委依法治军组织领导机构及其办事机构。健全军事法制工作体制，建立和调整完善专门的军事法制工作机构。建立军事法律顾问制度。健全党领导军队政法工作机制，强化军委政法委功能作用。完善军事司法制度。

九、加强党对法治中国建设的集中统一领导，充分发挥党总揽全局、协调各方的领导核心作用

建设法治中国，必须始终把党的领导作为社会主义法治最根本的保证，把加强党的领导贯彻落实到全面依法治国全过程和各方面。

（二十七）深入学习宣传贯彻习近平法治思想

习近平法治思想是全面依法治国的根本遵循和行动指南。要加强部署安排，持续推动广大干部群众深入学习贯彻习近平法治思想，深刻领会蕴含其中的马克思主义立场观点方法，全面准确把握精神实质、丰富内涵和核心要义，增强学习贯彻的自觉性和坚定性。各级党委（党组）理论学习中心组要将习近平法治思想作为重点内容，党校（行政学院）和干部学院要作为重点课程。各地区各部门要组织党员、干部进行系统学习和培训。法治工作部门要开展全战线、全覆盖的培训轮训。要把习近平法治思想融入学校教育，纳入高校法治理论教学体系，做好进教材、进课堂、进头脑工作。要开展深入研究和宣传，拓展学习宣传的广度深度。运用新媒体新技术，加强网上宣讲。

（二十八）推进依法执政

健全党的全面领导制度。推进党的领导入法入规，着力实现党的领导制度化、法治化。完善党领导人大、政府、政协、监察机关、审判机关、检察机关、武装力量、人民团体、企事业单位、基层群众自治组织、社会组织等制度。将坚持党的全面领导的要求载入国家机构组织法，载入政协、民主党派、工商联、人民团体、国有企业、高等学校、有关社会组织等的章程。完善党委依法决策机制，健全议事规则和决策程序。

建立领导干部应知应会法律法规清单制度，推动领导干部做尊法学法守法用法的模范。把法治素养和依法履职情况纳入考核评价干部的重要内容。各级领导干部要全面提高运用法治思维和法治方式深化改革、推动发展、化解矛盾、维护稳定、应对风险的能力，绝不允许以言代法、以权压法、逐利违法、徇私枉法。

（二十九）加强中国特色社会主义法治理论研究，加快中国特色社会主义法治体系建设

立足我国国情和实际，加强对社会主义法治建设的理论研究，尽快构建体现我国社会主义性质，具有鲜明中国特色、实践特色、时代特色的法治理论体系和话语体系。坚持和发展我国法律制度建设的显著优势，深入研究和总结我国法律制度体系建设的成功经验，推进中国特色社会主义法治体系创新发展。挖掘和传承中华优秀传统法律文化，研究、总结和提炼党领导人民推进法治建设实践和理论成果。组织和推动高等学校、科研院所以及法学专家学者加强中国特色社会主义法治理论研究，为建设法治中国提供学理支撑。

（三十）加强党对全面依法治国的统一领导、统一部署、统筹协调

健全党领导立法、保证执法、支持司法、带头守法的制度机制。党政主要负责人要切实履行推进法治建设第一责任人职责，将履行推进法治建设第一责任人职责情况列入年终述职内容。各级党委要将法治建设与经济社会发展同部署、同推进、同督促、同考核、同奖惩。研究制定法治建设指标体系和考核标准。加强对重大法治问题的法治督察。

中央全面依法治国委员会做好法治中国建设的顶层设计、总体布局、统筹协调、整体推进、督促落实，实现集中领导、高效决策、统一部署。地方各级党委法治建设议事协调机构要加强对本地区法治建设的牵头抓总、运筹谋划、督促落实等工作。

各地区各部门要全面准确贯彻落实本规划精神和要求，结合实际制定实施方案，明确分工、压实责任，狠抓落实、务求实效，力戒形式主义、官僚主义。中央依法治国办要强化统筹协调，加强督办、推进落实，确保规划各项任务措施落到实处。

解读：《法治中国建设规划（2020-2025年）》（以下简称《规划》）。这是第一部关于“法治中国建设”的专门的、全面的战略发展规划，为全面依法治国、建设法治中国提出了明确的任务书、时间表、路线图，标志着新时代法治中国建设进入了一个新发展阶段。

一、《规划》是深入学习贯彻习近平法治思想的重大实践成果

进入新时代，以习近平同志为核心的党中央从坚持和发展中国特色社会主义的全局和战略高度定位法治、布局法治、厉行法治，创造性提出全面依法治国的一系列新理念新思想新战略，形成了习近平法治思想。习近平法治思想从历史和现实相贯通、国际和国内相关联、理论和实际相结合上，深刻回答了新时代为什么实行全面依法治国、怎样实行全面依法治国等一系列重大问题，内涵丰富、论述深刻、逻辑严密、体系完备，是顺应实现中华民族伟大复兴时代要求应运而生的重大理论创新成果，是马克思主义法治理论中国化最新成果，是习近平新时代中国特色社会主义思想的重要组成部分。

坚持以习近平法治思想为指导，就要把习近平法治思想贯彻落实到全面依法治国全过程和各方面，更好转化为建设社会主义法治国家的生动实践。《规划》正是深入贯彻落实习近平法治思想、统筹推进法治中国建设的鲜明体现。

《规划》从九个方面对习近平法治思想作了全面系统的贯彻落实。其中，“坚定不移走中国特色社会主义法治道路，奋力建设良法善治的法治中国”“全面贯彻实施宪法，坚定维护宪法尊严和权威”“加强党对法治中国建设的集中统一领导，充分发挥党总揽全局、协调各方的领导核心作用”，正是贯彻习近平法治思想中“坚持中国特色社会主义法治道路”“坚持依宪治国、依宪执政”“坚持党对全面依法治国的领导”的体现。“建设完备的法律规范体系，以良法促进发展、保障善治”“建设高效的法治实施

体系，深入推进严格执法、公正司法、全民守法”“建设严密的法治监督体系，切实加强对立法、执法、司法工作的监督”“建设有力的法治保障体系，筑牢法治中国建设的坚实后盾”“建设完善的党内法规体系，坚定不移推进依规治党”，正是习近平法治思想中“坚持建设中国特色社会主义法治体系”“五大体系”的核心内容，并且内在地将习近平法治思想中战略布局性的“三个坚持”，即“坚持在法治轨道上推进国家治理体系和治理能力现代化”“坚持依法治国、依法执政、依法行政共同推进，法治国家、法治政府、法治社会一体建设”“坚持全面推进科学立法、严格执法、公正司法、全民守法”涵盖其中，也系统提出了落实习近平法治思想中战略保障性的“两个坚持”，即“坚持建设德才兼备的高素质法治工作队伍”“坚持抓住领导干部这个‘关键少数’”的任务举措。而第八部分“紧紧围绕新时代党和国家工作大局，依法维护国家主权、安全、发展利益”则重点反映了习近平法治思想中“坚持统筹推进国内法治和涉外法治”的内容要求。

二、《规划》标志着依法治国推进方式的转型升级

习近平总书记指出：“用五年规划引领经济社会发展，是我们党治国理政的一个重要方式。”“五年规划”治理方式是与我国国家制度和治理体系相生相伴的，从一开始就是新中国国家治理体系的重要组成部分，它伴随着社会主义建设一同起步，为推动新中国从站起来、富起来到强起来的伟大飞跃发挥了重要作用，具有鲜明的中国特色，体现着我们党独特的国家治理经验。新中国成立以来，从“一五”计划到“十四五”规划，时间跨越近70年，前述计划和规划对推进我国经济社会发展发挥了重要作用，以其神奇的力量，诠释了中国制度和中国之治独特而巨大的魅力。

“五年规划”也是推进社会主义法治建设的重要方式。自1953年“一五”计划开始，“五年规划”的内容从以经济建设为主逐渐发展到涵盖国家发展各个方面。“七五”计划将名称由“发展国民经济的五年计划”改为“国民经济和社会发展五年计划”，“十一五”以后又改为“国民经济和社会发展五年规划”，如今，“五年规划”已成为包括经济、政治、社会、文化、生态文明建设各个方面的国家发展规划。自“九五”计划开始，法治建设及其发展目标开始被纳入国家“五年规划”体系当中。如“十三五”规划就在第七十五章专章规定了“全面推进法治中国建设”的建设任务和发展目标。

除了“五年规划”，专项规划也是推进全面依法治国的重要方式。譬如，在立法领域，有全国人大和地方人大编制和实施的《人大常委会立法规划》；在法治政府建设领域，有中共中央、国务院编制和实施的《法治政府建设实施纲要（2015-2020年）》；在司法领域，最高人民法院已经连续颁行了五部《人民法院五年改革纲要》；在法治社会建设领域，中央宣传部、司法部已经陆续颁行了八部《关于开展法治宣传教育的五年规划》，中共中央最近还专门印发了《法治社会建设实施纲要（2020-2025年）》；在司法行政领域，有司法部制定的《全面深化司法行政改革纲要》；在党内法规建设领

域，中共中央也已经连续颁行了两部《中央党内法规制定工作五年规划纲要》。

从在“国民经济和社会发展五年规划”中规定法治建设有关内容，到制定专项的“立法规划”“普法规划”“司法改革纲要”“法治政府建设实施纲要”“法治社会建设实施纲要”“党内法规制定规划纲要”，到如今形成系统的“法治中国建设规划”，中国法治建设有了全面的、详尽的国家战略发展规划，全面依法治国推进方式实现了新一轮的转型升级。

三、《规划》开创了法治中国建设的目标治理新模式

目标治理是一种吸纳各方智慧制定国家目标，调动各方积极性，引导资源配置，将自下而上与自上而下相结合，共同推动目标实现的国家治理方式。通过编制和实施国家规划引领发展是我国的制度特色，强大的国家目标实现能力是我国的制度优势。从规划法治中国建设目标任务，到全面落实法治中国建设举措，再到严格考核评估法治中国建设成效，《规划》将开创一种以目标治理的方式推进全面依法治国快速稳步发展的新模式。

习近平总书记指出，“规划科学是最大的效益。”作为一种目标治理模式，国家发展规划是否科学，关键在于目标体系设计的科学性。《规划》坚持问题导向与目标导向相结合，科学规划了法治中国建设的目标与任务体系。

首先，明确法治中国建设规划“以解决法治领域突出问题”为着力点，以“坚持问题导向和目标导向”为基本原则。制定法治中国建设规划，是为了统筹推进法治中国建设各项工作，特别是“聚焦党中央关注、人民群众反映强烈的突出问题和法治建设薄弱环节，着眼推进国家治理体系和治理能力现代化，固根基、扬优势、补短板、强弱项，切实增强法治中国建设的时代性、针对性、实效性”，因此，具有非常强的问题导向性和问题回应性。如《规划》针对近年来社会普遍关注的合宪性审查工作、涉外法治工作、区域协调发展法律问题、失信惩戒与社会信用立法问题、暴力伤害医务人员问题等，均提出了系统的有针对性的法治化治理措施和相应的建设目标。

其次，提出近期、中期和长期三个层面的法治中国建设目标。《规划》尊重和遵循法治发展的基本规律，适应和回应经济社会发展的基本国情，分别制定了三个层面的法治中国建设目标：将2025年要实现的近期法治发展目标确定为“党领导全面依法治国体制机制更加健全，以宪法为核心的中国特色社会主义法律体系更加完备，职责明确、依法行政的政府治理体系日益健全，相互配合、相互制约的司法权运行机制更加科学有效，法治社会建设取得重大进展，党内法规体系更加完善，中国特色社会主义法治体系初步形成”；将2035年要实现的中期法治建设目标确定为“法治国家、法治政府、法治社会基本建成，中国特色社会主义法治体系基本形成，人民平等参与、平等发展权利得到充分保障，国家治理体系和治理能力现代化基本实现”；将法治中国建设的总体目标确定为实现“法律规范科学完备统一，执法司法公正高效权威，权力运行受到有效制约监督，人民合法权益得到充分尊重保障，法治信仰普遍确立，法治国

家、法治政府、法治社会全面建成”。

最后，制定了一系列严格的法治建设预期性指标体系。譬如，关于法治政府建设，明确要求“国务院部门权责清单于2022年上半年前编制完成并公布”；关于加快推进“互联网+政务服务”建设，明确规定“2022年年底前建成全国一体化政务服务平台，除法律法规另有规定或涉及国家秘密等外，政务服务事项全部纳入平台办理，全面实现‘一网通办’”；关于加快推进跨域立案诉讼服务改革，明确要求“2022年年底前实现诉讼服务就近能办、同城通办、异地可办”。这些符合目标设置的具体性、可测量性、可实现性、相关性和限时性等科学原则的目标体系，如同“指挥棒”一样将引导法治中国建设实践，一步一步夯实法治中国建设基础，推动法治中国建设任务如期完成。

《规划》对推进全面依法治国作出了战略部署，明确了宏伟愿景和行动方案，既涵盖全面又突出重点，既有高屋建瓴的顶层设计又有务实管用的重大举措，在法治中国建设中具有全局性、战略性、引领性意义。蓝图已经绘就，行动只争朝夕。在习近平法治思想的科学指引下，严格贯彻落实《规划》的各项部署要求，必将推动新时代法治中国建设谱写新的历史篇章。

第二节　《关于加强社会主义法治文化建设的意见》

社会主义法治文化是中国特色社会主义文化的重要组成部分，是社会主义法治国家建设的重要支撑。为加强社会主义法治文化建设，现提出如下意见。

一、总体要求

（一）指导思想

以习近平新时代中国特色社会主义思想为指导，全面贯彻党的十九大和十九届二中、三中、四中、五中全会精神，深入学习宣传贯彻习近平法治思想和习近平总书记关于文化自信的重要论述；把建设社会主义法治文化作为建设中国特色社会主义法治体系、建设社会主义法治国家的战略性、基础性工作和建设社会主义文化强国的重要内容；切实提高全民族法治素养和道德素质，着力建设面向现代化、面向世界、面向未来的，民族的科学的大众的社会主义法治文化；为全面依法治国提供坚强思想保证和强大精神动力，为全面建设社会主义现代化国家、实现中华民族伟大复兴的中国梦夯实法治基础。

（二）工作原则

——坚持党对全面依法治国的领导，牢固确立习近平法治思想在全面依法治国中的指导地位，确保社会主义法治文化建设的正确方向，增强“四个意识”、坚定“四个自信”、做到“两个维护”，坚定不移走中国特色社会主义法治道路。

——坚持以人民为中心，做到社会主义法治文化建设为了人民、依靠人民，不断满足人民日益增长的对民主、法治、公平、正义的需要。

——坚持法安天下、德润人心，把社会主义核心价值观融入社会主义法治文化建设全过程各方面，实现法治和德治相辅相成、相得益彰。

——坚持知行合一、重在实践，引导全体人民成为社会主义法治的忠实崇尚者、自觉遵守者、坚定捍卫者。

——坚持继承发展、守正创新，弘扬中华优秀传统文化、革命文化、社会主义先进文化，学习借鉴世界优秀法治文明成果，不断发展和繁荣社会主义法治文化。

（三）总体目标

通过不懈努力，宪法法律权威进一步树立，尊法学法守法用法氛围日益浓厚，法治文化事业繁荣兴盛，法治文化人才队伍不断壮大，社会主义法治文化建设工作体制机制进一步完善。到2035年，基本形成与法治国家、法治政府、法治社会相适应，与中国特色社会主义法治体系相适应的社会主义法治文化，基本形成全社会办事依法、遇事找法、解决问题用法、化解矛盾靠法的法治环境。

二、主要任务

（四）深入学习宣传贯彻习近平法治思想

深化学习教育，抓好领导干部这个重点，把习近平法治思想作为党委（党组）理论学习中心组学习重点内容、党校（行政学院）和干部学院重点课程，不断深化思想认识、筑牢理论根基，提高领导干部运用法治思维和法治方式开展工作的本领。加强宣传解读，通过媒体报道、评论言论、理论文章、学习读本、短视频等形式，运用各类融媒体手段和平台，推动习近平法治思想深入人心。把习近平法治思想学习宣传同普法工作结合起来，同法治政府建设示范创建活动等结合起来，发挥好各类基层普法阵地的作用。把习近平法治思想融入学校教育，纳入高校法治理论教学体系，做好进教材、进课堂、进头脑工作。依托中国政法实务大讲堂，深入宣讲习近平法治思想。加强对法治领域错误思想观点的辨析批驳，帮助干部群众明辨是非，坚定走中国特色社会主义法治道路的信心。

（五）完善中国特色社会主义法治理论

把马克思主义法治理论与中国具体实际相结合，不断推进马克思主义法治理论中国化时代化大众化。深刻认识，在新时代坚持和巩固马克思主义法治理论的指导地位，最重要的就是牢固确立习近平法治思想在全面依法治国中的指导地位。围绕习近平法治思想“十一个坚持”确立一批选题，组织法学专家和实践工作者深入研究，推出一批有分量的研究成果。加强对中国特色社会主义法律制度的理论研究，完善中国特色社会主义法治理论的学术体系、理论体系、话语体系。加强党内法规理论研究，强化依规治党学理支撑，推动全面从严治党向纵深发展。从我国国情和实际出发，研究回答法治中国建设中的重大问题，提炼标识性法学学术概念，凝练中国特色社会主义法律体系的特点和优势，促进法学研究成果推广和应用。加强中国特色新型法治智库建设，加大对重大法治理论、法治文化研究课题支持力度，加强法律实务部门和理论研究部门的交流互动，为法治实践提供高质量的决策参考。开展法治文化科研教学，支持有条件的单位自主设置法治文化相关二级学科硕士点、博士点。

（六）大力弘扬宪法精神

深入持久开展宪法宣传教育，在全社会牢固树立宪法法律至上、法律面前人人平等、权由法定、权依法使等基本法治观念，维护宪法权威。落实国家工作人员宪法宣誓制度，组织好“12·4”国家宪法日、“宪法宣传周”系列宣传，推动宪法宣传教育常态化、制度化。抓住“关键少数”，把宪法纳入各级领导干部学法清单，作为领导干部学法基本任务、法治素养评估和年度述法基本内容，增强领导干部宪法意识，促进领导干部带头以宪法为根本活动准则，带头尊法学法守法用法，提高运用法治思维和法治方式深化改革、推动发展、化解矛盾、维护稳定、应对风险的能力。落实《青少年法治教育大纲》，把宪法纳入国民教育，融入校园文化，持续举办全国学生“学宪法讲宪法”“宪法晨读”等系列活动，在青少年成人礼中设置礼敬宪法环节，增强青少年宪法观念。在“五四宪法”历史资料陈列馆基础上建设国家宪法宣传教育馆，建设各类宪法学习宣传教育基地，通过升国旗、奏唱国歌等仪式仪礼和开展重大节庆活动，增进全社会对宪法的尊崇和信仰。把宪法教育和爱国主义教育有机结合起来，以宪法教育激发爱国热情，增进各族群众对伟大祖国、中华民族、中华文化、中国共产党、中国特色社会主义的认同。

（七）在法治实践中持续提升公民法治素养

注重公民法治习惯的实践养成，促进人民群众广泛参与法治，用科学立法、严格执法、公正司法的实践教育人民，推动全民守法。坚持科学立法，推进党的领导入法入规，把党的主张依照法定程序转化为国家意志，把社会主义核心价值观融入法律法规的立改废释全过程，使法律法规、司法解释等更好体现国家价值目标、社会价值取向和公民价值准则，以良法保障善治。坚持严格执法，强化严格规范公正文明执法意识，促进提高依法行政能力和水平。坚持公正司法，健全公正高效权威的司法制度，促进司法文明，努力让人民群众在每一个司法案件中感受到公平正义。坚持全民守法，让依法工作生活真正成为一种习惯，任何组织和个人都不得有超越宪法法律的特权。加大全民普法力度，在针对性和实效性上下功夫，落实“谁执法谁普法”普法责任制，加强以案普法、以案释法，发挥典型案例引领法治风尚、塑造社会主义核心价值观的积极作用，不断提升全体公民法治意识和法治素养。广泛开展民法典普法工作，让民法典走到群众身边、走进群众心里，大力弘扬平等自愿、诚实信用等法治精神，教育引导公民正确行使权利、积极履行义务。强化依法治理，从人民群众反映强烈的问题改起、从细节抓起、从小事做起，积极引导公民在日常生活中遵守交通规则、做好垃圾分类、杜绝餐饮浪费、革除滥食野生动物陋习等，培养规则意识，培育良好法治环境。在法治轨道上应对突发事件，依法加强应急管理，引导全社会依法行动、依法办事。突出学习宣传党章，深入开展党规党纪教育，教育引导广大党员做党章党规党纪和国家法律的自觉尊崇者、模范遵守者、坚定捍卫者。完善社会矛盾纠纷多元预防调处化解综合机制，把非诉讼纠纷解决机制挺在前面，引导人们理性平和协商解决矛盾纠纷。把法治文化建设纳入公民道德建设工程、社会信用体系建设中，推动完善市民公约、乡规民约、学生守则、行业规章、团体章程等社会规范。

（八）推动中华优秀传统法律文化创造性转化、创新性发展

传承中华法系的优秀思想和理念，研究我国古代法制传统和成败得失，挖掘民为邦本、礼法并用、以和为贵、明德慎罚、执法如山等中华传统法律文化精华，根据时代精神加以转化，加强研究阐发、公共普及、传承运用，使中华优秀传统法律文化焕发出新的生命力。加强对我国法律文化历史遗迹的保护，弘扬代表性人物的事迹和精神，因地制宜建立基地，免费向社会开放。加强对法律文化典籍、文物的保护和整理，让书写在古籍里的文字活起来、传下去。挖掘善良风俗、家规家训中的优秀法治内容，倡导传承优良家风。

（九）繁荣发展社会主义法治文艺

坚持以人民为中心的工作导向，把社会效益放在首位，创作生产与精神文明建设“五个一工程”等文艺精品工程有机衔接的优秀法治文艺作品。落实媒体公益普法责任，综合运用“报、网、端、微、屏”等资源和平台，推动法治融媒体建设，建立以内容建设为根本、先进技术为支撑、创新管理为保障的法治全媒体传播体系，创建法治品牌栏目、节目。推动法治文化数字化建设，以全国“智慧普法”平台为依托，组织开展法治动漫微视频征集展播活动，建立全国法治文艺精品库，汇聚优秀网络法治文艺作品，逐步实现共建共享。加大法治文化惠民力度，充分利用“三下乡”活动，组织丰富多彩的法治文艺下基层，在重大节庆日、法律法规实施日等时间节点，组织开展群众性法治文化活动。

（十）加强社会主义法治文化阵地建设

把法治文化阵地建设纳入城乡规划，建好用好各种法治文化阵地，扩大覆盖面，提高利用率和群众参与度。加强法治宣传教育基地、法治文化创作基地、青少年法治教育实践基地等建设，完善建设标准，增强实用功能。注重发掘、研究、保护共和国红色法治文化，传承红色法治基因，建设一批以红色法治文化为主题的高质量法治宣传教育基地。把法治元素融入长城、大运河、长征、黄河等国家文化公园建设，融入国家重大文化建设项目，发挥示范带动作用。积极利用新时代文明实践中心（所、站）、爱国主义教育基地和公共文化机构等阵地，开展群众喜闻乐见的法治文化活动。加强对县（市、区、旗）、乡镇（街道）、村（社区）等区域治理法治状况的研究评估工作。以民主法治示范村（社区）等为基础，努力打造各具特色的法治文化体验线路，形成一批深受人民群众喜爱的区域性法治文化集群。推动法治文化与地方、行业特色

文化有机融合，促进法治文化进机关、进农村、进社区、进企业、进学校、进军营、进网络等。加强基层单位法治文化形象塑造，建设法治“微景观”。着力提升市县法治文化阵地建设质量，推动从有形覆盖向有效覆盖转变。基本实现每个村（社区）至少有一个法治文化阵地，充分发挥其教育作用。

（十一）加强法治文化国际交流

把建设社会主义法治文化作为提高国家文化软实力的重要途径，对外阐释构建人类命运共同体的法治内涵和法治主张。注重在共建“一带一路”中发挥法治文化作用，建立和完善相关纠纷解决机制和组织机构，推动沿线国家、地区开展法治文化交流合作。建立涉外工作法务制度，加快我国法域外适用的法律体系建设和研究，推动海外法律服务高质量发展，更好服务于海外法律纠纷解决和涉外法律工作，提高涉外工作法治化水平。把法治外宣作为国际传播能力建设的重要内容，善于讲述中国法治故事，展示我国法治国家的形象，不断提升社会主义法治文化影响力。举办法治国际论坛，开展与世界各国法治文化对话。

三、组织保障

（十二）加强组织领导

各级党委和政府要高度重视社会主义法治文化建设，加强领导、统一部署，把法治文化建设纳入法治建设总体规划，纳入公共文化服务体系。将法治文化作为优化营商环境的重要内容，作为法治示范创建、精神文明创建、平安中国建设等创建指标体系的重要内容。党政主要负责人要切实履行推进法治建设第一责任人职责，及时研究解决法治文化建设中的重要问题。完善优秀法治文化作品的鼓励支持政策，加大对法治文艺精品和法治文化基地的扶持力度，促进法治文化作品创作和传播。将法治文化建设所需经费列入本级预算，统筹利用好现有经费渠道，拓宽资金来源，鼓励社会资本参与法治文化建设。

（十三）健全工作机制

建立健全党委统一领导、政府主导实施、部门分工负责、社会力量积极参与的社会主义法治文化建设工作机制。中央全面依法治国委员会办公室和各地全面依法治省（市、县）委员会办公室加强统筹协调，司法行政部门具体负责日常工作。党委宣传、网信、法院、检察院、教育、财政、文化和旅游等部门要发挥职能作用，积极推进法治文化建设。各部门要按照“谁主管谁负责”原则，加强本部门本行业本系统法治文化建设。各群团组织和社会组织要充分发挥作用，通过各种途径和形式参与法治文化建设。

（十四）强化人才培养

坚持立德树人、德法兼修，实施法治文化人才教育培养计划，深入开展社会主义核心价值观和社会主义法治理念教育。加强法治文化专业队伍建设。完善普法讲师团服务管理，推动实现制度化规范化。健全法治文化志愿服务体系，提高志愿服务水平，推进志愿服务精准化、常态化、便利化、品牌化。加强法治报刊出版网络队伍建设，加强法治新闻采编创作人员法治培训。发展壮大法治文化理论研究力量，培育学科带头人。完善法治文化建设人才培养使用评价激励机制。

（十五）培育推广典型

鼓励和支持各地区各部门根据实际情况大胆探索、勇于创新。加强培育法治文化建设先进典型，形成一批可复制可推广的好经验好做法。建立法治文化建设示范点，发挥引领示范作用。做好法治文化建设成果宣传和典型推广，形成良好氛围。

解读：在“十四五”开局之年制定出台这份意见，是推进全面依法治国和建设社会主义文化强国的必然要求，正当其时、意义重大。

一、社会主义法治国家建设的重要支撑

意见指出，社会主义法治文化是中国特色社会主义文化的重要组成部分，是社会主义法治国家建设的重要支撑。党的十八大以来，以习近平同志为核心的党中央在推进全面依法治国的进程中，高度重视社会主义法治文化建设，作出了许多重要论述。

在此基础上，“十四五”规划和2035年远景目标纲要进一步明确，实施法治社会建设实施纲要，加强社会主义法治文化建设，深入开展法治宣传教育，实施“八五”普法规划，完善公共法律服务体系、法律援助和国家司法救助制度。

制定出台意见是深入学习宣传贯彻习近平法治思想的重要举措，是推进全面依法治国和建设社会主义文化强国的必然要求，是深化新发展阶段全民普法的有效途径。

二、明确社会主义法治文化建设的“时间表”“施工图”

意见为社会主义法治文化建设确立了“时间表”和“施工图”。根据意见，社会主义法治文化建设的总体目标是：通过不懈努力，宪法法律权威进一步树立，尊法学法守法用法氛围日益浓厚，法治文化事业繁荣兴盛，法治文化人才队伍不断壮大，社会主义法治文化建设工作体制机制进一步完善。到2035年，基本形成与法治国家、法治政府、法治社会相适应，与中国特色社会主义法治体系相适应的社会主义法治文化，基本形成全社会办事依法、遇事找法、解决问题用法、化解矛盾靠法的法治环境。

为此，意见提出要坚持党对全面依法治国的领导，坚持以人民为中心，坚持法安天下、德润人心，坚持知行合一、重在实践，坚持继承发展、守正创新等工作原则。

要通过不断努力，切实提高全民族法治素养和道德素质，着力建设面向现代化、面向世界、面向未来的，民族的科学的大众的社会主义法治文化。

三、强调基层普法阵地重要性

意见从新发展阶段推进全面依法治国的客观实际和人民群众高品质生活的需要出

发，坚持系统观念、法治思维、强基导向，明确了社会主义法治文化建设的八项任务和许多重要举措。比如，在法治实践中持续提升公民法治素养，推动中华优秀传统法律文化创造性转化、创新性发展，繁荣发展社会主义法治文艺，加强法治文化国际交流等。意见特别强调了各类基层普法阵地在建设社会主义法治文化中发挥的作用。

在“硬件”方面，支持有条件的单位自主设置法治文化相关二级学科硕士点、博士点；在“五四宪法”历史资料陈列馆基础上建设国家宪法宣传教育馆；着力提升市县法治文化阵地建设质量，推动从有形覆盖向有效覆盖转变；基本实现每个村（社区）至少有一个法治文化阵地等。

在“软环境”方面，要从人民群众反映强烈的问题改起、从细节抓起、从小事做起，培养规则意识；传承中华法系的优秀思想和理念，使中华优秀传统法律文化焕发出新的生命力；建立全国法治文艺精品库，逐步实现共建共享；注重发掘、研究、保护共和国红色法治文化，传承红色法治基因等。

四、一项长期任务和系统工程

一分部署，九分落实。意见从组织领导、工作机制、人才培养等方面作出部署，确保社会主义法治文化建设真正落到实处。

意见强调，各级党委和政府要高度重视社会主义法治文化建设，加强领导、统一部署，把法治文化建设纳入法治建设总体规划，纳入公共文化服务体系。将法治文化作为优化营商环境的重要内容，作为法治示范创建、精神文明创建、平安中国建设等创建指标体系的重要内容。党政主要负责人要切实履行推进法治建设第一责任人职责，及时研究解决法治文化建设中的重要问题。

此外，要建立健全党委统一领导、政府主导实施、部门分工负责、社会力量积极参与的社会主义法治文化建设工作机制，要加强法治文化专业队伍建设，健全法治文化志愿服务体系等。

第三节　《法治社会建设实施纲要（2020-2025 年）》

法治社会是构筑法治国家的基础，法治社会建设是实现国家治理体系和治理能力现代化的重要组成部分。建设信仰法治、公平正义、保障权利、守法诚信、充满活力、和谐有序的社会主义法治社会，是增强人民群众获得感、幸福感、安全感的重要举措。党的十九大把法治社会基本建成确立为到 2035 年基本实现社会主义现代化的重要目标之一，意义重大，影响深远，任务艰巨。为加快推进法治社会建设，制定本纲要。

一、总体要求

（一）指导思想

高举中国特色社会主义伟大旗帜，坚持以马克思列宁主义、毛泽东思想、邓小平理论、“三个代表”重要思想、科学发展观、习近平新时代中国特色社会主义思想为指导；全面贯彻党的十九大和十九届二中、三中、四中、五中全会精神，全面贯彻习近平法治思想，增强“四个意识”、坚定“四个自信”、做到“两个维护”，坚定不移走中国特色社会主义法治道路，坚持法治国家、法治政府、法治社会一体建设；培育和践行社会主义核心价值观，弘扬社会主义法治精神，建设社会主义法治文化；增强全社会厉行法治的积极性和主动性，推动全社会尊法学法守法用法；健全社会公平正义法治保障制度，保障人民权利，提高社会治理法治化水平，为全面建设社会主义现代化国家、实现中华民族伟大复兴的中国梦筑牢坚实法治基础。

（二）主要原则

坚持党的集中统一领导；坚持以中国特色社会主义法治理论为指导；坚持以人民为中心；坚持尊重和维护宪法法律权威；坚持法律面前人人平等；坚持权利与义务相统一；坚持法治、德治、自治相结合；坚持社会治理共建共治共享。

（三）总体目标

到2025年，“八五”普法规划实施完成，法治观念深入人心，社会领域制度规范更加健全，社会主义核心价值观要求融入法治建设和社会治理成效显著；公民、法人和其他组织合法权益得到切实保障，社会治理法治化水平显著提高；形成符合国情、体现时代特征、人民群众满意的法治社会建设生动局面，为2035年基本建成法治社会奠定坚实基础。

二、推动全社会增强法治观念

全民守法是法治社会的基础工程。树立宪法法律至上、法律面前人人平等的法治理念，培育全社会法治信仰，增强法治宣传教育针对性和实效性，引导全体人民做社会主义法治的忠实崇尚者、自觉遵守者、坚定捍卫者，使法治成为社会共识和基本原则。

（四）维护宪法权威

深入宣传宪法，弘扬宪法精神，增强宪法意识，推动形成尊崇宪法、学习宪法、遵守宪法、维护宪法、运用宪法的社会氛围。切实加强对国家工作人员特别是各级领导干部的宪法教育，组织推动国家工作人员原原本本学习宪法文本。全面落实宪法宣誓制度，国家工作人员就职时应当依照法律规定进行宪法宣誓。持续开展全国学生“学宪法讲宪法”活动。推动“12·4”国家宪法日和“宪法宣传周”集中宣传活动制度化，实现宪法宣传教育常态化。

（五）增强全民法治观念

深入学习宣传习近平法治思想，深入宣传以宪法为核心的中国特色社会主义法律体系，广泛宣传与经济社会发展和人民群众利益密切相关的法律法规，使人民群众自觉尊崇、信仰和遵守法律。广泛开展民法典普法工作，让民法典走到群众身边、走进群众心里。积极组织疫病防治、野生动物保护、公共卫生安全等方面法律法规和相关知识的宣传教育活动。引导全社会尊重司法裁判，维护司法权威。充分发挥领导干部带头尊法学法守法用法对全社会的示范带动作用，进一步落实国家工作人员学法用法制度，健全日常学法制度，强化法治培训，完善考核评估机制，不断增强国家工作人员特别是各级领导干部依法办事的意识和能力。加强青少年法治教育，全面落实《青少年法治教育大纲》，把法治教育纳入国民教育体系。加强对教师的法治教育培训，配齐配强法治课教师、法治辅导员队伍，完善法治副校长制度，健全青少年参与法治实践机制。引导企业树立合规意识，切实增强企业管理者和职工的法治观念。加强对社会热点案（事）件的法治解读评论，传播法治正能量。运用新媒体新技术普法，推进“智慧普法”平台建设。研究制定法治宣传教育法。

（六）健全普法责任制

坚持法治宣传教育与法治实践相结合。认真落实“谁执法谁普法”普法责任制，2020 年年底前基本实现国家机关普法责任制清单全覆盖，把案（事）件依法处理的过程变成普法公开课。完善法官、检察官、行政复议人员、行政执法人员、律师等以案释法制度，注重加强对诉讼参与人、行政相对人、利害关系人等的法律法规和政策宣讲。引导社会各方面广泛参与立法，把立法过程变为宣传法律法规的过程。创新运用多种形式，加强对新出台法律法规规章的解读。充分发挥法律服务队伍在普法宣传教育中的重要作用，为人民群众提供专业、精准、高效的法治宣传。健全媒体公益普法制度，引导报社、电台、电视台、网站、融媒体中心等媒体自觉履行普法责任。培育壮大普法志愿者队伍，形成人民群众广泛参与普法活动的实践格局。

（七）建设社会主义法治文化

弘扬社会主义法治精神，传播法治理念，恪守法治原则，注重对法治理念、法治思维的培育，充分发挥法治文化的引领、熏陶作用，形成守法光荣、违法可耻的社会氛围。丰富法治文化产品，培育法治文化精品，扩大法治文化的覆盖面和影响力。利用重大纪念日、传统节日等契机开展群众性法治文化活动，组织各地青年普法志愿者、法治文艺团体开展法治文化基层行活动，推动法治文化深入人心。大力加强法治文化阵地建设，有效促进法治文化与传统文化、红色文化、地方文化、行业文化、企业文化融合发展。2020 年年底前制定《关于加强社会主义法治文化建设的意见》。

三、健全社会领域制度规范

加快建立健全社会领域法律制度，完善多层次多领域社会规范，强化道德规范建设，深入推进诚信建设制度化，以良法促进社会建设、保障社会善治。

（八）完善社会重要领域立法

完善教育、劳动就业、收入分配、社会保障、医疗卫生、食品药品、安全生产、道路交通、扶贫、慈善、社会救助等领域和退役军人、妇女、未成年人、老年人、残疾人正当权益保护等方面的法律法规，不断保障和改善民生。完善疫情防控相关立法，全面加强公共卫生领域相关法律法规建设。健全社会组织、城乡社区、社会工作等方面的法律制度，进一步加强和创新社会治理。完善弘扬社会主义核心价值观的法律政策体系，加强见义勇为、尊崇英烈、志愿服务、孝老爱亲等方面立法。

（九）促进社会规范建设

充分发挥社会规范在协调社会关系、约束社会行为、维护社会秩序等方面的积极作用。加强居民公约、村规民约、行业规章、社会组织章程等社会规范建设，推动社会成员自我约束、自我管理、自我规范。深化行风建设，规范行业行为。加强对社会规范制订和实施情况的监督，制订自律性社会规范的示范文本，使社会规范制订和实施符合法治原则和精神。

（十）加强道德规范建设

坚持依法治国和以德治国相结合，把法律规范和道德规范结合起来，以道德滋养法治精神。倡导助人为乐、见义勇为、诚实守信、敬业奉献、孝老爱亲等美德善行，完善激励机制，褒奖善行义举，形成好人好报、德者有得的正向效应。推进社会公德、职业道德建设，深入开展家庭美德和个人品德教育，增强法治的道德底蕴。强化道德规范的教育、评价、监督等功能，努力形成良好的社会风尚和社会秩序。深入开展道德领域突出问题专项教育和治理，依法惩处公德失范的违法行为。大力倡导科学健康文明的生活方式，革除滥食野生动物陋习，增强公民公共卫生安全和疫病防治意识。依法规范捐赠、受赠行为。注重把符合社会主义核心价值观要求的基本道德规范转化为法律规范，用法律的权威来增强人们培育和践行社会主义核心价值观的自觉性。

（十一）推进社会诚信建设

加快推进社会信用体系建设，提高全社会诚信意识和信用水平。完善企业社会责任法律制度，增强企业社会责任意识，促进企业诚实守信、合法经营。健全公民和组织守法信用记录，建立以公民身份证号码和组织机构代码为基础的统一社会信用代码制度。完善诚信建设长效机制，健全覆盖全社会的征信体系，建立完善失信惩戒制度。结合实际建立信用修复机制和异议制度，鼓励和引导失信主体主动纠正违法失信行为。加强行业协会商会诚信建设，完善诚信管理和诚信自律机制。完善全国信用信息共享平台和国家企业信用信息公示系统，进一步强化和规范信用信息归集共享。加强诚信理念宣传教育，组织诚信主题实践活动，为社会信用体系建设创造良好环境。推动出台信用方面的法律。

四、加强权利保护

切实保障公民基本权利，有效维护各类社会主体合法权益。坚持权利与义务相统一，社会主体要履行法定义务和承担社会责任。

（十二）健全公众参与重大公共决策机制

制定与人民生产生活和现实利益密切相关的经济社会政策和出台重大改革措施，

要充分体现公平正义和社会责任，畅通公众参与重大公共决策的渠道，采取多种形式广泛听取群众意见，切实保障公民、法人和其他组织合法权益。没有法律和行政法规依据，不得设定减损公民、法人和其他组织权利或者增加其义务的规范。落实法律顾问、公职律师在重大公共决策中发挥积极作用的制度机制。健全企业、职工、行业协会商会等参与涉企法律法规及政策制定机制，依法平等保护企业、职工合法权益。

（十三）保障行政执法中当事人合法权益

规范执法行为，完善执法程序，改进执法方式，尊重和维护人民群众合法权益。建立人民群众监督评价机制，促进食品药品、公共卫生、生态环境、安全生产、劳动保障、野生动物保护等关系群众切身利益的重点领域执法力度和执法效果不断提高。建立健全产权保护统筹协调工作机制，持续加强政务诚信和营商环境建设，将产权保护列为专项治理、信用示范、城市创建、营商环境建设的重要内容。推进政府信息公开，涉及公民、法人或其他组织权利和义务的行政规范性文件、行政许可决定、行政处罚决定、行政强制决定、行政征收决定等，依法予以公开。

（十四）加强人权司法保障

加强对公民合法权益的司法保护。加大涉民生案件查办力度，通过具体案件办理，保障人民群众合法权益。探索建立消费者权益保护集体诉讼制度。完善律师制度。强化诉讼参与人诉讼权利制度保障。加强对非法取证行为的源头预防，严格执行非法证据排除规则，建立健全案件纠错机制，有效防范和纠正冤假错案。健全执行工作长效机制，依法保障胜诉当事人及时实现合法权益。加强检察机关对民事、行政、刑事诉讼活动的法律监督，维护司法公正。在司法调解、司法听证等司法活动中保障人民群众参与。落实人民陪审员制度，完善人民监督员制度。推动大数据、人工智能等科技创新成果同司法工作深度融合，完善“互联网+诉讼”模式，加强诉讼服务设施建设，全面建设集约高效、多元解纷、便民利民、智慧精准、开放互动、交融共享的现代化诉讼服务体系。

（十五）为群众提供便捷高效的公共法律服务

到2022年，基本形成覆盖城乡、便捷高效、均等普惠的现代公共法律服务体系，保证人民群众获得及时有效的法律帮助。加强对欠发达地区专业法律服务人才和社会工作者、志愿者的政策扶持，大力推广运用远程网络等法律服务模式，促进城市优质法律服务资源向农村辐射，有效缓解法律服务专业力量不足问题。健全公民权利救济渠道和方式，完善法律援助制度和国家司法救助制度，制定出台法律援助法，保障困难群体、特殊群众的基本公共法律服务权益。加快律师、公证、仲裁、司法鉴定等行业改革发展，完善公共法律服务管理体制和工作机制，推进公共法律服务标准化、规范化、精准化，有效满足人民群众日益增长的高品质、多元化法律服务需求。健全村（居）法律顾问制度，充分发挥村（居）法律顾问作用。加强公共法律服务实体、热线、网络三大平台建设，推动公共法律服务与科技创新手段深度融合，尽快建成覆盖全业务、全时空的公共法律服务网络。

（十六）引导社会主体履行法定义务承担社会责任

公民、法人和其他组织享有宪法和法律规定的权利，同时必须履行宪法和法律规定的义务。强化规则意识，倡导契约精神，维护公序良俗，引导公民理性表达诉求，自觉履行法定义务、社会责任、家庭责任。引导和推动企业和其他组织履行法定义务、承担社会责任，促进社会健康有序运行。强化政策引领作用，为企业更好履行社会责任营造良好环境，推动企业与社会建立良好的互助互信关系。支持社会组织建立社会责任标准体系，引导社会资源向积极履行社会责任的社会组织倾斜。

五、推进社会治理法治化

全面提升社会治理法治化水平，依法维护社会秩序、解决社会问题、协调利益关系、推动社会事业发展，培育全社会办事依法、遇事找法、解决问题用法、化解矛盾靠法的法治环境，促进社会充满活力又和谐有序。

（十七）完善社会治理体制机制

完善党委领导、政府负责、民主协商、社会协同、公众参与、法治保障、科技支撑的社会治理体系，打造共建共治共享的社会治理格局。健全地方党委在本地区发挥总揽全局、协调各方领导作用的机制，完善政府社会治理考核问责机制。引领和推动社会力量参与社会治理，建设人人有责、人人尽责、人人享有的社会治理共同体，确保社会治理过程人民参与、成效人民评判、成果人民共享。加强社会治理制度建设，推进社会治理制度化、规范化、程序化。

（十八）推进多层次多领域依法治理

推进市域治理创新，依法加快市级层面实名登记、社会信用管理、产权保护等配套制度建设，开展市域社会治理现代化试点，使法治成为市域经济社会发展的核心竞争力。深化城乡社区依法治理，在党组织领导下实现政府治理和社会调节、居民自治良性互动。区县职能部门、乡镇政府（街道办事处）按照减负赋能原则，制定和落实在社区治理方面的权责清单。健全村级议事协商制度，鼓励农村开展村民说事、民情恳谈等活动。实施村级事务阳光工程，完善党务、村务、财务“三公开”制度，梳理村级事务公开清单，推广村级事务“阳光公开”监管平台。开展法治乡村创建活动。加强基层群众性自治组织规范化建设，修改城市居民委员会组织法和村民委员会组织法。全面推进基层单位依法治理，企业、学校等基层单位普遍完善业务和管理活动各项规章制度，建立运用法治方式解决问题的平台和机制。广泛开展行业依法治理，推进业务标准程序完善、合法合规审查到位、防范化解风险及时和法律监督有效的法治化治理方式。依法妥善处置涉及民族、宗教等因素的社会问题，促进民族关系、宗教关系和谐。

（十九）发挥人民团体和社会组织在法治社会建设中的作用

人民团体要在党的领导下，教育和组织团体成员和所联系群众依照宪法和法律的规定，通过各种途径和形式参与管理国家事务，管理经济文化事业，管理社会事务。促进社会组织健康有序发展，推进社会组织明确权责、依法自治、发挥作用。坚持党对社会组织的领导，加强社会组织党的建设，确保社会组织发展的正确政治方向。加大培育社会组织力度，重点培育、优先发展行业协会商会类、科技类、公益慈善类、城乡社区服务类社会组织。推动和支持志愿服务组织发展，开展志愿服务标准化建设。发挥行业协会商会自律功能，探索建立行业自律组织。发挥社区社会组织在创新基层社会治理中的积极作用。完善政府购买公共服务机制，促进社会组织在提供公共服务中发挥更大作用。

（二十）增强社会安全感

加快对社会安全体系的整体设计和战略规划，贯彻落实加快推进社会治理现代化开创平安中国建设新局面的意见。完善平安中国建设协调机制、责任分担机制，健全平安建设指标体系和考核标准。2020 年年底前制定“互联网+公共安全”行动计划。推动扫黑除恶常态化，依法严厉打击和惩治暴力伤害医务人员、破坏野生动物资源、暴力恐怖、黄赌毒黑拐骗、高科技犯罪、网络犯罪等违法犯罪活动，遏制和预防严重犯罪行为的发生。强化突发事件应急体系建设，提升疫情防控、防灾减灾救灾能力。依法强化危害食品药品安全、影响生产安全、破坏交通安全等重点问题治理。健全社会心理服务体系和疏导机制、危机干预机制，建立健全基层社会心理服务工作站，发展心理工作者、社会工作者等社会心理服务人才队伍，加强对贫困人口、精神障碍患者、留守儿童、妇女、老年人等的人文关怀、精神慰藉和心理健康服务。健全执法司法机关与社会心理服务机构的工作衔接，加强对执法司法所涉人群的心理疏导。推进“青少年维权岗”“青少年零犯罪零受害社区（村）”创建，强化预防青少年犯罪工作的基层基础。

（二十一）依法有效化解社会矛盾纠纷

坚持和发展新时代“枫桥经验”，畅通和规范群众诉求表达、利益协调、权益保障通道，加强矛盾排查和风险研判，完善社会矛盾纠纷多元预防调处化解综合机制，努力将矛盾纠纷化解在基层。全面落实诉讼与信访分离制度，深入推进依法分类处理信访诉求。充分发挥人民调解的第一道防线作用，完善人民调解、行政调解、司法调解联动工作体系。充分发挥律师在调解中的作用，建立健全律师调解经费保障机制。县（市、区、旗）探索在矛盾纠纷多发领域建立“一站式”纠纷解决机制。加强农村土地承包经营纠纷调解仲裁、劳动人事争议调解仲裁工作。加强行政复议、行政调解、行政裁决工作，发挥行政机关化解纠纷的“分流阀”作用。推动仲裁委员会积极参与基层社会纠纷解决，支持仲裁融入基层社会治理。

六、依法治理网络空间

网络空间不是法外之地。推动社会治理从现实社会向网络空间覆盖，建立健全网络综合治理体系，加强依法管网、依法办网、依法上网，全面推进网络空间法治化，营造清朗的网络空间。

（二十二）完善网络法律制度

通过立改废释并举等方式，推动现有法律法规延伸适用到网络空间。完善网络信息服务方面的法律法规，修订互联网信息服务管理办法，研究制定互联网信息服务严重失信主体信用信息管理办法，制定完善对网络直播、自媒体、知识社区问答等新媒体业态和算法推荐、深度伪造等新技术应用的规范管理办法。完善网络安全法配套规定和标准体系，建立健全关键信息基础设施安全保护、数据安全管理和网络安全审查等网络安全管理制度，加强对大数据、云计算和人工智能等新技术研发应用的规范引导。研究制定个人信息保护法。健全互联网技术、商业模式、大数据等创新成果的知识产权保护方面的法律法规。修订预防未成年人犯罪法，制定未成年人网络保护条例。完善跨境电商制度，规范跨境电子商务经营者行为。积极参与数字经济、电子商务、信息技术、网络安全等领域国际规则和标准制定。

（二十三）培育良好的网络法治意识

坚持依法治网和以德润网相结合，弘扬时代主旋律和社会正能量。加强和创新互联网内容建设，实施社会主义核心价值观、中华文化新媒体传播等工程。提升网络媒介素养，推动互联网信息服务领域严重失信“黑名单”制度和惩戒机制，推动网络诚信制度化建设。坚决依法打击谣言、淫秽、暴力、迷信、邪教等有害信息在网络空间传播蔓延，建立健全互联网违法和不良信息举报一体化受理处置体系。加强全社会网络法治和网络素养教育，制定网络素养教育指南。加强青少年网络安全教育，引导青少年理性上网。深入实施中国好网民工程和网络公益工程，引导网民文明上网、理性表达，营造风清气正的网络环境。

（二十四）保障公民依法安全用网

牢固树立正确的网络安全观，依法防范网络安全风险。落实网络安全责任制，明确管理部门和网信企业的网络安全责任。建立完善统一高效的网络安全风险报告机制、研判处置机制，健全网络安全检查制度。加强对网络空间通信秘密、商业秘密、个人隐私以及名誉权、财产权等合法权益的保护。严格规范收集使用用户身份、通信内容等个人信息行为，加大对非法获取、泄露、出售、提供公民个人信息的违法犯罪行为的惩处力度。督促网信企业落实主体责任，履行法律规定的安全管理责任。健全网络与信息突发安全事件应急机制，完善网络安全和信息化执法联动机制。加强网络违法犯罪监控和查处能力建设，依法查处网络金融犯罪、网络诽谤、网络诈骗、网络色情、攻击窃密等违法犯罪行为。建立健全信息共享机制，积极参与国际打击互联网违法犯罪活动。

七、加强组织保障

坚持党对法治社会建设的集中统一领导，凝聚全社会力量，扎实有序推进法治社会建设。

（二十五）强化组织领导

党的领导是全面推进依法治国、加快建设社会主义法治国家最根本的保证。地方各级党委要落实推进本地区法治社会建设的领导责任，推动解决法治社会建设过程中的重点难点问题。地方各级政府要在党委统一领导下，将法治社会建设摆在重要位置，纳入经济社会发展总体规划，落实好法治社会建设各项任务。充分发挥基层党组织在法治社会建设中的战斗堡垒作用。

（二十六）加强统筹协调

坚持法治社会与法治国家、法治政府建设相协调，坚持法治社会建设与新时代经济社会发展、人民日益增长的美好生活需要相适应。地方各级党委法治建设议事协调机构要加强对本地区法治社会建设统筹谋划，形成上下协调、部门联动的工作机制。充分调动全社会各方力量采取多种形式参与法治社会建设，进一步发挥公民、企事业单位、人民团体、社会组织等在推进法治社会建设中的积极作用，形成法治社会建设最大合力。

（二十七）健全责任落实和考核评价机制

建立健全对法治社会建设的督促落实机制，确保党中央关于法治社会建设各项决策部署落到实处。充分发挥考核评价对法治社会建设的重要推动作用，制定法治社会建设评价指标体系。健全群众满意度测评制度，将群众满意度作为检验法治社会建设工作成效的重要指标。

（二十八）加强理论研究和舆论引导

加强中国特色社会主义法治理论与实践研究，为法治社会建设提供学理支撑和智力支持。充分发挥高等学校、科研院所等智库作用，大力打造法治社会建设理论研究基地。加强舆论引导，充分发挥先进典型的示范带动作用，凝聚社会共识，营造全民关心、支持和参与法治社会建设的良好氛围。适时发布法治社会建设白皮书。

各地区各部门要全面贯彻本纲要精神和要求，结合实际制定落实举措。中央依法治国办要抓好督促落实，确保纲要各项任务措施落到实处。

解读：

一、纲要出台的背景和意义

法治社会建设是实现国家治理体系和治理能力现代化的重要组成部分，在推进全面依法治国中具有十分重要的地位和作用。党的十八大以来，以习近平同志为核心的党中央坚定不移推进全面依法治国，法治国家、法治政府、法治社会建设相互促进，全社会法治观念不断增强，法治社会建设全面深化。党的十九大提出到2035年基本建成法治国家、法治政府、法治社会。党的十九届五中全会审议通过的《中共中央关于制定国民经济和社会发展第十四个五年规划和二〇三五年远景目标的建议》，明确将"基本建成法治国家、法治政府、法治社会"作为到二〇三五年基本实现社会主义现代化远景目标的重要内容。中央全面依法治国工作会议明确了习近平法治思想在全面依法治国工作中的指导地位，对法治社会建设提出了新要求、作出了新部署。

站在新的历史起点上，必须清醒看到，与新时代人民群众日益增长的美好生活需要相比，与建设社会主义法治国家的目标要求相比，法治社会建设还存在差距。因此，迫切需要从坚持全面依法治国基本方略、推进国家治理体系和治理能力现代化的战略高度，充分认识推进法治社会建设的重要性、紧迫性，通过制定和实施纲要，将以习近平同志为核心的党中央对统筹推进全面依法治国作出的重大决策部署落到实处。纲要的出台，对于学习贯彻习近平法治思想、推进法治社会建设、实现国家治理体系和治理能力现代化具有重要意义。

二、纲要提出的法治社会建设的主要目标

纲要提出，到2025年，"八五"普法规划实施完成，法治观念深入人心，社会领域制度规范更加健全，社会主义核心价值观要求融入法治建设和社会治理成效显著，公民、法人和其他组织合法权益得到切实保障，社会治理法治化水平显著提高，形成符合国情、体现时代特征、人民群众满意的法治社会建设生动局面，为2035年基本建成法治社会奠定坚实基础。

三、纲要的重点内容

纲要共由七部分组成：第一部分是总体要求，主要阐述法治社会建设的指导思想、主要原则和总体目标；第二部分至第六部分，主要从推动全社会增强法治观念、健全社会领域制度规范、加强权利保护、推进社会治理法治化、依法治理网络空间等五个方面明确了当前法治社会建设的重点内容，提出了具体举措；第七部分是加强组织保障，主要就强化组织领导、加强统筹协调、健全责任落实和考核评价机制、加强理论研究和舆论引导等方面作出安排部署。

四、纲要将"加强权利保护""依法治理网络空间"作为法治社会建设的重要任务的原因

党的十九大报告指出："党的一切工作必须以最广大人民根本利益为最高标准。"党的十九届五中全会审议通过的《中共中央关于制定国民经济和社会发展第十四个五年规划和二〇三五年远景目标的建议》明确将"人民平等参与、平等发展权利得到充

分保障”作为到二〇三五年基本实现社会主义现代化远景目标的重要内容。习近平总书记在中央全面依法治国工作会议上的重要讲话指出：“推进全面依法治国，根本目的是依法保障人民权益。”为切实保障公民基本权利，积极回应人民群众法治需求，不断增强人民群众获得感、幸福感、安全感，纲要从健全公众参与重大公共决策机制、保障行政执法中当事人合法权益、加强人权司法保障、为群众提供便捷高效的公共法律服务、引导社会主体履行法定义务承担社会责任等方面，提出了具体措施。

随着互联网科技的迅猛发展，人们的沟通方式和生活方式发生改变，人类社会进入万物互联时代。技术进步让生活更便利、更舒适、更美好，但同时存在网络谣言、网络色情、网络侵权盗版甚至网络恐怖主义等违法犯罪行为。与现实社会相比，网络治理面对的问题更为复杂。依法治理网络空间，是维护社会和谐稳定、维护公民合法权益、促进网络空间健康有序发展的必然之举和迫切需要。党的十九大报告提出：“加强互联网内容建设，建立网络综合治理体系，营造清朗的网络空间。”党的十九届五中全会审议通过的《中共中央关于制定国民经济和社会发展第十四个五年规划和二〇三五年远景目标的建议》提出：“加强网络文明建设，发展积极健康的网络文化。”贯彻落实党中央的决策部署，针对网络空间治理中的突出问题，纲要就推动社会治理从现实社会向网络空间覆盖，建立健全网络综合治理体系，加强依法管网、依法办网、依法上网，全面推进网络空间法治化，提出了具体措施。

五、纲要在疫情防控、公共卫生法治保障方面提出的举措

纲要从加强普法宣传、强化法律服务、打击违法犯罪活动等方面提出了相关举措。一是在“增强全民法治观念”中，提出“积极组织疫病防治、野生动物保护、公共卫生安全等方面法律法规和相关知识的宣传教育活动”。二是在“加强道德规范建设”中，提出“坚持依法治国和以德治国相结合，把法律规范和道德规范结合起来，以道德滋养法治精神”“大力倡导科学健康文明的生活方式，革除滥食野生动物陋习，增强公民公共卫生安全和疫病防治意识。依法规范捐赠、受赠行为”。三是在“保障行政执法中当事人合法权益”中，提出“建立人民群众监督评价机制，促进食品药品、公共卫生、生态环境、安全生产、劳动保障、野生动物保护等关系群众切身利益的重点领域执法力度和执法效果不断提高”。四是在“增强社会安全感”中，提出“推动扫黑除恶常态化，依法严厉打击和惩治暴力伤害医务人员、破坏野生动物资源、暴力恐怖、黄赌毒黑拐骗、高科技犯罪、网络犯罪等违法犯罪活动，遏制和预防严重犯罪行为的发生”“强化突发事件应急体系建设，提升疫情防控、防灾减灾救灾能力”。

第四节　坚定不移走中国特色社会主义法治道路　为全面建设社会主义现代化国家提供有力法治保障

——习近平总书记 2020 年 11 月 16 日在中央全面依法治国工作会议上讲话的主要部分

这次中央全面依法治国工作会议的主要任务是，总结经验，分析形势，明确任务，对当前和今后一个时期全面依法治国工作作出部署，动员全党全国全社会齐心协力，为深入推进全面依法治国、加快建设中国特色社会主义法治体系、建设社会主义法治国家而奋斗。

我们党历来重视法治建设。在新民主主义革命时期，我们党就制定了《中华苏维埃共和国宪法大纲》以及大量法律法令，创造了“马锡五审判方式”。新中国成立后，在社会主义革命、社会主义建设时期，我们党领导人民制定了“五四宪法”和国家机构组织法、选举法、婚姻法等一系列重要法律法规，建立起社会主义法制框架体系，确立了社会主义司法制度。进入改革开放历史新时期，我们党提出“有法可依、有法必依、执法必严、违法必究”的方针，强调依法治国是党领导人民治理国家的基本方略、依法执政是党治国理政的基本方式，不断推进社会主义法治建设。

党的十八大以来，党中央明确提出全面依法治国，并将其纳入“四个全面”战略布局予以有力推进。党的十八届四中全会专门进行研究，作出关于全面推进依法治国若干重大问题的决定。党的十九大召开后，党中央组建中央全面依法治国委员会，从全局和战略高度对全面依法治国又作出一系列重大决策部署，推动我国社会主义法治建设发生历史性变革、取得历史性成就。我们把“中国共产党领导是中国特色社会主义最本质的特征”写入宪法，完善党领导立法、保证执法、支持司法、带头守法制度，党对全面依法治国的领导更加坚强有力。我们完善顶层设计，统筹推进法律规范、法治实施、法治监督、法治保障和党内法规体系建设，全面依法治国总体格局基本形成。我们推进重要领域立法，深化法治领域改革，推进法治政府建设，建立国家监察机构，改革完善司法体制，加强全民普法，深化依法治军，推进法治专门队伍建设，坚决维护社会公平正义，依法纠正一批冤错案件，全面依法治国实践取得重大进展。

当前和今后一个时期，推进全面依法治国，要全面贯彻落实党的十九大和十九届二中、三中、四中、五中全会精神，围绕建设中国特色社会主义法治体系、建设社会主义法治国家的总目标，坚持党的领导、人民当家作主、依法治国有机统一，以解决法治领域突出问题为着力点，坚定不移走中国特色社会主义法治道路，在法治轨道上推进国家治理体系和治理能力现代化，为全面建设社会主义现代化国家、实现中华民族伟大复兴的中国梦提供有力法治保障。要重点抓好以下工作。

第一，坚持党对全面依法治国的领导。党的领导是推进全面依法治国的根本保证。我们党是世界最大的执政党，领导着世界上人口最多的国家，如何掌好权、执好政，如何更好把 14 亿人民组织起来、动员起来全面建设社会主义现代化国家，是一个始终需要高度重视的重大课题。历史是最好的教科书，也是最好的清醒剂。我们党领导社会主义法治建设，既有成功经验，也有失误教训。特别是十年内乱期间，法制遭到严重破坏，党和人民付出了沉重代价。“文化大革命”结束后，邓小平同志把这个问题提到关系党和国家前途命运的高度，强调“必须加强法制。必须使民主制度化、法律化”。正反两方面的经验告诉我们，国际国内环境越是复杂，改革开放和社会主义现代化建设任务越是繁重，越要运用法治思维和法治手段巩固执政地位、改善执政方式、提高执政能力，保证党和国家长治久安。

全党同志都必须清醒认识到，全面依法治国决不是要削弱党的领导，而是要加强和改善党的领导。要健全党领导全面依法治国的制度和工作机制，推进党的领导制度化、法治化，通过法治保障党的路线方针政策有效实施。要坚持依法治国和依规治党有机统一，确保党既依据宪法法律治国理政，又依据党内法规管党治党、从严治党。

2015 年，我在中央政治局常委会听取最高人民法院和最高人民检察院党组工作汇报、在省部级主要领导干部学习贯彻党的十八届四中全会精神全面推进依法治国专题研讨班开班式等场合都明确指出，“党大还是法大”是一个政治陷阱，是一个伪命题；对这个问题，我们不能含糊其辞、语焉不详，要明确予以回答。党的领导和依法治国不是对立的，而是统一的。我国法律充分体现了党和人民意志，我们党依法办事，这个关系是相互统一的关系。全党同志必须牢记，党的领导是我国社会主义法治之魂，是我国法治同西方资本主义国家法治最大的区别。离开了党的领导，全面依法治国就难以有效推进，社会主义法治国家就建不起来。

当然，我们说不存在“党大还是法大”的问题，是把党作为一个执政整体、就党的执政地位和领导地位而言的，具体到每个党政组织、每个领导干部，就必须服从和遵守宪法法律。有些事情要提交党委把握，但这种把握不是私情插手，不是包庇性的干预，而是一种政治性、程序性、职责性的把握。这个界线一定要划分清楚。

第二，坚持以人民为中心。全面依法治国最广泛、最深厚的基础是人民，必须坚持为了人民、依靠人民。要把体现人民利益、反映人民愿望、维护人民权益、增进人民福祉落实到全面依法治国各领域全过程，保证人民在党的领导下通过各种途径和形式管理国家事务、管理经济文化事业、管理社会事务，保证人民依法享有广泛的权利和自由、承担应尽的义务。

推进全面依法治国，根本目的是依法保障人民权益。随着我国经济社会持续发展和人民生活水平不断提高，人民群众对民主、法治、公平、正义、安全、环境等方面的要求日益增长，要积极回应人民群众新要求新期待，坚持问题导向、目标导向，树立辩证思维和全局观念，系统研究谋划和解决法治领域人民群众反映强烈的突出问题，不断增强人民群众获得感、幸福感、安全感，用法治保障人民安居乐业。

第三，坚持中国特色社会主义法治道路。我说过，我们要坚持的中国特色社会主义法治道路，本质上是中国特色社会主义道路在法治领域的具体体现；我们要发展的中国特色社会主义法治理论，本质上是中国特色社会主义理论体系在法治问题上的理论成果；我们要建设的中国特色社会主义法治体系，本质上是中国特色社会主义制度的法律表现形式。我们既要立足当前，运用法治思维和法治方式解决经济社会发展面临的深层次问题；又要着眼长远，筑法治之基、行法治之力、积法治之势，促进各方面制度更加成熟更加定型，为党和国家事业发展提供长期性的制度保障。

自古以来，我国形成了世界法制史上独树一帜的中华法系，积淀了深厚的法律文化。中华法系形成于秦朝，到隋唐时期逐步成熟，《唐律疏议》是代表性的法典，清末以后中华法系影响日渐衰微。与大陆法系、英美法系、伊斯兰法系等不同，中华法系是在我国特定历史条件下形成的，显示了中华民族的伟大创造力和中华法制文明的深厚底蕴。中华法系凝聚了中华民族的精神和智慧，有很多优秀的思想和理念值得我们传承。出礼入刑、隆礼重法的治国策略，民惟邦本、本固邦宁的民本理念，天下无讼、以和为贵的价值追求，德主刑辅、明德慎罚的慎刑思想，援法断罪、罚当其罪的平等观念，保护鳏寡孤独、老幼妇残的恤刑原则，等等，都彰显了中华优秀传统法律文化的智慧。近代以后，不少人试图在中国照搬西方法治模式，但最终都归于失败。历史和现实告诉我们，只有传承中华优秀传统法律文化，从我国革命、建设、改革的实践中探索适合自己的法治道路，同时借鉴国外法治有益成果，才能为全面建设社会主义现代化国家、实现中华民族伟大复兴夯实法治基础。

有一点要明确，我们推进全面依法治国，决不照搬别国模式和做法，决不走西方所谓"宪政""三权鼎立""司法独立"的路子。实践证明，我国政治制度和法治体系是适合我国国情和实际的制度，具有显著优越性。在这个问题上，我们要有自信、有底气、有定力。事实教育了我们的人民群众，人民群众越来越自信。

面对突如其来的疫情，我们始终坚持坚定信心、同舟共济、科学防治、精准施策的总要求。2月5日，我就主持召开中央全面依法治国委员会第三次会议，在疫情防控关键时刻专门部署依法防控疫情工作，我特别强调，疫情防控越是到了最吃劲的时候，越要坚持依法防控，在法治轨道上统筹推进各项防控工作。各地区各部门从立法、执法、司法、普法、守法各环节全面发力，严格按照法定权限和程序实施区域封锁、病人隔离、交通管控、遗体处置等措施，严厉打击妨害疫情防控的违法犯罪行为，依法化解涉疫矛盾纠纷，为疫情防控取得重大战略成果提供了有力法治保障。

第四，坚持依宪治国、依宪执政。宪法是国家的根本法，具有最高的法律效力。党领导人民制定宪法法律，领导人民实施宪法法律，党自身要在宪法法律范围内活动。全国各族人民、一切国家机关和武装力量、各政党和各社会团体、各企业事业组织，都必须以宪法为根本的活动准则，都负有维护宪法尊严、保证宪法实施的职责。任何组织和个人都不得有超越宪法法律的特权，一切违反宪法法律的行为都必须予以追究。

党的十八届四中全会明确提出，坚持依法治国首先要坚持依宪治国，坚持依法执政首先要坚持依宪执政。我们讲依宪治国、依宪执政，同西方所谓"宪政"有着本质区别，不能把二者混为一谈。坚持依宪治国、依宪执政，就包括坚持宪法确定的中国共产党领导地位不动摇，坚持宪法确定的人民民主专政的国体和人民代表大会制度的政体不动摇。

维护国家法治统一，是一个严肃的政治问题。我国是单一制国家，维护国家法治统一至关重要。2015 年立法法修改，赋予设区的市地方立法权，地方立法工作有了积极进展，总体情况是好的，但有的地方也存在违背上位法规定、立法“放水”等问题，影响很不好。要加强宪法实施和监督，推进合宪性审查工作，对一切违反宪法法律的法规、规范性文件必须坚决予以纠正和撤销。同时，地方立法要有地方特色，需要几条就定几条，能用三五条解决问题就不要搞“鸿篇巨制”，关键是吃透党中央精神，从地方实际出发，解决突出问题。

第五，坚持在法治轨道上推进国家治理体系和治理能力现代化。法治是国家治理体系和治理能力的重要依托。只有全面依法治国才能有效保障国家治理体系的系统性、规范性、协调性，才能最大限度凝聚社会共识。

新中国成立 70 多年来，我国之所以创造出经济快速发展、社会长期稳定“两大奇迹”，同我们不断推进社会主义法治建设有着十分紧密的关系。这次应对新冠肺炎疫情，我们坚持在法治轨道上统筹推进疫情防控和经济社会发展工作，依法维护社会大局稳定，有序推进复工复产，我国疫情防控取得重大战略成果，我国将成为今年全球唯一恢复经济正增长的主要经济体。在统筹推进伟大斗争、伟大工程、伟大事业、伟大梦想的实践中，在全面建设社会主义现代化国家新征程上，我们要更加重视法治、厉行法治，更好发挥法治固根本、稳预期、利长远的保障作用，坚持依法应对重大挑战、抵御重大风险、克服重大阻力、解决重大矛盾。

第六，坚持建设中国特色社会主义法治体系。中国特色社会主义法治体系是推进全面依法治国的总抓手。要加快形成完备的法律规范体系、高效的法治实施体系、严密的法治监督体系、有力的法治保障体系，形成完善的党内法规体系。要坚持依法治国和以德治国相结合，实现法治和德治相辅相成、相得益彰。

“治国无其法则乱，守法而不变则衰。”要加快完善中国特色社会主义法律体系，使之更加科学完备、统一权威。党的十八大以来，全国人大及其常委会通过宪法修正案，制定法律 48 件，修改法律 203 件次，作出法律解释 9 件，通过有关法律问题和重大问题的决定 79 件次。截至目前，现行有效法律 282 件、行政法规 608 件，地方性法规 12000 余件。民法典为其他领域立法法典化提供了很好的范例，要总结编纂民法典的经验，适时推动条件成熟的立法领域法典编纂工作。要研究丰富立法形式，可以搞一些“大块头”，也要搞一些“小快灵”，增强立法的针对性、适用性、可操作性。

要积极推进国家安全、科技创新、公共卫生、生物安全、生态文明、防范风险、涉外法治等重要领域立法，健全国家治理急需的法律制度、满足人民日益增长的美好生活需要必备的法律制度，填补空白点、补强薄弱点。数字经济、互联网金融、人工智能、大数据、云计算等新技术新应用快速发展，催生一系列新业态新模式，但相关法律制度还存在时间差、空白区。网络犯罪已成为危害我国国家政治安全、网络安全、社会安全、经济安全等的重要风险之一。

第七，坚持依法治国、依法执政、依法行政共同推进，法治国家、法治政府、法治社会一体建设。全面依法治国是一个系统工程，要整体谋划，更加注重系统性、整体性、协同性。依法治国、依法执政、依法行政是一个有机整体，关键在于党要坚持依法执政、各级政府要坚持依法行政。法治国家、法治政府、法治社会相辅相成，法治国家是法治建设的目标，法治政府是建设法治国家的重点，法治社会是构筑法治国家的基础。

我多次强调，推进全面依法治国，法治政府建设是重点任务和主体工程，对法治国家、法治社会建设具有示范带动作用，要率先突破。现在，法治政府建设还有一些难啃的硬骨头，依法行政观念不牢固、行政决策合法性审查走形式等问题还没有根本解决。要用法治给行政权力定规矩、划界限，规范行政决策程序，健全政府守信践诺机制，提高依法行政水平。要根据新发展阶段的特点，围绕推动高质量发展、构建新发展格局，加快转变政府职能，加快打造市场化、法治化、国际化营商环境，打破行业垄断和地方保护，打通经济循环堵点，推动形成全国统一、公平竞争、规范有序的市场体系。

行政执法工作面广量大，一头连着政府，一头连着群众，直接关系群众对党和政府的信任、对法治的信心。要推进严格规范公正文明执法，提高司法公信力。近年来，我们整治执法不规范、乱作为等问题，取得很大成效。同时，一些地方运动式、“一刀切”执法问题仍时有发生，执法不作为问题突出。强调严格执法，让违法者敬法畏法，但绝不是暴力执法、过激执法，要让执法既有力度又有温度。要加强省市县乡四级全覆盖的行政执法协调监督工作体系建设，强化全方位、全流程监督，提高执法质量。

全民守法是法治社会的基础工程。普法工作要紧跟时代，在针对性和实效性上下功夫，落实“谁执法谁普法”普法责任制，特别是要加强青少年法治教育，不断提升全体公民法治意识和法治素养，使法治成为社会共识和基本准则。要强化依法治理，培育全社会办事依法、遇事找法、解决问题用法、化解矛盾靠法的法治环境。

古人说：“消未起之患、治未病之疾，医之于无事之前。”法治建设既要抓末端、治已病，更要抓前端、治未病。我国国情决定了我们不能成为“诉讼大国”。我国有 14 亿人口，大大小小的事都要打官司，那必然不堪重负！要推动更多法治力量向引导和疏导端用力，完善预防性法律制度，坚持和发展新时代“枫桥经验”，完善社会矛盾纠纷多元预防调处化解综合机制，更加重视基层基础工作，充分发挥共建共治共享在基层的作用，推进市域社会治理现代化，促进社会和谐稳定。

第八，坚持全面推进科学立法、严格执法、公正司法、全民守法。要继续推进法治领域改革，解决好立法、执法、司法、守法等领域的突出矛盾和问题。

公平正义是司法的灵魂和生命。要深化司法责任制综合配套改革，加强司法制约监督，完善人员分类管理，健全司法职业保障，规范司法权力运行，提高司法办案质量和效率。要健全社会公平正义法治保障制度，努力让人民群众在每一个司法案件中感受到公平正义。要继续完善公益诉讼制度，有效维护社会公共利益。党的十八大以来，党中央确定的一些重大改革事项，健全纪检监察机关、公安机关、检察机关、审判机关、司法行政机关各司其职，侦查权、检察权、审判权、执行权相互配合的体制机制等，要紧盯不放，真正一抓到底，抓出实效。

近年来，司法腐败案件集中暴露出权力制约监督不到位问题。一些人通过金钱开路，几乎成了法外之人，背后有政法系统几十名干部为其“打招呼”“开路条”，监督形同虚设。要加快构建规范高效的制约监督体系，坚决破除“关系网”、斩断“利益链”，让“猫腻”“暗门”无处遁形。

2018 年 1 月起，为期 3 年的扫黑除恶专项斗争在全国展开。扫黑除恶专项斗争把打击黑恶势力和“打伞破网”一体推进，清除了一批害群之马。近 3 年来打掉的涉黑组织相当于前 10 年的总和，对黑恶势力形成了强大震慑。要继续依法打击破坏社会秩序的违法犯罪行为，特别是要推动扫黑除恶常态化，持之以恒、坚定不移打击黑恶势力及其保护伞，让城乡更安宁、群众更安乐。

第九，坚持统筹推进国内法治和涉外法治。法治是国家核心竞争力的重要内容。当前，世界百年未有之大变局加速演变，和平与发展仍然是时代主题，但国际环境不稳定性不确定性明显上升，新冠肺炎疫情大流行影响广泛深远。我国不断发展壮大，日益走近世界舞台中央。要加快涉外法治工作战略布局，协调推进国内治理和国际治理，更好维护国家主权、安全、发展利益。要加快形成系统完备的涉外法律法规体系，提升涉外执法司法效能。要引导企业、公民在走出去过程中更加自觉地遵守当地法律法规和风俗习惯，运用法治和规则维护自身合法权益。要注重培育一批国际一流的仲裁机构、律师事务所，把涉外法治保障和服务工作做得更有成效。

我们要坚定维护以联合国为核心的国际体系，坚定维护以国际法为基础的国际秩序，坚定维护以联合国宪章宗旨和原则为基础的国际法基本原则和国际关系基本准则。对不公正不合理、不符合国际格局演变大势的国际规则、国际机制，要提出改革方案，推动全球治理变革，推动构建人类命运共同体。

第十，坚持建设德才兼备的高素质法治工作队伍。全面推进依法治国，首先要把专门队伍建设好。要加强理想信念教育，深入开展社会主义核心价值观和社会主义法治理念教育，推进法治专门队伍革命化、正规化、专业化、职业化，确保做到忠于党、忠于国家、忠于人民、忠于法律。

对法治专门队伍的管理必须坚持更严标准、更高要求。一些执法司法人员手握重器而不自重，贪赃枉法、徇私枉法，办“金钱案”“权力案”“人情案”，严重损害法治权威。要制定完善铁规禁令、纪律规定，用制度管好关键人、管到关键处、管住关键事。要坚决清查贪赃枉法、对党不忠诚不老实的人，深查执法司法腐败。最近，政法系统开展队伍教育整顿试点工作，查处了一批害群之马，得到广大群众好评。要巩固和扩大试点工作成果，坚持零容忍，敢于刀刃向内、刮骨疗毒。

法律服务队伍是全面依法治国的重要力量。总体而言，这支队伍是好的，但也存在不少问题，有的热衷于“扬名逐利”，行为不端、诚信缺失、形象不佳；极个别法律从业人员政治意识淡薄，甚至恶意攻击我国政治制度和法治制度。要把拥护中国共产党领导、拥护我国社会主义法治作为法律服务人员从业的基本要求，加强教育、管理、引导，引导法律服务工作者坚持正确政治方向，依法依规诚信执业，认真履行社会责任，满腔热忱投入社会主义法治国家建设。要推进法学院校改革发展，提高人才培养质量。要加大涉外法学教育力度，重点做好涉外执法司法和法律服务人才培养、国际组织法律人才培养推送工作，更好服务对外工作大局。

第十一，坚持抓住领导干部这个“关键少数”。领导干部具体行使党的执政权和国家立法权、行政权、监察权、司法权，是全面依法治国的关键。各级领导干部要坚决贯彻落实党中央关于全面依法治国的重大决策部署，带头尊崇法治、敬畏法律，了解法律、掌握法律，不断提高运用法治思维和法治方式深化改革、推动发展、化解矛盾、维护稳定、应对风险的能力，做尊法学法守法用法的模范。要把法治素养和依法履职情况纳入考核评价干部的重要内容，让尊法学法守法用法成为领导干部自觉行为和必备素质。

同志们！深入推进全面依法治国，必须坚持党的集中统一领导。各级党委和政府要加强对法治建设的组织领导，重大部署、重要任务、重点工作要抓在手上，确保落到实处。要深入贯彻党的十九届五中全会精神，将“十四五”时期经济社会发展和法治建设同步谋划、同步部署、同步推进。党中央即将印发法治中国建设规划和法治社会建设实施纲要，新的法治政府建设实施纲要也将很快出台，各级党委和政府要抓紧抓实抓好。各条战线各个部门要强化法治观念，严格依法办事，不断提高各领域工作法治化水平。法治工作部门要全面履职尽责。中央依法治国办要履行统筹协调、督促检查、推动落实的职责，及时发现问题，推动研究解决。要力戒形式主义、官僚主义，确保全面依法治国各项任务真正落到实处。

推进全面依法治国是国家治理的一场深刻变革，必须以科学理论为指导，加强理论思维，从理论上回答为什么要全面依法治国、怎样全面依法治国这个重大时代课题，不断从理论和实践的结合上取得新成果，总结好、运用好党关于新时代加强法治建设的思想理论成果，更好指导全面依法治国各项工作。

第五节　坚持走中国特色社会主义法治道路　更好推进中国特色社会主义法治体系建设

——习近平总书记2021年12月6日在十九届中央政治局第三十五次集体学习时的讲话

今天，中央政治局进行第三十五次集体学习，内容是建设中国特色社会主义法治体系。安排这次学习，目的是总结中国特色社会主义法治体系建设成效，分析存在的问题和不足，坚持走中国特色社会主义法治道路，更好推进中国特色社会主义法治体系建设。

“法度者，正之至也。”我们党自成立之日起就高度重视法治建设。新民主主义革命时期，我们党制定了《中华苏维埃共和国宪法大纲》和大量法律法令，创造了“马锡五审判方式”，为建立新型法律制度积累了实践经验。社会主义革命和建设时期，我们党领导人民制定了宪法和国家机构组织法、选举法、婚姻法等一系列重要法律法规，建立起社会主义法制框架体系，确立了社会主义司法制度。改革开放和社会主义现代化建设时期，我们党提出“有法可依、有法必依、执法必严、违法必究”的方针，确立依法治国基本方略，把建设社会主义法治国家确定为社会主义现代化的重要目标，逐步形成以宪法为核心的中国特色社会主义法律体系。

党的十八大以来，党中央把全面依法治国纳入“四个全面”战略布局予以有力推进，对全面依法治国作出一系列重大决策部署，组建中央全面依法治国委员会，完善党领导立法、保证执法、支持司法、带头守法制度，基本形成全面依法治国总体格局。党的十八届四中全会明确提出全面推进依法治国的总目标是建设中国特色社会主义法治体系、建设社会主义法治国家。我们抓住法治体系建设这个总抓手，坚持党的领导、人民当家作主、依法治国有机统一，坚持依法治国、依法执政、依法行政共同推进，坚持法治国家、法治政府、法治社会一体建设，全面深化法治领域改革，统筹推进法律规范体系、法治实施体系、法治监督体系、法治保障体系和党内法规体系建设，推动中国特色社会主义法治体系建设取得历史性成就。

同时，我们也要看到，我国法治体系还存在一些短板和不足，主要是：法律规范体系不够完备，重点领域、新兴领域相关法律制度存在薄弱点和空白区；法治实施体系不够高效，执法司法职权运行机制不够科学；法治监督体系不够严密，各方面监督没有真正形成合力；法治保障体系不够有力，法治专门队伍建设有待加强；涉外法治短板比较明显，等等。这些问题，必须抓紧研究解决。

我多次强调，法治兴则民族兴，法治强则国家强。当前，我国正处在实现中华民族伟大复兴的关键时期，世界百年未有之大变局加速演进，改革发展稳定任务艰巨繁重，对外开放深入推进，需要更好发挥法治固根本、稳预期、利长远的作用。

从国内看，我们已经踏上了全面建设社会主义现代化国家、向第二个百年奋斗目标进军的新征程，立足新发展阶段，贯彻新发展理念，构建新发展格局，推动高质量发展，满足人民对民主、法治、公平、正义、安全、环境等方面日益增长的要求，提高人民生活品质，促进共同富裕，都对法治建设提出了新的更高要求。我们必须提高全面依法治国能力和水平，为全面建设社会主义现代化国家、实现第二个百年奋斗目标提供有力法治保障。

从国际看，世界进入动荡变革期，国际竞争越来越体现为制度、规则、法律之争。我们必须加强涉外法律法规体系建设，提升涉外执法司法效能，坚决维护国家主权、安全、发展利益。

建设中国特色社会主义法治体系，要顺应事业发展需要，坚持系统观念，全面加以推进。当前和今后一个时期，要着力抓好以下几方面工作。

第一，坚持法治体系建设正确方向。我讲过，全面推进依法治国这件大事能不能办好，最关键的是方向是不是正确、政治保证是不是坚强有力，具体讲就是要坚持党的领导，坚持中国特色社会主义制度，贯彻中国特色社会主义法治理论。中国特色社会主义法治体系是中国特色社会主义制度的重要组成部分，必须牢牢把握中国特色社会主义这个定性，坚定不移走中国特色社会主义法治道路，正确处理政治和法治、改革和法治、依法治国和以德治国、依法治国和依规治党的关系，在坚持党的全面领导、保证人民当家作主等重大问题上做到头脑特别清晰、立场特别坚定。要始终坚持以人民为中心，坚持法治为了人民、依靠人民、造福人民、保护人民，把体现人民利益、反映人民愿望、维护人民权益、增进人民福祉落实到法治体系建设全过程。我们要建设的中国特色社会主义法治体系，必须是扎根中国文化、立足中国国情、解决中国问题的法治体系，不能被西方错误思潮所误导。

第二，加快重点领域立法。古人讲："立善法于天下，则天下治；立善法于一国，则一国治。"要加强国家安全、科技创新、公共卫生、生物安全、生态文明、防范风险等重要领域立法，加快数字经济、互联网金融、人工智能、大数据、云计算等领域立法步伐，努力健全国家治理急需、满足人民日益增长的美好生活需要必备的法律制度。要发挥依规治党对党和国家事业发展的政治保障作用，形成国家法律和党内法规相辅相成的格局。要聚焦人民群众急盼，加强民生领域立法。对人民群众反映强烈的电信网络诈骗、新型毒品犯罪和"邪教式"追星、"饭圈"乱象、"阴阳合同"等娱乐圈突出问题，要从完善法律入手进行规制，补齐监管漏洞和短板，决不能放任不管。这些年来，资本无序扩张问题比较突出，一些平台经济、数字经济野蛮生长、缺乏监管，带来了很多问题。要加快推进反垄断法、反不正当竞争法等修订工作，加快完善相关法律制度。

毛泽东同志说过："搞宪法是搞科学。"要抓住立法质量这个关键，深入推进科学立法、民主立法、依法立法，统筹立改废释纂，提高立法效率，增强立法系统性、整体性、协同性。维护国家法治统一是严肃的政治问题，各级立法机构和工作部门要遵循立法程序、严守立法权限，切实避免越权立法、重复立法、盲目立法，有效防止部门利益和地方保护主义影响。

"天下之事，不难于立法，而难于法之必行。"推进法治体系建设，重点和难点在于通过严格执法、公正司法、全民守法，推进法律正确实施，把"纸上的法律"变为"行动中的法律"。要健全法律面前人人平等保障机制，维护国家法制统一、尊严、权威，一切违反宪法法律的行为都必须予以追究。各级党组织和领导干部都要旗帜鲜明支持司法机关依法独立行使职权，绝不容许利用职权干预司法、插手案件。

第三，深化法治领域改革。当前，法治领域存在的一些突出矛盾和问题，原因在于改革还没有完全到位。要围绕让人民群众在每一项法律制度、每一个执法决定、每一宗司法案件中都感受到公平正义这个目标，深化司法体制综合配套改革，加快建设公正高效权威的社会主义司法制度。要健全社会公平正义法治保障制度，完善公益诉讼制度，健全执法权、监察权、司法权运行机制，加强权力制约和监督。要加快构建系统完备、规范高效的执法司法制约监督体系，加强对立法权、执法权、监察权、司法权的监督，健全纪检监察机关、公安机关、检察机关、审判机关、司法行政机关各司其职，侦查权、检察权、审判权、执行权相互制约的体制机制，确保执法司法各环节、全过程在有效制约监督下进行。要加强统筹谋划，完善法治人才培养体系，加快发展律师、公证、司法鉴定、仲裁、调解等法律服务队伍，着力建设一支忠于党、忠于国家、忠于人民、忠于法律的社会主义法治工作队伍。要深化执法司法人员管理体制改革，加强法治专门队伍管理教育和培养。要深化政法队伍教育整顿，继续依法打击执法司法领域腐败行为，推动扫黑除恶常态化。

需要强调的是，法治领域改革政治性、政策性强，必须把握原则、坚守底线，决不能把改革变成“对标”西方法治体系、“追捧”西方法治实践。

第四，运用法治手段开展国际斗争。党的十八大以来，我们统筹推进国内法治和涉外法治，运用法治方式维护国家和人民利益能力明显提升。要坚持统筹推进国内法治和涉外法治，按照急用先行原则，加强涉外领域立法，进一步完善反制裁、反干涉、反制“长臂管辖”法律法规，推动我国法域外适用的法律体系建设。要把拓展执法司法合作纳入双边多边关系建设的重要议题，延伸保护我国海外利益的安全链。要加强涉外法治人才建设。

第五，加强法治理论研究和宣传。我们总结中国特色社会主义法治实践规律，传承中华法律文化精华，汲取世界法治文明有益成果，形成了全面依法治国新理念新举措。我在中央全面依法治国工作会议上概括为“十一个坚持”。要加强对我国法治的原创性概念、判断、范畴、理论的研究，加强中国特色法学学科体系、学术体系、话语体系建设。要把新时代中国特色社会主义法治思想落实到各法学学科的教材编写和教学工作中，推动进教材、进课堂、进头脑，努力培养造就更多具有坚定理想信念、强烈家国情怀、扎实法学根底的法治人才。要加强对律师队伍的政治引领，教育引导广大律师自觉遵守拥护中国共产党领导、拥护我国社会主义法治等从业基本要求，努力做党和人民满意的好律师。要把推进全民守法作为基础工程，全面落实“谁执法谁普法”普法责任制。各级领导干部要带头尊法学法守法用法，引导广大群众自觉守法、遇事找法、解决问题靠法。要总结我国法治体系建设和法治实践的经验，阐发我国优秀传统法治文化，讲好中国法治故事，提升我国法治体系和法治理论的国际影响力和话语权。

各级党委（党组）要担负好主体责任，聚焦重大部署、重要任务、重点工作，加强组织领导，主动担当作为，力戒形式主义、官僚主义。中央依法治国办要发挥好职能作用，推动党中央法治建设决策部署落到实处。各条战线各个部门要齐抓共管、压实责任、形成合力，提高工作法治化水平。

第五章　模拟演练

一

材料一： 到2025年，公民法治素养和社会治理法治化水平显著提升，全民普法工作体系更加健全。公民对法律法规的知晓度、法治精神的认同度、法治实践的参与度显著提高，全社会尊法学法守法用法的自觉性和主动性显著增强。多层次多领域依法治理深入推进，全社会办事依法、遇事找法、解决问题用法、化解矛盾靠法的法治环境显著改善。全民普法制度完备、实施精准、评价科学、责任落实的工作体系基本形成。（摘自《中央宣传部、司法部关于开展法治宣传教育的第八个五年规划（2021-2025年）》）

材料二： 要坚持依法治国、依法执政、依法行政共同推进，法治国家、法治政府、法治社会一体建设。全面依法治国是一个系统工程，要整体谋划，更加注重系统性、整体性、协同性。（摘自习近平在2020年中央全面依法治国工作会议上的讲话）

问题： 围绕法治社会建设的核心意义，结合习近平法治思想，谈谈如何在法治国家、法治政府、法治社会一体建设中推进法治社会建设。

【参考答案】

法治社会是构筑法治国家的基础，法治社会建设是实现国家治理体系和治理能力现代化的重要组成部分。建设信仰法治、公平正义、保障权利、守法诚信、充满活力、和谐有序的社会主义法治社会，是增强人民群众获得感、幸福感、安全感的重要举措。法治国家、法治政府、法治社会三者相互联系、相互支撑、相辅相成，法治国家是法治建设的目标，法治政府是建设法治国家的重点，法治社会是构筑法治国家的基础。

在法治国家、法治政府、法治社会一体建设中推进法治社会建设，要坚持党的集中统一领导。党的领导是全面推进依法治国、加快建设社会主义法治社会最根本的保证。只有在党的集中统一领导下，才能凝聚全社会力量，扎实有序推进法治社会建设。

在法治国家、法治政府、法治社会一体建设中推进法治社会建设，要坚持贯彻落实习近平法治思想。习近平法治思想是全面依法治国的根本遵循和行动指南。要把习近平法治思想贯彻落实到法治社会建设全过程和各方面，转化为做好法治社会建设各项工作的强大动力，转化为推进法治社会建设的思路举措，转化为建设法治社会的生动实践，不断开创法治社会建设新局面。

在法治国家、法治政府、法治社会一体建设中推进法治社会建设，要强化党和国家机关及其工作人员的带头作用，发挥立法引领作用，强化权利保障。必须切实加强对国家工作人员特别是各级领导干部的法治教育，带头树立宪法法律至上、法律面前人人平等的法治理念，促进培育全社会法治信仰。必须加快建立健全社会领域法律制度，完善多层次多领域社会规范，强化道德规范建设，深入推进诚信建设制度化，以良法促进社会建设、保障社会善治。必须切实保障公民基本权利，有效维护各类社会主体合法权益。坚持权利与义务相统一，社会主体要履行法定义务和承担社会责任，使全体人民做社会主义法治的忠实崇尚者、自觉遵守者、坚定捍卫者，使法治成为社会共识和基本原则。

总之，法治社会建设是中国特色社会主义法治道路的必然要求。我们必须清楚认识到法治社会是法治政府乃至整个法治国家的基础。只有深入贯彻习近平法治思想，协调推进法治社会建设，才能顺利建成法治中国。

二

材料一：实现全面推进依法治国总目标，建设中国特色社会主义法治体系、建设社会主义法治国家，必须坚持立法先行。（摘自《全国人大常委2021年度立法工作计划》）

材料二：总书记明确用了“加快”二字，要求加快完善中国特色社会主义法律体系，使之更加科学完备、统一权威。总书记具体点了国家安全、科技创新、公共卫生、生物安全、生态文明、防范风险、涉外法治等7个重点领域，要求积极推进，填补空白点、补强薄弱点。我们还要及时研究数字经济、互联网金融、人工智能、大数据、云计算等新技术领域的立法，保障新业态、新模式健康发展。（摘自栗战书：《习近平法治思想是全面依法治国的根本遵循和行动指南》）

问题：根据以上材料，谈谈在全面推进依法治国的过程中应如何完善、推进立法。

【参考答案】

立法是全国人民代表大会及其常务委员会和地方各级人民代表大会及其常务委员会、国务院和地方各级政府依据宪法和法律授予的职权和规定的程序，制定法律法规的活动。法律是治国之重器，良法是善治之前提，在推进全面依法治国的进程中必须重视立法的作用。

在推进全面依法治国的进程中完善、推进立法，要完善立法体制：一是加强党对立法工作的领导，完善党对立法工作中重大问题决策的程序；二是健全有立法权的人大主导立法工作的体制机制，发挥人大及其常委会在立法工作中的主导作用；三是加强和改进政府立法制度建设，完善行政法规、规章制定程序，完善公众参与政府立法机制；四是明确立法权力边界，从体制机制和工作程序上有效防止部门利益和地方保护主义法律化；五是加强法律解释工作，及时明确法律规定含义和适用法律依据。

在推进全面依法治国的进程中完善、推进立法，要深入推进科学立法、民主立法：一是要加强人大对立法工作的组织协调，健全科学、民主立法机制，推进立法精细化；二是要健全立法机关和社会公众沟通机制，探索建立有关国家机关、社会团体、专家学者等对立法中涉及的重大利益调整论证咨询机制，拓宽公民有序参与立法途径，使立法广泛凝聚社会共识；三是完善法律草案表决程序，对重要条款可以单独表决；四是严格依照法定权限和程序立法，明确立法权力边界，完善立法工作程序，注意克服立法部门化、地方化倾向，维护社会主义法制的统一和尊严。

在推进全面依法治国的进程中完善、推进立法，要加强重点领域立法。目前中国特色社会主义法律体系已经建成，但仍存在立法不够完善的问题，需要加强公民权利、民主政治制度等方面的立法，使得中国特色社会主义法律体系与时俱进。

总之，正如材料中提到的那样，在新时代建设中国特色社会主义法治体系，必须坚持立法先行。制定出科学的、民主的、反映人民意志的法律，使中国特色社会主义法治事业有法可依，为实现良法善治的目标奠定基础。

三

材料一：2020 年中央全面依法治国委员会工作会议指出：要坚持建设中国特色社会主义法治体系。中国特色社会主义法治体系是推进全面依法治国的总抓手。要加快形成完备的法律规范体系、高效的法治实施体系、严密的法治监督体系、有力的法治保障体系，形成完善的党内法规体系。

材料二：“经国序民，正其制度。”党的十八大以来，以习近平同志为核心的党中央高度重视制度治党、依规治党，把加强党内法规制度建设作为全面从严治党的长远之策、根本之策，作为事关党长期执政、国家长治久安的重大战略任务，摆在突出位置部署推进，取得历史性成就，形成比较完善的党内法规制度体系目标胜利在望，广大党员干部尊规学规守规用规意识明显增强，党内法规制度优势较好转化为管党治党、治国理政的治理效能。党内法规，成为“中国之治”的一个独特治理密码，成为彰显中国特色社会主义制度优势的一张金色名片。（摘自 2021 年 6 月 17 日《人民日报》）

问题：根据以上材料，谈谈完善党内法规对于推进全面依法治国的意义。

【参考答案】

党的十八大以来，党中央高度重视党内法规制度建设。按照党中央部署，力争到建党 100 周年时，要形成比较完善的党内法规制度体系。党内法规是党的中央组织以及中央纪律检查委员会、中央各部门和省、自治区、直辖市党委制定的规范党组织的工作、活动和党员行为的党内规章制度的总称。党内法规既是管党治党的重要依据，也是建设社会主义法治国家的有力保障。

推进全面依法治国要求加强和改进党的领导，党的领导是推进全面依法治国、建设社会主义法治国家最根本的保证。必须加强和改进党对法治工作的领导，把党的领导贯彻到依法治国的全过程和各方面，这就要求党要依法执政。依法执政，既要求党依据宪法法律治国理政，也要求党依据党内法规管党治党。一方面，中国共产党是执政党，只有有效地规范执政党的权力，依法治国才能落到实处。国家法律是全体公民必须遵循的行为底线，而党规党纪严于国家法律。因为党是肩负神圣使命的政治组织，党员是有着特殊政治职责的公民，必须对党员干部严格要求，才能真正地做到依法执政，建成社会主义法治国家。另一方面，党内法规对社会主义法治建设也具有引领作用。有些规范、要求在全社会还不具备实施条件时，可以通过对党员提出要求，先在党内实行，不断调整完善，辅之以在全社会宣传引导，条件成熟时再通过立法在国家层面施行。也可以将全面深化改革的实践经验和制度成果，通过法定程序转化为国家法律法规，保证党的路线、方针、政策得到贯彻执行。

党的十八届四中全会把形成完善的党内法规体系作为推进全面依法治国总目标中的重要内容。完善党内法规就是要牢牢把握正确方向，坚持目标导向和问题导向统一，坚持整体推进和重点突破结合，坚持制定和实施并重，扎实推进党内法规制度建设。完善党内法规制定体制机制，加大党内法规备案审查和解释力度，形成配套完备的党内法规制度体系。注重党内法规同国家法律的衔接和协调，提高党内法规执行力，运用党内法规把党要管党、从严治党落到实处，促进党员、干部带头遵守国家法律法规。

治国必先治党，治党务必从严，从严必依法度。加强党内法规制度建设，实现全面依规治党是党在新的执政环境下深化对执政规律认识形成的重要成果，是法治思维贯穿治国理政全过程的集中体现，是党要履行好执政兴国重大历史使命、赢得具有新的历史特点的伟大斗争胜利、实现党和国家长治久安的必然选择。

四

材料一：坚持依法治国和以德治国相结合，是中国特色社会主义法治道路的鲜明特点。党的十九大报告指出，坚持全面依法治国，必须“坚持依法治国和以德治国相结合”“提高全民族法治素养和道德素质”。习近平总书记在中央全面依法治国工作会议上强调：“坚持依法治国和以德治国相结合”，并将其作为“坚持建设中国特色社会主义法治体系”的一项具体要求。（摘自 2021 年 2 月 3 日《人民日报》）

材料二：半个多世纪前，浙江诸暨干部群众创造了“发动和依靠群众，坚持矛盾不上交”的“枫桥经验”，有效解决了基层各类矛盾和问题。有关专家表示，“枫桥经验”是以人民为中心的共建共治共享的基层社会治理经验，强调自治、法治、德治融合，其基本做法是发动和依靠群众化解人民内部矛盾。（摘自 2021 年 3 月 17 日《光明日报》）

问题：围绕习近平法治思想，谈谈新时代坚持依法治国和以德治国相结合的意义和做法。

【参考答案】

法律和道德是现代国家治理不可缺少的两种重要手段。坚持依法治国和以德治国相结合，是中国特色社会主义法治道路的鲜明特征，是建设社会主义法治国家必须遵循的基本原则。

对于国家治理来说，法治和德治如车之两轮、鸟之两翼，不可偏废。法治以其权威性和强制性规范社会成员的行为，德治以其说服力和劝导力提高社会成员的思想道德觉悟。坚持法治和德治相结合，有助于夯实国家治理的制度基础和思想道德基础，有助于法治国家建设目标的实现。

坚持依法治国和以德治国相结合：第一，必须全面贯彻习近平法治思想。习近平法治思想指出，法律是准绳，任何时候都必须遵循；道德是基石，任何时候都不可忽视。必须坚持依法治国和以德治国相结合，使法治和德治在国家治理中相互补充、相互促进、相得益彰，推进国家治理体系和治理能力现代化。第二，发挥法治对道德的保障作用。法律在制定过程中可以将一些道德规范转化为法律规范，再通过法律实施来体现价值观和道德要求，并通过法律的强制功能确保道德底线。要运用法治手段解决道德领域突出问题，加强相关立法工作，明确对失德行为的惩戒措施。第三，发挥道德对法治的支撑作用。实现良法善治，离不开道德作用的发挥。道德是制定法律的重要依据，为法律创制提供思想基础，为法律正当性提供评判标准，为法律实施提供道义支持。因此，道德教育要突出法治内涵，培养人们的法律信仰、法治观念、规则意识，引导人们认同和信仰法律，明是非、知荣辱，以道德伦理滋养法治精神，在全社会营造有利于法律实施的文化氛围。第四，完善法治、德治相结合的承载机制。“枫桥经验”扎根中国本土资源，实现了法治与德治相结合，要根据新时代的需求，完善以“枫桥经验”为代表的机制，发挥“枫桥经验”的实践作用。

总之，落实依法治国基本方略，加快建设社会主义法治国家，必须坚持依法治国和以德治国相结合，既重视发挥法律的规范作用，又重视发挥道德的教化作用，做到法治和德治两手抓、两手都要硬。

五

材料一：把建设社会主义法治文化作为建设中国特色社会主义法治体系、建设社会主义法治国家的战略性、基础性工作和建设社会主义文化强国的重要内容，切实提高全民族法治素养和道德素质，着力建设面向现代化、面向世界、面向未来的，民族的科学的大众的社会主义法治文化，为全面依法治国提供坚强思想保证和强大精神动力，为全面建设社会主义现代化国家、实现中华民族伟大复兴的中国梦夯实法治基础。（摘自《关于加强社会主义法治文化建设的意见》）

材料二：新华社北京2021年9月3日电　中共中央政治局委员、全国人大常委会副委员长王晨2日至3日在北京调研社会主义法治文化建设工作。他强调，要以习近平新时代中国特色社会主义思想为指导，把社会主义法治文化作为中国特色社会主义文化的重要组成部分，作为社会主义法治国家建设的重要支撑，努力营造全社会尊法学法守法用法的良好氛围，在法治实践中持续提升公民法治素养。

问题：结合材料，谈一谈在社会主义法治文化建设中提升公民法治素养的意义和做法。

【参考答案】

社会主义法治文化是中国特色社会主义文化的重要组成部分，是社会主义法治国家建设的重要支撑。公民的法治素养是公民通过学习法律知识深入理解法律的内涵和本质，正确运用法治思维、依法维护权利与依法履行义务的素质、修养和能力。

建设社会主义法治文化，提高公民法治素养必不可少。一方面，文化本身意味着集体的认同与遵守。脱离了集体，只有个人，只是观点，不能构成文化。另一方面，只有作为社会主体的公民提高了自身法治素养，才能为社会主义法治文化建设奠定坚实的基础。

在社会主义法治文化建设中提升公民法治素养，一是要注重公民法治习惯的实践养成，促进人民群众广泛参与法治，用科学立法、严格执法、公正司法的实践教育人民，推动全民守法。科学立法有助于把社会主义核心价值观融入法律法规的立改废释全过程，使法律法规、司法解释等更好体现公民价值准则。严格执法有助于强化严格规范公正文明执法意识，促进提高依法行政能力和水平，从而提升公民对法治的信赖和遵从。公正司法有助于健全公正高效权威的司法制度，促进司法文明，使人民群众在每一个司法案件中感受到公平正义。全民守法有助于让依法工作生活真正成为一种习惯，使任何组织和个人都不得有超越宪法法律的特权。二是要加大全民普法力度，落实“谁执法谁普法”普法责任制，加强以案普法、以案释法，发挥典型案例引领法治风尚、塑造社会主义核心价值观的积极作用，不断提升全体公民法治意识和法治素养。广泛开展民法典普法工作，让民法典走到群众身边、走进群众心里，大力弘扬平等自愿、诚实信用等法治精神，教育引导公民正确行使权利、积极履行义务。三是要完善社会矛盾纠纷多元预防调处化解综合机制，把非诉讼纠纷解决机制挺在前面，引导人们理性平和协商解决矛盾纠纷。四是要把法治文化建设纳入公民道德建设工程、社会信用体系建设中，推动完善市民公约、乡规民约、学生守则、行业规章、团体章程等社会规范。

当前，我国公民的法治意识和法治诉求日益增强，但法治素养的总体状况距离建设法治中国的现实要求还有差距。因此，切实提升公民法治素养是建设社会主义法治文化，建设法治中国的时代要求。只有不断提高公民的法治素养，使法治观念深入人心，才能保证我国法治社会建设的顺利进行。

六

材料一：坚持法定职责必须为、法无授权不可为，着力实现政府职能深刻转变，把该管的事务管好、管到位，基本形成边界清晰、分工合理、权责一致、运行高效、法治保障的政府机构职能体系。（摘自《法治政府建设实施纲要（2021-2025 年）》）

材料二：现在，法治政府建设还有一些难啃的硬骨头，依法行政观念不牢固、行政决策合法性审查走形式等问题还没有根本解决。要用法治给行政权力定规矩、划界限，规范行政决策程序，健全政府守信践诺机制，提高依法行政水平。要根据新发展阶段的特点，围绕推动高质量发展、构建新发展格局，加快转变政府职能，加快打造市场化、法治化、国际化营商环境，打破行业垄断和地方保护，打通经济循环堵点，推动形成全国统一、公平竞争、规范有序的市场体系。（摘自习近平：《坚定不移走中国特色社会主义法治道路　为全面建设社会主义现代化国家提供有力法治保障》）

问题：结合材料，谈一谈你对在法治政府建设中推进政府职能深刻转变的看法。

【参考答案】

在法治政府建设中推进政府职能深刻转变就是政府在坚持法定职责必须为、法无授权不可为的基础上，把该管的事务管好、管到位，基本形成边界清晰、分工合理、权责一致、运行高效、法治保障的政府机构职能体系。

建设法治政府必须推进政府职能深刻转变。各级政府作为国家权力机关的执行机关，承担着实施法律法规的重要职责，必须坚持依法行政，推进法治政府建设，让权力在阳光下运行。这就要求加快转变政府职能，推进机构、职能、权限、程序、责任法定化，推进各级政府事权规范化、法律化，强化对行政权力的制约和监督，进一步提高政府工作人员依法行政能力，做到法定职责必须为、法无授权不可为，坚决纠正不作为、乱作为，坚决克服懒政、怠政，确保政府各项工作在法治轨道上全面推进。

在法治政府建设中推进政府职能深刻转变，一是要推进政府机构职能优化协同高效。坚持优化政府组织结构与促进政府职能转变、理顺部门职责关系统筹结合，使机构设置更加科学、职能更加优化、权责更加协同。完善经济调节、市场监管、社会管理、公共服务、生态环境保护等职能，厘清政府和市场、政府和社会关系，推动有效市场和有为政府更好结合。强化制定实施发展战略、规划、政策、标准等职能，更加注重运用法律和制度遏制不当干预微观经济活动的行为。构建简约高效的基层管理体制，实行扁平化和网格化管理。推进编制资源向基层倾斜，鼓励、支持从上往下跨层级调剂使用行政和事业编制。二是要深入推进“放管服”改革。分级分类推进行政审批制度改革。推动政府管理依法进行，把更多行政资源从事前审批转到事中事后监管上来。加快建设服务型政府，提高政务服务效能。全面提升政务服务水平，完善首问负责、一次告知、一窗受理、自助办理等制度。坚持传统服务与智能创新相结合，充分保障老年人基本服务需要。三是要持续优化法治化营商环境。紧紧围绕贯彻新发展理念、构建新发展格局，打造稳定公平透明、可预期的法治化营商环境。深入实施《优化营商环境条例》，及时总结各地优化营商环境可复制可推广的经验做法，适时上升为法律法规制度。健全外商投资准入前国民待遇加负面清单管理制度，推动规则、规制、管理、标准等制度型开放。加强政企沟通，在制定修改行政法规、规章、行政规范性文件过程中充分听取企业和行业协会商会意见。

总之，推进政府职能深刻转变是建设法治政府的必要一环，是适应国家治理体系和治理能力现代化的必然要求。我们必须深入学习领会加快转变政府职能的重大意义，认真落实加快转变政府职能的目标任务，为开启全面建设社会主义现代化国家新征程提供重要保障。

七

材料一：公平正义是司法的灵魂和生命。要深化司法责任制综合配套改革，加强司法制约监督，完善人员分类管理，健全司法职业保障，规范司法权力运行，提高司法办案质量和效率。要健全社会公平正义法治保障制度，努力让人民群众在每一个司法案件中感受到公平正义。（摘自习近平：《坚定不移走中国特色社会主义法治道路为全面建设社会主义现代化国家提供有力法治保障》）

材料二：狠抓落实，切实增强融入全面依法治国的法治自觉。深入贯彻中央全面依法治国工作会议精神，落实法治中国建设规划、法治社会建设实施纲要，充分发挥法律监督职能，加大执法司法制约监督力度。（摘自2021年最高人民检察院工作报告）

材料三：坚持新时代正确司法理念，严格贯彻刑事、民事、行政诉讼法，充分保障当事人诉讼权利。贯彻实施刑法修正案（十一）。依法规范减刑、假释、暂予监外执行工作，坚决查处“纸面服刑”“提钱出狱”。坚持合法自愿原则，能调则调、当判则判。切实保障律师依法履职，构建与律师正当交往、良性互动的关系，共同推动法治进步。统一裁判尺度，提高审判执行质效。加强审判执行工作监督管理，确保公正廉洁司法。充分发挥司法裁判惩恶扬善功能，推动社会主义核心价值观深入人心。（摘自2021年最高人民法院工作报告）

问题：结合材料，谈一谈你对“公平正义是司法的灵魂和生命”的认识。

【参考答案】

公正司法是维护社会公平正义的最后一道防线。习近平指出，所谓公正司法，就是受到侵害的权利一定会得到保护和救济，违法犯罪活动一定要受到制裁和惩罚。“公平正义是司法的灵魂和生命”这一重要论述从价值理念和精神追求层面指明了公平正义之于司法工作本身的重大意义。

司法必须坚持公平正义。一方面，法律是公平正义的准绳，要把纸面上的法律变为现实生活中活的法律，司法起着关键作用。只要司法是公正的，社会很多不公现象就可以通过司法程序得到矫正和补救，使社会公正得以恢复。另一方面，司法公正对社会公正具有重要引领作用。司法通过对法律的适用，对合法行为予以确认、合法权益予以维护，对违法行为进行追责、犯罪行为予以惩治。公正的司法清晰地告诉人们哪些行为是国家和社会允许并受到保护的，哪些行为是国家和社会禁止并将受到惩罚的，从而实现对社会行为的规范指引和导向作用。如果司法不公，规范指引和导向就是错误的，会纵容和放大社会不公，冲破整个社会公平正义的底线。

要做到公正司法，一是要坚持党的绝对领导，这既是由司法机关的政治属性决定的，是对公正司法“质”的规定性，也是做好司法工作的根本保证，是实现公正司法的政治前提。二是各级司法机关要紧紧围绕努力让人民群众在每一个司法案件中都感受到公平正义这个要求和目标改进工作，坚持做到严格司法、规范司法。三是要改进司法工作作风，通过热情服务切实解决好老百姓打官司过程中遇到的各种难题，特别是要加大对困难群众维护合法权益的法律援助，加大司法公开力度，以回应人民群众对司法公正公开的关注和期待。深化司法体制和工作机制改革，加强党对司法工作的领导，确保审判机关、检察机关依法独立公正行使审判权、检察权，全面落实司法责任制。四是要健全公安机关、检察机关、审判机关、司法行政机关各司其职，侦查权、检察权、审判权、执行权相互配合、相互制约的体制机制。强化诉讼过程中当事人和其他诉讼参与人的知情权、陈述权、辩护辩论权、申请权、申诉权的制度保障，加强对刑事诉讼、民事诉讼、行政诉讼的法律监督。完善人民监督员制度，依法规范司法人员与当事人、律师、特殊关系人、中介组织的接触、交往行为。

总之，古往今来，公正都是人们对司法应有伦理品质的最主要界定。确保司法的公正，进而通过公正的司法维护社会公平正义，是司法的天职。新时代，司法必须坚持在党的领导下，坚持以公正司法为建设目标，不断完善制度体系配套，努力让人民群众在每一个司法案件中都感受到公平正义。

八

材料一：新的征程上，我们必须坚持党的基本理论、基本路线、基本方略，统筹推进“五位一体”总体布局、协调推进“四个全面”战略布局，全面深化改革开放，立足新发展阶段，完整、准确、全面贯彻新发展理念，构建新发展格局，推动高质量发展，推进科技自立自强，保证人民当家作主，坚持依法治国，坚持社会主义核心价值体系，坚持在发展中保障和改善民生，坚持人与自然和谐共生，协同推进人民富裕、国家强盛、中国美丽。（摘自习近平：《在庆祝中国共产党成立100周年大会上的讲话》）

材料二：坚持立法和改革相衔接相促进，做到重大改革于法有据，充分发挥立法的引领和推动作用。对改革急需、立法条件成熟的，抓紧出台；对立法条件还不成熟、需要先行先试的，依法及时作出授权决定或者改革决定。授权决定或者改革决定涉及的改革举措，实践证明可行的，及时按照程序制定修改相关法律法规。（摘自《法治中国建设规划（2020-2025年）》）

问题：结合材料，谈一谈你对改革与法治关系的认识。

【参考答案】

改革与法治如“鸟之两翼、车之两轮”，要坚持在法治下推进改革，在改革中完善法治。改革的核心是创新突破，强调“破”和“变”；法治的核心是规则秩序，强调“立”和“定”。二者之间存在形式差异性，但其内在具有统一性。

必须要协调好改革与法治的关系。一方面，改革实践推动法治发展。改革开放初期，国家的法治极不完善，改革在计划经济框架下勇往直前、大胆突破的同时，不断对法治建设提出新的要求。在改革需求的强劲带动下，1982年宪法颁布，民法通则、外资企业法、专利法、商标法等一系列服务社会主义市场经济的法律法规相继出台，法治建设迈出巨大步伐。另一方面，法治保障改革可持续。这主要体现在以法的强制力保证改革顺利推进、以法治方式巩固和扩大改革成果两个方面。法律是社会的稳定器，在改革关键时刻尤为重要。特别是改革进入深水区，社会转型、矛盾日益凸显，多年遗留下来的经济与社会发展中积累的问题，大多触及深层矛盾和冲突。只有依靠法治，才能从根本上推进这些矛盾和问题的解决，保证各项改革顺利进行。

协调好改革与法治的关系，一是要坚持改革决策和立法决策相统一、相衔接，确保改革和法治实现良性互动。立法主动适应改革需要，积极发挥引导、推动、规范、保障改革的作用。对实践证明已经比较成熟的改革经验和行之有效的改革举措，要尽快上升为法律，先修订、解释或者废止原有法律之后再推行改革；对部门间争议较大的重要立法事项，要加快推动和协调，不能久拖不决；对实践条件还不成熟、需要先行先试的，要按照法定程序作出授权，在若干地区开展改革试点，既不允许随意突破法律红线，也不允许简单以现行法律没有依据为由迟滞改革；对不适应改革要求的现行法律法规，要及时修改或废止，不能让一些过时的法律条款成为改革的“绊马索”。二是要善于通过改革和法治推动贯彻落实新发展理念。习近平总书记指出：“要深入分析新发展理念对法治建设提出的新要求，深入分析贯彻落实新发展理念在法治领域遇到的突出问题，有针对性地采取对策措施，运用法治思维和法治方式贯彻落实新发展理念。”

总之，必须在法治下推进改革，在改革中完善法治。确保重大改革于法有据，做到在法治的轨道上推进改革，必须切实提高运用法治思维和法治方式推进改革的能力和水平，必须善于运用法治思维和法治方式想问题、作判断、出措施，为实现中华民族伟大复兴的中国梦汇聚强大动力。

九

材料一：我们党领导社会主义法治建设，既有成功经验，也有失误教训。特别是十年内乱期间，法制遭到严重破坏，党和人民付出了沉重代价。“文化大革命”结束后，邓小平同志把这个问题提到关系党和国家前途命运的高度，强调“必须加强法制。必须使民主制度化、法律化”。正反两方面的经验告诉我们，国际国内环境越是复杂，改革开放和社会主义现代化建设任务越是繁重，越要运用法治思维和法治手段巩固执政地位、改善执政方式、提高执政能力，保证党和国家长治久安。（摘自习近平：《坚定不移走中国特色社会主义法治道路　为全面建设社会主义现代化国家提供有力法治保障》）

材料二：到 2025 年，党领导全面依法治国体制机制更加健全，以宪法为核心的中国特色社会主义法律体系更加完备，职责明确、依法行政的政府治理体系日益健全，相互配合、相互制约的司法权运行机制更加科学有效，法治社会建设取得重大进展，党内法规体系更加完善，中国特色社会主义法治体系初步形成。（摘自《法治中国建设规划（2020–2025 年）》）

问题：结合材料，谈一谈你对在全面依法治国中强化党的领导的认识。

【参考答案】

中国共产党是中国特色社会主义事业的坚强领导核心，是最高政治领导力量，各个领域、各个方面都必须坚定自觉坚持党的领导。

在全面依法治国中必须要强化党的领导。加强和改善党对全面依法治国的领导，是由党的领导和社会主义法治的一致性决定的。坚持党的领导，是社会主义法治的根本要求，是党和国家的根本所在、命脉所在，是全国各族人民的利益所系、幸福所系，是全面推进依法治国的题中应有之义。正如习近平总书记所强调："全党同志必须牢记，党的领导是我国社会主义法治之魂，是我国法治同西方资本主义国家法治最大的区别。离开了党的领导，全面依法治国就难以有效推进，社会主义法治国家就建不起来。"

在全面依法治国中强化党的领导，一是要把党的领导贯彻落实到依法治国全过程和各方面。必须坚持党领导立法、保证执法、支持司法、带头守法，把依法治国基本方略同依法执政基本方式统一起来，把党总揽全局、协调各方同人大、政府、政协、监察机关、审判机关、检察机关依法依章程履行职能、开展工作统一起来，把党领导人民制定和实施宪法法律同党坚持在宪法法律范围内活动统一起来。善于使党的主张通过法定程序成为国家意志，善于使党组织推荐的人选通过法定程序成为国家政权机关的领导人员，善于通过国家政权机关实施党对国家和社会的领导，善于运用民主集中制原则维护中央权威、维护全党全国团结统一。二是要坚持党的领导、人民当家作主、依法治国有机统一。党的领导是人民当家作主和依法治国的根本保证，人民当家作主是社会主义民主政治的本质特征，依法治国是党领导人民治理国家的基本方式。三是要健全党领导全面依法治国的制度和工作机制。完善党制定全面依法治国方针政策的工作机制和程序，加强党对全面依法治国的集中统一领导。充分发挥各级党委的领导核心作用，把法治建设真正摆在全局工作的突出位置，与经济社会发展同部署、同推进、同督促、同考核、同奖惩。进一步完善党委统一领导和各方分工负责、齐抓共管的责任落实机制，强化全面依法治国方针政策和决策部署的有效贯彻执行。

总之，坚持党的领导是中国特色社会主义最本质的特征，是中国特色社会主义制度的最大优势，是推进全面依法治国的根本保证。七十多年来我国社会主义法治建设取得巨大成就的根本经验就是坚持党的领导。推进全面依法治国，决不能虚化、弱化甚至动摇、否定党的领导，而是要进一步巩固党的执政地位、改善党的执政方式、提高党的执政能力，保证党和国家长治久安。

十

材料一：新的征程上，我们必须紧紧依靠人民创造历史，坚持全心全意为人民服务的根本宗旨，站稳人民立场，贯彻党的群众路线，尊重人民首创精神，践行以人民为中心的发展思想，发展全过程人民民主，维护社会公平正义，着力解决发展不平衡不充分问题和人民群众急难愁盼问题，推动人的全面发展、全体人民共同富裕取得更为明显的实质性进展！（摘自习近平：《在庆祝中国共产党成立100周年大会上的讲话》）

材料二：全面依法治国最广泛、最深厚的基础是人民，必须坚持为了人民、依靠人民。要把体现人民利益、反映人民愿望、维护人民权益、增进人民福祉落实到全面依法治国各领域全过程，保证人民在党的领导下通过各种途径和形式管理国家事务、管理经济文化事业、管理社会事务，保证人民依法享有广泛的权利和自由、承担应尽的义务。（摘自习近平：《坚定不移走中国特色社会主义法治道路 为全面建设社会主义现代化国家提供有力法治保障》）

问题：结合材料，围绕坚持以人民为中心，谈一谈法治如何保障共同富裕。

【参考答案】

党的十九届五中全会强调“扎实推动共同富裕”，在描绘2035年基本实现社会主义现代化远景目标时，明确提出“全体人民共同富裕取得更为明显的实质性进展”。共同富裕是社会主义的本质要求，是人民群众的共同期盼。我们推动社会发展，归根结底是要实现全体人民共同富裕。

实现共同富裕离不开法治的保障。一方面，要以法治保障经济发展。习近平法治思想指出，厉行法治是发展社会主义市场经济的内在要求，也是社会主义市场经济良性运行的根本保障。必须依靠法治维护好社会主义市场经济发展，提高发展质量效益，才能夯实共同富裕的物质基础。另一方面，要以法治保障社会和谐。习近平法治思想指出，全面推进依法治国，是解决党和国家事业发展面临的一系列重大问题，解放和增强社会活力、促进社会公平正义、维护社会和谐稳定、确保党和国家长治久安的根本要求。实现共同富裕必须依靠法治建立公平正义和谐的社会环境。

第一，要将习近平法治思想作为以法治保障共同富裕实现的根本遵循和行动指南。当前，我们已开启全面建设社会主义现代化国家新征程，要坚持以习近平法治思想为指导，更好发挥法治在共同富裕实现道路上固根本、稳预期、利长远的保障作用，及时把推动共同富裕实现的举措以法律形式固化下来，为实现共同富裕提供稳定的制度保障。第二，要坚持党对以法治保障共同富裕实现的领导。党的领导是推进全面依法治国的法治之魂，是实现共同富裕的根本保障。以法治保障共同富裕的实现必须强化党的领导，把党推动共同富裕实现的主张通过法定程序上升为国家意志。第三，要坚持以人民为中心。以人民为中心是中国特色社会主义法治的本质要求。实现共同富裕的主体是人民，要贯彻以法治保障共同富裕的实现也必须依靠人民。习近平法治思想指出，推进全面依法治国的根本目的是依法保障人民权益。要保障人民的各项合法权益，特别是实现高质量发展和追求公平正义的合法权益。第四，要健全配套法律法规体系，完善法治保障制度。要完善优化营商环境、保障劳动权益的立法。要强化执法力度，坚决查处阻碍共同富裕实现的违法行为。要公正司法，强化司法对共同富裕实现的监督，有效救济被侵犯的公民权益。要强化普法，为共同富裕的实现营造人人守法的法治环境。

总之，共同富裕的实现是建设社会主义现代化强国的必然要求，是中国式现代化的重要特征。共同富裕的实现离不开法治的引领和保驾护航。必须要坚持习近平法治思想在以法治保障共同富裕实现道路上的指导地位，坚持以人民为中心，不断完善法治体系建设。

十一

材料一：我们抓住法治体系建设这个总抓手，坚持党的领导、人民当家作主、依法治国有机统一，坚持依法治国、依法执政、依法行政共同推进，坚持法治国家、法治政府、法治社会一体建设，全面深化法治领域改革，统筹推进法律规范体系、法治实施体系、法治监督体系、法治保障体系和党内法规体系建设，推动中国特色社会主义法治体系建设取得历史性成就。（摘自习近平：《坚定不移走中国特色社会主义法治道路　更好推进中国特色社会主义法治体系建设》）

材料二：党的十八大以来，以习近平同志为核心的党中央全面加强党对人大工作的领导，通过人民代表大会制度把坚持党的领导、人民当家作主、依法治国三者真正打通、有机统一起来。（摘自栗战书：《新时代坚持和完善人民代表大会制度的根本遵循》）

问题：根据上述材料，结合习近平法治思想，谈一谈如何在法治国家建设中实现党的领导、人民当家作主、依法治国有机统一。

【参考答案】

坚持党的领导、人民当家作主、依法治国有机统一，是对中国特色社会主义法治本质特征的科学概括，是对中国特色社会主义民主法治发展规律的本质把握。习近平法治思想坚持党的领导、人民当家作主、依法治国有机统一，并将其作为我国社会主义法治建设的一条基本经验。

要坚持党的领导。党的领导是人民当家作主和依法治国的根本保证。推进党的领导法治化，实现党领导立法、保证执法、支持司法、带头守法，健全党领导全面依法治国的制度和工作机制，通过法定程序使党的主张成为国家意志、形成法律，通过法律保障党的政策有效实施，确保全面依法治国正确方向。要强化人民当家作主的制度保障，完善人民代表大会制度和基层群众自治制度。人民代表大会制度是“三者有机统一”的根本政治制度安排，是打通坚持党的领导、人民当家作主、依法治国有机统一的重要制度平台和有效载体。要保证人民通过人民代表大会行使国家权力，保证各级人大都由民主选举产生、对人民负责、受人民监督，保证各级国家机关都由人大产生、对人大负责、受人大监督。健全人大对“一府一委两院”的监督制度。基层群众自治是实现人民当家作主的重要途径，也是基层民主最广泛的实践。要把基层党组织的领导作用体现到基层群众自治的各个方面和环节。着力推进基层直接民主法治化，夯实人民群众在基层群众自治中的主体地位。保证基层群众依法行使选举权、知情权、参与权、监督权等民主权利。

总之，全面推进依法治国是关系我们党执政兴国、关系人民幸福安康、关系党和国家长治久安的重大战略问题，是完善和发展中国特色社会主义制度、推进国家治理体系和治理能力现代化的重要方面。只有在党的领导下，将习近平法治思想贯彻落实到依法治国的方方面面，厉行法治，人民当家作主才能充分实现，国家和社会生活法治化才能有序推进。

十二

材料一：只要我们始终坚持全心全意为人民服务的根本宗旨，坚持党的群众路线，始终牢记江山就是人民、人民就是江山，坚持一切为了人民、一切依靠人民，坚持为人民执政、靠人民执政，坚持发展为了人民、发展依靠人民、发展成果由人民共享，坚定不移走全体人民共同富裕道路，就一定能够领导人民夺取中国特色社会主义新的更大胜利，任何想把中国共产党同中国人民分割开来、对立起来的企图就永远不会得逞。（摘自《中共中央关于党的百年奋斗重大成就和历史经验的决议》）

材料二：在全国高级法院院长座谈会上，最高法介绍，全国法院要常态化开展扫黑除恶斗争，严厉打击杀人、抢劫、涉枪涉爆等犯罪，切实维护社会大局稳定。要依法从严惩处人民群众深恶痛绝的犯罪，对残害妇女、儿童、老年人等挑战法律和伦理底线的犯罪严惩不贷，深入开展打击整治养老诈骗等专项行动，坚决维护人民群众生命财产安全。

最高法要求，全国法院要依法审理涉及就业、教育、医疗、养老、托幼、住房、社保等民生领域案件，切实加强民生司法保障，让改革发展成果更多更公平惠及全体人民。要加强高校毕业生、农民工和新就业形态劳动者等权益保护工作，加大对涉案困难群众的司法救助力度。

最高法表示，要坚持推进社会诚信建设，发挥“小案大道理”作用，破解长期困扰群众的“扶不扶”“劝不劝”“追不追”“救不救”等法律和道德风险，让全社会充满正气、正义。要做到以法为据、以理服人、以情感人，坚持把社会主义核心价值观融入公正司法，为全社会立“明规则”、破“潜规则”，让遵法守纪者扬眉吐气，让违法失德者寸步难行。（摘自2022年7月9日《新京报》：《最高法：全国法院要常态化开展扫黑除恶斗争》）

材料三：“天下之事，不难于立法，而难于法之必行。”推进法治体系建设，重点和难点在于通过严格执法、公正司法、全民守法，推进法律正确实施，把“纸上的法律”变为“行动中的法律”。要健全法律面前人人平等保障机制，维护国家法制统一、尊严、权威，一切违反宪法法律的行为都必须予以追究。各级党组织和领导干部都要旗帜鲜明支持司法机关依法独立行使职权，绝不容许利用职权干预司法、插手案件。（摘自习近平：《坚持走中国特色社会主义法治道路 更好推进中国特色社会主义法治体系建设》）

问题：根据材料，结合习近平法治思想的核心要义，谈一谈你对坚持以人民为中心推进全面依法治国的认识。

【参考答案】

“江山就是人民、人民就是江山，打江山、守江山，守的是人民的心。”全面依法治国最广泛、最深厚的基础是人民。推进全面依法治国根本目的是依法保障人民权益。以人民为中心是新时代坚持和发展中国特色社会主义的根本立场，是中国特色社会主义法治的根本立场。

要把以人民为中心的发展思想融入到全面依法治国的伟大实践中。要积极回应人民群众新要求新期待，坚持问题导向、目标导向，树立辩证思维和全局观念，系统研究谋划和解决法治领域人民群众反映强烈的突出问题，用法治保障人民安居乐业，不断增强人民群众的获得感、幸福感、安全感。

要完善人民代表大会制度。我国《宪法》规定：“中华人民共和国的一切权力属于人民。人民行使国家权力的机关是全国人民代表大会和地方各级人民代表大会。”“全国人民代表大会和地方各级人民代表大会都由民主选举产生，对人民负责，受人民监督。”要从制度上完善人民代表大会的组织和工作机制，强化人大在立法中的作用。完善专家咨询制度和第三方起草法律草案制度，推进科学立法。完善基层立法联系点建设和法律草案公开征求意见机制，提升立法的民主性。

要强化公民权利保障。全面推进依法治国，必须切实保障公民的人身权、财产权、人格权和基本政治权利，保证公民经济、文化、社会等各方面权利得到落实。必须着力解决人民群众最关切的公共安全、权益保障、公平正义问题，努力维护最广大人民的根本利益，保障人民群众对美好生活的向往和追求。

要牢牢把握社会公平正义的价值追求。公平正义是法治的生命线，全面依法治国必须紧紧围绕保障和促进社会公平正义，把公平正义贯穿到立法、执法、司法的全过程和各方面，紧紧围绕保障和促进社会公平正义来推进法治建设和法治改革，创造更加公平正义的法治环境，努力让人民群众在每一项法律制度、每一个执法决定、每一宗司法案件中都感受到公平正义。

总之，坚持以人民为中心，充分展现了中国特色社会主义法治的人民立场、人民属性，是中国特色社会主义法治区别于资本主义法治的根本所在。全面依法治国，必须牢牢把握贯穿其中的坚定人民立场，深刻领略这一思想所蕴含的良法善治、人民主体、人权保障和公平正义等重要内涵，并切实落实到全面依法治国方方面面的伟大实践中。

十三

材料一：新华社北京（2023 年）1 月 8 日电　中共中央总书记、国家主席、中央军委主席习近平近日对政法工作作出重要指示强调，政法工作是党和国家工作的重要组成部分。要全面贯彻落实党的二十大精神，坚持党对政法工作的绝对领导，提高政治站位和政治判断力、政治领悟力、政治执行力，坚持以人民为中心，坚持中国特色社会主义法治道路，坚持改革创新，坚持发扬斗争精神，奋力推进政法工作现代化，全力履行维护国家政治安全、确保社会大局稳定、促进社会公平正义、保障人民安居乐业的职责使命，为全面建设社会主义现代化国家、全面推进中华民族伟大复兴贡献力量。各级党委要加强对政法工作的领导，为推进政法工作现代化提供有力保障。

材料二：公正司法是维护社会公平正义的最后一道防线。深化司法体制综合配套改革，全面准确落实司法责任制，加快建设公正高效权威的社会主义司法制度，努力让人民群众在每一个司法案件中感受到公平正义。规范司法权力运行，健全公安机关、检察机关、审判机关、司法行政机关各司其职、相互配合、相互制约的体制机制。强化对司法活动的制约监督，促进司法公正。加强检察机关法律监督工作。完善公益诉

讼制度。(摘自党的二十大报告)

问题:根据上述材料,结合习近平法治思想,谈一谈你对如何推进政法工作现代化的认识。

【参考答案】

党的二十大擘画了全面建设社会主义现代化国家、以中国式现代化全面推进中华民族伟大复兴的宏伟蓝图,吹响了奋进新征程的时代号角。政法工作现代化是中国式现代化的重要组成部分,是全面建设社会主义现代化国家的重要保障。推进政法工作现代化离不开法治的保障。

一是要全面贯彻习近平法治思想,坚持党对政法工作的绝对领导。习近平法治思想是在法治轨道上推进国家治理体系和治理能力现代化的根本遵循。要坚持以习近平法治思想为指导,更好发挥法治固根本、稳预期、利长远的保障作用,及时把推动改革、促进发展、维护稳定的成果以法律形式固化下来,保障政法工作现代化顺利推进。

二是要坚持以人民为中心。以人民为中心是新时代坚持和发展中国特色社会主义的根本立场,是中国特色社会主义法治的本质要求。政法工作现代化必须坚持以人民为中心,全面推进科学立法、严格执法、公正司法、全民守法,努力让人民群众在每一项法律制度、每一个执法决定、每一宗司法案件中都感受到公平正义。

三是要坚持建设德才兼备的高素质法治工作队伍。政法工作现代化必须要有德才兼备的高素质法治工作队伍作为支撑。要加强法治专门队伍建设,坚持把政治标准放在首位,使法治工作队伍永葆忠于党、忠于国家、忠于人民、忠于法律的政治本色。要把强化公正廉洁的职业道德作为必修课,自觉用法律职业伦理约束自己,信仰法治、坚守法治,培育职业良知,坚持严格执法、公正司法,树立惩恶扬善、执法如山的浩然正气,杜绝办“金钱案”“权力案”“人情案”。

总之,推进政法工作现代化要更加注重法治的作用,只有不断提高运用法治思维和法治方式深化改革、推动发展、化解矛盾、维护稳定、应对风险的能力,才能以政法工作现代化服务保障中国式现代化。

十四

材料一:力争通过5年时间的努力,党领导市县法治建设的制度和工作机制更加完善,市级立法质量明显提高,市县政府行为全面纳入法治轨道,执法司法公信力进一步提升,领导干部运用法治思维和法治方式深化改革、推动发展、化解矛盾、维护稳定、应对风险的意识和能力明显增强,市县法治工作队伍思想政治素质、业务工作能力、职业道德水准明显提高,群众法治素养和基层社会治理法治化水平显著提升,全社会尊法学法守法用法的浓厚氛围进一步形成。(摘自《关于进一步加强市县法治建设的意见》)

材料二:以习近平同志为核心的党中央高度重视基层法治建设。习近平总书记指出,“全面推进依法治国,推进国家治理体系和治理能力现代化,工作的基础在基层”,强调要“更加注重系统观念、法治思维、强基导向”,“更加重视基层基础工作,充分发挥共建共治共享在基层的作用，推进市域社会治理现代化”，为基层法治建设指明了前进方向，提供了根本遵循。（摘自中央依法治国办有关负责同志就《关于进一步加强市县法治建设的意见》答记者问）

问题：根据上述材料，结合习近平法治思想，谈一谈你对如何加强市县法治的认识。

【参考答案】

习近平总书记指出，“全面推进依法治国，推进国家治理体系和治理能力现代化，工作的基础在基层。”加强市县法治建设，是确保全面依法治国各项部署要求落地落实的关键，是推进基层治理体系和治理能力现代化的重要保障。

加强市县法治，要坚持党的领导，牢牢把握市县法治建设正确方向，更好发挥法治建设对市县经济社会高质量发展的引领、规范和保障作用。要以习近平法治思想为根本遵循，切实筑牢思想根基。要切实发挥市县党委法治建设议事协调机构职能作用。要建立乡镇（街道）法治建设领导体制和工作机制。

加强市县法治，要全面深化市县法治建设工作。围绕优化营商环境、推动“放管服”改革落地，着力服务市县经济高质量发展。坚持和发展新时代“枫桥经验”，强化社会治理法律风险预警防范，着力维护基层安全稳定。围绕群众在就业、教育、医疗、社保、养老、扶幼等民生领域的法治需求，着力服务保障和改善民生。坚持依法立法，严格遵守地方立法权限，提升地方立法和规范性文件制定科学化水平，提高市县政府依法决策、依法行政水平。持续推进综合行政执法体制改革，深入推进公正司法。持续深入开展宪法宣传教育活动，深入开展《民法典》《乡村振兴促进法》等与群众生产生活密切相关法律法规普及工作，大力弘扬社会主义法治精神。

加强市县法治，要强化组织保障。加强市县法治建设组织领导，明确各级党委和政府要切实扛起政治责任。强化市县法治建设力量保障，加强设区的市、自治州立法工作队伍建设，加强基层法治工作力量，提高政策保障水平。加大信息技术在市县法治建设中的应用。强化法治工作统筹联动，统筹市县执法司法部门力量，建立健全部门工作联动机制，健全行政执法和刑事司法衔接机制。

总之，县域是推进国家治理体系和治理能力现代化的重要一环，加强基层法治建设，必须以加强市县法治建设为着力点。抓实市县法治建设重点任务、切实解决基层法治建设突出问题。提升市县法治工作能力和保障水平，增强人民群众在法治领域的获得感、幸福感、安全感，夯实全面依法治国基层、基础。

十五

材料一：坚持依法治国首先要坚持依宪治国，坚持依法执政首先要坚持依宪执政，坚持宪法确定的中国共产党领导地位不动摇，坚持宪法确定的人民民主专政的国体和人民代表大会制度的政体不动摇。加强宪法实施和监督，健全保证宪法全面实施的制度体系，更好发挥宪法在治国理政中的重要作用，维护宪法权威。（摘自党的二十大报

告）

材料二：党的二十大对新时代新征程党和国家事业发展作出全面部署，强调要更好发挥宪法在治国理政中的重要作用，更好发挥法治固根本、稳预期、利长远的保障作用，在法治轨道上全面建设社会主义现代化国家。我们要贯彻落实党的二十大精神，坚定不移走中国特色社会主义法治道路，增强宪法自觉，加强宪法实施，履行宪法使命，谱写新时代中国宪法实践新篇章。（摘自习近平署名文章：《谱写新时代中国宪法实践新篇章——纪念现行宪法公布施行40周年》）

问题：根据上述材料，结合习近平法治思想，谈一谈你对如何谱写新时代中国宪法实践新篇章的认识。

【参考答案】

现行宪法有力推动和加强了社会主义法治建设，有力推动和保障了党和国家事业发展。党的二十大对加强宪法工作提出了新的部署。要谱写好新时代中国宪法实践新篇章，必须要做到以下几点：

一是要坚持和加强党对宪法工作的全面领导，确保我国宪法发展的正确政治方向，确保我国宪法得到全面贯彻和有效实施，更好发挥宪法在坚持中国共产党领导，保障人民当家作主，促进改革开放和社会主义现代化建设，推动社会主义法治国家建设进程，促进人权事业全面发展，维护国家统一、民族团结、社会和谐稳定等方面的重要作用。

二是要把宪法实施贯穿到治国理政各方面全过程，要善于使党的主张通过法定程序成为国家意志，善于使党组织推荐的人选通过法定程序成为国家政权机关的领导人员，善于通过国家政权机关实施党对国家和社会的领导，要把贯彻宪法法律落实到各级党委决策施策全过程，坚持依法决策、依法施策，守住不与宪法法律相抵触的底线。

三是要加快完善以宪法为核心的中国特色社会主义法律体系，不断增强法律规范体系的全面性、系统性、协调性。坚持依宪立法，坚决把宪法规定、宪法原则、宪法精神贯彻到立法中，体现到各项法律法规中。

四是要健全保证宪法全面实施的制度体系，坚持宪法规定、宪法原则、宪法精神全面贯彻，坚持宪法实施、宪法解释、宪法监督系统推进，统筹推进法律规范体系、法治实施体系、法治监督体系、法治保障体系和党内法规体系建设，确保宪法得到完整准确全面贯彻。要完善宪法相关规定直接实施工作机制和完善宪法监督制度。

五是要加强宪法理论研究和宣传教育，不断提升中国宪法理论和实践的说服力、影响力。必须坚持宣传、教育、研究共同推进，坚持知识普及、理论阐释、观念引导全面发力，推动宪法深入人心，走进人民群众，推动宪法实施成为全体人民的自觉行动。

总之，我们要深入贯彻党的二十大精神，强化宪法意识，弘扬宪法精神，推动宪法实施，更好发挥宪法在治国理政中的重要作用，为全面建设社会主义现代化国家、全面推进中华民族伟大复兴提供坚实保障。

十六

材料一：推进高水平对外开放。依托我国超大规模市场优势，以国内大循环吸引全球资源要素，增强国内国际两个市场两种资源联动效应，提升贸易投资合作质量和水平。稳步扩大规则、规制、管理、标准等制度型开放。推动货物贸易优化升级，创新服务贸易发展机制，发展数字贸易，加快建设贸易强国。合理缩减外资准入负面清单，依法保护外商投资权益，营造市场化、法治化、国际化一流营商环境。推动共建"一带一路"高质量发展。(摘自党的二十大报告)

材料二：中国走向世界，以负责任大国参与国际事务，必须善于运用法治。在对外斗争中，我们要拿起法律武器，占领法治制高点，敢于向破坏者、搅局者说不。全球治理体系正处于调整变革的关键时期，我们要积极参与国际规则制定，做全球治理变革进程的参与者、推动者、引领者。(摘自习近平在中央依法治国委员会第一次会议上的讲话)

材料三：随着中国高水平对外开放的持续推进，面对新形势新任务，中国法院始终坚持以习近平新时代中国特色社会主义思想为指导，深入贯彻习近平法治思想，充分发挥司法职能作用，努力为高水平对外开放提供有力司法服务。(摘自周强在最高人民法院国际商事专家委员会第三届研讨会暨首批专家委员续聘活动上的讲话)

问题：根据上述材料，结合习近平法治思想，谈一谈你对司法保障高水平对外开放的认识。

【参考答案】

党的二十大报告中强调，"推进高水平对外开放。"推进高水平对外开放，标志着我国已进入由商品和要素流动型开放向规则等制度型开放转变的新阶段，对市场法治环境和司法服务保障提出更高需求。对此，我们必须做到：

一是要全面贯彻习近平法治思想。习近平总书记指出："中国走向世界，以负责任大国参与国际事务，必须善于运用法治。"坚持统筹推进国内法治和涉外法治是习近平法治思想"十一个坚持"的重要内容。要把习近平法治思想贯彻落实到司法工作方方面面，转化为司法保障高水平对外开放的强大动力。

二是要坚持公正司法。公正司法是维护社会公平正义的最后一道防线，要坚持依法平等保护。坚持把平等保护中外当事人合法权益贯穿于司法工作全过程各环节，确保中外当事人诉讼地位和诉讼权利平等、法律适用和法律保护平等，努力为中外当事人提供普惠均等、便捷高效、智能精准的司法服务，营造各类主体依法平等使用资源要素、公开公平公正参与竞争、同等受到法律保护的市场环境。要加大涉外案件执行力度，深化跨境执行国际合作，依法平等保障胜诉中外当事人及时实现权益。

三是要加强国际法治交流合作。要进一步拓宽国际司法交流渠道，加强与世界贸易组织、联合国国际贸易法委员会、世界银行集团、世界知识产权组织、国际法院等国际组织合作的广度和深度。要坚持深化司法领域国际合作，完善我国司法协助体制，扩大国际司法协助覆盖面。积极参与全球治理体系改革和国际法规则制定，促进国际贸易法律规则的协调统一，维护多边贸易体制和国际法治秩序。

总之，要深刻认识到司法工作在推进高水平对外开放中的新机遇新挑战，司法工作主动融入国家重大战略部署，做到国家战略部署到哪里，司法保障就到哪里，为推进高水平对外开放提供强有力的法治保障。

十七

材料一：高质量发展是全面建设社会主义现代化国家的首要任务。发展是党执政兴国的第一要务。没有坚实的物质技术基础，就不可能全面建成社会主义现代化强国。必须完整、准确、全面贯彻新发展理念，坚持社会主义市场经济改革方向，坚持高水平对外开放，加快构建以国内大循环为主体、国内国际双循环相互促进的新发展格局。(摘自党的二十大报告)

材料二：习近平总书记指出："必须更好发挥法治固根本、稳预期、利长远的保障作用，在法治轨道上全面建设社会主义现代化国家。"高质量发展是全面建设社会主义现代化国家的首要任务，法治是高质量发展的重要保障和支撑。我们要善于运用法治思维和法治方式凝聚推动高质量发展的共识，形成可持续的高质量发展体制机制，激发创新创造的动力，在法治轨道上推动高质量发展不断迈上新台阶。（摘自《人民日报》2023年05月24日09版)

问题：根据上述材料，结合习近平法治思想，谈一谈你对法治如何推动高质量发展的认识。

【参考答案】

中国特色社会主义进入新时代的一个显著标志，就是在新发展理念指引下，经济发展进入了一个由高速增长转向高质量发展的新发展阶段。习近平总书记强调，"贯彻新发展理念，实现经济从高速增长转向高质量发展，必须坚持以法治为引领。"法治推动高质量发展需要做到以下三个方面：

一是要坚持以法治保障经济发展。法治是最好的营商环境，厉行法治是发展社会主义市场经济的内在要求，也是社会主义市场经济良性运行的根本保障。要提高党领导经济工作法治化水平，以法治化方式领导和管理经济，坚持在法治的框架内调整各类市场主体的利益关系，依法平等保护国有、民营、外资等各种所有制企业产权和自主经营权。要加强知识产权法治保障，形成支持全面创新的基础制度。

二是要坚持全面推进科学立法、严格执法、公正司法、全民守法。法律是治国之重器，良法是善治之前提，必须坚持立法先行，深入推进科学立法、民主立法、依法立法，提高立法质量和效率，为高质量发展提供高质量法律规范保障。要加强宪法和法律实施，维护社会主义法制的统一、尊严、权威，形成人们不愿违法、不能违法、不敢违法的法治环境，做到有法必依、执法必严、违法必究。深化司法体制和工作机制改革，加强党对司法工作的领导，确保审判机关、检察机关依法独立公正行使审判权、检察权，全面落实司法责任制，为高质量发展提供司法保障。要深入开展法治宣传教育，在全社会弘扬社会主义法治精神，传播法律知识，培养法律意识，在全社会形成宪法至上、守法光荣的良好社会氛围，为高质量发展营造良好法律氛围。

三是要以法治保障生态良好。保障生态良好是高质量发展的应有之义。要加大生态环境保护执法司法力度，大幅度提高破坏环境违法犯罪的成本，强化各类环境保护责任主体的法律责任，强化绿色发展法律和政策保障，用严格的法律制度保护生态环境。要建立健全自然资源产权法律制度，完善国土空间开发保护法律制度，完善生态环境保护管理法律制度，加快构建有效约束开发行为和促进绿色发展、循环发展、低碳发展的生态文明法治体系。

法者，治之端也。我们必须要凝聚共识、汇聚合力，在法治轨道上推动高质量发展，在高质量发展中健全法治。

十八

材料一：中国式现代化的本质要求是：坚持中国共产党领导，坚持中国特色社会主义，实现高质量发展，发展全过程人民民主，丰富人民精神世界，实现全体人民共同富裕，促进人与自然和谐共生，推动构建人类命运共同体，创造人类文明新形态。（摘自党的二十大报告）

材料二：新征程上，坚持走中国特色社会主义政治发展道路，发展更加广泛、更加充分、更加健全的全过程人民民主，坚持全面依法治国，不断推进社会主义民主法治建设，社会主义现代化事业就一定能行稳致远，焕发出更加强大的生机活力。（摘自新华社北京2023年10月30日电：《发展全过程人民民主，推进法治中国建设——四论学习贯彻党的二十大精神》）

问题：根据上述材料，结合习近平法治思想，谈一谈你对法治怎样保障全过程人民民主的认识。

【参考答案】

全过程人民民主是坚持党的领导、人民当家作主、依法治国有机统一，坚定不移走中国特色社会主义政治发展道路，是一切为了人民、依靠人民、造福人民、保障人民当家作主的民主。全过程人民民主离不开法治的保障：

一是要坚持党的领导、人民当家作主、依法治国有机统一。坚持党的领导、人民当家作主、依法治国有机统一，是对中国特色社会主义法治本质特征的科学概括，是对中国特色社会主义民主法治发展规律的本质把握。人民代表大会制度是坚持党的领导、人民当家作主、依法治国有机统一的根本制度安排，是实现党的领导和执政的制度载体和依托，是人民当家作主的根本途径和实现形式，要坚持和完善人民代表大会制度。

二是要坚持以人民为中心。人民群众是我们党的力量源泉，人民立场是中国共产党的根本政治立场。坚持人民主体地位，要用法治保障人民当家作主，完善体现权利公平、机会公平、规则公平的法律制度，确保法律面前人人平等。

三是要坚持全面贯彻实施宪法。以宪法为核心的中国特色社会主义法律体系为全过程人民民主提供了坚实的法律制度保障。我们党领导人民制定宪法，规定中华人民共和国的一切权力属于人民。人民行使国家权力的机关是全国人民代表大会和地方各级人民代表大会。宪法全面系统地规定了公民的基本权利和义务，确立的各项制度和大政方针都体现了人民当家作主，都是为了实现好、维护好、发展好最广大人民根本利益。要全面贯彻实施宪法，切实维护宪法尊严和权威，是维护国家法制统一、尊严、权威的前提，也是维护最广大人民根本利益、确保国家长治久安的重要保障。

总之，法治是民主的保障，发展社会主义民主，必须健全社会主义法治。我们必须充分认识全过程人民民主这一中国式民主制度的显著优势，坚持在法治轨道上不断推进、完善和保障人民当家作主。

学院简介

COLLEGE INTRODUCTION

中国政法大学（简称法大）是一所以法学为特色和优势，兼有文学、历史学、哲学、经济学、管理学、教育学、理学、工学等学科的“211工程”重点建设大学。

法大的法律资格考试培训历史悠久，全国律师资格考试始于1986年，而1988年法大就开展了法律培训。2005年3月成立了中国政法大学司法考试学院，这是一所集法考研究、教学研究、辅导培训为一体的司法考试学院，2018年正式更名为中国政法大学法律职业资格考试学院。经过多年的积淀，法大法律职业资格考试学院被广大考生称为国家法律职业资格考试考前培训及法考研究、教学研究的大本营。

2024年法大法考课程体系

>>> 面授班型 <<<

班型		上课时间	标准学费（元）
主客一体面授班	面授精英A班	2024年3月-2024年10月	59800
	面授精英B班	2024年5月-2024年10月	49800
	面授集训A班	2024年6月-2024年10月	39800
	面授集训B班	2024年7月-2024年10月	32800
客观题面授班	面授全程班	2024年3月-2024年9月	35800

更多课程详情联系招生老师

法大法考姚老师

法大法考白老师

010-5890-8131

http://cuploeru.com

北京市海淀区西土城路25号中国政法大学研究生院东门